Cy commence la table et registre des rubriches du premier volume du liure ou rōmāt fait & cōpose a la perpetuation de memoire des vertueux faiz & gestes de plusieurs nobles & excellēs cheualiers q̄ furēt au tēps du tresnoble & puissāt roy artꝰ cōpaignōs de la table rōde. Specialemēt a la louēge du tresvaillāt cheualier lācelot du lac filz du roy ban de benoic es parties de gaules q̄ lon dit a present estre la duchie de berry.

¶ Premieremēt.

Cōme apꝭ la mort du roy vter pādagion roy de logres & apres la mort de aromon roy de la petite bretaigne le roy claudas de la terre deserte mena guerre cōtre le roy ban de benoic & cōtre lẽ roy booꝛt de gaunes & tāt dura celle guerꝛ q̄ le roy claudas les desherita de toutes leurs terres & assiega le roy ban en vng sien chasteau nōme treble & fut cōtraint le roy ban se partir de son chasteau pour aller qrir secouꝛs par deuers le roy artus. & emena auec lui seullemēt sa femme, son filz lancelot du lac: & vng sien escuier. ¶ Premier chapitre.

Comme le seneschal du roy ban vēdist le chasteau de treble au roy claudas apres q̄ son seigneur se fut parti pour aller a la court du roy artus querir secours ii.

Cōme le roy ban mourut de dueil quāt il vist son chasteau ardoir. & cōe la dame du lac emporta son filz lācelot & cōme la royne helaine sa mere se rēdist nōnain a mōstier royal iii.

Cōme le roy boort de gaunes mourut & cōme sa fēme pour paour de claudas se partist de son chasteau pour aller la ou sa seur estoit rēdue. & cōme ses deux filz lui furent emblez iiii.

Cōme farien fist cōduire la royne de gaunes a mōstier royal: & des cōplainctes que les deux seurs se firēt quāt elles virēt lune lautre v

Cōe merlin fut ēgēdre du dyable. & cōe il fut amoureux de la dame du lac vi.

Cōme le roy claudas sen amoura de la fēme de farien & pource le fist claudas son seneschal & cōe par lamōnestemēt de sa fēme claudas fist appeller ledit farien de trayson disant qˉl gardoit les deux ēfās du roy boort vii.

Cōme claudas en maniere destrāge cheualier sen alla a la court du roy artus pour veoir sa puissance & son gouuernement viii.

Cōme la dame du lac bailla a lancelot vng maistre pour le instruire cōe a lui appartenoit ix.

Comme la royne helaine alloit chacun iour faire son dueil au lieu ou son seigneur mourut & de la elle sen alloit au lac ou elle auoit pou son filz lancelot v.

Comme la dame du lac enuoia sa damoiselle a la court du roy claudas pour deliurer les deux enfans du roy boort q̄ claudas detenoit en prison. & cōme la damoiselle mua les deux enfans en semblance de deux leuriers/ & les amena a sa dame auec leur cousin lācelot & de la grant ioie & du grant honneur q̄ la dame du lac fist aux deux ēfans quant elle les vist en sa maison xi.

Cōme claudas demena grant dueil pour son filz lequel boort occist. & cōme farien & le peuple de la cite de gaunes se meurent contre claudas a cause qˉl vouloit faire mourir les deux enfans du roy boort de gaunes xii.

Comme lyonnel et boort perdirent le boire et le mengier pource quilz ne sauoiēt nouuelles de leurs maistres lesquelz estoient demourez auec le roy claudas. & comme la dame du lac envoia vne siēne damoiselle a la court du roy claudas laq̄lle les amena a sa dame xiii.

Cōme lapointemēt fut fait entre le roy claudas et les barons de gaunes par le moien de farien & de son nepueu lambegues xiiii.

Comme farien sa femme et son nepueu lambegues se partirent pour aller veoir lyonnel et boort au lac ou ilz estoient. & comme farien mourut xv.

Comme les deux roynes menerent belle vie & religieuse au monstier royal. & comme celle de gaunes vit en vision ses deux enfans & lancelot son nepueu & comme de bief elle trespassa de ce siecle xvii.

Comme le roy artus le iour dune pasq̄ assembla tous ses barons et tint grant court en la cite de karahees & comme banin le filleul du roy ban emporta le pris des ioustes xviii.

Quant lancelot fut en laage de xviii ans sa dāe du lac pourpēsa de se mener a la court du roy artus pour estre cheualier si lui aposta armes toutes blāches & se partit du lac atout pl cheualiers pour le cōuoier & ii. iours deuāt la saint iehan arriuerēt a kamallot xix.

aa i.

Cõme vng cheualier naure le ql auoit vne
espee fichee en la teste et deux tronchons de lã
ches passes parmy le corps vint a la court du
roy artus pour trouuer aucun cheualier q̃ lui
ostast lespee et les deux tronchõs/ et cõme la
dame du lac amena lancelot deuãt le roy ar
tus et luy pria quil le fist cheualier/ et il le fit
cheualier et puis lancelot desferra le cheualier
naure et sen partist de court pour aller au se
cours de la dame de nohault. xx.
Cõme le nouueau cheualier aux armes blã
ces vainquist la bataille pour la dame de noe
hault/ et comme par sa prouesse il cõquist la
douloureuse garde. xxi.
Cõme les nouuelles vindrent au roy artus
que la douloureuse garde estoit cõquise par le
cheualier aux armes blãces et le roy y enuoia
messire gauuain pour en sauoir la verite et a
pres le roy y alla et mena aueucq̃s luy la roine
genieure. xxii.
Cõme messire gau. fut mis en prison et cõme
le roy et la royne entrerent en la premiere porte
de la douloureuse garde/ et la virent tombes
ou il y auoit escript q̃ messire gauuain estoit
mort & plusieurs autres. xxiii.
Cõme le cheualier blanc se cõbati a Brandus
le seigneur de la douloureuse garde et cõme le
roy & sa roine furet lõguemẽt en la dicte gar
de ains q̃lz sceussẽt les coustumes. xxiiii.
Cõme le cheualier blãc deliura messire gau.
et les cõpaignõs q̃ estoient en la prison de Brã
dus & les enuoia au roy artus. xxv.
Cõme quãt messire gau. arriua deuãt le roy
artus et deuant la royne/ de la ioye qui lui fut
faicte. xxvi
Cõme le blanc cheualier retourna a labbaye
ou laissie auoit son escuyer si rencõtra vne da
moyselle qui luy dist lassemblee qui debuoit
estre entre le roy artus/ et le roy de oultre les
marches et cõme il cõquist le cheualier qui di
soit mieulx aymer le cheualier qu auoit na
ure q̃ cellui qui lauoit este. xxvii.
Cõme messire gau. se mist en q̃ste pour trou
uer le blãc cheualier & cõe la meslee dentre les
gens du roy des cẽt cheualiers & les gẽs a la
dãe de nohault fut appaisee. xxviii.
Cõme le blanc cheualier vainq̃st lasẽblee dẽ
tre les deux roys/ et cõme il mist a fin les ad

uẽtures de la douloureuse garde. xxix.
Cõme le blãc cheualier vainq̃st la deuxieme
assẽblee dẽtre le roy artus & le roy doultre les
marches et cõme messire gauuain sceust que
le dit cheualier auoit nõ lan. du lac. xxx.
Cõme le roy artus sõga plusieurs sõges et
apres mãda tous les sages clers de son royau
me pour en sauoir la signifiance. xxxi.
Cõme le roy doultre les marches nõme gal
lehault ẽuoia desfier le roy artus & cõme lan.
occit deux iaians pres kamalot. xxxii.
Cõme lan. occit vng cheualier q̃ disoit mieulx
aimer le cheualier q̃ auoit naure q̃ cellup qui
estoit naure et cõe il fut assailli de. vi. cheua
liers et mene en la prison de la dame de malle
haut/ et comme gallehaut assembla au roy
artus vng iour que lancelot estoit emprisõ/
et cõme lẽdemain lancelot fut deliure & vain
q̃st lassẽblee dẽtre les deux rois & dõna gal
lehaut au roy art̃ treues pour.i.an xxxiii.
Cõme lan. apres ce q̃l eust vaicu lassẽblee re
tourna en la prison de mallehaut et cõe elle cõ
gneust a son cheual et par les plaies q̃l auoit
q̃ cestoit celui q̃ auoit vaicu lassẽblee. xxxiiii.
Cõme messire gau. & pl. de ses cõpaignõs se
misdrent en q̃ste pour trouuer le cheualier qui
portoit lescu vermeil a lassẽblee dentre le roy
artus et gallehaut. xxxv.
Cõme la dame de mallehaut mist a rençon
le cheualier quelle tenoit en prison & cõme gal
lehaut apres les treues faillies vint assem
bler contre le roy artus et lancelot par sa prou
esse cõquist tout et fist tant que gallehaut cria
merci au roy artus et furẽt compaignõs gal
lehaut et lancelot. xxxvi.
Cõme gallehaut enuoia son cõpaignon lan
celot en son pais & cõme la dame du lac lui en
uoia sponel pour le faire cheualier. xxxvii.
Cõme messire gauuain auec. xx. de ses com
paignõs se mist en queste pour trouuer le bon
cheualier qui porta les armes noires en la des
raine assemblee qui fut faicte ẽtre le roy artus
et gallehaut. xxxviii.
Cõme messire gauuain rencontra monsieur
yuain/ lieux le senechal/ griflet/ et saigremor
le desree. & cõme ilz trouuerent vng cheualier
sur vne fontaine q̃ faisoit deul & ioie. xxxix.
Comme monseigneur gauuain alla apres le

cheualier qui faisoit deul et ioie. et comment il se combatit a ung cheualier lequel auoit nom segurades pour la dame de roestoc et sen partist sans prendre congie de elle. pl.

Comment monseigneur gauuain fist cheualier ung Barlet: lequel lauoit mene hebergier en sa maison ⁊ la seur du Barlet garist monseigneur gauuain de ses plaies. et monseigneur gauuain donna a la damoiselle la ceincture ⁊ le fermail q̃ la dame de roestoc lui auoit donnees pli.

Comme la dame de roestoc vint a la court du roy artus pour sauoir se elle orroit nouuelles du cheualier qui auoit gaigne sa bataille contre segurades. Et come la royne genieure enuoia en queste hector des mares pour trouuer monseigneur gauuain Et de lescu que la dame du lac enuoia a la royne genieure plii.

Comme la dame de roestoc prinoit congie du roy artus pour sen retourner entra leans ung Barlet: lequel presenta lescu de monseigneur gauuain a la dame de roestoc disant que monseigneur gauual estoit celui qui sa bataille auoit faicte contre segurades pliii.

Come messire gauuain rencontra une damoiselle qui le mena ou son frere agrauain estoit mallade. ⁊ come par le sang de messire gauuain il fut gary de sa iambe pliiii.

Coe hector des mares se partist de court pour querir messire gauuain. ⁊ come il demoura prisonnier au chasteau des mares plv.

Comme gallehaut ⁊ lancelot estoient en sorelloie ⁊ leur enuoioit quilz ne auoient nouuelles de la court du roy artus. ⁊ comme gallehaut enuoia lyonnel parler a la royne genieure ⁊ a la dame de mallehaut plvi.

Come messire gauuain fut pour le duc de cambenic contre le roy de norgalles et come une damoiselle le mena veoir la fille du roy de norgalles ⁊ come il conquist le seneschal du duc de cambenic plvii.

Come le sire de lestroite marche ⁊ sinados rencontrerent hector q̃ alloit combatre contre le mari de la belle helaine q̃ se disoit estre meilleur cheualier que sa femme nestoit belle plviii.

Come lyonnel arriua a la court du roy artus ⁊ de la ioie q̃ la royne ⁊ la dame de malehaut lui firent ⁊ come la royne manda a lacelot qu'il se trouuast en escosse contre les senes: ⁊ lui enuoia son aneau ⁊ son piegne tout plain de ses cheueulx pour enseignes plix.

Come messire gauuain conquist le cheualier q gardoit la chaussee de sornehaut. ⁊ come hector des mares le trouua l.

Come hector des mares ⁊ messire gauuain se combatirent contre lancelot et le roy des cent cheualiers ⁊ comme ilz sentrecongneurent ⁊ puis allerent ensemble contre les senes. ⁊ come lancelot par sa proesse deliura le roy artus lequel estoit prins des senes ⁊ les desconfist tous. l.i

Comme lancelot et gallehaut retournerent en sorelloie ⁊ comme il auint plusieurs merueilleuses auantures a gallehaut en son chemi. l.ii

Comme une damoiselle de tamelide apporta unes fausses lettres disant que la royne genieure nestoit point celle qui deuoit estre femme du roy artus l.iii.

Come gallehaut ⁊ lancelot ouirent nouuelles q̃ la royne genieure estoit appellee de traison ⁊ des songes que gallehaut songa. ⁊ come la dame de tamelide mena le roy artus en prison. l.iiii.

Comme le roy artus estant en prison la dame de tamelide couchoit auec lui ⁊ fist tant q̃ luy promist la prendre en mariage lv.

Come les barons du royaume de logres sou furent eslire monseigneur gauuain pour estre leur roy. et come les barons de tamelide iugerent la royne genieure. ⁊ comme gallehaut le mena en sorelloie. ⁊ comme Bertelac le Vielz confessa la trayson: ⁊ fut la royne ramenee a la court par gallehaut ⁊ lancelot lvi.

Comme le duc de clarence se partist de messire yuain: ⁊ trouua une sienne cousine qui lui dist que cestoit karados de la douloureuse tour qui auoit prins messire gauuain. ⁊ come elle le fist conduire iusques au chasteau lvii.

Comme messire yuain se partist de lancelot ⁊ du duc de clarence et arriua le soir en ung hostel ou il y auoit plusieurs larrons qui vouloient occire ceulx de leans ⁊ messire y. les occist. lviii.

Come lancelot mist hors le cheualier naute du coffre ⁊ lui promist de le vengier. ⁊ coe le cheualier lui dist q̃ karados de la douloureuse tour auoit emporte monseigneur gauuain l.ix.

aa ii.

Cōme karados fit despouiller mōsieur gauuain tout nu/et batre puis le fist ietter en vne chartre plaine de couleuures et de serpēs. lx.

Cōme le roy artus demāda messire gauuain et lancelot/et les cheualiers luy respondirent qlz nen sauoient nouuelles. lxi.

Cōme vne damoiselle mena le duc de clarence a vng chastel nōme pintadol/combatre a lencōtre de .iiii. cheualiers qͥl occit. lxii.

Cōme messire puain trouua saigremor lé desree dedens vng pauellōn tout nu lye en vne estache/et vne damoiselle qͤ estoit pendue par les cheueulx lxiii.

Cōme apres q̄ lācelot se fut parti de meliant meliant alla a la court porter les nouuelles de lancelot/et cōme la roine se courroucha que lan. cestoit parti sans congie lxiiii.

Cōme lancelot et messire puain deslierēt saigremor delestache et despendirent la damoyselle liee par les cheueulx. lxv.

Cōme lan. et messire puain rencōtrerent vne damoiselle qͥ les mena au chastel tenebreux et lancelot ouurist la porte par quoy les tenebres faillireut. lxvi.

Cōme le duc de clarēce se trouua alentree du val des faulx amans/ nōme le val sans retour. lxvii.

Cy deuise la facon du val sans retour et cōme il fut establi. lxviii.

Cōme le duc de clarence entra dedens le val et cōme il lui demoura. lxix.

Cōme messire puain entra au val des faulx amans et y demoura/ et lan. entra auprés le qͥ mist a fin les aduātures du val/et cōme morgain la fee emporta lancelot et le tīst lōguement en prison. lxx.

Cōme les cheualiers qui furent deliurés du val aux faulx amās furent esbahiz quāt ilz ne trouuerent lancelot. lxxi.

Cōme morgain donna cōgie a lan. par ainsi qͥl se rendroit en sa prison quāt semons en seroit/et cōme il vit a la douloureuse tour. lxxii.

Cōme messire puain et le duc de clarence furent detenuz prisonniers dedens la douloureuse tour. lxxiii.

Cōme lan. occit karados et deliura messire gau. et les autres prisonniers lxxiiii.

Comme lancelot sen retourna en la prison de morgain lxxv.

Cōme gallehault se mist en queste pour trouuer lancelot cōme il emporta son escu qͥl trouua en escalon le tenebreux. lxxvi.

Cōme messire gau. se partist de gallehault et de lyōnel pour querir lácelot. lxxvii.

Cōme vne damoiselle mōstra a lyōnel lan. qui estoit en la prison morgain. lxxviii.

Cōme morgain deliura lācelot de prison par cōuenant qͥl nentreroit en lostel du roy artus deuāt le nouel prochain. lxxix.

Cōme lyonnel retourna deuers gallehault lequel il auoit laissie malade en vne abaye et lui dit qͥl auoit veu lan. sain et haictie. iiii.pp.

Cōme messire gau. et messire puain se trouuerent en vng tournoiement et la trouuerent lancelot/puis sen retournerēt a la court tous ensemble. iiii.pp. et.i.

Cōme apres que messire gau. et messire puain se partirent de lancelot il sen alla en forest lois pour trouuer gallehault et cōme la il deuint forcene. iiii.pp.ii.

Cōme gallehault se partist de court et cōme il arriua en forestlois ou il ouyt dire que lancelot y auoit este et la maniere cōme il sen estoit parti hors du sens/ donc gallehault se courroucha tellement quil en acoucha malade et de fait en mourut. iiii.pp.iii.

Cy commence la table de la secōde partie de ce premier volume. En la quelle sera demonstré cōme la dame du lac trouua lancelot en vng boys lequel estoit hors de son sens/ et cōme elle le mena auec elle et lui donna garison. Et comme melleagant vint a la court du roy artus cuydant trouuer lancelot. Et cōme keux le seneschal print la royne genieure a son conduit encontre melleagāt le quel se disoit auoir droit de lemener/ se aucuy cheualier de la court ne len deffendoit iiii.pp.iiii.

Cōme lancelot alla apres melleagant et cōme il monta en la charette. iiii.pp.v.

Cōme lancelot passa le pont de lespee/ et deliura la roine de prison/ et cōme melleagant print lancelot en traison et puys le fist mettre en prison. Et cōme les essillies de gorre se par

rent pour aller veoir messire gauuain le ql
auoit passe le pont sus eue. et comme melea
gāt fit vnes faulses lettres afin que lancelot
demourast en prison & comme la dame du lac
amena booit a court lequel estoit monte sus
vne charrecte iiii.pp.vii.
Comme lancelot vainquist lassemblee de de
uant le chasteau de pommeglay & come mele
agant fist faire vne tour pour tenir lancelot
plus a destroit iiii.pp.ip.
Comme la seur de meleagant iecta lancelot
hors de prison & comme il occist meleagant, &
comme il trouua hector & lyonnel iiii.pp.p.
Comme booit se partist de court, & comme il
conquist galindres: lequel auoit assiege le cha
steau de honguefoit & lenuoia a la dame du
chasteau, puis sen alla auec vne des damoi
selles de la dame du lac. iiii.pp.p.
Comme la dame de honguefort voua que ia
mais ne vestiroit linge deuāt que elle eust trou
ue booit. iiii.pp.pi.
Comme booit vainquist le tournoiement qui
fut fait deuant le chasteau du roy baugoire. &
come il fut assis en la chaere dor. & des ieulp
que les cheualiers firēt pour lamour de sa fil
le. iiii.pp.piii.
Comme lancelot emporta le corps de galle
haut lequel plusieurs cheualiers gardoient. Et
comme il rescouist la seur de meleagant q len
vouloit ardre iiii.pp.piiii.
Comme lācelot rescouist le filz du cheualier
qui lauoit loge, & comme il conquist argōdes
puis alla a la douloureuse tour faire enterrer
le corps de gallehaut. iiii.pp.pv.
Comme booit rescouist labbe ȳes que lē vou
loit occire, & comme la dame de glacedon & la
dame de hōguefoit se trouerēt. iiii.pp.pv.
Cōme patrides sen alla a huidesan de par lāce
lot & cōe il dit au roy bademague ql auoit oc
cis son filz meleagant iiii.pp.vi.
Comme booit trouua la royne en sa forest. et
cōme la vielle au cercle dor emmena lancelot
& cōme saigremor demoura prisōnier chieulp
& mathanias iiii.pp.vii.
Comme dodineau se partist de la royne pour
aller chieulp mathanias. et cōe il cōqst vng
cheualier ql euoia a la royne iiii.pp.vviii.
Comme lācelot sen alla auec la vielle au cer

cle dor. & cōe griffon naura kieup le seneschal
& lemporta en prison iiii.pp.pip.
Comme la royne demenoit grāt deul cuidāt
que lancelot feust mort c.
Comme lācelot sen va aprez la vielle au cer
cle dor c.i.
Comme dodineau fut en dāgier de estre noie,
& comme en cheuauchāt par deuant vng cha
steau il fut prins et mis en prison c.ii
Comme la royne dit au roy que lancelot sen
estoit alle auec la vielle au cercle dor. & cōme
messire gauuain soy dipiesme des cōpaignōs
de la table rōde sōt partis pour le qrir c.iii
Comme les dip compaignons se partirēt de
la noire croip. & comme ilz faillirent a resou
der lespee que hestier portoit c.iiii
Comme agloual cōquist griffon du maulp
pas & deliura kieup le seneschal de prison cv
Cōme gauuain cōquist mathanias deuāt sō
chasteau & deliura saigremor le desree de pri
son cvi
Cōme hector des mares se trouua au lieu ou
dodineau estoit en prison. & cōme tous les cō
paignōs se trouuerent a la blanche croip et re
commencerent leur queste cvii
Comme messire gauuain & hector se trouue
rent deuāt le chasteau du moulin la ou hector
vainquist vng tournoiemēt & puis cheuauche
rēt ensēble iusqs a la chappelle gastee cviii
Cōme messire gauuain se partist de hector &
cōe il arriua au chasteau de corbenic c.ip
Comme apres que hector se fut parti de mes
sire gauuain il vint deuant vng chasteau qui
estoit a maugart le roup, & comme il occist le
dit maugart c.p
Comme messire puain fist rendre a la damoi
selle son espreuier, & comme il demoura mas
lade a lermitage du mont c.pi.
Comme mordret se partist de ses cōpaignōs
& comme le compte deuise la façon de monsei
gneur gauuain, & de ses frere c.pii
Comme agrauain se combatist contre druas
au tertre aup chetifz & le occist, & comme sorne
hault le frere a druas conquist messire agra
uain & le mist en prison c.piii
Cōme guerrehes se trouua au tertre aup che
tifz & cōe sornehault le retit prisōnier c.piiii
Cōme gaheriet conquist sornehault au tertre

aulx chetifz, et comme il deliura guerresches et
agrauain ses deux freres.   C.pv.
Comme le roy artus et tous ceulx de la court
furent troubles pour tant quilz cuidoient que
lancelot fut mort.ωcome Booɻt se partist pour
aller au secours de la dame de galuoie C.pvi.
Come apres que lyonnel et Booɻt furent par
tiz de court la royne enuoia vne sienne cousi/
ne gaule pour parler a la dame du lac C.pvii.
Come lancelot sceust par vne damoiselle que
la royne estoit mallade si manda au roy et a
la royne de ses nouuelles   C.pviii.
Come lancelot print seriuxhimement a la fon
taine donc a poy quil ne mourust.ωcomme il co
quist le duc karles.   C.pix.
Come hector des mares se partit du chasteau
de radigel quant il eust marigart occi.ωcomme
il vint deuant le chasteau de terriquen/ et la
fut par terriquen conquis ωmis en prison auec
plusieurs aultres.   B.pp.
Come la royne de roestanc et morgain la fee
firent emporter lancelot au chasteau de la cha
rette/ et come vne damoiselle le deliura de pɻi
son/et come il vainquist le tournoiement den
tre le roy de noɻgalles et le roy bademagus ω
come apres le tournoiement vne damoyselle
se mena a coɻbenic.   B.pp.i.

Ey fine la table de la seconde
partie de ce present volume.

Ey commence le prologue
de ce present liure.

Combien q̃ les anciennes histoi
res ne sont pas de pareille foy q̃
sont les sainctes et diuines escrip
tures/ approuuees en la cristiene foy. Si nest
ce pas que les faiz et gestes memorizez ωraco
tez en icelles ne soient veritables ωaduenus.
Et se les paiens eu cours de leur regne/ωpour
le temps de leurs folles et imparfaictes cre
dences/ont voulu deifier/tenir/et reputer co
me dieux aucuns hommes vertueux/pour leurs
triumphalles et glorieuses oeuures/il est bien
decent et raisonnable q̃ entre les crestiens/les
vertus et glorieux faiz des excellentz hommes
viuent apres mort/et soient aux successeurs en
perpetuelle memoire. Et que a chascun soit fait
memorial condigne selon ses valeur/merite/
et estat. Aux vngz par sculptures et descrip
tions sur leur monuemētz/ωaux autres par
rediger en volumes leurs excellences/ triumm
phes/et operations/qui sont et demeurent a
tousiours en bon exemple aux lecteurs/et aux
auditeurs/car ce qui y est recite de bien/ωde ver
tu/est enseignement et excitation de bien/ωver
tueusement viure/pour en acquerir renommee
perpetuelle entre les hommes oultre lesperee re
muneration eternelle. Et ce que len y treuue
de mal ou vice/est a execration/et pour repri
mer la temerite des mauuais ωvicieux. Et co
me tesmoigne lapostre saint paul. Toutes
les choses qui sont escriptes/sont a nostre do
ctrine. Cest a entendre que nous deuons imi
ter les vertus ωbonnes oeuures/ωpuis euiter
les vices. Et ainsi q̃ font les bons ωsongneux
laboureurs/ qui extirpent en saison les char
dons et autres mauuaises herbes/ de entre ses
bons grains/ et semences Il nous couient de
ietter et mettre arriere les choses reprouchaɓ
bles et nuysibles/contraires a vertu/et de tout
nostre cueur ensuyure et exercer ce q̃ peult me
ner a lestat de perfection et de honneur. Or est
ainsi que des hommes qui es iours anciens ont
eu distribution des dons de dieu/et de nature
les vngz ont applique leur esperit/mise leur
cure/et employe leur temps a estude/en diuer
ses facultes. Et puys ont compose traictez et
volumes a ledification dautruy. par lesq̃lz
leur memoire a este perpetuelle entre les hom
mes/ωpermaindra iusq̃s a la consummation

des siecles. Les autres ont exercé leurs corps aux armes et à faire prouesses et chevaleries: et ont triumphé en multiplication de glorieuses victoires, en quoy ilz ont merité et desservi que leurs vertueux faiz aient esté recueilliz et mis par escript en volumes autentiques, pour obtenir lieu de perpetuité et demourer à tousiours en la memoire des vivans. Afin que par la frequence de la lecture et recordation diceulx les couraiges des ieunes nobles bacheliers desirans florir en renommee chevalereuse et accroistre leur noblesse soient instruiz et excitez à vertueusement travailler et ouvrer en leur estat à l'exemple de ceulx dont ilz voient et oyent la renommee vivre longuement et sans defaillir apres leur mort. Pour ces causes ie qui suis des hystoriographes le mendre, apres la revolution et lecture de plusieurs anciennes escriptures et hystoires, entre lesquelles se sont presentez devant mes yeulx les faiz et œuvres vertueux de plusieurs nobles chevaliers qui pour sens et honneur acquerre se stoient en leurs jours efforcez de saisir les victoires et tollir le nom aux plus et mieulx renommez pour par sur tous triumpher en victoire glorieuse, ap fiché lectre de mon entendement agité de diverses matieres, eu lieu qui m'a semblé plus delectable et mieulx digne d'estre memoire à l'exaltation de noblesse et de chevalerie, et edification et exemple de toutes gens: et de ceulx principalement qui en l'exercice des armes desirent parvenir à la haultesse d'honneur: et acquerir tiltre de longue memoire. Et à ceste fin ay compilé à telz labeurs que la parvité et debile capacité de mon povre et rude entendement a peu soustenir et porter ung livre extraict de plusieurs et diverses hystoires traictant de plusieurs faiz et merveilleuses chevaleries avenues au temps du tresnoble et preux chevalier Artus roy de la grant Bretaigne qui estoit seigneur et gardain de la Table ronde et des vaillans chevaliers qui en furent compaignons tant et telle renommee a couru par my le monde que elle n'en sera iamais esfaicte. Specialement du tresvertueux chevalier Lancelot du Lac filz du noble roy Ban de Benoic, du quel les puissans faiz, les excellentes chevaleries et la renommee glorieuse moult semble de telle qualité si fructueux et de si digne commemoration que à mon avis grant peché seroit et perte irre-

parable de les souffrir perir et estaindre par omission de les escripre et rediger en volume. Et de tant que ie les ay trouvez exceller et passer tous les autres en toutes manieres ay ie plus insisté à la memorization et narration diceulx en mon livre lequel principalement ay dedié et composé à son nom et à sa louenge et gloire. Ensemble des autres supportz de ladicte table ronde dont il fut compaignon et chevalier tresrenommé en bonté de chevalerie. Si supplie à tous ceulx qui liront et oiront mondit livre qu'il leur plaise premierement excuser mon ignorance et supplier à la crudité et indigestion du langage qui est gros et maternel. Et singulierement cueillir et prendre les fleurs et les bonnes odeurs qu'ilz y trouveront. En soy conformant par imitation aux bonnes oeuvres et glorieuses vertus qui florissoient et abondoient en icelui noble chevalier Lancelot du Lac: sans avoir regard ou soy gaires arrester en aucunes legieretez ou follies mondaines: esquelles il se abandonna par humaine fragilité car l'excellence et la quantité de ses faiz tant glorieux excedent tous les deffaulx dont on se pourroit arguer ou reprendre. Et on sçait bien que soy abstenir de tout peché est chose plus divine que humaine. Toutesfois ie ne vueil pas approuver les vices que chacun doit detester et blasmer mais seulement tant comme il est permis excuser la debilité de humaine condition. Et specialement ie prie tous ieunes nobles desireux de vertu et de honneur pour lesquelz i'ay principalement entreprins ce present labeur, qu'ilz en cueillent et goustent le fruit et facent que mon œuvre vaille et fructifie en eulx tellement que par leur bien faire à l'exemple dudit chevalier Lancelot et des autres vaillans hommes dont les faiz sont racomptez en mon livre ilz acquierent en leurs vies louenge et gloire de bonne chevalerie, dignes d'immortelle memoire.

Cy cōmence le liure fait et composé a la perpetuation de memoire des vertueux fais et gestes de plusi/ eurs nobles et excellentz cheualiers/ qui fu rent au temps du tresnoble et puissāt roy artus compaignon de la table ronde. Specialement a la louenge et gloire du tres vaillant cheua lier lancelot du lac/ filz du roy ban de benoyc es parties de gaulle. Et parle en ce pmier cha pittre. Cōme apres la mort ster pandragon roy du royaulme de logres/ et apres la mort

Aramon roy de la petite Bretaigne. ¶ Le roy claudas de la terre deserte mena guerre cōtre le roy ban de benoyc/ & le roy booet de gaunes Et tant q̄ le dit claudas les desherita de tou tes leurs terres. Et assiega le roy ban en ūn sien chasteau nōme tresble/ et cōme le roy ban se partit de son chasteau pour aller querir se cours deuers le roy artus. et amena auec luy seullement sa fame son filz lancelot du lac & ūng sien escuyer. ¶ Premier chapitre

La premiere partie

En la marche de Gaule et de la petite Bretaigne auoit anciennement deux roys freres germains, si auoient a femmes deux seurs germaines. Lung auoit nom le roy Ban de Benoic, et lautre le roy Boort de gaunes. Le roy Ban estoit vieil homme, et sa femme belle a merueilles moult bonne dame et aymee de toute gent, ne oncques nauoit eu enfans de lui fors vng tout seul que la gent nommoit communement lancelot, et par autre nom ne lappelloit on, mais il estoit nomme par son droit nom Galaad. Et ce pour quoy il fut appelle lancelot deuisera le compte cy apres. Le roy Ban auoit vng sien voisin q̃ marchissoit a lui par deuant Berry lors appellee la terre deserte. Celui sien voisin auoit nõ Claudas sire de Bourges et du pais denuirõ Claudas estoit roy moult bon cheualier et saige, mais traistre a merueille, et estoit hõme au roy de gaulle qui ores est appellee france. La terre de son royaume estoit appellee deserte pource q̃ toute fut desheritee par Vterpandragon, et par Aramon qui en ce temps estoit roy de bretaigne la petite que len appelloit hoel en surnom. Aramon auoit dessoubz lui Gaunes, et Benoic, et aquitaine, et toute la terre iusq̃s a la marche dauuergne dallemaigne et descosse, et deuant auoit le royaume de Bourges dessoubz lui, mais Claudas ne le congneut mie, ne seruice ne lui en vouloit faire ains auoit fait son seigneur du roy de gaulle qui en ce temps estoit subiecte a romme et lui rendoit tribut, et estoient tous les roys par election constituez.

Quant Aramon vit que Claudas lui tolloit sa seigneurie par la force des rommains si le accueillit a guerre et eut en son aide le roy de gaulle et tout son pouoir Il perdit moult en icelle guerre, car trop dura. Lors vint Vterpãdragon qui sire estoit de la grant Bretaigne, et Aramon deuint son homme par conuenant quil lui meneroit sa guerre a fin. Vterpandragon passa la mer a tout son pouoir et ouyrẽt nouuelles que le seigneur de gaulle estoit mort, ilz coururent tous deux sur Claudas et le descõfirent, si

lui tollurent toute sa terre et le chasserẽt hors du pais, et fut la terre destruite si q̃ oncq̃s ne demoura en forteresse pierre sur autre, mais forte estoit la cite de bourges qui fut gardee de feu et ne fut point destruite par le commandement de Vterpãdragon qui se remembra quil y auoit este nourry. Apres ce sen retourna Vterpandragon en la petite Bretaigne, et quãt il y eut demoure tant cõme il lui pleut il passa en la grande bretaigne, et des lors en auant fut bretaigne soubz le royaume de logres.

Apres la mort de Aramon et Vterpadragõ la terre de Bourges demoura en la main du roy artus. Si sourdirent guerres de plusieurs lieux cõtre le roy artus et le guerroierent les barõs en plusieurs manieres, au commencement de son regne il nauoit encores mie tenu grandement la royne genieure, et eut moult affaire de toutes pars. Lors reprint Claudas sa guerre qui tant auoit este entrelaissee et recouura toute sa terre tantost que Aramon fut mort. Si commẽca a guerroier le roy Ban de Benoic pource quil marchissoit a lui et quil auoit este hõme de Aramon par qui il auoit sa terre longuement perdue. En ce temps estoit venu de rõme Iraconse qui moult estoit de grant renõ et auoit nom põce anthoine, si aida a Claudas et lui bailla tout le pouoir de gaulle et des contrees qui dessoubz estoient, et acoururent sur le roy Ban tellement quilz lui tollirent Benoic et sa cite et toute sa terre fors vng sien chastel q̃ auoit nom Trible lequel estoit chief de sa terre et si fort q̃l ne doubtoit alors nulle chose fors famine ou traison En ce chastel auoit este la royne longuemẽt tant cõme la guerre auoit dure, et le roy Ban ne se y mist oncques tant comme il peut durer dehors, mais vng iour prindrent ses ennemys vng sien chastel a force qui estoit a mains de trops lieues de celui ou le roy Ban estoit, et comme il le aloit secourir et se vouloit mettre dedens il vit que ceulx de dehors se feroiẽt ia dedẽs a force, si se ferit en lost et ses cheualiers dont il en auoit de moult grant pouoir et de grande prouesse. Illec occirẽt moult de ceulx de lost et tant les firent a eulx entendre que

a.i

tout lassault demoura & acoururẽt tous pour encombrer le roy Ban. Si se mist a la voye lui et tous ses gens/mais trop auoit demoure/car ponce anthoyne auec toute sa gent q̃ deuers la forest se estoient tirez leur vint au deuant. La y eut telz faiz darmes que le roy Ban ne les siens ne le peurent souffrir/si furent tous ses cõpaignõs mors ou prins fors seulemẽt trops. Mais tant aduint que le roy Ban occit põce anthoine/et fit tant darmes depuis quil ne fut q̃ lui quatriesme quil mist tous les rommais a la voye et les chassa tãt que Claudas vint poignant a desroy deuãt les autres. Quant le roy Ban le vit venir si dist vne parolle qui affirt a homme desherite plain de toutes douleurs: Haa dieu fait il se voy ey venir mõ ẽnemy mortel. Sire dieu qui tant de honneurs mauez donnez octroyez moy que ie loccie/et aincois mourray ie q̃ ia mais il en eschape vif/car ainsi seroient toutes mes douleurs assouagiees. Atant ioustent ensẽb le ce que le roy Ban abbati claudas si durement quil cuida bien quil feust mort. Et lors sen partit le roy Ban et fut moult ioyeux car bien cuida auoir acomply sa boulete. Si ferist tant des esperons quil vint a trible. Dedens le quart iour apres fust le chastel prins ou le roy claudas tenoit siege et de la vint asseoir le roy Ban de Benoic. Et quãt le roy Ban sceust que claudas nestoit mie mort/il eut si grant deul que oncques ney yssit en bataille: et bien fut puis apparissant.

Claudas fut deuãt trible moult longuemẽt et le roy Ban enuoia mainte foiz au roy artus pour auoir secours: mais le roy artus auoit tant afaire de toutes pars quil ne se pouoit entremettre dautruy besõgne Et le roy Booit frere au roy Ban q̃ tousiours moult lui auoit aidie/gisoit malade trop duremẽt du mal de la mort. Si couroit chacun en fuite deuant le roy Claudas. Quant le roy Claudas vist quil ne prendroit mie le chastel legierement/si print vng parlemẽt au roy Ban/et donnerẽt lun a lautre seurte. sauf aler et sauf venir. Et le roy Ban ala au parlement lui troisieme sans plus: dont le seneschal fut lun des trops/& vng sien cheualier lautre. Et ainsi vist Claudas sans plus. Le parlement fut deuãt le chastel q̃ seoit moult hault: et lost estoit tout entour loge. Le mõt estoit fort roide & ennuieux a mõter. Quant Claudas vist le roy Ban si se plaint premierement de ponce athoine quil lui auoit occis. Et le roy Ban se plaint de sa terre que Claudas lui auoit tollue sãs raison. Je ne la vous tolz mie dit claudas pour chose q̃ vous me ayez faicte ne pour haine que iaye eu vers vous mais pour le roy artus que vous tenez a seigneur: car son pere vter pandragon me desherita: mais saisissiez moy de ce chastel et deuenez mon homme et tenez de moy toute vostre terre et ie me departiray. Ce ne feray ie mie fait le roy Ban: car ie me pariureroie vers le roy mon seigneur a qui homme lige ie suis. Or vous diray donc fait Claudas q̃ vous ferez. Mandez au roy artus quil vous secoure dedens quarante iours. et sil ne se fait/rendez moy le chastel & deuenez mon homme de toute vostre terre et ie la vous accroistray de riches fiefz. Le roy Ban dist quil sen conseillera et le matin lui dira ou mandera seql il en voldra faire. Atãt sen part le roy Ban et son seneschal demoura arriere vng pou. si parla Claudas a lui. Seneschal fait il ie scay bien q̃ le roy est chetif & maleureux car du roy artus ia secours ne aura: si pdra tout par folle attente. et il me poise moult quant vous estez entour vng tel homme dõc bien ne vous peut venir. Et iay ouy dire de vous moult grant bien et pource vous loerope ie q̃ vous en venissiez auec moy. Et ie vous aymeray loyaument et vous donneray cest royaume si tost que ie lauray conquis: & serez tout sire de mon pouoir/et se le vous prens a force il me poisera quant il cõuiendra que vous face mal/car iay assez iure sur sains que ia nul ne sera a force prins de ceste guerre quil ne soit occis ou en prison sans yssir iamais nul iour. Tant ont ensemble parle q̃ le seneschal lui a promis aider de son pouoir sans trayr ne rendre le corps de son seigneur. Et Claudas lui promet q̃ si tost cõe il aura Trible il lui rendra toute la terre moyennant quil deuiendra son homme. A tant se departent et sen retourne Claudas a ses gens et le seneschal reuient en trible et dist au roy

partie

Ban que moult a Claudas parle a lui et q̃ trop desiroit son amour auoir. Et que me en louez vous fait le roy Ban. Sire roy fait il le mieulx que ie proupe cest que vous mesmes allez crier mercy au roy Artus. Car bien sera garde ce chastel iusques a vostre venue. Lors vient le roy a la royne et lui compte comment Claudas lui a dit et mande: mais fait il ie le scay a si desloyal q̃ se il auoit ores cest chastel il ne le rendroit iamais ne lautre terre aussi. Et ie lui doiz demain respondre que ie en seray. Car il me requiert que ie enuoie vers mon seigneur le roy Artus et il me donera treues iusques a quarante iours. Et se dedens ce terme mon seigneur le roy me secourt/ bien soit: et se il ne me secourt il se reuestira de ce chastel. La royne qui moult craint le desheritement si lui loe que aussi le face. Dame fait il puis que a ce vous accordez ie le seray. moy mesmes irai a mon seigneur le roy Artus si lui crieray mercy de mon desheritement: et il aura greigneur pitie quãt il me verra que se ie enuoioie autre messagier. Or vous appareillez car vous vendrez auec moy. Et ne menerons de toutes gẽs que mon filz et vng escuier qui nous fera ce donc nous sera mestier. Car ie vueil que grant pitie pregne mon seigneur le roy de ma grant douleur quant il la verra. Et sachiez q̃ nous mouuerons encore enuit: et gardez que vous prenez tout le tresor que vous pourrez ceans sauoir: tãt de ioyaulx que de vaisselle si mettrez tout en mes grans coffres: car ie ne scay quelle chose est a auenir de mon chastel ancois que ie reuiengne: ne pour nulle riẽs ie ne voudroie que vous demourissiez ceans en auanture non mie pour ce que iaye paour de cest chastel que il soit pris a force: mais nul ne se peut garder de trahison. Ainsi cõme le roy le deuise sapareille la royne. et ce fait elle lui dist que tout est prest. Lors eslist le roy de tous les varlés cellui en qui se fioit plus et lui commande quil garde que riens ne faille a son roussin le varlet qui amoit moult son seigneur fist tost son commandement. Lors vient le roy a son seneschal si lui descouure son courage commẽt il va a la court au roy Artus. et ie me fie fait il plus en vous q̃ en nul homme. car ie vous ay tousiours ayme si vous baille mon cha-

stel a garder ainsi comme le cueur de mon ventre. et demain direz au roy Claudas que iay enuoie a mon seigneur le roy Artus: et lui feray telle seurte comme il vouldra q̃ se ne suis par mon seigneur le roy secouru dedens quarãte iours de ce chastel le reuestiray a son plaisir. mais gardez quil ne sache la q̃ ie me soye meu hors de ceans: car petit priseroit le demourant puis que ie en seroie hors. Sire fait le traitre ne ayez garde ie en penseray moult bñ. Celle nuyt se coucha le roy vng petit: car les nuys estoient courtes. et se fut se dit le compte la sourueille deuant la my aoust vng vendredy au soir. Le roy fut en soing du voiage q̃ il auoit a faire et se leua deuant le iour bien trois heures. Et quant ses selles furent mises et il fut tout atourne il cõmãda a dieu son seneschal et tous ses autres gens et lors se pst le roy par vng poncel qui estoit sur vne petite riuiere qui dessoubz le chastel couroit. Et nestoit le chastel assiege que dune partie a plus de trois archiees loing. Car par deuers la riuiere de lautre part ne pouoiẽt gẽs seoir pour les maretz qui y estoient grans et parfons/ ou il ne auoit de toutes voyes que vne petite chaussee estroite qui duroit de long deux bonnes lieues.

Par celle chaussee sen va le roy Ban si en maine sa femme sur vng palle frop ãblãt souef et lescuier tãt pieux et de grãt seruice qui lenfant emporte deuant lui sur son roussin en vng berceau. Le roy cheuauchoit vng palle froy que il auoit bien esprouue. et fait mener a vng garson a pie vng sien cheual de moult grant bonte. Si porte lescuier son escu et le garson porte le glaiue au roy et son heaulme et chasse deuant luy vng sommier bñ chargie de ioyaulx et de vaisselle et de deniers. Le roy cheuauche en ses chausses de fer. son haubert vestu: et son espee sainte sa chape a pluye afflubee par dessus et tant fait quil vient hors des maretz. Si entre en vne forest bñ demie lieue et trouue vne moult belle lande ou il auoit este maintesfoiz. Tant est alle le roy et sa cõpaignie quilz viennent sur vng lac au chief de la lande au pie de vne moult haulte terre dõt len pouoit veoir tout le pais: et lors estoit aiourne Le roy dist quil ne se mouuera dillec

a.ii.

deuant que le iour soit esclercy car il a en tal/
lēt de monter au tertre en hault pour son cha
stel veoir quil amoit sur tous les chasteaulx
du monde. Lors descent et tant attent que le
iour est esclercy. Si monte sur son cheual et
laisse la royne et sa compaignie aual dessus
le lac qui moult estoit grant. Ce lac estoit ap
pelle du temps aux payens le lac dyane. Dy
ane fut royne de lisle:et regna au temps Vir/
gile le bon philosophe. Si la tenoit la folle
gent mescreante pour deesse a cestoit la dame
du monde qui plus amoit deduit de Bops et
tous les iours aloit chasser. Et pource lap/
pelloiēt les mescreās la deesse des bops. Cel
le forest ou aloit la royne dyane passoit de be
aulte toutes les forestz de gaulle et de la peti
te bretaigne pour petite forest. car elle nauoit
que dix lieues eglesches de long et six ou sept
de le. Et auoit nō boisenual. Le roy se apuye
sur le tertre car moult desire veoir son chastel
q̃ tant amoit. Mais ores laisse le compte vng
pou a parler de lui et parle de son seneschal.

ii. c.

Quāt le roy bā fut pſy du chastel de tri
ble le seneschal ne oublia pas les cō
uenāces de lui & de claudas si yssit
hors de la ville et vint a claudas & lui dist.
Sire ie vous apporte bōnes nouuelles oncq̃s
ne auit si bien a homme cōme a vous se vous
me voulez tenir promesse vous pouez main
tenant prendre ce chastel sans nulle defense.
Comment fait claudas.ou est donc le roy
ban. Certes fait il, il a guerpi le chastel & s'en
vont lui et ma dame la royne et vng seul es
cuier sans plus de gent. Comme rendes fait
donc claudas le chastel et ie vous tēdray mō
conuenant.et dimenche prouchain qui sera le
iour de la mi aoust voyans tous mes barōs
ie vous reuestiray de ceste terre / et vous en
deuēdrez mon hōme. De ceste chose est moult
ioyeulx le seneschal. Si dist.sire ie men iray
et vous laisseray les portes defermees:& lors
diray ie que nous auons bonnes treues et ilz
se reposeront voulentiers. Car moult ont eu
grant mesaise Et quant vous et vos gens se
rez dedens tenez vous tout coyement iusques
au maistre chastel pour rez tout prendre sans
arrest:ainsi parle le traitre a claudas & puis

sen retourne au chastel. Et quant il est dedēs
si encontre vng cheualier de grāt prouesse nō
me banyn filleul du roy ban qui fasoit guet
toutes les nuis arme de toutes armes & quāt
il vit venir le seneschal de la dehors il lui de
manda a quel besoing il estoit ale & yssu hors
a telle heure. Ie viens fait le traitre de clau/
das prendre les treues quil auoit ēcreees au
roy mon seigneur et le vostre: Quant cellui
l'entēt le cueur lui refroidist car moult a grāt
paour de traison:si lui dist . Certes seneschal
a tel heure ne va len pas prendre treues a vng
mortel ennemy qui lopaumēt en veult ouurer
Comment fait le seneschal me tenez vous pour
desloyal. Dieu vous deffende fait banyn de
faire desloyaulte. Atant se taist & plus n'en eut
parle sil eut ose. mais le seneschal auoit toute
la force et tost le eut fait occire: le seneschal dit
a ceulx qui guetoient quilz auoient treues dieu
mercy:et les fait tous aler couchier, et ilz se re
poserent voulentiers:mais banyn ne a pas
talēt de aler dormir / aincois se met en aguet
et est mōte en vne tourelle pour sauoir q̃ ceulx
de dehors feroiēt / & ceulx de dedēs leur iroy
ent la porte ouurir:ignorant q̃ les portes feus
sent defermees. Et il voit venir iusques a.xx.
cheualiers tous les heaulmes lachiez & apres
eulx en viennent.xx.autres.   si viennēt
xx.et xx.iusques a deux cens. Lors suspecon
ne il bien q̃ la ville sera trahie et il deuale les
murs si escrie a haulte voix trap trap par
my le chastel et encore ne cuidoit il mie que la
porte feust defermee. le cry est leue par le cha
stel et ceulx courent a leurs armes q̃ en estoi
ent desgarniz mais tantost se mistrēt les che
ualiers de claudas dedēs la premiere porte.
Et quant banyn les voit il est tant courou
cie que plus ne pouoit estre et fiert si durement
le premier que parmy lescu / le haubert/ et par
my le corps lui met le glaiue de oultre en oul
tre et le rue mort. Et les gens claudas les/
sent courre tous contre lui. Et banyn fuit a
vng autre chastel: mais aincois que il y soit
venu ilz lont abbatu deux ou iii fois. Lors se
refiert sur les murs par les degrez et va tout
contre mont/ tant quil est venu a luys de la
grant tour et apres lui lieue vng pouce pont
tourneys et treuue dedens trois sergens qui

partie

la tour gardoient donc lun lui a lups ouuert et les autres estoient tous au bas du chastel en dormis et vne ptie des cheualiers claudas couroient apres lui sus les murs et le cuidoient prendre et quant ilz voient quilz ont a lui failli ilz sen retournent et les autres eurent pusse le petit chastel aincois que les gens peussent estre armez leans. le cry estoit si grant par tout le chastel que len ne ouist pas dieu tonant. A ces crys et a ces noises saillit hors le seneschal et fist semblant de se defendre ainsi comme se il nen sceust riens si commence son seigneur a regretter. et Banyn qui estoit en hault comence a huchier. Ahy filz a putain traitre tout ce nous auez vous pourchasse et auez trap nostre seigneur lige qui de neant vous auoit mis en grant haultesse et lui auez tollue toute son esperance quil auoit de sa terre recouurer: mais a aussi bon chief en puissiez vous venir en la fin comme fist iudas qui traist cellui qui en terre estoit venu pour sauluer lui et autres pecheurs car bien auez faictes les oeuures de iudas. Ainsi parloit Banyn au traitre: et maintenant fut prins le petit chastel et toutes les autres forteresses fors ladicte tour. Mais de vne chose fut Claudas moult courroucie que il ne sceust lequel de ses hommes mist le feu en la ville: si fut la belle richesse des maisons arse et fondue. Apres ce moult bien se tindrent et deffendirent ceulx de la tour qui nestoient que quatre: donc ses trois estoient sergens et Banyn le quart. Et tuerent en eulx deffendant des gens au roy Claudas a grant plante. Au quint iour fist Claudas dresser vne perriere deuant la tour et plus nen pouoit seoir. mais ia par la perriere ne feussent este prins se ne feust que ilz nauoient que mengier et non pourtant moult se deffendirent vaillamment mais Banyn se deffendit sur tous les autres: et moult occist des gens a Claudas aux pieux aguz et aux pierres trenchans que il leur gettoit. Lors dist Claudas quant il le ouyst nommer il eut beues ses prouesses que se il auoit vng si preudomme cheualier et si loyal vers lui il le tendroit plus chier que lui mesmes. Apres que toutes viandes furent faillies a ceulx de la tour ilz tindrent trois iours entiere. Et lors furent trop pressez de angoisse de faim si leur auint la tierce nuit quilz prindent en vne cauerne de la tour vng chahuan car dautres oyseaulx ne y auoit il plus pour les coups de la perriere q tous les auoit chassez. de ceste auanture moult se esbaudirent Et Claudas appella vng iour Banyn et si lui dist. rens toy car ainsi ne peulx tu pas longuement tenir. et ie te donneray assez de cheuaulx et darmes et te feray conduire et despenser iusques la ou tu vouldras aler. et se tu vouloies demourer auec moy / aisi dieu me aide et les sains ie te aymeroye plus que cheualier que ie eusse oncques pour la prouesse et pour la la grant loyaulte qui est en toy. De ce se pria Claudas maintes fois. Et Banyn lui dist vng iour comme cellui qui moult estoit entre prins dun merueilleux desplaisir. Sire claudas / sire claudas bien saichiez q quant ie me rendray ie aura telle enseigne que ia homme ne men blasmera: et quant ie me rendray a vous ne a autre ie ne me rendray pas comme traitre. Tant se tint Banyn leans que moult fut afebli de faim et ses compaignons aussi Et chascun iour se pria claudas de rendre. car trop desiroit claudas a auoir. Quant Banyn vist que plus tenir ne pourroit et quil se conuenoit rendre par defaulte de vitailles et pour la perriere que trop les dommagoit il commenca a faire trop grant dueil: et ses compaignons q plus ne pouoient la faim souffrir lui distrent quilz se rendroient: et il leur dist. Seigneurs ne vous esmayez: car ie rendray la tour et si sera a tel honneur que ia nen serons blasmez ie ne suis pas mains laz ne mais trauaillie ou mains fameilleux que vous: mais quant grant angoisse maine homme a faire meschief toutesfois doit il son honneur garder. Cellui iour parla derechief claudas a Banyn et lui demanda quil auoit en talent ou du rendre ou du contretenir. Sire dist il ie me suis conseille a mes compaignons: et telz me loent que nous tenons ceste tour: car nous nauons garde de grant temps de pierre ne daultre engin. mais ie ne vueil plus prendre le faiz sur moy si ay propose que ie vous rendray la tour et moy et mes compaignons: car il mest aduis que ie ne la pourroie rendre a plus preudomme et si de mourray auec vous: mais auant nous ferez

a.iii

seurs que vous nous garantirez enuers tous hommes et nous tendrez droit en vostre maison tellement que se aucun nous veult riens demander par vous aurons droit. et se nous voulons quereler aucune chose vers quelque vng de vostre pouoir droit nous en ferez. Ceste conuenance leur creanca claudas a tenir et fist apporter les sains et leur iura au pie de la tour. Lors yssirent hors de leans. si mist claudas sa garnison dedens. et moult honnoura Banyn et fut moult aise en son cueur pource q̃ de grant prouesse sauoit veu dedens le tiers iour vint a lui le seneschal et demanda ses couenances. et il dist que voulentiers les lui rendroit: toutesfois il commenca a querre alongne. Et tant allerent ses parolles que banyn en sceust vne partie. si vint a Claudas ou il estoit entre ses barõs et lui dist. Sire ie vueil bien que tous voz barons sachẽt que ie me rẽdi a vous pource que vous me garantissez en mes droiz enuers tous ceulx qui me vouldroient demander et que ceulx a qui ie demanderoie aucune chose a vostre pouoir me feissez droit et Claudas lui recongnoit. Sire fait il ie vous prie et requier que me tenez droiture du seneschal qui cy est comme de celui qui est traitre et pariure vers dieu & vers son seigneur lige terrien. Et sil le veult nyer ie suis prest de lui monstrer vers son corps a tel iour que vous vouldrez. Oez seneschal dit Claudas q̃ ce cheualier dit de vous: ie seroie moult engigne quant ie vous aymeroie et essausseroie de mon pouoir, et vous seriez vers moy traitre. Sire fait le seneschal il nest si bõ cheualier ne si prise qui osat mõstrer que vers hõme eusse fait traison et que ie ne men deffendisse. Sire tenez mon gage fait Banyn ie vueil monstrer contre son corps maintenãt q̃ iay ouy et veu la traison quil a faicte vers sõ seigneur lige terrien. Or a Claudas ce quil lui plaist et est moult ioyeux quant il treuue aucune achoison par quoy le seneschal puisse perdre la chose quil lui auoit promise. Si lui demande quil en fera. Sire fait le seneschal conseillez moy vous mesmes: car cestui me hait ne pour autre chose ne me appelle de traison fors pour vous. De ce fait claudas vous cõseillerap ie bien se vous en estes hay se vous

en deffendez seulemet: car vous nestes pas mains grant ne manis fourny de corps que Banyn. Et se il me appelloit ainsi comme il fait vous donc seroye ie vitupere et honny se ie ne men deffendoie. Et sachiez que vous nauez garde de homme q̃ de son corps ne lui pareillement fors que de vous seul. & se vous enuers lui ne vous deffendez donc semblerez vous bien hõme qui se sente coulpable de traison. Tant dist Claudas que tous deux ont donne seurs gages en sa main Et lors appelle le seneschal si lui dist. Seneschal ie vous ap tenu iusques cy a moult loyal et le trop bay vostre seigneur vous reputoit pour tel. tenez ie vous reuestz du royaume de Benoic des rentes: et des yssues: et de quant qͥl y appartient fors seulement des forteresses donc ie ne saisiroie persõne. Et se vous enuers banyn vous pouez deffendre de ceste terre me ferez feaulte et hommage. Et sil vous attaint du cas se qͥl vous met sus ie lui octroye et donne sa terre/moyennant quil en deuiengne mon homme loyal. Ainsi a Claudas reuestu le seneschal du royaume de benoic pource que pariurer ne se vouloit du serment quil lui auoit fait et bñ se pensoit quil ne seroit gaires seigneur dudit royaume Car trop estoit banyn de grãt prouesse et espris de loyaulte. et sauoit moult biẽ le stille de la guerre. Au tiers iour fut la bataille des deux champions en sa prairie de benoic tout droit entre faire et arsie. et illec couppa Banyn la teste au seneschal. Et lors lui offrist Claudas la terre de Benoic a tenir a fieu et a hommage: et Banyn lui dist. sire iap accorde demourer auec vous par conuenãt q̃ ie ne y seroie fors tant comme il me plairoit. & mon talent est tel que aller men vueil presentement. si vous requier voyans tous voz barons que me donnez congie. Car dieu mercy iap acheue ce pour quoy iestoie demoure auec vous. or sachiez de vray que dieu ne fist oncq̃s si riche terre que ie vousisse auoir ne prendre de vous. A tãt sen partist Banyn. si en fut Claudas moult courouce. & mist toutes les paines quil peust pour le retenir: car il nauoit oncq̃s veu cheualier q̃ fust a sõ plaisir de plus grãt prouesse et de loyaute quil estoit Mais cy endroit ne parle plus le compte de Banyn ne

partie

de Claudas ne de sa compaignie: aincois re/
tourne au roy Ban.

¶ Coment le roy Ban mourut de deul quāt
il vist son chastel ardre et bruir. et comme la
dame du lac emporta son filz Lancelot, et cō
me la royne Helaine sa mere se rendit nōnain
a monstier royal.

¶ Chappitre .iiij.

Ainsi que le roy Ban estoit appuye au
tertre pour veoir son chastel q̄ tant ay
moit le iour si commēca a esclercir ⁊
il regarde si voit les murs blācheoir ⁊ la hau
te tour et se belle denuiron. mais il ny eut gai
res regarde que quāt il vist moult grande fumee
et vng peu apres la flāme saillir par tout. si
voit en peu de heures les riches salles verser a
terre et fondre les eglises et les clochiers, et le
feu voloit dun lieu en autre si en est lair rouge
et embrase et tout entour en reluit la terre. Le
roy voit son chastel ardoir quil aymoit plus
que nul autre tar de sa terre recouurer estoit en
ce chastel toute son esperance et puis quil voit
quil la perdu riēs ne demeure eu siecle a quoy
il se attende plus. Il se sent viel et debrise ⁊ sō
filz est tel quil ne le peut secourir ne aider. Et
sa fēme est ieune dame bōne vers dieu ⁊ vers
le siecle. Aussi elle estoit descendue de la haul
te lignie de Dauid si a pitie de ce quil conuen
dra son filz yssir de enfāce en pourete ⁊ en dou
leur. ⁊ sa femme estre en autruy dangier ⁊ lui
mesmes conuendra estre poure viellart et en
souffrette vser le remanant de sa vie. Tou
tes ces choses recorde le roy et met deuant dōt
lui touche au cueur si grant douleur que les
larmes en sont estouppees et le cueur serre eu
ventre. il se pasme et chiet en la pasmoison de
son palleffroy a terre si durement que par vng
peu quil ne cest le col brise: si lui sault le sang
p̄ la bouche par le nez et par les oreilles. grāt
piece a geu le roy en telle maniere. et quant il
reuint de pasmoison il parle comme il peult.
et regarde deuers le ciel et dist. Haa beau sire,
dieu: mercy et graces vous rens de ce que il
vous plaist que ie finisse ma vie en pourete.
Car vous veinstes en terre mort souffrir cō
me poure et souffretteup. Sire de ce que ie ne
puis auoir demoure eu siecle sans pechier ie
vous en crie mercy. car ie scay bien et voy que

ie suis a ma fin Et vous beau pere qui de vo
stre sang nous veinstes rachater ne perdez en
moy lesperit que vous y meistes: mais en cest
derrain iour ou ma fin est appareillee me re
ceuez cōme cesui qui regehiz la charge de mes
pechiez si grans et si merueilleup que ie nen
puis la somme dire. Et se le corps a meffait
en terre ou nul ne peult estre sans pechie. beau
sire prenez en la vēgance en telle maniere que
lame ne soit tourmētee apres la fin du corps et
quelle soit en aucun temps acompaignie auec
ceulx qui sont en sa pardurable clarte de vo
stre ioyeuse maison. Beau pere piteup p̄gne
vous pitie de ma femme Helaine q̄ est descen
due du hault lignage que vous establistes au
regne auantureup a essaucer vostre nom, ⁊ sa
haultesse de vostre roy. Sire conseilliez la
desconseilliee q̄ de cesui hault lignage est des
cendue et tant a ayme vostre creance ⁊ voz cō
mandemēs garde. ⁊ vous remembrez de mō
poure petit filz qui est iēne orphelin: car les po
ures sōt en vostre main et en vostre aide. quāt
le roy eut dictes ces parolles il regarda vers
le ciel et batit sa coulpe et ploura ses pechiez
deuant le regard de nostre seigneur. puis ar
rache trois brins de herbe eu nom de la sainte
trinite et les vsa en entendement de saincte cre
ance. ⁊ lors lui serre le cueur et si est le deul si
grāt quil a de sa fēme et de son filz q̄ l en pert
la parolle toute et les yeulx lui troublent au
chief. et il se sent si durement que les vaines
du cueur lui rompent et le cueur lui est party
dedens le ventre, et il gist pasme a terre ses
mains estendues en croix les yeulx encontre
le ciel. ⁊ le chief tourne vers orient. son cheual
fut effraye du cheoir quil eut fait quant il se
pasma si tourna en fuite tout contreval le ter
tre aux autres cheuaulx. Et quant la royne
le voit elle crie aux varlet quil se p̄igne. Si
met ius lenffant a terre puis court prendre le
cheual. et vient en hault ou tertre et treuue le
roy gisant ainsi comme vous auez ouy. Et
quant il se voit mort il iette vng si hault cry q̄
elle laisse son enfant a terre ētre les pies aux
cheuaulx et court tout a pie contre mont le ter
tre et treuue le varlet gisant sur le roy faisant
tel deul que plus ne peult. ⁊ quant elle voit sō
seigneur mort si se pasma sur le corps. Et a-

a.iiii.

piez qlle fut reuenue de pasmoison elle pfait
ses douleurs donc elle auoit assez largemēt.
si dessire ses cheueulx qui moult estoit sōgz
et beaux.elle desrompt ses draps et esgratine
son visage qui tant estoit beau et plaisant tāt
que le sang lui en coulle contre bas les ioes si
regrete les grandes prouesses de son seigneur
et ses grans debonnairetez et crie si hault que
le tertre le sac & tout le val qui grant estoit en
retentist.tant a crie que plus ne peult & telle-
ment que la parolle lui fault pour le grant
deul qui lui serre le cueur. si se pasme souuēt
et longuement: et au reuenir de ses pasmoi-
sons se plaint et tourmente & ne desire que la
mort. Et quant elle a longuement ainsi este
si se remembre de son filz et iamais ne espere
estre confortee par autre que par lui & pour la
grande paour que elle a que les cheuaulx ne
leussent occiz et tue si iette vng cry tel cōme el
le peult. & lors sault sus comme femme forse-
nee & court la ou elle auoit son filz laisse mais
tant la destraint la grāt doulceur & la paour
quelle a quil ne soit mort qlle sest pasme ains
quelle soit venue au ias. Au reuenir de pasmoi
son elle se plaint.& lamēte moult piteusemēt.
puis aualle la montaigne a grant haste. Et
quant elle approuche des cheuaux qui estoit
dessus le sac si voit son filz deslie hors du ber
cel et vne damoiselle qui se tient tout nu en son
giton & lestraint & serre moult doulcemēt en
tre ses deux mamelles et lui baise souuēt les
peulx & la bouche car cestoit vng des plus be-
aux enfans de tout le monde: et lors la roy-
ne dit a la damoiselle.Belle doulce amie pour
dieu laissez mon enfant car assez aura desor-
mais de deul et de mesaise. Il est hui cheu en
trop grāde pourete & misere car il a perdu tou
tes ioyes son pere est orendroit mort et sa terre
perdue qui nestoit mie petite se dieu la lui eut
gardee A chose que la royne die la damoiselle
ne respōt vng seul mot. & quāt elle la voit ap
prouchier si se lieue a tout lenfant et sen vient
droitement au sac:et ioinct les pies et se sance
dedens. La royne voyaut son filz dedens le
sac se pasme incontinent: & quant elle est reue
nue de pasmoison si ne voit ne lenffant ne la
damoiselle. Et lors cōmence vng deul si tres
grant que nul greigneur ne peult estre Et fut

la dame saisie dedēs le sac se retenue ne leut
sō barlet q auoit laisse le roy en la mōtaigne
et lestoit venu conforter pour sa grant paour
quil auoit quelle ne se desesperast. Ce pēdant
que la royne se demeine ainsi:passa par illec
vne abbeesse acompaignee de trois nonnains
son chappellain et deux escuiers et et elle ou pt
le grant deul que la royne demenoit si en eut
moult grant pitie et tourna celle part et salua
la royne:et lui dist q dieu lui doint ioye. Cer-
tes dist la royne il men seroit moult grant me
stier::car ie suis la plus desconseillee femme
qui viue.iap perdu ce matin toutes honneurs
et toutes ioyes donc iap eu aucune foiz assez.
Dame fait labbeesse qui moult dist de grant
beaute q estes vous. Si mait dieu dame fait
elle il ne vous peult gaires chaloir qui ie soye
fors de ce que ie diffz trop lors la regarde le cha
pellai & dist a labbeesse:dame en nom de dieu
iamais ne croiez se ce nest ma dame la royne
Et lors commenca labbeesse a pleurer moult
tendrement. Si lui dist. Dame pour dieu di
ctes nous si vous estes ma dame la royne. A
celle parole se pasma la royne et apres son re-
tour labbeesse lui dist. pour lamour de dieu
dame ne vous celez mie vers moy/car ie scay
certainement que vous estes madame la roy-
ne Se mait dieu dame fait elle voirement
ie suis la royne aux grans douleurs. pour
cest nom quelle se mist est appelle ce compte
en tous commencemens le compte de la royne
aux grans douleurs. Et elle dist a labbeesse.
Dame qui que ie soye faictes moy nonnain ie
vous en prie/ car ie ne desire riens plus en ce
monde que de lestre. Certes dame fait labbesse
ie le feray moult voulētiers/ mais pour dieu
dictes moy brief mescheance, car certes moult
ie suis a mal aise que ie ne le scay. Adoncques
la royne lui compte tout son meschief de point
en point et comment son seigneur estoit mort
dessus le tertre/et la maniere comment elle
auoit perdu son filz qui estoit tant mignon et
beau. Lors lui demāde labbeesse la cause pour
quoy son seigneur estoit mort mais elle ne lui
scait dire ne racompter. Dame fait labbeesse ie
espoire que cest pour le deul quil a eu de veoir
son chastel qui est ars & brulle. Et il ars fait
la royne. Certes fait labbeesse ouy seurement/

et ie cuidoye veritablement que vous le sceussiez bien. Se mais dieu fait elle non faisoye. Helas or ne scay ie plus que deuenir quant le plus beau lieu et le plus plaisant qui fust en tout ce pays est maintenant destruit et ars. Or congnois ie bien maintenant que aultre douleur ne autre mal ne sui a la mort donnee Et puis que ainsi est au temps aduenir ie ne vueil plus au siecle demourer, car ie vueil doresenauant viure solitairement et vser le demourant de mes iours au seruice de dieu. Et pourtant ie vous prie tant comme ie puis que me voellez, et faictes prendre tout mon auoir qui cy est dor de vaisselle et de ioyaulx, si en ferez icy faire vng petit monstier ou len chantera pour lame de mon seigneur a tousiours. Dame fait labeesse vous ne saues pas comme cest grant charge de tenir religion, car tous les trauaulx du corps y sont, et tous ses perilz des ames, mais venez vous en en nostre abbaye et en soyez dame et maistresse comme vous deuez estre, car les predecesseurs du roy mon seigneur fonderent et establirent le lieu tel quil est. Dame fait la royne ie vous prie et requier pour lamour de dieu que vous me facez nonnain, car veritablement ie nay plus cure du siecle, ne aussi le siecle na mestier de moy, et se de ce me refusez ie men fuiray parmy ceste forest comme sauuaige chetiue et esgaree. Dame fait labeesse puis que si acertes sauez entreprins soit en soit dieu et gracie. Nous deuons auoir grant ioye quant dieu nous donne la compaignie dune si haulte et si bonne dame. Illecques sans plus attendre furent trenchees et couppees les belles tresches de la royne. Apres lui furent apportez les draps en la place, si la voellerent. Et quant son varlet la vit voellee si dist que au siecle ne retourneroit iamais puis que sa dame en estoit yssue, et que mieulx il aymoit vser sa vie en religion que destre au vanitez de ce monde disant en soy que les delitz et voluptez de ce siecle sont souuentefois cause de la perdicion et damnation des ames. Si voulut illecques estre rendu et renonca aux choses temporelles esperant acquerir les spirituelles. Adoncques lui firent vestir les draps ains que de la place se partist. Apres ilz ont prins le corps du roy et lempor

terent en labbaye qui nestoit gueres loing de la. Si en fot le seruice tel comme len doit faire pour vng roy, et fut sollennellement colloque et garde en labbaye iusques a celle heure quil fut fait vng monstier ou lieu ou il auoit este mort. ¶ La royne demoura en labbaye et fist moult de prieres et doraisons pour son seigneur. Labeesse fist faire vng beau monstier ou propre lieu ou le roy auoit este mort, et de moult beaux edifices, et fut tout acheue dedens lan. Et quant il fut dediee le roy y fut apporte. Et la vint la royne elle troysiesme de nonnains, et y eut deux chappellains et troys renduz, et faisoient leans vng tel seruice que cestoit plaisir que de louyr. Tous les iours auoit la royne de coustume que aussi tost comme elle auoit ouye la messe que len chantoit pour le roy elle descendoit le tertre et venoit sur le lac ou elle auoit son filz perdu et quant elle estoit la venue elle lisoit aucune fois son psaultier et ce quelle sauoit de dieu. et pleuroit et lamentoit moult tendrement. Ainsi continua ses petites deuocions et oraisons par longue espace de temps en menant vie solitaire. La chose fut sceue et diuulguee par tout le pays que la royne de benoic estoit rendue nonnain en ce lieu qui fut appelle monstier royal. Moult fut le lieu en peu de temps creu et augmente. Et plusieurs des gentilles femmes du royaume de benoic se rendirent illecques tant pour lamour de dieu que pour lamour de la royne. ¶ Icy se taist le compte de la royne et de sa compaignie et retourne au roy claudas de la deserte.

¶ Comment le roy de gaunes mourut et comment la royne sa femme pour paour de claudas sen partit de son chastel pour aler a monstier royal ou sa seur estoit rendue, et comment en alant la ses deux enfans lyonnel et boort lui furent ostez. ¶ Chappitre .iii.

Tant exploita le roy claudas quil eut toute la terre de benoic, et toute la terre de gaunes. Car depuis que la mort au roy ban fut sceue le roy boort en mena tel deul par lespace de neuf iours auecques ce quil estoit tresfort malade que veritablement il il mourut. Et cuidoit len mieulx quil fust mort de deul quil auoit eut de la mort de son fre que de la sienne maladie. Il auoit deux enfãs tant beaulx et tant honnestes que cestoit mer ueilles dont lung auoit nom lyonnel/ et lau tre boort. mais ilz estoiet de petit aage. car ly onnel nauoit que dix ans et quatre mops/ et boort nẽ auoit que .ix. En la terre de gaunes auoit de moult preudes hommes/ et loyaulx cheualiers. si cõtretindrent la terre contre clau das tant cõmeilz la peurent contretenir. Et la ropne fẽme du rop boort fut menee en ung fort chastel nõme mõclet/ qui estoit de sõ dou aire. Et quant claudas eut tout le pays en sa baillie il vint mettre le siege deuant celui cha stel/ mes la ropne qui femme estoit ne losa at tendre de peur quil ne luy feist honte sil se po uoit a force prendre. Si sen fupt du chastel a uecques ses deux enfans et se fist passer oul tre vne riuiere qui dessoubz le chastel couroit tant quelle vint en vne forest qui estoit au des sus de la riuiere. Illecques mõta la ropne sus ses cheuaulx et sen ala a peu de gent et propo sa quelle ne fineroit de cheminer tant quelle venist au monstier ou sa seur la ropne de be noic estoit boelice. Ainsi comme elle sen aloit en telle maniere a tout ses deux enfans elle vint en vne moult belle lande. et illec lui ad vint vne de ses grandes mescheances/ et vous orrez comment.

Vray fut q le rop boort en sa vie auoit desherite vng cheualier du regne de gaunes pour vng aultre quil auoit occis/ car il fut lomme du monde qui plus haulte iusti ce tenoit apres le rop ban de benoic son frere. Ce cheualier qui desherite estoit pour lomici de quil auoit commis sen vint a claudas. et il sauoit toute la conuiue et le pouoir des deux freres. Le rop claudas layma moult par sem blant et le creut et exaulsa/ puis lui bailla vne partie de sa gẽt pour courir la ou il voulderoit et celui cheualier moult se pena de le seruir. Ce propre iour que la ropne sen aloit demou rer au monstier de sa seur aduint que en celle forest ou elle passoit estoit le rop claudas qui chassoit vng grant senglier et le cheualier des herite auecques lui. Le dit cheualier encontra la ropne et ses deux enfans au trespas dune haye. Et quant il approucha delle il sa con gneut/ si la saisit au frain. et quant elle se vit

saisie elle comenca a pleurer moult tendre ment. Et il fait prendre ses enfans qui estoi ent en deux berceaulx sur vng sommier et les emaine la ou il auoit laisse son seigneur. Se la ropne fut dolente il ne fault pas demãder car nul ne pourroit greigneur deul deuiser quelle faisoit/ et cheoit souuent pasmee tant q cestoit grant pitie de la veoir. Quant le che ualier la vit ainsi fort douloser il lui en prit pitie et lui dist. Dame moult mauez meffait et le rop qui mort est/ mais le cueur ne me souf friroit mie que ie vous meisse a malaise. car vous me feistes ia vng seruice q̃ encores vous sera moult bien guerdonne/ vous me respitas tes vne fois et moult vous poisa de mon des heritement. et ie vous en rendray maintenãt le guerdon/ car ie vous mettray hors de ceste forest a sauuete/ mais vous me laisserez mes seigneurs qui cy sont/ et ie les garderay et nou rirap tant quilz seront grans. Et se ilz pouo ient iamais leur terre recouurer mieulx men seroit. Se vous ne le faictes en ceste maniere vous ne pouez sinon cheoir es mains du rop claudas de la deserte. Quant la ropne len tend elle ne scait que faire ne que penser. et dit en soymesmes que se elle laisse ses enfans elle ne les verra iamais/ et daultre part se elle chiet es mains de son ennemy mortel elle aura as sez honte et douleur/ si se pẽse que mieulx lui vault prendre des deux maulx le maindre/ et conclud quelle doit laisser ses enfans en la garde nostre seigneur. puis dist au cheualier quelle laisse ses enfans en la garde de dieu et en la sienne/ et lui prie quil les garde sicõme il doit et quil la conduise hors de celle forest et la mette a sauuete. Lors le cheualier print ses deux ẽfãs et les liura a ceulx en qui il se fioit le plus et mena sa dame hors de la forest tãt quelle vint a vne abbape de reñdues. Il la mist leans et lui dist. Dame vous demourerez cy iusques a tant que vous verrez vng messa gier lequel ie vous enuoieray. qui vous dira quant le rop claudas sen sera ale. Et quant elle oupt celle parole elle lui cheut aux piez en pleurant tendrement lui priant et requerãt pour lamour de dieu que pitie lui pregne des deux ẽfans/ et que pour couuoitise dauoir ne les mette es mains de leur ennemy mortel.

Et celui dist sur sa creāce que la ou ilz aurōt mal il ne les pourra garentir. Atant sen ala Et quantil vint a claudas il trouua le sen glier occis Lors tantost vindrent les nouuel les que monser estoit prins de laquelle cho se claudas fut moult ioyeup. Si monte tan tost a cheual et vient au chastel & trouua quil estoit rendu a ses gens, car depuis que la roy ne en fut hors on ne sosa plus contretenir/ mais quant il ne trouua la roype ne les deup enfans il fut moult courrouce et nōpourtant il se saisit du chastel et tint en telle maniere les deup roypaumes ¶Icy se taist le conte de claudas et retourne a parser de la royne helai ne la femme au roy Ban

Chappitre. V.

Quant le cheualier desherite oupt les nouuelles de monser qui pris estoit/ et il vit claudas pour aler la si print vng sien nepueu escuier et lenuoya a la royne et par celui la fist conduire iusques au monstier ou sa seur estoit. Adōc se nepueu acomplit diligemmēt et de bon courage le cō mandement de son oncle et mena la royne au monstier la ou estoit sa seur. Et quant les deup seurs sentreuirent il ne fault pas demā der selles eurent toutes deup assez de deul et ioye/ car elles en eurent tant comme elles en peurent de bouche deuiser. Elles eurent deul de ce que lune voit lautre desheritee et epillee qui tant souloient estre honnourees et prisees et de grant pouoir. Et dautre part elles a uoient moult grant ioye de ce quelles se voy ent ensemble. Si se pensoient que doresena uant vseroient le remanant de leurs vies en semble en pleurs et en gemissemēs en faisant deul de leurs grādes et piteuses pertes, et au sien seruāt nostre seigneur ou quel estoit tout seur confort. Et apres qlles eurent assez par le de seur desheritement et de la perte de leurs seigneurs si dist la femme au roy Ban. Et de mon filz fait elle belle seur qui de tous enfās estoit la rose et des vostres qlles nouuelles/ ou sont ilz. Et lors se pasme sa seur, et quant elle la voit pasmee elle se pasme empres dōt tous ceulz et celles de leans sont grant deul. Apres que la royne de gaunes est venue de pa moison si commence a compter a sa seur com ment elle a ses deup enfans perduz. Ha lasse fait celle de benoic or sommes nous mainte nāt toutes deup sans enfans. Et lors lui cō mencea compter et a dire comment son sire a uoit este mort/ et comment elle auoit perdu lancelot son filz quant la damoiselle se lan ca dedens le lac. Grant fut le deul aup deup seurs pour la grande perte que faicte auoient et selles ne fussent ensemble encores fust gri gneur seur angoisse, mais pource qstes estoi ent ensemble seurs douleurs estoient aucune ment amoderees et amendries. Maintenant vint illec labesse et fist rōgner la royne de gaunes, car moult auoient grant paour de la desloyaute de claudas. Et depuis quelles estoient voesses et rongnees elles nauoient garde de lui. Mais delles pour le present ne parle plus le compte et retourne a lancelot

Chappitre. Vi.

La damoiselle qui lācelot porta au lac estoit vne faee. Et en celui tēps estoient appellees faees toutes selles qui sen tremettoient denchantemens et de charmes/ et moult en estoit pour lors principalement en la grande bretaigne, et sauoient la force et la vertu des paroles/ des pierres & des herbes par quoy elles estoient tenues en ieunesse & en beaulte et en grandes richesses comme elles deuisoient. Et tout ce fut establi au temps de merlin le prophete aup anglois qui sceut toute la sapience qui des dyables peut descen dre par quoy il fut tant redoubte des bretons et tant honoure que tous les plus haulz lap pelloient le saint prophete, et toute la menue gent le tenoient pour leur dieu. Celle dont le compte parle auoit sceu par merlin tout ce ql le sauoit de nigromance/ et fut ledit merlin vng homme engendre en femme par vng dy able, et fut appelle lenfant sans pere/ du ql ainsi que dit le compte de ses hystoires la ge neracion fut telle.

En la marche descosse et dirlande eut iadis vne damoiselle de grāt beaul te fille dung vauasseur q nestoit pas de grāt richesse. La damoiselle estoit en aage de ma rier mais elle disoit a son pere & a sa mere qlz ne la mariassent pas et q de vray elle auoit ce couraige q ia nauroit homme quelle veist car son cueur ne se pourroit souffrir ne endurer. Lors essayerent le pere et la mere se ilz la pourroient getter hors de ce couraige mais ilz ne peurent en nulle maniere. Et elle leur dist que silz sen efforcoient que aussi tost quelle se verroit elle mourroit ou ystroit hors de son sens. Et sa mere lui demanda conseil privéement comme mere: selle se veult domme tousiours se abstenir, et de corps charnel, et elle lui dist que nenny aincois selle pouoit avoir compaignie domme quelle ne veist moult lameroit, car la voulente avoit elle bien de ce faire mais le cueur ne se pourroit souffrir. Ilz navoiẽt de tous enfans qelle a laymoient tant comme on doit aymer son seul enfant, et ne se vouloient mettre en aduẽture de leur enfant perdre. Ilz souffrirent tant et attendirent qilz peussent veoir selle changeroit cestui vouloir, mais ce pendant son pere mourut. Apres le trespas de son pere semont maintenant sa mere la fille de mary prendre, mais elle ne veult, car nullement ne se pouoit accorder a prendre homme quelle veist, et tel estoit lestrif dentreulz quelle ne pourroit souffrir le veoir mais le sentir sans le veoir feroit elle legierement. Adoncques ce advint que vng dyable se presenta a la damoiselle en son lit par la nupt obscure et la commenca a prier moult doulcemẽt et lui promist que ia ne se verroit nul iour. Et elle lui demanda quil estoit. Ie suis fait il vng homme destrange terre, et pour ce que vous naures cure domme que vous puissez veoir ie suis a ceste heure venu a vous, car aussi ie ne pourroye veoir nulle femme avecques laquelle ie couchasse. La damoiselle le tasta et sentit quil avoit le corps moult bien fait, nonpourtant les dyables nont nulz corps ne membres que len puisse veoir ne toucher, car spirituelle chose ne peut estre touchee, et tous dyables sont choses spirituelles. Mais les dyables prennent et forment aucunefois vng corps de lair tellement quil semble a ceulz qui le voyent quil soit forme de chair et de os. Quant elle sentit le dyable au corps es bras et es mains il lui fut aduis a ce quelle en peut savoir par sentir que moult estoit bien taillie destre beau, si layma moult et fist et acomplist sa voulente, et moult bien se cela a sa mere et a autruy.

La premiere

Quant elle eut ceste vie menee lespace de cinq mops elle engroissa, et au terme quelle enfanta tout le peuple se merveilla pource que du pere len ne savoit rien, et elle ne le vouloit dire. Celui enfant fut vng filz et eut nom Merlin, car ainsi le commanda le dyable a la damoiselle ains quil naquist, et si ne fut oncques baptise. Et quant vint au chief de douze ans si fut mene a Uter pandragon. Apres que le duc de Tintaguel fut mort par la trayson de Uter pandragon et de Merlin pour Egerue sa duchesse que Uter pandragon aymoit merlin sen ala couverser es forestz parfondes obscures et anciennes. Il fut de la nature de son pere, car il estoit decevant et desloyal, et sceut quanque cueur pourroit savoir de perversite. Il y avoit en la marche de la petite Bretaigne vue damoiselle de moult grant beaulte qui avoit nom aiuiene, et merlin commenca a laymer, et moult souvent venoit la ou elle estoit et par iour et par nupt. Et celle se deffendit moult bien de lui, car moult saige et courtoise estoit tant que vng iour lui enquist et coniura quil lui dist quil estoit, et il lui en dist la verite. La damoiselle lui promist qelle feroit tout ce quil lui plairoit mais quil lui enseignast avant vne partie de son sens et de sa science. Et celui qui tãt laymoit q mortel cueur ne pourroit plus aymer lui octroya et promist apprendre tout ce quelle lui devisoit. Ie veuil fait elle q vous me enseignez comment et en quelle maniere ie pourroye vng lieu si bien fermer par fortes paroles et enserrer dedẽs ce que ie vouldroye que nul ny peust entrer ne yssir hors. Et si me enseignez comme ie pourroye faire dormir q que ie vouldroye a tousiours sans esveiller. Pourquoy fist merlin voulez vous ce savoir pource fait elle que se mõ pere savoit q vous gesissiez avec moy il me occiroit tantost, et ie seroye asseur de lui quant ie lauroye fait endormir, mais gardez fait elle que vous ne me enseignez chose ou il y ait point de mensonge, car bien sachiez que iamais naurriez mon amour ne ma compaignie. Adoncques merlin lui enseigne et aprent lung et lautre, et la damoiselle escript les paroles en parchemin.

dont elle le coniuroit toutes les heures quil
venoit a elle tellement que incontinent il sen
dormoit/et elle mettoit sur ses deux mamel
les deux noms de coniurement telz que ia tāt
comme ilz y fussent homme ne la pouoit des
puceler ne auecques elle gesir charnellement
En ceste maniere le mena moult longuemēt
et cuidoit tousiours au partir quil eust lieu a=
uecques elle. Si le deceuoit ainsi pource quil
estoit mortel/ mais sil eust este du tout ypa=
ble elle ne leust peu deceuoir/car ung ypasse
ne peut dormir. En la fin sceut elle par lui tāt
de meruueilles que une fois elle le laissa tout
endormy en une caue dedens la perilleuse fo=
rest daruantes qui marchissoit a la mer de cor
nouaille/et a la mer de soref fois. Illec demou
ra en telle maniere. Et le lieu fut moult bien
scelle par dedens a force de grans coniuremēs
si ne fut oncques puis veu par homme qui nou
uelles en sceust dire

Celle qui si bien endormit Merlin fut
la damoiselle qui Lancelot emporta
au lac. Et quant elle leut emporte il ne fault
pas a demander selle le tint chier. Elle le gar
doit si doulcemēt que autre femme neust sceu
my eulx faire. La damoiselle nestoit mie seu
le mais y auoit grande compaignie de cheua
liers et de dames et de damoiselles. Si quist
a lenfant nourrisse qui bonne fust. Et quant
il fut daage il eut ung maistre qui lui ensei=
gna comment il se deuoit gouuerner/et ny a=
uoit leans qui sceust son nom fors la damoi=
selle seulement. Les ungs lappelloiēt le beau
trouue/ les autres filz de roy. et elle mesmes
assez souuent lappelloit ainsi/ et telle heure
estoit quelle lappelloit riche orphelin. Ainsi fut
lancelot troys ans en la garde de la dame a
grant aise/et bien cuidoit il pour vray quelle
fust sa mere. Si fut plus creu en ces troys
ans que ung autre neust este en cinq. et si fut
en toutes choses si bel enfant que plus bel ne
sceust on deuiser. La dame qui le nourrissoit
ne conuersoit que en forestz/et estoit au plain
dung tertre plus bas assez que celui ou le roy
ban estoit mort. En ce lieu ou il sembloit que
le boys fust grant et parfont auoit la dame
moult de belles maisons/et moult riches/ et
ou plain dessoubz auoit une gente petite riuie

re moult plantureuse de poissons/et estoit ce
lieu si celet secret que bien difficille estoit a
homme de le trouuer/car la semblāce du lac
le couuroit si que il ne pouoit estre apperceu.
Ainsi est lancelot en la garde de la dame/ il
croist et amende a merueilles. Mais icy se taist
de lui le compte et retourne a parler de Lyon
nel son cousin et de Boort les enfans au roy
Boort de gaunes. ¶ Chappitre. Vii.

Le compte dit que quant le cheualier
qui tollut a la royne de gaunes ses
deux enfans sen fut ale en son pays
que le roy claudas lui auoit rendu. Il garda
les enfans a moult grant honneur et leur bail
la tout ce que necessaire leur estoit/ car il ne re
gardoit fors a les tenir a honneur tant quilz
peussent croistre et paruenir en aage esperāt q
dieu leur rendroit encores une fois leur terre/
et y pensoit auoir grant honneur se ilz reuenoi
ent iamais en pouoir. Ainsi les tint plus de
troys ans en sa maison si celeement que nul
ne sauoit quilz y estoient fors seulemēt sa fem=
me qui moult estoit belle dame et ieune et biē
parlant. Pour la grant beaulte den elle estoit
aduint que claudas lapma et fist tant quil
eut son amour/et pour lamour delle fist il sō
mary seneschal de toute sa terre/et moult lui
creut son estat de beaulx fiefz et de moult bel=
les rentes. Le cheualier estoit moult preux et
hardy et auoit nom farien. Et quant il sceut
les amours de sa femme et du roy claudas
il en fut moult courroucie car il naymoit rien
tant comme la dame. Il sen print garde moult
souuent/ et ung iour aduint que claudas sen
uoya a ung sien affaire/et le cheualier fist sē
blant dy aler mais il se mist en lieu pour sa
femme esprouuer tant que a la nuyt trouua
claudas auecques elle et le cuida occire mais
il ne peut car il se lanca par my une fenestre
hors de la chambre et eschappa. Il congneut
moult bien que cestoit claudas dont lui poi
sa moult que occis ne lauoit/ et eut merueil=
leusement grant paour que claudas ne loc=
cist. Si pensa farien en luymesmes com
ment et en quelle maniere il se pourroit garē
tir par cautelle/ car force ny auoit lieu. Si
print couraige en lui et vint a claudas et le
tira a conseil dune part et lui dist en ceste facon

La première

Sire ie suis voſtre homme ſi me deuez tenir droit enuers les autres, et aux autres tuer moy. Il ya ceans vng de voz cheualiers qui ma femme me fortrait, et trouue lui ay vne fois. Qui eſt fait Claudas le cheualier. Sire fait il ie ne ſcay, car ma femme ne le ma voulu nommer, mais tant ma elle bien dit quil eſt de voz cheualiers, ſi vous prie q̃ me donnez conſeil que ien doy faire ſe ie le treuue. Certes fait Claudas ie loccirey ſe ie le trouoye en telle maniere comment vous maues cy deſcouuert. Or cuidoit bien Claudas que Farien ne ſceuſt mie la verite. A tant preͤt Farien de lui congie et ſen reuient en ſon hoſtel et prent ſa femme ſi lamet en vne tour moult a mal aiſe ſeule de toutes compaignies, fors de vne vieille qui lui portoit ce quelle mengoit et buuoit. Et oncques Farien ne lui reproucha pour quoy il le faiſoit. Tant ſouffrit la dame quelle ne peut plus ſouffrir, et fiſt tant quelle parla de nuit par les feneſtres a vng ſien couſin Barlet au quel elle auoit fait malt bien et lui encharga quil alaſt au roy Claudas & lui deiſt que ainſi lauoit ſon ſire pour lui enſerree, et quil feiſt tant quelle peuſt a lui parler et elle laduertiroit de ſa honte et de ſon dõmaige, et ſil ny parloit prouchainement trop grant perte y pourroit auoir. Le Barlet ala a Claudas et fiſt tant quil parla a lui & lui cõpta quanque ſa dame lui auoit enchargie, et auecques ce lui diſt bonnes enſeignes quelle lui enuoioit. Apres ce ne demoura gueres que Claudas chaſſa en la foreſt de gaunes ſi lui mõta en courage daler veoir la dame, il preͤt vng eſcuier et manda a Farien quil aloit en ſa maiſon diſner. Et quant Farien louyt il fiſt moult belle chiere au meſſagier & ſembla que moult en fut ioyeuy. Lors fiſt tirer la dame de la tour et appareiller moult richemeͤt & prepara a menger tout ce quil peut trouuer de bon. Quant Claudas aproucha il ala a lencontre et lui fiſt moult belle chiere et le receut en ſa maiſon a moult grant feſte. Apres diſner ſe aſſiſt Claudas et la dame empres lui ſur vne couche, et elle ſe commence a plaiſdre a lui de la meſaiſe que Farien lui auoit fait endurer et diſt. Sire vous y deuſſiez bien mettre conſeil, car iay tous ces maulx pour vous. Certes fait il ie y mettray voulentiers conſeil. Ie vous enſeigneray fait elle cõmeͤt vous me pourrez de lui venger & vous auec ſe vous mayymes tant comme iay vers vous deſſerup. De ce fait Claudas ſoyez toute ſeure, car ſe ie puis veoir le point ie vous en vengeray, et ie vous creance comme roy quil en ſera a voſtre vouloir. Sire fait elle il ſcait de vray que ce fuſtes vous q̃ trouua en mon lit giſant mais ſemblant nen oſe monſtrer tant vous redoubte, toutes fois vous auez bõne achoiſon de le deſtruire, car il garde bien trops ans a ſes deux filz au roy Boort de gaunes en vne chambre deſſoubz ceſte tour tant quilz ayent pouoir & couraige de vous occire et puis quil a ce fait contre vous bien a mort deſſerui. Comment fait Claudas eſt il vray. Oup fait elle ne le doubtez pas, et vous ne pourrez meilleure achoiſon trouuer ſur lui q̃ ceſte, car par tant a il forfait et deſſerui mort ou au moins eſtre deſherite. Or laiſſez a tant fait Claudas et ia nen faictes ſemblant, car ie cuide que en peu de tẽps ien penſeray. Adoͤc print congie et ſen partit Claudas de leans et vint geſir la nupt a gaunes. Il y auoit en ſa maiſon vng des aduerſaires Farien qui a mort le hayoit, ſi vint a lui Claudas et lui diſt que or ce eſtoit il bien aiſe de ſoy venger de Farien ſil lo ſoit entreprendre. Comment ſire fait celui. Ie le vous diray fait Claudas mais vous me fiancerez loyaumeͤt que vous en ferez par mon conſeil, et celui lui fiance. Il eſt vray fait Claudas quil garde les deux enfans au roy Boort dedens vne ſienne forteſreſſe, & ie le ſcay par ceulx meſmes q̃ mieulx ſont de ſon conſeil, vous lappellerez par deuaͤt moy de trayſon comme celui qui mon hõme eſt, et garde encontre moy mes mortelz ennemys, et ſe aucunement il loſe nyer vous le lui monſtrerez contre ſon corps, et pour voſtre remuneracion ie vous dõne la ſeneſchauſcee de gaunes a touſioure a vous et a voſtre hoir. Le roy Claudas fiſt tant par ſes offres que celui fut content den faire ainſi comme il lui commanderoit, et fut moult ioyeuy des promeſſes et grans dons quil lui offroit et le remercye moult humblement ſoy offraͤt dacomplir toute ſa voulente, et promettant

partie

a faire tout ce quil lui plaira commander
Ainsi passa le temps que plus nen fut parle
iusques a tant que farien vng iour voulut
aler a la court. Si se pensa comme celui qui
saige estoit et ne sauoit quelle chose lui estoit
auenir, car moult le hayoit Claudas, il cō-
manda a tous ceulz qui gardoiēt ses choses
q pour vng sien nepueu cheualier quil auoit
ilz feissent autant quilz feroiēt pour lui, car
cestoit lomme du monde ou plus il se fioit et
a tous en fist faire serment. A tant vint a la
court et Claudas le traitre se receut a moult
grant ioye. Landemain vint le cheualier qui
tant le hayoit a lyssue du moustier et dist a
claudas voyant tous ceulz q la estoient. Si
re sire, tenez mop droit de farien qui cy est cō-
me de celui q est vostre traitre, car ie le scay
de certain. Et se il le veult nyer ie suis prest
de se prouuer par deuāt vous, car il tiēt voz
mortelz ennemis encōtre vous, ce sont les en
fans au roy Boort de gaunes. Oyez farien
fait Claudas que cestui vous met sus, certes
se vous me traissiez, ie suis moult deceu, car
moult vous ay honnoure et mis auant. Si
re fait farien de ce ie me conseilleray. Com
mēt sire fait vng cheualier q nepueu estoit de
farien, vous vous en cōseillerez, certes ia cō-
seil nen sera prins, car il nest cheualier qui cō-
seiller se doye puis quil est appelle de trayson
mais sil est coulpable, len lui doit mettre la
hart au col et lenuoier incontinent a la iusti-
ce, ou se il a droit deffende soy oultreement,
car desloyaute fait au besoing de bon cheua-
lier le mauuais, et loyaute fait le bon cheua-
lier. Lors sen vient deuant Claudas et dit.
Sire ie deffendray monseigneur mon oncle
de ceste chose. Et son oncle soit auant et dist
que ia autre que lui ne y mettra lescu au col.
Tenez fait farien mō gaige que ie oncques
trayson ne fis vers vous. Cōgnoissez vous
fait Claudas que vous auez les enfans au
roy Boort en garde. Sire sire fait le nepueu
se il les gardoit ores, si en fait il assez, car il
est prest de contredire q onques ne fist traisō
vers vous, et ainsi comme il est appelle il est
prest de sen deffendre. Il est accuse fait Clau
das des enfans au roy Boort, et toutesfois
se il veult contredire que il ne les garde celui

est tout appareillie de se prouuer. Sire se il
les a gardez si na il pas fait traisō vers vous
et sil ya ceās cheualier tant preux ne tant har
dy qui vueille monstrer que ce soit traison ie
suis prest de sen deffendre, car il ne print onc
ques de hommaige au roy Boort. Et combiē
que son sire eust mesprins vers lui si doit il
garder le corps de son seigneur et le corps de
ses enfans. Puis dist a son oncle. Alez sire si
vous deffēdez de la traison que ce cheualier
vous a mise sus, et ie vous deffendray du
meffait que point nen ya aux enfans garder
Et quant il eust ceste parole dicte il ny eut hō-
me qui onques y meist contredit, et le cheua
lier q appelle lauoit de traisō ne se tint plus
si en grant comme il auoit deuant este. Com-
ment fait Claudas a celui q appelle lauoit
nen ferez vous plus. Et quant celui voit que
au seigneur plaist il donne son gaige pour de
monstrer la traison. Et farien tent le sien
pour se contredire. Adonc sen alerent armer
et farien appelle son nepueu et lui dist. Beau
nepueu alez vous en en mon chastel, et quoy
que de moy doye aduenir prenez mes deux
seigneurs et les menez sans arest au moustier
royal ou ma dame est et les lui rendez, car ie
ne les pourroye plus garder pour ce traitre.
A tant sen part le nepueu et vient au chastel
Si prent les enfans et en fist ainsi comme il
lui auoit este commande. Ce pendant farien
se combatit tant quil occist le cheualier deuāt
Claudas. Et lors viennent les nouuelles a
Claudas que le nepueu farien sen estoit ale
et q il auoit perdu les enfans dont il fut moult
desplaisant. Si māda farien et lui fait tres
grāt chiere puis lui dist. Farien rēdez moy les
enfans et ie vous iureray sur les sains q ie les
garderay, et quāt ilz serōt en aage destre che-
ualiers ie leur rendray leurs heritages, et se
ie meurs ie les feray mettre en vostre main,
et garderez les enfans et la terre de gaunes,
et celle de Benoic mesmes qui leur doit appar
tenir, car iay ouy dire que le filz au roy Ban
est mort pieca dont il me poise, et ie suis de tel
aage que ie ne doiz dorsenauāt penser en au
cune chose fors de sauuer mō ame. Et la cau
se pourquoy ie desheritay leur pere ce fut pour
ce quil ne voulut nullement mon homme

deuenir/et si nauoit nulle aide de seigneur. Lors sist Claudas apporter ses sains et iura Bopas tous ses Barons que ia par lui mal ne auroient les enfans/aincois leur garderoit leur terre moult bien et loyaument tant quilz uenissent en aage. farien le creut par celui sermeut. Lors monta et courut au ferir des esperons par ou il sauoit ou il trouueroit son nepueu/si le trouua et emmena les enfans Quant claudas les vit il leur sist moult grant ioye et moult furent regardez/car a grant merueille estoient beaux/ et il les commanda a garder a farien et a son nepueu. puis ne demoura gueres quil les sist mettre en la tour de gauues/car ce disoit il trop estoient encores les enfans ieunes pour cheuauchier/et il souloit quilz fussent illec gardez. Ainsi sont lionnel et Boort en la tour de gauues en prison et leurs deux maistres auec eulx. Et le roy claudas leur fait moult beau semblant damour/et commande quilz ayent tout ce qilz demanderont de bouche. Mais deulz se taist icy le conte et retourne a parler du roy claudas

Chappitre viii

Ainsi tint le roy Claudas le regne de gauues et cellui de Benoic sans contredit et moult sut doubte de ses voisins et dautres gens. Il nauoit de tous enfans que vng seul filz moult bel et gent nomme dorin aage de xv. ans ou enuiron. Cesuy dorin estoit si fier et si courageux a desmesure que son pere ne losoit faire cheualier:car il auoit paour quil ne lui courust sus si tost cõme il en auroit le pouoir. Il estoit si grãt despensier que riens ne lui pouoit durer. Et claudas sut le plus angoisseux prince et le plus auaricieux du monde/et ia riens ne dõnast sil nauoit grãt mestier de gens. Sa facon estoit moult fiere car si comme le conte dit il auoit bien. ix. piez de long a la mesure des piez de lors/et le visaire gros et noir/les sourcilz velus/et les yeulx gros et noirs loing lun de lautre/le nez gros et reclignie/la barbe rousse/et les cheueux ne bien noirs ne bien roux mais entremeslez de vngs et dautres/le col gros et la bouche grande/et les dens cleres/mais il auoit les espaules/ et les piez/ et tout le sur plus du corps si bien taillie que len ne pour-

roit mieulx deuiser. Ses teches estoient bonnes et mauuaises. Il aymoit moult vng poure homme preux cheualier/ne ia ne cuidast que riche homme sust bõ cheualier. Il hayoit tous ceulz qui plus pouoient q lui et aymoit ceulz dont il estoit au dessus/ et si leur vouloit estre vng pou plus large. Voulentiers aloit au moustier mais il ne faisoit mie grandement de bien aux poures gens. Il se leuoit matin et mengeoit. Et ne iouoit ne aux tables ne aux eschez ne aux autres ieux que bien petit. Il aloit voulentiers aux bois deux iours ou trois pres a pres non pas coustumierement Il ne faisoit mie conuenans legierement/ et souuent mettoit sus achoisons de barat et de deceuance. Oncques nauoit ayme fors vne fois, et quant on lui demandoit pourquoy il auoit amours laissees il disoit quil desiroit viure longuement/ et que celui ne peut viure longuement qui par amour ayme/car cueur de cheualier qui finement ayme ne doit tendre que a vne seule chose/cest a tout le monde passer. Et nul corps dõme tant soit preux ne pourroit souffrir ce que le cueur oseroit entreprendre que aincois ne se conuenist finir/mais sait il se la force du corps sust telle qlle peust acomplir le hardemẽt du cueur ie aymasse par amours toute ma vie et passasse les preudes hommes en toutes les prouesses qui peuent estre en corps de cheualier/car nul ne peut estre tant preux damours se il nayme trop loyaument/ et ie congnois tant mon cueur que ie aymeroye loyaument sur tous loyaulx. Ainsi parloit claudas a sa gent priuement. Et il disoit vray/ car il auoit este en sõ amour de merueilleuse prouesse et auoit eu los et pris de cheualerie en maintes terres/ Et si auoit encore telle teche que qui son conseil lui deist ia par lui ne sust descouuert. Il aymoit riuieres sur tous deduitz/et plus les faulcons que les autours/et ne cheuauchoit gueres que a grans destriers fors quãt il cheuauchoit grandes iournees/ et lors auoit il tousiours vng grant destrier de coste lui/ ou sust en paix/ou sust en guerre.

Quant il eut tenu les deux royaumes deux ans et plus il se pourpẽsa dune haulte prouesse/mais il ne se conseilla que a son cueur. si dist a soy mesmes. Je suis moult riche et moult vigoureux et doubte de maintes gens car le roy Artus mesmes ne se ose mie rebeller contre moy. Si si tiens plus de deux uns a deux royaulmes de son fief si scay bien que moult suis doubte des autres gens puis que le roy Artus me craint et doubte: mais ie ne me tendray pas pour si pieux comme ie doiz se ie ne faiz tant quil tiengne de moy toute sa terre. si ay en tallent de le guerroier touteffois pource quil est tenu a si pieudomme de toutes gens ie voul droye sauoir auant se il a en lui tant de valeur comme les gens dient et Ferray voulentiers une partie de son estat et se il est tel que ie le doie assaillir de guerre ie le assauldray prouchainnement et se ie voy que ie ne se puis semettre au dessoubz ie serray atant afer mon foy penser. Car mieulx me vault auoir folle ment penser que me mouuoir plus en haultement de folle empuinse Ainsi pense Claudas et parle a soy mesmes. puis vient a ung sien oncle ainsi ne de lui pour lui compter tout ce quil pensoit et propose: mais aincois se fait iurer sur saincs quil ne sen descouurira a persone et puis lui dist. Beau oncle ie men vois en la maison au roy Artus pour espier se on le pourroit mettre au dessoubz. et sil se doit estre par homme il se sera par moy. et se ie voy que follie soit de ce entreprendre si le serray atant ester. Je vous baisseray toute ma terre en vre garde car ie ne vueil point que mon filz en soit tenant iusques a celle heure que vous scaurez que ie soie mort et sil auenoit chose que ie ne reuenisse au chief dun an sors me pourrez tenir pour mort si le reuestez de ma terre seurement. Et ainsi le se ferray iurer a tous mes hommes. Lors enuoia querre les hommes de tous ses trois royaulmes et leur dist. Seigneurs vous estes mes hommes liges ie men vois en ung pellerinage si secretement que auec moy ne vendra que ung escuier: et pource ie vueil que vous faciez autant pour mon oncle qui cy est comme vous seriez pour moy iusques a ung an etier. et se au chief dun an ie ne reuenoie et sceussiez que ie feus se mort vous du royaume de la terre desheritez et de Berop reuestirez dicelles terres Douin mon filz et len tendrez a seignr. Et vous du regne de Benoic et de gaunes rendrez aux enfans

du roy Booit sa terre qui leur estoit cest sa terre que iay conquise. car iay ouy dire que filz au roy Ban est mort auec son pere Et ie ne vueil pour autruy desheriter perdre mon ame apres ma mort. mon filz aura assez sil est pieudomme et riens ne seroit en lui bien employe se il estoit mauluais: mais si ne vueil ie pas que deuant ung an il soit saisi dun seul pie de terre et si vueil que ainsi le me iurez. Et vous mon oncle vous me iurez tout auant a se tenir sicome ie say deuise. et il lui iure tout premier: car moult estoit pieux et loyal tousiours. il auoit nom patrice et estoit sire dun chastel pres de gaues deuers soleil couchant que Claudas lui auoit donne et par ainsi nesse estoit sire du chastel de charroe et dun autre qui lors estoit appelle dun. mais par temps se filz dicestui patrice qui estoit pieux et vigoureux se fist appeller essoudun pource que trop petit estoit son nom pour si bon chastel et si plantureux. de celle terre estoit seigneur patrice en son temps. Et quant il eut fait son serment iurerent trestous les autres. dedens quatre iours vint claudas pour aler a son affaire et emmena auec lui ung sien sergent qui estoit sage et pieux et de grande prouesse de corps et de tous autres seruices. Tant cheuaucha Claudas quil vint en la grande bretaigne et trouua le roy a logres sa cite qui auoit guerre a plusieurs de ses barons et il nauoit escore gaires este roy. Il auoit de nouueau et enuiron sept mois dempau parauan espousee la royne genieure qui estoit la plus belle dame dont iamais homme eut ouy parler au roy aulme du roy Artus et en ce temps ne eut une qui se comparast a elle de beaulte fors deux seulement. lune auoit nom Helaine sans per. dame dun chastel nomme garesolte qui siet en la marche de norgalles et de se. Et lautre fut nommee Amide/ autrement Elisabel et fut fille au roy mehaignie nomme perles qui fut pere pelesuaus cellui qui vit appertement les grans meruelles du graal et acomplist le siege perilleux de la table ronde. Et mena a fin les auantures du royaume auantureux. ce fut le royaume de logres. celle amide fut de si grant beaute que en nul des comptes nest trouue qui en son temps en fut une qui se peust comparer a elle de beaute. Moult fut la royne genieure de grant beaute: mais riens ne mõta la beau̇te a la valeur quelle auoit. car se fut de toutes les dames la plus sage & la plus vaillante & auec tout ce lui dõna dieu si belles graces que oncques dame ne fut tant aymee ne tãt prisee de tous ceulx qui la veoient. En cellui temps auoit le roy artus guerre au roy poy de irlande & au roy anguis queup de scosse, son cousi mesmes, & au roy de oultre les marches de ga lonne: & a maint autre des barons. & de tout vint au dessus par laide de nostre seigneur q̃ en maint lieu lui fut en aide. et par les preu̇ dommes qui de toutes les terres de chrestieté lui venoient aider pour la grãt valeur de lui & mesmes les cheualiers de maintes terres pai ennes le vindrent seruir. & plusieurs se chrestiennerent pour sa valeur q̃ puis furẽt de haulte prouesse en son hostel. ¶ En telle maniere fut le roy Claudas en la maisõ du roy Artus des le mp aoust iusques a la fin de may. en semblãce dung estrange souldoier, & regarda le contenement du roy: sa largesse: & sa debonnairete: son grãt sens: sa beaute: & sa prouesse. & se dit de toutes valeurs de cueur & de corps tant quil ne prisoit enuers lui riens hõme donc il eut oncques oup̃ parolle. Atãt se partist Claudas lui & son escuier. Et auãt q̃l eut la mer passee il mist a raison son sergent q̃l auoit trouue preup en maint lieu & en maint besoing. Si lui dist ie tap moult fait de biẽs & tap trouue preup & loyal en maintes manieres. Je te coniure sur la foy que tu me doibz q̃ tu me conseilles loyaument dune chose que ie te diray. Sire fait cellui si feray ie se ie vous en scay conseillier. Or entens fait Claudas tu ne scaiz pour quoy ie vins en la maison du roy Artus: ne oncques ne le dis a toy ne a aultre: mais ore le diray ie. Je me pensay atant q̃ ie stoie vng des plus vigoureup du monde et que se ie pouoie auoir le royaulme de logres et mettre par guerre le roy artus au dessoubz ie seroye le plus doubte roy qui oncques fut & conquerroie tant que ie seroie sire de toute le mõde tu es tant sage & bien congnoissant que tu scez bien se paine y pourroit prouffiter a mon ente te si me dy oultreement ce q̃ tu men loes. Sire fait il legier est a sauoir et cest mõ auiz que cellui doit auoir toutes choses en oultrepasse

de vertu qui tẽd a valcere & mettre au dessoubz le roy artus. car ie ne cuide pas q̃ dieu ait fait tel homme pour estre deshonnoure ne abesse: mais pour vaincre toutes gẽs: & cõquerre les vngz par prouesse de cueur & de sa haulte cõpaignie. & les autres p̃ sa largesse & debonnairete. car ce sauons nous bẽ quil est riche de terres a grãt merueille. Il a en sa maisõ la fleur de toute la cheualerie du mõde. il est tant bel cheualier que nul plus. il est plain de si haulte prouesse & de si grant sẽs quil vainc tous cheualiers tant ceulx de son hostel que les estrã̃ges. il est si large & si habandonne q̃ hõme ne sauroit peser ce quil oseroit despendre. Il est si debõnaire & plain de si grãt cõpaignie q̃ pour les haulx hõmez il ne laisse a faire grãt ioye & grãs honneurs aux poures gens. et leur dõ ne ses grans dõs & presẽs. Assi scait gaignier les cueurs des riches et des poures, il entretiẽdra les riches cõe ses cõpaignõs & les poures pour leurs prouesses & pour son pris & amour acroistre vers dieu et vers le siecle. Et ẽcore sil estoit mauuais et fel et de grãt couardie plai si ne voy ie mie que homme le peust vaincre ne mettre au dessoubz tant cõme il voudra croire les preup hõmes qui conuersẽt entour lui & conue droit q̃ cellui qui le cuideroit desheriter fut plus riche hõme q̃ lui & eut plante de meilleurs cheualiers ẽ sõ pouoir . mais ie ne cuide mie quil soit seigneur au monde mieulx ente chier q̃ le roy artus ne mieulx fourny de bons cheualiers. p̃ quoy il ne mest pas auiz q̃ peust estre p̃ hõme desherite. Si dieu ne le fist oncq̃s tel pour oublier. & quãt a moy ie ne scay hõme tant soit mõ charnel ami ne tant mait fait de de grãs bñs se il le voulloit & pouoit desheriter & se ie le sauoie garãtir q̃ ie ne le garantisse a mõ pouoir & puis ie en seroie ma penitãce Cõ met fait Claudas lui aideroies tu ẽcõtre moy qui suis ton sire lige & te ay fait riche et hõnourer p̃ ton seruice. Sire fait il sil vous guerrioit a son tort ie vous aideroie iusq̃s a la mort mais se vous auiez la force de le desheriter et et vous le vueilliez faire se ie l'en pouoie garãtir ie le seroie. Donc seroies tu fait Claudas moult desloyal & moult traitre quãt tu es mõ hõme lige et tu seroies cõtre moy en laide dung autre si cõme tu mesmes cõgnois. sire fait il ie ne en seroye ja ne traitre ne desloyal car alcoiz q̃ ie alasse cõtre vous ie vous guerpiroie tout vostre hõmage pour garātir tout le mōde de de douleur et de pourete ⁊ pour toute cheualerie tenir en sõ hault ⁊ noble estat car se lui seul hõme estoit mort ie ne voy q̃ iamais tenist cheualerie ou est est. trop mieulx seroit q̃ vous feussiez mort ou q̃ vous seul hõme feussiez arriere boute de brẽ epĩnse mauuaise q̃ tout le monde feust tourne a perte et a douleur ⁊ biẽ seroit mort tout le mõde se cellui estoit deshẽite. qui sefforce de toutle mõde maĩtenir en triumphe de hõneur. et se vous ou autres vouliez dire que ieusse dist desloyaute ne traisō ie seroie prest de men deffẽdre en qlq̃ lieu q̃ seny vouldroit: car cest pris et appelle a cõseiller son seigneur il en doibt dire ce q̃ son cueur lui conseille en loyaute. ⁊ se le sire le veult croire et bien lui en viẽt cellui a hõneur qui lui a le bõ cõseil dõne et sil ne le veult ⁊ mal lui en prent cõme ny a aucune honte ains sen est acquite et descharge. ¶ Quāt claudas vit cellui si vigoureusemẽt parler il le prise moult. car il scait biẽ quil le dist de tresgrant haultesse de cueur: mais pour soy defecter en ses parolles qui moult lui plaisent le stimule plus et plus de rigoureuses parolles aĩsi q̃ hõme couroucie si dist que ia si tost ne vẽdroit en son pays q̃ il lui fera mõstrer cõtre lui q̃ cest traison. au nõ de dieu fait cellui qui a moult grant despit le tient ⁊ ie vous rẽs brẽ hõmage ce ẽdroit. Si vous prie q̃ vous me donnez iour en brẽ court de le cōtredire pour moy esloyauster contre cellui q̃ se y osera mõstrer soit sergent ou soit cheualier. nul ne le scait fait claudas si bñ cõme moy la verite des parolles. ⁊ ie suis tout prest de mõstrer cõtre toy oredroit q̃ cest desloyaute et fellõnie. par saincte croix fait le varlet, puis q̃ esprouuer mauez mis ie ne vous en gauchirap ia. oredroit sera la bataille et a cellui qui droit en aura en doint dieu ioye. cellui met sa main a lespee et claudas fait autre tel ⁊ ilz furent sans aucunes armes donc se peussēt couurir et non pourtant claudas auoit aporte de bretaigne bõnes armes qꝛ auoit laissees avi rent car il sen vouloit venir couuertemẽt en sõ pays. ilz furent loingz de toutes gẽs Et claudas qui de la bataille nauoit talent voit cel

lui q̃ viẽt lespee traicte ẽcõtre lui et il se sauoit a prieup et a hardy oultreemẽt si lui poise mõt de ce q̃ tant a la chose menee. mais il ne scait q̃ faire car sil lui crpe mercy il doubte q̃ la chose ne soit sceue ⁊ q̃ les gẽs q̃ loperont dire ne le tiẽnent a couardise qꝛ auoit tousiours hape et sil le tient en sa fellõnie il lattẽt cõme fol prouue cellui q̃ se regert de lespee traictea son droit ⁊ cest la chose q̃ plus lespouante. Dautre part il scait biẽ q̃ lun ne lautre ne peut ptir sās mort ou sans mehaing se tãt font q̃ ses espees biẽ nẽt au ferir. si neust iamais le roy claudas si grant paour de la mort ne tãt pres de lui ne sa cuida. Aĩsi sen viẽnent les deup ēsēble et claudas attent ⁊ voit cellui tout apareillie de ferit si lup crye q̃ il se seuffre vng petit tant qꝛ ait a lui parle et il se arreste ⁊ claudas lui dist. Varlet ie tap nourry et maĩt bñ fait et se ie te occie vueil q̃ tu me pdõnes ta mort. car ses autres gens ne sciauẽt mie cõmēt nous auõs ceste bataille euape aussi bñ cõment nous faisõs. sire claudas sire claudas plus a de sense en brẽ cueur se vous le vouliez en bien despẽdre q̃ en tous les cueurs q̃ ores sont. vous mauez ores enseignie q̃ ie ne me cõbatray meshup a vous mais nous nous en irons par le royaume de gaulle. ⁊ lors se vous voulez soit menee ceste bataille a fin car se le vous occy icy ou nous sõmes il me seroit tousiours ĩpute a meurdre et a traisõ ⁊ a vous aussi se vous me occiez, claudas oyt ces parolles q̃ moult lui plaisēt ⁊ lot troie aĩsi cõme cellui la deuise. et il prēt cõgie de claudas ⁊ dist q̃ au troisieme iour sera apareillie de sa bataile faire deuāt le roy de gaule cõment fait claudas aĩsi ne ottroie ie mie q̃ tu ten voises ⁊ tu me seroies de mauuaise foy se tu me laissoies en estranges terres ⁊ a mon greigneur besoĩg car ie ne vouldroie pour riēs q̃ lē meust trouue si pourement. si te prie q̃ tu me moures encores auec moy ⁊ q̃ tu me serues sicõme tu as acoustume. ⁊ cellui dist q̃ son enemy mortel ne seruira il ia: ne iamais iour ne sera en son seruice. Or ētes fait claudas tu scap bñ q̃ p noz cõuenãces ceste bataille est demouree iusq̃s deuāt la cite de gaulle et pource q̃ ie seray en armes tu scais bñ qꝛ y aura assez mesure en moy encōtre vng meilleur cheualier q̃ toy ⁊ quil deuroit estre. las quant il me auroit

b.ii.

mene a oultrance Je te feray vng honneur bien grant car ie me tien de bataille pour oustre. et sachez bien q̃ ie nen parle oncq̃s q̃ par esbat. Oyn ore telle heure q̃ ieusse vn voulu estre oultre la mer de grece et q̃ oncques parolle nen fust este menee. Et suis prest de iurer sur sais a la premiere eglise ou nous vendrons que de tout ce q̃ tu en as dit q̃ ie tē scay bon gre et pour sa prou esse que ie scay en toy ie te donne la conestablie de mon hostel des ore en auant te seray chua lier seiour de sa saint iehā. car ie ne te vouldroie auoir perdu pour le meilleur chasteau q̃ iay.
Tāt qui prie claudas en cheuauchant qlz sot venus a vne eglise qlz eurēt veue pres du che min et estoit vng hermitage si lui iure ses cou uenances a tenir. ꝯ puis sa baise en soy. en tel le maniere ont la paix faicte. Jlz cheuauchēt pleurs iournees tant quilz sot venus a bout ges. Moult est grāde la ioye q̃ ses gens clan das sont de lui. Au tiers iour vient a lui pati ce son oncle. et lui compta q̃ moult auoit son filz douyn fait mal en sa terre et villes brisees et propres prises ꝯ hōmes occiz ꝯ naurez. de tout ce fait claudas ne me chault car filz de roy ne doit estre destourne de largesse ql vueille faire puis que roy ne peut estre poure par donner. et iay tant veu de largesses puis que parti de ceste terre que ie ne cuidasse iamais que tant en peut auoir en tout le monde si scay bien q̃ cest la plus haulte noblesse que riche homme puisse auoir que estre large de vraye largesse. cest de donner aussi largement sans besoing come au besoing. ꝯ telle est la largesse du roy Artus. puis compte a ses gēs comment il estoit ase en sa grant bretaigne. ꝯ pour quoy. ꝯ le contenement du roy Artus ꝯ de sa femela royne ꝯ la mer ueille de sa cheualerie qui estoit en sa maison Apres leur compte la tencon ꝯ la discorde qui a este ētre lui ꝯ son sergēt. si leur deuise de chief en chief. mais il ne dit mie la grāt paour quil a eue si en est grant le riz pmy sa court ꝯ le ser gent en a grant honte et moult sen tient pour fol. Quāt vint a la feste saint iehā claudas le fist cheualier ꝯ lors le reuestit de la conesta blie voyās tous ceulx de son hostel et auoit nō Archas le flamenc. Ainsi est le roy claudas re tourne en sa terre: mais atant se taist cy le cop te de lui ꝯ retourne a lancelot qui est au lac.

¶ Come sa dame du lac baissa a Lancelot vng maistre pour se instruire ainsi come il a partient a filz de roy. Chap. ix.

Quant Lancelot eust este a la garde de la damoiselle du lac par trois ans comme vous auez ouy il fut si beau que a le veoir on cuidast quil feust de greigneur aage sa tierce part ꝯ si estoit sage ꝯ entendant viste ꝯ legier oultre q̃ enfāt de son aage ne deust estre la damoiselle lui baissa vng maistre qui len seigna ꝯ mostra coment il se tendroit en ma niere de gentil home. ꝯ non pourtant de tous ceulx de leans ne sauoit psonne qui lestoit fors seulemēt sa damoiselle. Vne sienne pucelle si tost come il se peust aider son maistre lui fist vng arc a sa mesure et bourdons legiers et le fist traire auāt au berseau. et quāt il sen sceust entremettre il se fist archeir aux petis oyseaux de la forest. et si come il aloit croissant et enfor sant des membres ꝯ du corps on lui ensorssoit so arc ꝯ ses saiettes et comenca a archoier aux lie ures et aux autres menues bestes grans oyse aux la ou il ses pouoit trouuer. et si tost quil peust cheuaucher. Si lui fut appareillie vng moult bon cheual et bel bien atourne de frain ꝯ de selle et dautres choses. Si cheuauch a a mont le lac non gueres loing car il auoit tous iours moult belle copaignie de varlez grans ꝯ petis ꝯ il se sauoit si bellement tenir en leur co paignie que tous ceulx qui le veoiēt cuidoiēt q̃ se feust vng des plus gentilz hōmes du mon de ꝯ pour vray si estoit il. il aprint legieremēt le ieu des chetz de tables ꝯ tous les autres dōc veoit iouer. Et quant il vint en aage de vache lerie nul ne le pouoit eseignier. Et fut le plus bel enfāt du monde et le mieux taillie ꝯ de corps ꝯ de membres. et sa facon ne fait pas a oublier en compte mais est bien a declarer pour toutes gens qui de grāt beaulte denfant vouldroiēt ouyr parler. Il fut de moult belle charneure bien blanc ne bien brun: mais entremesle ꝯ dun ꝯ dautre si peut len appeller sa semblance cle re brune. il eut le viaire enlumine de naturel couleur vermeille si a mesure ꝯ a raison que meseement lui auoit dieu assise la blancheur et la bruneur ꝯ la vermeille couleur estoiēt en lui si bien proporcionnees que la blancheur nestoit estaicte ne perie pour la bruneur. ne la

bzuneur pour la blācheur ains estoient attrē/
pez lun delautre et la bermeille couleur qui p
dessus estoit assise illuminoit les autres. Si
y auoit deux couleurs meslees tellement que
riens ny auoit ne trop bzun ne trop bermeil.
mais mesleure de trois ensemble. Il eut sa bou
che et les dens petites serrees et blanches. Le
menton bien fait a vne petite fossette. le nez p
mesure long vng petit haultet au millieu. les
yeulx vers et rians et plains de iope tant cō/
me il estoit en plaisir: mais quant il estoit cou
rouce acertes ressembloient charbons esprins
et sembloit que parmy le pommel des ioes lui
saillissent gouttes de sang toutes bermeilles
et roussoit du nez et en sa grant ire ainsi comme
vng cheual et estraignoit les dens ensemble si
que elles croissoient moult durement et estoit
auis que lalaine qui de sa bouche yssoit estoit
toute bermeille. et lors parloit si fierement que
ce sembloit estre vne buysine: et ce quil tenoit
aux mains et aux dens tout despechoit / car de
riens ne lui remembroit en sa grāt ire fors dece
dont il estoit aire ainsi q̄ bien parust par males
affaires. le front eut hault et polly et bien seāt
et les oreilles brunes departie a grant plante
Si eut les cheueulx deliez blons et a merueil
les luisans tant cōme il fut en cheueux mais
quant il fut aux armes comme vous orrez
fois lui changerent de la naturelle blondeur
et deuindrēt tous sorets, et moult les eut tous
iours clers et crespis par mesure et moult pfai
sans de son col ne fait il pas a demander car
ce fust celui dune tresbelle dame si estoit il as
sez conuenāt et bien taillie a sa mesure du coips
et des espaulles ne trop gros ne trop gresse ne
long coips a desmesure et les espaulles furēt
lees et haultes a raison. mais lestomac fut tel
que en nul tel coips ne trouuast len si gros ne
si large ne si espes ne en lui ne trouua len on
q̄s plus a reprendre ains disoient tous ceulx
qui le deuisoient que sil feust vng peu mains
garni de poitrine plus en feust plaisant mais
puis auint que celle que sur tous le deuisa. ce
fut la baillāt royne genieure dist que dieu ne
lui auoit pas donne poitrine a oultrage dela
grandeur ne de la grosseur quil auoit / car se
aussi grant estoit le cueur en son endroit il eust
couuenu quil eust creue sil neust eu tel hostage

ou il reposast a sa mesure. Et se ie feusse sit
elle dieu ia en sacesot nē fut ne plus ne mais.
Telles estoient les espaulles et sa poitrine et
les dois furent longz droiz et bien fournez al
si comme se se feussent de dames droitement/
se les dois eussent este vng pou plus menus
des rains et des hanches ne vous pourroit
nul dire que sen les peust plus belles deuiser
en cheualier. Droites eust les iambes. et vouf
tilz les piez. Homme ne fut onques si droit
en son estant et chantoit a merueilles biē quāt
il vouloit. Et iamais hōme ne fist si pou de
iope sans grant raison / mais quant il auoit
raisō de quoy il deust faire iope nulne pouoit
estre tant esbaudy ne tāt iollis quil ne le seust
plus assez et disoit maintesfois quant il estoit
en sa grant iope que son cueur ne pourroit être
prendre chose dont son corps ne peust bien a
chief venir. Tant se sioit en sa grāt iope que
de maintes besongnes se sist au dessus venir
et pource quil en parloit si seurment lui sutil
atourne a mal de maintes gens qui cuidoiēt
quil le dist pour bobāy et par vantance. mais
nō faisoit ainsi disoit de la grāt seurte quil
auoit en ce donc sa iope venoit. Telz furent
les membres de lancelot et sa semblance: et si
fut bien taillie de coips et de tous membres. et
les tesches du cueur ne furent pas oubliees a
asseoir car ce fut le plus doulx enfāt et le plus
debonnaire la ou debōnaiete deut estre trou
uee mais contre felonnie ne trouuoit len pas
plus felon deca la mer ne fut onques tel en/
fāt veu car il departoit tous a ses cōpaignōs
aussi voulentiers comme ilz le prenoiēt. il hō
nouroit gentilz hommes de grant cueur car il
y auoit son entente mise. Onques on ne lui
vit faire mauuais semblant se droicte raison
ny eust telle que on ne sen deust a droit repren
dre: mais quāt il se couroucoit daucune chose
il nestoit mie legier a appaiser et il estoit de si
beau sens que puis quil eust passe dix ans il
ne faisoit quelque enface que len tenist a bō
ne chose. Et sil auoit en talent de faire aucu
ne chose qui lui sembloit en son cueur a estre te
nable il nen estoit mie legier a oster. Vng
iour il chassoit vng cheurel en vne forest et sō
maistre auec lui et ses autres compaignons.
si eurent moult couru tant que tous commen

cerent ademourer et lui et son maistre qui furent mieulx montes laisserēt tous ses autres et ne demoura gaires que le maistre cheut lui et son roussin ʒ eust le roussin le col brisé en travers lenfant ne le regarda oncques aincois se rist des esperons apres sa proye tant quil loccist, et apres se descendist pour trousser le cheurel derriere lui, et deuant sui emportoit vng brachet qui toute iour sauoit suiup deuant les autres. Ainsi quil sen retournoit vers ses cōpaignons il rencontra vng homme a pie qui menoit en sa main vng roussin ʒ a recreu il estoit moult beau varlet de prime barbe en sa cotte segle et auoit vng chapel sur son col vngz esperons chauffez qui tous estoient en sang iustez du roussin quil auoit tant mene que plus ne pouoit aller auant. Quant il vist lenfant il eut moult grant honte ʒ commenca a plourer moult tendrement. et lenfant lui demanda qui il estoit ʒ ou il aloit. Cellui pensa bien quil fust hault homme si lui dist. Beau sire dieu vous doint bonne auanture / et ne vous chaille ʒ ie soye car ie suis assez poure ʒ mais aurap entre cy et trois iours se dieu ne me consiste. Si ay ie este plus aise maintefois que ie ne suis ʒ a qui que lauanture soit bonne ou mauuaise ie suis gentil homme de pere et de mere dōt ie suis plus āgoisseup en mō cueur de mes mescheances car se ie estoie vng villain plus legierement souffriroit mon cueur la douleur et sennup qui lui auient. Et lancelot en eut grāt pitie si lui dist. Puis que vous estes gentil homme pas ne deuez plourer pour chose que vous ayes perdu ne pour honte que faite vous soit, car hault cueur ne se doibt esmai ne de pte qui puisse estre restauree. Or ce meeueille moult le varlet de cellui enfant qui estoit si ieune et si belle parolle lui auoit dicte Et il lui respont. Tresbeau sire ie ne pleure pour perte damp ne de terre mais pource que ie suis aiourne a demain au matin en la court du roy Claudas pour prouuer vng traitre q occist pieca vng mien parrain moult preudō me cheualier en son lit pour sa femme et quāt men venoie ar soir il me faisoit guetter au tref pas dune forest ʒ ie fuz la assailli et mō cheual dessoubz mop naure a mort. toutes fois il me porta a sauuete; et me donna cestui vng preus

domme a qui dieu doint honneur / mais tant say trauaisse pour sa mort eschiuer ʒ il ne peut plus seruir ne a mop ne a aultre. Si me poise a merueille de ce ʒ ie ne seray pas a mon iour en sa maison du roy Claudas, car se ie y pouoie estre ie esclerciroie mon cueur de vne partie de mon deul au bon droit que iay et ores en vē diap a honte pour ma trop longue demouree. Or me dictes fait lēfant se vous auez cheual fort et isnel y pourries vous encore assez heure venir. Certes sire fait cellui oy moult bien Au nom de dieu dist lenfant donc ne aurez vous pas honte par deffaulte de cheual tant que ie sape ne autre gētil homme que trouver puisse. fors se descent et lui baille son cheval ʒ il monte sur cellui que lautre tenoit ʒ trousse sa venoison derriere lui ʒ emmaine le brachet en vne leesse. Et quant il a vng pou ale il lui conuient descendre car le roussin ne peut aler si le chasse deuant lui et en alant il encontra vng vauasseur sus vng passetroy qui auoit deux leuriers ʒ vng brachet. Lenfant le salue ʒ cellui lui respont que dieu lui doint bō iour et amendement puis lui demande donc il est et il dist quil est dautry paye. Certes fait le vauasseur qui que vous soies vous estes bel assez et bien enseignie. et donc venez vous aussi mon enfant. Sire fait il ie vien de chasser si comme poues veoir et ay prins ceste venoison dont vous aurez si vous plaist a en prendre. grant mercy mon enfant fait le vauasseur ie ne la reffuse pas / car vous me sauez offrir te de doulx cueur et de vostre debonnairete. Et certes iauoie grant mestier de la venoisō car iay huy mariee vne mienne fille. Si estoie venu chasser pour prendre aucune chose. donc len me sceust gre / mais iauoie failly a toutes choses. Le vauasseur est descendu et prent le cheurel et demande a lenfant combiē il vouldra quil en prengne. Sire fait lenfant estes vous cheualier. Oy certes fait le vauasseur: donc lemporterez vous toute dit lenfant car ie ne sa pourroie mieulx emploper que aux nopces de la fille a vng cheualier. Quant le vauasseur lentent il en est moult ioyeulx. si prent le cheurel et le trousse derriere lui et moult prie lenfant de hebergier. ʒ lenfaut dist quil ne se hebergera mie, car ma compaignie

partie

il m'a tant qui n'est pas loing dicy. Alez a dieu vous commāt. Atant se part le vauasseur et commence a penser a l'enfant qui il peut estre: car il lui est auis quil ressēble a aucun, mais il ne scait qui: si pense moult longuemēt tāt quil lui est auis quil ressēble au roy de benoic loys fiert le palle trop des esperōs et retourne apres l'enfant tant quil l'attaint et lui dist en souspirāt. Doulx enfant pourroit il estre que vous deissiez qui vous estes. Et il lui respōt que nēni. mais que en auez vous fait il a faire. Certes fait il vous ressemblez vng mie seigneur qui fut vng des plus preux hommes du monde et se vous auiez de moy mestier ie mettroie a lauenture pour vous et corps et terre et telz quarante cheualieres qui sont a mains de quatre lieues pres dicy. Qui fut fait lēfant celui preudomme a qui ie ressemble. et le vauasseur lui respont en plourant. Certes fait il se fut le roy Ban de benoic qui fut seigneur de tout ce pays et fut desherite a moult grant tort et vng sien filz perdu. Et qui le desherita fait lēfant. Beau sire fait le vauasseur vng riche roy puissant nomme Claudas de la deserte. Et se vous estes sō filz pour dieu dictes le moy, car moult en auroient grāt ioye tous ceulx de ceste terre et ie vous garderoie de tout mon pouoir et aussi liureroie mon corps pour le vostre garantir de mort. Certes fait lenfāt filz de roy ne fuz ie oncques a mon cuider. et ma len appelle filz de roy maintesfois, et de ce que vous me dictes et offrez ie vous ayme mieulx, car vous parlez comme loyal homme. Quant le vauasseur voit que plus nen saura le cueur ne lui peut partir de ce penser: lors lui est bien aduis que lenfant soit filz de son seigneur si lui ȳ dist. Beau sire qui qne vos soyez vous semblez bien estre de moult grant de haultesse. Jay icy deux des meilleures leurieres du monde, ie vous prye que vous en vueillez prendre vne. L'enfant le mercie et en a moult grant ioye et dist que la leuriere ne refusera il pas, car il la vouldra encores bien garder et guerdonner si l'en peult en lieu venir, mais donnez moy fait il la meilleure, et le vauasseur la lui bailla. Atant sentrecommandent a dieu. si se meuuent, l'enfant dune part et le vauasseur daultre qui toutesfois ne fine de penser a lenfaut. Et ne demoura gueres que l'enfant encōtra son maistre et aultres trois qui le queroient. Si s'esmeruillerēt fort quant ilz le virent sur le mesgre roussin, ses deux chiens en sa main, son arc a son col, son carquoys en sa sainture. et auoit ia tant espe rōne le roussin quil estoit iusques au gros de la iambe tout en sang. Lors demande sō maistre quil a fait de son roussin, et il dist quil la uoit perdu. Et cestui fait le maistre ou le prenistes vous. Et lenfant respont. Il me a este donne, mais le maistre ne le creust mie, ains le coniure par la foy quil doit a sa dame quil lui die la verite. Et lenfant a ce coniurement lui cōfesse tout et du roussin et du cheual quil auoit donne au vauasseur. Comment fait le maistre auez vous donne vng tel roussin que au monde a mon auiz n'a meilleur, et sa benoison madame sans congie. Lors se trait auāt si le menace moult. Et lenfant lui dist. maistre ne vous courouces mie, car encores vault ceste leuriere mieulx que telz deux roussins. p salcte croix fait le maistre mal se pensastes ne iamais telle follie ne ferez que souuenir ne vo⁹ en doie. Lors hausse la paulme et lui dōne tel slat quil l'abat du roussin a terre. Et lē fant ne crie ne pleure pour coup qui lui fut dōne et toutesfois dist il quil ayme mieulx sa leuriere quil ne feroit telz deux roussins. quant son maistre oyt quil parle contre voulente si hausse vng baston quil tenoit et fiert la leuriere par my ses flans. La leuriere fut tendre et commenca a plourer. lors fut lenfant moult courouce si laisse ses deux chiens et sacque sō arc hors de son col et se prent aux deux poins. Le maistre le voit venir si le voult tenir, et lē fant fut legier et saillist aultre part, et ferist son maistre du trenchant de larc a descouuert parmy la teste si que le cuir lui trenche et toute la chair iusques aux os. et se stourdist si durement quil l'abatist a terre et l'arc est vol en pieces. et quant il voit son arc brise il court vers lui et le fiert de rechief parmy la teste tellemēt que de tout l'arc n'est demoure dōc il peut coup donner. Lors se courent prendre les autres .iii. et quant il les voit venir il traict ses saiettes de son carquoys et les leur sache et ceulx se mettent a la voie. Le maistre sen fuit par la forest

b.iiii.

La premiere

la ou il la voit plus espesse. Et se faisant prent le roussin dung des varlés si monte sus et sen va et emporte sa leuriere et son brachet: et erre tant quil est venu en ung grant val ou il trouua ung tropel de biches qui pasturoient, et il cui de prendre son arc mais quant il lui souuient de ce quil sauoit brise sur son maistre il en est moult desplaisant et iure a soy mesmes que sil se peut trouuer il lui vendra moult chier ce quil a perdu vne des biches: Car a vne ne pouoit il mie faillir pource quil auoit sa meilleure leuriere du monde et le meilleur brachet. Ainsi sen va tout courouce tant quil vint au val si entre ens et maine a sa dame veoir sa leuriere et son brachet. Et quant il vint deuant elle il treuue son maistre tout senglant qui ia se estoit clame a elle. Il la salue, et elle lui rent son salut comme celle qui tant laymoit comme cueur pourroit plus aymer enfant, mais semblant fait destre courroucee moult durement. si lui dist. ¶ Filz de roy pour quoy auez vous fait tel oultrage qui auez batu cellui que ie vous auoie baillie pour maistre et pour vous enseigner. Certes mon maistre ne mon enseigneur nestoit il pas. il me batoit la ou ie nauoie que bien fait, ne de ma nature ne me chault il pas mais il ferist si durement ceste mienne leuriere que par ung poul il ne sa tua deuant mes yeulx pource quil sauoit que ie laymoye. et en core ma il fait aultre ennuy. Car il ma tollu deux biches les plus belles que ie veisse oncques. Lors lui compte comment il auoit son roussin donne et son cheurel et comment il auoit les biches trouuees, et sachiez fait il dame que ie nay trouue qui me face iniure se ceans ne. ¶ Quant sa dame le oyt si vigoureusement parler elle en est moult ioyeuse, car bien voit quil ne peut faillir a estre preudomme a laide de dieu et la sienne et elle y cuide moult sauoir, mais non pourtant destre courroucee fait se semblant. Et quant il voit ce il sen part de deuant elle tout aire et menace moult cellui que vers elle la mis en mal tallent. Et elle se rappelle si lui dist. comment fait elle, estes vous tel que vous cuidiez ainsi donner mes roussins et mes choses et batre vostre maistre que iay mis dessus vous pour vous garder de follies et pour vous enseigner en bonnes oeu

ures ie ne vueil point que telles choses vous faciez. Dame fait il il men conuiendra garder tant comme ie vouldray estre en vostre seruice, et en la garde dung garcon et quant ie ny vouldray plus estre ie men irap ailleurs pourchasser, mais aincois que ie men voise vueil ie bien que vous sachiez que cueur de homme ne peut en grant chose monter qui trop longuement est soubz maistre. Et quant a moy ie nay maintenat plus cure de maistre auoir ne de seignr aussi, mais de dame ne diz ie mie. mais filz de roy nest pas ioyeux quant sa chose dautruy ne ose donner ne en faire sa voulete quant mestier lui en est. et de la sienne ne peut a son gre disposer. Comment fait sa dame cuidiez vous estre filz de roy. Dame fait il filz de roy suis ie appelle et pour filz de roy ay ie este tenu. Or sachez dit elle de vray que cellui qui vous a appelle filz de roy ne vous congnoissoit pas et iamais ne vous auoit veu que ceste fois. car ie vous dis et certiffie que filz de roy nestes vous mie. Dame fait il en souspirant. ce poise moy: car mon cueur le vouldsist bien estre. Et lors se tourne tant courouce et tant mary que plus ne pouoit estre ¶ Et la dame le prent par la main et le remaine arriere. Si lui commence ladicte dame a baiser les yeulx et la bouche et le visage moult doulcement ¶ puis luy dist. ¶ Beau filz or ne soyez pas a malaise ne courouce, car si maist dieu ie vueil que vous donnez roussins et cheuaux et aultres choses et vous aurez assez de quoy et se vous feussiez en laage de quarante ou de cinquante ans si estes vous bien a foer du roussin et du cheurel que vous donnastes. Et desormais ie vueil que vous soyez seigneur et maistre puis que bien sauez et congnoissez tout ce qui appartient a enfance. Et qui que vous soyez vous nauez mie failly a auoir cueur de filz de roy. Aussi estes vous filz a tel qui eut bien ose assaillir et entreprendre de combatre le plus hault et le plus vaillant roy du monde par prouesse de corps et de cueur, et quy en fust bien venu a chief tant estoit preux et hardy. Ainsi conforte la dame du lac et asseure lancelot.

¶ Comment la royne helaine alloit chacun iour faire son deul au lieu ou son seignr mourut, et de la aloit au lac ou elle pdist son filz.

La royne heleine de Benoic et sa seur la royne de gaunes sont ensemble au monstier royal ou elles mainent moult saincte vie et belle, et tant amenda le lieu et creut que dedens sept ans apres que la royne fut rendue il y eut bien trese nonnains toutes gentilles femmes du pais. Et la royne de Benoic avoit acoustume que tous les iours apres la grant messe elle aloit la ou son seigneur avoit este mort et sur le sac ou elle avoit perdu son filz et y disoit tant de bien come dieu lui en avoit enseigne pour son seigneur, que dieu en eust mercy, et pour son filz que bien cui doit avoir perdu. A ung lundi matin elle fit chanter messe pour lame de son seigneur et pour son filz et puis fist dire la grant messe. Et ce fait elle vit au tertre en hault et y soura moult longuement. Et apres vint sur le sac ou elle avoit perdu son filz, si commenca a pleurer moult tendrement et nentendoit a autre chose. Ainsi quelle demenoit son deul passa par la ung homme de religion vestu de drap noir et dune chappe noire. Et quant il vit faire a la royne si grant deul il se merveille moult qui elle estoit et de quoy elle menoit tel deul. Si chevauche celle part, et la royne entent a son deul faire si grant quelle ne le voit ne apper coit tant quil est devant elle venu, et il la regarde si la voit moult belle et moult noble dame ce lui est advis. Lors oste son chapperon et la salue. Dame fit il dieu vous doit ioye, car il mest advis que vous nen aves gueres. La royne regarde le preudome si lui poise moult de ce quil la ainsi surprinse aincois quelle leust apperceu, et lui semble estre bien preudomme Ce lui avoit este moult prieu au monde mais il avoit delaisse la terriene chevalerie et sestoit rendu en ung hermitaige ou il avoit ia tant fait quil y avoit convent de renduz avecques lui moult preudommes envers dieu et de saincte vie. Il dist a la royne. Dame pour dieu dictes moy qui vous estes et pourquoy vous faictes tel deul. Certes puis que femme cest donnee au service de nostre seigneur elle ne se doit doulouser fors tant seulement de ses pechiez, et doit oublier toutes pertes terriennes. Quant la royne se ouyt ainsi parler bien lui est advis quil est moult preudomme et de grant conseil, si

lui dist. Certes sire se ie fais deul ie nen puis mais, mais sachiez que pour perte de terre ne davoir ne le fais ie mie. Je suis une lasse chetive qui iadis fus dame de la terre de Benoic et de ce pais tout environ. Je perdi mon seigneur le preudomme en ce tertre, et mon filz le plus bel de tous les autres perdis ie icy. et une damoiselle lemporta entre ses bras et saillit a tout lui dedens ce lac. Je ne scay se cestoit damoiselle ou dyablesse, mais de femme avoit elle le corps et la contenance, et estoit de moult belle figure. Et pource que mon seigneur mourut de deul iay grant paour de son ame, car ien dois avoir aussi grant cure comme de la mienne. Pour ceste paour que iay de lame de mon seigneur me plains ie et mene telle douleur comme vous voyes esperant que dieu en aura pitie et mercy pour les lermes dune telle pecheresse comme ie suis. Et de mon filz me prent aussi moult grande douleur pource que ie le perdis en telle maniere, car sil fust mort voyant mes yeulx plus tost leusse oublie. Je scay bien de verite que tous nous conviendra une fois mourir, mais quant ie me remembre que mon filz fut noye et quil estoit ne de loyal mariage et estrait de si hault lignaige ie ne me puis contenir de pleurer, car il mest advis que dieu ma tollu le pere et le filz pour aucune hayne quil a vers moy. Dame dame fait le preudomme certes il y a asses rayson de vostre deul car asses et trop aues perdu, et non mie vous seulement, mais maintes gens y auront de grans dommaiges, et non pourtant trop en pourries faire, car len doit en toutes choses avoir sens et raison. Et puis que vous estes partie du siecle et aues prins habit de religion pour lamour de dieu il nest mie honneste chose de faire deul en chascun lieu. Vous devez pleurer voz pechiez et ceulx de vostre amy nomie devant le peuple, mais en vostre cloistre et en lieu secret. Toutesfois ie croy bien que ce ne voulez vous pas faire pour vaine gloire se vous ne le faictes en secret mais vous le faictes pour vostre cueur saouler et deschargier lequel a ce que ie puis congnoistre est merveilleusement douloreux et angoisseux et moult plain dennuy. Et dieu ait pitie du preudomme a qui femme vous fustes car de lui est grant dommaige, et vous ny pouez riens recouurer mais de vostre filz soyez toute seure quil est sain et haitie et tout aise. Quāt la royne loyt elle est tant esbahye qlle ne dit mot dune grāt piece, et quant elle peut parler si lui chiet aup piez et lui dist tout en pleurant. Beau sire di ctes vous vray que mon filz lancelot est sain Je le vous dy fait il en la foy de mon habit. Et elle en a si grāt ioye quelle sen est pasmee. Et lors sa court soustenir vne nonnain qui a uecques elle estoit, et le preudomme aussi qui moult grant pitie en a. Et quant elle reuint de pamoison il la reconforte et dit q toute soit seure quil lui a verite dicte. Beau sire fait elle comment le sauez, vous mauez en mō cueur mise sa greigneur ioye qui oncques y entrast. et sil nestoit vray ie seroye assez plus morte q deuant. Je le scay de vray fait le preudomme par celui q le maine soir et matin. Et sachiez que sil estoit auec vous et vous fussiez ecores dame de benoic il ne seroit mie plus aise quil est la ou sen le nourrist. Sire fait elle pour dieu dictes moy ou cest et ien seray plus aise, et sil est en lieu ou ie ne le puisse veoir ie regar deray souuent vers celle part, et parce men re froideray puis que ie ne le pourray veoir. Da me fait il ce ne vous puis ie pas dire car ie se roye desloyal puis quil mest dit en secret, et plus de moy nen pouez sauoir fors ql est sain et haitie. Et tant nen sceussiez vous encores ce ne fust pource que ceulx qui le gardent veulēt q vostre cueur en soit aise. Sire fait elle pour dieu dictes moy se vous pouez sil est es mais de ses ennemis ou de telz gens qui ne lui veu lent que bien. Dame fait il soyez toute seure ql est es mains de telles gens qui le gardent de tous maulx a leur pouoir. Et ia ses enemis nauront saisine de son corps. La dame a si grāt ioye quelle ne peut croire que le preudomme lui die verite. Lors lui demande congnoissez vous sire nulle de noz seurs. Et il dit q̄ l cui de bien cougnoistre de telles ya, et il regarde et congnoist celle qui auec la royne estoit, et elle le congneut moult bien. Et lors est la royne moult aise, si lui dist. Sire sil vous plaist vous viendrez iusques leans et verrez de noz dames que vous congnoissez, et qui vous ver ront moult voulentiers. Et il dit que ce lui

plaist bien. Et la royne se maine iusques a la porte du monastere, si entrerēt leās. Et quāt les dames oyent dire que ainsi les vient vng preudomme veoir elles viennent encōtre lui. et moult en ya qui se congnoissent et lui font moult grant ioye. Et la royne leur demande a conseil selle peut croire ce quil lui a fait en tendant. Et elles dirt que ouy bien, car il ne mentiroit mie veu quil est si preudōme. Les dames le prient moult de mengier, et il dit q̄ dieu sçait quil ne mēgera mie plus dune fois le iour, car son ordre le deffent, mais fait il ce ste ma fait huy moult grande pitie, et si me fist pieca vng moult grant seruice que ie lui voul droie bien guerdonner, et ie cuide que bi̇̄ lui souuient du seruice que ie vueil dire. Il fut vray que son sire dōt dieu ait lame tenoit vne court moult noble et plaine au iour dune pen thecouste, et dōna robes et riches dōs a Beaup Et ie vis la vigille de la feste si tart que pres estoit ia de vespres. Si auoit seroy tāt de che ualiers a sa feste que toutes auoit ia ses robes donnees. Et quant ma dame qui cy est vit q̄ ie nauoie poi̇̄t de robe elle dist que ie sembloie estre preudōme et que ie ne deuoie pas demou rer sans robe a celle feste. Si me fist faire a ma mesure vne robe dung moult riche drap de soye qlle me fist vestir, et si fus plus riche ment vestu quautre cheualier de la feste. Ce fut le seruice que ma dame me fist lequel ie ne tins pas a petit. Je le guerdonneray voulen tiers a mon pouoir, et lui aideray de mō corps et de ma sangue qui deuāt maint hault hom me a este escoutte. Puis dist a la royne. Dame dame cest grant ioye au siecle et grant hōneur que si gentille dame comme vous estes et de si hault lignaige descendue est du tout don nee au seruice de nostre seigneur, et le bien en sera a vostre ame se dieu plaist. Mais ie plais moult la terre de benoic et pareillement celle de gānes qui sont cheues en la main du roy claudas le desloyal, dont le dommaige est a vous et a voz amis, et la honte et le deshon neur est au roy artus lequel estoit seigneur lige du roy de benoic et du roy de gannes. Il deust pieca ce deshonneur et ceste honte auoir ven giee. Et bien sachiez de vray que ie men voys presentement sans seiourner aucun petit par une nostre obedience que nous auons pres dicy. et si tost comme ie y auray este ie men iray dillec tout droit a la maison au roy artus et lui feray ceste clameur pour vous et aussi pour vostre filz qui encores sera seigneur du royaume se dieu plaist. A ces paroles vint hors dune chambre la royne de ganues. Et quant elle ouyt parler de lācelot son nepueu qui estoit vif elle en fut si ioyeuse que plus estre ne peust et se pasma. Lors la prent la royne et les autres dames et la relieuent. Et le bon homme demande qui elle est et quelle a eu. Quoy sire fait la royne de benoic cest ma seur la royne de ganues. Ie scay bien quelle a eu telle ioye de son nepueu quelle sen est pasmee. En nom de dieu fait celle qui de pamoison fut reuenue ie ne me suis mye pasmee de la ioye de mon nepueu / mais du grant deul de noz enfans que iay perduz et men est venue au cueur vne tendreur si grande que par ung peu que le cueur ne mest pty. Dame fait le preudōme or ne vous esmayez pas de voz enfans / car dieu est aussi puissant de les garentir comme il a fait vre nepueu. Et len scait bien que les vostres sont sals et haitiez et pmy tous voz amys. si deuez desormais cōforter lune lautre de voz mauly et faire ioye ensemble de voz biens / et penser a la grande richesse de paradis qui ia ne prendra fyn. car de la grant richesse terrienne auez vous assez eu. Et il conuient vne fois laisser toutes choses mondaines. Pensez que nostre seigneur dieu ne vous oubliera pas. Et lui q tant est piteulx et debonnaire prendra pitie de vous et vous ostera de ceste douleur ou vous estes. car moy qui suis homme mortel et pcheur en ay si grāt pitie prise que ie ne seray iamais aise fors de ouyr le diuin seruice deuant que ie soye en la maison du roy artus et que ie lui aye fait la clameur de vostre desheritement. et monstre la grant honte quil y a. Toutessois ie ne scay que len fera cy apres. et ce nest mie merueille sil a ceste chose mise en delay. car il nya gueres de barons qui ne lui ayent meu guerre tant que maintes gens cuidoient quil demourast eyille en la fyn. Et par auenture de ceste chose nouyt il onques quelque clameur.

Atant sen part le preudomme et cōmanda a dieu la royne et sa seur et toutes les autres dames. Puis cheuauche a grandes iournees tant quil vient en la grant bretaigne et treuue le roy artus a londres a moult grant plante de gent. Ce fut la premiere sepmaine de septembre que le roy artus fut venu descosse dencontre le roy agius q par maintesfois sauoit guerroye. Ilz auoient fait bonne paix des deux parties et eut le roy artus treues prinses deuers le roy doultre les marches iusques a la pasque. Ce iour estoit ung dimēche et le roy artus fut assis a disner et eut entour lui gens de maintes manieres. et le rendu qui venoit de la terre de benoic ētra leans et vient a grant pas parmy la salle iusques au haulx dez ou le roy mengeoit acompaignie de plusieurs haultz barons / il abbatit son chapperon et sembla bien peudomme / il auoit la langue bien discrete et la chiere seure. Si commenca sa raison si haulx que bien fut ouy. Roy artus fait il ie te salue comme le plus preudomme et le meilleur qui onques fust se nestoit vne seule chose. Le roy regarde le preudomme qui la blasme de mauuaistie et loe de grant valleur deuant ses gens / si en a moult grant honte. et tous ceulx qui leās sōt sen esmerueillēt. Le roy q moult saige estoit et courtois lui rendit son salut. Dieu vous benye fait il beau sire qui que ie soye ou bon ou mauuais. Descouurez moy pour quoy ie pers a estre le meilleur roy et le plus preudomme du monde. car moult le sauoye voulentiers Ie le te diray fait il donc. Il est vray que tu es le roy qui de present maintient plus cheualerie a grāt hōneur / mais trop es paresseulx de vengier les hontes et les dommaiges que len te fait. Car qui fait a ton homme honte ou dōmaige il le fait a toy. Et quelque dommaige que ton homme ait toutesfois en est la honte tienne. Tu honnoures ceulx qui desloyaument te guerdonnent et oublies ceulx qui te ont serui loyaument et sans faulcer leur foy / et ont perdu terres et honneurs / et sont en auēture de leurs ames pour ton seruice faire et acōplir. Quāt le roy artus lentēt il est moult honteulx / et par la salle sont tous esbahiz et vngz et autres barons et cheualiers / et dirent que onques nouyrent homme rendu si hardiment ne si haultement parler a ung roy ne

La premiere

a si hault homme. Lors bient auant Bedouis et dist que pour sa parole du redu auoient plus de la moitie des cheualiers laissee mengier. Et Bedouis lui dist. Sire rendu laissez ceste parole iusques a tant que monseigneur ait mengie/ et puis vous parlerez a lui tout a loisir/ car de ce que vous en auez dit vous auez ia sa court troublee. Comment fait le preudomme conuient il que ie me taise de dire sa parole dont tout le monde peut amender pour laisser saouler vng si mauuais vaissel et si enuieux come est le ventre. Certes si belles viandes ne seront huy sur table mises quelles ne deuiennent vilaines et mauuaises/ si ia ne me tairay que ie ne die ce qui sur le cueur me gist. Et quant iauray dicte ma parole ia ceans naura si preux cheualier sil veult dire que ce ne soit verite que bien ne soit contredit et debatu deuant tous les barons de ceans/ et bien auez failly ce me semble quant deuant tous les preudommes de ceans estes venu dire que ie ne parle mie/ et si ne sauez le grant besoing que ien ay/ ne le grant bien qui en peut aduenir. Et ie ne cuide mie que vous soyez plus vaillant ne plus prisie que telz deux preudes homes ay ie veu en la maison de Vterpandragon le roy de Bretaigne/ ce fut Tiant de caelles et herup de riuel que ie veiz tant priser darmes come plus pouoient estre deux bons cheualiers/ et oncques par eulx ne fut poure homme souffreteux boute hors de court/ mais auance a leur pouoir/ et si nestoient pas mains seigneurs de la maison de Vterpandragon/ dont dieu ait lame/ que vous estes de la maison du roy artus son filz. Lors vint auant herup de riuel qui estoit au chief du dois ou il seruoit/ car le roy artus ne fut iamais si priueement que en sa maison ne seruissent cheualiers de tous aages et vielz et ieunes. Quant herup congnoist le preudomme il lui fist ioye et honneur et moult doulcement lacolla et baisa en la bouche maintesfois/ puis le print par la main senestre et le mena deuant le roy et dist. Sire croyez cestui de ce quil vous dira/ car roys et contes doiuent tenir ses paroles. Et bien sachiez que son cueur a este de si haulte proues se enlumine que oncques dieu ne fist le corps dung seul cheualier vers qui ie le meisse a mon grant besoing pour garentir mon honneur

Comment fait le roy qui est il doncques. Sire fait herup cest adragas le brun se frere ma dor le noir cheualier de lisle noire. En ce temps viuoit escoce et la estoit le roy Brien qui honnoura moult le preudomme pour lamour de mador son frere/ car ilz auoient este eulx deux compaignons darmes moult longuement. Quant il fut seans congneu a paine pourroit homme dire sa ioye qui lui fut faicte. Et le roy artus mesmes qui lauoit veu maintesfois moult bien le sauoit honnourer. Et lors fut Bedouis moult desplaisant de ce quil lui auoit dit. Le roy dist au preudomme. Beau sire vous pouez dire tout ce quil vous plaira soit mon honneur ou ma honte/ car vous estes tel quil ny a si hault homme au monde deuant que vous ne deussiez estre escoute. Sire fait il ie vous dy que ce ne fust vne chose ie ne sens en vous riens que dire ne que reprendre/ cest sa mort du roy ban de benoic que vous ne vengastes oncques/ et si mourut a la venue de vostre court sa femme en est demouree nue et desheritee/ et robee dung des plus beaux enfans qui oncques fut. Cest laide chose et villaine pour vous et en estes moult a blasmer. Je croy que autre pechie ne vous destourbera de venir au dessus de tout le monde. Et sachiez roy artus que ie ne suis venu vers vous fors seulement pour la pitie que iay eu de sa femme/ laquelle pour paour destre honnie et par desplaisir sest rendue nonnain voellee en vng monastere. Et claudas est tant craint et redoubte en la terre quil ny a eu homme tant hardi qui pour dieu ne pour droicture ait ose venir deuant vous pour en faire sa complainte. Sire preudomme fait le roy certes ie me accorde bien que vous aues raison et droit/ mais ie nouy oncques nouuelles de ceste complainte. Et neantmoins telle heure a este que se aucune querimonie ou clameur men eust este faicte encores neusse ie mie eu pouoir dy remedier/ car trop ay ie eu long temps a faire/ tellement que maintes gens disoient quen la fin terre guerpir me couiendroit mais ce que iay fait mauuaisement il me conuiendra amender quant dieu me donnera le pouoir. Et sachiez que ie cuide si bien y pouruoir que ia homme ne me pourra blasmer. Je congnois bien que ie suis sire lige au roy ban de benoic et au roy Booit de gaunes/et ilz furēt mes hōmes/et se dieu me donne prouchainement la puissance damender tout ainsi que Boulentiers le feroye. A tant sen partit le preudomme de la maison du roy artus qui retenit le Bouloit. Et quant il fut retourne il dist les nouuelles a la royne de Benoic et moult la cōforta. Se dieu plaist fait il dame Bous oirez par tēps bonnes nouuelles/et elle se mercye moult. Le preudomme se partit hors de la royne et sen ala en la maison de sa religiō dōt il estoit Benu. Or laisse le compte a parler de lui et des deuy roynes et retourne au roy claudas de la terre deserte./ mais auāt parle Bng petit de la damoiselle du lac.

¶Comment la dame du lac enuoya sa damoiselle a la court du roy claudas pour deliurer les deuy enfans au roy Booit que claudas detenoit en prison/et comme la damoiselle mua ses deuy enfans en semblance de deuy leuriers et les amena a sa dame auec leur cousin lancelot. ¶Chappitre.pi

Quant la dame du lac sceut que les enfans du roy Booit estoiēt en la tour de gaunes en prison il lui en print pitie et Boulētiers mist paine de les mettre hors des mains de claudas et maintes fois y pensa. Tant en quist quelle sceut q̄ claudas deuoit tenir court a gaunes et feste moult sollennelle selon la coustume que les roys auoiēt lors de tenir les plus haultes cours et plus riches le iour de leur couronnement/et tous les autres iours quilz portoient couronne. Celle feste que claudas auoit appareillee a faire si riche deuoit estre au iour de la feste de la magdalene. Et quant Bint le iour deuant la Bigille de la dicte feste la dame du lac dist a une sienne pucelle moult saige nommee samidre. Samidre il Bous conuient aler en la cite de gaunes et que Bous y soyez le iour de la magdalene pour faire Bng messaige q̄ riens ne Bous greuera. Bous en amenerez deuy enfans assez haultz hommes/ce sont les filz au roy Booit de gaunes. Lors lui encharge sa besonge ainsi comme Bous oirez deuiser cy apres/ et lui baille les choses dōt elle pouoit auoir besoing. A tant mōte la damoiselle et sen part de sa dame qui bien sauoit esprouuee de long temps/

Celle estoit la niepce du rendu qui auoit faicte sa clameur pour le roy Ban de Benoic. La damoiselle mena auec elle deuy escuiers et autres seruiteurs iusques a dix (et) tāt explouiterēt quilz Bindrent en la prarie dessoubz gaunes le iour de la feste a heure de tierce. pres de celle prarie deuers senestre auoit Bng peu de forest haulte et espesse/illec se mist la damoiselle et sa compaignie et fist enquerir par Bng escuier se le roy claudas estoit point encores assis/ et si tost quelle le sceut elle sen tourne son chemin grant alleure sus Bng palleffroy (et) la maine auec elle que deuy escuiers qui mainēt chascun deuy leuriers en une chayne dargent. Ainsi cheuauchent tant quilz Bindrent en la cite/ et lors fait la damoiselle enquerir se les enfans au roy Booit sont encores en prison cōme ilz souloient/et lon leur dist que ouy.

Claudas sieta son hault mengier auec ses barons dont il auoit grant nombre/ et seoit deuant luy son filz Dorin quil auoit fait cheualier/ et moult estoit beau/preuz/ et large/et claudas nauoit enfant que lui. La court quil tenoit estoit grande noble et sollennelle tant pour le iour de son couronnemēt q̄ pour lōneur de son filz qui estoit nouueau cheualier. Et fut claudas plus large en la Bigille de la feste et le iour quil nauoit oncques este en son Biuāt. Et escores auoit il propose plus dōner aincois q̄ la court departist/car moult sauoit amēde la grāt largesse q̄ auoit Beue en la court du roy artus. Ainsi q̄ claudas seoit au mengier cōme Bous aues ouy sa damoiselle du lac entra leans et Bint deuāt claudas q̄ nauoit escores eu q̄ le premier mes. Elle tenoit en sa main les deuy leuriers en deuy riches chaynes (et) parla si hault que bien fut oupe. Roy claudas fait elle ie te salue de par la plus Baillāte dame qui soit au monde et qui plus te a prisie que autre hōme iusq̄s cy/mais ores ne cuide elle pas q̄ tu ayes la moitie du sens que sen lui auoit dit de toy/ celle na mie tort/ car plus pa assez de blasme q̄ ie ne cuidoye. Si men irap a tant et lui compteray ce q̄ iay de toy Beu. Le roy regarde la pucelle qui tant fieremēt a parle (et) si tost sen Beult retourner/si lappelle (et) dit Damoiselle Bous soyez la bien Benue (et) bonne auāture ait Bostre dame. Et peut estre quelle a ouy dire plus de bien de moy q̃l ny a/ mais pource quelle ma mandé salut se ie sauoie faire chose dont riens ne mepiraft ie lacompliroie pour lamour delle. Et par la foy q̃ vous deuez a elle dictez moy la verite, car ie vouldroie bien apprendre chose dont ie amendasse. Tant men auez couuert fait la damoiselle que ia plus ne vous sera celé. Je suis comme ie vous ay dit a la plus vaillante dame du monde, elle auoit ouy dire tant de bien de vous quelle ne prisoit homme crestien tant comme vous, car len lui auoit dit que vous estiez le plus gentil roy et le plus debonnaire du mõde, le plus vertueux, le plus large, et de la plus haulte prouesse, pource mauoit elle cy enuoyee pour sauoir se les paroles q̃lle auoit de vous ouyes estoient vrayes, et ien ay tant congneu que vous aues failly a troys des meilleures vertus qui puissent estre en cheualier, car vous nauez ne sens, ne debonnaireté ne courtoisie. Damoiselle ce dit le roy se ces troys choses sont hors de moy peu peut valoir le demourant, mais nõpourtant dictes moy sil peut estre que vous auez veu en moy pour quoy vous sauez que ie ne suis ne debonnaire ne courtois. Je le vous diray fait la damoiselle. Il est vray que vous tenez les enfans au roy booz de gauues si villainement comme en prison/ et on scait bien q̃lz ne vous ont riẽs meffait/ et cuide chascun q̃ vous le facez pour eulz occire en la fin/ si nest homme qui nen ait pitié en son cueur et q̃ ne vous en haye a mort mais puis que lõme se fait hair a tout le mõde il est notoire quil ne peut auoir en soy greigneur folie. dauttre part se vous fussiez courtois vous eussiez prins les deux enfans qui sont plus nobles que vous et les eussiez honnorablement attournez comme a filz de roy appartient, et fussent cy deuant vous a vostre grant honneur, car tout le monde diroit q̃ vous seriez le plus gentil et le plus courtois de tout le mõde pource que vous maintiendriez les orphelins honnorablement en leur gardant leur terre/ et par ce auriez les cueurs de maintes gens et vous tiendroit len pour saige, courtois et debonnaire. Se maist dieu damoiselle fait Claudas vous aues droit/ mais qui croit mauuais cõseil il ne peut estre

qui nen vienne a mauuais chief/ et de ce que mauez enseigné a ceste fois ien cuide toute ma vie mieulx valoir. Lors appelle sõ seneschal et lui dist. Seneschal alez moy tost querir les deux enfans au roy booz/ et menez auecques vous telle compaignie comme len doit pour aler querir filz de roy, et faictes venir auecques eulx leurs deux maistres. Le seneschal faist le commandement de son seigneur et va querir les enfans qui nestoient mie aises ne ceulx qui les gardoient, car ilz auoient moult grant deul de ce que lyonnel les auoit tous troublez/ et la cause fut pource que la vigille de la feste quãt le soupper des enfans fut prest ilz se assirent et mengerent ensemble/ et lyonnel mengeoit si asprement q̃ son maistre le regardoit a merueilles, et tant le regarda quil en laissa le mengier, puis commenca a plourer moult tendrement tant que lyonnel sen apperceut. Quest ce fait il beau maistre pour quoy plourez vous Beau sire dit farien de ce ne vous doit chaloir car ia ny auriez rien gaignié. Ou nõ de dieu fait il si le vueil ie sauoir. Et vous cõiure sur la foy que me deuez que vous le me diez. Ha sire fait farien pour quoy me requerez vous de chose ou vous ne pouez riens prouffiter. Par la foy que ie doy a lame de mon pere fait lyonnel ie ne mengeray huy deuant que ie le sache. Beau sire fait farien aincoys le vous diray ie que vous en perdez le mengier. Je plou roye pource quil mestoit souuenu de la grant haultesse et bonne prosperité ou vostre lignaige auoit esté et demoure moult longuement. Et iay le cueur moult a malaise et suis merueilleusement angoisseux quant iapercoy q̃ vous estes ainsi detenu comme en vne prison et autre tient court et seigneurie la ou vous deussiez tenir la vostre. Comment fait lyonnel qui est doncques celui qui tient court ou ie deusse tenir la mienne. Sire fait farien cest le roy claudas de la deserte qui la tient en ceste ville ou deust estre le chief de vostre royaume. Il porte courõne et fait son filz cheualier au iour du py et fait moult grande feste car il a assemblé tous ses barons et cheualiers: Et pour ceste cause iay si grant douleur en mon cueur quant vng si hault et honnourable lignaige que dieu a tant ou temps passé epalte est de present desherite/et que celui lui oste la seigneurie qui est le plus desloyal homme du monde. Quant lenfant lentent le cueur lui esmeut en merueilleup desplaisir. Il boute ius la table puis sault emmy la sale tout courrouce. Et pource qͥl na cure de riẽs veoir il est monte en vne fenestre pour myeulp penser a grant loisir. Lors vient a lui farien son maistre et lui dit. Ha sire quest ce que vous auez fait qui par courroup vous estez leue de table a si haulte feste comme le iour dup. Venez vous en si mengerez/et se vous nen auez talent si en deuez vous faire semblant pour lamour de vostre frere qui sans vous ne mengera pas. Maistre fait sponnel ie ne mengerap mie/or vous en alez/et mẽgez vous a lui. Sire fait farien nous ne mẽgerons mie sãs vous. Comment dist sponnel nestes vous mie a moy et mon frere et son maistre. Et farien dit que ouy sans faille. Donques vous conuient il fait sponnel que vous alez mengier/car ie ne mengerap iamais tant que iape acõply ma voulẽte. Beau sire fait farien se cest chose ou nous puissons mettre conseil dictes le nous a nous y mettrõs paine. Maistre fait il ie le vous dirap mais que vous ne me desseez pas et que vous me y aidez. Et farien dit quil se fera moult voulentiers. Certes fait sponnel ie pense que ie me vengerap du roy claudas aincois que ie mẽgeusse. Dea sire fait farien comme vous en cuidez vous venger Je le vous dirap fait sponnel. Je lui manderap demain qͥl viengne a nous parler et la me pourrap de lui venger/car ioseray bien entreprendre de soccire. Et puis fait farien quant vous laurez occis que ferez vous. Quoy fait sponnel ne sont pas tous ceulz de ce paie mes hommes. Ilz me garentiront a leur pouoir/et silz ne le veulent faire dieu en pensera bien/et se ie meurs pour mon droit conquerre bien soit la mort venue/car mieulp me vault mourir a honneur que viure a honte et estre desherite en terre. Et qͥ desherite filz de roy assez lui toult sa vie: Beau sire fait farien ainsi ne le ferez vous pas/car vous nen pourriez eschapper vif/et len ne doit mie telle chose entreprendre sans conseil/mais attendez tant qͥ dieu vous mette en gregneure vertu que vous nestes.

Moult le chastie farien/et il dit quil en fera a son conseil et attendra quil viengne en point pour soy venger/mais fait il donnez vous garde que ne voye claudas ne son filz/car plus ne me pourroye tenir de moy venger. Ainsi passerent celle nuyt/et toutefois estoit farien en grant paour de son seigneur quil veoit si courroucie/car onques la nuyt ne se lendemain belle chiere ne fist.

Quãt vint le lendemain le seneschal claudas ala querir ses enfans/et encores nauoit point sponnel mengie ains se gisoit en vne chambre et disoit quil estoit dehaitie/et farien faisoit mengier voir a grant paine. A celle heure estoit farien deuant sponnel & plouroit moult tendrement. Et quant le seneschal vint deuant sponnel il se agenoille a dit Sire monseigneur le roy vous salue & vous mande et prie que venez vous et vostre frere veoir sa court & voz maistres auecques vous car ce nest mie raison quil tiẽgne sans vous sa haulte court comme il a emprinte a faire. Si tost comme sponnel ouyt les nouuelles il sault sus et dist au seneschal quil ira moult voulentiers/et fait grant semblãt destre ioyeup. Et son maistre qui le voit grãt piece souspirer de ce quil pense/est moult a malaise de la grant mescheance quil doubte aduenir. Ly onnel lui dist. Beau maistre faictes compainie a ces gens qui me sont venuz querir. Puis est entre en vne chambre et appelle vng sien chambellan et fait traire vng coustel qͥ pour iouer lui auoit este donne. Et son maistre le suyt pour sauoir quil faisoit. Et quant il lui vit tenir le coustel il lui oste des mains et dit quil ne lemportera mie. Non fait sponnel/ie voy bien que vous me hayez quant vous me tollez mon deduit. Sire fait farien vous nestes mie saige/se vous portiez ce coustel tout le peuple sen apperceuroit/mais ie le porterap qui mieulp vauldra/car sachiez de vray que iayme autant vostre bien et vostre honneur comme le mien. Donques me fiancerez vous fait sponnel que de quelque heure que ie vous demanderap le coustel vous le me baillerez incontinent. Voire fait farien se vous me voulez promettre que vous ne ferez chose a reprẽdre. Ie ne ferap fait il chose dõt ie puisse estre a droit blasme. Sire fait farien ainsi ne dis ie mie. Vous me iurerez que vous ne ferez mal a personne. Beau maistre fait lyonnel se vous voulez perdez le coustel, et si non gardez le pour vous mesmes, car vous en pourrez auoir mestier. A tant sen reuient en sa sale ou le seneschal lattent et monte sus ung palefroy et boort sus ung autre, et derriere chascun deulz monte son maistre. Ainsi sen vont cheuauchant droit au palais ou la court estoit. Et farien chastie moult lyponel et lui prie pour dieu quil ne commence telle folie dont il soit mis mort et tous ceulx qui auecques lui seroient. Or ne vous esmayez fait il, car ie ne suis mie si fol que ie commence chose dont ie ne puisse a chief venir, et se ie leusse voulu cōmēcer si men auez vous bien garde, car vous ne maues laissie que les mains toutes nues. A tant sont venuz a la court et trouuerent assez qui les descendit. Puis se sont entreprins et viennent deuant claudas a grant compaignie de cheualiers. Et leans auoit moult de cheualiers du royaume de benoic, et de celui de gaunes, dont il en y eut de telz qui ne se peurent tenir de pleurer quant ilz virent leur seigneurs venir si beaux enfans qui estoient en la seruitude dautruy. Et lyponnel vint teste leuee et regarda parmy la sale moult fieremēt si semble bien a sa contenance quil est gentil homme. Quant les enfans sont venuz deuāt le roy ilz sont regardez a merueilles des ungs et des autres. Et le roy seoit en so hault siege triumphamment en ung fandesteur lequel estoit moult bel et riche, et deuant lui fut sa couronne assise sus ung gros soustenail dargent, et vne espee toute droicte pendant le pommel dessoubz, et la lemelle vers le hault. Et par dessus la couronne estoit le ceptre dor a pierres precieuses de grant valeur. et auoit vestu la robe benoite en quoy il auoit este sacre. Si sembloit a merueilles preudomme se ne fust quil sembloit estre felon et cruel au iugement de son visaige.

Quant il vit les enfans venir il leur fist moult belle chiere, et appella lyponel dont il prisoit moult la contenance. Lenfant vint deuant lui de ceste part de la table ou la couronne estoit et lespee. Et le roy qui

moult le vouloit honnourer et plus nentendoit se tenir en prison lui tēt sa coulpe moult belle et riche et lui commanda quil beust. Et lyponnel ne la regarda oncques. Claudas cui de bien quil ne laisse a boire que par hōte pour le grant nombre de gens quil voit. Et la damoiselle du lac se approche et prēt des deux mains parmy les ioes et lui dist. Beuez beau sire filz de roy et ie vous amenderay moult. Lors lui met en sa teste ung tresbeau chapel de fleurs nouuelles, et a son col ung petit fermaillet de pierres precieuses, et ainsi a fait a boort son frere, puis dist a lyponnel. Or pouez vous bien boire beau filz de roy car vous en auez assez beau loyer. Et lui comme chault et courrouce respondit. Damoiselle ie beuray mais autre se paiera. Lors sont les deux enfans moult entalentez de folie faire par la force de lerbe q estoit es chappeaux, et des pierres des fermaillez, et ilz estoiēt si bien garniz que len ne pouoit deulx traire sang ne mēbre coupper ou froisser tant comme ilz fussēt sur eulx. Lyponnel a prins la coulpe et boort lui crye quil la iecte contre terre, mais nō fait aincois la haulse contremont a ses deux mains si que du vin est tumbe sur la robbe vne partie, et il en fiert de toute sa force le roy claudas par la face tant que le surplus du vin lui couroit tout aual et lui entroit es yeulx, au nez, et en la bouche tellemēt qua bien peu quil nest estaint. et le trēchant de la couppe lassene parmy le front et lui trenche le cuir et la chair iusques au test. Puis tire lyponnel sa couronne a soy si rudemēt quil fait voler bas le cercle et lespee qui empres estoit, et iecte aux deux mais la couronne contre le pauement du palais si impetueusement quil fu depiece et foulle aux piez tant comme il peut. Parmy le palais lieue le cry et saillent hors des tables les cheualiers, les ungs pour encombrer les enfans, et les autres pour les deliurer. Et le roy geut a terre pasme du vin qui ou corps lui fut entre par le nez et parmy la bouche. Et estoit sēglāt du coup quil eut en my le front. Et son filz dorin est sailly hors pour le venger, mais lyponnel a saisi lespee qui a terre estoit cheue et la lieue en hault de telle vertu comme il auoit, et boort prent le cercle a terre si commēcerent a

sont que seulement leurs deux maistres, et ie noseroie trespasser le commandement qui me en est fait, pource vous conuendra demourer icy iusques au matin, et nous irons ce cheualier et moy la ou ilz sont et pourchasserons cõment vous y pourrez venir. Et demain matin aurez a message vng de ses escuiers qui vous vendra dire ce que nous aurons trouué. Damoiselle fait il, puis que demourer me couient dictes moy ou ie me pourray hebergier. Mou lentiers fait elle, or me suiuez. Lors sen vont contremont la riuiere, tant quilz virent vng chastel nõmé tarasche q̃ marchisoit a vng chastel appellé brions. Et estoit pour cela fort appellee brions. La damoiselle monstre a lesonce le chastel a cellui p̃ va hebergier lui a ses escuiers. Et la damoiselle et lambegue cheuauchent tant quilz sont venus au sac, ilz en trent ens, et estoit ia nuit quant ilz vindrent. Et moult sesmeruilla lambegue comment la damoiselle osoit a telle heure entrer dedens celle ville q̃ estoit si grande, mais il ne dit oncques mot iusques a ce quil se vit deuant vne grande porte a lentree dune maison haulte, il regarde tout soy, mais il ne voit mie le sac qͥ auoit veu au parauant. La damoiselle entre ens a lui apres. Lors vient la nouuelle en la chambre ou les enfans sont que sa damoiselle estoit venue. Puis saillent hors les deux enfans. Et quant Boort cognoit son maistre il le baise plus de cent fois, mais quant sponel voit que son maistre ne vient point, il nen demãde plus nouuelle, et se fiert en la chambre a voit en vne garderobbe ou il treuue la damoiselle q̃ les auoit amenez de gaues, elle faisoit mediciner sa playe. Et quant il la vit il sesmerueilla moult ou sen lui auoit telle playe faite. Haa damoiselle fait il qui võ a faite celle playe. Certes moult vous a greuee. Voire fait elle sponnel, celui donc me doit moult aymer pour qui ie la receu, a qui eut la vie sauue par ceste playe. Certes fait sponnel il võ doit aymer autant comme son corps. Et qui sauroit fait elle pour vous eue que l'o per lui en redriez vous, quel fait il. Ainsi me aide dieu ie l'aymeroie sur toute rien. Voire fait elle, donc ne vouldroie ie pas que ie ne leusse eue, car ie feu pour vous garantir de mort, quant lespee võ

fut leuee dessus le chief. Or regardez combien vous men deuez de guerdon, combien fait il. Certes ie vous en doibz tãt comme ie puis aymer ma vie, et moult a plus en vous de debõnaireté a de pitié que il ny a en farien mon maistre que ie auoie mandé en mon grant mesaise a si nest pas a moy venu, et toutesuoies ie laymoie tant q̃ se ie eusse eu tout le monde en mõ pouoir, il en eust esté plus seigneur que moy, a vous võ meistes en auanture de mort pour moy ia dieu ne maist se iamais ie auray maistre que vous tant cõe vous me vouldriez enseigner, car hõme ne se doit tãt fier en autruy cõme en cellui qui plus l'aime. Quant sa damoiselle l'ouyt, elle en eut moult grãt pitié a se commence a baiser es yeulx a en la bouche. et lors entre Lambegue en la chambre, a quant sponnel le voit il le salue. a Lãbegue se agenoulle deuant lui et lui demãde cõment il lui a puis esté. Mauuaisement fait lenfant, mais dieu mercy il mest maltenãt assez bien, car iay oublie partie de mes ennuys, a tousiours tient sponnel la damoiselle embrassée par my le col a lãbegue lui dit. Sire mon oncle vostre maistre vous salue. Mon maistre nest il mie fait sponnel, mais vous estes maistre a Boort, vous le estes venu solacier en son mesaise, et toutesuoies cõme le fait il farien. Sire fait lãbegue il est sain et bien disposé. Lors lui cõpte les ennuys quil a euz depuis pour garantir les preux hõmes a le pays, et dont le filz claudas fait sponnel est il guery du coup que Boort mon frere lui donna. Et lambegue commence a rire, a dit quil est aussi bien guery cõme celui qui na plus besoing de medecin. Cõment fait sponnel dictes vous quil est mort. Sire fait il ie le vy en biere gesir. Or ne se entremette pl'homme desormais de guerroier pour mon heritage, car bien sera encore rescoup, a dieu deffende claudas que encores ne meure deuant que ie lui aye fait sauoir cõme peu de seurté peut auoir q̃ la terre daultruy prẽt a force. Ainsi par le sponnel dont se meruueillent tous ceulx y qui l'oyent, mais trop en est ioyeuse sa dame du sac et si voulentiers lescoute quelle ne peut entendre a aultre chose. Lors lui cõpte lãbegue comment il est leans venu et que iamais ne ystra farien de prison iusq̃s a ce que le õce de parme

d.i.

auroit beu lui et boozt. Et lozs demāde sa dame a sponnel quil en sera, τ se il y souldra aler. Dame fait il ce que ma damoiselle me cōseillera ie se seray. Cōmēt fait sa dame estes vous donc tant a elle. Dame fait il a q̃ seroye ie donc, elle ma si chier achate que bien me doit auoir gaignie. Lors lui descouure le visage tant que tous voyent sa playe apertement τ et celle qui estoit dame de leans dit. Certes elle a bien employee sa playe et ia ne maist dieu se vous ne serez vng grant preudōme. Ainsi parlent de sponnel les vngz τ les autres, τ la damoiselle satourne pour aler sendemain a la riuiere dessoubz tarasche, et menera ses deux enfans pour monstrer a leonce q̃ ses attēt. A ces parolles sacordent moult bien lambegue τ les deux enfans, et la dame les y menoit pource que elle ne vouloit mie quilz feussent sceuz le ans de telles gens qui les guetassent aucunes fois. Car legierement on les eut peu prendre se len eust sceu le lieu ou ilz conuersoient. Ainsi quilz parloient de ceste chose dit lancelot seās q̃ fut leue de dormir. Car il auoit tout le iour este au bois et moult sestoit leue matin. Et la dame auoit de coustume que ia au souper ne ne mengast ne au disner pourtāt q̃ feust a la maison selle ne le veoit deuāt elle. Et des celle heure q̃ se peut entremettre de seruir elle ne mēgoit iusques a ce quil eut trenchie vng pou deuant elle τ mis du vin dedens sa couppe et lors se faisoit aler seoir τ se delectoit a le regarder cōme celle qui auoit mis en lui toutes les amours que len peut mettre en enfant par pitie de nourriture. Lancelot vit en sa salle τ eut vng chapeau de roses vermeilles en son chief et si estoit ia le mops daoust et roses nont mie naturelle vertu de tant durer, mais tant quil fut au lac il ne fut iour oueste ou yuer q̃l neut au matin vng chapeau de fresches roses sur ses cheueulx: fors seullemēt au vendredi τ aux vigiles des haultes festes et tāt cōme le quaresme duroit. Et toutesuoyes il ne sceut tant y prendre garde q̃l peut oncq̃s sauoir qui lui apportoit, mais quāt les deux enfans furent en sa cōpaignie il ne feut matin quāt lancelot auoit sō chapeau quil ne le depeçast τ en faisoit trois, τ en donnoit vng a chacun des enfans si lui fut tourne a grant gentillesse de cueur.

Il vint a la salle cōme vous auez ouy, τ quāt il sceut que sa dame estoit en sa chābre il mōte celle part et voit grāde cōpaignie de varles τ le p̃mier q̃ aperceust se fut boozt q̃ au girō sō maistre estoit. Si se leua encontre lui et dist. Sire veezcy mon maistre qui est venu. Lors se lieuēt la dame et ceulx qui auec elle estoiēt: car ilz lui portoient grant honneur τ la dame le prent entre ses bras et lui baise la bouche et les yeulx moult doulcemēt. Et quāt lābegue voit la ioye que les enfans fōt de lui il se merueille moult qui il peut estre. Quāt la dame eut lancelot laissie il sen vient a lābegue τ le salue τ lābegue le prise moult τ ne scait qui il est mais il se desire sauoir au plus tost q̃l pourra. Atant se assirent a table. Et quāt lancelot eut serui de sō mestier il se ala seoir τ ny auoit leās si hardy qui se assist deuāt quil fut assis cōbien q̃ depuis quil sceust que les deux freres estoient filz de roy il voulut au cōmencemēt mengier auec eulx, mais sa dame lui comanda quil priust leur seruice cōme il auoit fait au parauant. La dame du lac τ sa cōpaignie ōt conclud ainsi q̃ dit est deuāt quilz iront lende main a la riuiere de tarasche. Apres souper se alerēt couchier et se leuerēt moult matin, quāt ilz eurent ouy messe la dame mōta et amena les deux enfans, et lācelot qui moult voulētiers y alla auec trois cheualiers appareilliez de toutes armes, que bien peuent estre iusques a. pl. Lancelot cheuauche au coste de sa dame τ ap̃s suiuāt vng varlet qui lui porte son arc τ ses saiettes, τ il a vne espee petite a sa mesure pēdue a farcon de sa selle. Et tousiours porte en sa main ou baston ou aultre chose pour ietter aux bestes ou aux oyseaulx τ hōme ne iettoit plus droit a loil q̃ lui. Tāt sōt alez q̃ lz sōt venuz a la riuiere, τ lors ont enuoie deuant vng escuier au chastel ou le sire de parme auoit couchie, τ lescuier lamaine tant q̃ lz viennent pres des hōmes armez qui les attendoiēt. Et quāt il les vit il eut paour car moult se doubtoit de traison et dist a lescuier. Va moy dire a lābegue qui vienne a moy parler: τ cellui y va τ fait son message et lambegue vient a lui. Quāt le sire le voit il lui demāde pour quoy ces gens armez sont illec venuz, τ il respōt q̃ cest pour gaider les enfans. Suis ie fait il as-

partie

seur de traison que il ny en aura point. oy fait labegue. Lors sen vont tous deux iusques aux enfans. Et quant le sire de parme les voit il pleure moult tendrement de la grant pitie ql en a. Et puis chiet aux piez de la dame q les a en garde/et dit. Dame dame pour dieu gardez bn les enfans/car certes ilz furent au pl'pseudomme et au plus loyal baron qui onqs fut sault sonnent du roy ban q son frere estoit et son sire et plus pseudomme en armes Et se vous sauiez dont ilz sont descenduz aussi bie comme ie scay vous les garderiez bien/ car combien qlz soient haultz et honnourez de par leur pere encores ce ne monte rien euers la noblesse quilz ont de leur bonne mere. Et nous sauos bien par le tesmoing des escriptures que elle et ses ancesseurs sont descenduz du hault ligna ge du roy dauid. Si ne sauons a quelle grande chose ilz pourront paruenir, mais tant y a que ceulx de la grant bretaigne se attendent a estre deliurez des merueilles et des auatures qui y aduiennent par vng qui sera du ligna ge de la mere a ces enfans/pource pourroient ilz encores venir a grant honneur et a grant chose plus que sen ne cuide. Et se vous ne les cuidiez garder des mains de leurs ennemys baillez les nous car nous nous en suprons al cois q nous ne les garatissons a nos pouoirs et se dieu plaist ilz ne seront mie tousiours des heritez, encores en prendra il pitie a nostre seigneur. Et se ilz resemblent de prouesse au vail lant lignage donc ilz sont. Ilz feront encores a leurs ennemys toute paour. Et si tost quilz pourront armes porter/viennent tout seurmet a leur honneur/car ia ny trouueront homme de la terre qui pour eulx ne mette corps et auoir en abandon. Aisi pourroient ecores leurs terres recouurer. A ces parolles commenca yponnel a penser moult durement: si lui viennet les lermes aux yeulx grosses et chaudes. Et la damoiselle qui pour lui eut la playe se regarde et le prent par le menton/et dit. Quest ce yponnel que auez vous empense me voulez vous ia laisser qui disiez arsoir que vous ne auriez autre maistre que moy. Il la regarde et a grat honte/puis lui dit. Ma doulce damoiselle encore le dis ie bien/mais ie pensoie a la terre qui fut a mon pere q ie recouureroie vou

lentiers se il pouoit estre. Lancelot qui vit la mauuaise chiere. de lponnel lui dist. Hy beau cousin ne plourez ia pour terre auoir/car no' en aurons assez se mauuais cueur ne la nous fait perdre: et se vous la conqueriez celeement vous en auriez aps honte et reprouche se vous la perdiez a la veue du monde. Appliquez vo stre cueur a estre si preux que vous la conque rez par force de prouesse et par prouesse la ga ratissez de ceste parolle furet esbahiz tous les plus sages mais la damoiselle en est esbahye sur to' ses aultres non pas de la sage parole mais de ce que il appella lponnel cousin et luy en sont les larmes venus aux yeulx tat quil ne pa cellui qui bien ne les voye et elle dist au seigneur de parme beau sire or ne vous es ma pez mie des enfans car ie les cuide bien contre tous homes garantir Jay ecore deux ou trois telles forteresses q ne craignet claudas ne son pouoir/mais atant vous en alez et bien pouez dire a tous ceulx qui leur amendemet voul droient qlz sont sains et entre leurs amis lop aulx/et de moy ne saurez vous mie qui ie suis mais ie ayme les enfans plus que nul autre/ fois leur mere. Et vo' fait elle beau sire a la lambegue. dictes a Bre ocle ql viengne ses sei gneurs voir et que pour leur terre deffedre ia ne face pour eulx contention/car ilz auront en core assez. Dame fait labegue ie men iray mais les voyes par ou nous veinsmes sot si desuoi ables que ie cuide que ie ne les pourroie tenir. Je vous baillerap fait elle vng varlet quant vous y vouldrez venir/mais ne venez plus de vous tiers ou quart. Lors lui baille vng varlet et il sen part et a grant paine emaine le seigneur de parme car il ne se pouoit saouler de veoir lancelot.

Or sen retourne la dame du lac et em maine les enfans/et quant elle a grat piece ale elle appelle lancelot hors du chemin et lui dist moult doulcement. Filz de roy com met feustes vous orais si hardy que vous ap pellastes vostrecousin lponnel qui est filz de roy/et plus gentil home assez q vous ne estes Dame fait il/ainsi me vint il en la bouche et oncqs ne men donay garde. Or me dictes fait elle par vostre foy que vous me deuez/lequel cuidez vous q fut plus gentil home ou vous

d.ii.

ou fui. Dame fait il vous mauez moult coniure et ie ne doy a psonne tāt de foy cōme a vous qui estes ma dame et ma mere. Je ne scay de cōbien ie suis gentil hōme de lignage: mais par la foy q̄ ie vous doy ie ne me daigneroye esbahir de ce dont ie le vy plourer. On dit q̄ dung hōme et dune fēme sont pssus toutes gens, si ne scay ie par q̄lle raison les ungz ont plus de gētillesse que les autres, se ilz ne la cōquerēt ainsi cōe sen fait les fiefz et les hōneurs mais soiez seure que se les grās cueurs faisoiēt les gentilz hōmes ie cuideroie encor estre des plꝰ gentilz. Voire fait la dame, or verra sen q̄l en aduēdra. Et ie vous dy vrayemēt q̄ vous ne perderiez ia a estre le plus preudōme du mōde q̄ par deffaulte de cueur. Dame fait il benoite soiez vous puis que si tost me auez dit car a ce me ferez venir ou ie ne cuidoie ia attaindre. Je ne auoie autre si grant desir cōme de gētillesse acq̄rir, or ne me poise il mie se ces deux me ont serui, et la soit ce q̄lz soient filz de roy, puis q̄ ie pourray encores puenir a aussi hault cōme ilz feront se a moy ne tient. Par ces parolles qui sōt de si grant sens lancelot attrait tant le cueur de sa dame que plus la ayme quel le ne scuoit. Et se ne fust ce quelle aymoit son amedement elle neust si grant deul de rien cōme de ce quil croissoit tant et amēdoit, car bien voit quil sera par temps tant creu et embarny q̄ cheualier le cōuendra estre et cercher les auātures en loingtain pais, et lors sī aura perdu se luy est auis, puis quelle ne le verra souuent. Ainsi cheuauche la dame iusqz au sac, et se elle a les enfās aymez et chier tenus encore veult elle assez plus q̄lz ayent leurs voulētez, tout pour lamour de lancelot, si se pense q̄ tant les tendra entour elle cōme plus les pourra tenir et apres q̄ lancelot sera cheualier demourront en sa garde. Et quant lyonnel vēdra a cheualerie au moins luy demourra boort. Ainsi se cōforte de lun pour lautre.

O r sen vont leonce de parme et lambegue le nepueu farien, et quant ilz sōt ung peu eslongiez de la riuiere, leonce demāde a labegue sil cōgnoit cestui enfant q̄ appelle lyonnel cousin. Et il dist quil ne le cōgnoit mie. Certes fait leonce il est dun noble courage et moult sera sage sil vit. Oncq̄s a enfant

de sō aage ne oy dire telles parolles, si se peut moult puser la dame q̄ nourrit telz enfās car se elle ne feust plus sage et plus veritable que toutes autres fēmes elle ne les eust ia tuz. Et ie ne cuide mie q̄ cestui ait tort sil appele mon seigneur son cousin, car ie cuide q̄ les deux soient ses cousīs germains de pere et de mere. Cōmēt fait labegue cuidez vous quil soit son cousin germain, et de par qui. Le roy boort nauoit point de frere. Et ma dame la royne nauoit q̄ une seur se fut la dāe de benoic. Sachiez fait leonce que cestui enfant fut filz au roy ban de benoic. Cōmēt fait labegue q̄ st ce q̄ vous dittes, sen scait bien q̄l mourut auec sō pere, et nō pourtant q̄ que cestui soit ia ne fauldra a estre preudō. Ne cuidez mie fait leōce q̄l soit mort mais soiez seur que cest il. A tant sont venues a ganues et trouuerent la tour qui chacun iour et chacune nuit estoit gardee affin que farien ne sen ysse de prison. Quāt les deux messages furent venus et ilz eurent dictes leurs nouuelles la ioye fut si grande q̄ a paine la pourroit on deuiser. Si cuida farien estre quitte et deliure et disposa de enuoier ses prisonniers a claudas et luy mesmes dist q̄l les cōuoieroit, tant que ilz seroient a sauueté. Ainsi deuise farien sa voulente, mais ceulx de la ville entendēt tout autre chose, car ilz cuident bien sauoir q̄ claudas vendra sur eulx a ost, et ne peult faillir a estre occis et desheritez, et dient entre eulx: se nous laissons aler les prisonniers nous sōmes mors mais faisons tant q̄ nous en soyons saisiz, et dautre part farien nous a forfait assez. Car nous sauons tous attaine de pariure et de foy mētie, pource quil nous promist garder le roy Claudas ce quil na pas fait. Nous le defendrions auec les autres prisonniers et se claudas les ayme tant cōme len dit, aincois nous par donnera il son maltalent q̄ il nous souffre les occire. A ce cōseil sacordēt tous, car ilz cuidēt tous la paix auoir si deliberent que de mal les prendront quant ilz sen vouldront aler, ou la nuit mesmes silz se partent hors de la tour, ainsi pourparlent la traison non pas tous, mais ceulx qui se accordoient au seigneur du hault mur. Lors font armer iusques a deux cēs cheualiers et les font guetter a trois portes qui estoiēt en la cite. Et farien propose de faire au

partie

trenient quil nauoit delibere/ et dit quil menera ses prisonniers a son chastel et quant il les tendra illec il naura garde que homme seur face mal oultre son gre. Et il scait de vray que claudas ne pourra souffrir quil ne vieigne contre sa cite a force quant on lui aura rendu ses prisonniers. Et farien ne souffriroit pas voulentiers que les preulx hommes de la terre feussent destruiz/tant comme il y pourra mettre conseil. Ainsi pense exploiter farien. Et quant vint la nuit apres le premier somme il yssist hors de la tour auec les prisonniers/ dont il y auoit encore vng moult blece des playes que lambegue lui auoit faictes/ et lambegue mesmes estoit auec eulx. Quant ilz vindrent en la porte bretonne/ qui ainsi estoit appellee: pource que deuers bretaigne estoit, ilz furent assailliz et se deffendirent moult vaillamment, mais la defense ne leur peut prouffiter/car ilz furent prins en la fin et naurez.

¶ Comme lapointement fut fait entre les barons de gaunes et le roy claudas par le moyen de farien/ et de son nepueu lambegue.

¶ Chapitre. vi.

Le roy claudas na pas oublie la honte que ceulx de gaunes lui eurent faite/ ne la mort de son filz dont il sent au cueur moult grant angoisse. et pense a sen vengier moult cruellement. Il a mande tous ses ostz le plus efforceement quil peut: tant que dedens le moys il fut deuant sa cite de gaunes. Quant les barons qui nauoient pas este consentans de la desloyaulte sceurent que claudas venoit sur eulx: ilz furent moult amaisaises/ car bien sauoient quilz estoient destruiz et mort: se vers lui ne pouoient trouuer aucune paix. Et dautre part ilz estoient pariures silz ne tenoient a farien le serment quilz lui auoient fait. Lors sacordent quilz iront mettre hors les prisonniers. Lors viennent a la tour/ et celui qui sa gardoit les y laissa aller sans contredit car il cuidoit quilz haissent autant farien come ceulx que en prison sauoient mis. Maintenant fut farien desprisone et lui crient tous mercy ceulx qui sauoient desprisonne/ et lui cheurent aux piez en lui priant que pour dieu il eust mercy de la terre et de eulx/car sont ilz claudas vient sur nous a trop grant gent: et nous ne pouons vers lui

uoir paix se vous ne la nous pourchassiez/ nous ne feusmes pas consentans de ceste traison que vous a este faicte. et affin que vous nous en croyez nous vous liurerons les corps de ceulx qui firent la traison. Se vous les me baillez fait farien ie me tendray a bien paye. et nous vous les liurerons sont ilz. Ainsi est la chose accordee dune part et dautre quilz bailleront a farien les malfaicteurs/ et il leur promet loyaument quil leur aidera a son pouoir: et silz ne peuent paix auoir, il fera autelle fin comme ilz feront par ce sont asseurez les gens du pais/ car ilz cuidoient que farien feust moult bien du roy claudas: puis ont amenez tous ceulx qui de lui auoient faite la traison et ilz lui sont venus crier mercy par le conseil au conte de parme qui moult estoit de grant sauoir. Farien ne leur vou sut faire mal ne honte: car assez eust honneur quant ceulx qui estoient plus haultz hommes que lui lui sont venuz crier mercy, si leur pardonne par la priere des autres. Apres ilz garnirent la cite au mieulx quilz peurent. Et quant claudas fut deuant venu farien appella a conseil les barons qui leans estoient et leur dit. Seigneurs ie vueil aler la hors parler a claudas sauoir se ie y pourroie trouuer aucune paix. et ceulx lui dient quilz ont de lui moult grant paour quil ne se face occire ou mettre en prison Je ne cuide mie fait farien quil le feist: toutesfois il ny a mie tant de verite en chacun come on cuide. Et pource ie vueil que vous me iurez maintenant vous tous qui icy estes que sil me occist vous occirez les trois prisonniers que vous auez. Ainsi lui ont iure, et il sen part hors de la cite sans compaignie de nul homme arme de toutes armes: et monte sur vng merueilleux cheual. Il cheuauche tant quil est venu au tref de claudas. Lors a son heaume oste. et quant claudas le voit il ne fait mie a demander sil lui fist ioye, car de si loing comme il le vit il lui courut les bras tenduz pour le baiser come celui quil vouloit moult aymer/ et farien lui dist. Sire ie ne vous baiseray mie tant que ie sauray quel droit ie auray pour le pais et les habitans. Dea fait claudas, pour quoy ont ilz la ville qui est mienne fermee encontre moy/ et ilz sont mes hommes ie le vous diray fait farien il est bien vray que quant len voit gens venir en armees que le

b.iii.

se garnist tant que len sache le quel il couient attendre ou la paix ou la guerre. Et pource q̃ nous ne sauions mie quelles gens se estoiēt fut la cite contretenue, mais se vous creancez venir seans cōme mō sire et en bonne paix ie sa vous seray siuuer et ouurir tout maintenāt. ie ny etreray iamais fait claudas que se ne soit au grant dōmage de ceulx de dedens. Sire fait farien ie les prins en garde et ie vous prie pour dieu cōme brē hōme que vous ne facez aucune chose a ma honte et les prenez comme voz hōmes. Et seilz ont enuers vous de riē mesprins toute a vostre voulente se amende ront. Claudas dist quil ney fera rien. Et ses plus haultz barons lui dient q̃ seil neuēge la mort de son filz sur eulx iamais naura honneur en terre. Sire sire dit farien, il est vray que ie suis vostre hōme et tant cōme vous en tes be soing de moy ne vous voulu laisser. Or est al si que vous estes au dessus et nauez plus me stier de moy, ie vous rens vostre hōmage icy puis que vous ne voulez plus vser de mon cō seil ne ma priere escouter, car desormais me se roit il aduiz q̃ vous auriez enuers moy petit de amour, et ie iray en tel lieu ou lē me croira et hōnourera. Et vous seigneurs barons qui vostre seigneur tenez a deshonnoure sil ne prēt vengance de ceulx qui sont leans vous ne di siez pas ainsi quant il estoit en peril de mort, ie le desiuraya mes mains lors quant lespee lui estoit prez de fichier dedens le corps. et tant sachiez vous bien q̃ nous sōmes leās telz che ualiers q̃ assez aurōt enuers lui messee. mais sil y auoit icy aucun de vous qui voulsist dire que les barons de ganues eussent riens forfait vers vostre seigneur q̃ icy est par quoy ilz doi uent estre desheritez ou mors ie suis prest a les en deffendre. Ainsi se offre farien deuant clau das et tent son gage mais ōques cheualier ne y eut q̃ n osast mettre contredit. Et claudas a bien semblant de hōme courouce et dist a farië Cōmēt farien vous estes mon hōme et me ve nez contrarier de mes mortelz ēnemys, vous offrez a cōbatre les cheualiers de ma maison En nō de dieu fait farien vostre hōme ne suis ie pas ne voz enemis mortelz ne sōt pas ceulx de la cite, mais gardez q̃ vous ne faciez tant quilz le soient, et ie vous offre bn̄ a faire pour

eulx droit de tout ce que vous leur scaurez de mander: si leur pardōnez vostre couroust cō me, voz hōmes. Et claudas dist quil ney se taricē, et q̃ sa priere ney escouteroit. Sire fait farien ie vous ay rendu vostre hōmage et des ormais sachiez bien que vous ne auez pire ēne my que de moy, atant men iray sans cōgie de vous, mais auant vous somme de brē soy a quiter, car vous me fiancastes cōme roy que vo9 vedriez en ma prison quāt ie vous en semō droye, ie vous en semond maintenāt par vo stre foy Et claudas dist q̃ de ce ne sui si silon ques promesse Et farien dist quil est appareil sie de se monstrer vers lui s il le ose deffendre Farien fait claudas tu es fol qui icy me haste de bataille deuāt mes gens, tu ne en cōbatras ia cōtre moy en telle maniere mais ie te semō que tu gardes ta foy vers moy cōme tu dois, car tu ne peulx mō hōmage laisser se ie ne le forfay vers toy: et ie ne le forfis onques que ie sceusse. Sire claudas fait farien se ie ne eusse este vostre hōme et vous vous en voulsissiez deffendre ie vous attendisse bien de ce forfait: mais la faulte que ie vous fay me cōuiēt gar der quelle q̃ elle soit ou bonne ou mauuaise: et sachez q̃ d ores en auant vous naurez pire ēne my que moy. Cōment fait claudas, me doiz ie donc garder de toy: oy certes fait Farien tāt cōme ie pourray de espee ferir. Et se vous ay mastes onques le seigneur de saint cierre mon strez lui a fame, car ains que ie menfuisse il a ura la teste couppee et ses compaignōs seront mors honteusement. Atant fiert le cheual des esperons et cheuauche vers la cite. Et lors cou rent apres lui plus de xx. cheualiers les escuz au col. et les lances mises soubz les essesses, et quant il les voit venir il sen va bellemēt tant quil est deuāt la porte et lambegue lui cōmēce a crier Cōment mon oncle vous en viendrez vous ainsi sans coup ferir a cheualier. Lors tourne farien et fiert vng de ceulx qui le suiuoi ent si roidement qu il lui met la lance par my le corps, et labat a terre en telle maniere q̃ la de stre cuisse lui est brisee et au cheoir vosse se gla iue en pieces. Lors met la main a lespee mour st bistement et court sus aux autres qui apres ve noient, et ceulx de dedens oeurrent la porte ha stiuement et sont montez es cheuaulx pour se

partie

secourre/ mais claudas y vint poingnāt vng baston en sa main & chasse arriere ceulx qui le stour auoient commēce & dit quil les fera to' destruire, car a bien pou quil ne lui ōt fait hō te a tousiours. Ainsi que claudas departoit la presse & chassoit ses gens arriere yssirent de dedens cheualiers a grant plāte & lābegue vint deuant les autres arme moult cointemēt et monte sur vng grant coursier et puissant. Il tint le glaiue eslongnie & de si grant aleure cō me cheual peut aller se adresse a Claudas de glaiue cheual corps et voulente/ mais auant lui escrie de si loīg que bien le peut ouir & quil auoit loisir de soy appareillier de fouir ou de deffendre. Claudas fut arme cōme sergant et eut vestu vng haubergon court et fort a doubles mailles & vng chapeau de fer en sa teste, il tourne le cheual vers lābegue qui sui crie de rechief Claudas claudas par mō chief tant auez chasse que a hōte en retournerez ou ie sa uray se le fer de ma lāce peut trencher. Quāt claudas voit cellui qui sur tous hōmes le het se nest mie merueille se il a paour de mourir, car il nauoit point descu ne de lance ne de he aume, lors sen cōmence a aler tout bellement Et celui fiert apres des esperons qui de loing le auoit escrie & le a appelle traitre et couart. & Claudas a mise sa main a lespee & sen va tout seul le chief enclin ses gens sen estoient retour nez aux tentes pource quil les en auoit chassez quāt ilz alloiēt apres farien. Hee fait lābegue mauuais traitre retourne a toy ennemy mor tel qui rien ne desire autant cōme ta mort/ cou art sans foy qui mon oncle vouloie occirre des soupaument. Quant claudas a oup cellui qui au dos lui vient esperōnant/ & q lappelle trai tre & sans foy il en est moult āgoisseux. Voit bien que en lui attendre a grāt peril, car le fer du glaiue lui cōuendra receuoir sans escu. Et dautre part se il sen va ainsi sans faire plus/ il se tendra a deshonnoure a tousiours/ mais doubte plus honteuse vie que belle mort. Si se met du tout en la mercy de nostre seigneur & lieue sa destre main & se seigne: puis a prinse lespee et tourne le cheual a cellui qui a esperō le suiuoit/ et crie moult haultemēt: lambegue il ne te cōuiēt pas tant haster, car par temps me auras atāint et tāt que ie me puis de trap

son essopaulter tu sauras oredroit q ie ne suis pas grāment entechie de couardise. Quāt lā begue le vit venir il fut tant ioyeux que plus ne peut le pointle cheual des esperons & se rop lattēt lespee traicte, & lambegue le fiert en my le pis en hault de toute sa force. & sil leust plus bas feru en la force dont il y venoit il leust oc cis, car en ce quil le ferist en hault le blessa il si durement q bien en cuida mourir: mais le roy se tint si ferme q oncqs ne se meut du cheual & oncqs maille du haubergon ne fut empiree le roy fut de grande force & le glaiue volle en pie ces. Et cōme lābegue passa oultre le roy se fi ert de lespee au deuant du heaume par si mer ueilleuse force q lespee est dedens entree iusqs a la coiffe. de lāgoisse du coup fut lābegue si estourdi quil lui cōuint leschine ployer a larcō de derriere: et les yeulx lui estincellent en sa te ste. il fut de ce coup si estōne ql demoura grāt piece sur larcon. La noise est leuee, lors saillirent es cheuaulx les plus vaillans. & lambegue sen reuient & treuue le roy cōme tout pas me qui se tient a deux mains sur le col de son cheual, & il haulsse lespee & lui cuide la teste coupper/ mais son cheual fut grant & lui trāsporta son coup tellemēt quil le ferist sur le cha pel le coup descēt dessoubz la coiffe & lui a fait maintes mailles entrer au col & en la teste. le roy fut si estōne ql ne oupt plus de vne grant piece & perdist si oultreemēt le pouoir de tout son corps quil est cheu a terre. Et lābegue a ta lent de descēdre, mais les gens du roy q vien nent a force sen ont empesche. Et quant il les voit venir il est si courouce que a peu q ne yst du sens et moult voulentiers vendroit a quel que vng la uengance ql na peu prēdre du roy claudas dont moult lui poise. Lors met son es cu deuant lui et tient son espee en sa main si fi ert des esperōs le cheual & laisse courre a vng qui venoit deuant les autres la lance bessee q la froisse & rompt sur lescu de lambegue et lā begue le fiert au visage si duremēt q le nez lui trenche il regarde son espee & la voit du sāg de celui toute vermeille, et celui est du cheual tū be a terre. Et quant lambegue voit les autres venir il cōmence a prēdre lespee & veult retour ner/ mais son oncle farien y est venu poignāt et le maine a force droit a la porte/ mais ilz ne

d.iiii.

s'en vont pas trop laidement, car souuêt retournēt vers leurs ênemys et font de beaux coups l'un pour l'autre. Et ny a celluy qui n'ait son espee tainte en sang. Adonc se mettent en la cite et tantost furent les portes closes et les herses abatues et viennent farien et lambegue droit a la tour non mie comme cheualiers qui aient repose, car il ny a celluy a qui il ne paire bien et q̃ en maint lieu n'ait perdu de son sang, et leurs heaumes sont tous detrenchiez et leurs escus percez de lances et detailliez de coupz d'espees. Quãt les .iiii. cheualiers q̃ pour claudas estoiēt en prisō les voient ainsi venir ilz ont toute paour, car ilz voient l'abegue tout en rage qui dist a son oncle. Beau doulx oncle pour dieu laissez moy occire ces trois traitres en despit du roy claudas q̃ vous vouloit occire. Non ferez beau nepueu, car ilz ne ont point pour autry mesfait mort desseruie, et leur sire ne fist oncques traison vers moy que vne seule qui n'est mie de pris iusques a la mort. Ainsi a farien apaise son nepueu a grant paine, et lors furent leurs heaumes ostez et incontinent vint ung escuier qui dist a farien quil voise a la porte pource que claudas vouloit parler a lui, et les bourgois de la ville desiroient moult sauoir ce q̃ claudas vouloit dire.

A tant sōt mōtez sur leurs cheuaulx et font porter leurs heaumes et viennent droit a la porte, et la font ouurir. Et vng cheualier vient tout desarme a farien de par claudas, et dist quil l'attent tout seul. Lors lui mōstre et lui mande que seul y voise, car il a fait retirer arriere toutes ses gens. Farien s'en va au roy tout seul et si tost que il le voit il demande comment le font les trois prisonniers et quil en die la verite par sa loyaulte. Et farien lui dist q̃ ilz sōt tous .iiii. sains. Claudas auoit grant paour quilz ne feussēt occiz. Lors lui respō et farien tu as laisse mon hōmage et ie te requier que tu le recoiues cōme tu dois, car ie ne ay vers toy forfait pour quoy tu la dois laisser et farien dit que nō fera car fait il ie ne te pourroie aymer dont ie seroie traitre et desloyal. Et claudas lui dit farien or garde que mes prisonniers n'aient mal et va t'en puis que ma priere ne veulx ouir et au regart de ce que tu m'as somme d'aller en ta prison iouste mon accord

et ma promesse ie suis prest de le faire ainsi pourueu que tu soies mō homme et que tu me garātisses vers tous de mort et me iures que tu n'as eu aucunes nouuelles des enfans du roy booz. Et se tu ne le veulx faire si t'en va car de toy ne auray ie plus cōseil puis que mō hōme ne veulx estre, mais di aux plus preux des hommes de leans quilz viengnent parler a moy. Si lui en nomme iusques a dix. A tant s'en va farien et lui enuoie les barons. Et quant claudas les voit il leur dit sans saluer Seigneurs vous estes mes hommes et si auez moult mesprine vers moy et a paine pourroit estre amende se ie vouloie l'amende leuer telle comme le forfait le requerroit, et ie ne la vueil pas si grande. Vous sauez que iay la force de vous prendre et que en la fin ne pourriez a moy durer. Vous me auez fait prier de paix par farien, mais puis quil n'est mon homme ie ne feroie rien pour lui. Ie vous diray commēt vous pourrez auoir paix et acord a moy et par les sains de ceste cite ia autrement ma paix ne aurez, car ie vous puis a force prendre et faire desmembrer. Vous me iurerez sur sains que mō filz ne a pas este occiz par voz consaulx et puis me baillerez cellui de leans que ie vous demanderay pour faire ma voulente. Et se vous ne le voullez faire si vous en allez arriere et vous defendez au mieulx que vous pourrez car vous serez assaillilz souuent et fort Et ne fineray iamais deuāt que ie auray icy tout le pouoir de monseigneur de gaulle. Et se d'auanture ie vous prens d'assault ou par force ia ne me aide dieu se a autre rancon vous prēdray que a la pointe de l'espee. Quant ceulx de la cite ont oy que le roy claudas auoit desire de les faire mourir ilz sont ioyeux de ce q̃ sa paix peuent auoir. et si sont dolens pour ce que vng de eulx leur conuient baillier au roy Claudas, car ilz scaiuent bien de vray q̃ celui qui lui sera baillie n'en pourra iamais eschapper que par la mort. Sire fait leonce de parme nous auons bien vostre voulente ouie Et la ferons moult voulentiers se celluy que vous demandez vous est tel que nous le vous deuons baillier. Ie vous diray fait le roy Claudas ie vueil q̃ vous me donnez Lambegue le nepueu a Farien: car il m'a trop este cōtraire

partie

Ha sire fait Leonce ce ne pourroit estre car nous serions tous traitres se nous liurions a mort le meilleur bachelier de ce royaume, ia se dieu plaist nous naurons vostre paix par meurdre ne par felonnie, et quoy que les autres en veulent faire par moy ne sera donne ce conseil. Et vous seigneurs fait claudas aux autres Laisserez vous destruire vous et ceste cite pour moy rendre vng seul cheualier. Et dict quilz ne feront rien contre le conseil de Leoce. Or vous en pouez vous donc bien aler dit claudas, car de moy naurez vous dorenauant ne treues ne paix, mais auant vous dy comme a mes hommes que mes trops prisonniers me rendez. ou me iurez sus sains que vous ne saues ou sont les enfans au roy Booz. Sire fait Leonce des enfans ne sauons nous riens, et aussi les prisonniers ne nous baillastes vous mie mais a Farien, & nous lui iurasmes que nous lui aiderions a nostre pouoir contre tous ceulx qui lui vouldroient faire tort. Et puis que nous lauons iure nous ne pouons ne ne deuos aler encôtre, car nous ferios des loyaute. Or vous en pouez vous donc aler fait claudas & face chaciu le mieulx quil pourra. Lors sen retournent moult courroucez, car bien scaiuent que la cite ne pourra mie longuemêt tenir côtre le roy claudas. Quant ilz sont venuz farien leur demande quelles nouuelles de claudas. Et ilz respondent moult mauuaises, nous ne pouons auoir paix se nous ne lui baillons Lambegue vostre nepueu. Et que lui en auez vous accorde fait farien. Quoy fait Leôce. par mon dieu ie ne seray ia en lieu ou tel cheualier recoiue mort par mon conseil. A ce conseil quilz tenoient furent tous les saiges hommes de la cite et du pais & farien leur dist. Seigneurs que vous est il aduis de ceste chose. Et ilz saccordent tous a ce que leonce a dit, et ny a celui qui ne die que se dieu plaist si grât meschief ny sera fait aincois se deffendront tant comme ilz pourront. Et quât ilz ne pourrôt plus et dieu ny vouldra mettre conseil si saillent hors de par dieu et vendent leur mort ou deffendêt leur vies et leur cite, car prudes hommes ne doiuent pour eulx sauuer faire meurdre ne des loyaute. Quant farien entend ce qlz dient il les prise moult de ce quilz gardent en

uers lui leur loyaute. Ainsi se sont accordez de eulx deffendre. puis se departêt et va chacun en son hostel. Et farien et son nepueu vont en la tour. Et quant ilz sont desarmez farien môte en hault et commence a regarder deuers la mer et voit de toutes pars les gens qui viennent en lost de claudas, si commence a pleurer, car il scait bien que la cite ne pourra estre deffendue. Et ainsi côme il pleuroit et souspiroit Lambegue son nepueu vint a mont et se tint tout coyement. Et farien commence a faire vne piteuse complainte et dit a soy mesmes Ha cite honnouree de anciennete, pays en noblp de loyaux barôs, terre fertile de tous biês maison et siege de roy, habitacle de iustice, repaire de ioye et de liesse. ha dieu q pourra souffrir et veoir toutes ces choses destruire pour sauuer la vie dung enfant. Ha beau nepueu Lambegue pleust a nostre seigneur Iesucrist q pour nous vint mort endurer que ie feusse en brief lieu. Ainsi maist dieu ie iray au roy claudas pour le debonnaire pais de gaunes mettre hors de peril et de douleur, car moult seroit la mort bonne et honnoree dont si grant bien et si grant prouffit viendroit en terre. Atant se taist et cômence a pleurer et a lamêter moult tendrement. Et Lambegue son nepueu sapprouche de lui et dit. Sire sire or ne vous courroucez plus, car par la foy q ie vous doy iamais pour ma vie sauuer ne sera la ville perdue, et puis que si grant honneur y conquerray donc iray ie a ma belle mort seurement. Ha beau nepueu fait farien tu mas deceu, et ie ne le dy mie pour ce que ie voulsisse veoir ta mort, ia dieu ne la me doint veoir. Tout ce fait Lambegue ny peut seruir puis que pour moy peut la cite demourer en paix iamais coup de lance ny sera feru. Lors est farien si angoisseup et pleure et fait tel deul que plus ne peut. Puis dist a son nepueu. Comment beau nepueu est ce pour vray que tu ten iras a claudas rendre. Ouy fait il mon oncle. Iamais ceste cite ne sera destruicte pour tât que ie la puisse par ma mort sauuer et garâtir et tous les prudes hommes q y sont, et bien le doy faire car iay ouy dirra vous mesmes q se vous estiez en mon lieu vous iries a la mort voulentiers & seurement & puis q vous le feriez ie le feray, car ie scay biê que vous ne feriez mie chose dont vous deus͜siez estre blasme. Beau nepueu fait farien ie scay bien que tu iras, mais il me poise de ce q̃ tu ne peuz eschapper que tu ne meures, et si m'est beau de ta mort, car oncques mes hom͜me ne mourut a tel honneur puis que par toy sera sauue tout le peuple de ton pais. A tant sen va lãbegue et leur dit. Seigneurs se vous me rendez a claudas comment serez vous as͜seurez de vostre paix auoir. Et ilz lui deman͜dẽt pour quoy. Pource fait il que sil vous en veult faire seurs se conseil est tout prins da͜uoir la paix, car ie suis prest de me mettre en sa prison. Quant ilz oyent ce ilz commencent a pleurer et dient que ainsi ne sera ia fait, car ce seroit trop grant dommaige sil receuoit mort pour ce cas, et encores pourroit il venir a grãt honneur. Et il dit que ainsi le fera, mais fait il n'ayez ia doubte que claudas me face occire, ie scay bien q̃ en sa prison me veult auoir. Les Barons dient quilz ne le souffriront ia, car se farien le sauoit il en seroit trop courroucé et oc͜ciroit tous ceulx qui a ce conseil auroient esté. De ni fait il ie vous asseure, car par son con͜seil lay entreprins. Maintenãt ont enuoie les Barons querir farien si angoisseux comme il estoit, et lui comptent ce que lambegue leur a dit. Et il dit que puis quil en a si grant talẽt ia par lui destourné n'en sera, car il ne pour͜roit plus honnorablement mourir. Quãt ilz entendent la determinacion de lambegue ilz enuoyent leonce de parme a claudas pour sa͜uoir sil les fera seurs, et que pour le discort dẽ͜treulx il ne leur fera mal ne ennuy puis que lambegue sera venu en sa prison. Et claudas dit quil les en fera seurs comme ilz vouldrõt. Ilz veulent fait leonce auoir vostre serment deuant eulx et deuãt les plus nobles de vostre court. Et il loctroie, mais ilz me feront fait il le serment q̃ de la mort de mon filz ilz ne fu͜rent cõsentant. Ceste chose ont asseuré au ma͜tin et pour commencement de seurté claudas se iure a leonce, et leonce a claudas. Au matin furent fais les sermens des deux parties, et les prisonniers renduz. Par ainsi fut la paix traictee, et lors dist farien a son nepueu. Beau nepueu vous alez a vre mort au plus hault honneur ou aist oncq̃s cheualier, mais vous

serez aincois cõfesse car ie le vueil. Comment fait lambegue auez vous paour de ma mort. Ie scay de vray fait farien q̃ vous n'en pouez eschapper. Ainsi m'aist dieu fait lambegue ia de ma mort n'auray paour tant comme vous puissez escu porter. Et rien ne tourmente mõ cueur fors ce que en la mercy et en la iustice de mon ennemy mortel me conuiendra mettre. La est l'angoisse q̃ passe toutes mes douleurs car le mourir ne m'est que ioye vers l'angoisse de faire chose q̃ est du tout cõtraire a mon cou͜raige, mais puis que vostre voulente y est ie me confesseray. Lors appelle leuesque et se cõ͜fesse a dieu et a lui se plement de cueur et de bouche de tous les pechiez par lui cõmis dont il auoit congnoissance. Puis a demandé ses armes, et son oncle lui dit. Beau nepueu vo͜naues mestier d'armes fors de mercy crier. Ia ne m'aist dieu fait lambegue se ia mercy ie lui crie car ie ne feusse pas prise de lui se ie en fus͜se venu au dessus. Et se dieu plaist ie n'yray ia comme ribault deuant si hault homme, car donc ie semblerope larron ou meurdrier iugié a mort. Mais ie iray comme vng cheualier l'es͜cu au col, le heaume lacié, et lui tendray mes armes sãs plus dire. Et par la foy q̃ ie vous doy ia ne toucheray a homme. Tant leur a dit que ses armes lui sont baillees. Et quant il fut armé et monté sur son cheual il les com͜mande a dieu, et sen va faisant grãt semblãt de ioye, et ne veult que autre voise auec lui. Et farien et ceulx de la cite en font deuil merueil͜leux. Tãt a lambegue cheuauche quil est ve͜nu au tref de claudas. Lors descẽt et voit clau͜das qui estoit armé de toutes armes, car bien sauoit que se lãbegue venoit il viendroit tout armé, aussi il le congnoissoit a moult coura͜geux et rempli de moult grande prouesse. Et au pres du roy claudas estoient armez vne grant partie de ses cheualiers et hommes dar͜mes, car il auoit lambegue tant essayé quil n'estoit mie asseuré de lui tant fust il bien ar͜mé. Lambegue vint deuant le roy claudas et sans dire mot ne soy agenoiller ne humilier a traicte son espee du fourreau puis la regarde et commence a souspirer moult fort et puis la iecte aux piez du roy claudas. Apres quil eut iecté son espee il oste son heaume de sa teste

partie

qui nestoit mie sachie et se mest empres lespee/ puis desfache lescu de son col et le iecte auec. Et claudas a prins lespee et fait semblant que se rir le vueille parmy le chief. Lors en ot paour tous ceulx qui le voyent et commencet a plou rer/ mais lambegue ne se remue. Si comman de claudas que len lui oste le haubet du dos et les chausses. Et lors saillent varletz qui le desarment/ et demeure seulement vestu dune petite cotte iuste. Si fut a merueilles beau che ualier et bien taille et nauoit de barbe que bien peu. Il fut en estant deuant le roy sans mot di re. Et oncques a droit ne regarda le roy en la face/ mais en trauers/ et tenoit tousiours clos le destre poing. Et claudas lui dist. Lambe gue comment fuz tu si hardy que tu osas ceans venir/ ne scais tu pas que ie te hay plus que homme qui viue. Claudas fait il tu dois sa uoir que peu te doubte. Comment fait claudas tu vois icy ta mort prouchaine encores me con traries tu Cest vne chose fait lambegue dont ie nay mie grant paour. Comment fait clau das me cuides tu a si debonnaire et a si piteux Je te cuide fait il le plus felon et le plus cruel qui oncques fut/ mais ia si hardy ne seras tant comme tu vueilles viure que tu moccies. pour quoy ne te occiray ie fait claudas tu me occi roies se tu en auoies le pouoir. Le pouoir fait lambegue nauray ie a piece car a dieu ne plaist pas mais ie ne desiray oncques rien tant. Lors commence claudas a rire et se prent par le men ton et dit. Dune chose se peult vanter que vous a a compaignon cest quil a le plus hardi cheua lier et le plus courageux du monde. Et ainsi maist dieu ie ne te vouldroie pas auoir occis pour conquerir demy le monde et si ne desiroye que ta mort/ mais ie ne la desireray iamais/ car oncques homme ne fit tant de valeur com me tu as fait quant a la mort te es abandon ne pour sauuer les estranges gens Et se ie de siroye ta mort si tiendroie ie chier pour la mour de farien ton oncle. car ie ne puis denyer quil ne me ait garanti de mort. Lors lui fit ap porter vne robe moult riche mais il ne la vou lut prendre. Et claudas lui prie de demourer auec lui. Et il dist que ia a homme viuant fe aute ne hommage ne fera se son oncle ne la lui fait. Maintenant fut mande farien et celui q

le auoit querir se trouua dehors les murs le scu au col le heaume lacie et arme de toutes ar mes ou il se mettoit en aguet comment il occi roit le roy claudas sil eust son nepueu occis. Celui amena farien deuant claudas. Et si tost come le roy le vit il lui dist Farien ie vous ay rendu vne partie de voz seruices/ car vo stre nepueu qui sestoit mis a ma voulente ay quitte pour vostre amour et pour la grant va leur de lui. Et sachiez que vous estes les deux cheualiers du monde de qui iaymeroye mieulx la compaignie. Venez auant si receuez mon hommage et ie vous rendray la terre que vous aues tousiours tenue et la vous croistray de ri ches rentes. Farien fut de grant sens et ne vou lut mie de tous poins escondire claudas/ car moult tenoit a grant seruice ce quil auoit fait de son nepueu. Sire fait il ie vous remercie moult come vng des plus preudes hommes du monde de ce que vous auez fait pour moy et de ce que vous me voulez encores donner. Je ne reffuse mie vre seruice ne vostre don/ mais il y a vng tresgrant doubte en ce que vous me requerez/ car iay iure sur sains que iamais de homme terre ne receuray deuant que ie saiche vrayes nouuelles des enfans au roy vous. Or ie vous diray fait claudas que ie feray pour vostre amour. prenez de moy vostre ter re sans faire hommaige et partez pour les en fans querir quant vous vouldrez/ et ie vous bailleray encores de mes gens vne partie. Et quant vous les aurez trouuez amenez les par deca ou la ou vous vouldrez et ie vous saisi ray de leur terre tant quilz soyent en aage dar mes porter. Et lors ilz me feront mon hom maige et tiendront de moy leur terre. Et vous me ferez le mien hommage quant vous les aurez trouuez. Sire fait il ie ne le feray mie en ce point/ car telle chose pourroit aduenir en tre cy et la quil me conuiendroit forfaire vostre terre aincois que sauoir le vous feisse/ et ain si me messeroye quant ie seroye de voz tenans Mais ie vous feray autre couenant. Je vous afferme comme cheualier quoy quil soit des enfans que ie ne feray a autre hommage sans le vous faire premierement sauoir se vous estez vif. Et pourtant laissez moy en paix, car au tre chose nen feray ie. Je scay bien doncques fait

La premiere

claudas pourquoy vous ne voulez estre mon homme ne sambegue vostre nepueu vous me deisses ung iour passe q vous ne mauiez oncques ayme ne pourriez aymer. Sire fait farien ie ne vous diz que verite/car oncques ayme ne vous auoie/mais vo⁹ auez fait plus pour moy que ne monte tout le seruice que ie vous feis oncques/ ⁊ cest la chose pourquoy vous pourriez plus tost noz cueurs auoir.et de tout ie ne vous oseroye asseurer/ mais en quelque lieu que nous alons vostre corps na de nous garde ains se vous ferons assauoir. Atãt no⁹ en irons sil vous plaist en nostre queste. Et quant claudas vit quil ne les pouoit plus tenir il leur octroye par les cõuenãces q mises y sont. Lors sest arme lambegue/ et quant il est monte sur son cheual farien lui fait apporter ung glaiue trenchant. Atant sen partẽt du roy claudas et sont venuz en la cite et prennẽt congie des barons/ et enmaine farien sa femme et ses enfans.Ainsi est la paix faicte des barons du royaume de gaunes et de claudas.

¶ Comment farien sa femme ⁊ son nepueu lambegue se partirent pour aler veoir sponel et boort qui estoient au lac/ et comment farien mourut. ¶ Chappitre.pvi.

Farien cheuauche et sa compaignie et les conduit le varlet qui auec lambegue estoit venu/et ont tant cheuauche que au tiers iour ilz sont venuz au lac.Et lors fut grãde la ioye q deulx fut faicte, mais plus fut ioyeux boort de la venue de lãbegue son maistre que sponel ne fut de la venue de farien, car il estoit courrouce vers lui de ce q'l auoit tant demoure. Et dautre part il auoit tãt ayme la damoiselle qui de gaunes lauoit apporte quil naymoit riẽ plus. Et nõpourtãt par le commandemẽt de la damoiselle il courut a farien incontinent les bras tenduz. Et a pres se farsa de farien et lui dist comme se len leust enseigne. Farien ie ne vous doy mie grãt gre sauoir se vo⁹ estes venu a moy/ mais boort doit gre sauoir a son maistre qui le vint cõforter en ses ennuyz/ et se ne fust plus par ma dame q par moy iamais neussiez este mande car ie me passeroye biẽ desormais de vrẽ maistrie. De ces paroles fut farien moult courrouce/ ⁊ neant moins il respondit courtoisement.

Sire fait il ie ne me doy mie esbahir pour chose que vous me diez/ car ieune seigneur ne doit mie estre courrouce vers son maistre pour fole parole quon lui ait fait entẽdant/ mais se vo⁹ fussiez de laage de lambegue mon nepueu ie cuide que vous fussiez tart au repentir, ⁊ maintes gens scaiuẽt bien la paine que iay eue pour vostre terre garantir, ⁊ y fussent mains preudommes mors et destruiz se dieu ⁊ moy ne les eussions gardez. Moult lauez bien garantie fait sponel quãt vous preseruastes claudas de mort. Ie le garanti fait farien comme ie deuoye et feroye encores demain se ie y estoie et il me appartenist autãt cõe il faisoit a celui iour Lors sault auãt le varlet q leans les eut amenez et dit a sponel. Ha sire ne dictes mie telles paroles de vrẽ maistre car par saincte croix ie le cuide a ung des plus loyaulx cheualiers q oncques escu portast. Tant dit le varlet de farie et de lãbegue que la dame le regarde a merueilles. Apres ce ne demoura gueres que lancelot vint du bois et fist moult grãt ioye des maistres a ses compaignons. Et cõpta lãbegue a farien la haulte parole q lancelot auoit dicte quant sponel plouroit sur la riuiere de tarasche. Puis lui cõpte cõment leonce de par me doubtoit q'l fust filz au roy de benoic. Et farie qui lancelot regarda sur toute richesse prisoit moult. Longuemẽt furent les troys cousins ensemble tant que farien mourut dõt fut fait moult grant deul, car a moult preudomme estoit tenu/ mais auec la dame du lac demoura depuis sa femme ⁊ deux filz q'lle auoit qui depuis furent fais cheualiers de la main de sponel/ lung auoit nom agius et lautre tarquin, et furẽt touz deux de grãde prouesse.

¶ Cõment les deux roynes menerent sainte vie au monstier royal et cõmẽt celle de gaunes vit ses deux enfans et lancelot en auision et cõme elle trespassa de ce siecle ¶ Chap.pvii.

Tant furẽt les deux roynes au royal monstier q'lles furent fort debilitees tãt par vieillesse q par ieuner ⁊ pleurer. La royne de gaunes auoit biẽ la nouuelle ouye que perduz estoient ses deux enfans ⁊ cõment claudas les voulut occire et que vne damoiselle les ẽbla, mais pource quelle ne sauoit ou ilz estoient elle en fut moult dolente et

partie

courroucee, et sa seur aussi en auoit en son cueur grāt douleur, mais elle qui mere estoit en fut en grigneur souspir. Lors cōmenca a affoiblir moult pourement, et oncques pourtāt ne laissa a soy leuer aux matines. Et selle estoit de bōne vie et de saincte religiō encores ce ne mōta riens a la saincte vie que sa seur la ropne de benoic menoit, car elle auoit a toutes heures la haire vestue par dessoubz sa chemise. Elle ne menga oncques puis de chair quelle entra en religiō. elle se releuoit toutes ses nuyz deux fois lune deuāt matines et lautre apres et sās lumiere, car elle ne vouloit mie estre apperceue. Elle ne mengoit iamais quen refecteur et ne dormoit que en dortoer, et ia ne fust si bien chaussee que ses piez sentissēt tousiours la dure terre. Elle tenoit ordre et silence dedēs le cloistre et dehors. Elle ne parloit point sans le congie de son abeesse se ce nestoit quant elle se complaignoit a nostre seigneur. Maint iour fut quelle ne mengoit que herbes, et mainte iournee fut que oncques de sa bouche ne mēga. Aucunesfois quant elle estoit estourdie de chāter veillier et ieuner elle se resposoit, mais ce estoit aux coutes et aux genoilz. Celle vie mena la dame de benoic toute son aage. et toutessois bien lui monstra dieu nostre createur q ses seruices lui plaisoient, car elle estoit en bō point bien coulouree, et de si grande beaute que homme mortel estrāge ne cuidast quelle deust auoir la septiesme part de la religion quelle auoit. En telle vie dura moult longuement mais sa seur la ropne de gauues estoit de poure complexion et subiecte a maladie. Elle se couchoit aucunesfois si malade que len cuidoit quelle se mourust. Autre heure estoit quelle ne pouoit aler a matines, mais quant elle sceut que ses enfans estoient perdus et que on nen pouoit sauoir la verite. Elle commenca a empirer et affeiblir de iour en iour, et iamais ne leuoit du lit quelle ne priast nostre seigneur quil lui dōnast nouuelles de ses deux enfans aincois quelle trespassast de ce siecle. La ou elle estoit en ses oraisons aduint quelle fut comme toute endormiee et lors fut rauy son esperit et sen ala en petit deure fort loing et lui fut aduis quelle estoit en vng moult beau lieu au chief dung iardin en vne forest, et senclos

de ce iardin auoit maisōs moult belles et grādes, et elle regarde et voit issir plusieurs enfās hors de ces maisons dont les trops sembloiēt estre seigneurs sur tous les autres, mais lūg des trops estoit assez plus grant et plus bel et estoit au millieu. Et aupres des deux qui auecques le grant estoient auoit deux hommes qui les gardoient. Elle les regardoit et congnoissoit farien et lambegue. Et a celle heure estoit encores farien vif. Lors se pensoit elle que ce estoient ses deux enfans, et de lautre ne pouoit elle sauoir quil estoit ne des autres semblablement. Puis benoit a elle vng homme quelle ne cōgnoissoit mie qui la remenoit par la main en son abbaye moult courroucie de ce quelle nauoit au vray congneu les trops enfans. Quāt elle se sueilla elle se dolut moult du courroux quelle auoit eu en sa vision, et le regarde en sa main destre et treuue trops noms escripz, yuonnet, bohort, et lancelot dōt elle fut merueilleusement ioyeuse et commence a pleurer de ioye. Si enuoye querir sa seur et lui compte sa vision. Et sachiez fait elle belle seur que trop est beau vostre filz. Lors lui cōmence a deuiser ainsi comme elle sauoit. Veu tant que la ropne de benoic en a moult grant ioye. Belle seur fait celle de gauues or voy ie bien que nostre seigneur veult que ie parte de ceste vie, car tous mes desirs sont acompliz. A ceste cause elle se disposa et confessa et pou apres fut son ame separee du corps et lui fut fait leans aussi grant honneur comme a ropne appartient.

⁋ Cōment le roy artus le iour de pasques assembla tous ses barons et tint grant court en la cite de karahes et cōe banin le filleul du roy ban espoisa le pris du bouhordis celui iour
⁋ Chappitre. vIiii.

A l'entree dauril estoit le roy artus le iour de pasq̄s a karahes vne siēne cite moult bonne, et auoit decoustume q plus richement se demenoit le iour de pasques que vng autre iour. Et ne tenoit court efoicee pour porter couronne q cinq fois lan. ce estoit a pasq̄s, a lascension, a la penthecouste, a la feste de toussains et a noel. Et de toutes estoit pasq̄s la plus hōnouree pource que a ce iour nostre seigneur nos racheta des prisons dēfer et estaignit nre mort et nostre vie reparee par sa resurrection. Pour ceste cause estoit la feste a la sollēnite de pasqz la plus haulte de lan et la plus honnouree en la maison du roy artus et en maint autres lieux. Mais penthecouste estoit la plus ioyeuse pource que quant nostre seigneur fut mōte au ciel apres la pasque au iour de lascencion, les disciples demourerent dollens et courroucez cōme silz eussent perdu leur maistre a pasteur Si attendirent la promesse ql leur auoit faicte, et premier leur enuoya le saint esperit q les conforta et sollacia de par celuy quilz auoiēt veu en chair en leur compaignye et leurēt ensēble auecques eulx spirituellement, et par ce fut leur ioye renforcee. Au iour de celle pasque que ie vous dis estoyt le roy artus a raiōbes auec grant cōpagnye de ses barōs. Apres disner aucunes des ieunes bachelliers et escuiers eurent voulente de eulx deduire et esbatre Et cōmencerēt a iouer les vngs aux tables ou aux eschecs, les autres chantoient ou dansoient ou regardoient les dames et damoiselles Et vne partie des autres tant de la maisō du roy que estrāges prindrēt leurs escuz a leurs col et allerent bouhorder. Et apres celluy bouhourdiz fut dreciee la quittaine cōe en ce tēps estoit la coustume. La furēt maiz cheualiers et ieunes bacheliers de grāde prouesse. Et toutesfois il ny eut homme de la maison du roy artus q ferist vng seul coup car ce nestoit mie la coustume, mais aucunesfoiz le landemain ilz bouhordoiēt les escus a leur col, autrefois armez de toutes armes. Le iour que les estrāgiers bouhordoient fut le iour de pasques. Et vainquit tout vng cheualier dōt le compte a parle cy deuant lequel estoit appelle Banin et fut fisleul au roy ban de benoic. Icelui banin estoit petit de corps a merueilles fort et legier Il auoit longuemēt guerroye le roy claudas et maintesfois lui auoit fait de grans ennuiz et de grans dommaiges. Et tāt auoit fait au partir de la terre que richement sen estoit party lui quatriesme de ieunes bacheliers comme lui, et sen estoit venu en la maison du roy artus ou tous amendoient poures et riches. Et en ce temps nestoit homme pour preux tenu sil nauoit este en la maison du roy artus, a sil ne cōgnoissoit de ceulx de la table ronde a de

les chaugueste, et lors estoit tenu en son pais pour bon errāt. Quant banin eut ainsi vaincu tous ceulx dune part et daultre au bouhordiz il fut assez regarde de maint preudomme car en ce temps estoient toutes prouesses de grigneur pris quelles nauoient onques este. Et estoit de coustume que a toutes les cours ou le roy portoit courōne quāt benoit au soupper celui q mieulx auoit fait de tous les estrāges seruoit a la table ronde du premier mes, et cestoit le commencement de sa congnoissance et le signe de sa prouesse. Et si tost comme il auoit serui il sen aloit seoir a sa table du roy artus nōmie contre lui mais assez pres. Et tousiours seoit le roy a son dois et ia ne si seoit cheualier que dune part fors seulement celui qui auoit vaincu lassemblee pour estre mieulx congneu de toutes gens. Quant banin eut serui du premier mes a la table rōde messire gauuain et keu le seneschal lamenerent deuant le roy et le firent seoir. Le roy se regarde moult doulcement car a merueilles aymoit bons cheualiers. Apres quil eut le tiers mes fors commencerent paroles a enforcer et parloit le roy au cheualier et lui au roy. Et au iour quil portoit courōne ia ne fust assise a sa table homme de sa court, aincois auoit chacun sa table ou il seoit pour plus honnorablement receuoir les preudes hommes quilz cōgnoissoient. Le roy regarde banin qui mot ne dit a tenoit sa chiere basse cōme sil fust esbahy destre deuāt si haulte personne cōe le roy artus, et de ce quil estoit assis comme pour miroer a toutes gens. Et sans faille il nestoit esbahy dautre chose. Et le roy qui le vouloit oster de celle esbahyssance lui dist moult courtoisement. Sire cheualier ne soyez mie au mengier esbahy, car aux armes ne sauez vous mie este. Et sachiez q vous estez regarde de maint preudomme seulemēt pour vostre valleur et prouesse. Lors lieue banin vng peu sa teste en hault, et tut vng pou de vergongne et la couleur lui mōte au visaige qui bien lui siet a merueilles. Et le roy lui demande comment il a nom et de quelle terre il fut ne. Sire fait il ie suis du royaume de benoic. De benoic fait le roy puis cōmēce a penser a lui demāde. Est ce de celui benoic q le roy bā tenoit. Qil dit q oy. Cōgneustes vous dōq fait

partie.

le roy Ban de Benoic. Certes sire fait il il fut mon parrain. Et le roy se regarde si voit Banin a qui les larmes sont venues aux yeulx et en eut grande pitie. Et lors recommence le roy a penser, et tant y pensa que ses larmes lui cheoient sur la table ou il estoit appuye. Et comme il estoit en ce penser il fut monstre a monseigneur gauuain et a lieu le seneschal. Et ilz viennent deuant lui/ et messire gauuain lui commence a dire a basse voix quil laissast son penser/ mais le roy ne lentendit mie/ & ne lui a mot respondu. Lors dist messire gauuain a lieu le seneschal. Sire que ferons nous ie croy que se nous lui faisons laisser son penser il nous en saura mal gre. En verite fait lieu si fera il sil pense a chose qui lui plaise/ mais pource ne le laisserons nous mie/ car de tant penser ne lui pourroit bien venir. Et ie vous prometz fait messire gauuain que ie sen osteray et men deust il sauoir mauuais gre a tousiours. Et auant quil le voulsist bouter lieu se prent parmy le bras et lui dist. Iay pense comment nous sen pourrons oster. Comment fait messire gauuain. Ie le vous monsteray bien fait lieu. Lors va prendre vng cor qui pendoit a vne corne de cerf et le sonne si fort que toute la salle en tremble. Le roy tressault pour se son du cor. Lors lui demande monseigneur gauuain. Quauez vous tant pense sire il nest homme qui ne se tiengne a trop grant oultrage/ vous deussiez icy festoier et tout le monde qui est venu a vostre court & vous estes entre en si grant penser que chacun sen esbahist/ sen blasmeroit vng enfant de faire ainsi/ et sen vous tient a vng des plus sages hommes qui viue. Beau doulz nepueu fait le roy iay en ce penser tort et droit. Iay tort pour mes barons a qui ie deuoie faire chiere/ et droit pource que ie pensoye a la greigneur honte qui onques me auenist depuis que ie portay couronne. se stoit au roy Ban de Benoic vng des plus preudes hommes du monde qui fut mort en venant a moy dont clameur en a este leuee et onques encores ne lamenday/ et ien ay si grant honte que ie ne puis grigneur auoir. Sire fait messire gauuain il est bien droit que vous y pensez en temps & heure que le penser pourra valoir/ mais a toutes heures nest mie temps de penser. Quant vous verrez qu

en sera temps mettez y auec le penser paine et trauail. Le roy entent bien et cognoist que messire gauuain lui donne bon conseil. Si se taist & essuye ses yeulx & sefforce moult de belle chiere faire et de mener beau semblant/ mais il ne se pouoit pas si bien comme il auoit fait parauant/ car le cueur ne lui apportoit mie. Et quant vint apres souppe il appella Banin a vne part et lui demanda nouuelles du roy Ban de Benoic & de son filz. Et cellui lui dist. Sire ma dame est nonnain voellee et de son filz on ne scait nouuelles certaines fors que le plus des gens de nostre pays croient quil soit mort. par celle accointance donna le roy artus a Banyn de ses ioyaux et moult de belles richesses car il en auoit assez/ et si lui donna de son auoir largement. Et la royne le retint celle nupt de ses hommes pour sa prouesse. Et ainsi faisoit elle de ceulx qui venoient veoir aux haultes festes le bouhourdiz. Et les tenoit pour ses cheualiers/ car la coustume estoit telle. Et dedens cellui an quil eust vaincu lassemblee, fit tant Banin par sa prouesse quil fut vng des cinquante cheualiers de lescauguette/ et si fut mis esleu grauadain des baulx de gallonne.

¶ Comment la dame du lac se pourpensa de mener lancelot au roy artus pour le faire cheualier/ et elle lui bailla armes blanches et partit du lac a tout .pl. cheualiers pour le conuoier et deux iours deuant la saint iehan ilz arriuerent a kamalos ou estoit le roy artus.

Chappitre .pip.

Tant a este lancelot en la garde de la dame du lac quil est en laage de .pviii. ans & estoit tant beau que de son aage nauoit son pareil en tout le monde, et tant sage que merueilles. La dame voit bien que desormais il estoit temps quil receust lordre de cheualerie, et que se plus sen destournoit ce seroit pechie, car bien sauoit quil viendroit encores a grant chose. Quant vint au chief de .pviii. ans vng peu apres la penthecouste il ala au boys et troua vng si grant cerf que onques mes nauoit veu tel. Et pour la merueille il tira vne saiette et loccist/ et le trouua de si grande gresse comme se ce fust ou moys daoust. Ses compaignons le regardoient a merueilles pour la grandeur quil auoit. Il lenuoya a sa dame & elle se merueille moult de ce que si gras le vit en celle saison. Moult fut le cerf regardé a grant merueille et en fit grant lope la dame. Et Lancelot demoura en la forest et se gheut vne grant piece dessoubz vng arbre sur lerbe verte pour ce que trop grant chault faisoit. Quant le soleil fut abaissie il monta sur son chasseur et sen vint droit au sac, et sembloit bien homme qui de dehors venist, car il auoit vne courte robe vestue de verte couleur, et vng chappeau de fueilles en sa teste pour la challeur, son carquoys pendu a sa ceinture, et son arc lui portoit vng varlet. Si tost comme il vint pres de lostel sa dame qui lattendoit le vit venir, et lui vint leaue du cueur aux yeulx. Elle se lieue de la ou elle estoit et sen entre en la grant salle et sest appuyee au chief dung banc. Puis entre en vng merueilleux penser. Lancelot vit apres elle, et quant elle le voyt elle se boute en vne chambre, et ceulx qui la voyent aler sesz merueillent moult quelle peut auoir. Si va Lancelot apres, et la treuue en sa maistresse chambre gisante sur vne couchete toute adens et voit quelle souspire et pleure moult tendrement. Il la salue, et elle ne lui respont mot et si ne la regarde pas. Il sen merueille trop, car il auoit a coustume quelle le courroit baiser et accoller de quelque part quil venist. Lors lui dit. Ha dame, dictes moy que vous auez et saucun vous a courroucee ne le me celez mie, car ie ne cuide pas que homme vous osast courroucer tant comme ie fusse vif. Quant elle loyt elle se prent a plourer, et elle est en tel estat que vng seul mot ne peut dire. Toutesfoys a chief de piece elle lui dist. Ha filz de roy pour dieu suyez vous dicy ou le cueur me partira du ventre. Dame fait il ie men iray, car mauuaise demourer y ay puis que ie vous ennuye. A tant sen retourne Lancelot et prent son arc et se met a son col puis ceint son carquois et vient a son roussin si lui met le frain et le trait emmy la court. Mais celle qui fut toute riens sapmoit pense bien quelle lauoit moult courroucee, et le sentoit a si fier quil ne prisast riens quelque chose contre son cueur. Elle se lieue et sen vient en la court et voit quil vouloit monter, et faisoit dame courroucee moult grant semblant. Si le prent au frain et dit. Sire ou voulez vous

aler. Dame fait il, ie vueil aler iusques a ce boys. Descendez fait elle car vous nyrez mie. Adoncil descent et elle fait mettre son cheual en lestable. Lors le prent par la main et le maine en vne chambre et se fait seoir empres elle. Lors le conjure par la foy quil lui doit quil lui die ou il vouloit aler. Dame fait il, il mestoit aduis que vous estiez vers moy courroucee, et puis que iestoye mal de vous ie nauoye talent de plus ceans demourer. Et que voulez vous faire beau filz de roy. Quoy fait il ie eusse esté en tel lieu ou ieusse pourchassé mon auancement. Et ou est ce fait elle. Certes dame ie fusse alé en la maison du roy artus et la eusse serui aucun preudomme tant quil meust fait cheualier, car len dit que tous les preudommes sont en la maison du roy artus. Comment fait elle filz de roy voulez vous donc estre cheualier. Certes dame la chose du monde que ie desire plus cest lordre de cheualerie. Voire fit elle et oseriez vous bien entreprendre, ie cuide que si vous sauiez comment grans faix paine en cheualerie ia ne vous en prendroit talent. Comment dame sont donc tous les bons cheualiers de greigneur force de corps et de membres que les autres hommes ne sont. Nenny fait elle filz de roy, mais il conuient a cheualier, telle chose quil ne conuient mie a aultre, et vous le oyez deuiser ia nauriez si hardy cueur quil ne tremblast. Dame fait il ces choses qui conuiennent a cheualier peuent elles estre en cueur ne en corps domme trouuees. Ouy fait la dame moult bien, mais dieu a fait les vngs plus vaillans que les autres. Dame fait il donc se doit celui sentir a moult couart et miserable qui pour paour laisse a prendre lordre de cheualerie, car chacun doit tousiours desirer son amendement et enforcer en bonnes vertus, et moult se doit hair qui par sa paresse pert ce que chacun pourroit auoir, ce sont les vertuz du cueur qui sont cent fois plus legieres a auoir que celles du corps. Quelle difference fait la dame mettez vous entre les vertus du cueur et celles du corps. Dame fait il ie n'en diray ce quil men semble, il mest aduis que tel peut auoir les bontez du cueur qui ne peut mie auoir celles du corps. Car tel est courtois, sage, debonnaire, loyal, piteulx, large, et hardy ce sont les

grans coupz departir ou ilz pouoient attaindre et il y auoit asses leans qui les supportoit/
car aultrement neussent ilz pas dure. Ilz estoient deux des plus vertueux corps du monde
mais neantmoins parmy toute la souffrance quilz auoient ilz neussent peu longuement
durer. Quant le roy fut reuenu de pasmoiso
il saillist en estant et iure son serment que la
ne eschappera nul et son filz dorin sapproche de sponnel qui se adressoit vers luy ou la
damoiselle lemmenoit hors. Et quant sponnel le voit venir il se tourne et hausse son espee
qui bien trenchoit et le fiert aux deux mains
et dorin iette la main senestre encontre lespee et
elle la lui trenche toute. puis lui descent sus
la senestre ioe et lui trenche toute iusques a lo
reille et le col iusques au millieu/et tost feust
il trenchie se lespee ne se feust arrestee aux os
durs et sen fust nestoit mie de telle vigueur ql
se peust ouurer. Et Boort hausse le cercle quil
tient et lui fiert si durement q le test lui a tout
casse. Dorin ne peut le coup soustenir, car il estoit a mort naure/si chiet a terre. Lors enforce
le cry, et le roy qui moult eut gros cueur vint
celle part et vit bien que moult auoit gens leans qui ne sapmoient gueres. Et non pourtant met en abandon corps et cueur et vint aprez les enffans a grant haste son espee en sa
main toute nue son bras enuelope de son man
tel. et la damoiselle du sac qui venir le voit
ainsi courroce nest pas tant sage que toute ne
soit esbahye. Toutesfois du commandemēt
sa dame lui souuient. Et iette son enchantement et fait ressembler les deux enfans aux
deux leuriers et les deux leuriers aux deux
enfans. et ainsi le fut aduiz a tous ceulx qui
les voient. Et le roy vint courant aux deux
enfans quelle tenoit et haussa lespee pour les
ferir et elle se met au deuāt moult hardimēt
et le coup descheut sur son visaire si lui trenche
la chair depuis les sourilz iusques au pommel de la ioe. Et oncques puis ne fut iour ql
ny parut. La damoiselle iette ung cry et dist
au roy. Ha sire claudas iay mallement achatee la venue de vostre court quāt vous voulez occire deux des plus beaux leuriers du
mōde/et auec ce me auez naure. Lors regarde le roy et voit les deux enfans qui ressem

blent estre deux leuriers et les .ii. leuriers .ii.
enfans qui sen fuioient en vne chambre pour
la noise donc ilz estoient effrayez. et il court a
prez car bien cuidoit que se fussent les deux
enfans. Les leuriers se sont en la chambre feruz et le roy q vit apres courāt hausse le coup
et il fiert sur lupz si fort que toute lespee volle en pieces. Puis se arreste et regarde sō espee
moult longuement et dist que dieu en soit. aoure de ce quelle est brisee. et ie cuide fait il be
au sire dieu que pour mon honneur lauez vo
fait car ie ieusse fait mourir de mes .ii. mais
ces deux enfans il meust este reprochie a tous
iours et eusse este blasme en toutes cours. et ie
les pourray ores faire mourir plus a mō hō
neur tellement que les aultres se garderont
de moy meffaire. Lors iette le surplus de lespee et sault apres si les saisit et cuide pour vray
mener les enfans a la tour et les baille a gar
der a ceulx a qui plus se fioit iusques atant
quil feust conseillie comme il en pourroit exploiter. Il a merueilleux deul de sō filz quil
voit a terre mort. Et les maistres aux deux
enfans ne sont pas mains dollens, car bien
cuident que a mort soient liurez les deux enfans. Mais de eulx ne du roy Claudas ne
parle plus icy le compte et retourne a sa damoiselle du lac qui les ēfans a de mort garan
tiz.

¶ De la grant ioye et du grāt honneur que
la dame du lac fist aux deux enffans quant
elle les vit en sa maison. Cap. pii.

Quant la damoiselle du lac qui les
enfans auoit garantis ainsi que vo'
auez ouy vit que toute la court estoit troublee
et quelle eust fait grāt partie de ce quelle vou
loit faire elle fut moult ioyeuse et peu prisa le
coup quelle receut. Elle emmaine hors de
la porte les deux enfans. Et quant les deux
escuiers qui dehors lattendoient la voient, si
blecee ilz sont tous esbahis et lui ont le visage bende de vne touaille sans plus. Apres el
le est en son palleffroy montee et met vng des
deux enfans deuant elle ce fut sponnel et vng
des deux escuiers mist Boort deuant lui. Ain
si sen vont toute la rue contremont et laissēt
le deul que le peuple fait deuant le pallais.
Chacun qui les voit cuide que se soient deux

feuriers quilz emportent/et lefcuier mefmes qui Boort emportoit le cuidoit bien. Tant sont alez quilz sont Benus en la forest ou leurs gés les attendoient et aucun deulx ne sauoit pour quoy la damoiselle fut alee a la court du roy claudas. Ilz sen partent tous et sen Bōt grāt asseure et gisent celle nupt ou ilz auoient geu la nupt de deuant Lionel nauoit onques de la Bouche mengie le iour mais le grāt brouil ou il auoit este lui auoit fait sa mesaise oublier. Quant ilz Bindrent a lostel il anuptoit fort: et lors descouurist la damoiselle son enchantement et monstra aux escuiers les enfans et leurs dist. Seigneures que Bous ensemble est ce pas icy moult beau present. Et ilz disrent certes oy moult est bon et bel. Lors sont tous esbahyz ou elle les pouoit auoir trouuez et ilz lui demandēt et enquirent/mais elle ne leur en dist riens Les enfans eurent bien celle nuit leur necessite car la damoiselle en pēsa autāt comme de son corps pource que sa dame lui auoit prie et commande. et ne feust chose au siecle qui leur faillist sei ilz eussent leurs deux maistres auec eulx. La damoiselle les cōforte moult et asseure. et dist: napez paour mes enfans car Boz maistres ne auront ia mal/et ie Bous menerap tel lieu que Bous aurez tout ce que Bous saurez demāder et si seront Boz maistres prouchainnement auec Bous. Au matin si tost que la damoiselle apperceust le iour se sest leuee/puis monte elle et sa compaignie et tāt cheuanchent quilz Biennent a leur dame quāt elle Bit les enfans si leur fait iope merueilleuse et tant est ioyeuse que plus ne pourroit estre. Si loe moult la damoiselle de ceste Boye/et dist que tout ce que elle demandoit lui a dieu rendu a Bne fois. Alors que les enfans Bindrent du lac lancelot nestoit mie leans/car il estoit au bois. Et quant il Bint il fist moult grant ioie des enfans car il cuidoit pour Brap quilz feussent nepueuz de sa dame ainsi quel le lui faisoit entendant. Moult ayma Lancelot leur compaignie/ et comment que ce feust ou de nature ou de grace de dieu ou pource qͥl cuidoit quilz feussēt nepueux de sa dame plͬ tournoit son cueur a les apmer que nully autre. Sien auoit leans de beaulp et ne peut oncques estre tant acointe de eulx quil estoit des

deux enfans il Beoit tous les autres/mais il tenoit ces deux comme ces compaignons/ et du premier iour ne mangerent oncques puis que en Bne mesme escuelle et gisoient eulx .iii. ensemble en Bng lit. Ainsi sont ensemble les trois cousins germaines en la garde de la dame du lac ¶ Si se taist icy le compte deulx et retourne au roy claudas.

¶ Comme Claudas demena grant deul pour la mort de son filz que Boort lui auoit occiz. Et comme farien et le peuple de la cite de gauues se meurent contre claudas a cause quil Bouloit faire mourir les deux enfans au roy Boort de ganues. c.piii.

Aprez que le roy Claudas eut prins les deux feuriers en lieu des deux enfans il retourne a son filz quil Bit mort. Si ne fait mie a demander sil en fist grant deul car il le fist si grant que greigneur ne pourroit estre. Et toutesuoies il nestoit mie coustumier de grant deul faire car il estoit moult Bigoureux et si souffrāt quil ne faisoit iamais semblant de meschief qui lui aduit/ mais de ceste malle auanture ne se peut il mie legierement appaisier, car il nauoit de tous enfans q̄ cellui donn qui tant estoit large et courtois comme le compte a deuise. Et la ou il faisoit son deul il nestoit mie asseur. Car toute la cite de ganues estoit troublee et esmeue pour les .ii. seigneurs que Claudas deuoit occire. et estoient sailliz aux armes les cheualiers du pais et les bourgois de la Bille dont il y auoit assez qui auoient de beaulx filz/ et se armerent si tost comme ilz ouyrent le cry des enfās qui deuoient estre occis. Et farien et son nepueu q̄ tāt estoiēt couroucez que plus ne pouoiēt estre se sont mis arriere en la tour et ont māde des cheualiers qui a la feste estoient Benus et des bourgois de la Bille Bne partie ¶ Si ont ensemble prins conseil et se accordent en la fin q̄ se Claudas Beult faire mourir les enfans ilz y seront aincois tous destruis quilz ne soient sauuez. Lors enuoient les cheualiers du pais querre leurs armes qui estoient en la cite/ car a ce tēps estoit acoustume que cheualier ne alloit en court ne loingz de son hostel sans armes. Et quant ilz furent armez ilz se saisirēt de la tour qui moult estoit forte. Et claudas qui encores faisoit le deul en son pallais le opt dire. mais oncques semblant n'en fist / car moult estoit vertueux en toutes ses meschéances: et laisse son deul / puis appelle son clerc et fait escrire lettres et mander par toute la terre deserte et par les forteresses du royaume de benoic et de ganues que tous veniffent a lui incontinent: et il avoit avec lui grant partie des barons de benoic / mais il ne se fioit pas trop bien en eulx / car plusieurs l'avoient ia laissé. Ce fait claudas est revenu sur le corps de son filz. Et recommence a le regretter assez haultement tant que les presens en ont grant pitié. Il se pasme assez souvent / et quant il revient de pasmoison il parle en maniere de homme qui a moult grant douleur en son cueur. Beau chier filz dont fait il noble et preux chevalier se vous eussiez vescu en parfaicte aage ie ne scay homme au siecle que ung tout seul qui feust tant a doubter et a aymer: et sur tous hommes vous eussiez esté aymé et doubté. Mon beau filz se vous eussiez vescu longuement et plus que cellui qui tous passe en vertus pour le present vous feussiez de force et pouoir pour conquerre tout le monde / car en vous estoient trois vertus souffisantes a toutes choses terriennes mettre au dessoubz. C'est debonaireté largesse et magnanimité. par vostre debonaireté vous faisiez feste planiere et a grant soulaz a ceulx qui estoient maindres de vous par vostre largesse vous donnyez ioyeusement et a belle chiere a tous ceulx a qui selon vostre iugement le don estoit bien employé pour leur bonté et preudommie et aucunesfois aux mauvais et lasches chevaliers pour la grandeur de vostre liberalité et valeur. Et bien congnoissiez que qui veult de largesse user a droit il doit donner aux preudommes souffreteux comme preudomme et large, et aux mauvais comme large et abandonné. Mais par vostre magnanimité qui est vertu souveraine a tout bon chevalier et qui estoit si viscéralement logee en vostre cueur vous avez tousiours mesprisé et hay tout homme orgueilleux et surcuidé / aymé les humbles / blasmé les felons / et fuy la compaignie de tous telz vicieux hommes. Helas mon filz ie vous oy aultresfois dire une parole digne de longue memoire. c'est

que l'on doit chastier ou destourner ses yeulx de veoir ou regarder mauvaise chose. car par my les yeulx l'infection et puanteur en pouoit descendre au cueur. pour ces belles vertus qui resplendissoient en vous / sur tous hommes ie vous aymoie plus que ma langue ne pourroit dire: quelque rigoureux semblant que ie vous monstrasse. Mon beau filz iauoie changé pour l'amour de vous toutes mes mauvaises conditions. Et en ce que ie n'avoie onques esté large pour ma main ie le vouloie estre a brief exemple ou par vostre bon moyen. Helas ie pensoie desormais vivre en repos / et neantmoins par vostre seule merveilleuse prouesse conquerir tout le monde. car vous estiez remply de toutes prouesses et vertus et passiez tous autres de vostre temps de bonté et valeur ainsi que l'or passe de preciosité tous les autres metaulx. Helas mon filz ie ne cuide pas que Dieu et nature vous eussent tant donné de belles vertus pour si pou en user et vous oster de ce monde en si petit aage. En vostre vie estoit l'espoir de la mienne. et puis que vous estes mort ie ne puis plus longuement vivre se n'est en toute douleur et tristesse. et plus vivray et plus la mort desireray. Vous estiez ung des pilliers avec le roy artus / par qui toute chevalerie pouoit estre soustenue / et n'avoit en tout le monde deux autres voz semblables en toutes valeurs. Helas et par vostre mort a esté froissé et rompu le second pillier qui devoit en la fin supporter le premier en sa caducité et par temps engier et edifier quelque autre. Ores se peut vanter le roy artus que tout le monde lui est escheu par le cas de brief mort car il n'y a plus homme qui lui puisse contredire. Mon filz en vostre dure mort i'ay tel assemblement de courroux que ie n'en puis a Dieu grace sauoir. et n'espoire iamais en avoir aucun reconfort / et reputeroie cellui pour mon mortel ennemy qui m'en vouldroit conforter / car c'est perte sans reconfort. Ainsi regrette le roy claudas son filz et se pasme dessus le corps souvent tant que chacun cuide qu'il doie mourir / et lui mesmes se merveille sur tous et se blasme si durement que grant pitié en prent a maintes gens qui gueres ne l'aymnet. mais nouvelle qui tost court est venue a farien le maistre lyonnel et aux autres cheualiers de la terre qui auec lui se tenoient que claudas a enuoye lettres en sa terre deserte pour semondre ses ostz, car les enfans Bouldra il mener de leans a force & puis les occira quant il les tendra en son pouoir. Ceulx prennent conseil de ceste chose tant que en la fin se accordent a ce quilz iront Claudas assaillir en son pallais et mettront le feu dedens ou il leur rendra les enfans. Car leur droit y est grant et sans reprouche comme pour garantir leurs seigneurs quil Beult occire dont leur sera honneur au siecle et bien aux ames, car pour son lige seignr deliurer de mort doit on mettre le corps a bandon. Et qui y meurt il est aussi saint comme sil mourroit sur sarrazins ennemys de iesuchrist & despriseurs de son nom et de sa creance. A ce conseil se accordent tous et sen Biennent deuat le pallais tous armez iusques au nombre de trente mille tant cheualiers que bourgois et filz de bourgois. Quant ilz furent deuant le pallais tous ensemble grande fut la noise et la huee. Et claudas demande quelle noise cest. et len lui compte que se sont ceulx du pais mesmes & de sa cite tous en armes. Adonc iette Bng haubert en son dos et lasse son heaulme a grant haste et pet son escu a son col puis a ceincte son espee et prent Bne hache grande et pesante dōt le fer est trenchant et delie, et la hante grosse et roidebendee de fer: et se stoit comme du mōde qui plus aymoit hache grande & pesante, car en mellee il en sauoit grans coupz ferir. Quant il fut bien arme et ses gens tous il Ba es fenestres du pallais et Boit farien deuāt tous les autres dessus Bng grant destrier tout arme, si lui demande que cest. et farien respōt. nous demandons que tu nous rendes nos droiz seigneurs qui leans sont. Comment farien fait Claudas tu me Beulx donc ma honte & tous ces aultres. Sire fait farien nous ne sōmes mie adiournez de plet, mais les enfans que ie auoie en garde rendez les moy & se doresenauant sauez que demader ne a moy ne a autre nous sommes appareilliez a en faire droit de toutes choses. Claudas estoit de moult grāt sens & sauoit bien quil nauoit mie gens pour contretenir: & Boit que en la fin lui conuient rēdre les enfans, mais a moult grant paine le

fera car assez auoit cueur tel que se tous ceulx qui auec lui estoient en eussent eu autant chacun en son endroit. il ne auoit mie gent encontre lui quil doubtast. Et non pourtant il nest mie encores conseille des enfans rendre. Ais les Bouldra tenir tant comme il pourra. Et se rendre les conuient il les Beult rēdre en telle maniere quil ne soit blasme de couardise. lors dist a farien quil se semont du serment & de la fiance quil lui a faicte & quil se tiēgne a lui come son homme. Sire fait farien rēdez nous les enfans, car rendre les Bous conuient & desores en auant ne trouuerez ia homme de tous ceulx qui icy sont qui soit contre Bous en quelque chose. Et se debonnairement ne les nous rendez il Bo⁹ conuiendra tous mourir Bous & Bre cōpaignie, car de tous ceulx zq sōt icy ny a homme qui mieulx ne Bueille mourir que Beoir la mort de son droiturier seigneur. Or face donc fait Claudas chacun le mieulx que il il pourra, car ilz ne seront mie renduz se force ne men est faicte ou commencee a faire. Et quant il a dicte ceste parolle lors commēce lassault tout entour le pallais et Bollent saietes & carreaulx en lair a grāde abondance mais moult se deffendent Baillamment Claudas & ses gens & sont garnies les fenestres et les creneaulx de cheualiers & de sergēs. Et ceulx de dehors Bont querre le feu pour ietter sur le pallais en fades dōc il y auoit assez. Et quāt Claudas Boit ce il met corps et cueur en abādon comme cellui qui estoit de grant Bigueur & se met en my la court la hache au poig. Si en donne de grans coupz & perilleux la ou il les cuide mieulx emploier, et ceulx qui ōt les arcz & les arbalestres descochēt tc⁹ a lui. si le ōt naure en plusieurs lieux, mais pour playe ne blessure quilz lui firēt ne laissa a ferir, ais leur deffent la porte a la hache trenchant dōc il leur donne grans coupz tellement que homme na pouoir de lui mal faire. Et le doubtent tant les plus Baillans que de prez ne losent approuchier ains se destournent des coupz & lui font Boie. Ainsi deffēt claudas la Boie a coup de hache. & quāt le nepueu farie qestoit moult hardy le Bit ainsi leur gent mal mettre il fut moult courouce en son cueur. il estoit sus Bng merueilleux cheual & arme de toutes armes

partie

comme cheualier et tint vng glaiue donc le fer fut bien trenchant. Si heurte le cheual des esperons et sadresse a Claudas a lentree de la porte et le fiert parmy le haubert en lendroit la senestre espaulle de oultre en oultre et passe par derriere du fer et du fust a descouuert. Il le empaint de toute sa force et leust porte a terre mais il se adossa a vng mur ioupte la porte : et celui se appuye si durement que le glaiue vole en pieces: et le cheual venoit si tost que onques ne se peut retenir. si ferist si durement a vng mur quil sest rompu teste et col et par vng pou que celui qui dessus estoit ne fut contre le mur tue. ¶ Le cheual cheut a terre mort. et le nepueu farien emprez lui tout estourdi. Et Claudas est appuye contre le mur si naure que le sang vermeil lui degoutte tout contreual le corps par les pertuys que il a en lespaulle. Et aincois quil soit remue du mur ou il est, sont feru que saiettes que carreaulx plus de quarante tant quil esta genoul venu. ¶ Lors lieue la hucte des bourgois qui cheoir le veirent / et le nepueu farien qui fut releue vient lespee traicte / car il ne hayoit tant homme que claudas. Quant Claudas le voit venir, il est en piez sailli et moult a grant honte de ce que ses ennemis lont veu a tel meschief. Lors a la hache a deux mains en hault leuee et celui qui ne le hayoit mie petit lui vient hastiuement lespee traicte, lescu iette dessus sa teste et le fiert desuz la temple, si quil lui tresche le heaume et la ventaille par dessus: et le coup descent en la ioe tant que par dehors lui a trenche toute la destre oreille iusques es dens. Et claudas le fiert et lasena sur le coing du heaume amont et lui trenche tout ce quil attaint iusques a la coiffe. Tellement que trois doyes derriere luy pouoit len veoir les mailles dedens le coup, et descent le coup sur lescu et le fent tout iusques a la bouche et par vng pou que celui ne a le bras perdu Claudas pour ce coup derrenier et celui quil auoit receu parmy lespaule et les playes qui il auoit eues des saiettes et des carreaulx estoit moult empire et affiebli et lors deschochent sur lui telz autres quarante qui des mains ne le osent approuchier. Et puis se adresse a lui vng cheualier monte sur vng grant destrier qui tost le porte et le fiert dung glaiue contre la poitri

ne moult durement. Le haubert fut fort et le glaiue vole en pieces et celui qui tost assoit heurte a lui si durement quil se porte a terre tout estandu et il se pasme lors y est venu le nepueu farien qui moult est ioyeux de lauanture si luy hausse le pan du haubert et luy veult parmy le corps bouter lespee mais ses gens saillent du palays a la rescousse de leur seigneur et le secourent Et tous ceulx qui pour luy encombrer estoient la se sont mis dedens la porte Tant sont les gens claudas qua force lont releue si durement blesse quil ne se pouoit sur pies tenir. Et lors commence enuiron lui la meslee trop perilleuse. Ilz boutent souuent leurs ennemis entre leurs pies et les hommes claudas se redressent moult viuement et pour luy se mettent en habandon. Si dure la meslee moult longuement. Tant que farien y vint poingnant et fut moult bien arme sur vng grant cheual et apres luy y vienent grant partie des cheualiers du pays. Il se garde et voit claudas qui moult se deffent puissamment et dist que mal fust tel prince quant en lui a desloyaute et felonnie. lors lui recourt sus le nepueu a farien moult viuement. et Claudas le voit venir qui bien sest apperceu que celui le hayt sur toutes gens. Le roy fut grant et bien taillie et de grant force sil neust tant de sang perdu. Si se adresse a son ennemy que il voit venir, car mieulx veult il mourir hardiment que en faisant semblant de couardise: et celui y reuient grant asseur lespee traicte, et ilz furent tous deux sans escus si sentredonnent grans coups amont sur les heaumes des espees trenchans tant que elles y sont entrees mais le nepueu farien ne se doit pas plaindre quil nait sa part, car si fort la le roy feru combien quil soit affoibli que tout lestonne et quil a des paulmes feru a terre. Et lors lui sault claudas sur le corps et lui arrache le heaume de la teste et moult se met en grant effort quil lui puisse coupper la teste. Lors farien vit poignant et desrompt toute la presse et fiert vng des cheualiers claudas qui auec lui estoit arreste si durement que le haubert ny a duree, et lui met au corps le fer trenchant tellement quil labat mort deuant claudas. puis lui laisse le le glaiue au corps et sacque son espee et en fiert Claudas grant coup dessus son heaume si q

c.iii.

se fuit ferrir durement les deux paulmes a terre & son nepueu q̃ de grant agilite estoit le prẽt aux bras et le porte dessoubz lui a terre & luy veult lespee ficher dedẽs le corps. et sa eust esté la guerre finee de Claudas se farien ne fut du cheual sailli a terre qui toslist lespee a sõ nepueu. puis lui a dist. Haa beau nepueu quest ce que vous voulez faire/voulez vous occire le meilleur prince du monde. Certes sil mauoit de terre desherite & se ie le pouoie garantir ie le garãtiroie car lẽ ne pourroit resaulter la mort de si preudomme. Et il nest mie preudomme qui au besoing ne recongnoist lonneur que lẽ lui a fait. Commẽt fait son nepueu filz a putain traitre vous voulez rescourre de mort celui qui vous a fait toutes hontes/veult occire deuant nous les enfans de uostre seigneur lige sans iugement. Certes mauuais cueur auez au uẽtre & meilleur gre de vous a celui qui honte vous a pourchassee que celui qui hõneur vous fait/car cueur de preudõme a tousiours memoire de la honte qui lui est faicte. Tais toy fait farien beau nepueu/lẽ ne doit pas a son seigneur pourchasser mort ne deshõneur puis que lẽ nest deuant departi loyaument de son hommage. & cestui est mon sire il conuient que ie soye son homme lige, si le doy garantir a mõ pouoir pour la feaulte garder & pour lommage que fait lui ay & les enfans de mon seigneur a qui ie suis homme de anciẽnete doy ie garder par ma foy & par lamour que iay en eulx de nourreture. Lors leur Claudas par le nasel du heaume. & claudas a bien entendues les paroles quil auoit dictes & lui crie mercy maintenant comme celui qui de la mort a grãt paour. Haa farien mon amy fait le roy gardez que ie ne meure/& certes bien auez dicte la parolle que vous auez dicte/& tenez mon espee/car le la vous rens & vous ren drap maintenant les deux enfans/& sachiez que se ie tenoie a bourges vous & eulx ilz ne uroient ia mal pourtant que vous les voulsissiez garantir/car vous auez maintenant gaignie mon cueur a tousiours. A ce mot fine la meslee/& farien va traire arriere les ungz et les autres/et dist quilz attendent & il seur ira querre les enfans. Lors entre dedens le palais suiet claudas qui commande les enfãs

a amener. Et si tost quil la commande il sest pasme pour le sang quil eut perdu. Lors saillent ses hommes qui moult ont grant paour de sa mort & lui ostẽt le heaume pour le arrouser deaue froide tant q̃l soit reuenu de pasmoison. Si a grant honte de ce que pasme sestoit deuãt les gens. Atant sont amenez ses deux leuriers/& cuide chacun qui les voit se soient ses deux enfans et celui les amene qui bien cuidoit que se feussent ilz/& aussi fõt tous les autres. Chacun en fait grant ioye et tiennes & vieulx, et les mainent a la tour a grant honneur. Dautre part est claudas en son pallaiz & recommence le deul de son filz ainçois que le haubert lui soit osté du dos. Lors sont ses medecins Benẽ & lui arrache de lespaulle le trõcõ dõt le nepueu farien sauoit feru/puis lui appareil & la playe de la ioe q̃ moult sa greue et la tournent et appareillent comme ilz sçauẽt que mestier estoit. Quãt ilz ont la plaie de la ioe appareillee et celle de lespaulle il cõmence son deul donc on ne se ose chastier et en fait tãt que merueilles est cõme il dure/mais pource quil ne scait qui lui est a auenir il iette le haubert au dos et commande que de sa gẽt ne soit tant hardy qui ne se garnisse de armeures/car il est entre telles gens qui ne sayment mie/et bien la hup esprouue et essaye. Apres fait couurir de fer trois cheuaulx quil auoit a selle en qui il se voul dra moult fier pour aler a sauueté se mestier lui estoit. Ainsi appareille le roy Claudas soy & ses hommes nẽ a hõme ne descouure son courage. Dautre part sõt en la tour farien et ses gens et font grãt ioye de leurs deux seigneurs que ilz cuidoient auoir, mais si tost comme vint a lanuiter droitement a telle heure que la damoiselle du lac descouurist les enfans a ceulx qui auec eulx estoient furent descouuers & congneuz les ii. leuriers en la tour de ganues/ et furent tous si esbahis que oncques mais ne furent gens si esbahis. Si recommence le deul des cheualiere de Benoic/& crient tous a une voix que ilz iront a claudas pour le occire/ou ilz mourront tous: car ores sçauent bien quil a les deux seigneurs occiz/mais le deul est trop grant que farien fait sur tous les autres/ comme celui qui iamais ne cuide auoir recouurance de ses

seigneurs quil a nourris et gardez. Et lui en
vient au cueur si grant angoisse que par ung
pou ne lui part le cueur au ventre. Il detourt
ses poigtz et fiert de lun a lautre, crie, et brait
a si haulte voix que len loyt de plus loing que
ung arc ne lecteroit a une fois. Grant est le
deul que farien demaine et ceulx q entour lui
sont. Si est grande la noise et le cry tant que
Claudas loyt clerement de son pallais et se
merueille que ce peut estre. Il en fait enquerre
et demander, et len lui dist que cest en la grat
tour. Il y enuoie maintenant, et quant il regar
de il voit son messagier venir fuyant arriere a
grant paour de mort, car ceulx de leãs se chaf
sent a haches et a glaiues agues et trenchans
quilz lui lancent apres lui ou dos, et lui ont
fait telles trois playes que il a grant mestier
de medecin. Lors fut le roy bien esbahy quant
il vit son sergent venir en telle maniere, il lui
demande que ce a este, et il lui crie si cõmet il
peult. Haa sire fait il alez vous en pour dieu
a force de cheual, car tout le peuple vient icy
pour le pallais abbatre, et pour vostre corps
tout detrenchier, pource quilz dient que vous
auez occis les enfans du roy Booit et leur a-
uez en lieu de eulx baillie deux leuriers. Vo-
ne veistes oncques gens si entalentez de mal
faire, et si tost qlz me cogneurst ilz me couru
rent sus et me ont mis en tel estat q vous voyez
alcois q iaye peu auoir loisir de leur dire une
parolle et ie scay bien que ie suis naure a mort.
Quant claudas entendist la parolle
il sault en pies et demande son heau
me et son espee et son escu, et commande ses gens
appareillier, puis dist oyans tous ses hom-
mes. Ha royaumes de ganues et de benoic tãt
me auez trauaillie et pene. Et tant fait grant
follie qui aultry desherite de sa terre, car ia as
seur une seulle heure ny dormira. Et moult
petite seigneurie a sur son peuple cellui qui les
cueurs ne en peult auoir. Voirement est natu-
re dame et commanderresse sur tous establisse
mens, car selle fait aymer son droiturier sei-
gneur sur tous autres. Pource fol est et aueu
gle qui pour couuoitise de seigneurie q si peu
dure se charge de pechie et de la paine de deshe
riter aultry. Et greigneur douleur ne peult
estre en cueur mortel q par estre desherite et espi

lie, fors seullement de perdre son loyal amp
charnel, car a telle douleur ne peult nulle an
goisse estre comparee, et ie men suis bien aper-
ceu. Atãt a son espee saincte, puis a sõ heaume
lace et fait atteler deux palesfrops a une lit-
tiere quil auoit fait faire, et tantost fait leuer
le corps de son filz, car laisser ne le veult pas.
Apres est yssu hors parmy la porte et est mon
te sur ung de ses cheuaulx couuert, et a prins
le trauers lui et quarãte de ses cheualiers les
plus esleuz tous entalentez de eulx deffen-
dre se aucuns les assaillent. Tant a este clau
das au pas de la rue q son filz fut hors et tous
ses harnois. Et lors vit farien et saccompai
gnie et si y sont des cheualiers du pais grant
partie et tous les bourgois de la cite. La nuit
fut au iour meslee, mais tant y auoit lanter-
nes et brãdons que aussi cler pouoit len veoir
tout au long de la rue comme de iour. Et fa
rien cheuauche premier lescu au col la lance
droite, et semble a merueilles preudomme la
ou il siet sur son grant destrier, et semble que
tous lui doiuet obeir et si font ilz, mais a mer
ueilles fait grant deul et la mete de grat ma
niere et remenore les bonnes conditions del p
onnel et de Booit son frere. Ha mes sires fait
il tant cest grant dõmage et grant douleur se
vous estes mors. Vous estiez la merueille et
le mirouer de tous les enfans du monde, et
pou auiez auec dix ans. Bien estiez enfans de
aage, mais de sens et de prouesse estiez vous
viellars chanus. Vous estiez beaux et bien
morignez sur tous enfãs et sages et cognois
sans de conseil loyal, mais quel que feust le
meschief de vostre honte venger ne vo‘ peult
on destourner pour conseil que len vous don
nast. Helas quel mal peut venir de reffuser
et despiter conseil loyal. Ainsi pleure et regrette
farien a chaudes lermes. Et lors est venu
ou Claudas guette la rue et scait que illec sõt
ses gens pour eulx deffendre. Quant Clau
das voit farien il la mis a raison premiere-
ment. Et farien auoit fait traire arriere tous
ceulx de deuers lui, tãt quil eust parle au roy
claudas, et voulentiers feist cesser la meslee
sil peust, car bien sauoit que ses gens Clau
das ne eussent point a eulx assemble q grant
dõmage ne y eust des deux pars. Et il auoit

c.iiii

trop grant paour de son nepueu Lambegue q̃ sur toute riens hapoit Claudas et doubtoit q̃ se ilz s'entrecouroient sus longuement il conuendroit que l'un en prenist sa mort. Et Claudas estoit tel cheualier que Lambegue ne pourroit pas durer vers lui. Et se Claudas se occioit Farien auroit le cueur si angoisseux quil ne se pourroit tenir pour faulte ne pour hommage de se occire se il en pouoit au dessus venir. Et lors il seroit desforaute, donc il se vouldroit moult garder s'il pouoit. Toutes ces choses met Farien deuant ses yeulx et en estoit moult angoisseux et étrepuins. Claudas l'appella a lui dist. Farien que verez vous querre en telle maniere. est ce pour mon bien ou pour mon dõmage, dictes le moy car de vous ne cuidoie ie mal auoir. ais auoie fait pour vostre amour tout ce dont vous me auiez requis feust mon honneur ou ma honte. Sire Claudas fait Farien il fut vray que vous nous promistes a rẽdre noz deux seigneurs, et vous nous auez baillie pour eulx deux leuriers. A ceste cause ceulx cy viennent contre vous a moult grant despit. Et se vous de ce me mescreez, vez cy ses deux chiẽs. Lors les lui monstre. Et quãt le roy Claudas les voit il est tout esbahy, et dist quant il peust parler. Haa! ce sõt les deux chiens que sa damoiselle amena au matin deuant moy, et elle en a par son enchantement mené les deux enfãs: ie ne scay se s'est pour mõ mal ou pour mon bien, mais en grant paine en suis entré. Lors se recorde bien Farien de ce quil auoit dit et le roy Claudas lui redist. Beau doulx amy ne me mescreez vous mie des deux enfans, que ie les aye occis ou emprisonnez. Je suis tout prest et apareillie vers ce peuple de faire ce que vous dires loyaument que ie en doy faire car tant vous ay esprouué a bõ et a loyal au grant besoing que vous ne me direz chose que ie ne face oultreement, et ia ne me aide dieu se ie sy onques cheualier en qui ie me fiasse autant comme ie feray en vous desormais tant comme il vous plaira a vous entremettre de mon conseil. Et dictes moy que vous voulez que ie face affin que vous m'en croiez et ie le feray sans contredit ou soit serment ou soit fiance ou moy mettre en prison se vous voulez en vostre garde et non autre, car

plus vous ay trouué vray que nul autre. Et quãt vous saurez q̃ les deux enfãs serõt sains et saulfz, et que ie n'en suis de riens saisi vous me remettrez en telle liberté comme ie suis et me prendrez a garantir contre tous hommes tãt comme ie seray en vostre garde. Farien en tent ces parolles que se roy Claudas lui a dictes en soy mettãt du tout en sa garde si lui en prent moult grant pitie, et bien croit quil n'a aucune coulpe en la mort des deux enffãs du roy Booit. Puis se pourpense en quelle maniere il pourroit au roy Claudas et au peuple acomplir leurs voulétez. Et d'autre part il scait pour vray que se il prent le roy Claudas en conduit il ne se pourra garantir vers son nepueu qui trop le hait, ains craint quil ne soit occis entre ses mains. Et il sent le roy Claudas a si courageux que s'il le recoit a mettre en sa prison il n'y entrera pas legierement, car trop y auroit grant semblance de paour et de couardise. Et encores n'est il mie si au dessoubz quil deust faire tel meschief, et non seroit il se l'amour et la grant fiance de Farien ne lui faisoit faire, car il ne pourroit pas estre q̃ plus ne lui feust atourne a couardise q̃ a debonairete. Et s'il mourroit en sa prisõ par mauuaise garde il en seroit reprouche a tousiours mais. Toutes ces choses pourpẽsees il dit a Claudas. Sire Claudas vous offrez tãt a faire de ceste chose quil sẽble que vous ne soyez pas coulpable, et ie en vois parler a ces gens et ce qu'ilz en vouldrõt faire ie le vous sauray a dire, car ie ne vouldroie estre blasme de leur aider a tort tãt soient ilz mes amis charnelz, ne de vous greuer a vtre droit, cõbien q̃ apres encores la terre a mes sieges seigneurs a tort saisie. Atant est venu aux barons de Benoic et de Gaues donc les plus puissans et les meilleurs le attendoient en my la rue. Si leur compte toute ce que le roy Claudas lui auoit offert. Et si m'en dictes fait il ce que vous en vouldriez faire. Et ilz se accordent a ce quilz le prendrõt voulentiers se il le veult mettre en sa prison et il leur dit apres donc vouldray ie fait il que vous me faciez seurs quil n'aura mal ne ennuy par nul de vous tant que vous sachiez certainemnt quil ait occis noz deux seigneurs et encores il couendra lors q'il soit mené par iuge ment et si bould'rap pource qu'il ne se veult mettre en autre garde q̃ en la miẽne q̃ vous le laissez en ma prisõ/car ie seroie a honte se vous le mettiez a mort mauuaisement aps q̃ ie l'ay asseure. Cõmẽt voulez vo[us] garãtir celui q̃ voz seigneurs a occis et tuez et vous a fait tant de honte et tant de laidure que se tout le peuple le sauoit aussi bien comme ie le scay vous ne deueriez iamais estre creu a court ne escoute. Beau nepueu fait farien de toy ne mesmerueilleray ie pas se tu as peu de raison en tes affaires/car l'en ne voit gueres aduenir que grans sens et grant prouesse soyent ensemble en corps denfant. Et il est vray que de la prouesse as tu assez selon ton aage tant que tu en soys vng peu mains cler ou miroer de sapience. Si te vueil presentemẽt enseigner vng peu de sens/car ie y voy desormais plus cler que ie ne fais en la prouesse. Et se tu veulx cest enseignement retenir moult en pourras amender et autres enfans qui en pris veulent monter/garde tant comme tu seras en enfance se tu viens en lieu ou l'en conseille de grans affaires que ia ta parole ny soit oupe iusques a tant que les anciens de toy auront parle. Et se tu viens en bataille ou en pouoir de guerre garde que ia ny attendes ne plus ieunes ne plus vielz mais frappe deuant tous les autres des esperons pour faire vng beau coup la ou tu pourras attaindre/car a pris darmes conquerre ne doit l'en attendre ne ieune ne viel. Mais a grant conseil donner se doiuent les enfans attendre aux anciés/et sachiez que grãt hõneur est nourri par hardement de bon courage/et grant honte et grant reproche vient de dire folle parole et fol conseil. Cest exemple tay ie dit et monstre pource que tu mas blasme deuant ces preudes hommes icy qui mieulx scaiuẽt qu'il est a faire que tu ne fais/et si y a par auenture cy de telz qui tost saccorderoient a la mort de claudas fust a tort ou a droit/et se il estoit mort par eulx sans forfait ilz en seroient reprouchiez a tousiours/car ie ne voy ne ne congnois en ce lieu si hault homme ne si puissant qui ne lui ait fait feaute et hommaige a ioinctes mains. Et doncques puis que cheualier fait feaute et hommaige il doit garder celui a qui il la faicte comme son corps de tous perilz. Et dieu ne fist oncques si haulte court ne si puissante ou ie nosasse bien soustenir ce que iay dit cõtre le plus vaillant cheualier qui y fust, car pour loyaute deffendre ia ne sera homme blasme. Pourtant sachent tous les cheualiers que ie voy cy qu'ilz ont a garder et a deffendre le corps du roy claudas comme le leur pour la feaute et hommaige qu'ilz lui ont faicte. Et ie ne scay ne ne congnois plus laide desloyaute q̃ destre desloyal a son seigneur. Mais se le seigneur mesprẽt vers son homme il s'en doit a raison mettre par ses semblables par le terme dune quarantaine. Et s'il nen peut auoir droit ne raison si lui rende sa feaute et son hommaige deuant ses pers non mie en recele/car chose aperte porte tesmoing de loyaute, et chose mussee signifie felonnie et mauuaitie. Et se le sire ne se veult en aucune maniere amender vers son homme des que son hommaige aura guerpi il se peut forfaire et du sien prendre/mais garde soy de son corps occire ne a mort iugier/car il ne doit pas en ses mains mort receuoir se en contre lui ne fait meurdre ou trayson. Et qui aultrement espant le sang de son seigneur il est traitre et pariure de foy mentie. Et peut l'en tous les sept pechiez criminelz trouuer en lui. Pource seigneurs ie vous demande que vous vouldriez faire de ceste chose. Se vous me voulez seurte donner et promettre que le roy claudas naura garde de vous et que vous ne loccirez pas sans le iugement de la maison du roy artus ie le prendray en ma garde a garentir contre tous hommes. Et se ainsi ne se voulez faire si face le mieulx qu'il pourra/car ie ne me vueil pas mettre en terre a tousiours pour la mort dung seul homme/ne perdre mon ame apres lonneur sans recouurement. Et ie ne voy mie comment celui puisse en lautre siecle auoir lonneur pardurable qui celui de ce monde aura perdu par sa desloyaute. Or vous conseillez a vous mesmes et me dictes ce que vo[us] en vous vouldriez tenir. Et lors se trait a vne part et ceulx parlent ensemble/et telz y a qui loent q̃ l'en ne prengne point claudas en sutte car l'en le peut a force prendre comme celui qui est a si grant meschief qu'il na pas la quinte ptie tant de gẽs quilz ont. Ainsi se sõt accordez

a vne fois/ mais deffus tous les autres se y
accorde lambegue et li. re q claudas na pouoir
contre eulx que prins ou mort ne soit celle nupt
et tous ses gens se il en auoit encore autant. Ain
si ont leur conseil fine. puis reuiennent a fa-
rien et lui dient que ia ne se prendront en telle
maniere/ mais sil se veult en leur voulente
mettre ilz se pdront et ne vouldront que au-
cun en soit saisi se nest par eulx. par ma foy
fait farien ce ne lui conseilleray ie pas. Or con
uenez ensemble vous et lui, car de moy ie ne me
entremettray ia de se greuer. Et ie le repute si
pudomme quil aura assez couraige contre
vous. Et puis quil vous a offert plus q rai-
son si se deffende a son droit. Ja tant ny gain
gnerez que a double ny perdez ains q sa mes-
nee departe. ¶ Puis est reuenu a claudas et lui
a dit. Sire sire or vous deffendez au mieulx
que vous pourrez/ car il en est mestier. Je ne
puis sa paix trouuer se vous ne vous mettez
du tout en tout en leur mercy. Non fait clau-
das/ et que men conseillez vous car ie seray
tout vostre conseil. Quoy fait farien vous
vous fiez en moy plus quilz ne font/ et ie vo-
loe que vous vous deffendez comme preudo
me/ et ie octroy quilz me pendent silz nen per-
dent deux des leur pour vng que vous perdez
des vostres. Farien fait claudas puis que vo-
se me loez ie nay garde/ et sachent bien tous q
ie ne seur en bailleray pe pas maintenāt le cour
cier de mon filz affin quilz me laissassent aler
quitte et deliure, mais ie vous prie et requiere
que de vostre bonne loyaute vous remembrez
et la gardez vers moy si veritable come vous
deuez. Je ne vous en vueil plus dire car vous
sauez mieulx que cest que loyaute y ie ne fais
par saincte croix fait farien ie suis vostre ho-
me et est droit que ie vous ayde a mon pouoir
tant que vous vouldriez par mon conseil errer
Et ie vous aideray iusques a sa mort, mais
vous me iurerez auant comme loyal roy que
les enfans du roy booyt nont eu par vous mort
ne mehaing. Et de quelque heure que ie vous
en semōdray vous serez en loyaute ce que ma
uez offert. Et sachiez que ie ne le vous de-
made pour nulle force/ mais pource que plus
en aurez mō cueur. par ma foy fait claudas
tout ce ne me griefue riens/ ains me plaist

moult/ tenez ie le vous fiace et iure aisi. Lors
lui fiance et puis tent sa destre main vers vne
chapelle et dit. Sachiez farien q par les sais
de celle chappelle les enfās du roy booyt ne sōt
par moy mors ne mehaigniez et que deulx ne
scay aucunes nouuelles. Et se ie les auoie a
Bourges en ma prisō ilz nauropēt ia par moy
mal tant comme vous les vouldriez garan-
tir. si mont ilz fait telle douleur au cueur que
iamais en ce siecle ne me fauldra/ et soubz ce
serment mesmes ie vous pmetz que de quel
que heure que vous me sommerez ie tiendray
prison en vostre garde/ moyennant que vous
me promettez et serez tenu me garantir euers
tous hommes. Ainsi le iure le roy claudas a
farien qui a ce moyt sest tourne auec claudas
Lors commence lassault moult grant et vol-
lent saiettes et carreaux moul espessemēt. Si
font grant noises les lances qui retentissent
sur les escus. Et claudas se deffent moult vi
goreusement/ et est moult asseure de farien q
sest tourne dauec lui/ mais il ne la mie tant
fait pour dommagier ceulx du royaume de
ganues comme il a fait pour traicter la paix
de toutes les deux parties/ car il cuide bien que
en la fin ceulx du pais veront de son conseil.
Si se tient en telle maniere quil nayde aux
vngs ne aux autres fors seulement de vousen
te. Et ceulx dencontre claudas sont en si grāt
nombre quilz ne peuent a lui venir ne a ses
gens aincois fierent lung et lautre de loing et
sentre occient et naurent leurs corps et leurs
cheuaulx/ et ce quilz sont tant ne leur fait que
nuire/ et la rue est si estroicte que claudas la
deffent si bien a laide de ses gens que ceulx de
ganues ne peurent dessus eulx conquerre. Ain
si dure moult longuement lassault. Lors se
pourpensa claudas coment il pourroit enco-
res plus greuer ses ennemys si fait bouter le
feu en la ruee et trouua grant peuple estroicte
ment enserre/ si les contraint tellement que a
force coūint tous les plus fors guerpir la pla
ce et fouir en la cite a sauuete/ et nonpourtant
plusieurs y furent ars. par ce feu furēt ceulx
du pais moult dommagiez/ car ilz ne peurēt
auoir loisir destaindre le feu/ mais si tost quil
fut diminue et modere tant quil ne peut sur-
monter les murs de la cite ceulx de la dicte cite

partie

vindrent dehors et partirent leurs gens en deux batailles et firent lune aler par dehors pour les gens de claudas surprendre. Celle bataille ala par dehors et trouuerent les gens de claudas qui moult bien se eschauguetterent & deffendirent enuers eulz. Et lautre bataille laisserent courir par deuant toute la rue, mais ilz ne les trouuerent mie desgarniz, ains estoient au trauers de la rue et gardoient leurs passaiges moult saigement, et venoit claudas de lune bataille a lautre a pointe desperon. Et quant il partoit de lune meslee pour aler a lautre tousiours reuenoit farien en son lieu, mais il ne frappa onques coup, car il entendoit a mettre la paix entre les ungz et les autres a son pouoir. En telle maniere dura la meslee toute la nuyt a la clarte des lanternes et des maisons qui arses furent. Et plus perdirent de leurs gens ceulz du pais que claudas ne fit des siens. Et quant vint au matin ilz demanderent farien pour parler a eulz, et il y parla. Si se plaignirent a lui de ce quil leur deuoit aider, et dirent que cestoit desloyaute & felonnie. Par ma foy fait farien desloyaute ne felonnie nay ie point fait, car vous nauez pas vse de mon conseil. Et puis que vous ne me vouliez croire il me sembloit bien que vous auiez de moy souspecon & mescreance. Et daultre part le roy claudas est mon seigneur, et de son fait ny ail point, si lui dois son hommaige garder en foy. Or sachiez que de chose dont il ait este par deuant vous mescreu vous nauez vers lui que droicture, car il estoit tout prest et appareillie de sen mettre en ma prison ie le vous offri et vous ne me voulustes en aucune maniere escouter. Si nay meffait de rien euers vous se ie me suis tenu dauec celui qui plus se fie en moy, et tant comme ie lui vouldray aider ia par vous ne sera mis au dessoubz, car mon chasteau nest mie grammant loing dicy & ie le lui bailleray a ce matin pour sa deffense. Puis quant il sera dedens il pourra attendre seurement le secours de son pays. Et ie le cuideroie tenir vers tous quatre ans entiers, car il est moult fort et bien garny de viures. Or sil aduient que de ceste besongne il viengne au dessus soyez certains quil vous destruira tous lung apres lautre. vource mpenly

vous vauldroit croire conseil bon et loyal que telle chose entreprendre dont vous ne puissiez a chief venir. Et de ce que vous dictes que ie fais desloyaute et felonnie ia ny aura si hardy sil vouloit soustenir ceste parole estre vraye vers qui ie ne contredie maintenant ou le matin. Quant ceulz de ganues oyent que farien se affiche si durement de aider au roy claudas il ny a celui qui nayt paour et frayeur. Si se tirent a une part tous les plus saiges & de ceste chose parlent moult longuement et dient que se claudas peut paruenir en sa terre a sauuete il ne peut nullement faillir quil ne viengne en la fin au dessus deulz et lors seront ilz destruiz sans aucunement estre recouurez. mais bien scauent ilz que de ceste besongne il ne peuent a bon chief venir sans farien. Lors se accordent tous les plus haulz et plus saiges que sil leur veult faire autelle offre comme il leur auoit le iour precedent faicte ilz la prendront voulentiers. En nulle maniere ne veult accorder lambegue que claudas demeure en sa garde de farien, car ie scay bien fait il quil le garantiroit vers tous hommes, mais faictes tant quil demeure en prison et puis le me baillez et ien feray tant que iamais ne vous en sourdra ne trauail ne paine. Lors sault auant ung moult hault et notable homme nomme graires moult preux & hardi lequel estoit cousin des deux roys ban de benoic & boort de ganues et estoit seigneur dung chasteau nomme hault mur seant sur la riuiere de loire a moins de huit lieues francoises de benoic par deuers la terre deserte et dist que tous seurement iurassent silz vouloient a farien que sil prenoit claudas en garde il ne trouueroit ia homme qui force lui en feist que tous les autres ne lui aidassent a leur pouoir. Et quant il sera fait il en prison laissez en faire moy et lambegue, car quant nous laurons occis et nous serons a hault mur en mon chastel ie vous abandonne que vous facez vostre pouoir de nous prendre et occire. A ce conseil se tiennent tous et viennent a farien si lui dient. Farien se vous voulez faire mettre claudas en la prison ainsi comme vous auez offert nous nous deporterons atant et vous iurerons tous sus sains que nous vous laisserons saisi de lui moult voulentiers

et se aucun vous y met empeschement nous se
rons côtre lui a noz pouoirs. Seigneurs dit
farien quant il se vous offri vous ne le vou
lustes prendre, et quât il a maintenât veu voz
pouoirs il se fera plus enuiz, & nôpourtant
celui demanderay deuant vous. Lors sen vi
ent a claudas & lui dit le cas & pas tous ceulx
qui se requierent. Et claudas qui scait bien ses
conuenances deulz deup, & rien ne fera que par
le conseil de farien, si demâde a ceulz de la vil
le quilz en vouldront faire. Lors sault auant
celui qui estoit sire de hault mur, & lui dist qlz
sen mettent du tout a ce que farien en fera. En
ceste maniere ont chargie farien de toutes ses
deup parties, & cuide claudas q ceulz du pais
entendent ainsi en loyaute comme il faisoit,
mais non font, aincois ne pensent fors seule
mêt a ce qlz puissêt occire claudas se il pouoit
estre, et farien voulsist bien proceder si loyau
ment quil ne soit traître vers le peuple, ne par
iure vers sô seigneur. Si appella Claudas
a vne part & lui dist a cöseil. Sire iay eu grât
peine de ces gens pour les bouter arriere de
leurs follies, et toutesfoys ie ne mesmerueil
le mye se ilz sont dolens et courroucez des en
fans de leurs seigneur quilz aymoiêt tât. Ilz
cuidêt que vous les aiez occiz, et moy mesmee
ne vous ayme pas, bien le sachez, et se ie vo9
pouoie occire a mon droit et a mon honneur,
ie le feroie. Mais apres tous dômages et cour
roup len doit garder honneur, et honte crain
dre, car qui droicture ne garde il a perdu len
tree de paradis. Et pource vault mieup a pieu
dôme souffrir ses ires et ses douleurs que fai
re desloyaute ne fellönie par quoy il perde lô
neur de ce siecle, et la haulte ioye du ciel qui ia
mais ne prendra fin, & se dieu plaist par moy
ne mourres vo9 ia tant côme ie seray en vos
tre hômage mais entendes pour quoy ie vous
ay ce dit, ces gês me requierent que ie vo9 face
en prison être tât que len sache nouuelles des
deup enfans et vous maues promis q vons
y entrerez si tost comme ie vous en semondray
si vous y conuiendra entrer, et ie vous seray
garanten côtre tous hômes. Certes fait clau
das ce ne me greuera riens puis que vous me
affermez loyaument que vous me garantirez
par tout adroit, et tenez mon espee que ie vous

rens. Quant farien sentent il pleure de pitie
pource quil voyt quil se veult mettre en sa pri
son et si le hayt plus que autre se il se pouoit oc
cire a son droit mais il ne scait cômet il se pren
igne en conduit, car il doubte que ceulz du pa
ie ne soccient être ses mals et ce ainsi aduenoit
il en seroit reprouche a tousiours & sen occiroit
par desplaisir si côme il cuide. Daultre part se
il le laisse aler il lui sera impute a mauuaistie
et si grant honte lui en seroit faicte que il ne la
pourroit restaurer tant fust puissant, & ceulz
qui le haient lui courront sus et se metront en
en aduenture de mourir ou de loccire. Si pen
se commêt il pourra garâtir et preseruer clau
das de mort. Sire vous vous rapportez en
moy de ceste chose, et ie doubte se ie vous met
toye en ma prison que ie ne vous peusse pas
garantir, car trop vous hapent maintes gês
de grât hayne, mais ie vous diray que vous
ferez, vo9 me baisserez troys des plus riches
hômes & ferez a vng deulz vestir voz armes,
si cuideront tous que ce soyez vous. Et ces
troys seront en la prison tant que nous aurôs
oup aucunes vrayes nouuelles des enfans.
De ces troys sera lung le sire de saint cierre, &
lautre le sire de dun, et le tiers sera celui q vo9
vouldriez de tous voz hommes & aura voz ar
mes vestues. Et quant ie vous appelleray sa
deuant le peuple vous me fiancerez ce que ie
vous requerray. Et ie feray en telle maniere
que vostre foy y sera sauuee et ma conuenan
ce acquittee deuers voz gens. Quant clau
das oyt ce il lui octroye sa voulente comme
celui qui bien scait quil le conseillera loyau
ment. Puis sont arriere venuz deuant ceulz
qui les attendent. Et quant ilz furent la arri
uez farien leur dit. Seigneurs iay parle a mô
seigneur et le vostre, cest au roy claudas q cy
est lequel vous voulez en loyaute quil se met
te en ma garde et il le ma octroye moult vou
lentiers, si lui en deuons tous bô gre sauoir
puis dist. Venez auant sire vous me fian
cez et promettez comme roy sacre et loyal que
de quelque heure que ie vouldray vous met
tre en prison vous y entrerez par la conuenâ
ce que nous auons cy deuisee. Et le roy clau
das tent sa main si lui fiance et iure ainsi que
dit est. Or vueil ie doncques fait farien

partie

que auecques vous soient mis en prison les deux plus haultz hõmes de vostre royaume/ ce sont le sire de saint cierre et cellui du chastel de duy. Car roy ne doit pas estre en prison en compaignie de ribaulx mais de ses meilleurs barons. Claudas respont quil en ira parler a ceulx moult voulentiers. Il est en son palais venu puis se desarme et baille a ung sien cheualier ses armes et il a vestu les siennes/ et ilz estoient tous deux assez dung accort et dune grosseur. Maintenant est venu arriere ⁊ cõmande au cheualier qui ses armes auoit quil face oultreement ce que farien lui requerra si que nul napperçoiue que ce soit autre que lui. Quãt farien les vit venir tous trois armez il demanda aux deux silz se mettroient en la prison auecques leur seigneur/⁊ ilz dient que sans eulx ny sera il ia mis. Or me iurez donc que vous nystrez de ma prison sans mon congie. Et ilz lui iurent tous deux. puis a prins la fiãce de cellui qui ses armes au roy portoit Et il prent les trois espees maintenãt/ puis a dit a ceulx de ganues quilz iurent que ia force ne feront des prisonniers mettre hors de sa garde. Lors se fait iurer a douze des plus puissans barõs des deux royaumes. Ainsi est faicte la concordance des deux parties et sen võt sauuement les gens claudas et lui auec farien/ et les autres sont retournez a ganues en la grant tour. Et a lentree de sa tour furent les douze qui eurent fait le serment et aussi lã begues lequel quant ilz furent en hault ne se peut tenir quil ne courust sus a cellui qui les armes claudas auoit vestues/ car il ne hayoit tant homme viuant comme claudas. Si le ferit dune espee quil print a ung autre si grãt coup emmy le piz que le haubert lui faussa et lui a mis lespee en la poictrine tãt que le sang en sault apres le coup. Il fut fort eschauffe en ire si le prent par si grant vertu quil le porte a terre. Et quant farien voit ce il saisit une hache quil auoit en la tour maint iour gardee et sadresse a son nepueu pour le ferir. Et quant lambegue le voit venir il lui escrie. Ha filz de putain me voulez vous occire pour ung traistre se ie lay naure. laissez le moy occire auãt ⁊ puis me occiez apres/ car ie nayme pas tant ma vie comme ie fais ceste mort. Farië ne lui

respont mot aincois lui court sus moult fort courrouce/ et il se couure de sõ escu quil auoit encores a son col. si le iecte dessus la teste et sa rien le fiert de la hache si grant coup quil le trenche aual dessoubz la bouche et est coulee dedens le grant os de lespaule plus de trois dois. Le coup fut grãt et par ire feru et ne peut lambegue qui estoit ieune soustenir le coup de son oncle qui grant cheualier estoit. Si chiet a terre tout senglant. La noise est en la tour leuee/ le sire de sait cierre qui despee nauoit poit prent lespee dont lambegue auoit feru son cõpaignon/ et le sire de duy a prins ung glaiue emmanchie/ et farien desceint son espee et leut a iectee. puis leur a dit. Seigneurs or vous deffendez comme pour vous/ car tant comme iauray lame ou corps ie ne vous en fauldray/ et moult me poise de ce que ie vous ay amene a vostre mort. Je ne cuidoye mie estre venu entre traitres mais entre loyaux barons/ et toutesfois on verra bien qui sera loyal homme ia tant ny saura venir de traitres. Ainsi parle fariê comme ung hõe courrouce/ mais de tous les douze il ny a hõe qui se meuue fors le sire de hault mur qui se ventoit quil occi roit claudas. Cellui eut saisi une hache pareille a celle de farien et lui adresse comme cellui qui estoit plain de grant courage. Et farien le voit venir/ si le recoit moult hardimēt. Ilz furent tous deux sans escu et sentredonnent si grãs coups sur les heaumes quil ny a si dur de qui la chair ne fust faussee. Ilz furent tous deux assez preux et de grãt force. Et les coups furent pesans et si bien ferus que graires fut estourdy et ferit a terre des deux paumes et farien dung des genoilz. Le cheualier que lã begues eut feru de lespee fut releue/ car il nestoit mie naure a mort. La paour de ses ennemis quil voit entour lui lesmeut a soy deffendre vaillamment/ mais il ne treuue persõne qui se mette en fait deulx assaillir/ car les autres unze dient quilz ne se desloyauteront ia pour les deux qui ont faicte leur folie/ ⁊ si estoient tous sans heaumes ceulx qui point ne pēsoient a trayson. Farien est redreciee et sen vient courant a tout la grant hache quil auoit la ou graires gisoit a terre tout estourdy et le vou loit occire/ ⁊ les autres lui viennent au deuãt et lui prient quilz ne loccïet pas, mais aincois quilz aient leur parole dicte sa il feru comme il se releuoit et lassena ou heaume vng peu pl⁹ hault que la gorge. Il ne ferit pas du droit trenchant, car la hache lui tourna dedens les mains, et nonobstant la abbatu si durement quil sest pasme, mais aincois quil recouvrast les autres le lui ont tollu, et ont asseure farien deulx a de leur pouoir et de toute sa compaignie. Lambegue son nepueu estoit releue, a comme farien sen vouloit aler il lui crye, ha filz de putain vous estes mort, mal maues feru a trayson. Lors farien lui court sus, et sa femme est venue hastiuement qui moult auoit lambegue hay longuement, car par son conseil lui auoit fait farien mains grans ennuyz. Et quant elle voit que farien lui court sus pour loccire elle lui a crie mercy et dit. Ha gentil sire nocciez mie le meilleur cheualier du monde, car trop seroit grant perte aux cheualiers et trop grant desloyaute contre vous, et se autrement ne se voules faire occiez moy et le laissez, car sans moy ne mourra il ja deuant mes yeulx. Quant farien voit sa femme qui se met en abadon pour celui q̃ tant de maulx lui a pourchassez il se seuffre a tant et recourt sus a graines que les autres auoient releue a moult grant paine a le fiert entre leurs mais et le rabbat a terre dõt se courroucẽt plusieurs deulx, et dient quilz ne souffriront pas quil occie celui qui en leur compaignie estoit leans venu. Lors lui courent sus et le frapperent de leurs glaiues par deuant et par derriere tellement quilz lui ont fait de grades playes dõt le sang lui degoutte. Mais quant lambegue son nepueu voit le sang de son oncle il ne le peut souffrir, car nature de charnelle amour lui faisoit pitie auoir de celui q̃ estoit sõ droit seigneur et oncle. Il met la main a lespee et leur court sus ainsi naure comme il estoit, et leur donne grans coups comme celui qui assez auoit cueur. Et quant les .pi. voyent que lambegue se met en auanture de mort pour sõ oncle quilz cuidoient quil hayst tant ilz en õt merueilleusemẽt grãt pitie a dient que moult est fol qui sentremet damis charneltz. Et lors sault auant le plus puissant deulx qui estoit seigneur dung chastel nomme lambuo ne et

se mist entre farien et ceulx qui lassailloient, et fist tant que la meslee fut departie. Si sen sont tous hors de la tour fors farien et ses gẽs qui demourez y sont. Ilz se font desarmer et regardent leurs playes. Farien est moins courrouce vers lambegue quil ne lui a monstre a la meslee, car bien scait que a son besoing il ne pourroit pas souffrir quil eust mal ne honte. Ainsi est farien en la tour, et ceulx q̃ assaillis lauoient sen sont alez dont aucuns sont do lens quilz nauoient occis farien, mais a ceulx qui lopaup estoient nen pesoit mie, car bien sauoient que silz leussent occis ilz en eussent este tenuz a tousiours pour desloyaulx. Or retourne cy le compte a parler des deux enfans qui sont en sa garde de la dame du lac.

¶ Comment lyonnel et booxt perdirent le boire et le mengier pource quilz ne sauoient nouuelles de leurs maistres lesquelz estoient demourez auecques le roy claudas, a comme la dame du lac enuoia vne sienne damoiselle a la court du roy claudas laquelle les amena a sa dame.

Quant les deux enfans eurent este trops iours au lac ilz furent moult empirez enuers ce quilz estoient au parauant pource quilz nauoient point leurs maistres auecques eulx. Et quant sa dame les vit ainsi elle en eut moult grant pitie, et leur demanda q̃lz ont. Et ilz ne lui osent dire, car moult la doubtent. Et elle leur fait enquerre par sacelot, et ilz lui congnoissent quilz ne seront ja mais aises iusques a ce quilz auront leurs maistres, car ilz nosent dire a homme leurs voulentez comme ilz feroiẽt a eulx, pource quilz y auoient tant trouue dõneur et de bõte quilz nen pourroient tant trouuer en nulz autres. Et lancelot leur enquiert de leur estat a quilz sont. Et lyonnel lui dist quil estoit filz au roy booxt de ganues, et fuy sen estoit par vne telle aduenture. Si lui compte de chief en chief cõment il auoit feru claudas et son filz naure. Et lancelot lẽ ayme trop mieulx. Puis apres lui demande se le roy claudas est mort. Et lyonnel respondit que nenny, mais son filz sait il est mort et occis. Doncques fait lancelot certes ie nen suis mie moins ioyeux,

mais assez plus. Certes fait lancelot bien bo⸗
nneest aduenu, mais faictes que vous soyez
aussi preux doresenauant comme vous auez
ia este, car filz de roy doit auoir plus de prou
esse que ung aultre homme. Toutes ces cho⸗
ses compta lancelot a sa dame, et dist que bien
sceust elle quilz ne mengeroient iamais deuāt
quilz eussent leurs maistres, et elle en a grāt
pitie, si les appelle et voit qlz sont moult em
pirez et leur demāde. Mes enfans quauez vous
et ilz nosent respondre. Je scay bien fait elle q̄
vous estes amalaise pour voz maistres que
vous nauez mie, se ie les vous enuoye querir
serez vous a vostre aise, dictes le moy car ie
y enuoierap se vous voulez. Et lyonnel lui
dist quilz nen pourroient mal auoir. par ma
foy fait elle pource naurez vous ia mal lon⸗
guement, car ie y enuoierap ce iour. Dame fait
il si ne me tarde mie tant que ie les voye pour
estre auecques eulz comme pour la grāt paour
que iay quilz ne soient mors, car ie crains que
claudas ne les ait occis. Or ne vous esmayez
mie fait elle prouchainement en aurez nouuel
les, et sachiez que ie y enuoierap a ceste heure.
Dame fait lyonnel ilz seront bien aisez se len
leur porte aucunes enseignes de nous, et veez
noz deux ceintures faictes les leur moustrer
par celui que vous y euoyerez et ilz viendrōt
tantost a vous. La dame prent les ceintures
qui estoient toutes deux dune euure et dune fa
con, et moult se tiēt a saige de ce que de telle cho
se sest pourpense. Puis est venue en sa cham⸗
bre et appelle une de ses damoiselles non pas
celle qui les enfans auoit emblez et lui dist.
Vous vous enirez a ganues et vous enque
rez par vous et par ceulz qui auec vous iront
du roy claudas et de ceulz du royaume de gan
ues, et comme toutes les choses sont allees, et
que len dit des deux enfans, et ou sont leurs
deux maistres, et se vous pouez parler a eulz
priueement si le faictes, et leur dictes q̄ leurs
deux seigneurs les saluent, et leur baillerez
les deux ceintures, et a celles enseignes ilz vo⁹
croiront. Puis leur direz par la creance des di
ctes enseignes quilz viennent parler a leurs
seigneurs. Et gardez biē q̄ ia autre ne saiche
qui vous estes ne de quel lieu. Et la damoisel
le lui dist que de ce ne conuient ia lenseigner et

quelle fera son deuoir selon le contenu de ce que
enchargie lui sera. Or vous dirap ie dōcques
fait la dame comment vous exploicterez.
Vous leur direz qui viennent si priueemēt
que la ny amainēt autre viuāt fors eulz deux
Et si les amenez par telz destroiz que homme
ne saiche la ou vous irez. Et ie cuide q̄ vous
trouuerez la ou emmy voye mō espie que iay
enuoyee pour sauoir comme les choses sont.
si aurez moins affaire que vous neussiez eu.
A tant sen part la damoiselle et auecques elle
deux varletz a cheual, et cheuanchent tant qlz
renconttent leur espie qui leur dist comme la
paix a este faicte entre claudas et ceulz de la
terre de ganues et quilz se tiennent en prison,
et les merueilles que les deux maistres auoiēt
faictes, lung de claudas garentir et lautre de
loccire. La damoiselle sen va dillec errant son
chemin tant quelle vient a ganues et entre de
dens, mais elle treuue la ville moult trou⸗
blee et esmeue, car ilz auoient assiege farien, et
les siens deuant la tour pource quilz sauoiēt
bien que le roy claudas nestoit mie en prison
leans. La damoiselle voit quilz assailloient
la tour a moult grāt effort, si eut moult grāt
paour des deux maistres qui leans estoient.
Et elle enquist pourquoy tel assault se faisoit
comme se elle nen sceust rien. Et len lui dist la
cause pourquoy cestoit. Puis elle enquiert de
tous ceulz de dehors le quel est le plus loyal
cheualier, et len le lui nomme. Adōcques elle
fist tant quelle parla a luy et lui dist. Beau si
re fait elle len vous tient a moult preudōme
et vaillant cheualier, et ie vous dirap mainte
nant une chose se vous me creācez loyaumēt
que nul ne saura par vous que ie le vous aye
dit, et sachiez que ce sera moult grāt ioye pour
vous et pour voz deux seigneurs. Desquelz
deux seigneurs me parlez vous. Je vous par
le fait elle des enfans au roy booort. Ha da⸗
moiselle fait il aincois que me diez autre paro
le ie vous prie dictes moy silz sont viuans.
Veritablement fait elle ilz sont sains et bien
aises, et pource suis ie cy venue, car len veult
bien ou ilz sont que leurs gens le saichent. Et
si mandent a leurs deux maistres telles ensei
gnes quilz congnoistront biē. Pource ie vous
prie que me facez parler a eulz. Damoiselle

fait il se parler pourchasser ap ie moult bien/ mais pour l'amour de dieu s'il peut estre dictes moy s'il vo' plaist se mes deux seigneurs sont estre les mains de claudas ou de seurs aultres ennemis. Tant fait elle vous en puis ie dire qu'ilz sont sains et haitiez et en telle garde ou l'en les ayme autant comme vous feriez/ et n'ont garde ne paour de nul homme qui mal leur vueille/ mais le lieu ou ilz sont ne pouez vo' mie savoir. Damoiselle fait il ie vois pourchasser comment vous parlerez a leurs deux maistres. Et se vous voulez affin que noz gens soient plus ioyeux ie diray que i'ay ouy nouvelle de noz deux seigneurs/ car la ioye en sera moult grande. Sire fait elle ie le vueil bien/ mais que plus n'en soye enquise par personne/ car c'est en confession ce que ie vous en ay dit. Vous ne trouverez dit le chevalier personne qui plus avant vous en demande. Lors la acolee/ et puis s'en revient a ses gens et leur dit que nouvelles a oyes des deux seigneurs lesquelz sont sains et haitiez et hors des mains de claudas et de tous leurs ennemis. Adonc fut grande la ioye par toute la ville. Et celui a qui la damoiselle avoit parlé fait tirer les gens arriere et l'a fait venir avant iusques a la tour pour parler a farien et a son nepueu. Et quant elle fut dedens elle leur dist tout ainsi comme sa dame lui avoit enchargie et leur a monstré les ceintures. Grande est la ioye que les maistres font de leurs seigneurs qui sont trouvez. Et tantost dist farien aux fenestres de la tour et parle aux plus grans de la cité et du pays et leur dist les nouvelles telles comme il les avoit oyes. Et ceulx dient qu'il les leur monstrera il leur souffira. Adonc il est venu a la damoiselle et lui dit. Damoiselle le meschief est si grant come vous pouez veoir/ car ie suis icy en prison dont ie ne seray iamais desserré devant que une partie de ces gens ayent veu les deux enfans/ car ilz cuident qu'ilz soient mors a traytz par moy mesmes. En verité dit elle ce ne pourroit maintenant estre mais se vous y voulez venir ie les vo' feray veoir (et a vre nepueu/ car a plus de gens ne seront ilz pas monstrez. Damoiselle fait farien qui estoit sage or vo' diray ie que vous ferez/ ie vous bailleray mon nepueu qui avecques vous ira/ car il est

maistre au mendre/ (et s'il peut trouver vers celui qui les a en garde q' les vueille monstrer aux barons du pays ie pourra ie eschapper de ceans et non aultrement. Je ne vous droye en nulle maniere que vous fussiez blasmée pour moy/ mais si vous voulez emener mon nepueu ie le vous bailleray moyennant que vous me iurerez sur les sains que vous ne le livrerez point au roy claudas. Ainsi l'octroye la damoiselle. Lors il dist a ceulx de dehors et leur dist que une partie des plus haultz hommes voisent avec son nepueu et avec la damoiselle si vous fera les enfans monstrer et ie demourray en prison tant que vous les ayez veuz/ mais si tost comme vous les aurez veuz le vueil que vous me desiurez d'icy et les prisonniers q' ceans sont/ et ainsi le me iurerez ainz que mon nepueu se parte d'icy. Les barons l'octroient vous entiere/ car ia ne cuidoient veoir l'eure que les enfans fussent trouvez. Les sains sont apportez et la damoiselle fist le serment a farien/ et puis les barons iurent pareillement. Mais pource que les barons de ganues ne savent qui est a advenir ou de trayson ou d'aultre chose ilz prindrent conseil entr'eulx de n'y envoyer que ung seul chevalier lequel sera digne de foy et adonc nous le pourrons bien croire de ce qu'il trouvera. Si eslisent celui mesmes a qui la damoiselle avoit parlé lequel estoit le plus riche homme du royaume et cousin germain au roy boort/ et estoit appellé leonce de parme. Mais aincois qu'ilz departe du lieu il demande a la damoiselle quelle part elle les menera/ ou en la terre de claudas ou autre part. Et elle dit que claudas n'a aucun pouoir ou elle les vouloit mener. Atant sont montez leonce et lambegue et suivent la damoiselle qui les conduit. Si chevauchent tant qu'ilz sont venuz au chief de la valee par devers nocuringe a l'entree d'une forest q' estoit appellée briosque. Au chief d'icelle forest de l'autre part estoit le lac ou les enfans estoient qu'ilz aloient veoir. Lors sont venuz a une eaue q' couroit pmy une petite forest et la y avoit moult belle prarie et grande et la damoiselle dist a ledce. Beau sire ie suis une damoiselle subiecte a autruy que a moy et quant ie m'en alay a ganues l'en me deffendit sur ma vie que ie ne menasse la ou les enfans

partie

vertus du cueur q̃ touteffois ne peut pas eſtre corſu fort legier/ beau ne plaiſant. toutes ces bontez ſont du corps et lõme les apporte auec lui du ventre ſa mere des feure q̃ l eſt ne mais les vertus du cueur pourroit il auoir ſe meſme auiz ſe negligence ne lempeſchoit/ car chacun peut auoir courtoiſie ⁊ debonnairete et les aultres biens qui du cueur deſcendent/ pource cui deſie que ſenne pert honneur que par pareſſe ne auſſi a eſtre preudõme. Et ie vous ap ouy dire que rien ne fait le preudomme que le bon cueur. Et non pourtant ſe vous me diſiez. le grant faiz qui eſt en cheualerie ie le orroie bien voulẽtiers. Et ſi le vous deuiſeray fait la dame ainſi que ie en pourray ſauoir combien que ie ne ſoie mie de aſſez grant ſens/ mais entendez le petit que ie vous diray ⁊ le retenez en voſtre cueur pour en vſer par raiſon/ car ſe vous auez deſir de eſtre cheualier ne deuez vo° mie tant embraſſer et enſuiur voſtre vouloir que vous ne regardez a raiſon qui fut donnee a lõme auec entendement afin quil regarda a droiture alcois quil ẽtrepriſt aucune choſe. et ſachez de vray que cheualiers ne furent mie eſtablis pour neant et touteſſois a leur commencemẽt ilz neſtoiẽt mie de ſi hault lignage que les aultres/ car de vng pere ⁊ dune mere deſcendirent toutes gens mais enuie et couuoitiſe commença a croiſtre au monde et force vaincre droiture et quant les fiebles ne peurẽt plus durer en contre les fois oultrageux ilz eſtablirent deſſus eulx garans et deffendeurs pour garantir les foibles et les paiſibles et pour debouter et reprimer les fors et les peruers des tors q̃ lz faiſoient. A ceſte garantie porter furent eſſeuz ceulx qui mieulx valloient par le regard des gens ce furent les beaux les fors les pieux les grans et les hardis. et ceulx qui de bonte de cueur et de corps eſtoient plains. mais la cheualerie ne leur fut pas donnee pour neãt/ ais leur furent mis grans fardeaulx ſur le col et ſauez vo° q̃ lz. Au commencement de lordre de cheualerie il fut dit a celui qui vouloit cheualier eſtre et qui ſe doien auoit par droit de eſtection q̃ l fut courtois ſans villennie. debonnaire ſans follie piteux vers les ſouffreteux large et appareillie de ſecourir les indigens/ preſt et entalente de deſtruire les robeurs ⁊ les meur

driers/ de droit iuger ſans amour et ſans haine. Cheualier ne doit pour paour de mort faire choſe ou len puiſſe honte cõgnoiſtre ais doit plus doubter honteuſe vie que ſa mort. Cheualier fut eſtabli principalement pour ſaincte egliſe garantir/ car elle ne ſe doit mie auancer par armes ne tendre mal cõtre mal. et pource eſt eſtabli ſe cheualier a ce q̃ l garantiſſe celui q̃ tent la ſeneſtre ioe quant il a eſte feru en la deſtre. Et bien ſachez que au commencement ſi comme teſmongne leſcripture il neſtoit hõme ſi hardi qui oſaſt monter ſur cheual ſil neſtoit cheualier ⁊ pource furent ilz nommez cheualiers/ mais les armes quilz portent ⁊ q̃ l napartient porter a homme ſil neſt cheualier ne furent pas pour neant donneez aux cheualiers ains y a aſſez raiſons ⁊ ſignifiances. Leſcu q̃ pent au col du cheualier ⁊ dont il eſt couuert par deuant ſignifie q̃ ainſi ſe doit cheualier mettre pour ſaincte egliſe garãtir cõtre tous mal faicteurs ou ſoient robeurs ou meſcreans: ⁊ ſe ſaincte egliſe eſt aſſaillie ſe cheualier ſe doibt deuant mettre pour la ſouſtenir cõme ſon filz car elle doit eſtre garãtie par ſon filz. Et ſe ſa mere eſt batue ou iniuriee deuant ſon filz ⁊ il ne la venge bien lui doit ſon pain refuſer. Le hauberc dont le cheualier eſt couuert et veſtu ſignifie que ainſi doit eſtre ſaincte egliſe cloſe et auironnee de la deffenſe du cheualier car ſi grãde doit eſtre la deffenſe que ia le malfaicteur ne vienge de telle heure a lencontre de legliſe q̃ l ne doye trouuer ſe cheualier preſt pour la deffendre. Le heaume que le cheualier a au chief qui deſſus toutes les autres armes eſt aparãt ſignifie q̃ ainſi doit aparoir le cheualier deſſus tous autres a lencõtre de ceulx q̃ voul dront nuire a ſaincte egliſe. Le glaiue que le cheualier tient qui eſt long ⁊ picque aincois q̃ len puiſſe attaindre a lui: ſignifie paour de mort pourtant que le fuſt eſt roide et le fer trenchãt et fait fouyr ceulx qui ſont deſarmez arriere pour doubtance de mort. Et doit eſtre le cheualier hardy tellemẽt q̃ ſa renõmee courre ſi loing que malfaiteur ne oſe aler a lencõtre de ſaincte egliſe/ ains fuye loing pour la paour de lui. Leſpee que le cheualier a cainte eſt trenchant des deux pars/ mais ce neſt mie ſans raiſon: leſpee eſt de toutes armes la plus honnouree

e.i.

La premiere

et la plus noble et celle qui a plus de dignite, car on en peut vser en deux manieres: len peut occire de la pointe en estocquant, et si peult len ferir des deux trenchans a destre et a senestre, les deux trenchans signifient que le cheualier doit estre sergant a nostre seigneur et a son peuple. Si doit lun des trenchans de lespee ferir sur ceulx qui sont ennemis de nostre seigneur et despriseurs de sa creance. et lautre doit vengier ceulx que sont despriseurs de lumaine compaignie cest de ceulx que tollent les vns aux autres, mais la pointe est dautre nature et signifie droite obedience, car elle point et il nest chose qui tant poigne le cueur, ne perte de terre ne de auoir comme fait obeir a force contre son cueur. telle est la signifiance de lespee. Mais le cheual sur quoy il siet qui a tous ses besoingz se porte signifie le peuple que doit porter et soustenir le cheualier, et lui querir et ministrer toutes les choses dont il a mestier pour viure honnourablement pour ce quil le garde et garantist nuit et iour. et dessus le peuple doit seoir le cheualier, car ainsi comme celui qui est sur le cheual en poignant le maine ou il veult ainsi doit le cheualier mener le peuple a son vouloir. Donc pouez sauoir que le cheualier est seigneur du peuple, et sergant de dieu. et doit saincte eglise garantir et deffendre ce est le clergie par qui saincte eglise est seruie. Et les veufues femmes et orphelins et les dismes et aumosnes qui sont donnees a saincte eglise. Et comme le peuple se maintient terriennement, ainsi doit il saincte eglise maintenir spirituellement, et pourchasser la vie qui ja fin ne prendra par oraisons prieres et aumosnes que dieu lui soit sauueur pardurablement: ainsi comme il est deffenseur de saincte eglise terriennement. Auec ce doit cheualier en soy auoir deux cueurs, lun dur et serre comme aymant: et lautre mol et pliant ainsi comme cire chaude. Celui que est dur comme aymant doit estre contre les deslopaulx et felons, car comme laymant ne seuffre aucun pollissement ainsi doit estre le cheualier fel et cruel enuers les felons qui droiture corrumpent a leur pouoir. Et comme la cire chaude et molle peut estre menee la ou len veult: ainsi doit le cheualier mener les bonnes gens a tous les poins qui appartiennent a debonnaireté et a doulceur, mais bien se garde que le cueur

de cire ne soit aux felons abandonne, car tost auroit perdu tout ce quil auroit fait de bien. Et lescripture nous dist que le iuge se danne quant il deliure de mort homme coulpable, mais il griefue plus son ame se a tort il condamne ou exerce tirannie enuers aucun innocent ou iuste personne, car celui qui ayme deslopaute ou felonnie hait lame de soy mesmes. Et dieu en seigne en leuagile que ce que len fait aux souffreteux on le fait a lui mesmes. Toutes ces choses doit auoir celui qui reçoit lordre de cheualerie et qui ne les a il nest pas digne de estre cheualier, car il iure a dieu le iour quil reçoit lordre de cheualerie quil sera tel comme lui declare celui qui le fait cheualier, et puis quil est pariure il a adroit perdu tant de honneur comme il attendoit auoir en ce monde et en lautre Et les preudes hommes ne doiuent pas souffrir entre eulx celui qui vers son createur est pariure et que tel ne veult estre de si haulte chose ne se doit entremettre, car assez vauldroit mieulx a homme estre tout son aage sans cheualerie que a la honte du monde et en indignation de dieu. Or fait elle filz de roy ie vous ay deuise vne partie des poins qui appartiennent a vraie cheualerie et non pas tous, car ie ne sauroie, mais dictes moy quil vous en plaist ou du faire ou du laisser.

Dame fait lenfant puis que cheualerie commença premierement fut il oncques cheualier qui toutes ses bontez eust en soy. Oy fait elle assez dont saincte escripture nous est tesmoing. et deuant ce que iesuchrist souffrist mort au temps que le peuple de israel seruoit nostre seigneur en foy et en loyaulté et se combatoit pour la loy essaucer encontre les philistiens et les autres peuples mescreans qui leurs voisins estoient. Tel fut iosue et iudas machabeus le bon cheualier qui voulut mieulx estre occiz que laisser la loy de nostre seigneur Et oncques pour mescreans ne tourna le dos en bataille honteusement. Aussi fut simon son frere: et le roy dauid et autres maintz preudes hommes dont ie ne parleray mie a present Et ceulx furent deuant lauenement de nostre seigneur. Et depuis en y a il eu de telz qui de toutes vraies valeurs furent vaillans. Lun fut Joseph darimathie le gentil cheualier qui despen dist iesuchrist de la saincte croix a ses .ii. mais et le coucha au sepulchre/ et si en fut son filz galaad le roy de nostre foy/ qui puis fut appellee galles en honneur de lui. Aussi le roy pelles de listernoys qui encores estoit de celui lignage le plus hault et son frere Alain le gros. Tous ceulx furent des vrais cheualiers qui maintindrent honnourablement cheualerie au siecle et a dieu. Dame fait lancelot/ puis que tant en ont este qui furent plains de toutes les prouesses que vous auez nommees de grant mauuaistie seroit celui qui cheualerie doubteroit a prendre pour paour de ce. toutesfois ie ne blasme mie les vngz se ilz ne osent estre cheualiers/ ne les autres se ilz le sont car chacun doit entreprendre ce mestier aduis selon ce quil treuue en son cueur ou de mauuaistie ou de prouesse/ mais endroit moy dis ie bien que se ie treuue qui me vueille faire cheualier ia ne le lasseray pour ce que iaye paour que cheualerie soit mauuaise: car dieu peult bien auoir mis en moy plus de bonté que ie ne y scay et bien est encore puissant pour y mettre assez de sens et de valeur se elle y def fault. Et come quil me en aduiengne ie ne lais seray ia pour paour a receuoir la haulte ordre de cheualerie se ie treuue qui men donne lonneur: et se dieu y veult mettre les bonnes vertus beau men sera/ car ie y oseray bien mettre cueur et corps et paine et trauail. Coment fait la dame filz de roy se y accorde vostre voulente que vous voulez cheualier estre. Dame fait il ie nay de rien si grant talent se ie treuue qui ma voulente acomplisse. En verité faitle toute sera acomplie car vo serez cheualier et de brief. Et bien sachez q̃ pource pourroie ie orais quant vous vinstes deuant moy et ie vous dix que vous en alissiez ou que le cueur me partiroit, car iay en vous mise toute lamour q̃ mere pourroit mettre en son enfant. Si ne scay mie comment ie me puisse saouler de vous veoir/ car moult me greuera le cueur: et mieulx ayme ie a souffrir ma grant mesaise que vous perdissiez pour moy si hault honneur comme de cheualerie: et ie croy que elle y sera bien emploiee. Et se vous sauiez qui fut vostre pere et de quelles gens vous estes de par vostre mere, vous ne auriez pas paour de estre preudomme car homme qui de ce lignage feust ne deuroit

pas courage auoir de mauuaistie. mais vous nen saurez plus pour le present: et ia plus ne me requerrez car ie le vueil. Et vous serez cheualier prouchainement de la main du plus preudomme qui ores soit cest de la main du roy artus. Et si partirons ceste sepmaine qui est entre si que nous viendrons a lui le vendredi deuant la saint iehan au plus tart: qui sera dimenche. cest du iourdhuy en huit iours. Et vueil que vous soiez cheualier au dimenche au iour de la feste saint iehan. Et dieu qui de la vierge nasquist pour son peuple rachater et mon seigneur saint iehan qui fut de plus grant merite et ami enuers dieu que oncques femme ne eust par charnel assemblement vous doint grace que vous trespassez de bonté et de cheualerie tous les cheualiers qui ores sont et ie scay grande partie comment il vous en auiendra.

Ainsi lui a la dame du lac promis q̃l sera fait cheualier prouchainement. et il en a si grant ioye que plus ne peut. Et la dame lui dist. gardez bien que ia homme nen sache rien par vous/ et ie vous appareilleray si bien vostre affaire que homme ne sen prendra ia garde. Moult a la dame bien pensé de sa besongne, car pieça auoit appareillie toute ce que mestier estoit. haubert blanc fort et legier et heaume argenté et escu tout blanc comme noif a boucle dargent moult belle. car elle vouloit quil eust tout blanc et si lui auoit apresté vne esppee moult belle grande forte et legiere et bien trenchante qui puis en maint lieu fut bien esayee auec vng glaiue dont la hante estoit blanche grosse et roide a fer trenchant et agu. Et vng cheual grant et fort et bien esprouué et estoit tout blanc. Oultre plus elle appresta robe et manteau de satin blanc et estoit le manteau fourré dermines. Ainsi atourna la dame lancelot de tout ce que mestier lui fut et monta a cheual le mardi bien matin et auoit du dimenche apres huit iours iusques a la feste saint iehan. La dame se mist au chemin et sen va a la court du roy artus assez cointement/ car le auoit en sa compaignie quarante cheualx tous blancs et ceulx qui les cheuauchoient estoient tous vestus de robes blanches. En celle compaignie auoit cinq cheualiers et la my de la damoiselle qui moult estoit beau et preux

e.ii.

auec trois damoiselles. Et les trois enfans q̃ faisoient amener ce fut sponnet Booit et Lancelot. Tant ont cheuauche que a la mer sidient et entrerent en vng vaisseau pour aler en sa grãt Bretaigne ou ilz arriuerent a vng dimenche au soir au port de flondehueg et dillec cheuaucherent par enseignes iusques a lostel du roy artus: sa seur fut dit quil estoit a kamalot et tant aserẽt quilz vindrent le ieudi au soir a vng cha steau nomme sa noenoir qui est a .xxii. lieues anglesches de kamalot. Bien matin se mist la dame au chemin, car moult faisoit le iour chault. Si cheuaucha toute la forest qui duroit iusques a deux lieux prez de kamalot: et estoit a merueilles pensiue et essahie Et mal lui faisoit pource que Lancelot de elle se deuoit partir dont elle souspire et pleure moult tendrement.

¶ Comme vng cheualier naure lequel auoit vne espee fichee en la teste et deux trõsõs de lances passez parmy le corps vit a la court du roy artus pour trouuer aucun cheualier q̃ lui ostat lespee et les tronsons. Et comme la dame du lac amena Lancelot deuant le roy Artus et lui pria qil le fist cheualier: et il se fist cheualier. Et puis lancelot desferra le cheua lier naure et sont partis de court pour aler au secours de la dame de noehaut. Cap. xx.

ACe iour estoit a kamalot le roy Artus ou il seiournoit et auec lui grant multitude de cheualiers & il deuoit tenir sa court le iour saint iehan. Le vendredi matin se leua le roy si tost cõme il peult le iour voir car il vouloit aler au bois pour chasser Il oupmesse bien matin puys mõta a cheual & yssit de la ville par sa porte galesche et auec luy vne ptie de ses cõpaignõs messire gauuai y estoit lequel auoit le visage bende pour vne playe q̃ gassent destragot lui auoit faitte enuirõ trois sepmaines deuant Car ilz sestoient entreeulx deux deuãt le roy cõbatus et sauoit gassenin appelle de deslopaulte deuant toute sa court a uec y fut messire puain le grãt filz au roy vri et lieu le seneschal et hector le filz ares et lucan le bouteillier et bedoires le cõnestable & des au tres cheualiers de la maisõ au roy art. Quãt le roy aproucha de la forest il en vit yssir vne littiere sur deux palleffrois q̃ tost et souef la portoient. Le roy regarde & voit q̃ la littiere vint a lup tout droit. Et quant elle aprouche il voit dedens gesir vng cheualier arme de toutes ar mes de escu et de heaume: le cheualier estoit na ure de deux tronchons de lances pmy le corps et les y auoit encores tous deux atout les fers et paroient parmy lespaule tout oultre et par sa teste estoit enferre de vne espee tant que par dessus sa ventaille nen paroit mie la moitie. Le cheualier estoit grant long et bien taillie, mais son nom ne nomme mie le compte cy endroit et non pourtant sera dit cy apres cõment il eust nom, et pour quoy il portoit si lõguemẽt les deux tronchons en lespaule. Quãt vit la il demãda le quel estoit le roy, et on lui mõ stra. Si fist arrester sa littiere pour le saluer et le roy se arreste voulentiers pour le ouir. Adonc lui dist le cheualier. Sire ie vous salue cõme le meilleur roy du monde au tesmõgna ge de toutes gens, et comme celui qui cõseille les desconseilliez. Beau sire fait le roy bien soy ez vous venus & vous doint dieu sãte & cõseil car grant mestier en auez se mest aduis. Sire fait le cheualier ie viens a vous pour secours et pour aide auoir. Et vous demande q̃ pour dieu vous me conseilliez. De quelle chose fait le roy me demandez vous secours. Je vous re quier fait le cheualier que vous me faciez desferrer de ceste espee, & de ces tronchons qui ainsi me occient. Certes fait le roy voulentiers, et lui mesmes y veult mettre les mais pour lui oster lespee et les deux tronchons Et le cheua lier lui dist. Haa sire or ne vous hastez mie ain si, ie ne seray mie ainsi desferre. Commẽt dõc fait le roy. Sire fait il il conuiendra q̃ celui q̃ me desferrera me iure sur sains quil me vengera a son pouoir de tous ceulx qui diront quil aymeront mieulx celui qui ce me fist q̃ moy. A ce mot se traist le roy arriere et dist au cheua lier. Sire cest trop griefue chose que vous auez demandee, car tant peult auoir de amys celui qui vous a naure quil ny a cheualier au monde ne deux ne trois qui ce peussent acheuer, mais se vous voulez ie vous vengeray de celui qui ce vous fist sil est tel q̃ ie le doie faire sans moy meffaire. De celui fait le cheua lier ne me vengerez vous ia ne autre aussi, car ie men suis vengie et lui coupey la teste depuis

partie

que il eust ainsi atourne. En verite fait le roy donc en estes vous bien vengie/ et plus ne vous oseroie ie asseurer/ car ie cuideroie faillir a mon conuenant: et ia autre par mon conseil ne vous asseurera. Sire fait le cheualier on ma dit que en vostre maison on treuue tous secours mais il mest aduis que ie y ay failli/ et neant moins ie ne me partiray de vostre hostel tant que iaye veu se dieu me regardera en pitie/ car seil y a en vostre court tant de prouesse que lon dit ie men iray pas sans secours. Ce me est beau dist le roy que vous soyez en mon hostel tant comme il vous plaira. Atant sen va le cheualier vers lamalot et descendit en la court du roy et se fist porter en la maistresse salle et couchier en la plus belle couche et ne y trouua homme qui lui contredit/ car le roy artus chassa toute iour. et vers le vespre comme ilz estoient ia hors de la forest ilz voient venir la dame du sac et sa compaignie ainsi atournee de cheuaulx blancs/ et de robes blanches. Le roy se tint a moult grande merueille/ car oncques veu nauoit gens si bien ordonnez. Si tost come la dame vit le roy elle sen va vers lui auec lancelot quelle tenoit tousiours emprez elle et le salue. Damoiselle fait le roy bien soyez venue. Sire fait elle ie vous mercie come le meilleur roy de tous les terriens. Roy artus ie suis a vous venue de moult loing et vous vies vng don requerre/ dont vous ne me escondirez mie se cest vostre plaisir: vous ne y pouez auoir dommage ne honte ne mal et ia ne vous coustera rien du vostre. Damoiselle fait le roy se il me coustoit assez du mien mais que dommage ny eusse de mes amps vous laurez. Sire fait el le grant mercis. Dictes seurement fait le roy/ car moult seroit le don grant de quoy ie vous escondiroie. Sire fait elle ie vous requier que vous faciez ce mien varlet cheualier de telles armes et de tel harnoys come il a quant il le vous requerra. Damoiselle fait le roy vous me requerez ma honte/ car ie ne fais homme cheualier que de mes armes et donne a chacun harnoys. Si le me laissez et ie le feray cheualier et le adouberay moult richemẽt. Sire fait elle ie ne vueil pas quil ait autres armes q̃ cel les quil a/ ou ie le meneroie aincois ailleurs. Et le roy lui ottroia par la priere de messire

puain/ et pour lamour du varlet. La dame le mercia moult et baille au varlet tout son harnois et lui laisse quatre escuiers pour le seruir Atant prent la dame congie du roy/ et il la prie moult de demourer/ mais elle dit que elle ne pourroit Dame fait le roy puis que demourer ne voulez/ dictes moy qui vous estes et comment vous auez nom/ car ie le sauroie voulentiers. Sire fait elle a si preudomme comme vous estes ie ne dois pas mon nom celer/ on me appelle la dame du sac. De ce nom se merueille le roy car oncques mais nen auoit ouy parler Atant sen part la dame et lancelot la conuoia vng peu/ et elle lui dist. Beau filz de roy vous vous en irez/ et ie sen vueil: car vous nestes pas mon filz ains feustes filz a vng des meilleurs cheualiers du monde/ et a vne des meilleures dames q̃ oncques fut mais vous nen saurez encores pas la verite: et si le saurez assez prouchainement, mais faictes que vous soiez aussi vertueulx du cueur comme vous estes du corps car de beaute auez vous tant come dieu en pourroit plus mettre a enfant si fera dõmage se la prouesse ne en suit la beaute et que vous soyez aussi preux comme vous estes beau. Vous requerrez demal le roy quil vous face cheualier Et quant vous le serez ne couchiez pas plus de vne nuit en sa maison: aincois alez par tout cerchier les auantures et les merueilles pour conquerre loz et pris: et ne vous arrestez en vng lieu que le mains que vous pourrez. et gardez que autre ne entreprenne cheualerie a faire la ou vous la laisserez. Et se le roy vous demande qui vous estes et qui ie suis. Dictes plainement vous ne sauez fors que ie suis vne dame qui vous ay nourry. et ie lay aussi a vos escuiers deffendu. Et si deuez sauoir que ie ne ay pas fait villeunie se ie vous ay fait seruir par ces deux filz de roy q̃ ont este auec vous car vous nestes pas mains gentil hõme que eulx. Ilz sont voz cousins germaines: et pource que ie ay en vous mise toute lamour qui peut venir de nourreture ie les aime moult pour lamour de vous/ et les detiendray tãt que ie les pourray detenir. Quant il ot que les deux enfans sõt ses cousins il en est moult ioieux et lui dist. dame vous auez bien fait de le me auoir dit. Et la dame le baise et le cõmande a dieu: mais el

e.iii.

a se cueur si serre que a peu quil ne lui est creueu Bēstre et lenfant en a pitie moult grande puis Bint a ses deux cousins sionnel et Boort et les baise: et dist. Lyonnel lyonnel ne soyez mie esbahy se claudas tiēt Bostre terre par for ce car Bous aurez plus amie que Bous ne cuidez a sa recouurer. Apres baise les autres Bng apres autre Et lors sen part et attaint se roy et sa compaignie Le roy se prent par le menton et se Boit si bien fait de toutes choses que rien ny deffault. Et messire puain lui dist. Sire regardez le bien car ie ne cuide pas que oncques Beissiez plus belle figure/dieu lui a largrāt separty de ses biēs sil lui a autāt donne de bōnes Bertus cōme il a fait de beaute. Et se roy ne se enquist poīt de son estat pource qī se Boit esbahy/ais dist a monseigneur puain ie se Bo' recomande/car hōme ne se saura mieulx ēseigner que Bous. Et messire puain se mercie moult. Atant sont Benus a hamalot et la est la presse moult grande pour Beoir lācesot:car tous disoient q̄ oncq̄s mais nē auoiēt Beu de si beau. Et se Barlet descendist a sostel de mō seigneur puain. Quant Bint lendemain se Barset Bint a mōseigneur puain/et lui dist. Dictes a monseigneur se roy quil me face cheualier cōme il a promis a ma dame/car ie se Bueil estre sans plus attendre. Commēt fait messire puain ne Bous Bausist il pas mieulx encores attēdre et apiēdre des armes Si refait se Barset ie ne seray pl' escuier ais Bueil que Bous diez au roy quil me face demain cheualier. Et messire puain dist que Boulentiers Messire puain Ba au roy et lui dist. Sire Bre Barset Beult et Bous prie par moy que Bous se se faciez cheualier. Le quel Barset fait le roy. Bostre Barset de ersoir qui Beult ia estre cheualier Certes fait messire gauuain il a grant droit: et la royne Bint sur ces paroles Cōmēt fait se roy Beult il ia estre cheualier. Oy sire fait il demain au iour. En Berite fait se roy il se sera. Qui est ce Barset fait la royne. Qui il est fait messire puaī Cest le plus beau q̄ Bo' Beissiez oncq̄s Lors lui cōpte cōment il auoit este amene au roy le iour de deuant. Cōment fait la royne/ersoir Bīt a court et demaī Beult estre cheualier. Certes fait messire puain il en a trop grant talent. Je le Berroie Boulentiers

fait la royne. Dame fait le roy Bous le Berrez le mieulx taillie q̄ Bous Beissiez oncq̄s. Lors dist a messire puain quil se Boise qrir et qī le face si richement atourner cōme mestier lui sera Lors compta le roy a la royne ce pendant comment la dame du sac sauoit amene a court.
Qūāt messire puain fut a son hostel Benu il fist le Barlet atourner au pl' richemēt qī peust et le maine a court sur son cheual mesmes q̄ moultestoit beau Bestu de robe a cheualier. Et lors saillēt aux fenestres et hōmes et femmes/et dient q̄ oncq̄s ne Birent Bng si beau cheualier. Il est Benu a sa court et descent de son cheual: et la nouuelle sespant parmy la salle. Lors sui Bōt a lencōtre dames et damoiselles, et sa royne et se roy Bont aux fenestres. Et messire puain se maine par la main amōt sa salle. Le roy Ba encōtre et la royne: si le prennent tous deux par ses deux mains et le font asseoir sur Bne couche. Et se Barlet se assiet deuant eulx a terre. Le roy se regarde moult Boulentiers et se il auoit semble beau en son Benir: encores le Boit il et treuue plus beau. Et sui est aduiz quil soit creu et ēbarni. Et la royne sui demāde cōment il a nom, et dont il est et il est si entrepris qī ne scait ou il est: et a toutes sō amour mise en la royne: et elle sui demāde encores dont il est. Et il respont en souspirāt quil ne scait. Maintenāt apercoit la royne quil est trop esbahy et tres pensif, mais elle ne cuidast iamais q̄ se feust pour elle: nō pourtant elle se suspeconne Bng pou si en saisse sa parosse a tant, car elle ne se Beult mie en greigneure follie mettre Lors se lieue la royne et dist a mō seigneur puain secretement. En Berite ce Barset nest mie biē sage ou il a este mal ēseignie. Messire puain sauez Bous dont il est. Nēny fait il sors tant quil est de gaulle/car il en a bien se parser: et ie croy qī sui est deffēdu quil ne nous die cōmēt il a nō, et elle dist quil peut bn estre mais ce disoient ilz si bas q̄ le Barset ne se opet pas. La royne Ba en sa chābie/et quāt il Bint a heure de Bespres messire puain emena sō Barset par la main. Au reuenir de Bespres alerent le roy et la royne en Bng beau iardī qui estoit ioupte la maison, et auec eulx grāt nōbie de cheualiers. Et sendemain deuoiēt estre faiz plusieurs cheualiers nouueaux Quātilz Bidrēt

du iardin ilz monterent en la salle par vng de
gré et les couuit passer par la salle ou le cheua
lier gisoit qui estoit enferré de deux tronchons
et de vne espee, et ses plaies puoient ia si fort q̃
les cheualiers estoupoient leurs nez. Lors de
manda le Barlet a messire puain pour quoy ces
cheualiers estouppoient leurs nez. Sire fait
messire puain pour vng cheualier naure q̃ ce-
ans gist. Et ne feust il pas mieulx la dessoubz
en vng hostel. Oy fait messire puain mais il
attent secours se dieu lui veult enuoier. Lors
lui compte commentil couenoit iurer sur sains a
celui q̃ le defferreroit q̃l le vengeroit de to⁹ ceulx
qui diroient q̃lz aymeroient mieulx celui q̃ le
naura q̃ lui. Sire fait le Barlet ie le verrope
Bouletiers. Et vous le verrez donc fait messi
re puain. Or vous en venez. Messire puain le
maine iusques au cheualier, et le Barlet lui de
mande. Sire fait il q̃ vous naura si durement
Se fut fait il vng cheualier q̃ ie occiz. et pour
quoy ne vous faictes vous defferrer fait le Bar
let. pource q̃ ie ne treuue ceans si hardi q̃ ose
entreprendre a moy defferrer pour quoy fait le
Barlet. En verité ie vous defferreray se vous
voulez se moult grant force ne couient a ces tron
chons arrachier hors. Je vouldroie fait le che-
ualier q̃ vous me eussiez defferré par le coue-
nant q̃ y est q̃l est le couenant fait le Barlet. Il
est tel fait messire puain q̃ il na au monde .ii.
cheualiers ne trops q̃ lacheuassent non pas par
auanture. oy. Lors lui comence a deuiser les
couenances de chief en chief. Le Barlet commen
cea a peser vng petit, et messire puain q̃ moult
estoit de grant sens le prent par la main et lui dist
Venez vous en vous ne deuez encores pas pen
ser a si grant chose. pour quoy fait le Barlet.
pource q̃ ceans a assez de preudes hommes q̃ ne
sen veulent mie mesler. Comment le feriez vo⁹
q̃ nestes mie encores cheualier. Comment fait le
cheualier naure. Nest il mie cheualier. Nenny
fait messire puain, mais il le sera demain ma-
tin q̃ il en a ia vestu la robe come vous pouez
veoir. Quant le Barlet ouyt q̃l nest mie enco
res cheualier il ne ose mot dire fors q̃l comande
le cheualier naure a dieu. Et celui dist q̃ dieu
le face preudomme. Atant emmaine messire puain
le Barlet en la salle et se asseirent au mengier,
puis le mena en son hostel et la nuit veilla au

monstier et le matin le ramena pour dormir ius
q̃s a la grant messe. Quant vint heure de grãt
messe messire puain le mena a la grãt messe a
uec le roy car le roy a haultes festes ouoit tous
iours messe. Lors furent apportees ses armes
a tous ceulx q̃ cheualiers deuoient estre, et se ar
merent come en celui temps estoit acoustumé Et
lors donna le roy les collees, mais les espees
ne leur ceignist mie deuant quilz reuenissent
du monstier. Ilz alerent au monstier et quant la
messe fut dicte ilz issirent hors du monstier. si
se part le Barlet de messire puain et sen va en sa
salle en hault droit au cheualier naure et si lui
dist q̃ ores le defferreroit. Ce me plaist moult
fait le cheualier par les couenances qui y sont.
Lors ses lui deuise derechief et celui dist quil
est tout appareillié de lui iurer. Lors tent ses
mains vers le monstier par vne fenestre et iure
ioyans les escuiers au cheualier q̃ le vengera
a son pouoir de tous ceulx q̃ diront q̃lz ayme
ront mieulx celui q̃ lui fist q̃ lui. De ce est bien
ioyeux le cheualier et dist au Barlet. Beau sire
ores me pouez vo⁹ defferrer. Et le Barlet met
la main a lespee q̃ a la teste au cheualier estoit
et la tira si doulcement dehors q̃ le cheualier ne
en sent q̃ bien peu. Apres lui oste les trõchons
Et cependant q̃ il defferroit ainsi le cheualier se
vint vng escuier courant au roy et le treuue de
uant la salle ou il ceignoit les espees aux che-
ualiers nouueaux et compta a messire puain co
ment le Barlet auoit defferré le cheualier. Mes
sire puain vint hastiuement en la chambre et trou
ua le cheualier defferré q̃ disoit au Barlet. Be
au cheualier dieu te face preudomme. desormais
seroie tout gary se ie auoie vng medecin. le che
ualier voit messire puain et lui dist pour dieu
q̃l lui quiere vng medecin. Haa fait messire
puain vous nauez mie fait q̃ sage et vous sera
atourné a grãt follie. Il y auoit ceans des meil
leurs cheualiers du monde qui entremettre ne
sen vouloient, car ilz nen eussent peu a chief
venir. Haa sire fait le Barlet mieulx vault q̃
ie meure en ceste besongne se mourir en dois q̃
ce cheualier q̃ come ie espere est de grant prou-
esse et len ne scait combien ie vail. car ie nay enco
res fait quelque valeur. Messire puain enuoie
querir vng medecin, et emmaine le Barlet en la
salle ou le roy estoit monté qui auoit ia ouyes

e.iiii.

les nouuelles q̃ le Barlet auoit defferre le che
lier naure Cõment messire puain fait le roy a
donc Brẽ Barlet defferre le cheualier. ¶ Sire
fait messire puain oi. Certes fait le roy ce Bo͞
doyt peser et merueilles feistes quant Bous le
souffristes ie Bous en scay mauuais gre quãt
au plus beau Barlet du monde auez souffert
faire chose dont il peut mourir. Sire fait mes
sire puain / par la foy q̃ ie Bous dois ie ne feuz
pas au defferrer: et mieulx eusse Boulu Bng de
mes bras auoir brise qͥl l'eust fait. Certes fait
le roy. Bous neussiez pas eu tort / car oncques
mais homme ne Bist dont il feust par semblant
si grant dõmage cõme de cestui. Lors sõt tãt
courrues les paroles q̃ la royne le scait, si lui
en poise moult / car elle craist q̃ pour sõ amour
il ne eust empris a defferrer le cheualier: et dist
q̃ c'est dõmage et grant douleur et se plaignoit
pour le courroust q̃ le roy en eut il lui oublia
a ceindre son espee. Atant sont les nappes mi
ses et sont tous assis les cheualiers nouueaulx
Quant le roy eut une piece seis au men
gier leans entra Bng cheualier arme d'toutes
armes fors de heaume: et auoit sa Bataille aba
tue dessus ses espaulles il est Benu au roy et le
salue. Roy artus fait il ie te salue et toute ta cõ
paignie de par la dame de noehault a q̃ ie suis
Ma dame me enuoie a toy pource que le roy de
norhõbelãde la guerroie et tient siege deuãt
son chasteau et la desia moult greuee. Il s'ap
pelle d'aucunes conuenãces q̃ ma dame ne lui
confesse mie. Et tant est la la chose alee qͥl est
prest de attaindre ma dame car par iugement
a este dist q̃ ma dame mette Bng cheualier cõ
tre Bng des siens ou deulx cõtre deulx ou trois
contre trois pour sa querelle deffendre. Si le
mãde ma dame cõme a celui qui es son sire li
ge et elle ta femme et subiecte q̃ tu la secourres a
ce besoing / et q̃ tu lui enuoies Bng cheualier q̃
puisse son droit soustenir. Et le roy dist qͥl le
fera Boulentiers. Et ainsi q̃ l'en cõmence a oster
les napes le Barlet qui seoit emprez mon seignr̃
puain s'en Bient deuant le roy et s'agenoulle et
lui dist. moult simplemẽt. Sire Bous me a
uez fait cheualier Brẽ mercy. Et ie Bous demã
de pour dõ q̃ Bo͞ me ottroiez a faire ce secours
q̃ ce cheualier Bous demande. Beau amy fait

le roy artus Bous ne sauez q̃ Bous demandez
car Bous estes trop ieune et ne cognoissez pas
cõbien est grant le faiz de cheualerie. Le roy de
norhõbelande a foison de bons cheualiers et
ie scay bien que au meilleur il fera la bataille
faire. Et Bous estes de tel aage q̃ encores na
uez mestier de si grant faiz entreprẽdre. Et si
en auez Bng autre trop grant entrepris. Sire
fait le Barlet c'est le premier q̃ ie Bous ay rẽqͥs
Et ie de rechief Bous prie et demande q̃ Bous
me enuoiez au secours de celle dame, et se Bous
men escondistes ie en pourray moins Baloir.
Lors Biẽnent messire gauuain et messire puain
et dient au roy. Sire ottroiez lui car nous cui
dõs qͥl se fera moult bñ. Et Bous ne le pou
ez mie escondire honnestement. Je lui accor
de donc fait le roy. puis lui dist. Beau sire ie
Bous ottroie q̃ facez le secours a la dame de no
ehault / et dieu le Bo͞ doit si biẽ faire q̃ Bous en
aiez los et pris et moy honneur. Sire la Bostre
mercy fait le Barlet. Atant prẽt congie du roy
et de mon seigneur gauuain et des autres com
paignons. Et messire puain le maine a sõ ho
stel pour le armer, et le cheualier qui pour le se
cours q̃re estoit Benu au roy prit congie et
dist. Sire ie m'en iray car il m'est aduis q̃ Bo͞
auez donne la bataille a Brẽ nouueau cheua
lier et gardez qͥl soit tel cõme a icelle besõgne
appartient. Certes fait le roy il la me requist.
ie y eusse enuoie Bng des meilleurs cheualiers
de ma maison. et non pourtant ie cuide q̃ elle se
ra bien employee. Sire fait il a dieu Bous cõ
mant. Alez fait le roy q̃ dieu Bous conduise / et
me saluez Bostre dame et lui dictes se elle a pa
our q̃ sa bataille ne soit bonne a faire par Bng
seul cheualier q̃ ie lui enuoieray celui que elle
Bouldra grãt merci sire fait il. Atant s'en part
et s'en Bient a l'ostel de messire puain ou le Bar
let s'armoit leq̃l quãt il fut arme dist a messi
re puain. Haa sire iay trop oublie q̃ ie nay pris
cõgie de ma dame la royne. Bo͞ auez dist q̃ sa
ge fait messire puain or y alõs. Et lors dist a
alez auec lui et me portez mon harnoiz / car il
Beult estre cheualier d'autruy main q̃ de celle
du roy. Le Barlet et messire puain s'en Bõt a la
court: et le Barlet eut sa Bentaille abatue dess͞
les espaulles et Bõt tãt quilz sõt Benus en la
chambre de la royne. Et quãt le Barlet la Bist

partie

il sagenoille deuãt elle et la regarde moult de bonnairement. Et messire puaiŋ dit a la royne. Dame veez le varlet de hyper qͣ le roy a fait cheualier qͥ vient prendre de vous congie. Comment fait la dame sen va il. Oy dame fait il/ il va secourir la dame de nohaut. Et pour quoy seuffre monseigneur quil y voise nauoit il pas asses a faire pour le cheualier quil desferra. Dame ce fait messire puai ce poise a mõ seigneur le roy/ mais le varlet le lui a ainsi requis. Lors dit chacuŋ veez la le varlet qui desferra le cheualier quest il hardi et entreprenãt. Dieu sont les dames et damoselles de leans coment il est veau et vien taillie. Lors la royne le prẽt p la maiŋ et lui dit. Beau douly amy leues vous car ie ne scay qͥ vous estes/ il peut estre que vous estez plus noble que moy. Ha fait il en souspirãt vous ne pardonnerez auãt la folie qͥ iay faicte. Quelle folie dit elle. Dame dit il de ce que men ysse de ceans sans prendre congie de vous. Douly amy fait la royne vous estes iceune homme sen vous doit tout pardonner. Dame fait il vrẽ mercy. Et sil vous plaisoit ie me tiendroye pour vostre cheualier en quelque lieu ou ie seroye. Certes fait elle ce vueil ie bien. Dame fait il ie men iray a brẽ congie. Et elle lui dit adieu beau douly amy. Et il respõt eŋ soy grãt mercy dame quãt il vous plaist que ie le soye. A tãt la lieue la royne par la maiŋ/ et il est moult aise quantil la sent a sa main touchier. Il prent congie auȝ dames et auȝ damoiselles/ et messire puaiŋ lemmaine a soŋ hostel et lui arme les mains et la teste et quantil deut lespee ceindre il sui souuint qͥ le roy ne lui en auoit poit ceinte. Si lui dit p moŋ chief vo' nestes mie cheualier. Pour quoy fait le varlet. Pource qͥ monseigneur le roy ne vous a pas ceinte lespee, alons a lui si la vo' ceindra. Sire fait le varlet or me attedes dõc et courray ap̃s mes escuiers qͥ ie la miẽne empor tent/ car ie ne vouldroye mie que le roy me cein gnist autre qͣ cella la. Je iray auec vous fait messire puaiŋ. Sire fait il non feres car ie reuiendray a vous incontinẽt. Il sen part et messire puaiŋ lattent/ mais il na talent de retourner car il nattẽt iamais a estre cheualier de la main du roy aincois le veult estre dun autre dont il cuidera plus amender. Et quant messire puaiŋ voit quil ne retourne poit il se vient au roy et dit. Sire malement sommes deceuz de nre varlet. Comet fait le roy. Sire vous ne lui auez point cainte lespee. Lors lui cõpte coment il estoit ale querir soŋ espee et coment il deuoit retourner. Certes fait messire gauuaiŋ ie croy quil est moult noble homme et de grant couraige/ et a eu despit que le roy ne lui a cainte soŋ espee premier que auȝ autres. Et la royne dit que bien peut estre. Et le roy se dit aussi pareillement.

¶ Comẽt le nouueau cheualier auȝ armes blaches vainquit la bataille pour la dame de nohaut   Chappitre. xci.

Or sen va le valet apres le cheualier qͥ le secours estoit venu querir en suiuãt soŋ harnois qui aloit deuant. Si les attaint a lentree dune forest vng pou deuant nonne et faisoit moult grãt chault. Le varlet oste soŋ heaume et le baille a vng sieŋ escuier et commence a penser moult longuement. Le cheualier qui deuãt aloit sault hors du chemi et entre eŋ vng petit et estroit sentier et vne brã che attaint le varlet par le visaige et le blece. Lors il laissa soŋ penser et regarde et voit quil est hors de la droicte voye. Quest ce fait le var let nestoit pas la voye plus droicte par le grãt chemi. Oy fait le cheualier. Et pour quoy me amenastes vous donc par cy. Ce ne vous diray ie mie fait le cheualier. Par ma foy fait le varlet vous mauez fait plus de mal que vo' ne cuidez/ mais or me dictes pour quoy la voye nest pas seure par dela. Nõ feray fait celui Non fait le varlet par moŋ chief donc me combatray ie a vous. Il prent soŋ espee. et le cheua lier commence a rire. En verite sire ia pour ce ne vous eŋ combatres vous a moy/ car ie se roye mauuaisement la besongne de ma dame Ce fut pour vng des plus cruelz cheualiers du monde qui garde vne damoiselle et se combat a tous ceulȝ qui la veulent veoir. Et certainement fait le varlet ie la vueil aler veoir. Non feres fait le cheualier/ se vous me vou les croire vous ny entreres ia car se seroit folie Lors descendit le varlet et seŋ va au pauilloŋ et treuue vng cheualier en vne chaire assis. Et comme il vouloit entrer dedens le cheualier lui dist. Arrestez vous. Ne voulez vous pas donc fait le varlet que ientre dedens. Je vueil veoir vne damoiselle qui leans est. Elle nest mie abandonnee fait le cheualier a tous ceulx q̃ la veulent veoir/ mais souffrez iusques a tant quelle soit esueillee/ et ie la vous monstreray/ car de moy prendre a vous ie nauroye ia honneur. Pour quoy fait le varlet ny auriez vous honneur. Pource fait il que trop estes ieune/ et ie suis plus grant et plus fort que vous. Il ne me chault fait le varlet pour quoy vous le laissez mais que vous me promettez que vo' la me monsterez quant elle sera esueillee. Je le vous promets fait le cheualier. Lors se ala le varlet esbatre contremont/ et quãt il reuiẽt il ne treuue personne au pauillon dont il est moult esbahy/ et se esmerueille ou ilz sont alez puis est retourne au perron ou il eut son harnois laissie/ et le cheualier qui lattendoit lui demande quil a fait. Je nay dit il riens fait la damoiselle mest eschappee dõt il me poise. Je ne fineray iamais daler deuant que ie lauray veue. Lors est monte sur son cheual et baille sõ espee et son glaiue a son escuier. Haa sire fait le cheualier vous deuez faire secours a ma dame. Vous dictes vray fait il mais alez deuant et lui dictes q̃ ie y seray bien a temps/ et ce lui se commande a dieu/ et le varlet sen va lui et ses escuiers. Et quant vint vng peu apres vespres il encontra vng cheualier tout desarme au quel il demande ou il va. Je voys fait il en vng mien affaire/ ie scay bien que vous q̃tez vng grant cheualier qui garde vne damoiselle. Qui le vous a dit fait le varlet. Vng cheualier dit il que iay rencontre qui sen va a la dame de noehaut/ et ie vous meneroye bien se ie vouloie ou est le grant cheualier. Or my menez dõc fait le varlet. Nõ feray fait le cheualier car nous ny serions mie de iour/ mais il y a icy pres vne damoiselle en vng lac en prison q̃ deux cheualiers gardent/ et ne peut estre desliure que p deux autres cheualiers et se vo' en voulez estre lun ie seray lautre. Voulentiers fait il/ mais que vous me promettez que vous me menerez demain la ou est le grãt cheualier. Et ie le vous promets dit il par tel conuenãt que vous me quitterez la damoiselle se

vous la conquerez. Et il lui accorde. Adonc sarma et sont venuz a la riuiere et treuuent les deux cheualiers et la damoiselle. Quãt le varlet les vit il ne lui souuint de son escu ne de son espee tant fut desirant la bataille. Il sen va cõtre vng des cheualiers qui bien le receut et lui passa son glaiue parmy lespaule pource que point descu nauoit. Et le varlet le fiert tellemẽt quil se porte a terre. Et les autres deux se sont entreabbatuz. Le varlet descendit et sen vint a son compaignon et lui dit. Baillez moy vre espee et vous tirez arriere/ et celui q̃ sauoit nature lui dit. Sil vous plaist ie vo' bailleray la mienne. Lors lui dit. Beau sire ie la vous quitte pour lamour de la grant bonte q̃ est en vous. et celui len mercye. Le varlet et son compaignon emmainẽt la damoiselle et geurẽt la nupt en vng pauillon q̃ le cheualier auoit fait tendre par ses seruiteurs. Et au matin le varlet demande son couenant/ et celui dit quil le y menera par ainsi quil lui dõnera la damoiselle sil la cõquiert. et il lui octroye. Lors prent le varlet son escu et son espee et cheuauchẽt tãt quilz viennent iusques au pauillon. Le varlet trouua le grant cheualier ainsi quil auoit fait a lautre fois et lui dit. Sire cheualier mõstrez moy la damoiselle ainsi que vous me promistes hier. Et celui dit quil ne la verra point sans meslee. Alcoire me mesleray ie dit le varlet q̃ ie ne la voye/ et vous armez tost car iay ailleurs a aler. Le grant cheualier commence a rire et lui dit. pour vous ne me armeray ie ia. Il sault sur vng cheual et prent vne lance et seslongne/ et aussi fait le varlet. Lors viennẽt lun contre lautre et sentrefierẽt sur leurs escus tant q̃ le grãt cheualier brisa sa lãce. Et le varlet le fiert en lescu tãt quil se fait desioindre et lui met la lãce ou coste senestre et lui brise vne des costes dedens le corps et le porte a terre tout pasme/ mais a chief de piece il se releue en son seant. Or la verray ie fait le varlet. Voire si re ie la vous quitte fait le cheualier. Le varlet print la damoiselle et dit au cheualier q̃ lauoit amene Tenez ceste damoiselle si en aurez deux Sire fait il vous les aurez q̃ les aures cõses et en faictes vre voulẽte. Je vous cõmãde dõc que vous les menez a la court du roy artus/ et les presẽtez a ma dame la royne de par le nou ueau cheualier qui va pour le secours de la dame de nohaut et lui dictes que ie lui prie quelle me face cheualier et menuoye une espee affin que ie soye tousiours son cheualier/ car le roy ne men ceingnit point hier quant il me fist cheualier. Sire fait le cheualier ou vous trouue ray ie mon reuenir. A nohaut fait le varlet. Lors sen va a la court et compte a la royne son messaige, et elle en est moult ioyeuse. Si enuoye au varlet une bonne espee et celui se met au retour et attaignit le varlet ains quil fust a nohaut et lui baille lespee de par sa royne en disant. Elle vous mande que sa ceingnez, et il le fait, et au cheualier donne celle qui estoit pendue a son arcon, et dist q ores est cheualier dieu mercy et sa dame. Et pource sauoit le copte pcy deuāt appelle varlet. Le cheualier de nohaut qui estoit ale deuāt lauoit moult loe a sa dame tāt que quant elle sceut quil venoit elle ala encontre lui acōpaignee de plusieurs cheualiers et le receut a grant ioye. Quant il vit la dame il ne sesbahit pas de la grāde beau te qlle auoit/ si estoit elle lune des plus belles dames du monde, mais il ne met mie toutes beautez en son cueur. Il la salue et dit. Dame a vous menuoye le roy artus pour vre bataille faire/ et ien suis tout prest maintenāt ou quāt il vous plaira. Sire fait elle benoit soit mon seigneur le roy et vous soyez le bien venu/ et ie vous recoy a bō gre. Elle le regarde et voit son hauvert faulce en droit lespaule par ou il fut naure quant il conquist la damoiselle q estoit ou lac, et la playe estoit moult empiree, car il lauoit mise a nō chaloir. Sire fait elle vous estes naure. Dame fait il ie ne sens playe qui me tolle a faire vostre seruice quant il vous plaira. La dame le fait desarmer et treuue la playe moult grande. En verite dit elle vous naues mestier de combatre deuant que vous soyez guery/ et iauray encores bien respit de ma bataille. Dame fait il iay moult afaire ailleurs pourtant il me conuient haster. Et elle dit quelle ne souffreroit iamais quil se combatist en ce point, ais fait les mires venir et le couche en sa chambre et se tint illec. pv. iours et fut tout guery. Ce pendant sa nouuelle vint a la court que la dame de nohaut nestoit mie enco res deliure/ et lieu le seneschal dit au roy. Qui

dez vous sire que si ieune homme cōme celui estoit peust faire si grāde besongne. Enuoyez moy car preudomme doit on enuoier en ung tel affaire. Et le roy lui octroye. Messire lieu sen va tant par ses iournees quil est venu a nohaut et enuoye ung escuier a la dame pour signifier sa venue. Et ses gens lui vont encontre et le recoiuēt a grāt ioye. Dame fait il mō seigneur le roy menuoye a vous pour faire vre bataille et pieca my eust enuoye ou ung autre preudōme mais ung cheualier nouueau lui en requist le don, et il lui octroya, mais quant il a oup q vre affaire nestoit mie a chief mene m' ma enuoye pour le faire. Sire fait la dame grant mercy a monseigneur le roy et au cheualier qui y euopa et a vous/ mais au cheualier na mie tenu que ma besōgne na este faicte, car il la voulut faire du premier iour quil vint ceans/ et ie ne voulu mie pource q'l estoit naure, mais puis quil est guery il la fera. Dame fait lieu il conuient que ie la face ou ie y auroye hōte et monseigneur le roy ny auroit ia honneur. Quāt la dame sopt elle en fut moult angoisseuse, car bien vouldroit que le nouueau cheua lier fist sa bataille, et au seneschal ne scet q dire car il est moult prouchain du roy et lui peut nuire ou aider. Lors sapprouche le cheualier nouueau et dit. Certes messire lieu ieusse fait pieca la bataille se ma dame eust voulu/ et encores suis ie tout prest de la faire et lui requiers q autre ne la face q moy. Beau sire fait lieu ce ne peut estre puis que ie suis venu. Certes fait le cheualier nouueau ce seroit grant dōmaige q ma dame fust deceue et q le meilleur cheua lier ne la fist. Vous dictes vray fait lieu. Si nous cōbatōs donc fait le cheualier nouueau, et celui q vaincra face la bataille. Et lieu dit q'l loctroye. En verite fait la dame ainsi ne sera pas/ mais ie feray a lōneur de chacun/ car ie puis faire ma bataille par tāt de cheualiers cōe ie vouldray. pourtāt ie māderay au roy de nor hōbellāde q ie vueil faire ma bataille par deux cheualiers/ et ainsi les appaise la dame. Lendemain au matin vint le roy et ses gēs et pareillemēt la dame de nohaut et ses cheua liers et ont la bataille deuisee en une belle plaine. Et quāt les cōuenāces furent faictes ilz se tirēt arriere/ et les iiii cheualiers sētreessōgnēt puis se adrecent les deux dune part Vers les deux autres monseigneur Lieu & le sien cheualier sentreferirent si roidemēt que toutes leurs lāces volent en pieces/ mais lun ne lautre ne cheut/ & ilz tirēt leurs espees/ & celui de noshō Bellande se fiert si durement quil lui fait heurter lescu a la temple. Et le nouueau cheualier se fiert si durement quil lui serre lescu au bras tellement que les resnes lui demeurent en la main et le schine lui heurte a larcon de derriere & le porte par dessus la crouppe du cheual a terre & au cheoir brise le glaiue/ mais celui ne geut gueres a terre quil ne fust tantost resceu puis dit a messire Lieu. Venez a ce cheualier & ie iray a lautre & il ne lui respōt mot ains se combat tousiours contre le sien moult durement. Lors descēt le nouueau cheualier & vint a son cōpaignon lespee en sa main & lescu dessus sa teste/ & aussi fait lautre & sentreferirent sur leurs escus sur les heaumes sur les bras & la ou ilz se peuent attaindre. Tant dura la Bataille que le cheualier nouueau fit a lautre guerpir place & ne fait que reculer/ mais ce ne lui vault riens/ car lautre se haste trop durement/ & bien voyent les assistens quil a trop du pire. Et mōseigneur Lieu & le sien cheualier eurent leurs cheuaux occis et furent a pie. Et le cheualier nouueau dit a monseigneur Lieu. Venez contre ce cheualier vous voyez bien comment il est & me laissez le vostre/ car iay autre chose a faire q̄ demourer icy tout le iour. Lieu en eut grāt hōte & lui dit par courroux. Combatez le vre & le mien me laissez. Lors recourt le cheualier nouueau a son homme seul se deffendist moult voulentiers sil peust/ mais sa deffense ne valoit gueres. Et quant il voit q̄l est si au dessoubz il se deporte pour lamour de monseigneur Lieu et si voulsist bien que fin en fust. Dautre part Lieu sest tāt combatu au sic quil le mist au dessoubz/ et bien voit le roy de noshōbellande que en ses cheualiers na plus de deffense. Si demāde paix a la dame et dit quil sen ira de sa terre sans iamais riens lui forfaire & sen a asseuree par serment et par ostage. Ainsi ont la paix faicte. Et la dame pour qui les deux cheualiers se cōbatēt vint a eulx & leur dit quelle a paix a son vouloir/ & les de part. Le roy de noshombellande sen retourne

& emmaine ses gens & la dame demeure en bōne paix. Et landemain sen retourna messire Lieu a la court du roy artus & compta cōment il en estoit ale/ & se mercya moult de par la dame de noehaut. Le cheualier nouueau demoura auec la dame & elle le retint tant comme elle peut. Et apres aucuns iours il sen partit a vng lundi matin & le conuoya la dame & grāt plante de cheualiers/ & lui offrit la dame toute sa terre a son vouloir. Quant elle leut conuoye vne lieue il la fit retourner a force. Et auec lui demoura le cheualier q̄ lui auoit apporte lespee de la royne et lui dit. Sire ie suis a vostre plaisir du tout/ & vous prie qil ne vous desplaise de ce que ie vous puis auoir offense de quelque chose fait le nouueau cheualier. De ce fait il que ie vous menay cōbatre aux deux cheualiers pour la pucelle q̄ estoit au lac/ car ie ne le fis que pour esprouuer vre bōte. Et ie vous diray commēt/ ma dame dist quelle feroit esprouuer le cheualier que monseigneur le roy lui enuoieroit aincois quelle se meist en sa bataille/ si menuoya auec les deux contre qui nous ioustasmes pour cōbatre a vous/ & pour ce nen oserent plus faire quāt ie vous baillay mon espee/ car ilz cuidoient bien que vous fussiez plus naure que vous nestiez. Et le grant cheualier fait il q̄ estoit il. Sire fait il cestoit vng cheualier de grant prouesse nōme estrangors q̄ sestoit offert a ma dame pour faire sa bataille par ce q̄ lle lui dōnast son amour. Et elle lui dist que sil estoit meilleur cheualier q̄ celui q̄ le roy lui enuoieroit elle lui donneroit son amour & se meneroit en sa Bataille/ & il desiroit lamour de ma dame sur toute rien. Et pource ne daignoit il a vous iouster que desarme. Et sil vous eust cōquis il eust faicte la Bataille. Or vous ay ie dit la verite si vous prie que men pardonnez le meffait. Certes fait il ie ny voy aucun meffait/ & se meffait y a ie le vous pardonne. Sire fait il ie vous mercye Je suis vre cheualier en tous lieux. Et celui le remercye, puis sentrecommandent a dieu & se departēt lun de lautre. Le cheualier nouueau sen va lui et ses escuiers & dit quil sen ira si celeement que homme nullement ne le congnoistra, car il pretent a acquerir honneur et prix Lors est entre en vne grande forest et cheuauche toute le iour sans auanture trouuer dont le dope compte tenir. La nupt il geut en la forest en vne maison de religion ou len lui fit grant honneur. Au matin laissa ses escuiers et leur commanda quilz ne partissent deuant vng mops se ilz ne le veoient. puis se part de la maison qui estoit loing de noehaut bien .xxx. leues englesches/ et auoit nom sepulcre luca Celui luca fut filz Joseph de arimathie du ql descendit le grant lignage par qui la grant bretaigne fu puis elumince/ car ilz y apporterent le graal et couertirent les mescreans a la foy de nostre seigneur. De celui luca gisoit le corps en celle maison de religion. Et quant le cheualier nouueau se fut party dillec il cheuaucha comme aduenture se portoit vne heure auant et lautre arriere tant quil vint a vne riuiere et auoit moult grant soif, il beut puis se assist et commence a penser/ et ainsi quil pensoit vint vng cheualier arme de toutes armes qui se fiert en leau et mouille le nouueau cheualier tant qͥl laisse son penser et se lieue et dit au cheualier. Vous mauez mouillie et fait autre ennup/ car vous mauez mis hors de mon penser. En verite fait celui a peu men est/ et encores laisserez vous le cheual/ car ma dame la royne ma commande ce gue a garder que homme ny passe. Et le nouueau cheualier lui demande quelle royne dictes vous Je dy fait lautre la femme au roy artus. Quant il se oyt il tourne contremont la riuiere et commence a sen aler. Le cheualier va aps et le prent au frain et dit. Arrestez vous car il vous conuient laisser ce cheual. pour quop fait le nouueau cheualier. pource que vous aues entre ou gue. Maintenant oste vng des piez hors de son estrief et dit Le dictes vous come loyal et veritable. Et il dit quil nen a communement que de soy. par mon chief donc ne lemenerez vous pas. Et il met la main a lespee et la trait demie du fourreau Adonc le cheualier se laisse et dit. Certes mal la tirastes. Lors se eslongne puis met le glaiue soubz lesselle et la lance en arrest et laisse courir contre le nouueau cheualier/ et il se couure de son escu et se adresse contre lui. Le cheualier ꝗ le gue deuoit garder le fiert tellement que toute sa lance volle en pieces/ et le nouueau cheualier lattaint si vertueusement quil se porte a terre/ puis prent le cheual et le lui maine. Tenez fait il vostre cheual et me pardonez ꝗ ie vous ay abbatu/ mais ie lay fait en mop deffendant. Le cheualier a grant despit de ce quil la abbatu et si ne scait qui il est. Il monte puis dit. Sire cheualier dictes mop qui vous estes. Je ne vous en diray plus fait il. et il sen va amont la riuiere/ et lautre se prent au frain et dit. Or sauray ie qui vous estes aincois que vous me eschappez. Certes fait il ce ne sera huy. Donc vous combattez vous a mop fait lautre. A vous fait le cheualier nouueau ne combatray ie huy contre vous/ car vous auez trop bon conduit puis que ma dame vous garantist/ mais ainsi ne doit pas preudomme faire ennuy ou honte aux cheualiers errans pour la seurte de si haulte dame. Et celui dit pour la seurte de la royne ie ne me vueil mie combatre. car ie ne suis mie a elle. et pource combatez vous a mop ou me dictes vostre nom. Se vous me iurez fait le nouueau cheualier que vous nestez mie a elle ie feray lun des deup. et il lui iure. Or aurez vous la bataille se vous voulez/ car vous ne saurez mie ꝗ ie suis. Je ne demande pas mieulx fait celui. Adonc commence la meslee entreulx et sentreblecierent moult/ mais en la fin ne peut durer le cheualier qui gardoit le gue encontre le nouueau cheualier et lui dit quil ne se combatra plus. Le nouueau cheualier lui dit ꝗ a tant ne sen iroit il mie. pour quoy fait lautre nous ne combatons mie pour quelle/ et se quelle pa ie vous quitte. Il ya telle querelle fait le nouueau cheualier ꝗ vous me mouillastes. Je la vous amenderay fait celui a vne vouloir. Et ie vous en quitte fait il. Grant mercy fait lautre cheualier qui auoit nom alibon. A tant sen partet lun de lautre et alibon sen va a la court du roy artus ou il estoit bien congneu et vint a la royne et lui dit. Dame ie suis de loing venu a vous affin que me diez ꝗ est vng cheualier aux blanches armes et vng cheual blanc et vng escu blanc. pour quoy le dictes vous fait la royne. Pource fait il. Et il lui compte come la chose auoit este. Et ie cuide fait il se ieusse dit que vous leussiez commande il meust baillie son cheual. Il eust fait folie fait la royne se pour vne mensonge il vous eust baillie son cheual/ car ie ne vous bailley oncques le gue a garder.

Dame fait il encores fist il plus/il me rendit mon cheual puis quil me eut abbatu/⁊ de ce ie vous mercie. Puis combatismes ensemble bien longuement. Et sequel eut du pire fait la royne. Dame fait il ie nen quiers ia mentir il est a merueilles vertueulx cheualier mais ie vous prie dictes moy q̃ il est. Se dieu maist fait elle ie ne scay ne son nom ne dont il est. monseigneur le roy se fist cheualier a la feste sait iehã et a asses fait darmes en male lieux yo pãs ceulz de crans ⁊ mains autres, mais pour dieu dicte moy sil est sain. Ouy fait il da me. Tant est asee la parole que par toute la court est ia sceue/⁊ est le roy moult ioyeux et plusieurs de ceulz qui lopent.

⁋ Comment les nouuelles vindrẽt au roy artus que la doloreuse garde estoit conquise p̃ se cheualier aux armes blanches/⁊ le roy y en uoya messire gauuain pour en sauoir la verite.
⁋ Chappitre .ppii.

Quant le bon cheualier fut party de qalibon qui fut filz dung vauasseur il erra maint iour sans auẽture trou uer qui a compter face. Ong matin apres ql fut leue il commenca a cheuaucher iusques a tierce. Lors encontra vne damoiselle sus vng palefroy merueilleux deul faisant/et il lui demande qlle a. Quoy fait elle iay vng mi amy mort ẽ vng chasteau cy derriere/⁊ il estoit lũ des plus beaulx cheualiers du mõde. Da moiselle fait il pour quoy est il mort. Sire fait elle pour les mauuaises coustumes qui y sont que maudit soit il q̃ les y establit; car onc ques cheualier errant ny entra quil ny mou rust. Et ny pourroit il entrer cheualier qui ny meure dit il. Ouy dit elle sil pouoit trouuer ce que auẽture requiert, mais il lui conuiendroit estre meilleur cheualier quil ne y fut oncques point. Damoiselle dictes moy fait il quelle est lauẽture. Se vous le voulez fait elle sauoir si y ales car cest icy la voye. A tãt sen va la da moiselle faisant son deul/ et celui cheuauche tant quil vint deuant la porte. Lors regard⁊ ⁊ voit le chasteau fort a merueilles; car il estoit assis sur vne roche qui estoit de tous coustez plus haulte que vng arbalestier ne tireroit cõ tremõt ⁊ dune part court le humbre, et dautre part vng grant ruisseau qui vient de plus de quarante fontaines. Quãt le cheualier vint pres de la porte il la vit moult bien fermee, et celle porte nestoit iamais ouuerte. Ce sui cha steau auoit nom la douloureuse garde pource que la cheualier errãt ny venoit qui ny mou rust ou quil ne fust emprisonne si tost comme il estoit vaincu; car il y auoit double muraille et a chacun mur vne porte/⁊ a chacune porte .v. cheualiers, et ainsi il conuenoit au cheualier combatre aux deux portes contre .pp. cheua liers, mais ce estoit en telle maniere que si tost cõe vng des cheualiers estoit las il en venoit vng autre en sõ lieu qui se combatoit pour lui et quãt il estoit las si reuenoit encores vng au tre. ainsi ne les pouoit vng seul cheualier oul trer sil nestoit de telle prouesse q̃ tous les peust occire lung apres lautre. Dessus lautre porte auoit vng cheualier de cuiure sur vng cheual bien fourme arme de toutes armes et tenoit en sa main vne grande hache, et estoit la dessus dicie par enchantement. Et tant cõme il fust en estant le chasteau nauoit garde destre pris par homme, mais si tost cõe celui qui se cha steau deuoit conquerre entreroit dedens le pre mier mur il cherroit a terre. Et lors cesseroiẽt les enchantemens du chasteau et seroiẽt veu's clerement, toutesfoies aincois quil fussẽt mis a finil conuiendroit que celui qui le chastea̾ conquerroit y demourast quarante iours sans y ssir hors car telle estoit la force de lenchante ment. Quant le blanc cheualier vint deuãt la porte il vit venir vne damoiselle vers lui si bien enueloppee que point ne la congneut. Il la salue ⁊ elle lui. Damoiselle fait il me sauriez vous enseignier les ordonnances de leans/⁊ elle les lui deuise toutes puis sen part. Et il voit maintenãt vng homme qui lui demãde qt gert. Je vouldroie fait il estre leãs. Certes fait celui qui la garde il vous en deueroit des plaire. Non feroit fait il/ mais pour dieu ha stes vous car il est ia nupt. Lors sonne lautre vng cor ⁊ puis va venir vng cheualier arme ⁊ dit au nouueau cheualier. Laaual nous cõ uiẽt aler car il nya mie icy place ou nous puis sions nous combatre aiseement. Et il lui res pont qt en est content. Lors sont descenduz et puis font courre seurs cheuaux ⁊ sentrefierent si durement que le cheualier de dedens brisa sa

partie

lance, et celui au blanc escu le fiert de si grande force quil le mit a terre par dessus la croupe du cheual tout enferre et mourut incontinent Lors reuient ung autre et il empaint si durement quil le porte a terre, au cheoir quil fist se brisa le bras senestre et cheut a terre et le tint si court que a force lui conuint promettre de se rendre en prison. Puis vient le tiers et il en eut ure ainsi comme de lautre. Et le quart apres et le quint. Il les tint si court que a quatre fist promettre eulz redre en prison et le sisiesme fut mort. Lors fut si tart que a grant paine les voyent ceulz du chasteau, mais sur tous hommes ilz loent le cheualier blanc, et ont le guichet ferme. Tantost vint la damoiselle au cheualier blanc qui deuant auoit a lui parle. Et lui dit Sire venez vous en car meshuy ne ferez bataille. Damoiselle fait il il en ya encores assez a conquerre. Il est vray dit elle mais ny en viendra meshuy plus, car le guichet est ferme. Le matin vous y pourrez tout a tempe venir. Ce poise moy fait il que plus ny en vient, car ieusse demain mains affaire quant de plus ne fusse ennuyt deliure. Et vous sauez bien silz me font droit. Ouy fait elle sans faille, or vous en venez sire cheualier auec moy la ou ie vous herbregeray moult bien. Lors dit a ceulz quil auoit conquis quilz se suiuent, et il rent a chacun son cheual dont ilz estoient cheuz. La damoiselle emmaine le cheualier en ung hostel moult bon dedens le boys, et il en auoit grant mestier. Quant il fut a lostel la damoiselle le mena en une chambre pour desarmer, et tousiours estoit enuelopee. Il voit en celle chambre trops escuz penduz en hault, et encores estoient a tout les houches. Il demande a la damoiselle a qui sont ces escus. Et elle dit quilz sont a ung cheualier. Damoiselle fait il ie les verroye voulentiers. Et elle les fait descouurir. Si voit que ce sont trops escus dargent, et en lun auoit une bende de beslif toute vermeille, et en lautre deux, et en lautre trops. Il les regarde moult grant piece. Et ainsi quil les regardoit vint la damoiselle dune autre chambre moult bien aournee et parce le visaige nu et descouuert, puis lui demanda la damoiselle Sire cheualier que vous semble des escus. Damoiselle dit il il men semble bien. Lors la

regarde, et si tost cõme il la vit a descouuert il la congneut bien et lui court les bras tenduz et lui dit. Ha damoiselle vous soyez la bien venue. Je vous prie dictes moy que fait ma bonne dame. Bien fait elle. Lors le traict a une part et lui dit q̃ sa bonne dame du sac lenuoye a lui, et demain fait elle vous aurez bren nom et le nom de bre pere en ce chasteau dont vous serez seigneur ains que vespres soyent sonnees. Et les trops escuz que vous auez heuz sont vostres et sont de grant force, car si tost cõme vous aurez celui a une bende pendu a vostre col vous aurez recouure la force dung cheualier. Et se vous y pendez celui aux deux bendes vo9 aurez la force de deux, et celui de trops la prouesse de trops. Et ne vous fiez mie tant en vostre ieunesse que vous ne les pendez a vostre col lun apres lautre, et vous verrez les plus estranges merueilles que vous veissiez onques, et bien gardez que vous ne demourez auec rop ne auec autry deuant que vous soyez congneu par voz prouesses, car ainsi le veult ma dame. Longuement parla a lui la damoiselle. Adonc sont assis au mengier et ainsi passerent la nupt. Et au matin apres la messe la damoiselle le fit armer et le mena deuant sa porte puis lui dit. Se vous voulez conquerre la seigneurie de ce chasteau et abbatre les enchantemens il vous couient premierement conquerir dix cheualiers a ceste porte et dix a lautre. Comment fait il iay conquis les dix de ceste premiere porte. Ce ne vous vault riens fait elle tout est a recommencer, car se vous auiez conquis au iour duy les dix de la premiere et neuf de la seconde et leure de la nupt venoite seroit a recommencer, car aincois q̃ soit nupt les deuez vous tous conquerir. Et si vous fais certain dune chose, cest q̃ vous ne mourrez ia en armes tant que vous ayez heaume en teste ne hauberc en doz. Certes fait il donc ne puis ie mourir honteusement. Ainsi quilz parloient se coisonne, et ung cheualier arme ist hors et dit au blanc cheualier. Que demãdez vous. Et il respond, lauanture de ce chasteau. De ce fait le cheualier ne trouuerez vous nul q̃ vous respõde tant q̃ noz cheualiers q̃ vous tenez soyent deliurez. Et il dit q̃ pource ne demourera il ia, mais fait il ne les me faictes pas rendre

La premiere

a tort/car ce seroit desloyaute. Et cestui dit ql̃ les doit rendre/et si ne doiuent iamais porter armes encontre lui. Et sachiez fait il q̃ ie voul droie que vous fussiez si preux que vous peuf siez ceste bataille conquerre/car trop a dure ce ste douleur. Maintenãt desiura cestui les qua tre cheualiers. Et ung cheualier saillit tout arme.et quãt il fut dehors du guichet il saut sus son cheual quiamene lui fut. Lors vien nent tous deux au pie du tertre et commence rent les ioustes au plus pres quilz peurent de la porte. Le cheualier du chasteau fiert lautre tellement quil lui fait heurter lescu a la tem ple/mais sa lance ne brisa mie/car trop estoit forte.Et le blanc cheualier se fiert si durement quil le porte a terre et il chiet si roidement que moult se blece. Le blanc cheualier est descendu Et quant il fut voulut courir sus il voit ius ques a neuf cheualiers yssir de la porte et des ualer le tertre aual. Ung cheualier seul vient le premier Et lors monte le blanc cheualier (et sen va contre lui et le fiert si roidement quil le porte a terre. Lors courut a lautre qui ia estoit releue et le fiert si durement de lespee quil le fendit iusques aux dens. Et puis reuient a lau tre et se cuide ferir/mais il fault car le cheual semporte oultre. Apres laisse courir ung des cheualiers contre lui.mais il lencontre de tel le vtu q̃ le abbat a terre tout mort/et au cheoir quil fit il brisa son glaiue. Et ce pendant quil iousta a lui sen ala lautre contremont le ter tre a pie/et pour cestui en reuint ung tout fraiz Ainsi dura la bataille iusques apres prime/ (et tousiours pour ung blecie reuenoit ung sain contre le blanc cheualier. Quant son glaiue fut despecie il trait lespee (et commence a ferir a mont (et a val la ou il peut attaindre comme cestui qui est de grant cueur et de grande har diesse. et ceulx le greuẽt de tout leur pouoir tãt qlz furent bien entre prime et tierce. Lors vient ung varlet auant (et apporte au blãc cheualier ung escu blanc a vne bende de belif/car son escu estoit ia tellement rompu (et epille que peu en estoit demoure/et il estoit moult affoibli (et en maltlieu naure. Et si les auoit il iamoult blecíez/mais ilz sen fuyoiẽt au chasteau a ga rent/et pour eulx y venoient autres tous fraiz Quant le blanc cheualier voit que ainsi nen

pourroit venir a chief il fut ennuye moult que tant demeure a cõquerir le grant honneur qil en attent. Lors iecte sus tant peu desus comme il auoit prit cestui que le varlet lui auoit ap porte/et lors est sa force doublee. Il est tant vi ste et tant legier quil ne se sent de blesceure quil ait. Tantost laisse courre a eulx tous et fait telles merueilles que nul ne le voit qui ne sen esbahysse. Il leur faulce les heaumes et de tranche leurs escus/il leur decouppe les hau bers sur les braces sur les espaules.et il les ble ce moult car si tost cõme lung ne pouoit plus souffrir la meslee ung autre reuenoit en son lieu dont il estoit moult greue. Il a ainsi mal tenu la meslee tãt q̃ tierce est passee. et a plusi eurs playes petites et grandes. Et lors vint auant la damoiselle qui sauoit amene deuãt sa porte (et lescuier auec qui auoit apporte lescu. Elle apporte cestui a deux bendes/et le cheua lier les auoit ia tant menez quilz estoient mõ tez au tertre/et sestoient mis pres de la porte pour auoir secours plus pres. Et les gens du chasteau regardẽt aual les murs (et voyent le cheualier dessoubz qui ainsi maistrie les au tres par son corps. et prient dieu quil le main tiengne en ce quil a encõmence. Tant ont sup ceulx de dedens au coupz quilz sont venuz de uãt la porte. Puis lui courent sus/et le secours leur vint souuent par quoy il nen peut a chief venir. Lors se prent la damoiselle au frain et lui oste lescu de sõ col (et lui met cestui aux deux bendes. Puis se ressourt si plain de grant for ce que cest merueille et est reuenu a la meslee (et les contope en peu deure tellemẽt que nul nose attendre ses grans coupz ains fuyẽt tous les plus fraiz et dient bien que oncques mes ne vi rẽt cheualier de son pouoir/mais sus tous au tres en est esbahy le sire du chasteau qui les re garde de dessus les murs/et a tel deul que a peu quil nenrage de ce quil nest a la meslee/ mais il np peut estre ne ne doit selon les cou stumes du chasteau tant que les autres fus sent cõquis. Si auoit moult grant paour de veoir sa grant douleur a quoy il nauoit onc ques cuide q̃ le corps dũg seul cheualier peust attaindre. Moult les maine le blanc cheua lier honteusement: Et bien voyẽt que a lui ne pourroient durer/car ilz estoient si cours te

nuz quilz nauoiēt aucun pouoir. Il sest en pou-
deure tant vigoureusemēt maintenu quil en
a cinq tellement contrez quil npa celui qui ait
pouoir de soy releuer, car les deux en sōt occis:
et les trops autres gisēt a mort naurez Quāt
il voit quilz ne sont plus q̄ trops il leur court
sus moult visrement, et ilz lui guerpissent la
place et supient tant comme ilz peurēt en eulx
garantissant. Lors vint auant le plus grant
des trops et dit quil ne sen fera ia occire, car
moult plus preux quil nest pa perdu la vie. si
lui tent son espee et lui promet tenir prison. Et
quāt les autres deux voyent ce ilz font cōe lui.
¶ Lors escoute le blanc cheualier et a ouy ung
estroic, si regarde de contremont et voit que cest
a la porte. Et quant il a monte le tertre il voit
les dix cheualiers de lautre porte tous embus-
chiez au guichet. Il sarreste et sa damoiselle
qui lauoit amene et qui les escus auoit appor-
tez lui desface son heaume car il estoit fort dō-
magie et le baille a ung varlet et prent ung
autre moult bon q̄lle lui met en sa teste, puis
lui oste lescu de son col et lui baille celui aux
trops vēdes. Et il lui dit. Ha dame vous me
faictes honte qui les me voulez faire vaincre
sans ma prouesse. Trop y auoit il de celui q̄
maues oste. Ne vous chaille fait elle, car ie
vueil que lautre porte soit plus fierement con-
quise que ceste na este. Lors lui baille le varlet
ung glaiue dont la hante est a merueilles for-
te et le fer trenchant, et la damoiselle dit quel-
le veult veoir comment il iouste, car elle a biē
veu comment il se scait aider de lespee. Le che-
ualier a prinst le glaiue et vient dedens la por-
te. Et la damoiselle lui dit quil regarde en
hault a lautre porte. Et il regarde et voit le
cheualier de cuiure grant et merueilleux. Si
tost comme il la veu il cheit, et attaingnit a
son cheoir ung des cheualiers de dessoubz la
porte et lui rompit le col, mais de riens ne se es-
bahyst le blanc cheualier ains lail secourre sur
eulx et fiert celui quil attaint si durement quil
le rue mort. Et quāt les autres voyēt ces deux
mors et le cheualier de cuiure qui fondu estoit
ilz ne scaiuēt en qui se fier. Ilz se iectent ias des
cheuaux et entrent dedens par le guichet. Et
le blanc cheualier descēt de son cheual et a trai-
cte son espee et leur donne grans coups par la

ou il les peut attaindre et a tant fait que les
trops derreniers lui iurent tenir prison, car a
temps ne peurēt entrer. Et il se met apres les
autres p̄ le guichet, mais il ne les attaingnit
mie. Lors encontre plusieurs dames et damoi-
selles et bourgois qui moult grāt ioye lui sōt
et lui dient. Sire il ne vous cōuiēt faire plus
q̄ fait aues puis quilz ōt guerpi la place. Lors
apporte une damoiselle les clefz et se lui a def-
ferme tantost les portes. Et sa porte iette ung
si grant cry que moult sen merueille le cheua-
lier. ¶ Lors demāde a ceulx qui entour lui sōt
sil y a plus chose a faire qui a sauē ture appar-
tienne. Et les bourgois de leans dient quil se
doit encores combatre au seigneur de leas ain-
cois quil oste son heaume, de ce fait il suis ie
tout appareille ou se pourray ie trouer. Si-
re font ilz au seigneur trouuer aues vous fail-
li, car il sen va si grant deul faisant que par
ung pou quil ne se occist. De ceste auanture
sont moult dolens tous ceulx du chasteau et
mainent le cheualier en ung grant cimitiere le
quel estoit entre deux murs. Il sesmerueilla
moult quāt il le vit, car il estoit de toutes pars
clos de haulz murs, et dessus aucunes des car-
neaux auoit testes de cheualiers qui estoient
de la maison au roy artus Au milleu de ce ci-
mitiere auoit une tombe richement aournee,
y auoit lettres qui disoient. Ceste tombe ne
sera ia leuee par main dome se ce nest par celui
qui conquerra ce chastel, et de celui est le nom
escript cy dessoubz. Maintes gēs auoiēt essaye
a leuer celle tōbe pour sauoir le nom du bon che-
ualier, et le sire du chasteau y auoit maintesfois
essaye pour le cheualier cōgnoistre, car il leust
fait occire sil leust congneu. Lors ont mene le
cheualier a la tōbe et lui mōstrerent les lettres
Et quant il les eut leues il regarda la tombe
qui estoit toute de cuiure, et y auoit assez a le-
uer pour .iiii. des plus fors cheualiers du mōde
au p̄s menu bout. Lors saisit aux deux mais
tout le plus gros et la tant leue q̄lle est bien
aussi hault comme sa teste et plus escores ung
pie. Lors regarde et voit lettres qui dient. Cy
gerra lancelot du lac le filz au roy ban de be-
noic. Lors remet la tombe bas et bien scait que
cest son nom q̄l a veu, puis regarde la damoi-
selle de sa dame q̄ auoit aussi bien veu le nom

f.i.

comme lui. Q̃ auez vous veu fait elle. Fitz fait il. Si aues fait elle dictes le moy ħa fait il pour dieu mercy. Aussi bien fait elle say ie veu comme vous auez, ⁊ elle lui dit en soielse, mais il en est moult courroucé ⁊ lui prie q̃ elle ne se dye a personne. Non feray ie fait elle n'en ayez doubte. A tant se maintent les gens en ung riche palais et le desarment et font de lui grigneur feste que sen ne sauroit dire.

¶ Ainsi a le cheualier conquis la douloureuse garde. Et la damoiselle est auec lui qui le fait seiourner leans pour guerir ses playes dont il auoit assez, mais trop sont ceulx du chasteau dolens de leur seigneur qui est eschappé, car sil y fust par lui seroit enseigné tout le secret de leans, et ilz doubtent que iamais ne soit sceu, car il ont paour quilz ne puissent retenir le cheualier par quarante iours. Et sil y demourast par ce temps ses enchantemens cherroient qui par iour et par nuyt y auenoit. En telle maniere sont en la ville ioyeulx et dolens, et font de leur nouueau seigneur si grāde ioye comme ilz doiuent.

¶ Cōment les nouuelles vindrent au roy artus que la douloureuse garde estoit conquise par le cheualier aux armes blanches, et le roy y enuoya messire gauuain pour en sauoir la verité. ¶ Cap. xxii.

Quāt le blanc cheualier eut la douloureuse garde conquise et la tombe leuee il y auoit au chasteau ung varlet gentil homme qui estoit frere dung cheualier de la maison du roy artus nommé apglius des sauls. Le varlet pensa que se ces nouuelles estoient portees a la court elles seroient voulentiers ouyes. Lors monte et fit tant par ses iournees ql vint a karlion ou le roy estoit. Le varlet se adresse au roy et lui dit. Roy artus ie te apporte nouuelles les plus estranges qui onques furent oyes en ton hostel. Dy les donc fait le roy car bien sont a ouyr puis quelles sont si estranges. Je vous dy fait le varlet que la douloureuse garde est conquise et y est entré ung cheualier parmy les deux portes a force darmes Ce ne peut estre fait le roy. Si est fait le varlet ie lay veu entrer, ⁊ lui viz occire et conquerre ses cheualiers. Varlet fait le roy ne le me dy mie sil nest vray. Sire fait il se ie mens si me pendez. Lors entra apglius leans qui venoit de son hostel, et quantil dit son frere a genoulx deuant le roy il lui dit. Beau frere bien soies tu venu quel besoing te amaine a court. Il se lieue sus ⁊ lui compte ses nouuelles. Cōment dit le roy a apglius est il vostre frere. Et il respont Oy sire sans faille. Donc est il bien creable fait le roy et croy quil ny mentiroit mie Lors demanda aux varlet qlles armes auoit le cheualier. Et il dit ql auoit blanches armes ⁊ ung cheual blāc. Messire gauuain dit q̃ cest le cheualier nouueau. Si dient aucuns quilz iront veoir sil est vray. Et messire gauuain dit quil seroit bō quil y en alast iusques a dix sās plus. A ce saccordent le roy ⁊ tous les autres. Puis deuise le roy lesquelz iront de ces dix. Le premier fut messire gauuain. Le second messire puain. Le tiers gallegātin le gallois, le .iiii. galles condes. Le .v. hector le filz ares. Le .vi. karados briefz bras. Le .vii. puain le bastart. Le .viii. gassoupy destrangot. Le .ix. gallantin le gay. et le .x. apglius des sauls. A telle cōpaignie sen part monseigneur gauuain de karlion, et celle nupt geurēt cheus ung hermite qui auoit este de la maison du roy artus. Lermite leur fit moult bonne chiere, et apres mengier lermite demanda a mōseigneur gauuain. Sire ou alez vous. Nous alons dit il a la douloureuse garde. Helas fait il que querez voꝰ. Lē nous a dit q̃ ung cheualier y est entré a force darmes Ce ne peut estre fait lermite Si est fait le varlet qui les nouuelles en apporta car ie sy vy entrer. Biē sachiez fait lermite que se tout le mōde y venoit il ny entreroit ia homme que ung qui sera filz au roy qui mourut de deul cōme dient les anciens hōmes. Au matin sen partent apres la messe ⁊ errēt troys iours, ⁊ au quart trouuerent ung homme qui cheuauchoit ung mullet vestu dune chappe bleue. messire gauuain le salue et lui demande qui il est. Je suis fait il ung clerc pour quoy le demandez vous Sauez vous fait monseigneur gauuain la voye a la douloureuse garde. Oy bien fait il. Et ie vous prie fait monseigneur gauuain q̃ voꝰ nous y facez cōpaignie Sire fait le clerc q̃ estes vous. Je suis dit il ung cheualier et ay nom messire gauuain. Sire auec vous iray ie voulentiers, mais ie ne scay que vous y que

partie

rez. L'en nous a dit fait messire gauuain que vng cheualier la conquise. Certes sire fait le clerc ie nen scay riens. Lors errent iusques a la douloureuse garde. Et quant ilz eurent mon te la montaigne ilz trouuerēt la premiere porte ouuerte, et le frere apglius dit a monseigneur gauuain. Sire vous ne veistes oncques ceste porte ouuerte. Ilz entrerent dedēs et trouuerēt lautre porte close et voyēt vng homme dessus. Et monseigneur gauuain lui dit. Sire pour rions nous seans entrer. Et il respont que nē ny mais dictes moy q̃ vous estes. Ie suis fait il gauuain le nepueu au roy artus, et les autres sont compaignons de la table ronde. Si re fait lomme or vous alez meshuy hebergier en ce bourg et le matin reuenez. Ilz sen vōt au bourg logier, et les nouuelles viennent au cheualier blanc que monseigneur gauuain a este a la porte soy dizieſme de compaignons. Et il deffent que la porte ne soit ouuerte ennuyt ne demain. Et ceulz du chasteau qui bien voulsissent que le roy artus y venist a tout son pouoir pour les mauuaises coustumes abbatre viennent au cimitiere et font des lettres sur aucunes des tombes a leur plaisir, et en chacun cerneau mettent vng heaume

Au matin vint messire gauuain a la porte lui et sa compaignie et la treuuēt close ainsi comme le soir de deuant. Il demanda a lomme qui estoit en hault sil pourroit leans entrer. Nenny fait il, mais dictes moy se en vostre compaignie il ya homme qui sceust lettres lire. Et il dit oy. Or me attendez donc fait il. Lors descent de la garde des murs et vient au cimitiere par la posterne et ouure le guichet a monseigneur gauuain, et ilz entrent dedens. Le clerc cōmence a lire et treuue escript Cy gist celui aux blāches armes et veez en la teste. Et en dautres lieux dit ainsi et nomme assez des cheualiers de la maison du roy artus. Et quāt messire gauuain oyt quilz sont ainsi mors il en commēce a plourer moult tendrement, car il cuide bien que ce soit vray. Et aussi estoit il de telz en y auoit, mais ce estoit mensonge de tous ceulz dont les lettres auoient este faictes la nuyt de deuant. Apres quilz eurent longuement posu re le clerc vint a vne tōbe et treuue lettres, et quant il les eut leues il commence a plourer moult tendrement. Lors lui demande mōseigneur gauuain quil auoit. Quoy fait il iay trop grande douleur, car ces lettres dient que cy gist le meilleur des bons q̃ ceste garde auoit conquise. Et quant ceulz loyent ilz battēt leurs paumes et font trop grāt deul et dient luy a lautre. Beau sire dieu qui peut il estre. Et chacun dit ie ne scay se ce nest celui que le roy fit cheualier le iour de la feste saint iehan, car ce varlet sont ilz le dit venir ceans, or pouez vous sauoir quilz sont occis. Moult en font grāt deul mais messire gauuain et messire puguis le font greigneur que les autres et le regretent moult doucement et dient que oncques mes ne virēt homme q̃ eust si bon commencement cōme il auoit. Quant ilz ont illec grant piece este ilz passent hors et reuiennent par deuant la maison qui estoit fermee et trouuerent ouuert lhuys du iardin. Ilz entrerent dedens et voyent vne damoiselle a vne fenestre q̃ demenoit trop grant deul. Messire gauuain lui demāde quelle a. Certes fait elle iay bien cause de grāt courroux, car ilz ōt ceans occis le plus beau cheualier et le plus preux qui oncques fut. Damoiselle fait messi re gauuain quelles armes auoit il. Et elle respont quil auoit vnes armes blanches et vng cheual blanc. Lors recommencent tous leur deul et dient que iamais ne sen irōt tant quilz sachent aucune chose de lestat de leans. Ilz demeurent ainsi, et regardent comme les choses viendront.

A leure que messire gauuain faisoit lire les lettres qui disoient q̃ mort estoit le cheualier au blanches armes apglius des Vaulx enuoya son frere au roy artus pour lui compter ces nouuelles. Il erra tāt par ses iournees quil vint a la court et dit au roy artus. Iay veu ton nepueu et ses compaignons en la douloureuse garde et au cimitiere ou gist mort maint cheualier de la terre, et le cheualier mesmes qui fist le secours a nohaut et qui la douloureuse garde auoit conquise. Quant le roy loyt il en est moult dolēt, et la court en est toute troublee. Le roy dit quil ira et dit a la royne. Dame prenez celles de voz damoiselles qui mieulx vous plairont car vous viēdrez auec moy. Au matin si tost cōme il fut iour partit

f.ii.

le roy et erra deux iournees. Et au tiers iour il se heberga sus vne riuiere en trefz et en pauillons/et il faisoit moult grant chault. Au soir il se assist sur la riue de leaue et mist ses piez dedens/et quatre cheualiers lui tenoient dessus le chief vng drap de soye. Il commença a penser/et tantost vint de lautre part de leaue vng cheualier arme et se mist en leaue. Et quant il vint pres du roy il demande aux autres cheualiers qui estoit ce cheualier. Et le roy mesmes respont. Ie suis le roy artus sire cheualier. Certes fait il ie vous queroye. Il point le cheual des esperons et tire le glaiue pour le roy ferir/ mais leaue estoit si parfonde quil conuint le cheual nager. et les cheualiers mettent la main au glaiue et le sui tollent/et celui qui le tient en fiert le cheualier si durement quil est cheu en leaue. et vng autre sault auant et le prent au frain. Ha fait le roy vos faictes mal il se pourra noyer/celui le laisse et le cheualier se retourne. Et quant il eut ouy ce que le roy eut dit il dit. Certes voirement est ce vray

Celui cheualier estoit le sire de la douloureuse garde qui estoit tant dolent de son chasteau quil auoit perdu quil ne sui challoit quil deuenist. Il auoit propose quil occiroit le roy artus pource que par lui cuidoit auoir perdu son chasteau quil souloit possider Et la ou il sesoit sante le iour deuant quil loccirroit il lui fut respondu par vng autre cheualier que ia le roy artus ne seroit par homme desherite et ia ne mourroit mauuaisement tant auoit fait de biens et donneurs en sa vie. Et pource dit il Certes voirement est il vray. Et se tint pour fol de ce quil auoit entreprins. Et celle nupt geut le roy sur la riuiere. Au matin se leua le roy et erra tant ce iour quil vint dedens tierce a la douloureuse garde. Si ont monte iusques a la premiere porte quilz treuuent fermee dont le roy est moult dolent et dit a la royne et a ses compaignons que celle porte cuidoit il trouuer ouuerte. Or ne scay ie fait il que mon nepueu est deuenu ne mes compaignons. Lors dit au varlet qui les nouuelles lui auoit apportees. Frere ne me deiz tu pas que ceste porte estoit ouuerte. Sire fait il oy. Et si estoit elle quant ie party de ceans. Demandez encores a cest homme de la sus. Le roy regard

de contremont et voit vng homme qui sembloit estre guette. Il lui demanda. Beau sire a ceste porte este ouuerte. Sire fait il oy. Et nous pourriez vous donner entree leans. Qui estes vous fait la guette. Ie suis fait il le roy artus Sire ie vous donnerap tel conseil que ie puis donner comme au plus preudomme du monde. Et qui est celle dame la. Et le roy dit: cest la royne. Sire pour vous et pour elle ie feray ce que ie pourray. Lors sen retourne et ne demoura gueres quil amena vng vieil homme tout chanu. Et quant le roy se vit il lui dit. Sire preudomme faictes nous entrer leans. Sire fait il ie ne puis pour ceste heure/mais hebergez vous pour meshuy et dedens prime demain enuoyez moy vng cheualier et se ie puis la porte ouurir ie la ouurerap/et se ie ne seuure si menuoyez vng autre a heure de tierce. et se elle nest ouuerte enuoyez en vng autre a midy, et puis vng a nonne et lautre a vespres, tant que celui viengne qui la ouurera. Voulentiers fait le roy mais pour dieu dictes moy se vous sauez nouuelles de gauuain mon nepueu. Sire fait il vous en orrez de brief nouuelles. Le roy descet aual et se heberge dessoubz le chasteau pour les fontaines qui y sont. Au matin a heure de prime enuoya le roy vng cheualier a la porte et on lenuoya arriere, et il reuint au roy et lui dit. Sire par moy ny entrerons nous mie, car len ne veult ouurir la porte. A heure de tierce il en enuoia vng autre, et on le renuoia arriere comme lautre. Ainsi fist a chacune heure et p trops iours et si ne peut auoir entree

¶ Comment messire gauuain fut mis en prison/et comme le roy et la royne entrerent en la premiere porte de la douloureuse garde et la virent les tombes ou il y auoit escrit que monseigneur gauuain estoit mort et plusieurs autres cheualiers   Chappitre. xxiiii.

Le compte dit que quant monseigneur gauuain et ses compaignons sceurent la mort du blanc cheualier et des autres compaignons du roy artus par les lettres des tombes et par la damoiselle ilz furent moult dolens et demourerent illec iusques au vespre puis deualerent pour eulz hebergier au chasteau et encontrerent vng vauasseur qui moult sembloit estre preudomme le quel demanda a monseigneur gauuain qui il estoit. pour quoy le demadez vous fait messire gauuain. Sire fait il ie le demande pour vostre prouffit. Je suis fait il gauuain le nepueu du roy artus. Et quant le Bauasseur voit que les larmes lui cheent des yeulx il lui demande pour quoy il pleuroit. Et il dit quil pleuroit pour les compaignons du roy quil auoit veuz mors en ce chasteau. Sire fait le Bauasseur ne pleurez plus deuant que vous sachiez la cause pour quoy, car vous estes si vertueux que pas ne vous deuez courroucer. Et bien sachiez que ie suis icy venu pour vous, car en ceste terre nestes mie bien asseur tant que le sire de ce chasteau soit en si grant ire, pource ie vous prie que vous venez hebergier auec moy en ung beau chasteau et fort au ql vous aurez chacun iour tout ce que mestier est a corps de cheualier, et chacun matin que vous vouldrez icy venir faire le pourrez apres que vous aurez ouy messe ou deuant. ¶ Tout ce que vous aues la sus veu nest que mensonge, mais ie vous monstreray verite, car ie vous feray veoir vne partie des compaignons du roy tous sains que les lettres de la sus tesmoingnent estre mors. Quant messire gauuain loyt dit quil ira & quil nest terre au monde ou il nalast pour tant de preudes hommes veoir. Le Bauasseur sen ala deuant et les copaignons apres. Et quant il fut esloingne du chasteau de la douloureu se garde enuiron vng traict darbaleste il parle en secret a vng sien escuier qui auec lui estoit Et apres quilz eurent parle ensemble lescuier sen va grande asseure, et les autres vont tout bellement tant quilz approuchent dung petit chasteau qui estoit en vne isle dedens le hombre sur vne roche droicte & haulte la plus forte de son grat qui fust en tout le pais. Adoc leur fut amene vne nef ou ilz entret et naget tant quilz viennet en lisle. Len maine les dix compaignons en vne chambre pour desarmer et quant ilz sont desarmez ilz vont veoir a mont et a val la forteresse qui top estoit belle. Et au moyen estaige ilz trouuerent plus de quarante cheualiers qui les assaillent. Ilz cuident retourner mais les huys leurs sont fermez au dos. Si voyet bien que deffense ne leur peut

prouffiter, & messire gauuain dit que homme ne se deffende, et nont ilz fors gallegatin le gallois qui se print a vng deulx et se getta soubz lui a terre & lui arracha lespee des poins dont il se deffendit et neantmoins il fut fort naure. Lors messire gauuain se vint prendre et lui ont este les mains lyees derriere le dos. Et gassoupin destrangos dit que ainsi lui aide dieu que gallegatin se gallois nauoit mis tort sil ne se voulloit laisser prendre, et sil vouloit mieulx mourir que estre pris, car ie ne vy onques mes si oultrageuse trahyson. Atant les ont menez aual. Et puain le bastart veult occire le Bauasseur qui leans les auoit menez le quel faisoit haster le mengier en la cuisine. Il lui dit. Ha filz de putain traitre vous nous deuiez en foy hebergier & vous nous aues trahyz. Je ne vous feiz onques conuenant fait le Bauasseur que moult bien ne vous soit tenu, car vous serez hebergiez en vne des plus fortes maisons qui soit en toute bretaigne. Et si serez mis auec voz compaignons ainsi que ie vous ay promis. Atant sen passet oultre, mais gallegantin na pas oublie que ceulx sont nature, & ne lui chault que len face plus de lui, car il a paour de mourir en la prison, mais voulenties sen vengeroit tandiz quil est en vie. Lors aduise le Bauasseur a qui puain auoit reprouchie sa trayson. Il se sicque a lui la ou il estoit deuant le feu tout de bout et le fiert du pie si roidement quil le porte tout estendu sur le brasier et sil neust les mains lyees il nen releuast iamais. Adonc est leuee la noise et saillent sur gallegatin aux haches et aux espees Et se ne fust le sire de leans ilz leussent occis. Lors les ont aualles en vng soubz terrin dot les huys estoient de fer et le mur espez fait de carreaux ioingz de plomb et de fer. Leans estoient en prison le roy ydier & gupure de lamballe, et puain de leonel, et hadouyn de tabernouil, et hache din le petit, & lieu des traus, & girflet le filz do. & dodiniau le sauuaige, et aglouy, et le duc taulas, et mador de la porte, et lohot le filz au roy artus quil engendra en la belle damoiselle lisanor deuant quil espousast la royne, & en celle prison print vne maladie dont il mourut. Et quant messire gauuain et ses compaignons les virent et apperceurent ilz eurent assez

grant ioye car longuement auoiēt estez perduz
& ceulz furent ioyeulx & dolens quāt ilz les vi-
rent leans amener, ioyeulx de ce quilz ne cui-
doient iamais les veoir, & dolens de ce quilz
venoient en male prison

¶ Comment le cheualier blanc se combatit a
brandus le seigneur de la douloureuse garde
& lui fit fiancer prison: & comme le roy & la roy-
ne furent longuement en la dicte garde pre-
mier quilz en peussent sauoir les coustumes.

Apres que messire gauuain & ses cōpai-
gnons furent prins le cheualier qui le
chasteau auoit cōquis ne sceut riē lōg
temps apres, & quāt il le sceut il en fut moult
dolent. Vng iour aduint quil seoit au men-
gier en vne tourelle & lors entra vng varlet
leans qui plouroit moult tendrement. Et la
damoiselle qui auec le cheualier mengoit lui
demāda quil auoit. Certes iay pitie dune da-
moiselle qui sen va par dessus celle roche & fait
si grant deul que onques ne vy greigneur Et
pour quoy dit elle, Elle regrete fait il monsei-
gneur gauuain & mōseigneur yuain. Ha mes-
sire yuain fait le cheualier vous me fustes si
bon maistre & faisiez tout ce que ie vouloie, et
monseigneur gauuain me fit auoir le premi-
er don que ie demanday au roy artus & dit ql
cuidoit q ie feroye moult de prouesses. Ia dieu
ne maist se iamais ie cesse deuant que ie sache
ou vous estes. Lors sault hors de sa table & de-
mande ses armes, et elles lui sont aportees.
Si se fait armer, & la damoiselle lui deman-
de ou il veult aler. Ie veuil fait il aler veoir
ou est messire gauuain & sa cōpaignie. Ie iray
fait elle auec vous. Non ferez dit il ains me at-
tendrez ceās iusques a tant que ie soye reuenu.
Et elle lui octroye sa voulente. Et celui che-
uauche apres la damoiselle la voye que le var-
let lui enseigne tant quil sattaint a lentree de
la forest. Il lui demande nouuelles de messi-
re gauuain. Et ie les vous diray fait elle si
douloureuses que plus ne peuent estre, car il
est lui disiesme de cōmpaignons en sa prison
de celui qui a este seigneur de la douloureuse
garde. Ha damoiselle fait il puis que tant me
aues dit dictez moy ou est celle prison. Et elle

le regarde puis lui dit. Ostez vostre heaume
Et il loste. Et elle lui court maintenant les
bras tendus. Lors il la congnoist et voit que
cest vne des damoiselles de sa dame du lac.
Il lui fait moult grant ioye, & elle lui compte
que sa dame lauoit envoyee a lui pour vne cho
se quelle auoit oublie a dire a lautre damoi-
selle premiere venue, mais sen ma dit fait el-
le sa ou messire gauuain est prisonnier q vo9
estiez mort en la douloureuse garde et pource
ie ny osay estre car ie ne sa pouoie veoir. Quel
le chose fait il fut ce q ma dame oublia a me
dire. Cest fait elle que vous ne mettez pas vo-
stre cueur en amours pour en deuenir pare-
sseup mais pour amēder, car cueur qui deuiēt
paresseux ne peut a haulte chose paruenir ne
attaindre. Et celui qui tousiours desire amen
der peut attaindre a toutes haultes choses ain
si quil lose entreprendre. Et il lui dit. Belle
doulce amie ou est messire gauuain en prisō
Ie vous y meneray fait elle. Lors retournent
tous deux et viennent en vng petit bocage sur
lisle ou messire gauuain est en prison. Et elle
dit nous nous embuscherons icy. Ilz nont il
les gueres demoure quilz voyēt yssir iusques
a quinze cheualiers tous armez qui passerēt
leaue en vne grande nef et prēnent leur chemī
vers la douloureuse garde, & le cheualier les
laisse approuchier. Lors leur laisse courre tāt
comme le cheual peut aler et met deuant lui
lescu dargent a trois bendes que la damoisel-
le quil auoit laissee au chasteau lui faisoit por
ter. Si tost comme ilz le virent il ny eut onc-
ques si hardi qui ne tournast le dos, et le sire
de la garde douloureuse tout le premier, car
a lui estoient tous les autres. Et quant vint
a la nef ilz ne peurēt mie tous a temps entrer
dedens pource quil les suiuoit de trop pres. Il
met la main a lespee et leur court sus tellemēt
quil en demoura quatre tant de occis que de
naurez, et les autres passerent dedens lisle a
sauuete. Ainsi eschappa le sire de la douloureu
se garde qui auoit nom brāduz Et le cheuali
er reuint moult dolent au chasteau quil auoit
conquis

Landemain fut le quatriesme iour que
le roy estoit venu. Lors enuoya vng
cheualier au chasteau pour le conuenant qui

auoit este fait/mais il ny eut qui lui osast ou
urir deuant que le bon cheualier le comman-
dast. Le cheualier veult au roy ⁊ dit ce q̃ l auoit
trouue. Et le roy en est moult courrouce ⁊ se
assist sus le ruisseau dune fontaine ⁊ commen
ca a p̃ ser moult longuemẽt tant que tierce pas
se. Et les cheualiers dient a la royne. Dame tier
ce passe et le roy nenuoye personne a la porte q̃
ferons nous. Certes fait elle ie ne scay ie ny
oseroye enuoyer s il ne le commandoit/et il pẽ
se trop longuemẽt. Le cheualier q̃ le chasteau
auoit conquis yssit pour veoir les gẽs du roy
⁊ auoit commande aux gens de leans que se
le roy y enuoyoit a tierce la porte luy fust ou-
uerte/mais que homme ne y ssist hors de leãs
de ceulz de leans auoit assez sur les murs du
chasteau qui moult desiroiẽt que les douloure-
ses coustumes de leans fussent abatues. Et
le portier qui nose dire mot ny ozs mettre per
sonne fait signe a vng vieil homme quil ap-
pellast le roy artus Et celui commence a cri-
er. Roy artus sire passe. Et aussi commẽcẽt
les autres sus tant que la valee en retentist.
Quãt la royne ⁊ les cheualiers oyent les voix
ilz viennent deuant la porte ⁊ sont moult do
lens au roy quil ne laisse son penser. Et lors
vit par deuãt eulx le cheualier q̃ le chasteau
auoit conquis/⁊ auoit a son col lescu dargẽt
à la bende vermeille ⁊ dit a la royne. Dame
vouldriez vous leans entrer. Certes sire fait
elle oy moult voulentiers. En verite dame
pour vous sera sa porte ouuerte. Le cheualier
appelle la guette ⁊ lui dit. Ouurez la porte.
Voulentiers fait il/⁊ le cheualier entre le pre-
mier/mais il est si esbahy de la royne quil se
oublie tout ⁊ a riens ne pense fors a la veoir.
Il est monte en hault dessus la porte et la les
attent. La porte fut reclose si tost comme il fut
entre dedens et iecta vng si grãt cry que le roy
en laissa son penser ⁊ demãda qui ce auoit fait
Et quant len le lui eut compte il dit a lieu le
seneschal quil voise veoir s il pourra leans en
trer. En y alant il rencontre la royne qui ia sen
vouloit venir/car elle cuidoit que le cheualier
leust deceue et lui compte comment. Lors re-
garde lieu contremont ⁊ voit le cheualier/si
lui dit. Ha sire cheualier vous aues fait vil-
lainement qui ma dame auez mocquee/mais

il ne sentendit mie. Et la damoiselle qui la-
uoit amene de la douloureuse chartre ou mes
sire gauuain estoit en prison le boute ⁊ lui dit
Noupez vous poit commẽt ce cheualier vous
blasme. Le quel fait il. Et elle lui monstre.
Sire fait il que dictes vous. Je dy fait lieu q̃
vous tenez bien ma dame pour musarde ⁊ moy
quãt vous ne daignez ouurir la porte ⁊ si lui
promistes/⁊ a moy mesmes ne voulustes par
ler. Qui estez vous fait le cheualier. Je suis
fait il lieu le seneschal. Lors regarde cheua-
lier ⁊ voit la royne qui ia sen aloit par ennuy/
⁊ il en est si dolent que a peu quil nenrãge
pource quil scait en quelle est courroucee. Il
vient a la guette ⁊ lui dit. Ne te commanday
je pas que tu laississes ma dame la royne en
trer ceans. Et il dit nenny. Lors met sa main
a lespee ⁊ iure grant serment/se tu ne fusses si
vieil ie te occisse pour ta folie. Or leuure tost ⁊
garde que plus ne soit fermee. Lors lui est son
cheual amene ⁊ il monte dolent ⁊ pensif. La
damoiselle ne lui scait tant demãder ou il va
qu il le lui vueille dire fors quil reuiendra de
brief. La damoiselle euure la porte ⁊ les nou-
uelles en viennent au roy. Et il vient hastiue
ment ⁊ entre dedens lui ⁊ la royne ⁊ tous les
autres. Et quant ilz furent leans ilz trouue-
rent lautre porte fermee. Lors vont au cimitie-
re ⁊ le roy commande que l en lise les lettres.
Le clerc commẽce a lire ⁊ treuue que la gisoiẽt
mors plusieurs cheualiers de la maisõ du roy
artus ⁊ dautres. Puis viennent a vne tombe
ou le nom mõseigneur gauuain estoit escript
Et y auoit. Cy gist messire gauuain/⁊ beez
la sa teste. Et ainsi de messire yuain en vne au
tre tombe/et de tous les dix cheualiers qui
estoieut venuz ensemble. Quant le roy l oyt il
fait vng deul merueilleux ⁊ la royne ⁊ tous
les autres. Et apres quilz ont grant piece me
ne leur deul la royne demande se lautre porte
leur seroit a piece ouuerte Et la guette leur dit
quilz y venissẽt ainsi a chacune heure du iour
comme ilz auoiẽt fait a lautre. Lors se retrait
le roy en ses loges/⁊ oncques ne voulut le soir
boire ne mengier.

¶ Cõment le cheualier blanc deliura messi
re gauuain/⁊ les cõpaignõs q̃ estoient en la pri
son de brandus ⁊ les enuoya au roy artus

f.iiii.

La premiere

Le cheualier blanc cheuauche malade et pensif pour l'amour de sa dame la royne qui auoit beue, car il l'aymoit de si grant amour des le premier iour qu'il fut fait cheualier quil n'aymoit tant ne soy ne autre. Et pource quil doubte estre en sa hayne il pense faire tant d'armes quil aura messire gauuain ou il mourra, et par ce s'il en peut a bon chief venir il espoire recouurer l'amour de sa dame. Ainsi cheuauche moult pensif vers la douloureuse extree et se met au bocaige. Longuement fut effrayant et ia estoit sur le vespre, il regardee et voit venir vn hermite sur vng grant asne. Il estoit de moult bel aage, et auoit este vng des plus fors cheualiers du monde, et s'estoit rendu pour vne perte qui auenue lui estoit de douze filz quil auoit euz lesquelz moururent tous en vng an. Quant l'ermite entra dedens le boys le blanc cheualier lui vint a l'encontre et lui demande dont il vient. Et il lui respont moult doulcement quil vient de ce chastelet. Sire fait le cheualier qu'auez vous la fait, et le bon homme commence a pleurer et lui dit. Certes ie y ay a moult grant peine. Lors lui montre le calice qui estoit soubz sa chappe puis dit. Je y ay a pour deux cheualiers qui sont malades. Et qui sont ilz fait le blanc cheualier. Sire fait il gallegantin le gallois en est vng et loholz le filz au roy artus qui est malade de s'enfermete de la prison, et l'autre est fort naure, et sont tous deux en grande auenture de mourir. Lors commence le cheualier a souspirer et lui demande de monseigneur gauuain et de monseigneur yuain. Et l'ermite dit quilz sont tous sains. Mais qui estes vous sire fait l'ermite. Je suis fait il vng cheualier errant. Lors lui dit l'ermite. Je croy que vous estes celui qui la douloureuse garde a conquise, que attendez vous icy. Et il dit que voulentiers mettroit paine de deliurer les prisonniers du roy artus. En verite fait le preudomme ie vous conseilleray bien. Au iour du pce me ie m'y en aloye ie ouy deux escuiers parler de leur harnois, et que le sire deuoit en droit minuyt partir pour assaillir le roy artus, c'est celui a qui fut la douloureuse garde, et hait plus monseigneur le roy que autre homme fors vous, si conseilleroye que vous le lui feissiez sauoir affin quil ne fust surprine. Et le cheualier dit quil l'e garantira bien, mais ie vueil auant sauoir vostre hermitaige. Ce me plaist bien fait le bon homme. Lors s'en va auant et le cheualier apres tant qu'ilz viennent en l'ermitaige qui estoit assis en vng tertre ront et clos richement. Le cheualier prent congie de l'ermite et dit quil va aduertir le roy de ses ennemis. Beau sire fait l'ermite se vous auez mestier de nous venez ceans seurement. Et il dit que si feroit il. Atant s'en partit et retourne la ou il auoit trouue l'ermite, et attent illec longuement, et la nuyt approuche, et il se pense quil n'en auerti oit ia le roy, car il cuide bien tout seul y mettre conseil. Il attent qu'il est toute nuyt, et la lune commence a leuer. Ceulx du chasteau s'attournent et tantost passent hors et passent, et il les laisse cheuaucher tant quilz sont ouure, puis et les suiuit de loing. Quant ilz furent pres de la douloureuse garde ilz se mettent contremont le tertre. Lors leur laisse courre le blanc cheualier si comme le cheual peut aler, et fiert le premier qu'il attaint tellement quil se rue mort. Il laisse le glaiue, et trait l'espee, et donne grans coups a destre et a senestre a ceulx qui attendre l'osoient, mais il n'y demeure gueres car l'ost du roy fut esueillie par le cry, et pour guettes qui veoient les armes commencerent a crier trahy trahy. Et ceulx s'en vont maintenant a la voye par dessoubz le chasteau, et le blanc cheualier les enchasse a grans coups leur donne dont ilz sont esbahyz a merueilles, car ilz cuident bien que ce soit tout l'ost du roy artus. Et le cheualier voit les gens du roy qui approuchent. Lors s'adresse a celui qui plus lui semble estre riche d'eulx tous, et qui plus est arme cointement, car bien lui est aduis que ce soit le plus grant maistre de tous les autres et si estoit il. Il lui donne tel coup dessus le heaume que tout l'estonne et le fait pendre au col du cheual aux deux mains. Et ses gens du roy artus venoient a grant haste. Et quant ceulx les voyent venir ilz s'en fuyent tant quilz peuent, mais celui que le blanc cheualier eut feru demoure derriere moult estourdy et son cheual s'adresse vers le humbre qui a destre part du chasteau couroit et l'emportoit legierement. Le blanc cheualier le suit de pres et le prent au col et le tire a terre, puis lui va par dessus le corps

partie

tant que tout se debrise. Lors est descendu et sui arrache le heaume de sa teste/ et se menace de la lui coupper/ mais cesui ne peut respondre et gist pasme. Et lors cuide bien le cheualier quil soit mort dont il est trop dolent pour mon seigneur gauuain/ et les autres/ car par ce les cuidoit auoir perdus. Grant piece geust en pasmoison: et le cheualier en a moult grant dueil et dist que iamais ne ira par dessus cheualier se il ne le ueult occire. A chief de piece reuient le cheualier de pasmoison et se plaint moult durement. Et le cheualier ne fait pas semblant quil en soit courrouce. ains dist quil lui couppera sa teste. Il haulse lespee et lui abat sa ventaille et cesui lui crie mercy et bien se congneust maintenant a lescu quil porte et lui dist. Haa gentil cheualier ne me occies mie se vous aymes le roy artus: car trop feries grant follie. promettes donc fait le bon cheualier tenir prison en tous les sieux ou ie vouldray. Voulentiers fait il fors en ce chasteau la/ car ia ne entreroie ie en quelque maniere. Si y viendres vous fait il ou ie vous y mettray a force. Et le cheualier respont: Vous me y menerez donc mort/ car vif ny entreray ie pas. Et si y perdres mon seigneur gauual et pp. autres des compaignons du roy artus. Et se en autre prison me mettes ie les vous rendray tous ains quil soit demain a nuit. Quant cesui sentent il a telle ioye que onques mais ne eust si grande. et dist que sil veult ainsi faire il nentrera ia par lui au chasteau. Lors lui promet et lui rent son espee. Sire fait il ou me vouldries vous mettre en prison. Ie vous mettray dit il chieux ung hermite quiest en celle forest et vous mesmes me y menerez la droite voie. Le blanc cheualier le fait monter derriere lui et il monte a moult grant paine car moult estoit blecie.

Atant sen vont tous deux vers lermitage et ia retournoient les gens du roy artus de la chasse. Le roy leur estoit ale encontre et sen reuenoit auec eulx. Et le blanc cheualier passoit par la place ou le chaple auoit este. Et il tenoit ung glaiue quil auoit oste a ung de ceulx qui sen fuioient. Ilz ont bien veu le roy et ses gens qui les auoient aussi bien veuz eulx deux. Haa sire fait le cheualier conquis veez cy les gens du roy et ie ne vouldroie che oir en sa prison pour tout le monde. Maies dous

te fait le blanc cheualier car sil vous emmaine il me occira auant ou ie seray en tel estat que ie ne vous pourray aider. Lors cheuauche sa droite voie. Et lieus seneschal sen vient aps et lui crie. Arrestes sire cheualier/ car mon seigneur le roy veult sauoir qui vous estes. Et il ne respont mot. ains cheuauche tousiours. et lieu vint iusqs a lui et sui dist. Sire vous estes trop orgueilleux qui ne daignes au roy parler. Que voules vous fait cheualier ie vueil fait il sauoir qui vous estes. Ie suis dist il ung cheualier. Et cesui de derriere vous est il prisonier. Oy fait il/ que en voules vous dire. Lors cogneust lieu a son escu que cestoit cesui q auoit fait la royne muser et qui fist la porte ouurir. Haa fait lieu vo9 fustes hier ma dame muser deuant sa porte. Et le cheualier que vous portes voulut deuant hier occire mon seigneur le roy: ie le cognois bien aux armes ql porte. Le cheualier ne respont rien que lieu lui die. et cheuauche tousiours et lieu se tient a despit: si lui dist. Sire cheualier cesui que vous portes est ennemi a mon seigneur le roy et ie suis son homme ie seroie pariure se ie souffroie que la ennemi du roy sen allast ainsi/ mais bailles le moy et ie le rendray a mon seigneur. Encores nest mie venu cesui qui a force le menera. Et saurap ie fait lieu. Lors voulut prendre le cheualier conquis. Et le blanc cheualier lui dist que se il y met sa main il la lui trenchera. Voire fait lieu. Or le mettes donc a terre. et qui a force le pourra mener si lemaine. Ainsi maist dieu fait il ia pour vous ne descendra. Lieu vient arriere grande erre sa glaiue alongnie se blac cheualier sauise au rap de sa lune. Lieu brise sa lance et cesui le assene par my sa senestre cuisse et lui met le fer et fust et le cousist a larson dedeuant et se porte a terre et au parcheoir brise sa iambe. Et le blanc cheualier lui dist. Sire lieu ores poues sauoir se ma dame de nohaut fut engignie. Atant sen part le roy et ses gens viennent ou lieu gist et le treuuent pasme. Ilz lemportent aux tentes sur son escu et le blanc cheualier se mist en la forest et cheuauche tant ql est venu chieux lermite. Il fist ouurir luys de la chapelle et compta au preudomme les couuenances et fist iurer presentement au cheualier conqs que loyaument les tendroit. Et ie vous

La première

iure fist il apres que se ie Roy q̄ vous me vueil lez decouurir ie vous couperay la teste. Quant ilz furent venus de la chappelle le cheualier conqe enuoia lermite a la douloureuse chartre pour amener son seneschal mais auāt lui fist iurer le blāc cheualier ql en exploitera loyau ment. Lermite est monte sur son asne et vient au chasteau et amaine le seneschal tout seul par les enseignes que son sire lui a mandees. Et son sire lui dist voiant le blanc cheualier quil lui amaine mon seigneur gauuain et tous les compaignons du roy. Et celui sen part et fait ce que son seigneur lui eut comande. Et quāt il fut reuenu a son seigneur il estoit ia haulte prime et amena les cheualiers, et le sire du cha steau leur dit. Seigneurs fait il ie vous com mande q̄ vous facez tout ce q̄ ce cheualier vo⁹ commandera comme ses prisoniers et ie vous quitte endroit moy. Et le blāc cheualier se tiēt embronchie que ceulx ne le congneussent, et si auoit le heaume lace. Lors se traient tous les compaignons vers lui comme ses prisoniers Et lautre sen va maintenāt lui et son seneschal Lors dist lermite au blanc cheualier. Haa si re se vous le laissez aler iamais ne cesseront les enchantemens du chasteau. Et il dist quil lui auoit ainsi en couenant. puis dist a mō seigneur gauuain et a tous les compaignōs que par sa foy quilz lui deuoiēt ilz ne se meus sent dilec iusques a tant quil reuiengne pour leur bien et pour leur honneur. Et ilz dient q̄ non feront ilz. Et ie reuiendray fait il ennuyt ou demain. Atant sen part et vit a heure de tier ce a la douloureuse garde. et treuue la damoi selle qui les escuz lui eut apportez qui lui dist Beau sire fait elle ay ie assez prison tenue. Bel le doulce ampe fait il, nenny tant que iauray trouue mon seigneur gauuain et ses compai gnons, et q̄ le roy et la royne seront ceās et lors nous en irons vous et moy ensēble. Lors vint au portier et lui demāda se le roy enuoia huy a la porte. Et il dist ouy, des prime. Or garde q̄ quant il y enuoiera que tu dies que tu ne lou uriras que a lieu le seneschal. Atant vint hors du chasteau et va tout entour le tertre tāt quil vint deuant lost du roy artus. et ia passoit ti erce. Et ceulx du chasteau commencent a crier heure passe, heure passe. Quant le roy louyt

il enuoia vng cheualier et la guette dist ql ne louurira que a lieu le seneschal et celui le veua dire au roy. Et le roy dist ql lui fera porter ai cois que il ne y entre car il gisoit malade de la plaie ql auoit la nuit eue. Le roy le fist porter deuant la porte et y ala et la royne et maīt au tre cheualier. Et le blanc cheualier sen vint de uant la royne et lui dist. Dame vous y entre riez voulentiers. Et elle dist que se feroit mō Lors comence a penser tellement de la royne quil ne sauoit ou il estoit. Le portier se semon noit de dedens entrer, mais il ne souyt pas et son cheual auoit la teste tournee duers la por te si entre ens et le cheualier regarde tousiours arriere tant que le portier reclost sa porte et elle iette vng grāt brait. Et lors viēt lieu a la por te que quatre barles apportoient en vng drap Ilz treuuent la guette dessus en hault qui lui demande son nom et il se nomme. Dōc y entre rez vous fait la guette. Atant defferme et la porte et le roy commence a approuchier Si lui demande celui de hault. Sire roy vouldriez vous entrer ceans. Et il dist que oy. Dōc vous couient il promettre loyaument comme roy que vous ne homme de vostre compaignie ne ferez force de parler a homme de ceans, et il le promet. Lors font les portes ouurir et entrent tous et voient le chasteau moult beau par de dens et en toutes les maisons de la ville auoit loges ou bas ou hault et estoient toutes plai nes de dames et de damoiselles et dautres gēs qui plouroient tous et ne disoient mot, mais ilz le faisoient pour le roy esmaier tant q̄ tout beau lui fut quant ilz daignerent a lui parler Ilz ne esperoient point que homme mist cōseil en leur angoisse que lui: et pource lui auoient ilz fait promettre quilz ne seroient de par lui efforcez de parler ne de par sa compaignie. Le roy descent en vne salle mais il ne y treuue hō me ne femme dont il fut moult esbahy. Si dist a la royne. Or suis ie ceans et si ne scay de leur estat neant plus que ie faisoie la hors. Sire fait la royne il vous conuiēt vng peu souffrir car cellui qui tant nous en amonstre: no⁹ mō strera encores comme ie espoire tout le surplus Sire fōt les autres ma dame la royne vous dist vray. Ainsi parlent entre eulx et le blanc cheualier fut entre au pallais et oste lescu au⁸

bendes et p̃et celui aup trois et laisse les deup
damoiselles pour aler a mō seigneur gauuaī
Et quant il vint eū mp les rues se leua vng
crp par le chasteau. prenez le pnez le. Et lors
sault hors le rop et la ropne et tous les autres
et voient les portes moult bn̄ fermees. Quāt
le cheualier voit les portes closes il regarde
vers lostel du rop et voit la ropne vers lups de
la salle. et il se pense que sans la veoir il ne sen
ira mie. Lors vient celle part et descent quāt il
fut pres de elle et toutes les gens commencēt
a crier comme dessus. Le rop vient vers le che
ualier et celui le salue/et le rop lui. Ces gens
fait le rop me crient que ie vous prengne Sire
faites leur dire pour quop/ car ie ne seur cuide
auoir rien mesfait. Le rop p enuoia pour le sa
uoir et les gens sestoient mis en lautre belle. et
le rop dist a la ropne et a ses cheualiers ie suis
moult esbahp car ie ne scap riens de lestat de ce
as. Et le cheualier lui dist. Sire le vouldriez
vous sauoir. Sire cheualier fait la ropne voi
rement le voul droit il bien. Et le cheualier est
moult dolent quil na lieu et temps de lui en di
re ce quil en scait. Atāt sen est pssu par la saul
se posterne et fiert le cheual des esperons tant
qi est venu en la forest et les messages du rop
sont venus demāder aup gens pour quop ilz
auoient crie que le rop retenist le cheualier. Ilz
lui dient. Sire par ce cheualier pouiez sauoir
tout lestat de leans. Haa fait le rop nous som
mes abuses. Si maist dieu ie sen ap laisse a
ler. Ainsi qlz parloiēt la porte du chasteau ou
ure. Puis entrent ens cheualiers dames et da
moiselles et apportent a mengier au rop tout
appreste Et cestoient ceulp de la ville qui a
uoient crie que le rop retenist le cheualier/ car
ilz ne auoient mie congie de p mettre la main.
encores cuidoient ilz que le rop le eust retenu.
Et quant ilz sceurent que le rop sauoit laisse
aler ilz en firent moult grant deul: et le rop dit
quil ne sui en desplaisoit pas mais que a eulz
mais fait il ie ne mē prenoie mie garde. Celle
nuit fut le rop moult bien hebergie. Et par der
rier la salle ou il estoit auoit vne moult haul
te tournelle et ioignoit au mur du passais. en
celle tournelle auoit vne guette q moult ma
tin corna pour le point du iour et maintenāt se
leua le rop et la ropne et tous les autres.

Quant le blanc cheualier sen fut party
du rop et de la ropne il ala tout droit a
messire gauuain et aup autres compaignōs
et leur dist. Seigneurs ie vous quitte tous
ce que vous estes en ma subiection par vng cō
uenant que erans demourrez encores ennupt:
et le matin vous en irez a la douloureuse gar
de La trouuerez le rop et ma dame sa ropne si
les salues et les merciez de ce que vous estes
hors de prisō/ car bien sachiez que cest par eulz
Haa sire fait messire gauuain qui estes vous
Je suis fait il vng cheualier et plus nen pouez
ores sauoir. Je vous prie quil ne vous en poi
se Atāt le commandent a dieu: et il cheuauche
celle nuit tant comme il peut vers la maison
de religiō ou il auoit laisse ses escuiers. la nuit
geust chieux vng vauasseur: et lendemain cō
menca moult matin a cheuaucher par la voie
q le vauasseur lui monstra.

Cōme le cheualier blanc deliura messire
gauuain et les compaignons qui estoient en
la prison de brandins et les euoia au rop artus

Quāt le rop fut leue au matin il ne sceut
que faire. En la tournelle ou sa guette a
uoit corne estoient deux pucelles en ostage: et
cestoient celles q̄ sa dame du lac auoit euoiees
a lancelot. Et celle qui eut les escus apportez
fut venue au fenestres et voit la ropne. Si lui
dist. Dame bon hostel auez enuit eu meilleur
que ie nap La ropne lieue le chief et la regarde
Damoiselle fait la ropne ie ne vous p sauoie
mie. Et vous eusse ie peu aider. Op moult bi
en fait elle. Comment fait la ropne. Je ne le
vous diray pas maintenant fait la damoisel
le. Et ce disoit elle pource que elle souspecon
noit que le blanc cheualier lapmast. et cuidoit
que la ropne lapmast aussi. Ainsi quilz parloi
ent ilz voient vne grande route de cheualiers
entrer parmp la porte: cestoit messire gauuaī
et sa compaignie. Lors fut grande la ioye que
le rop eut et baise son nepueu et tous les autres
et demāde ou ilz ont este. par ma foy fait mes
sire gauuain nous ne sauons: fors que nous a
uons este en vng chastel. et quant nous p cui
dasmes estre hebergiez nous feusmes prins/
mais vng cheualier nous a deliurez et nous
a dist que nous en mercions vous et ma da
me. Et sauez vous qui il est fait le rop. Sire

nenny fois quil porte vng escu et trois bendes ¶Haa fait la royne: ceft noftre cheualier. Et le diftes vous defarme fait la royne. Nenny fōt ilz / car oncques son heaume ne voulut ofter z pource ie soufpeconne fait meffire gauuain que aucun ne feuft congneu se il leuft veu desarme. Par ma foy fait le roy ie me en puis bien aler. Et la pucelle qui eftoit en fa tournelle oyt le roy si fui crie. Comment roy artus fait elle tēn vas tu z me laifferas en prifō z ne fcauras rien de laffaire de ceans. ¶Damoifelle fait le roy ce poife moy. Et meffire gauuain demande que ce eft: z fen lui compte. Et il fe merueille moult. Damoifelle fait le roy pourroit lē deliurer. Oy fait elle mais paine y conuendroit mettre. Paine fait le roy. Ie lui mettray voulentiers puis q ie fay en conuenant. Damoifelle fait meffire gauuain bē en pouez croire mon feigneur le roy. Or dictes cōmēt vous en pouez eftre deliuree. Ie ne puis fait elle eftre deliuree q par le cheualier que le roy laiffa aler. Comment fe congnoiftrons nous fait meffire gauuain. A fa premiere affemblee qui fera au royaume de fogres oirez de lui efeignes z a fa feconde z a fa tierce: Damoifelle fait meffire gauuain fil vous mandoit que vous iffiffiez de ceans en iftriez vo? Nenny de vray fait elle se ie ne veoie fon corps. Sire fait il au roy fachez que ie ne getray iamais en ville fe prins ou malade ne fuis tant q ie fache qui eft ce cheualier. Quāt le roy le ot il fui en poife moult Et gauuain lui dift. Sire: le roy douftre les marches a couru fus vous z vous guerroye: mandez lui que vous ferez dedens fa terre de huyt z vng mois z ql pourchaffe a foy deffēdre A cefte affemblee fe il y vient vous oirez nouelles de lui ¶Et le roy dift / Voulentiers mais vous demourrez iufques a lors. Ce ne peut eftre fait il. Lors enuoye le roy fes meffages au roy de oultre les marches de gallonne z lui māde le iour de laffemblee. Et lors fen part de la ville. z mon feigneur gauuain pift conge de lui z entre en fa quefte.

¶Comme le blāc cheualier retourna a fa baye ou laiffe auoit fes efcuiers / fi encontra vne damoifelle qui lui dift laffemblee qui deuoit eftre entre le roy artus z le roy doultre les marches. Et comme il conquift le cheualier q

difoit mieulx aymer le cheualier qui auoit nature que celui qui fauoit efte.

Quant le cheualier qui conquift la douloureufe garde fe fut pty de la maifō du vauaffeur il erra tāt ql vint a fa maifon de religiō ou fes efcuiers eftoiēt, mais il ny geuft q vne nuit. et on auoit affez ouy parler du cheualier qui auoit conquife la douloureufe garde z fi ne fauoit onque qui fut il. A lendemain fen partift z cheuaucha tout le iour fans auāture trouver. Et lendemain fe leua bien matin et cheuaucha iufques a heure de tierce: z encōtra vne damoifelle fur vng palle froy: le cheualier auoit fon heaume hors de fa tefte et le portoit fon efcuier auec fon efcu couuert de vne houffe Le cheualier faltua la damoifelle: et elle lui. Puis lui demande. Damoifelle / quel befoing vous maine fi haftiuement. Sire fait elle ie porte nouuelle a tous les cheualiers qui veulent conquerre los et pris que au tiers iour apres la fefte noftre dame en feptembre fera la grāde affemblee entre le roy artus et le roy de oultre les marches / en la marche qui eft entre godare z la migire. Et le mande ainfi ma dame fa royne femme du roy artus. Et pour dieu fe vous fauez nouuelles du cheualier qui conquift la douloureufe garde ji le me dictes car ma dame lui mande feil attent iamais a avoir fon amour quil y foit. et moult le defire a veoir. Lors fut fe cheualier fi efbahy quil ne dift mot de vne grant piece. Et la pucelle luy prie fe il fcait nouuelles du cheualier q il lui die. Et cefui a grant paour que elle ne le congnoiffe. Et lui dift. Damoifelle par voftre foy le congnoiffez vous z elle lui iuro q nēny Veritablement iay geu ēnuit la ou il geuft / et bien fache ma dame que il fera a celle affemblee fe il ne meurt entre cy et la. En verite fait la damoifelle ien fuis tres ioyeufe. Le cheualier fe part atant de elle. Et lendemain a heure de prime encontra vne grande route de gēs a pie z a cheual et au millieu auoit vng grāt cheualier a cheual qui auoit a la queue de fon rouffin vng homme lie par le col de vne corde z eftoit en chemife z defchaufe z auoit les yeulx bendez z les mains liees derriere le dos. et eftoit beau cheualier a merueilles. Il auoit au col pendue vne tefte de femme. Le blāc che

partie

ualier le voit. Si l'arreste et lui demande qui il est. Sire fait il ie suis cheualier a ma dame la royne et ces gens icy qui me haiët me mainent a mort ainsi honteusement comme vous voiez pource que ilz ne me osent faire mourir publiquement. Et le blanc cheualier lui demãde de quelle il se reclame. Et il lui respont que c'est la royne de Bretaigne. Lors dist le cheualier blanc. Certes l'en ne deust mie si villainement cheualier mener comme l'en vous maine. Et celui qui ainsi le traine respõt. Si fait encores plus, car il est traistre et desloyal et a cheualerie renoiee et si s'ap repris de traison et en se rap la iustice selon son forfait. Et le blanc cheualier lui dist. Beau sire il n'est pas honeste que vng cheualier destruise ainsi vng autre par soy mesmes. Se il vous a fait traison faictes le appeller a court et en demãdez et prenez vëgence a vostre honneur. Je ne le feray pas appeller a autre court que en la mienne car ie le ay ataint et prouue de ma femme dõt il me faisoit honte. Et encores en y a il les enseignes au col, car vous en voiez la teste. Le cheualier qui estoit lie iure grant serment que oncques ne le pësa. Haa sire fait le blanc cheualier puis qu'il n'ye le forfait vous ne auez droit ne cause de le destruire: et ie vous conseille que pour vostre hõneur le laissez aler atant: et pour l'amour de moy qui oncques ne vous pria. Et se il vous a mesfait si en requerez la iustice ainsi comme ie vous a dit. Et celui iure et dist que ia la iustice n'en enquerra ailleurs puis qu'il se tient. Par ma foy fait le blanc cheualier vous võ⁹ mefferiez puis qu'est cheualier de ma dame la royne. Et l'autre dist que pour la royne ne laisserá il pas qu'il ne l'occie. Non fait le blãc cheualier. Or sachez bien qu'il ne mourra meshuy par võ⁹ car ie le prens a garantir contre tous ceulx que ie voy icy. Lors lui oste la bëde des yeulx et la corde dont il estoit lié par le col et par les mains et les gens au grãt cheualier saillët aux arcz et aux saiettes et font semblant qu'ilz le veulët occire. Et il dist au grant cheualier. Beau sire traiez voz gens arriere, car s'ilz frappent ne moy ne mon cheual ie vous asseure que ie vous occiray tout le premier et eulx apres. Lors lace son heaume et prent son escu. Il en y eut aucũs qui traiyrent: non pas pour lui mesfaire mais

pour le seigneur qui leur commandoit. Et ilz failloient tout de gré, car moult leur desplaisoit de la mort du cheualier. Et il voit bien que ilz ne ont vouloir de lui nuire. Il laisse courre au seigneur qui leur cõmande a traire et se fiert en my le ventre de son glaiue. Et se empaint si durement qu'il le porte a terre tout estendu et par vng peu qu'il ne l'a tout debrisé. Et lors se mettent a la fuite tous les autres. Et celui a prins le cheual dont il le eut abatu et l'amaine au cheualier qu'il auoit deslié et dist. Or montez sire cheualier et vous en venez auec moy. Le cheualier monte et dist a l'autre. Sire ie suis bien pres de ma sauueté car cy pres a vng lieu ou ie n'auroie garde se ie y estoie: et ie iroie bië se vous voulie. Je le vueil bien fait le blãc cheualier. Sire fait il qui dirap iea ma dame la royne qui me a garanty. Je ne scay comment vous auez nom. Mon escu fait il lui deuisez, car mon nom ne pouez vous sauoir. Et bien lui dictes que par elle estes deliure. Le cheualier s'en va a la royne et la mercie, et lui deuise l'escu au cheualier: et elle le congneust tantost et sceust bien que c'estoit celui qui la douloureuse garde auoit conquise. Et en fist moult grãt ioye. Et le cheualier blanc cheuauche iusques au vespre et passa par deuant vne bretesche ou il ouyt chanter vne damoiselle et commença a penser. Le cheual l'emporte ou il veult et la terre estoit en maretz et estoit seichie. L'este auoit este moult grãt et se fut la sepmaine de la my aoust. Les creuaces estoient grandes et le cheual n'estoit mie fraiz car il auoit erré grãt iournee. il se combla des pies de deuant et cheut en vne creuace moult grande et le cheualier tũba dessoubz et y demoura moult longuemët tant que ses escuiers le releuerent. Lors se tint fort blecé et se dolut moult et monta a grant paine et les arcons de derriere estoiët tus desrompuz et l'escu fendu en trois pieces. Puis a tant cheuauchié qu'il est venu a vne croix en vng cimitiere et voit vng homme de religion deuant la croix a genoulx. Il le salue et celui lui. Beau sire fait vng des escuiers au bon homme. Ce cheualier est moult blecé. Et pour saincte charité enseignez nous ou il pourroit auoir hostel pour meshuy, car le cheuaucher le greue trop Je le vous enseigneray fait le preudõme de par dieu. Or me suiuez: lors sen va deuant et ilz le suiuent Et il demande au cheualier commēt il auoit este blece: ⁊ il lui compte commēt. Si re fait le preudomme vng conseil vous donne roie se vous me vouliez croire. Et il dist que moult voulentiers le croira. Je vous cōseille fait il q̄ iamais au iour de samedi ne cheuau chiez: se ce nest pour vostre honte vengier, car maings vous en aduiendront de maulx. Et il lui promet que iamais ne lui aduiendra quil puisse. Et vous sire que estiez vous venu fai re sa ou nous vous trouuasmes. Sire fait il cest vng cimetiere ou gisent les corps de mon pere et de ma mere: ⁊ ie y vois chacun iour di re ma patenostre pour lamour de eulx auec ce que dieu ma apris de bien. Atant sont ve nuz a vne maison de religion dont celui pieux dōme estoit ⁊ ilz y furent a moult grant hon neur receuz: ⁊ demoura leans le cheualier dix iours ⁊ y fut baignie ⁊ medecine, car moult e stoit blece. Le vnziesme sen partist ⁊ laissa le ans lescu aux trois vendes / car il ne vouloit mie estre congneu. ⁊ en emporta vng de syno ple a vne bede de bel sif que ses escuiers auoiēt fait faire en vne cite qui est pres de la religion. Ainsi erre le cheualier grant piece tant quil en contra vng iour vng cheualier arme qui lui de manda qui il estoit. Et il respont. Cheualier suis au roy artus. Au roy artus fait lautre. Vous estes au plus fol roy du monde. Com ment fait le cheualier blanc. Pource fait il que sa maison est plaine de fol orgueil, car vng cheualier naure y a sa cuen on lui bailla vng cheualier qui se deuoit vengier de tous ceulx q̄ diroient quilz aymeroiēt mieulx celui qui lui auoit ce fait que lui: ⁊ se il auoit la prouesse de mon seigneur gauuain, ⁊ de telz quarante au tres il fauldroit bien de eny venir a bon chief. Cō mēt fait le blāc cheualier: estes vous de ceulx qui plus hayent le naure ⁊ lautre. Certes fait il oy. Estes vous dōc le cheualier qui ceste cho se a entreprinse. Je en feray fait il mon pouoir mais ie vous prie q̄ vous me diez se vous ay mez plus le naure que le sain. Je mētiroie fait celui se ie disoie que iaymasse mieulx le naure par ma foy dōc fait le blāc cheualier il cōuient que a vous me combate. Ainsi le vueil ie fait celui. Lors sentre eslongnent tous deux ⁊ vie

nent de grant courage lun vers lautre, ⁊ sen tretierent si durement sus les escus quil ny a celui a qui lesch̄ine ne ploye encōtre larcon, le cheualier blāc qui auoit este malade le fiert si durement que lescu ne se haubert ne se garan tist quil ne mette fer et fust dedens son corps, ⁊ lautre la naure moult griefuement. Ilz estoiēt tous deux de moult grāde force ⁊ sentre abatirēt et au parcheoir brise le glaiue. Le blāc cheualier nestoit mie blece a mort il saillist sus ⁊ moult tient celui vaillant qui le plus grant coup lui a donne que oncq̄s receust. Il sefforce moult de sa prouesse monstrer ⁊ trait lespee, mais se fut pour neāt car celui estoit mort. Il en ploure de dueil ⁊ de desplaisir. Lors essaie se il pouroit cheuaucher: ⁊ se trouua fort debilite. toutesuoies il monta a grant paine ⁊ cheuau cha iusques a vne forest qui pres estoit. Illec lui font ses escuiers vne littiere moult gentement ⁊ lecourtinent de vng beau drap de sope car la dame du sac lui en auoit dōne de moult precieux auec le plus riche sit que lē peust trou uer. Quant ilz eurent la littiere apprestee ilz coucherent leur seigneur dedens, ⁊ cheuauche rent leur chemin tout bellement. La littiere a loit moult souef ⁊ estoit portee de deux moult beaux palseffros. Ainsi sen va le cheualier en la littiere.

¶ Commēt messire gauuain se mist en que ste pour trouuer le blāc cheualier. Et comme la meslee de entre les gens au roy des cent che ualiers et les gens a la dame de nohault fut appaisee. Cap. xxviii.

Puis que mō seigneur gauuain fut en tre en la queste du cheualier qui la dou loureuse garde auoit conquise: il erra quinze iours entiers que oncques nouuelles nē aprit Vng iour aduint quil encontra vne damoi selle: ⁊ il la salue. Damoiselle fait il sauez vous nouuelles du cheualier qui conquist la douloureuse garde. Tu es fait elle gauuain le nepueu au roy artus qui laissas la damoi selle en prison. Damoiselle fait il ce poise moy mais pour dieu dictes moy se vous sauez nou uelles de ce que ie vous demande. Je nen scay rien dist elle, mais on te en diroit bien nouuel les en la douloureuse garde. Et ne men direz vous plus dist il. Nenny fait elle. Il cheuau

partie

che iusques a lissue dune forest. La damoiselle estoit celle qui auoit este enuoiee derrainement de par la dame du lac au cheualier que messire gauuain queroit. En son chemin rencontra messire gauuain vng escuier au quel il demanda comme il auoit fait a la damoiselle. Et lescuier lui respondist que de celui cheualier ne lui sauroit il donner congnoissance/ mais il auoit veu oultre la forest vng cheualier en vne littiere que deux cheuaulx portoient. Mon seignr gauuain doubta que ce ne fut celui qil queroit: et desira le trouuer pour en sauoir la verite. Quant il fut hors de la forest il voit en vne prairie pauillons tenduz et va celle part. Lors yssist dug pauillon vng cheualier arme contre messire gauuain: car il cuidoit que il alast iouste querant mais il dist quil nauoit vouloir de iouste faire. et quil tendoit a autre chose. puis lui demada mon seigneur gauuain se il auoit point veu vne littiere que deux cheuaulx portoient. Et celui dist. Nenny: car ie entre maintenant en ce paueillon vng peu deuant vous mais venez ceans veoir se il y a personne qui vous en sceust dire nouuelles. Lors descendist mon seigneur gauuain, et entra au maistre pauillon, et osta son heaume et quant il fut vng peu ase auant il congneust Elys le blont vng cheualier de la maison du roy artus. Et elys si tost quil laduisa se lieue cotre sui et dist. Sire vous soiez le bien venu. Lors font moult grant ioye lun a lautre comme compaignons qui moult sentreamoient. Et ou asez vous ainsi fait elps. Je aloie fait il apres vne littiere qui par cy est passee. Il est meshuy trop tart fait elps. Hebergier vous conuient: et il lottroie Ainsi quilz parloient les escuiers de elps vindrent de dehors. Sire fait ilz voiez merueilles: tout le monde va par ce chemin onques si grant peuple ne y fut veu. Sire fait elps a mon seigneur gauuain alos veoir ceulx q passet p ce chemi et nos escuiers nous feront vne feuillie tellement q les passans ne nous pourront veoir. Et messire gauuain dist q bie lui plaist. Si font vne feuillie et messire gauuain et elps entrerent dedens et voient tous ceulx qui passent par le chemin. Ainsi quilz regardoient ilz voient venir deux routes de cheualiers armez et a dix cheualiers en chacune. Et au milieu cheuauchent quatre varles qui tiennent vng paille a quatre cierges et dessoubz ce paille cheuauche vne damoiselle moult richement aournee vestue de vng samit vermeil/ robe et manteau fourre de penne de ermines. Elle estoit de merueilleuse beaute. Lors dist Elps a mon seigneur gauuain. Veez cy vne des plus belles dames que ie veisse onques. Veritablement fait messire gauuain elle est mont belle. Atant voient venir .vp. cheualiers qui estoient au roy destauc. lequel auoit fait tendre son pauillon illec pres et aloit a lassemblee. Les cheualiers dient a ceulx qui menoient la dame. Seigneurs le roy vous mande que vous lui menez veoir ceste dame. Non ferons font ilz. Si ferez fait lautre, ou nous combatros a vous. Les cheualiers de la dame voient quautrement ne peut estre et se adrecerent eulx .vp. cotre vp. des autres. Les vngz sente abatirent et les autres briserent leurs lances sans cheoir. Et messire gauuain dist a elps. Departons les/ car le roy a les meilleurs cheualiers: et ceulx de la dame ne scaiuent mie comme ie cuide tat darmes comme les autres. Lors viennent a eulx et les departent et les prient quilz laissent la meslee et ilz menerot la dame au roy et ilz laccordent. Mon seigneur gauuain et elps motent et mainent la dame au roy/ qui vint hors de son pauillon a lencontre. Et la dit mont belle et lui semble mont noble dame. Sire fait mon seigneur gauuain nous vous auos amenee ceste dame pour veoir: nous la remeros sil vous plaist. Dame fait le roy dictes moy auant qui vous estes. Et elle dist que elle est dame de noehaut. Certes dame fait il bien le pouez estre. Lors ramainent messire gauuain et elps la dame iusques oultre le pauillon et demourent illec ses deux compaignons et elle cheuauche iusques a lassemblee/ car en ce teps aloient les dames qui de puis estoient assemblees:

Comme le blanc cheualier vainquist lassemble dentre les deux roys. Et comme il fut naure du roy des cent cheualiers. Et comme les auantures de la douloureuse garde furet mises a fin. Cap. pxp.

Le cheualier de la littiere cheuaucha iusques a vne lade qui nestoit mie plus de

trois lieues loing dillec. En celle lande sour-
doit une moult belle fontaine. La descendist
le cheualier pour soy reposer et dormir ung pe
tit. Et enuoia ung de ses escuiers deuant pour
sostel apprester en une cite qui pres dillec estoit
Quant il eut dormi le vespre approuchoit. il
remonta/et tantost passa par deuant ung es-
cuier a cheual qui a grande haste aloit. Le che
ualier oyt sa noise et leua sa teste et demanda a
lescuier ou il va si tost. Je quier fait il aide car
le roy de cent cheualiers a icy arreste sa dame
de noehaut. Le cheualier fait retourner sa lit-
tiere et dit quil lui ira aider. Quant il eust une
piece ale il sencontra et elle demande que cest
en celle littiere. Dame sont ilz cest ung cheua
lier naure qui auoit ouy dire u vous estiez ar-
restee/et vous venoit aider. Elle descoeuure
la littiere: et celui se enuelope affin quelle ne le
congnoisse. Sire fait elle me veniez vous ai-
der. Dame fait il oy. Sil vous plaist donc dit
elle vous demourerez auec moy. Dame fait il
non feray/car vous irez plus tost que moy La
dame sen part sans le cheualier congnoistre et
la littiere va souef tant q̃ de bas vespre est ve-
nu a la cite qui auoit nom orienise. En celle
cite print le cheualier ung escu vermeil et le sien
laissa car il ne vouloit mie estre cogneu a las-
semblee Et dillec ne pauoit que une petite iour-
nee. La nuit lui furent ses playes moult bien re
gardees et pensa de lui ung viel cheualier bien
expert en medecine. Le iour de lassemblee ne de
uoit mie estre deuant le cinquiesme iour apres
il demoura puis quatre iours en la ville et au
cinquiesme est party et ala encores a la littiere
tant quil est venu de bas vespre a godaire Et
estoit ia le pays si plain de cheualiers quil ne
pouoit trouuer hostel: mais dessoubz auoit une
maison de religion ou sen heberga pource
q̃ malade estoit Au matin il ouyt messe et se fist
armer. Et le roy artu estoit venu a grande puis
sance et ne peust entrer dedens le chasteau, ains se
loga dehors et fist crier au matin que homme de
son hostel ne de ceulx qui a lui estoient venus
ne portast armes. De ce furent dolens plusi-
eurs bons cheualiers de son hostel. Autres y
auoit qui nestoient mie venus pour lui ne pour
son ost: mais pour los et honneur conquerre
et les autres pour gaigner. Ceulx se armerent

au matin et a serent en sa place, et le roy et e, ou
tre les marches yssit pour assembler. Et quant
il sceust que le roy artus ne porteroit armes ce
iour il se retrait arriere et plusieurs bacheliers
de son ost a serent iouster a ceulx qui en la place
les attendoient. Lors commenca le tournoy
moult bon, car deuers le roy artus y auoit de
moult bons cheualiers qui ne se estoient mie fait
veoir pour auoir loisir de tournoier. Messire
gauuain y estoit et syps le blont et son frere ga
lois le gay et hector le filz ares, et maint au-
tre bon cheualier. Et par dela fut malaguin
le roy des cent cheualiers, et hemin le dagron,
et le duc ha os de sougue: et plusieurs autres q
moult estoient preux. Les ioustes commencent
dune part et dautre. La royne estoit monte-
sur les murs du chasteau pour le tournoiement
veoir auec elle assez dames et damoiselles
et regardent plusieurs cheualiers qui moult bn̄
le font. Lors vit le cheualier de la littiere portat
lescu vermeil et passe par deuant la royne et se
met au renc. Il part pour iouster a ung cheua
lier et ilz sentre fierent de telle force que les la
ces volent en pieces. Le cheualier de la littiere
demeure es arcons et lautre chiet a terre par des
sus la croupe du cheual. De ce coup dient plu
sieurs. Nous auons veu a ung nouueau che-
ualier faire une moult belle iouste. Et le che-
ualier se trait arriere et prent une lace, et reuit
au renc et fiert ung autre cheualier tellement
quil le porte a terre: puis se print a cheualiers a
batre et escus percer et lances depecer et le fait si
bien que tous se merueillent et dient ceulx des
murs que celui aux armes vermeilles est le
victorien de tous. Lors demanda le roy des cēt
cheualiers ou il estoit: et len lui monstre. Et il
prent une lance et laisse courre au cheualier et
celui a lescu vermeil encontre lui. Ilz sentrefie
rent si durement que toutes leurs lances vo-
lent en pieces mais ilz ne sentre abatent mie.
Moult desplaist au roy de ce quil ne sa abatu
et plus au cheualier quil ne auoit abatu le roy
Ilz reprennent lances et laissent courre lun vers
lautre. Les cheuaulx sont tost et ceulx sentre
fierent de grande vertu. Le cheualier vermeil
fiert le roy parmy lescu et pmy les deux ploix
du haubert et par le coste mais il ne sa mie gra
ment blece. Et le roy le fiert par le haubert a

descouuert entre la mamelle et lespaule et lui met le fer parmy. Les lances brisent et ilz heurtent ensemble des corps et des cheuaulx et se portent a terre. Le roy sault sus et met son escu auant et tire son espee. Et au cheoir que le cheualier fit aux dens si lui passe le fer de la lance tout oultre. Le sang lui commence a descouurir et auec ce la vieille playe se ouurit et se print a seigner. Quant il vit le roy qui eut prins son escu et traicte son espee il sault sus moult court rouge et met son escu deuant soy et tire son espee et sen vient vers le roy et sentredonnent grans coups. Le cheualier aux armes vermeilles seigne moult fort. Et les gens du roy artus courent pour le remoter. Messire gauuain et ceulx qui estoient de sa partie chasserent le roy vne grant piece, puis amenerent au cheualier son cheual. Et quant il voulut moter il cheut pasme. Ilz voyent le sang entour lui et chacun dit quil est mort. Ilz le prennent et le desarment et voyent quil a deux grandes playes. La nouuelle vint au roy des cent cheualiers quil a le bon cheualier occis, et il en est moult dolent. Il iecte son escu et sa lance et dit quil ne portera de ce iour armes, car trop lui est mescheu quant il a mis a mort tel cheualier. Le cheualier geut pasme et ilz sont leue et lui ont bendees ses playes. Et la royne et les dames et les cheualiers qui au mur estoient virent que tout fut demoure pour ce cheualier naure. Alons le veoir fait elle. Et le monte et sen vient hors de la porte. Et quant elle en approncha chacun lui fit place, et elle descent. Le cheualier fut reuenu de pasmoison et ouyt ce quilz disoient. Il ouurit les yeulx et voit la royne et sefforce tant quil se dreca sur piez. Beau sire fait la royne comment vous est. Dame fait il ie nay gueres de mal. Et ainsi quil le disoit ses bendes rompent et ses playes se escreuet a seigner, et il se pasme de rechief chacun dit quil est mort. Et toutesfois le medecin cherche ses playes et dit quil nen mourra mie mais il deffent que homme ne viengne meshuy entour luy, car il na besoing de noise. Et les cheualiers sen vont tous. Messire gauuain dit a soymesmes quil na point oup de nouuelles de ce quil quiert, et en celle assemblee en cuidoit auoir et ouyr. Mais ie deusse fait il aler sauoir se ce cheualier me sauroit enseigner ce que ie

quiers. Il vint au mire et lui commence a demander quil lui semble du cheualier. Je cuide fait il quil guerira si ont ses playes moult seignie. Ses playes fait messire gauuain, quantes en a il. Il en a deux moult grandes fait le mire vne de huy et vne de viel. Quant messire gauuain oyt parler de la vieille il pese vng pou et dit au mire. Ha maistre or me dictes coment il vint. Et il lui dit. Sire il vint en vne littiere. Et monseigneur gauuain lui prie quil se face a lui parler. Et il le maine deuant lui et dit. Sire: gauuain vous vient veoir. Monseigneur gauuain se assiet deuant lui et lui demande sil scait nouuelles du cheualier qui fit monseignur le roy entrer en la douloureuse garde. Et celui dit. Beau sire ie suis si malade que a moy ne chault de ce que vous me demandez Quant messire gauuain oyt quil ne peut plus sauoir il sen va tant et pense quil est si malade quil ne lui en peut riens dire, mais demain le viendra veoir et lui enquerra plus auant. Il sen va a son hostel, et quant il fut nuyt le cheualier naure appella son mire et lui dit. Maistre ie ne puis plus icy demourer, car se ie estoie cogneu ie y auroie domage. Je vous prie que venez auec moy, et sil ne vous plaist venir dictes moy ce que mestier me sera, car ie men iray ennuyt. Ne demoureriez vous point fait le mire encores vng petit de temps. Nenny fait il. Et en quelle maniere vous en irez vous. Et vne littiere dit il que iay moult belle. Et ie men iray donc auec vous fait le mire, car se ie ny aloye vous pourriez tantost mourir. Lors se mettet au chemin et sen vont moult priueement.

¶ Coment le blanc cheualier vainquit la seconde assemblee dentre le roy artus et le roy doultre les marches, et come messire gauuain sceut que ledit cheualier auoit nom lancelot du lac

¶ Chap. xxx

Au matin dit messire gauuain pour parler au cheualier, et len lui dit quil estoit ale des minuyt dont il en est moult dolent. Il sen reua et treuue le roy arme quil estoit au chaps. Ilz alerent assembler a ceulx de dela, mais lestour ne dura gueres, car ilz ne peurent souffrir les gens du roy artus. Et quant le corps du roy y vint oncques puis ne se deffedirent, mais les chassa iusques en leur chastel.

et les fit leans a force entrer. Quant il sen retournoit il rencontra monseigñr gauuain tenãt son espee en sa main.et lui demãda. Gauuain beau nepueu commẽt aues vous exploicte de vostre queste. Sire fait il ie nay rien fait encores. Et ainsi quilz parloient vng cheualier vint deuant le roy et lui dit. Sire le roy doultre les marches et le roy des cent cheualiers vous mandent que vostre effort ne pourroient plus souffrir, mais se vous voulez prẽdre et fermer lassemblee a vng autre iour ilz la prendroient de huy en sept sepmaines. De ce ne mentremettray ie ia fait le roy. Sire fait monseigñr gauuain les cheualiers de vostre maison sa pied iront encõtre eulx/ mesmes silz veulent a plus long iour au lundi de deuant laduent. Et celui dit quilz le veult bien. Messire gauuain y enuoye lucan le bouteillier pour sauoir silz le vouldroient, et ceulx loctroierẽt. Le roy sen va en son pais et la royne et ses ostz se departent. et les cheualiers se attendent au iour qui nomme estoit. Mõseignr gauuain entre en sa queste si tost cõe il partit du roy ẽ treuue vne damoiselle cheuauchãt sur vne mulle. Il la salue et lui demãde selle a besoing. Oy fait elle moult douloureup. Damoiselle fait il me sauriez vous dire nouuelles du cheualier qui fit entrer le roy en la douloureuse garde Oy fait elle se vous me enseignez ce que ie vous demanderay. Ie le vous diray fait il se ie le scay. Est il vray fait elle que le cheualier aux armes vermeilles est mort Nenny fait il car son mire me dist qͤ le gueriroit biẽ. Quãt elle loyt elle se pasme sur la mulle, et il la va soustenir. Et quant elle reuint de pasmoison il lui demanda pour quoy elle se pasma. De loye fit elle. Or me dictes fait il ce q̃ vous ve mandap. Vrayemẽt cest il fait elle, mais cõment aues vous nom. Iay nom gauuain fait il. Ha sire fait elle vous soyez le tresbiẽ venu. Voulez vous que ie voise auec vous. Ien suis cõtẽt ẽ tresioyeup. Ainsi cheuaucherẽt eulx deux et il dit. Damoiselle aymez vous ce cheualier. Et elle dit quelle layme plus que aultre homme. et nõmie de telle amour commẽt vous cuidez. Ie ne vouldroie mie quil meust espousee si ne sera mie celui mal marie qui me aura Vous souuient il fait elle dune damoi

selle que vous encontrastes lautre iour. Oy fait il estes vous celle qui me reprouchastes q̃ iauoie laissee la damoiselle en sa douloureuse garde en prisõ quant ie vous demanday le cheualier que no᷈ querõs. Oy fait elle cestoie ie et auoie lors merueilleup deul/ car len mauoit dit quil estoit naure, et depuis me fut dit quil seroit a ceste derreniere assẽblee, ẽ au iour duy ma dit vng escuier quil estoit mort. Damoiselle fait messire gauual puis que vous se cõgnoissez vous me pouez biẽ dire son nom. Ainsi maist dieu fait elle ie ne puis mais si tost cõme ie sauray sa ou il est le vous feray sauoir Ie vous men crpe dit il. Tantost apres ilz trouuerent au trauers du chemin vne vieille voye et pres de la vng monstier ruineup et vng cimitiere. ilz entrent en celle voye et viennẽt au monstier pour aourer. Au pres de ce monstier auoit vne recluse en vne fenestre vers lautel/ ẽ quant ilz la voyent ilz lui demandent selle scait nulles nouuelles. Ie nen scay poit dit elle a monseigñr gauuain/ mais ie vous vueil bien aduertir se vous menez ceste pucelle que vous nalez mie ceste voye. Pour quoy fait il. Pource que cy pres a vng cheualier qui la vo᷈ toulxdra et vous occira. Qui est il fait messre gauuain. Cest fait elle brehin sans pitie. Sire fait la damoiselle alons autre voye. pour quoy fait il. en grande paine me auriez mis se pour chacune chose q̃ ie orrope ie laissope mon chemin. Ilz se partent du monstier et entrẽt en leur voye. ¶ Le cõpte se taist deulx et retourne au cheualier de la littiere

Quãt le cheualier de la littiere fut party de lassẽblee par nupt il erra es plus estranges pais quil sceut lui et sa compaignie car il doubtoit estre congneu. Landemain fit moult aspre chault. Et quãt vint euiron tierce il se descendit en lombre dung grant arbre. Lors vint par la vne dame a moult grãde cõpaignie. Et quant elle vint la elle demande qui est ce cheualier. Dame fait se mire cest vng cheualier malade. La dame descent et lui descouure la face/ et quant elle le voyt elle cõmẽca a plourer moult tendrement. puis demãde au mire. Beau doulx amy guerira il. Dame fait il oy a laide de dieu. Lors sesueille le cheualier et la congnoist et commence a soy cou

partie.

urir. Ne vous courrez ia fait elle vous vous en viendrez auec moy et serez plus richement que en lieu du monde. Et vous maistre faites le au mire pour dieu conseillez lui. Le cheualier voit quil ne peut estre autrement et il lui octroye. Lors remonte en sa littiere et cheuauchēt ensēble. Et elle lui compte cōment elle le aloit querant, et iamais neust cesse daler iusques a ce quelle leust trouue. Ainsi cheuauchēt a petites iournees tant quilz vindrent deuant la douloureuse garde. La dame p voulut aler pour gesir mais le cheualier dit que pour riēs il ny entreroit. pour quoy fait elle. Et il ne respōt mot ains commence a plourer et regarder la porte et dit. Ha porte porte pourquoy ne fustes vous ouuerte diligentement. Et ce disoit il pource que en celle porte il fit muser la royne puis lui demāde sa dame, y fustes vous onques mes. Et il est si dolent quil ne peut respōdre. Lors cōmence a penser sa dame que cestoit celui qui le chastel auoit conquis, et nen vous lut plus parler pource que courrouce se voit. Tant ont erre quilz sont venuz au chasteau de sa dame qui estoit a dix lieues de nohaut. en ce chasteau fit la dame cōpaignie au cheualier tantcōe il fut malade et lui fit bailler tout ce q lui fut necessaire. Lors pselecōpte de gau.

MOnseigneur gauuain et la damoiselle depuis qlz furent partiz de la recluse ont tātcheuauche qlz sont venuz dehors la forest et treuuēt en vne lande vng moult beau pauillon et passent oultre. Aps ce ne demoura gueres que vng varlet vint a lui mōte sur vng cheual et lui dit. Sire cheualier monseigneur vous māde que vous lui amenez ou en uoyez ceste damoiselle. Qui est ce sire fait mō seignēr gauuai. Cest fait il brehin sans pitie. Je ne la lui menerap ne envoieray dit mō seignēr gauuain se elle ny va de son gre. Alors iray ie fait elle q vous vous cōbatez a lui. Vous nyrez fait il meshuy. Le varlet sen retourne. Et quāt gauuain et la damoiselle furēt prēs brehin sans pitie vient aps eulz tout arme et crye moult hault. Vous me laisserez la pucelle ou vous le comperrez. Je ne la laisseray mie fait messire gauuain. Lors sadressent lung vers lautre et brehin fiert mō seigneur gauuai tant q sa lance vole en pieces. Et messire gau

uain lattaint si vertueusement quil se porte a terre. puis prēt le cheual par les resnes et le lui remaine et dit. Sire prenez vostre cheual et re montez et ie men iray, car iay ailleurs affaire Qui estes vous fait il qui mon cheual me rendez et abbatu maues. Je suis fait il gauuain. Que querez vous fait brehin. Je quiers fait il le cheualier aux armes vermeilles qui a vaincu lassemblee. Je ne vous en diray mie maintenāt fait brehin ce que ien scay. mais se vous estiez de huy en vng moys en ceste place ie vo9 en diroye bien nouuelles. Nous y serons fait messire gauuai se nous nen auons nouuelles. A tant se partent et messire gauuain erre toute la sepmaine que oncques nouuelles nen opt et finablement reuint en la lande et sa pucelle auec lui et treuue brehin. Que me direz vous fait messire gauuain du cheualier que ie vous demanday. Je vous en diray fait il nouuelles moyennant que vous me dōnerez ce que ie vo9 demanderay. Je loctroye fait messire gauuain se cest chose que ie vous puisse et doye donner. Or sachiez fait il a monseigneur gauuain ql est en vng chasteau auec la dame de nohaut ou elle le tient en garde malade. Et il y a huy trops iours q ie y fuz et le vy hors du chasteau a cheual vng escu au col et vne lāce en sa main ou il essayoit sil pourroit encores armes porter Or sus fait brehin alons y. et se cest il rendez moy mon guerdon, et se ce nest il vous en serez quitte. Lors sen vont tous ensemble et font tāt par leurs iournees qlz sōt venuz au chasteau et brehin demeure dehors. et le cheualier naure ouyt dire que messire gauuain venoit. Si dit a son mire. Maistre mōseigneur gauuain vient icy, dictes lui que ie suis fort malade. Voulētiers fait celui. Lors se couche en vng lit dedēs vne chābre obscuree puis reuient hors. Et messire gauuain et la damoiselle viennent et la dame du chasteau les recoit honnestement Missire gauuain prie le mire ql lui face veoir le cheualier. Sire fait il ce ne peut estre car il est trop malade. Se ie ne le puis veoir fait messire gauuain si le faictes veoir a ceste pucelle. Voulentiers fait le mire qui ne pense que a bie. Il la maine en la chābre la ou il estoit. Et quāt le cheualier la voit il se couure. Et elle se va descouurir et dit ql ne se doit pas celer vers

g.ii.

esse. Il la prent par le bras et elle prent sa main et la commence a baiser et se pasme. Et quant elle reuint de pasmoison elle tira vne lettre de son sain et commence a lire. La pucelle qui demeure en prison en sa garde douloureuse salue lancelot du lac, et bien sache quelle y demourera tāt comme il lui plaira mais il a este vilsain vers elle. Quant il oyt ce il a trop grant deul et commence a pleurer moult tendrement Lors appelle sa damoiselle & lui dit. Ma douice seur alez tost & lui dictes que ie sui crye mercy car trop lui ay mesfait et quelle pse quant il lui plaira, car ie se vueil. Ce ne peut estre fait elle selle ne vous voit ou lanneau de vostre dop. Elle a fait il droit or tenez et lui portez. La damoiselle sen part riant de la chambre, et le cheualier lui dit et prie quelle ne die mot de son nom a personne. Et elle vient hors et messire gauuain lui dit. Amie que direz vous sauray ie p vous le nom du cheualier. Je vous menray fait elle la ou vous le saurez. Lors sen part du chastel et treuue brehin qui les attent. Messire gauuain fait il vous me deues vng guerdon, or me suiues tant que ie treuue chose qui me plaise. Ainsi sen vōt tous trops et au tiers iour sont venuz a sa douloureuse garde. Messire gauuain congneut le chasteau et dit. Je scay bie ou vous me menez. Je ne vo9 maine fait sa damoiselle que bien. Ilz viēnēt a la porte deuers la tour et appelle la damoiselle. Et le portier dit quelle ny entrera ia. Ce nez fait elle ces enseignes et les portes a la damoiselle de celle tour. Il euure le guichet et celle lui baille laneau et il vint a la damoiselle et lui dit. Damoiselle il y a la hors vne damoiselle et vng cheualier qui vous enuoient ces enseignes pour venir ceans. Alez tost fait elle et les laissez venir. Il vient a la porte et leur ouure, et ilz entrent dedens. Et celle deualle de la tour & leur vint a lencōtre et les salue. Or men iray ie auec vous fait elle. Damoiselle fait monseigneur gauuain encores ne scay ie le nom du cheualier qui fit entrer le roy ceans. Et sa damoiselle qui leans estoit venue auec messire gauuain parle auec lautre en secret. puis dit a monseigneur gauuain. Je ne vous diray le nom du cheualier deuāt que vous ayez este la ou ie vous meneray. Lors se maine

au cimitiere et lui mōstre les tombes puis lui dit. Vous aues icy este autrefois. Vous dictes verite fait il. Elle lui monstre vne tombe ou estoit escript. Cy gist gauuain le nepueu du roy artus. Et voyez fait elle que de tous voz compaignons est ainsi escript. Et de tout ce riens ne trouuastes quant vous y venistes premierement. Et cōment fut ce donc fait il. Certes fait il ce fut par les enchantemens de ceans. Or me dictes fait il se nom du cheualier Et elle respont. Dessoubz celle tombe de metal vous se trouuerez. Il vint a la tombe et essaye a la leuer mais il ne peut dōt il en est trop dolēt. Damoiselle fait il pourray ie autremēt sauoir le nom du cheualier. Oy fait elle se vo9 me menez tant que ie le treuue. Comment en seray ie seur fait il. Je se vous promets loyaumēt fait elle. Et ie vo9 y meneray fait il. Lors yssent du cimitiere et sa damoiselle monte sur vng pallefroy. Et quant ilz sont hors ilz treuuent brehin pres de la porte qui les attendoit. Messire gauuain fait il ie vous demāde vng dō. Quel fait messire gauuain. Celle damoiselle fait il que vous aues ceans trouuee. Brehin dit messire gauuain ie ne la vous puis dōner car elle nest pas mienne, et ie ne vous ay promis fors ce que ie vous pourroye donner, & se vous voules ie suis prest de men mettre au iugement des compaignōs du roy mon oncle et en tenir ce quilz en diront. Brehin dit ql nen fera ia riens aincois sen combatra a lui presētement. Et toutesfois tant lui dict les damoiselles quil donne respit iusques au iour de lassemblee pour sauoir q̄ les cheualiers en diront par ainsi que se leur iugement ne plaist a brehin il pourra demander & reuenir a la bataille Et messire gauuain loctroye. A tāt se sōt mis au chemin, mais deulx ne pse plus le compte et retourne au cheualier de la littiere.

Tant a este le cheualier naure en la garde de la dame de nohaut quil est tout guery et desire moult les armes. Il vint a la dame et print congie puis sen part lui et son mire que la dame eut moult bien et richement paye de son salaire il lui demande. Maistre ne suis ie pas assez guery pour porter armes. Nēny fait il. vous en pourriez entreprendre telz faiz que tout seroit a recōmēcer. Certes mai

partie

stre se de tous mes membres me puis aider il
mest aduis que ie suis guery. Ne voulez vous
pas fait le mire aler a lassemblee. Oy fait il.
Lequel donc amez vous mieulx estre sain au
iour de lassemblee pour vous reposer entre cy et
la ou estre lors malade par trauailler auant le
iour. Ie ne vouldroie pour riens fait se cheua-
lier que ie ne portasse armes a lassemblee. Ie
vous conseille donc fait le mire que vous soy-
ez en repos iusques la si serez sain et en vostre
bonne force. puis que vous le me conseillez fait
il ie le feray/ mais ie men iray chiculx vng her
mite moult saint home que ie congnois. Lors
prenent la voye ensemble/ car le mire ne le veult
laisser deuant lassemblee et ont tant erre quilz
sont venuz chieulx lermite du plesseis/ cestoit
celui ou il auoit mis brandin des isles en pri-
son et estoit sire de la garde douloureuse. Grant
ioye lui fist lermite et a moult grant honneur se
receut. Tant demoura seans que son mire lui
dit quil estoit plus sain de corps et de membres
quil nauoit oncques este, et bien auoit encores
viii. iours iusques a lassemblee.

MEssire gauuain quant il fut parti de
la douloureuse garde erra lui et ses
pucelles auec biehin tant quilz vindrent au cha
steau ou le cheualier auoit geu malade. et quant
ilz ne le trouuerent ilz furent moult dolens et
dit messire gauuain ql nen cuide iamais ouyr
nouuelle deuant lassemblee. Coment fait la
pucelle qui auoit estee prison y aura il assem
blee. Oy fait il dedens vng moys. La sera il
donc fait elle sil na essongne de son corps. A tant
sen retournent et cheuauchent la ou biehin les
conduit qui scait mieulx les voyes que eulx et
dit a monseigneur gauuain. Ces deux damoi
selles vous seroient fortes a soffrir pour tant que
ie vous voulsisse aider. Il est vray fait messi-
re gauuain/ et se vous ne me aidiez vous seri-
ez desloyal. Ainsi errent iusques au vespre. Et
lors voyent vng pauillon pres dune riuiere en
laquelle auoit vng cerf courant que les chiens
auoient prins en leaue. Et apres venoit vng
cheualier vng cor a son col auec daultres ve-
neurs qui venoient de prinse. Et monseigneur
gauuain et sa compaignie viennent la. Et quant
le cheualier les voit il les salue. Seigneurs
fait il sil vous plaisoit de ce serf ie vous en don

neroy. Grant mercy fait monseigneur gauuai
Et sil vous plaist ie vous hebergeray. Et ilz
dient quilz se veulent bien. Ilz descendent et les
varletz prennent leurs cheuaulx et les desar-
ment. Lors conseille biehin au cheualier et il dit
a monseigneur gauuain. Sire vous estes seu
rement pour meshuy/ mais quant vous par
tirez diey gardez vous de moy/ car ie ne vous
asseure pas. Sire fait monseigneur gauuain
quant vous me ferez mal il men poisera. Le
cheualier leur fait moult belle chiere. Et au
matin sen partent monseigneur gauuain et bie
hin et les deux pucelles et errent grant piece de
iour tant quilz encontrent deux cheualiers ar
mez. Ces cheualiers ne se misdrent oncques a
raison ains prindrent leurs escus et sen vienent
droit a monseigneur gauuain et sui en eulx/ et
cuida que biehin fist ainsi mais non fist. Lun
des cheualiers fiert messire gauuain en lescu
si fort que sa lance volle en pieces. Et messire
gauuain lattaint de telle force quil le porte a ter
re. Lautre fiert le cheual de monseigneur gau-
uain parmy les flans et se occit, et il descent
Et quant le cheualier qui le cheual occit dit ql
fut a pie il descent aussi/ et ainsi ilz furent tous
troys a pie. Les deux courent sus a monseignr
gauuain/ et il se deffent moult bien, et plus les
dommaige quilz ne font lui. Longuement se
combatirent ainsi et oncques ne peurent a mon
seigneur gauuain faire perdre place et il les fait
souuent reuuer. Quant sa pucelle que mon
seigneur gauuain amena a la douloureuse gar
de voit que la bataille dure tant elle a paour
de lui et commence a crier/ puis se lance ius de
son palefroy et se fiert entreulx et leur dit: filz
de putain mauuais cheualiers voulez vous
icy occire le plus preudome du monde. Damoi
selle qui est il fait luy. Cest messire gauuain
le nepueu du roy artus. Et cesui dit a son com
paignon. En verite ie ne me combatray plus
a lui. Et mauldit soit cesui qui cy nous fist ve-
nir. Sire fait lautre cheualier par vostre foy
estes vous monseigneur gauuain. Et il dit
oy. Ha sire pardonnez nous ce que nous vous
auons meffait/ car comme nous vous tende
au plus preudomme du monde aussi nous te
nons nous aux plus desloyaux du monde/
et nous vous laissons a tant. Estrange-

g.iii.

ment fait messire gauuain me laissez vous q̃ mon cheual maues tue. Sire fait celui qui la uoit tue ie vous donne le mien pour le voſtre. Et il le prent. Et ceſtoit celui qui auoit hebergie meſſire gauuain et ſes pucelles/ mais brehin lui auoit dit de monſeigneur gauuain toutes les deſlopautez du monde. Les deux cheualiers montent tous deux ſur ung cheual et brehin fait ſemblant de monſeigneur gauuain conuoier et daler auec lui. Meſſire gauuain ſe regarde et lui dit. Brehin auec mop ne viendrez vous mie, car deſlopaument vous eſtes coͥtenu deuers mop/ie nap cure de vre compaignie/ et ſuis preſt de vo͂ prouuer preſentemēt la deſlopaute, ſi aurez la bataille q̃ tant auez deſiree. Je ne combatrap pas maintenant fait brehin/ mais touteffois vous aues eu paour. A tant sē va. Et mōſeigneur gauuain et ſes pucelles cheuauchent oultre tant quilz viennent a vne riuiere ſur laquelle auoit vng pont aſſez eſtroit, et ſur le pont dautre part auoit vne breteſche et vne porte fermee. Deuant la porte eſtoient quatre ſergans a haches danoiſes. Meſſire gauuain fait les pucelles paſſer deuant, et il ſe met ſur le pont apres. Les ſergās luidiēt. pour neant p venez, car vous np paſſerez mie. Je ne pourrap donc fait il. Lors deſcent et met auant ſon cheual et il va apres a pie. Il eſcoute et oyt vne noiſe, puis voit vingt cheualiers qui ſe ſuiuent et lui eſt aduis quilz viennent pour lui mal faire. Il ſe met au chief du pont et les attent et iette ſon eſcu deuant et tint ſa lance. Ilz viennent moult toſt et les premiers ſe fierent ſur leſcu tāt que leurs lances volent en pieces. Ilz laſſaillent et il ſe deffent ſi bien qͥl en bleſce pluſieurs et occiſt des cheuaux de ſa lance, et tantcoͤ elle lui dure hoͤe nap⸗ prouche de lui. Quant elle lui fault il met la main a leſpee et leur court ſus et les fait reculer hors du pont. Et quant ilz voyent quil ſe deffent ſi bien et que plus les dommaige q̃ eulz lui ilz ſe trapent arriere, et la porte de derriere fut ouuerte. Et les cheualiers viennent par illec et treuuent les pucelles et les emmainent. Quant monſeigneur gauuain les voit il en eſt moult courrouce. Seigneurs fait il ceſt moult grande ouſtraige que vous me faictes quant dune part vous combatez a moy et

daultre me toſlez mes pucelles. Ceſt a bon droit fait brehin car vous vous eſtes deſlopaument tenu vers mop. Ha brehin fait meſſire gauuain vous y mētez comme traitre et ſi le vous prouuerap voyans tous ceulz que vous auez icy amenez. Certes fait la damoiſelle q̃ amene auoit a ſa douloureuſe garde voiremēt eſt il traitre/ et ſe vous ne fuſſiez le plus preudomme du monde il vous euſt huy fait mourir p deux fois. Lors demandent ceulz qui les pucelles emainent Qui eſt ceſui cheualier. Ceſt fait elle meſſire gauuain. Lors vient auāt l'un deulz et dit. Meſſire gauuain, or vous en alez la ou il vous plaira fors que par cy, et ie vous aſſeur que vous naurez huy garde de moy ne de ceulz qui icy ſont. et napez doubte des pucelles car ie vous iure ſur mon ame quelles vo' ſeront auſſi bien gardees a honneur coͤe ſelles eſtoient mes ſeurs, et ſe ie les vous pouoie rendre ſās pariurer ie ne les emeneroie plus auāt. Meſſire gauuain le mercye. Lors lui fait bailler vne lance et commāde a tous quilz ſen voiſēt puis ſen va apres les pucelles quil fait emmener. Et meſſire gauuain part du pont et ſen va contre mont la riuiere ſur ſon cheual. Et quāt il treuue pont il paſſe oultre et ſē va moult toſt tant quil vint a lentree dune foreſt. Lors a trouue vne damoiſelle qui tient vng cheualier entre ſes bras naure. Meſſire gauuain la ſalue et lui demande ſelle a veu des cheualiers q̃ emainent deux pucelles. Oy fait elle en malle heure ie les vy, car ilz ont mō amy occis. Da moiſelle fait il quelle part vont ilz. Sire fait elle arreſtez vous vng petit et ie vous menerap la ou ilz ſont. A tant vint illec vng eſcuier tenant en ſa main vne hache. Queſt ce dame fait il. Je crains fait elle que ton ſire ſe meure. Or penſe de lui/ et ie menerap ce cheualier apres ces traiſtres qͥ lōt naure. Elle mōte et va auec monſeignͣ gauuain et erre tant q̃lz viennent a vne grande riuiere ou il nauoit point de pōt mais ilz treuuent vne nef et vng auiron, ilz ſe mirēt dedens et paſſerēt oultre. Quāt ilz furent paſſez ilz treuuent vng cheualier arme q̃ leur diſt. Ne pſſez mie hors, car a moy vous conuient combatre. Se combatre me conuient dit meſſire gauuain ce poiſe moy car iay ailleurs moult a faire. Qui eſtes vous fait ce⸗

lui. Je suis dit il vng cheualier de la maison du roy artus. Et coment aues vous nom. Jap fait il nom gauuain. Or vous laisseray ie pas ser fait celui/ mais ou voulez vous aler. Je vops fait messire gauuain apres quatre che ualiers qui emainent deux pucelles. par ma foy fait celui du port ilz sen vont la en ce cha steau, si le lui monstre bien loing au chief dung tertre, et lui dit que en ce chasteau a de mauuai ses gens/ mais se vous y voulez aler ie iray a uec vous et vous aideray a mon pouoir. Et messire gauuain sen mercye. Messire gauual fait le cheualier ie vous diray La coustume de ce chasteau est que a tant de gens comme nous serons il nous conuiedra combatre/ et se nous les conquerons si ne serons nous mie quittes des autres. Ceste mauuaise coustume fait mes sire gauuain. Ainsi cheuauchent ensemble a la damoiselle auecques eulx.

Tant a le cheualier de la littiere geu chiez lermite du plesseis quil est guery et est moult desirant de porter armes. Jusques au iour de lassemblee nauoit plus q̃ quinze iours Lors prent congie de lermite et sen part et auec lui son mire et quatre escuiers quil auoit. Et quant il fut a six lieues loing de lermitaige il dist a son mire. Maistre aler me conuient en vng mien affaire ou vous ne pouez venir car soing seroit pour vous et si y vueil aler tout seul. Je vous prie quil ne vous en poise. Et ie vous re mercye de la grãt aide que vous aues en moy mise. Bien sachiez que ie suis sain et en bon point Le mire prent congie et sen part et se cheualier cheuauche tout le iour comme celui qui point ne veult estre congneu et fait son escu couurir dune housse que nul ne le voye/ et cestoit enco res le vermeil. Quant il eut erre iusques a leu re de nonne il trouua vng escuier sur vng pal lefroy tout tressuant et faisoit semblant de grãt douleur. Le cheualier lui demande. Varlet ou vas tu si tost. Jay fait il besoing de grant haste. Quel fait le cheualier. Pource fait il que ma dame la royne est en prison en la doulou reuse garde. Laquelle royne fait le cheualier. La femme du roy artus fait le varlet. Pour quoy fait le cheualier. Pource fait il que le roy en laissa aler le cheualier q̃ le chasteau auoit conquis/ et ma dame estoit a celle assemblee/ et se heberga er soir au chasteau et ceulz de le ans sont prinse et dient que iamais nen ystra pour pouoir que se roy artus ait deuant quel le ait amene le cheualier que le roy en laissa aler. et ma dame a envoye par tous les chemis ses messaiges et mande au cheualier quil la secoure ou elle est deshonnouree car ilz la ren dront a celui q̃ fut le sire du chasteau sil veult despartir ses enchantemens. Et il se fera bou sentiers pour monseigneur le roy honnir. Ma amy fait celui cheualier seroit ma dame deli ure se ce cheualier venoit a la douloureuse gar de. Oy sans faulte fait lescuier. pource ne de moutera elle mye fait le cheualier. Or va tost et lui dy que se matin ou encores ennuyt elle a ura le cheualier sans point de faulte. Sire fait le varlet ie nescroye retourner se ie ne par loye a lui. Va ten fait il seurement et di que tu as a lui parle. Estes vous celui fait le varlet car autrement ne lui oseroye ie dire. Va ten fait il car ce suis ie. Le varlet sen part et che uauche tant comme le cheual peut aler. Et le cheualier va apres. Et si tost comme il vint la il fut nupt. Il voit les rues toutes plaines de grans torchis et de grandes chandelles ar dentes. Et quant il fut entre en la porte on la ferma apres lui. Lors lui vint a lencontre les cuier qui lauoit trouue. Si tost comme il le vit il demanda. Ou est ma dame la royne. Si re fait il ie vous y meneray. Il va deuant et le cheualier apres tant quilz vindrent au palais Et quant ilz furent pres de la tour qui estoit faicte a pointe de marteau si ny auoit que vne seule entree et luys estoit de fer si espez que nul ne leust ouuert par force. Le varlet lui baille plain poing de chandelles q̃l tenoit et dit. Si re esclairez deuant vous et ie refermeray cest huys. Et le cheualier sen va auant et cuide que celui lui die vray mais non fait et la trap/ car la royne ny estoit mie/ et si tost quil peut refer ma luys. Et quant le cheualier se voit enfer me il en est moult dolent/ car il scait bien que de seans ny stra mye a son vouloir. La demou ra toute la nupt/ et au matin vint a lui vne dame assez aagee et parla a lui par vne fene stre et lui dit. Sire cheualier vous pouez bien veoir comment il vous est/ vous ne pouez nul lement issir de ceans sans parler. Vous estes

g.iiii.

celui q̃ conquiste ce chastel ⁊ se deussiez auoir mis en paix et bous en partistes sans dire cõment. Dame fait il est ma dame la royne deliure. Oy fait elle et bous estes pour elle demoure, si conuient que par bous soient mis a fin les enchantemens de ceans. Cõment fait il les pourray ie mettre a fin. Se bous bousez iurer fait elle que bous en ferez bostre pouoir selon ce que aueture bous apportera bous serez de crãs deliure. Et il se octroye. Lors sõt apportez les sains a sa fenestre et le cheualier sur iure ainsi comme elle lui a deuise. Adonc on lui cuure sups de fer et il bint dehors, puis on lui opposte a mengier, car il nauoit mengie dung iour. Quant il eut mengie ilz lui deuisent lauenture et dient que quarãte iours et quarante nupz se cõuient demourer an chasteau ou aler querir sa clef des enchantemens. Et il dit quil ira querir sa clef, mais quil sache se sieu ou elle est. Ces paroles dictes ilz lui apportent ses armes. Et quant il est arme ilz le mainẽt ou cimitiere ou les tombes estoient et entrẽt en une chappelle qui estoit deuers la tour. Et quant ilz y sont ilz entrent en une caue et sa monstrent au cheualier et lui dient. Cy dedens est la clef des enchantemẽs. Lors il entre dedens ⁊ se seigne ⁊ met son escu deuãt sa face ⁊ son espee toute nue mais il ny boit goutte fors une grande clarte quil apperceut bien auant en ung hups. Et quant il fut la benu il oyt une moult grande noise toutesfois il passa oultre, et lors lui est aduis que toute la caue doit fondre et que toute la terre trembloit. Il se prẽt au mur et ba tout au long de la muraille iusques a ung autre hups qui est a lentree dune chambre. Quant il bint la il bit deux hommes de cuiure qui tenoient chacũ en leur main une espee. et estoient si pesantes que assez eussent eu a faire deux hommes de les seuer, et gardẽt lentree des hups et iettẽt leurs espees si souuent que nul ny peut passer sans coup auoir. Le cheualier ne les redoubte mie ains iecte lescu par dessus sa teste et se fiert par dessoubz les espees et lune lui donne tel coup que lescu lui trẽche doultre en oultre, et le coup descẽt sur la destre espaule ⁊ lui oste des mailles du haubert endroit lespaule tellemẽt que le sang bermeil en coulle contre bal le corps ⁊

cheut sur ses paumes a terre. Il se relieue et reprint son espee qui lui fut cheue et mist lescu deuant sa teste, ne oncques ne regarda fors deuant lui. Apres est benu a ung autre hups et boit a lentree ung puis dont lodeur est moult puante, et du puis issoit une grande noise, et auoit le puis biii. toises de se ⁊ estoit moult hideux et noir. De lautre part auoit ung hõme qui auoit sa teste noire a merueilles ⁊ iettoit le feu par sa bouche, les peulx auoit luisans comme charbon ardãt ⁊ tenoit en sa main une hache. Et quant le cheualier approuche il lieue sa hache en hault pour sups deffendre. Et se cheualier ne boit comment il y puisse entrer car sil ny auoit que le puis si y auoit il assez dangereux passaige a cheualier arme. Lors a mis lespee ou foureau et tire lescu de son col et le prent a sa destre main puis seeslongne emp sa chambre et laisse courir tant comme il peut iusques soubz le puis et il iecte auant lescu et en fiert celui par le bisaige si durement que de la hache q̃l tiẽt tout lescu est esquartele, mais oncq̃s celui ne se meut. Apres le fiert de si grãt force cõme il benoit tellement qui seust fait tõber au puis arriere sil ne se fust tenu a lup. si laisse celui cheoir sa hache car le cheualier lauoit saisy aux poinges quil auoit fors et roides et se tient si estroit quil ne se peut aider ⁊ finablemẽt le fait choir a terre et le traine soubz le puis et se gette dedens. Puis a traicte lespee du foureau et boit deuant lui une damoiselle faicte de cuiure moult subtilement laquelle tient les clefs des enchantemens en sa main destre. Il les prent et bient a ung pillier de cuiure qui estoit emp la chãbre ⁊ boit quil y a lettres escriptes qui dient. Cicy est la grosse clef et la menue desferme le coffre perilleux. Le cheualier desferme le pillier a la grosse clef, ⁊ quant il eut desferme il escoute et ouyt dedẽs si grant noise et si grans criz que tout le pillier en trembloit. Il se seigne⁊ beult le coffre desfermer et boit quil en yst trente tupaux de cuiure, ⁊ de chacun tupel bient une boix assez hydeuse, ⁊ estoit lune plus haulte que lautre De ces boix benoient les enchantemẽs et les merueilles deleans. Et il ouure le coffre. Et quãt il fut ouuert il saillit hors ung estourbillon et une si grãt noise q̃l lui fut proprement aduis que tous les diables denfer y feussent: et pour vray diables estoient ce. Et celui chiet pasme et quant il revint de pasmoison il prent la clef du coffre et du pillier et les apporte. Il vint au puis et tiendra la place aussi plaine que au milieu de la chambre. il voit le pillier fondre iusques a terre et la damoiselle de cuivre et les deux chevaliers qui gardoient luy z tous debrisez. Il vit hors a tout les clefz et voit toutes les gens du chasteau qui lui viennent a lencontre. Quant il fut au millieu du cimetiere il ne voit nulles tombes ne nulz des heaulmes qui sus les murs souloient estre ne les testes. Lors font de lui moult grant ioye et lui offrent les clefz sur lautel de la chappelle et se mainent iusques au pallais. Et pas ne seroit aisie a dire la ioye que len fait de lui, et lui comptent comment ilz avoient fait aler lescuier pour dire que la royne estoit en prison, car nous pensions bien que vostre grant prouesse vous feroit pour elle estre en prison. Et quant il ot que la royne ny avoit pointe este si se tient a deceu et non pourtant ne se voul droit mie encores avoir a faire. Celle nuit demoura en la douloureuse garde, et au matin le chevalier sen retourna car plus ne se peurent tenir. Et des lors en avant fut le chasteau appelle la ioyeuse garde. Ainsi sen part le chevalier et erre tant a petites iournees que a lassemblee vit. Mais de chose qui lui avient entre deux ne parle plus icy le compte, fors que en sa cité ou il avoit fait faire lescu vermeil Il en fist faire vng blanc a vne bende noire et tel le porta il a lassemblee.

Ainsi sen va mon seigneur gauvain lui et le chevalier du port et la damoiselle qui avoit faisse son amp naure. Ilz errerent tant quilz vindrent au chasteau que le chevalier lui enseigna. A lentree de ce chasteau avoit vng pont moult estroit et mauvais et dessoubz couroit vne eaue roide et parfonde, et ilz descendirent a pie et le chevalier dist a mon seigneur gauvain Je iray devant et vous demourrez par deca et se ie vous appelle si me venez aider Si feray ie fait messire gauvain: soiez en tout asseur. Le chevalier passe le pont tout arme. Et quant il vint a luy deux chevaliers desarmez si viennent a lui: et lui dient que combatre les convient. Lors ouvrerent la porte et vng chevalier tout arme vient et court sus au chevalier, et ce lui a lui. et se combatent vne piece moult vertu eusement. Le chevalier du chasteau ne peut lautre longuement souffrir si lui dist quil ne se combatra plus a lui. Ce vueil ie fait celui. et vng autre chevalier ist du chasteau tout arme monte a cheval et laisse courre vers lui, et ilz sentrefierent si durement quilz sentreportent a terre et saillent sus les espees traictes et sentrecourent sus. Puis vient vng chevalier et estoit a pie pour aider au chevalier du chasteau et lautre se deffent des deux moult vaillamment et quant il se est combatu vne piece il regarde mon seigneur gauvain et lui dist. sire venez moy aider et depuis quil y fut venu ceulx du chasteau ne peurent contre eulx durer ains les mettent es parmy sa porte: celle reffot apres eulx Le chevalier eut chault si oste son heaume. et messire gauvain avise que cest gaheriet son frere et en a moult grant ioye. Le chevalier qui eut dist a gaheriet ie ne me combatray plus a vous: et stoit en la place Et messire gauvain dist: comment ferons nous passer nos chevaulx et celle pucelle Faictes avant venir fait le chevalier ceste pucelle a tout son palefroy et les chevaulx viendront apres. Ainsi les passet. Et messire gauvain demande au chevalier sil sçait nouvelles des deux damoiselles. Sire fait il elles sont en celle tour la. Lors lui baille gaheriet son cheval quil lui avoit donne et il monte sus: et la pucelle sur son palefroy et sen vont ainsi tout quatre iusques a la salle. Quant ilz entrent ens ilz voient vng chevalier aage qui se seoit en vne moult belle chaere couverte de vne riche couctepointe: et devant lui seoient les .ii. pucelles. Et quant elles voient messire gauvain si ont moult grant ioye. Et messire gauvain dist au chevalier que seoit en la chaere. Sire chevalier ces pucelles me furent tollues a tort. si les enmeneray. Sire vous feriez oultrage fait le chevalier. par ma foy fait mon seigneur gauvain nous sommes cy trois chevaliers et trois pucelles si vous combatez a nous vous tiers. Et se conqueres nous pouez vous les aurez. Ie nen feray riens fait le chevalier mais demourez ennuit avec moy et ie vous logeray moult bien. Le logis fait messire gauvain prendrons nous moult voulentiers. La nuit fu rent hebergez moult bien et au matin se part monseigneur gauuain et sa compaignie et emmaine ses trois pucelles. Beau sire fait le sire de sa maison a monseigneur gauuain, quant ie pourray ie men vengeray. Si maist dieu fait messire gauuain, ie les cuide mener a droit comme les miennes et si vous ay assez offert. Ainsi cheuaucherent tant quilz vindrent a lentree dune forest et voient dix cheualiers armez qui sen viennent parmy vne lande droit a eulx. Et la damoiselle qui auoit son amy naure dist a monseigneur gauuain: ie les congnois bien, ce sont fait elle les traistres qui me occirent mon amy. Vos pucelles vous toust turent: et lung approuche de lautre et lun deulx dist. Gauuain gauuain laissez les pucelles car vous les emmenez mauuaisement. Ores vous ay deux fois repris de mon conuenant et de mauuaistie. Lors congneust messire gauuain que cestoit Brehin sans pitie. Brehin fait il ie ne vous resseuble mie qui me voulustes faire occire en traison et se vous en osiez deffendre ie seroie cellui qui le monstreroit contre vous. Lors compte a gaheriet comment les deux cheualiers se assaillirent la ou brehin lui faillist. Comment fait gaheriet brehin nestes vous mie assez hardy pour vous deffendre de traison? Je men deffendroie bien fait il encontre vng meilleur cheualier que vous nestes. Si maist dieu fait gaheriet mestier vous en est et vous gardez de moy car ie vous deffie: se vous ne retournez ie vous fraperay par derriere. Lors lui laisse courre et cellui se ot venir et se retourne puis se donnent de grans coups sur les escuz. Brehin brise son glaiue et gaheriet le fiert parmy lescu et parmy le haubert et le point en sa mamelle et le porte a terre et les autres neuf fierent gaheriet sur son escu et lui ont mis a mort son cheual. Lors se addrecent vers eulx monseigneur gauuain et lautre cheualier et en firent deux mais messire gauuain occist le sien et lautre cheualier abatist le sien et gaheriet se lance sur vng cheual, et tous ceulx qui estoient auec brehin sen vont fuyant. Et gaheriet reuient a brehin et lui court sus, brehin dist quil ne se combatra mie a eulx iii. mais ie me combatray a vous se vous voulez en sa maison du roy artus. Et sera a la veue meilleur de nous deux. Et gaheriet lui ottroie

Et lui fist iurer quil tendroit ce conuenant, et il lui iura que si feroit il. Lors lui amainent son cheual et il sen part et ilz ont prins cellui que le cheualier eut naure et le font monter sur son cheual. Et la damoiselle qui auoit son amy naure print congie et messire gauuain lui baille le cheualier prisonnier et lui fait iurer qui se contendra vers elle comme prisonnier. Sire fait elle grant mercys. Or me auez vous vengiee comme ie vouloye, car cellui que vous auez occis donna a mon amy le mortel coup. A tant se part messire gau et sa compaignie et errerent tant quilz sont venus a lassemblee, et le iour quilz y sont venus le tournoy estoit ia commencé. Les deux pucelles entrent au chasteau et messire gau et les autres ne portent mie le iour armes et le tournoiement fut moult bon, car assez y auoit cheualiers des deux parties. Lors vint a la iouste le bon cheualier qui portoit les cu dargent a la bende noire si commence a iouster moult vertueusement, si que tous les desarmez se regardoient et les armes aussi, et il auoit des lances a grant plante, il fist si bien de toutes cheualeries que tout vainquit. Gaheriet vint a monseigneur gauuain et lui dist. Sire ce pa vng cheualier qui trop bien iouste, et de la a ii. de nos freres et sene re contrecte souuet. et ne peut estre que lun ne le compere. Dictes au cheualier que pour lamour de vous il laisse a encontrer voz freres et ie leur iray dire pareillement. Lors sen vient messire gauuain et lui dist. Sire ie vous prie et requier que vous ne ales mie encontre ces deux cheualiers: et il les lui monstre. Et le cheualier dist que non fera il se nest en soy deffendant. Gaheriet vient a ses deux freres et leur dist par semblable. Et ilz demandent pour quoy. Pource fait il quil est nostre parent. Ainsi maist dieu fait agrauain, mais pource quil se fait si bien. Et pour ceste doubte nen laisserons nous rien a faire pour gaheriet ne voulurent cesser les deux freres ains part agrauain pour iouster au cheualier et le fiert tellement que sa lance vole en pieces et le cheualier le fiert de telle force quil se porte a terre et il prent le cheual et se rent a monseigneur gauuain. Tenez sire fait il ie nen puis mais. Je le voy bien fait messire gauuain. Quant gaheriet vit son frere cheoir il fiert des esperons et vient au chevalier ꝯ celui le encontre. Les chevaliers ꝯ leurs chevaulx estoient fors ꝯ les lances courtes ꝯ grosses ꝯ se fierent par les escus tellement que leurs lances volent en pieces et ne cheut ne lun ne lautre. La iouste fut bn̄ loee Et gaheriet est moult dolent q̄ na se chevalier abatu ꝯ celui autant ou plus quil na abatu gaheriet. Lors se sesloignent lun de lautre: ꝯ prennēt grosses lāces ꝯ setrefierēt mōlt du remēt ꝯ se dōnēt si grās coups sur leurs escus que gaheriet brise sa lance ꝯ le chevalier le fiert tellement quil labat lui et son cheval. Gaheriet le voit et se monstre a monseigneur gau ꝯ lui dist. Sire voyez la merueilles de ce chevalier de toutes chevaleries vainqui tout ce lui iour le chevalier. Lors pensa bien mōseigneur gau que ce soit celui quil q̄roit. Il sen vint au chasteau ou la damoiselle estoit qui lui devoit dire son nom et elle vint a lēcōtre sur son palefroy ꝯ messire gauvl lui demāde damoiselle quant scaurai ie le nom de ce chevalier que vous me deuez dire. Certes fait elle le crop q̄ se soit celui qui a tout vaincu. Ores nous prenons donc garde quelle part il ira au departir Vous dictes bien fait elle: il ne demoura gueres apres que le tournoiemēt fut fine quil sut bas vespre ꝯ le chevalier q̄ eut tout vaincu sen part secretement ꝯ se cuide bien mettre en sa forest que nul ne laperceust: il gesoit en la forest chieup vng chevalier. Et messire gauvain et la pucelle vont apres ꝯ le attaignent en la forest. Messire gauvain parle le pmier ꝯ lui dist dieu vous conduise chevalier. Et celui le regarde ꝯ le congneust moult bien. Si lui dist que dieu le benye: mais moult est dolent de ce quil la attaint. Sire fait messire gauvain: dictes moy par amours qui vous estes. Je suis fait il vng chevalier comme vo⁹ pouez veoir. Veritablement chevalier estes vous fait messire gauvain vng des meilleurs du monde, mais par amours dictes moy commēt vous auez nom. Je ne le vous dirai mie fait celui. Haa beau sire fait la pucelle dictes lui ꝯ se vo⁹ ue lui dictes ie lui dirai car il en a tant de paine soufferte que bien le doit savoir. Et il ne respont mot. Sire fait la pucelle ie voy bien q̄l ne le vous dira mie: mais ie le vous dirai. et sachiez que ie ne men pariurerai ia Cest lan-

celot du lac: filz au roy ban de benoic celui qui a huy vaincue ceste assemblee, ꝯ qui lautre vainquist quant il porta les armes vermeilles, ꝯ mist le roy en sa douloureuse garde De ce fait fait messire gauvain suis ie moult ioieup. Vo⁹ le deuez faire sa damoiselle moult aymer, car cest celui qui de la prison vous ietta, ꝯ pource ay ie tant este en sa douloureuse garde Et messire gauvain se humilie vers lui ꝯ lui dist. Haa sire pour dieu dictes moy se elle a dist verite. Et le chevalier rougist ꝯ lui eschauffe le visage ꝯ regarde la pucelle moult couroucee: ꝯ dist a messire gauvain. Sire elle vous dist ce que il lui plaist: mais elle sen peut bien taire. Et moy ie ne vous en dirai riēs. Certes fait messire gauvain se vous ne se me dictes sicropē dn̄ que elle dist vray. Et ainsi men irai car iay bien acheue ma besongne dieu mercy. Messire gauvain sen vient arriere au chasteau ꝯ fait maintes gens ioieup de sa queste quil a acheuee. Et dautre part sen va le chevalier ꝯ la damoiselle se suit moult ioieuse. Et il est fort courouce de deup de ses escuiers qui toute iour auoient este au tournoiement avec lui ꝯ lauoient laisse. Ainsi fut le chevalier congneu de messire gauvain: ꝯ pource ne osa il puis venir a lassemblee car il eut paour de estre destourne.

¶ Cōme la dame de malhot mist a rancon le chevalier quelle tenoit en prison Et cōe galehot apres les treues faillies vint assembler contre le roy artus. Et lancelot par sa proesse conquist tout ꝯ fist tant que galehot cria mercy au roy artus. Chap. xxxvi.

Lendemain porta messire gauvain armes ꝯ moult le fist bien: tant que par son aide les compaignons du roy en eurēt le meilleur Et moult y perdist le roy de oultre les marches car il y fut moult durement naure. Si demeure lassemblee a tant ꝯ gaheriet en porta le pris dune part ꝯ dautre. Apres lassēblee sen ala mōseigneur gauuain a sa court son ocle ꝯ emmena lautre pucelle qui demouree estoit. ꝯ trouua le roy a cardueil. Quant le roy le vist il fist moult grant ioie de sa venue et la royne ꝯ toute sa court. Et le roy lui demande. Beau nepueu avez vous point acheue vostre queste Et il dist que oy. Qui fut fait le roy celui qui vous fist entrer en la douloureuse garde. Se

fust ce fut il lancelot du lac le filz au roy ban de be
noic. Et cestlui qui vainquist lassemblee de Bo°
et du roy de oultreles marches quant il porta
les armes vermeilles. Et mesmes ceste derr-
niere ou nous auons este. et le Ry et par sap a
lui. Et sachiez que cest vng des beaulx cheua-
liers du monde et mieulx taillie de tous mem
bres. Et se il vit longuement il sera le meilleur
du monde. Tant est la nouuelle espandue q
tous scaiuent quil auoit nom lancelot du lac
Et on cuidoit quil feust mort des son enfance.

Quant le cheualier fut congneu de mes-
sire gauuain il geust la nuit chieup le va-
uasseur en la forest et lendemain seuerent ma
tin lui sa damoiselle et ses escuiers et cheuau-
cherēt en autre lieu que vers lassemblee, car il
auoit paour destre congneu Et tant alerent
quilz approucherent de vne eaue large et pro-
fonde ou ilz ne treuuent point de pont. Il viēt
a vng gue qui la estoit et passa le premier: et a-
pres la pucelle et ses escuiers. Quant ilz vien-
nent a vne bretesche qui oultre le gue estoit ce-
lui qui gardoit la porte laisse entrer les escuiers
et la pucelle et le cheualier voulut entrer apres
mais la garde lui ferma la porte. Le cheua-
lier lui demande seil pourra passer comment
les autres. Et il demande. Qui estes vous
Je suis cheualier de la maison du roy artus.
Donc ne y passerez vous mie fait le portier ne
autre qui ayme le roy. Or faictes donc retour-
ner mes escuiers et la damoiselle. Et celui dist
que non fera. Et quant le cheualier voit q au-
trement ne peut estre il sen retourne. Aux fene-
stres de la bretesche auoit vne dame laquelle
apella le varlet qui portoit lescu du cheualier
et le descouure elle mesmes. Et quant elle a
veu si appelle le portier. Va tost fait elle apz
le cheualier, car cest le meilleur du monde Et
il monte sur vng roussin et sen va hors du pōt
tant comme cheual peut aler et passe le gue et
ramaine le cheualier et la dame lui vient enco
tre et lui dit als ql soit en la bretesche. Sire che
ualier par la foy que vous deuez a celui q pl9
aymez ottroiez moy a vous hebergier ennuit
ceans. Dame fait il tant me auez coniure que
ie y hebergeray. Il entre en la porte et le se maine
en moult belles chambres qui sont en hault. il
lex se desarment et il demeure en pur corps. Il

fut a merueilles beau et plaisant et la dame le
regarde moult voulentiers. Le mengier fut ap
preste, et tantost vint leans vng cheualier ar
me qui estoit sire de la dame. Et la dame lui
vient encontre. Qui est ce cheualier fait le si-
re. Cest celui fait elle qui vainqst lautre iour
lassemblee. Je ne vous en crop mie fait il se ie
ne voy lescu. Et la dame lui monstre a descou
uert. et le cheualier a qui lescu estoit en est fort
courouce. Si dist. Ha dame vous me auez he
bergie et si me faictes ennuy et honte Certes si
refait elle ie vous cuidoie faire grant honeur.
Ne vo9 desplaise fait le sire de leans / car vo9
estes homme du monde de qui ie desire plus la
cointance. Lors se fait desarmer et se assiet em
prez lui et lui compte comment il le auoit aba-
tu a lassemblee lui et son cheual et a peu qui ne
lui auoit le cueur creue. Tant parlerent que
le mengier fut prest et souperent. Apres men-
gier demande le cheualier estrange au sire de
leans dōt il venoit ainsi arme. Sire ie vien de
vng pont au dessoubz de ceans que ie garde.
chacun iour pour les gēs du roy artus. pour
quoy fait le cheualier estrange. Cest pour sa-
uoir se vng cheualier passera q iura a vng che
ualier naure quil se vengeroit de tous ceulx q
diroient mieulx aymer celui qui se naura que
lui. Et le naure est mon mortel ennemy et ce-
lui qui se naura est homme du monde que iap
me mieulx car il est frere de ma mere. Et ie
voulseroie bien estre mort par conuenant que ie
eusse celui occiz Quant le cheualier lentēt il lui
poise moult de ce ql lui a dist / mais il en lais
se la parolle et sen va coucher quāt il fut heure

Au matin, si tost quil aiourna le cheua
lier estrange se leua, car celle nuit fut do
lent a merueilles de celle auāture pour lamour
de son hoste qui lauoit si bien hebergie et fait si
grant honneur. Si tost comme il fut arme et
il deut monter il trouua son hoste tout arme
fors que de son heaume et de ses manicles. lors
lui demāde le cheualier de dehors ou il sen vou
loit aler si matin. Et il respondist quil aloit
garder son passage comme il lui auoit le soir
compte. Haa sire par amours donnez moy
vng don. ou vous naurez ia honte ne dōma
ge. Vraiement fait celui ie le vous ottroy sil
me deuoit assez couster pour auoir amour et

acointance a vous, car ie feroie voulétiers cho
se qui vous pleust. Grant mercys fait le bon
chevalier. Je vous prie que vous me diez que
vous aymez mieulx ou le chevalier naure ou
celui q̃ le naura. Quant loste lot il fut moult
esbahy q̃ desplaisãt q dist. Haa sire se vo⁹ estes
celui ie en suis moult dolent et courroucie, car
ie ne puis faire ce que vous demandez, autre-
ment ie me pariureroie. Et conuient que ie me
combate a vous. Ce nest mie raison fait le bon
chevalier, car vous me ottroyastes vng don.
Lors se pasme loste, q le chevalier se met a sa
voie q emmaine ses escuiers q sa damoiselle.
Quant il eut passe le gue il regarde q voit ve-
nir son hoste qui le crie moult haultement. Il
nous conuient combatre ẽsẽble. q ce poise moy
Lors se arreste le bon chevalier q lui dist. Si-
re ne me ottroyastes vous point vng don. Oy
fait il tant comme vous seriez en ma maison:
mais combatre vous conuiẽt. Et le chevalier
dist quil lui en desplaist. Lors tourne contre lui
quantil voit q̃ autremẽt ne peut estre. Et sen-
tresierent si durement de toute leur force quilz
se porterent a terre par dessus la croupe des che-
uaulx q fut rompu larcon de derriere au bon
chevalier. Incontinent se releuerent q mistrent
la main aux espees q sentredonnent de grans
coupz: mais toutessuoies lestrange chevalier
commence a faire guerpir place a lautre. Et
lui prie par amours quil die q̃l ayme mieulx
le naure que celui qui le naura. Et il dist que
non fera, ains commence a faire plus fier as-
sault que deuant. Lors lui court sus le bon che-
ualier q le charge de merueilleux coupz tãt q̃l
le fait cheoir a terre. Et lui arrache le heaume
de la teste. puis lui commẽce a dire quil die q̃l
ayme mieulx le naure que celui quil le naura
Et il dist que non fera q quil ayme mieulx a
mourir. Lors lui dist le chevalier que ia par ar-
mes que il eust ne mourroit il. ¶ Si le traine
vng pou auant q le rue en leaue et le noya.
Quant le bon chevalier le voit noie il comẽca
a plourer moult tendrement q toutesuoies il se
mist au chemi q emmena sa damoiselle q ses
escuiers.

¶ Comme roy artus songa plusieurs son-
ges q apres manda tous les sages clercs de so
royaume pour en sauoir la signifiance.

Or dist le compte que le roy artus auoit lõ-
guement seiourne a cardueil. Et pource
quil ny auenoit mie grandement de auantures
il ennuia moult aux compaignons du roy de
ce quilz auoient si longuement seiourne q ne ve-
oient riens de ce quilz souloient veoir. princi-
palement kieu le seneschal en fut trop ennuye
Et en parloit moult souuent q disoit deuant
le roy que trop estoit ce seiour ẽnuyeux q trop
auoit dure. Le roy lui demande. Kieu q̃ vou-
driez vous que nous feissons Certes fait kieu
ie conseilleroie que nous allissions a kamalot
Car la cite est la plus auantureuse que vous
ayez et la nous verrions souuent q oirions cho-
ses de merueilles que nous ne voions pas icy
Nous auõs seiourne icy ia plus de deux mois
et oncques ne y veismes gueres de choses aue-
nir. Or alons donc fait le roy a kamalot puis
que vous le conseillez. Ledemain deut partir
le roy, mais la nuit lui auint vne merueilleu-
se auanture. Il songa que tous les cheueux de
sa teste cheoient q tous les poils de sa barbe dõt
il fut moult espouãte. Et par ce demoura en-
cores en la ville. La tierce nuit apres il songa
que il lui estoit aduis que tous les doiz luiche-
oient des mains fors les poulces: q lors fut pl⁹
esbahy que deuant. A lautre nuit songa il que
tous les ortelz des pies lui cheoient, fors les
poulces. De ce fut si trouble que plus ne peut.
Sire fait son chappellain a q̃ il lauoit dit: ne
vous chaille car songes ne sont pas a croire.
Le roy le dist a la royne q elle lui respont tout
ainsi que auoit fait son chappellain. En ve-
rite dist il ie ne laisseray pas la chose ainsi. il
fait mander ses euesques et archeuesques q̃lz
soient a lui au neufiesme iour ensuiuant a ka-
malot q quilz amainẽt auec eulx tous les pl⁹
sages clercz quilz pourroient auoir q trouuer
Atant se part de cardueil q sen va par les cha-
steaux q par les citez, tant que au neufiesme
iour est venu a kamalot: q aussi sont venuz
les clercz du pays. Il leur demande conseil de
son songe: q ilz en eslisent dix des plus sages.
Le roy les fist bien enserrer, et dist que iamais
ne istront de prison deuant quilz lui auront
dist la signifiance de son songe. Ilz esprouue-
rent la force de leur science par neuf iours q puis
vindrent au roy q distrent quilz ne auoiẽt riẽs

La premiere

trouue. Ainsi maist dieu dist le roy ia ainsi ne eschapperez. Et ilz demandent respit iusques au troisiesme iour ensuiuant. Et il leur donne Les trois iours passez ilz reuiennent deuant le roy et dient quilz ne peuent riens trouuer, et demandent encores autre descap: et ilz le ont. Et de rechief reuindrent pour demander autres .iii. iours de dilacion ainsi que le roy auoit songie de tierce nuit en tierce nuit. Or sachiez fait le roy que iamais plus nen aurez. Quant vint au tiers iour ilz disdrent quilz ne auoient rien trouue. Ce ne vault rien fait le roy ie vous feray tous destruire se vous ne me dictes la verite. Et ilz dient, sire nous ne vous en saurions que dire. Lors se pense le roy quil leur fera paour de mort. Il fait faire vng grant feu et commanda en leurs presences que les cinq y fussent mis et que les aultres cinq soient pendus, mais priuement deffend a ses baillifz quilz ne les menassent que iusques a la paour de faire mourir. Quant les cinq qui furent menez aup four ches eurent les cordes entour leurs colz ilz eurent paour de mourir et disdrent que se les aultres cinq le vouloient dire ilz le diroient. La nouuelle en vint aup cinq que len menoit ardre et ilz disdrent que se les aultres le vouloient dire ilz le diroient. Ilz furent amenez ensemble deuant le roy et les plussaiges disdrent. Sire nous vous dirons ce que nous auons trouue mais nous ne vouldrions mie que vous nous tenissiez a menteurs se il ne aduenoit, car nous vouldrions bien quil nen fust riens, Voulons coment quil en aduienne que vous nous assurez que ia mal ne nous en auiendra, et il leur promet. Lors dist lun deulz qui pour tous parla Sire sachiez que ceste terre et tout honneur vous conuiendra perdre et ceulz en qui plus vous fiez vous fauldront, telle est la substance et signifiance de voz songes. De ceste chose fut le roy moult effroye. Or me dictes fait il se il est chose qui men sceust garantir. Certes fait le maistre nous auons veu vne chose mais ce est si grande merueille que on ne se pourroit penser et ne la vous osons dire. Dictes fait il seurement, car pis ne me pouez vous dire que vous mauez dit. Sire riens ne vous peut garder de perdre tout honneur terrien fors le lyon sauuaige et le mire sans medecine par le conseil de la

fleur et se nous semble estre si grande folie que nous ne losions dire car le lyon sauuage ne peut estre, ne mire sans medicine, ne fleur qui parlast. Le roy est moult prins de ceste chose, mais plus en fait belle chiere que le cueur ne lui aporte. Vng iour ala le roy chasser au bois bien matin, et mena auec lui messire gauuain sieu le seneschal et ceulx qui lui pleust. Si laisse icy le compte a parler de lui et retournea parler du cheualier dont messire gauuain apporta son nom en court.

Quant le cheualier qui lassemblee auoit vaincue se partist de la ou il se combatist a son hoste il erra toute iour sans autre auanture trouuer. Il loga la nuit chiez vne veufue dame a lyssue dune forest a cinq lieues engleches pres de kamalot. Le cheualier se leua matin et erra sui et ses escuiers et sa damoiselle tant quil encontra vng escuier. Varlet fait il scais tu nulles nouuelles. Oy fait il: ma dame la royne est icy pres a kamalot. Quelle royne fait il. La femme au roy artus fait lescuier. Le cheualier sen part et cheuauche tant quil treuue vne maison forte et voit vne dame en son sourcot qui regardoit les pres et la forest et auoit auec elle vne damoiselle. Le cheualier se arreste et regarde la dame moult longuement tant quil oublie toute autre chose. Et maintenant passa vng cheualier arme de toutes armes qui lui dist. Sire cheualier que attendez vous, et celui ne respont mot car il ne la pas ouy. Et le cheualier le boute et lui demande quil regarde. Je regarde fait il ce que me plaist et vous nestes mie courtois qui de mon penser me auez iecte. Par la foy que vous deuez a dieu fait le cheualier estrange sauez vous bien qui la dame est que vous regardez. Je le cuide bien sauoir fait le bon cheualier. Et qui est elle fait lautre. Cest ma dame la royne. Si maist dieu estrangement la congnoissez: deables vous font bien regarder dames. Pour quoy fait il. Pource que vous ne me oseriez suiuir fait lautre par deuant la royne la ou ie iroie. Certes fait le bon cheualier se vous osez aler la ou ie vous oseray suiuir vous aurez passe de courage tous les plus grans oseurs qui oncques furent. Atant sen part et le bon cheualier va apres. Et quant ilz ont vne piece ale lautre lui dist. Vous hebergerez ennuit auec moy/ et le matin ie vous menerap ou ie vous diz. Et le bon cheualier lui demande seil conuient ainsi faire. Oy fait il. Et il dist que donc lottroiera il. Il geust la nuit chiez le cheualier sur la riuiere de kamalot/et fut moult bien hebergie et sa pucelle et ses escuiers.

¶ Comme le roy de oultre les marches nõme gallehaut enuoia deffier le roy artus. Et comme lancelot occist deux geans pres kamalot. Chap.xxxii.

Le roy reuint du bois de haulte nonne et se assist au menger deuant le vespre. Lors vint vng cheualier assez aagie qui moult sembloit preudomme. Le cheualier fut arme fors sa main et sa teste et vint deuant le roy son espee ceincte. Il ne salua pas le roy aincois lui dist. Roy a toy me enuoie le plus preudomme qui oncs viue: cest Gallehault le filz a la geande q̃ te mande que tu lui rendes toute ta terre/car il a conquis trente roiaumes et il ne veult pas estre couronne roy deuant quil ait le roiaume des ogres. pource te mande il que tu lui rendes ta terre ou que tu tiengne de lui et il te aura pl' chier que tous les roys que il conquist oncques. Beau sire fait le roy ie ne tins oncques terre q̃ de dieu et ie ne la tendray pas de cestui. Certes fait le cheualier ce poise moy. car tu en pdras honneur et terre. De tout ce que vous dictes ne me chault fait le roy. car il ne me fera ia mal se dieu plaist. Roy artus fait le cheualier or sa ches que mon seigneur te defie et ie te diz de par lui quil sera dedens sept iours en ta terre et de seure quil y sera entre il nen partira tant quil fait toute conquise: et si te ostera genieure ta fẽme quil a oup prisee de beaute et de valeur sur toutes dames terriennes. Sire cheualier fait le roy iay bien oup ce que vous auez dist: sachez que pour vos grandes menaces vous ne me espouãterez ia mais face chacun le mieulx q̃l pourra. Atant sen part le cheualier et quant il est a luys de la salle il retourne au roy et dist. Haa dieu quelle douleur et quelle male auanture. Lors monte sur son cheual sans plus dire et deux cheualiers lattẽdoient dehors la porte. Le roy demande a mon seigneur gauuain seil vit oncques gallehault. Et il dist q̃ nẽny et autãt en diẽt plusieurs autres de leãs mais

gallegantin le gallois qui auoit en mains ly eup ested̃ dist au roy Sire iay veu gallehaut il est greigneur que cheualier qui ceans soit bien plain pie. et est moult ieune homme et vng des plus liberaulx hommes du mõde: toutesfoie ie ne cuide pas quil ait ia force ne pouoir sur vo' et se ie le sauoie ie voul droie mieulx mourir que plus viure. Ilz en laissent la parolle a tant et lendemain a la se roy chasser. Or se tait icy du roy et de la royne et retourne a parler du cheualier qui lassemblee auoit vaincue.

Quant le cheualier qui lassemblee auoit vaincue eut geu chiez le cheualier qui se osta de son penser il se leua moult matin et alerent lui et son hoste la ou il le voulut mener mais il laissa la damoiselle et ses escuiers en la maison car illec enidoit reuenir. Loste se va deuant et le bon cheualier le suit tant quilz ap prouchent de kamalot. Et le bon cheualier regarde la vile et congneut que cestoit kamalot ou il auoit este fait cheualier. Lors commence a penser moult durement et en cheuaucha plus a loisir. Et son hoste ala deuant grant erre pour sauoir se il demourroit apres lui par cou ardise. Lors regarde aux loges et voit la royne qui y estoit appuyee. Elle auoit le matin conuoie le roy et se estoit moult enuelopee pour le froit qui ia estoit grant comme entre la touss sains et noel. puis dist a la royne. Dame estes vo' la royne genieure. Oy fait elle. pour quoy le demandez vous. Certes dame pource que vous le pouez bien estre et se vous ne lestiez si lui ressemblez vous bien. Et ie vous regarde vouletiers pour le plus fol cheualier q̃ ie veis se oncques. Estes vous ce fait la royne. Nẽ ny dame fait il. cest vng autre qui vient apres moy. Lors sen commence a aler vers la forest et tantost apres vint lautre cheualier passant contre val la riuiere. Il se arreste es prez et vit femmes qui lauoient des draps il leur demã de ¶ Auez vous point veu passer par cy vng cheualier. Et elles respondent que nenny. Et que elles ne faisoient que venir. Quant la royne voit le cheualier et entent ce quil deman de elle lappelle et dist. Sire cheualier iay veu celui que vous querez il sen va vers la forest Il lieue la teste et voit la royne qui lappelle. et la congnoist bien a la parolle. Dame fait il se

distes vous onq̃s Oy fait elle. Et dame gi-
se part sen vait. Il sen va fait elle par cy tout
droit. Lors fiert le cheual des esperōs si tost q̃l
se lui eut dist, mais il laissa le cheual aler la
ou il voulut car il ne fait que la royne regar-
der, et le cheual qui eut talent de boire saultē
la riuiere. Leaue estoit profōde q̃il nestoit pas
endroit le gue. ¶ Le cheual se print a noer et ne
pouoit reprendre terre pource que la riue estoit
trop haulte, et tant se lassa que le cheualier en
tra en leaue iusques pres des espaulles. ¶ La
royne le voit q̃ commence a crier, saincte ma-
rie vee3 la vng cheualier qui se noye. Et mon
seigneur puain lou pt q̃ estoit illec monte pour
ce quil cuidoit aler au bois chasser auec le roy
q̃ il se estoit trop tart leue. Il demāde a la roy-
ne ou cest. Et elle lui monstre. Lors vint mes
sire puain sa q̃ prent le cheual par le frain q̃ le
maine a riue. Le cheualier estoit tout moissie.
Et messire puain lui demanda. Beau sire cō-
ment entrastes vous en leaue. Et il dist quil
y estoit entre pour abuurer son cheual. A̋alle-
ment fait messire puain le aue3 abuure, car a
bien peu que vous ne aue3 este noye q̃ ou aliez
vous. Je suiuoie fait il vng cheualier Messire
puain se eust moult bien cōgneu sil eust eu l'es
cu quil porta en lassemblee mais il lauoit lais
se en sa maison de son hoste q̃ en auoit pris vng
viel q̃ enfume. Et pource pensa son hoste quil
en seroit desprise en la maison du roy artus, et
messire puain sen prisa mais car il cuidoit q̃l
feust de poure q̃ petit affaire. Il lui demande
sil suiura le cheualier. Et il dist que oy. Il lui
passe le gue. Et lors commence a regarder le
cheualier vers la royne q̃ son cheual sem̃porte
hors la riuiere. Tantost apres il encontra da-
guenet le fol. Daguenet le salue. Et le cheua-
lier ne lui respondist mot car il pēsoit ailleurs
Daguenet dist. Je vous pres, il se remaine ar
riere q̃ onques le cheualier ne y mist deffense.
Messire puain fut reuenu a la royne q̃ elle lui
dist Certes noye eust este le cheualier se neus-
sie3 vous este. Dame dist il ce eut este grāt dō-
mage, car il est trop beau. ¶ Encores a il fait
merueilles fait sa royne, car il sen va aual la
riuiere q̃ il deuoit suiuir le cheualier. Ainsi q̃lz
parloient ilz virēt venir le cheualier q̃ dague
net. Voyez fait la royne quelque vng ramai

ne nostre cheualier. Lors dame sire puain au-
gue. Et quant il voit que cest daguenet il en
est moult esbahy q̃ le maine deuant la royne.
Dame fait il daguenet a pris ce cheualier. Da
guenet fait elle par la foy q̃ vous deue3 au roy
comment le prinstes vous. Je le encontra fait
il pres de celle riuiere et le saluay, q̃ il ne dist
mot. ie le prins au frain q̃ le amenay que onc-
ques ne se deffendist. Je croy bien fait messire
puain que ainsi le prinstes vous. Et ie le loge
ray fait messire puain. ie le vueil bien fait da-
guenet, q̃ la royne sen rit q̃ tous ceulx qui lōt
Cesui daguenet estoit cheualier mais il estoit
fol nyais, q̃ le plus couart que len sceust trou-
uer q̃ se iouoient de lui les vngs q̃ les autres
pour les grandes follies quil faisoit, q̃ disoit
quil aloit auātures querre q̃ disoit au reuenir
quil auoit occis deux ou trois cheualiers. La
royne regarde le cheualier q̃ le voit si bien tail
le de corps et de membres quil ne pouoit estre
mieulx. Daguenet fait elle par la foy q̃ vous
deuez a mon seigneur le roy q̃ a moy sauez vo?
qui il est. Ainsi mais dieu dist il dame nenny
onques ne parla a moy vng seul mot. Le che-
ualier tenoit sa lance par le plus gros au tra-
uers. Et quant il ouyt la royne parler il dres-
sa le chief q̃ sa lance lui cheut tellement que le
fer prist le sanit du manteau de la royne q̃ elle
se regarde puis dist a mon seigneur puain. Ce
cheualier ne semble mie estre bien sage. Vous
dictes vray fait messire puain, au mains ne
fist il pas grant sens quant il se laissa mener
de daguenet Et encores ne a il a nous parle de
puis quil vint. Je lui vueil demāder qui il est.
Sire cheualier q̃ estes vous fait messire puai
il regarde q̃ voit quil est en my la salle. Sire
fait il ie suis vng cheualier. Et q̃ criez vous
icy. Vous y estes en prison fait messire puain
Je le cuide bien fait il. Sire cheualier nous en
direz vous plus. Je ne vous scay que dire fait
il Dame fait messire puain a la royne ie lay
en ostage mais se vous men voulez estre ga-
rant ie le laisseray aler Sera se vers dague-
net fait elle Oy dame Et elle rit. Je vous en
seray donc bon garant Et ie le laisseray aler
fait il Messire puain le maine hors q̃ lui mon
stre le gue. Beau sire vee3 la le gue q̃ vee3 la la
voye que tint le cheualier que vous suiuiez. Il

partie

passe le gué et se met a la hope apres le cheualier vers la forest. Et messire puain sen vient en son hostel moult tost et monte sus vng cheual sans esperons et commence a suiuir de loing le cheualier, car il ne vouloit mie estre apperceu. Et le cheualier est entre en la forest & commence a escouter sil oiroit nulle part le cheualier quil queroit. Et il voit vne lance en vng tertre vng gouffanon dedens atachie. Il va cele part et voit le cheualier qui descent encontre lui. Sire cheualier fait celui qui le suiuoit tant vous ay suiui que vous ay attaint. Mal maues attaint fait il, car vous y laisserez du vre. Et vous vous fait celui. Ie vueil dit il que vous me baillez ce cheual et ces armes. Ce ne feray ie mie fait le cheualier. Si ferez fait lautre vueillez ou non ou ie les vous touldray a force. Non ferez que ie puisse fait le cheualier. Adonc le cheualier qui eut aualé le tertre se esloigne emmy la lande et prent son escu et sa lance et se adresse vers lui. Et lautre sappreste pour soy deffendre. Ilz fierent leurs cheuaux des esperons et laissent aler lung contre lautre. Le cheualier qui eut aualé le tertre le fiert sur lescu tellement que sa lance vole en pieces. Et laultre le fiert si vertueusement quil le porte a terre par dessus la crouppe du cheual. Il prent le cheual par le frain & lui remaine. Tenez fait il vostre cheual et ie men iray, car iay ailleurs a faire. Le cheualier se relieue et dit. Ainsi fait il ne vous en irez vous mie a moy vous conuient combatre. Non feray fait celui. Si ferez fait lautre. Le cheualier se trait arriere quant il voit que combatre le conuient et descent de son cheual et tire lespee. Ilz sentrecourent sus moult viuement et se fierent sur leurs heaumes et sur leurs escus. Le cheualier que daguenet auoit prins se hasta moult et lui courut sus vigoreusement tant quil lui fait guerpir la place. Il voit bien quil ne pourroit a lui durer & dit. Arrestez ie ne me combatray plus a vous, mais venez la ou ie vous meneray & ie vous monstreray merueilles. Et ou est ce fait le cheualier. Cest icy pres fait lautre. Ie iray donc fait il. Ilz monterent sur leurs cheuaux. Et le cheualier daguenet qui nauoit mie sa lance brisee va auec lautre cheualier. Messire puain oyt tout ce quilz auoient dit et fait, et dit a soy

mesmes quil ira encores apres eulz. Quant le cheualier qui aloit deuant eut vne piece mené lautre il lui dit. Veez la deux geans qui ont grant partie de ceste terre destruicte & desertee & icy pres nose passer cheualier qui apree le roy artus ne la royne ne ceulz de sa maison. Or alez iusques la a eulz se vous osez. Le cheualier nen tient plus parole ains prent son escu & met sa lance soubz lesselle & fiert le cheual des esperons & se adresse vers luy. Et le geant lui crie. Sire cheualier se tu hais le roy artus ou la royne bien seurement tu nas garde, et se les aymes tu es mort. Par ma foy ie les ayme fait le cheualier. Et le geant hausse vne masse & le cuide ferir mais il fut grant & eut le bras si long que le coup cheut oultre par derriere le cheualier et le cheual. Et le cheualier le fiert de sa lance si roidement parmy le corps quil le iette mort a terre. Et lautre geant fiert le cheual de la masse quil tenoit par si grande force quil lui brise les cuisses et le rue par terre. Le cheualier sault sur piez courrouce de son cheual qui est mort et tire lespee et met son escu deuant lui et vint vers le geant. Et le geant hausse la masse & le fiert en lescu, mais le coup cheut a terre. Et le cheualier fiert le geant tellement quil lui couppe le bras a tout la masse. Le geant haulce le pie et le cuide ferir. Et le cheualier se fiert en la iambe et lui fit le pie voler. Lors apres que le geant fut mort vint vne belle pucelle par deuant messire puain qui ce regardoit. Sire cheualier fait elle cest la tierce. Messire puain nentent mie pourquoy elle dit ceste parole ains sen va oultre et vint vers le cheualier. Et si tost comme le cheualier le voit il lui dit. Sire cheualier aues vous veu commét ces mauuais geans mont tue mon cheual, il men conuiendra aler a pie. Non ferez sire fait messire puain se dieu plaist, car ie vous donne le mié mais dictes a ce cheualier icy quil me preste le sien iusques kaamalot. Sire fait le bon cheualier ie vous remercie moult grandement de vostre cheual, car plus a point ne le me pourriez donner. Lors dit au cheualier qui lauoit amene. Sire cheualier descendez. Adonc il est descendu. Puis a dit a monseigneur puain. Sire mótez en la selle et il montera derriere vous. Messire puain sault en la selle et le che-

h.i.

ualier derriere lui tout arme comme il estoit. Ainsi sen va messire puain. Et le cheualier qui a vaincu les geans sen va a son affaire. Messire puain et lautre cheualier vienent a kaamalot et trouuerent la royne vestue/ et apprestee q̃ auoit ia oupe messe/ et messire gauuain la ramenoit du monstier. La salle estoit toute pleine de cheualiers. Et ceulz qui estoient aux fenestres dirent. Veez cy merueilles messire puain vient icy et amaine ung cheualier arme. Et quant messire puain fut au pie de la salle il descēt au degre. Lors dit le cheualier ie men voys. Et messire puain monte en la salle et encontre messire gauuain et la royne qui venoit du monstier. Sire gauuain fait il on parle des merueilles de kaamallot et que moult y en y aduient. Et certes on dit vray. Mais ie ne croy mie quil y ait cheualier ceās qui tant y en veist oncques comme iay huy veu. Dictes le nous fait messire gauuain. Il commence a dire et compter deuant tous les autres ce quil auoit veu du cheualier. Et compte comment il se combatit au cheualier et seust oultre darmes sil eust voulu. Et cōmēt il auoit les geans occis. Et daguenet sault auant et crie. Cest le cheualier que ie prins. Voire voire fait messire puain cest il. Dea dea fait daguenet telz cheualiers scay ie prendre. Puis dit a monseigneur gauuain. Se vous sauiez prins cōme moy vous auriez fait belle prouesse. Et messire puai dit a monseigneur gauuain. Sire fait il encore vous diray ie plus. Quant le cheualier eut les geans conquis il vint vne pucelle par deuant moy qui me dist. Sire cheualier cest la tierce. Et quant messire gauuain l'ouyt il baissa la teste et sourrist. Et la royne sen apperceut et prent monseigneur gauuain par la main et sen vont seoir a vne fenestre. Gauuain fait elle le plasoy q̃ vous deuez au roy et a moy dictes moy pour quoy vous auez riz a ceste heure. Je le vous diray fait il. Je me riz de ce que messire puain dit que la pucelle disoit cest la tierce. Vous souuient il point de ce que vous distes en la douloureuse garde la pucelle qui estoit en prison en sa tour. Il ne men souuiēt point fait la royne. Elle nous dist fait messire gauuain que nous orrions nouuelles du cheualier qui nous fit entrer en la douloureuse garde a la pre-

miere assēblee q̃ seroit au royaume de logres et a la seconde et a la tierce. Et cest la tierce fait messire gauuain. Et sachiez de vray que le cheualier qui a les geās occis est lancelot du lac. Je vous en croy bien fait la royne. Daguenet fait telle noise quon ne peut a lui durer et a chacun dit, iay prins le cheualier qui les geans a conquis ¶ Ainsi attendent iusques au vespre que le roy vint/ et sen lui compte du cheualier qui auoit les geans occis. Moult en a le roy grant ioye et tous ses compaignons et les gens du pais. Et daguenet sen vient au roy et dit. Sire ie lay prins le bon cheualier. et le roy sen rit moult voulentiers.

¶ Comme lancelot occist ung cheualier qui disoit mieulx aymer le cheualier naure que celui qui estoit naure. Et comment il fut assailly de quarante cheualiers: et mis en prison de la dame de maschault ¶ Et cōme galleshault assembla au roy artus ung iour que lancelot estoit en prison. ¶ Et cōme lendemain lancelot fut deliure et vainquist lassemblee de entre les deux roys ¶ Et cōme gallehault dōna treues au roy artus ung an.   xxxiii.

LE bon cheualier cheuaucha par la forest tāt quil la toute passee et commence a auesprir. Lors encōtra ung vauasseur qui venoit de la forest acōpaigne dung sien escuier qui portoit ung cheureau qlz auoient prins en la forest. Le vauasseur le salue et lui dit. Sire il est temps de hebergier/ sil vous plaist ie vous logeray bien. Le cheualier lui accorde et sen va auecques lui. Et maintenant vint la damoiselle qui auoit dit a monseigneur puain cest la tierce. Si sen vont tous quatre ensemble en la maison du vauasseur. La nupt furent moult bien hebergiez. Et au matin se mist le cheualier en son chemin auec sa damoiselle et vindrent a heure de tierce a lētree dune chaucee qui bien duroit vne lieue de long/ et y auoit maretz grans et parfons dune part et dautre. A lentree de la chaucee estoit vng cheualier arme de toutes armes. Et quāt le bon cheualier approuche pour passer son chemin lautre vient auant et lui demande qui il est. Et le bon cheualier lui respōt quil est ung cheualier de la maison du roy artus. En Beri le faist cheualier de la chauccee donc ne passerez vous mie par icy. Pour quoy faist lautre cheualier. pource que ceulx de sa maison me ont fait dommaige de mon parente. Quel dommaige fait le bon cheualier. Il aduint fait laultre que ung cheualier naure vint grant piece a deuers le roy artus et lui pria quil se feist desserrer par ung cheualier qui lui iurast sur sains quil se vengeroit de tous ceulx qui diroient quilz aymeroient mieulx cesui qui se naura que lui. Cesui cheualier naure auoit occis ung mien cousin germain moult preux cheualier. Et pour ce quen la maison du roy artus y eut ung cheualier qui entreprint a faire la vousete du naure ie suis en ce lieu cy attendant et desirant l'en gier la mort de mon cousin. Et bien sache cesui qui fist ceste entreprinse quil a encores moult a faire. Comment fait le bon cheualier estes vous de ceulx qui mieulx aymẽt le mort que le vif. Jen dois bien estre fait cesui car le mort estoit mon parent comme iay dit. Certes fait lautre ce poise moy car il me conuiendra a vous combatre, et ie men cuidoye aler franchement. Estes vous donc fait cesui le cheualier qui se naure deues venger. Et il dit quil en fera son pouoir. Veritablement fait lautre vous me occirez donc ou ie vengeray mon parent. Ilz se esslongnent et viennent lung vers lautre tant comme les cheuaux peuēt courir. Le cheualier de la chauccee brise son glaiue Et lautre le fiert si durement quil se porte a terre, mais il estoit ieune et legier et tost se leua sur piez. Il met lescu deuant et sacque son espee. Et lautre descent a pie et oste lescu de son col et trait l'espee et courent sus lun a lautre moult vistement. Ilz se tredonnent grans coups sur les heaumes et les font enfondrer sur leurs testes et faussent les haubers en plusieurs lieux. Mais en la fin le cheualier de la chauccee se commenca a lasser et a guerpir place. Le bon cheualier se haste tres fort, car assez a a cores alaine et force et lui baille tel coup quil en fait voler emmy la place une grant partie de son escu. Et lautre a moult perdu de sang et lui est rompu ung des lacs de son heaume qui moult lui griefue. Lors le bon cheualier lui arrache le heaume de la teste et le iette loing tant comme il peut, et puis lui dit. Il

vous conuient octroier que vous aymez plus se naure q̃ cesui qui se naura. Encores ne voy ie fait lautre pour qui ie le die. Il le vous conuient ainsi dire fait le bon cheualier, ou vous mourrez. Lors lui court sus. Et cesui iecte tãt dessu qʼl auoit dessus sa teste et se deffent moult vaillamment une grant piece, mais en la fin ne peut durer et recõmence a guerpir place. Et de rechief le bon cheualier lui prie quil die quil ayme mieulx le naure que cesui qui se naura. Et il ne voulut. Adonc sui iecte ung coup sur le bras senestre qui moult se blece et vole son escu a terre. Puis lui court sus de tout son pouoir et lui dõne ung coup sur sa teste quil auoit nue sans heaume et le fent iusques aux dens. Le cheualier de la chauccee cheut mort dont lautre fut moult dolent, mais il ne seust sceu amender. Lors sen vint a son cheual que la pucelle tenoit et monte dessus. Si sen vont eulz deux tout contre val la chaucie et cheuauchent tant quilz approucherẽt dune cite que len appelloit le pin de Mallehaut. Lors ses ont attais deux escuiers dõt lun portoit lescu au cheualier der renierement occis et lautre son heaume. Ilz se passent par empres lui sans dire mot et sen vont tout le grãt galop. Le cheualier erre sui et sa pucelle vers la cite. Et a lapproucher se leua ung moult grant cry, et lui vindrent a lencontre cheualiers et sergans plus de quarante et viẽnent tous ensemble auec leurs glaiues contre lui et son cheual. Ilz lassaillent tellement qʼlz le portent a terre et tuent son cheual. Et il demeure a pie et se deffent moult vaillamment de son espee et leur couppe leurs glaiues et ocist leurs cheuaux. Mais quant il voit quil ne pourra durer il se lance soubz le degre dune forte maison qui pres estoit. La se deffent tant comme il peut. Et la dame de la ville y est venue qui lui dit quil se rende a elle. Dame fait il que ay ie forfait. Vous aues fait elle occis le filz de mon seneschal qui icy est. Dame fait il ie nen puis mes, car il se me conuenoit faire. Vendez vous fait elle a moy ie vous conseille. Il lui tent son espee et elle lemmaine en sa maison en prison, et le met en une geolle qui estoit de pierre taillee, et auoit deux toises en carreure, et estoit haulte iusques a la couuerture de la salle, et moult belle estoit par dedẽs

h.ii.

chacune carreure de la guicosse auoit deux verrieres si cleres que cesui q̃ estoit dedens pouoit veoir tous ceulz qui entroient en la salle. De cesse guicosse ne sauoit riens la damoiselle car elle sen estoit alee de la poste/et bien cuidoit q̃ se cheualier fust mort. Si sen ala faisant son deul & nosa retourner a sa dame du sac/& se rendit en la premiere religion q̃lle trouua. Mais ores se taist le compte vng petit delle et du cheualier q̃ estoit en prison & retourne au roy artus.

Vng iour aduint la ou le roy seiournoit a kaamasot que sa dame des marches de selice lui enuoya vng messaige et lui manda que galsehault le filz a la gayande estoit entre en sa terre et toute la lui auoit tollue fors deux chasteaux quelle auoit en sa terre deca. Pource roy artus fait le messaige ma dame vous mande que vous viengniez deffendre vostre terre, car elle ne se peut tenir longuement se vous ny venez. Je iray fait le roy hastiuement/& a grant nombre de gens. Il a bien deux mille hommes a cheual. Bel amy dictes a vostre dame que ie partiray demain pour aler contre galsehault. Sire ce font ses hommes non ferez ains attedez voz gens/car celui a trop de gens amenez/si ne vous deuez vous mie mettre en aduenture. Ja dieu ne maist fait le roy puis que on entre en ma terre pour mal faire se ie demeure en vne ville plus dune nupt tant que ie soye la. Au matin le roy sen partit et erra tant quil vint au chasteau ou la pucelle des marches estoit. Il auoit bien sept mille cheualiers sans plus/mais il a fait ses criz et commandemens ainsi que lors estoit de coustume pour auoir et assembler tout son pouoir. Galsehaut tenoit son siege deuant le chasteau et auoit amene vne maniere de gens qui traioient sapettes enuenimees/et estoient moult bien armez pour gens a pie. Et auoient amene des istrumens de fer quilz menoient en chars et en charrettes en si grande quantite quilz encloioient tout lost de galsehaut tellement que leurs ennemis ne les pouoient surprendre par derriere. Galsehaut oyt dire que le roy artus estoit venu et q̃l nauoit encores gueres de gens. Il mande ses hommes cest assauoir les .ppp. roys quil auoit conquis et des autres tant come il lui plaist. Seigneurs fait il le roy artus est venu et na gueres de gens ainsi que len ma dit. Ce ne seroit mie mon honneur q̃ mon corps y assemblast tant comme il a si pou de gens/mais ie vueil q̃ mes gens assemblet contre les siens. Sire fait le roy des cent cheualiers sil vous plaist ie iray demain au matin et verray son ost. Cest bien dit fait galsehaut. Au matin vint le roy des cent cheualiers pour veoir lost du roy artus. Pres du chasteau ou le roy estoit et enuiron a sept lieues engleseches de lost du roy artus auoit vne cite nommee le puis de malehaut/& auoit vng hault tertre plus pres de lost que de la cite. La monta le roy des cent cheualiers pour veoir lost du roy artus. Et par son estimacion lui fut aduis q̃l en y auoit plus de sept mille. Il retourne a galsehaut & lui dit Sire iay estime leurs gens et ne sont pas plus de dix mille. Tout de gre dit il plus car il ne vouloit mie estre blasme des gens de galsehaut Et galsehaut dit. Prenez dix mille cheualiers telz come il vous plaira et alez assembler a eulz. Voulentiers sire fait le roy des cent cheualiers. Il esleut dix mille telz comme il vouslut et se armerent de toutes armes & sen vont sans ordre vers lost du roy artus. Et oncques ny eut contoy fait ne bataille rengee. La nouuelle vint en lost du roy artus q̃ ses gens galsehaut sen viennent tous en desaroy. Ilz se armerent moult tost. Et monseigneur gauuain vint au roy artus son oncle & lui dit. Sire les cheualiers galsehaut viennent a nous pour assembler. Beau nepueu fait le roy vous irez contre eulx et menerez tant de gens comme nous auons/mais deuisez voz conroiz & rengiez voz batailles et gardez que saigement soit fait/car ilz ont trop plus de gens que nous nauons encores. Sire fait monseigneur gauuain il sera fait au mieulx que nous pourrons. Monseigneur gauuain et les autres passent le gue/lost estoit sur vne riuiere. Et quant ilz ont leaue passee ilz deuisent leurs conroiz et leurs batailles. Les gens de galsehaut viennent tous sans arroy/ et monseigneur gauuain leur enuoie vne bataille pour assembler. Ceulx de galsehaut vindrent/et ceulx du roy artus les recueillent moult bien. Lestour comença merueilleux. Les gens du roy artus sont mis a desroy/car ilz ne peurent souffrir leurs aduersaires q̃ trop

partie

estoient. Et quãt messire gauuain vit quil fut heure il leur enuoye vne autre bataille et puis sa tierce et puis la quarte. Et ainsi quil voit q̃ leurs aduersaires enfoncet il leur enuoye gẽs encontre. Et quant il voit que les .v. mille che ualiers sont venuz il cheuauche pour assembler a eulz. Tous les dix mille cheualiers se sont moult biẽ, mais mõseigneur gauuain se fait bien sur tous les autres. Moult y a de bons che ualiers de la maison du roy artus q̃ sont mer ueilles darmes, et des gens de gallehaut sem blablement. Grant piece dura se tour et assez y eut de cheualiers occis dune part et daultre. Les gẽs gallehault ne peuẽt souffrir les gẽs du roy artus, et combien quilz fussent le plus si furent ilz desconfiz, et les .vii. mille du roy artus échasserẽt les gẽs de gallehaut. Quãt le roy des cent cheualiers vit tourner ses gens a desconfiture il en fut moult dolent, car il es toit endroit soy bon cheualier il mande a gal lehaut q̃ lui enuoye des cheualirs car il ne peut endurer ne souffrir la puissance du roy artus. Gallehaut en rẽuoya .xxx. mille. et ceulz vien nent a destroy a moult grande asseure tant q̃ les pouldriers en volent en lair. Quãt messi re gauuain les vit et ses gens du roy artus ce nest pas de merueilles silz sont effrayez. Le roy des cent cheualiers les vit et en a moult grant ioye. Lors retournent lui et ses gens et vont ferir sur ceulz du roy artus moult roide ment. Monseigneur gauuain se trait arriere et ses gens aussi et se restraignent. car ilz doub tent leurs ennemis qui viennent apres eulz de sirans dassembler. Messire gauuain dit a ses gens. Or verra lẽ qui bien se fera, car no us ny aurions rien au tremet, et soit veu qui ay mera lonneur du roy et le sien. Messire gauuai et les siens prennent couraige et les vont ferir si durement que leurs lances volent en pieces et plusieurs sentreabbatirent. Illec eut estour merueilleux. Les gens du roy y seuffrent trop et bien se deffendet, mais tãt y a gens daultre part que se ne fust la force de mõseigneur gau uain tous ceulz du roy eussent esté prins ou oc cis, mais il le fait si bien que oncques cheuali er mieulx ne fit. Son bien faire ne peut longue ment prouffiter, car ceulz de lautre part sont trop, et par la force des gẽs quilz ont les chas

sent iusques au gue. La souffrit tant monsei gneur gauuain et les bõs cheualiers de sa mai son du roy artus que õcques chleualiers ne peu rent plus souffrir. Messire gauuain les mist oultre le gue deuant lui. Et deuãt le chasteau commenca moult grande bataille, mõseignr gauuain soustint tant que les gens du roy ar tus furent entrez dedens, et toutes fois moult y perdirent car les gens de gallehaut print drẽt plusieurs de leurs cheualiers. Puis se retray ent dune part et daultre pour la nupt. Tant auoit messire gauual souffert se iour dangois se et de trauail et tant sestoit efforce de bien fai re quil est tellement atourne quil cheut pasme de dessus son cheual et le conuint se soir porter a son hostel. Le roy et la royne et les cheualiers ont paour de lui et craignent quil ne soit desrõ pu de la bataille quil a tout le iour si fort mal tenue. Ce chasteau appartenoit a vne moult noble bõne et saige dame veusue la q̃lle auoit enfant, et moult estoit aymee de tous ceulz qui la congnoissoient. Et les gens de sa terre lay moyent tant et prisoient que quant autres gẽs leur demandoient quelle est vostre dame, ilz leur respondoient cest la royne des autres da mes. Ceste dame auoit vng cheualier en prison en vne gueolle laquelle estoit assez grande et estoit si clere quil veoit bien tous ceulz de leas La nupt de quoy lassemblee auoit este le soir les cheualiers de la cite vindrẽt deuers la da me et lui compterent la nouuelle de celle asse blee. Et elle demãda lequel auoit mieulx fait. Et ilz lui respondent que cest messire gauuai: car nul cheualier ne fit õcques mieulx ce leur est aduis. Le cheualier qui en la prison estoit ouyt ces nouuelles. Et quant les sergans q̃ le gardoient lui apporterent a mengier il leur de manda. Qui est le cheualier qui plus est pri ue de vostre dame. Et ilz se lui nomment. Je vous prie fait le prisonnier faictes le parler a moy. Moult voulentiers sont ilz. Lors vont dire a celui. Le cheualier sont ilz qui est en pri son veult parler a vous. Et il y va tout main tenãt. Quant le cheualier se voit si se dresse cõ tre lui et lui dit. Sire ie vous ay mande et si vous vueil prier que vous priez ma dame q̃l le seuffre que ie parle a elle. Moult voulenti ers beau sire fait il. Adoncques il sen part

h.iii.

sa guieosse et vient a sa dame et lui dit. Dame donnez moy ung don. Quel don fait elle. Donnez le moy fait il et ie le vous diray. Dictes fait elle seurement se vous aues mestier de riens ie le vous donne. Je vous mercye dame fait il donc maues vous donne que vous parlerez a ce cheualier qui est leans en prison. Or lamenez donc fait elle. Le cheualier se lui amaine puis les laisse ensemble parler et sen va. Que voulez vous beau sire fait la dame q voulez parler a moy. Dame dit il ie suis vostre prisonier si vous vouloye prier que me deliureissiez car iay ouy dire que le roy artus est en ce pays et ie suis ung poure bachelier que plusieurs de ses gens congnoissent bien qui assez tost me donneroient ma rencon. Beau sire ie ne vous tiens mie pour couuoitise de rencon mais pour iustice. Vous sauez bien que vous me feistes trop grant oultraige. Dame dit il se fait ne puis ie nyer/ et il ne se pouoit faire autrement a mon honneur/ mais se vous me deliuriez vous feriez moult bien, car iay ouy dire q au iour duy il ya eu une assemblee en ce pays/ et de huy en trops iours il en sera encores une ce disoient les cheualiers auiourduy par my cest passe, et se vous ne me voulez desiurer ie vous prie vous me laissez aler et ie vous asseureray que ie reuiendray la nuyt en vostre prison se ie nay essongne de mon corps. Je le veuil bien fait elle par tel couuenant que vous me direz vostre nom Ce ne puis ie faire dit il. Donc nyrez vous mie fait elle. Ha dame dit il laissez moy aler et ie vous promets que ie le vous diray quant il en sera temps. Le me promettez vous fait elle. Oy dit il. Doncirez vous fait elle moyennant que vous reuiendrez le soir en ma prison se vous naues essongne de vostre corps. Et ie le vous promets dit il. Adoncelle print sa fiance. Lors sen va en sa guieosse et la demoura le iour et le landemain. Et il venoit gens de toutes pars au roy artus. Daultre part les gens gallehaut viennent a lui et lui dient. Sire assembleront demain voz gens contre ceulx au roy artus. Oy fait gallehaut ie esliray ceulx que ie veuil q y voisent. Lessire font il ne vault riens se vo9 ny voulez enuoyer ceulx qui y furent/ mais enuoyez y ceulx qui ny furent mie et retenez auec vous ceulx qui y furent. Cest bien dit fait il, et

ie veuil que ses quarantemille qui ny furent mie a laultre fois y aillent. et de demal en trops iours ira mon corps. La nuyt se passa/ et le roy artus commande a ses gens que nul ne passe leaue encontre eulx. Et ilz le font come le roy le commade. Les cheualiers denuiron le pais furent tous venuz en lost. Et la dame de sa cite baillie au cheualier quelle tenoit en prison ung cheual et ung escu vermeil et les armes mesmes quil auoit quant elle se print, car il nen voulut point auoir dautres. Au matin sen issit tout arme hors de la cite et ala vers lost au roy artus q estoit dessus le gue. La y auoit une loge ou le roy et la royne estoient pour regarder auec plusieurs dames et damoiselles. Et messire gauuain sy estoit fait porter ainsi malade come il estoit. Le cheualier a lescu vermeil se arreste sus le gue et se apuye sur sa lance. Les gens gallehaut viennent a desroy et deuant venoit le roy quil auoit premierement conquis, et comme il approuche il se part de sa gent son escu au col et sen va tout seul deuat. Ceulz qui estoient en lost du roy artus commencerent a crier au cheualier a lescu vermeil. Deez en cy ung que attendez vous. Il vint tout seul p maintes fois/ si lui dient et il ne respont mot. Et le roy premier conquis approuche moult fort. Et les garcons sennuyent de le crier au cheualier a lescu vermeil. Mais ung garcon coint et legier vient au cheualier et lui oste lescu vermeil de son col et le pent au sien/ et oncques le cheualier nen fit conte. Ung autre garson qui estoit a pie cuide quil soit fol si court et prent une motte de terre et len fiert parmy le nasel du heaume et lui dit. Cheualier faissy que songez vous. La motte fut ung petit mouillee et leaue lui en entra es yeulx. Et quant il sentit leaue il ouure les yeulx et regarde et voit le premier roy conquis venir contre lui. Il fiert le cheual des esperons et besse sa lance et vient encontre lui grant alleure. Le roy le fiert emp le pis/ mais le haubert fut bon et fort et ne se faussa mie et sa lance vole en pieces. Le cheualier se fiert si roidement et de si grant force que lui et le cheual cheent en ung monceau a terre. Apres q le cheualier eut fait ce coup le garcon qui lui auoit prins son escu et qui lauoit mis en son col sen vint au cheualier et puis se prent

partie

par le frain et se approuche de lui et lui pêt son escu a so͠ col et lui dit. Sire tenez il est mieulx emploie en vous que ie ne cuidoe. Le cheualier le regarde et voit que celui lui met son escu a son col. Il le print, mais il nen fit oncques sem blant. Les gens au roy quil auoit abbatu poi gnirent quant ilz le virent cheoir pour le secou rir. Adonc ses batailles du roy artus se misdrent en ordonnance. Et quant ilz furent attournez ilz passent oultre le gue, et ses cheualiers asse blent les vngz aux autres. Le cheualier a les scu vermeil laisse courir a vng compaignon au roy quil eut abbatu et le fiert si duremēt q̄l se porte a terre et sa lāce vole en pieces. Lestour comence moult bon des deux parties. Les ba tailles au roy artus passent le gue espressemēt lung apres lautre. Et les gēs gallehaut vie nent dautre part qui moult sont desirans das sembler a la gēt du roy artus. Et ceulz les re cueillēt aux fers des lances qui moult en lais sent de mors et de naurez le iour. Et non pour tant les gens gallehaut se portent baillamēt et les gens au roy artus ecores mieulx. Et me stier leur estoit car ilz nestoient que .xx. mille et les autres estoient .xl. mille Moult dura la meslee longuement et moult fut bon lestour. et le faisoient bien les gens au roy artus et les gens gallehaut, mais celui aux armes ver meilles vainquit tout. et au vespre il sen ptit et sen ala si secretement q̄ sen ne sceut q̄l deuit.

Moult eut le roy artus grant paour de de perdre sa terre et son honneur, et lui sont failliz ses hommes ainsi cō̄e ses clers lui dirēt dōt il est moult espouante. Dautre part parle gallehaut a ses gens et dit quil na pas honneur a guerroier le roy en ceste maniere, car trop a auec lui pou de gens. et se conqueroie sa terre en ce point ie ny auroye mie honneur. Sire font ses hommes quen voulez vous di re. Et ie le vous diray. Il ne me plaist pas de le guerroier en ceste maniere ains lui donray treues iusq̄s a vng an par tel couenant q̄l me amenera son pouoir au bout de lan. et lors ie auray greigneur honneur se ie cōquiers sa ter re en ceste maniere q̄ ie nauroye orendroit. Lors vint en lost du roy artus vng homme de grāt sauoir dont le roy fut moult reconforte, car bie͠ lui estoit aduis que dieu lui enuoyoit secours.

Adonc le roy monta et sen ala a moult grande compaignie de gens et le salua. Le preudom me ne lui rēdit mie son salut ains lui dit com me courroucē. De vostre salut ie nap cure et si ne lapme pas, car vous estes le plus grant pe cheur de tous les autres pecheurs. et bien y ap pert car tout honneur terrien aues ia pres que perdu. Lors se trait touz arriere et cheuauchēt eulz deux ensemble. et le roy dit. Ha beau mai stre dictes moy pour quoy vous naues cure de mon salut et comment ie suis si vil pecheur. Je le te diray fait le preudomme, car ie scay mieulx qui tu es que tu ne fais, et non pourtāt tu scais bien que tu ne fuz oncques engendre ne fait par assēblement de mariage loyal, mais en si grāt pechie cō̄e est vng auoultre. Si dois sauoir que homme mortel ne te baissa oncq̄s a garder la seigneurie ou tu es, mais dieu seu lement la te baissa affin que tu en feisses bon ne garde et tu la fais si mauuaise que toy mes mes la destruis et la deusses garder, car le droit du poure et du nō puissāt ne peut venir iusq̄s a toy ains est le riche desloyal deuant ta face p son auoir et le poure droicturier ny a droit par sa pouurete. Le droit des veufues et des orphe lins est pour en ta seigneurie et pource dieu le punira moult cruellemēt, car suimesmes dit par la bouche du prophete dauid quil est gard des veufues et soustiēt les orphelins et destrui ra les voyes des pecheurs. Quelle garde fais tu a dieu de son peuple dont il tauoit baillie la seigneurie, et pource bien dias tu es destru ctiō. Car se dieu destruit les pecheurs il te des truira le premier car tu es le plus grāt pecheur de tous les autres. Ha pour dieu fait le roy beau doulx maistre conseillez moy car certes ie suis moult espouante. Ha fait le preudom me fol est qui conseil demande et ne le veult croire. Par ma foy fait le roy toutes les choses que vous me commanderez ie feray. Ainsi vie nent eulz deux parlant iusques a la tente du roy. Et le roy repreēt sa parole et lui dit. Beau maistre pour dieu conseillez moy car moult en ay grant mestier. Et le preudomme lui dit Encores vie dront les conseilz tout a temps se tu me veulz croire. et te enseigneray le cōm̄ cem̄t de la voie de salut. Or tē va en ta chappell̄ et māde les meilleurs clers et les pl'̄ saiges

h.iiii.

que tu auras trouuer en toute ta terre et si te confesse a tous ensemble de tous les pechiez q̃ que langue pourra dire par sa remembrance du cueur. Et si garde que tu portes tō cueur auec ta bouche/ car sa cōfession rien ne vault se le cueur nest repentant. Et tu es moult essoi gnie de lamour de nostre seigneur et ne peulz estre racorde si non par troys choses. Premierement par confession de bouche. secondement par contricion de cueur. et tiercement par paine de corps et par oeuures daumosnes et de charite. telle est la droicte voye dapmer dieu. Or a ce si te cōfesse en telle maniere et recoy la discipline des mains de tes confesseurs, car cest signe de merite. Et se ie fusse establi a confessiō ou prie ou psse sa tienne/ mais nully ne doit ce faire sil ny est ordōne. et pource ne vueil ie pas ta cōfession ouyr/ car asses as des pastures de saincte esglise. Mais apres ta cōfession tu viē dras a moy et iespoire que dieu te enuoyera bō conseil se mescreance ne ten destourne. Or ça et si le fais ainsi cōe ie tay dit. Lors mande le roy ses euesques dont grāt partie auoit en lost et vindrent tous en sa chappelle. Le roy vint deuant eulx tout nu en plourant et tenoit tout son plain poing de menues verges/ si les ietta de uant eulx et leur dit en souspirant quilz prensissent de lui vengance/ car ie suis le plus vil pecheur et le plus desloyal du monde. Et quant ilz loyrent ilz furent moult esbahys et lui dirent. Sire quauez vous. Je viens a vous dit il cōme a mes peres si vueil deuāt vous tous me confesser a dieu de mes grans pechiez et fe lonnies/ car ie suis le plus grant pecheur qui ōcques fut. Les euesques et prelaz en ont grāt pitie et cōmencēt a pleurer. et il fut a genoulz deuant eulx nu et deschaulx iusques a ce quil eut confesse a son cuider les grās pechies dont il lui souuenoit. Apres print discipline deulz et moult doulcement sa receut. Lors sen reuint a son maistre lequel lui demande comment il auoit fait. Et il lui respondit quil sestoit confesse de tous les grans pechiez quil eut oncques fais dont il fust remembrant.. Et le preudō me lui dit. Ces tu confesse du grant pechie que tu as du roy Ban de Benoic qui fut mort en ton seruice et de sa femme qui a este desheritee par la mort de son seigneur/ de son filz ne par

le ie mie quelle perdit aussi/ mais lune pte est plus legiere que lautre. Lors fut le roy moult esbahy et dit. Certes maistre nennyl car ie lauoye oublie et si est le pechie moult grant. Maintenant sen asa le roy en sa chappelle et trouua encores ses clers qui parloient de sa confession si leur dit son pechie/ mais ilz ne lui donnerēt mie penitance ne de cestui ne des autres/ car ilz ne saccordoiēt point a vne chose. si en prindrēt sur eulz le respit iusques apres lost tant que plus y eust de conseil. A tant sen retourna le roy a son maistre lequel lui demāda comment il auoit fait. Et il lui dit. Beau sire dieu cōseillez moy et ie vous croiray de toutes les choses que vous me direz/ car moult suis espoui te de mes hommes qui ainsi me faillent. Ha fait le preudomme ce nest mie merueille silz te faillent/ car puis que homme faulta sup̄ mesmes bien sui doiuent faillir les autres. et tu te failliz la ou tu meserras vers son crea teur de telle seigneurie cōme il tauoit baillee/ pource il conuient quilz te faillent. Et ceste p̄ miere demonstrance fait dieu affin q̃ tu apper coiues quil te veult oster de sa seigneurie par ce quil te tolloit laide de ceulz par qui tu las sō guemēt maintenue Et non pourtant les vngz te faillent de leur gre et les autres oultre leur gre/ ceulz te faillent de leur gre a q̃ tu deusses faire les grans honneurs/ ceulz sont les bas hōmes de ta terre par qui tu doiz estre maintenu, car nul regne ne peut estre tenu se le cōmū des gēs ne sy accorde/ ainsi te sōt failliz de leur gre. Les autres qui oultre leur gre te faillent ce sont ceulz de ta maison a qui tu as dōne les grandes richesses/ ceulz la te faillent oultre leur gre pource q̃ dieu le veult. Ainsi te faillēt les vngz et les autres/ mais les vngz viēnēt en ta besongne par force pource q̃ garātir leur cōuient leur terre et leur honneur. et les autres viennent pour les biēs q̃ tu leur as faiz et fais encores/ mais ceulz qui par force y viēnent ne te valēt neant plus que silz estoient mors .car corps sans cueur na nul pouoir. Considere q̃ te peut valoir escu ne haubert ne heaume ne lance ne espee ne force de cheual sans cueur de homme/ certes rien ne te peut valoir. Se tu a uoies tous les corps qui ont este depuis que le siecle cōmenca silz estoiēt prestz et appareillez

partie

de armures pourtāt que les cueurs en feussēt hors ilz ne te feroient nulle aide neāt plus q̃ ilz sont oi endroit telz sont ceulx qui par force viēnent en ta besongne/ne tu nē y as que les corps car les cueurs as tu perdus. Ce semble il q̃ ie te die verite. Certes fait le roy ie me accorde q̃ tu me dies verite/mais pour dieu conseillez moy que ie pourray faire. Car ce me disdrent bien ceulx qui exposerent mes songes que ainsi me auiendroit. Et pour dieu quant vous me auez tant conseillie conseillez moy tant que ie soie secouru se il peut estre. ¶Je te conseilleray fait le preudomme: et scais tu comment: a son neur de toy (et au prouffit de ton ame: et si te apprendray vne des plus belles maistrises q̃ oncques ouysses. car ie te aprendray a garir cueur malade en cueur haittie. Cest vne belle medecine et tu me creances q̃ tu feras ce que ie te loeray. Certes fait il maistre se feray mō. Or te diray donc fait le preudomme que tu feras et tu auras secours et conseil si ne demourra mie gramment. Tu ten iras seiourner en ton pais et ten iras par tes villes et y demourras en lune plus en lautre mais selon ce que lune vauldra mieulx y que lautre. Et si gardes que tu y soies tant q̃ tu aies ouys et les drois et les tors des grans et des petis: car le poure homme sera assez plus ioieux se droit lui donne sa querele deuant toy que se il en auoit plus deuāt vng autre. Et dira par tout que tu suias sa droiture gardee. Ainsi doit faire roy qui lamour de dieu et du siecle veult auoir. Apres te diray que tu feras. Les haultz hommes de ta terre si cōme tu seiourneras en tes villes et tous les cheualiers poures et riches manderas et ilz y vendront voulentiers et efforceemēt et tu leur iras encontre si leur feras grāt compaignie et grāt honneur et la ou tu verras les bacheliers en pourete et que prouesse de cueur ne aura pas soubzblice et il sera laisse aual entre les autres poures hommes si ne loublie pas pour sa pourete ne pour son bas lignage: Car dessoubz pourete de auoir est souuēt grāt richesse de cueur Et en grant plante de or et de terre est maintessois enuelopee pourete de cueur. Mais pour ce que tu ne pourroies par toy seul congnoistre les bons ne les mauuais de chacune terre si cōuendra que tu quieres de chacune cōtree ou tu

vendras le plus loyal cheualier en qui bonte darmes sera appareillee et par son raport seras bien aux cheualiers de son pais car nul ne congnoist si bien preudomme comme celui qui de grant prouesse est enteche. ¶Et quant il te donnera a congnoistre le bon poure qui loing se tendra de toy si gardes que tu ne aies mie si chiere la compaignie du hault homme que tu ne voises visiter le poure cheualier si te accointe de lui. par ce conquerras tu lamour de toutes tes gens par ton humilite ne tu ne verras ia homme si hault en qui ait sens ne bōte se tu te lieues de emprez lui et fais au poure compaignie qui ne se tiengne a sens et a prouesse. Et se les folz se attournent a mal ne ten chaille: car la parolle du fol dechiet tousiours et le los du sage croist tousiours. Puis apres tendras cōpaignie a tes barons qui sont membres de ton regne/car pour luy ne doit mie empirer lautre Quant tu auras seiourne en ta ville tant cōme a toy plaira si ten pourras aler et ten partiras a telle compaignie comme tu auras eue. Lors soient appareilliez les bōs cheuaulx les riches draps les vaisselles dor et dargent et la grant plante de argent. Et quant tu verras vng bon poure cheualier de qui tu seras acointe approuche toy de lui et lui fais ioie Descens de tō cheual et lui baille si lui diz que tu veulx q̃ le garde pour lamour de toy. Apres lui feras baillier de tes deniers. Les deniers lui donneras tu pour lentrenemēt de sa despense et le cheual pour sa prouesse. Ainsi donneras tu au poure preudomme. Mais autrement dōneras tu au vauasseur car se il est aisie en son hostel tu lui dōneras robes et palefroys pour lui seruir en sa besongne/mais garde que tu aies auāt assis dessus: si dira par tout que il a le palefroy que tu cheuauchoies mais pource ny pē meure mie que tu ne croisses aux souffreteux leurs fiefz a chacun selō ce quil sera. si en gaigneras le cueur de eulx et mieulx seront les terres gardees: car tu ne peulx se par eulx non ce que tu peulx Et tu dois mieulx aymer que tes preudes hommes tiennent a honneur de ta terre vne partie que tu perdisses honteusemēt lune et lautre. Apres dōneras aux haultz hōes Et quoy: les riches vaisselles et les ioiaux et les beaux draps de soie. Et si ne regarde mie a leur donner tant les riches dons comme les beaulx & les plaisans: car l'en ne doit mie donner a riche homme riches choses, mais aulx povres hommes doit on telles choses donner qui soient plus bonnes que belles: car poureté n'a mestier que d'amendement ne richesse fors de delict ne toutes choses ne sont mie a donner a tous: car l'en ne scait mie a homme donner chose dont il ait assez. Ainsi te conuendra donner selon droiture. Et se tu le fais ainsi, aussi le conuendra faire la royne aux dames et aux damoiselles du pais ou elle vendra. Si conuendra que vous donnez comme le sage comande. Et dist que aussi doit estre ioieux le donneur en son don comme est celui a qui il le donne. l'en ne doit mie donner a laide chiere, mais tousiours a beau semblant car donlicement donne a deux manieres de merites. Et celui q est donné en richignant ne doit nul guerdon. Tu scaiz bien q par donner ne peut nul estre desheritez: mais tu peulx aler a mal par trop tenir. Homme ne fut oncques destruit par largesse mais plusieurs ont esté essillez par auarice. Tousiours donnez assez & assez aurez quoy car tous ce que tu donneras tousiours te vendra en ta terre. Pour ce a donner dois entendre sans lasser. Et se tu ainsi le faisoies tu y gaigneroies l'onneur du siecle le cueur des gens & l'amour de nostre seigneur, car ces trois choses sont le gaing a quoy l'omme fut establi ne nul ne doit penser a autre chose gaignier. Ce semble il que ie te conseille en bonne foy. Certes fait il maistre Vous me auez bien conseillie & ie le feray ainsi se dieu me maine en ma terre honnourablement. mais pour dieu me conseilliez de la grant merueille que ceulx me disoient qui mon songe me opposerent q nul riens ne me pouoit estre garant de ma terre perdre que le pyon sauuage & le mire sans medecine & par le conseil de la fleur. De ces trois choses me faictes sage s'il peut estre: car ie ne les puis entendre. Or entens sa fait le preudhomme: ie t'ay monstré pour quoy tu as perdu le cueur des gens & par quoy tu les pourras recouurer. Et encores te enseigneray ie les trois choses que tu demandes. Et dois sauoir q'ilz ne te le disoient mie sans cause: car le pyon c'est dieu & dieu est signifié par le pyon pour les natures du pyon qui des autres bestes sont diuerses, mais ce qu'ilz le virent sauuage fut une grande merueille. Sauuage l'appellerent ilz pource qu'ilz se cuiderent veoir en l'eaue l'eaue ou ilz se cuiderent veoir c'est ce siecle: car ainsi comme le poisson ne peut viure sans eaue ne pouons nous aussi viure sans le siecle C'est a dire les choses du siecle. En ce siecle estoient enueloppez ceulx q disoient qu'ilz auoient veu le pyon. Et pource q'ilz estoient du pechié de ce siecle cheiez leur fut auis qu'ilz auoient veu le pyon en l'eaue car se ilz fussent telz comme ilz doiuent estre s'ops aux chastes et charitables et piteux et religieux ilz eussent veu le pyon au ciel: car se ciel est siege pardurable appareillé a homme se il y deust entrer selon les commandemens de son createur. La terre n'est mie telle, ains est fosse et enterrement a homme qui vit contre raison. c'est assauoir en orgueil, en cruaulté, en felonnie, en auarice, en conuoitise, en luxure, itelz estoient les clercs qui t'on songe te opposerent, mais le grant sens de la clergie qui en eulx estoit leur fist veoir la force du pyon, mais pour celle clergie qui estoit si terrienne n'en eurent ilz que la veue du lion: car ilz ne sceurent mie que ce pouoit estre. Si le cuiderent auoir veu en l'eaue dont ilz furent deceuz, et pource l'appellerent ilz sauuage. Ce pyon est Ihesucrist, car ainsi comme le pyon est sire de toutes bestes aussi est dieu sire de toutes choses. Aultres condicions a le pyon assez pourquoy il est signifié a dieu dont ie ne parleray ores mie, mais tant te dis ie bien q c'est celui pyon par qui tu auras secours se iamais le doys auoir. Maistre i'ay bien entendu la signifiance du pyon et moult belle me auez monstré, mais du mire sans medecine me dites, car ie ne cuideroye mie que nul mire sans medecine peust estre. Tant comme ie plus te regarde fait le preudhomme et plus fol te treue car se tu eusses bon sens tu peusses ces deux choses congnoistre l'une par l'autre mais puis que i'ay commencé a conseiller la royalle cou coutonne ie te diray qui est le mire sans medecine. le mire sans medecine est dieu & tous aultres mires ont de lui tant de sens comme il a en eulx des maladies congnoistre qui sont es corps et de sauoir la garison et tout ce sont ilz par lui, car ilz y mettent herbes par quoy ilz

partie

pourchassent la garison au corps et il garist bien sans herbes, e pource a il nom le mire sans medecine e par lui peulx tu estre gary se il lui plaist. Or fait le preudomme as tu bien entendu ce que iay dist. Certes maistre fait il moult me auez bien monstre. Mais ie me merueille de la fleur qui me doit donner conseil, car ie ne voy en nulle maniere comme la fleur peut parler ne me donner aucun conseil. Haa fait le preudomme ce te monstreray ie bien, e ferap congnoistre. La fleur cest la mere iesuchrist ou le pere e le filz e le saint esperit se aombra sans lui corrompre sa virginite e la fleur qui est en elle, e cest celle qui prie pour tous pecheurs son chier filz e sera celle se tu fais ses commandemens qui te fera racorder e apaiser au lyon sauuage e au mire sans medecine se tu faiz ce que iay enseignie. Et il dist que se dieu le ramaine en son pays a honneur quil le fera. Or y perra fait le preudomme. Ce maist dieu fait il maistre bien me auez apprins a congnoistre la fleur: par leql conseil le lyon sauuage me peut aider, e le mire sans medecine. Sicomme ilz eurent fine leur conseil si voiet venir deux cheualiers qui tous deux estoient roys e venoiet de lost gallehault. Si estoit lun le roy des.c. cheualiers: e lautre le roy premier conquis. Le roy se dressa encontre, nõmie quil cuidast qlz feussent roys. Sire fait le roy des cent cheualiers gallehault me enuoie a vo°. si vous mande quil vous donne treues dehuy en vng an, e en ceste place mesmes reuenez par vng couenant que vous amenez tout vostre pouoir, et sui le sien car il na mie honneur a tournoier a vous en telle maniere comme a si peu de gent q vous auez: e il cuidoit que il ny eust si hault roy au monde que vous. Et ie lui ottroie fait le roy artus. Et si vous mande oultre pl° qil aura le bon cheualier sil peut estre trouue. Et adonc sen partirent e sen vont a leur seigneur Le roy demoura moult pensif pour lamour du bon cheualier aux armes vermeilles: pource que gallehaut sestoit vante qil le auroit. Lors mist le preudomme le roy a raison e dist. Roy artus or te peut tu ia bien aperceuoir que le conseil de la fleur te a eu mestier, e a ia prie pour toy: car tu estoies ainsi comme a terre perdre. Sire fait il vous dictes vray. Or me dictes

se le bon cheualier que a vaincue ceste assemblee sera par deuers gallehault. Nenny voire fait le preudome. Haa fait le roy pour dieu apnez le moy a congnoistre. Ses oeuures se vous prendront bien fait le preudome. Plus nen saurez oies par moy.

Lendemain matin sen partist le roy art e sen vient en son pays e amena messire gauuain en vne littiere. Il seiourna vne piece a kardueil e ne oublia mie ce que le preudome lui auoit enseignie. Et gallehault remena son ost en sa contree:

¶ Comme sancelot apres ce quil eust vaincu lassemblee retourna en la prison de la dame de malhault e come elle congneust a son cheual e par les plaies quil auoit que se estoit celui qui auoit vaincu lassemblee. .xxxiiii.

Le compte dist que la nuit quil se partist de lassemblee siconme vous auez ouy sen reuint a malohault: mais il fut nuit quant il y vint e entra en la salle au plus cellement quil peut ou la dame se faisoit attendre qui bn cuidoit estre seure de sa venue. Quant il fut desarme il entra en sa gueolle e se coucha car onqs ne peut mengier. Celle nuit vindrent les cheualiers que la dame de mallohault auoit enuoiez en lost Et la dame leur demanda nouuelles de lassemblee, e coment ilz auoient fait dune part e dautre. Et ilz disoient que le cheualier a lescu vermeil auoit tout vaincu. Et come elle le ouyst si commenca a regarder vne pucelle qui estoit sa cousine germaine e toute dame de sa maison: si lui tardoit moult q ses cheualiers sen allassent de leãs e au plus tost quelle peut sen deliura. Lors appella sa cousine e lui dist. Pourroit ce bien estre nre cheualier Dame fait elle ie ne scay. Certes fait la dame moult voulentiers le sauroie. Et se cest il, il ne peut estre quil ne y paire soit a son corps ou a ses armes. Dame fait elle nous le pourrions tost sauoir sil vous plaisoit. ¶ Ie vueil fait la dame que nulle riẽs ne le sache fors no° deux Dame fait elle voulentiers. Maltenant deliure la damoiselle la maison quil ne y demoura que eulx deux. La damoiselle portoit plain son poing de chandelles ilz entrent en lestable si trouueret le cheual playe en plusieurs lieux e se gisoit deuant la mengeure car il ne pouoit mengier. Lors dist la dame. Si maist dieu vous semblez bien cheual a preudôme: et vous que en dires vous ma cousine. Madame il me est aduiz quil ait plus eu paine que repos: et ce nest pas celui qui lemmena de ceans. Or sachez fait la dame quil en a vse plus de vng mais or alons ses armes veoir et sivrrons cõment elles sen sentent. Lors vindrent en vne chambre ou elles estoient, ilz trouuerẽt lẽ haubert faulse et plain de grans pertuis et lescu estoit fendu et escartelle et detrenchie de coups despee amont et aual, et son heaume estoit fendu et embarre: et le nasel tout detrenchie pẽdoit contreual. Lors dist la dame a sa cousine, que vous en semble de ces armes. Certes fait elle dame il me semble que celui qui les portoit ne a mie este oisif. Vous pouez dire fait la dame que se plus preudomme qui viue ses a portees. Dame fait elle bien peut estre. Or nous en alons fait la dame veoir le cheualier, et ores nay mie veu chose par quoy ie le croie. Atãt viennement a lups de la geolle: si le trouuerent ouuert et la dame print la chandelle si met la teste a lups et voit le cheualier qui en son lit se gisoit tout nu il auoit tire son couuerteur sur son pie en hault: et ses bras auoit iecte hors pour le chault. Si dormoit trop durement et auoit le visage et le front escorchie, les poings gros et plain de sang et les espaulles naurees et detrẽ chies moult durement. Lors regarde sa damoiselle et commence a rire. Certes vous verrez ia merueille fait elle. Puis entre en la geolle et regarde amont et aual et elle baisse les chandelles a tenir a sa damoiselle si marche vng pou auant. Et la damoiselle la regarde si lui dist. Quest ce dame q̃ vous voulez faire. Quoy dame fait elle ie ne seray iamais si apoint de le baiser comme ie suis ores. Ostez dame faites le ne faictes pas telle folie car se il le sauoit il vous en priseroit mains et vous et toutes femmes. Ne soiez mie si sourprinse de lui quil ne vous souuiẽgne de honte. Si maist dieu fait la dame sẽ ne pourroit mie auoir honte en si preudõme. Nõ dame fait la pucelle: si tãt lui plaisoit pourroit il plaire. et certes se il lui desplaisoit la hõte seroit doublee. Et tel peut estre moult preux du corps q̃ na mie toutes les proesses du cueur. Et cõme ie espoire vous ne sau

urez ia a cestui faire si grãde iopie quil ne se tiẽ gne a oultrage et a villennie si auriez perdu vostre seruice. Tant dist la pucelle a sa dame q̃ elle sẽ maine sans plus en faire. Et quant elles sont venues es chãbres si cõmence a plourer et a parler du cheualier: la pucelle en abat la parolle au plus quelle peut, pource que biẽ se appercoit de lamour de quoy sa dame sayme. Et en la fin lui dist. Dame ie espoire que le cheualier pense moult a autre chose q̃ vous ne cuidiez. Si maist dieu fait la dame ie cuide quil ait si hault penser que oncq̃s hõme pl' hault ne seust. Et dieu qui la fait plus beau et meilleur q̃ tous les autres lui doint a bõ chief mener son penser. Moult parlent celle nuit du cheualier et moult se merueille sa dame pour quoy il faisoit tant de armes. Et biẽ ỹ pẽsoit quil aymoit par amours et en hault lieu.

Cõme messire gauuain soy quaratiesme des cõpaignons se mist en queste pour trouuer le cheualier q̃ portoit lescu vermeil a lassẽblee de entre le roy artus et gallehault. ppvj.

Le cõpte dist que le roy artus a sa premierement a kardueil. Quãt il fut venu en sa terre illec seiourna. xv. iours: et to' les iours tint court efforcee: et moult bien fist ses cõmandemens de son maistre. Dedens le quinziesme fut messire gauuain gary. Bien fut toute la court moult liee. Au bout de treze iours auint que le roy seoit au disner. Quant il eust vne piece mengie si cõmenca a penser moult durement et bien sembloit a son penser que son cueur feust a malaise. Lors vint messire gauuain q̃ seruoit deuãt lui si lui dist. Sire vous pensez trop a ce mengier et a mal vous est atourne, car moult a ceans cheualiers qui vous en blasmẽt. Et le roy lui respont par ire. Gauuain gauuain vous me auez iecte du plus courtois penser que ie feisse oncq̃s: ne nul ne men peut blasmer, car ie pensoie au plus vaillant cheualier et au meilleur de tous les preudes hõmes. Cest celui qui vainquist lassemblee de moy et de gallehaut et il sest vante quil laura a ceste assemblee de sa partie. Si ỹ telle heure q̃ se les compaignons de ma maison feissẽt vne chose que ie desirasse ilz le queissent ia ne feust en si estrãge terre, et lẽ souloit dire q̃ toute la prouesse terrienne estoit en ma court, mais le dit q̃ ores ne y est elle mie puis que le meilleur cheualier en est hors. Certes fait messire gauuain vous auez droit & vous aurez le cheualier se il peut estre trouue en tout le monde. donc sen tourne messire gauuain & quant il vit a lups de la salle. Si se retourne vers la table ou maint bon cheualier seoit au mengier et parla si hault que tous le peuent ouyr. ¶Seigneurs cheualiers qui ores vouldra entrer en la plus haulte queste qui oncques feust apres celle du graal viengne apres moy Huy est tout le pris & tout lonneur appareillie a celui a qui dieu donnera lonneur a trouuer si haulte trouueure. Lors sen part messire gauuain & cheualiers saillent apres lui & tables comencent a bider: & messire gauuain estoit ia ainsi come au degre. Le roy se comence a couroucer de ce q̃ nul ne demouroit leans. Lors appella mon seignr gauuain & lui dist. Beau nepueu vous me courouces moult & grant honte me faictes quant vous ainsi en voulez mener ma compaignie. Et ie suis au point ou il me conuient pl9 enuoisieement maintenir que ie ne souloie/ ne si grande assemblee ne fut oncques mais veue pour vng seul cheualier trouuer ¶Le voulez vous a force prendre a tout les cheualiers de ma terre quant a mains de gens il seroit amene & greigneur honneur y auriez. Lors se accorda messire gauuain que verite lui disoit le roy & dist. Sire il nen y vendra sinon tant que vous vouldrez/ & pour la couuoitise de sa compaignie ne le disoie ie pas: car ie ne le querray ia se tout seul ne suis: mais quant mains cheualiers le querront chacun par soy il en sera plus tost trouue. Vous dictes bien fait le roy, or en eslisez telz quarante come vous vouldrez Et il les esleut a sa voulente: & puis se misdrent en leur queste. & la iurerent a tenir iusq̃s a lassemblee du roy & de gallehault.

¶Come la dame de malhault mist a rançon le cheualier quelle tenoit en prison. ¶Et come gallehault apres les treues faillies vit assembler contre le roy artus. Et lancelot par sa prouesse conquist tout & fist tant q̃ gallehault cria mercy au roy artus   xxxvi.

Or dist le compte. vng iour le fist hors traire la dame de la geolle pour pser a lui. Et quant il vint deuant elle si va asseoir a

ses pies a terre. Et celle qui moult se voulut honnourer le fist seoir en hault enpres elle: et lui dist. Sire cheualier ie vous ay tenu grant piece en ma prison, a grant honneur contre le vouloir de mon seneschal & de tout son parente si men deuez bon gre sauoir. Dame fait il ie vous en scay tel gre q̃ ie suis vostre cheualier en tous besoingz. Grant mercys fait elle: & ce me monsterez vous bien. Ores vous prie donc que vous me diez en guerdon qui vous estes & a quoy vous pretendez. Dame fait il pour dieu mercy: ce ne pourriez vous sauoir il ne est nul a qui ie le disse. Non fait elle. Si ne le me direz en aucune maniere. Dame fait il vous ferez de moy vostre plaisir, car se vous me deuiez coupper la teste ie ne le diroie mie. Certes mal me sauez dist: car par sa ries que iay plus ay vous ne ystrez iamais de ma prison deuant lassemblee: & vous aurez desormais assez hoste. Jusques au iour de lassemblee a encore pres de vng an. Et se vous le me eussiez dist vous feussiez ennuit hors de ma prison Et si scauray vostre nom malgre vous/ car ie iray en tel lieu ou se y le me dira bien. Ou da me fait le cheualier. A la court du roy artus fait elle. Dame fait il ie ny puis mais Atant le renuoie sa dame en sa geolle & fait semblant que moult soit courroucee vers lui, mais non est ains layme plus quelle ne souloit. et croist en son amour de iour en iour & enforce. Ne demoura gaires quelle vint a sa court au roy artus pour en ouyr nouuelles mais elle ne trouua oncques qui nouuelles lui en dist: aincois dist le roy artus q̃ gauuain son nepueu estoit meu lui quarantiesme pour le querre. Et quant elle ouyt ce si se retourna arriere moult courroucee quelle ne sauoit son nom. Si a tant enq̃s que len lui a dist quil nest de la maison au roy artus ne de sa terre.

Quant elle fut venue si manda son cheualier quelle tenoit en prison: & fist semblant que moult fut airee. Sire cheualier fist elle vous me fistes lautre iour reffus de dire vostre nom. Jay tant apris de vous que ores vous rendroie ie se vous vouliez paier rançon. Dame fait il grant mercys. Et pour dieu dictes moy quelle pourroit estre ma rançon. Sauez vous fait elle quelle elle sera ie vous en no merap troie. Et se vous ne pnez vne iamais ne istrez de ma prison. Dame fait il or dites vo stre vouloir. Je vous dis pmierement que se vous me dictes vostre nom vous serez quitte Et se vo⁹ ne me voulez ce stui dire si me dites qui vous aymez par amour. Et se vous ne voulez dire ne lun ne lautre si me dites se vo⁹ cuidiez iamais faire tant darmes cõme vous fistes lautre iour a lassemblee. Quant il ouyt ce si cõmence a souspirer trop durement & dist. Dame dame trop me heez/ bñ le voy car vo⁹ ne me voulez faire rancon sinon honteusemẽt Et quãt vous me aurez fait dire ma grãt hõ te & vostre plaisir:qlle seurte auray ie de vous pour me en laisser aler quitement. Je vous cre ance fait elle q̃ si tost cõme vous aurez prins vne des trois rancons qui tẽnt vous en pour rez aler Lors cõmenca le cheualier tendrement a plourer & dist. Dame ie voy bien que par hõ teuse rancon me cõuient eschapper/ se aler mẽ vueil. Et puis quil est ainsi mieulx viẽt il q̃ ie die ma honte q̃ celle de autruy. pourtant sa chiez bien que ie cuide encores plus faire de ar mes que ie ne fiz oncques se il mest comande. Or si est ainsi que ma honte me auez fait dire si men irap desormais se vostre voulente y est Assez en auez dit fait elle. or vo⁹ en irez quant il vous plaira:mais pource que ie vous ay si honnourablement tenu si vous prie que vous me rendez vng guerdon q̃ gueres ne vous cou stera. Dame fait il dites vostre voulẽte & vo⁹ aurez ce que vous demandez:se il mest possi ble. Grant mercys fait elle. Je vous prie que vous demourez ceans iusques a lassemblee & ie vous appareilleray bon cheual & armes tel les que vous les vouldrez porter: si partirez de cy pour aler a lassemblee/ & ie vous feray sa uoir le iour que elle sera. Dame fait il ie feray vostre vouloir. Or vous diray fait elle que vous ferez. Vous serez en vostre geolle & a urez tout ce ql vo⁹ plaira & ie vous feray sou uent compaignie. Ne ie ne vueil que nul sache que vous aiez vers moy fait Mais ores me di tes quelles armes vous vouldrez porter. Et il dist vnes toutes noires Atant sen reua en sa geolle & la dame lui fait apareillier vng escu tout noir: & cheual autel: & cotte a armer: & cou uertures autelles. Or se taist de la dame & du

cheualier & parle du roy artus.

Le roy artus estoit en sa terre & faisoit biẽ les cõmandemẽs son maistre de ses gẽs honnourer alcois que la moitie de lan fut pas se eut les cueurs de ses gens si recouuers q̃lz eurent plus de mille maisons en sa piece de ter re: & disoient tous quilz vouldroient mieulx mourir que le roy perdist ia terre n son viuãt. Si vindrent au roy au plus efforceemẽt q̃lz peurent en sa place quinze iours deuant la na tiuite. Et lors vindrent dautre part messire gauuain & ses compaignõs de sa queste ou ilz nauoient riens exploictie si en furent tous hõ teux: mais langoisse de la besongne du roy les remena. Et dist messire gauuain quil leur va loit mieulx mourir a lõneur de leur seigneur que lui tout seul feust honny ne desherite. sans nous ne peut il estre honny ne nous sans lui. par les parolles de monseigneur gauuaĩ vi drent les .pl. compaignõs a court: & le roy les receut a moult grant ioye qui grant paour a uoit quilz ne venissent mie a temps. Ainsi vit le roy garny de sa terre deffẽdre. Dautre part vint gallehault a moult grant gent/ car pour vng homme quil amena a lautre fois en a il deux. si que les chaines de fer qui tout le pmier ost auoiẽt closes ne peurẽt mie de cest ost clor re la moitie. Quãt les treues furẽt faillies si desirerẽt moult lun & lautre de assembler. Lors demanderẽt a gallehault quil y pourroit en uoier le pmier iour pour assembler: & combiẽ de gent. Et il dist q̃ son corps ne porteroit pas armes se besoing ne lui faisoit porter & que a ce ste fois ne veult que ses gens sinon pour veoir les gens du roy artus: mais a lautre iour as semblerõs nous si acertes que lun en demour ra desconfit oultreemẽt. Lors cõmanda que le roy premier conquis assemblast le pmier iour a trente mile hõmes tant quil vist cõment ses gens du roy artus se contendroient: & se de plus en auoit mestier enuoiast seurement en lost. Ain si parle gallehault a ses hõmes. Et dautre part parle messire gauuaĩ au roy artus son õcle: & lui dist. Se gallehault ne porte demai armes vous nẽ porterez nulles: & il dit Beau nepueu vous dictes voir. mais vous les por terez & menerez de ma gent vne partie Si pẽ sez de bien faire: si comme vous sauez ql en est

partie

mestier. Sire fait il nous ferons vostre plaisir. Lēdemain leuerent matin dune part τ dautre. Et quant ilz eurent ouy messe si se alerent armer τ passerent les gens du roy petit a petit les lices/ τ assemblerent dune part τ dautre espessement. Si y eut de bōnes ioustes en plusieurs lieux. Lors vint assembler vng cōpaignon des gens de gallehault qui estoit moult preux τ depuis fut de la court au roy artus: si auoit nom estarans le poure/ τ estoit moult preux de armes. Celui assembla tout seul en vng cōroy ou il y auoit plus de .C. cheualiers τ venoit si durement que tous se regardoient τ au milieu du conroy auoit moult de preudes hōmes: si le laisserent ferir ou il voulut. Il de peça son glaiue la ou il le cuida mieulx eploy er. et du tronchon a la par my se rencferir vng cheualier qui auoit nom galegrinans frere de mon seigneur yuain de bas/ le quel venoit aux ioustes. si sentreheurtent de telle puissance qlz se portent a terre tous estourdis/ τ geurēt grāt piece a terre. Et cheualiers iusques a cinq de la la mesgnie au roy artus courent pour encombier estaraus. Illec fut la meslee moult dure: τ bien se deffendirent ceulx de deuers Gallehault/ mais ilz ne peurent longuemēt durer car ilz nestoient mie si bōs cheualiers q̄ ceulx du roy art9. Si leur fut rescoux gallegrinās τ les autres sip. τ estarans y fut rabatu: τ a la rescousse de estarans τ de galleginans si assēblerent en peu de heure que dune part que dautre p9 de cinquante mile hōmes. Moult le faisoient bien les gens du roy artus/ car ilz ne estoient q̄ .xx. mile/ τ les autres estoient encores .xxx. mile: τ si auoiēt le plus beau de la bataille. Lors assembla le corps du roy premier cōquis qui moult estoit preux cheualier τ seur mais puis que messire gauuain assēbla ne se tindrient les gēs du roy pmier conquis se petit non/ aincois sen cōmencerent a fouir villainemēt. Quāt messire gauual dist ce si en fut bn̄ ioieux τ gallehault en fut moult dolent. Si leur enuoya tant de gent que toute le champ en estoit couuert. Quant mon seigneur gauuain les vist si rassembla ses gēs entour lui τ moult leur pria de bien faire. Atant viennent leurs enniemps a des troy si se fierent entre eulx si durement cōme ilz peurēt: τ ceulx les recueil

lent moult vigoureusemēt. Illec fist messire gauuain merueilles τ tous ses compaignons prenoiēt exēple de son bn̄ fait mais bn̄ faire ny peut auoir mestier: car pour vng des siens q̄ auoit de gallehault trois ⟨C⟩ iles souffrirēt vne piece a moult grant meschief tant q̄ en la fin perdirent la place τ furent menez iusques aux lices. Illec monstra messire gauuain vne partie de sa prouesse car il souffrist tant q̄ tous ses cōpaignons sen merueilloiēt: τ ceulx mesmes de deuers gallehault sen esbahissoient. Quāt le roy artus vit q̄lz ne pouoiēt plus durer si dist q̄ ores auoit il trop souffert: lors lui euoia autāt de cheualiers comme il auoit fait deuant: τ lui pria de sagemēt se faire. Si auoi ent ia passez les lices τ estoit le cheual de mon seigneur gauuain occiz τ lui a pie: τ auoit grāt mestier de secours. Quant ilz arriuerēt la ilz attendirent tant q̄ le roy y vint poignāt τ auec lui .xx. mile tout par cōpte fait. Et la fut la grant meslee τ moult le faisoiēt bien lune partie τ lautre. Et messire puain se commenca si bien a faire q̄ oncq̄s nul iour nauoit si bien fait Il remonta mon seigneur gauuain sur vng cheual par trois fois Si auoit ia este messire gauuain tant batu que oncq̄s puis ne fut iour q̄l nen fut pis. Lors cōmencerent les prouesses de messire puain ⟨C⟩ Ainsi dura la bataille toute iour q̄ quāt lune auoit le pire si le secou roient les siens tant q̄l vint a la vesprer q̄lz se cōmencerēt a retraire dune part τ dautre. et la ou ilz sen aloient ne sen ala mie messire gauuain ais fut venu a la rescousse de vng de ses cōpaignons q̄ auoit nom gahaus de karaheu si nen sauoit messire puain ne les autres cōpaignōs q̄ sen aloiēt riē quant vng escuier vit criant apres messire puain τ lui dist que mort estoit son cōpaignon τ son amy/ au mains se ra il tost pris se tost ne le secourez Lors retourna messire puain si tost cōme cheual peut aler si esbahy q̄ oncques nully ne appella: mais il eut apres lui grant supte de preudes hommes. Quant il vint en la bataille il trouua mon seigneur gauuain si naure que le sang lui issoit hors de la bouche: τ cuidoit bien mourir sās confession/ mais encores estoit il sur sō cheual Illec fut la meslee tant pourtant plus efforcee q̄ elle ny auoit le iour este τ toutesuoies en eurent touſiours le plus beau les gens de mõ ſeignr gauuain/ᛊ ſen fouirẽt les autres. Lors ſen retournerent meſſire gauuain ᛊ meſſire puain ᛊ emmenerent aſſez priſonniers. et moult les recueilliſt beau le roy ❡ Et quant meſſire gauuain fut deuant ſa tente il cheut paſme de quoy le roy fut moult eſbahy. Lors furent les mires mandez ᛊ ſe trouuerent quil auoit trois coſtes briſees/ᛊ cuiderent bien qĩl en deuſt mourir/mais ilz ne loſerent dire au roy: ains diſt quil guerira Grant fut le dueil de meſſire gauuain ᛊ en plouroient tous cõmuncmẽt: ᛊ diſt q̃ iamais ſi prudõme ne mourra. Quãt meſſire gauuain ſe fut paſme deuant ſa tente bien le virent les cheualiers de malehault/ ſi ſeur demãda ſa dame les qlz lauoiẽt mieulx fait Et ilz dient q̃ meſſire gauuain a tout vaincu mais il en eſt bleće iuſques a la mort. Deces nouuelles fut la dame moult dolente: et diſt. Haa meſſire gauuain iamais plus gentil hõme ne mourra. Tant allerent les nouuelles par leans quil ny auoit cheualier qui nen parlaſt. Si en ouyt nouuelles le cheualier de la groſle ᛊ ſe les autres en furẽt aires ſui ſeul en fiſt dueil ſur tous. ᛊ dit: ſe ceſte choſe eſt vraie/ iamais ceſte pte ne ſera reſtauree. Quant les cheualiers ſen furent alez en leurs hoſtelz/ ſi pourchaſſa tant le cheualier de la groſſe quil parla a la dame ᛊ lui diſt. Dame eſt il voir q̃ meſſire gauuain ſoit mort. ❡ Nenny fait elle mais il eſt naure. Si maiſt dieu ceſt grãt dõmage/ᛊ au iour de ſa mort deuroit bien toute ioye ceſſer. Lors lui diſt. Dame pour quoy me auez vous ſi villainemẽt trap. Ja me euſtes vous en couenant q̃ vous me feriez ſauoir le iour de laſſemblee. Se ie le vous eu en conuenant dit la dame ores men acquitte: car ia aſſez y õt pdu les noſtres Dame fait il ceſt atart. Non eſt fait elle/ mais tout a temps: car laſſemblee doit eſtre de huy en trois iours. Et ie vous ay appareillie cheual ᛊ armes telles cõme ie vous ay en couenãt, mais ie vous loe ne mouuez deuãt trois iours: ſi irez tout droit en la place. Dame fait il a voſtre voulente. A tant ſen va repoſer en la groſle/ ᛊ la dame partit landemain pour aller en loſt du roy artus et pour veoir laſſemblee car elle y vouloit eſtre auãt q̃ le cheualier aux armes noires venist. ſi

erra tant q̃ elle vint en loſt et la royne lui fiſt grãt ioye elle trouua meſſire gauuain de plus belle chiere q̃ſen ne lui auoit compte/ ſi en fut moult lyee. Au tiers iour ſe leua le cheualier moult matin et la couſine a la dame lui aida a armer et quant il fut arme ſi le conmanda a la pucelle a dieu. Il erra tant qĩl vint en la place meſmes ou il auoit eſte autreſſois qûat le garſõ lui oſta leſcu de ſon col. Il cõmence a regarder vers la breteſche pour veoir les dames qui y eſtoiẽt La eſtoit mõ ſeignr gauuain venu ᛊ la dame de malehault Et les gens au roy artus eſtoient ia armez et paſſoient leaue eſpeſſemẽt et auſſi faiſoiẽt les gens gallehault. Ne demoura gueres q̃ en mains lieux furent les prez couuers de iouſtes ᛊ de meſſees. Et le cheualier eſtoit appuye ſur ſõ glaiue tout penſif en regardãt vers la breteſche. Dieu fait la royne ce cheualier que ie voy ſur celle riuiere qui peut il eſtre Lors commẽcent tous ᛊ toutes a le regarder. Et meſſire gauuain demãde ſe il le pourroit veoir. Et la dame de malehault dit quelle ſe atourneroit en telle maniere qĩl pourroit veoir tout contreual la prairie: ᛊ ſi fiſt elle. Lors cõmẽce a regarder contreual ᛊ voit le cheualier au noir eſcu. Si diſt diſt a la royne Vous ſouuiẽt il point q̃ ie fuz antenbleće et ie giſoie ceãs que vng cheualier penſoit au matin ſur celle riuiere ou ceſt il ou vng autre mais il portoit vnes vermeilles ᛊ ſe fut celui q laſſemblee vainquiſt. ❡ Beau nepueu fait elle il peut bien eſtre. Mais pour quoy le dites vous Ie le diz pource que ie vouldroie q̃ ſe feuſt il. car ie ne viz oncq̃s prouesſe de cheualier que ie veiſſe ſi voulentiers q̃ la ſienne. Et ie cuide q̃ nous en verrons ennuit aſſez. Longuement parlerent de lui: ne õcq̃s ne ſe meuſt de ſõ eſtage. Et le roy artus auoit ia ſes batailles ordonees. ſi en auoit fait quatre ou il auoit en chacune quinze mile cheualiers: ᛊ en ſa quite en auoit plus de .pp. mile. Si conduiſiſt meſſire puain ſa premiere q̃ moult bien ſe fiſt ſe iour. La ſeconde mena herup de rinel vng des hõmes du mõde q̃ plus ſauoit de guerre. La tierce mena aguiſans le roy deſcoſſe q̃ couſt eſtoit au roy artus. La quarte conduiſiſt le roy põs. La qunte cõduiſiſt meſſire puain le filz au roy vrien. Autant en fiſt gallehault. Si auoit en

partie

chacune des quatres batailles pmieres vingt mille hommes, cen la. v. quarante mille. La premiere conduisoit malengeis le seneschal du roy des cent cheualiers, et la deusiesme conduisoit le roy premier conquis/ la. iii. le roy de hadebay. la quarte mena le roy clamadeus/ la quinte menoit le roy sen de mal engin. Cellui estoit moult preudõme et de cheualerie et de cõseil. Cellui iour ne porta mie gallehaut armes de cheualier mais il fut arme comme sergant et tenoit vng baston en sa main/ et estoit assis sur vng cheual tel cõme a preudõme appartient. Ainsi cheuauchent dune part et daultre pour assembler. Et le cheualier aux armes noires estoit encores sur la riuiere tout pensif. Et la dame de mallehaut appelle la royne et lui dit. Dame mandez a ce cheualier quil face darmes pour lamour de vous et ql vous mõstre desquelz il sera. si verrons quil saura faire. Belle dame fait la royne iay autre chose a faire. Et quoy fait la dame de mallohaut. Je võdy fait la royne que monseigneur est en auanture de perdre terre et honneur, et mon nepueu gist cy naure cõme vous voyez/ donc ie suis a si grãt meschief q̃ ie nay talet de faire feste cõe ie souloie, mais vous et ces autres dames lui mãdez. Certes dame fait celle de mallohaut ien suis toute preste/ mais se vous lui vouliez mãder ien seroie compaigne voulentiers. Dame fait la royne ie ne men entremettray ia mãdez lui vous et ces autres dames se vous voulez. Lors dit la dame de malohaut que se les autres dames lui vouloient mander elle lui manderoit voulentiers. Et elles lui octroierent toutes Et la royne lui enuoye vne damoiselle pour faire le messaige. Et la dame de malohaut deuise le messaige. Et mõseignr gauuain lui ennuoia deux lances du sien par vng escuier qui les porta. Lors dit la dame de malohaut a la pucelle. Vous irez a ce cheualier la et lui direz que toutes les dames et damoiselles de la court madame la royne le saluent fors ma dame la royne tantseulemẽt/ et si lui mandent et prient sil attent iamais a hõneur auoir et courtoisie en lieu ou nulle ait pouoir quil face ennuyt darmes pour leur amour, et si lui presentez ces deux glaiues que monseigneur gauuain lui enuoie. Atant monte la pu

celle et le scuer qui les glaiues porte. Si vient la pucelle au cheualier et lui dit son messaige Quant il oyt ce que len lui mande il regarde contremont et prĩnt congie de la damoiselle et dit au varlet quil le suiue. Il regarde ses iambes et se affiche aux estriefz. Et il est aduis a monseignr gauuain qui le regarde quil soit creu de demi pie. Il sen va grant erre picquant des esperons. Et quant monseignr gauuain le voit si dit a la royne. Dame dame Srez la le cheualier/ en tout le monde na point son pareil. Lors courẽt tous aux fenestres et aux creneaux et voient q̃ le cheualier sen va si tost cõme le cheual peut aler. Si voit a destre et a senestre de moult belles ioustes, car grant plante de la gent du roy auoiẽt ia les lices passees Si passe paimp toute lassemblee tant quil se trouua parmp vng conroy quil voit venir ou quel il pouoit bien auoir iusques a cent cheualiers. Il se frappe entreulz et fiert vng cheualier si roidement quil le porte a terre lui et sõ cheual. Et quãt sõ glaiue lui est failly il fiert du tronsson tant comme il dure. Puis se lance hors a son escuier qui ses deux glaiues porte/ si en print vng autre et se fiert entreulz si apptement que tous les autres laissent leur iouste pour le regarder. Si fait de ses trops glaiues tant cõe ilz durent q̃ messire gauuain tesmoigne que dcõs homme ny fit tãt Et si tost cõe ses trops glaiues sõt rompuz si sen retourne sur la riuiere en ce lieu mesmes ou il auoit auant este, et tourne son visaige vers la bretesche. Et messire gauuain en parle a la royne et dit. Veez vous ce cheualier la/ bien sachiez q̃ cest le meilleur du monde. Et quant vous ne voulustes estre nõmee eu mandemẽt par auanture il la tenu a orgueil, et pẽse que petit le prisastes quant vous ne lui daignastes mander quil feist darmes pour vostre amour. par ma foy fait la dame de malohaut il mande biẽ q̃ pour nous plus nen fera. Dame fait messire gauual a la royne vous semble il que ie vous aye dit raison. Beau nepueu fait elle que voulez vous q̃ ien face. Dame fait il cest vng grãt tresor que dauoir vng preudomme, car par le corps dung seul homme ont este maites grãs choses a chief menees, et maintes grans vaillances. Et pourtant ma dame ie vous diray

i .i.

La premiere

que vous serez mandez a cestui salut et que vous lui criez mercy et que lonneur de monseigneur le roy et le vostre ira huy a mal se dieu et lui ny mettet conseil, et sil attent iamais a avoir iope ne honneur en lieu ou vous aves pouoir face huy tant darmes que vous lui en dopez gre sa uoir, et devez sauoir que sil y veult mettre deffense le roy ne sera huy prins pour pouoir que gallehaut ait, et ie lui enuoieray .p. glaiues dont vous verrez huy maintes belles ioustes faire, et trops bons cheuaup couuers de mes armes. Et sachiez que sil en veult faire tout son pouoir il les mettra tous a neant. Adonc la ropne dit a monseigneur gauuain quil mande ce quil lui plaira en son nom mander, car il lui plaist bien. Et la dame de malohaut en est tant ioyeuse que merueilles. Lors appelle monseigneur gauuain la damoiselle qui le message auoit fait et lui deuise ainsi quil auoit deuise a la ropne. Puis appelle trops escuiers et lui fait mener trops cheuaup tous couuers de ses armes, et lautre porte dip glaiues. Atant sen part la damoiselle et sen vint au cheualier et lui dit ce que messire gauuain et la ropne lui mandent et lui baille les presens. Et le cheualier lui demande, ou est madame. Sire fait elle lassus en celle bretesche, et sachiez que vous serez moult bien regarde. Et le cheualier dit. Vous direz a madame et a monseigneur gauuain que ainsi soit come il leur plaira, et grant mercys. Lors print le plus fort des glaiues que le varlet portoit et dit aux escuiers quilz le sui uent. Et la damoiselle sen vint a la ropne et a monseigneur gauuain et leur dit ce que le cheualier leur mande. Le cheualier laisse courre aual les prez ou maintz bons cheualiers estoi ent assemblez dune part et dautre, si auoient ia tous passez la lice et estoient assemblez a la bataille et le faisoient moult bien dung costé et daultre. Et il eschiuoit toutes les meslees et fait semblant que nul nen congnoisse et passe tout oultre la bataille au roy premier conquis ou il auoit bien .pp. mille cheualiers. Si leur adresse et fiert entreulx la ou il cuide mieulx son coup emploier, si que deuant son glaiue ne demeure personne de bout ains faint tout cheoir par terre. et ne cesse iusques a ce que son glaiue lui rompt. Ceste merueille ont veu mains che

ualiers de la court du roy artus, messire lieu le seneschal, et saigremor le derree et girflet et puain le bastart et messire brandelis, et gahe riet le frere monseigneur gauuain qui se venoi ent tous a desa roy prestz de bien faire. Et lieu leur dit. Seigneurs vous aues veu ordroit une belle encontre par le corps dung seul cheua lier, et nous sommes venuz pour honneur et pour pris gaingnier, et iamais en lieu ne vie drions ou nous nous puissons si bien emploier come en cestui point, et endroit moy ie me hasteray de le suiure car il est moult preux et har di, et qui vouldra honneur auoir si me suiue, car ie ne le laisseray meshuy se mort ou mahai gnie ne suis. Atant heurte le cheual des esperds et les autres pareillement. Et le cheualier noir que son glaiue auoit rompu se tira dehors et en prent ung autre et sen vient a la meslee, et ceulx qui apres viennent se frappent apres lui en la ba taille et commencent a abbatre cheualiers et che uaux et esporter escus des colz et arrachier heau mes des testes. Si a tant fait le bon cheualier en pou deure que tous ses dip glaiues sont rom puz, ung des cheuaux mors que soubz lui estoit Et la ou il estoit en la presse vindrent les six compaignons et ung des escuiers qui lui amai ne ung cheual, et illec sault es arcons et reuient aussi frais a la meslee come sil ny eust huy coup feru. Et quant les six compaignons virent le cheual au cheualier couuert des armes monsei gneur gauuain ilz sen merueillent moult et scai uent bien quil est trop bon cheualier. En ce con temple ne prenoit cheualier lun lautre par le frain ne ne feroient sur lui ne deup ne trops, mais que plus pouoit faire darmes plus en fai soit. Ainsi faisoit le noir cheualier merueilles darmes lui et sa compaignie, et si neussent mie peu longuement durer se ne fust une auantu re qui leur aduint, car la bataille au roy des cent cheualiers fut desconfite et ne peurent resister contre leurs ennemis. Bien eut le roy des cent cheualiers moult grant deul, car il estoit moult bon cheualier en droit soy. Apres se bati rent les gens du roy artus sur les gens du premier roy conquis et si estoient plus que les autres, car ilz estoient en deux batailles quarante mille, et deuers le roy yder nestoient que quinze mille. Illecques apparut bien la prouesse

partie

au cheualier noir Il abbatoit cheualiers et cheuaulx/et puis de lespee detrenchoit tout ce qͥl attaignoit/et souuent aduenoit quil ne trouuoit ou ferir. Et la ou il feroit a plain coup il ne pouoit riens durer deuant lui/car il le faisoit si bien que tous ceulz qui estoient empres lui sen esmerueilloient. Si encouroit sa parole a mont et aual et p̄ tout lost du roy artus tāt quon ne parloit que de lui/ ne pareillement en lost de gallehaut/et diēt tous ceulz qui le voyent que cest le meilleur cheualier du monde Grant piece se contint ainsi et a toutes heures estoient ses six compaignons cy deuant nommez empres lui. Lors lui fut occis son cheual et il saut incontinēt sur vng autre/ et tantost derechief fut desmonte. Lors commence a empirer sa compaignie qui toute iour sauoit bien fait. Adōc appelle heup le seneschal sō escuier et lui dit. Va ten a herup du riuel la ou tu vois celle baniere broudee dor et de sinople et lui dy que ie lui mande que desormais se doit tout le mōde plaindre de lui/car il laisse mourir le meilleur cheualier a qui escu pendist oncques a col/et biē saiche que sil meurt toute la cheualerie du roy artus mourra auec lui. et lui qui secourir le deust en sera tenu pour mauuais a tousiours. Atant sen part lescuier et sen vient a herup et lui compte son m̄ssaige. Et quant il loyt il en fut tout honteux et dit. Hee dieux certes traison ne fiz ie oncques ne encores ne commenceray ie mie/car trop suis vieil Lors dit a ses gens quilz se mettent en point/ et puis dit a lescuier. Va et dy a hieu le seneschal que sil peut tāt souffrir q̄ ie viēgne quil ne me tiendra pas pour traistre. Et le varlet sen va et dit a hieu ce que herup lui mandoit. et hieu sen rit si a malaise comme il estoit. puis demande au varlet qui est le cheualier noir. et il dit quil nen scait rien. Pour quoy donc lui a monseigneur gauuain enuoye ses cheuaux dit il. Je nen scay plus que ie vous en ay dit fait lautre. Lors remist sō heaume quil auoit oste et reuint a la meslee. Atant veez venir herup de riuel a tout sa bataille. Et quāt ilz assembleront ilz se scrierent si haultement que tout lost en retantist. Illec fut grande la meslee tant qͥl y eut mains cheuaux eschappez et mains cheualiers mors et naurez. Lors commença herup

du riuel a faire merueilles darmes par deuant tous/car pour les paroles quon lui auoit mandees il en fit plus que mestier ne lui eust este/pource quil auoit bien quatre vingtz ans passez. Moult le firent bien a celle fois ses gens au roy artus/ mais sur tous les autres le faisoit bien le cheualier noir/car il faisoit si grās merueilles darmes que cestoit chose merueilleuse a veoir. Oncques puis que herup fut venu les gens gallehaut ne tindrēt place que bien petit/et si estoiēt ilz se quart plus de gēs que les autres. Mais si tost que Bengar vit les siens en auoiēt du pire si les secourut auec sa bataille et vindrēt si tost cōme les cheuaux peurent aler. Adonc les gens de herup furent moult a meschief/car les gens de gallehaut estoient bien deux contre vng. Quant ilz eurent vng pou este foulez si les secourut le roy aguisans. Lors se tindrent fieremēt. Apres assembla le roy clamader/et le roy puain encontre lui. Si furent assemblez quatre batailles dune part et dautre/mais ceulx de gallehaut estoient bien.xx. mille plus que les autres/et nōpourtant tant fit le cheualier noir et les cheualiers au roy artus quilz firent a plusieurs des autres guerpir sa place. Et le cheualier noir les escarmuchoit trop felonneusement, et nul nose attendre les grans coups quil dōne. Si perdēt place les gens gallehaut. Et quāt il leur voit perdre place il sesmerueille quilz peuēt auoir, car ilz sont assez plus que les autres. Il demāda que cestoit. Sire fait vng cheualier qui de tournoier nauoit talēt: qui vouldra veoir merueilles si voise la dont nous venons et il verra les greigneurs qui oncques fussent ne q̄ iamais soient. Comment fait gallehaut quelles merueilles sont ce donc. Comment fit il. La aual a vng cheualier qui tout vainc par sō corps/ne nul corps dōme ne peut a lui durer. Par ma foy fait gallehaut ce croiray ie mais que ie le voye. Lors separe.x. mille hommes et les mist a vne part et dit au roy vend. quil ne se meuue iusques a ce quil viengnea lui. Et pareillement le dit aussi aux dix mille hommes. Adonc sen va en la bataille et fait auec lui retourner tous ceulz quil rencontroit. Et quāt clamader le vit venir il prit cueur et retourne deuers ses ennemis moult

i .ii.

ficrement. Et gallehaut commande a ceulz quil amenoit quilz se ferissent tous en eulz a destroy. Et ceulz laissent courre au commandement du preudomme. Et fut bien escrie au poindre lenseigne de gallehaut. Si cuidoient les Ungs et les autres que grans gens les eussent secouruz. Si fussent moult laidement retournez les gens au roy artus ce ne fust le cheualier noir, mais lui tout seul en prent le fais sur lui, car en tous lieux se treuuent prest de soy deffendre. Illec fut son cheual occis, et cestoit le derrenier de ceulz que messire gauuain lui auoit enuoiez. Il se commēce a deffendre si vigoureusement que nul nosoit venir a lui, ne les siens nauoient pouair de se remonter. La il faisoit si grant vaillance darmes que tous sen merueilloient. Et gallehaut mesmes fut tout esbahy comment le corps dung seul cheualier pouoit ce faire, & dit a soy mesmes quil ne voudroit pas auoir conquis toutes les terres qui sont soubz le firmamēt par conuenāt que vng si preudomme fust mort. Lors fiert le cheual des esperons et se met en la presse pour despartir la meslee. Lors appella le cheualier a lescu noir & lui dit. nayez paour Et il respōt que non a il. Sauez vous fait gallehaut que ie vous vueil dire. Je vous vueil apprendre fait il vne de mes coustumes. Sachiez q iay deffendu a tous mes hommes que nul ne mette la main en vous tant comme vous soyez a pie. Et ie vous asseure que se par recreanti se vous laissez a faire armes: si ne trouueres vous ia qui vostre corps prengne. Et se vostre cheual est mort ne vous en esmayez ia, car ie vous en donneray tant comme vous en pourrez huy vser, et seray vostre escuier toute iour et se ie ne vous puis laisser iamais homme viuant ne vous laissera. Lors descent de son cheual et le baille au cheualier. Et celui est monte sans arrest. Et gallehaut mōte en vng autre et vient a son conroy, si prent auec soy les dix mille et dit quilz voisent assembler deuāt et vous fait il au roy vend. Viendres apres, si ne assemblerez mie si tost cōme ceulz cy seront assemblez, mais quant les derrains de ceulz de la serōt venuz vous assemblerez, & moy mesmes vous iray querir. Atant amaine les dix mille pour assembler. Et quant il fut en

tre en sa bataille il fist sonner ses busines tāt que toute le pais en retentissoit. Quāt le noir cheualier les ouyt venir si lui sembla q grant effort de gens eut la, si se retrait vng pou vers les siens et les appella entour lui et leur dit. Seigneurs vous estes tous amys du roy or y perra cōment vous le ferez. Et messire yuain qui les vit venir dit a ses gens. Or soyez tous asseur que nous perdrons au iour duy par effort de gens. Et ce disoit il pource quil cuidoit que les gens gallehaut fussent tous venuz. Quant ses dix mille de gallehaut assemblerent si fut grande la noise et moult en abbatēt a leur venir. Mais quant messire yuain vint si reconforta moult les gens du roy artus, et tous les fuyans retournerēt auec lui. Et gallehaut sen va arriere a son conroy et commande quilz cheuauchent fermemēt, et qlz se frappent es gēs du roy artus de telle maniere que nul dentreulz ne demeure a cheual. Vo' estes tous frais or y perra comment vous le ferez. Atant cheuauchent les conroiz deuers leurs gens car ilz auoient ia du pire. Et quant secō roy de gallehaut fut venu si changa moult laffaire, car moult y auoit grāt effort de gēs, et fut a leur venue le cheualier noir mis a terre et les six compaignons qui toute iour auoient este pres de lui. Lors vint gallehaut qui le remonta sur le cheual mesmes ou son corps seoit. Et si tost comme il fut mōte il sen reuā a la meslee aussi frais comme il auroit le iour este. Et quant vint aux coups donner tous ceulz qui le veoient sen esmerueilloient. Ainsi dura la bataille iusques a la nuyt. Et quant vint au soir ilz se departent, et toutesfois les gens du roy artus en eurent du meilleur. Le bon cheualier se partit de lost le plus coyemēt quil peut et sen ala par vng chemin entre les pres et vng tertre et cuida que nul ne le veist mais gallehaut sen print tresbien garde et picqa tant son cheual quil lui fut au deuant par vne adresse et le vint rencontrer au pie du tertre. Si le salue et dit que dieu le conduye. Et celui se regarde en trauers et lui a a moult grant paine rendu son salut. Beau amy fait gallehaut qui estes vous. Sire fait il ie suis vng cheualier ce pouez vo' veoir. Certes fait gallehaut cheualier estes vous le meilleur q

soit/ et vous estes homme du monde que plus ie vouldroie honnourer/ et si vous suis venu prier que vous hebergiez ceste nupt auec moy. Et il lui dit aussi comme sil ne lauoit huy veu Qui estes vous sire qui maues prie de heberger. Je suis gallehault sire de ces gens icy vers qui vous aues au iour duy garanti le royaume de logres lequel ie eusse ia conquis se ne fust vostre corps. Comment fait il vous estes ennemy monseigneur le roy artus et me priez de hebergier/ auec vous ne hebergeray ie mie en ce point. Ha sire fait gallehault plus feroye ie pour vous/ et si nay mie a commencer. Et ie vous prie que vous y hebergez par tel conuenant que ie feray toute ce que vous me saurez requerre.
A tant se arreste le cheualier et dit a gallehaut Sire vous promettez assez/ mais ie ne scay comment il est du rendre. Et gallehaut lui dit. Sire se vous hebergiez enupt auec moy ie vous donneray tout ce que vous oserez deuiser de bouche et bien vous en feray seur. Et lors sui fiance/ et apres lui promet baillier bons pleiges. Adonc sen vont tous deux en lost.
Messire gauuain auoit veu aler le cheualier au noir escu et leust moult voulentiers suiuy sil eust peu monter a cheual. Lors regarde contre val la riuiere et voit gallehaut et le cheualier noir qui retournoient et dit a la royne. Haa dame or poués nous bien dire que nous sommes gens perduz/ regardez que gallehaut a conquis par sauoir. Et elle regarde et voit que cest le cheualier noir que gallehaut en maine, si en est tant iree quelle ne peut dire mot Et messire gauuain se pasme en pou deure plus de troys fois. Le roy vint seans et oyt le cry que chacun disoit/ il est mort il est mort. Si vint a lui et lembrassa et comença a plourer moult tendrement. Et reuint monseignr gauuain de pamoison et quant il vit le roy il commence a se blasmer et dit. Ores est venu le terme que les clers vous dirent/ regardez le tresor que vous aues huy perdu. Celui vous touldra terre que toute iour sa vous a garantie par son corps/ et se vous feussez preudome vous leussiez retenu ainsi comme a fait le plus preudome qui viue qui pey deuant semaine. Lors voit le roy gallehaut qui emenoit le cheualier dont il a tel deul que a peu quil nest cheu, mais de plourer ne se

peut tenir/ et toutes fois fait il sa plus belle chiere quil peut pour son nepueu reconforter. Et si tost quil vint en sa salle il fit grant deul aussi fit chacun preudome.

Tant ont ale gallehaut et le cheualier quilz sont venuz empres lost. Adonc lui dit le cheualier. Sire ains que ie entre dedens vostre ost faictes moy parler aux deux plus preudes homes que vous ayez/ et esquelz vous fiez le plus. Et gallehaut soctroye. Lors sen va en son tref et prent deux des homes du monde ou plus il se fie et leur dit. Venez auec moy et vous verrez le plus riche home du monde. Comment font ilz nestes vous mie le plus riche qui soit au monde. Nenny dit il mais ie le seray ains que ie dorme. Ces deux estoient le roy premier conquis et le roy des cent cheualiers. Quant ilz virent le cheualier si lui firent moult grant ioye car ilz le congneurent bien par ses armes. Et le cheualier leur demanda quilz estoient, et ilz se nomment si come vous aues ouy, et il leur dit. Seigneures vostre sire vous fait moult grant honneur car il dit que vous estes les deux homes du monde que plus il ayme/ et entre lui et moy a une conuenance que vueil que vous oyez/ car il ma fiance que pour enupt hebergier auec lui me donnera ce que ie lui vouldray demander. Et gallehaut dit/ vous dictes verite. Sire fait le cheualier ie vueil escoutez auoir la seurte de ses homes. Et gallehaut dit dictes moy coment. Ilz me fianceront fait le cheualier que se vous me faillez de couenant ilz vous guerpiront et sen viendront auec moy la ou ie diray. Et gallehaut dit que ainsi le veult/ et il leur fait fiancer. Lors appelle gallehaut le roy premier conquis a une part et lui dit. Alez auant et dictes a mes barons quilz assemblent maintenant a monstre si honnourablement come ilz pourront et gardez que en mon tref soyent tous les deduiz que len pourra trouuer en tout lost. Lors sen va celui au ferir des esperons et fit le commandement de son seigneur. Et gallehaut tient le cheualier aux paroles lui et son seneschal tant que le commandement fut fait. Si ne demoura gueres que encontre eulz vindrent deux cens barons qui tous estoient hommes de gallehaut vyviii roys et les autres estoient ducz et contes La fut le cheualier tellement honnoure qu oncques

i.iii.

si grant feste ne fut pour vng homme mescon
gneu côme seu sit pour sui a celle fois, et disoient
grans et petiz bien viengnez la sleur de la che
ualerie du monde, et il en auoit grant honte
Ainsi vindrent iusques au tref de gallehaut.
si ne pourroient estre comptez les deduiz et les
instrumens qui seans estoient A telle ioye fut
receu. Et quant il fut desarme gallehaut lui
fit apporter vne robe moult riche, et il la vestit
Quant le mengier fut prest ilz se assirent a
table et furent noblement seruis, et le cheualier
fut moult honnoure. ¶ Apres mengier comā
da gallehaut a faire quatre litz desquelz lung
estoit plus grant que les autres. Quant les
litz furent si richement attournez gallehaut
maine le cheualier couchier et dit. Sire vous
gerrez icy. Et qui gerra de la fait le cheualier.
Quatre sergans fait gallehaut qui vous ser
uiront et ie iray en vne chābre par dela affin q̄
vo⁹ soyez icy plus en paix. Haa sire pour dieu
fait il ne me faictes gesir plus aise que ces au
tres cheualiers, car tant ne me deuez a villen
nir. Nayez garde fait gallehaut, car ia pour
chose que vous facez pour moy vous ne serez
tenu a villain. Atant sen part gallehaut et le
cheualier commence a penser au grant honneur
q̄ gallehaut lui faisoit, si sen prise moult. Il
se est couchie et tātost il sendormit, car moult
estoit las. Et quant gallehaut sceut q̄l fut en
dormy le plus coyement qʾil peut se coucha en
vng autre lit empres lui. Et les deux autres litz
se coucherent deux cheualiers, et nestoient en
la chābre q̄ eulx quatre sans plus. La nuyt se
plaint moult le cheualier en son dormant, et
gallehaut loyt bien car il ne dormoit gueres,
ais pēsa toute la nuyt a le retenir. Landemai
se cheualier se leua a sa ouyr messe: et ia estoit
gallehaut leue, car il ne voulut mie le che
ualier lapperceust. Quāt ilz vindrent du mō
stier le cheualier demande ses armes. Et gal
lehaut lui demāde pour quoy. Et il dit quil se
vouloit aler, et gallehaut lui dit. Beau doulz
amy demourez et ne cuidez mie q̄ ie vous veuil
le deceuoir, car vous ne serez ia riens deman
der que vous nayez. Et sachiez q̄ vous pour
riez bien auoir cōpaignie de plus riche homme
q̄ ie ne suis, mais vous saurez iamais a hō
me qui plus vous ayme. Sire fait le cheualier ie

demourray donc puis quil vous plaist, car
meilleure compaignie que la vostre ne pour
ray ie mie auoir, mais ie vous diray presente
ment le don pour quoy ie demourray auec vo⁹.
et se ie ne lay iamais ie ny pourray demourer.
Sire fait gallehaut dictes seurement et vous
laurez se ce st chose que ie puisse acōplir. Et se
cheualier appelle ses deux pleges et dit deuāt
eulx. Je vous demande fait il que si tost que
vous serez au dessus du roy artus que vous
lui aillez crier mercy si tost cōme ie vous en se
mondray. Quant gallehaut sentent si en est
tout esbahy et cōmence a penser. Et les deux
roys lui dirēt. A quoy pensez vous icy endroit
de pēser nauez mestier, car vous aues tāt cou
ru que vous ne pouez retourner. Cōment fait
gallehaut cuidez vous dōc que ie me vueille
repentir, se tout le monde estoit mien si lui ose
roye ie bien donner, mais ie pēsoy a vng seul
mot quil a dit, mais ia dieu ne maist dit il se
vous nauez le don, car ie ne pourroye riē fai
re pour vous ou ie peusse auoir honte, mais ie
vous prie que vous ne me tollez vre compai
gnie pour la donner a autruy. Et le cheualier
lui creance. Ainsi demeure, et ilz se assiēt au
mēgier q̄ estoit appreste. Si sont moult grāt
ioye par tout lost du cheualier qui est demou
re. Ainsi passerent celle nuyt. Landemain gal
lehaut et son compaignon vont ouyr messe, et
gallehaut lui dit Sire il est huy iour dassem
bler voulez vous porter armes. Oy dit il. Dōc
porterez vous les miēnes fait gallehaut pour
le cōmencement. Et il dit quil les portera vou
lentiers, mais vous ne porterez armes fait il
a gallehaut si non comme mon sergant. Non
dit il. Lors firent apporter les armes et arme
rent le cheualier du fort haubert et des chaus
ses qui trop estoient grandes et lees. Lors se ar
merent les gens gallehaut. Et pareillement
les gens du roy artus et passerent les lices de
telz y eut, toutesfoies le roy auoit deffendu que
nul ne les passast. Si peut de bonnes ioustes
en pou deure. Si assēblerent tous les ostz de
uāt la lice et cōmencerēt a faire armes. Les roy
artus estoit a son estādart et auoit cōmāde q̄lz
menassent la royne a sauuete se la desconfitu
re tournoit sur eulx. Quant tous les ostz fu
rent assemblez et le bon cheualier fut arme si

partie

cuida chacun que ce fust gallehaut et disoient
tous/ Veez cy gallehaut veez cy gallehaut. Mes
sire gauuain le congneut bien et dit. Ce nest
mie gallehaut ains est le cheualier aux armes
noires le meilleur cheualier du monde. Et si
tost comme ilz furent assemblez oncques ne se
tint le roy artus ne ses gens depuis que le che
ualier y fut arriue, et trop se desconfortoient du
bon cheualier qui contre eulx estoit, si furent
menez iusques a la lice car trop estoient gras
ges auec gallehaut. Au partir des lices se tin
dient vne piece et souffrirent longuement, mais
le souffrir ny peut riens valoir. Grant fut le
meschief des gens au roy artus. Et dit le cō
pte que le cheualier neut mie mains de paine
de tenir ses gens gallehaut quilz ne passassēt
oultre la lice quil auoit de chacer les gens au
roy artus. Et nō pourtāt moult les auoit sup
portez. Et il les eut mis oultre a force il demeu
re cinq se pas pour les autres detenir. Lors re
garde tout entour de sui et commēce a huchier
Gallehaut gallehaut. Et gallehaut vient
grāt alleure et dit. Beaux amy que voulez vo⁹
Quoy fait il ie vueil que mon conuenant me
tenez, par ma foy fait gallehaut ie suis tout
prest de lacōplir puis quil vous plaist. Lors
picque le cheual des esperons et vient iusques
a lestandart ou le roy artus estoit qui faisoit
si grant deul que a peu quil ne se occioit pour
ce quil estoit desconfit. Si estoit ia la royne
montee et lemmenoient quarante cheualiers
Et monseignr gauuain quon vouloit empor
ter en littier, mais il dit quil aymoit mieulx
mourir en ce point que veoir toute cheualerie
morte et honnie. Si se pasma tellement que
sen cuidoit bien quil mourust maintenant.
Quant le cheualier vit gallehaut prest dacō
plir son conuenant il iura bien que oncques si
loyal compaignon ne fut trouue. Il en a telle
pitie quil en souspire moult fort et dit entre ses
dens. Ha dieu qui pourra ce desseruir. Et gal
lehaut cheuauche iusques a lestandart et de
mande le roy artus. Il vient auant moult do
lent et esmaye comme celui qui tout honneur
et toute ioye terrienne cuide auoir perdue. Et
quant gallehaut le voit si lui dit. Sire roy ar
tus venez auant et nayez paour car ie vueil a
vous parler. Et quāt le roy loptist se merueil

le moult que ce peut estre. Et de si loing cōme
gallehaut le voit venir il descent de son cheual
et se agenoille et dit. Sire ie vous viens sai
re droit de ce que ie vous ay mesfait si men re
pens et me metz en vostre mercy. Quāt le roy
lentent il a merueilleusement grant ioye et lie
ue ses mains vers le ciel louant dieu de ceste
auanture. Et se le roy fait bōne chiere encores
la fait meilleure gallehaut. Et il se lieue de ge
noulx et sentrebaisent et font moult grāde chie
re lung a lautre. Lors dit gallehaut. Sire fai
ctes vostre plaisir de moy car ie metz en vostre
saisine mon corps pour en faire ce quil vous
plaira, et sil vous plaist ie iray retraire mes
gens arriere et puis reuiendray a vous incon
tinent. Alez donc fait le roy car ie vueil parler
a vous. Atāt sen part gallehaut et reuiēt a ses
gens et les en fait aler. Et le roy enuoya apres
la royne qui sen aloit faisant grant deul. Et
les messagiers cheuauchent tant quilz lattai
gnent et sont venuz a elle et lui cōptent la ioye
qui aduenue leur est. Et elle ne le peut croire
tant quelle voit les enseignes que le roy lui en
uoye. Tant courent les nouuelles que mōsei
gneur gauuain le sceut lequel en a grant ioye
sur tous les autres et dit au roy. Sire cōment
a ce este. Certes ie ne scay fait il mais ie croy q̄
tel a este le plaisir de nostre seigneur. Moult
est grande la ioye et moult se merueille chacū
comment ce peut estre auenu. Gallehaut dit
a son compaignon. Que voulez vous que ie
face iay fait vostre commandement, et le roy
ma dit que ie retourne mais ie vous cōuoie
ray auant iusques a voz tentes. Ha sire fait
le cheualier aincois vous irez au roy et lui por
tez le plus grant honneur que vous pourrez,
et tāt aues fait pour moy que ie ne le pourroye
desseruir, mais tāt vous prie pour dieu et pour
lamour que vous aues a moy que nul ne sai
che ou ie suis. Ainsi sen vont parlant iusques
a leurs tentes. Chacun scait ia que la paix est
faicte mais plusieurs en sōt dolēs car mieulx
aymassent la guerre que la paix. Lors sont de
scenduz les deux compaignōs et si tost qlz fu
rēt desarmez gallehaut prēt vne de ses meilleu
res robes pour aler a la court. Et fit crier par
tout son ost que chacun sen alast fors tant seu
lemēt ceulx de sō hostel. Aps appelle les deux

rops et leur baille son compaignon et leur cō/
mande quilz facent autant de lui comme de
son corps mesmes. Atant monte gallehaut et
sen va a la court du roy art'. Et le roy lui vint
a lencontre et la royne qui ia estoit retournee/
et la dame de malehaut auec plusieurs dames
et damoiselles. Atant vont en sa bretesche ou
mōseigneur gauuain gisoit malade. Et quāt
il sceut q̄ gallehaut venoit il sefforce de belle
chiere faire comme celui qui oncques mes ne
lauoit veu de si pres. Lors lui dit bien soyez ve
nu comme de celui dont ie desiroie moult la
cointance. car vous estes homme du monde q̄
plus doit estre prise et ayme a droit de toutes
gens. Et ie cuide que nul ne scait si bien con/
gnoistre preudomme comme vous/ et bien y
a paru. Ainsi parle messire gauuain a galle/
haut, et il lui demande comment il lui est, et
gauuain dit. Jay este pres de mort/ mais la
grant amour qui est entre vous et le roy ma
guery. Moult font grāt ioye le roy artus et sa
royne et monseigneur gauuain de la venue de
gallehaut, et tout le iour ont parle damour et
daccointance, mais du noir cheualier ne tien/
nent ilz nulles paroles ains passent le iour a
resioyr luy sautre tant quil vint au vespre.
Lors demande gallehaut congie de ses gens
aler veoir. Et le roy le lui donne/ mais vous
reuiendrez fait il incontinēt. Et gallehaut le
lui octroie. Si sen reuient a son compaignon
et lui demande comment il a depuis fait. Et
il lui respondit que bien. Sire fait gallehaut
comment feray ie le roy ma moult prie que ie
retourne a lui/ et il me feroit mal de vous lais
ser en ce point. Ha sire cheualier pour dieu mer
cy vous ferez ce que monseigneur le roy vou
dra/ car iamais a plus preudomme quil est
neustez accointance. Mais ie vueil que vous
me donnez vng don. Et gallehaut lui dit. De
mandez ce q̄l vous plaira/ car ie ne vous esco
diroye iamais. Sire fait il ie vous remercye
vous maues donne que vous ne demande
rez mon nom deuant que ie le vous diray. Et
ie men tiendray atant puis que vous le voulez
dit gallehaut. Et ne doubtez point que ce eust
este la premiere chose que ie vous eusse deman
de/ si men tairay a tant. Lors lui demanda de
lacointance du roy artus/ mais il ne nomme

mie la royne. Et gallehaut dit que le roy est
moult preudōme et moult me poise que ie ne
lay congneu pieca/ car moult en fusse amende
Mais ma dame la royne est si vaillante que
oncques plus hōneste dame ne vy. Et quant
le cheualier oyt parler de la royne si seembron
che et cōmence a souspirer durement. Et galle
haut le regarde et se merueille moult pource q̄
les larmes lui cheoient des yeulx. Si cōmence
a parler daultre chose. Quant ilz ont longue
mēt parle ensēble le cheualier noir lui dit. Alez
si ferez a monseignr le roy cōpaignie et si escou
tez si vous orrez de moy nulle parole. Vous
me cōterez demain ce q̄ vous aurez ouy. Vou
lētiers sire fait gallehaut. Lors se accole et dit
aux roys. Je vous baille en garde cest hōme cō
me le cueur de mon ventre. Ainsi sen va gallehaut
et le cheualier demeure en la garde de deux pieu
des hōmes du pais de gallehaut/ mais il ne
fault mie demander sil fut honnoure, car sen
faisoit assez plus pour lui quil neust voulu.
Celle nupt geurent les deux roys au tref gal
lehaut pour lamour du cheualier et lui firent
entendant quilz ny coucheroient mie/ et ilz le
firent couchier ainsi que gallehaut auoit fait
lautre nupt. Au cōmencement dormit le cheua
lier moult fort. Et quant vint a mynuit si cō/
menca a soy tourner et cōmenca a faire vng
deul si grant q̄ tous ceulx qui entour lui estoiēt
sen esueillerēt. Et en son refrain disoit souuēt
Ha chetif que pourray ie faire. Et toute nupt
demena ce deul. Au matin se leuerent les deux
roys le plus coiement quilz peurent et moult
se merueillent quil pouoit auoir. Dautre part
fut gallehaut leue et vint a son tref veoir son
cōpaignon. Il demande aux deux roys q̄ son cō
paignon fait. Et ilz lui dient quil auoit toute
nupt mene grant deul. Lors entre en la chābre
ou il estoit/ et si tost cōme il lopt venir il essuye ses
yeulx. Adōc gallehaut cuidāt q̄l dormist sail
lit dehors de la chābre. Incontinēt apres le che
ualier se leua Et gallehaut dit quil auoit les
yeulx rouges et enflez. Adonc le prēt par la mai
et le tire a part et lui dit. Beau doulx compai
gnon pourquoy vous occiez vous ainsi/ dont
vous vient ce deul que vous aues toute nupt
demene et le desplaisir que vous aues. Je vo'
prie pour dieu que vous men dictes la cause

partie

Et ie vous aideray se nul homme mortel y peut conseil mettre/ τ commence a plourer si durement come sil vist morte la chose du monde q mieulx aymast. Lors est gallehault moult a malaise τ lui dist. Beau doulx compaignon dictes moy povostre mescheance car il nest nul homme au monde se il vous auoit riens forfait que ie ne pourchasse vostre droit. Et il dist q nul ne lui a riens meffait. Beau doulx amy pour quoy menez vous donc si grant dueil. Vous poise il q vous ay fait moy maistre τ mon compaignon. Haa fait il vous auez assez plus fait pour moy q ie ne pourroie desseruir: ne riens du monde ne me met a malaise q mon cueur qui a toute paour q cueur mortel pourroit auoir. Et doubte moult q vostre grant debonairete ne me occie. de ceste chose est gallehault moult a malaise: si reconforte son compaignon. Apres a seret ouir messe. Quant vint q le prestre eut fait trois parties du corps de nostre seigneur gallehault se trait auant τ tiet son compaignon par sa main τ lui monstre le corps de nostre seigneur q le prestre tenoit entre ses mains. puis lui dist. Donc ne croiez vous pas bien q cest le corps de nostre sauueur Voirement le croy ie bien fait le cheualier. Et gallehault lui dist. Beau doulx amy or ne me mescreez mie que par ces trois parties de char que ie voy en semblance de pain ia ne feray en ma vie chose que ie cuide q vous ennuie / mais toutes les choses que ie sauray qui vous plairont pourchasseray a mon pouoir. Sire fait il grant mercis. Atant se taisent iusques apres la messe. et lors demande gallehault a son compaignon quil fera. Sire fait il vous ne laisserez mie le roy en ce point: Ains irez lui faire compaignie. Sire fait il grant mercis. Atant sen part de lui si se rebaille aux preudes hommes de la court du roy artus. Si font de lui grant seigneurie si comme ilz peuent. Et quant vint apres disner si furent le roy τ la royne τ gallehault apuyez au lit de messire gauuain tant que messire gauuain dist a gallehault. Sire ne vous poise de vne chose que ie vous demanderay. Certes fait gallehault non fira il. Sire celle paix q fut entre vous τ mon oncle par q futelle par la chose au monde que plus vous aymez. Sire fait il vous me auez tant coniure q ie le vous

diray. Vng cheualier la fist. Et qui est le cheualier fait messire gauuain. Si maist dieu fait gallehault ie ne scay. Qui fut celui aux noires armes dist messire gauuain. Ce fut fait il vng cheualier. Tant fait il en pouez vous bien dire: mais acquiter vous conuient. Ie me suis acquite de ce q me coniurastes. Ne plus ne vous en diray ores/ ne riens ne vous en eusse ores dit se vous ne me eussiez coniure par dieu fait la royne se fut le cheualier noir: mais faictes le nous monstrer. Qui: moy dame fait gallehault: ie le vous puis bien monstrer si come celui qui riens nen scait. Taisez vous fait la royne il est demoure auec vous τ hier porta vos armes. Dame fait il il est vray mais ie ne le viz oncques puis que ie party du roy a la premiere fois. Comment fait le roy ne le congnoissiez vous mie. Ie cuidoie quil feust de vostre terre. Si maist dieu non est fait gallehault. Certes fait le roy ne de sa mienne ne est il mie. Moult tindrent longuement gallehault a parolle le roy τ la royne pour sauoir le nom du cheualier/ mais plus ne en peurent traire. Et messire gauuain craint qil ne ennuie a gallehault: si dist au roy. Or en laissez a tant la parolle. Certes le cheualier est preudomme: τ pleust a dieu que ie lui ressemblasse. Moult fait messire gauuain le cheualier. Si en ont la parolle laissee: τ gallehault la recommence et dist. Sire vistes vous oncques meilleur cheualier q celui au noir escu. Certes fait le roy ie ne vy oncques cheualier de q ie aymasse mieulx la costace pour cheualerie. Non fait gallehault. Or me dictes fait gallehault par la foy q vous deuez a ma dame q cy est combien vous vouldriez auoir donne pour auoir son acointance a tousiours mais. Si maist dieu fait il ie lui partiroie la moitie de tout ce que ie pourroie auoir: fors seulement de ceste dame. Certes fait gallehault assez y mettriez. Et vous messire gauuain se dieu vous doint sante q tant desirez quel meschief en feriez vous pour auoir compaignie a si preudomme. Et quant messire gauuain lot si pense vng petit comme celui q ne cuide iamais auoir sante. Se dieu me donnoit sante q ie desire/ ie vouldroie ore endroit estre vne des plus belles dames du monde par couenant quil me aymast tous les iours de sa vie. par

ma foy fait gallehault assez pauez mis ⸿Et
vous dame quel meschief feriez vous par con
uenant q̃ vng tel cheualier feust tousiours en
vostre seruice. par dieu fait elle messire gau
uain y a mis toutes les offres q̃ dame y peut
mettre. Et mon seigneur gauuain et tous au
tres se co̅mencent a rire. Gallehault fait messi
re gauuain q̃ tous vous auez airez par le ser
met q̃ ie vous coniuray ores que y vouldriez
vous auoir mis ⸿Si maist dieu fait galle
hault ie y vouldroie auoir tourne mo̅ ho̅neur
a honte par si q̃ ie eusse a tousiours mais vng
si bon cheualier en ma compaignie. Si maist
dieu fait messire gauuain plus y auez mis q̃
nous. Et lors se pesa messire gauuain que ce
stoit le noir cheualier qui la paix auoit faicte:
car pour lui auoit tourne son ho̅neur a honte
quant il dit q̃l estoit au dessus. Si le dit gau
ual a la royne, & se fut la cause do̅t gallehault
fut plus prise. Moult tindrent lo̅guement pa
rolle du cheualier. Et la royne sadresse & dist
qu'elle se vouloit aller vers la bretesche pour ve
oir les prez: & gallehault la conuoie. Si le prent
la royne par la main & lui dist. Gallehault
ie vous ay me moult & il est voir q̃ vous auez
le cheualier en vostre baillie & par auanture il
est tel q̃ ie le congnois bien si vous prie si chier
co̅me vous auez mamour q̃ vous faciez tant
que ie le voie. Dame fait gallehault ie nen ay
encores nulle saisine: & ne le scay puis q̃ la paix
fut faicte de moy & du roy. Et si il estoit or en
mon tref si y conuiendroit il autre voulente q̃
la vre & q̃ la mienne. Et bien sachiez que tant
me auez coniure que ie mettray tout le pouoir
que ie pourray co̅ment vous pourrez parler a
lui. Se vous en faictes vostre pouoir fait el
le ie le verray bien: & ie men attens a vous, et
faictes tant que ie soie vostre a tousiours: car
cest vng des hommes du monde que ie verroie
plus voulentiers. Dame fait il ie en seray mo̅
pouoir. Grant mercy fait elle. Or gardez que
ie le voie au plus tost que vous pourrez, car
il est en vostre baillie ie le scay bie̅: & se il est en
vostre terre enuoiez le querre. Atant sen part
gallehault & sen vient au roy: Et mon seign̅r
gauual: & le roy lui dit. Gallehault ie suis de
liure de mes gens ores faictes aprouchier vos
ges des nos: ou ie feray aprouchier les nos des

vos/car nous sommes a priuee mesgnie. Si
re fait gallehault ie feray aprouchier les mies
dautre part de ceste riuiere si que mon tref sera
endroit le vostre & sera vne nef appareillie en
quoy nous en passerons de cy & de la cy Cer
tes fait le roy moult auez bien dit. Lors sen va
gallehault en sa tente & treuue son co̅paigno̅
moult pensif. Il lui demande co̅ment il a puis
fait Et il dist bien se paour ne me mestrissoit: et
gallehault dit. de quoy auez vous telle paour
que ie ne soie congneu dit il Or ne aiez mie car
vous ny serez ia congneu se vostre vou leste ne
y est. Lors lui co̅pte ses offres que le roy & mes
sire gauuain ont fait pour lui: & ce que la roy
ne dit, & comment la royne sa tenu en grat par
lement de le veoir. & co̅me il lui respondit. Et
sachez que elle na de nully veoir si grant de
sir co̅me de vous. Et mon seigneur le roy ma
prie q̃ ie face mes gens aprouchier car trop so̅
mes loing lun de lautre. Or me dictes q̃ vous
voulez que ie face: car il est en vostre plaisir Je
loe que vous facez ce que mon seigneur le roy
vous prie, & a ma dame q̃ respondray ie beau
doulx amy. Certes fait il ie ne scay. Lors co̅
menca souspirer. Et gallehault lui dist Be
au doulx amy ne vous esmayez point: mais
dictes moy comment vous voulez quil soit,
car bien sachez quil sera ainsi co̅me vous voul
driez: & ie aymeroie mieulx estre couroucé a la
moitie du monde que a vous tout seul. Ores
me dictes quil vous en plaist. Sire fait le che
ualier ce que vous me loerez: car ie suis en vre
garde des ores mais Certes fait gallehault il
me semble que pour voir ma dame il ne vous
peut empirer. Lors aperceust gallehault assez
de son penser & le tient si court quil lui ottroye
ce quil demande: mais il conuiendra fait il q̃l
soit fait celleement q̃ nul ne le sache fors moy
& vous. Et gallehault dit q̃l ne se soucie poi̅t
Or dictes fait le cheualier a gallehault a ma
dame q̃ vous me auez euoie querir, sur moy
en laissez le sourplus dit gallehault. Lors sen
part atant & co̅manda ses trefz a tendre la ou
il auoit en couenant au roy. Et son seneschal
fist son commandement.

Tant sen part gallehault & sen vint au
trefz du roy & si tost co̅me la royne le voit
si lui court a lencontre & lui demande co̅ment

partie

il a eyploitie ſa beſogne. Dame fait il ie en ap⸗
fait tant q̃ ie crainɡ que lamour de Voſtre pri
ere ne me toſſe la choſe du monde que ia pme
plus. Si maiſt dieu fait elle Vous ne perdrez
riens par moy que ie ne Vous rende au double
mais que y pouez Vous fait elle perdie Celui
meſmes q̃ Vous demãdez fait galſehault car
ie doubte quil ne ſe courrouce a que ie ne le per⸗
dea touſiours. Certes fait elle ce ne pourroie
ie pas rendre mais ia par moy ne le perdiez ſe
dieu plaiſt. Et touteſfois dictes moy quãt il
Vẽdra. Dame fait il quant il pourra car ie ſay
enuoie querre, a trop quil ne demourra mie lon
guement. De ſeur conſeil entendiſt Vng peu la
dame de maſohault qui ſen prenoit garde a ne
faiſoit mie ſãblaut. Lors ſen part galſehault
a Vient a ſes gens qui eſtoient logiez la ou il
auoit cõmande. Quant il fut deſcẽdu il par
la a ſon ſeneſchal a lui dit. Quãt ie Vous en
uoieray querir Venez a moy Vous a mon com
paignon en ce lieu la. Et le roy des cent cheua
liers qui ſõ ſeneſchal eſtoit dit que moult Von
ſentiers feroit ſon cõmandement a ſon plaiſir
Lors ſalua galſehault ſon compaignon a ſen
retourna a court Et quant la royne Vit galſe
hault qui eſtoit Venu elle lui dit quil gardaſt
bien a lopaumẽt ce quil lui auoit promis. Et
il lui dit: dame ie cuide que ennuit Verrez ce q̃
Vous auez tant deſire. Quãt elle ouyt ce ſi en
fut moult ioieuſe a moult lui ennuia ce iour
pour ſa Voulente acõplir du deſir que elle a⸗
uoit de parler a celui ou toutes ſes penſees eſ
toient. Lors lui dit galſehault nous irons a⸗
pres ſouper en ce Vergier la aual a elle lui ot⸗
troie Quant Vint apres ſouper ſi appelle la
royne ſa dame de maſohault a dame Lore de
cardueil Vne ſiẽne pucelle a ſen Võt tout droit
la ou galſehault auoit dit. et galſehault prẽt
Vng eſcuier a lui dit. Va a dy a mõ ſeneſchal
quil Viengne la ou ie lui cõmanday. Et celui
y Va. Apẽs ne demoura gueres que le ſeneſchal
y Vint lui a le cheualier. Ilz eſtoiẽt tous deux
de grant beaulte. Quant ilz approucherent ſi
congneut la dame de maſohoult le cheualier
cõme cellui que elle auoit eu maint iour en ſa
baillie. Et pource quelle ne Vouloit mie quil
la cõgneut ſe embroncha a ilz paſſent oultre.
Le ſeneſchal les ſalue. Et galſehault dit a la

royne. Dame lequel Vous ſemble il que ſe ſoit
Et elle dit. Certes ilz ſont tous deuy beauy
cheualiers, mais ie ne Voy corps ou il puiſſe a
uoir tãt de proueſſe que le noir cheualier auoit
Or ſachez dame q̃ ceſt lun de ces deuy : atant
ſont Venus auant a le cheualier tremble ſi q̃ a
paine peut ſaluer la royne. et la royne ſe mer
ueille. Lors ſe agenoullent eulx deuy a le che
ualier la ſalue, mais ceſt moult pourement,
car moult eſtoit honteuy. Lors ſe penſa la roy
ne que ceſt il. Et galſehault dit au ſeneſchal.
Alez ſi faictes a ces dames compaignie. Et
celui fait ce que ſon ſire lui cõmande. Adonc
la royne prent le cheualier par ſa main a le aſ
ſiet iouyte elle. Si lui fait moult beau ſem
blant a dit en riant. Sire moult Vous auons
deſire tant que dieu mercy a galſegault Vous
Veons. Et non pourtant ẽcores ne croy ie mie
que ſe ſoit celui que ie demande. et galſehault
ma dit que ceſtes Vous. encores Vouldroie ie
ſauoir qui Vous eſtes par Voſtre bouche meſ⸗
mes ſe Voſtre plaiſir y eſtoit. Et celui dit quil
ne ſcait: a onques ne la regarda au Viſage. et
la royne ſe merueille quil peut auoir: tant q̃
le ſouyperconne Vne partie de ce quil a. Et gal
ſehault qui le Voit ſi honteuy penſe quil Veult
dire a la royne ſon penſer ſeul a ſeul. Lors ſen
Vint meſſire gauuain celle part a fait raſſeoir
les damoiſelles pource que leuees ſeſtoient en
côtre lui. Puis commencent a parler de main
tes choſes. Et la royne dit au cheualier Beau
ſire pour quoy Vous celez Vo⁹ Vers moy. Cer
tes il ne y a pas cauſe pour quoy. Neſtes Vous
mie celui qui porta les noires armes a qui Vai
quiſt laſſemblee. Dame nenny, a neſtes Vous
pas celui qui porta lendemain ſes armes a gal
lehault. Dame oy. Donc eſtes Vous celui
qui Vainquiſt laſſemblee qui fut faicte le pre⸗
mier iour par deuers nous a par deuers galle
hault. Dame non ſuis. Quant la royne ot ai
ſi parlˊ, r ſe cheualier adonc appercoit elle bien
quil ne Veult mie congnoiſtre quil euſt Vain⸗
cue laſſemblee ſi len priſe mieuly la royne: car
quant Vng homme ſe loe lui meſmes il tour⸗
ne ſon honneur a honte: a quãt aultruy ſe loe
adonc en eſt il mieulp priſe. Or me dictes fait
la royne a lancelot: q̃ Vous fiſt cheualier. Da
me fait il Vous. Moy fait elle. Oy. Et quant

Dame fait il vous remēbrez vous point quāt vng cheualier dit a kamalot se quel estoit nauré de deux tronchons de lance au corps ⁊ du ne espee parmy la teste ⁊ que vng varlet vit a court en vng vendredi ⁊ fut cheualier le dimenche ⁊ desferra le cheualier. De ce fait elle me souuiēt il bien/ ⁊ se dieu vous aist/ feustes vous ce que la dame du lac emena en court vestu de vne robe blāche. Dame oy. ⁊ pour quoy dictes vous dōc que ie vous fiz cheualier. Da me fait il ie diz vray: car la coustume est telle que nul ne peut estre cheuailier sans ceindre lespee. Et cesui de qui il tient lespee le fait cheualier ⁊ de vous la tiens ie: car le roy ne la me dōna oncques: pource dis ie que vous me fistes cheualier. De ce est la royne moult ioyeuse. et ou vous en alastes vous au ptir de court. Dame ie men alay pour secourir la dame de noe hault. Et durant ce tēps me mandastes vous riens. Dame oy: ie vous enuoiay deux pucelles. Il est vray dit la royne. Et quant vous partistes de noehault trouuastes vo9 nul cheualier qui se reclamast de moy. Dame oy vng qui gardoit vng gue ⁊ me dit que ie descendisse de dessus mon cheual: ⁊ le vouloit auoir. et ie lui demāday a qui il estoit. Et il dit a vous puis lui demanday apres qi se cōmandoit Et il me dit quil nauoit nul cōmandemēt que le siē Et adonc remis le pié a lestrief et remontay car iestoie ia descendu: ⁊ lui diz quil ne sauroit point/⁊ me cōbatis a lui ⁊ ie scay bien q ie fiz oultrage si vous en criez mercy. Certes a moy ne en fistes vous point car il nestoit mie a moy. ⁊ lui sceuz mauuais gré de ce quil se reclama de moy. Mais or me dictes ou vous en alastes de la. Dame ie men alay a la douloureuse garde. Et qui la conqst. Dame ie y entray. Et ne vous y viz ie dēqs. Oy plus de troiz foiz. Et en qz tēps fist elle. Dame fist il vng iour q ie vous demāday se vous vouliez leans entrer Et vous dictes oy. Et estiez moult esbahie p semblant. Et qz escu portiez vous. Dame ie portay a la premiere foiz vng escu blāc a vne bēde de belif vermeille. Et lautre foiz vng ou il auoit deux bēdes. Et vous diz ie plus Oy la nuit q vous cuidiez auoir perdu messire gauuain ⁊ ses cōpaignōs: ⁊ q les gens crioiēt q lē me prist. ie vis hors a tout mō escu a .iiij. bēdes.

Certes fait elle ce poise moy / car se on vous eust detenu tous les enchantemēs feussent demourez: mais or me dictes feustes vous ce q iectastes messire gauuain de prison. Dame ie y aypday a mō pouoir Certes fait elle en toutes les choses q vos me dictes ie nay trouué sinō verité. Mais ores me dictes qui estoit ce en vne tourrelle dessus la chābre monseigneur. Dame cestoit vne pucelle que ie ne villēnay dōcq car ma dame du lac lame auoit euoiée: si me trouua en ceste tournelle: il fut assez qui la hō noura pour moy. Quant ie oup nouuelles de mon seignr gauuain si en fuz moult angoisseux ⁊ men party de la damoiselle q auec moy deuoit venir ⁊ lui priay qlle ne se remuast tant qlle eut mon message ou moy. Si fuz si sourprins de grās affaires q ie loubliay: celle fut plus loyalle vers moy que ie ne fuz courtoys vers elle: car oncqs ne se remua iusqs a ce qz le eust mes enseignes/⁊ ce fut grant piece aps Quant la royne ot parler de sa damoiselle si scait bien q cest lancelot Si lui enquist de toutes les choses quelle auoit oup de lui ⁊ de toutes le trouua vray disant. Or me dictes fait elle vous by ie puis. Oy dame telle heure que vo9 me custes biē mestier: car ie eusse esté noie a kamalot se ne eussiez vous esté. Cōmēt: feustes vous cesui que daguenet le fol prinst. Dame prins fuz ie sans faulte. Et ou aliez vous Dame ie aloie apres vng cheualier. Et vous cōbatistes vo9 a lui. Dame oy. Et dissec ou lastes vous. Dame ie trouuay deux grās villains q me occirent mon cheual: mais messire yuain q bonne auanture ait men donna vng Haa fait elle ie scay bien q vous estes. Vous auez nom lancelot du lac. Il se taist par dieu. fait elle pour neānt le celez. Long tēps a q messire gauuain apporta nouuelles de vostre nō a court. Lors lui cōpte cōment messire yuain auoit cōpté que la damoiselle auoit dit: cest la tierce. Et ant en quelles armes portastes vo9. Vnes vermeilles. par mon chief cest verité. Et auant hier pour quoy fistes vous tant darmes cōme vous fistes. Et il cōmēca a souspirer. Dictes moy seurment: car ie scay bien que pour aucune dame ou damoiselle le fistes vo9 ⁊ me dictes qlle est par la foy q vous me deuez. Haa dame ie voy bien qlz le me cōuient di

partie

re/ceftes vous. Mon fait elle. Voire dame. pour moy ne rompistes vous mie les trois lances que ma pucelle vous porta / car ie me mis bien hors du mandement. Dame ie fiz pour elle ce que ie deuz et pour vous ce que ie peulx. Et combien a il que vous me aymez tant. Des le iour que ie fuz tenu pour cheualier et si ne le estoie mie. par la foy que vous me deuez dont vidriet ces amours que vous aiez en moy mises. Dame fait il vous le me fistes faire que de moy fistes vostre amy se vostre bouche ne me a menti. Mon amy fait elle coment. Dame fait il ie vins deuant vous quant ie eu prins congie a monseigneur le roy. si vous commandap a dieu et diz que ie estoie vostre cheualier en to lieux. Et vous me dictes que vostre amy et vostre cheualier voulies vous que ie feusse. Et ie diz a dieu dame. Et vous dictes A dieu beau doulx amy Ce fut le mot que preudome me fera se ie le suis ne oncques puis ne fuz a si grant meschief que il ne men remembrast C: mot ma conforte en tous mes ennuis. Cest mot ma de tous maulx gary. Cest mot ma fait riche en mes pouretes. Par ma foy fait la royne cest mot fut en bonne heure dit, et dieu en soit aoure: ne ie ne le pren pas a certes come vous fistes. ca maint preudome ap ie ce dit ou ie ne pensay oncques riens que le dire, mais la coustume est telle des cheualiers qui font a mainte dame semblant de telles choses dont a gueres ne leur est au cueur. Et ce disoit elle pour ve oir de combien elle se pourroit mettre a mal aise car elle scoit bien quil ne pretendoit a autre amour que a la sienne. mais elle se delectoit a sa malaisete veoir et il ot si grant angoisse que par vng pou quil ne se pasma et la royne eut paour quil ne cheist si appella gallehault et il y vint acourant. Quant il vit que son compaignon est si courrouce si en a si grant angoisse que plus ne peut. Haa dame fait gallehault vous le nous pourres bien tollir et ce seroit trop grant domaige. certes sire ce seroit mon, et ne scauez vous point pour qui il a tant fait darmes fait gallehault. Certes nenil fait elle/ mais se il est voir ce quil ma dit cest pour moy. Dame se maist dieu bien len pouez croire, car aussi come il est le plus preudome de tous hommes aussi est son cueur plus vray que tous aultres. Voire

ment fait elle diries vous quil seroit preudome se vous scauies quil a fait darmes puis quil fut cheualier. Lors lui compte tout ainsi coment vous auez ouy, et sachiez que il a ce fait seulement pour moy fait elle. Lors luy prie gallehault et dist. pour dieu dame aiez de lui mercy et faictes pour moy ainsi come ie fiz pour vous quant vous men priastes. Quelle mercy voulez vous que ien aye. Dame vous scauez que il vous ayme sur toutes et il a fait pour vous plus que oncques cheualier ne fist pour dame et sachiez que la paix de moy et de monseigneur neust ia este faicte se neust il este. certes fait elle il a plus fait pour moy que ne pourroie desseruir ne il ne me pourroit chose reqrre dont ie le puisse escondire: mais il ne me requiert de riens: ains est tant melencolieux. que merueilles Dame fait gallehault aiez en mercy il est cestui qui plus vous ayme que soy mesmes. Si maist dieu ie ne sauoie riens de sa voulente quant il vint fors quil doubtoit de estre congneu ne oncques plus ne men descouurist. Je en auray fait elle telle mercy come vous vouldrez. Dame vous auez fait ce que ie vous ay reqs aussi dois ie faire ce que vous me reqrrez. Se dit la royne il ne me prie de riens. Certes dame fait gallehault il ne ose/ car len ne aymera ia riens par amours que len ne craigne: mais ie vous en prie pour lui / et se ie ne vous en priasse si le deussiez vous pourchasser. car plus riche tresor ne pourries vous conquester. Certes fait elle ie le scay bien, et ie en feray tout ce que vous comanderez. Dame fait gallehault grant mercy. Je vous prie que vous lui donnez vostre amour: et le retenez pour vostre cheualier a tousiours: et deuenez sa loyale dame toute vostre vie. et vous le aurez fait plus riche que se vous lui auiez donne tout le monde. Certes fait elle ie lui ottroie que il soit mien: et moy toute sienne et que par vous soient amendez les mesfaiz. Dame fait gallehault grant mercy. Or conuient il comencement de seruice. Vous ne deuisez riens fait la royne que ie ne face. Dame fait il grant mercy: donc baisez le deuant moy pour comencement de vrayes amours. Du baiser fait elle ie ne voy ne lieu ne temps: et ne doubtez pas fait elle que ie ne le voulsisse faire aussi vo lentiers quil feroit: mais ces dames sont cy que moult se merueillent que nous auons tant fait:

si ne pourroit estre que ilz ne se baissent. Non pourtant se il veult ie le baiseray voulentiers Et il en est si ioieulx quil ne peut respondre si non tant quil dit. Dame grant mercyz dame fait gallehault de son vouloir ne doubtez ia/ car il est tout vostre bien le sachiez ne ia nul ne sen aperceuera nous trois serons ensemble a si come se nous conseillions. De quoy me se roie ie priet fait elle plus le ueil ie que vous. Lors se traient a part & font semblant de cōseil lier La royne voit que le cheualier nē ose plus faire si le prent par le mēton & baise deuāt gal lehault assez longuemēt. Et la dame de ma lehault sceust de vray quelle se baisoit. Lors parla la royne q̃ moult estoit sage & baillāt dame. Beau doulx amy fait elle tant auez fait que ie suis vostre: & moult en ay grāt ioye. Or gardez que la chose soit celee car mestier en est. Je suis vne des dames du monde dont len a greigneur bien dit. Et se ma renommee em piroit par vous il y auroit faicte amour villaine. Et vous gallegault ie vous prie q̃ mō honneur gardez car vous estes le plus sage: & se mal men venoit ce ne seroit sinon par vous Et se ie en ay bien et ioye vous me sauez don nee. Dame fait gallehault il ne pourroit vers vous mesprendre & ien ay bien fait ce q̃ vous me commandastes. Or vous prie que faciez ma voulēte ainsi comme iay fait la vostre. Di tes fait elle tout ce quil vous plaira hardimēt car vous ne me sauriez chose commander que ie ne face. Dame fait il donc me auez vous ot troye que ie scay son compaignon a tousiours Certes fait elle se de ce vous failloit vous a uriez mal emploie la paine que vous auez prin se pour lui & pour moy Lors prēt le cheualier par la main & dit. Gallehault ie vous donne ce cheualier a tousiours sans ce que iay auant eu & vous me le creancez ainsi: & aussi le che ualier lui creance. Sauez vous fait elle a gal lault que ie vous ay donne/ ie vous ay dōne lancelot du lac le filz au roy ban de benoic. Al si lui a fait le cheualier cōgnoistre qui moult en a grāt honte. Lors a gallehault greigneur ioye quil neust onques. car il auoit maintes fois ouy dire come paroles sont que cestoit le meilleur cheualier & le plus preux du mon de & bien sauoit que le roy ban auoit este moult

gentil hōme & moult puissāt de amis & de terre. Ainsi fut faicte la premiere acointāce de la royne & de lācelot par gallehault: & galle hault ne sauoit onques congneu que de beue & pource lui auoit fait creance: quil ne lui demā deroit son nom tant quil lui dit ou autre pour lui. Lors se leuerent tous trois & il annuittoit durement: mais la lune estoit leuee si faisoit cler: si q̃ elle luisoit par toute la prairie. Lors sen retournerent a vne part contre mōt les prez droit vers le tref. Le cheualier & le seneschal et gallehault vint apres lui & les dames tāt q̃ lz vindrent endroit les tentes de gallehault. lors enuoia gallehault son compaignon a son tref & prent congie de la royne & gallehault la con uoie iusques au tref du roy. Et quāt le roy les voit si demande dont ilz uenoient. Sire fait gallehault nous venons de veoir ces prez a si pou de compagnie comment vous veez. Lors se assient & parlent de plusieurs choses. si sōt gallehault & la royne moult aises.

A chief de piece se leua la royne & sen a la en la bretesche gallehault la conuoie iusques la puis la commande a dieu & dit q̃l sen ira gesir auec son compaignon. Bien a uez dit fait la royne & il en sera plus aise. A tāt sen part gallehault & vient au roy prendre con gie: & dit quil ne lui desplaise & quil ira gesir a uec ses gēs pource quil ny auoit geu de grant piece a dit. Sire ie me doibz pener de faire leur voulente: car ilz me ayment moult. Sire fait messire gauuain vous dictes bien & sen doit bien hōnourer telz preudes hōmes qui les a. Lors sen part gallehault & vient a son compaignō Ilz se couchent tous deux en vng lit & deuise rent la vne piece. Si vous laisserons ores a parler de gallehault & de son compaignon/ & dirons de la royne q̃ est venue en la bretesche:

Quant gallehault fut party la royne sē ala en vne fenestre & comēca a penser a ce q̃ plus lui plaisoit. La dame de malohault sapproucha delle quant elle la vit seule et lui dit le plus priuement que elle peut. Haa da me pour quoy ne st bonne la cōpaignie de qua tre: La royne le ouit bien si ne dit mot & fait sē blant que riens nen oupt. Et ne demoura gai res que la dame dit celle parolle mesmes. La royne lappella & dit. Dame pour quoy auez ce dit. Dame fait elle pardonnez moy: ie nen diray ores plus, car par auanture en ay plus dit que a moy napartient, et sen ne se doit mie faire plus priuee de sa dame que le est, car tost en aquiert on haine. Si maist dieu fait la royne vous ne me pourriez riens dire donc vous eussiez ma haine ie vous tieng tant a sage et a courtoise que vous ne diriez riens qui feust encontre ma voulente. mais dictes hardiment car ie le vueil si vous en prie. Dame fait elle donc le vous diray ie. Je dy que moult est bonne sa compaignie de quatre: iay huy veu nouueau acointement q̄ vous auez fait au cheualier qui parla a vous la bas en ce vergier. Et scay bien que cest la persone du monde q̄ plus vous ayme et vous ne auez pas tort se vous le aymez, car vous ne pourriez vostre amour mieulx employer. Comment fait la royne se congnoissez vous Dame fait elle telle heure a este oui que ie vous en eusse bien peu faire refsuz come vous en pouez ores faire a moy: car ie say tenu vng an et demy en prison. Cest celui qui vainquist lassemblee aux armes vermeilles, et celle de deuāt hier aux armes noires: les vnes armes et les autres lui baillay ie. Et quant il fut auant hier sur la riuiere pensif et ie lui vouloie mander quil sist vaillamment aux armes ie ne le faisoie sinon pource q̄ ie esperoie quil vous aymast. Si cuidoie telle heure fut ql me aymast mais il me mist tost hors du cuidier tant me descouurist de son penser. Lors lui compta comment elle lauoit tenu en prison an et demy, et pour quoy elle lauoit prise. Or me dictes fait la royne quelle compaignie de quatre vaoit mieulx que compaignie de troie. Mieulx est vne chose celee par trois q̄ par quatre. Certes non est si endroit, et si vous diray. Vray est que le cheualier vous ayme, aussi fait gallehault et desormais se conforteront lū lautre en quelque terre quilz soient, car icy ne seront ilz pas longuement: et vous demourrez cy toute seule et ne le scaura nul fois vous: ne sine aurez a qui descouurir vostre pensee si porterez ainsi vostre faiz toute seulle, mais se il vous plaust que ie feusse la quarte en la compaignie entre nous deux dames nous solacierōs ainsi comme entre eulx deux cheualiers ferōt si en seriez plus aise. Sauez vous fait la royne qui est le cheualier Si maist dieu dame nē ny. Vous auez bien ouy comment il se couurist vers moy. Certes fait la royne moult estes a perceuante moult conuendroit estre sage qui riens vous vouldroit embler. Et puis que ainsi est q̄ vous sauez aperceu, et que vous me requerez la compaignie vous saurez, mais ie vueil que vous portez vostre faiz ainsi comme ie feray le mien. Dame fait elle ie feray tout ce q̄l vous plaira pour si haulte compaignie auoir. En verite fait la royne vous saurez: car meilleure compaignie que vous ne pourroie ie mie auoir. Dame fait elle nous serons ensemble toutes les heures quil vous plaira. Jen suis ioyeuse fait la royne, et nous affermerons demain la compaignie de nous quatre. Lors lui compte de lancelot comment il auoit ploure quant il regarda deuers elle, et ie scay bien quil vous congneust, et sachez que cest lancelot du lac le meilleur cheualier qui viue. Ainsi parlerēt lōguement entre elles deux et font moult grāt ioye de leur acointement nouueau. Icelle nuit ne souffrist oncq̄ la royne de logres q̄ la dame de malohault i geust sinon auec elle, mais elle y geust a force car elle doubtoit moult de gesir auec si riche dāe. Quāt elles furent couchees si commencent a parler de leurs nouuelles amourer. La royne demande a la dame de malohault se elle ayme nully par amours. et elle lui dit que nenny. Sachez dame que ie ne aymay oncques que vne fois ne de celle amour ne fiz ie que penser: et ce dit elle de lancelot q̄lle auoit tāt ayme cōme fēme pourroit aymer homme mortel: mais elle nen auoit oncques autre ioye eue: non pourtant ne dit pas que se eust il este. La royne pensa quelle seroit ses amours de elle et de gallehault: mais elle ne vueult parler iusques atant q̄lle saura de gallehault se il la vouldra aymer ou non, car autrement ne len requerroit elle pas. Lendemain se leuerent matin elles deux et alerent au tref du roy q̄ gisoit la pour faire a monseigneur gauuain et aux autres cheualiers compaignie La royne les ueilla, et dit que moult estoit mauuais q̄ a ceste heure dormoit. Lors se tournerent ostre vallees piez, et dames et damoiselles auec elles et alerent la ou acointement damours auoit este fait: et dit la royne a la dāe de malohault tou te sacointance de lancelot/ et comme il estoit esbahy deuant elle & riens ne sui saissa dire. Lors comenca a loer gallehault & dit q̃ cestoit le plus sage home & le plus beau & le plus ver tueup du monde. Certes fait elle ie sui compte tap sacointance de nous deup quantil viendra & sachez que il en aura grant ioye. Or alons/ car il ne demourra gueres quil ne viengne.

A tant sen retournent les dames & quant elles furent venues le roy estoit leué et a uoit enuoie querre gallehault il vint tantost & lui compta la royne sacointance delle & de la dame de malohault. Dame dictes vous voir fait gallehault Oy fait elle. Et par la foy q̃ vous deuez a la chose que vous aimez le plus fait la royne apmez vous p amours dame ou damoiselle Nenny fait il par ma foy Sauez vous fait elle pour quoy ie le dy. Nenny fait il. Jay fait elle assises mes amours a vostre voulente si vueil q̃ les vres soient assises a la mienne. sauez vous en quel lieu. En belle dame sage & courtoise & bien gentil feme & de grat honneur. Vostre voulete ferez de moy de mo corps & de mon cueur fait gallehault. Mais q̃ est elle a q̃ vous voulez q̃ ie soie. Cest fait el le a la dame de malohault. Veez la si lui monstre a lueil. Lors lui compte coment elle lauoit acointee: & coment elle auoit tenu lance lot en prison an & demy: & comet elle le voulut baiser: & pour quoy elle lauoit dit: & comet lance lot auoit ploure quat il regarda vers elle. Et pource fait la royne quelle est la plus vaillant dame du mode vueil ie affermer ses amours de vous deup/ car le plus vaillant cheualier du mode doit auoir a amie la plus vaillant dame. Quant vous serez en estrange terre vo' mo cheualier si se coplaidra lun a lautre & nous nous conforterons nous deup de nos maulp. Ainsi portera endroit soy chacun son faix. Dame fait gallehault vecy le cueur et le corps si en faictes vostre voulente ainsi come iay mis le vostre ou ie vouloie. Lors la royne vint a la dame de malohault & lui dist. Dame vous estes appareillee de faire ce que ie voul drap. Dame il est vray. par ma foy ie vous vueil toute donner & cueur & corps. Dame fait elle vous en pouez faire come de la vostre. La royne la pret par lune main & gallehault par

lautre: & dit a gallehault. Sire ie vous done a ceste dame come vray amy loyal & entier de cueur & de corps. Et vo' dame ie vous done a cest cheualier come loyale amie de toutes vra ies amours. Jlz sottroient tous deup si fait tat la royne quilz sentrebaisent. Apres acorderent quilz parlerent tous quatre ensemble. A tant se lieuent & vont le roy semondre de ouir messe. Il dit quil ne attedoit sinon eulp. Lors se vot tous ouir messe. & quant ilz sont oupe le men gier fut appareillie & se assiet. Quant ilz eu rent mengie si vont le roy & la royne & galle hault eulp asseoir deuant monseigneur gau uain vne grant piece. puis reuiennent la ou les aultres cheualiers estoient dont grant par tie en auoit de blecies & de naures. Jlz les ale rent veoir tous a pie. Si tenoit le roy par la main la dame de malohault & gallehault te noit la royne Jllec fut tenu le parlemet de eulp quatre assembler a sanuitier si come ilz auoient fait la nuit de deuant en ce lieu mesmes mais nous le ferons autremet fait la royne car nous y amenerons monseigneur & vous aurez ap pareillie vostre cheualier & ne ait paour destre cogneu: car ce nest pas legiere chose de estre co gneu ne de congnoistre vng cheualier puis ql se veult couurir/ car tant plus y aura gens mains y sera pense mal. Ainsi le pourros fai re tous les iours que monseigneur seiourne ra. Quant vint au vespre gallehault ala ve oir ses gens et dit a son compaignon ce quilz auoiet accorde et il loctroie. Quat il fut teps de soupper gallehaut commanda a son senes chal que quant ilz le verroit venir contre val les prez auec le roy et auec la royne quilz pas sent oultre lui et son compaignon. A tant sen partit a grant compaignie de cheualiers & vit au roy qui latendoit.

A pres mengier dist la royne a son signeur le roy. Sire alons nous esbattre a val ces prez si en serons plus aisees et le roy le octraye. A tant sen part le roy et gallehaut et des compaignons grant plante/ et la royne y vint et la dame de mallehaut et dames et da moiselles assez. Quant le seneschal les vit si passa oultre et lancelot auec si se misdrent en la compaignie du roy. Quant ilz eurent vne piece alle si se assidrent & commencerent a par ler de plusieurs choses. Et le roy pon vint au roy artus parler/car messagiers lui estoient venus de sa terre quil sen convenoit aler. Si appella le roy a vne part et conseilla a lui grāt piece. Lors se leuerent la royne et gallehaut et la dame de malohaut. Gallehaut appella son compaignon et sen alerent entre eulx quatre parlant longuement. La royne compta a lancelot laccointāce des amours quelle auoit faicte de son cōpaignō gallehaut et de la dame de malohaut. Si en est moult ioyeux pource quil naura iamais paour delle. Atant vindrēt au chief des arbroisseaulx. Lors se assirent et la royne mōstra a lancelot la dame qui maint iour lauoit tenu en prison. Si en fut vng pou honteux/mais les nouuelles amours delle et de gallehaut le reconforterent. Illec demourèt grant piece ne onques ne tindrent paroles ne plaist fors tant seulement de accoler et baiser cōme ceulx qui voulentiers le faisoient. Quant ilz eurent la assez este ilz sen reuindrēt au lieu ou le roy estoit, puis sen vint le roy a son tref et tous les autres fors gallehaut et son seneschal qui remainent lancelot en leurs tentes. En telle maniere parlerent ensemble toutes les nuytz entreulz quatre tant que le roy y seiourna et que messire gauuain fut gueri lequel se sent mieulx quil ne souloit. et lui tardoit moult quil nestoit au pais ou il aymoit par amours. Si dit au roy quil sen iroit moult voulētiers Et le roy lui dit. Beau nepueu ie ne demeure fors seulement pour vous et pour gallehaut que iayme trop. Sire fait monseigneur gauuain vous lui priez demain quil sen vienne auec nous et nous face compaignie sil vous plaist iusques en vostre terre/ et sil y vient il nous fera grant honneur/ et sil ny vient si le reuerrez vous de brief se dieu plaist. Et le roy lui octroye. Landemain le roy prie a gallehaut quil lui tiengne compaignie iusques en sa terre. Et gallehaut lui respont que ce ne pourroit estre/car iay fait il trop affaire en mon pais qui est moult loing dicy Ce scay ie bien fait le roy/ mais ie vous prie tresdoulz amy que ie vous renuoye au plus tost que vous pourrez. Gallehaut lui octroye. La parlerēt les quatre tous ensemble/ et sachiez que moult y eut de grans courroux au departir et misdrent iour de parler ensemble a la premiere assemblee q seroit au royaume de logres.

Ainsi se despartirent les deux cheualiers solens de leurs deux dames/ car trop les prisoient. Gallehaut reuint a son cōpaignon et le treuue assez dautre semblant quil nauoit este deuant/ mais il le reconforte a son pouoir. La royne est au roy venue et lui dit quil prie la dame de malohaut quelle sen voise auec elle et que desormais soit du tout a son hostel car fait elle iayme moult sa compaignie/ et ie cuide quelle me ayme autant comme ie layme et quelle viendra sans trop grāt priere. Il vient a la damoiselle et la prie tāt quelle est demouree ainsi comme a force. Au matin se appresta le roy/ et pareillement fit gallehaut. Et quāt il furent prestz ilz sen partent et vont chacum en sa contree. Mais a present se taist le compte du roy et de sa compaignie et reuient a parler de gallehaut et de son compaignon.

¶Comment gallehaut enuoya son compaignon lancelot en son pais/ et comme sa dame du lac lui enuoya yponnel son cousin pour le faire cheualier.

Oy dit le compte que gallehaut et son compaignon errerent tant par leurs iournees quilz vindreut en la terre dont il estoit seigneur laquelle estoit appellee sorellois qui est assise entre galles et les estranges isles. Celle terre nestoit pas sienne par succession mais il lauoit conquise par force sur le roy glohier q estoit nepueu du roy de northūbellande et fut occis en la guerre. Il lui estoit demoure vne sienne fille moult belle damoiselle dont la mere mourut au naistre dicelle fille. Gallehaut la faisoit garder a moult grant honneur tant quelle fut grande, et la uoit donnee a femme a vng sien nepueu qui en cores estoit de moult petit aage, mais nōpourtant il lui auoit promise toute la terre de sorelois aussi tost quil seroit cheualier. Et cestoit la plus plaisante et la plus delectable terre q sen peust trouuer ne qui fust es isles de la mer de bretaigne et la plus aisiee de riuieres et de forestz ou il y auoit tant de si beaux deduiz et esbatemens que merueilles, elle estoit de biē

E.i.

plantureuse. Elle nestoit pas gramment loing de la terre du roy artus dont il plaisoit moult a gallehaut car il y faisoit beau pour se deduit des chiens et des oyseaulx / et aussi elle estoit plus pres du royaume de sorelloys que des estranges isles Le royaume de sorellois par devers la terre du roy artus estoit tout clos dune seule riuiere qui moult estoit grande et parfonde et estoit appellee arsire De lautre part elle estoit toute enuironnee de la mer et si y auoit chasteaulx et cites fors de murs et de boys et de eaues dont il y auoit assez en la terre qui cheoient en arsire laquelle cheoit en la mer / si q̃ de la terre du roy artus nul ne pouoit entrer en sorelloys que premierement ne passast icelle riuiere / et si nestoit pas eaue doulce car elle yssoit dung bout de la mer et de lautre elle cheoit en la mer. ¶ Ainsi estoit le royaume de sorellois esclos en plusieurs lieux par devers le royaume de logres. Il ny auoit aux cheualiers passans que deux passaiges / et tant comme les auantures du royaume de logres duroient ces deux passaiges estoient moult dangereux a passer / car chacun estoit dune chaucee estroicte et haulte qui nauoit pas plus de troys piez de large / et auoit de long plus de sept lieues / et leaue estoit dessoubz parfonde de plus de quarante toises. Celles estoient les deux chaucees et au chief de chacune deueis sorellois auoit vne tour forte et grande et haulte. En chacune de ces tours auoit quatre cheualiers les meilleurs que le sire de la terre eust et auecques eulx .v. sergans qui auoient grans haches et espees. Et se cheualier estrange venoit a la chaucie pour passer oultre combatre le conuenoit aux cheualiers et aux sergans / et sil pouoit passer oultre a force ilz mettoient son nom en escript et pouoit tousiours passer sans combatre / et sil estoit vaincu il se mettoit en la mercy des cheualiers et des sergans qui gardoient la chaucie. Ceste garde leur conuenoit faire vng an. Si dist le compte que au temps merlin qui prophetisa les auantures q̃ deuoient auenir le roy qui lors estoit fit faire ces deux chaucees. Il estoit pere du roy gloier sire de sorellois. Et ce fit il pource quil doubtoit la destruction de sa terre. Mais nonpourtant aincois que les auantures auenissent en

icelle terre auoit fait leaue assez dautres passaiges / mais si tost comme les auantures furent commencees tout fut abbatu fors seulement ces deux chaucees / ne oncques cheualier ny passa que par ces deux lieux.

En celle terre qui ainsi estoit close et forte sen alerent gallehaut et son compaignon seiourner et leurs gens auec eulx. Adonc ilz furent plus priuement quilz ne souloient Apres quilz eurent long temps demoure en sorellois ilz congneurent les deduiz des riuieres et des bois / mais nul deduit ne plaisoit a lancelot pource quil ne pouoit veoir celle quil aymoit de cueur parfait / et a autre chose ne pensoit fors en elle. Gallehaut son compaignon qui moult estoit angoisseux de son ennuy et de sa desplaisance le reconfortoit le mieulx quil pouoit et disoit que seul ny alast pas et que de brief il auroit aucunes nouuelles des assemblees. Ce pendant quil estoit la la damoiselle du lac enuoia a lancelot vng varlet et lui manda quil se tiensist tant q̃l vouldroit estre cheualier. Lancelot se retint moult voulentiers et en fut tresioyeulx pour lamour de celle q̃ lui auoit enuoie / car cestoit la dame du monde q̃l aymoit et craignoit le plus. Et gallehaut ayma moult le varlet pource quil estoit prouchain cousin de lancelot et filz du roy boort de gaunes qui fut oncle de lancelot et frere du roy ban. Quãt lancelot sceust quil estoit son charnel amy il en fut merueilleusement ioyeulx / car la ioye quil en eut lui fit ptie de ses maulx oublier. La ioye et la chiere quilz firent lung de lautre fut moult grande. Et le varlet auoit nom lyonnel pource que vne grant merueille aduint a son naistre. Car si tost comme il yssit du ventre de helaine sa mere sen trouua en lung de ses piez vne taiche vermeille en forme de lyon / et auoit lenfant embrasse parmy le col ainsi comme pour estrangler. Celle chose fut regardee de plusieurs et pource fut lenfãt appelle lyonnel / lequel depuis fut de grande prouesse ainsi comme le compte se deuisera cy apres. Icelle taiche lui dura moult longuemẽt emmy le pie. ¶ A present se taist le compte de gallehaut et de son compaignon lancelot qui maine grant ioye de son cousin et retourne a parler du roy artus.

¶ Comment messire gauuain auec vingt compaignons se mist en queste pour trouuer le bon cheualier qui porta les armes noires en la derraine assemblee qui fut entre le roy artus et gallehaut. xxviii.

Or endroit dit le compte que moult se pena le roy artus de ses gens honnourer/ et tint grandes festes & riches courtz/ et se enlargit de donner plus quil nauoit de coustume et va par mi les villes de son royaume en faisant lenseignement de son maistre. Et ce temps pendant sa royne et la dame de malohaut demenent ensemble iopeu se vie car souuent leur souuient de leurs amours qui plus leur tiennent au cueur que chose qui soit en ce monde/ et se gallehaut & son compaignon sont en grant mesaise en loingtain pais si ne se doiuent ilz mie plaindre tant que leurs dames/ car elles nont point de repos ne a riens ne se delectent que seulement a parler de leurs amours. Apres ce q̃ le roy fut reuenu de veoir sa terre ne demoura gueres que monseigneur gauuain fut gueri si bien quil cheuauchoit et aloit aux boys & en autres deduitz/ et moult lui estoit sa beaute reuenue et sa force augmentee et accreue. Nonpourtant oncques ne fut depuis en si grant vigueur ne en si grant force comme il auoit este par deuant. Moult fut grande la ioye en la maison du roy artus quant len vit monseigneur gauuain gueri. Et quant le roy eut este a logres a kaamalot et a karlion et a maintes autres bonnes villes si lui print voulente de seiourner a kaamalot/ car cestoit la ville ou il seiournoit le plus voulentiers pour ce quelle estoit bien assise et aisee de toutes choses/ et alors quil y vensist il fit sauoir par tout son royaume quil tiendroit court en icelle ville et la seiourneroit vne espace de temps/ et commanda que chacun venist a icelle ville. ¶ Il vint a grant compaignie et y demoura enuiron quinze iours. Et chacun iour il tint court renforcee/ car le premier iour il fut large & abandonné et le second encores plus. Et ainsi continua chacun iour en donnant tant de si belles richesses que tout le monde se merueilloit ou il pouoit prendre tant de si beaux & riches ioyaux. Chacun iour enforcoit sa court de dons et de viandes/ somme cestoit grant triumphe et vne plai-

sance mondaine que destre a icelle feste. Auant que les quinze iours fussent acomplis les grans affaires du roy furent faiz et mis a fin/ car il auoit gens de bon conseil et qui voulentiers faisoient droit a vng chacun et aymoient iustice Apres les quinze iours le iour dung mardi la royne et la dame de malohaut se painerent de pourchasser pour faire vne assemblee affin de parler a leurs amis/ car bien sauoient que se aucune assemblee estoit faicte ilz si trouueroient. Mais ainsi comme ilz pourchassoient la chose pour paruenir a leurs souuerains desirs fortune q̃ est souuent enemye des cueurs gays et amoureux leur bailla vng destourbier merueilleux/ car comme le roy estoit assis au mengier il commenca a souspirer et a pleurer/ et sestoit apuye sur vng de ses coustes. En ceste maniere demoura moult longuement tant q̃ plusieurs de sa court sen apperceurent/ et par especial lieu le seneschal sen prit garde et le monstre a monseigneur gauuain et a monseigneur puain et a lucan le bouteillier qui seruoient en salle. Quant ilz virent le roy si pensif ilz furent tous esbahyz/ & messire gauuain dist quil en pensera bien. Lors appella vng varlet & lui dist. Va a celle damoiselle qui deuant monseigneur le roy sert et say tant qlle viengne vng peu iusques icy. Celle damoiselle estoit nee du royaume de norgalles/ et son pere auoit este bouteillier du royaume de logres. et icelle prit ce seruice a faire si tost comme elle vint acourt et estoit lune des belles dames du monde. Le cuier vint a la pucelle et lui dit les paroles de monseigneur gauuain/ & elle lui baille la couppe et sen va a monseigneur gauuain. Et quant elle fut a lui venue il lui dit. Belle cousine alez a monseigneur le roy et lui dictes que nous lui prions quil nous die pourquoy il a si longuement pense et quil se nous mande. La damoiselle vit deuant le roy et se agenoille et ne scait en quelle maniere larraisonner. Il estoit comme dit est appuye sur le coutte/ & ny auoit leans cheualier qui de son penser ne fust tout esbahy. Lors print la damoiselle la nappe & la tira a elle tellement que le coutte lui fit plier & lui fit cheoir vng cousteau ql tenoit en sa main sur la table. Si laisse son penser et regarde entour lui. Lors la damoiselle lui comence a dire

La première

Sire monseigneur gauuain, menuoye a Bo° et troys autres cheualiers qui auec lui sont et Bous prient que Bous leur mandez a quoy Bous aues pensé si longuement/ car ilz Beulent sauoir Boz pensees ainsi côme Bous Boulez sauoir les leur. Et le roy lieue la teste et la regarde moult effreement et lui dit. Or leur aiez dire quilz me laissent en paix de ceste chose car silz sauoient a quoy ie pense ilz ne se me demanderoient pas. La damoiselle reuint aux cheualiers & leur dit les paroles que le roy lui auoit dictes. Ilz sont moult esbahiz dicelle responce/ et monseigneur gauuain dit que encores ne demourera il pas ainsi et dit. Belle cousine alez a mõseignr le roy et lui dictes que encores nous lui requerons quil nous mande a quoy il a si longuement pēsé/ car nous le Boulons sauoir. Et celle reuint au roy & lui dit son messaige. Le roy fut plus courroucé que deuant et lui dit puis quilz le Beulēt sauoir alez leur dire que ie pensoie a leur grãt honte. Et la pucelle leur Ba dire. Et quant ilz oyēt ilz en sōt si esbahyz quilz ne dient mot dune grant piece Et messire yuain commence a dire/ ainsi ne deuons nous pas laisser ne souffrir ceste chose en ceste maniere mais alons a lui si oirons cõment il a pensé a nostre grant honte. A ce conseil se accordent tous et Bindrent deuant le roy et monseigneur gauuain lui dit. Sire Bous nous aues mandé que Bous pensez a nostre grant honte/et nous Bous requerons et prions comme a nostre droiturier seigneur sur la foy que Bous nous deues que Bous nous diez cõme cest a nostre hôte. Certes fait le roy se Bous me croyez Bous laisserez a tãt ceste chose/ car elle est si grande que Bous ne la pourriez amēder. Et ceulz lui respondēt que ainsi ne se laisseront ilz pas a leur pouoir/ & derechief lui prient q̃ leur die. Et ie le Bous diray fait le roy puis que Bous le Boulez sauoir. Ne Bous souient il point que Bous fustes quarāte de mes meilleurs cheualiers & tous esseuz pour alez q̃rir le bõ cheualier aux armes Bermeilles qui Bainquit lassembl{ee} de moy et de gallehaut/ et tous me iurastes que point ne reuiendriez sans le cheualier ou sans Brayes enseignes/ & Bous reuenistes tous quarante sans amener le cheualier ne apporter ēseignes de lui, & pour

ce Bueil ie dire q̃ Bous en estes tous pariures Certes fait messire gauuain Bous aues dit Bray, et pour ceste cause point ne nous deuez souffrir en Bostre compaignie/et quant est de moy ie ny seray plus. Lors se trait Bers Bne fenestre et tent sa main Bers Bng monstier quil Boit et dit si hault que on loyt par toute la salle. Ainsi maist dieu et les sains ie ne reuiendray iamais en la maison de monseigneur le roy se ce nest oultre mon gré deuant que ie aye trouué le cheualier se trouue peut estre Et Bo° seigneurs cheualiers qui ceans estes ie Bous fais assauoir a tous sur Boz honneurs qui a pariure se tiendra si me suiue/ car ie Bueil aler faire la queste du cheualier. Lors sen Ba monseigneur gauuain a son hostel/ et pareillemēt les cheualiers qui auec lui estoient Benus sen Bont en leurs maisons. La parolle est toute commune parmy la salle que messire gauuain sen aloit, et souprent Bne partie des cheualiers q̃ en la queste auoient esté. Si se leuerent iusq̃s a quatorze car plus ny en auoit pour lors leãs pource que les autres estoient en leurs affaires. Ces quatorze sen coururent armer apres les autres six qui ia se armoient. Et le roy demoura la tout seul et fut moult esbahy, si se apperceut bien quil auoit follement parlé/ si se repentist moult Boulentiers sil peust, mais il scait biē q̃l ne les retiēdra pas, il en a tel deul que par Bng pou quil nentraige/ si sault hors de la table et Bient a la royne et lui cõpte le cas et lui prie quelle mette paine deulz retenir. Et elle dit que bien les retiendra. Lors se leua la royne et Bient a lostel monseigneur gauuain & Boit q̃l estoit ia armé fors le chief & les mais Et quant il la Boit il lui court a lencontre cõme celui qui moult estoit esbahy. Et la royne lui dit. Beau nepueu Boulez Bous aler en ceste queste. Oy dame fait il. Je Bous prie fait elle pour lamour que Bous aues en moy et par la foy que Bous deues a monseigneur le roy que Bous me donnez Bng don que ie Bous demanderay. Dame fait messire gauuain il me souient bien dung don q̃ Bous me demandastes le iour q̃ monseignr le roy promist a la damoiselle chetiue sa Bie garãtir Bng an et Bng iour si me demandastes que ie reuenisse de lost, et ie reuins comme fol, car ie By telle heure que ie eusse mieulx ayme estre mort a honneur. Et bien sachiez que riens n'est en ce monde viuant pour qui ie demourasse a present. Et se ie vous auoie iuret et fait grant sermēt ie se faulseroye. Et quāt la royne l'oyt ainsi parler elle fut merueilleusement courroucee pource quelle scait biē q̃ p̃ p̃iere elle n'y fera riē. toutesfois elle lui dit Beau nepueu ou se vous vous alez querir et si ne sauez ou il est. Se vous y alez vous laisserez vostre oncle le roy si dolent et si esbahy que onques mes si dolent ne fut, et tous les cheualiers qui en ceste queste furent a l'autre fois n'y sont ores pas, et pource demourez tāt que voz compaignōs y soient tous et le roy en sera bien ioyeulx. Dame fait il des cheualiers qui en la queste furent pa il ceans vne partie, et chacun d'eulz se doit monstrer loyal, car monseigñr le roy nous a tous tenuz pour traistres et pour recreans, mais par la foy q̃ ie vous doibz se ie deuoie mourir en cestē q̃ste si iray ie, et iamais en l'ostel monseigneur le roy n'entreray deuant que iaye ouy nouuelles du cheualier et en apporteray telles enseignes que ie deueray estre creu. Je vous prie dit la royne que vous facez tant pour moy que vous viengnez deuāt mōseigneur le roy auant que vous apez lace vostre heaume affin quil parle a vous. Et messire gauuain lui octroye. La royne appelle vne sienne pucelle et lui dit quelle voise dire au roy quelle ne peut retenir monseigneur gauuain et q̃l lui face mercy crier a toute la court. Et la damoiselle lui vint dire. Le roy fait appeller tous ses cheualiers de sa court et leur cōpte son grant ennuy, et leur prie que chacun soit prest de monseigneur gauuain retenir a leur pouoir Le roy lui va a l'encōtre quant il le voit venir et lui prie quil demeure au moins iusques a ce que tous les autres qui en sa queste auoiēt este soient leans, car il en failloit bien la moitie. Messire gauuain ne le voulut onques escouter. Et le roy regarde les cheualiers qui empres lui estoient qui se laissent cheoir tous a terre deuant lui. Quant il voit ce il est si tresdolent que a peu quil nenraige et aussi toutes les dames et damoiselles qui toutes lui crient mercy et lui prient tresaffectueusement quil demeure Et il respont que pour neant le font, car nulle riens ne le retiendroit que seulement le des-

haictement de monseigneur le roy, pour ceste chose fait il pourroye ie demourer, mais toutesfois ne demouteray ie mie. Atant demande son heaume et len lui baille et il se mist en son chief. Si furent appareillez ses compaignōs qui auec lui deuoient aler. Et quāt le roy voit quil s'en va il a si grant paour de le perdre que merueilles et s'en va cheoir a ses piez en lui criant mercy moult tendrement. Et messire gauuain le prent entre ses bras et lui dit. Sire pour dieu mercy se vous voulez ie demouteray, mais il tent la main vers la chappelle du roy et dit. Par les saintz dieu ceste eglise se vous me retenez ie me occiray demain si tost comme ien auray lieu ne loisir. Et se vous men laissez aler ie reuiēdray aussi tost que ie pourray auoir nraples enseignes du noir cheualier Sire fait la royne laissez le aler puis que son cueur y est car en maintes autres questes a il este dont il est tousiours reuenu dieu mercy si fera il de ceste se dieu plaist. Dame fait le roy cest vray, mais le cueur me dit que ie ne le reuerray iamais. Lors s'en entre en vne chambre et se couche sur vng lit et fait tel deul que nul ne le peut cōforter ne appaiser. La royne est encores auec monseigneur gauuain. Et quant il s'en voulut partir si l'appella vne part et lui dit. Beau nepueu ie voy bien q̃ vous alez en vne queste et si ne saues ou. Dame fait il vous dictes vray. Or vous diray ie fait elle cōment vous trouuerez le cheualier, mais vous me creancerez loyaument que vous ne le direz a homme ne a femme. Et ie le vous creance dit il. Vous vous en irez fait elle la ou vous cuiderez trouuer gallehaut, et sachiez que vous le trouuerez en sa cōpaignie se en nul lieu le deuez trouuer, car saichez que cest lancelot du lac. Et quāt il se oyt nommer il lui tarde quil n'est ia party et dit que lancelot congnoist il bien.

Monseigneur gauuain se part de la royne et monte sur son cheual et pent son escu a son col et prent sa lance que son escuier portoit et estoient auec lui vingt cheualiers desquelz les noms s'ensuiuent, cest assauoir messire puain le grant, brandelis, et keu le seneschal, et sagremor le desree, et lucan le bouteillier, et goxain destrap, et girflet le filz mu et gladoaus de carentin, et gallegantin le gal-

k.iii.

fois/ et puain de lionnel/ et le duc taulas/ et le roy deianes/ et adaius le beau/ et galles le gallois/ et le varlet de sirroup/ et le roy pdier. La royne commanda a dieu mōseigneur gauuain/ et pareillement les autres. Mōseigneur gauuain se pourpense dune chose dont il fut moult prise/ car il dit a ma dame la royne et aux cheualiers qui demouroiēt. Je vueil que vous sachiez que nous qui alons en cest affaire voulons que ceulz qui a laultre fois furent auec nous soient participans en nostre queste pource quilz ny peuent maintenant estre. Et vous seigneurs q̃ cy estes vous loctroyez ainsi. Et ilz lui octroient tous. Lois sen partet ensemble et laissent le roy et sa compaignie si tref dolens que plus ne peuent estre. Et quant ilz sont eslongniez tant quilz ne les voyent plus ilz sen viennent a part a vne pierre qui a nom le perron merlin. Cest la ou merlin occist les deux anchanteurs. Lois parla monseigneur gauuain et leur dit. Seigneurs nous alons en vne queste la plus dangeureuse ou nous fussions onques mes/ or nous conuient il en telle maniere faire que nous ne soyons plus si honteux comment nous auons este. si mest aduis dit il que se nous alions chacun par soy nous acheuerions plus tost nostre q̃ste que se nous alions tous ensemble. Et les autres respondent quilz le croient bien et prisent moult ce conseil. Adonc ilz se separent les vngs des autres et vont chacun cherchant la queste a par soy ainsi comme messire gauual leur commanda/ et leur dit au despartir que en tous les lieux ou vous orrez parler du cheualier estrange errant quilz se trapent celle part/ et ainsi pourrons nous trouuer lun laultre. Et gardez bien fait il que en la premiere assēblee qui en la terre de logres sera q̃ vous y viengnez tous/ et la saura len comme les vngs et les autres auront exploicte. Ainsi se despartent tous iusques a quatorze dentreulx Messire gauuain et messire puain/ keu le seneschal, sagremor le desree/ girflet le filz do/ et le roy pdier/ ses six cheuauchent moult longuement ensemble/ car moult sentreaymoiēt mais toutes fois ilz se departirēt en la fin. Et messire gauuain leur dit quilz portent armes neufues ou vieilles telles que bon leur semblera/ et que chacun se couure le plus quil pourra affin que les gens au roy artus ne vous congnoissent/ mais pourtant ne descongnoissōs mie lung lautre. Et affin que nous entrecongnoissons que chacun porte son escu a son col pendu le dedens dehors/ et ainsi nous entrecōgnoistrons. Mais icy se taist le compte deulx et retourne a parler de mōseigneur gauuain pource quil acheua ceste queste.

¶ Comment monseigneur gauuain rencōtra messire puain/ keu le seneschal/ girflet/ et sagremor le desree/ et comment ilz trouuerēt vng cheualier sur vne belle fontaine qui faisoit deul et iope   xxxix

Apres que monseigneur gauuain fut departy de ses compaignōs il sen va tout seulet et cheuauche trops iours entieres sans aucune auanture trouuer et tant est ale que bien a paine peut entendre les gens pource que le langaige est fort changie et mue Si dit le compte que le tiers iour messire gauuain fut merueilleusement leue matin/ et cheuaucha icelle matinee iusques enuiron leure de prime. Il estoit au mois de iuillet et faisoit beau tēps. Les arbres estoient vers et plains de fueilles auecq̃s tresbelles fleurs/ et les doulz chans de diuers oyseaux retentissoient en plusieurs lieux. Messire gauuain issit hors dune forest et entra en vne lande merueilleusement belle et moult spacieuse laquelle duroit biē enuiron demie lieue autant en longueur comme en largeur. Et quant il fut entre en icelle lande il cheuaucha la droicte voye et voit au chief dicelle la de quatre cheualiers armez les escuz aux colz tous apparieillez q̃ semblant de leurs corps deffendre ou aultrui assaillir. Quant ilz virent monseigneur gauuain si ne le congneurent mie/ mais ilz se mōstrent lun a laultre. Il ne demoura gueres que lung dentreulx se departit des autres et picque son cheual des esperons et vient tout droit encontre monseigneur gauuain la lance droicte. Et quant il approuche il met la lance soubz son esselle et lescu deuant son pis et va si tost comme le cheual le peut porter tout prest et appareillie de ferir. Et monseigneur gauuain se appareille de deffendre Et quant le cheualier fut prest de ferir si se retire si a coup que bien peu sen fail lit que lui a pareillemēt le cheual ne cheussent tout en vng monceau. Et monseigneur gau uain retire le sien car il cōgneust que cestoit sa gremors le desrees. Et sagremors a moult grant honte de ce que tant en a fait/si dit. Haa sire mercy/car ie ne vous congnoissoie pas. Je le scay bien fait messire gauuain. Lors sentre acollent et font moult grant iope lung a lau tre. Et les trops qui apres viennent sesmer ueillent dont celle amour est si tost venue/si sen rient et gabent lun lautre. Messire gauual demande a sagremors qui sont ces cheualiers Sire fait il cest messire puain et keu et girflet Et comment fait messire gauuain vous estes vous entrerencōtrez. Sire fait il illec dessus a vng carrefourc de sept voyes et dauāture no y sōmes trouues ensemble. Je vous prometz quilz seront moult iopeux quant ilz vous ver ront. Atant viennent les trops toute la courtce des cheuaux/ car moult leur tardoit quilz ne sauoient dont si grant accointance estoit ve nue entre ces deux cheualiers. Quant ilz fu rent la arriuez ilz regardent et congnoissent que cest mōseigneur gauuain. Si lui courēt sus les bras tendus comme a celui quilz tien nent a seigneur. Et font moult grāt iope lun a lautre et rient des voullentes quilz auoient eux. Quant ilz vindrent au chief de la lande il ny auoit celui qui ne se voulsist auoir abba tu. A celle heure dit keu le seneschal qui ne vit oncques mes iouste si appareillee demourer sans cheoir ou sans faillir. Ainsi parlent et de uisent longuemēt. Et messire puain dit. puis que dieu nous a assemblez nous ne departirōs mes tant que nous ayons aucune aduenture trouuee. Et messire gauuain loctroye

Atant sen retournēt tous cinq ensem ble. Et quant ilz vindrent au chief de la lande ilz cheuauchent contremont vng ter tre tant quilz cheurent en vng grāt plain clos de boys dont la valle estoit grande et belle et de fleurs entremesslee. Et tant comme elle du roit nauoit de tous arbres q vng seul et cestoit lung des plus beaux pins du monde. Celui pin estoit droit au milieu de la lande/ et des soubz cellui pin sourdoit vne tresbelle fontai

ne. Si lappelloient ceulx du pais la fontai ne du pin. Dicelle fōtaine issoit vng ruisseau dont leaue estoit moult belle et plaisant. Cel le part cheuauchent les cinq compaignons. et quant ilz voulurent deualer le tertre pour a ler en icelle lande si regarda mōseigneur gau uain qui aloit le premier auec messire puain son cousin le voit venir vng escuier si tost comme son roussin le peut porter vne grant hache ba noise a son col et partoit de la forest et entroit en val et vint tout droit au pin et descent seigie rement de dessus son cheual puis deslie des la ces quil auoit apportees et ses a arangiees tout a lentour du pin les fers contremont. il oste de son col vng escu quil auoit apporte le ql estoit noir seme de armes dargēt. Le varlet se pent par laguise a vne branche du pin. Et quant il eut ce fait il sen retourne ferant des esperons et entre dedēs la forest la ou il la voit la plus espesse. Et quant messire gauuain le voit il lasche son frain et sen va apres lui au boys. et ses compaignons dient quilz ne se moueurōt du tertre tant quilz voient que ce sera. Et quāt ilz eurent vng pou illecques este ilz voient ve nir vng cheualier tout arme son heaume lace monte sur vng cheual grāt et fort et bien alāt et vint tout droit au pin. Si commence a re garder les lances et puis descent de son cheual et vient a la fontaine et deslace son heaume et met les deux genoulx a terre et boit de leaue vng grant trait. Et quant il eut beu il se re dresse et prent son heaume en sa main/ et quant il le voulut mettre en sō chief il heurte a lescu qui estoit a vne brāche du pin pēdu et il regar de en hault et appercoit lescu. Lors commence a faire vng deul si grant que meruerilles/ car il se prent a braire et a crier tellement q cestoit pitie Et lors se adressa a lui vng nain le plus hideux que oncques homme veist qui le batit tant que cestoit grant pitie et grant horreur a regarder. Et quant il leut ainsi batu il sem mena en ce pole. Messire gauuain qui ce regar doit se meruerille moult et dit que iamais ne vit si preudomme souffrir destre batu et laidē ge dung nain si laidet des figure cōme il estoit. Et ce disoit il pource que le nain lemmena sans que le cheualier y mist nul contredit. Et quant messire gauuain eut tout ce bien aduise

k.iiii.

il dit tout hault Je promets a dieu que iamais ne fineray de errer tant que ie saiche qui est le cheualier et pourquoy il a tant plouré et mene ioye/ et pourquoy le nayn l'a battu et emmene sans contredit. Et se ie le peusse honnourablement assaillir il ne sen alast pas ainsi quil ne ioustast contre moy et ne me abbatist ou moy lui mais il est prisonnier. Et qui prisonnier as sault il a toutes ses loyz pdues. Haa sire fait lieu pour dieu faictes tant que vous prengnez ung de noz cheuaulx/ car autrement reuiendrions nous a pie. et nous vous suiurons si tost comme nous pourrons estre tous montez. Et il lui baille ung des frains de dessus le pin et le chasse tant par la forest qͬl prent le cheual mõ seigneur puain. Si lui amaine et le comande a dieu et leur dit quilz le suiuent au plus tost quilz pourront. Et ilz dient que si feront ilz. Ainsi demeurét tous quatre. Mais ores se taist le cõpte deulx et parle de mõseignr gauuain

¶ Cõment messire gauuain ala apres le cheualier qui faisoit deul et ioye et cõme il se combatit cõtre segurades pour la dame de roestoc et sen partit sans prendre congie delle. pl.

Monseigneur gauuain se va et suit le train du cheualier et du nain et erre tout leiour sans auãture trouuer qui a cõpter face. La nuyt geut en la forest et au matin se leua et reuint au trac quil auoit tenu deuant. Il cheuauche la matinee iusques a tierce et vient a une grande riuiere. La auoit emp la praie ung pauillon tédu moult beau et riche. Il va celle part iusques au pauillon. Leans auoit une moult riche couche en laquelle seoit une dame de tresgrande beaulte/ ses cheueulx espandus sur ses espaules qui moult estoient beaux. Empres elle estoit une pucelle qui la pignoit dung pigne dyuoire/ et une autre qui tenoit ung miroer. Quant messire gauuain voit la damoiselle il lui dit que bon iour lui donnast dieu. Et elle lui respout. Sire cheualier dieu vous benye se vous nestes des mauuais et recreans cheualiers qui virent le bon cheualier batre et iniurier/ et oncques ne lui aiderent. Lors entre monseigneur gauuain dedens le pauillon tout a cheual et dit. Ha damoiselle quel q ie soye ie vous prie dictes moy q est le cheualier/ et pourquoy il fit deul et ioye Sire fait elle taisez vous/ car ie scay bien que vous estes des mauuais couars. Damoiselle dit il pour dieu dictes le moy et ie seray vostre cheualier a tousiours. Tant fait elle vous di ray ie que masse honte vous doint dieu ains que vous partez dicy. Si tost comme elle eut dit celle parolle messire gauuain sent son cheual dessoubz lui qui se detuet si angoisseusement que une de ses vaines ront/ et il regarde et voit derriere lui le nain q le cheualier auoit batu/ et tenoit aux deux mains une espee toute sanglante dont il auoit le cheual feru par mp le corps. Et il descét si courrouce que plus ne peut et prent le nain par les temples et le lieue en hault pour le ferir a lestaiche du pauillon. Et le nain commence a crier et dit. Haa ores mest aduenu ce que ma mere me dist. Et que fut ce fait messire gauuain. Certes fait il elle me dist que une mauuaise merde me occiroit. Et ie scay bien que le pire crestien qui viue me tient maintenant entre ses mains. Veritablement fait messire gauuain vous estes mort se vous ne me dictes qui est le cheualier qui plouroit et rioit sur la fontaine/ et pourquoy il faisoit deul et ioye/ et a quelle cause vous le batistes et lemmenastes sans quil y meist deffense. Je le te diray fait le nain par conuenant que tu cõbatras a lui ou a meilleur que lui. Messire gauuain pense ung petit et dit a soymesmes que puis quil est a cest offre venu il se combatra ains quil ne saiche ce quil a tõt. cherchie. Lors accorde au nain ce quil demande. Je te diray donc fait le nain ce que tu me demandes/ et si tameneray le cheualier qui est lung des plus beaux et des meilleurs que tu veisses oncques. Il commande a la pucelle qui tenoit le miroer quelle le voise querir. Et celle lieue le pan du pauillon et entre en une caue dessoubz terre. Et maintenãt vint hors le cheualier vestu de sa cotte a armer qui par semblant estoit honteux et esbahy. Lors parle le nain a monseigneur gauuain et dit. Voiz tu ce cheualier cestcelui a qui tu te combatras ou a meilleur se ie vueil. Et saiches que cest ung des meilleurs cheualiers du monde/ et a nom hector. Et celle belle damoiselle que tu vois

partie

est ma niepce fille de mon frere ainsne assez noble et gentil homme. Il auint antan que mon frere acoucha du mal de la mort et auoit este nauré en la guerre de la dame de ce pais ung des meilleurs cheualiers du monde. Quant il sentist quil se mouroit il me enuoia querre car il nauoit plus de freres que moy. Je vins deuant lui et il me baissa ceste damoiselle que estoit sa seule fille: et pource quil nauoit point dautres enfans il laymoit plus que tout le monde. Si me pria que ie la gardasse aussi chierement que mon enfant et me saisist de toute la terre quil tenoit que moult est belle et riche. Mon frere trespassa et ma niepce aymoit ce cheualier sur tous hommes et ayme encores: et lui elle sur toutes femmes. Quant ie le sceu ie deffendy a ma niepce si chier comme elle auoit mon amour et son honneur que plus ne fist de ceste amour que par moy ou se elle faisoit autrement iamais ne tendroit terre que son pere eust tenue: et tousiours auroit perdu moy et mon aide. Et aussi se deffendy au cheualier et leur dis que se ainsi se faisoient ie leur feroie auoir ioye lun de lautre a seur viuant: et ilz se me promistrent et accorderent.

Celle dame pour qui mon frere fut mort auoit guerre contre ung sien voisin nomme Seguradas qui est a mon cuider le meilleur cheualier du monde et le plus doubté. Ceste guerre meust pource quil lauoit fait requerre en mariage et elle ne voulut car trop estoit noble femme enuers lui: et plus ieune assez. Et quant celui vit quelle le refusa il en eust deul et honte: et la comenca a guerroier non pas par force de seigneurie ne de parente quil eust mais pource quil estoit bon cheualier et liberal il a eu lamour des ieunes bacheliers qui ont laisse ma dame pour lui et vouloient quil la prenist et elle lui par mariage. Elle estoit orpheline de pere et de mere et grant partie de ses amis charnelz ont este occiz ou naurez tant en ceste guerre que en celle du roy artus de qui elle tient sa terre. Et moult de fois lui a este conseillie que elle le prinst mais elle ne le peut oncques aymer. et iamais ne ouit de lui parler quelle ne feust tousiours dolente.

Le cheualier la guerroie moult longuement tant quil lui a destruit une grande partie de sa terre et a occiz plusieurs de ses gens et nauoit en sa forteresse homme qui osast issir tant

que le menu puple crioit a madame a une voix que se elle ne se prenoit ilz sen fuyroient ou rendroient a lui et en sa mercy et elle dit quelle sen conseilleroit: mais quant elle eust assemblé tout son conseil elle dit a tous quelle ne le prendroit point. Et ung sien oncle qui estoit de grant aage dit quil la conseilleroit mieulx que autre homme se elle vouloit son conseil tenir. Et elle lui promist que si feroit elle. Lors lui dit puis que le cheualier ne vous plaist il ne sera pas vostre mari: mais toutesfois vous lui manderez que vous estes conseillie et que vous entierez le prendrez par ainsi quil vous donnera respit iusques a ung an afin que ne soiez blasmee de le prendre a mary car il nest pas si noble ne si puissant come furent voz ancesseurs. et plus vouldriez que pour lamour de vous il se combatte a tous les cheualiers que dedans le terme vouldront deffendre contre lui. et se il estoit vaincu par ung cheualier il laissera sa terre et demourra en vostre mercy. Et se par auanture il auenoit quil mourut ou quil fut vaincu par autre ou mesmes se vous mouriez vous seriez deliures lun de lautre. Et se il conquist tous les cheualiers iusques a son terme vous le pouserez ou vous rendrez nonne en quelque abbaie. A ce conseil se tint sa dame a qui ie suis et furent ainsi les conuenans accordez dune part et dautre: et dist le cheualier que sil lauoit ia espousee si feroit il pour son amour tout ce quelle vouldroit. Ainsi fut la paix faicte entre ma dame et seguradas: mais non obstant tous les cheualiers et sergans gardent les trespas et les passages denuiron la terre de la dame que cheualier errant ny entre. Quant ces conuenances furent faictes ie vy ma niepce et ce cheualier la angoisseux lun de lautre de ce quilz ne osoient parler ensemble pour moy ne par bouche ne par message. Si leur diz quilz souffrissent tous deux iusques au chief de lan et ie leur feroie auoir ioye lun de lautre mais ce terme leur fut trop grant: et demanda ma niepce a hector sil se vouldroit combatre a seguradas Et il dit que oy, et quil vouldroit ia auoir mis ung de ses doys sur lui. Et neant mois elle lui fist promettre quil ne se combatroit a lui sans son congie dont hector fut dolent et trop lui ennuya le terme de seur amour assouuir. Et souuent pria samie quelle le laissast combatre pour ioye a uoir. Et pource q̃lle doubta le perdre elle lui fist vng escu noir a gouttes dargent ⁊ lui commanda si chier come il laymoit qu̇ iamais au tre escu ne portast tant quilz feussent pueniz a leur fin desiree. ¶Le noir signifie deul ⁊ les gouttes dargent signifient larmes. Quant le cheualier sceut quil auroit samie apres q̃ segurades seroit vaincu il lui fut auiz tant se fioit en amoure que se il pouoit venir en lieu ou il feust il le conqueroit par armes ⁊ tant come il estoit en ce penser il songa quil estoit venu au pin de la fontaine ou ie le prins hier pour une grade assemblee qui y deuoit estre ⁊ cuida trouuer segurades dont il estoit moult ioieux Et quant il fut venu dessoubz le pin il regardoit en hault ⁊ il veoit vne nue toute plaine de menues estoilles sans clarte. Et tant sespeschoit celle nue quil ne veoit que bien peu, mais non obstant ce il veoit toute lassemblee. De ce songe fut il moult ioieux ⁊ le dit a ma niepce ⁊ elle lui respondist que songes nestoient q̃ folies ⁊ q̃ encores nestoit mie ne le cheualier par q̃ segurades seroit concq̃s ⁊ cesui en eut moult grant deul a qui force damoure donnoit cueur ⁊ hardiesse ⁊ dit a soymesmes quil se prouueroit par temps. Lendemain se leua bien matin ⁊ fist ses armes porter hors de mon chasteau ou nous estions si celeement que ie nen sceuz riens mais ma niepce le sceut ⁊ vint a moy au monstier ou ie estoie ⁊ me dit que ainsi sen aloit hector a la fontaine du pin: ⁊ ie ne vouloie mie ydire la messe, car ie ne la prdiz oncq̃s donc me souuiengne. Lors ie fiz vng garson monter sur vng de mes cheuaulx ⁊ porter par lui les lances que vous y vistes ⁊ lescu noir pource que ie sauoie bien que quant il verroit lescu il ne iroit iamais auant. Le varlet vint auant a la fontaine que hector ⁊ appuya ses lances au pin et y pendist lescu. Quant hector fut venu il sceut bien quil auoit mal exploitie: ⁊ ce fut la noire nue quil auoit songiee il fut si esbahi quil ne sauoit ou il estoit ⁊ se aperceut bien quil auoit le courroust de sa mie ⁊ le mien. Lors comenca a faire son deul si grant come vous vistes. Et quant il eut ce deul longuement demene il comenca a penser ⁊ dit quil estoit trop mauuais de tel deul faire ⁊ quil pourroit bien appaiser tout facilement si tost quil auroit trouue segu

rades, car il ne doubtoit mie qu̇ ne le conquist bien par armes, ⁊ lors auroit il la iope q̃ promise lui estoit. Ainsi lui sembloit quil eut ia conq̃s segurades ⁊ pource faisoit il iope: mais quant il lui souuenoit de samie qui estoit mal de lui il en auoit telle angoisse quil recomencoit son deul. Et apres il pensoit que son amie estoit tant loyale ⁊ bonne enuers lui que ia son amour ne se destourneroit: ⁊ pource refaisoit il iope:

Ainsi faisoit iope ⁊ deul come tu vois: et ie eusse eu moult grant deul se ie eusse aussi perdu tel cheualier. Ie men alay apres lui si tost come ie eu oup la messe ⁊ le trouuay en telle maniere come tu viz, ⁊ le abaty ⁊ de cesui dont ie pouoie faire ma voulente, car ie scay bien quil me doubte sur tous hommes ⁊ amenay si que onques deffense ne y mist. ¶Or ez auez oup comment le cheualier auons ⁊ pour quoy il risist ⁊ plouroura ⁊ pour quoy ie le bati ⁊ amenay sans contredit ⁊ tu mas en conuenant de combatre a lui ou a meilleur de lui: ⁊ ie faiz doubte q̃ tu ne ten fuyes car tu es le plus mauuais cheualier du monde. Et messire gauuain ne dit mot ⁊ est moult dolent de son cheual qui est occis. Atant vient vng varlet hors de la caue ⁊ dit que le mengier est appareillie. Si fait le nain desarmer monseigneur gauuain ⁊ se assient au mengier. Et quant ilz ont vne piece mengie le nayn regarde aual les prez ⁊ voit vne damoiselle venir sur vng palleffroy qui estoit tout tressuant: ⁊ dit a sa niepce ⁊ a hector que de bnef for roient nouuelles Tantost arriua la pucelle au pauillon ⁊ deschent pour saluer le nayn et sa niepce depuis sa dame ⁊ lui baille vnes lettres: ⁊ le nayn les ouurit ⁊ les leust Quant il les eut leues il comenca a souspirer de despit et maudist le courage de femme et q̃ nul se en croist pour quoy dites vo' cela sire fait sa niepce pource fait il q̃ ma dame de roestoc me mande q̃ le terme aprouche q̃ messire gau. doit combatre a segurades et q̃ ie cerche messire gauuain pour le mener vers elle. Et quant ie partiroie de present pour y aler i dicy tout droit a grant peine ie seroie la dedens le terme. et ce nest pas legiere chose que de messire gauuain trouuer car il sen va parmy le monde les auantures q̃ tant come le plus vaillant cheualier du monde et nest pas en la court du roy artus son oncle

en cinq ans trois fois: mais ie lui meneray en
chäge le pire cheualier q oncqs portast escu au
col. Et se ce cheualier qui cy est: a messire gau-
uain ne dit mot a ne lui chault que le nain die
mais a hector en poise moult. Le nayn fait ap-
porter les armes de Hector a celles de messire
gauuain a les fait armer a commande a sa niep
ce q elle p voise a ses pucelles. Puis dit a mon
seigneur gauuain. ❡ Mauuais cheualier bien
voulduez que ceste bataille demourast en de-
faulte que point nauez de cheual mais non se-
ra, car ie vous en baisseray ung meilleur que
nestoit le vostre. Si lui en fait amener ung
puis monte a aussi fait hector a la damoiselle
a ses pucelles. Et les escuiers portent lun lescu
de hector lautre les laces fortes a grosses. Si
sen partēt tous du pauillon, a cheuauchet vne
grāt piece. Et la dame dit a hector. Hector vo-
me promettez comme loyal cheualier q point ne
vous ybatrez sans mon congie a se vous vous
y combatez bien sachiez que mon amour aurez
pdue a tousiours mais. Lors dit hector a mon
seigneur gauuain a lui prie quil ne lui chaille
de chose que le nayn lui die. Et il dit ql ne lui
en chauit. Lors apelle le nayn sa pucelle q les
lettres auoit apportees a lui demanda ou est
sa dame. Et elle dit quelle est a vng sien cha-
steau qui a nom roestoc. Adonc irons nous fait
il a sa niepce. Ilz cheuaucherēt toute iour sās
auanture trouuer. Lendemain se sont matin
leuez a quant ilz ont messe oupe si se metēt au
chemin a cheuauchent tant quil est pres de tier
ce. Et lors approuchent des marches entre la
terre de segurades a la dame. Si viennēt au
tres pas de vne haye: a le nayn regarde et voit
venir deux cheualiers a trois sergans armez
de toutes armes fors que les cheualiers auoi-
ent de beaux chapeaux en lieu de heaumes et
les sergans auoient heaumes laces a espees
haches a haubergons. Le nayn appella hector
a lui dit. Hector ceulx cy sont des gens segura-
des. Or nous deffendez car il en est bien mestier
Et bien sachiez que par cestui cheualier ne se-
rons nous ia secourus, car il ne vault pas
vne chamberiere. Or ne vous esmayez ce dit
hector a cheuauchez seurment. Puis dit a mon
seigneur gauuain. Sire ne vous courroucez
pas de ses parolles car vous auriez assez a fai

partie

re. Lors demande hector congie a sa damoisel
a elle lui ottroie. Il prēt son escu a se pent a son
col a prent vne lance que son escuier portoit a se
met en la vope deuers les cheualiers a il en fi-
ert vng si durement quil se porte a terre tout
en vng mot lui a son cheual a son glaiue rōpt
Et il met la main a lespee a court sus aux au
tres si vistement que tous sen esbahissēt a lui
guerpissent la place a ny a si hardy qui lose a
tendre ains sen fuient parmy les champs a il
les enchasse vne grant piece tant quilz entrēt
en vne forest puis sen retourne a celui q estoit
cheu a si tost cōme il peut se leua a se trait aux
bois a sauuete. Lors dit le nayn que moult est
hector preudomme. Et lui dit quant il fut re-
nu. Hector ne se vous disoie ie pas bien, se ne
eussiez vous este nous feussōs icy mal venus
car ce chetif cheualier ney ia mis deffēse a mes
sire gauuain se taist a hector en est moult do-
lent a moult honteux a le prise moult de ce q
se taist si debonnairement.

❡ Ainsi cheuauchēt longuemēt tant quilz
viennent a vne chaussee qui est entre
deux plesseis a vng marest. Si fut le nayn
au chief de la chaussee a voit trois cheualiers
et cinq sergans, si estoiēt les cheualiers armez
comment les aultres furent et lors lui dist le
nayn. Se vous ne nous defendez or sōmes nō
tous prins, car ceulx cy sont des gens segura-
des ne nostre cheualier ne fera ia coup. Sire
fa til au nayn ne vous esmayez mais cheuau
chez seurmēt. Puis vint hector a monseigneur
gau. et lui prie que de ses parolles ne lui chail-
le, et il sen rit. Lors demande hector vng glai-
ue a celui qui les porte et prent congie de sa mpe
puis se met premier au destroit de la chaussee
a fiert le cheual des esperons si va parmy eulx
tous ferir vng cheualier si quil laporte a terre
il y eut lung des cheualiers qui le print par le
frain et lautre trait vne espee et lui en donne
vng grant coup sur le heaulme et aussi fōt les
sergans et il met la main a lespee et fiert celuy
qui le tenoit par le frain si q il ne laura moult
durement et puis aduise le tiers cheualier a se
fiert parmy le viz iusqs aux oreilles, et il chiet
a terre, lors furent les aultres desconfiz pour
ce coup et sen retournēt fuyans et il les chasse
vne piece puis sen reuient a son chemin et oste

son escu & son heaume car moult auoit chault Monseigneur gauuain le regarde & le prise tāt cōme il peut plus hōme priser.

Ainsi cheuaucha tant quil vint a vne basse vallee. Alors approuchēt devng pont qui estoit sur vne petite riuiere: par illec les cōuenoit passer. Et quant ilz sont pres ilz voiēt au chief du pont vng cheualier arme le heaume lace lescu au col sa lance au poing: et auoit sergans armez iusqs a .xxx. de haubergons de glaiues & espees cōme villains. Et le nayn dit a hector il est besoing q̄ vous nous aidez ou nous sōmes tous pris/ car de cestui cheualier ne aurons nous ia aide: il est le plus recreant hōme qui viue. Hector respont qlz ne ont garde & dit a monseigneur gauuain sire ne vous chaille quil die car se vous estiez monseigneur gauuain si auez vous assez a faire: mais ie vous prie que vous me aidez se ie en ay mestier. Et messire gauuain dit q̄ si fera il voulentiers. Lors lace hector son heaume & met son escu a son col et prent vng fort glaiue. Et quāt il vint pres du pont il heurte se cheual des esperons & sen va si tost cōme il peut. Les sergans qui sont a pie lieuent leurs glaiues & le fierent si durement sur son escu q̄ tout le decouppent. Et il fiert parmy eulx se cheualier de telle force quil le iecte en leaue dessoubz le pont/ mais les villains lont tant charge des glaiues qlz le portēt en vng mōt lui & le cheual, & il sault sus moult vistemēt & met la main a lespee et leur court sus tellemēt qˡ les desrōpt & depart si fieremēt qlz ne scaiuiēt trouuer remede q̄ de fouyr. Il les enchasse & en blesse plusieurs. Le cheualier qui estoit cheu eut recouuert son cheual & mōta dessus & sen fuit moult naure. Et hector retourne & treuue mōseigneur gauuain qui tenoit son cheual dont il le remercia. Comment fait le nayn sire cheualier les cheualiers de vostre pays tiēnēt ilz les cheuaulx de ceulx q̄ font les prouesses & cheualeries. Et hector lui prie q̄ ne lui en chaille.

Tant cheuauchent que a la vespree viennent a vng des chastraulx de la dame quilz aloient secourir. La hebergerent la nuit & lendemain sont matin leuez pour ouir messe & puis se mettent a la voie & cheuauchēt iusques a heure de tierce. Lors voyēt vne fōtaine moult belle & tornēt illec pour disner. & quāt ilz ōt disne le nayn dit a sa pucelle qui aporta les lettres qlle sen voise deuāt & die a sa dame quil vient & quil lui amaine en lieu de mō seigneur gauuain le pire cheualier qlle vist oncq̄s puis lui a dit a cōseil dictes a ma dame qlle viengne encōtre nous et ie prieray a ma niepce que elle laisse hector cōbatre pour elle: car vous auez bien veu quel cheualier il est

Atant sen part la pucelle & cheuauche tant qlle dit a roestoc & trouua le seneschal deuant la salle. Elle lui demande de sa dame Certes fait il ne me ayma oncques puis que vous en alastes. Mais dit il qlle nouuelle de dragoain le nayn. Sire fait elle il vient icy et sa niepce & hector & vng cheualier que le nayn tient au pire cheualier du monde Le seneschal sa maine en la chambre de sa dame. Et quant elle la voit elle ne peut mot dire tant a paour de mauuaise nouuelle ouyr. Dame fait sa pucelle dragoain le nayn vous salue & sa niepce vostre cousine & hector q̄ icy viennēt & vous amainēt vng cheualier en lieu de messire gauuain ie ne scay quel. Haa lasse fait la dame ie suis destruicte & perdue. Dame fait elle il vo9 mande priueemēt q̄ vous alez encontre eulx/ & que vous priez a vostre cousine quelle laisse hector combatre pour vous/ car il est vng des meilleurs cheualiers du monde. La dāe fait seller son palleffroy & est mōte. auec son seneschal & autres cheualiers & sergans en grāt nōbre & sont issuz de roestoc. Tāt sont alez quilz encontrent les autres enuiron deux lieues de la & premiers venoient les escuiers & puis messire gauuain & apres le nayn & sa niepce. Ilz sentrefont moult grant ioye & le nayn lui dist. Dame vous me mandastes que ie allasse qr̄e mō seigneur gauuain maie ce nest pas chose preste car il nestoit pas en court & si ny estoit le terme trop brief/ mais ie vous amaine icy vng tel cheualier que vous pouez veoir cest celui qui cheuauche auec ces escuiers Lors dist la dame a sa cousine ie vous mercye belle cousine de ce q̄ vous estes icy venue et iay en vous moult grande fiance car se tout le monde me failloit vous me deuriez aider. Certes fait elle ie vous aideray de tout q̄ ie pourray mais pour quoy le dictes vous fait la dame: Je vo9

partie

prie pour dieu souffrez que hector cōbate pour moy. Dame fait elle ne vous fiez ia en moy de telle chose car ainsi m'aist dieu ie aymeroie mieulx estre morte que ie le souffrisse cōbatre ar me contre seguradas tout desarme. De ce mot fut la dame moult courroucee et fiert lū poing en lautre de deul et dit Lasse que ne suis ie mor te quant celle en qui plus me fioie ma failli. et le seneschal lui dist. Dame ce cheualier est ve nu pour vostre besongne ie conseilleroie que a lissiez lui mercier de ce quil est venu pour vo stre seruice et vous orrez quil vous dira. Atāt sen vient la dame a monseigneur gauuain et lui dist. Bien soiez vous venu. Et il il respōt que dieu la benye, et lui doint bone auanture. Sire fait elle ie vous mercie pource que vous estez venu pour ma bataille faire. Dame fait il sachez que en ceste chose et toute autre ie vo9 feroie voulentiers seruice. Certes sire fait elle vous mōstrez bien que assez feriez vous pour moy quant vous estes venu combatre au meil leur cheualier du monde. Mais dictes moy ie vo9 prie qu'vous en est il aduiz Quoy dame: cer tes ie ne scay. La dame a ce mot cōmence a fai re grāt deul et le seneschal lui demande q'elle a Elle lui respont. J'ay assez deul et angoisse. Dame fait il q'vous a dit le cheualier Quoy fait elle il dit quil ne scait. puis lui cōpte com me elle lui auoit demande quil lui estoit auiz et quil lui auoit dit quil ne sauoit. Quay fait le seneschal. Voulez vous q'il die quil saura Il vous a respondu comme sage cheualier et vaillant, mais vous nestes pas sage de vous ainsi tourmenter pour neant, car dieu est tout puissant de vous aider.

Tant cheuaucherent entre telles paroles quilz vindrent a Roestoc et descendent en vne des salles et desarment hector et mōseignr gauuain. Apres viennent en la grande salle se mee de fraiz ioncz. Et trouuerent la dame ge sante sur vne couche si esbahie que mot ne dist Le seneschal vint a ses piez et moult se trauil le de la reconforter Le nayn et sa niepce se assiēt dautre part et hector regarde monseigneur gau uain et plus le regarde et plus le prise et dit que oncques ne vist cheualier de si beau contenne ment. Et moult lui poise quil ne lose interro guer de son estat et de son nom Ainsi se demai

nent grant piece tant que le mengier fut appa reillie. Ilz mettent les tables et se assient la ou la dame seoit au mengier. Adoncques vint leans vng escuier grāt et noir tout a cheual et entra dedens iusques deuant sa table sur vng grant roussin. Et quant elle le voit elle a tāt de paour quelle ne se peut regarder. Lescuier parle et dit dame mon seigneur a ouy dire que vng cheualier est venu pour vous deffendre: faire vne bataille cōtre lui. Et pource il vous māde quil est tout appareillie de la bataille et que de huy en trois iours sera son terme. Lors prent le seneschal la parolle pour sa dame, et dit. Beau sire dites a vostre seigneur que nostre cheualier est lasse et trauaille des grādes iour nees et des grandes besongnes quil a acheueez et a mestier de reposer mais en son droit terme il se trouuera en la place car le cheualier ne sen fuira mie. Et plus lui dit quil ne se haste te trop et quil y vēdra assez tost a son dommage

Ce q' le seneschal a dit fut messire gau uain moult ioyeulx et merueilleuxp gre lui en sceust. Et si eust huy autāt ayme la bataille cōme au tiers iour. Messire gauuain fut ma tin leue et ala ouyr messe. Et quant la dame le sceust elle ala apres et le trouua deuant se cru cefix a genoulx en moult beau contennement Il lui pleust assez plus quil nauoit fait deuāt Et le seneschal lui dit. Dame dame nous ne sauons que ce cheualier est, mais il semble estre moult preudomme. Je vous conseilleroie que vous lui donnissiez de vos ioyaulx et par a uanture le cueur lui en croistroit car dames ōt aide a faire maint preudomme. Elle se y ac corde et appelle vne sienne pucelle et lui cōmā de apporter vng sien escrīg du quel elle tire vne ceinture moult bien ouuree de fin or arabien gar nie de saphirs et esmeraudes. Puis vient a mes sire gauuain et lui dit q' dieu lui doint bon iour Dame fait il dieu vous face ioieuse quoy que soit des autres choses. Je croy que vous voul driez que au iourdui bien me auenist. Certes fait elle ce iour et autre le vouldroie ie bien, car vous auez pour moy entreprins plus que ie ne pourroie desseruir, mais ie vo9 aporte de mes ioyaulx et vous prie que les portez en remēbrā ce de moy, et sachez que ie suis toute vostre lors lui baille la ceinture auec vng riche fermail.

Il s'aceint et met le fermail a son col. La dame lui chiet aux piez et lui prie moult quil pense de elle. Il la resliue et lui dit que toute seure soit et quelle nait point de paour. Quant le nayn le ot il comença a rire et dit. En verite se ce cheualier ne est pure ou fol ie ne congneu oncques nesfol ne pure.

Lors sen alerent oupr messe. puis apres ilz encontrerent deux anciens cheualiers montez sur deux palleffrois qui disdrent a la dame. Dame segurades vous attent des hup matin en la place pource que au iourdup est le terme des couenances que vous auez vous et lui. Et le seneschal qui moult estoit sage lup dit quilz iront maintenant. puis se partet de eulx et hectos et le seneschal dont armer messire gauuain. Et quant il est arme fors de son heaume il vest une chappe a plupe par dessus et on lui amaine ung palleffrop et monte et varlez sot appareilliez qui portent son escu et son heaume et mainent son cheual de iouste et portent sa lance. puis fut la dame montee et cheualiers et sergans et dames et damoiselles et viennent hors de la ville. Et messire gauuain cheuauche decoste sa dame et le seneschal ne se peut saouler de regarder messire gauuain, et bien lui semble hardy homme. Il se approuche de sa dame et dit Dame ie ne croy mie que ce cheualier ne soit vaillant homme. Et nous auons mal fait que nous ne auons sceu son nom. Ceste parolle entendist messire gauuain et fist semblant de en riens ouir. Et la dame dit quelle lui demandera ains quil ait le heaume en la teste.

Tant cheuauchent iusques en la place. ou estoient plusieurs gens dune part et dautre pour la bataille veoir. Et la dame se arresta et il vient a elle et lui dit Dame ie suis appareillie pour vostre besongne faire a laide de dieu. Si vous prie et requier pour tous mes seruices que vous me donnez ung don que ie vous demanderap. Et elle lui acorde. Dame fait il vous me auez donne que mon nom ne sera demande de nully en vostre pouoir deuant huyt iours. Elle lui ottroie. et sachez fait elle que ceust este la pmiere chose que ie vous eusse demande. De ceste chose fut le seneschal dolent et la dame mesmes. Et subitiment voient venir trois homes a cheual dont les deux auoient vestues

chapes a plupe: et celui du millieu estoit arme de plain harnoiz et auoit sa ventaille abatue et estoit sa cotte a armer bendee de or et de azur. Ce cheualier estoit grant et droit et bien fourme de tous membres. Il cheuauche droit la ou il voit la dame: et chacun dit que cestoit seguradès. Ilz sen viennent entour la dame pour sauoir quil lui dira: et il parle si hault que grant partie des gens lentendent et dit. Dame ie vueil que vous sachiez et ceulx qui icy sont que huy est le terme et la fin de noz couenances. Et si tost come ie auray conquis vostre cheualier ie vueil que me tenez et rendez ce que vous me auez promis. La dame est si esbahie quelle ne peut parler ne dire mot tant lui ennuie. Lors parla messire gauuain et dit au cheualier. Beau sire nous voulons que les conuenances soient recordees deuant ma dame et deuant ceulx qui icy sont. Et segurades respont et dit. Sire ie ne suis mie oblige a ce faire: et si ne les vo9 diray pas. Par ma foy fait messire gauuain donc lui ferez vous tort car vous les deuez recorder si les scauoient ceulx qui point ne se sçauent. Ainsi maist dieu fait il vous ne en saurez ia riens: et ne vous en chaille. Veritablement fait messire gauuain trop fistes grande entreprise quant vous cuidiez par force auoir une des plus belles dame du monde et une des plus gentilz femmes. Certes fait il se vous lauiez iure et tous ceulx de vostre pays si auray ie nostre conuenance. Certainement fait mon seigneur gauuain en mon pais a de telz cheualiers que vous y pourroit bien nuire. et segurades lui respont Ie ne les doubte ne craing fors vng gauuain le filz du roy loth. Et quant mon seigneur gauuain entent que celui le doubte et renome en ses faiz de armes le cueur lui croist si se hausse et se dresse sur les estriez et dit a segurades si hault que to9 le ont ouy quil ne obtendra ia ses couenances pour pouoir quil ait. Quant segurades lot il sen retourne sans mot dire. Et ceulx qui auec lui estoient venus et menacent fort le cheualier qui a parle / mais bien peu lui en est. Et lors prent la dame congie de mon seigneur gauuain et lui prie en plourant quil ait pitie delle et de sa terre. Il la prent entre ses bras et lui dit quelle nait paour et quelle ne perdra huy riens par homme quelle ait veu. La dame sen va a une

part auec les autres dames. Et se napy dist
en verite oncques mes ne vy homme si ioieux
contre sa mort comme est ce fol cheualier.
Monsieur gauuain met sa ventaille et ses
manicles et hector luy lache son heaulme
et le senechal luy baille son glaiue Et le quoy
ent iusques ala place ou la bataille deuoit estre
Et quantilz y ont ung pou este, ilz voyent ve
nir segurades tout arme le heaulme lache te
nant son escu par les armes et venoit comme en
haste par le long de la lande qui moult estoit
belle et grande. Et quant ilz aprouche hector
baille a monsieur gauual son escu le senechal
la lance Et hector lui dist. Sire nous nous en
irons/ car veez cy venir segurades: mais pour
dieu souuiengne vous de nous. Et il leur dit
alez alez napez paour. Lors les acolle et comma
de a dieu. Et ilz se meruueillent moult tous. ii.
qui il peut estre qui si seurement se costient. Lors
appelle segurades messire gauuain. Et inco
tinent messire gauuain met lescu deuant son
pis. et sa lance dessoubz leselle et fiert des espe
rons le cheual: aussi fait segurades et viennent
si tost comme cheuaulx peuent aler et sentrefie
rent sur les escus si durement que toutes les gla
ues volent en pieces. puis heurtent lun lautre
si durement des corps et des heaumes que tous
les peulx leur estincellent et sentre portent en
my le champ tous estendus. Ilz geurent tant a
la terre que chacune partie cuidoit quilz soient
mors et le soulfist bien sa dame pour estre de
liure de son enneimy premierement se releua
messire gauuain pour courir sus a segurades
et met la main a lespee: mais il gist encores a
terre tout estourdy et blece de la dure encontre
qil a eue et du fais des armes et de son cheoir a
la terre, car il estoit vng des grans cheualiers
du monde et des plus corsus. Et quant il eut
pouoir de soy leuer il saillist sus et mist la mai
a lespee, se coeuure de son escu et court sus a mo
seigneur gauual et messire gauuain a lui. Ilz
se decouppent leurs escus amont et aual a coupz
despees et desmaillent les haubers et domma
gent souuent leurs heaumes la ou les espees
fierent et entre font en plusieurs lieux du corps
le sang saillir. La meslee de eulx deux est si du
re et si mauuaise que tous ceulx qui les voient
sen esbahissent.

Les cheualiers estoient tous deux de grat
cueur et de grant pouoir chacun endroit
soy et furent tous deux tenus si egaulx que nul
ne scait iugier le quel a le pire. Apres heure de
tierce est leur force moult diminuee et tant leur
lassent les bras et les espaules et leurs acourcent
leurs alaines tant quil ny a celui qui nait me
stier de reposer et leurs armes sont si empirees
que parmy les pertuis apparent leurs playes
Et est merueilles coment elles durent tant a
ferir si grans coupz quilz sentredonnent. De
leurs escus ne leur est demoure que bien peu dot
ilz couuroient leurs visages car ilz les ont fen
dus et detrenchiez et par dessus et par dessoubz
aux coupz des espees et ny a si preu ne si hardy
de eulx deulx qui nait grant paour de perdre
honneur et vie.

En ceste maniere sentretiennent lun bien et
laure mieulx tant que leure de midy se
approuche et lors comença segurades a entre
prendre sur monseigneur gauuain si est moult
empire au semblant des gens de si grant bote
comme il a toute iour eue: si que tous ceulx de
sa partie en ont paour car il ne fait mais sino
souffrir. Telle estoit la coustume de mon sei
gneur gauuain que tousiours empiroit sa for
ce entour midy. Et si tost comme midy estoit
passe si lui reuenoit au double le cueur et la for
ce et la vertu. Et lors y parust bien/ car si tost
comme midy passa tous ceulx qui le regardoi
ent virent aussi fort et aussi viste comme il auoit
este au commencement de la meslee. Si en fu
rent ioyeux ceulx et celles qui deul en auoient
fait. Il courut sus a segurades si durement que
tous se esbahissent car bien cuidoit estre segu
rades seur de le mener iusques a la mort ou a
recreantise / mais ores le treuue plus fort et
plus frais et plus seur quil nauoit este de la
iournee et ne sembloit point que segurades se co
batist a homme charnel mais a fontosme car
soubz le ciel lui sembloit quil ny eut cheualier
qil ne deust auoir conquis et mis a mort en tat
de temps. Si ne voit mie desormais segura
des comment il puisse auoir duree a lencotre
de messire gauuain et non pourtant tout met
en bandon cueur et corps et vertueusement se def
fent selon ce que sa force lui donne qui moult
est affoiblie et moult le tient en vertu le gratre

nom quil auoit tousiours eu: & aussi sa paour
q̃l auoit de perdre la chose q̃l auoit tousiours
desiree. Cest la dame de roestoc Ces choses se
tindrent longuement en vertu tant que a force
corps & membres lui faillirẽt Si lui greuoit
moult le sang dont il auoit perdu grant abõ-
dance & la chasseur du soleil qui moult estoit
aspre Si commenca a fouir aux coupz de mõ
seigneur gauuain et a laisser sa place oultre sõ
gre. Et messire gauuain se hastoit de si pres q̃l
nauoit pouoir de son alaine reprendre ne terre
recouurer. Si lui courut sus mon seigneur
gauuain et sui dõne si grans coupz quil ne se
peut tenir sus piez ains chancelle tout si que il
se appuye a la terre de lune des paulmes. Et
quant il se veult releuer si lui court sus mõ sei-
gneur gauuain et se fiert au releuer q̃l faisoit
du corps & de lescu si q̃l le fait a la terre cheoir
tout estẽdu & puis se laisse cheoir sur lui & lui
rompt sans demeure les las de son heaume et
lui oste de sa teste & le fiert parmy le visage &
au front & en sa teste du poing de lespee si que
maintes des mailles lui sont a force entree en
la teste & a les yeulx si plains de sang quil ne
voit goutte. Or voit bien segurades que deffẽ-
se ny a mestier. Si crie mercy a mon seigneur
gauuain Et mon seigneur gauuain dit que de
lui mercy naura il point seil ne se clame vain-
cu conquis & recreant: car ie ne le puis faire au-
trement ne vous laisser honnourablemẽt fait
messire gauuain. Haa gentil cheualier fait se-
gurades ia estes vous le plus preudomme q̃
viue. Et tie vous prie quil vous plaise pour lõ-
neur de dieu auoir pitie de moy & q̃ vous priez
ma dãe pour moy: & vous me aurez fait grant
plaisir. Et il dit que volentiers Lors fusten-
uoye sa dame querre. Et elle y vient si ioyeu-
sement que plus ne peut & la ou elle voit mõ seigñr
gauuain se laisse cheoir a ses piez & le embras-
se moult doulcement: & lui dit. Haa sire benoi-
te soit leure que vous vistes ne qui ma grant
ioye me auez rendue. Et messire gauuain lui
dit. Dame ce cheualier vous crie mercy & vous
voiez bien comment il est. Sire fait elle vous
en ferez vostre plaisir car quant est de moy riẽ
nen feray. Dame fait il comment en feray ie.
Vous sauez que ie suis vostre cheualier & vo°
prie de lui. Et bien sachez que cest vng des pr̃eu-

des hommes que ie veisse oncques. Si vous
prie que vous ne le souffrez point occir deuant
vous Sire fait elle vo° en deuez estre maistre
car vous sauez q̃s: ne ia se dieu plaist ne me̋
entremettray par dessus vous mais tout ce q̃
vous en vouldrez faire ie le tendray. Dãe fait
il sil se met en vostre mercy ie vous prise bien q̃
le prenez sans plus dire. Et elle dit que si fera
elle voulẽtiers. Et segurades si y met du tout
Et messire gauuain lui dit. Dame ne dictes
mie que ie naie fait de la bataille tant cõme ie
doy car se elle nest a gre voulente ie suis prest
q̃ plus en face. Certes fait elle vous en auez
trop plus fait que ie ne pourroie desseruir et ie
me tiẽg a bien contente & si vo° en mercye tant
comme ie puis.

Tãt se lieue messire gauuain hector &
le seneschal & prẽnẽt segurades & le mai-
nent au chasteau de la dame Et la dame viẽt
apres q̃ tant est ioyeuse que de nul ennui ne sui
souuient & la greigneur partie des gẽs courẽt
apres pour veoir q̃ len fera de segurades. Si
en demeure moult petit en la place auec messi-
re gauuain. Illec estoit vng varlet du pays
moult piteu q̃ tenoit le cheual de mon seigñr
gauuain. Si lui amaine & lui aide a monter
Et quant mon seigneur gauuain vist que la
dame & les autres sen vont faisãt ioye si sceust
bien quilz lont oublie. Il sen tourna droit vers
la forest qui estoit a maine de deux archies pr̃s
de la place. Et le varlet dit. Sire ça est lentree
de ceste forest. Et messire gauuain dist. Amy
attendez moy cy car iay a faire en ce bois ne ie
ne men iray ne vendray que par cy. Atant sen
part & le varlet lattent qui cuide bien quil voi-
se au bois pour autre besongne quil ny va Et
quant il voit quil demeure si fiert apres des es-
perons tous les pas quil treuue tant quil a biẽ
ale vne lieue. Et lors regarde au fõs dun val
& voit messire gauuain qui se combat a vng au-
tre cheualier arme & la tãt batu de sõ heaume
quil est tout couuert de sãg & quil lui crie mer-
cy comme celui qui nen peut plus. Et messire
gauuain lui fait iurer que de par lui il se met-
tra en la prison a la dame de roestoc: & compte-
ra a la dame comment il a este conquis puis
a pris son heaume & met son espee au fourreau
& sen retourne grant alure Et quant le varlet

le Boys. Benir si se fiert ou boys quil ne le Boye et le cheualier conquis passe oultre et tient la droicte Boye a oest toc. Et quant la dame qui sen aloit apres son prisonnier eut attaint ceulz qui le menoient hector la regarde et lui dit. Dame ou est Bostre cheualier. Et elle regarde si ne le Boit mie. Haa lasse fait elle coment suis ie a blasmer qui si preudomme ay oublie. Lors retourne arriere a grant asseure et cheualiers et sergens auecques elle, et elle rencontre ceulz q Biennent apres. Lors demande nouuelles du cheualier, et ilz dient quil sen est ale. Lasse chetiue fait elle. Lors comence son dueil si grant q onques mes femme ne y fit de pareil. Adonc sen Bient apres hector et apres ceulz qui segurades menoient et leur compte son grant ennuy disant que iamais naura ioye deuant quelle Boye le cheualier. Lors sault hector sur son cheual et sergans et cheualiers assez auec lui pour monseigneur gauuain aler querir. Et quant le cheualier conquis entre en la court son heaume en sa main ainsi blecie come il estoit il descent et Bient deuant la dame et sagenoille et dit Dame ie suis Bostre prisonnier de par celui q conquist mon oncle segurades. Adonc descoure ses yeulz et segurades Boit que cest son nepueu tauagues. Si lui demande hector coment il la conquis. Certes fait il Bray fut que quant ie By quil eut conquis mon oncle si me pensay que ie lui iroye au deuant en celle forest ou il se estoit mis si le conquerroye legierement, car moult estoit las et naure. Je lassailly et rompi mon glaiue sur lui et tiray mon espee et lui couru sus, mais il ne daigna onques la sienne traire ains me arracha mon heaume de mon chief et men donna tel coup comme Bous Boyez, et me fit promettre que de par lui Biendroie en la prison de madame et me mettroie du tout en sa mercy. Et quant la dame loyt si dit. Ha lasse que ne suis ie ores morte q ma grant mesauanture ay perdu celui qui ioye et honneur mauoit rendue. Et tauagues respont quil ne seroit pas legierement trouue car moult sen Ba grant train. Et toutesfois promet hector a aler apres et auecq lui plus de quarante. Et le Bar qui auoit suiui monseigneur gauuain cheuauche apres lui tant quil lattaint et lui dit. Sire cheualier honneur Bous doint dieu, car en ce st

tout aues eu beaucoup a souffrir et aues acqs grant honneur. Et messire gauuain lui rent son salut et lui demande qui il est. Sire fait il ie suis le Barlet qui Bous baillay Bostre cheual et suis de cest pais natif dung mien chasteau que len appelle tauuagues, si Bous prie pour dieu que Bous hebergez ceste nupt auecq moy et iusques a ce que Boz playes soient gueries, car il me semble que Bous nestes pas bien aisie de cheuauchier, et ie Bous hebergeray bien aisiement et en beau lieu. Amy fait monseignr gauual ie Bous mercye il nest pas encores temps de heberger a homme qui tant a affaire comme iay, et aussi nay ie pas playes par quoy il me conuienne seiourner, et mon cheual dieu mercy est frais et fort et pourray encores cheuaucher longuement. Sire fait le Barlet la ou ie Bous hebergeray nest mie pres dicy ains sachiez quil sera noire nupt quant nous y Biendrons, et ie Bous meneray la droicte Boye ne ia par homme qui Bous suiue ne serez trouue en Boye. Je Bous prie sire que Bous y Biegnez car iauroye grant honneur se si preudomme hebergeoit auec moy. Et messire gauuain lui octroie. Et le Barlet semmaine a trauers le Boys par vne sente comme celui qui la forest cognoissoit mieulx que nul autre. Si cheuauchent tant quilz sont Benus a vne sienne maison forte qui estoit a deux lieues de tauuagues sur la riuiere de tauerne, et estoit vne place la mieulx assise du monde et forte a merueilles car elle estoit enclose de boys et de riuiere. Et quant ilz approuchent le Barlet dit a monseigneur gauuain. Sire ma maison est cy pres qui moult est aisie et loing de gens et pource ql est nupt si Bous y Boulez hebergez sachiez ql nest homme ne femme tant comme Bous Bouldrez estre cele qui ia Bous y saiche, car le lieu est moult secret. Et messire gauuain lui accorde quil demourera Bous ceans pour ceste nupt Et le Barlet sen mercye q moult en a merueilleusement grant ioye. ¶ Hector et ses compaignons qui sont a la poursuite de messire gauual ont cheuauche iusques a la nupt. Et apres qlz ont perdu le trac de messire gauuain et du Barlet ilz sen retournent sans enseignes en apporter et treuuent la dame moult courroucee pource q elle Boit q nulles enseignes ne apportent. Si dit

f.i.

que iamaie iope naura qui cestui deul lui face oublier. et dit. Haa las comment suis ie engignee que moy qui auoie le plus preudōme du monde et oncques honneur ne lui fiz ne compaignie. Beau sire dieu qui peut il estre moult doulentiere se sauroye ie. Ainsi se demente la dame du cheualier, et le seneschal lui dit. Certes dame vous pouiez bien apperceuoir quil estoit preudomme, car oncques de chose quil ouyst ne se esbahyt, si lui dist grodoain le nayn plus de honte et de villennie que oncques ne fut dit a cheualier tant de vergoigne ainsi que nous ont dit ceulx qui vindrent en sa compaignie. Haa lasse fait la dame pource say ie perdu, mais ia dieu nait mercy de moy si ie nen prens cruelle vengeance. Maintenant commanda q̄ le nayn soit pris. At aisi fut fait. Et landemain fist segurades son hōmage a tous ceulx qui tenoient de lui. Apres dit la dame quelle ne pourroit plus estre ioyeuse selle ne sauoit la verite du cheualier, et dit quelle veult aler a la court du roy art⁹ pour sauoir se leās on lui en dira aucunes nouuelles: car la repairent tous les preudes hōmes, et si y viendrez fait elle a segurades et vostre nepueu auec nous, et no⁹ irons a petites iournees. Et vous fait elle hector et mon seneschal et ma cousine et grodoain le nayn y viendrez aussi. Et saichiez que pour sa hōte q̄ le nayn dit au cheualier ien predray vengence telle que a toutes les villes ou ie viēdray ie lui feray lier vng cheuestre au col et a la queue de mon pallefroy ie le trayneray. Et se ie nen oy nouuelles a la court du roy artus ie le querray par toutes les terres tant que ie sauray trouue, et par tout meneray le nayn al si comme iay dit. Adoncques appareille la dame ses besongnes, et le nayn a moult grant paour mais aux autres ne poise gueres, et tant de a tel pa quilz ne sont ia en la voye tant sont desirans de ouyr nouuelles du preudōme. Et segurades le desire plus a veoir que tous les autres. Et telle part au matin sans plus attedre a grant compaignie de gens et enquiert p̄ tout nouuelles du cheualier en tous les lieux ou elle passe. Mais a present se taist le compte delle et retourne a monseigneur gauuain

¶ Comment messire gauuain fist cheualier le varlet qui se mena heberger en sa maison, la seur du varlet guerit messire gauuain de ses plaies, et messire gauuain donna a sa damoiselle la ceinture et le fermail que la dame de roestoc lui auoit donnees ....pli.

Monseignr̄ gauuain et le varlet ont tant cheuauche quilz sōt venuz a lostel. Et quant ilz y furent le varlet le desarme et lui quiert toutes choses quil conuiēt a cheualier naure. Et le varlet auoit vne moult belle seur q̄ pucelle estoit et sauoit guerir plāpes aussi bien que pucelle du mōde. Si regarde les plāpes de monseigneur gauuain moult doulcement et dit quil nauoit playe q̄ legiere ne fust a guerir, si les nettoie et les met si bien a point que moult lui est fort amende. Quant vint apres souper le varlet mist son hoste a raison et dit. Sire ie suis ioyeulx quant dieu vous a donne la voulente de ceans heberger, car vous estes le plus preudomme de tous les autres. Et ie vo⁹ vueil prier pour dieu que vous me conseillez dung m'en affaire, car ie suis grant homme et riche: et mon lignaige me blasme de ce que ie ne suis cheualier. Et madame de roestoc a qui homme ie suis men blasme. Il me aduint il ya plus de dix ans que ie me gisoie en mon lit et vint deuant moy vng cheualier le plus beau du monde, et mestoit aduis quil me tenoit par le nez, et ie lui disoie. Haa sire cheualier quel honneur vous faictes vous qui vous prenez a vng enfant, et il me disoit Ne vous chaille: car certes ie vous amenderay moult bien et si haultement que ie vous feray cheualier. Et ie lui disoye. Qui estes vous sire qui me ferez cheualier. Je suis fait il gauuain le nepueu du roy artus. Haa faisoie ie vous soyez le bien venu. Atant mesueillay et le dis a ma mere qui viuoit, et elle en fut moult ioyeuse, et me fit iurer q̄ ie ne seroie cheualier que de sa main. Et depuis ay este plusieurs fois a la court du roy artus et oncques ie ne le peu trouuer, et il nya pas encores trop iours que ien vins et lon me dist quil estoit parti de court lui vingtiesme de cheualiers et qroit vng merueilleux cheualier. Et ie ne puis auoir respit de ma dame que ie ne soie cheualier si vous voulsiroie prier pour dieu quil vous pleust me faire cheualier, car ie scay bien que

partie

a plus preudomme ne men pourroie ie complaindre. Et messire gauuain respont que ce feroit il moult voulentiers/ mais nompourtāt se vous estes riche home vous ne le serez mie a si grant haste comme vous cuidez pource q̄ ie ne pourroie demourer icy longuement/ car iay trop grant affaire entreprins par quoy il me conuient haster. Sire fait il se maist dieu ie ne demande autre compaignie que la vostre et sil vous plaist vous me donerez ce don/ car nous auons icy tout ce quil nous fait mestier veez la la chapelle et le chapellain et si ay armes toutes fresches Si me sera plus grant confort quant vous me aurez fait cheualier que se le lestoie par la main dung autre contre mō cueur, car de vr̄e main ne pourroit hōme prēdre lordre de cheualerie qui preudōme ne deuenist Or soit donc fait dit monseigneur gauuain/ mais ie vueil q̄ce soit le matī car ailleurs me conuient aler. Atant commande au varlet q̄l aisse veillier au monstier toute la nupt/ et il se fit. Icelle nupt fut messire gauuain merueilleusement bien hebergie et traictie. Et quant vit au matin si fut si allegie de ses playes et de toutes ses blecures tellement quil lui sembloit aduis quil nen auoit nulles. Et sa damoiselle fut appareille laq̄lle lui refreschit ses playes dung doulz oignemēt quelle auoit Apres quilz eurent oup messe messire gauuaī ceint au varlet son espee et lui chausse lesperō destre ainsi comme il estoit lors de coustume de faire aux nouueaux cheualiers/ mais ain cois lui demāda son nom. Et il dit quil auoit nom helain de tannigues. Lors lui donne lordre de cheualerie si come droicture se requiert. puis apres messire gauuain demande ses armes car il sen veult aler. Et le nouueau cheualier lui prie quil demeure tant quil soit guery mais il ne le veult octroier. toutesfois il se pū̄a tant quil se retint au mengier. Et apres disner priere ny fait riens ains demande ses armes pour sen aler. Et le nouueau cheualier vint a lui et dit. Sire puis que vous en alez dictes moy sil vous plaist vostre nom/ car quāt ma dame saura que ie seray cheualier elle me demandera de qui/ et ie ne sauray que lui respondre ne pareillement aux autres cheualiers qui le me demanderont. Seuremeut fait mōsei-

gneur gauuain dictes a ceulz qui se vous demanderont que gauuain le nepueu du roy artus vous a fait cheualier. Et quant helain sētent il a si grant ioye que greigneure ne pourroit on auoir en ce monde. Si dit que dieu lui a ceste fois a acomply tous ses desirs. Or nay ie pas paour a ceste heure dit il que ie ne soye preudomme puis que ie suis cheualier de sa main au plus preudomme du mōde. puis dit a messire gauuain. Sire ie scay bien que ie ne vous pourroye retenir longuement/ mais pour dieu ie vous requiers vng don/ cest que me donnes les armes que vous aues apportees de roestoc et vous emporterez les miennes qui sont bonnes et belles car cheualier maues fait. et vous ne me pourriez riens donner que plus aymasse. Et messire gauuain lui octroye Lors furent apportees les armes helain dont le haubergon estoit vng des meilleurs q̄ messire gauuain eut oncques vestu. Lescu estoit aussi blanc comme neige. Car ses nouueaux cheualiers en cesui temps auoient de coustume le premier an de porter leurs escus dune seule couleur. Le heaume estoit bon et fort. Si fut messire gauual arme des armes au nouueau cheualier dont il fut moult ioyeux. Il print sa ceinture et son fremail que la dame de roestoc lui donna et les donne a la damoiselle. Et elle les prent et moult sen mercye. Lors monte a cheual et les commāda a dieu/ et dit a la pucelle que bien saiche quil est son cheualier et se ra toute sa vie. Et elle en a moult grant ioye. Adonc fut appareille vng cheual sur lequel helain monta pour conuoier mōseigneur gauuain. Et quant il leut conuoie grant piece mō seigneur gauuain passa sauerne pour aler en la terre de norgalles qui estoit a gallehaut. et helain sen retourne a sō hostel pour faire ioye de son honneur/ et compte comment dieu lui a toutes ses ioyes enuoyees car messire gauuain la fait cheualier. En telle ioye et en telle feste demeurerēt deux iours ensemble. Et au tiers iour sen va helain a roestoc, mais il ne trouua mie la dame, ains lui dit on que deux iours auoit quelle estoit partie pour aler a la court du roy artus. Et quant il oyt ce il sen retourne a son hostel. Et pour le present le cōpte se taist de lui et parle de la dame de roestoc.

f. ii.

Cõmẽt la dame de roestoc vint a la court du roy artus pour sauoir nouuelles du cheualier qui auoit gaignie sa bataille contre seguradas et comme la royne enuoya en queste hector des marestz pour trouuer messire gauuain et de lescu que la dame du lac enuoya a la royne geneure ☙ Chappitre. lvii.

LA dame de roestoc fit tant par ses iournees quelle vint a la court du du roy artus elle et sa compaignie. Le roy estoit pour lors a quipercorantin qui la receut moult honnorablemẽt car moult estoit haulte femme. Au soir apres soupper furent le roy & la royne et la dame de roestoc assis sur vne couche. Si lui demanderent quelle besongne elle auoit affaire pource que venue estoit de si loing. Et elle leur en dit la verite. Sire fait elle segurades ma guerroie lespace de long temps mais il fut vaincu par vng cheualier que grodoain le nayn me amena lequel lui dit toutes les hontes que len pourroit a hõme dire. Celui cheualier se combatit a seguradas pour moy tant quil le vainquit. Et quãt il eut conquis ien euz si grãt ioye que ie oublie le cheualier qui conquis lauoit et sen ala sans que nul de mes hommes en sceust riens et oncques puis nen oup aucunes nouuelles, si scay bien que ce fut pour la honte que le nayn lui auoit dicte. Et pource ie estoie cy venue pour en ouyr aucunes enseignes, car ie scay bien que ceans repairẽt tous les preup hommes du monde. Lors lui demande la royne les manieres & les contenances du cheualier. Et elle les lui deuisa, mais elle ne scait qui ce peut estre se ce nest messire gauuain, car il est fait elle parti de ceãs long tẽps a auec. pp. cheualiers preup et vaillans, et quierent vng des plus preup hommes du mõde. Lasse dit elle se cestoit mõ seigneur gauuain donc suis ie honnie car oncques honneur ne lui fis ie dont cest grant honte a moy. Si en laissẽt la parole et sen reuiẽt la dame et sa compaignie a son hostel pour reposer car elle estoit lasse. Et grodoain le nayn qui estoit en la garde du seneschal lui prie qͤ lui face cõpaignie tant quil ait parle a la royne, & il le fait voulẽtiers car moult estoit preudomme et saige. Atant viennent eulz deup

deuant la royne et le nayn sui crie mercy et dit Haa dame secourez moy car en vous est tout bon secours et bon conseil. La royne lui demande quel conseil et quel secours il veult. Dame fait il ie suis le nayn qui menay le cheualier a la dame de roestoc qui sa bataille lui vainquit et ie cuidoie sans faille que ce fust le pire cheualier du monde. Je sui diz moult diniures et de laidenges, et maintenant ma dame dit quelle la perdu par moy, et dit quelle mesmes le ira querant par toutes terres et si me menera auec elle par toutes les villes et citez ou elle ira. et moult me fera regarder car iauray au col vng cheuestre sie a la queue de sõ cheual. Ainsi ma elle mene depuis quelle partit de son pais et ie mouray se plus elle me maine en ceste maniere. Si vous requiers pour dieu que vous y mettez paine et conseil, car ie suis gentil hom me pourtant se ie suis chetif de corps. Et la royne lui dit nayez paour car se ie puis vous serez desiure ains que vostre dame sen voise de ce pais. Dame fait il ie vous remercye. Atant sen retournent sui et le seneschal. Landemain vint la dame seoir le roy et la royne et parlẽt ensemble moult longuement. La royne sui demande vng don, et elle lui octroye. Vous maues donne fait elle que vous pardonnerez au nayn vostre mal talent. Dame fait elle ie ne hay pas le nayn pour soy, mais il a vne niepce qui est ma cousine laquelle ie priay a mon grant besoing quelle laissast pour moy combatre vng cheualier qui son amy estoit, & elle me dist qͤlle renoieroit aincois dieu, mais selle veult enuoier son amy en la queste de ce cheualier ie suis contente que le nayn soit desliure. Par ma foy fait la royne selle reffuse ceste chose a son oncle donc nest il nul qui hair ne la deust. Lors la royne appelle le nayn et lui dit. Nayn iay pourchacie vostre desliurance se vostre niepce veult tant faire pour vous quelle enuoye son amy querir le cheualier qui segurades conquist et vainquit la bataille ne autre paip ne pouez vous auoir. Certes dame dit le nayn ie cuide quelle ne le vouldra faire, mais touteffois ie y essaperay. Lors vient le nayn a sa niepce et lui dit. Ma niepce ie suis mort se vous ne me secourez. Cõmẽt fait elle. vous est il auenu. alqͣ chose par ma foy dit il il conuient que vous me prestez hector pour a ler querir le cheualier qui conquist seguirades Et se ie ne say ma dame me trapnera apres et le aissi comme elle a acoustume. Et elle respont que ia dieu ne lui aist quant hector ira par son congie ne par son comandement. Quant le napy lentent il a telle paour que par vng pou quil ne se pasme. Si vient a la royne et lui compte que nul conseil ny peut trouuer. Par ma foy fait la dame de roestoc ie se sauoie bien, cest la plus loyale creature q soit au monde. Or ne vous chaille fait la royne ie lui amoderetap tellement son couraige que ie lui feray accorder Lors appelle la dame de roestoc a conseil et lui dit. Vous ne vous en irez huy ne demain et dictes au iour du y a voz gens que ie vous ay priee de demourer. Lors sen retua la dame a son hostel et dit a ses gens ainsi come la royne lui auoit dit / mais ie ne demourteray pas fait elle Landemain elle reuint a la court, et en sa presence de tous ses gens la royne la priee de demourer, mais esse dit quece ne peut estre.

Atant se leuerent toutes les dames et laserent seoir feroy. Et quant il les vit venir il se sieue encontre eulx et prent la dame de roestoc par la main, et la royne prent lampe de hector et lui dit. Se vous ne me aidez a vostre dame engignier ie ne vous aymeray iamais. Dame fait elle et comment. Esse ma fait la royne priee que ie ne la priasse point de demourer, car elle dit quelle ne demourera point se vous ne demourez. Et pourtant se ie vous demande vng don si le me octroyez et ien demanderay vng autre a vostre cousine qui cuidera bien que ie parle de demourer, mais ie feray tant que le napy sera deliure. Haa dame fait elle vous aues moult bien dit. Atant sen vont seoir et la royne dit a la dame de roestoc. Ie vous prie que vous me donnez vng don. Et elle dit Dame ne me demadez mie oultrage, car veez cy vne pucelle qui moult a affaire. Ne vous esmayez mie fait la royne car vous ne sauez pas ce que ie vueil demander. Et la dame dit quelle lui octroye. Et pareillement la damoiselle lui octroya. Apres que la royne eut pris la foy de lune et de lautre elle dit a la dame de roestoc. Or maues vous octroye que le napy est deliure enuers vous du mal talent de la hayne que vous auiez sur lui. Et vous fait elle a la damoiselle vous maues donne q vous priez hector quil voise le cheualier querre tant quil le treuue. Et quant elle soyt elle fut si esbahye quelle ne peut parler dune grant piece. Et tous ceulx qui loyent en sont spez et la dame de roestoc en est moult ioyeuse sur tous les autres. Et quant la damoiselle peut parler et le dit. Haa dame royne certes il ny a pas tant de bien en vous come len y tesmoigne, et moult aues ores peu gaingnie de deceuoir vne pucelle. Et nonpourtant deceue ne maues vous pas car ia dieu ne maist se ie le prie ia quil y voise. Mais par les sains de cesse chapelle sil y va ia ne sera par moy ne ia de moy priere nen aura Certes fait la royne autrement ne seriez vous pas niepce au napy se vous nesties plus felonnesse que autre femme. Et bien sachiez que ou pouoir de monseigneur le roy ne a cesse dame qui cy est ne tiendrez vous ia pie de terre deuant que le conuenant soit acquitte. Dame fait elle ie nen puis mes. Se vous ne se faictes par amour fait la royne vous se ferez par force combien q moult vous en poise Certes fait elle or y perra Et la royne dit a la dame de roestoc q si chier comme elle ayme son corps quelle ne lui laisse riens en baillie qui soit en son pouoir sur paine de faulcer la foy et se serment quelle doit au roy artus. Et la dame lui octroye faisant semblant destre courroucee, mais moult ioyeuse et lyee en est. Apres la royne dit au napy qui est de tout saisy que selle ioyst de quelque chose et quelle sen apperceuie bien sceust quelle len courouceroit en telle maniere quil ne lui demoureroit rape de terre. Atant sen yst la damoiselle de la chambre moult courroucee et pleure moult tendrement, et rencontre hector en chemin qui lui demande quelle auoit. Et celle ne voulut dire mot fors tantseulement Haa lasse tant ma deceue celle qui tous decoit. ne plus nen peut traire hector pour priere quil face. Si la laisse iusques a lostel. Et quant elle fut en sa chambre elle se couche sur vng lit e fait tel deul que nul nen peut parolle traire. Quant hector voit q le ne lui dira lachaison de son deul il vient au napy et lui demande dont procede le couroux que sa niepce auoit. Et le napy lui compte toute la verite du cas, et aussi le serment que

f.iii.

elle a fait. Haa pour dieu faict hector venez auant et si lui priez quelle seuffre que ie y voise car tout sans commandement iroye ie ains quelle perdist sa terre, mopennant que ie ney eusse point sa haine. Et ie vous prie pour vre proufsit et pour se bien que vous lui priez quelle me laisse aser en la queste, car la ropne le veult. et ie croy quelle me soctroiera puis que ie le voul drap. Et se napy lui dit quil en est tout prest. mais ie sa sent de si grant couraige dit il que a grant paine le vouldra faire. Or essaperons nous fait hector. Atant viennent tous deux ensemble a lostel de la damoiselle et se agenoillent deuant elle et lui prient pour dieu quelle vueille que hector voise en ceste queste. Sire fait elle au napy, mauez vous pour ceste cause fait deceuoir a la ropne certes riens ny ayez vous gaignie, et ia dieu ne maist se hector en aura de moy priere ne commandement. et sil y aloit sans mon congie bien saiche que iamais ne me verroit viue, et sil reuenoit il ne me reuerroit iamais sienne. Et quant ilz sopent ainsi parler ilz en sont moult a malaises, si se part le napy et sen vient arriere a sa dame qui est auec la ropne et lui compte le deul que sa niepce fait, et dit que iamais hector ne yra en la queste par son commandement ne par sa priere, et sil y va sans son congie il ne sa reuerra iamais. Et quant la ropne loyt si lui en prent grant pitie et en a grant douleur en son cueur, car bien scait que sa damoiselle a grant douleur au sien si enuoye querre par la damoiselle de malohaut laquelle moult lui conseille quelle laisse aler hector en sa queste et quil ne demourera mie longuement. Certes dame fait le napy il y alast moult voulentiers selle ne lui eust defendu, mais il lapme et doubte sur toute riens. Lors la dame de malohaut la maine a la ropne et tousiours lui ammoneste quelle commande a hector quil aille en la queste du cheualier qui conquist segurades, car il ne demourera pas gramment. Et celle ne lui octroie ne contredit, mais elle escoute et ne dit mot.

Ainsi viennent a la court la dame de malohaut et la niepce du napy. Et quant la ropne la voit si la voulut moult honnourer pourceque quelle scait bien grant partie du mesaise et desangoisse quelle a. Si la prent entre ses bras et lui dit. Damoiselle ne vous esmayez mie mais reiouissez vous car se dieu plaist vous aurez de brief mieulx que vostre cueur ne desire. Atant sest la pucelle assise. Et sa ropne lui prie quelle commande a hector qil voise en ceste queste pour la desiurance de son oncle, mais en nulle maniere elle ne veult si accorder. A ces paroles entre leans ung cheualier arme de toutes armes et une damoiselle auec lui moult belle et gente laquelle portoit ung escu a son col ce dessoubz dessus car le cheualier ne se pouoit porter pource qil auoit le bras brise entre la main et le coutte. et sauoit lie et be au mieulx quil auoit peu et neantmoins il auoit si grant douleur des os qui heurtoient ensemble que par vng pou quil ne se pasmoit. Le cheualier descendit emmy la court moyennant laide des assistens qui y estoient et pareillement sa damoiselle. Et quant ilz furent descendus si demanda le cheualier ou estoit la ropne, et on lui enseigna car chacun couroit en tout eulz pour veoir le cheualier blecie et pour veoir sa damoiselle a lescu. Et quant il vint deuant la ropne si la salue en ceste maniere. Dame ie vous salue de par vng cheualier qui moult vous apmet plus que vous ne faictes lui. Et si vous mande que vous lui feistes pieca vng don et vng demy seruice lequel bien lui peussiez auoir fait entier, et pource veult il q vous sachiez quil ne vous doit que demy guerdon, et il se vous rendra au premier lieu quil pourra auoir laisement de se guerdonner. Lors commence la ropne a penser et puis lui demande qui est le cheualier qui lui mande ce message. Et il respont quil ne scait mais ainsi me commanda que ie vous deisse et que vous le congnoissiez bien. Et quant la ropne voit quil est si blecie si lui demande qui lui a ce fait. Certes dame fait il le cheualier q me abbatit, cest celui dont ie vous ay parle, ie cheuz si durement que le bras me brisa ainsi comme vous voyez. Apres parla la pucelle qui lescu portoit et dit a sa ropne. Dame salut vous mande la plus saige des pucelles qui viue, et vous mande par moy q vous gardez cest escu pour lamour delle. Et si vous mande quelle est la pucelle du monde q plus congnoist et scait voz pensees. Et bien sachiez q se vous le portez et gardez il vous guerira de la greigneure douleur ou vous fussiez oncques. Se maist dieu fait la royne lescu est bien a garder, et bonne auanture ait la pucelle qui le menuoye, et vous qui le me apportez soyez la bien venue. Mais pour dieu dictes moy q est icelle pucelle, car moult vou lentiers la congnoistroie. Dame fait elle ie la vous nommeray voulentiers. Elle est appel lee la dame du lac. Et quant elle l'oyt nom mer si sceut bien qui elle estoit. Adoncques elle embrasse la pucelle qui lui auoit apporte l'escu et lui fait si grant ioye que merueilles. Lors lui oste elle mesmes l'escu de son col et le regar de amont et aual et voit quil est fendu dung bout iusques a lautre, et ne tiennent a riens les deux bouches fors a la bende tant seulement, et sont les deux moitiez si loing lune de lautre que len peut bien mettre sa main entre les deux pieces sans aucunement touchier aux deux par ties. En lune des moitiez de l'escu estoit pour traict ung cheualier arme fors seulement la teste lequel estoit moult richement atourne. Et en lautre moitie estoit pourtraicte une dame si bien et si plaisammet faicte que difficile cho se seroit a mieulx pourtraire. Et estoient ces deux parsonnaiges si pres par le hault q lun tenoit ses bras sur le col de lautre et sentrebai sassent se ne fust la deffaulte de l'escu, mais par le bas ilz estoient si loing lung de lautre que plus ne pouoient. La royne dit a la pucelle Certes damoiselle cest escu est moult courtois s'il ne fust si fendu. Je vous prie dictes moy la cause pourquoy il est ainsi ouuert, car il sem ble estre tout frais Et me dictes aussi la signi fiance du cheualier et de la dame qui y sont si bien pourtraitz. Et la pucelle lui dit. Dame il est ung cheualier le meilleur du monde lequel a tant fait d'armes et de prouesses que sa da me lui donna son amour ne plus ny a encores que du baiser et accoler. Et ce estes vous da me et vostre amy qui est le plus preudomme du monde, vous estes tous deux pourtrais en cest escu que vous voyez si desioint. Et quant il aduiendra que que vous aurez geu charnel lement ensemble sachiez que cest escu sera ser re ensemble ainsi comme sil neust oncques este fendu. Et sachiez q lors serez deliuree du greig neur deul qui oncques vous auenist, et serez en la greigneure ioye que vous eussiez oncques Mais ce ne aduiendra iusques a ce que le meil leur cheualier du monde qui est hors de l'ostel du roy artus soit demourant en sa maison, et seie disoie que ce fust le meilleur de dehors et de dedens si ne mentiroye ie pas tant en ay ouy dire de bien. Et autant a fait d'armes en pou de temps que ung bon cheualier deueroit fai re en toute sa vie. De ces nouuelles fut moult ioyeuse la royne et aussi la damoiselle a moult grant ioye, et bien pense en son cueur quel che ualier ce peut estre. Lors le cheualier vient de mander congie a la royne car moult auoit en cores long chemin a aler, et elle dit quil demou reroit tant quil fust guery de son bras, car du cheuauchier nauoit il mestier Et il dit que for ce lui est de partir, car le cheualier a qui il auoit couant lui fit iurer que si tost quil auroit par le a sa royne quil iroit a sa dame de roestoc, et il dit quil ne sauoit ou c'estoit car oncques ny a uoit este.

Quant la dame de roestoc le sent elle se lieue et lui demande nouuelles du cheualier et lui dit que c'est a elle a qui s'en uoye Dame fait le cheualier ie ne le croy pas, mais se ma dame la royne le tesmoigne ie la croiray bie. Et la royne lui dit que c'estoit elle. Benoit soit dieu dit il q si pres la me a amenee, puis lui dit. Le cheualier qui vostre bataille fit con tre segurades vous mande q sil venoit en poit de vostre besogne faire il vous oublieroit ainsi come vous fistes lui, ne il ne vouldroit mie q vo ne autre l'en blasmast, car vous l'auez desser ui. Et vostre seneschal Serrope ie voulentiers et hector aussi. Et ilz vienent tous deux et dema dent nouuelles du cheualier. Et il leur en dit tel les comme ilz les vouloient ouyr, et dit au seneschal. Sire le cheualier qui se combatit a segurades pour ceste dame icy vous salue com me celui qui vous tient a seigneur et a amy e men uoie en vostre prison, car il scait bien que vous ne me pourriez faire ne mal ne villennie. Le seneschal le recoit a moult grant ioye et lui dit quil soit le bien venu pour l'amour de luy. Si re fait le cheualier a hector, il vous remercye moult de ce q vo lui portastes son glaiue quat il fut a la bataille et fustes son escuier. Puis desceint une espee quil auoit ceinte auec la sien

l.iiii.

neet sa teste a hector et dit que le cheualier suit en
uoye pource quil croit quelle est moult bien em
ployee en lui. Moult sont le seneschal et hector
grant ioye lung de son prisonnier et lautre de
son espee, et ne scaiuent qui est celui qui seut en
uoye. Coment fait la royne au cheualier, et q̃
enuoye il a la dame de roestoc. Dame fait le
cheualier il me dist quil lui auoit enuoye deux
cheualiers, cest asauoir segurades et son nep
ueu ainsi come elle lui auoit donne deux dons
une ceincture et ung fermail. Et pource quil ne
veult pas quelle soit deceue de lui il lui man
de par moy quil ne garde plus ses ioyaulx,
mais les a donnes a la plus vaillante dame
quil veist oncques, car il ne les auoit pas pris
senon pour remembrance delle. Et il lui est
aduis quil ne se mesfait pas sil loublie puis
quelle la par auant oublie. Et quant la dame
lentent elle se pasme, car cestoit la chose au mon
de que plus elle aymoit que le cheualier, si se
doubta bien quelle lauoit perdu a tousiours
mes. Incontinent la royne et les autres dames
la courent prendre et la prindrent et lemporte
rent en une autre chambre affin que les gens
ne la veissent. Et quant elle fut reuenue de pa
moison si la rappella la royne premierement
et lui demanda comme celle qui tous les biens
sauoit, et qu'elle ne lui mentist pas se elle aymoit
le cheualier. Dame fait elle ie ne le vous cele
ray pas, mais oncques ie ne pris ay cheualier
autant que lui. Et si tost que ie nay ouy parler
il mest entre au cueur une amour si grande q̃
dire ne se pourroye, et chacun iour me croist et
enforcist. Et sachiez que tant comme ie viuray
ie ne seray ioyeuse tant que ie laye veu. Et ie
vous prie que vous facez tant a hector quil se
voise querir se vous me voulez ma vie sauuer
Et lors lui est cheue aux piez en plourant. La
royne la relieue et sault hors de sa chambre tou
te pensiue et appelle la niepce du nayn, et lui dit
qu'elle prie a son amy hector qu'il aille en la queste
Et elle dit que par sa foy elle ne sen prira ia
ne ne lui commandera. Et la royne lui dit pour
acquiter le serment quelle auoit fait que ia pri
ere nen face ne commandement, mais tant seu
lement vueille souffrir et octroyer quil y voi
se, ou aultrement sachiez que vostre terre sera
perdue, et vous mesmes serez mise en tel lieu

que vous naurez pouoir de vostre corps. Et
quant elle voit que faire lui conuient si dit que
par sa priere ne par son commandement ne ira
il ia en peril de mort, mais sil a voulente dy a
ler si y voise car ie sui octroye sans male vou
lente. Quant hector loyt il est moult ioyeux et
dit quil ira moult voulentiers. Se mais t'dieu
fait elle du tout ne me aurez vous pas en voz
lez puis qu'il a pme aler en la queste, mais bien
sachiez qu'il n'yra mie seul, car ie men iray auec
lui. De ceste parole se rient toutes les dames
et la tiennent pour folle et sen chastient, mais
toutesfois chastiement ny a mestier, car elle
veult a toute force aler auec lui. La royne la
traict auecques elle a conseil et la dame de ma
lohaut et lui dient et remonstrent quelle seroit
honnie et deshonnouree se fortune venoit a hec
tor ne iamais nauroit ioye. Et sil aduenoit
fait la royne que ung autre cheualier conquist
hector il vous prendroit et feroit de vous ses
voulentez, et pource mieulx vous vauldroit
il auoir vostre amy sain que mort ou meshai
gnie, car mains cheualiers ont este menez ius
ques a oultrance qui encores sont preux hom
mes et honnourez. Et elle respont que ia ap̃s
la mort de son amy ne quiert elle ia viure, non
obstant quelle leur octroye a demourer com
bien quelle en fut moult courroucee et dolente.
Les armes sont apportees a hector et inconti
nent fut arme fors tant seulement les mains
et le chief. Lors fait la royne les sains appor
ter et sen vont tous deuant le roy. Et quant
ilz furent la venuz la royne lui compte de chief
en chief la cause pourquoy hector va en la que
ste. Adoncques hector sagenoille deuant les
sains par le commandement du roy. Si iu
re ce que le roy lui deuise ainsi quil estoit de cou
stume en ce temps la, et promet quil cherche
roit a son pouoir le cheualier tant comme une
queste se deuoit durer, laqlle duroit lespace dun
an, ou qu'il ne reuiendroit sans lui ou sans vray
es enseignes par quoy len sauroit quil l'eust
trouue, et que de chose quil lui auenist en ceste
queste a son pouoir nen mentiroit ne pour sa
honte couurir ne pour son honneur auancier.
Tel serment faisoient ceulx qui en la queste
aloient en ce temps, car les merueilleuses auan
tures auenoient eu royaume de logres.

partie

Quant hector eut iuré si arma ses mains son chief & lassa son heaume Et la pucelle qui samie estoit faisoit tel deul que nul ne le peut conforter. Si la la dame de malehault esfermee en une chambre pource que toutes gens ne veissent le deul quelle fait. Lors prist hector ogie du roy & sen va pser a la roynne & la commanda a dieu tout armé du heaume que la roynne ne les autres ne veissent les larmes qui de ses yeulx lui cheoient. Si se agenoulle devant elle & lui crie mercy de sa damoiselle La roynne le voit angoisseux si lui dit pour soy reconforter quil ne se esmaye mie, car sil fait bien en ceste queste elle lui promet la compaignie des pers de la maison du roy artus / car nul chevalier tant soit preux ne feust assemble aux compaignons de sa maison devant que par les compaignons mesmes ou par le roy feust sa prouesse cogneue. Et souvent avenoit q quant ung chevalier estoit prouué de prouesse cogneue on le retenoit. En telle maniere fut retenu saigremor le desrree de la roynne quant il vint premierement a court. ¶ Moult fut Hector ioieux & lié de ladicte retenance. Et elle mesmes lui mena ung chevalier qui avoit le bras brisé pour savoir en quel lieu il avoit trouvé le chevalier Et il dit quil le trouva estre la riviere de sauerne & les fades de burkha. En la forest qui est estre la duchie de quauieine & le royaume de norgalles Et quant hector lot si scait assez bien q cest & ou cest car maintesfois en avoit ouy parler mais il ny fut oncques. Atant sen part de la court a ung mardy au soir entre none & vespres & va au plus droit quil peut a la terre de norgalles.

¶ Comme la dame de roestoc prenoit congie du roy artus pour sen retourner en sa terre Ung varlet le quel presenta lescu de messire gauuain a la dame de roestoc disant que messire gauuain estoit celui qui sa bataille avoit faicte contre seguiades.   fliii.

Appendroit dit le compte que quant hector fut party de court si sen vint arriere la roynne au chevalier blece & le fist desarmer a moult grant paine & trop lui grievoit car deux fois se pasme avant que le haubert lui feust osté hors du dos & elle le fist aisier a son pouoir. Et lescu que sa damoiselle avoit aporte le fist pendre en sa chambre si q tousiours le veoit: & moult se delectoit a le veoir: ne oncques puis ne a sa en nul lieu ql ne fut porte devant elle & tousiours pendu en sa chambre iusques a icelle heure quilz furent reioingz par auanture Ainsi q cy apres sera compte Atant sen partist sa pucelle q lauoit apporté, Et la roynne ala veoir samie hector pour la reconforter. Et celle lui dit quant elle la voit aussi ioieuse Vous face dieu de celui que vous aymez plus eu monde que ie suis pour celui que mon cueur plus ayme & que vous avez fait departir de avec moy oultre mon gre. De ce fut la roynne moult effrayee & depuis fut telle heure quelle voulsist bien ne savoir oncques pese. car il ne demoura pas grandement que elle fut autant courroucee ou plus. Lendemain que hector fut party environ tierce fut appareillee la dame de roestoc pour aler en son pais & estoit venue prendre congie du roy & de la roynne Et le seneschal avoit laisse a la roynne le chevalier blece par sa priere tant quil fut gary. Le roy et la roynne vouloient retenir la dame encores une piece mais ce ne peut estre, car trop avoit grant deul. Ainsi print congie du roy & de la roynne. La roynne & la dame de malehault prierent la niepce du nayn de demourer pour ouyr plus tost nouvelles de hector, car tous les iours venoient auantures et nouvelles a la court: si y trouveroit plus soulaz et compaignie que ailleurs. A leure du congie que prenoit la dame de roestoc de la roynne entra leans ung varlet portant ung escu a son col qui nestoit pas entier: car il y avoit de grans pertuis delaces dessoubz la boucle et dessus et estoit detrenchie despees hault & bas tellement quil estoit pres que tout desfiguré, et neantmoins encores y avoit telle apparence que bien le pouoit len congnoistre/ car le champ de lescu estoit dorá ung lyon de gueules. Le varlet demande nouvelles de la dame de roestoc/ & il lui fut dit quelle estoit cheuz la royne. Il sen va droit a la chambre. Et quant le seneschal et la royne le virent entrer dedens ilz dirent. Regardez dame veez cy lescu au chevalier que hector va querir. Et quant elle lot toute le sang lui mue/ et elle seassiet. Le varlet approuche & ne y a celui de la maison du roy qui bien ne le congnoisse. Dame fait le varlet

ie vous apporte bonnes nouuelles de mõ sei
gneur gauuai q̃ est sal̃ ꜩ ioieuꝝ. Et la royne
ne lui laisse plus dire mot ains prent lescu si
le baise ꜩ embrace comme elle eut fait le corps
de mon seigneur gauuain se elle le tenist. Et
le varlet dist a la dame de roestoc. Dame mõ
seigneur helain de taueugues vous salue ꜩ
si vous mande que tant se a seŋ prie de estre
cheualier que il se est de present dieu mercy. Et
qui la fait cheualier dist la dãe. Certes dame
fait il ce a este mõ seigneur gauuain celui qui
fist la̋ bataille cõtre segurades. Et quant el
le ot que se fut messire gauuain: qui lauoit se
courue elle fist plus grant dueil que deuant:ꜩ
dit. Haa dieu fait elle ie ne auray iamais ioie
puis demande au varlet cõmẽt ce fut quil le
fist cheuälier. Et il lui compte la verite. Et
veez cy fait il son escu:ꜩ ses armes sont demou
rees a mon seigneur ꜩ mon seigneur lui a bail
lie les siennes.

Tant est la nouuelle alee que le roy lui
mesmes y est venu a grant cõpaignie
de cheualiers pour les nouuelles ouyr. Et le
roy demande au varlet de son nepueu. Et il
dit quil est sain ꜩ bien guery des playes que se
gurades lui fist:ꜩ que messire helain auoit vne
seur qui le garist qui bien sçait playes garir:ꜩ
vous fait le varlet dame de roestoc le congnoi
striez auꝝ enseignes des ioyaulꝝ que võ lui
donnastes lesquelz il donna a la seur de mes
sire helain ꜩ deuil son cheualier pour les play
es quelle lui auoit garies. La douleur q̃ la da
me de roestoc a en son cueur nul ne la ſço͞ pour
roit dire.Voulentiers eust fait le roy ꜩ la roy
ne retenir lescu de mõ seigneur gauuain mais
le varlet dit que son sire lui auoit fait iurer q̃l
le reporteroit a son pouoir ou sinon que bien gar
dast quil ne reuenist vers lui ou il le destrui
roit.pource le laissa le roy emporter ꜩ sen ala le
varlet auec la dame. La dame de roestoc prĩt
cõgie du roy moult courroucee ꜩ lui fist la da
me tollir lescu a force:ꜩ dit que helain mesmes
compreroit ce quil lui auoit mon seigneur gau
uain celé:ꜩ quil ne se deuoit pas faire estant q̃l
estoit son homme lige ꜩ pour lescu ꜩ pour au
tres choses en meurent telz cõtemps dont puis
furent maints maulx faiz.

Comme messire gauuain rencontra vne
damoiselle qui le mena ou son frere agrauain
estoit malade. Et comme par le sãg de mes
sire gauuain il fut gary de sa iambe. plііі.

Quant messire gauuain se fut par
ty de helain quil eust fait cheualier
il erra tout se iour sãs auãture trou
uer qui a cõpter face. La nuit arriua dauan
ture a vne maisõ de moines qui estoit sur vne
petite riuiere. Et estoit la maison appellee
bien fait. Et auoit este appellee anciennement
hermitage ꜩ lauoit le duc estaus de cambenic
si a creue ꜩ augmentee q̃ lors auoit la des moi
nes en abit regulier ꜩ nestoiẽt mie moines noi
res car en ce tẽps nestoit mie spandue religiõ
noire en la grant bretaigne:ains estoient apel
lez abstinens tous ceulꝝ qui viuoient en ceste
religion. En ceste maison heberga messire
gauuain celle nuit. Lendemain se leua matin
ꜩ erra tãt que vne auanture le porta en vne lã
de grãde ꜩ belle, ꜩ il regarda a destre ꜩ vit vne
moult belle ville ꜩ moult riche que on appel
loit cãbenic. Et deuant lui estoit la forest dõt
le compte a parle deuant qui auoit nom breke
han.Ainsi que messire gauuain estoit en celle lã
de ꜩ cheuauchoit son chemin tout pensif:il ouy
la voix de vne fẽme qui chãtoit moult hault
ꜩ moult doulcement. Messire gauuain tourne
celle part ꜩ voit vne damoiselle de grãt beau
te la quelle portoit vne espee pendue a son col
dont le foureau estoit fort riche ꜩ beau. Il sa
lue la damoiselle: ꜩ elle lui respont tout en a
lant. Dieu vous benye sire cheualier se vous
lauez desserui. Moy fait il damoiselle cõment.
par ma foy fait elle pucelle ne doit pas salu
er cheualier se il ne a pucelle conseillee sil sest
trouue en lieu ou elle en ait eu mestier. Damoi
selle fait il pource ne perdray ie pas vostre sa
lut, car se le cuide auoir desserui. Pource vous
doint dieu bonne auanture. Atant se taist la
pucelle ꜩ sen va tousiours son chemin Et mes
sire gauuain la met en parolle a son pouoir et
la veult faire arrester ꜩ lui dit. Damoiselle
entendez a moy car ie vueil a vous parler. Nõ
ferai sire cheualier car se seroit malfait a moy
se ie me arrestoie a vous. Et pour quoy fait il
Certes fait elle pource que ie vois hastiue
ment querant deux des meilleurs cheuali
ers du monde. Et se ie me arrestoie a vous de

tãt me destourberoie de les trouuer. Je ne scay ou vous alez damoiselle fait messire gauuaī mais ie vous prie dictes moy qui sõt ces deux cheualiers que vous querez se dieu vous doit a bon chief venir de vostre queste. En verite fait elle assez a tẽps sera sceu. Puis dit a messire gauuain. Suiuez moy. Moult iers fait messire gauuain et elle sen alla deuant et lui apres. Ilz sen issent hors du grãt chemin et võt par vng sentier estroit et entrent en vne basse forest et espesse et cheuauchent tant quilz voient vne haulte tour et vne grande maison decoste. Et estoient la maison et la tour closes de vng bolle hault et espes. Et messire gauuaī demanda a la pucelle quant elle lui dira q̃ sõt ses deux cheualiers Vous le saurez biẽ fait elle en ceste maison la. Et celle espee fait il ou la porterez vous. Je la porteray fait elle a vng des cheualiers que ie quier. Atant approucherent vers la tour. Et quant ilz viennent a la porte la pucelle va deuant et lui apres. et quãt il est dedẽs la porte il voit vng cheualier tout arme en my la court q̃ sui crie et dit q̃ mal y entra Si laisse curre droit a monseigneur gauuain et messire gauuain a lui et sentrefierent en my les escus: et la lance du cheualier rompt. et messire gauuain le fiert si quil le porte a terre. Et puis suiuist la pucelle qui sen aloit vers la salle. Le cheualier se releue et sen va apres mõseigneur gauuain lespee en sa mal. Si si ha ste de son coup iecter mais il ne peut a lui auenir et descendist le coup sur le col du cheual, et lui couppe tout au trauers. Le cheual cheut mort. Et messire gauuain demoure en estant sur ses pies et puis met sa mal a lespee et court sus au cheualier et dit a la damoiselle q̃l sup uoit. Damoiselle dictes moy en quel lieu ie v9 suiuray car cy ne demourray pas gramment fait messire gauuain. Et elle lui dit que en sa plus belle chãbre et en la plus riche qui soit cea ms me trouuerez se vous y voulez venir. Et il se adresse au cheualier et le fiert parmy le comble du heaume comme celui qui moult estoit cour rouce de son cheual quil lui auoit occiz. si charge se cheualier de telz coups quil lui fait prendre terre de lune des paulmes. Et quant il se cuide releuer messire gauuain le fiert de la pointe de son espee a la temple et le porte a terre tout estendu. Lors lui arrache le heaume de la teste et le menace de la lui coupper. Il y eut vne damoiselle qui se scria et il regarde en en vne fenestre en hault et la voit de moult grant beaulte Et elle lui escrie Sire cheualier ie le pse ge. da moiselle fait il dõc na il garde si ma il moult forfait. Atant laisse le cheualier et sen va la ou il a veu la pucelle aler. Et quant il est dedẽs la salle il voit vng cheualier greigneur q̃ lau tre nestoit arme de toutes armes et tenoit vng glaiue et vient si tost comme il peut et fiert mõ seigneur gauuain sur son escu si que partie du fer passe oultre mais le coup se arresta sur sõ heaume. Et messire gauuain le fiert et lui coupe son glaiue et vient vers lui. Le cheualier se couurit de son escu au mieulx quil peut. et messire gauuain le fiert entre le col et lescu et cheust le coup sur le bras senestre tellemẽt q̃ par vng peu ne lui a couppe et celui laisse lescu cheoir et ne attẽt mie lautre coup mais sen va fuyãt en vne autre chambre son bras branslãt qui estoit couppe iusques au millieu. Et messire gauuain ne le suiuit plus auant: et sen va atout le tronchon de lãce en son escu et entre en vne chãbre ou il a oui parler sicõme il lui semble vne pucelle de moult grant beaute et lui dist Haa sire gaingnie me auez se vous voulez. Certainement fait il ie le vueil tres voulentiers. Et si tost cõme il entre ens deux autres cheualiers si lassaillent. Et lors laisse courre vers eulx et fiert le p̃mier quil attaint dessus le heaume et tellement la chargie du coup que se heaume est rompu et le coup est descendu sur la coiffe, si que plusieurs des mailles ont entre dedens la teste et est estourdy et suant en telle maniere quil va tout chancellant iusques au mur. Et messire gauuain chemine tant quil vient a la damoiselle q̃ siet en vne chaere q̃ est de moult grant beaute et lautre cheualier se aloit suiuãt et ferãt par derriere. Et mon seigneur gauuai ne se retourne point tant lui plaisoit la damoi selle a regarder: et celui toutesfois le fiert si q̃l le blece. et messire gauuain se regarde si le fiert de lespee a arriere main tellement q̃l labbat a terre toute estourdy. puis dit a celle de la chai re. Damoiselle comment vous gaigneray ie Comment fait elle. Si mais dieu vous me auez gaigner si comme ie cuide. Ne y mettez ia cuidier fait il car se ie en ap peu fait encores en ferap ie plus cy ou aisseurs sa ou il vous psaira a ces deup ne en ferap ie plus: car ilz ne ont mais mestier de mesler. Dae fait il a celle a lespee vous me auez en conuenant que vous me direz en ceste chambre les nons des bons cheualiere que vous auez. En verite fait elle vous ne estes mie encore en sa plus belle chambre ne en sa plus riche de ceans: et sa se vous doibz ie nommer. Damoiselle fait messire gauuain alez deuant et ie iray apres. Ia ne irez en lieu ou ie ne vous suiue pour sauoir les nons des deup plus preudes hommes du monde: mais ie sauroie voulentiers se iap gaigne ma damoiselle qui icy est. Certes fait celle a lespee nenp en core, mais quant vous aurez este en sa riche chambre lors vous laurez gaigniee. La damoiselle sen va deuant et lui apres, et entrent en une moult belle salle et grande et au millieu de celle salle auoit ung lit couuert de ung moult riche couuerteur et estoient entour en aguet .p. cheualiers armez fors de leurs heaumes, et si tost come ilz virent messire gau. ilz sui vindrent au deuant et lui escrient vous mourres deuant que sachiez comment les cheualiers ont nom. Et le plus grant de eulp sui dit que sil se veult combatre a eulp tous il voise auant veoir soubz le couuerteur quil y a ou vous saisserez et quiterez icy vostre espee. Damoiselle fait messire gauuain ou scauray ce que ie quier. Vous le saurez fait elle quant vous serez party de ceans a honneur se vous voulez veoir ce qui est dessoubz celle couuerture. Par ma foy fait il ie le verray a ceste heure Lors se traient les cheualiers arriere. Et messire gauuain va iusques au lit et lieue sa couuerture et y voit gesir ung des plus beaux cheualiers du monde et des mieulp taillez de membres mais il auoit eu sang de maulx quil ne parloit plus: et ne pouoit gesir que enuers: car il auoit le bras si plain de festre et de pertuis et la iambe dextre aussi quil ne se pouoit remuer. Et si saroit si mal que homme en pouoit approuchier et a paine pouoit len durer en sa chambre.

Quant le couuerteur fut reuerse messire gauuain commeca a dire: Haa quel domage cest de ce beau cheualier or ques ie ne vis mieulp taillie de tous membres. Bien le des

uriez dire fait la damoiselle se vous sauiez les grandes prouesses qui en sui estoient. Lors se recouurist sa damoiselle. et le grant cheualier qui auoit deffendu a mon seigneur gauuain ql ne a fast auant lui dit que combatre se conuenoit a eulp dip Haa non ferez fait la pucelle q tenoit lespee mais paiez en se tru come les autres ont pgie. Et quel fait il damoiselle. psai vostre heaume de vostre sang fait elle. Maudit soit fait il sans cheualier et sans damoiselle q le demanda. car cheualier ne doit nul paiage aincois me combatroie ie a telz deulx tans de cheualiers. A tant courent sus les cheualiers a messire gauuain et il se deffent vaillamment Et le cheualier du lit qui dormoit se fueille et voit la damoiselle a lespee et lui dit. Haa damoiselle ie vous auoie tant prie que vous alissiez sa ou ie vous disoie et vous estes ia retournee. Il est vray fait elle, car ie trouuay ung cheualier la dehors qui moult est preudomme et se amenap ceans et veez le sa ou il se combat. Et celui se fait leuer sa teste tant comme il peut souffrir et voit que messire gauuain donne aup dip cheualiers mains grans coups, et y a moult grant meslee: et voit que messire gauuain en fiert ung tellement quil sabbat mort et puis en fiert deux autres et les mains durement et les autres lui courent sus et sont de seurs opaignons marris et se cremient deuant et derriere. Lors sen va gauuain reculant vers une chambre dont suis estoit ferme et se pense que sil peut venir a eulp et les adosser par deuant il ne les doubtera point et feussent ilz plus quilz ne sont Quant il a suis au dos il se deffent vaillamment tant que celui du lit qui moult petit pouoit auoir a saine commeca a rire. Et la damoiselle a lespee lui demanda pour quoy il rioit. Et il respont. Ie me riz de ces filz de putains qui ont assailli ung cheualier et si ne le peuent conquerre. Haa dieu que suis ie marri Lors se laisse cheoir au lit et comeca a plourer. Quat messire gauuain cuide estre tout asseure p derriere si oeuure une damoiselle lupe: et estoit celle quil auoit veue en sa chaere. Et quant les cheualiers la voient ilz saillent tous arriere: et elle suisist mon seigneur gauuain par le poig destre et lui veult oster lespee de la main. Et il dit. Damoiselle laissez moy mon espee car

partie

Ho° Beez q̃ ie suis en auãture de mort. Laissez fait elle lespee ie la vueil auoir Lors fait sēblãt aux cheualiers et ilz assaillent mon seigneur gauuain et se fierent sus le heaume et sus les espaulles et bien se gardent de ferir la damoiselle qui mon seigneur gauua tient par le poing ne laisser ne le veult pour chose quil die: et il ne lose blecer. Si laisse lespee aler a la damoiselle: puis sefforce de toute sa vertu et fiert lun de eulz du bras et du corps tellement quil le porte a terre et lui fait lespee voler hors de la main il la prent et court sus aux aultres et seur sem ble estre plus fraiz quil nauoit este au cōmencement toutes fois ilz se auoient blecie en plusieurs lieux. Et la damoiselle si le prent par le poing pour lui oster celle espee cōe elle auoit fait lautre et il dit. Certes damoiselle vo9 ne la pouez encores auoir, car iay beaucoup plus a faire que ie ne cuidoye, et toutesfois lui laisse lespee et sadresse aux cheualiers et prent son escu en sa destre main et fiert le plus grãt et le pl9 fort ēp dc to9 se viz et se porte a terre tout pasme il tenoit vne tresbelle espee en sa main, et mon seigneur gau sa prent et lui court sus et lui esta che lespee de la main et dist a la damoiselle. ceste espee me laissiez et ie vous donneray toutes les aultres se vous les voulez et elle commencea a rire et se prent par le poing et dist aux cheualiers quilz se traient arriere. Haa pour dieu fait messire gau. laissiez les a moy combatre ne voyez vous pas bien quilz ne se peuēt plus aidier. Et elle sen maine en sa chambre dont elle estoit venue et lui dist que rendre se conuiēt Et il demande a quelle rançon. A celle rançon fait elle que les cheualiers vous demādēt. Du sāg fait il. voire fait elle. Ia ne me aide dieu se ie nay meroie mieulx estre mort, car il ne se roit iamais iour q̃l ne me fut reprouchie. Dōc ne istrez vous iamais de ma prison fait la damoiselle par ma foy fait il ie ne scay que ie feray mais ceste rançon ne aurez vous ia. Ainsi mait dieu fait elle pour ceste chose ne vous tē dray ia en ma prison: car vous estes trop preudomme. Et vous tiens quitte de prison tenir. Et ie vous diray pour quoy il demandent le sang. Cest pource que ce cheualier malade que vous auez veu ne guerira iamais tant que le meilleur cheualier du monde excepte vng lui

aura oingt sa iambe de son sang Et lautre q̃ meilleur est lui oindra sō bras Et lors sera il tout sain. Et se vous sera grant honneur de ce que vous estes vng des meilleurs cheualiers du monde. Et sil estoit guery par vous il ne seroit iamais iour quil ne vous deust guerdō de sa vie Ce dit mō seigneur gauuain ie voul droie quil feust ainsi fait et que se feust trap mais certes ie scay bien que ie ne suis pas lun des bons cheualiers du monde. Mais puis q̃l vous plaist que ainsi soit fait ie le vueil bien, car ie ne vueil pas q̃ la sante du cheualier soit arriere pour moy. Et lors la damoiselle et le varlet viennent a mon seigneur gauuain, et lui ostent son heaume et puis lui desarment la de stre iambe et la damoiselle lui baille son espee et il se la fiert en sa cuisse en telle maniere q̃ du sang en ist grant foison et saingne tant que la damoiselle dit cest assez Lors vint la damoiselle q̃ portoit lespee: et il lui demāde assauoir les noms des cheualiers quelle lui auoit dit. Et elle lui dit quil le saura mais que le cheualier soit guery. Apres vint vng beau ieune enfant Et quant il ouit parler messire gauuai il lui fut bien auis quil lauoit autrefois veu mais il ne se congnoist mie de premiere face. puis fait la damoiselle desarmer messire gauual de toutes ses armes pour ses plaies medicinet, car il estoit moult blece. Et quant le var let vit ses plaies et aussi quil le vit desarmer il le congneut moult bien: et sen retourne tel deul faisant que iamais nul homme fist si grant et vient deuant le cheualier du lit a qui on auoit oingt la iābe du sang. Et ceulx q̃ entour le lit sont lui font signe quil sen voise et que le cheualier se doimoit et il sen va en vne autre chābre et se couche sur vng lit et ploure et crie et fiert ses poins ensēble et depece toute sa robe Et la damoiselle regarde messire gau. et ses plaies, et vng peu apres se sueille le cheualier et iete vng moult grant souspir Et quant il ot lenfant crier en la chambre il seffraye et se merueille: et voulut saillir hors du lit et en sault de fait car sa iambe est toute garie: et dit. Haa dieu ie suis tout guery de ma iambe. Il sen va en la chābre ou lenfant ploure portant son bras en escherpe Il treuue que lenfant a arrachie ses cheueulx et desrompt sa robe. Et quant il voit sō seign̄r deuant lui il ne se remue plus mais pource ne laisse son deul a faire. Qu'est ce cy filz de putain bastard fait le cheualier pour quoy vous courroucez vous ne veez vous pas bien que ie suis guery. Certes sire fait lenfant il ne me chault car pour cestui prouffit auons greignr dommage. Et quel beau frere fait le cheualier. Sire fait il ceans est mort monseignr gauuain vostre frere ce mien. Gauuain fait il: et quant il ot ce il a tel deul qu'il se pasme et ses gens acourent entour lui et le redressent. Et la damoiselle de la chambre vient grant erre celle part quant elle lui ouyt dire qu'il estoit guery mais elle le treuue pasme dont elle fut fort a malaise/ car elle l'aymoit plus que home du monde. Si le prent entre ses bras Et quant il reuint de pasmoison il cuida bien que son frere fut mort. Et demande qui a son frere occiz Et elle demande quel frere fait elle. Et il lui dist gauuain. Comment fait elle est il ceans. Oy fait il se dit mordret. Haa fait elle ie le pesoie bien Veritablement c'est l'un des preudes hommes du monde: et par lui estes vo' guery. Puis lui compte comment/ mais fait elle il n'a playe mortelle: et guerira de brief. Dieu en soit loe fait il mes. Menez moy bien tost ou il est. Et lors se veullent soustenir ainsi comme ilz souloient Laissez moy dit il car ie suis bien guery de ma iambe. Puis s'en va apres eulx en la chambre ou messire gauuain estoit Quant messire gauuain le voit il se lieue contre lui et voit que c'est le cheualier du lit: mais il ne congneust point que ce feust agrauaal: car il estoit maigre et pale Le cheualier lui a tendu les bras en disant Beau doulx frere bien soiez vous venu ceans q de ma iambe m'auez guery. Lors le congneust messire gauuain a la parolle. Si le baise et accole et font telle ioye l'un de l'autre que merueilles mais messire gauuain se tient assis car assez a uoit iope et douleur.

Beau frere fait messire gauual ou auez vous prins ceste maladie. Je le vous diray fait agrauuain. Il auint que quant nous feusmes partis de la derraine assemblee ou la paix fut faicte entre monseigneur le roy et galehault et ie vous laissay a Kardueil malade ie m'en venoie en ce païs pour veoir ceste damoiselle cy, car ie l'ayme pl' que damoiselle q soit

eu monde: et ainsi comme ie fuz entre en la voie ie encontray vng messagier qui me venoit querre hastiuement et me dit que ma damoiselle me mandoit que si chier comme ie auoie son amour que ie la venisse secourir et que son pere ia dole napy de norgasses sauoit donnee a vng cheualier quelle ne vouloit point auoir. Et ie vins incontinent et fiz tant q ie feuz par deuers moy Apres ce ne demoura pas gramment ie estoie cy pres en vne forest et auoie chasse iusques enuiron midy et ie auoie prins deux cheureulx et les enuoiay a l'ostel par mon frere mordret et par vng de mes escuiers Puis me endormis dessouz vng siccamo sus l'erbe verte qui sus vne fontaine estoit et ne auoie vestu que ma chemise car il faisoit moult grant chault et estoit le mois d'aoust. et auec moy n'auoit de toutes gens que vng seul escuier qui tenoit mes cheuaulx le ql se coucha pres de moy en vng buisson. Je me endormis pour le chault, et comme ie me dormoie vindrent deux damoiselles sur deux palleffrops: et tenoit chacune vne boitte en sa main ainsi comme le varlet me compta qui les vit, et cuida que ce feust ma damoiselle et vne de ses pucelles. Elles vindrent iusqs a moy et descendirent et l'une me mist dessus mon chief vng oreillier qui me tint endormi et puis me oignist vne iambe ie ne scay de quoy: et l'autre le bras senestre. Quant elle s'en aloient par a coste du buisson ou mon varlet estoit Haa dit l'une, or nous sommes nous trop cruellement vengiees de lui quant nous ne lui auons mis terme de garison. par ma foy fait l'autre ie lui mes terme au bras au iour quil se ra oingt du sang du meilleur cheualier du monde. Et moy fait l'autre a la iambe au iour que elle sera lauee du sang du meilleur cheualier apres celui. Et pour ceste cause croys ie que de long temps ie n'auray pas sante du bras: car bien peu de gens a au siecle qui sceussent le meilleur cheualier eslire. Bien sceust mon varlet q elles estoient estranges et vint a moy tout esbahy. Il me cuida esueiller mais ie ne me esueillasse iamais tant q l'oreillier feust dessus ma teste. Et d'auanture me cheut a terre de dessus la teste et lors me esueillay: si me senty du bras et de la iambe aussi malade comme ie estoie huy matin et ne eusse peu pour tout le monde mon ter sur mon cheual Il conuint que mon escuier Benist par deca & me fist apporter vne littiere sur quoy ie fuz apporte ceans & dedens la littiere en Benal auoie loreillier sur ma teste pour moy reposer. Il vint vng cheualier tout arme lequel se acousta delez la littiere & me osta loreillier de dessus ma teste si durement q̃ moult me blessa.

Ainsi malade men vins. Or vous ap ie compte ma maladie. Sire fait la damoiselle donc ne vous disoie ie pas bien q̃ vo* enuoiessiez querre messire gauuain vre frere/ & que cestoit le plus preudomme du mõde. Et vous me distes que assez y auoit de plus preudes hõmes: & cest merueilles que vous nauez perdue la iambe car vous cuidiez que se feust mensonge de ce que le varlet vous auoit dist. Et agrauain se taist & a moult grant honte de son frere pource quil sauoit mesprise. Et ceste ma soy fait messire gauuain a qui est elle Et se est fait elle mienne & la me donna le duc de cambenic qui la cõquist lautre iour sur le roy de norgalles lequel la tenoit a force. Et lors cõmenca la damoiselle a sourrire Et messire gauuain lui demãda pour quoy elle rit. Ie riz fait elle pour les folies du siecle/ car iay vne seur ainsnee de moy qui a dit quelle ne donnera son pucellage sinon a vous. Et mõ pere na enfans que nous deux & sa garde pour vous tellement que personne ne la peut veoir. par ma foy fait messire gauuaĩ il la garde moult de loing/ car iay moult autre a faire. Et non pourtant se ie venoie en lieu ie la verroie vouentiers. Damoiselle fait messire gauuain a celle qui a lespee dictes moy qui sont les deux preudes hommes que vous me eustes en cõuenant a nõmer en ceste chambre. Sire fait elle il y pert bien que vous en estes vng. Et lautre fait messire gauuain qui est il. Cest celui fait elle qui vainquist lassemblee du roy artus et de galsehault mais ie ne le scay nullement nõmer Et lespee que ie portoie agrauain vous la enuoyoit. Ie aloie a la court quant ie vous en contray & vous amenay icy pource que le cueur me disoit que ie feroie sage. et lors lui baille la damoiselle lespee & il la trait si la voit fort belle. Et agrauauain lui dit. Sire se ceste est telle comme les lettres deuisent elle est bonne

partie

a bachelier qui nest mie a esprouuer mais elle ne seroit mie si bonne a preudomme car elle ne fera iamais que empier. Et celui a qui elle sera amendera tousiours. Et quant elle me fut enuoiee ie pensay que ie la vous enuoieroie car en nul autre ne pourroit estre mieulx employee. Certes fait messire gauuain ie la cuide bien employer en bachelier ieune preux & hardy & de qui ie apmeroie moult lamendement. Sire fait lamie de agrauain en bon lieu la mettez car le vint de bon lieu & ce fut ma seur qui a vre frere lenuoia afin quil la vous enuoiast. Certes fait il si feray ie. Et du cheualier qui vainquist lassemblee ie vous dy sans faillir q̃ cest le meilleur cheualier que ie viz onques. Et y a vng moys passe que ie ne cessay de le querre moy vingtiesme de cheualiers. Haa sire fait agrauain sauez vous ou il est. Ie le scay bien fait il mais ie ne le puis dire se ie ne men pariure/ & se ie le pouoie trouuer ie le ameneroye mais sachez que cest lancelot du lac filz au roy ban de benoic.

Grande fut la ioye que lun frere faisoit de lautre & passerent ce iour en parolles tant que la nuit fut venue. Lors se aserent coucher iusques au matin. Puis messire gauual se leua bien matin & se fist armer. Et quant il fut arme il ala prendre congie a Agrauain & fist agrauain amener vng cheual qui estoit bon et fort pource q̃ le sien auoit este occiz. lors demanda monseigneur gauuain pour quoy il estoit ainsi garde en sa maladie & dont ces cheualiers estoient & se ilz estoient tous hommes de samie. Et il dit oy/ et toutesfois fait il son pere la voulut marier & lui deuisa sa tenue & lui fist faire hommage a ces gens icy & ilz se estoient venus a elle pour leur serment acomplir/ & ilz ont eu en pẽse q̃ ie auroie chacun iour vne espie en ce chemin lassus pour amener ceans les cheualiers errans tant que aucun preudõmey feust venu par qui ie peusse estre guery/ & il vous est dieu mercy si bien auenu q̃ vous estes le premier qui y est venu. Et celles qui vous donnerent le mal dit messire gau sauez vo* q̃ elles sõt. Certes dit agrauaĩ nenny/ fors que ie me combatiz ou a vng cheualier & vne pucelle sourvint qui estoit se cuidoie samie qui me dit se ie sauoie vaincu ie ne men resiouproie ia: et lautre pucelle se me semble fut vne que ie vix lautre annee cõe ie cheuauchoie par la forest de bresilande et men aloie auanture qrāt: et estoit de moult grant beaute. Apres elle venoit vng cheualier. Je la prins par le fraing et la voulus amener pource que ie vis quil y auoit vng cheualier qui la conduisoit et le cheualier la voulut rescourre mais ie le vainqui et en la fin quant nous feusmes combatus ensemble ie pris la domoiselle et lamenay iusqz dedens la forest la ou ie la vis plus espesse. Puis descendi et la mis ius de son palleffroy et lui dis que ie lui feroie. et elle se voulut deffendre. Je me assis empres elle et lui descouuri la dextre iambe et ostay mon heaume et la descouury a force iusques amont les cuisses mais elle faisoit grāt deul et se deffendoit tant quelle pouoit. Et quāt ie lui voulu faire ie lui vis ses iambes si rongneuses que õcques telles ne furent veues. et ie lui diz que de bonne heure fut elle desdaigneuse et que se ie estoie contraint de couchier auec elle si ny vouldroie non plus couchier q auec vne meselle. Puis me retournay et lui dis que maudit feust le cheualier q lui feroit et elle me respondit et dit quelle voul droit que ie eusse encores vng an a viure et que se ie viuoie vng an ie vouldroie auoir donne tout ce que ie pourroie auoir et que ie eusse aussi belle iambe et que elle ne feust point plus laide que la sienne ne plus orde. Et ie cuide que par autre ne prins ie ceste esfermete que par ses deux pucelles dessus nommees. Et monseigneur gauuain dit que ce peut bien estre/ et que moult est laide chose a preudomme de estre orgueilleux et que tous maulx en viennent. Et a gauuain fut vng cheualier de sō tēps moult orgueilleux. Quant le cheual fut amene a messire gauuain il monta et print congie de sō frere et pendit son espee a larçon de sa selle. Et sestoit celle que la damoiselle lui deuoit porter puis sen partist. Et la damoiselle qui lauoit leans amene monta et le conduisist la ou elle lauoit prins puis le commanda a dieu, et lui elle. Or sen va monseigneur gauuain et cheuauche depuis le matin iusqz a heure de tierce. Et a celle heure sen entra en la forest de briege hin cheuauchant tout le grant chemin tant ql vient en vne grande lande moult belle et large et deuant lui voit en la lande deux estaches tout nouuellement fichiees et sont toutes chargiees de lances. Et dautre part pendoit vng escu tout vermeil. Et quāt il approuche il voit vng cheualier tout arme fors de son heaume, puis regarde dessoubz vng grant arbre ou il ouit corner[...]: Et maintenant sault sus vng cheua[...] met son heaume en sa teste et prent son escu vermeil et monte sus vng grant cheual et porte ses armes moult gentement, et laisse courre a messire gauuain si tost comme le cheual peut aler. et messire gauuain en fait autant. Si sentreferirent sur les escus si fort comme les cheuaulx peuent courre tellement que toutes leurs lances volent en pieces. Et messire gauuain met la main a lespee et va courir sus au cheualier. Haa sire cheualier fait il aux espees vendrons nous tout a temps et il ne fut oncques si belle cheualerie que de ioute. Et ie vous prie que pour lamour q celle que plus aymez ioustons tant de ces lances que vous voiez pourront durer: et que len sache lequel sera abatu. Et messire gauuain dit quil nen fera q ce que bon lui semble et que ailleurs a assez a faire. Et ie vous prie fait le cheualier faittes le. Lors lui ottroie messire gau. vient chacun a la tache et prent chacun vne lance telle comme il lui plaist. Ilz sentreferirent et rōpēt leurs lances sans cheoir. Et voit bien messire gauuain que le cheualier ioute moult bien et a pertement. Lors reprennent lāces a chūn coup et le cheualier fiert messire gauual dessoubz la bouche. Quant vint a la quite ioute si se eslōgne messire gauuain en la lande autant que len iecteroit vne pierre et fiert le cheual des esperons et son cheual lemporte moult roidement et sentredonnent de grans coupz. Et sicomme le cheualier passe oultre messire gau, le fiert si durement du coips et de lescu quil lui est auis que les yeulx lui issent de la teste et le arrache des arcons et le porte a terre par dessus la croupe du cheual si que les renes lui demeurent es poins et au cheoir quil fait se rompt le bras senestre et cheut pasme. Et messire gauuain descēt et met la main a lespee et lui court sus mais celui na nul pouoir de soy releuer, et gist pasme bien longuement tant que messire gauual reuint dessus lui et le regarde, et dit que se il ne

partie

se garde q̃l le frapera. Et celui lui respont que
bien se peut ferir car il na pouoir de sop deffen
dre. Ainsi ne vous en irez vous pas dit messi
gauuain car ie vous occirap se vous ne vous
tenez pour oultre. Et celui dist que plus nen
peut. Or me iurez fait messire gauuain de te-
nir prison la ou ie vous ●●●●rap enuoier. Et
il lui iure, et messire ga●●●● lui commande
sur sa foy q̃l voise en la cou●● du roy artus sa
luer la royne et la dame de roestoc ⁊ q̃l die a la
dame de roestoc q̃ autre fois lui fist ung des-
mp seruice lequel elle eust bien fait entier se el-
le eust voulu, ⁊ point ne seiournez en la court
du roy artus. Et si lui dictes fait il, que se ie ve
noie en lieu ou ie la trouuasseie lui guerdon-
neroie demp guerdon. Et gardez fait il au
cheualier que vous ne me demandes mon nõ
car ie ne vueil pas que vous en sachez plus. et
quant vous aurez fait mon message, si allez
au seneschal tenir prison et dictes a la dame de
roestoc q̃ ie soublieroie a son besoing ainsi cõ-
me elle fist moy/ ne elle ne autre ne me en de-
uroit blasmer. Et dictes lui que ie suis celui q̃
fist la bataille contre seguardes. Lors prẽt les
pee qui a son arcon pendoit ⁊ sa ceint au cheua
lier et lui dist quil la donne a ung cheualier q̃
a nom hector et lui dictes que le remercie et le
seneschal aussi de ce quil fut mon escuier quãt
ie allay faire la bataille ⁊ se fut le cheualier q̃
a la royne parla a quinperecorntin ⁊ a la da-
me de roestoc le iour que hector partist pour al
ler en la queste de monseigneur gauuain. Ap̃s
sui appareilla monseigneur gauuain mesmes
sõ bras car cestoit ung des cheualiers du mõ-
de qui plus en sauoit et sen estoit maintesfois
entremis pour soy et pour autre et la pareilla
mainte nuit et debonnairement. Et quant il
seust appareillie il lui demanda pour quoy il
auoit ses ataches dreccee illec et ses lances ap-
portees: ⁊ il lui dist. Sire fait il ie ayme une
haulte dame en ce pais ⁊ lap maintesfois req̃-
se damours tandis que ie estoie varlet. Et el-
dist que iamais ne me aymeroit iusques a ce q̃
ie feusse cheualier. Si me fiz faire cheualier il
nest pas encores ung an. Et lors la priay ⁊ el
le me dist que elle nauoit point encores ouy dire
que ie feusse cheualier mais quant elle auroit
ouy parler de moy que ie feusse cheualier pri-

se lors seroit bien droit que elle me aymast, et
me pria moult de bien faire tant que sui pleus
se et ie fiz tant que elle fut plus debonnaire en
uers moy que elle ne souloit et me fist p̃ bel-
le chiere et lui requis son amour et elle me dit
quelle me donneroit son amour par couenãt
que le garderoie ceste lande et que ie me comba
teroie a tous les cheualiers qui y passeroient ⁊
quant ie lauroie garde ung moys sans estre
oultre si seroit mienne a mon plaisir et pource
auoie ie mises ces estaches icy et apportees car
len me ten oit au meilleur cheualier de ce pais
Comment donc fait messire gauuain est ce la
lãde des sept voies. Oy sire fait celui sans fail
le. Et m̃ saurez vous mettre en la voie de nor
galles fait messire gauual. Oy fait il moult
bien Lors lui aide mõseigneur gauuain a mõ
ter et le maine aup sept voies. Et commẽt ilz
vindrent au carrefourc ilz encontrerẽt une da
moiselle q̃ aloit a la court du roy artus a tout
lescu fendu q̃ elle portoit. Et monseignr̃ gau
uain lui demande ou elle aloit. Et elle lui dit
q̃ elle alloit a la royne genieure. A elle fait le
cheualier blece: aussi p̃ois ie: et ie vous ferap
compaigne se vous voulez car grant mestier
aurie de compaignie ⁊ de soulas. Et elle lui
dit que ce lui plaist bien. Lors demande mes-
sire gauuain a la pucelle que cest escu signifi-
oit et pour quoy elle le porte. Et elle respont q̃
il ne peut chalsoir ne a quoy faire car vous en
aurez a faire en toute lauanture de la besoigne
de la grant bretaigne ⁊ a suiuir lauãture de
lescu mais vous ne pourrez souffrir pour nul
le chose. Damoiselle fait il bien peut estre mes
toutesfois les orroie ie vouletiers se vous me
les voulliez dire. Vous ne le saurez fait elle
de sepmaine se vous ne venez a la court du
roy artus. La fait il ne retournerap ie pas/ a
souffrir men conuient. Atant se met a la voye
que se cheualier lui a monstree et le cheua-
lier sen ala sa voye auec la damoiselle a lescu
Mais cy endroit de eulx ne parle plus le cõpte
ne de monseigneur gauuain ains retourne a
parler de hector qui est entre en la queste.

Comme hector des mares se partist de court
pour querir monseigneur gauuain et cõmẽt il
fut prisonier au chasteau des mares. plẽ
m.i.

Hector cheuaucha sans trouuer auã-
ture qui a compter face tant qͥl vint
oultre la riuiere de sauerne et cheuau-
cha toute la droite voye au carrefour des sept
voyes car autre fois y auoit este escuier a vne
moult grande assemblee mais aincois quil y
venist lui auit quil cheuauchoit pensif par la
forest et estoit enuiron heure de tierce. il faisoit
moult belle matinee et touteffois il pensa com
me celui qui nestoit pas sans amour tant que
il approucha de vne damoiselle qui estoit des-
cendue de dessus son palleftroy dessoubz vng
chesne et se plaignoit moult tendrement et te-
noit sur ses deux iambes vng cheualier naure
moult durement parmy les deux cuisses de
estoc et en la teste auoit vng coup et en lespaulle
senestre: et y auoit auec eulx vng escuier/ et la
damoiselle faisoit moult grant deul car elle
craignoit que le cheualier ne mourust. Hector
cheuauche moult pensif parmy le chemin si q̃
par vng peu quil ne monta sur le cheualier q
estoit naure. Haa sire cheualier fait la damoi
selle vous nestes mie si courtoise comme vous
deussiez estre: car par vng peu que vous nauez
cy escachie vng cheualier qui est comme ie es-
poire aussi gentil homme comme vous estes:
ou plus. Et hector ne lentent pas ains cheuau-
che oultre, touteffois lescuier dit que ia dieu ne
laide se son sire ne feust malade sil ne labtist
de dessus son cheual. Lors prent le tronsson de
vne lance et en fiert le cheual de hector par la
teste tellement quil rompist le tronsson en pie-
ces puis le prent par la bride et le tire arriere: si
que par vng peu quil ne le fist cheoir a terre
Lors a hector laisse so pense. Voit lescuier qui
moult semble estre fellon et lui dit tout hault
que moult lui poise quil na le col rompu. Et
pour quoy beau sire fait hector. Et il dist pour
ce que par vng peu q̃ vous ne auez escachie
vng cheualier qui est mort ou autant vault et
la damoiselle qui se tient, et de ablez vous fõt
aller comme cheualier quant vous ne faictes
q̃ dourmir. Quant il lentent si en est moult hõ
teux puis vient a la damoiselle et lui crie mer-
cy et que elle lui pardonne car bien sachez fait
il q̃ ie pensoie a la chose du monde que plus ie
aymoie. Si me est moult tart que ie la reuoie
et vous prie que vous me le pardonnez par

conuenant que ie soye vostre cheualier au pre-
mier lieu ou ie vendray se voꝰ en auez mestier
Et la damoiselle qui ot ce quil requiert dit q̃
par ce conuenant lui pardonne elle sans autre
promesse. Et lui comment cheualier lui ottroie
Et la damoiselle lui demãde ou il va: il dit
quil vouldroit estre en la lãde des carrefours
mais ie ny feuz oncques que vne fois, et desia
grant temps et la voie est moult ennuyeuse
Haa sire fait elle comme ie vous menroie bie
se vous me osiez conduire car ie laisseroie mõ
afaire. Oseroie fait il: soubz le ciel na lieu ou
ie ne vous osasse bien conduire et mener en tel
le maniere que vous ne auriez nul mal sans
moy En telle maniere vous y condurray ie se
vous voullez. Grant mercy fait la damoisel-
le Lors fait sõ escuyer venir en son lieu si le met
soubz le cheualier si quil le tint en son geron al-
si comme la pucelle faisoit. Si lui conseille en
loreille ie ne scay quoy et hector lui aide a mon-
ter sur son palleftroy puis il monta tout seul
et sen vont ensemble eulx deux et cheuauchent
toute la iournee iusques a nonne. Lors viennẽt
sur la mer qui depart la forest de brekehay en
deux parties si comme le compte cy apres deui
se. Lors se merueilla moult hector de ce que il
estoit si auant et quil cuidoit encores estre bien
loing de leaue mais il ne cuidoit mie aller cel
le part et lui est auis que la damoiselle le des-
tourbe: aussi auoit elle fait vraiement car elle
lauoit fait aller autre voye. Et il lui dit mais
elle lui nye moult bien et lui dit que elle le men
ra par vne moult bonne voye. Si maist dieu
dit il. a la damoiselle ie ne scay quelle pensee q̃
vous auez: ne me mettez ia hors de mon chemi
pour crainte de trouuer auanture car ie ne voꝰ
en sauroie ia gre. Non feray ie dit elle nen aiez
ia paour

Tant sen sont allez en vne moult bel-
le praerie: et hector lui demãde du cheua-
lier que elle tenoit qui lauoit ainsi naure. Et
elle lui cõpte. Sire fait elle il y a cy pres vng
cheualier moult cruel et moult fellõ qui cuide
estre vng des meilleurs cheualiers du monde
qui tant est oultrecuide et le cheualier que ie te-
noie est son cousin germain et est le plus cour-
tois cheualier qui viue. Et cestui est oultrecui-
de plus que vous ne stes, et se estoit mon amy,

qui estoit la chose du monde q̃ ie aymoie plus Il auint que le cheualier que ie vous dis q̃ est si fel estoit alle au bois tout arme, car il ne y osoit autremẽt aller: car il estoit de la maisõ au roy de norgalles & au duc de cambenic, et moy amy vint en vng pauillon ou sa niepce estoit qui se dormoit en vne chãbre. & il se coucha auec elle cõme celui qui a nul mal ne pensoit si le naura ainsi sans deffiance que il lui feist. Certes fait hector, mauuaisement le natura. Ainsi cheuauchent eulx deux tant quilz virent vng pauillon moult beau. Et cõment ilz sapprouchent du cheualier si voient deuant vng cheualier qui faisoit lacer ses chausses de fer & dedens le pauillõ crie vne damoiselle a moult grant cry si que de bien loing la peut len ouir. Lors dist la damoiselle a hector. Sire veez cy le cheualier, et ie scay bien que il me souldra ia faire ennuy. & ie men retournerois se ie ne cuidoie que vous ne me peussez garantir. Auez vous dist hector paour q̃ de sui. Si re fait la damoiselle nenny: car ie scay bien q̃ nul de sa cõpaignie ne me hait. Or nayez pas our fait hector: car de son corps vous cuide ie bien garantir a laide de dieu. ¶ Sire fait elle grant mercy. Or allez auant fait il car ie y vẽdray fait il assez a temps raisonnable que ie me puisse a sui mesler: mais qui peut ce estre q̃ crie. Sire fait elle ie cuide que cest samie vne des plus vaillãt dãe du monde, & des mieulx auenãs: mais ie ne scay pour quoy elle crie ainsi. Lors sen vont deuant le cheualier qui armer se fait. Et hector lui demande sãs saluer pour quoy celle damoiselle ploure. ¶ Que en auez vous a faire dit il. Ie le saurois dist hector volentiers. Vous nen saurez dit il ia riẽs. Haa sire cheualier fait hector dictes le moy par debonnairete. Si maist dieu fait il or auez vous trouue. Vous ne le saurez huy pour pouoir que vous ayez entre vous et vostre putain q̃ vous auez amenee. Quoy sire cheualier dit hector vous me dictes honte: si ne faictes pas vostre honneur car puis que cheualier mesdit a autre cheualier estrange qui sur lui se embat: il espire plus soy que le cheualier estrange. En verite dit il, il me en poise moult pour lamour de ceste damoiselle. Certes fait celui ie dis vray En verite de dieu dit la damoiselle vous me

tez. Quant le cheualier louyst il eust grãt honte & rougist: puis saillist sur vng faudesseur la ou il estoit & sault a la damoiselle mais hector se mist entre deux & dist. Ostes sire cheualier car la damoiselle est a moy, et a mon gouuernement: & trop petit me prisieries se soubz moy la bastiez car ie suis tout arme & vous ne auez encores que les iambes armees: plus bellement vous en peussiez vengier se vous voulsissiez quant nous feussons este tous armez. Fy fait il pour vous me armeray ie. Certes se ie nauoie mon escu a mon col si la conquerroie ie malgre toy & la pendroie par les tresces la sus en vng de ces chesnes. Encores fait hector na elle garde de vous. Auez vous paour damoiselle. Certes dist elle nenny car ie ne crains ny aymes ales vouldroie q̃ honte & dõmage lui auenist: car il a bien dessert vers dieu & vers le monde: car cest le plus traytre cheualier et le plus desloyal que vous veissez onques de vous deux peusy. Quant le cheualier louyst si en eut moult grãt deul & se lãce par my hector pour la prendre. Haa fait la damoiselle a hector ie cuide que vous me serez ennuy mauuais garãt. Et hector pique le cheual des esperons & fiert le cheualier du piz du cheual tant quil le porte toutes tourdy a terre & lui va par dessus le corps & sil ny eust teu honte iamais a damoiselle ne mettroit la main Quant le cheualier se resieue si a deul et dist a hector q̃ mal le pensa: car iamais ne gerra en lit tãt que il ait & le corps & la vie & la damoiselle dit il occirai ie. Or vous allez doncques armer incontinẽt dist hector car ie vous en donne congie: & se la damoiselle vous a de riens mesfait si en venez prendre la vengance apres que vous serez en point de combatre contre moy, car prendre sen pourrez se vous la conquerez vers moy par proesse darmes. Si maist dieu fait le cheualier qui estoit orgueilleux ie ne me en daigneroie aimer ostre toy: car ie ne te crains ny ayme. Lors cõmande a vng de ses escuiers quil lui apporte son heaume tant seulement: car autres armures ne voulsut il prendre. Et celui se doubtoit plus q̃l ne faisoit la mort & cõment il sa lace si sault sur son cheual et pent son escu a son col & a son espee ceincte au coste. & puis il a prins vng fort glaiue & se esloigne

m.ii.

en mp le chāp et aussi fait hector qui moult desire la iouste. Ilz approuchēt lun de lautre si tost comment les cheuaulx peuent courir et le cheualier brise sa lance sus hector: et hector le fiert si puissāmēt quil fait toute sa lāce ployer et le porte a terre. En la lance de hector nauoit point de fer ne en auoit point voullu mettre pource quil estoit desarme et si craignoit hector en auoir honte sil leust occis ou blece. Et comment hector le voit releuer il le fiert du plat de lespee et se rabat tout estendu: et le fiert sur son escu tel coup q tout la fendu et par ung peu qlne lui a couppe le bras/puis celui oste le bras des enarmes et laisse son espee et trait la sienne si en fiert hector p dessus le heaume aux deux mains et hector ne peut la sienne auoir Quāt celui le voit il sault dedens le paueillon et hector sault a terre et arrache son espre de lescu et va apres celui et dist q mort est: et celui oste son heaume et son espee et tout iecte bas. Et hector dist que riens ne lui vault et quil loccira sil ne se tient pour vaincu. Et celui qui a paour de mort dist quil ottroye quil soit oultre comme homme desarme/si apes tel honneur comme tu deuras auoir: mais se tu me voulloies ottroier que ie me armasse et q tu me attendisses et combatisses ēcontre moy: lors diroies ie que tu seroies cheualier et auroies honneur de ce q tu me auroies vaincu. Et ie le feray dist hector: mais tu me diras auāt pour quoy ceste damoiselle pleure. Et ie le te diray fait il . Cest pource que ie ne entreray iamais des ce iour en auant en lieu ou elle soit car ie lay prouuee de mauuaistie. Haa fait hector cest celle pour qui tu nauras le cheualier sās deffier qui ton cousin germal estoit et amp a celle pucelle la. Cest elle fait il sans faulte: mais sans deffier ne le nauray ie pas car la ou elle me forfist fut il defsie. Et est il ēcores vif. Oy fait hector. Certes fait il ce poise moy car il est mauuais traptre. Aps demāde le cheualier ses armes et lē les lui aporte: Et hector vit a la pucelle et lui dist Le lairray ie aller armer. Et la pucelle qui moult dollēte estoit de ce q len lui auoit dōne cōgie de soy armer lui dist. Certes sil feust venu au dessus de vous comme vous estes de lui il vous eust occys car ia mercy ne eusteu. Or nayes paour fait celui: car a laide de dieu ie se

4

rapie ennuit en aussi bon point comme iay au iourdup este et a plus grant honneur: car ie ne leusse peu occire ne conquerre sinon a ma honte car il estoit desarme et moy arme et cheualier arme qui cheualier desarme occist a pdu tout honneur et est honny en toutes cours se il ne le fait en soy deffendant.

Ainsi cōme la pucelle et hector parloiēt ensemble si issist dehors le cheualier tout arme et son cheual lui fut amene, il estoit de moult orgueilleux contenement, menaca hector et la pucelle, mais hector vint auant et quant il fut illec il dist que sil voulloit amender au cheualier sa hōte quil lui fist et a la pucelle quil auoit amenee il se souffriroit atāt de la bataille. Et celui dist q se ilz sen voulloiēt souffrir ne sen souffriroit il pas ne iamais ne sera s pe deuant q vēgie se en sera. Or se garde bien qui vouldra puis quil est arme. Lors mōte sur son cheual et a prinse ung glaiue fort, et beau et roide. Si sont lui et hector reuenus a la iouste: mais hector le porte aussi vigoureusement a terre comme il auoit fait lautre fois. et lors descendist hector car il eut honte de cōquerre a cheual celui qui a pie estoit. Si sont tous deux venus a pie a lescremie de lespe et se entrecombatent durement: et la damoiselle q hector auoit amene se retourne arriere au bois la ou elle voit la forest plus espesse pource que elle puisse fouir selle voit quil meschiesse a hector a selle voit quil ait la victoire elle sera bien tost retournee. Et le cheualier et hector se combatent puissammēt tant q hector le maine en la fin iusques a oultrance: et que plus ne se peut tenir et hector lui arrache le heaume de la teste: et lui menace a coupper. et adonc vient la damoiselle qui au bois sestoit mucee tant que le pas le trop peut aler et crie a hector quil lui couppe la teste et celui lui crie mercy dautre part. et celui lui dist ql naura ia mercy autre q le cheualier et la damoiselle vouldrōt. Haa sire dit il dōc seroie ie mort car la damoiselle me hait plus q home du mōde et ie cuide biē q iap eu le tort vers elle et q le cheualier ne eut oncques coulpe de ce q ie lui ap mescreu de mamie, et ie cuide que pource me est il ainsi meschu comme vo' voyez: et pourtant ie suis prest de me en contenir du tout a vostre voulente et vo' crie mercy.

ne ie ne vous forfeiz oncques chose doncvous me deussez mettre a mort e tenez mon espee car ie la vous res et touteffois dist hector quil nen fera sinon ce q̃ la damoiselle vouldra. Quant celui sot si a moult grãt paour de mort z chiet aup pies de hector. Quant la damoiselle du paueillon dist son amy en tel peril si ne scait q̃ deuenir car elle lapmoit sur tous hommes et touteffois estoit celui deuant hector e se sa pu celle a fait grant deul or se renforce. Et hector demande a la damoiselle quil en fera. Faictes en dist elle sicomme vous me auez en couenant cest assauoir que vous vengiez la mort de mõ amy. Et lors dist hector quil lui couppera la teste. Haa mon dieu fait celui coupper: et hector lui abat la ventaille: mais la damoiselle sault hors du paueillon e se laisse cheoir aup pies de hector et lui crie mercy q̃ il ne soccie pas Et hector dist qlz voisent eulp deup crier mercy a sa damoiselle: e ilz se font eulp deup. Et quant la damoiselle voit ce si comence a plou rer pour la damoiselle que elle apmoit moult et dist a hector Sire faictes en vostre voulente e ie lottroie car moult sauez bien fait. Lors commande hector au cheualier quil promette a tenir prison la ou elle senuoiera e en face ce q̃ elle lui commandera. Et il lui promet comme cheualier. Hector lui dist que par la foy q̃ il lui a faicte qlz sen ira au cheualier qlz auoit na ure et fera tout entierement ce quil lui comman dera: e a samie pardonnera son maltalẽt. Et celui dist que si fera il moult voulentiers: car ie ne apme riens tant comme elle

Tant est monte hector, qui auoit encore assez afaire et dist au cheualier q̃l veult quil monte ainsi comme il vouldra et quil se conuoie tant quilz voient ou monstier ou cha pelle e lui iurera a tenir ses couuenans Le che ualier lui ottroie et va tant auec hector e la pu celle du cheualier naure e deup escuiers quilz viennent par deuant vng hermitage / et dist hector a la damoiselle quil auoit amenee quel le se maine droit a la lande des carrefourcz. par ma foy fait le cheualier vous nestes pas adroit venu. Ne vous chaille fait sa damoi selle ie vous y mettray moult bien. Lors fait hector descendre le cheualier a luis de la chap pelle a lermite et lui fait iurer sur sais q̃ il ne

fauldra de ce conuenãt q̃l lui a fait: ains fera tout entierement son commãdemẽt sans mal engin et ainsi lui iure. Lors sõt mis en la droite voie du carrefourc: et le cheualier lui dist. Sire ie me irap auec vous iusq̃ la: car en ce pais a trop grant guerre si pourriez trouuer telles gẽs q̃ pour gaignier vos armes ou vostre che ual tost vous feront desplaisir vous ny vẽ drez ia dist hector mais assez vous en reposer Sire dist vng des escuiers a sõ seignr dictes lui q̃l souffre q̃ ie le conuoie iusq̃ au carrefourc et il gerra ennuit en la maison de mon pere. Haa fait celui lui cõment vous auez biẽ dist. et ce lui fait dist a hector. Et hector lottroie pour les chemins q̃ sõt desuoiables, e dõt il y a de moult dãgereup trespas si se doubte de foruoier. Apz lui demãde le cheualier son nom. Et il lui dist q̃l a nom hector. Et vous comment fait hector. Sire fait il iay nõ ginas de blaquestan. A tat se entre comãdẽt a dieu e sen vont le cheualier e la damoiselle et lautre escuier. Si cheuau chent ensemble e porte lescuier son escu e sa lan ce e son heaume. Si refroidoit ia fait e tiroit vers la nuit. Ilz sen allerẽt par deuers la val lee e virẽt des cheualiers deuant eulp tous ar mez e des sergans atournez cõme de guerre e estoiẽt bien que vngs que autres iusques a sip vingz. Il demãde son heaume si le lace/ e son escu si le porte a son col: et le varlet court vers eulp si les salue e eulp lui car il y auoit assez de telz qui le cognoissoiẽt. Et ilz demãdent se cest son sire. Certes nennp dist il ains est vng cheualier moult preup e moult vaillant Lors regarde le varlet si voit que cest le sire de par terrue. Cest vng chasteau qui est en la marche du rop de norgalles e au duc de cambenic: e si estoit la forteresse au duc e de sõ fief e toute la terre estoit au rop de norgalles: si estoit hõme lige au duc, pource estoit il lui mesmes deuers le duc: e vne partie de ses cheualiers deuers le rop de norgalles. Ilz lui demãdẽt qil est et il dist qlz ne scait fors qlz a nõ hector. Illec fut le nepueu au duc de cãbenic le quel dist a vng ser gẽt qlz allast parler au cheualier e qlz lui deist qlz le couenoit iouster a vng deulp: puis dist au frere du seigneur de la falerne et fiert le che ual des esperõs e va iouster a hector. Quant le sire le voit il iure son sermẽt qlz ny portera
m.iii

ſes pies ne lui ne autre homme car bien ſeſt ac
quite le cheualier: et ſe dieu maiſt ſeſt grāt ioie
car ilz voient bien q̄ le cheualier ſeſt combatu
et bien p̄ a ſes armes: ſil leur eſt meſauenu
ceſt a bon droit et ie en ſuis moult ioieup. Lors
vient lui meſmes cōtre le cheualier ſans glai
ue et ſans heaume: ſi le ſalue, et il lui: et il diſt.
Sire cheualier vous nauez garde. Sire fait
il ce ſcay ie bien. Je vueil bien fait le ſire qil vo9
ſoit bien auenu et que vous en apez le meilleur
et honneur: car ilz ſont enfans.

ATāt furent venus les autres nepueup
au duc ſi ſe treuuent paſme. Et quant
il fut venu de paſmoiſon il peut a paine par
ler, car moult eſtoit bleſce en la gorge. Si le lie
uent et le montent ſur vng cheual tout hōteup
et le ſeigneur de parme et hector cheuauchēt en
ſēble longuement. Si lui demāde dont il eſt
Et il diſt quil eſt du royaume de logres et des
cheualiers a la royne genieure. Et ou alez vo9
fait il. Je vouldroie eſtre en la ſande des carre
fourcz: car ie quier vng cheualier que onc q̄s ie
ne congneuz. Vous vendrez fait le ſire auec
moy meſhuit en vne forttereſſe qui eſt cy pres,
laquelle eſt au duc de cambenic, car vous ne
trouuerez meſhuit hoſtel ou vous puiſſez hē
bergier: et il meſt auis q̄ vous en auez grāt me
ſtier: car vous eſtes combatu iuſq̄s au ſeiour
ner Sire non ſuis ains me conuendra regar
der moult a aller tant q̄ ie puiſſe trouuer ce q̄
ie quier. Et le ſire lui demande en quelle terre
il vouldra aller apres ce que il aura eſte en la
ſāde. Et il diſt q̄l ne ſcait ou fors la ou il pour
ra ouir nouuelles du cheualier. par ma foy
fait il en ce pais en a vng annuellemēt: ie croy
bien q̄ la le trouuerez vous ſe vous y allez. Si
re fait le cheualier ie ſcay bien que en la ſande
fut il: ſi lui cōpte comment il le ſcait. Atant ſe
commandent a dieu et ſen vont a deſtre lui et le
Barlet et le ſire de parme dautre part lui et ſes
gēs et dient a leur ſeignr q̄ le Barlet leur a cōp
te q̄ le cheualier a ſon ſeigneur oultre darmes
ſi ſe merueillent moult quil eſt et moult leur
poiſe quilz ne ont plus enquis de ſō conuine.
Ainſi ſen vōt hector et le Barlet et cheuauchēt
tant quil fut vne grant piece de la nuit paſſee
et approuchent de la maiſon de ſon pere. et hec
tor lui demande ſil ſcait nul repaire ou nulle

ville ou ilz ſe puiſſēt hebergier. Et il dit que
la maiſon ſon pere eſt prez dille ou il ſe pour
roit hebergier moult bien et moult aiſement:
et hector en eſt moult ioyeup Lors cheminent
tant que ilz viennent a vne breteſche qui eſtoit
pres de la maiſon au pere du Barlet. Si heur
te et appelle le Barlet vng ſien frere qui eſtoit
plus ieune que lui: ſi lentent le Barlet moult
toſt et diſt. Sire iay oup mon frere dieu mercy
Lors vient a la porte ſi ſeuure: et ſi toſt comme
il voit le cheualier ſi lui court a ſes trief et lui ai
dea a deſcēdre: et ſon eſcuier vint a ſon pere et lui
diſt. Sire ie amaine cp vng cheualier le meil
leur que vous veiſſez pieca. Beau filz fait il
eſt ſe voſtre ſire. Nenny diſt il: mais ceſt vng
cheualier meilleur que lui: et ſi en penſez car il
en eſt meſtier ſi comme vous pouez veoir.

ATant ſe lieue le ſire et commande a alu
mer grant plante de chandelles et vient
au cheualier au quel il fait grant ioye. puis le
mainent en vne chambre et ſe deſarment et fut
moult bien hebergie car bien lui fait ſes playes
appareillier et regarder. Et furent leans tout
ce que ilz cuiderent que bon lui feuſt. Quant
il fut temps de coucher ſi le coucherent bien et
honneſtement Lors compta le Barlet a ſon pe
re comment il auoit cōquis ſon ſeigneur deup
fois et bien ſachez que ie cuide quil ſoit vng des
meilleurs cheualiers du monde car ſil ne fut
preup et hardy il ne euſt pas ſi longuemēt oſe
la ſande du carrefourc ou maltes merueilles
auiennēt. Lēdemain ſe leua hector moult ma
tin et le Barlet fut appareillie qui lui aida a ar
mer Apres a prins congie au pere du Barlet et
a ſa mere qui moult eſtoit bōne dame. Si ſe
alloit ainſi comme le Barlet le menoit q̄ maīt
tes fois y auoit eſte et errent tant quilz viennēt
en la ſande. Sire fait hector or vous en allez:
car il meſt auis que ie ſuis en la ſāde: car aſſez
me auez fait compaignie et me ſaluez voſtre pe
re ſe vous retournez par ſa maiſon, et voſtre
bonne mere auſſi que ie priſe moult. et guinaſ
voſtre frere lequel a prins ſi grant diligence
de me ſeruir. Adonc commence le Barlet a par
ler a hector et lui diſt. Sire ſe dauanture ie ve
noie en lieu ou ie euſſe meſtier pour dieu ne me
meſcongnoiſſez pas. Non feray ie fait hector.

partie

Adieu sire fait il, et sil vous plaisoit q ie alasse auec vous ie irope voulentiers. Je le scap bie fait il alez a dieu car ie nap plus que faire de cōpaignie. Lors sen retourne le varlet et hector cheuauche toute la lande et voit encores les deux estaiches tout en estant dōt il se esmerueil le moult de quop ilz peuent seruir. Et comme il fut au carefourc il voit venir ung cheualier qui portoit du pain et du vin, et hector lappelle et lui dit. Sire qui estes vous. Et il respōdit Je suis dit il ung cheualier et me tiens en ce boys en ung lieu nommé lermitaige du carefourc. et hector lui demāde pour quoy ces estaiches furent fichees en celle lande. Et il respōt que ung cheualier les auoit fait fichier pour y mettre des lances. Et il lui compte comment ung cheualier lauoit lautre iour conquis. Et hector entendit bien que ce fut le cheualier qui fut a la court du roy artus seul auoit le bras brise. Et hector lui demande sil en scait nulles nouuelles. Et il lui respont que nenny, fors quil sen ala par deuant son hermitaige. Et ou va fait hector celle voye qui par deuant cest hermitaige va. Sire fait il en nos galles. Lors se entre hector a la voye et cheuauche bien quatre grandes lieues tant quil vient en ung grant val. Il monte le tertre, et quant il est amont il voit deuāt lui ung pauellon et ung chasteau moult fort & moult bel lequel nestoit mie loig vne lieue anglesche. Lors vient au chemin et voit quil est nouuellemēt bree de cheuaucher et quāt il voulut passer il voit quatre cheualiers qui emainent vne damoiselle sur vng palleffrop. Adonc fiert hector le cheual des esperons si tost comme il peut aler et vient celle part ou les cheualiers estoient. Et quant les cheualiers sappercoiuent ilz croissent leur asseure et sont plus tost quilz ne souloient. La damoiselle qui faisoit moult grant dueil dit venir ce cheualier et si ne scait qui il est, mais craignāt quil ne les puisse attaindre se laisse cheoir de son palleffrop et sen fuit tout droit au cheualier qui apres elle venoit. Et les troys se regardēt et dient. Il nest mie de nostre gent, mais que nous chault il nous sommes quatre et il est tout seul. La poure dāe fut reprinse et ainsi q les deux la montoiēt le tiers vient encontre le cheualier et lui demāde qui il est. Et hector lui

dit que se garde qui vouldra. Adonc il laisse courir contre ceulz qui tiennent la damoiselle et fiert celui qui sauoit montee deuant lautre si vertueusemēt dessus la gueulle que le coup descent dessus le destre costé et lui brise le bras et lui fausse le haubert qui cler estoit & lui met et fer et fust dedens le corps en telle maniere ql sabbat mort a terre. Puis retire se glaiue a sui et fiert le cheual des esperons & puis court sur a ung autre qui venoit vers lui et se fiert de si grant force quil se fait trebuchier a terre, et le cheual lui chiet sur le corps au trauers tant ql lui brise la iābe senestre et de ce coup sō glaiue rompit. ¶ Il met sa main a sespee et court sus aux autres qui la damoiselle emmainent. Et lung se regarde venir et voit que ses compaignons sont, mors si eut moult grant paour. Il met la damoiselle ius et tourne en fuite si si tost cōme se cheual le peut porter. Et hector ne le chasse gueres ains retourne a la damoiselle et la monte sur le palleffrop dont elle se estoit laissee cheoir. Et elle lui prie pour dieu quil ne sa laisse iusques a ce quelle soit asseuree Et il dit que non fera il. Ainsi comme ilz sen aloiēt droit au chasteau ung escuier arme qui moult estoit naure et mal mis leur vint a sencontre. Si tost que la damoiselle le vit et se le congneut bien et lappella. Lui qui faisoit ung deul merueilleux vint a elle et lui dit. Haa damoiselle fait il nous sōmes mal menez que nous nauons noz gēs qui trop demeurent. Et elle lui demande ou est monseigneur Il est fait il icy dessoubz ou le bon cheualier & preux se combat a lui et sont .piiii. cheualiers auec lui, et monseigneur nest que lui troisiesme, et ilz fussent ia mis au dessoubz silz eussēt quelque petit de secours. ¶ Haa sire fait la damoiselle a hector laissez moy et lui alez aider ie vous en pric, car vous ferez plus pour moy se vous lui aidez que se vous mauiez cēt fois rescousse, car sil eschappe ie ne puis perir en ql que prison que ie soye, et sil est mort ou prins ie suis perdue a tousiours mes. Damoiselle fait hector ie iray moult voulentiers, mais ie ne scap qui vous pourra conduire. Beau frere dit il a lescuier menez la a lostel & se destour bier vous vient si me venez legierement querir mais auāt mōstrez moy le cheualier. Et celui

m.iiii.

qui l'ont ainsi hardiment parler se merueille
moult qui il peut estre. Si le maine bien a vng
trait darc loing de la et lui monstre en vne grant
vallee vne grant meslee de cheualiers et dit.
Sire cest cesui qui porte lescu dor a chief ver-
meil. Et hector prent vng glaiue que lescuier
auoit et fiert le cheual des esperons et se met en
la meslee moult asprement. Si aduise le plus
riche qui estoit arresté sur vng des compaignons
au cheualier a qui sa damoiselle estoit femme
et le fiert parmy larcon de derriere tellement qu'il
cheut mort a terre deuant le cheualier quil te-
noit. Et le cheualier qui a pie fut sault sur le
cheual de lautre. Ceulx qui estoient de la par
tie de celui qui estoit mort furent moult esba-
hyz pource que leur seigneur auoient perdu, si
lieue le deul trop grant entreulx. Et hector se
lance emmy le champ le glaiue allongnie et ab-
bat cheualiers et cheuaulx a terre tellement qu'il
les fait seperer et fuyr de la place car nul le lo-
se a coup attendre, ains se desconfisent tous
pour leur seigneur qui estoit mort Le cheualier
a qui hector aidoit se merueille plus que nul que
peut estre, car il ne congnoissoit ne lui ne ses
armes. Si prent couraige pour lamour de lui
et ralie ses troys compaignons qui las et tra-
uaillez estoient tellement qu'ilz eurent plus grant
cueur quilz nauoient au commencement. Et
voyent bien que ceulx ne pourroient plus guers
eulx auoir duree. Car hector en a en pou deure
tellement contre troys quilz nont mie grant
pouoir de leur nupre ne greuer. Et chacun des
compaignons a abbatu le sien tellement quilz
ne sont plus que .viii. Si ont merueilleusement
grant paour et nosent plus demourer ains s'en
fuyent a sauueté. Et ceulx les enchassent qui
moult sont dolens quilz ne les attaignent. Et
ce nestoit mie de merueilles silz ne les pouoient
attaindrent car le cheual de hector auoit tout
le iour erré et celui au cheualier quil secouroit
et ceulx a ses compaignons auoient couru as-
sez, et ceulx a leurs ennemis estoient plus frais
par quoy ilz ne les peurent attaindre. Et quant
ilz virent que attaindre ne les pourroient si re
tournerent vers le chastel que hector auoit veu
et encontrent leur cheualerie qui secourir les ve
noit, mais ilz ne sauoient ou les querre. Si les
congneurent de loing. Et incontinent que le

cheualier approucha deulz il leur dit quil ne
leur sauoit gre de sa vie, car ceulx sauoient tout
le iour laissié seul. Et se ne fust fait il ce cheua
lier que ie ne congnois mie vous ne meussiez
iamais veu. Et ceulx lui content comment ilz sestoi
ent combatuz a vingt de leurs ennemis telle-
ment que souuentesfois ilz en auoient le pire et
souuentesfois le meilleur. Mais il leur aduit
que vng cheualier qui de leurs gens estoit ac
couru a eulx tant comme le cheual le pouoit
porter et leur dist que leur damoiselle estoit p
due et que tous leurs cheualiers estoient prins
ou mors. Et quant ilz ouyrent ces nouuelles
ilz tournerent vistement le dos. Et nous
les enchassasmes en telle maniere que nous en
auons que prins que tuez. iiii. et si en auons p
du quatre des nostres lesquelz sont mors. Et
ilz les lui nomment. Et quant il les oyt nom-
mer il commence moult tendrement a pleurer
car lung estoit son cousin germain et ieune en
fant et moult eust esté preudomme sil eust ves
cu longuement. Et les cheualiers lui dient qu'il
ne mourut se non par sa grant prouesse, car
trop se mist en abandon. Et sachiez sont ilz q
nous eussions tout perdu se ne fust il. Or ny
a il plus de remede fait le cheualier. dieu en
ait lame, car plus ont noz ennemis perdu que
nous nauons, et moult men est bien pris de quoy
ien suis eschappé, si mercye dieu mon createur
et cestuy cheualier qui cy est auquel ie suis
moult tenu.

Atant veez cy lescuier qui sa dame en
auoit menee. Et quant le seigneur le
voit il lui demande dont il vient. Ie vieng fait
il de conuoier ma dame. Et ou est elle fait le
cheualier. Elle est fait il au chastel et me vou-
loit veoir comment vous le faisiez. Et com-
ment fut elle rescousse fait il. par ma foy fait
le varlet ce cheualier la recousse. Et quant il
loyt il sault ius et voulut a hector baisier le pie
et dit que cent fois meilleur gre lui scait de sa
dame que de lui. Et quant hector le vit a terre
il descent ius de son cheual et ne lui seuffre mie
faire ce quil auoit en pensee Lors hector le com
mande a dieu et dit quil a encores moult a aler
et pource il ne lui conuient mie demourer lon-
guement. Haa sire fait le cheualier ie vous
prie q demourez, car ie ne vouldroie mie pour

partie

vng autre tel chasteau cōme celui la que vous en allissiez se vous voulez demourer en nulle maniere / ⁋ Vous ne feriez mie bien se vous vous en aliez ainsi ains saurez seil vo⁹ plaist qui ie suis. Et la damoiselle q̄ vous auez rescousse qui voulentiers vous verra: ⁊ se ie vo⁹ pouoie de riēs asseurer de vr̄e affaire ie vous en diroie voulentiers ⁋Tant prient hector lui ⁊ ses cheualiers quil leur dit quil demourera. Si lui demāde le seigneur ou il aloit Et il respondit quil ne sauoit gueres ou mais il va querant vng cheualier moult preup ⁊ si ne le congnoit ne ne scait commment il a nom Si lui cōpte son auāture. Et il lui demāde dōt il est. Il dit quil est du royaume de logres ⁊ des cheualiers a la royne geniuure Et ilz sui demādent son nom. Et il se nomme Adecques tant plus regardent hector ⁊ plus se prisent. ⁊ lors demāde hector de la damoiselle quil auoit rescousse qui elle est. Et se cheualier dit que elle estoit sa femme. Et pour quoy semmenēt ces cheualiers. Sire fait le cheualier ie le vous diray. Toute ceste terre est orēdroit en guerre. ne onques mais tant de guerres ie ne viz en ce pais comme pour le present en ya car il ny a hōme qui ait puissance qui ne guerroie son voisī Et moy mesmes ay guerroie ceulx q̄ deussent estre mes amis. se sont les parens ma femme Et si vous diray commēt. Il auint que quāt se pere de ma femme geust du mal de la mort il appella ma femme ⁊ lui fist iurer sur sains quelle ne se marieroit sans le conseil de ses parēs ou de ses liges hommes. Et quant elle se se marieroit que elle prenist le meilleur bachelier q̄ elle pourroit trouuer ⁊ fut il poure. Ainsi se iura la damoiselle Et le seigneur fist iurer a tous ses hommes quilz lui aideroiēt sās mal engin. ⁊ au meilleur se acorderoient. Longuement demoura la damoiselle a marier. ⁊ me apma. ⁊ moy elle. Elle ouyt dire du biē de moy par auanture plus q̄l nen y auoit si mist sō cueur en moy ⁊ ie mis pene de biē faire pour amour de la damoiselle. Ses parēs la semōnirēt de la marier Et elle respōdit tout en trauers q̄lle ne seroit ia par eulx mariee. Quāt ilz souprent ainsi parler ilz en furent moult courroucez ⁊ la menacerent ⁊ tournerēt sa terre a mal ⁊ prenoient tousiours du sien. Si a

uint vng iour quilz prindrēt la proie de ce cha chasteau ⁊ le cry se leua Si saillist au cry ⁊ moy ⁊ les cheualiers que ie auoie auec moy q̄ estoient en ce chasteau car le chasteau a encoref piii.xx. cheualiers de son fief. Tellement a laide de dieu q̄ nous rescouismes la proie par la prouesse de noz gens / ⁊ si estoient plus que nous nos ennemis. Si fut moult grande la iope par le chasteau. Et quant nous feusmes retournez si nous donnerent plus de los q̄ no⁹ nauions desseruit Et disdrent ses preudes hōmes qui se bien vouloiēt de moy q̄ moult peussent y perdu se ie ny eusse este. Si parlerent a la damoiselle du mariage ⁊ lui conseillerent que elle me prenist. Et elle qui autre chose ne desiroit respondit ainsi comme la chose lui poisast ⁊ dit que elle ne cuideroit pas biē faire Et fors demanda a tous ses parens sur leurs sermens quil leur en sembloit et quilz en dissent la verite Et ilz se y acordent tous. Et elle me print ainsi cōe silz sen eussent efforcee. Quāt ses amis le sceurent si la tindrent a honnie ⁊ a deceue ⁊ disdrent que iamais ne sapmeroiēt: ⁊ me deffierent mais ie me suis tousiours garantis auec laide de ceulx par qui ie euz la dame ⁊ la terre car moult me ōt de cueur aide. Il aduint lautre iour quilz estoient en aguet par dessus ce chasteau ⁊ ie me esbanoiee car lautre iour iauoie este blece dun cheual qui cheut sus moy. Et ma damoiselle a de coustume que elle va tous les iours au monstier a la grāt mes se dire ses heures. ⁊ ceulx se pierent ⁊ la prindrent si tost comme elle issist du monstier Si pensoient que puis quilz lauoient du remenāt vendroient ilz bien a chief Et ce faisoient ilz pource quilz sauoient bien que ie ne me tēdroie mie que ie ne alasse apres ⁊ auoient proposé de moy occire silz me eussent peu prendre. Quāt ie oup les nouuelles si sailli aux armes ⁊ fuz aincois arme que nul de mes cheualiers fors que quatre qui estoient auec moy quāt vous souruenistes. ⁊ tantost comme ie peulx assembler a eulx ilz vindrent ētour moy: ⁊ sailsirēt la damoiselle ses trois de eulx quant vous la rescouistes comme le plus preudomme que ie veisse onques. ⁊ benoit soit dieu qui vous y amena ⁊ vous soiez benoit sur tous cheualiers car celui que vous feristes premieremēt estoit le plus preudôme et le plus puissant de ce païs pour sa mort firent guerre moult efforcée: si estoit cousin a ma dame: et puis q ainsi est auenu ne sen doit preudonime esmaier ne apperrecer ne pour sa bône fortune en orgueillir. Lors lui demande hector comment il auoit nom. Et il dit Sire len me nôme sinados et ce chasteau se nomme Widesores. Ainsi viennent parlât iusques au chasteau le quel estoit moult plaisant et estoit assis en pais de signoble dont il y auoit assez. Et le sire auoit enuoie vng de ses hommes au deuant au chasteau pour faire iô chier les salles et pour la dame appareiller. Si scait len par toute la ville comment le cheualier a rescousse la dâe et le seignr des mais de leurs ennemis. Ainsi côuoient le cheualier iusques au palais. Et la dame leur vint au deuant pour les receuoir: et dit au cheualier q bien soit il venu. Si le prêt entre ses bras et lui dit Sire veez cy vng cheualier tel côme mon sire est, et vne telle dame comme ie suis et vng tel chasteau comme cestui est dôt vous pouez faire côme du vostre et cest bien raison: car vous auez bien desserui. Et hector la mercye Atant sen vont desarmer hector. Et sinados commâde que len ne se entremette de hector sinon ne les dames et les pucelles. Et elles fôt moult bñ son commandement, car elles nentendent sinon a lui obeir et honnourer: tant quil lui est a vis que trop en font. Quât ilz sont desarmez si est basse heure, le mengier fut appareillie si se assient a table. Le seigneur entre sa dâe du chasteau et hector. Et compta la dame côment hecto. lauoit rescousse oyans tous: et la paour quelle eu de ce quil estoit seul. Moult fut gran de la ioie que len fist de hector toute la nuit au chasteau: et fut moult regarde des cheualiers et dames et pucelles. Et sinados dit que oncq̃ si bô cheualier nauoit veu de sô aage. La nuit le pria moult sinados et la dame de demourer mais priere quilz fissent ny peut mestier. Atant en faisserent les parolles et alerêt couchier. Au matin se leua hector moult matin, si print congie de la dâe. Et sinados et ses cheualiers môtent et le conuoient et le mettent au chemi pour aler en la terre de norgalles: et le commandêt a dieu et lui eulx. Et sinados se recommande a lui se auâture le menoit a la court dôn roy ar

tus. Hector lui dit que en tous les lieux ou il le trouueroit il se pourroit tenir pour son amy Sinados le mercie. Lors se depart hector de lui et entre en son chemin. Il chauche toute iour tant quil regarde deuant lui et voit vng chasteau moult bien seant, mais les murs dehors ne valloient riens qui fut fors seulemêt murs car il ny auoit hebergages ne maisons et estoient les murs tous rouges: mais le chasteau seoit en si bon lieu quil nest riens quil doubtast: fors affamer, car il siet tout dessus vne roche dune part au coing de vne eaue grande et parfonde. et de cesse part hector venoit estoit la roche haulte et ennuieuse. son cheual estoit las. Quant il vient au pie de la roche il descent et monte en la roche tout a pie et maine son cheual apres lui. Si est moult las auât quil viêgne au millieu de la roche. Quant il ne peut en auant aler il remonte sur son cheual a grant paine et cheuauche tant ql viêt a la porte du chasteau. Si entre ens et va tout a cheual contre val les rues. Quant les gens le voiêt venir si ferment leurs huis: il se merueille que se peut estre. Si va iusques a lautre porte du pont. Et quant il voulut entre ens si trouua la porte fermee. Jl heurte et apelle mais nul ne lui respont. Il maudit les gens du chasteau comme les plus epcômuniees gens quil vist oncques mais: et souhaite la ville a estre arse dedens et dehors: et que se dieu la haioit autât comme il faisoit elle seroit encore nuit toute fôdue. Lors appella a la porte, mais nul ne lui respont. Si est tout esbahy et se retourne a lautre porte comme celui qui ne sauoit que faire si treuue vng villain qui venoit de busche couper le quel estoit entre par vne fausse poterne et auoit vne congnie a son col. Et si tost comme il voit hector si sen tourne fuiant droit a vne maison pres de la porte senestre. et hector cheuauche apres. Si a attaint le villain aincois quil feust en la maison. Jl le prent par les temples et lui dit quil est mort sil ne lui enseigne comment il pourra saillir hors de ce chasteau. Et il dit quil nen ystroit meshuy, non feroit le roy artus sil y estoit. pour quoy fait il est ce q les gens de ce chasteau ne parlent a moy. Pource fait il quilz doubtent que vous ne vous vueilliez hebergier. Et nul nest si hardy de heberg

gier/ & nul n'est si hardy de hebergier leans che-
ualier errant: ains les couient tous hebergier
sassus en celle grant tour en ce passage. Et co-
ment fait hector me couendra il meshuy heber
gier en ceste ville malgre moy. Certes fait il
oup ou autremēt vous nen pouez issir. Ie cuide
fait hector que si feray par tēps ou ie y trou-
ueray autre contredit. Lors sui arrache sa con-
gnie du col & sa droit a sa porte & le villain va
apres si lui dmande sa congnie. Et il lui dist
quil sen voise ou autrement il se tendra iusque
au pdens. Le villain a paour si sen est retour-
ne. Puis hector descent et attache son cheual
iouxte vne maison prez de sa voye. Apres viēt
droit a la porte a tout sa congnie & cōmēca a fe-
rir grās coups et dist ia ores sen ystroit il mal-
gre ses fellons sire qui leurs huys lui auoiēt
clos. Lors est venu auant vng varlet qui lui
dist quil messaisoit de la porte depecer, car de
lissir nest il neant: mais venez au seigneur du
chasteau lequel vous hebergera enuit auec lui
Et hector qui moult craint trayson dist qil ny
entrera ia/ ne il ne se hebergera encore a piece
Quāt le varlet dist ce il saillist ee arcone du
cheual de hector & dist que le cheual en menera
il. Quant hector le vist il courut apres mais
il ne se peut attaindre. Si est tant dofēt que
nul plus & dist q ia pource ne laissera il qil ne
face a la ville tant de mal commēt il pourra.
Il regarde et voit q sen destache vne porte col-
lice grande & forte. Il fut fort courrouce de la
voir descedre. Lors laisse sa congnie par mal
talent & viēt deuant le passaie q le villain lui
auoit monstre & comment il montoit le degre
il vist plusieurs cheualiers tous armez, & au
parmy de eulx vist vng preudomme q moult
estoit de grant aage & auoit este par semblant
moult beau cheualier. Hector salue le preudō-
me & sa compaignie, mais il ne lui rent mie son
salut ains lui dist. Haa sire sōt telz ces cheua-
liers de vostre pais q estes deuenu charpētier
pour ma porte depecer q mauldicte soit sa ter-
re ou vous la prenistes/ & aussi fol commēt
vous estes ap ie fait sa follie acomparer et si
feray ie avo' ains q vous me eschappez. Haa
sire dist hector ie suis vng cheualier errant/ si
sachez biē q iay moult a faire & moult ay grāt
besoing. Si vo' vouldroie prier par amour

q vous me fissez rendre mon cheual que vng
varlet a amene ceans. Si feray ie fait le viel
homme quant vous me aurez amende ce que
me auez ma porte couppe sans moy mōstrer
vostre besoing Certes fait hector ie leusse cou-
pee se ie eusse eu le loisir car il y a en ce chasteau
la plus desloyalle gent que ie veisse onques
mais. elle na cure de franc homme consiillier
ne onques ie ne hay tant gens comme ceulx
cy. Et le sire deleans commence a rire si lui de-
mande dont il est. Et il dist quil est des cheua-
liers de la royne. De la quelle royne fait le si-
re du chasteau. Et il dist de la royne genieure
Lors se dresse le sire du chastequ cōtre lui & lui
dist quil soit le bien venu & lembrace ainsi ar-
me quil estoit si lui dist. Sire ie vous pardō-
ne ce q vous me pouez auoir forfait sauue sō
neur & la droiture de ce chasteau & des apēdeces
Lors cōmande le seigneur q hector soit
desarme. Et il dist ql sen iroit voulen-
tiers sil auoit son cheual car il auoit ailleurs
afaire mais le sire dist qil ne peut estre, que se
le roy artus y venoit il sui conuēdroit sa nupt
gesir en ce chasteau sil ne vouloit aler encōtre
la droiture & les coustumes du lieu. Adōc lui
demande hector qlles sont les coustumes du
chasteau. Il conuiēt fait le sire q premier vo-
soiez desarme q ie les vous die mais vo' estes
aussi seuremēt q se vous esties en la chambre
de la royne vostre dame & la mienne. Alors
saillent varles auāt, & le desarment. Quant
le sire se vist desarme si le prisa a merueilles/
car il estoit beau cheualier & bien taillie. Si le
trouua le sire du chasteau de beau langage et
de douly parler. Hector prie le sire qil lui die
sa coustume du chasteau. Et le sire lui demā-
de son nom. Il lui dist ql a nom hector. Hector
fait le sire il est vray q ce chasteau esta moy
& est aussi fort cōme vous le voies: & pour sa grant
force maint preudōme en a euie car il marche
a trois barons fors et puissās. Si en est vng
le roy helinaus de norgalles & lautre ma sa-
guius le roy des cent cheualiers cousin de gal-
haut le filz de la gayande: & le tiers est le duc
escaus de cābenic. Ces trois ont tousiours cou-
uoitie ce chasteau & mene guerre encōtre mais
dieu mercy encore ne lont ilz peu auoir: nō pour
tātie ay pdu moult de mes gēs. Ie nay guerre

fors du roy des cent cheualiers: mais pourtant il nest pas en ce pais: car il est en la terre de Galehaut son cousin. mais il a cy ung sien seneschal lequel me fait moult de mal & se nomme Marganor, & nest nul iour quil ne viegne courir iusques a la porte du pont & ne fait ce sinon affin que ie face quelque appointement auec lui pour lui rendre ceste place: laquelle chose ie ne feroie iamais pour ennuy quil me sache faire. Et ie suis maintenant bien vieil, si nay enfant qui puisse maintenir la guerre apres moy dont il me desplaist sinon une belle fille pucelle laquelle est moult sage, & par aage deuroit auoir ia trois ou quatre enfans mais ie ne la vueil marier tant que iaye trouuer ung cheualier de si grant proesse quil puisse maintenir ce chasteau a honneur. & se ie leusse voulu marier au lignage de mes ennemis elle eut este mariee moult haultement mais mon cueur ne se y pourroit adonner: car trop me ont occis de mes hommes & de mes amis charnelz. Si en ay maintesfois conseil au roy artus pour me secourir mais il a tant de si grans affaires quil ne me peut conseillier: si ne len blasme pas car ie scay partie des tribulations et des peines ou il a este. & ie puis bien attendre la mercy dieu car ce chasteau ne craint nul siege pourueu quil soit garny de viures. Et pour ce que ceans nauoie pas foison de cheualiers il a bien trois ans que les bourgois de ceste ville vindrent a moy et me disoient que trop demouroie a marier ma fille. Et ie leur dis que ie nauoie mie trouue lieu lesquelz respondirent que se ie ne me vouloie tenir a leur conseil ilz laisseroient la ville et sen iroient en autre pais car trop auoient souffert de peines et de trauaulx: par quoy ie leur accorde a faire leur voulente: pourueu que mon honneur y feust garde. laquelle chose ilz me accorderent mais que ie leur iurasse a tenir ce que ilz me requerroient. par ainsi leur iuray. Leur conseil fut tel que ie iurasse que iamais estrange cheualier ne vendroit au chasteau quil ny geust une nuit du mains & lendemain demourroit iusques a midy a laide de la ville & le iour quil partiroit auant que sen lui rendist ses armes il iureroit sur sais quil seroit nuisant & ennemy a ceulx qui guerroient lestroite marche: ainsi a nom le chasteau: se ainsi nestoit quil feust homme de celui qui guerrieroit ledit chasteau ne autrement il ne pourroit issir de ceans sinon par ce serment faisant.

Certes fait hector cy a malle coustume, car les estranges ne deussent mie comparoir la guerre de vostre chasteau. par ma foy dit le sire il a este ainsi estably pource que nous ne pouons auoir secours du roy artus, & disoient quil pourroit venir tel ceans par qui le roy secourroit le chasteau quant il seroit auerti des grans maulx qui en auiennent & qui en sont auenus car cest le chasteau de toute la petite bretaigne qui est en plus fort trespas. Et ilz me disoient que par ce moyen pourroit estre ma fille mariee a aucun preudomme qui dauanture vendroit ceans. Et il nest mie encore huit iours que le roy artus y a perdu deux de ses cheualiers: dont il me poise que telle coustume y fut onques mise. Quant hector entent quil y a deux cheualiers du roy artus prins il demande qui ilz sont & comment ilz furent prins. Ie le vous diray fait le sire Lun a anom agrauain & lautre saigremor. Ilz sen vindrent ceans & disoient que ilz queroient le meilleur cheualier qui oncques porta escu ne il ne le congnoissoient & disoient que messire gauuain estoit commencement & compaignon de ceste queste & lendemain quant ilz eurent iure a grant peine car saigremor disoit quil ne iureroit ia & deust il mourir en prison. Si le pria messire puain de faire le serment: & lui dist que le chasteau estoit au roy artus. Oncques nen voulut riens faire iusques a ce quil ouist dire que les ennemis du chasteau estoient a la porte adonc iura messire puain, et saigremor dist que il iureroit aussi puis que la guerre estoit si pres & leur fiz apporter leurs armes & vindrent eulx deux auec les autres cheualiers a la porte. Ilz me prierent de les laisser issir pour faire proesse darmes. la quelle chose leur refusay: car nous estions ceans peu de cheualiers & ceulx de dehors estoient largement mais ie leur acorday que sil me vouloient promettre quilz ne passeroient ung petit poncel le quel est sur la chaussee par deca ie les laisseroie aller & que chacun de eulx ne iousteroit a plus de ung cheualier & se plus en venoit ilz se retrairoient ceans: & ilz le me promisdrent. Lors ie les laissay aller: & ilz demanderent la iouste contre deux cheualiers et marganor leur en euoia deux dont lun estoit le meilleur iousteur q̃ ie veisse oncques. ilz iousterent eulx quatre: et messire puain abatist le sien du premier coup et saigremor iousta au bon cheualier iusques a quatre lances / tant q̃ sa fin saigremor fut porte a terre adonc les semonst de retourner si retournerent et disoit messire puain q̃ en sa vie nauoit veu homme si apertement iouster fors seulement le cheualler q̃ ilz auoient trouue batant au nain sur une fontaine / si auoit il abatu deuant messire gauuain quatre des meilleurs cheualiers de la maison du roy artus. Quant hector lentent il rougist tout de honte: si lui demande comment ilz furent prins. Ilz me iurerent fait le sire q̃ se ie ne les laissoie issir q̃ saigremor affolleroit/ et de fait vouloit combatre a mes cheualiers: et ie les laissay issir et baillay a chacun ung gros glaiue puis sen allerent iouster a ceulx q̃ les attendoient sus le poncel et saigremor abatist le bon iousteur sui et son cheual du premier coup et messire puain a tantost ung autre abatu, et fors misdrent les mains aux espees. si vo' dy bien que ilz firent tant darmes q̃ cestoit chose non pareille asseoir mais pas ne se gouuernerent par mesure car trop se fioient en leurs proesses ne ilz ne eussent riens perdu se neust este saigremor q̃ bien se doit nommer destre car il ne mettoit nulle raison a son afaire: ne en ma vie ne vis a ung seul cheualier autant faire darmes comme il fist sur le poncel Je leur enuoia mes cheualiers et moymesmes issy. Et quant ilz nous sentirent pres de eulx ilz laisserent courir aprez ceulx de dela: et commenca la meslee si grande q̃ en la fin ie perdis trois de mes cheualiers sur le poncel: et messire puain et saigremor furent prins / mais plus me poise de eulx deux q̃l ne fait de mes trois cheualiers lesq̃lz sont mors car des mors len ny peut mettre remede et ilz auront grant peine de issir de prison Quant hector ouist ces nouuelles il commenca a soupirer pource q̃ ilz sont compaignons du roy artus: si ne les congnoissoit il point mais maintesfois en auoit ouy parler En telles paroles passent le iour tant q̃ le mengier est apareillie Le sire festoya hector grandement. Et quant leure fut venue de aler couchier hector fut mene en une chambre moult riche pour se reposer

mais il ne dormist pas toute la nuit ains pensoit a la deliurance de messire puain et de saigremor mais trop y a grant meschief: car il est tout seul et les aduersaires sont beaucop et bons cheualiers.

Au matin se leua hector si tost comme il vit le iour/ et estoit ia le cry parmy la ville q̃ les ennemis estoient pres. Si saillent hors ceulx de la ville et le sire mesmes. Quant hector les voit issir il demande ses armes: le sire dit q̃l ne lui conuient auant iurer. Et il dist q̃l est prest puis q̃ autrement ne peut estre. Le sire auoit fait appareillier la messe si mena hector et le fist iurer: puis lui furent ses armes apportees. Quant il fut arme ilz vindrent a la porte du pont si fut ouuerte/ et au dessoubz du pont auoit une barbaquane qui estoit fermee et garnie de sergans pour la garder. Si venoient les ennemis de dehors chacun iour courir iusques a celle barbaquane mais ceulx de dedens nosoient issir: ceulx de dehors commencerent a venir en desaroy cest assauoir les ieunes bacheliers qui queroient ioustes et les autres pour gaignier: et marganor leur seigneur leq̃l estoit moult sage et bon cheualier cheuauchoit derrier et nestoit pas auec les premiers. Quant hector les voit venir ainsi en desaroy il dist au seigneur. Sire nous pouons bien saillir car il me semble que ce ne sont que pouures ieunes bacheliers desirans a iouster. Regardez quans cheualiers vous auez ceans. Le sire dist que ilz sont trente trois: et vous estes par dessus. Sire fait hector nous sommes donc plus q̃ ilz ne sont. Ilz viennent en desaroy/ et se ilz estoient plus le tiers si deuroit ilz auoir tout perdu pourueu q̃ nous ne passons oultre le petit poncel dela car la chaucee est estroite par deca et ne pourront venir a leur voulente: car nous auons nos sergans et nos archiers pour nous secourir. Et le sire dit quil doubte moult les gens de marganor: et veez le a celle grande enseigne. Certes fait hector sil estoit le plus preudomme du monde si pourra il bien perdre les premiers deuant que ilz aient de lui secours. Tant dit hector q̃ le sire lui ottroie lissir par conuenant quil ne passera par dela le petit poncel sans son congie. Non sire fait hector se force ne me y maine. Voire fait le sire force q̃ soit con

premiere

tre boulète: mais se vo9 y allez de vostre bou lete sachez que vous serez pariure. Ainsi lui pro met hector et lors sen vient iusques a la barba quane et la fait ouurir: et ceulx de dela cheuau chent par deuant car ilz cuident q̄ nul ne osast issir. Sire dit hector se nous issons tous con tre eulx ilz sen fuiront et les pourrons bien prē dre mais ie nen istray ia tout seul. et cōme ilz passeront le poncel ie leur courray sus: et se il en tōbe nul ne soies pas lent de le retenir Gar dez bien fait le sire q̄ vous ne passez le poncel. car bien sachez se le roy artus estoit cy et il pas soit oultre ma deffense ie ne le secourroie mie: car ie lay iure. Atant vient ung de ceulx de de la poingnant en desaroy et apres lui vient ung autre: apres vient le tiers et hector sestoit retire arriere en la barbaquane. Quant le premier approuche hector lui laisse courre et eui passe le glaiue parmy la gueule si le porte a terre: sans arrester il fiert le second et le porte a terre le cheual sur son corps et son glaiue vole en pie ces: il met la main a lespee si laisse courir au tiers et celui brise son glaiue sur hector et hector lui dōne tel coup sur son heaume quil sestour dit tout et fut tombe a terre se il ne se feust tenu au col de sō cheual. Apres les cheualiers de la barbaquane laissent courre aux deux q̄ estoiēt cheus et les retiennent a force. Hector retourne arriere pour prendre ung autre glaiue: et quāt il veult courir droit au poncel ō̄tre les autres qui venoient le sire le prent par le frain et iure q̄ il ny retournera plus et q̄ ilz ont assez gaigne au iouster car marganor est trop pres. Lors se descendent et se embuchent a lentree de la bar baquane et disent quilz les attendront la Les nouuelles vindrent a marganor q̄ ses cheua liers estoient prins de quoy il fut moult dolēt et lui a len dit que leās a le meilleur cheualier qui ōcques fut le quel a abatu trois de ses che ualiers. Il en desplaist fort a marganor: et dit que sil estoit encores dix fois plus bon cheua lier si aura il iouste sil la veult auoir. Il fait passer toutes ses gens tant q̄ la chaucee estoit toute couuerte et le sire du chasteau commande a ceulx de la barbaquane quilz tirent: car sās son congie ne eussent ose tirer. et fait clorre la barbaquane afin que hector neisse. Ceulx de dela ne laissent point a approuchier pour les archiers et viennent iusq̄s a la barbaquane, car leurs cheuaulx estoient couuers de fer la plus part. Quant ilz sont venus iusq̄s a la porte on leur iecte de grans pieux trenchans et de grosses pierres sur eulx et ne se osent abādō ner du tout ceulx de dedens car trop y auoit de archiers dehors. Et quant ceulx de dehors ne peurent autre chose faire ilz se retirerent arrie re dela le poncel et marganor les enuoie ainsi co me il auoit fait lautre fois ore quatre ore deux ore trois: et le sire du chasteau deffent que ses archiers ne tirēt plus. Il fait deffermer la por te et hector veult issir et le sire lui ottroie par cō uenant quil ne doit passer le pōcel Hector lui ottroie. Lors sault dehors: et ung cheualier de dela lui laisse courre et hector a lui si lui dōne tel coup quil lui perce le bras senestre: puis il chiet a terre: lors ceulx de la barbaquane sail lent dehors si le prennent et hector regarde si voit ung cheualier oultre le poncel tout appa reillie de iouster par semblant et si ne vouloit passer: car marganor lui auoit deffendu cui dant que hector passast oultre car sil eust pas se oultre iamais nen feust retourne. Quant hector voit ce cheuali er il va celle part et celui se tire arriere petit a petit vers ses gens et le si re crie a hector q̄ lui souuiegne de sa promesse Et hector estoit ia sur le poncel et prie au sei gneur quil lui donne congie iusq̄s a ce cheua lier Et le seigneur lui dit quil ne passe le pon cel vng seul pas ou il mentira sa foy. Quāt hector lentēt il en est moult dolēt et dit au che ualier quil vienne oultre le poncel et que il le assure de tous hōmes fors de lui. Et celui dit quil nen fera riens: mais vo9 fait venez deca et ie vous asseure de tous hommes / fors mon corps seulement. Hector dist quil iroit voulē tiers sil le pouoit faire sans soy mesfaire Si maist dieu dit le cheualier se nest q̄ couardise qui vous tient. Hector en a si grant honte que a peu quil ne passe et lui dit. Attendez moy si re cheualier et ie vois prēdre congie. Il lui pro met que aussi fera il mais que vous mesmes le me venez dire.

Lors sen retourne hector et prie le seignr̄ du chasteau q̄ a ce seul cheualier le lais se iouster et ie vous iure sur ma foy q̄ sās plꝰ faire ie men reuendray ceans. Le sire lui dit ql ne ira ia par son congie, et hector le prie moult: mais il ne lui veult ottroier. Je lui vois donc dire fait hector car ie lui ay pmis. Certes dit vng de ses cheualiers il passera le pont: car il en a grant tallent mais se marganor promet quil nait garde de tous les autres si le laissez aller par conuenant que sil vient au dessus il retournera incontinēt. Et le sire du chasteau lui ottroie & lui baille vng sien cheualier pour aller auec lui parler a marganor. Quāt ilz sont venus sur le pont le cheualier demande marganor & on le fait tantost venir & le cheualier lui demande sil veult asseurer hector quil naura garde de nul fors de celui a qui il veult iouster quil est content de passer le pont. Et marganor lui promet. Si auoit il ia fait vne traýson car il auoit commande que incontinēt q̄ les deux cheualiers iousteroient et q̄ ilz verroient leur point quilz se missent a depecer le pont et q̄ bien se gardassent de mettre la main au cheualier & si auoit fait embucher trēte cheualiers pour le prendre. Et hector qui ne doubtoit nulle traýson se accorde a passer oultre le pont. Si sen retourne le cheualier qui sauoit amene & vient a la barbaquane & vng chacun monte en hault pour voir les ioustes. Quāt hector eust passe le pont si se entre eslongnent lui et le cheualier de dela & laissent courre lun contre lautre si aspremēt q̄ a la force des cheuaulx et des lances se portent a terre: les cheuaulx sur leurs corps. Si estoit le cheualier de dela vng des bōs ioustures qui se trouuast en place. Et quāt les gens de marganor voiēt les deux cheualiers a terre ilz courent au poncel pour le depecer: & nestoit q̄ de bois. Hector se releua deuant que son compaignon: & quāt il fut releue il ouýst la noise derrier lui cōme les gens de marganor depecoient le pont. Il sault sur son cheual & vient celle part lespee toute nue si leur donne grans coups tant quil en occist & meshaigna plusieurs & ilz sen fuyent toutes pars car a lui ne osoient mettre la main pour la deffense de leur seigneur. Et hector de meurt au trauers du pont du quel ilz auoient ia oste deux ou trois planches si vient marganor courant a tout son destrier sans heaume & dit a hector q̄l lui a fait tort de auoir ses gens occis. Hector dit q̄ non, mais vous me faictes

des loyaute de me vouloir faire retenir p̄ vos gens. Comment dit marganor, nul de mes gens ne a mis la main a vous ne tort ne vous ont fait: et se ilz depecoient le pont il nest pas vostre mais il est a nos ennemis. Beau sire fait hector laissez ma bataille & se q̄lque chose me voullez demāder ie suis prest de vous en faire droit. Moult voulentiers fait marganor se ainsi le me promettez a faire. Et hector lui ottroie par tel conuenant que nul de ses gens ne lui fera tort ne a lui ne au seigneur du chasteau. & sil conquiert le cheualier il lemmenera au chasteau sans contredit. Et marganor lui accorde car il cuide bien q̄ le sien le gaigne

Lors reuient hector aux ioustees et le cheualier aussi: si le porte hector a terre disitement. Le cheual du cheualier estoit bon a merueilles si le prent hector par la bride et le passe oultre le pont & le frape sur la crouppe de son glaiue qui encores estoit entier: & le cheual sen court contremont la chaucee & ceulx de dedēs le prennent. Le cheualier qui par deux fois auoit este abatu fut fort blece si se releuoit le mieulx q̄l pouoit. & hector qui auoit laisse cheoir son glaiue reuient a lui & le prent par le heaume & le tire a lui si rudement quil lui arrache de la teste si fellonneusement quil le fait tumber le visage contreterre si q̄ par vng peu q̄ il na les dens toutes brisees en la bouche et tout le nez escorchie si saigne moult fort hector descē droit voulentiers mais il se doubte de traýsō Il gecte le heaume au loingz & met la main a lespee puis vient au cheualier qui se releuoit & lui donne du plat de lespee par deux fois tant q̄l labat a terre & saigne aussi fort comme se il estoit naure a mort. Hector tourne le dos vers le poncel et sarreste sur le poncel et iure q̄ se il ne se tient pour vaincu il lui coupera la teste: & celui ne peut mot dire car il estoit en pasmoison. Lors descēt hector a terre et lui abat la vētaille iusques sur les espaulles & fait sēblant de lui vouloir la teste coupper. Et marganor est acouru hastiuement sans heaume car il ne vouloit pas venir arme affin q̄ hector ny pēsast traýsō & lui dit q̄ assez en a fait. Mais hector ne la tent pas a pie ains monte a cheual et marganor lui crie q̄ il ne occie mie le cheualier Et il dit que si fera, sil ne se tient pour oultre

premiere

et marganor dit quil lui fera tenir. Lors Bient le cheualier de pasmoison si saulta sus la ou marganor parloit a hector. puis met la main a lespee il cueuure sa teste de son escu et se appareille de soy deffendre. Comment fait hector Boullez vous encores combatre. Vraiement dit il oy et quil est tout fraiz A lui fait marganor Bous combatrez Bous plus / car Bous estes son prisonnier. En Berite dit le cheualier son prisonnier ne serap ie ia tant que ie Biue et que ie me puisse deffendre. Si serez fait marganor car ie lui ay promis. puis que Bous le Boullez fait le cheualier ce ne mest pas honte de Bostre Boulente car Bous estes mon sire lige Et marganor dit a hector quil ne soit si hardy de demourer au chasteau mais reuienne a lui pour lui faire droit de ce quil lui a meffait. Si lui met sus quil a ses hommes occis en temps de treues et quil auoit promis quilz nauoient garde de lui. Hector dit quil ne se promist onques. et quant il lui auroit promis si ne lui a il fait nul tort car ilz se sont portez desloyaument enuers moy: mais ie ne cuide pas fait hector que se feust par vous se dieu maist: ie Bous tiens a loyal cheualier pource que Bous auez fait tenir a ce cheualier sa conuenance q Bous mauez prinse pour lui. Toutesfois dit marganor ie Bueil q Bous Benez en ma prison: ou q Bous Bous deffendez du malfait: car ie Bous appelle de foy mentie et de desloyaute, et suis tout prest de le Bous monstrer mon corps contre le Bostre. Et hector dit quil nest court en tout le monde ou il ne sen osast bien deffendre Et le sire de lestroite marche dist a hector: nous sauons bien que Bous nauez nulle desloyaute faicte et na court en tout le monde ou nous ne Bous en portons tesmoignage et si Bous en Beult appeller si Bous en appellez en la court du roy artus. Marganor dit q sil ne se deffent icy il nest court ou il faille appeler de desloyaute pour lui faire plus de honte. Et hector dit que se ia dieu ne laid quil est tout prest sans plus loing aler de sen deffendre. Se Bous me croiez fait le sire de lestroite marche Bous ne le ferez mie ainsi car Bous auez ennuy assez fait darmes: mais demain soit apareillie de sa bataille et Bous dautre part puis que par bataille Bous en Boullez aler. Non feray fait hector

il ne deuisera ia chose q ie ne face car ie nay encores fait armes me q grieue En Berite fait le sire ie me doubte de trayson et se Bous Bous combatez la dehors il Bous pourra faire prendre par ses gens ou occire sil Beult. Nayez paour fait hector il ne le feroit iamais. Comment fait le sire nauez Bous point Beu comment il a fait depecer le pont pour Bous retenir: autant en pourroit il faire mais se Bous Boullez ie Bous enseigneray a combatre en telle maniere q Bous nauez garde que de lui. Et la maniere sera telle quil fera toutes desarmer ses gens: puis apres il iurera que ia nul ne se mouuera pour le secourir ne pour Bous empeschier et q la bataille soit faicte sur ceste chaucee entre le grant pont et le petit poncel. Et quant il sera deca si soit le poncel rompu ainsi pourrez Bous estre asseure de lui. Si Bous conseille que Bous le faictes en ceste maniere. Et hector dit que ainsi sera il fait se marganor en est content

Lors sen retourne hector au poncel et compte a marganor comment la bataille sera faicte sil Beult ainsi comme dessus est deuise. Et marganor lui demande quelle asseurance il aura du seigneur de lestroite marche et de ses gens Et hector dit quil lui fera iurer et promettre que de lui naura nul mal si se accorde marganor a la bataille et Biennent lui et hector au poncel et commande a ses gens que nul de entre eulx ne se meuue sur sa Bie tant q hector soit conquis ou quil le ait mene dedens le chasteau. Si en fait faire le serment au connestable en apres a tous ses hommes puis il lace son heaume et Bient a la bretesche ou le sire du chasteau estoit, et hector fait promettre au seigneur du chasteau q marganor na garde de lui ne de ses gens: se premierement les siens ne se meuuent. Et auec ce tous les cheualiers du chasteau le promettent pour lamont de hector Atant est le poncel rompu si demeure marganor par deca: et hector est a la barbaquane: si se part marganor du poncel et hector de sa barbaquane Ilz laissent courir lun contre lautre et se entrerencontrent de si grant force q marganor brise son glaiue sus hector: mais hector le prent si fermement quil porte homme et cheual a terre tout en ung mont et rompist son glaiue Marganor est au trauers de la chaussee et son

cheual sur lui. Et hector venoit de si grant roi
deur que son cheual frappa des quatre pies con
tre celui de marganor par quoy conuint cheoir
cheual et home/ mais le cheual estoit de si grāt
bonte que incontinēt se resleua a tout son seigñr
Lors met hector la main a lespee et fait poldre
iusques a la barbaquane puis reuient arriere
et voit que marganor est resleue & son cheual sē
fuit selon de la chaussee si vient au poncel &
sault oultre tant que les pies de derrier demeu
rent au mares & de ceulx de deuant il prent ter
re & se les gens de marganor ne leussent tire a
force il estoit en dangier de estre perdu. Quāt
hector voit marganor a pie il descēt & baisse son
cheual a ceulx de la barbaquane si sen vient a
marganor lescu deuant lui vigoureusement.
Ceulx de la barbaquane prient dieu pour lui
& le sire du chastean en ploure de paour et de pi
tie. Quant marganor se voit venir si fait cō
lui & dit a lui mesmes quil ne trouua oncques
meilleur iousteur que cestui/ mais il cuide plus
sauoir de lespee que lui car il se tiēt a vng des
meilleurs cheualiers du monde/ & sans faulte
aussi estoit il. Atant sont venus a sa meslee &
iette lun sur lautre menu & souuent: ilz se cueu
urent de leurs escus. Marganor sauoit assez
du ieu de lespee car de lōg temps sauoit apris
& ne se hastoit mie de ieter son coup sil ne le voy
oit bien emploie mais hector lequel se sent fort
& vertueux et ne craint point a estre lasse frap
pe sur marganor tant quil lui a tout desrechie
son escu et que moult en est demoure si est la
place toute couuerte des pieces qui en sont vol
lees/ & les armes de hector nestoient pas fort
adommagiees sinon sur la droite espaulle ou
il auoit vng tel coup que son hauberc estoit pr
ce iusques a la chair tant quil saignoit fort par
quoy les bras lui commencerent a apesantir & ne
dōna pas si grās coups cōe il souloit. Quāt
marganor le voit si sen esiouist car il estoit en
core bien frais: si court sus a hector & moult se
haste mais hector se cueuure si bien de son escu
que a paine frape marganor autre part. Ainsi se
contiennent tant que midy est passe. Et lors
a hector son allaine reprinse et a grant honte de
auoir tant souffert si court sus a marganor
le fiert a bandon tant que en peu de heure la si
empire quil ne fait que souffrir/ et moult lui

poise de auoir entreprins la bataille cont̃ he
ctor car il se treuue plus frais qͦ il nestoit au cō
mēcemēt. Si lui dist en ceste maniere. Sire
cheualier vous estes preux et vaillāt & vous
sauez q̄ la bataille de nous deux est commencee
pour neant & grant dommage seroit se lun de nous
deux mouroit se ie vous quite la bataille ie ne
vous fais nulle honte: et mieulx vouldroie a
uoir perdu foison de mes gens que vous auoir
occis si vous prie que la bataille demeure et
que vous me dictes vostre nom/ car moult le
desire a sauoir. Hector lui respont q̄ la bataill
le ne laissera il pas sil ne se tient pour oultre.
Poor oultre fait marganor ne me tendray ie
ia se dieu plaist. Et puis que vous refusez sō
neur que ie vous offre ie men iray parmy la ba
taille et a qui dieu en donnera l'oneur il le pren
dra. Lors commence la meslee & dure longue
ment: et hector en a deul & honte. si court sus a
marganor et le dommage tant en peu de heu
re quil se maine du tout a sa voulēte si lui don
ne de lespee si grant coup sur son heaume quel
se entre dedens bien la moitie & la si estonne qͦ il
lui conuient venir a vng genoul & a retirer les
pres a peu que marganor na mis ses deux pau
mes a terre: il ne se peut redrecer. Adonc le piēt
hector par le heaume si lui arrache de la teste
et le iecte au mares puis lui dit quil se tiegne
pour oultre & q̄ sa deffence ne lui peut valoir
Marganor dit q̄ pour oultre ne se tendra pas
& se il a perdu son heaume il ne lui faisoit que
nuire car il auoit trop grant chault. Alors lui
court sus hector & il cueuure sa teste quil a des
armee de tant peu de escu quil a. Hector la fort
naure & la tant mene quil est iusq̄s a la faul
te du poncel pres de cheoir: & hector lui escrie.
Marganor tu cherras: garde toy. Lors se reti
re hector arriere: & marganor regarde & voit que
se hector seust vng peu haste/ il eust este mort
sās remede qͦ lcōque. hector se met deuers se pō
cel et le met entre lui et la bretesche si lui dit q̄
il se tienne pour oultre. Et il dit qͦ l ayme roit
mieulx a mourir. En verite dōc fait hector vo
y mourrez. Lors lui court sus et voit que il la
ia mene iusq̄s sus le bort de la chaussee prest
de cheoir dedens les mares: si lui escrie. Haa
marganor tu es mort. Il regarde & voit q̄ par
vng peu quil nest tumbe dedens. il prise moult

n. i

hector de ce qͥl sa garde de cheoir par deux fois z dist a soymesmes que il lui est plus debonnaire quil ne lui eust este sil eust este aussi bien au dessus de lui. Hector lui dist quil se tiengne pour oultre et qͥl voit bien q̃ plus nen peut. Et il dist q̃ ce ne auendra ia. Lors dist hector q̃ plus ne sen priera si lui court sus moult asprement: z tant sa demene quil est venu sur le bort de la chaucee: il ne prent garde q̃ a soy deffendre et hector lui iecte vng coup pour le serir par my la teste z il sault en arriere z chiet tout droit au mares iusqͥs a sa ceincture Et quant hector le voit dedens il se prent par la main si le tire a lui z dist q̃ se dieu plaist ia si bon cheualier ne mourra si villainemẽt. Il le tire hors a grãt peine puis lui demande cõmẽt il lui est. Et il dist q̃ bien dieu mercy z vous: z maintenant ie cõgnois q̃ vous estes le plus preudomme du mõde z se auoie autant de pouoir sur vous cõme vous auez sur moy si ne me combatray ie meshuit a vous/ si me mes du tout en vostre mercy. Tenez mon espee ie sa bõ̃ res. Hector la recoit si se entreprenẽt main a main z vont tout droit a sa bretesche Ceulx de leans saillent a lencõtre z les recoiuent a grãt ioye z la fille au sire du chastel vient a lencõtre plus pour voir hector q̃ celui qͥl a cõqs La ioye est grãde q̃ chacun en fait mais sur tous faisoit ioye la fille du seignr car sõ pere lui auoit cõmãde. elle deslace a hector son heaume et le baise z lui dist q̃ bien soit il venu comme le cheualier du monde q̃ elle doit plus aymer.

Ainsi sẽ võt au palais z sa pucelle maine hector en vne chãbre z se desarme elle mesmes z ne souffre pas q̃ nul y touche sinon pucelles. Apres lui laue ses mains son visage z son col puis lui met vng manteau au col: et tãt plus le regarde z mieulx lui plaist z dist a elle mesmes que dieu fut moult debõnaire en uers lui quant il mist en lui tant de beaute. Lors se sient seoir le sire du chastel et regarde ses plaies et dist q̃ mieulx lui estoit quil ne cuidoit car il na nulles plaies perilleuses et apres sen vont veoir marganor le quel est durement naure mais il na nulle plaie mortelle/ si en est hector moult ioyeux et le sire du chasteau aussi z la estoit presque nuit si mengerẽt vng petit pour eulx entretenir. Apres dist hector a marganor quil conuient aler querre ses deux compaignons du roy artus. Et marganor mande son connestable qui estoit encores oultre le poncel il passe oultre tout seul et sen vient a son seigneur faisant grant deul: et son seigneur lui dist quil sen voise et quil amaine tous les prisonniers hastiuement. Lors sen va le connestable querir messire yuain et saigremor et lui compte lauanture de son seigneur, z comme vng cheualier la conquis qui oncq̃s si bon ne fut ne: si cuident q̃ ce soit messire gauuain puis sen vont auec le connestable z dautres prisonniers bien cent z viẽnent au chasteau Lors leur vont a lencontre le sire du chasteau hector z tous les autres. Quant messire yuain z saigremor sont desarmez ilz demandent a veoir celui q̃ les a desiurez. et le sire du chasteau leur amaine hector. Ilz saillent a lencontre de lui si se merueillent qui il est: car ilz ne se congnoissent sinon par ouir dire Et quant il sest a eulx nomme si se merueillent plus que par deuant car ilz cuident q̃ tous les bons cheualiers deussent estre a la court du roy artus Et quant il leur a nomme sa terre ilz scaiuent bien qͥl est dissi entout ou le bon cheualier les abatist eulx deux z girflet et keux. Si en cõmencent a rire. Et hector leur commãde sur la foy quilz doiuent au roy quilz dient la cause pour quoy ilz nutris sil est a dire. Et ilz dient que pour vng cheualier q̃ abatist a celle fontaine quatre des meilleur cheualiers de la maison du roy artus. Et se batist apres vng nain deuant nous tant que a peu quil ne se tua z si al loit iouster a lui messire gauuain. Mieulx valut au cheualier auoir este batu du naiͤ dit hector que iouster cõtre messire gauuain. z pour ce qͥlz auoiẽt ouy dire a messire gauuain quil estoit des cheualiers a la royne genieure ilz lui demãdẽt quãt il partist de la royne. Et il leur compte quil ny a gaires z leur dist commẽt il va en la qͥste dvng cheualier quil ne cõgnoit point. Et ilz lui demande quel escu il porte et il leur deuise tant quilz congnoissent que cest messire gauuain quil quiert: ilz sui dient / et il dist quil ne vouldroit pour vng de ses dois q̃ se feust il pource que peu de cõpaignie lui porta. La nuit accorda hector le seignr de lestroite marche a marganor et fut sa paix faicte entre

eulx deux: et iura marganor sur sains quil se-
roit tāt que ses chasteaux et forteresses seroiēt
en paix du roy des cent cheualiers et seil ne si
voulloit acorder lui et ses gens se tendroiēt de
sa part du seigneur de lestroite marche, et lui
bailleroient leurs forteresses. et tousiours lui
sera aidant et de ceci lui baille bons plaiges.
Moult est la ioye grande au chasteau et chacū
vient veoir hector. La ou il estoit au mengier
arriua leans vng varlet droit deuāt le seignr
si se salue puis lui demande sil y a nul cheua-
lier estrange leans nomme hector. Et le sire
lui dit que oy, le varlet demande lequel cest et
len lui monstre. adonc dist le varlet a hector.
Sire vng vostre cheualier vous salue, cest si-
nados de vvindesores et vous prie que vous
lui mandez cōment il vous va car il a ouy di-
re que vous estiez prins des gens du seigneur de
ce chasteau et des gens du roy des cent cheua-
liers, et devez sauoir quil a mande toutes ses
gens pour vous venir secourir. Quant le si-
re du chasteau entent parler le varlet si lui de-
mande ou il auoit veu le cheualier. Et il lui
compte comment il lui auoit veu rescourre sa
dame et son seigneur aussi. et hector a honte de
ce que le varlet racompte si len prisent mieulx
ceulx de leans que par auant. Tant vont les
nouuelles que elles viēnēt iusques a la fille
du seigneur laquelle sa ymoit de grāt amour
et est ioyeuse a merueilles de sa bonne renom-
mee. Si vient le sire de leans a sa fille et lui
demande se elle le vouldroit bien auoir a ma-
ri sil pouoit estre. Et elle dit que cest le cheua-
lier du monde que plus voulentiers elle pren-
droit. Apres en parle le sire a hector. et cesui lui
mercie de lonneur quil lui fait si se excuse en di-
sant Certes sire ie ne prendray femme ne nul
honneur ne tendray car iay trop a faire et me cō-
uendra maintes terres cerchier premier que ie
aye trouue ce que ie quier. Ne ie ne refuse pas
vostre fille: car ie ne viz pieca damoiselle que
ie preniste plus voulentiers mais ie ne suis
pas a moy et vous le voles bien. Adonc le sire
ne se cause plus mais retourne a sa fille et lui
compte commēt hector a respondu Et elle dit
que puis quelle a failly a cestui quelle na ore
cure de mary. Et son pere lui dit que cestui ne
peut elle auoir car il a trop a faire et elle dit ql

le lattēdra assez pour sa preudommie qui est
en lui. Si lui en scait son pere bon gre et sen re-
tourne par deuers hector si laissa en toutes
manieres. Quant il est temps de couchier sa
damoiselle lui appareille son lit en vne cham-
bre a part lui. Et quant toutes ses gēs furent
couchiez la damoiselle sen vint au lit de hector
et se agenoulla deuant lui et la fut grant pie-
ce premier quil la veist car il pensoit ailleurs:
et auec elle auoit vne autre damoiselle assez
loing laquelle tenoit plain son poing de chan-
delles allumees. Et quant hector sapercoust
si la print entre ses bras et dit que bien soit elle
venue en disant: belle doulce damoiselle que
dieu vous doint bonne auanture, dictes moy
quel besoing vous amaine. La damoiselle a-
uoit ses treces sus ses espaulles si lui dit tout
en plourant. Haa sire ne pensez nulle villenie
en ce que ie suis icy venue si priueement: car ie
ny pense que a honneur ie me viens a vous com-
plaidre de vous mesmes: ne nul ne men peut fai
droit sinon vous Et il dit que villenie ne pen
se il pas, et se ie vous ay en riens messait ie le
vous amenderay voulentiers sil vous plaist
le me dire. Sire fait elle ie me plais de ce que
ie vous fiz prier par mō pere que vous me pre
nissiez a femme et vous nauez voulu ouir sa
priere ne la mienne: si sauroie voulentiers pour
quoy: et il lui dist. Belle amie si maist dieu se
nest pas pource que vous ne soiez assez et elle assez
vaillant et assez riche pour vng des plus pls
vaillās hommes du monde mais le meschief
est si grant comme iay dit a vostre pere et a vo
mesmes le diray. Cest que ie ne puis prendre fe
me tant que ie aye acheue ma queste: et se ie le
pouoie bien faire et ie vous eusse espousee si ne
conuēdroit il aller en ceste queste et se ie y mou-
roie ne seroit ce pas grant dommage pour vous
de vous auoir si tost laissee. Sire fait elle de
la mort vous deffende dieu et mieulx ay me-
roie ie a tousiours viure sans mary mais se il
vous plaisoit ie vous attēdroie par aissi que me
promettez que vous ne predrez femme que premier ne
me faciez sauoir Hector dit que ce ne lui peut il
promettre et que sil lui auoit promis il craindroit
que telle enseigne lui pourroit auenir que malgre
lui se couuedroit mentir. Lors lui dit la damoi
selle puis que aissi est et que iay a vous failly ie vous

prie faites vne chose q̃ ie vous diray, promet
tez moy q̃ vous ne prẽdrez fẽme a nul iour ne
pour lignage ne pour terre sinon celle q̃ vous
aymez. Vrayemẽt dit hector ie le vo' pmets.
Alors prẽt la damoiselle congie de lui et
s'en va moult ioieuse puis vient a son pere
et lui dist ce q̃ hector lui auoit promis. Je cuide
fait elle q̃, auãt q'il soit lan passe q'il me ayme
ra pl', q̃ toutes les fẽmes du mõde. Son pere
dist q̃ se ainsi pouoit auenir q'il ne fut oncques
si ioieux. Lẽdemaiȵ vient la damoiselle au le
uer de hector ce lui dist q̃ bon iour lui doit dieu
Et a vous aussi ma doulce amie fait hector.
Sire dit la damoiselle s'il vous plaist vous
en porterez de mes dõrees. Tenez cest aueau
ce plus en porterez vous, car vous en porterez
mõ cueur. Il prent l'aneau puis se met a sõ
doit. Sire fait elle ie le vous dõne par tel con
uenant q̃ vous ne dõnerez a nully. Lors des
mãde ses armes pour s'en partir: puis se arme
rent messire puain ce saigremor. Et hector prẽt
congie de la damoiselle et la cõmande a dieu.
Hector en porte l'aneau dõt q̃ la pierre est de tel
le force q̃ se fẽme la donne a hõme, dez le iour
qu'elle lui aura dõne croistra l'amour de eulx
deux tant cõme l'õme la portera. Aps prẽt he
ctor congie de marganor. Le sire du chasteau ce
vne partie de ses cheualiers le conuoiet ce ses
deux cõpaignõs. Hector demãde la voie pour
aller a norgalles ce le sire lui monstre. Apres
hector fait retourner le sire et s'en part lui ce ses
compaignons. Ilz cheuauchẽt tãt ensẽble q'ilz
viennent a vne ancienne forest, ilz entrent en
vne grant plane ce regardent deuant eulx si
voiẽt vng cheualier q'amene vne pucelle par
force et dautre part voiẽt vng cheualier qui se
combatoit a deux autres. Et quant il se s'vne
grãt piece cõbatu il se retourne vers la forest
tant q̃ le cheual le peut porter ce les autres fie
rent apres tãt q'ilz le võt attaignant, mais il
ne les ose attendre ainçois tourne celle part ou
hector et ses cõpaignons estoient. Et ainsi q'ilz
regardent ainsi si dit saigremor a hector. Dieu
pour quoy n'est auenue la tierce auanture si a
uroit chacun la sienne. Quant il a ce dist ilz
ouyrent derrier eulx vng grãt cry et sembloit
q'ilz feussent plus de cent personnes. Vraie
ment dit hector a saigremor dieu vous a ouy,

car la tierce auanture n'est pas loing de cy. Or
prãgne chacun la sienne. En verite fait saigre
mor ie vois secourir a ce cheualier, ce moy celle
damoiselle la fait messire puain se ie puis. Je
iray donc fait hector voir le deul q̃ iay ouy. A
tant se commandẽt a dieu: ce hector cheuauche
tout droit la ou il a ouy le cry si trespasse la fo
rest tant q'il est arriue a vne plane la ou il voit
grant plãte de gens qui portoient vne biere ce
plouroient trop durement. Il court apres tãt
qu'il attaint vng nain lequel estoit sur vng che
ual mesgre et ne alloit q̃ le pas. Hector lui de
mande pour quoy ces gens font tel deul. Le
nain ne lui dit mot. Si lui demande encores
vne fois et il ne dist mot. Hector se courrouce ce
dit au nain. Tu es fort despiteux qui ne me
veulx dire, ce que ie te demande par vng peu q̃
ie ne te donne du poing par my le visage. En
verite dit le nain frape moy ce ie se te diray. Le
dyable te puisse fraper dit hector ie nay cure de
te touchier mais dis le moy si feras que sage.
Male honte m'auiengne dit le naiȵ quant ie le
te diray pour neant. Je te donneray fait hector
ce que tu vouldras mais q̃ tu le me dies. Se
tu me veulx fraper fait le nain ie le te diray
Je nay cure de te ferir dit hector car ie ny auroie
point de honneur. Et lors le nain prent le che
ual de hector par le frain et lui veult crachier
au visage et frape son cheual par la teste tant
q'il l'abat a genoulx. Hector se courrouce puis
hausse la iambe et frape le nain du pie tant q̃
il le porte a terre lui et son cheual et lui dit: va
oultre maudicte soit l'eure q̃ ie te vis oncques:
en ma vie n'ay eu autant de ennuy comme iay
eu par nais. Et le nain lui dit que encores en
aura il plus que oncques mais. Et saches dit
il q̃ tu ne peulx vivre de cy a trois iours pour
ueu que ie vive. Lors descent hector de son che
ual et lui dit qu'il ne lui chault de ses menaces
mais toutesfois te aideray ie a remonter. Si
m'aist dieu fait le nain se tu aymes ta vie mi
eulx te vaulsist me auoir tue: car par ma vie
tu perdras la tienne. Ne me chault fait hector
de tes menaces, mais dis moy pour quoy ces
gens plourẽt. Je le te diray fait le nain Ilz por
tent en vne biere vng cheualier mort seul estoit
moult vaillant homme et pour lui beaucoup
de maulx serõt encores fais. Et hector demãde

partie

sil fut occis par armes et coment. Et le nain lui compte la maniere tant qͥl entent bien que cest le cheualier quil occist quātil rescouist si nados de bͤbindesoie: a pense come ᷒ pourra faire/ car il scait de brap qͥl aura meslee se il va plus auant. Il cheuauche auant et dit que ia ne changera son chemin et sen va droitemēt par duant sa biere. Si salue la compaignie et ilz ne lui disent mot et ainsi quil passe oul treles plaies du mort commēcerēt a saignier Et le nain leur escrie. prenez le meurdrier prenez le meurdrier. Entour la biere auoit ēuirō vingtz cheualiers dōt lun regarde et cōgnoit hector a ses armes et dist q̄ cest celui qui a occis leur seigneur. Ilz viennent a lui et lassaillent de toutes pars. et le pmier q approuch hector se porte a terre et en abatist trois auant q̄ son glaiue rompist puis met la main a lespee et se mesle entre eulp moult vigoureusement Et le nain leur escrie que bien se gardent q̄ il ne leur eschape. Ilz se frapent amont et aual tant quilz se ont fort naure et lors venoit vng cheualier tout le chemin et empres lui vne damoiselle, et cestoit le cheualier que hector auoit vengie de la honte que guinas de blaquestay lui auoit faicte. La damoiselle cōgneust hector. Et quant elle voit qͥl est entre ses ennemis elle dit a son amp. Sire cest le cheualier qui se cōbatist pour vous a guinas et se mist en auanture de mort pour vostre honte vēgier et il est en dangier de mort se vous ne lui aidez Comment fait le cheualier est il vrap. Oy certes fait elle. Lors vient auāt le cheualier et commāde a toutes les autres cheualiers qͥlz se tirēt arriere. Et ilz lui disēt. Sire cest celui q̄ vostre frere a occis. Quant il ot ce il se pasme et ses cheualiers recourēt sus a hector. Quāt la damoiselle voit ce elle sa parmy eulp et dit qlles le fera destruire car son amp la asseure Quant son amp est reuenu de pasmoison elle lui dit qͥl fera trayson sil ne deffent hector. Et tantost il commande aup cheualiers que plus ny touchent: et puis dit a hector. Sire vous occistes mon frere: et ie scap bien comment et dautre part vous auez tāt fait pour moy q̄ ie ne puis estre desloyal contre vous: si vous en pouez bien aller car icy nauez vous garde mais en autre lieu ne vo⁵ seroie ie pas garant

Hector le remercie et puis se part. Et quant le nain sen voit aller il dit aup cheualiers. Vo⁹ estes to⁹ mors se vous ne voulez vser de mon conseil. Cest q̄ vous me baillez vng escuier et ilz si acordent. Le nain enuoie lescuier a vng trespas au deuant de hector. Quant tu seras la il te demandera le chemin pour aller en la terre de norgalles. Tu lui diras que tu vas celle part: et sil veult ta compaignie tu le conduiras iusques la Je scap bien quil si acordera: puis le maine a la fontaine a lermite Et quant tu seras la tu lui diras que cest la meilleure fontaine pour boire du monde et nul nen boit q̄ il ne soit aussi sain et aussi frais comme se il nauoit eu en toute sa vie mal ne douilleur et porte auec toy vng pain pour faire des soupes a la fontaine car ie pense quil ne menga huy, si mengera voulentiers. Et si tost qͥl sera descendu de son cheual monte dessus et ten va a mares et il te suiuera sans faulte. Et quant il sera venu nous le prendrons car lidonas ne lasseure doresenauant en nul lieu

Tant sen part lescuier et sen va au deuant de hector. Et quant hector viēt en droit lui il lui demande quel part il va Et il dist quil vouldroit estre en la terre de norgalles. Haa sire fait lescuier vous ne allez pas bien. Hector qui de trayson ne se doubtoit lui demande le chemin. Et il dist. Je vous adresceray bien sil vous plaist. il sen va deuant et hector apres. il le maine vne vielle voye herbue la quelle nestoit pas fort hantee. Hector lui dit. Nous ne allons pas bien car ceste voie est trop vielle. Sire fait lescuier quelle que elle soit elle va tout droit au grant chemin mais vous sauez bien loing laisse. Il cheuauche deuant et hector apres tant quilz soient la fontaine a lermite. Et quant ilz sōt la venus lescuier demande a hector. Sire mengastes vo⁹ huy. Nenny vraiement fait hector. Sire fait il iay vng pain et si ay grant appetit: et quant nous nauions que mengier si deurions nous boire/ car cest icy la plus saine fontaine et la plus merueilleuse de toute la grāt bretaigne car il nest cheualier si malade ne si blece sil en boit quil ne recueuure sante. Et pource q̄ vo⁹ ne mengastes huy descendez si mēgerōs deup ou trois soupes. Tant dit lescuier a hector qͥl

n.iii

premiere

descent et il lui fait des soupes en la fontaine Hector oste son heaume et son escu puis se va pendre a ung chesne et lescuier prent le destrier et satache pres de la fontaine. Hector a grant fain et mengut soulletieres des soupes. Quant lescuier le voit ainsi arrester a mengier il met lescu a son col et monte sur le bon cheual et sen va. Quant hector voit ce il scait bien quil est trap si vient au roucin de lescuier et monte sus si pour suit longuement lescuier tant quil approuche dun fort chasteau qui se nommoit les mares. Lescuier entre en la porte et hector aps et lescuier etre en une maison et sen va oultre q hector ne scait quil est deuenu si descent apie et entre en la maison mais il ny treuue riens. Il va contremont ungz degrez en une haulte tour et la treuue ung viel home de grant aage chanu et blanc, si le salue et puis lui dit Sire faictes moy redre mon cheual que ung var let a amene ceans et mon escu et mon heaume quil a emporte. Le preudomme lui demande Sire dont estes vous. Je suis dit il ung cheualier de la maison du roy artus. A ces paroles entra leans ung cheualier et auec lui sergans et escuiers pres de quinze tous armez Hector recongneust lescuier si dit au seigneur Sire veez la celui qui mon cheual a amene p larcin. Lescuier dit que non, et quil a menty, ais la amene tout adroit car nul ne doit porter foy a meurdrier et tel estes vous. puis dit au seigneur. Sire cest celui qui occist mathaaliz vostre filz desloyaument. Quant hector len tent sien a grant honte et met la main a lespee et lui donne tel coup parmy la teste quil le fet iusques aux espaulles. Quant il a ce fait il sault en arriere et voit au pie de la tour ung escu pendant a ung croc: il se prent et se cueu ure contre ceulx qui lassaillent. Et le sire qui viel estoit en a grant pitie: car hector estoit na ure premier quil venist leans. Il sault de sa chaere et vient a ses hommes si leur comande quilz se retraient et puis dit le sire a hector qil se rende en sa mercy. Certes fait hector ce ne fe ray ie pas car ie ne scay quelle vostre mercy se ra mais ie me redray par couenant que vous me laisserez loyaument desfedre contre ceulx qui vouldront dire que iay occis vostre filz en meurdre ou en trayson. Atant ceulx qui por

toient le corps heurterent a la porte: si Benoit deuant lidonas. Quant il fut en la court il voit hector si en est moult a malaise/ car il auoit paour quil ne le peut garantir a sa voulete. Et il lui dist. Haa hector pour quoy estes vous cy venu. Sire fait il cest par ung traytre qui me embla mon cheual. Lors sen va le preudomme a son filz lidonas et a moult grat tope de ce quil le treuue vif. Haa sire fait lido nas a son pere ne occiez pas ce cheualier car ie feusse mort se ne feust il. Et la damoiselle comence a plourer. Le sire dit a hector quil se re de mais il ne veult. Adonc parle lidonas a hector et lui dit. Rendez vous a monseigneur Se dist hector il nest riens que ie ne face pour vous si baille son espee au seigneur et il la priet Lidonas fait desarmer hector puis le fait en fermer en une chambre que ses gens ne le voiet et lui fait promettre quil ne se mouuera sans le congie du seigneur. Atant est la biere descen due en la court et fut apporte le corps au mis lieu de la salle: puis furent mandez les clers et les prestres pour faire le seruice Si lauoit on apporte de deux iournees pource que le sei gneur vouloit quil fut entere en son chasteau Hector est en la chabre si a tout ce que mestier luiest. La damoiselle pour qui il sestoit combatu lui tint compaignie. Lendemain est ma thaalie mis en terre, si le ploure petis et grans et mesmes hector en a ploure. Si se taist icy le compte de lui et de hector et retourne a gal lehaut et a son compaignon lancelot du lac

Le compte dist que lancelot est moult ma lade et a perdu le boire et le mengier, et gallehaut en est moult a malaise pour lui: et lui demande quil peut auoir. Et il lui dit qil scait de vray quil se meurt. Et quant galles haut lentent il lui dit. Beau doulx amy se vo' pouiez veoir ma dame n'en seriez vous pas plus aise. Certes sire fait lancelot ie cuide bien que oy. Vraiemet dit gallehaut ie pourchas seray tant que vous la verrez. Beau sire dit lancelot comment pourroit ce estre. Je le vous diray fait gallehaut. Nous manderons nou uelles a ma dame disant que elle nous a trop oublies car nous ne la veismes depuis lentre du mois de may et nous sommes ia en puer et que elle face tant que nous la puissons veoir.

Haa sire fait Lancelot pour dieu mercy ie tiēs ma dame a si loyalle et si vaillant q̄ sil peut estre Bouletiers nous seist si ay grant paour quil ne lui ennuye, et mieulx voul droie estre mort ou souffrir tant comme ie pourroie, car ie ne tiens ma vie sinon par elle ne ie ne voul droie son courroust, et non pourtant soit fait comme il vous plaira. Or ne vous esbahissez fait gallehaut car ie vous asseure de son courroust. Beau sire dit Lancelot commēt le pourra elle sauoir Nous lui enuoierōs vostre cousin Lyonnel fait gallehaut lequel fera moult bien le message. Lors appelle gallehaut Lyonnel et lui dist. Lyonnel tu ten iras a la court et scais tu que tu feras. Tu enquerras ou est le roy artus et si demanderas la dame de malehaut et lui diras que elle te face parler a la fleur de toute cheualerie par q̄ elle est en pouoir. C'est a la royne, et elle le fera voulentiers Gardes que tu soies moult courtois et bien auise: car tu auras deuant toy la rose de beaute et seras deuant la fleur de toutes les dames du monde. Et se elle te demande qui tu es tu diras que tu es filz au roy boort de ganues et cousin germain a lancelot. Et se elle te demande que fait son amy tu lui diras quil ne peut mie bien faire quant il ne la voit et lui diras quelle nous a plus oubliez que nous ne lui auons desseruy, et quelle prēgne conseil hatif q̄ nous la puissons veoir se elle veult mercy auoir des deux plus mesaises qui soient en ce monde. Tout ce encharga il a Lyonnel Et il dit q̄l fera moult bien le message sans riēs oublier. Lors print congie. Or ten sa fait gallehaut et gardes bien que tu ne dies a nul hōme ou tu vas ne a q̄ tu es: car tu nous auroies honnis. Et il dit quil en soit tout seur car aincois se laisseroit il couper la langue. Atant se part Lyonnel et prent son chemin pour aller a la court du roy artus. Mais icy se taist le cōpte de gallehaut de lancelot et de Lyonnel et retourne a monseigneur gauuain.

Quant messire gauuain se fut party du cheualier a qui il auoit rompu le bras en la lande des carrefources. Il erra toute iour tant quil vint sur la riuiere qui departoit la forest il cheuaucha le long de la riuiere tant que il auesprist. Il regarda a destre et vist vng hōme vestu dune robe blanche qui sen aloit grāt alleure. Et messire gauuain qui nauoit mengie de la iournee scait que la forest est dangereuse il frape des esperons apres lomme vestu de blanc. Et quant celui le voit venir si le regarde et cōgnoist bien q̄ lest cheualier puis lattent et abat son caperon de sa teste et se encline en disant. Vous soiez bien venu sire. Messire gauuain cuide quil soit prestre ou hermite si descent et lui demande sil estoit hermite Et il dit que non, mais il est clerc. Ou allez vous fait messire gauuain. Ie vois a vng hermitage cy pres et ie me haste car on ne chantera vespres deuant que ie soie la venu. Comment fait messire gauuain ie cuidoie que en ceste forest neust que vng hermitage. Sire dit il il en y a trois. Lun sermitage des carrefours et lautre q̄ len appelle lermitage repost et lautre a nom lermitage de la croix car les anciēs hommes de ce pais disent q̄ elle fut assise la premiere croix qui onques fut en la grant bretaigne ne en toutes les contrees qui sont deca la mer. Ny a il nul logis ie de cy fait messire gauuain. Nenny sire dit le clerc car ceste terre est toute destruicte de la guerre du roy de norgalles et du duc de cābenic. Et escoies attēdēt ilz au matin a ce chasteau les gens du roy de norgalles: et se vous me voullez croire vous vendrez au iourduy auec moy en lermitage et la vous serez bien logie. Certes fait monseignr gauuain ien suis content: mais vo' mōterez derrier moy sil vo' plaist. Sire fait il pardonnez moy car le chemineray aussi fort a pie cōme vostre cheual pourroit aller les gallos Lors remonte messire gauuain et le clerc deuant et lui apres tāt quilz sont venues a luis Le clerc appelle et lermite lui oeuure. Quant il voit le cheualier si lui fait grant ioye. Messire gauuain descent et le clerc maine le cheual a lestable et vient desarmer messire gauuain Lermite va chanter vespres et messire gauuain les va ouir, et au retour de vespres trouuerent le souper prest selon la iournee car il estoit vēdredy. Apres souper lermite demanda a messire gauuain qui il estoit Et il lui dit q̄l estoit vng cheualier du royaume de logres. Sire fait lermite vo' estes de la maison du roy artus. Vous dictes voir fait messire gauuain.

La première

Je cuide donc fait lermite q̃ le roy vous a en-
uoie en ce païs pour le descort du roy des cent
cheualiers et du duc de cambenic. Certes fait
messire gauuain ce nest pas ce q̃ me maine ain-
cois cerche vng cheualier q̃ ie ne puis trouuer
Sire fait lermite fustes vous oncques acoin-
te du duc. Je ne le viz oncq̃s fait messire gau-
uain. Lermite le regarde fort et lui semble hõ-
me de grant prouesse si lui demande son nom
car iay faitil ouy dire q̃ en la court du roy ar-
tus sont les plus vaillans hommes du mõ-
de. Qui le vous a dit fait messire gauuain
Sire fait il iay eu ceans vng cheualier mon
compaignon lequel estoit bon religieux et grant
angoisse sen a fait partir car il auoit vng sie-
n voisin lequel desheritoit son filz et lui auoit tou-
te sa terre tollue excepte vne forte tour la ou il
sestoit retrait. Et le cheualier qui lui faisoit
guerre se nõmoit segurades. Le filz vint ceãs
a son pere q̃ auoit nom alicre et lui remõstra
cõme segurades lauoit expillee et qͥl faissoit qͥl
fut fuitif. Quant son pere le vist en telle an-
goisse il en fut fort marry et me demãda con-
seil qͥl en feroit Et ie lui dis q̃ ie ne len sauroie
cõseiller. Atant sen partist de ceans atout sa
robe de religion et depuis ay ie ouy dire quil a
sa guerre menee a si q̃ de brief il doit retour-
ner. Si me dõna enseignement quãt il partist
de ceans que a cheualier ne me acointasse q̃ ie
ne lui demãdasse son nom se ien auoie le loi-
sir. et pourtant vous demãde a sauoir vostre
nom. Mon nom fait messire gauuain ne fut
oncq̃s celé ne a vous ne le sera il ia. Ja a nom
gauuain le nepueu du roy artus. Haa sire dit
lermite vous soiez le bien venu. Or me dictes
quel chemin vous voulez tenir. Je vouldroie
estre dit il en la terre de gallehaut. Beau sire
q̃ q̃rez vous la dit lermite. Certes fait messi-
re gauuain ie quiers le meilleur cheualier du
mõde. Cõment se nommez vous dit lermite
Sire il se nomme lancelot du lac. Et lermi-
te se taist vne pose, puis lui dist. Sire dieu
vous doint grace de le trouuer. Et lors cõmen-
cerent a parler de la guerre du duc de cãbenic
et du roy de norgalles si dit lermite que a cha-
steau de boezerp deuoiẽt le matin venir les gẽs
du roy de norgalles et le duc les attendoit a
tout son ost: mais plus sont ceulx du roy q̃ ne

sont ceulx du duc. Aps q̃ lermite et messire gau-
uain eurẽt lõg tẽps parle ẽsẽble messire gau-
uain sen alla coucher: et au matin quãt lermi-
te eust ses matines dictes il vint de la chappel-
le et trouue messire gauuain leue si le salue et
lui dit. Sire il seroit bon q̃ vo9 ouyssiez mes-
se. Lors sen va lermite reuestir et messire gau-
uain ouyst sa messe. Apres la messe il se fait
armer et puis print congie de lermite, et lermi-
te le tire a part et lui dit. Sire vo9 estes preu-
dõme et moult hõnoure mais se vous me di-
siez pour quoy vous querez lancelot par auã-
ture q̃ ie vous enseigneroie tel lieu ou vous en
orriez nouuelles. Je vous iure sur ma loyau-
te fait messire gauuain q̃ ie ne le q̃er que pour
bien. Et lui compte comment il sen est par-ty
de la court du roy artus pour le querir. Sire
fait lermite ie vous diray comment vous en
orrez nouuelles. Il vint lautre iour ceãs vne
damoiselle laquelle est ma niepce si aloit a la
court du roy artus elle me dit que lãcelot du
lac estoit en forestloie auec galschaut. En ve-
rite dit messire gauuain ie lay rencontree, et
le portoit vng escu. Il est vray dist lermite et
deuez sauoir que elle est cousine a lancelot, et ie
suis son cousin bien pres. Apres messire gau-
uain demãde ou est la terre de forestloie. El-
le est en la fin du royaume de norgalles lui
dit lermite deuers soleil couchãt: et la est il si
priuement que nul ne le peut veoir. Et sachez
que ie ne le diroie pas a vng autre mais ie ne
doit a vous rien celer. Sire fait monseigñr
gauuain a lermite ie men allasse moult vou-
lentiers par le chasteau du duc de cambenic.
Je vous diray premierement fait lermite tout
le chemin que vous deuez tenir pour aller en
forestloie. premierement vous en irez par la
terre du roy de norgalles tout droit a leaue
de arfure et puis vous demanderez le chemin
pour aller en la terre de forestloie si trouuerez
assez de gens qui le vous enseigneront. Et
quãt vous aurez cheminé vne espasse de tẽps
par sus le bort de celle riuiere si verrez sur de-
stre vne moult haulte montaigne que len ap-
pelle la mõtaigne ronde. Vous suiurez tout
le droit chemin tant que vous trouuerez vne
eaue laq̃lle court vers la motaigne, tournez
vers la mõtaigne vo9 trouuerez vng hermite

partie

lequel est mõ frere. Vous lui direz q̃ ie lui mã
de a celles enseignes quil ma aprins, ce que ie
scay q̃ Vous die des nouuelles sil en scait nul
les e q̃ Vous adrece de ce q̃l pourra. e si Vous
prie q̃ Vous logez vne nuit auec lui et il Vous
en saura bon gre. Et pource q̃ auez voulẽte de
passer par le chasteau de Bouezep ie Vous bail
le mõ clerc q̃ Vous conduira le droit chemin
Atant prent messire gauuain, cõgie et le clerc se
maine par la forest de Brequelande. e bien tost
ap̃z voient vng chasteau: e messire gau. demã
de quel chasteau cest. Et le clerc lui dit q̃ cest
celui de bouezerp. Or Vous en allez donc dist
messire gauuain car assez me auez conuoie, e
me recommandez a vostre maistre. Atant sen
va messire gauuai droit au ch̃steau: e il estoit
ia prime quant il y vint. Si regarde deuant
lui aual la praerie et voit vne assẽblee de che-
ualiers e cestoiẽt les cheualiers du chasteau q̃
ia estoient yssus si nauoient pas du meilleur
La auoit vng cheualier seul ẽmy les pres re-
gardant la meslee sãs soy bougier dune pla-
ce. Messire gauuain vient celle part e sarreste
car il ne scait en quelle maniere ilz se combatẽt
Le clerc a pourpense q̃ ainsi ne sen retournera
il pas. Il prẽt son chemin par vne adresse pour
venir au chasteau e mõte sur le mur car il de
sire fort a veoir messire gauuain iouster. Et
quãt il le voit es pres sãs se mouuoir il descẽt
du mur pour venir es prez si rencõtre en savoie
le filz du duc lequel sen reuenoit pour chãgier
sõ heaume. Si lui dit le clerc. Haa sire retour
nez car ie Vous ẽseigneray cõmẽt vos ennemis
serõt desconfiz. Cõmẽt fait il. Que dit le clerc
veez la le meilleur cheualier du mõde se vous
le pouez auoir vous gaigneriez tout. Cõment
a il nom dit le cheualier. Vraiement dit le
clerc se nepueu du roy artus. Quãt il ot ce il
est tout ioyeulx. Lequel est ce dit le cheualier/
ie en vois deux. Cest celui au blãc escu fait le
clerc. Lors dist au clerc que bien se garde q̃ nul
ne le sache puis vient a messire gauuain e le sa
lue. Et messire gauuain lui rent son salut.
Haa sire fait le cheualier pour dieu venez no9
aider si ferez bien et courtoisie car vous voiez
bien que nous auons le pire et nous deffẽdõs
nostre droit encontre celui de qui nous sõmes
assailliz en nostre heritage. Certes fait gau.

ie ne sauoie comme il vous en estoit car ie vois
la vng cheualier sans se mouuoir par quoy il
me estoit auis que vous tournoiez tant a tãt.
Certes fait il nous sommes le mais de trop
Donc vous aideray ie voulenters dist messi-
re gauuain, e alez prier ce cheualier sa q̃ Vous
aide e le cheualier va a lui si le prie: e il lui dit
Auez vous prie celui la. Il dit que oy, e sauez
vous qui il est. Nenny pas de vray mais bien
Vous diray ce q̃ ie en ay ouy dire mais q̃ Vous
ne le dictes a p̃sonne. Nenny sans doubte dit
le cheualier. Il lui dist q̃ cest messire gauuain
Et le cheualier commẽce a rire et cuide que se
soit vng autre cheualier lequel se face apeller
messire gauuain. Le cheualier lui prie q̃l soit
des leurs et il lui dit. Vous auez assez puis
q̃ vous auez messire gau. e lui dictes que ie se
rop de ceulx de deca. Lors sen retourne le frere
du duc e le cheualier a q̃l parloit cestoit gir-
flet mais il nauoit pas ses armes ains les a-
uoit perdues le iour de deuant q̃ messire gau.
le laissa la ou hector les auoit abatu to9 trois
Le frere du duc vient a messire gau. e lui dist
q̃ le cheualier se tẽdra de lautre part. Lors che
uauche messire gau. e girflet est de laute part
Messire gau. sẽ va a tresvne cõpaignie de gẽs
tous frais lesq̃lz venoiẽt a la meslee. Quãt
girflet le voit venir il dist a lui mesmes q̃l se
ra moult dolẽt sil ne fiert le p̃mier: e ne cuide
pas q̃ se soit messire gau. si lui laisse courre. e
messire gau. sadrece a lui e se entrefierẽt sus
leurs escus si duremẽt q̃l ny a si fort escu q̃ ne
fende. Girflet a rõpu sa lãce. e gauuai labata
terre e vois ceulx a q̃ il cuidoit iouster q̃ se võt
a la meslee. il court ap̃s e fait tant darmes q̃
chacun sen merueille. Le frere au duc est tous
iours auec lui qui bien le fait. Quant girflet
fut remõte il vint a la meslee e veist les mer-
ueilles q̃ messire gauuain faisoit il cõgneust
bien q̃ cestoit celui qui labatist. Et quant il le
voit a meschief il lui aide de tout son pouoir.
Moult le faisoient bien ceulx de la part de mõ
seigneur gauuain tant que les autres se prin-
drẽt a desrengier: apres la chasse commencca,
et messire gauuain et girflet les poursuiuoiẽt
de pres. Monseigneur gauuain courut tant a
prez quil vint a vng grant fosse et il sentist sõ
cheual voulentif, et le laissa saulter oultre:

et apres en treuue vng autre: il se doubte et tire sa bride tāt qͤ rompt lune des resnes et girflet lui renoue et puis lui dist. Sire ie sere et si ne scay a qui et ne suis icy venu sinon pour vous si vous cōiure par la chose q̄ vous aymez plͦ q̄ vous me dictes qui vous estes. Il se nōme et girflet en est moult ioyeup et lui dist. Sire vo͛ soiez le bien venu. Et qui estes vous fait messire gau. Sire fait il ie suis girflet Et messire gau. lui met la main au col et tādis q̄ ilz se entreacointoiēt les gēs de norgalles prenoiēt terre sur les gēs du duc. Quāt girflet voit ce il dit a messire gau. Haa sire ilz a mauuaisement depuis q̄ vous nestes la mais si tost que vous y verrez ilz seront tous descōfis.

Lors reuiēnent eulp deup a la meslee et ne attaignēt cheualier au venir qui les puisse souffrir. Ilz font tāt darmes q̄ tous se meruellēt et prēnent courage ceulp qui estoiēt au dessoubz et ceulp de norgalles tournent le dos et se mettēt en fuite et ceulp du duc les sui uent et en fuiāt le nepueu du roy cheut et le duc vient sur lui et locist et dit que cest pour sō filz quilz auoiēt occis. Lors furent si descōfis que chacun sen aloit la ou il cuidoit mieulp trouuer sa saulueté. Les gens du duc en ont beaucoup retenu et plus en eussent retenu / mais la nuit les empescha. Messire gauuain et girflet sen partirent le plus celleemēt quilz peurēt et cheuaucherent tant qͤ vidrēt a loree dune foreſt Et la lune cōmēca a luire et girflet regarde a lētree de la forest et voit des damoiselles puis dit a messire gauuain. Voiez vous pōt ce q̄ ie vois Ie vois fait messire gauuain des damoiselles assises soubz vng arbre. Sire fait girflet cest assez bōne auanture. Adonc se adrescent aup damoiselles et la plus ieune se lieue et leur dist. Vous soiez les bien venus: moult auez demoure. Et ilz leur dient q̄ Dieu leur doint bōne auanture Et commēt sauies vous que nous deuions venir par cy. Nous le sauiōs bien des erseoir dit elle. Ilz descendēt auec elles si ostent leurs heaumes si prēt mon seigneur gauuain la plus belle, et girflet prent lautre et puis se deschargēt de leurs armes et se assiēt a terre et chacū prie la sienne damou͛. Et celle de monseigneur gauuain respōt Certes sire mal seroit vostre amour employe en

moy / car trop estes preudomme / et ie suis vne poure pucelle et peu belle mais ie vous donneray la plus belle que vous vissez oncques / et plus gentil que moy. Messires gau. lui respōt plus belle que elle ne peut elle estre. Si maist dieu fait elle sachez quelle est cēt fois plus bel le que moy et quant vous la verrez vous ne vouldriez pour riens que vous eussez fait de moy vostre voulente. Et qui est elle fait messire gauuain En verite fait elle vous ne le sau rez tant que vous la tendrez entre vos deup bras et si vous promes q̄ entre cy et trois iours ie la vous bailleray se vous me osez suiuir et si vous dis que ainsi maist dieu se vous ne me laissez en paix il ne sera iamais iour que vo͛ ne vous en repētez. Et messire gauuain lui ot troie sa voulēte. Et girflet a tant fait vers la sienne quelle lui a samour donnee et la prinse girflet a si grant amour que oncques autant ne ayma femme. Et la damoiselle de mōseigneur gauuain lui dist quelle se suiue et il dit quil est tout prest. Lors appelle girflet et lui demande sil sen ira. Oy dit il la ou ceste damoiselle me vouldra mener. Sire dit elle a messire gauuain allez vous en car girflet ne vous suiura pas et il demande a girflet sil sera ainsi Et il dist que oy et quil suiura la damoisel le la ou elle le vouldra mener. Or alez a dieu fait messire gauuain / et ie suiuray ceste cy la ou il lui plaira. Atant sen partēt messire gauuain et sa damoiselle de girflet et de samie et cheuauchent toute nuit tant quilz voiēt dedēs la forest vng beau feu. La pucelle va celle part et treuue vne damoiselle et deup escuiers tous armez comme sergans et messire gauuain va pres. Et quant les escuiers voient la damoiselle si la saluent en disant que bien soit elle venue et lui demandent qui est ce cheualier. Et elle leur dist que cest le cheualier du monde qͤ le ayme le mieulp. Ilz vont par deuers monseigneur gauuain et lui font grant reuerence / puis le font descendre et prennent son cheual pour le mettre a lestable et puis ilz lui delacēt son heaume et lui ostent son escu de sō col et le pendent a vng arbre. Apres ilz le desarment car la damoiselle lauoit commande. Et quāt il fut desarme vne autre damoiselle qui illec estoit lui mist vng moult riche manteau au

partie

col et fait porter ses armes en ung pauellon. Lautre damoiselle et messire gauuain sont a prez.il regarde et voit dedēs le paueillon ung des plus beaulx lis quil dist oncques:la table estoit mise pour mengier. Et quant ilz eurent mengie tout a leur voulente messire gauuain et la damoiselle sen allerent a lesbat parmy le bois.si ne demeurent pas grammēt: et au reuenir messire gauuain demande a la damoiselle pour quoy si beau lit auoit este fait. Elle lui dist q̄ tout ce est fait pour lui et si nul de ceans ne scait qui vous estes excepte moy & celle qui plus vous ayme q̄ hōme du mōde me enuoia cy pour vous faire feste & honneur. & sachez q̄ se vous cuide plus accointer q̄ vous ne estes car elle cuide ql nait dame ne damoiselle au monde de qui vous voulsissiez faire v̄e amie se de trop haulte lignie nestoit et de trop grant beaute ne ie ne lui vouldroie pas auoir descouuert q̄ vous m̄e voulez faire car elle ne me aymeroit iamais. Si vous gardez biē de le faire tant pour vostre gentillesse q̄ pour euiter vostre dommage. Or naiez garde fait messire gauuain, mais dictes moy ou sen va girflet & sa damoiselle Voulentiers fait elle Il est vray que ceste damoiselle a long temps ayme ung cheualier lequel sest enamoure de vne autre. Si a tollu les ioiaulx a ceste cy et les a donne a vng autre & principalemēt ung chasteau moult riche et de grāt valeur. Elle ala demāder au cheualier ses ioiaulx & il lui dist q̄ iamais ne les auroit Si trouua sa mie q̄ auoit son chapeau sur son chief & elle lui dist q̄ au p̄mier lieu ou elle la trouuera elle lui fera tollir & les autres ioiaulx aussi. Le cheualier demāde q̄ ce fera. Meilleur cheualier q̄ vo⁹ se fera dit elle leql me menera la ou vo⁹ serez, si fera de vo⁹ & de vostre amie tout a ma voulēte Haa pute fait le cheualier: de cy a ung moys me trouuerez icy & cest la cause pour quoy la damoiselle maine girflet & aisi q̄ no⁹ possiōs hier par ceste forest nous recōtrasmes vne damoiselle q̄ no⁹ demanda q̄ nous querīos & nous dismes q̄ lune de no⁹ estoit messire gau. & lautre vng cheualier de la maison du roy artus. Et elle nous dist au chief de la forest de cōbes trouueriōs messire gau. & girflet & venōs tout le grant chemin qui vient de manceelles

a celles enseignes q̄ messire gauual porte ung escu blanc & girflet porte ung escu de sinople a fesse dor moult large. Ainsi sen vōt deuisāt iusques au paueillon & treuuent le riche lit appareillie pour couchier. Elle fait deschaucer mōseigneur gauuain & le fait couchier au beau lit et se tient deuant lui tāt ql soit endormy & puis elle & sa damoiselle sen vont couchier en ung autre lit au pres. Au matin messire gauuain se leua et sen lui apporte ses armes. La damoiselle appelle les deux escuiers et leur dist q̄ilz attournassent leurs harnois et q̄ ilz sen allassent. Puis parla a sa damoiselle et lui dist a conseil. Allez a m̄a dame et lui dictes que iay bien fait ce q̄ elle ma charge et q̄ ie seray de cy a trois iours par deuers elle et lui mainrē ce q̄ elle scait. mais nen parlez sinon a elle. Et elle dist que ainsi fera elle.

Tāt se partēt messire gau. & la damoiselle laq̄lle lui dist Sire ie vous meneray se plus secretemēt quil sera possible & coucherōs ennuit en lostel de vne mienne ante, et demain ievous cuide mener en ung des beaulx lieux ou vous feussez oncques. Tant sont alez quil estoit vespre quant ilz vindrēt chiez la dame. Si les receut a grant ioye & les fist mēgier, & en la fin de leur mengier entrerent leans deux varles dōt lun estoit filz de la dame et lautre son nepueu. La dame leur demāde q̄les nouuelles. Et ilz disēt moult mauuaises. Comment fait elle. Certes fait se varlet mon pere vous māde q̄ vous ne le verrez iamais & q̄ vo⁹ priez pour son ame: car le duc a cōmāde qlsoit demain destruit. Et la dame sault de sa table toute desconfortee, & messire gau. lui demande q̄ ce peut estre, & elle lui dist. Sire cest mon seigneur le ql a este lōguemēt ayme du duc de cābenic & gouuerneur de sa terre mais ainsi est auenu q̄ en la guerre du duc du roy de norgalles a leutree de ceste forest le filz du duc fut occis par ceulx de norgalles & lors mōseignr estoit ceās & en fut fort marri & le seneschal a dit au duc q̄ mon seignr lauoit fait trayr. Et pource le duc fait pr̄endre mōseigneur & dist quil en fera iustice sil ne sen deffēt mais mōseignr est viel & ne peut armes porter si se treuue q̄ vueille cōbatre contre le seneschal. Tāt est allee la chose quil a pourchasse deuers le duc que se monseigneur na demain hôme pour lui se combatre ql sera pêdu comme traître. Et messire gauuain regarde la damoiselle qui leans la amena sa qlle ploure moult tendrement Lors sault auant et dit au Barlet. Retourne a ton pere et lui dis que il soit tout seur et quil a trouue cheualier qui sa bataille fera. Si sen retourne le Barlet et son cousin moult ioyeux et Biennet au pere du Sauasseur si lui cóptet les bonnes nouuelles dont il est fort ioyeux. Et messire gauuain conforte la dame et asseure. si lui prie q elle lui pourchasse ung autre escu q le sien / car pas ne le Beult porter de paour de congnoissance La dame ne sceut trouuer fors ung Biel lequel estoit en la maison; et il le print si lui sembla assez fort et dist quil nen Beult point dautre. Et la dame lui dist. Sire se cestoit Bostre plaisir ie iroie a monseigneur le duc lui dire q monseigneur a trouue cheualier qui le deffedra du blasme de quoy il est accuse. Dame fait il ie le Bous accorde. Lors sen part la dame auec elle maine deux ou trois de ses sergans. Messire gauual lui prie que de lui elle ne die nouuelles: sinó q cest ung cheualier. Et le matin si tost q Bous saurez q la Bataille deura estre enuoiez moy querir. Atant sen part la dame et Bient au chasteau et parle a son seignr. et au departir il dit. Haa Beau sire dieu aidez moy ainsi Braiemêt comme ie ny ay coulpe Le matin a eu le duc nouuelles que manasses a trouue ung cheualier qui pour lui se combatra / si en est moult ioyeux Quât la dame fut deuant le duc elle lui dist que le cheualier de son seignr estoit tout prest de faire sa bataille. Et le duc enuoie qrir le seneschal et il dit ql est tout prest. Il demande au duc ou la bataille sera faicte. Il lui respont hors la Bille en une grant plane qestoit nouuellemet close pour eforcer le chasteau . Lors enuoia la dame querir messire gauuain et le seneschal estoit demoure ou le cheualier estoit a qui il se deuoit combatre. Len lui dist quil estoit au chasteau car sil eust sceu ql feust en la maison de la dame il eust euye au deuant pour le occire / car il estoit plain de toute trayson. Et messire gauual cheuauche tant ql Bient a conteuerne. Le seneschal estoit tout pst de faire sa bataille et messire gauual dit a la dame quil Boulloit ouir messe et le lui en chante Bne. Apres la messe il issit hors du monstier Et quant il met le pie en le strief si le fiert Bne saiette par my le pan de son hausert tant que elle passe oultre et fiert le cheual par my les flans. Moult lui poise de son cheual q est naure et touteffois il cheuauche tât quil est Benu deuant le duc. Son cheual saignoit fort si dimanda le duc qui le cheual a naure: et len lui compte. Lors descent messire gauuain deuant le duc et lui dit. Sire ie cuidoie estre tout seur car en mon pais la coustume est telle que quant ung seul cheualier si doit combatre il doit estre seur de tous hommes fors de celui a qui il se doit combatre: et len ma mon cheual occis en Bostre conduit: car en Bostre conduit deuoie ie estre puis que ie auoie Bataille prinse deuant Bous Et bien sachez ql en sera parle ailleurs ne ie ne me plains sinon de Bous puis q en Bostre conduit mest auenu. Le duc en est moult honteup et dist q sil sauoit qui ce a fait il ne laisseroit iamais pour amy quil eust quil ne feust pendu par my la gorge: et ie Bous iure que ie nen scay riens et moult men poise. Apres fist le duc apporter les sains et puis il iura tout premierement sicomme il auoit deuise Apres fait iurer le seneschal et tous ceulx qui estoient auec lui. Si en eust tel qui iurerent que le frere au seneschal lequel estoit Barlet a uoit fait le coup. Et dist le duc quil nen sera la pariure: puis le fait prendre et tout incontinent le fait pendre. Apres fait amener le meilleur cheual a mõseigneur gauuain qui feust a son hostel. Et monseigneur gauuain monta dessus et le trouua assez bon si lui fut auis / puis monseigneur gauuain descendist et Bint au serment faire: mais le seneschal se print le premier a iurer que le Sauasseur estoit traytre et desloyal enuers son seigneur. Et monseigneur iura que ainsi lui aidast dieu son createur que il estoit mauuais et pariure de ce serment Lors monte le seneschal a cheual et monseigneur gauuain aussi et sen Bont en la place ou la bataille deuoit estre faicte. Len les met dedens par une grant porte et puis la ferme len moult bien: et toutes les gens demourerent sur les fossez qui moult estoient parfõs et regardêt les deux cheualiers q dedês sõt eclos.

Quant ilz furent dedēs les foſſez ſi leur fut le pont fermé et les gens ſont aſſemblez de tou tes pars et la femme au Vauaſſeur et ſa niepce ſont en la chappelle ou elles prient dieu pour mōſeigneur gauuain. Et les deux cheualiers laiſſent courre l'un contre l'autre ſi s'entredon nerent moult grans coups ſur leurs eſcus/ ſi que les hantes des glaiues volent en pieces mais ne cheut ne l'un ne l'autre ains paſſēt oul tre et mettent les mains aux eſpees trēchans et ſe donnent de grans coups pour eulx endō magier. Monſeigneur gauuain treuue moult grant deffenſe au ſeneſchal ſi l'appelle et lui dit Seneſchal ſeneſchal comme te ſera grant dommage ſe tu meurs en tel vil pechie com me de traiſon et renonce a ton appel affin que tu ne perdes le corps et l'ame: et le frap de vo deux accordance vers le ſeignēt du chaſteau en telle maniere que tu ne perdras ne vie ne hō neur. Enuie fait faire a homme mainte mau uaiſtie. Mais tot fait le ſeneſchal t'aimes top vaincu car il n'y a ſi bon ne ſi hardy cheualier ſil eſtoit en ton lieu que ie ne rendiſſe mort ou recreant. Et ſaiches que tu te combas contre moy pour la plus deſloyale choſe du monde qui oncques naſquiſt de femme. Certes fait monſeigneur gauuain la traiſon que tu m'as faicte ma donne cauſe d'entreprendre la ba taille ſur toy et ſi en iuras trop car tu es pariu re. Et le ſeneſchal le deſment moult hardie ment et fiert ſe cheual des eſperons et vient a lui l'eſpee en la main et le fiert ou heaume grāt coup et peſant ſi que durement ſe en ſent mon ſeigneur gauuain et voit que le cheualier eſt de moult grāt deffēſe ſi lui court ſus moult har diemēt ſi le fiert ſi aſprement de l'eſpee q̄ tous ceulx qui le voient ſen eſbahiſſent. Ilz ſe de coupēt et detaillēt les heaumes amont et aual et depecent leurs haubers en pluſieurs lieux tant que le ſang leur couſe contreual. Si treu ue monſeigneur gauuain au ſeneſchal trop grant deffenſe et dure la bataille de eulx deux moult longuement tout acheual et tant ont p du de ſang que a grant peine ſe peuuent mais deffendre et moult ſont affoiblis et deſcroiſt grāment la force et la vertu de l'un et de l'au tre. Et la plus part de ceulx qui les regardent combatre ont grant deſir que monſeignr gau

uain ait le meilleur de la bataille: car le Vauaſ ſeur eſtoit moult tenu a preudōme. Si en eſt la parolle allee auant tant que la damoiſelle qui monſeigneur gauuain auoit amene laēſ le eſtoit en la chappelle ouiſt que les gens di ſoient q̄ monſeigneur gauuain n'en auoit pas le meilleur/ et que bien ſe cōtenoit le ſeneſchal quant elle eut ce entendu ſi en fut moult doſē te et ſault hors de la chappelle la ou elle pri oit dieu pour la victoire de monſeigneur gau uain et monte en vng hault lieu que elle treu ue pour veoir plus a ſon aiſe comment mon ſeigneur gauuain ſe contient ſi voit la damoi ſelle qu'il a ia beaucop perdu de ſon ſang. Et quant elle le voit en tel point ſi ne ſe peut tenir mais incontinent elle chiet a terre paſmee. Je y laiſſe le compte vne piece a parler de la ba taille de mōſeigneur gauuain et du ſeneſchal pour compter d'une auanture de Lyonnel le cou ſin a Lancelot du Lac qui a la court aloit ſi l'ap porta auanture la ou monſeigneur gauuain ſe cōbatoit contre le ſeneſchal. Il voit les gēs du chaſteau qui regardent la bataille et viēt ou la damoiſelle eſtoit ia reuenue de paſmoi ſon/ ſi ſa tenoient les cheualiers de la parente au Vauaſſeur. Et Lyonnel vient la a cheual pour les regarder bataillier car iamais Lyon nel n'auoit veu bataille de deux cheualiers. Si fut ſi angoiſſeux de veoir lequel de eulx le feroit le mieulx/ ſi ſe opproucha du cheua lier qui la damoiſelle tenoit entre ſes bras, et ſen lui diſt qu'il ſe traiſt arriere: et il entendiſt tāt a regarder la bataille qu'il ne ſceuſt que on lui diſoit. Adonc le cheualier prent le cheual de Lyonnel par le frain et le tire arriere ſi duremēt q̄ par vng peu qu'il ne l'abbat a terre. Lyonnel lui demāde qu'il vouloit. Je vous veuil tāt fait le cheualier q̄ par vng peu q̄ ie ne vous donne de ce baſton parmy la teſte car trop eſtes fol et mal auiſe. Et Lyonnel tire l'eſpee q̄ a l'arçon lui pendoit ſi lui court ſus et la pucelle lui eſcrie. Ne lui faites nulle villenie car c'eſt vng cheua lier. Quāt il ot ce ſi met l'eſpee arriere en diſāt Sire ore ſoit vrê la bataille ie la quitte car cer tes meilleurs cheualiers ne ſont que ces deux. Et monſeigneur gauuain ot la noiſe ſi regar de celle part et voit le varlet ſi ſe merueille qui il peut eſtre/ et le cheualier a qui le dit varlet
o.i

tenoit si se tient pour sol et lui dist tout en riant. Beau frere se dieu te aist qui est le bō cheualier que tu Bois souuent. Ne Bous chaille fait le Barlet, car se mais dieu se Bous le scauiez il nen Bauldroit de riens mieulx, mais sil Boꝰ tenoit ꝗ ses deux sa qui se combatent chascun de Bous ny Bouldroit estre pour tout sonneur gallehault par si quilz feussent aux testes trencher. et ce dist il pource quil ne cuidoit mye quil feust nul plus riche homme de gallehault. Et quant il sen apperceut si se tist pour fol de ce quil sauoit nōmé. Et quāt mōseigneur gau. ouyt parler de gallehault si tressaut tout de ioye et regarde se Barlet si ne scait que faire: il se doubte quil ne sen Boyse, car le cueur lui dit quil en scait aucune chose. Et la pucelle ne peut plus souffrir ains secrie en hault te Boix et dist. Haa gau. gau. ia Bous tenoit sen au meilleur cheualier du mōde ꝗ Boꝰ souffrez ꝗ Bng seul cheualier Bous mecte au dessoubz. Et quāt se Barlet ot nommer messire gauuain si dist a sa pucelle. Dictes Bous que cest messire gauuain que sen tient a si bō cheualier: certes se sestoit il il ne demourast pas si longuement a conquerir Bng seul cheualier et lui mesmes est conquis ou autant Sault. Et quāt la pucelle sentent si chiet pasmee. Et quant le duc ouyt ꝗ cest mōseigneur gauuain si sen merueille moult mais il Soyt Bien quil nest mye si au dessoubz cōme sen cuidea ce quil lui auoit Beu faire darmes en la Bataille deuāt Lourzepa qui son frere luy auoit dit que cestoit monseigneur gauual. Et quant monseigneur gauuain ouyt ce que sa pucelle lui reprouche et le Barlet si en a trop grāt hōte il court sus au seneschal si est si fraiz et si Biste ꝗ toꝰ sen esBahissent et le seneschal ne le peut souffrir, car sil auoit Bien mene messire gau. la ou il Bouloit: messire gau se ramaine du tout a sa Boulēte mais moult lui poise de ce quil a ouy nommer son nom.

A Ces parolles Bient Bne pucelle sur Bng pallefroy tout tressuāt et passe par deuant le fosse et estoit si éuellopee ꝗl nen paroit ꝗ les peulx, et ꝗt elle Boit le Barlet qui la bataille regardoit si lui demāde a qui il est. Et il dist quil est a Bng cheualier. Et elle le prēt

au frapn si lup prie quil lui nōme se cheualier. Mop fait il, certes nō seray. Si serez fait elle car ie Bous preng. Prenez fait il assez de Bous seray bien desliure quant ie Bouldray. Dictes le mop fait elle par la foy que Bous deuez a celle qui Bous garantit quant Bous auiez le prex sur la teste. Et quāt il l'ouyt si a telle angoisse quil ne scait que faire. et la damoiselle sen retourne et quant elle est Bng pop soing si lui escrie. Barlet tu ne me diras pas ce dōt ie tap cōiure sur celle du monde que tu deusses plus amer. Haa damoiselle fait il ie se diray p Bng couenant que aussi soyez Bous speede se ouyr cōment ie suis de le dire, car Bous me ferez desseloyaumēt meserrer, mais pour dieu clamez mop quitte. Se maist dieu fait elle il sera encores telle heure ꝗ tu ne le Bouldroie auoir cele pour Bng de tes mēbres. Je le Bous diray fait il ia dieu ne plaise que ie le renoye se suis lancelot du lac. Et quāt il a ce dist si a tel deul que par Bng pop quil ne se pasme. et elle dist, or sas tu dist mais saiches tu bien ꝗ tu comperas ce que tu me as mauldicte ꝗ tu me deusses plus aymer que toy mesmes. Et quant il ouyt ce si fiert le cheual des esperons et dist quil saura qui elle est, si sui dist desueloppes Bous damoiselle. Non seray fait elle. Si ferez fait il par la riens que Bous aymes plus ou ie Bous desueloperay, ain cops fait elle me desuloperay ie. Lors se desuelope et ꝗt il la Boyt si est tant esBahi quil ne peut parler car sestoit celle du monde que plus il amoyt. Lors lui a dit, haa tresBelle doulce amie ꝗt fut ce ꝗ ie Bous mauldiz. Quant tu dis fait elle que ie feusse aussi speede souir cōme tu estoys de le dire. Et quant il ouyt ce apoy quil nenrage tant est angoisseux et elle lui ditBa ten ou tu es enuoye et il ne dist mot, et la damoiselle pource que elle Beult quil sen Boyse secrie en hault et deist. Gauuain gauuain se cy cestui qui te peut assener de ce que tu quiers et se il te eschappe tu alōgnes ta queste. Et ꝗt lyonnel ouyt ce qlle dist a monseigneur gau sien a gregnieur deul que deuant. Lors fiert le cheual des esperons et sen retourne fuyant tout contremont le chemin tant cōe le roucin peut aller, et a tel deul et tel despit que gregnieur ne peut auoir et a peur ꝗ on ne supue et

partie

maudist leure ql fut ne de mere: et que dieu lui doint sa mort par teps et la damoiselle estoit celle qui se garantist quant sespee sui fut mise sur sa teste pour l'occire et auoit no celice: et elle estoit a la dame qui lancelot auoit nourri ou sac. Quant elle voit quil sen va dune part si sen retourne d'aultre. et messire gauuain est si dolent de la damoiselle que plus ne peut q'al si sen va sans plus dire et le varlet aussi par q il cuidoit estre assene si court sus au seneschal et le fiert grant coup de lespee parmi le heaume tant quil lui esgrune tout et le fiert et refiert si asprement tout la ou il le attaint et la coiffe du haubert tant que le sang lui couure tout le visage et les tourdist en telle maniere que par vng peu quil ne cheut a terre mais il se tient a l'arcon de la selle et messire gauuain recuure si lui donne de lespee parmy sa teste si que se seneschal pert les arcos et vole a terre la teste contreual si que par peu quil na se col brise: si lui sault le sang par la bouche et par ses deux oreilles. Lors descent monseigneur gauuain et lui rompt ses las de son heaume et lui abat sa ventaille et si lui dit quil se tiengne pour vaincu ou il se occira: mais il ne respont mot car il ne peut. Et quant il voit quil ne dit mot il en est moult courrouce car il ne vouldroit pas la uoir occis Et dautre part il scait bien que se seneschal auoit sus lui puissance quil le mettroit a mort et pourtat il haulse sespee et lui coupe sa teste puis montee vient au duc et lui baille sa teste en disant quil face si grant iustice du corps comme il conuient faire de trapteur: et se duc dit que si fera il. puis se prie de demourer mais il dit qil ne peut/ car le besoing pest grät Lors sui est cheu au pies se vauasseur et sa feme et son enfant et se offrent a faire son commandement de tout leur pouoir. et la damoiselle qui sauoit amenee est montee pour aller auec lui mais il dit quil lui conuient lescuier suiuir tant quil le ait attaint.

Or a se duc iope si se painent lui et le vauasseur de monseigneur gauuain retenir et aussi font toutes leurs gens mais il ne peut estre: si sen va lui et la damoiselle Quant elle voit quil sen va si tost comment fait elle monseigneur gauuain vous en irez vous si tost. Damoiselle fait il se besoing y est trop grant: car ie ne serap iamais iopeux se ie pers lescuier que vous auez veu: mais ie vous prie faictes le bien en quelque lieu que vous vendrez si me attendez et ie vous creance que ie reuendrap par vous. Le me creacez vous dit la damoiselle que vous en reuendrez par moy sans autre affaire entreprendre Oy dit il se ce nest chose dõt ie doie estre hony se ie le schiuoie. Et ie vous attendrap fait elle en ce chasteau leans ou sen vous fera moult grant iope. Et vous estes naure fait la damoiselle si auriez mestier de aler en tel lieu ou vous soiez bien hergie et que vos plaies soient regardees Dame fait mõseigneur gauuain puis quil vous plaist ainsi soit fait mais ie vous prie q̃ vous faciez emporter cest escu car ie ne le vouldroie pour riens laisser Lors sen part monseigneur gauuain et la damoiselle demeure au chateau si emporte lescu/ et ceulx du chasteau en font grant iope et si lui porte moult grant honneur Le duc fait pendre le seneschal empres son frere car il nauoit seigneur terrien ou monde qui mieulx tenist iustice que faisoit ce duc. Puis cheuauche monseigneur gauuain tant q̃ vint en vne forest. Et quant il eut vne grant piece ale si regarde et voit deuãt lui en my le chemin vng varlet qui estoit a pie et tenoit en sa main destre vne espee toute nue et il tenoit le fourre au de lespee en la main senestre. Et commence a dire le varlet a soymesmes. Haa dieu pour quoy ne me fiz ie occire car aussi bien ne doy ie pas grãmment ma vie aymer. Et quãt ledit varlet voit venir monseigneur gauuain si se fuit au bois et sen va parmy moult fort courant. Adonc monseigneur gauuain appercoit bien que cest le varlet quil trache si commence a piquer le cheual des esperons tout soudainement et lui escrie en telle maniere. Varlet tu fups pour neant car tu nas garde de moy: ne nul ne te aura ia riens forfait que ie ne lui face moult chierement comparer sil est possible quil soit en quelque lieu de moy rencontre: car tu es a somme du monde que ie ayme le plus Quant le varlet ouist ainsi mõseigneur gauuain parler a lui si lui demanda. Sire que sauez vous a qui ie suis. Ie le scap bien fait mõseignr gau. car tu es a lancelot du lac et ie le con
o ii.

gnoys auffi bien cõme tu fais/mais dy moy fait il pourquoy tu te dementes ainfi. Haa fire donc me dictes fur voftre loyaute qui vous eftes et cõment vous auez nom. Certes fait il iay a nõ gau. le nepueu au roy artus. Certes fait il donc le vous diray ie. Quãt ie me partis de la bataille que vous auez vaincue fi men entray en cefte foreft fi ẽcõtre fa en arriere vng cheualier q̃ ma tollu mon roucin et ie ne me voullu a lui mefler:pource q̃l eftoit cheualier et arme de toutes armes: et vous fcauez q̃ ceft defloyaute a efcuier de mettre main a cheualier. Quelle part fait mõfeigneur gau. fe va il. En verite dift le varlet vee zcy les efclaz du roucin. Or ten viens apres moy tout belleme̾t fait meffire gau.car fe il ne te rẽt ton roucin ie te dõneray ceft cheual Sire fait le varlet grãt mercy. Lors fiert le cheual des efperons et cheuauche tant q̃l entre en vng vauchet deffoubz vne moult belle lande et tourne cefte part fi voyt deux cheualiers armez qui fe combatẽt tous a pie et font leurs cheuaulx arreftez em pres eulx. Et monfeigneur gau. regarde fi voyt le roucin que le varlet cheuauchoit (t leur dift. Arreftes vous feigneurs ne vous combates plus/mais dictes moy le quel amena cy ceft roucin. Je luy amenay fait lun quen voulez vous faire. Veritablement fait monfeigneur gauuain vous luy amenaftes comme defloyal et recreant/car vous le tolliftes a vng efcuier defarme pourtant il cõuient que vous en viẽgniez auec moy et luy amendez le meffait. Le cheualier refpond. fe maift dieu iufques la ne mauez vous pas encores mene Certes fait monfeigneur gauuain iufques la ne a gueres. Non fire cheualier fait il donc vous venes combatre a moy. Et mõfeigneur gauuain defcent et met fa main a lefpee (t luy veult courre fus. Et lautre cheualier lui dift Haa fire cheualier fe ne ferez vous mye q̃ vo' me tollez ma bataille mais laiffez moy combatre a luy tant quil me ait oultre darmes ou moy fui. et monfeigneur gauuain lui dift En verite fe il eftoit oultre il conuiendroit que il allaft en vos prifons/mais fil veult venir amender a lefcuier ce quil lui a meffait fi luy amende et fe il ne veult il conuient que entre vous deux vous cõbates a moy et fe vous

me conquerez vous ferez de moy voftre plaifir et fe ie vous conquier il conuient que vous faciez ma voulente. Et qui eftes vous fait fe che ualier qui fe combatoit a celui qui le cheual a noit tollu. Certes fait lautre cheualier a qui il fe combatoit:ceft le meilleur cheualier que vous veiftes onques il feft luy combatu au fenefchal de cambenic gladoin. Et fe a il oultre fait lautre. Ce pouez vous biẽ fcauoir fait il. Sire fait le cheualier qui le roucin auoit a mene ie ne men combatray ia a vous ales me met du tout a voftre voulẽte (t faictes de moy quanque le efcuier vouldra/car fe iay prins le cheual ce fut par grant befoing et tenez mon efpee car ie la vous rens et lautre fen merueille moult. Sire fait lautre dictes moy voftre nom puis que ma bataille me tollez Ne dites mie fait monfeigneur gauuain que ie vous tolle voftre bataille mais combates vous a luy par conuenant que vous me refpondez de fon forfait et du voftre feil y eft Non feray fire fait il/mais dictes moy voftre nom fe il vous plaift. Se maift dieu fait monfeigneur gauuain ie ne vy onques homme pour qui ie ce laffe mon nom. non feray ie pas pour vous. lors fe nõme. Haa fire fait le cheualier vous eftes fi preudomme que vous ne feriez mye fi grant oultrage/mais ie me fouffreray voulentiers de la bataille puis que ceft voftre plaifir A tant montent tous troys a cheual: et le cheualier qui le roucin auoit tollu a lefcuier fen va deuant tant quilz encontrent le efcuier le q̃l venoit a pie. Et quant monfeigneur gauuain le apperceut fi lui dift. Beau frere veez le cheualier le quel ton roucin te tollit fi en fay du tout a ta voulente car il fe rent a ta bonne grace. Sire grant mercy fait lefcuier a monfeigneur gauuain. Or vous congnoys ie dift il au cheualier. lors defcent le cheualier (t vient encontre le varlet tout a pie et lui crie mercy de loffenfe quil a faicte enuers lui. Et monfeigneur gauuain fe lieue et dit au varlet quil en prengne tel droit comme il vouldra et comme bon lui femblera. Sire fait lefcuier a mõfeigneur gauuain ie le clame tout quitte et ne lui demande riens mais quil me vueille promettre comme loyal (t bon cheualier doyt faire que iamais en nul iour de fa vie main ne

mettra sur homme desarme puis quil sera ar
me se ne stoit sur son corps deffendant. Et
se autres cheualiers q sont armez mesfaisoiēt
au desarme il lui feroit amender a son pouoir
et messire gauuain prent la fiance. Or me di-
tes beaux seigñrs fait messire gauuain pour
quoy estoit la bataille entre vous deuz. Cer-
tes fait lun moy, ce cheualier nous estiōs ba-
tez lun a lautre: et ie lui dis tāt ql dit ql estoit
encores meilleur cheualier que ie ne stoie et
tāt ql dit q ie ne le suiuroie mie en ceste forest
et ie lui dis q si feroie et le suiuy tāt q en lentree
de ceste forest iou tas mes si la bbatis et men a
lay apres son cheual et le laissay illec a terre et
il encontra cest escuier si le mist ius de sus son
roussin et monta dessus et me suiuit tant quil
ma attaint: si nous combatismes ensēble ain-
si comme vous veistes. Commēt fait messire
gauuain si vous combatiez vous ainsi sās au
tre querele laissez descort et soiez bōs amis en
semble ie vous en prie. Et ilz lui ottroient: et
messire gauuain prie cellui q est a cheual quil
conuoie cellui qui est a pie: et il le fait. A tāt ilz
commande a dieu messire gauuain si se depar
tent les vng des autres: et messire gauuain cō
uoie lescuier vne piece si lui demāde nouuel-
les de gallehault. Certes sire fait le varlet ie
ne suis mie a lui. Ce peult bien estre fait mes-
sire gauuain mais tu en scaiz bien vrayes nou
uelles. Sire fait le varlet se ie le scay et ie ne se
puis dire, oultre ce ne me deuez vous mie me-
ner. Certes sire fait messire gauuain ie ne vou-
droie mie q tu eusses fait nulle lascheté pour
moy mais tant me peuz tu bien dire sil est en
soreilloise ou se il ny est mie. Sire fait le var
let vous ne irez mie iusq la si legieremēt car
il y a deux longues chaussees et estroites que
nul ny peut passer ql ne se cōbatte auant a vng
cheualier moult preuz et a dix sergans q auec
lui sont et tel trespas a lune des chaussees, ne
autrement ny peut passer nul cheualier et tāt
et sachiez q plus ne vous puis dire. A tāt sen
part messire gauuain que plus napret de lui:
mais toutessois se appercoit bien ql trouuera
gallehault en soreilloise p les parolles du var
let. puis sen retourne messire gauuain au cha
steau ou il se stoit combatu si fut basse vespre
quant il vint. Lors lui vont a lencontre le duc

et le vauasseur et la pucelle quil auoit amenee:
si lui fut moult grant ioye et lui font ses play
es regarder et appareillier: et moult le mercie
le duc de ce ql se stoit si entremis de son affai-
re et quant il vainqui le poigneiz de soure zep
moult sont de lui grant ioye au chasteau et
fut restabli le vauasseur en aussi grant haul-
tesse quil au soit oncqs esté et messire gauuain
en prie moult le duc. Et il dit quil veult quil
soit aussi sire de sa terre comme il fut oncques
plus: et bien sachiez que vous ne me pourriez
riens demander que ie ne feisse: et messire gau
uain lenſ mercie. La nuit fut messire gauuain
moult conioup et honoré de tous et de toutes
Et il mercia moult le duc de ce que son frere se
soit moult de lui. Sire fait le duc vostre fre-
re a gauuain a beaucoup plus fait pour moy q
moy pour lui. Et cest comme terrien doncie se
roie plus ioyeux sil estoit gary car ie ne feusse
mie se si au dessouz de mes besongnes cōe ie
suis se ne feust sa maladie. Il est vng des meil
leurs cheualiers du mōde et des plus seurs et
tous les seruices que cheualier peut auoir sōt
en lui. Alsi demoura leans monseigneur gau
uain la nuit. et se leua moult matin et se arma
que plus ne peut estre retenu Et le duc lui dit
quil ēmenast ses mires auec lui pour ses play
es garir. Et il dit que non feroit: car il ne cuy
doit auoir playe perilleuse. Si le demande
aux mires et ilz dient que cestoit vray. Lors se
part monseigneur gauuain lui et la damoisel
le. Et ne scait ou elle se maine fors la ou elle
veult. Quant ilz eurent passé vng tertre et
ceulx du chasteau les eurent vne piece cōuoye
ilz se commandent a dieu: et suient eulx. Lors se
va lui et la pucelle et cheuauchent toute iour
a iournee, mais la pucelle ne se maine mie
droite voye pour aler en la terre de norgalles
ains se destourne pour lui aisier. Si bidrent
la nuit sans auanture trouuer chies le pere de
la damoiselle qui a moult grant ioye se heber
ga et au matin quant ses playes furent regar
dees il print congie et sen ala et cheuauchēt tāt
lui et la damoiselle quil est midy. Si sont en
trez en la plus sauuage forest du monde que
len nomme blaiue. Et estoit celle dicte forest
ou roy de norgalles et si ne auoit en toute la
forest que vne seule maison et la plus prou-

chaine denuiron en estoit a dix lieues loing en tous sens, car la terre estoit si chetiue que les bestes ny pouoiẽt viure. Quãt ilz eurẽt cheuauche grant piece ilz vindrent en vne moult grãde lande et la trouuerent vng cheualier a moult grãt meschief, car il se combatoit contre troys moult durement et moult le prisoit monseigneur gau. et ne scait encore q̃ il estoit et si y estoient sergans a cheual q̃ naures que sains iusques a v. mais ilz ne losent toucher car il les a si estõnes qlz ne losent approucher ⁊ la damoiselle dit a mõseigneur gau. Sire ie cuide quilz soient des cheualiers au roy de norgalles ⁊ se ilz en sõt ilz me cõgnoissẽt biẽ tous nous nous en prons deca ⁊ les regarderons vng petit iouster. Domoiselle fait il si ne aideray pas a celuy qui est tout seul ⁊ qlz ont si malement mene. Se maist dieu fait elle ie ne scay qui le cheualier est, mais il nest nul ne nulle qui ne luy deust aider de tout sõ pouoir, car il a moult bien fait cõe seul et ilz sõt viii. Quel qui soit fait messire gau, ie luy donne mamour des cy. Certes fait elle oncq̃s ne me deistes chose dõc ie vous sceusse si bon gre. Lors heurte le cheual des esperons et qñt il approuche si cõgnoist que cest saigremor le desree et il leur laisse courre du tout si vous lestiere cõme il peut plus si allõgne le glaiue et met la main a sespee. Et quant saigremor voit ql a secours si reprent cueur et force et ne cõgnoist mie mõseigneur gau. Et quant les sergans q̃ deuãt ne se soient entremettre pour ce q̃ saigremor les au oit estonnes voyant que mõseigneur gau le fait si bien si nosent plus demourer ains sentournent fuyans et les aultres deux ny osẽt plus demourer ains se mettent en la voye. Et mõseigneur gau. et saigremor les enchassẽt si attaint mõseigneur gau. le desfrain et le prent par le col et le cuide oster de dessus le cheual et la main senvient par le heaume et luy arrache de la teste/ et saigremor senvient celle part et le fiert si durement de lespee quil le fendit iusques aux dens et il chiet mort, et quãt monseigneur gau. le voyt si en est moult dolẽt, car il amast mieulx a le auoir prins vif. Lors prent saigremor par la main et luy deist. sire cheualier allõs nous en car nous en auons assez fait et vous scauez

bien q̃ ceulx nous sont eschappez. Se mais dieu fait saigremor celui qui sa gist ne nous est mie eschappe ne il ny perdra iamais q̃ la teste. En verite fait monseigneur gauuain vous nen ferez plus/ ne par la foy que ie doy a saigremor le desree. Et quãt celui loyt si pense bien qḷ le cõgnoissoit Et qui estes vo° fait saigremor. Je suys fait il vng cheualier par la foy que vous deuez a celle q̃ vous aymes plus dittes moy q̃vous estes. Gauuain fait il suis appelle. Haa sire fait saigremor vous soyez le bien venu si estes vous a mon aduis. Lors le court saigremor acoller si sentrefont moult grãt ioye Saigremor fait mõ seigneur gau. quãt veinstes vous en cest paye Certes fait il ie suys venu par enseignes que iay de vous aprinses en plusieurs lieux ⁊ au matin me encontrerent ces cheualiers en ceste lande si massaillirent pour gaigner mõ cheual et mes armes. Et veistes vous pieca fait gauuain nul de nos cõpaignõs. O il fait il/ auãt hyer ie veiz girflet a vng tournoyemẽt ou nous feusmes devers le duc de cãbenic, et cõe aues vous fait dist messire gau. Se dist saigremor il a este depuis en prison quil partit de la lande ou vous nous lessastes quãt le napin batit le cheualier la ou il faisoit le deul et la ioye. Il ne fut oncq̃s hõme fait monseigneur gau. qui si souuent fust prins cõme girflet et certes ce nest mye par mauuestie/ ains est preux et hardy et courageux durement par dieu fait saigremor moy et mõseigneur yuain auons puis este en prisõ en tel lieu dõt ie ne cuydoye iamais yssir. Et ou fut ce fait mõseigneur gau. En verite fait il en la male prison au roy des cent cheualiers. Et cõment en yssistes vous. Par vng preudomme bacheler qui moult fist darmes et moult sagement si cõe iay oup dire, car ie ne le vy mie. Si luy cõpte tout le fait de hector, ⁊ ainsi cõe il eut toy cõpte cõe il auoit si biẽ iouste q̃ oncq̃s nul ne ioustamieulx⁊ se cõbatit tres hardimẽt au seneschal du roy. Et cõmẽt a il nõ fait mõseigneur gau. Il a nõ hector fait saigremor ⁊ si est de la maison au roy artus ⁊ des cheualiers a la royne. Et q̃ qiert il fait mõseigneur gau. uain. Sire fait il il quiert vng cheualier qui fist vne bataille et veritablement ie cuidoye

partie

que se feussez vous. Haa fait messire gauuain dire le pouez, car il est bon cheualier et sauez vous qui il est: a cest cellui qui vous abatit et messire puain: lieup et girflet a la fontaine du pin. Cest lui q̄ le nayn batit. Comment fait sa gremor dictes vo̅ voir. pour verite fait monseigneur gauuain le sachiez. En verite fait saigremor ie le regarday moult et moult y pensay car il dit que mieulx lui venoit estre batu q̄l eut iouste contre mon seigneur gauuain car sil eust iouste a lui tost peust peu auoir dommage Estes vo̅ celui q̄l qiert op fait il. pleust a dieu q̄ ie le trouuasse car trop me loe de sa compaignie. ainsi parloient en cheuuchant tant q̄ saigremor dit la pucelle: si lui demanda q̄ elle est. Cest une pucelle dit monseigneur gauuain q̄ vous a son amour donnee pource q̄ elle vous dit si bien deffendre des cheualiers. et bien sachiez q̄ elle est belle a merueilles Bien soit elle venue fait saigremor. Lors viennent a la damoiselle qui les attent au trauers de la forest pource q̄ les cheualiers ne sa congneussent. Et saigremor la salue: et elle dit q̄ bien soit il venu Et messire gauuain dit. Damoiselle donc auez vous vostre amour donnee a ce cheualier. Certes fait elle oy. damoiselle fait saigremor donc vous dueilloppez. Comment fait elle vous ne me auez mie encore vostre amour donnee. Ie vo̅ veul fait il auant veoir car cheualier ne donne mie samour sil ne scait a qui ne en quel lieu. Sire cheualier fait elle sachiez q̄ ie vous tiens a plus uaillant q̄ vous ne faictes moy car ie vous donnay mon amour de si loing q̄ ie vous vy et vous ne me voulez donner la vostre se vous ne moiez et ie me dueillopperay du tout et lors se ie vous plaiz si le dictes et ie vous reuouldray veoir: et se vous ne me plaisez quictes et quictes. Lors commence saigremor a rire et la pucelle se dueilloppe. Quant saigremor la voit si dit. Haa vostre amp vueil ie bien estre. Si maist dieu fait la damoiselle aussi preudomme comme vous estes me a priee damoures na pas encores huit iours mais se dieu plaist il fera mieulx. Certes damoiselle fait il laitet camus me pouez vous veoir Lors oste son heaume de sa teste Elle regarde si voit quil a le viz moult beau et moult bien seant et tout lautre corps moult auenant et tous les

membres. Et messire gauuain lui dit. Damoiselle q̄ vo̅ en semble. Sire fait elle mieulx q̄ deuant. et saigremor en est moult ioieup si la baise et laccole deuant monseigneur gauuain et elle lui moult doulcement. Damoiselle fait monseigneur gauuain par mon chief vous ne auez pas trop mespuis damours car vous auez a amp cheualier de la maison au roy artus et compaignon de la table ronde si a ano saigremor se desree: et de ce est moult ioieuse, si sentreregardent souuent saigremor et la pucelle et comme plus senitreregardent plus sentraymēt et vont cheuuchant ainsi tant q̄l anuitte. Et saigremor nauoit ce iour ne lautre deuant mengie sinon moult petit: et auoit une coustume q̄ le prenoit moult souuentiers apres les armes: mais il nestoit ia bon cheualier ne seur sil nestoit premierement eschauffe Et quant il estoit eschauffe si ne doubtoit rien ne de ce ne lui chaloit ne de soy mesmes: mais apres quil en estoit party se refroidoit et deuenoit tout vain et tout failly. Si lui montoit une douleur en la teste telle q̄l cuidoit bien mourir quant elle le tenoit car il enragoit de fain. Et pour la grant prouesse quil auoit quant il estoit eschauffe estoit il nomme saigremor le desree. Si lui mist la royne le nom deuant este beres le iour que les trente cheualiers desconfirent lost des sesnes et des proies et les chasserent iusques a leaue de Bagumre la ou saigremor couppa la teste a bradague le roy des sesnes et des proies et margail le roy dirsade par sa maladie que souuent le conqueroit lui mist nom saigremor le mortieum. Celle maladie prit a saigremor cellui iour si cuida bien mourir sans confession. Et quant monseigneur gauuain le voit si en est moult a malaise si lui dit. Sire vous estes malade. Et il lui respondit Ie me meurs mais pour dieu se vous me aymastes oncques si pourchassez que ie aye a mengier. Ou le pourchasseray ie fait messire gauuain et la damoiselle lui dit quil ne se esmaye mie et quil seroit par temps a repos. Et quant il voit quil ne se peut mais soustenir si monte monseigneur gauuain derriere lui et le soustient et pource les conuient aler bellement. Si cheuauchent monseigneur gauuain et saigremor tant quil fut pres du premier sommet et la sune

o iiii

luisoit cler/ si sōt tāt assez quilz sont venuz a vne riuiere et trouuerent vne planche forte q auoit bien deux piedz de le/ et la damoiselle monte sur la planche a tout son pallefroy et traict apres elle le cheual monseigneur gau. que elle menoit a deptre et ainsi sont les deux cheualiers. Et quant ilz sont oultre si est sai- gremor en telle necessite ql ne peut mes pler Et la damoiselle q moult lapine le conforte de tout sō pouoir et dist que moult est prez du logis et quil aura ia a mēger quā quil deuise ra de bouche. Lors regarde mōseigneur gau deuāt lui et voyt vne moult belle riche maisō dōt le pourpris estoit moult grāt et moult biē hebergee/ et il demande a sa damoiselle a qui celle maison est. ie le vous diray fait elle quāt nous serōs dedens. Tant ont cheuauche qlz sont venus a vng plaisseiz q derriere la mai- son estoit et la damoiselle va par vne trenchee iusques a vne faulse posterne si descent et la defferme et entre ens et traict son cheual aps elle. et monseigneur gau et saigremor entrēt ens tout a cheual Sire fait la damoiselle des- cendez et ilz descēdēt et establēt leurs cheuaux Apres les maine la damoiselle par dessus terre en la grāt salle en hault. Et quant ilz sont ve- nus si ne treuuēt nulle riens. Lors demande monseigneur gau. a sa damoiselle comment saigremor aura a menger eu non dieu fait elle il en aura assez. Lors le maine en vne chā bre. et quāt ilz sont en la chambre si se assieēt et la pucelle en yst hors et tantost reuiēt si ap porte a menger a moult grant plante et effor ce moult saigremor au menger mais il men- gue moult mauuaisement au premier mes/ mais a lautre dapres menga il mieulx Et quāt il eut mēge la pucelle va hors et demou ra grant piece et puis reuint et dist a monsei- gneur gau. Sire laissez moy saigremor/ car ie en penseray bien se dieu plaist et vous en ve nez veoir vostre ampe si cōme la plus belle fē me que vous veissiez oncques iour de vostre vie et ie vous diray a qui ceste maison est car ie le vous ay en cōuenāt. elle est au roy de nor galles et vostre ampe si est sa fille et bien sa- chiez que elle ne desire en cest siecle fors vous mais par ma foy elle est moult gardee. Lors prent plain poing de chandelles ardans et se

premiere

maine en vne estable et voit en celle estable iuf ques a dix pallefroys nourris les plꝰ beaux du mōde. et de celle estable entre en vne aul tre chambre et voyt op seaux iusques a xx. a la perche seans les plus beaux du mōde/ et dilec entre en vne aultre chābre et voyt xx. des plus beaux destriers q sen peust trouuer nulle part Et monseigneur gau demāde a sa damoisel le qui sont tous ces cheuaux. Certes fait elle ilz sōt a xx. cheualiers qui gisent en vne chā bre sa deuāt et sōt toutes les nuys de leurs ar mes armes/ car mōseigneur le roy a sa treue prinse par deuers le duc de cābenic si na garde fors q de vous si ne veult que ceste grāt salle soit autremēt gardee. cest que se vous y veniez que vous trouueissiez la salle toute vuyde de gent. Et il a ce dist que se vous y veniez q vo' ne laisseriez ia pour cheualier qui y feust que vo' ne assisiez a ma damoiselle sa fille ou vous mouriez la ou elle gist ne a nulle ri- ens puis quil est anuictie se par les xx. cheua liers non/ et sa damoiselle scait moult biē la parolle q vous deistes quāt vous fustes chiez agrauain/ car vous deistes q se vous veniez en lieu vous la verriez se vous poupez et elle me fist iurer sur sains que se ie vous trouuoie que ie vous ameneroye sa or venez et ie vous monsterray les cheualiers. Lors estaint les chandelles q elle tenoit et viennēt iusques en vne aultre chambre et voyt moult grāt clar te dedēs/ mōseigneur gau deist la damoisel le les cheualiers sont ceans en ceste chābre. si ne seruēt les nuys fors de la damoiselle gar der et de iour sē võt deduire et iouer la ou ilz veullēt et ie cuide qlz dorment en ceste cham- bre. et en celle dapres gist la plus belle dame du monde et ie noseroye auant asser que ie ne feusse cōgneue mais ie men voye arriere en la chambre ou nous auons mengie et la vous me trouuerez.

Atāt sen va la pucelle et mōseigneur gau entra en la chābre et tient en sō poing son espee toute nue et le heaume en la teste. si oreille et escoute sauoir mōs il oiroit nul des cheualiers ne parler ne mouuoir mais il noit riens lors mect la teste dedēs et voyt en la chā bre vng gros cierge q ardoit moult cler et voyt que la chambre est faicte toute carree aussi le

partie

comme longue et tout a voulte: et en chacune des parties auoit cinq couches: et en chacune gist vng cheualier tout arme du haubert et de chausses: et a leurs chiefz sont leurs escus et leurs heaumes. Messire gauuain est grat piece a sup et bie lui est auis que nul de eulx ne veille et voit sup de larriere chambre tout ouuert et ne y auoit point grat arte. Lors met auat lun des piez si sup est auis que nul ne se esueille et puis va auat grat pas pour venir au cierge. Et quant il y est venu si bien a luis de vne autre chambre. Il entre ens et clost suis apres lui et voit en my la chabre vng des plus riches litz quil vist oncq mais couuert d'vne couuerture d'ermine: et voit dessus le couuertoir gesir vne damoiselle de si grant beaute q nul le plus belle ne conuenoit a querre: et joing a ual auoit quatre cierges q ardoient. Mon seigneur gauuain oste son heaume et abat sa ventaille et vient au lit ou sa damoiselle se dormoit: et il sa commence a baisier moult durement. et elle dist. Saincte marie qu'est ce. Taisez vous fait il belle doulce ampe: c'est la chose au monde q vous aymez mieulx. Estes vous fait elle des cheualiers mon pere. Certes fait il nenny. Qui estes vous donc fait elle tout en tremblant: dictes moy vostre nom: car vous m'auez fait la greigneur paour q ieusse oncq mais. vous pouez estre tel q vous ne ferez ia mais paour a pucelle. Belle doulce ampe fait il ie suis gauuain le nepueu au roy artus. A sumez fait elle et ce verrap ie bien mon seigneur gauuain allume vng des cierges et elle regarde de le viz puis regarde a vng aneau qu'elle auoit a son doy si commenca a rire. Lors sault sus en son seant si l'embrace tout arme: et dit que bien soit il venu. et elle le baise si doucement q plus ne peut. Ostez fait elle ceste robe qui est trop froide et allumez deux cierges car maintenat ay ie tout ce que iay tousiours desire: et si fait il. Et quant il est desarme il vient au lit et se couche empres la pucelle: et elle lui fait si grat ioye come il lui est possible: et fait lun sa vou lente a l'autre sans contredit. Et mon seigneur gauuain lui compte comet il estoit leans venu et que les cheualiers n'estoient remues ne tant ne quant et parlent ensemble tant quil fut mi nuit. Si ne demoura guueres que monseignr

gauuain sen dormist a moult grant peine car moult il deuisa auant quil sen dormist. Et quant il fut endormy la damoiselle q fut ieune et crasse et tendre si se endormit a la doulceur de son amy qui entre ses bras gisoit bouche a bouche. D'autre part vne autre chambre estoit le pere a la pucelle qui roy estoit de norgalles et lui et la royne se leuerent pour aler a chambre. Et quant il reuint si ouurit vne fenestre q estoit endroit le lit a la pucelle. Si voit l'en dune chambre en autre et mist e sa teste: si vit sa fille q tenoit le cheualier entre ses bras. Et quant il a ce veu si dit. Haa las que ay ie tousiours garde. Les chambellans q auec lui furent lui demandent ql a. Ne vous chault fait il alez coucher: et ilz le font: et il reclot la fenestre et vient a la royne et lui compte ce ql a veu. et quat la royne le oupt si demaine trop grant deul. Or vous taisez fait le roy ne faictes pas noise: car ie le vous occirap et ie en cuide moult bien venir a chief. regardez q ie ferap et ne dittes mot. Lors vient aup deup chambellans ql auoit tousiours nourris et leur dit q se ilz faisoient vne chose q il leur diroit ilz seroient tous seigneurs de lui. Et ceulp dient ql n'est riens ql ne feissent pour lui. Lors leur compte ce ql a veu: et iay pense fait il comment ie occirap le cheualier si que ia nul ne le saura q nous trois L'un de vous portera vng mail gros e pesant et l'autre vne espee trenchant si lui appouere d'droit le cueur par dessoubz le couuertoir si ql ne le sente. et quant il sera bien apuye si le frappera vng autre. Et il mourra si deliureement q ia ne dira mot. Ainsi y sera ma honte cellee q ia nul ne le saura sinon par lun de nous trois

A ce s'accordent les deux felons Lors saisist le roy son espee et l'autre vng mail de fer gros et pesant et vindrent a l'uys q ouuroit devers la chambre au roy si seuurent et viennent au lit. et voient quilz dormoient tous deux estoient de tres grant beaute: si les plaingnent moult. Lors appuye lun diceulp le glaiue par dessoubz le couuertoir: l'autre entesa son coup: et monseigneur gauuain auoit mis son bras dehors: si ault que l'acier qui fut froit le heurta au bras et il se esueilla et iette son bras en hault par dessus l'espee et cellui qui le mail tenoit qui son coup auoit atese fiert si du

La premiere

rement quil le fait voller en pieces et au ferir est bien entre au mur demi pie et fait moult grant escroiz. Et lors se sueille monseigneur gau de la freeur et dit celui qui lespee tint. si se lance hors du lit tout nu et larrache hors du mur et en fiert celui qui apporte lauoit parmy le coste si le rue mort. Et apres vint a celuy qui estoit ia a luys qui le mail portoit il le fiert tel coup a lissue de luys q̃ tout se scruelle. Et la royne fut seure si ne se peut tenir et monseigneur gau eust ia iecte celuy quil auoit premier occie et eust laultre boute en sus de luys puis le ferme et dist a ses armes si sarme et la pucelle sault du lit si luy deist quil ne semaye mie et elle lui aide a armer ainsi q̃ besoing en estoit et le cri enforce tant a ses xx. cheualiers saillent sus si voyent le cierge estaint et viennent a luys a la pucelle et dient que elle euure luys et elle dist quilz ny mettront ia les piez et ilz dient q̃lz le depescheront mais elle na pas trop grant paour, car luys estoit de trop grant force si les laisse heurter et appeller et elle leur dist que elle leur laisse faire tout par loisir. Et la royne crie de laultre pt, assailliez filz aux putains que ferez vous et que ne occiez vous le traictre qui leans est. Si se crie come femme qui sa honte ne peut celer, mais ceulz sont querir daultres tant q̃ monseigneur gau est arme tout par loisir. Lors prent son espee et dist a la damoiselle que elle euure luys tout seurement. En nom dieu fait elle par les cheualiers ne vous en prez vous mie mes p derriere la chambre mon pere si ne trouueres pas si grãt defense come par deca. Se maist dieu fait il il ne me sera ia reprouche que ie men voyse si non par la ou ie vins, car iay assez aide puis que saigremor est ceans. Je vous diray donc fait la damoiselle que vous serez, ie prẽy ouuriray ces huys de la et estaindray les cierges et vous serez en cest arc voultiz par dessus celle chambre et ilz cuyderont q̃ vous en soyez alle par deuers la chambre mon pere et lors siouuriray luys tout seuremẽt et ilz courrõt tantost apres lors vo' en yssez tantost, car se vous estiez la ou ilz sont et ilz estoient en ceste chambre ilz ne auroient iamais pouer sur vous car les huys sõt estroiz si quil ne peut entrer ne pssir q̃ vng seul home. Ainsi le fait la da-

moiselle, et quãt ceulz de deuers le roy virẽt luys ouuert si sen suprẽt en la maistraisse chãbre si lieue le cry trop grant et la damoiselle euure luys deuers les cheualiers et leur deist or pouez vous venir et aussi firent ilz. et quãt se destrain fut dedens si voulurent clorre luys que nul nen pssist. Et monseigneur gau. luy donne de lespee parmy le corps si durement q̃l se iecte mort, et celuy iecte vng cry et ceulz qui aloient deuãt ny entendirẽt mie ains coururent a laultre huys a chandelles et aux bastõs et lors regardent et voyent monseigneur gau. qui ia auoit passe le seul et ilz crient veez le la lors coururent a luys et monseigneur gau. traict son espee et fiert celuy qui premier venoit si que nulles armes ne lui sont mestier ains labat mort a terre, et les aultres en sont si esbahys que nul nose pssir hors si lui lancent espees trenchantes pmy luys, et quãt il les voit courre a luys ou il estoit si les fait tous retirer arriere et quãt il en peult vng tenir il naura ia si forte armure quil ne lui mette lespee pmy le corps, ilz le redoubtẽt moult a encõtrer. Et quant il voyt que nul nose pssir de celle chambre si la laisse et vient a celle ou estoiẽt les cheuaux si voit saigremor a tout la damoyselle qui sampe estoit qui vng cierge tenoit ardãt en sa main et il mettoit la selle sur le plus beau cheual de leans p semblãt et le meilleur. Et quant la selle est mise si fait monseigneur gau. monter dessus et lui deist, allez iusques en la grãt salle et ie mettray mon heaume en ma teste. Monseigneur gau est monte en la salle et come il voyt les gens de leans et les cheualiers si leur laisse courre et ilz en sellẽt les cheuaux de leans tous ceulz des cheualiers. Et monseigneur gau regarde et voyt venir saigremor arme sur son destrier. Sire fait saigremor ou sont ceulz qui vous enchassent. Veez les cy fait monseigneur gau. Se maist dieu fait saigremor lissue est trop forte mais tirez vous en chief de ceste salle et les laissez tous hors pssir car nous nous en pstrons toutes les heures q̃ nous vouldrons ne ia ne maist dieu se ie pars iames de ceans deuãt q̃ ie saiche quelz cheualiers il sont. Monseigneur gau sen rit dessoubz son heaulme, et lors se trayent eulz deux en chief de la salle et saigremor voit q̃ les cheua-

partie

liers ne sõt nul sẽblãt de issir hors si les mau
ditẽt disant meschans faillis et recreãs pour
quoy ne saillez vous hors: vous voiez q̃ nous
emmenons vos cheuaulx et si nẽ y faictes sem
blant. Et cõmẽt ilz ploiẽt a ceulx si en voiẽt
venir par lautre chief de la sale iusques a dix
tous armez. En verite dit saigremor ie cuide
q̃lz nous forclorront: ꝟ se ilz nous auoiẽt eser
rez nous serions au dessoubz pource q̃ nous ne
sauons les fuites ne les destrois de ceãs mais
tirõs nous ça hors en ceste court si ne pourrõt
leurs gens venir de nulle part ꝟ nous ne les
voions ainsi sera il fait sagemẽt mais que ie
aye feru vng de ceulx q̃ sa viennẽt Or alons
fait messire gauuain puis que le voulez Lors
laissent courre aux dix qui venoiẽt et abatẽt
les deux premiers q̃lz ẽcontrẽt. Si occist mes
sire gauuain ꝟ le sien ꝟ saigremor rõpt sa lan
ce q̃ samie lui auoit donnee puis met la main
a lespee ꝟ leur recourt sus ceulx de lautre chã
bre saillent cõtre eulx ꝟ messire gauuain leur
adrece atout lespieu ꝟ fiert le premier quil ẽco
tre sãt q̃l se porte a terre lui ꝟ le cheual et lespi
tu brise lors met la main a lespee ꝟ adonc il
leur recourt sus vittemẽt ꝟ les fait rẽtrer en
la chambre dont ilz estoiẽt issus puis recourt
aider a saigremor qui vaillamẽt se dessẽdoit
Si leur õt ceulx de dela trois cheuaulx occis
mais ilz ne demeurent gueres a pie car tost õt
recouuert cheuaulx cõme ceulx ou il y auoit
moult de prouesse Et quant messire gauuain
voit q̃l peut bien trop demourer si craint estre
sourpris si les amaine pꝛ sa force serãt iusq̃s
en sa court du chasteau ꝟ soyent ꝟ sa grãt por
te du pourpris estoit couuerte ꝟ ilz vent que sa
noise est leuee leans et ilz sont ia tant armez q̃
vngz q̃ autres plus de cẽt: ꝟ lamie saigremor
est montee sur vng mur si lui escrie et a mõsei
gneur gauuain que ilz sen voisent ou ilz sõt
mors Et sachiez fait elle que vous ne auriez
garde se vous estiez dehors ꝟ ilz sen partẽt de
leans. Quant ilz sont a la porte ilz voiẽt q̃
seroyt bien apres eulx si escrie ses gẽs q̃lz gar
dent quilz ne leurs eschappent: ꝟ les deux sen
sont tout le pas tant quilz sont hors la porte
et toutes les gens du roy huent apres. Et la
mie saigremor estoit montee sur la porte q̃ les
regardoit aler ꝟ dessus celle porte auoit vne a

lee par ou lẽ pouoit bien aler en la chãbre la ou
la damoiselle estoit. Et quãt elle vit quilz fu
rent hors si couppa la corde de la porte coulis
ce qui moult estoit grande: et elle chiet auãt si
chiet sur vng cheualier et l'occist lui et son che
ual ꝟ lautre demoura dehors auec les deux q̃
sen aloiẽt. Et quant elle a ce fait si sen reua ar
riere en sa chãbre: si q̃ oncques de nully ne fut
veue. Et saigremor laisse courre au cheualier
q̃ estoit dehors demoure ꝟ le fiert de lespee sur
le heaume si que tout lestõne: puis le prẽt par
le heaume et lui arrache de la teste et vient sur
lui pour lui coupper la teste: ꝟ cestui se rent a
lui: ꝟ lui baille son espee ꝟ lui fiãce a tenir pri
son sa ou il voudra. Et il dit quil voise a la
fille du roy ꝟ se mette en sa prisõ de par saigre
mor ꝟ mõseigneur gauuain. Estes vous mõ
seigneur gauuain fait le cheualier. Nẽ y fait
il mais ce cheualier la q̃ a toy ne daigna tou
chier. Si m'aist dieu fait il ie le diray bien, et
vous fait il cõmẽt auez vous nom. I'ay nom
saigremor le desree, ꝟ si diras au roy q̃l n'a fẽ
me en son lignage si haultement mariee cõme
sa fille ꝟ il ne lui doit pas desplaire. Sire fait
le cheualier ie suis vostre prisonnier, si vous
doy aider ꝟ conseiller a mon pouoir. Venez
apres moy ꝟ ie vous mettray hors de ces de
strois Lors va deuant le cheualier et les deux
autres apres tant quilz viennẽt a la planche:
ꝟ quant ilz sont oultre si les commande le che
ualier a dieu ꝟ eulx lui, ꝟ se arrestẽt au chief de
la planche vne grãt piece. Et saigremor dit a
messire gauuain que le message de samie de
meure trop et quant il a ce dit si le voit venir
et samie auec lui montee sur vng pallefroy
moult tost alant. Quãt ilz vindrent endroit
les cheualiers ilz passẽt oultre. Qu'est ce fait
messire gauuain vous soyez les bien venuz q̃l
le part tirez vous. Quelle part fait elle. Cer
tainemẽt il conuiẽt que vous ꝟ saigremor me
mettez a garison car ie seroie destruite ꝟ deshõ
nouree se ie estoie prinse, ꝟ tout l'or du mõde ne
me sauroit garantir. Si m'aist dieu fait mes
sire gau. mauuais seruice vous auries fait se
en nostre cõduit failliez mais dictes moy nou
uelles de ma mie. Sire fait elle vostre ampe
n'est pas ioieuse de ce quelle a fait car monsei
gneur le roy et la royne l'ayment plus q̃ eulx

mesmes: ne ilz ne ont orendroit plus deffamé
Elle n'est auiz qsse est pdue mais ie fusse
morte. oultreemēt se ie eusse este trouuee Ainsi
cheuauchent toute troys Et quant ilz ont vne
piece cheuauche si oent cheuaulx venir apres
eulx moult asprement. Saigremor fait mō
seigneur gauuain ie cuide que le roy et ses gēs
viennēt cy apres nous. Nayez paour fait la
damoiselle, car ce sont noz cheuaulx q ie faiz
cy venir. Lors se arrestent et apperceoiuent biē
que ce sont ilz. Et mō seigneur gau. lui demā
de comme elle fut si aduisee de ce faire, et elle
deist que elle sen aduisa affin que se len occi
oit leurs cheuaulx soubz eulx qlz pourroiēt
par temps recouurer des aultres et monsei-
gneur gau. len prise moult. Tāt ont cheuau
che quil fust iour cler, et la damoiselle deist a
saigremor vous me cōduirez et mōseigneur
gauuain ira a son affaire. Belle doulce ampe
fait monseigneur gau. aincoys vous condui-
rons tous deux, car ie ne vouldroye en nulle
maniere que vous eussiez mal ne ennuy sans
moy. Sire fait elle iay assez de saigremor,
car il le conduira en tel lieu que ia ne serons
trouuez p homme qui nous quiere. Ou irez
vous fait il Sire fait elle chieuz mon pere et
dillec droit chieuz vostre frere agrauain, car
leans serons a sauuete. Et saigremor dist q
agrauain verroit il voulentiers. Et mōsei-
gneur gau. deist quil estoit bien malade si cō-
me ceste damoiselle dit et bien le vous comptera.
Et vous sire fait elle ou irez vo. Certes fait
il ie vouldroye estre en la terre de sorellays.
Cuidez vous la trouuer fait saigremor ce q
nous querons. Certes fait mōseigneur gau.
ie ne sçay encore ou ie le trouueray, mais iay
ouy dire que ce est vne auantureuse terre. Sire
fait la damoiselle il na guieres iusqu a sorel
loys et ie vous bailleray vng de ces varletz q
vous menera tout droit. Lors appelle la da-
moiselle celui q est a pie si le fait mōseigneur
gau monter, et il dit quil le menera au plus
droit quil pourra iusques en la terre de sorel-
loys. Et le varlet mōte si sen vōt lui et mōsei
gneur gau. dune part, et saigremor et sa mye
daultre part.

¶ Cōme le seigneur de lestroicte marche et
sypnados rēcontrent hector des mares se quel

alloit cōbatre cōtre le mati de sa belle helaine
qui se disoit estre meilleur cheualier que sa fa
me nestoit belle dame pl viii.

Or dist le cōpte que quant hector fut
arreste eu chastel des mares si en
vint la nouuelle au seigneur de le-
stroicte marche. Et quant la fille au seigneur
lou pt qui moult lamopt si dist a son pere quil
le secoure et il dist que si fera il voulentiers. La
pucelle prēt vng messagier si len uoye a spna-
dos et lui mande que celui est prins qui des
mains a ses ennemis sauoit desliure et pour
dieu quil se secoure, car aussi le secourra le sei-
gneur de lestroicte marche a tant de gens cō-
me il pourra auoir, et celui y vient a tout son pou-
oir. Si assemblēt leurs gēs a lestroicte mar-
che, et marganor mesmes qui encores y estoit
manda a ses gens quilz le deliurassent. Et
furent bien q cheualiers que sergans iusques
a deux. M. et hector est en prison, mais ceulx
qui se tiennēt nont mie grāt talent de loccire,
car moult layme sydonas pour ce quil le ven-
ga de gupnas ne si n'auoit voulēte de lui mal
faire, et le pere mesmes dist ql ne le voul droit
occire pour quelque chose quil lui eust forfait
car ie le salluay quāt il entra ceās. A ce cōseil
quilz tenoyēt vint vne damoiselle qui leans
estoit moult amee si estoit niepce au seigneur
des mares et cousine sidonas son filz, & quāt
elle ouyt que hector auoit este si preux et quil
auoit passe tous les mauuais pas si vint a sō
oncle et a son cousin et leur dist. Sire fait el-
le a son oncle & vous beau cousin dōnez moy
la prison a ce cheualier, car il mest auis que
sa mort ne voulez vous mye et ie le menray
a ma seur desliurer qui est en telle prison come
vous sçauez. Et le pere lui accorde se le cheua
lier le voulsopt ottroyer. Certes fait le sire vo.
dittes bien. Sire fait elle grant mercy ie iray
sçauoir se il le vouldra. Lors va la damoisel
le a hector et auec elle mena sydonas q moult
ayma hector en bonne foy, et la damoiselle
lui dist. hector iay pourchasse q iay vostre pri-
son ne vous en vouldriez vous pas bien venir
la ou ie vous vouldroye en prison mettre. Qui
estes vous damoiselle fait hector. Je suis fait
elle vne pucelle qui tant ay fait que ie vous
ay desliure de la mort se vo. voulez en ma pri-

partie

son venir. Quelle est vostre prison dit hector ie vous le diray fait samie lydonas. Beau doulx amy dit elle ie vous meneray combatre a vng des meilleurs cheualiers du monde se vous le pouez conquerre vous serez quitte se il vous y plaist a aler z se vous ny voulez aler pource nen aurez vous ia plus tost mal/ car vous ne auez garde ceans de mort ne vous ne en serez que a vostre voulente. Qui est dit hector le cheualier: est il dela maison du roy art? Nenny fait sampe de lydonas ains est de ce pais. Certes fait hector donc iray ie voulentiers. Grant mercis dit la damoiselle qui demande sauoir se elle reuient a son oncle z lui dit que se cheualier est content. Faites le amener dit lydonas si en orrons la verite. Et lors fut amene hector. z lydonas lui demande. Hector vous plaist il aler auec sa damoiselle. Et hector respont. Sire soubz le ciel na damoiselle pour quoy elle eut mestier de mon affaire que ie ne alasse voulentiers pour sa besongne: mais ie vous dis bien q ie ne iray ia par nom de raison Adonc sembleroit il q ie feusse de mauuaistie reprins de ce q se vassal me mettoit sus mais quant cessui sera auant venu q ceste chose me vouldra prouuer et ie men seray essoy aulte a laide de dieu lors men iray voulentiers faire sa besongne a sa pucelle. Si maist dieu fait lydonas vous dictes comment vng preudomme z moult vous en doit len aymer. Sire dit lydonas a son pere. Quittez hector du tout. z il fut accorde. Et hector le remercie Lors sont ses armes apportees si en arme son corps. Et quat il fut arme la pucelle lui cheut aux piez z lui prie quil face sa besongne z le sire des marestz lui dit. Sire cheualier cest ma niepce/ mais pour elle ne faictes que a vostre bon plaisir. Si maist dieu se ie aymeroie mieulx sa mort que la vostre: car plus pert len a la mort dun preudomme que a la mort de toutes les pucelles du monde. Certes sire fait hector vous mauez tant fait de honneur que ie suis tout prest z pour lamour de vous z de la pucelle ie suis celui lequel lui tendra compaignie par tout la ou elle me vouldra mener. Et la pucelle sen mercie. Atant est hector monte et la pucelle aussi: et puis a hector prins congie du seigneur z de lydonas z de samie. si sen vont lui et la da-

moiselle qui lemmaine la ou il ne scait. Et quant il est esslongnie du chasteau du mares bien vne lieue si voit des gens venir bien iusques a deux mile que spnados lui amaine et le sire de lestroite marche et marganor se meruueille quelles gens se sont. Et spnados qui moult estoit vaillat dist a ces hommes. Cheuauchez tout en paix: ie iray veoir q est ce cheualier que ie voy seul cheuachier. Lors sen part et vient a hector grant aleure Et quant il est pres de lui si congnoissent lun lautre/ car ilz estoient sans heaulmes. Si lui dit spnados. Ha sire benoite soit leure que vous feustes hors de la prison car maintes gens en estoient dolens. Et hector laccolle si lui dit. Ha sire vous soiez le bien venu z comment sauiez vous que ie estoie en prison. Certes sire fait spnados le sire de lestroitte marche le me manda/ et ie venoie a vous a tant de gens come ie pouoie. Et pource que vous auez occy matalus ie doubtoie qil ne vous occissent. En verite dit hector occy eusse ie este: mais vng sien frere qui a nom lydonas ma sauue z ie me loe moult de lui et voulentiers le seruiroie se ie venoie en lieu ou ie le peusse seruir lui et samie qui est moult vaillant. Et ces gens la dit hector sont ilz a vous Sire dit il ien ay a moy vne partie z le sire de lestroite marche lautre. z marganor le seneschal et le roy des cent cheualiers lautre: car chacun y auoit amene tant de gent comme il pouoit auoir asemble en si grant haste Et sachez que il y eut eu ennuit le greigneur assault que vous vissiez oncques de si peu de gent car vous auez des amis en ce pays plus que vous ne cuidiez. z hector le mercie. Sire dit spnados ou alez vous. Je voy dit hector auec ceste damoiselle qui me maine a vne sienne besongne Et de tant que vous vous estes em ploie pour moy ie vous remercie et vous en retournez si me saluez le seigneur de lestroite marche z sa fille z lui dictes que ie la verroie plus voulentiers que ie ne fiz auant hier car ie la prise moult et se ie venoie en lieu ne en place ie lui feroie honneur z ce dist il pource quil laymoit ia moult Apres me salluez marganor et sus toutes les dames que ie viz oncques puis que ie partis de ma dame la royne genieure me saluez vostre femme come la plus vaillante dame du monde de sa richesse. A tant sentrecōmandent a dieu et hectōr oste son heaulme si le baise et il lui. spnados lui prie que sil aduenoit que il feust nul lieu arreste quil lui feist assauoir et il dist que si feroit il. A tant se departent et spnados fait retourner ses gens arriere. Hector supli la damoiselle tant quil auesprist durement/ et lui demande quelle besoigne cest que elle a a faire. Et elle respont sire ie le vous diray/ iay vne seur vne des plus belles femmes du monde et toutes les autres dames dient q iames ne virent vne si belle dame comme elle estoit. Quant elle estoit pucelle si laima vng cheualier qui cuidoit estre vng des meilleurs cheualiers du mōde et encores le cuide estre si est assez plus hault hōme et plus gentil que ma seur nest il print ma seur a force si len blasmerent moult ses parens et ses amis/ et dura moult lōguement ceste rancune de lui & de ma seur tant que vng iour auint que le cheualier et ma seur gisoient en vng pre le long de vne fontaine: et le cheualier estoit de elle tant ena moure quil en auoit laisse a hanter les armes si entra leans vng des oncles au cheualier le quel estoit de grant aage si commēca le cheualier a blasmer celui et a ramponer et dist que moult estoit hōniz celui qui estoit si souspris de fēme qui ne pouoit estre sans elle et q toute compaignie auoit perdue si que tout le mōde le deboutoit/ adonc ma seur le eut en despit & par sa vng pop plus quelle ne deust si lui dist Sire sil est hōny pour moy aussi suis ie pour luy/ car mainte gent me veinssent veoir chascun iour/ et deuez sauoir que ie suis plus belle dame que il nest ne beau ne bon cheualier et plus a este ma beaute loee que sa bōte Et tāt le sire soupt si le tint a moult grant despit et iura son serment que iamais ne pstroit de sa court deuant que lung en oupst l'onneur pour sauoir q elle soit plus belle dame ou lui meilleur cheualier. Si sachiez fait il bel oncle q se plus belle dame de elle vient en mon hostel iamais a elle ne iray a mō viuant/ & se meilleur cheualier de moy y vient si soit quitte de la prison. Ainsi a ma seur este. v. ans en sa prison et ses parēs y ont amene toutes les belles dames quilz ont peu trouuer mais nulle ne se compare a sa beaulte/ et de cheualiers y en

pra il assez mais encores est il le meilleur de tous, or vous en ay ditte la verite et en la court du roy artus en ay ie este querir plus de vingt fois en v. ans ne onques mōseigneur gau. ie ne peu trouuer. ainsi vont parlant la damoiselle et hector et il luy tarde moult quil y soit pour veoir la beaute de la dame.

Qant ont cheuauche hector et la damoiselle quilz sont venuz chieuz vne sienne seur si leur fait leyans moult grant iope, car ilz scauient biē que le cheualier aloit pour deliurer la damoiselle. Il fut moult honnore en conioiz quant elle leur eut cōpte quel cheualier il estoit: si furent bien hebergiez la nuit et au matin prindrent congie et se misdrent en leur chemi et vōt tāt quilz viēnēt a vng beau chasteau ou la damoiselle demouroit/ si auoit a nom garonilde: et le sire qui y estoit si auoit a nom persides: & la dame qui telle beaute auoit si auoit a nom helaine sans pareille le chastel fut bel et bien seant la damoiselle va deuant et hector apres et chascū dit ce cheualier se veult combattre pour ma dame que maudicte soit sa beaute, car trop a estee comparee. Hector et la pucelle ont tant alle quilz sont venus en la maistresse forteresse ou la dame estoit en prison si descent la damoiselle et lui apres puis mōtent les degrez/ et ceulx qui la dame gardoiēt viennent auant & demādent a hector qui il estoit et quil veult. Il dist quil verroit voulentiers vne dame qui leans est en prison: et ceulx le mainent auant/ et la dame se aprestoit en vne chambre qui bien auoit oup la nouuelle que vng cheualier la ve noit veoir.

Quant elle fut appareillee si vint dehors de la chambre hector la vit de si grāt beaute que tout en fut esbahi & il oste sō heaume pour mieulx veoir et elle estoit enferree en vne gueolle de fer ou il nauoit que vne fenestre par ou len pouoit sa teste bouter et vng aultre hups par ou le cheualier entroit quant il vouloit auec sa dame pler si en portoit luy mesmes la clef. Parmy la fenestre bouta hector sa teste et elle lui dist que bien soit il venu & hector lui respond que bonne auanture apres vous cō de la plus belle dame que onques ie veisse ne qui soit au mōde a mō auis Dame

partie

fait il ie suis cellui q̃ cy suis venu pour vostre besongne et ie ne la cuidoie pas cy endroit auoir entreprinse comme iay mais ore scay ie de vray que ie ne scay si bon cheualier que vous ne soiez plus belle dame et ie cuide mesmes q̃ dieu se y accorderoit. A ces parolles est auant venu vng cheualier qui demande a hector sil vouldra monstrer que sa dame est plus belle dame que son sire nest bon cheualier Monstre fait hector. Oy/ si voirement mais t dieu ie ne cuide quil soit chrestien ou monde qui vous en tiers ne y parlast sil auoit vne fois veue la dame. Or venez donc fait le cheualier car le sire du chasteau vous atient la dehors pour se deffendre. Est il arme fait hector. Oy fait cellui de toutes armes. Certes fait hector ce poise moy quil se haste tant car moult vous tiers veisse la beaute de ceste dame: car ie en suis or endroit tant amende que ie vail tel deux comme ie faisoie par auant quant ie vins ceans. Dame fait il pource que ie soie tousiours vostre cheualier faictes tant pour ma priere que vous attouchiez a moy de vostre main nue. Saichiez que se ie auoie perdu mon heaume si seroie ie plus seur que a tout mon heaume se vous ne me auiez touchie et la dame le prent au col a deux mains et dit que dieu qui sans pechie nasquist de la vierge marie lui doit q̃l la puisse de ceans ietter ou elle est si enserree. Lors prent hector congie delle et relace son heaume et vient au pie de la tour aual et est monte sur son cheual et le cheualier la maine la ou la bataille deuoit estre Quant il vit la si lui demande le sire du chasteau sil veult desraisner que sa fe̅me est plus belle dame quil nest bon cheualier Si maist dieu dit hector se vous estiez courtois il ny auroit ia bataille car se vous estiez mo̅seigneur gauuain qui bon cheualier est et elle fut vostre femme si seroit il vray q̃ elle seroit plus belle dame que vous ne estes bon cheualier: car il nest nulle chose en beaute de dame que en vostre femme ne soit des choses qui apparent mais ilz sont telz choses en tres bons cheualiers qui ne apparent mie ne q̃ vous ne auez pas car au mains ne peut estre bon cheualier sans courtoisie: et la ne feustes vous mie courtois ou vous vous courroucastes dece quelle dist quelle estoit pl̃ belle da

me que vous bon cheualier: mais laissez la bataille et reprenez vostre femme comme la plus belle chose qui viue. Et il dist q̃ ce ne peut estre En verite dit hector donc vous gardez de moy car se ie ne vous puis vaincre ie ne quier plus viure. Lors sentreeslongnent eulx deux et viennent de si grãt alleure co̅me les cheualx peuẽt aler: et sentrefierẽt les plus grant coups quilz peuent et p̃sides rõpt sa lance et hector le fiert si quil le porte a terre en my le champ. Sire fait hector ie ne scay co̅mẽt vous le ferez a la meslee mais au iouster scap ie bien que vo' en auez le pis et pour vre honneur laissez issir vre femme de priso̅ car hup en istra et lors sera la honte greigneur que vous nauriez ia. Cellui dit que ce ne peut estre No̅ fait hector: si sera quãt vous ne pourrez en auant. Lors laisse courre tout a cheual et fait semblant quil le veult ferir par my le corps du glaiue et il tire son espee si couppe le glaiue de hector et le fait voler en piece. Lors tire hector son espee et lui court sus tout a cheual et cellui se couure de son escu et si fiert le cheual de hector par my la teste si le iette mort. Oaihat fait hector soit qui te ferist ne au meilleur cheualier du monde vous tient/ car cy auez fait vng petit fellon sẽblãt et mauuais quant mon cheual mauez occis et ce nest pas coustume de estre bon cheualier mais vauez plus pdu que gaignie car ie monteray sur le vostre qui la est ou sur meilleur se vous lauez mais se vous me creez encore ferez vous de vostre femme ce que ie vous en ay prie ainsi q̃ greigneure honte vous auiengne et il ditq̃ encore nest se mie que le cheualier soit ne par q̃ il le fera. Or face chacun au mieulx quil pourra car nous so̅mes assez egaulx. Lors lui court sus hector moult vistement et moult se haste de grant maniere et fiert a destre et a senestre et en tous les lieux la ou il se cuide plus dommagier tant quil la naure en plusieurs lieux toutesfois se deffent il au mieulx quil peut et se couure de son escu et hector le maine la ou il veult et lui decouppe tout son escu si q̃ les pieces volent en my le champ. et hector voit bien q̃l sen va guenchissãt sa place si lui iette coups a deliure et le fiert sus le bras destre tant quil lui fait voler lespee de la main et lors cuide il bien estre affolle et hector lui oste place plus et plus il mettoit paine a souffrir car plus ne pouoit faire et hector lui a tout detrenche son escu et moult la blece pmy le corps et escoueslup prie il quil oste sa fame de prison a celui dist quil nen fera riés/hector dit ql loccira Voire fait celui quant vous en aures le pouoir. Hector lui court sur a celuy guenchist a reuerse tat quil chiet/hector lui sault sur le corps et lup arrache le heaulme de la teste a dist ql lui couppera. Couppes fait celui. Hector lup abbat la bataille sur les espaules et haulce lespee pour le ferir/celui voyt venir lespee si en a paour et lui crie mercy. Ja ne maist dieu fait hector que iaroy de vous mercy se vous ne me fiances q vous feres tout oultrement ce que ie vous commanderap et celui le fiace. Hector se lieue e tout le peuple vient illec/et hector lui demande se toutes ces gens sont a lui/il dist ouil ap ie donc garde fait hector. Nenil fait il/car ilz sont to9 iures q ia cheualier q combatra a moy na garde de eulx nõ plus q moy/ aultrement ne pouoit durer la coustume du chasteau q ie auoye estaBlie/car les cheualiers ne p feussent pas Venus se ilz neussent bien pense estre asseures Or ie vous dirap fait hector sur la foy q vous me aues fiance vous octropes que vostre femme est plus Belle femme que vous ne estes bon cheualier/ apres vous commande sur vostre foy que vous partes dedens le tiers iour a aller en la court du roy artus et dictes a ma dame la royne que ie vous enuoye en sa prison et menes auec vous vostre femme et si comptes a ma dame pourquoy et coment vous lauez tenue si longuement en prison sans riens celer et demades ma damoiselle qui est mampe et lui dictes que ie lui mande salut et amictie et que ie suis sain et haictie/mais ie nap encore riens explectoie de ma queste. Sire fait le cheualier coment aues vous a nom. Jay a nom fait il hector/et vous coment. Sire fait il persides. et hector lui dist quil le maint veoir sa dame et tout le peuple va apres/et quant ilz sont hault en la tour le cheualier lieue le pan de son haubert et lui baille vne clef dont les pronces estoient fermees ou la dame estoit enserree/tenes fait il a hector si la mectes hors de prison vous mesmes. Et hector va desferm et le petit huisset et oste son heaulme et dist/da

me Venes hors/car se maist dieu vous ne deues mye estre enserree: car vous faittes bien a veoir. Et quant la dame est venue hors si la prent entre ses bras et la baise. Et elle lui dit que bien soit il venu. et il dit/dame fait il or me pourray ie bien vanter que la plus Belle dame que onceques ie veisse ma baise. Sire fait elle ie ne cuidoye mie que vous eussies mes pi eca baiser qui autant vous coutast. Lors sup deuise hector se conuenant et elle en est moult ioyeuse/puis prient tant hector elle et persides quil demeure la nuyt et il leur octroye. si lui demande coment elle a nõ: et elle lup dist que elle est apellee helapne en son droict nom et pource que sen sa tient a si belle si lup a seu mis a nom helaine sans per. La nuit demeure hector par la priere de la dame et de son seigneur. et la damoiselle qui se auoit amene en est tant lyee que plus ne peut estre. et toutes les gens du chasteau en auoient ioye de ce q hector auoit vaincu la bataille pource q ores estoit la dame desprisonee

Moult fut la nupt hector honore et coutoye du seigneur et de la dame et des gens du chasteau/ et lendemain quat le iour apparut si se leua et alla ouyr messe puis se arma et persides lup donna vng bon cheual celui mesmes sur quop il sestoit combatu lors print conge deulx et la pucelle monte si se conuoye tant quilz vindrent a vng recheet e la pucelle lup demande quelle part il veult aller. En verite fait il ie ne scay/car ie quier vng cheualier et si ne scay la ou il est ne coment il a a nom/mais ie irap tant en auanture que dieu men donnera aulcun assignement/ ores vo9 loerapie donc fait la damoiselle que vous alissies auant la ou vous penseries trouuer les cheualiers errans/car vous pourries trop esgaret en ceste forest et il si accorde bien et elle lup dist: Veey vne voye q sen va en la terre au roy de norgalles si la tenes tousiours a destre/ et quant vous vendres en la terre si en pourres plustost aulcun enseignemet oupr q vous ne feries en ces forestz car il ya trop cheualiers q guerroyent lun lautre et si p pourroit bien estre le cheualier que vous demandes pour le roy ayder qui guerroye le duc de cambenic/ et il dist quil yra/ lors commande la pucelle a dieu et elle lui. Si sen retourne la pucelle au chasteau et hector sientre en la queste. Mais ores ne̾ parle plus le compte, ains retourne a sponnel qui sen va a la royne.

Cōme sponnel arriua a la court du roy artus & de la ioye q̄ la royne ge̾nieure & la dāe de malehault lui firēt & cōme elle māda a lācelot q̄l se trouuast en escosse contre les sesnes.   .pl.ij.

Or dist le compte que sponnel trouua la royne seiournant a logres la maistresse cite du roy artus car cestoit le chief de son royaume et lui mesmes si y estoit et ne fut oncques si grande feste ne si grāt ioye que sa dame de mallehault ne feist assez greigneur de lui & la royne aussi. Et encores feist plus grant ioye quant elles sceurent q̄l estoit cousī de lancelot & nepueu au roy ban. Il leur dist nouuelles de messire gau. q̄l auoit trouue cōbatant au seneschal du duc de cābenic q̄ deffendoit vng vauasseur de trayson et q̄l auoit vaīcu le seneschal. Et la royne lui demāda cōme il faisoit. Et il dist bien & me rendist mon cheual q̄ vng cheualier mauoit tollu, et me poursuiuist grāt piece pour sauoir ou ie alloie mais tīs ne lui dis. Quāt le Barlet eut dit a la royne & a la dāe de mallehault tout ce que lon lui commāda si prēnēt cōseil ētr̾elles cōmēt elles feroiēt q̄ elles puissēt veoir leurs amis quāt vne nouuelle vint a court q̄ les sesnes estoiēt en escosse & destruisoiēt toute la terre et occisoiēt gēs & p̾noiēt prisoniers. Et estoient assiegez deuāt arestueil. De ces nouuelles fut le roy esbahy et fist māder ses hōmes prez & loīgz q̄ a la p̃. soient tous appr̾estez de leurs armes pour mōter ētre karueil et lampdamour. Et la royne māde a lācelot q̄l y soit sās faulte car elle y sera & se cōtiēgne tout celemēt tāt q̄lle lui face sauoir. Si lui enuoie vng pē nōceau q̄ vne lāgue de sope vermeille ōquel elle veult q̄l porte sur son heaume celui iour auec lescu q̄l porta a la derraine assēblee mais q̄l y ait vne bēde blanche de bellic, & si lui enuoie la royne vng fermail de sō col & vng aneau de sō doy & vng piengne beau & riche dont toutes les dēs sōt plaines de ses cheueux, et la sainture q̄ elle auoit faicte auec toute laumosniere et māde la royne a lācelot q̄l face pour messire gau. toutc̄ q̄l pourra car trop a eu grant peine pour

lui fors tāt q̄ ē se̾ble ne voi set a lassēblee. A tāt sen parte Barlet et sen retourne en soreffoie. & le roy demāde cōseil a la royne sil mādera gallehault mais elle ne se y accorde mie tant que le besoīg y soit: car il sēbleroit q̄ vous feussiezia tout effraye.

Cōme messire gauuain cōqst la chaussee de sorneluaut & cōe hector se trouua   l.

Quant messire gau. se fut party de la pucelle qui lamena a la fille du roy de norgalles si cheuauche tāt q̄l est venu chiez lermite de la rouge mōtaigne. le seql lui fist grant hōneur quant il se fut a lui nomme et le conseilla a son pouoir de ce q̄l alloit q̄rant. Et dist q̄ sponnel auoit este son oste & quil lauoit hebergie la premiere nuit q̄l partist de soreffoie q̄ disoit q̄ lācelot et gallehaut y estoient mais puis q̄ aller y voulez vous de̾ues sauoir q̄l vous cōuendra souffrir moult grant peine a passer en la terre. Si fui cōpte le fellon trespas de la chaussee q̄ est sur leaue q̄ sen appelle assiuue ainsi comment le cōpte a deuise autresfois. celle nuit fut bien hebergie messire gauuain. Au matin sen partist de chiez lermite quāt il eut messe ouye. Tant cheuaucha quil vint a la chaussee a heure de tierce si la vist haulte et estroite et moult perilleuse si lappelloient tous les gens du pays le pont norgallois. Monseigr gauuain voit la tour grāde et haulte qui siet deuers soreffoie en la chaussee. Quant il est approchie pres il descent de son chasseur sur quoy il seoit et monte sur le cheual que son barlet tenoit puis lui dit Varlet prenez le chasseur ie le vous donne. le Barlet le mercie moult & prent congie de lui mais il ne se eslongnera mie quil puisse tāt q̄ voye comment il lui auēdra a passer la chaussee. Lors monte dessus vng tertre pour veoir plus a plain. Messire gauuain vāt a la chaussee et voit vng cheualier qui estoit tout arme lequel venoit encontre lui. Et quant monseigneur gauuain approucha du cheualier il lui demanda sil veult passer oultre. O dit monseigneur gauuain. Comment fait le cheualier pēsdez vous passer sās combatre a moy. Et messire gauuain respōd. ais me cōbatray ie q̄ ie ne y passe encores y a plus dist le cheualier il vous cōuiendra deliurer de dix sergans

p.i.

se vous me auiez tout conquis ie nen puis mes fait monseigneur gau. quant aultrement ne peut estre. Combatre me couient car deca ne demou rap ie mie se ie puis. par ma foy fait le cheua lier et vous aurez la bataille. Je vueil auant sair t messire gau. estre seur q ie ne auray gar de fors que de vous et de vos sergans q vous me auez nomez et ce cheualier les a appellez et ilz viennent tous appareillez de haches et de chapeaux de fer et de haubergons si lui fiancent quil na garde fors que de eulx et quil passera oultre quant il aura conquis le cheualier et eulx aussi, mais il couient sauoir vostre nom auant et plus pa se dit le cheualier vne aultre chose que sen vous doibt bien dire cest que sil auient que vous conquerez moy et ceulx qui sont cy nous serions en vostre mercy et vous couien droit garder cest pas tant que vng message se roit venu et feriez autelle garde come iay fait ainsi le couient il fiancer, et il se fiance moult dolent et dist que plus sup ennuyoit la paour du garder que il ne fait du conqrir. Lors sont tous les sergans embuschez en la chaussee et les ioustes comencent du cheualier et de mon seigneur gauuain si p dit le cheualier son glai ue en la premiere iouste et monseigneur gau uain ne brisa mpe le sien si lui relaisse courre si tost come le cheual le peut porter et auise le cheualier si le fiert en la fourcelle si que le hau bert fausse tant que du fer et du fust lui don na par mp le corps de oultre en oultre et le por te a terre. Le cheualier se pasme car moult es stoit blece. et monseigneur gau. voit que la ter re est toute couuerte de sang si ne scait q faire car se il descent de son cheual il craint a le per dre:et craint que ses ribaulx ne lassaillent si tost comme ilz verront celui conquis. si mect la main a sespee et court sus au cheualier tout a cheual et lui dist quil est mort se il ne se tient pour oultre et celui reuient de pamoison si voit que le sang lui court hors du corps a grant ruis sel et a grant paour de mourir, il crie mercy a monseigneur gauuain, et monseigneur gau uain dist que il se tiengne pour oultre. Sire fait le cheualier ie me mect du tout en vostre mercy et lui tent son espee. et monseigneur gau uain la prent si lui fiance a tenir prison la ou il vouldra. Lors saillent tous les dix sergans

si le fierent a destre et a senestre de haches et de masses si lui occient son cheual soubz lup, mais de lui mehaignier se gardent a leur pou oir. Et le varlet qui auec lui estoit venu heur te le cheual des esperons et vient si grant alleu re comme il peut plus si treuue vng des glai ues au cheualier qui encores estoit entier si le prent et met lescu en son col et vient aux sergans et leur escrie filz de putains larrons ne occiez mie le meilleur cheualier du monde, car cest gauuain le nepueu au roy artus, se il meurt vous serez tous pendus. Lors en fiert vng si durement dessoubz la gueulle quil lui coupe tout oultre en trauers si labbat mort. Et quant les villains oyent que cest monseigneur gau uain si senfuyent et departent lung ca lautre la, les vngs vers la tour les autres contre val la riuiere. Lors descent le varlet et baille le che ual a monseigneur gauuain quil lui auoit don ne et il y monte, et le varlet prent le cheual au cheualier si monte dessus et suyt monseigneur gauuain qui les chasse et maine malement Et quant le cheualier sceut que cestoit monsei gneur gauuain si en eut moult grant ioye. L ug des sergans retourne encontre monseigneur gauuain et lui rent les clefz de la tour et sup dist. Sire vous soyez le bien venu, car vous ne auez meshuy garde de nul de nous puis q vous estes monseigneur gauuain, et tous les aultres viennent auant et ostent leurs chap peaux et leurs armes, sien y auoit trops qui estoient durement blecez et vng mort. Lors le mainent leans en la tour et le cheualier na ure aussi. Et le varlet prent congie de monsei gneur gauuain son maistre, si lui baille son cheual et sen va a tout le cheual que monsei gneur gauuain lui auoit donne et emporte les cu et le glaiue au cheualier qui estoit naure, et monseigneur gauuain lui dist que sil veult que iames nul bien de lui lui viengne que son nom ne soit nullement par lui sceu a cheuali er qui lui enquiere sil ne lui creance auant quil soit compoins de la table ronde ou cheualier a la royne genieure, et ce dist il pource quil voulsist bien que hector le trouuast.

Ainsi demeure monseigneur gau uain en la maison ou len sup faict grant honneur ⁊ est son nom mis en escript en vne table de pierre. Si disoiēt les lettres Cy passa premieremēt gauuain le nepueu au roy artus par armes apres la paps de galehaut ⁊ du roy art⁹ Si treuue messire gauuain q̄ se roy estoit pmier passe celui q̄ lēn appelle le roy pdier ⁊ apꝭ y fut le roy artus. Et aussi y estoiēt escripz les nōs des cheualiers qui cōquis estoiēt ⁊ celui q̄ les auoit cōqs. Le cheualier q̄ messire gauuain auoit cōqs se nommoit aga uers le meilleur cheualier que len comptast en la terre de gallehaut. Et disoient les lettres q̄ puis q̄ la chaussee auoit este faicte ny auoiēt passe a force q̄ cinq cheualiers. Le roy artus le roy pdiers et dodiniau le sauuage ⁊ melians deliz ⁊ messire gauuain Ainsi est messire gau uain en la tour demoure. Si se taist icy le cōp te de lui vne piece ⁊ parle de hector qui se par tist de la damoiselle qui le cōuoya.

Quant il se partist de gauise ou il se cō batist pour la belle dame si dit le cōp te q̄l erra tant q̄l vint en la fin de norgalles ⁊ ouist enseignes q̄ vng cheualier errāt sen al loit en sorrellois ⁊ il erra en son chemin et erra tant quil encōtra le Varlet sur le cheual de mō seigneur gau. Si le salue ⁊ il lui. Haa beau doulx amy fait hector me sauriez vous dire nouuelles dun cheualier errant q̄ sen va en so rellois. Qui estes vous fait le Varlet. Je suis dit il vng cheualier de la maison du roy art⁹. Bien soiez vous venu faitt le Varlet. Je vo⁹ di ray nouuelles du cheualier qui a ia passe la chaussee de norgalles q̄ est la plus mauuaise q̄ vous veissez onc q̄s ⁊ se cōbatist y oyāt moy a vng cheualier ⁊ a dix sergās: ⁊ ie le laissay escorez hier en la chaussee vng peu deuāt nōne Commēt a il anom fait hector. Certes dit le Varlet cest gauuain. Atant le commāde hector a dieu car il lui tarde moult q̄ soit a la chaus see pour estre acoītes a messire gau. q̄ il ne cui de des q̄s auoir veu ⁊ la nuit geust hector la ou gauuain auoit geu ⁊ lui cōpta lermite q̄ mes tre gau. auoit leās geu si se alloit en la terre de sorellois ⁊ si auoit oup nouuelles p vng Var let q̄ auoit leās geu commēt il auoit conquis ceulx de la chaussee Et hector lui demāde se se stoit escores loing Et il dist q̄ly seroit a midy

au plus tart. Ce iour se leua hector moult ma tin ⁊ sen va a la voie de la chaussee si cōme lermite lui enseigna, ⁊ cōmēt il vit la messire gau. lui enuoia dire sil voult passer par se cōuenāt q̄ y estoit. Et il dist q̄ oy. Lors dit messire gau. encontre lui a la chaussee tout arme sur le che ual du cheualier q̄ naure estoit et sist vng gla iue gros ⁊ fort: car en la tour en auoit assez de bōs. Si lui demāde q̄ il estoit. Et il dist quil estoit vng cheualier estrāge. Estes vous dit il des cōpaignōs au roy artus. Et il dist q̄ nēny. Voulez vous passer ainsi q̄ ie vous ay māde par les sergās. Oy fait il. Lors se estrer slō gnent eulx deux ⁊ tiēt chacun lescu de coste: si s entrefierēt es grans allures des cheuaulx si durement q̄ tous les glaiues vollēt en pieces si q̄ lun ne lautre ne cheust ais passēt oultre ⁊ mettēt les mains aux espees si se estrendōnent grans coupz sur les escus si q̄lz les decouppēt si durement q̄ ny a celui q̄ ne ait mestier de rep ser. si sōt leurs allaines si acourties q̄ moult petit Vallēt leurs coupz ⁊ vng des las du he aume de hector estoit cheu ⁊ il se trait vng peu arriere si le redrece / et messire gau. sient a sui pour reprendre son allaine ⁊ voit q̄ midy sera par tēps si se apupe au pilliers de la chaussee ⁊ essupe escalibor sō espee q̄ toute estoit esāglā tee ⁊ hector fait ainsi de la siēne: ⁊ messire gau. le regarde si congnoit lespee au plōmeau ⁊ au hault ⁊ aux lettres. Lors dit a hector ⁊ lui māde commēt il a nom. Que en auez vous a faire fait il. Je le sauroie dit monseigr gau. voulētiers. Jay nom fait il hector. Hector dit messire gau. vo⁹ soyez le biē venu. Lors met son espee au forreau ⁊ oste son heaume Quāt hector le voit si le congnoit ⁊ dit. Haa sire vo⁹ soyez le bien trouue: ce q̄ iap fait pardonnez le moy. Certes dit messire gau. vous auez grāt droit ⁊ iap le tort car ie deusse des pie.a auoir demande qui vous esties, car ie sauoie bien q̄ vous esties en ceste terre et de ce fait il me tiē ie pour oultre. Haa sire fait hector mercy pour dieu ce ne auendra ia car nul nest ou monde si tres preudomme comment vous estes Et Voirement maist dieu fait messire gauuain vous estes le cheualier du monde de vostre age a qui ie combatroie plus aenuis iusques a oultrance ou iusques a la mort: et pourtant

p iii

que trop me auez serui et pour ce quil y a en vo-
pourquoy sen vous dopne redoubter. Lors le
prent par la main et sen vont eulx deulx iusques
aux sergans qui moult se merueillent qui ce-
lui est a qui monseigneur gau. fait si grant ope
et si grant honneur si leur dist quil se tient pour
oultre et q̄ ia plus ne se combatra. et hector le
nye ains dit quil est oultre. Sire sont ilz a mon
seigneur gau honneur lui auez fait car vous
ostastes le premier vostre heaulme si en doibt
estre sienne lonneur et hector en est moult dolẽt
et lui fait monseigneur gau. a force mectre son
nõ en escript auec les vaincqueurs. Hector est
moult honore leans et moult lui fait monsei-
gneur gau. grãt feste et hector lui cõpte cõmẽt
il auoit empris a querre et le merce de lespee
quil lui enuoya.

Quant monseigneur gau se fut cõbatu
au cheualier de la chaussee il se tint pour
oultre et il eut ses sergans cõquis par sa prou-
esse si que plus ne sosent mouuoir, si sen alla
vng garson en sorteloys ou gallehault estoit
lui et son cõpaignõ si leur dist le garson que
ainsi auoit oultre vng cheualier vng des mer-
ueilleux cheualiers de sa terre. Et Lancelot dist
plaise a dieu quil vienne celle part pourquoy
fait gallehault. Sire pource que nous sõmes
cy en prison ia a long temps ne nevoyõs iou-
stes ne cheualiers si perdõs nos temps et nos
aages et se maist dieu sil povie tie me cõbatray
a luy. et gallehault cõmence a rire et ceulx q̄
sont leans dient quil na mye trop grant talẽt
de reposer. Lors se pense gallehault que se il
peut il se gardera de combatre. Il auoit vng
sien manoir trop riche et trop beau dedens as-
sure si estoit a lenuiron enclos en eaue de toutes
pars bien dẽmye lieue et sappelloit lisse pdue
pource que ainsi estoit en eaue et loing de gẽs
il se pense que la enuoyra il lancelot La nuyt
demanda a gallehault vng sien cheualier ap-
pelle helyas le destrier la garde de la chaus-
see et estoit moult preux et bien hardy si luy oc-
troya gallehault. Et la nuyt enuoya galle-
hault son compaignon en lisse perdue et hely-
as sen va pour la chaussee garder et trouua
monseigneur gauuain et hector si en fist bien
grant feste quant il sceut que cestoit monsei-
gneur gau. et il lui demande ou gallehault

estoit et il lui dist quil nen scauoit nulles nou
uelles Non fait monseigneur gau. nest il mie
en sort hault. Certes fait hel pas il sen alla er
soir mais nous ne sauons quelle part. et lors
en est monseigneur gau. moult dolent, car il
craint que la queste ne soit alongniee, et au
matin se leuerent monseigneur gau. et hector e
sappareillerent cõe pour errer et monseigneur
gauuain dist au cheualier naure qui encore
estoit leans quil par sa fiance sen alast tenir
prison a la royne genieure et quil lui dist nou
uelles de hector q̄ auoit trouue monseigneur
gau. et la saluast de par hector, et que monsei-
gneur gau. lui made que au plustost q̄l pour
ra retournera a court et que hector sen feust al
le sil ne leust retenu pour aller auec luy. vo-
stre nõ me dictes fait gau car le miẽ sauez vo-
bien. et celuy luy dist quil a nom hellinant des
isles. A tant se attourna hellinant pour aler
a court moult mesaiseement et cõta les nou-
uelles quant il pvit et le roy en fut moult io-
eux. la royne lui fist garir ses playes et puis
il fut de la maison au roy artus, car certes il
estoit moult bon cheualier. Et quãt la royne
sceut q̄ hector auoit trouue monseigneur gau.
si se cõta a sa mye qui moult en fut ioyeuse,
mais au roy tarde sur toute riẽ q̄ monseigneur
gau. eust acheuee sa besoigne, car il ne faisoit
riens tousiours sans lui, mais a tãt se taist le
cõpte q̄ plus nen ple ains retourne a parler de
lancelot du lac.

Cõe hector des mares et messire gau. se cõbat-
tirẽt oltre lanc. et le roy des .c. cheualiers et cõe
ilz sẽtrecõgnurẽt et allerẽt ensẽble cõtre les se-
nes. et cõe lanc. p̄ sa proesse deliura le roy ar-
q̄ les senes tenoiẽt en prison. fi.

Moult estoit lancelot angoisseux et pensif
en lisse pdue et moult desirea oyr nou-
uelles de sa dame si a tout laisse le rire
et le iouer et le boire et le menger nel ne se con-
forte de riens fors seulement a penser, si est
tous les iours en la tour en hault la ou il se
desconforte et regarde a mont et a val mais
cest pour neant il nen oyt point de nouuelles
Si aduint que monseigneur gauuain sen fut
lendemain party de la chaussee lui et hect. si
cheuauchent ensemble et se dementent ou ilz
pourrõt ouyr aulcune nouuelle de gallehault

Et tant quilz rencontrerent vne damoiselle sur vng palleffroy. Messire gau. la salue et elle lui ſi leur demande ou ilz vont. Ilz dient qlz ne scaiuet ou trouuer ce qlz qeret. Quest ce que vous qrez fait la damoiselle. Nous querōs gallehault fait messire gau. le seigneur de ce pays mais trouuer ne le poūs. Ie le vous enseigneray a vous deux par vng couenant que vous me dōnerez le pmier dō que ie vous demanderay et ilz lui fiācēt. Venez apés moy dit elle Lors les maine sur vne montaigne moult haulte et dillec leur monstre lisle pdue. sachez fait la damoiselle qlest en ceste isle sa au plus priuemēt qlz peut. Lors sen va et cōmande les cheualiers a dieu. Quāt elle fut partie deulx si se tournēt les cheualiers vers lisle. Quant ilz furēt pres il voiēt q lisle estoit espesse et plaine de haulte forest q riēs ny pert fors seulement les creneaulx et la couuerture de la tour q moult estoit haulte. Haa dieu fait messire gau. cōme cy a riche forteresse et orgueilleuse q ainsi est close de ceste eaue roide et parfōde ne il ny a entree en nulle part ou len puisse passer, car ie voy q ce pōt est leue ne ie ne scay pēser la maniere cōmēt nous y puissōs estre car ceulx de leās se celēt et destournēt au plus qlz peuēt Ainsi attēdēt eulx deulx au chief du pont: et la celot appelle gallehault si les lui mōstre. Et galle. y enuoye vng sien escuir pour sauoir q ilz sōt et q ilz qerēt mais gardez biē fait il q vous ne diez q ie suis ceās. Et celui vient a eulx et leur demāde q ilz qerēt et q ilz sōt. Et gau. dit q ilz sōt deux cheualiers estrāges si parfassēt voulētiers a galle. Beaux seigneurs dist le varlet il ne peſt mie Ie scay biē si est dist messire gau. et lui dictes q sil veult nous parlerons a lui et sil ne veult nous ny parlerōs mie et sil ne veult parler no9 serōs cy assez. Si sachez ql ne istra iamais de ceās qlne y pde et si lui pouez dire q ce lui est grāt villenie quant il se est fait enfermer seullemēt pour deux cheualiers Et le varlet sen retourne a son seigneur et lui compte ce quil eut oup. Et gallehault se tient a grant orgueil et dist que cerra il par tēps se les siennes choses prendroient si a desiure. Lors fait monter deux cheualiers des meilleurs quil auoit auec lui fors trois et les enuoie aux deux cheualiers si leur dist. Or gardez

fait il que se y veulent cheualerie que ilz ne sē voisent mie escondis. Quant monseigneur gau. les voit venir si dist a hector que combatre les quenoit car nous sommes en lorgueil et en la merueille de la cheualerie du monde. Si sachez bien le meilleur corps de cheualier qui oncqs fust en la grant bretaigne est en cest isle. Et par sa prouesse ont les cheualiers du roy artus maintes peines soufferes et maintes hontes endurees et cest celui que ie quier. si sauoie bien que par beau parler ne y entreroie ie mie se ie ne mandoie aucun oultrage. et mis eulx veueil ie oultrage mander que faire. Atant viennent les deux cheualiers si tost comme le pont fut aualé a monseigneur gauuain et a hector et lui dient quilz se rendent prisonniers ou ilz se combatent a eulx. Ie vouldroie estre prins fait monseigneur gauuain par couenant que ie feusse leans. Leans fait le cheualier nentrerez vous ia ains vous mettrons en prison en autre lieu. Par ce couenant fait messire gauuain ne nous rendrons nous mie et non pourtant sil ny auoit autres que vous deux au pont garder nous y entrerions enuit Or y perra font ilz. Lors laissent courre eulx deux de si grāt roideur comme les cheuaulx peuent porter si se entreſierent sur les escus et messire gauuain porte le sien a terre lui et son cheual. et hector fiert si roidement lautre quil le porte par dessus la croupe du cheual a terre. Et galle. qui les regarde dist que moult bien et beau ioustent les deux cheualiers Lors descent hector et messire gauuain et courrent sus aux deux cheualiers les espees traites mais ce lui que mōseigneur gauuain abatist ne se peut mouuoir car son cheual cheut sur lui que par vng peu ql ne se creua le cueur au ventre: si le prent monseigneur gauuain au heaume et lui arrache de la teste puis lui abat la ventaille et dist que il lui couppera la teste sil ne se tient pour oultre Et celui si fait Hector recourt sus moult viſtement au sien quil auoit abbatu: si le treuue fort blece car il lui auoit parmy lescu et parmy le haubert quil auoit vestu brise vng des costez et lui estoit apres assez estre du fust de la lance auec le fer au corps. Et toutes fois se releua le cheualier au mieulx quil peut et hector vient au releuer et le fiert pmy la teste

p.iii

que tout lestonne si le rabat et le conquiert en
pou deheure il crie mercy et se tiēt pour oultre
si lui a prison fiancee et son espee rendue. Et
ceulx demandent aup cheualiers sur leur soy
quilz leur dient quelle cōpaignie gallehault
a leans. et ceulx dient en quelque lieu que gal
lehault soit: leans a des meilleurs cheualiers
du mōde mais gallehault ny est mye Et gal
lehault est moult dolent de ses cōpaignōs ql
Voit pris. il demāde ses armes & lācelot sault
auāt si lui dist q̄ ia pour deup cheualiers ne
sarmera ainsi rap ie/ et qui ira auec Bous fait
gallehault/ car seul ne prez Bous my e: le roy
des cēt cheualiers ira auec Bous. Lors deman
dēt leurs armes et sen leur apporte et quāt ilz
sont armez si met lancelot lescu gallehault a
son col et se mist hors de lisle p̄ se pōt. Et mō-
seigneur gau. dist aup cheualiers cōquis qlz
Boisēt en tel lieu ou ilz puissēt aiseemēt seiour
ner leurs corps & dedēs trops iours reuenez cy
en ma prison/ nous ne nous mouuerōs sont
ceulx/ car nous ne serons pas tant en Bos pri
sons car par temps serōs rescoup. Lors scait
biē mōseigneur gau. q̄ cest lācelot qui sa Biēt
arme des armes gallehault si dist a hector.
Bec p le meilleur cheualier du mōde: Bous iou
sterez a celui qui porte lescu au sponcel de sy-
nople et ie iousteray a celuy q̄ porte lescu dor
aup cornues dazur/ et pour dieu toutes les
prouesses q̄ Bous oncques encor eustes soiēt
monstrees/ car oncques mes si grant mestier
ney fut. et hector se cōtint Bigoureusemēt et si
sen prise moult mōseigneur gau. et les deup
cheualiers Biennēt hors si laissēt courre aup
deup si aduit que mōseigneur gau. et lācelot
se porterēt a terre les cheuaulp sur les corps
et hector iousta moult Bigoureusemēt si aba
tit tātost le roy des cēt cheualiers et le roy fut
moult fort mais toutes foys luy cōuint cheoir
arriere de rechief et le cheual fut encōbre de
luy si cheut par dessus lui oultre et hector re-
sault sus pies si met la main a lespee et le roy
resait aussi si se despieccent les escus et les heau
mes moult duremēt et aussi sont releuez mō
seigneur gau. & lācelot si sētredonēt de moult
grāt coupz et dure la bataille sōguemēt tāt q̄
mōseigneur gau. en a le pire. et hector a de sa
bataille le plus beau si maine le roy tout a sa

Boulēte et pour la paour que gallehault a de
lup est Benu hors de lisle/ car il Boyt q̄ mōsei-
gneur gau. est si empire et lui uit ses armes & le
roy des cent cheualiers assez plus et monsei-
gneur gau. ne attēt que sa mort/ car en plu-
sieurs lieup de sō heaulme peult len les poulz
bouter ne de sō escu ne a mes gaires ne lāce
lot ne est mye tout sain et hector sault a mon
seigneur gau. et lui dist. Sire tenez cestui car
ie me tendray biē a celui q̄ Bo° tenez car le mē
ries ne me greue et il naura la duree a Bous/
mais laissez le Bostre fait lancelot et ie me cō
batrey a Bous deup. Cōbatons nous to° qua
tre fait hector. le quart fait lancelot ny sera ia
mais cōbatez Bo° Bos deup a moy. Lors se pē
sa hector q̄ en se tēdroit a mauuaistie si l ne cō
q̄rit auāt le sien/ si luy laisse courre & moult
le haste/ si le fiert la ou il Beult et lespee au
top est brisee p̄ le millieu si court sus a hector
aup bras car moult estoit de grāt force et mō-
seigneur gau. a moult souffert si a Bng poy
son alaine reprise si se cōbat orendroit moult
durement tant que tous les aultres q̄ ilec sōt
sen merueillent

Ces polles Bint sponnel si de il pleut
a dieu et quāt il Bit lancelot cōbatre si
ne le cōgneut mie mais il cōgneut biē mō-
seigneur gau. a ses armes et il demāda a galle
hault q̄ celui est q̄ se cōbat a ses armes et il dit
tout dolent q̄ cest sō cōpaignō. Mal fut fait
lui sa bataille cōmēcee. Lors Bient auāt et lāce
lot en a grāt hōte de ce q̄ il na pieca mōseigneur
gau. cōquis/ si lui est aduis quātil se Boyt q̄
la royne le ait Beu si lui court sus moult is nel
lemēt et sponnel se crie q̄ plus ne face tāt que
il ait a lui parle et lancelot retiēt sō coup: & sp̄
onnel lui dist que cest mōseigneur gau. Et la
royne lui mande quil face pour lui quanque
il pourra/ car il a pour Bo° plusieurs maulp
endures et quāt lācelot cōgnoist q̄ cest messi-
re gauain si cut deul et hōte et iecte son espee &
dist. Haa las q̄ feray ie. Si sen retourne a sō
cheual. & mōseigneur gau ne regarda oncq̄s
sō cōpaignō ains acourt apres le cheualier si
lui dist. Haa sire. or me dictes Bostre nom &
celui pleure si duremēt q̄ il ne lui peut respōdre
Et q̄t messire gau. Boit qlne lui respōt mot
il sault derriere lui sur le cheual si lēbrasse

par les flans et dit par saincte croix vous ne eschaperez ia devant que ie sache vostre nom. Et hector et le roy sont deptis et il leur en estoit mestier car ilz estoient fort navrez Et gallehault est moult esbahy de Lancelot et demande que cest et le varlet lui dit tout. Quant galleh. scot si ne scait que faire car il ne scait se Lancelot se vouldra faire congnoistre a lui ne il ne le descouvriroit pour nul homme ne il ne feroit villenie pour messire gau. q tant a eu mal pour lui: si se vient a hector et moult le honoure si lui demande que il est. Il dit qu'il est du royaume de Logres et chevalier a la royne et avoit nom hector. Ce chevalier q est il. Sire dit hector cest messire gau. Si m'aist dieu fait galleh. ce cuide ie bien car il est moult preudoe. Ainsi se vont parlant hector et galle. parmy le pont et ung varlet amaine apres eulx le cheval messire gau. tant qu'ilz viennent a lisle. Lors vient galle. a messire gau. et lembrace et dist. Sire vous soiez le bien venu ne ie ne vous cognoissoie mie. sauue votre grace vous navez mie bien fait car a peu que navez fait mourir deux des plus preudes hommes du monde et pour neant car vous vous deussiez bien estre nomme Sire fait messire gau. la paour de perdre ce seigneur que tant ay que ne me laissa nommer et si savoie bien que vostre franc sang ne pourroit mie decevoir sinon par contraite. Et pardonnez le moy Certes fait galle. si fay ie car nous vous avons plus forfait que vous navez a nous mais que sauuez vous qui cestui est et vous tenez. Je scay bien fait messire gau. que cest celui q iay tant quis.

A Tant vienent iusque a la court si ne veult Lancelot descendre le premier. Si descendent eulx deulx ensemble. Sire fait galleh. laissez moy le chevalier et ie vous creance que ie vous en revestiray aussi bien que vous estes ore ou plus aptement. Sire fait il vouletiers mais sachez que cest sur ma vie. Lors en maine Lancelot en une chambre si se fait desarmer puis revient hors si commande q messire gau. et hector soient tant honourez comme ilz pourront plus: et si les faictes desarmer et lors revient en la chambre et treuve Lancelot faisant grant deul si lui demande ql avoit Il dit qu'a perdu l'amour de la royne sa dame pource q'il cest combatu a messire gau. ne iamais fait il des ore en avant escu ne pendray au col Ne vous esbahissez fait galle. de ce vous deli-

vreray. Haa sire fait Lancelot donc me auriez vous rendu la vie. Lors lui fait galle. laver les mains et le visage. puis dit. Je vous feray venir mes sire gau. et vous lui crierez mercy ainsi comme a dieu: et il en sera plus ioyeux que q sui donneroit une cité. Lors sera la paix faicte si lui dites que vous estes appareillie a faire son service: et il lui ottroie. Lors sen va galleh. querre messire gau. et le prent par la main, et commande que ses autres chevaliers facent compaignie a hector et ilz sen vont eulx deux en une chambre et gal. lui demande qu'il cuide qui se soit. Je scay bien fait messire gau. q cest Lancelot le filz au roy Ban q fist la paix du roy artus et de vous. Et galle. comence a rire. Certes fait il onques neust si grant deul comme il a eu de vous: et vous verrez qu'il a les yeulx de plourer. Lors vienent en la chambre la ou Lancelot estoit. Quant il dist Hees ey messire gau. Si se met a genoulx devant lui et lui crie mercy. Et messire gau. le lieve si lui dit. Certes sire ie le vous pardonne: car vous avez fait pour moy plus q moy pour vous mais dictes moy fait il vostre nom. Cest fait gall. celui q vous dites Je le voudroie savoir de sa bouche dit messire gau. Dites lui sire fait galle. et il en a grant honte toutefois lui dist qu'il est Lancelot. Lors fut la ioye grande si parlent de maintes choses et de hector dist messire gau. qu'il ne vist onques plus preudomme de son aage. Lors se va querre gal. lui mesmes et l'amaine. Et le roy des cent chevaliers est couchie en une chambre car moult est blece. et galle. fait regarder ses playes et les hector et les messire gau. Si leurs baille bons mires. Au tiers iour vint leans une pucelle a messire gau. si se trait a conseil et lui dit. a vous me envoie votre frere agravain et vous mande que le roy artus vostre oncle sen va en la terre descosse: ou le roy et les sesnes sont entrez si vous mande q vous y alliez et lui mandez comment vous avez exploitie de vostre queste. Bien fait il la mercy dieu et ce chevalier. Lancelot prie messire gau. de sa compaignie avoir et il lui ottroie volentiers. Et hector est de celle compaignie par soy fiancee tous trois pource que chevaliers estoient a la royne genievre et preux assez. Apres dist monseigneur gauuain que il veult seiourner toute la sepmaine et au matin nous serons saigniez chun au bras destre et hector aussi

p.iiii.

Et lancelot dist quil ne fut oncques saignie mais pour lamour de luy le sera il. si se saignerent lendemain tous et monseigneur gau. enuoya le sang lancelot a agrauain son frere par la damoiselle et fut si tost gary comme il en fut oingt. Et gallehault fait faire a lancelot tel escu comme sa royne luy manda, et il porta lescu a ung de ses cheualiers. Et monseigneur gau. leur dist du roy artus coment il ha sur les sesnes, car il cuidoit que riens nen sceussent et il dist a lancelot et a gallehault q̃ ilz y aillent et ilz disdrent Voulentiers, mais allons y en telle maniere que nous ne soyons cogneuz et ilz luy octroyent. Si portons fait il tous estranges armes et ilz si accordent, ilz demeurent leans toute la sepmaine entiere & lors se meuuent a aller en lassemblee si allerent tant enquerant nouuelles quilz encontrent la damoiselle que monseigneur gau. et hector auoient encontree quant elle leur enseigna lisle perdue si la saluerent entre eulx et elle respondit q̃ dieu les benye. Damoiselle fait gallehault scauez vous nulles nouuelles du roy art/ oy fait elle toutes vrayes si sachiez fait elle q̃ vous nen oyres vrayes enseignes ne luy ne demain si non par moy mais ie ne les voul droye mye dire pour neant. Certes damoiselle fait lancelot nous vous en donnerons ce q̃ vous vouldres, se vous me fiances fait elle q̃ de quelle heure q̃ vous semondray vous me menerez tous iusq̃ a une lieue de terre a vos pouoirs ie le vous diray. De ce fait il ne faul drons ia: lors lui fiancent tous. Le roy fait elle est a restueil en escosse, et si tost comme vous vendres vous le trouueres a la roche aux sesnes sicomme ie cuide. A tant sen partent et commandent la damoiselle a dieu et elle eulx, si errent tant par leurs iournees quil arriuent a restueil si trouuerent le roy seant a la roche comme la pucelle leur auoit dit & estoit celle roche si forte quelle ne doubtoit riens fors estre af famee seulement, celle ment auoit este fermee puis que norgius print la fille au strig le sesne et iusques a restueil auoit bien. pii. lieues escossoises, si estoit tout destruit entre deux fois ung chasteau ou il auoit une damoiselle qui auoit nom comille si scauoit plus dencha temens q̃ damoiselle du pays si estoit moult

belle et de hault lignage des sesnes et amoptant le roy artus come elle peult plus aymer et il ne scauoit mot. Quant les quatre cheualiers furent venus en lost si dist monseigneur gau. a lancelot q̃l noseroit entrer en la court au roy artus de ce q̃ il eust apporte vrayes enseignes de lancelot et iure lauoit. Sire fait gallehault ores se laissez donc iusques en lost, car bien vous pouez souffrir de entrer en la maison du roy artus iusques a lors et lors sen yra lancelot la ou il pourra. Vous ou vous vouldres et monseigneur gau. loctroye et il leur dist q̃ pa en tour. xxx. cheualiers en ceste q̃ste, et cre ancasmes fait monseigneur gau. q̃ a la pmiere assemblee que le roy artus feroit q̃ nous y serions se nous estions en nostre deliure pooste & nous entre meismes enseignes par quoy nous nous entreognoistrions et ie iray veoir se nulz en trouueray et puis si reuiendray a vous et moy et hector tendrons nostre tref sa dehors et sera entre lost et arrestueil q̃ nous ne soyons cogneuz et tousiours quant nous istrons delost nous entrerons par nuyt si q̃ ia nul ne le saura. Lors sen vont messire gau. et hector en lost, si les regardent a merueille les gens, car ilz portoient leurs escus ce de dehors dedens. Si treue monseigneur gau. tous les compaignons fois saigremois que sa mye auoit retenu, et non pour tant il vint aincops q̃ lassemblee fust faillie. Et lors demandent ces compaignons sil auoit riens exployctoye, et il leur dist ouy dieu mercy. car iay fait il quanque ie vouloye. Lors leur dist monseigneur gau. q̃ ilz allassent deux et deux. ou trops et trops quilz ne feussent apperceuz et ie ainsi feray fait il moy et cest cheualier a qui ie ne puis faillir. Lors lui demande si eux le seneschal q̃ il est, et il dit q̃ cest le cheualier qui abatit a la fontaine du pin. et monseigneur gau. dist certes il sera bon cheualier se il vit. A tant se departent et monseigneur gau. dist q̃ demain soient tous ensemble a la bataille

Or sen va monseigneur gau. pour scauoir ou la teste au roy estoit et elle estoit en le tee dun boys en ung beau lieu qui moult bien estoit clos de hault pallis de toutes pars si y entroit len pung pont et cestoit le courtil a ung bourgoys, leans fut la teste tendue bien richement et si y estoient. p. escuiers donc lunges

partie

stoit lyonnel qui moult estoit sage et preup/ et le roy auoit tous les iours bandon a aller parler a la dame du chasteau. Si la prioit damours et elle nen auoit cure si sauoit tel at tourne quil laymoit a desmesure. Lendemain q̃ monseigneur lancelot monta a aller a lassẽ blee porta lescu blanc dazur a la noire bende de bellif. Et gallehault porta lescu du roy des cent cheualiers et monseigneur gauuain por ta lescu blanc dazur et cestoit lescu au meilleur cheualier de la mesgnie gallehault si auoit nõ gallaius le duc de rouuel et hector bng escu blanc a bne bende de sinople et estoient les armes gumer bng des compaignons de gal lehault et le roy artus porta armes. Si assẽ blerent aux prois et aux sesnes mais le roy ne auoit mie encore grammẽt gent si conuenoit quil le fist bien et si fist il au mieulx que oncqs fist et plus le fist il pour la pucelle quil dist q̃ en la roche estoit que pour aultre chose. Quãt le roy fut assemble si alla assembler monsei gneur gauuain et ses compaignons iusques a huit. Et lancelot et gallehault furent demou rez arriere que sen ne ses aperceust et sen bien̄ẽt eulx deux parla maison ou la royne estoit: et elle fut montee elle et la dame de mallehault es creneaulx. Quant la royne les boit si dist dame congnoissez bous ceulx la. Et elle cõ mence a rire et dist que bien les congnoist et recon gneust lancelot au penonceau quil auoit sur son heaume et se fut la premiere congnoissan ce q̃ becques eust este portee au temps du roy ar tus sur heaume. Et regardent eulx deux en hault. Voicẽte quilz aymẽt tant. Si est lan celot si esbahy que par bng peu quil ne cheut/ mais il se tenoit au col de son cheual et lyonel cheuauchoit empres lui tout arme de chapeau et de haubergõ comme sergant. Si se tenoit en bruns que nul ne le congneust/ et comment il eut regarde en hault si le congneust la royne et le fist appeller par bne damoiselle et il des cent si apupe en bne tour les lances q̃l portoit et sa contre mont parler a la royne et elle sen contre si lui dist. Gardez que le tournoiemẽt soit cy deuãt. Et lors sen reua la royne amõt et il descent aual et monte sur son cheual et fiert des esperons apres lancelot a tout les lances si lui dist mais il est si pesif quil ne peut plus

Si respõt. si comme a ma dame plaira. Lors biennent a la bataille si treuuẽt toute la place couuerte et ilz entrent et si cõmencent a faire dar mes si basillmẽt que tous ceulx se esbahissẽt qui le boient et ne demoura gaires que monsei gneur gauuain sceust quil se combatoit et lui dist len que lancelot faisoit merueilles par sa deuant et il bient lui et ses compaignõs et mes sent a ceulx de dela et les reuersent iusques aux lices. Quant lyonnel le boit si dist a lancelot bous aurez bien fait le commandement de la royne et il tire son frain si lui dist. Va si dis a ma dame que ce ne peut estre se elle ne beult que ie me tourne dela. Et cestui lui ba dire et si tost comme elle le boit si descent et cestui lui dist ce que son sire lui mande. Et elle dist que ce beult elle bien mais quant il berra mõ mã teau, si retourne deca. Et cestui le dist a son sei seigneur. Et gallehault appella monseignr̃ gauuain et lui dist. Sire ie scap bien commẽt le roy aur a it encore en prison des plus haultz hommes de dela se nous tournei sons de dela et meneissons le roy iusqs sur leaue si ne pour roit faillir quil nen y eust assez de prins. Mõ seigneur gauuain dist quil fera tant q̃l boul dra mais commẽt pourray ie aller cõtre mõ seigneur lige. Sire fait gallehault pour son preu. Atant se sont tournez de lautre part et tã tost commencẽt les gens du roy a guerpir pla ce. Si ne sarresterent oncques sur leaue sur quoy la tour estoit mais se fut tellement que il ne y eut gaires de gens perdus car ceulx de dela nentendoient que au chasser/ car moult cuidoient auoir gaigne. Si ses firent en leaue flatir et le roy en est moult courrouce et regrete souuent monseigneur gauuain. Lors regarde lancelot le manteau a la royne. Quant il le boit si leur escrie. Or a eulx car moult auons souffert/ et ceulx se escornissent qui cuidoient estre tous forclos si biennent les gens du roy et les assaillent mais lancelot et sa cõpaignie est au chief derriere qui merueilles faisoiẽt: et la royne en estoit moult esbahie car trop seuf fre pour eulx tenir pres de la tour: et lãcelot et les siens sõt au pas de la boie ou le gue estoit car par illec les conuient reuenir si en ont tant abatus et occis au gue que leaue en est troublee. Si dist la royne que de lautre assemblee nest

La premiere

oꝛes tiẽs a ceſte ſi ſe merueille moult q̃ ce cheualier peut eſtre car il a tant de gens occiz en gue quil en fut touſiours depuis appelle le gue de ſang.

Q̃ant p̃ ſoufftit lancelot de paine et trauail que ſon heaume fut tout fendu et en barre et les cercles en pendent aual. Et la royne appelle vne damoiſelle ſi lui enuoye vng riche heaulme et beau qui fut au roy ſil oſtes ſi luy dictes fait elle que ie ne puis mes veoir ceſte occiſion et quil face la chaſſe commencer car ie le vueil. Loꝛs vient celle ſi lui baille le heaulme et lui diſt ainſi comme la royne le commanda et il diſt grãt mercy ſi oſte ſon heaulme et p̃ent celuy de la pucelle et le ſache/ puis ſe retraict vng poy arriere et les ſiens auſſi auec lui et les ſenes paſſẽt au gue ſi ſen retournẽt car moult ont grant paour ſi ſen fuyẽt/ et lancelot et les ſiẽs les en chaſſent. ſi prennẽt les gẽs du roy vng cheualier en place qui auoit nom au gremõt lequel eſtoit frere gallehault et eſtoit roy des ſeſnes et des meilleurs cheualiers eſtoit et auec luy en prindrent bien iuſques a cẽt et ſi en y eut de noyez a merueille. En la chaſſe remonta lancelot luy meſmes le corps du roy/ car ſon cheual cheut ſoubz lui ſi ſe briſa le col et le roy en euſt eſte mal bailly ſe ce ne feuſt lancelot/ car trop eſtoit ſeul et ſes gẽs eſtoient en la chaſſe et y entendoiẽt car trop eſtoit bõne A ce iour furent mal menez les cheualiers de de la et tous les ennemis du roy et furent chaſſes iuſques en leurs lices/ et fut tout ce iour la meſlee ſi grande que trop tant quil commença a aueſprir. Loꝛs vient gallehault a mõſeigneur gau. et lui cõſeille quil ſoit illec tant q̃ ſes gens ſe departent et nous en yrons enſemble. Loꝛs ſen võt eulx deup tres deuãt la tour et la royne eſtoit ius aualee ſi la ſaluerent eulz deup et elle eulx/ et voit que lancelot auoit les bras enflẽs iuſques aup eſſelles et craint quil ne ſoit naure et leur demande comment ilz le font et ilz dient bien dieu mercy. Ie vous vueil fait elle veoir de prez. Loꝛs deſcẽdent et la royne embraſſe lancelot et ſadame de mallehault gallehault. ſi diſt la royne a lãcelot en loreille ſil y a playe mortel et il diſt quil na garde de mourir tãt que elle vueille. Loꝛs le fait la royne remonter car plus ne loſe retenir et diſt a lyonnel q̃ elle veult a luy parler. ſi ſen võt a leurs tentes ainſi parlãt et loꝛs cõmenca a anuictier

AU departir de la meſlee ſen vient le roy par deſſoubz la roche et la damoiſelle le vit ſi lui diſt que elle veult a lui parler et il en eſt moult lye et elle deſcẽt ſi vient parler a lui et lui diſt. Sire vous eſtes le plus preudomme du monde et vous me faictes entendant q̃ vous eſtes eſprins damours de moy et q̃ vous meamez plus q̃ femme viuãt et ce vous vueil eſprouuer ſe le oſiez faire. Il neſt fait il nulle choſe que ie ne feiſſe pour vous, or y perra fait elle. et ie vous pry que vous viegniez en nuyt geſir auec moy en celle roche. Ce neſt mie fait il eſſoigne ſe me creãces q̃ vous ferez de moy ce que ie vouldray faire. ceſt a dire que vous ferres ma voulente. et ie le vous octroye fait elle mais or vous en allez fait elle et quant vous reuiendres vous trouueres mon meſſagier a la porte. Loꝛs ſe part le roy de la damoiſelle et vient a ſes cheualiers et leur fait aſſez plus belle chiere quil ne ſouloit et mãde a la royne que elle ne le verra meſhuy et face bonne chiere car moult luy haicte biẽ de ſa bataille et il ne luy en poiſe mie. La nuyt vint lyonnel en loſtel a la royne et elle luy diſt quil diſt a leurs amis que ilz viennẽt ennuyt a eulx par ce iardin et elle lui monſtre le iardin. Dame fait il ilz ſont daultres cheualiers auec eulx comẽt ſen departiront ilz. Et quant la royne le oyt ſi lui eſt moult beau quilz ſe ſõt eſtre trouues mais fait elle pour ce ne remaindra il mie qlz ne viennẽt et te diray comment/ ilz ſe coucherõt deuãt mõſeigneur gau. et voyant hector et p̃t ilz cuideront qlz ſoient endoꝛmis ſi ſe leuerõt et toy auſſi ſi les amaine par ceſt poſtiz et ilz nous trouuerõt en baille ſi viennent a cheual et tous armez Atant ſen va lyonnel et cõpte a ſon ſeigneur ce quil a ouy/ et eulx en ſont moult haictiez.

LA nuyt que au tref furent couchees ſe leua le roy au plus ſouef quil peut et ſarma lui et gereſche ſon nepueu a qui il auoit dit ſa peſee et ſen mõta a la porte du chaſteau et trouua le meſſagier ſaiupe et ilz ſen vont tant quilz viennent a la forterette et trouuẽt la pucelle qui les attent et qui moult beau ſt

partie

blant lui fait et fait gerefche defarmer et fe cou-
che auec vne damoifelle moult belle en vne
belle chãbre. Et le roy fe couche lui et famie en
vne autre. Quãt il eut vne piece geu ētre les
bras de famie et il en eut fait fa voulente fi vi-
drent leans iufqs a quarante cheualiers q̃ tiē-
nent les efpees nues fi decouppent luys de la
chambre et le roy fault fus au mieulx q̃l peut
comme celfui qui nauoit q̃ fes braies et prēt fō
efpee fi fe veult deffēdre et ceulx apportēt plā-
te de chandelfe fi y voit len moult cler et ilz di-
ent quil ne fe deffende mie et il fe voit defarme
et voit bien q̃ deffenfe ne y a meftier fi fe laiffe
prēdre et ilz courrēt en lautre chambre et prēnt
fon nepueu Si les mettent eulx deux en pri-
fon en vne chambre trop forte ou il ny auoit q̃
vne entree et fi eftoit luys petit et fort et de fer et
bien ferme. Ainfi font en prifon le roy et gerefche
fō nepueu et lancelot et gallehault fe fōt leuez
de leurs lis et auoient deuant eulx deux efcui-
ers a qui ilz deffēdent quilz ne fe meuuent car
feilz fe feuffent leuez ilz euffent cuide q̃ fe euf-
fent ilz efte. Lors fen viennent tous armez et
treuuent la porte du iardin toute ouuerte fi en-
trēt ēs. Quant ilz font au iardin fi refermēt
la porte et vont au baifle fi treuuēt les dames
qui les attendoient fi mettent leurs cheualx
en vng appētis qui tenoit au baifle ne en tout
le baifle nauoit q̃ la royne et fes pucelles mais
pres diffe eftoient les autres gens en vne au-
tre maifon car elfe auoit defiure fe baifle tout
a efcient. Quant les deux furent defarmez fi
furent menez en vne chambre: et geuft chacun
en vne chambre auec famie comme ceulx qui
moult fe entreapmoient. Et eurent toutes les
ioyes quil conuient a aymant. Quant vint a
mynuit fi fe leua la royne et alfa a lefcu q̃ la
damoifelle du fac lui auoit enuoie et le treuue
tout ioint fans faulte nulle fi en eft moult lyee
car or fcait elle bien q̃lle eft la mieulx aymee
dame du monde. Au matin vng peu deuant
le iour fe leuerent les deux cheualiers et farme-
rent et la dame de maflehault alfa regarder
lefcu fi vift quil eftoit tout reioint Lors vift el-
fe bien q̃ famour eftoit toute ētiere puis vient
a lancelot et fe prent par le mēton et dift. Si
rē cheualier or ne y fault mais que la courōne
que vous ne foyez roy et il en a grāt honte: car

moult auoit efte en fon dangier et toufiours e-
ftoit vers elfe cele. Et la royne dift. Dame ie
fuis fille de roy et lui auffi et ie fuis gēte et bel-
fe et lui auffi plus. Et gallehault demãde de
quoy ceft que vous parlez. Et elfe lui compte
de lefcu que celfe du fac auoit enuoie fi eftoit
toufiours fēdu decy a ores. Et gallehault lē
a moult regarde. Et la dame de maflehault
dift quil ne fault a lefcu que vne chofe q̃ lefcu
ne foit mie tel comme len dift car lancelot neft
mie de la mefgnie au roy artus mais il en doit
eftre et la royne lui dift q̃ meffire gauuain lēn
prie car elfe ne pourroit mie fouffrir de lui fi de-
meure/mais ce dit elfe fi bas que gaflehault
ne le peut ouir car il fut trop dolent. Atant fe
partēt et prennent terme de reuenir et au mati
quant il fut iour fi pendirent la damoifelle et
ceulx de la roche lefcu du roy et celfui de geref-
che et en faifoiēt auffi grant ioye comment ilz
pouoient et ceulx de loft en furent moult cour-
roucez. Quant ceulx de loft le fceurent et la
royne fien fut moulte bahie et cōmēce a plou-
rer et moult lui tardoit parler a lācelot: mais
mōfeigneur gauuain en eft trop angoiffeux:
et lācelot le recōforte et dift q̃l ne fe defconforte
mie car nous les aurons ou nous ferons tous
prins. La nuit vient fponnel et la royne fi lui
dift q̃l amaine fon feignr et gallehault. et celui
fait fon meffage quant il entre. Si vint vne
damoifelle en leur tēte et les feruoit tous qua-
tre de leurs fiances et ceftoit la damoifelle qui
leur auoit enfeignie le roy a reftueil. Damoi-
felle fait mōfeignr gauuain ou voulez vous
que nous vous conduifons. Pour dieu ne
nous trauailfiez pas trop loing De ceft ēnuy
fait elfe ferez vous par tēps hors fe vous me
voulez croire: car len veult le roy artus ietter
de leans et mener en yrlande fe vous voullez
vous le pouez refcourre ne pfonne ne le fcait
fors ceulx qui le doiuent mener. Quant ilz
oent ce ilz farment et montent es cheualx et
viennent la. Et elfe leur dift que par illec fera
le roy mene. Si prent chacun deeulx a regar-
der vne poterne et la damoifelle chemine celfe
part et leur dift. Attendez vng peu car ie vous
cuide la rēdre le roy et gerefche. Lors demoura
vne grande piece: puis commēce a crier aide
aide. Lancelot fault et elfe dift. Veez les cy.

et il voyt deux cheualiers armez des armes au roy et gerresche si cuident que ce soient ilz/ mais non sont ainç les a celle traiz et il voyt que ses deux se combatent aux aultres q estoiēt plus de vingt si leur va aider moult vistemēt Et les deux a qui il aidoit lembrassent par mp les flans et le ruent a terre et lup eulz/ et les aultres saillent et sui tollēt a force lespee de la main et lui esrachent le heaume de la teste et ilz lui diēt quilz lup coupperont le chief et il dist que se dieu lui aist que se lui en est bel ne il ne leur veult fiancer prison. et ilz le syent si se mettent en prison a vne part et lisec sen vont a galsehault et ont fait armer vng cheualier des armes lancelot. et quāt galsehault les voit si se fait armer et escrie les aultres et ilz acourent mais ilz trouuent les portes dure ment fermees et ne peut chascū passer par la et ilz ont prins galsehault puis refermēt sa posterne et reuiennēt a mōseigneur gau. et le prennēt/ tous quatre les mainēt en prison et ne veust lancelot fiancer prison et ilz dient que ilz locciront et il dit que il ne desire que la mort et ses aultres lui dient quil se fiance/ si sont ainsi tous quatre en vne chambre tous desliez.

Celle nuyt fut la royne bien angoisseuse quant sen lup dist quilz ne viendroient hup mes. si va sponnel a la ropne si lup com pte comēt vne damoiselle les auoit emenez/ et quant elle loyt si souppire moult tēdremēt et souspsōnoit biē quilz estoiēt trapz. Au matin pēdirēt ceulz du chasteau leurs escus aux crenaeulx. et quant la ropne les vit sachiez q̄ elle eut assez angoisse en son cueur et moult aymast mieulz la mort que sa vie et se iour estoit de lassemblee Quant la nouuelle vint aux compaignōs mōseigneur gau. si ny eut q̄ courcer: et dist mōseigneur puaim que ores conuiēt il cōforter la rop ne car trop a grant deul: si va a elle parler par le cōgie aux vIIII. com paignōs et lors la fait appeller et elle vient a lup si lui dist. Dame fait il ie vous alasse volētiers veoir seans mais nous nosons deuāt que nous apōs parfaicte nostre queste. mais ie vous viens recōforter q̄ vous ne soyes trop marrie/ car se dieu plaist nous anrōs conseil Dame fait il sauez vo⁹ nulles nouuelles de

mōseigneur gau. Nenil fait elle. Il est fait il seans en celle tour auec trops cheualiers mes ie scay qui ilz sont. Lors chiet la ropne aux piez messire puaim et lui prie quil garde son neueu son seigneur. et il sen lieue cōtremōt et cō mence a plourer pource quil la vit plourer/ car nulle dame ne fut oncques tant amee de gēt cōme estoit la ropne de son seigneur. Ce iour fut mōseigneur puaim en lieu du roy ar tus et lieux le seneschal porta la grāt baniere et ce que messire puaim commandoit a faire si estoit fait. Et les senēs et le rop assemblerent aux gens du roy artus cōme ceulz qui tous cuidoient auoir gaigne. Ce iour seist se⁹p pdiers sur vn cheual tel que seyne sauoit meilleur en monde/ et pource quil samoyt tant se feist il tout deuāt couurir de fer. et fist vne chose de quoy sen parla premieremēt a mal mais puis se fut il en bien tenu: ne oncques ne⁹ auoit este veu deuāt ne ōcques puis ne demoura. car il fist vne baniere de ses armes et dist quil ptēdoit a la porter la ou la baniere ne pouoit aller/ car il tenoit son cheual si bōn que a paine trouuast sen son peil: et la baniere estoit moult belle. si estoit le champ de cordouan et les roses descarlate denglerre ne tāt comme sen porta en temps congnoissances ne furēt elles q̄ de drap ou de cuir/ ce tesmoignent les droiz cōptes pource que les plusieurs en doub toient/ le iour le firent si bien les cōpaignons au rop par lamonnestement de monseigneur puaim que oncques bataille ne fut si bien four nie sans le corps au rop artus ne oncques ne y eut vng tout seul qui assez ne y fist darmes/ quanque ilz firent ne fut riens enuers les pro esses au rop pdiers. Celui vainquit tout et du ne partet daultre pource q̄l auoit dit que tous tournassent a son controp. il souffrit tant le iour quil ne fut puis heure quil ne y feust me haigne/ car oncques puis quil entra en la ba taille ne eut il heaume hors de sa teste ne ne rē sa de la ou il tenoit son espee ne soupt/ et le chẽual estoit si bōn que meilleur ne pouoit estre. si souffrit tant quil eut trop plapes par mp le corps et fut si couuert que de son sang q̄ de lautrup que tout estoit vermeil/ et disoit chascū amōt et aval que tout auoit vaincu le rop pdiers si q̄l disoit sur le cheual ou il seoit

partie

que dieu le tenoit en ce quil auoit entreprins sãs faulser et sans reuser & prioit dieu quil lui dõ nast la mort car iamais nauroit si bonne iour nee. Tant sist darmes le roy pdiers & ses cõpaignons que les sesnes sen fouirent & tournerent le dos & la chasse commence: si y eut assez perdue et les gens du roy artus les enchassẽt moult forment et tout le monde regardoit le cheual au roy pdiers car nulle beste qui toute iour neust couru ne alla si tost comme il couroit ne si deliurement en la chasse et elle dura moult longuement et moult en y cheust & des vngz et des autres. Si aulx que le roy pdiers cheuaucha par dessus vng des sesnes q cheu estoit et il tenoit sõ espee toute nue et sirit le cheual du roy pdiers parmy le ventre mais puis courut il assez tant que en la fin cheut mort dessoubz lui et auoit moult de sang perdu: et toute la chasse lui alla par dessus le corps/ si demeure pasme a la terre. Et la royne genieure se ouist dire si courut le corps querre elle et ses dames et la royne si le porte et les gens du roy artus entrent chassez les sesnes iusques au vallaugines vng moult fort chasteau et eurent prins assez prisonnieres & se trapoient les plusieurs au plus pres quilz pouoiẽt car gaitres ne pouoient approuchier pour la roche: puis ne oserent les sesnes assembler aux gẽs du roy artus & ne oserẽt saillir de moult grãt piece: ains enuoierent querre gens, et les gens du roy artus enuoierent querre leur pouoir et leur secours car len sauoit ia par toutes terres que le roy artus estoit prins. Et ainsi est lost du roy deuant la roche et le schauguettemẽt estoit toutes les nuys de deux cẽt cheualiers pour garder que len nemmenast le roy artus ne ses compaignons.

Or dit le compte que lancelot est tel cõ rayé quil ne boit ne mengut pour nul confort que len lui face faer ains fait tel deul que nul ne le peut conforter. Si a moult la teste vuide & lui mõta vne follour & vng estour dissoy en la teste et vne telle rage quil forsena si que nul ne pouoit a lui durer et ne y eut cõpaignon a qui il ne feist deux plaies ou trois. Quant le geollier dist quil estoit droit hors du sens si le mist en vne autre chãbre. Et gallehaut prie le geollier quil le mette auec lui et

il dist quil ne lui mettroit pour riens: car il le pourroit occire. Et il respont quil ne sui chasloit/ car mieulx aymoit il quil le tuast que il mourust sans lui. Et celui est tel quil ne sui en veult riens faire. Bien sõt venues les nouuelles iusqs a la damoiselle si demanda qui celui estoit. Et le geollier dist que ses compaignons disoient quil nauoit plain pie de terre. Haa donc fait la damoiselle ce seroit pechie mortel de le retenir/ mais ouurez lui la porte si len laissez aler & il lui euure. Estoit la porte qui estoit par deuers lost en vng pendant de la roche. Et il en y auoit vne qui merueilleusement estoit close car il estoit auiz a tous ceulx qui la veoient que len pouoit leãs entrer mais len ne pouoit issir ne enter que ceulx de dedẽs par icelle posterne issoient ceulx de leãs pour assaillir lost souuent et menu. Et si tost comme ilz pouoient mettre le pie dedens si ne auoient garde. Quant lancelot fut mis hors et gallehault en sceust les nouuelles il en fist trop grant deul. Si est tellemẽt atourne quil ne boit ne mengut. Et lancelot est en lost si le redoubtent tous pour les merueilles quil fait tant quil est venu deuant lostel de la royne q estoit aux fenestres. Quãt elle le voit si se pasme car tout le monde sen fuit deuant lui cõme deuant celui qui est hors du sens. Quant elle reuint de pasmoison si dist a la dame de malehault qui entre ses bras la tenoit car elle en mourra. Dame fait elle ore ny a que du celser car par auãture il le fait pour vous tout de grẽ. Et sil est hors du sens nous le tendrons tant ceans quil sera bien gary et la royne lui vuoyse et puis se est enfermee en vne chambre car elle se cuide pasmer. Quãt elle y est si reuient pour veoir car elle ne peut durer. Et la dame de malehault vient si le prent par la main & il sault aux pierres pour sa tuer & elle secrie cõme femme effrapee et la royne se rescrie & comme il lẽ sẽt si se assiet & ne se veult leuer & la royne viẽt aual si lui commãde quil se lieue. Et il le fait. Et la royne le prẽt par la main si le maine en vne chambre amont, & les dames lui demandent qui il est. Et elle dist que cest le meilleur cheualier du monde que nul ne peut faire tenir en paix & elle en fait tant que tout le monde sẽ merueille. Elle enuoie querre lponnel et il y

La premiere

giet mais il ne peut riens faire/ car quant il touche a lui il lui court sus et ne se remue. la royne dempres lui/ et quant vient au soir si fait desraindre les cierges/ car elle dit que la clarte lui fait mal si se couche auec lui et fait tel deul que nulle femme ne peut gregnieur faire: et ceulx qui la voyent tel deul demener si cuident q̃ ce soit pour le roy.

Ainsi dure moult longuement le deul lancelot et la forsenerie et le courout de la royne que nul ne la peut apaiser/ tant q̃ il aduint vng iour que les sesnes assaillirent les gens au roy/ et lancelot qui nauoit dormi bien de dix nuitz fut endormy. Et quant la royne ouyt le cri si se leua et vint aux fenestres si voit tout le monde assemble dune part τ daul tre si se pasme et la dame de mallehault len lieue et lui demande que elle a/ et elle dit q̃ elle voit tout le monde mourir donc ne doibt elle mourir apres. Lors fait tel deul que nulle creature ne la peut reconforter et dit Haa fleur de cheualerie qui doyt estre q̃ ne estes vous aussi sain cõme vous fustes oncques: comment feust ia ceste bataille menee a fin. Et quant il oyt que elle lui reprouche ses coups et son iouster si se lieue et prent vne vielle lance et sadresse a vng pillier et brise celle lance Et quant il eut ce fait si fut si vain que il ne se peut soustenir ains recule sus vne pierre et les peulx lui cõ mencent a troubler en la teste/ et la royne et les aultres dames le courent soustenir et il se pasme/ puis demande quant il est reuenu ou il est. et len lui dist quil est en la maison ou la royne genieure/ et quãt il oyt ce si est repasme et quant il reuient de pasmoison si lui deman de la royne cõment il lui est et il dit bien dieu mercy et il demande ou son sire est et monsei gneur gau. et les dames lui dient quil est en la roche lui et gereche et des aultres compai gnons. Haa dieu fait il cõment en yssis ie donc fust tant ores mieulx que ie mourusse auec q̃ eulx puis q̃ ma dame ny est. Et lors apper coyt la royne quil est en son sens si le prent entre ses bras et lui dist. Bel amy veez me cy. Lors ouurit les peulx et la congneut et quant il la vit si dist. Haa dame or vien je quant elle vou dra puis que vous estes cy. Et toutes les da mes se merueillent de qui se est et ce dist il de

la mort. Lors dist la royne beau doulx amy et moy me congnoissez vous. Dame fait il ie vous doy bien cõgnoistre/ car vous me auez maint bien fait/ et lors scauent bien tout de vray que il est gary/ si lui demandent cõment il lui estoit et quel mal il auoit eu et il dist que il ne scauoit/ mais il ne se souffreroit sus ses piez pour tout le mõde et lors se regarde et voyt lescu sur son col si leur dist Haa dames ostes le moy et elles lui ostent et si tost cõme elles l'õt oste si sault sus et fut aussi forsene comme de uant et court aual la salle Et quant la royne le voyt si se est pasmee. A tant entre leans vne damoiselle belle τ gente et vient a la salle auec elle trops cheualiers et dix sergans et elle mõ te a mõt et ainsi cõme elle entroit en la chãbre la royne estoit reuenue de pasmoison et se lie ue encontre elle et lappelle moult bel. ilz se as sieent en vne couche et parlerent de vne chose et daultre de lancelot et luys de la maistre chã bre fut ferme sus eulx. Et lãcelot vient delle part et cõmence a rompre luys et ny auoit si hardy qui osast yssir hors. Et la damoiselle lui demande qui ce est/ et la royne lui dist en souspirant que ce estoit vng cheualier dont se estoit grãt douleur/ car il estoit le meilleur cheualier du mõde ores est cheu en vne grãde frenesie que riens ne peut a lui durer Haa da me fait elle faictes ouurir luys τ le me faictes veoir. Certes fait la royne il est maintenant plus cruel quil ne fut oncques mes/ si lui cõ pte cõment il eust este gary et cõment il fut for cene si tost cõme lescu lui fut oste hors du col Haa dame fait elle faictes ouurir luys car ie le secourre vous leheris. Lors fait luys ouurir τ lancelot veult saillir hors et la damoiselle le prent par le poing et le nõme par son nom q̃ elle le souloit nõmer quant elle le nourissoit eu lac et lappella le bien trouve. Et si tost cõ il ouyt le nõ si se arresta et fut moult hõteux Elle demande que lescu lui soit apporte τ len lui apporte Haa fait elle bel ami tant mauez trauaillee quant pour vostre garison suis ca venue de si loing τ pour vostre deliurãce. Lors lui met lescu au col et si tost cõme il y eut este si se trouua en son bon sens et est moult hõte ux. la dame le prent et le met en vne couche et il la congnoist si commence a plourer bien tendrement le prent. Et la royne se merueille moult durement qui elle peut estre. Et quant il est reuenu en son sens si dist. Haa dame ostez moy cest escu de mon col car il me occist. Non se ray fait elle il ne se peut encore faire, puis fait apporter vng ongnement. Si lui oingt les pies les bras et les temples et le cerueau. Et si tost comme elle a ce fait il sen dort. Et la damoiselle reuint a la royne, si lui dist. Dame ie men reuoie, si vous commande a dieu mais gardez que ce cheualier ne soit esueillie tant qꝓl se esueillera de son gre. Quant il sera esueillie soit le baing appreste et le faictes dedens entrer. Et lors sera tout gary : et gardez quil ne porte sinon cest escu tant comment il pourra durer. Haa dame fait la royne dittes moy qui vous estes car il mest auis q̄ le cheualier congnoissiez vous bien puis que vous estes venue de si loings pour sa garison a grandes iournees. Certes dame fait elle ie le doibz bien congnoistre car ie lay nourry en grande pourete la ou il pensoit son pere et sa mere Clamenap a la court du roy artus et feiz tant quil le fist cheualier. Haa dame fait la royne que vous soyez la bn̄ venue. Si lui sault au col et laccolle et le bra ce et lui dist. Dame certes or cuide ie bien sauoir qui vous estes: car vous estes la damoiselle du lac. Dame si vous prie pour dieu que ne mourez ceans par ma priere et pour la garison de vostre cheualier car ie vous doibz moult aymer. Vous estes la dame que ie deueroie plus honnourer car sachiez que ie vous ayme plus que ie ne pourroie nulle femme aymer car vous me auez fait des greigneurs seruices q̄ oncques feussent fais a femme. Vous me enuoiastes cest escu la que iay puis bien esprouue, ne vous ne me mandastes oncques chose que ie ny aye trouuee. Dame, dame fait celle du lac sachiez que vous verrez encore greigneure merueille de lescu que ce nest: et tout ce qui en est auenu sauoie ie bien, et pource le vous enuoiay ie, car ie sauoie bien que ie ne le pouoie enuoyer en nul lieu du monde ou il feust plus ayme. Pource que ie sauoie bien la grant prouesse q̄ seroit au cheualier se nourriz ie tant quil feust si grant et si beau comment vous le veistes venir a court ne oncques mais nauoie sceu qui il: estoit ainsi le celoie pour vng cheualier que iaymoie par

amours plus que nul hōme, car ie cranignoie se il leust sceu quil ny pensast en autre chose, si faisoie dire quil estoit mon nepueu, et encore di ray ie quant ie seray venue que ie biens du roy artus le ietter hors de prison, il en sera iette de dens deux iours. Et sachez bien que ce cheualier se iettera mais gardez bien quil ne porte sinon cest escu car vous trouuerez tout ce que la pucelle dist quant elle le vous apporta a qui per coranti. Si vous mandoie par elle donc ie feuz moult dolente apres et si doubtoie moult que vous nen feussiez trop a mesaise, ie vous mandoie que ie estoie la dame du mōde q̄ plus cōgnoissoit de vos pensees car ie ap moie ce que vous aymies : et bien sachez que ie ne lapmoie fors q̄ pour la nourreture et pour lui vous ayme ie. Et au partir vous diray vne chose qui moult sera bonne a vostre eur se v9 voulez et pour dieu ie vous prie que vous le re tenez si gardez que vous aymez sur tous cheualiers celui q̄ sur toutes gēs terriēnes vous ayme et se vous laymez vous aurez droit car vous aymerez la seigneurie et la fleur de toute cheualerie terrienne et mettez ius lorgueil en uers cestui qui enuers vous ne prise nulle rien. Si vous pourrez de ce vanter, car vous estes compaigne au plus preudomme du mōde et dame au meilleur cheualier qui viue, et en sa seigneurie que vous auez sur lui naues vo9 mie petit gaignie car vous auez gaignie lui uant qui est la fleur de tous cheualiers et de tous hommes et moy apres et tout ce q̄ ie pour ray faire. Mais atant men conuient aller, car ie ne puis plus demourer cy. Si sachiez bien que la greigneure force q̄ soit me amaine. cest force damours car iayme vng cheualier q̄ ne scait pas ou ie suis venue orendroit : mais vng sien frere est cy venu auec moy pour moy conduire, et non pourtant ie nay mie grant doubte quil se courrouce a moy iusques atant que ie vous diray mais len se doit aussi bien gar der de courroucer ce que len ayme cōme de cour roucer soy mesmes car celui nest mie aimē vra iement qui sur toutes choses nest ayme, et qui bn̄ aime par amours il ne peut mie auoir ioie sinon de ce que len ayme. donc doit len aymer ce donc toute ioie vient: et laisser toutes autres choses ne mais tant seullement nūt celle.

Moult ont longuement parlé ensemble et moult se sont entreacointez la royne Genieure et la damoiselle du lac et sentre firent lune a lautre leur seruice tant que a ce est la chose menee que la royne ne sa peut plus en nulle maniere retenir ains sentre commandent a dieu. Si sen va la damoiselle du lac et sa compaignie auec elle, et la royne demeure assez plus ioyeuse que elle ne fut mes pieca, si est en son cueur ioyeuse de ce que son seigneur doibt estre deliure dedans trops iours. Moult fait la royne belle chiere et est deuant lancelot tant quil sueille et quant il est sueille si se esbahist trop durement et elle lui demande comment il lui est, et il la regarde si la congnoist et lui respont bien dame dieu mercy enuers ce quil souloit si me est aduis que tout suis gary, mais tant y a que encores suis trop fieble et vain et ne scay pas bien de quoy ce est le sauez vous, mais la royne ne lui veult mie dire comment il a este mallade deuant quil sera bien a garison tourne et il luy demande tant de foys que elle lui dist que il se taise aussi fait il.

Lors sont les baings appareillez si le mettent dedens et en font ce que nulle femme nen pourroit plus faire de cheualier malade si se painent moult de lui seruir tant quil respasse durement et reuient en sa beaute et en sa force ne oncques mes ne leur sembla si tres beau comme il fait orendroit. Et lors lui compte la royne comment il a este hors du sens si que nulle personne ne pouoit a vous durer fors moy seullement, et vostre dame du lac qui cea est venue pour vous garir et se ne fust elle vous ne fusses iames tourne a garison ainsi comme vous estes maintenant et il se pensoit bien quil sauoit veue, mais ie le cuidoye fait il auoir songe. Et la royne sen rit durement. Lors est tout esbahi de ce que ores scait il bien quilz ont veu par leans son mauuais contenement si doubte que celle du monde quil plus ayme ne len ait mais chier, si sen demente et crie mercy a la royne et elle le reconforte et asseure durement et lui dist haa beau doulx amy ia de ce ne ayez doubte ne paour, car seurement me aist dieu vous estes de moy plus seur que ie ne suis de vous ne si ne scay mie comment a ores tant seullement mais a trestous les iours qui ia me dureront dedens le corps ne ia lamour de nous deux ne defauldra par moy ains defauldra paua uture plustost par vous et celui dit que non fera ia mais il aimeroit mieulx auoir dieu renen qui. Or est lancelot tourne a garison et a sancte si a quant il peut deuiser de bouche si nest nulle chose donc nul amant puisse auoir donc il ne ait sa part. mais plus ne vous deuise ore le compte ne mes que celle vie mena de cy au viii iour. et lors fut si beau de toutes choses que sestoit une merueille a veoir, et se la royne la ame iusques cy elle ne voyt ores mie comment elle se puisse desseurer des ores mais si moult lui poise quil est tant voulenteis darmes, car elle le scait aussi couragieux que elle ne voyt mpe comment il puisse longuement durer, et se il estoit occiz par auanture elle ne sait nulle maniere comment elle peust viure apres. Et vouldroit bien quil eust ung pop. mains de hardiesse et ung pop plus de peresse, car plus longuement en pourroit viure se lui est aduis.

Ung iour aduint que les sesnes reuindrent sur ceulx de lost et eurent assemble de toutes pars le plus de gens quilz peurent auoir si leua le cri par tout lost et les gens du roy qui tant auoient fait darmes toute la sepmaine se contenoient bien veu quilz estoient gens sans cheuetaigne si bien se deffendoient que merueilles, si estoient ia les batailles espandues ca et la, si en oyt len par tout la noyse et le cri. Les sesnes venoient a venir sur ceulx de lost afin de les faire ressortir arriere tant quilz peussent le roy artus et ses compaignons ietter de leans pour les mener plus parfondement en leur pouoir. Quant tous furent assembles dune part daultte len oyt le cri et la noise en lostel de la royne Genieure et ceulx de lostel sen vont tous aux fenestres et aulx carneulx pour veoir la bataille. Et quant lancelot les voyt si nest pas aise de ce quil nest auec eulx, il sen vient a la royne et lui crie mercy que elle souffre quil voise a celle assemblee, et elle ne lui scait que dire si non quil nest mie encores bien gary ne les nostres nen ont escoree le pouoir de riens. Dame fait il pour dieu octroyez moy que se les nostres nen ont par auanture le pouoir que vous me laissez tantost aller et elle lui ottroie a moult grāt peine & il en est moult ioyeulp si pria dieu q ceulp de deuers le roy en aient le pire & ne demoura mie grammēt q ainsi auint. Si dist a la royne. nous ne sauōs asse chose est auenir ne cōment la bataille prēdra fin mais toutesfois Dueil ie que Dnes armes me soient apportees. Et la royne lui ottroie. Si lui en fait apporter Dnes bonnes et belles qui estoient au roy artus. Quāt il fut armé bien lui auenoit car il ne fut oncques cheualier a qui armes auenissent autant comme a lancelot. La ou lācelot estoit tout armé fors du heaume & des mains Dint leans Dng cheualier qui de la bataille Denoit si auoit perdu son heaume & estoit naure au chief & quant il fut descēdu il Dient deuant la royne tout ainsi attourné comment il estoit. Et il se agenoulle deuant elle si lui dist. Dame monseigneur puain Dous mande que leu lui sait entendāt que tous Dos cheualiers ne sont mie en la bataille si sachez que les Dostres ont grant mestier de secours car lost est fort appetice a cause des cheualiers qui sont huy este enuoyes a arestueil. Pource que mōseigneur puain auoit eu nouuelles que les esnes deuoient courir deuant arestueil il lui auoit enuoye deup cēs cheualiers par quoy il mandoit a la royne par ce cheualier que elle lui enuoye tāt de cheualiers quelle pourra siner. Comment fait la royne en ont ilz le pire Dame fait le cheualier ilz perdent le tout: & les cheualiers qui gardēt la porte de leaue que la royne ne soit emmene dōt tout se saiz de la bataille. Si sachez quilz ont grant mestier de secours car ilz se deffendent par derriere & si gardent par deuant & sont plusieurs a pie: car leurs cheuaulp sont occis. Dame dit lancelot pour dieu souffrez que ie y Doise/ car ore en est Denu le besoing & la royne le maine en Dne chambre si lui demande tout en riant. Que cuidez Dous faire contre tant de gēt. Dame fait lancelot demandez au cheualier de cōbien ilz sont descreuz des cheualiers qui sont a arestueil. Elle lui demande: & le cheualier lui dist quilz sont descreuz enuiron de deup cens. Dame fait lancelot demandez lui se les deup cens y estoient reuenus se ilz auroient le meilleur. Et la royne lui demande. Et celui leur dist quilz se deffendroiēt assez se ilz y estoiēt

Dame fait lancelot or mādez a messire puain que tant y enuoyeres de cheualiers que bien tendront le lieu a ceulp q y sont descreuz. Et puis que Dostre pennonceau y sera Deu dor sen auant leur rescourres Dous leur perte qlz y feront. Et la royne le dist au cheualier / & puis lui fait apporter Dng heaume pour le sien ql auoit pdu. Lors sen reua le cheualier a moult grant ioye & si ne fine de poindre iusques a la bataille & dist a monseigneur puain les nouuelles que la royne lui mande. Et monseignr puain en est moult ioyeup: & dautre part il est moult a malaise de ses cheualiers quil Doit si angoisseup & Doit quilz sont moult descōfortez & fort trauaillez de bien faire. Et le plus frais est moult trauaillie de coup dōner ou de coupz receuoir. De ceste chose est monseigneur puain moult a malaise: et dist. Haa beau sire dieu quant Dendra le pennonceau de ma dame la royne genieure or pourra il bien meshuy trop longuement demourer. Puis sen retourne monseigneur puain pour aidier a ses compaignons au mieulp quil peut & les deliure de la ou il les peut deliurer. Si seuffre moult grant peine et moult grāt trauail en la bataille: & le fait moult bien mesmes la ou il estoit au dessoubz car ia nul ne sera bon cheualier se il ne le fait bien a grant besoing. et sans grant besoing. Lancelot en uoya querre son cousin lyonel la ou len le cuida trouuer si le fait armer comme sergant au mieulp quil peut & la royne fist amener les deup cheuaulp du roy artus. Si fut lun & lautre tout couuert de fer et monta lancelot sur celui quil cuida estre le meilleur & son cousin lyonnel monta sur lautre. Et quant lancelot eut lace son heaume si se prent la royne entre ses bras & le baise tant doulcement quelle peut & puis la commande a dieu. Et elle fait fermer Dng de ses pennons en Dng glaiue si le baissa a lyonel & le champ du pēnōceau estoit dazur a trois couronnes dor a Dne tague. & a ceulp du roy y auoit trois tagues & tāt de courōnes q lē y peuoit mettre et a ce differoit lenseigne du roy de celle de la royne. si porte lācelot le glaiue & lyonel le pennōceau. Si se part de la royne & Diēt a lassemble. Quāt messire puain Doit le pennon de la royne il cōforte ses gēs & dit Haa seignrs soies

q.ii.

premiere

car le roy cy venir le penon ma dame la royne or y perra qui cheualier sera des ores en auant, car venu est le secours A ces parolles se fierent lancelot et lyon en la gregnieur presse de la bataille si comencent moult hautement a crier lenseigne au roy artus clarence q̄ ainsi estoit apellee, et clarece estoit vne cite moult belle et moult bien seant et moult plantureuse de tous biens et de tous gaignages. Si marchoit celle cite aure a vne de norgalles q̄ fut au roy taulas qui fut vterpandragon, ce lui taulas fut chief et comencement du lignage au roy artus et puis celle cite croit il et tous ses hoirs clarece en tous les besoings ou ilz vi drent puis si que oncques pour haultesse q̄ len sceust leur premiere enseigne ne vouloient laisser. Moult fut bien escrie ce iour lenseigne au roy artus Quant lancelot vint sur les sesnes si se mist au plus espes de la bataille et fiert du glaiue le premier quil attaint si quil labat lui et le cheual tout en vng coup. et quant le glaiue lui fut brise il met la main a la bonne espee trenchant qui estoit apellee sequance ce stoit vne espee que le roy ne portoit mie sans mortel besoing et estoit si bonne quil nen estoit point de meilleure en tout le monde. Lors fut assez esprouuee et monstree la grant merueille de la prouesse lancelot illec peult len veoir tout apertement vne grant partie de sa valeur car il couppoit cheuaulx sesnes et propres testes bras et heaumes et escus a destre et a senestre, et abatoit cheualiers a terre. et il a si bon cheual q̄ len ne vous deuiseroit meilleur, car il ne se arreste en nul lieu, il se lance par tout a mont et a val ne riens ne lui eschappe ne deuant ne derriere ne nul qui le voye ne ose attendre ains fuyent a ses coupes les grans et les petis et dient que ce nest pas homme terrien mais aulcun monstre qui est en la terre descendu pour faire les gens merueiller. il semble le lyon courroucie qui se fiert entre les biches qui occist a destre et a senestre non mie pour destresse de faim quil ait, mais pour monstrer sa grant fierte et sa force: ainsi fait lancelot il est a tous estandart et son escu et a tous abandonne: son heaulme pert en chascun lieu son espee est a tous priuee si est bien aduis a ses ennemis qui le regardent que telz soient tous les aultres, car il sent ses

ble quilz ne voyent si non lui, car maintenant le voyent cy et maintenant le voyent la main tenant a destre maintenant a senestre orendroit pres orendroit loing si le redoubtent tant que ilz nosent attendre ia si grant plante de sesnes ne seront ensemble, si lui font tous voye et senfuyent tous les plus prises de lost qui cuidoient estre au dessus de tous les gens du roy artus. Et messire puain le nypta esperon qui tout est ioyeulx des grandes merueilles quil fait quil lui est aduiz orendroit que il soit roy couronne de tout le monde, et dit a ceulz qui entour lui sont. par dieu fait il or ne deuroit nul cheualier armes porter fors cestui qui en scait bien a chief venir et apres luy se empaignent tous les aultres qui orendroit estoient desconfiz, si ne treuuent mes sesnes ne propz qui en la place leur mette gaires deinprescheiment, et pource que ilz voyent bien q̄ en eulz na plus de defense si enprenoient tous cueurs et hardiesse: et tant que les plus couars et les plus lentz font orendroit plus darmes que deuant ne faisoient tous les meilleurs ne les plus prises de lost, et lancelot va toutes voys auant si adresse le chief du cheual au plus vaillant homme de lost et au plus hault de eulz tous et il le cognoist assez aux riches armes quil auoit. et auoit nom celui cheualier baudodabrans et estoit gregnieur de tous aultres cheualiers bien demi pie et paroit ainsi parmi toute la bataille le coing de son heaulme comme fait vne enseigne si recouroient tous les sesnes et les proiz a lui. Celui cheualier estoit frere a la damoiselle de la roche et par lui assez plus que par nul aultre auoit elle faite la traison du roy artus et de ses compaignons, car il tendoit a prendre toute bretaigne puis q̄ il auoit le roy artus et monseigneur gauuain en sa puissance. et lancelot sen vient moult fierement a lui lespee traicte en la main. Et les sesnes qui bien auoient veu les merueilles q̄ lancelot auoit faictes ne losent attendre ains sen vont fuyans au plus isnellement que ilz peuent et leur est bien aduis que iamais daultre mort ne mourront que de la main de lancelot. Et celui grant cheualier broche le destrier des esperons pour garantir sa vie mais le cheual de lancelot est plus isnel que le sien si le attaint en la montee dun sarris et hausse lespee pour le ferir parmy la teste: et le sesne se embronche sur le col du cheual et iete lescu encontre lespee et Lancelot fiert sur lescu si en coupe bien le tiers par dessoubz et le fait voller en my le champ et le coup lui descent sur la senestre cuisse, si lui coupe de oultre en oultre atout la seuestrure: et le cheual iusques aux flans si abat le cheual et le sesne tout en vng mont et il se lance oultre car plus ne se regarde et laisse courir la ou il cuide trouuer meslee mais il nen treuue point car tous se sont mis en fupte si tost comment ilz l'ont veu cheoir car sans faulte il estoit leur secours et leur maintenement et plus auoient de esperance a lui que a nul autre Et messire puain vint sur lui la ou il se auoit veu cheoir si cõgneust bien q sestoit il mais il ne cuida mie qlfeust si empire cõme il estoit. Si sarresta sur lui et le print a petite deffense et tous ses hõtes lauoient ia laisse si sen fuyoient vers la roche Quant messire puain eut fait drecer bargodragan en hault si voit quil est si meshaignie comment de la cuisse couppee Et dautre part il voit le cheual bien couppe la moitie si sen cõmence a seignier et dist quil nest mie bien sage qui tel homme atent a coup car qui telz coupz donne il nest mie homme terrien: ains est vne vegance de dieu. Ainsi fut pris bargodiagan si senuoya messire puain aux tentes: mais il ny fut gaires car sui mesmes le serist de vng cousteau si grant deul auoit il ql estoit afolle Et Lancelot chasse les sesnes a peu de gẽt: car tous se tenoiẽt entour messire puain. Et quãt les sesnes sen furent souppluchẽs aux destrois de godelsore si ne fut oncqs si grant merueille comment lancelot sist illecques car il en detrẽcha tant q le ruisseau q courroit par dessoubz la chaussee en changa sa couleur et deuint vermeil du sang des sesnes. Et plus en eut il encore occys mais il nen trouua gaires q a coup lattendist. Si sen fuyrent es mares bien deux mille qui tous furent noyes et perie et ceulx q furent deuant chassiez se mistrent oultre par my la chaussee: mais trop y en eut de mors a sentasser car tant en occist lancelot que tout estoit couuert de sang tant du sien cõme de lautruy et son escu son haubert et son heaume estoient tous ensanglantez. Et si tost comme les

sesnes et les proies furent oultre si sarresterent deuant la chaussee pour garder le pas q nul ny allast. Si regardẽt quil ny auoit de tous les hommes au roy artus qui chassast fors lancelot ne ilz nen virent plus deuant la chaussee si en furent si honteux quilz ne oserent parler luna lautre Et lancelot estoit au chief de la chaussee lespee nue en sa main dont le bras estoit vermeil comme sang Et quant il les voit arrestez au chief de la chaussee si leur veult laisser courre et lyonnel le prent par le fraing et dist par saincte croix beau sire vous ne prez plus auant. Quest ce que vous voulez commencer vous voullez vous faire occire en lieu ou vous ne pouez faire nulle prouesse. Et se vous la faisiez ore bien ne seroit elle ia sceue ne comptee donc en auez vous assez fait et mene a chief ce que tous les gẽs du roy artus ne peu rent faire. Et lancelot dist que toutesuoies ira il et lyonnel le tient par le fraing. Iay fait lãcelot laissez moy aller. Non feray fait lyonnel. Et lancelot iure tant quil peut iurer que iamais a nul iour de sa vie ne sapmera, et si te blecerap fait il se tu ne me laisses. Voire dit son cousin lyonnel : aincois vous laisseroie ie aller. Et lancelot frape le cheual des esperõs si sault sur la chaussee: et lyonnel sẽva apres lui si lui dist. Je vous dis fait il de par ma dame que vous ne allez plus auant par la foy q vous lui deuez. Et quant lancelot ouyt ainsi parler son cousin lyonnel si retira arriere son fraing et commenca moult tendrement a souspirer: et les sesnes si lui faisoient sa voie, car ilz ne losoient attendre pour la merueilleuse desconfiture que lui tout seul auoit fait de leurs compaignons. Haa dit lancelot du lac a sõ cousin lyonnel pour quoy as tu si tost parle car tu vois bien maintenant que les sesnes et les proies ne me atendroiẽt mie se ie couroie apres eulx. Lors sen retourne lancelot du lac moult dolent et moult honteux. Quant il regarde si voit venir monseigneur puain a grant compaignie de gent. Quãt monseignr puain lapproche si lui dist. Sire bien puissiez vous venir Certes sire fait lãcelot bie ne puis se venir: car ie retourne a ma hõte. Cõment fait messire puain retournez vous a vre grãt hõte. Sire fait il ne retourne ie mie bien a ma

q.ii.

grant honte quant ie nosay auant aller et si p
eusse Bo lē tiers estre se ieusse ose Se mais t dieu
fait messire puain le aller ne eust mie este har
diment mais grāt follie/ mais nō pourtant
tant Bo cōgnois ie bien que par couardise ne se
laissast retoubes a faire. Et lancelot ne se arre
ste mie a ses paroles ains sen Ba si courroucie
que par vng pop quil ne desue ne ne dit mot/
ains regarde spōnel moult felōnessement ain
si reuiēt iusqs a lost faisāt laide chiere/ et mes
sire puain ne le met plus a parolle/ car bien
Boit quil ne lui plaist mie. Et les sesnes quāt
ilz Birent Benir messire. p. Bers eulz si se mis
drent en chief de la chaussee quilz nosoient ores
tenir quāt lācelot y poignoit tout seul/ or ne
se meuuent pour mōseigneur puain ne pour
toute sa gent pource qlz Boyoient que lācelot
sen Ba grant aseure. Et quant messire puain
Vint a eulz si Boit bien q passer la chaussee se
roit folie si sen retourne Bers lost lui et ses gēs
Et quant les sesnes les en Boyent aller si pas
sent et pōignēt vne partie apres eulz et les escri
ent durem ēt et ceulz retournent et leur courēt
sus et les sesnes se retrapēt en leur chaussee, et
quāt messire puain sen retourne et ceulz leur
relaissent courre

Ainsi dura le enchassemēt des deux ostz
iusques a la Bespree que des deux pars
sen retournerent pour la nuit et lācelot sen fut
Benu par deuers la porte de dessus leaue ou
les enchantemēs estoiēt p quoy la porte estoit
gardee et son escu auoit si grāt force que nulz
enchantemens ne pouoient tenir/ et il regar de
si Boit deuant la porte les deux cēs cheualiers
qui nupt et iour la gardoiēt que le roy artus
ne fust emene de leās en aulcun estrāge pays
Et quāt ilz le Boyent si cōgnoissēt bien q cest
le cheualier par qui les sesnes sen estoient fouis
si dist chascun Becy Benir le bō cheualier si sail
lent auant et se dressent tous en contre lui de
si loing cōe ilz le cōgnoissēt si le saluēt et luy
eulz. Lors reuiēnēt deuāt la porte si pres cōme
ilz en pouoiēt estre/ car il couenoit qlz en fus
sēt assez loing pour les carneaulx et pour les
saectes qui Boloient. A tant se partit de leans
Bng cheualier arme de toutes armes il auoit
au col Bng escu noir a vne Bende blanche de

bellif et cestoit lescu que lancelot auoit porte
au chasteau. Et le cheualier demande iouste
et lancelot lui dist Sire cheualier se Bous me
dōniez treues tant que ie eusse a Bous parle ie
me tireroye plus prez de Bous et celui lui don
ne Boulentiers et lasseure tant quil ait a lui p
le. Lors se mist lancelot plus prez du cheua
lier si lui demande ou il auoit prins cel escu
et il lui dist quil fut a Bng des meilleurs cheu
aliers de la maison au roy artus qui est la es
sus en celle prison. Cōment a il nō fait lanc.
il a nom fait le cheualier gauuain le nepueu
au roy artus Certes fait lancelot Bous y mē
tez il ne pendit onques au col monseigneur
gau.ne celui a qui il fut ne auez Bous mys en
prison et mal le laissastes aller. Cōment fait
celui si me as ores desmenti or te garde/ car ie
ne te asseure plus. Et lancelot regarde spon
nel si prent en sa main le glaiue ou le panon
ceau estoit ferme si le met dessoubz laisselle, et
heurte le cheual des esperons encontre le che
ualier du chasteau/ et celui regarde en hault
et dist au archiers et au arbalestriers dont
les murs estoient tous couuers quilz trayent
a eulz et eulz si sont et ont naure le cheual lā
celot et lui mesmes en maint lieu/ mais il na
playe dont a gaires lui soit si aconsuyt le che
ualier et le fiert du glaiue dessoubz la gueu
le si que tout oultre lui passe le fer du glaiue
si le porte a terre et lui laisse le glaiue a tout le
pennōceau en sa gorge puis fiert des esperōs
parmy la porte sans arrester

Or cheuauche lancelot tout contre mont
la ville iusques au chasteau si treuue
toutes les portes et toutes les posternes des
murs de la roche defermees et ouuertes si ne
fine iusques a tant quil soit en la grant salle
et treuue cheualiers a grant plante et ceulz se
armoient pour le cri que ceulz des murs auoy
ent seue pour le cheualier que lancelot auoit
abatu. Et lancelot qui se fiert entre eulx leur
laisse courre si leur couppe bras et testes et co
stez si les fent et escruelle la ou il les attaint
et ceulz sont tous esbahiz qui est ce cheualier
qui si dur assault leur maine et en ont telle
paour quilz sen suyrent a garant en la mais
tresse forteresse. et lācel. met pie a terre si Ba ou

il cuide et scait que la dame de leans conuerse Si la treuue en vne couche et son amy empres elle qui auoit a nom gadraclaius. Si estoit beau cheualier ieune et hardy: et renomme de grant prouesse. Si estoit illec tout desarme/ car il ne cuidoit riens doubter & aues lui estoiet asses cheualiers desarmes & lancelot haulse les pee & fiert gadraclaius parmy la teste tant qʾ le fent iusques aux espaulles puis laisse courre aux autres si les decoupe tous la ou il les attaint et ilz se adrecet a luy pour aller hors mais il leur est au deuant si leur clost lupset se ferme a la barre & court contre eulx mais ilz sen fuyent es chambres amont et aual et il les chasse toutes voies & plusieurs se lancent a terre par les fenestres si se brisent le col et les iambes. Quant lancelot nen treuue plus si reuient en my la court lespee traite & vient vers le geollier qui monseigneur gauuain & les autres tenoit si dist qʾl est mort sil ne lui enseigne les prisonniers et ou sont les armures de leans. & celui q̃ a grant paour de mort se maine en vne tournelle ou le roy artus & gereshe son nepueu estoit en prison: & il fait desfermer la tournelle et traire le roy et son nepueu hors de prison. Le roy ne le congnoissoit encores mie & ne sauoit pour quoy sen estoit de prison de la tourelle Si sen merueilloit et en estoit asses esbahy.

Lors les emmaine lancelot es armures & ilz sarment au plus tost quilz peuent Et lancelot voit vne hache grande et large et bien trenchant qui pendoit en vne cheuille il la prent: puis met son espee au fourreau & vient lui et le geollier la ou gallehault & ses compaignons estoient en prison mis si les oste hors & les amaine la ou le roy estoit et gereshe si sarmerent et firent moult grant ioye lun de laultre. Quant gallehault se est commencie de armer si dist. Haa dieu pour quoy vueil ie vestir armes quãt nous auons perdu la fleur de toute cheualerie terrienne & la chose que plus aymoie ne iamais dieu quant ie sens cueur si ure ne quant iamais ie auray heaume en teste quant ie lay perdu. Lors commence vng deul trop grant et lancelot oste son heaume / car il ne se voulut plus celler enuers lui si lui dist. Beau tres doulx sire ne soyes mie esbahy car ce suis ie et celui sault si lui court et le baise & em

brace et lui fait si grant ioye quil nest point possible de la faire plus grande. Lors lancelot du lac relace son heaume. Et quant monseigneur gauuain congnoit lancelot du lac si dist au roy artus son oncle. Sire veez cy celui que nous auons tant quis: & ie lay maintenant trouue si men aquite enuers vous. Haa dieu comme ce a dire le roy artus qui est celui. Sire fait messire gauuain cest lancelot du lac le filz au roy ban de benoic: celui qui vainquist les assaillez de vous et de gallehault quant vous a uies guerre lun contre laultre. Et le roy artus en fait moult grant ioye. Quant ilz furent tous armes si chiet le roy artus aux pies de lancelot et dist. Beau sire ie me met du tout en vostre mercy et moy & mon honneur et toute ma terre aussi: car vous me aues rendue la vie et ma terre. Et celui sen lieue moult isnelement & ploure lui mesmes des yeulx moult tendrement de ce que le roy se humilie tant enuers lui Ainsi sont tous armes des armes qui mieulx leur plaisent. Et le geollier qui a moult grãt paour de mourir leur aide tant que tous soient apparillies a leur voulente & apres ce va quer re leurs espees la ou il sauoit que elles estoient & ou ilz auoiet este mises au iour quilz furent prins si leur met es poins. Lors sont venus a la grant tour qui siet en la haulte roche Si se appareillent de entrer dedens mais ce ne peut estre car ilz y auoit leãs cheualiers q̃ bien ont les huys fermes par deuers eulx a bonnes barres coullices et elle estoit estoree de vitailles et plante y auoit darmes ne se baille neust peu nul tenir sil neust eu la tour. Et quãt lancelot voit quil ny pourroit mie entrer a force, si prent le geollier & lui dist. Amy fait il tu ne as garde de mort se tu me monstre seullemẽt la dame de ceans. Et le geollier dist quil lui monstrera se il se maine la ou il auoit trouue gadraclain son amy & le conduit oultre en vne chambre & illecques la lui monstre & lancelot la prent parmy les tresches et lui dist quil lui fera la teste voller. Haa dit elle gentil cheualier pour dieu mercy: ia aues vous occy mon amy. Si maist dieu fait il aussi vous occiray ie se vous ne me faictes deliurer celle grande tour. Et elle dist que elle veult mieulx q̃l lui couppe la teste que elle lui face deliurer. Si
q iiii.

aurez ce fait que oncques cheualier ne fist mes et il hausse lespec et fait semblant q̃ il lui Bueil le la teste coupper et elle lui crie mercy et dist q̃ sa tour lui sera deliurée Lors ua la damoiselle deuant la tour et dist a ceulz qui sus sont quilz euurent lups de la tour et ceulz dient q̃ non feront. et lancelot dit quil lui coupera sa teste se ilz ne loeuurent/ et quant ceulz uoyent langoisse si sont moult amalaise et dient quilz louurriront par ainsi que le roy les en laisse aller sains/ et lancelot leur creace puis ses fait desarmer tous et Biennet hors et le roy comãde a monseigneur gau. quil se mecte dedens et il dist. Sire comet Bous laisserai ie/ et le roy lui recomande et il entre maintenant ens ne il nestoit riens que la tour craingnist fors seullement affamer. A tant sen Biennet en la tour arriere, cheualiers et cheuaulx archiers et arbalestriers et comencent a traire des carneaux et des fenestres ou ilz estoient. Et lancelot Bient a la porte dehors qui moult estoit en hault fermée si loeuuret et puis commence moult haultemet a crier/ clarece lenseigne au roy/ et ceulz de lost saillent qui moult estoiet a malaise car ilz cuidoient auoir lancelot perdu. Si en auoit la roynne oup nouuelles que lyon luy auoit aportées quãt il ne peut entrer auec lancelot au chasteau. si en fist la royne si grãt deuil que par ũg poy quelle ne desuoit Et quãt elle sceut que le chasteau estoit prins si eut si grãt ioye q̃ nulle dame: ney peut plus auoir. Et le chasteau fut tantost si plain des gẽs au roy artus q̃ lon ne pouoit pas son pie tourner et tãt q̃ ce Bint a sercher les chãbres et les souterris et lieux le seneschal q̃ fut entre en une chambre si trouua une damoiselle q̃ estoit mise en anceaux/ celle damoiselle auoit este amie gadragain/ si lauoit fiaulse tenue en prison bien trops ans pource quil lauoit a me: disoit q̃ elle la feroit ainsi mourrir. Quãt lieu le seneschal la eut deliurée et ostée des aneaux si demãda ou estoient tous les prisonniers de leans et elle dist que elle ny en sauoit plus/ et il lui dist: sauez Bo⁹ fait il pourquoy Bous estes deliurée nenil fait elle. pource fait il que le roy artus a prins ce chasteau et elle estent ses mains uers le ciel. Sire fait elle le Bo⁹ est eschappé la damoiselle de leans/ nennil

fait il encores est en nostre baillie. Sire fait elle tant Bous dis ie bien pour Boir que se elle emporte ses boistes et ses liures tout auez pdu car par ses liures que elle ai feroit elle courre une eaue par ẽtour ce chasteau se elle Bouloyt Et ou sont les liures fait lieu/ et elle lui mõstre ung grant tronc. et lieu mist tantost le seu entour si sart et met en cendre. Et quãt hamul le le sceut si en eut tel deul q̃lle se laissa cheoir de la roche a mont eu fons aual si fut toute cassée et debrisée. De ce fut le roy art⁹ moult dolent et trop couroucie car trop samoit et elle eust mieulx amée auoir perdu telz pl. chasteaux se elle les eust eus que ses boittes et ses liures car se elle les eust elle cuideroit encores a uoir toute sa terre.

Ainsi est prinse la roche et est le roy artus entre dedens et de ses gens moult grãt plante. si est pssu monseigneur gau. de la tour et Bient au roy et lui dit tout en conseil. Sire Bous auez perdu lancelot se Bous ne Bous en pregnez garde. Comẽt beau nepueu dictes le moy fait le roy Certes sire fait monseigneur gau, gallehault se emenera au plustost que il pourra, car il est plus gelous de lui auoir q̃ nul cheualier nest de belle dame quant il la mais ie Bous diray que Bous ferez/ Bous comanderez que la porte soit fermée que nulle psonne ney psse si non par moy et le me ferez lopaumet fiancer a lieu le seneschal et a mes sire puain et a geresche mõ frere aussi et nous aurons auec nous telle copaignie q̃ ia nul ne pstra si non par nous. Et le roy dist que ainsi le Bouldra il faire. si sen Bient en la grãt salle et prent gallehault par la main et lancelot par lautre si les maine en la tour et se assiret to⁹ trops sur une couche si le fõt desarmer. lors appelle le roy art⁹ messire gau, et lui fait faire la fiãce q̃lz auoient deuisée et puis a mõseigñ. y. et a lieux le seneschal et a geresche/ et si tost cõe gallehault le Boyt si scait bien q̃lle chose le roy Beult faire si en souspire angoisseusemẽt car le cueur lui dit bien une partie de ce q̃ auiẽdra. et il le dist a lanc. Haa beau cõpaignõ n⁹ sõmes Ben⁹ la ou ie Bo⁹ pdray. comẽt beau sire/ Je scay de Bray fait galleh, que le roy Bo⁹ prie ra huy en cest iour de demourer de sa mesgnie et q̃ feraie q̃ tout ay mis en Bous mon cueur.

partie

Certes sire fait lancelot il est bien vray que ie vous doy plus aymer que tous les hommes du monde et si fais ie se dieu maist: ne ia en nom dieu ne demourray de la mesgnie au roy sinon par force mais comment des diray ie ries quil me commande a faire. Iusques la fait gallehaut ne vous efforceray ie mie car se elle veult que vous le facez il ne peut estre autrement Ainsi parlerent longuement entre eulx deux. et le roy reprent la parolle et ilz sont seigneurs chiere de ioye et le cueur ne apporte. Et lors enuoie le roy querre la royne et elle y vient moult liee et moult ioyeuse. Quant elle est venue amont en sa tour chacun lui sault a lencontre, et elle laisse tous les autres si iette a lancelot ung des bras au col et le baise. voyans tous ceulx q estans sont pource q tous les veult deceuoir et nul ne pensast ce q y estoit ne nul ne la voit q mieulx ne sen ait prisee mais lancelot en est trop honteux: et elle lui dist. Sire cheualier ie ne scay qui vous estes ce poise moy: ne ie ne scay q offrir pour lonneur monseigneur le roy auant et pour le mien apres que vous auez maintenu mais pour lui auant et pour moy apres vous offre ie moy et mamour si comme se passe dame la doit a loyal cheualier. Dame fait lancelot grant mercy. Et ce dist il moult honteusement. Quant le roy voit ce que la royne a fait sans enseignier de lui si en y prise moult et mieulx en est ioyeulx.

Moult fut grande leans la ioye et la feste de lancelot et puis fist la royne moult grant ioye a messire gauuain et a tous les autres compaignons qui en sa queste auoient este car tous estoient reuenus sains et haities fors saigremor qui encore ne soit mie repaire. Si demanda moult le roy aux compaignons qil estoit deuenu. Et monseigneur gauuain compta comment il auoit laisse auec une damoiselle quil aymoit. Apres compta la royne de lancelot comment il auoit este gary en ses chambres de la grant forsenerie qil auoit prinse au chasteau et comment une damoiselle lauoit gary q se nomme la dame du lac. Dame fait le roy sauez vous qil est. Sire fait elle ie ne le scay voirement. Or saichiez q cest lancelot du lac le filz au roy ban de benoic celui q vainst les ii. assemblees de moy et de gallehaut a qui fist la

paix de nous deux. Et quant elle lot si fait se blanc que a merueille lui viengne si se seigne trop souuent. Apres compte monseigneur yuain au roy et aux dames la merueille quil auoit fait hui toute iour: et dist oyans tous Sire nous enuoiasmes a ma dame la royne pour querre aide car nous cuidions moult bien q tous les cheualiers ne y feussent mie venus a la bataille et elle nous enuoya a tout seul fors de son escuier et si nous manda que tant nous enuoyeroit gent qui bien tendroient lieu aux .cc. cheualiers qui estoient allez a arestueil car il auoit huy matin enuoie a arestueil deux cens et de ce elle dist bien voir: car si maist dieu se les deux cens y feussent venus il ne peust estre nous nen feussons ia venus ou nous sommes: ne ia les seines ne sen feussent fouis pour les deux cens ainsi comment ilz sen sont fouis pour lui. Et quant lui seul sen seust party ilz nous coururent sus ce quil ne faisoient mie a lui seul. par ma foy fait le roy quoy q chacun die plus a il fait darmes a tousiours courte q en toutes les autres prouesses car il a conquis ung tel chasteau comme cestui qui me faisoit pis que tous les chasteaux du monde et ie doy aymer sur tous hommes: car plus a fait pour moy que nul qui viue. Apres vient hector deuant la royne si lui dist. Dame veez cy la feste que iauoie entreprinse que ie ay acheuee. si lui monstre messire gauuain et la royne lui fait moult grant ioye et messire yuain lui saulte a lencontre et lui fait moult grant honneur, car il compte voyans tous comment hector auoit deliure lui et saigremor de la prison du roy des cent cheualiers et comment il auoit conquis marganor le seneschal Apres compte messire gauuain comment il abatist luy apres lautre saigremor keux et girflet et monseigneur yuain a la fontaine du pin Et lors eut de tous costez leans barons qui le regardent a merueilles si fut moult loe et renomme de grant prouesse et sa mie en auoit ioye sur tous. Atant fut le megier apposte si se assirent les barons Quant ilz eurent megie le roy appella la royne a oseil et lui dist Dame Bueil prier lancelot de demourer auec moy et destre compain de la table ronde car bien sont ses prouesses cogneuez et sil ne veult demourer pour ma priere: si lui cheissez tantost
q iiii

premiere

aux piez. Sire fait elle il est a galsehault et son compaignon si seroit bien droit que vous priassiez aincops galsehault quil le souffrist Lors appelle le roy galsehault si lui prie que il octroye en tous seruices q̃ lancelot soit de sa mesgnie et quil demeure auec luy cõme son compaignõ et son maistre. Sire fait galle-hault ie suis venu en vostre besongne a tout mõ pouoir/car cest quãque ie puis ne ia ne me aist dieu/car ie ne sauroye mie viure sans luy et cõment me touldrez vo9 ma vie/et ce disoit pource quil ne cuidoit mie que la royne le voul sist et le roy regarde maintenãt la royne si lui dist: dame priez sen/et elle se laisse tãtost che oir a genoulz. Et quant lancelot la voy tage noissee si lui fait trop grãt mal au cueur et ne attent mie tant que galsehault responde/ains sault sus et dist. Haa dame ie demouray a son plaisir et au vostre/et lors se lieue la roy-ne. Sire fait elle moult grant mercy. Sire fait galsehault par mõ chief ainsi ne le aurez vous mye seul/car ie ayme mieulx a viure aise poure que estre riche et viure a malaise: re tenez moy auec luy se ie feiz oncques chose qui vous pleust et bien le deuez faire pour luy et pour moy/car bien sachiez que toute lamour qui est entre moy et vous y fut mise par lui. Et le roy sault sus si les en mercye moult/et dist: par saincte croix ie ne vous retiens mye comme cheualiers mais comme cõpaignons et seigneures de moy. Ainsi retist le roy lãcelot et galsehault et puis apres hector par compai gnie/et pour lamour de eulx si fut la ioye si grãde en la maison au roy q̃ nul hõme ne vo9 pourroit greigneur deuiser. Landemain dist le roy quil tendroit court enforcee en la roche mesme pour lamour de lãcelot si la tint haul te et riche et plantureuse/et ce fut le vii. iour deuãt la toussains ne oncques ne fut q̃l ne por tast couronne de tous les vii. iours et que il ne eust chascun iour court enforcee de mieulx en mieulx.

Ce iour furent assis a la table rõde les trois nouueaux cõpaignõs et furent mãdes les clers q̃ mettoiẽt en escript les prou esses aux cõpaignons de la maison au roy ar-tus et estoiẽt quatre riche et puissãs, si auoit nom lung arrodiam de coulongne et le segõd trauda nides de benians/le tiers thomas de tollette et le quart sapians de baudas. Ces quatre mettoiẽt en escript toutes les prouesses que les cõpaignõs de la table ronde faisoiẽt si mist drẽt en escript les prouesses messire gau tout premier pource q̃ cestoit le droit cõmece-ment: et puis les auãtures hector pource que du cõpte mesmes estoient branches et puis au tres auantures aux aultres p viii. cõpaignõs et tout ce fut du cõpte lancelot/et mesmes se o pte de lãcelot fut la grant branche du cõpte du graal si tost cõe il y fut adiouste En telle ioye seiourna le roy et toute sa cõpaignie en la roche tous les iours iusq̃s apres le tiers iour de la toussains et lors sen partyt et laisse en la roche ses gardes telles cõme il sceut que me stier fut et sen reuient vers bretaigne a petites iournees. Quant il est venu a karaheu sa cite si prent galsehault de lui congie et lui prie q̃ il lui laisse lancelot auec lui mener en son pa ys et le roy luy octroye a moult grant poine mais la royne le veult ainsi et dist au roy En auant reuiendrõt par temps souffrez que gal lehault emmaine lancelot auec lui puis quil le veult/et le roy loctroye par se cõseil la roy-ne/mais il leur fait loy paumẽt promettre tout auant quilz serõt au nouel a lui et si leur dist bien quil sera en la cite mesmes ou il auoit fait lancelot cheualier et ilz lui creancent ainsi, si sen partẽt a tant galsehault et lancelot et sen võt en leur pays et le roy et sa compaignie de meurent a grãt ioye en bretaigne

Cõe lãcelot et galsehault retournerent en sõ pays et cõe il aduit plusieurs merueilleuses auantures au roy galsehault en sõ chemin.lii

Or sen va galsehault luy et sõ cõpaignõ pez et dolẽt. lye de ce q̃ sõ cõpaignon sen va auec lui, dolẽt de ce quil est demou re de la mesgnie au roy artus/car pce le cuide auoir perdu a tousiours et il auoit mis si son cueur en lui oultre ce que cueur de homme ne pourroit amer aultre homme estrãge de lop al amour. et a ceste chose ne cõuient mie tesmoig auoir car bien y paruist en la fin/car la douleur quil en eut lui tollit toute ioye si q̃ mort en fut si cõe le cõpte mesmes le deuisera/mais de sa mort ne fait pl9 a parler cy endroit car de si põde cõe galse. fut ne fait a ametteuer deuãt le poit

et tous les comptes parlent de luy s'accordent qu'il estoit en toutes choses le plus vaillant prince apres le roy artus a qui sen ne doit nul homme comparer qui desquiste en ce temps. Et si tesmoigne le brief samides qui plus parle des prouesses que nul des autres escripuains du roy artus que seil eust peu viure son droit aage au courage quil auoit quant il commenca a guerroier le roy artus il passoit tous les autres q̃ ceulx auoient passez a lui mesmes descouurist a lancelot que quant la guerre commenca il tendoit a conquerir tout le monde et bien y parust car il fut a p̃.v.ans cheualier et puis conquist il p̃.viii. royaumes : et a p̃p̃p̃. ans sur la fin de son aage/ mais de toutes ces choses le trait lancelot arriere et il lui monstra bien la ou il fist de son grant honneur sa honte grant quant il estoit au dessus du roy artus et il sui alla mercy crier et apres ce temps il en eut deux hommes de son lignage lesquelz il auoit fait couronner qui lui reprocherent sa honteuse paix quil auoit faite par ung seul homme. Lors respondist quil nauoit oncques tant gaignie en tant de honneur conquise car il nest pas se dit richesse de terre ne de auoir: mais de preudes hommes ne les terres ne font mie les preudes hommes mais les preudes hommes font les terres et riche homme doit tousiours tendre a honneur ce que nul ne a. En ceste maniere tourna galehault auoir gaignie ce que tous les autres tenoient a perte et a follie: ne nul ne osoit auoir cueur de tant aymer et bon cheualier comme il faisoit.

Ainsi s'en vont lui et lancelot et leurs quatre escuiers sans plus de autre compaignie et cheuaucherent en telle maniere dolens et pensifz car moult courouce estoit galehault de ce quil craint perdre son compaignon pour le roy artus a qui il est demoure et lancelot est a malaise de sa dame quil a ainsi eslongnie et moult lui poise des maulx que galehault seuffre pour lui si sont a malaise lun pour lautre et ilz en perdent le boire et le mengier et tant entendent a penser que moult empirent de leur beaute et de leur force et tant se entredoubtent pour la soy passe amittie qui est entre eulx deux que lun ne ose mettre lautre en parolle de riens dont il soit a malaise ainsi comme ilz

se sentissent mesfait lun vers lautre mais nul ne douleur ne s'apareille a ce que gallehault a car il auoit mis en amour lancelot quoy que len y peut mettre le cueur le corps et toute samour qui mieulx vault que nulle autre chose bien lui auoit donne son corps ou il ayma mieulx le corps de lancelot que le sien et son cueur la ou il ne pouoit auoir ioye sans lui. Et puis lui fist il si grant honneur quil cria mercy au roy artus et si lauoit il mene a desconfiture et aproche de estre desherite. Tant ont cheualchie en ceste maniere quilz vindrent au royaume de sorelloys. Si est gallehault si attourne quil ne attent sinon la mort et la nuit deuant quilz venissent en sorelloys si vindrent a ung chasteau qui auoit a nom diuers qui estoit au roy des traus si auoit nom la garde au roy. ce royaume des traus marchissoit a sorelloys par deuers galerne et y couroit le hombre. Ceste nuit fut gallehault moult malade et il monstra plus beau semblant que le cueur ne lui portoit et lancelot qui moult auoit grant douleur de son malage se conforte moult mais nul confort ny a mestier car il ne lui ose demander la chaison de sa doulceur pour ce quil lui remembre de sa debonnairete et quil lauoit si debonnairement souffert en sa doulceur sans rien enquerre la ou il remest ses compains mais il se pense quil ne pourroit mie longuement souffrir ainçois lui enqueroit la verite car de chose qui a lui apartenist ne souffriroit il point quil feust a malaise et il suppose bien quil nest a malaise sinon pour lui.

Quant gallehault fut couchie et il cuida que lancelot fut endormy si commenca son dueil comment de plaindre et de plourer et dist souuent. Haa dieu comment me a trahy celui que ung preudomme me toult. Toute nuit mena gallehault ceste doulceur iusques au iour lancelot ne fut mie aise. Au matin monterent sur leurs cheuaulx et issent du chasteau et errerent tout le chemin vers sorelloys. Si cheuauche gallehault tout derriere et eut son chaperon sur ses yeulx et tint le chief enclin et cheuauche tant comme il peut du cheual traire tant quil passa lancelot et tous ses escuiers. Lors sen entre en vne forest qui auoit nom gloride et estoit entre le roy des traus et le roy des mar

ches deuers celle partie ou le hombre couroit
Ainsi cheuauche gallehault en musant et pen
sant quil ne dit mot a lancelot ne a aultruy
tāt que son pallefroy en est tout tressuāt Lors
est entre en son chemin par quoy le cheual est
durement chargé du cheualier qui sur lui est
grant et pesant et plain de douloureup pēser
et si fut encombré de la grāt asseure quil aloit
si chopa a vne pierre dōt le chemin estoit espes
sement ionche si quil vint a la terre des deup
genoulz et que les resgnes vollent des mains
a gallehault et il tressault de son penser si lui
ennuye le chopper de son pallefroy si le fiert si
duremēt des esperons que le sang lui sault p̄
tous les deup costes: et le pallefroy se lance de
toute sa vertu et gallehault faillit a sa resgne
prendre qui geust sur le col au cheual et au lā
cer quil fist si rechoppe des deup piez et il vol
la outre la teste entre les iambes si duremēt
quil se blessa se col en trauers. Et gallehault
si grant cōme il fut vol la terre des arsons et
chiet sur les pierres en trauers si durement q̄
a poy quil ne se creue le cueur. Et quant lance
lot le voyt cheoir en telle maniere si a trop grāt
paour quil ne soit mort si sault a terre de son
pallefroy et vient la ou il gisoit/ et quāt il voit
quil ne remue mēbre quil ait si crie si hault cō
me il peult. Haa saincte marie/lors lēbrasse
et sa grāt douleur quil a au cueur pour la pa
our quil a de la mort le fait refroidir si se test
et chiet pasmee mi piez lui et au cheoir quil fist
se ataignt de vne pierre trenchant sur le sene
stre sourcil et lui trenche la chair et le cuir ius
ques au test et lors sont les quatre escuiers es
bahiz car ilz cuidēt bien quilz soiēt tous deup
mors: si deteurdent leurs poings et arrachēt
leurs cheueup et demainent si grant deul cō
ilz peuent plus grāt demener mais ne demou
ra mie longuement que gallehault reuint de
pasmoison si se plaint moult duremēt et en
ure ses peulp et se merueille moult duremēt
de ceulz quil voit entour lup/ mais quant il
vit lancelot et le sang qui lui chiessoit de la te
ste si fut moult plus dolent que deuant ne q̄
tous les maulp quil sentoit, et quāt il le vit re
uenir de pasmoison si demāde que se auoit es
te. Et lancelot lui cōpte la grant douleur q̄
il auoit eue de sa mort si sen merueille moult

e lui mesmes lui attourne sa playe e puis lui
remaine vng de ses escuiers vng pallefroy
pour le sien qui mort estoit/ et il monte sus
si prent a cheuaucher/ mais la playe a mis
gallehault en tel effroy quil en a tout son pen
ser laisse et mist lancelot plus en parolle quil
ne souloit/ et lācelot lui dist. Sire cest moult
grant villennie a si grant homme cōme vous
estes quant il lui meschiet par sa coulpe si cō
il fist ores a vous. car a bien petit que vous ne
fustes mort par ce que vous ne teniez pas biē
vostre frain et se vous eussiez este mort ou me
haigne par telle maniere ce eust este trop vil
laine meschanse. et gallehault respont certes
meschanse ne commence ores mie/ si suis ie le
cheualier du monde qui a y este de greigneur
cheance et il est ores bien raison quil me mes
chiet, car il ne me pouoit plus mescheoir quil
a fait/ car dieu fist ia vng iour pour moy quā
que ie vousoye et qui a quāquil veult que peut
il plus gaigner mais il peut pdre̾ et ie suis ia
en celle perte entre/ de ceste parolle fut moult
lancelot aire et en grant esmoy, car il pense
bien a quel chief ce pourra retourner si il uy re
quiert et prie et cōiure de la riens eu monde q̄
plus il ayme quil lui die la verite pourquoy
ceste meschance lui est cōmencee a venir et com
ment il a si longuement pense/ car il ne se vit
oncques mes si longuemēt penser ne si esbahi
cōme il a este en ceste voye et a ceste foys/ et ie
vous prie sire se ie feiz oncques seruice q̄ vous
pleust que vous men diez la verite sans riēs
celer ne vous ne deuez my vers moy estre cou
uert, car vous sauez bien que ie vous doy gar
der sur tous hommes et iay droit car ie ne eu z
oncques nul bien se non par vous. Beau doup
amy fait gallehault ie vous ayme plus et ay
ayme que tout le monde ne mon cueur ne se
peut en vers vous celer/ ie vous diray ce que ie
ne osay oncques a nul hōme dire en cest deul
et en ceste angoisse q̄ iay si lōguement menee
me ont fait entre deup si felōs songes q̄ lau
trier me vindrent en auision/ car il me estoit a
uiz en mon dormant que ie estoie en la maisō
de monseigneur le roy artus auec grant com
paignie de cheualiers: si venoit hors de la chā
bre a la royne vng serpent le greigneur donc ie
ouisse oncques parler si venoit droit a moy et

espandoit flambe et feu sur moy si q̃ ie y pdoie la moitie de mes membres. Et ainsi me auint la premiere nuit. Et lautre apres si me fut auis que ie auoie dedens mon ventre .ii. cueurs et estoient si egaulx que a paine pouoit len congnoistre lun de lautre. Et quant ie me regardoie si en perdie lun. Et quant il estoit departy de moy si deuenoit vng lieppart et se feroit en vne grant compaignie de bestes sauuages. et maintenant me chieffoit tout le corps et lautre cueur. Me estoit auis en ce songe q̃ ie mourroie

Telz sont les deux songes que ie vous ay dit ne iamais ne seray aise deuant que ie sache certainement que ilz signifient et si en scay ie grant partie. Sire fait lancelot vous estes si sage homme que vous ne deuez mie en songes croire: car songe ne peut a nulle verite monter. et ainsi quil est fol en songant est il plus fol en nature: ne vous ne deuez mie de cecy auoir paour car il nest en ce monde tant puissãt homme qui vous puisse mettre au dessoubz, car vous estes le plus puissant homme qui viue. De toutes ces choses dit gallehaut ne peut amor nupre que lune se ceste me veult nupre: nul ne me y peut aider. Et se nul sens de clergie y peut auoir mestier ie essaieray que mes deux songes signifient car ie ne euz oncques si grant desir de sauoir deuant que vous vainquissiez lassemblee de moy et du roy art̃ aux armes vermeilles que ie ne sceuz vostre nom par la bouche de madame la royne. Sire dit lacelot ie ne cuide mie que nul clerc vous puisse dire aucune chose qui est a auenir. Si fera dit gallehaut car se roy artus sceust par les trois clers les trois songes quil songa par .iii. nuis et que ilz signifierent et ilz distrent quil deuoit perdre en vng iour tout honneur terrien Ainsi parlent longuement ensẽble gallehaut et lancelot tant quilz vindrẽt a la riue dazur ne. et passent oultre le pont prois qui marchisoit aux deux royaumes. et a vne duchie: et cestoit le royaume destraus et cellui des marches de gallonne. et a la duche de rueil. Quant ilz furent oultre si trouast gallehaut vne pope q̃ se menoit a vng sien chasteau quil auoit nouuellement ferme si seoit en la plus forte piece de terre q̃ fut en tout son pouoir. et lui mesmes lauoit mis a nom sorgueilleuse garde pour la beaute et pour la force quil auoit. et sestoit bãte quil y mettroit le roy artus en prison quãt il lauroit prins. Le chasteau seoit en vne roche non mie haulte. et par dessus couroit vne eaue roidde et bruyant qui chassoit en azurne: et a mains de trois lieues prez dillec si estoit appellee ternee. A ce chasteau tourna gallehaut son chemi car il vouloit gesir le soir en vne belle maison et riche quil y auoit. Quant il fut prez a vne lieue galesche si le virent tout apertement et la tour haulte sur sa roche: et le baille denuiron hault et espes crenelle menument. Si en commence lancelot a parler premierement et dist a gallehaut. Certes il semble bien que par grant enuoiseure et par grant haultesse fut ce fait car oncques ne vy si coint ne si beau. Et gallehaut commence a souspirer si dist. Beau doulx compaignon et ami se vous sauiez comment de grant chose il fut cõmencie se diriez vous bien, car quant ie le commencay pretendoie ie a conquerre toute la seigneurie du mõde. Si vous monstreray aps vne moult grant merueille donc ie faiz q̃ fol de le dire car nul si grant orgueil ne est si tost monte cõment il est cheu: et ie auoie entreprise a faire vng tres desmesure orgueil dont il est demoure trop grant partie car il y a au baille et en la tour cent et cinquãte creneaux par cõpte: et auoie en pensee de conquerre cent et cinquãte roys en ma baillie. Et quant ie les eusse cõquis si les eusse amene en ce chasteau le iour q̃ ie eusse este couronne. et pour lamour de moy eussent porte couronne et ie eusse tenu ma court si riche comme a moy appartenoit et pource q̃ toute le monde en parlast apres ma mort. et eusse encore fait autre chose car il y eut eu sur chacun creneau vng candellier dargent et eussent este de la grandeur dun cheualier. et eussẽt este espessement branchus en hault. et des le iour de mon couronnement des le disner en auant et peussent este mises les couronnes des roys et a chacune eut eu vng chandellier. et la maistresse couronne eut este assise sur le pommeau de la tour donc vous leussiez peu de cy veoir. et y eussent este iusques a la nuit. Lors eust este en chacun chandelier allume vng cierge gros si q̃ nul ne leust peu desteindre. et eussẽt ars en telle maniere iusques au iour. Si belle et si che eut este ma court car tous les iours feussēt sus les chandeliers et la nuyt les cierges. Et bien sachiez que puis que le chasteau fut fait ny entray si dolent q̄ ie ne men ptisse ioyeup et pource vhoys ie maintenant car il menseroit gregnieur mestier quil ne fut oncques/ mais que dieu me enuoyast ioye a ceste foys.

Ainsi sen vont parlant les deux compaignons si sen merueille moult lancelot de la grant entreprinse que gallehaut luy eut cōpte. Haa sire dieu fait il a soy mesmes cōme deuroit cest hōme hayr q̄ toutes ces choses lui ay destournees a faire si ay fait du plus vigoureup hōme le plus pereseeup et toute cel(u)i est aduenu par moy/ lors a trop grāt duel et pleure trop durement si que les larmes luy chieēt des yeup sur larson de sa selle de deuāt mais bien se garde de gallehaut quil ne laper coiue. Lors sōt venues deuāt le chasteau et lors vint a gallehaut vne moult grāde merueille dont il fut plus esmaye que deuant de ricē ql encores cōpte/ car les murs du baille et de la tour fendirent droictement parmy le millieu et tous les carneaup dune part verserēt. Lors se arreste gallehaut et est tant esbahy quil ne scait que dire si se saigne maintenāt de la merueille quil a veue/ et ne demoura mye tant q̄ eust alle le get dune pierre que toute celle partie dont les carneaup estoiēt versez du baille et de la tour ne cheuitus: et fist tel escroiz au cheoir quil sembla que toute la roche feust fōdue. Quant gallehaut vit fondre le chasteau ce ne fut mie de merueille sil fut dolent/ car p vng poy quil ne cheut a terre/ et quāt il peult parler si dist en souspirant. Haa dieu tāt felo nessemēt me cōmence a maschoir. Lors tourne la resgne de son fraing et sen va parmy les champs a trauers sur senestre et lancelot le suit a esperons qui tāt est pre quil ne se scait engles le guise demener: et non pourtant il se penoit moult de gallehaut cōforter. si lui dist. Sire il naffiert pas a si hault hōme cōme vous estes quil se descōforte pour meschance quil lui auiēgne tant cōme ses amis soient sains ethaptiez/ mais le mauuais doibt plus doubter la perte de sō auoir q̄ de sō corps/ car il ne vault riens si non par son auoir et mauuais/ car il ne peut empirer/ or pouez donc veoir que dieu

vous a mōstre signe damour quāt vostre corps ne stoit leans. Quant gallehaut lētent si cōmēce a souspirer aussi cōme p desdaing si regarde lancelot et dist. Beaup amis cōmēt cuidez vous donc que ie soye esbahy pour mon chasteau sil est fondu/ sire fait il sil valoit autant comme ie peusse priser et cōpter a tous les chateaup du mōde ne feusse ie plus esmaye que ie suis maintenant et si vous en ap(re)ndray itāt de la cōgnoissance de mon cueur/ car oncques hōme ne me vit si esbahy ne si trespensif pour perte que ie eusse de terre ne de auoir ne oncq̄ ie ne feiz ioye de chose que ie gaignasse que de vne seulle ce fut de vostre compaignie/ mais mon cueur me esmaye trop qui me destine moult de maulx a auenir. Sire fait lancelot il aduient maintesfoys que cueur de homme est plus a malaise vne heure que aultre de la mesaise du cueur vient la mesaise du corps/ ie ne prise cueur a preudōme qui destine paour mais de bon cueur doibt hōme deuiner et doyt monter et aualler oultre. Beau doup gpoins fait gallehaut mon cueur ne deuine de nulle paour qui auenir me puisse fors que de deup choses cest de vous et de moy: et autant ayme roys ie la meschāce de lung cōme de lautre et iay mis en vous mon amour en telle maniere que apres vostre mort ne me laisse dieu viure ioure et ie craing que ie ne vous perde p temps et que ne soyons departis par mort ou par autre maniere/ et si sachiez que se ma dame la royne eust aussi bon cueur vers moy cōme ie ay vers vous elle ne me tollist pas vostre cueur pour dōner a aultrui/ se ie ne eusse oncq̄ fait pour elle plus fois tant que ie pourchassay sō grant desirer et voste grant ioye: mais nō pour tant ie ne la doibs mie blasmer se elle ayme q̄ son cueur soit plus aise que tous les aultres/ car elle me dit ia que sen ne pourroit faire grāmēt de largesse de chose de quoy sen ne se peut passer et ie men suis bien apperceu: si vueil bien que vous sachiez que la ou ie vous perdray le sicle perdra ma cōpaignie. Sire fait lancelot la compaignie de nous deup ne departira ia se dieu plaist/ car vous auez tant fait pour moy que ie ne sauroye faire chose qui contre vous alast ne de la maison du roy ne suis demoure si nō p vo⁹ et par la volēte de ma dame

car iour de ma vie par ma voulente ne demou
rasse

Ainsi parlent ensemble longuement: et Lancelot conforte gallehault a son pou
oir tant quil fait plus belle chiere quil ne soul
soit. Et lors lui demande en qƷ lieu il voul dra
gesir. Nous irons fait gallehault es prez des
sus cesse. Ce stoit vng bien chasteau qƷ auoit
aisi nom et seoit sur vne riuiere a estoit la prai
rie entour moult grande a belle. Lors comma
de gallehault a ses escuiers quilz sen voisent
tous quatre deuant appareillier au chasteau
toute ce que mestier leur sera de viandes a dau
tres choses mais gardez bien fait il que ie treu
ue mon mengier appareillie en la maison de re
ligion qui est en loree de ceste forest la ou ie me
fiz an ten seignier a ie iray apres tout bellement
moy a mon compaignon. Or pesez de cheuau
chier isnellement a gardez q ce soit bien fait. A
tant sen partent les escuiers a font ce q leur sei
gneur leur auoit commande. Les deux com
poignõs cheuauchent tout bellement a parlēt
ensemble de leur affaire et conseillent de leur
priuete. Et quant ilz viennent en la maison de
religion ou ilz doiuent gesir si fut bien temps
a heure de couchier. Si trouuerēt appareillie
toute ce que mestier leur est mais moult se mer
ueilsēt les rendus de la maison, de leur seignr
qui vient ainsi seul car ilz nauoiēt pas apris
de le veoir cheuauchier sans grant cõpaignie
de cheualiers. Celle nuit fist gallehault plus
belle chiere quil ne souloit et mengoit plus qƷ
nauoit fait puis qƷ se partist de sa court. et nõ
pourtant il sefforcoit de faire plus beau sem
blant que son cueur ne lui apportoit pour san
cesot reconforter.

Ou matin enuoya vng de ses escuiers
a cornechans: ce stoit la maistresse for
teresse du royaume de sorelsois a mandoit a
ses gens qui en la cite, lattendoient que len de
main lattendissent a asētin a lencontre de sui
qui estoit la premiere cite que sen trouuast a cel
voie. Et quant gallehault fut leue de grant
iour si ouyst vne messe du saint esperit, car
ce stoiēt ses deux seruices du saint esperit a de
la vierge marie. Aprez passa la riuiere qui au
chief de la forest estoit au gue q estoit dessoubz
la maison ou il alloit car il ne vouloit mie pas
ser par le chemin pource quil estoit si seul. Ce
lui iour furent sans mengier et sans boire ius
qƷs a vespres. La nuit geust gallehault sur cel
le riuiere en la maison dun vauasseur. A len de
main se leua gallehault de haulte heure car il
nauoit pas dilleciusqƷs a asētin plus de quize
lieues anglesches. Quant il eut ouy messe si
cheuaucha tant quil vint a asentin entre nõne
a vespres et encõtra deca la cite bien deux lieues
le maistre de la maison/ a bien cent des cheua
liers de son pays auec lui: a celui maistre la
uoit nourri en son enfance a estoit vng des vi
guereux homme du mõde a des loyaulx che
ualiers a parent a gallehault. Si comẽca
a plourer moult tendrement a le court baisier
a moult matte chiere. Et gallehault sen mer
ueille moult a lui demande qƷl a a quil ne lui
mente mie par la foy quil lui doit. Sire fait
il iay eu la greigneure paour de vous q ieusse
õcques: a huy matin ne creusse ie homme mor
tel q vous ne feussiez ou mort ou meshaignie
car il nous est plus mescheu que vous ne cui
diez. A ce mot fut gallehault moult esbahy et
tire son frain si a telle paour de douloureuses
nouuelles ouyr quil pert vne grãt piece la pa
rolle a la couleur. Quant il peut parler il dit
a son maistre. Beau doulx maistre quelle per
te peut ce estre. dictes le moy ay ie perdu nul de
mes amis charnelz. sur la foy q vous me de
uez vous requier q rien ie ne me soit celle. Nen
ny fait le maistre des amis charnelz nen auez
vous riens perdu dieu mercy. Et gallehault
heurte le cheual des esperons si sen commēce a
aller moult tost a la ou il encontre ses cheua
liers si les salue a accolle a monstre grãt sem
blant de estre ioyeux: car il les veult tous veoir
de son penser a la ou il voit son maistre si
lui rit sou vẽt a crousle la teste si lui dit Beau
maistre iusques au iourduy vous ay ie trou
ue a moult vigoureux mais or ne vous y tiēs
ie plus. Comment cuidez vous q nulle per
te me greuast Et tant puis ie ores bien sauoir
q ceste perte est de terre ou de auoir: a de tãt me
deuez vous bien congnoistre que oncques mõ
cueur neust paour de terre pdre ne de auoir ne
haulte ioye de grant gaing mais ore le pouez
vous bien dire seurement alle est la pte car au
tãt me est doresenauãt de perte cõme du gaig

La premiere

Sire fait il sa perte ny est mie trop grande a vostre eur sicõme elle est merueilleuse car elle est plaine de moult grande merueille, car oncques en mabie ne ouy pler de sa pareille, car en tout le royaume de logres oy ne est demoure fortereffee en estat dont la moytie ne soit cheue et ce aduint en une nupt et en ung iour, tost ores fait gallehaut une chose qui pou me greue, car ie Briz fondre a mes yeup la fortereffe du monde que ie plus amoye ne oncques moncueur a malaise ne ny fut si vous diray pourquoy oyans tous ceulz qui cy sont ie ay eu tousiours le plus merueilleup cueur du monde, car se il estoit en ung petit corps ie ne voy mie cõment il peust durer ne oncques de grãt emprinse ne se trouue lasse ne pere sceu mais tousiours entreprenãt et voulenteiz assez plus que nul cueur ne lui osast louer, et tel doibt bien estre cueur qui vee a passer tous aultres cueurs de haultes oeuures, et deuez scauoir que aussi cõme tous les autres sont plus poures de lui aussi sont ilz plus ignorans de donner conseil mais ne vous merueillez pas se les greigneures merueilles dõt vous auez ouy parler aduiennét en mon pouoir et en mon temps, car aussi cõme iay este plus merueilleup que nul au si me doiuent greigneures merueilles aduenir.

Ainsi parle gallehaut a son maistre tãt quilz vindrent a alentin si coururent en contre eulp les gens de la bille et sont moult ioyeup de sa venue, car moult auoient eu grant paour de lui par toute la terre de si grandes merueilles cõment ilz estoiét aduenues, celle nupt se pena moult gallehaut de faire beau sẽblãt et au matin fist faire lettres a ses clercs et mãda a tous ses barons qui de lui tenoient terre que si chier cõme ilz auoient son amour quilz feussent a lui a la pb. de nouel a surne ham et mãdast chascun meilleur conseil quil pourroit auoir et de clercs et de cheualiers. Aps enuoya unes aultres lettres au roy artus et a son amy quil lui enuoyast les plus sages clercs de toute sa terre et quil lui enuoyast ceulz qui son songe lui ont descouuert, car il en auoit greignieur mestier que il ne auoit oncques eu, mais a tant se taist ores le cõpte de lui et de son compaignon et retourne au roy artus et a sa royne

Cõmmt une damoiselle de tamelide apporta au roy artus unes faulces lettres disant q la royne genieure ne estoit point celle qui doibt estre fame au roy artus. l.iii.

Or dit le cõpte que le roy artus seiournoit en ce temps a kaamalot et celui descendit qui les lettres gallehault auoit apostees si les receut le roy a moult grãt ioye et la royne et la dame de malehaut en firent ioye sur tous ses aultres mais il ne demoura pas grãmment que leur ioye fut en grant ire tournee car la ou le message eut au roy ces nouuelles contez descendit une damoiselle leans et sen vient moult fierement deuãt le roy la ou il seoit entre ses cheualiers, elle auoit grant route de cheualiers apres elle et furent bien de sa compaignie que cheualiers que sergans iusqz a trente. la damoiselle si fut de moult grant beaute et s'en bient deuant le roy bien apointee et eut cotte et mãteau dung drap moult riche de soye a penne d'ermine et elle fut a ung lac de soye deusse a une ceste, la creste fut grosse et longue et luisant et clere. Quant les cheualiers la voyent venir si lui font voye nest mie si hault baron qui en estant ne soit sailli et cui de bien chascun qui la voyt que ce soit la plus haulte dame du monde. Quant elle vint deuant le roy si osta sa gymple de son chief dont elle estoit enuelope si sa iette deuant lui a terre, il fut assez qui la saisist, car moult auoit grant supte que des siens que des aultres, et quant elle fut desueloppe de la grant beaute qui en elle estoit se merueillét tous ceulz qui la voyent et elle parla si hault que tous l'entendirent et dist moult hardimét. dieu salue le roy artus et toute sa compaignie aussi sauue l'onneur ma dame et sa droicture comme celui qui est le plus preudõme du monde se ne feust une seulle chose. Damoiselle quel que ie soye dieu vous doint bonne auanture et l'onneur et la droicture vostre dame vueil ie bien que elle soit sauue par tout ou elle sera, mais tout auant vous sauroye ie bon gre se vous me disiez pourquoy iay perdu a estre le plus preudomme du monde et apres me apprenez vostre dame a cõgnoistre et me dictes que ie lui puis auoir mesfait, car vers dame ne damoiselle ne cuide ie riens auoir mesprins ny mespredre ne vouldroie en nulle maniere. Pop fait elle se ie ne vous sauoie monstrer la droiture ma dame et sa chose pour quoy vous perdez toutes bontez dont suis ie venue en vain. Et suis ie venue pour le plus estrange fait et le plus merueilleux qui oncques auenist en vostre hostel et vo' et les vostres serez esbahis quant saurez la verite. C'est q̃ ma dame q̃ a vous me enuoie est la royne genieure fille au roy leodagan de camelide mais aincois que ie descueuure quelle droiture elle doit auoir vous bailleray ie les lettres que ie vous apporte qui cy sont seellees de son seel et conuendra que deuant vostre baronnie soient leues. Auec la damoiselle auoit vng cheualier qui sembloit estre de grãt aage lequel aps ces parolles dictes baille a la damoiselle vne boite dor moult riche et garnie de pierres precieuses la damoiselle prẽt la boite si en tire vnes lettres et les baille au roy si lui dist. Sire faictes ces lettres côme iay deuise mais ie sera par tel conuenant q̃ ceans naura homme ne dãe ne damoiselle q̃ ny soit presẽt pour ouir ce q̃ elles diront. Et sachez q̃ lettres de si hault affaire comme cestes cy doiuẽt bien estre leues en grant assemblee car se toute la greigneur court q̃ vous tenissiez oncques y estoit ny auroit il si hardy qui tout ne fut esbahy de les escouter. A grant merueille regarda le roy la damoiselle q̃ si fierement parle si en est tout esbahy et tous ceulx q̃ auec lui sont.

Maintenant enuoya le roy querre la royne et les autres dames qui par les chambres estoient et fist faire sauoir a tous de venir incontinẽt a court pour les estranges nouuelles ouir. Quant ilz furent tous venus si recômẽce la damoiselle sa raison et requiert au roy quil face lire les lettres qlle auoit apportees. Et il les baille a celui de tous ses clers q̃l sauoit au mieulx parlant. Et le clerc desplope le parchemin si luit les lettres a par sui tout bas. Quant il eut les lettres leues de chief en chief si a telle angoisse q̃ les larmes lui chieẽt sent contreual la face. Le roy le regarde et se merueille trop q̃l peut auoir trouue car il me tarde de sauoir q̃ les lettres disoient si lui dist luisez tout hault. Le clerc regarde la royne q̃ estoit appuyee sus lespaulle de monseigneur

gauuain. Quant il la voit si lui fremist tout le corps dangoisse et le cueur lui serre au ventre si quil pert le parler. Et il commẽce a chãceller. Monseigneur yuain q̃ moult estoit gentil et debonnaire voit bien et pẽse que le clerc ait veu es lettres q̃ques mauuaises nouuelles si sault sus pour le soustenir et celui se pasme entre ses bras. Lors est le roy moult esbahy et toz se merueillẽt quelles nouuelles se peuẽt estre Le roy enuoye querre vng autre clerc hastiuement si lui baille les lettres. Et quant il les eut leues si commẽce a souspirer et a plourer moult tẽdremẽt si iette les lettres au giron du roy et sen tourne grant deul faisant Et quant il passe par deuãt la royne si dist. Haa dame commẽt douloureuses nouuelles a cy Atant se fiert en vne chãbre et fait tel deul q̃l ne peut greigneur faire. Lors est la royne esbahye, mais le roy ne sen tiẽt pas atant si enuoie querir son chappellain et il vint deuãt lui et le roy lui dist. Sire chapellain luisez moy ces lettres et si vous requier sur la foy que vous me deuez et sur la messe q̃ vous auez huy chãtee q̃ vous me diez tout ce que vous y trouuerez sãs riẽs celer Le chapellain prent les lettres et quant il les eust regardees si ploure trop tẽdremẽt et dist au roy. Sire conuendra il dire ce que les lettres diẽt tout hault. Oy fait le roy. Certes dist le chapellain ce poise moy quãt il me conuiẽdra dire la parolle q̃ mettra en deul et en ire tous ceulx de vostre court. Et sil pouoit estre ie vous vouldroie prier pour dieu q̃ vous les feissiez luire a vng autre. Dictes fait le roy, car dire le vous conuiẽt. Lors cômẽca a luire si hault que de tous pouoit estre ouy et disoẽt les lettres en telle maniere La royne genieure fille au roy leodegã de camelide salue le roy et artus sicomme elle doit et toute sa côpaignie des cheualiers et des barons. Roy artus ie me plains premieremẽt de toy et apres de toute ta baronnie et si vueil quilz sachent tous que tu te es mene mauuaisement enuers moy et moy loyallement enuers toy tu es tel que tu ne deuroies mie estre roy: car il ne appartient pas a roy de tenir femme en soig auantage comme tu fais. Il est verite que ie suis a toy côiointe et assemblee par loyal mariage et enoincte et sacre comme femme du roy et côpaigne du royaume eu mõstier saint estiene le martir dedens la cité de logres qui est chief de tout ton roýaulme/ mais lonneur me dura courtement, car ie neý fuz dame que ũg iour. lors te fut tolue et ostee ou par ton conseil ou par celui dautrui et celle fut mise en lieu de moý qui estoit mõ acointe et ma subiette et ma serue, cest icelle genieure que tu tiens a espouse et pour roýne et pourchassa ma mort et mon desheritemẽt la ou elle eust deu son corps mettre pour le mien sauuer/ mais dieu qui nulle foýs ne oublie les siens qui se attẽdent a sa mercý me iecta hors de ses mais par ceulz que ie doý plꝰ aýmer que riens eu monde/ et combien que ie aýe este desheritee et essillee dieu mercý ie suýs ores en ma poosté et en mon heritage et en mõ hõneur; si te requier pour loýauté et pour droicture que au regart de ta maison soit de ceste desloýalle prinse uengance et celle qui en peche mortel te a tenu si longuement soit liurée a destruction aussi comme elle me uouloit destruire ainsi le te faiz ores. assauoir par mes lettres et pource q̃ a le scripre ne me peust pas du tout remembrer de toute ce que iauoýe a te dire ie enuoýe mon cueur et ma langue cest helýpe ma cousine germaine qui ces lettres te apporte si te mande que tu la croýes de quãque elle te dira de sa mienne part, car cest celle qui en scait aussi grande partie cõment ie faiz et si ý est alle tel qui moult fait a croire mieulx que moý et elle ne faisons cest Bretel ac le uiel le plus esprouue de son aage qui soit es isles de mer. A tant se taist le chappellain et baille les lettres au roý et sen pt moult pres et moult pensif.

De ces nouuelles est le roý moult pẽsif et tous les aultres qui leans sont si que il nýa celui qui mot die/ lors regarde le roý la damoiselle qui deuant luý estoit en estant: si luý dist. Damoiselle iaý moult bien ouý ce que uostre dame me mãde et aussi ont fait tous ceulz de ceans, et se les lettres ne ont assez dit uous pouez esclarcir le remanant, car il mest aduis que uous estes celle qui le cueur et la lãgue uostre dame portez ⁊ aussi du cheualier uouldroýe bien scauoir sil est si prise et esprouue plus q̃ cheualier de toutes les isles. La damoiselle se traict arriere et prent le cheualier par la main qui les lettres luý auoit baillees si le maine deuant le roý et dist. Sire ueez cý le cheualier que ma dame uous enuoýe pour tesmoigner et pour deffendre sa besõgne. Le roý regarde le cheualier et luý sẽble de moult grant aage, car il a le chief chanu et blanc et le uiz palle et fronchie. plain de plaýes, les peulz de la barbe luý gisent sur la cheuetaille si auoit les bras longs et gros et les espaulles bien fournies et est si bien fait de tous mẽbres que len seroit deuiser si estoit a grãt merueille gros et espes en son estant plus que len ne cuidast de si biel homme. Certes fait le roý qui a merueille le regarde de cestui me semble de tel aage quil ne deuroit mettre auant chose sa ou il peust desloýauté. Sire se dist la damoiselle ce diriez uous se uous le cognoissiez aussi bien cõe ie faýs/ mais si nesui cõuient ores nul tesmoing de sa prouesse, car dieu scait q̃ chascun est si uous diraý ce dont les lettres ne parlent mýe que ma dame uous mande par ma creance, ie cuide q̃ uous auez bien entẽdu ce de quoý ma dame se plaint de uous cõmẽt de celui qui deussiez estre son loýal espoux et uous ne lestes pas, car bien est chose sceue q̃ quant uous feustes couroné roý de bretaigne si uint a uous le renon du roý leodegan de camelide, car le roý fut en son temps le plꝰ preudõme qui uesquist es isles de occident et qui plus honnouroit cheualiers et maintenoit. Grant fut le los qui uous fut fait de mõseigneur le roý, mais dessus tous passa le los q̃ uous fut fait de la grande beauté ma dame q̃ sa fille estoit, car ce fut la dmoiselle la plus prisee sur toutes les aultres damoiselles, et uous deistes q̃ uous ne fineriez iamais iusq̃s a tant que uous ueissiez le roý et sa fille q̃ tãt estoit renommee par toutes terres. uous guerpistes uostre terre du tout en tout et si a meistes en autrui main et ueinstes eu regne de camelide en guise descuier et toute uostre cõpaignie aussi illecques uous seruistes mõseigñ. le roý de nouel iusques a la penthecouste ⁊ ce iour trenchastes uous du paõ en sa table ronde au los de cent et .L. cheualiers qui a sa table seoient si que chascun en fut serui a son talent et pource eustes uous la plus uaillante dame qui soit: cest ma dame la roýne et uous donna

partie

monseigneur le roy le plus riche don qui oncques fut donne a mariage a roy: cest la table ronde qui est tant honnouree de preudes hommes. Apres vous en amenastes madame en la cite de logres ou elle fut espousee sicomme ces lettres le ont deuise. Et la nuit vous geustes auec elle. Et quant vous vous releuastes pour aller aup chambres: si fut ma dame trahye et iettee hors par ceulx & celles en qui elle se fioit plus & lors fut amenee en vostre lit celle damoiselle que le Roy la si marrie comme celle par qui ma dame fut trape & mise en prison, & cuida bien celle genieure q̃ ma dame feust occise mais pource que a dieu ne pleust que trayson soit lee sui est ceste trayson mise deuant car ma dame est eschappee de prison par la voulente de dieu & par laide de ce cheualier qui cy est qui de uint lettres pour elle a: puis se mist en auanture de mort tant quil lemporta a ses espaulles hors de la tour heengin qui siet au sac au dyable. Ma dame a este longuement en chetiuoison, & ceulx qui sapnoient auec elle tant que dieu mercy ores sont ses barons & lui ont tout rendue sa terre & son heritage: & se ma dame voulsist elle feust mariee moult richement car soubz le ciel na si hault homme qui par honneur ne par haultesse la deust refuser mais a ce est son cueur tournee que se elle vous pert qui son loyal espoux deuez estre elle quite les autres mariages tous: car il lui est aduis q̃ elle ne seroit pas bien employee sinon en vous: & lui semble que se vous estiez vous deux assemblez vous seriez les nompers de toutes gens: le plus vaillant roy & elle la plus vaillante royne. pource vous mande ma dame que vous retournez a la loyaulte que vous lui creancastes quant elle fut espousee & que vous lui tenez droiture de celle q̃ tel peril de mort lui pourchassa & que vous auez tenue contre droit. Se vous ne voullez ce faire ma dame vous deffent de par dieu et de par quanque elle peut de par elle & de par ses amis que vous ne retenez lonneur que vous prenistes auec elle en mariage: cest la table ronde, mais enuoyez la aussi garnie de bons cheualiers comme son pere la vous enuoya: & la table ronde ne soit plus gardee en vostre hostel car cest si haulte chose quil ny doit auoir que vne seule au monde

Seigneurs cheualiers a vous le dis qui de la table ronde estes appellez compaignons que plus ne vous facez appeller par cestui nom deuant quil soit iugie par iugement a q̃ la table ronde doit estre: car en tel lieu pourriez venir q̃ tout le plus cointe se pourroit bien chier comparer. Et ce vous fait elle au roy artus voullez dire ne vous ne autre aussi de vostre maison que ma dame nait este trahye siscõ me vous mauez ouy compter par vostre conseil ou par celui & celle dame qui est la: ie suis toute appareillee de le monstrer en brefcourt ou en vne autre endroit ou a terme deuise, mais la monstrance ny sera mie faicte despourueuement ne sans preudomme mais par cheualier loyal & esprouue qui toutes ces choses a ouyes et veues & se celui est tel qui se contredira soit tel quil ait veu & ouy ce dont il vouldra faire deffense: car ainsi doit len deffense & monstrance faire, & contredire si haulte chose comme ceste est. Quant la damoiselle eut ainsi parle si fut la court si paisible que oncques puis ny eut mot sone. Et le roy artus est trop esbahy & se seigne menu & moult souuent pour la merueille quil a ouye, & eut tel deul & telle honte du blasme quil a q̃ la royne lui a mis sus que a peu quil ne est deiue. Et bien pert a son semblant que son cueur nestoit pas aise. Si dist a la royne. Dame venez auant: car il est bien droit que le oye de vostre bouche se vous vous vouldriez desculper de ceste chose car si voirement me aide dieu se vous estes telle cõme ceste dame vous tesmoigne vous auez mort desserui: & trop laidement auriez le monde deceu. Ien vous a tenue a la plus vaillante dame qui soit au monde: & vous seriez la plus desloyalle & la plus faulse. Lors sest leuee la royne et ne fait nul semblant de paour: et encontre elle saillent quatre ducs et autres barons si sen viennent deuant le roy, & monseigneur gauuain tint en sa main vng baton neuf et est si chault de la grant angoisse q̃ la q̃ lui semble que le sang lui doit saillir des ioes. La royne estoit deuant le roy teste leuee. Et monseigneur gauuain prent la parolle sur soy si dist a la damoiselle qui ceste parolle auoit comptee deuant le roy & toute sa cheualerie. Damoiselle nous voullons sauoir se vous auez mis ce blasme

r.i

sur madame la royne qui cy est et elle dit que royne nest elle pas & de royne ny boyt elle voit mais ie le met sur ceste dame qui y est a elle a fait la traison vers sa dame et vers la mienne de traison fait monseigneur gau. est elle toute sauue et bien en sera defendue/et bien sachez q̃ a pou que vous ne me auez mene sa ou nulle feme ne me peust oncques mener: et se ne feust plus pour la honte monseigneur que pour la mienne ie vous feisse apperceuoir q̃ vous auez esmeue la gregnieur follie que'oncques fame esmeust/car se tous ceulz de vostre paye le a uoient iure ilz ne metropēt auant ce que vous cy tesmoignez. apres ce dist mōseigneur gau uain au roy. Sire veez me cy tout apreste de deffendre ma dame ver$ le corps dung cheua lier ou de plus ainsi cōe vostre court regarde ra que elle na coulpe en la desloyaute mise a uant & que elle est vostre espouse et vostre com paigne enoincte et sacree loyaument cōme roy ne. Certes sire cheualier dist. la damoiselle bien auez semblant de ce contredire/ores seroit bien seant que nous sceussons comēt vous a uez nom. Et il dist que son nom ne fut oncq̃s cele pour cheualier ne pour damoiselle si dist quil a nom mōseigneur gauuain. Lors dist a mōseigneur gauuain se dieu me sault or suis ie plus asseuree que deuant, car ie vous sent a si preudōme que vous nen feriez sermēt pour tout le royaume de logres/mais non pourtāt maint homme est loue plus quil ne doibt: et ce serai ie qui deffēdre le vouldra si se garde bien chascun quil fera/car se vous auez plus proesse que vous ne auez deuy tant si en feriez par temps a la meslee. Lors prent la damoi selle le cheualier par la main que elle auoit a mene seul auoit nom Bertelac si lui dist/ fai ctes ceste desrene par vostre corps cōe de deuoir et de droyt encontre monseigneur gauuain ou encontre aultre cheualier se nul en y a qui fa ce ceste desrene encontre vous. Maintenant se agenoille celui deuāt le roy a monseigneur gau. le regard si lui en uy e moult de ce quil le voit si biel/ et dodiniaux le sauuage se seoit aux piez du roy q̃ veit le cheualier q̃ si preuy estoit si le tiēt en grāt desdaing & lui dist Si re cheualier voulez vous dōc faire la bataille en tel aage/ honiz soit le cheualier prisue qui

a vous se combatra mais amenez de vostre paye les trops plus prisez cheualiers qui y sont et monseigneur gau. se combatra a eulz a l'aide de moy seulemēt q̃ suis le pire cheualier de trops ces cinquante. Si. et se vous voulez nous vous ferons vng aultre auātage, car se vo' faictes venir les trops plus prisez cheualiers de vo stre paye monseigneur gau. les combatra. Si re fait la damoiselle pource que ie cuide q̃ cest le meilleur cheualier de mon paye se ay ie cy a mene se vous auez de monseigneur gau. telle pitie si faictes la bataille. Lors se lieue dodi niaux le sauuage et dit que ia dieu ne lui aide quant il a cestui cheualier se combatra /neant plus que a vng hōme mort ne la en lieu ou mon seigneur gau. se combatte a lui ne sera. Lors sen part dodiniaux et crache enuiron soy de despit et quant il a vng poy alle si sen retour ne deuant le roy si lui dist. Sire ie me suis pourpense qui fera la bataille encōtre cest che ualier harras de que mer qui nest mie trop ieune harraz qui fut prise darmes a coups q̃ vostre pere/ et fut cheualier. De ces paroles se rient tous ceulz qui les oyent et toutes fois fut le vi eil cheualier deuant le roy a genoullons et de mande sa bataille/ le roy laissast voulentiers la bataille en paix si le lieue par la main cons tremont et dist a la damoiselle. Belle doulce ampeie ay bien ouy que vostre dame me a man de et sa cōplainte q̃ elle a faicte et par ses let tres et par vo' mais ie ne vueil riens faire sās conseil et sans iugement de si haulte chose cō ceste est, car ie ne vouldroye mye estre blasme de la royne de porter ne a vostre dame de faire tort mais ie vous mettray vng iour que ie as semblera y mon grāt barnage et si ne sera mie trop long, si direz a vostre dame que lui mā de iour a la chandeleur a vng chasteau qui est en la marche dirlande de carmelide la tēdray ie ma court & auray tāt de mon cōseil auecques moy q̃ ie me pourray bien cōseiller et elle rema ne tout le sien car ie vueil q̃ la soit la chose fi nee/ mais ce lui direz de par moy que bien se garde de mettre chose auant q̃ elle ne puisse bien prouuer/ car par le createur de qui ie ay le ceptre celle des deux qui de celle desloyaute se ra attaincte et prouuee ne eschapperoit de ma main pour nul auoir que ie nen prensse sa

vengance si grande selon le forfait que a tou‑
iours mais en sera parle apres ma mort. Et
vous dame fait il a sa royne soiez toute appa
reillie a celui iour de vous deffendre. Et elle
respont que elle ne sen conseillera ia: ancoiz est
preste de obeir au bon iugement de sa court. et
dist que ainsi lui enuope dieu honneur comme
elle en est saulue. Atant sen part la damoisel‑
le et puis reuient en son pape: mais tous ceulx
qui la voient aller si la maudisent: et prient q̃
ia dieu ne plaise que elle retourne mais le rop
artus demeure moult pensif et tout esbahp: et
toutes ses gens aussi: car il ne p a celui qui ces
nouuelles ait oupes qui ne soit tout esbahp et
qui ne ait paour que elles ne soient vraies. Le
demain prit congie le messagier de gallehault
et le rop artus lui baille dip de ses plus sages
clers quil peut trouuer en toute sa terre. Atant
sen part le messagier et emmaine auec lui les
dip sages clers que le rop artus lui auoit bail
lies. Si se taist cp endroit le compte du rop ar
tus et de toute sa mesgnie: et retourne a galle‑
hault et a son compaignon.

¶ Comment gallehault et lancelot ouprent
nouuelles que la royne genieure estoit appel
lee de trapson, et des songes que gallehault son
ga et comme la dame de tameside mena le rop
artus en prison.   liiii.

OR dist le compte que quant galle‑
hault eut oup les nouuelles q̃ la
ropne estoit accusee de ce blasme /
si en eut deuil et iope. Deul en auoit il pource q̃l
scauoit bien que lancelot en auroit assez de ho
neur si tost come il le sauroit. Et dautre part
il en auoit iope pource quil pensoit auoir la co
paignie de lancelot se desseurement pouoit e‑
stre du rop artus et de la ropne genieure et nõ
pourtant il deffent a tous ceulx qui sont auec
lui que ces nouuelles ne soient descouuertes a lã
celot car il a trop grant paour de son courroust
mais longuement ne lui pourroit estre cele car
toutessoiz se sceust il si en eut si grant douleur
que oncques mais a nul iour ne auoit eu si grã
de mais maintenant print gallehault a con‑
seil en vne chambre si pert bien a son semblant
quil est courrouce trop durement et gallehaut
le appercoit bien a son visage. Si lui dist gal
lehault. Beau doulp amp qui vous a courrou

ce. Sire fait lancelot nouuelles que iap oupes
qui me donneront la mort a mon escient. A
ce mot scait bien gallehault quil a oupes les
nouuelles de la ropne si en est moult dollent:
car voulentiers lui celast sil peut estre et non
pourtant il demande quelles nouuelles il a
oupes ainsi comme sil nen sceust riens: et il lui
dist lauanture de chief en chief si comme elle e‑
stoit auenue. Or ce beau doulp amp dist gal
lehault ie ne le vous osoie dire car bien sauoie
que vous en auriez trop grant deul. et nõ pour
tãt sur toutes les choses deuriez apmer la des
seurance du rop et de la ropne car en ceste ma
niere pourriez vous tousiours mais auoir ioie
entiere lun de lautre. Ha sire dist lancelot cõ
ment pourroit mon cueur auoir iope quant le
cueur de ma dame seroit a malaise. Ce ne vo‑
dis ie mie fait gallehault que vous puissez a
uoir iope se elle ne la: mais se cueur de elle est
aussi vrap dedens comme elle vous monstre
dehors. Elle apmeroit mieulp estre dame a‑
uec vous de vng petit ropaume q̃ sans vostre
compaignie estre dame de vng grãt ropaume
et sil vous plaist, et a elle ie vous donneray le
meilleur conseil q̃ nul vous puisse donner et si
vous en est mieulp auenu q̃ oncqs ne auint a
deup amãs. De conseil fait lancelot ap ie mestier
come celui q̃ est tout desespere et q̃ là perte q̃ ma
dame face ie nen seray iamais lie se elle ne sen
conforte auãt. Or escoutez fait gallehault com
met elle sen confortera sil auiẽt q̃ du rop artus
se departe. Je lui donneray le plus beau ropau
me de bretaigne cest le ropaume ou nous som
mes. Et sil auiẽt ainsi cõme vous auez oup
dire si sen viegne auec nous et soit dame de tou
te la terre dont ie suis rop. Lors pourrez estre
ensemble et aurez tout apert ce que ne pouez a
uoir ores a tart et mucceemẽt Et se vous vou‑
lez auoir iope sãs villenie: si la pourrez auoir
a mariage: car vous ne vous pourrez pas mi
eulp marier a bõne dame ne a meilleure Cel
est mon conseil de vostre amour faire durer a
tousiours mais. Ha a dist lãce. cest le cõseil du
monde q̃ mieulp iapmeroie sil estoit a la vou‑
lẽte de ma dame la ropne genieure comme a
la miẽne: car le rop artus a iure de la faire des
truire si tost comment elle sera atainte de ceste
chose mais ie suis certain que elle nep mourra

premiere

de tant suis ie bien garny que elle ny mourra mie seulle se dieu plaist en la quelle garde ie me suis mis apres sa sienne et ie vous en pri rope auant pour dieu et pour elle q̃ tant vous a amé et pour sa grant amour que vous auez en moy mise qui tant vous a cousté que vous en perdistes en vng iour a conquerir sonneur de trente royaulmes. A cest mot commence a pleurer si que plus ne peut parler si ioingt ses mains et se agenoille deuant gallehaut. Et quant gallehaut le voyt si ne le peut plus en durer aincois se en siuue entre ses bras & pleu re trop tendrement si chieent tous deux en se ble & geurent longuemẽt en pasmoisons & qñt ilz reuindrent si se plaignent moult durement mais gallehaut qui plus estoit sage et de gre gnieur aage que lancelot si le cõmence a regar der et a plourer et lui dist. Beau doulx amy reconfortez vous et napez paour de riens que vous mapez dit et requis/car ie y mettray tãt bon conseil comme nul homme mortel y pour roit mettre ne ia ne vouldrez riens qui ne soit fait ou soit par engin ou soit par force se ie des uoye mettre tous mes chasteaulx et tous mes amis apres/ et tout mon corps/et puis q̃ vous sauez que ie nauoye riens si chier cõme vous pource me deuez vous a aise mettre et pener a vostre pouoir de aiser mon corpe:et bien le pou ez scauoir en maintes choses que iay faictes pour vous et pl' a honte que a honneur/ mais pource ne le dis ie mie car si voirement me aist dieu ie ne feiz oncques riens pour vous que ie ne tiengne a grãt hõneur ne ie ne vouldroye pas auoir toutes les terres qui sont soubz le ciel en ma baillie par couenant que ie perdisse vostre compaignie et vostre amour et par tãt me pouez garir de tout ennuy/ et la ou ie vous perdray suis ie mort sans recourrer et pource vous prie ie pour dieu que vous y mettez tou tes les paines que vous y pourrez mettre que nostre compaignie ne perdez. et quant vous aurez ma dame la royne si luy louez ce que ie vous ay dit et ie luy loeray daultre part/ car vous deuriez plus desirer que nul que nous eussions a tousiours sa cõpaignie/ car nous serions a tousiours mes ensemble. et sachiez que se ne feust pour vous courroucer ie auoye en pensee vne chose a faire que ie eusse fait pro

chainement si ne fis ie oncques en ma vie vil lennie ne traison mais ceste eusse ie fait/ car paour de mort et damours le me eust fait fai re et si vous diray que ce estoit. Je auoye en pen se la premiere chose que ie feroye que ie pren droye le roy artus quant il se trairoit vers les marches si eusse cheuauche a tout mõ pouoir et tãt eusse espie et par iour et par nuyt que ie leusse prins aincoys quil eust eu de moy nou uelles/ si eusse este en sa maison a tout cent de mes meilleurs cheualiers et les aultres eusse laissez en la forest que ie eusse seu pres dillec et ceulx qui auec moy feussent venus eussent este armez soubz leurs robes/ lors eusse faict prendre ma dame la royne par force si que ia ne eusse este congneu et la eusse fait mener en ma terre et pource eusse ge eu a tousiours mes vostre cueur en ma baillie Apres me pourpen say que ceste traison seroit trop villaine & trop laide et se il aduenoit chose que ma dame se courroussast que vous en seriez hors du sens et mourir vous en conuiendroit/ car ie gnois tant vostre cueur que riens ne vous pourroit meffaire que son corps/et cest la chose qui ma garde de faire sa traison que ie auoye pourpen see en mon courage quant iay regardé a vy in conueniens et dangiers qui en pouoient aduenir. Et lancelot lui respond ha a sire mort me eussiez:ne ia telle entreprinse ne faictes sans conseil/ car se il en eust pesé a ma dame iames ne eusse eu ioye. Se dieu me consult fait ga lehaut de ce ne me feusse ie ia conseillé a vous car se ie ne y eusse veu vostre grant mal a pai ne en eusse ie peu estre destourbé ne par aultre que par vo' si ne vouldroye ie mie pour tout le monde que ie leusse fait/ car toutes les hon tes q̃ iay faictes feussent tournees a mauuai stie/ mais mon cueur qui trop est plain de tel les maladies se habandonne souuent a faire meschiefz pour estre aise. Moult ont longue ment parlé ensemble les deux compaignons de leur ennuy et conforte lung lautre et asseu re de son pouoir. Apres fait venir gallehault les clers que le roy artus luy enuoya pour par ler a eulx de sa besongne/ et quant ilz sont ve nus si les maine auec lui en vne chambre que plus ne y auoit de gens fors lancelot. Et qñt les huys sont tous fermez si les met a raison

Et estoit moult sage et vng des hommes du monde qui mieulx parloit & q̄ plus auoit langue a deliure. Si leur commēce maintenant a dire. Seigneurs monseigneur le roy artus Bous a cy euuopez pour ma grant besōgne & lui en deuez bon gre sauoir & moy a Bo⁹ pource q̄ Bous a cy euope pour moy aider & Bo⁹ pource quil Bous tiēt pour les plus sages de toute sa terre & de tout son pouoir si Bo⁹ a fait le greigneur honneur que oncques faire Bous peut & a moy le plus grant seruice du monde: car en ce point en ay le greigneur mestier que ie eusse oncques fois de conseil: & il nest gaires autre chose que ie nape. Jap temes & bois a grāt plante & si ay assez cueur & corps sil feust aise. si ap assez charnelz amis moult preudes hommes / mais toutes ces richesses que iay ne me peuent aider aincois me honnissent car se ie en eusse mains la moitie ie feusse mains a malaise que iene suis car iap vne maladie ou richesse ne peut auoir mestier Ceste maladie est diuerse sur toutes autres car ie suis si grant et si fort comme Bous pouez Beoir & sain & haittie cuide ie estre de corps & de tous membres Je ne fiz oncques si legierement force de corps cōme ie feroie de present mais au cueur me est entree Bne maladie qui moult me destraint et que ie en pers le Boire: & le mengier: & le repos du lit mais ie ne scay dont elle me peut Benir: fors tant que ie cuide que elle me soit prise par Bne paour que ie ay eue nouuellement: & si ne scay pas certainement lequel est Benu lun de lautre ou la paour du malage: ou le malage de la paour car tout me est Benu en Bng termine pour ceste chose Bous ay ie mande. Et cest le conseil q̄ ie Bous ay dit donc ie auoie si grāt mestier Si Bous prie que Bous y mettez conseil pour dieu auant: et pour monseigneur le roy apres & pour les Bos grans honneurs & a prez pour gaignier a Bng tel homme comme ie suis. Atant se taist gallehault. Et lors prēt la parolle Bng des sages clers de moult grāt aage q̄ auoit nom maistre helpe le tolousain Sire fait il de ceste maladie ne trouuerez Bo⁹ pas legierement qui Bous conseille se elle ne estoit mieulx declairee quelle nest: car il auiēt maintesfois que le cueur seuffre aucune maladie ou nulle mortelle medecine ne pourroit auoir mestier & en ceste conuient mettre la medecine de nostre seigneur sicomme prieres aumosnes & ieusnes & acointement de religieuse gent. Or y a Bne autre maniere de maladie q̄ len peut mediciner par terriennes oeuures / car quant le cueur est malade de deul ou de ire pour aucune honte qui au corps a este faicte pour prendre Bengance du forfait. Sicomme sen Bous auroit Bne honte ou Bne Billennie faicte le cueur ne seroit iamais aise deuant quil se seroit Bengie de la honte ou de la Billenie qui faicte lui seroit cest honte pour honte: & lors seroit le cueur Bengie du Benin & de lordure qui dessus lui gesoit / car le cueur cest la plus franche partie & la plus nette qui soit au corps de lomme il prent sur lui toutes les hontes & tous les maulx que le corps peut auoir, ne le corps ne est que seullement maison du cueur ainsi cōme la maison est hōnouree pour Bng preudōme est elle aussi hōnie pour Bng mauuais homme Et quant le corps a este hōny et le dengie ia si tost ne sera gary comme il loublie mais toutesfois le cueur demeure tousiours malade & est tousiours la honte deuāt lui ou il se mire souuent: ne iamais gary ne sera deuant quil se soit acquicte ainsi comme ie Bous ay cy deuant declaire. De celle force & de telle pouissance est le cueur. Mais or Bous di tay ie la troisiesme maladie dont ces legieres gens sont aucunesfois entechiez & de ce auient telle force que sen ny peut nulle medecine trouuer. Cest le mal de amour car amour est Bne chose qui Bient de debonnairete de cueur par le pourchassement des yeulx et des oreilles. Et quāt le cueur est de ces deux entechie & quil est en lamour entre du tout & il lui auiengne chose q̄ tiēgne du tout en tout nest pas legiere chose de retourner car quātil a sa proie attaincte si lui conuient il e̅ aussi grant prison gesir cōme se il auoit du tout failli fors que tant que en ceste prison la ou il est ainsi detenu lui auiēt Bng petit alligement et Bne ioye comme de ouir les doulces parolles les bonnes nouuelles & la bonne compaignie de ce quil a tant desire car comment que le corps sente le cueur ne a sinō loupe, & le Beoir parmy toutes les ioyes et les plaisances quil a assez de maulx et de

premiere

douleurs car il ya couroux souuent et esmoy de perdre la chose eu monde que il ayme plus icelui a paour de faulce achoison ce sont les douleurs que le cueur sent parquoy il ne pourroit Benir a garison/ores Bous ay deuise les troys maladies du cueur: si garist len de la premiere par aumosnes et par oroisons come de son ami charnel quant il est en orage ou en prise de mort/et la seconde maladie pour rendre hote pour honte mais la tierce maladie est plus perilleuse/car maintesfoys auient que le cueur ne querroit nulle garison se il la cuidoit trouuer par ce ne peut fin cueur a paine auoir garison de ceste malladie/car il ayme plus le mal q̃ la sante: et pource que Bous dictes que Bous estes malade de mal du cueur: pource Bous ay ie troys maladies deuisees que Bous ne pouez estre malade que ce ne soit lune des troys/ mais or nous declairez Bostre mal et coment Bous le sentez et se il est tel que nulle force de clergie y puisse auoir mestier ne donner conseil Bous en aurez conseil sans demourance/car il ya ceans des plus preudomes du monde ne q̃ soient deca la mer de bretaigne et esprouuez de bonne Bie et de clergie. ☙ De dieu me conseille beau maistre fait gallehault ie Bous croy bien car se ie ne Bous oroie iames plus parler que de la merueille q̃ Bous auez cy declaree si me metra ie sur Bous du tout mon conseil ou de ma mort ou de ma Bie et ie Bous deuiseray ma Bie et come elle est auenue premierement et a ces aultres apres/mais Bous me iurerez sus sains que Bous a Bos pouoirs me conseillerez et que Bous me en descouurirez la Berite et que ne men celerez riens de quanque ie Bous en querray ou soit mon deul ou soit ma ioye.Lors lui ont iure sur sains ainsi comme il leur eut deuise et il leur dist. ☙ Seigneurs ung songe ma si espouante que ie songe auant hyer par troys foys Lors leur deuise ainsi come Bous auez ouy autres foys. Quant ilz loupret si sen merueillent moult durement et dit cy a moult estrange songe Lors parle maistre helye et dit Sire a si grant chose ce conuiendroit il giant conseil et giant loisir pour scauoir a quel chief il pourroit Benir pource si couuient que Bo[us] nous donnez respit de Bos songes a Bous exposer/ car il nya eu siecle philosophe plain de si grant

sauoir qui ne eust assez a astudier sur ceste chose. Lors leur demande gallehault quel respit ilz Bouldront auoir/et ilz demandent respit iusqs a neufiours et il leur octroye par conuenant que lors sans plus de respit lui en diront ce quilz auront trouue et ilz lui promettent aussi. A tant sen departent de la chambre et toute foys approche le terme du iour que gallehault auoit faicte lassemblee de ses barons: et aussi sont les clers en grandes pensees de ceste chose en sercher si ont Beues maintes merueilles et maintes forces sur ceste chose, et ont Bient au neufuiesme iour se mistrent tous ensemble et dist chascun a maistre helye ce quil auoit trouue, car il estoit le plus sage de eulx tous. Lors les fist gallehault Benir deuant luy et leur demande quilz ont trouue. Le premier dist quil ne auoit nulle chose trouue qui a la Berite de ce songe deust appartenir/ ainsi fait gallehault ne le Beulx ie mie laisser/ donc ne me iurastes Bous mie sur sains que Bous me diriez la Berite de quanque Bous trouueriez sans riens celer: ainsi come Bous le iurastes ainsi Bous en acquictez ou ie Bo[us] tendray pour pariures. Lors dist celuy qui premier auoit parle quil auoit Beu en son premier enserchemēt Bne grande merueille/ car cest Bne merueilleuse aduision et si Bous diray quelle ie Bop op e Benir deuers les isles de occident Bng grant dragon a grande copaignie de bestes/ et deuers les parties de orient en auoit Bng trop beau couronne et auoit trop grande compaignie de toutes bestes/ mais il nen auoit mye tant come celui de deuers occident. Lors heurtoient ensemble les Bnes bestes contre les aultres si en auoient le pouoir ceulx de deuers occident/quant Bng liepart descendoit de dess[us] Bne grande montaigne fier et orgueilleny si sen tournopent toutes ceulz de occident et sen fuyoient toutes deuant luy tant come ilz pouoient mais il les ataignoit bien/et si tost come il estoit Benu si les arrestoit toutes par son corps. Et le dragon qui estoit maistre des autres bestes si Benoit au liepart et lui faisoit tant grant ioye comme il pouoit: ainsi comme Bne beste scait faire a lautre et maintenant sen alloient tous ensemble en orient la ou le dragon couronne estoit si baisoient lung le col a

lautre: et le couronne alloit par dessus lautre
& aussi faisoient les siênes bestes. Itant en vy
mais ie ne peuz oncques encerchier qui estoiêt
les deux dragons & le lieppart. Or me dictes
sur vostre serement se vous y vistes plus. Oy
ie vy que le grant dragon qui tant auoit force
qui se stoit humilie vers le lieppart en la terre
donc il estoit venu & longuement estoient en-
semble tât que le lieppart se partoit. Lors rema-
noit le dragon moult courrouce tant quil en
prenoit la mort. Tout ce viz ie mais plus ne
me dura la vision. Atant se teust que plus ne
parla. Si estoit moult bon clerc & auoit nom
maistre boniface le rommain. Lors fut galle-
hault pensif vne grant piece & fut longuemêt
ainsi comme en pasmoison sans mot dire. Et
quant il a este si pensif si a parle lautre clerc q̃
empres lui estoit & auoit nom maistre dimas
& si estoit ne de radol en hôguerie. Dictes mai
stre fait il q̃ vous auez trouue. Et il dist tout
autel comment lautre auoit dist mais ie scay
bien fait il q̃ le dragon couronne fut monsei-
gneur le roy artus & vous feustes celui de de-
uers occident mais ne ie peuz ôcques sauoir q̃
celui estoit qui semblâce de lieppart auoit mais
tât scay ie bien quil sera de vostre compaignie
& de la sienne si vous vouldroie prier q̃ vous
me en quittissiez atant quil ne men conuenist
pl⁹ dire. Ce ne peut estre dit gallehault mais
dictes oultre. Je dis fait il q̃ en la fin ne mour
rez vous mie sinon par lui. Ainsi le conuient
estre ou ie ne croirap iamais chose que ie sache
de clergie. Ainsi dist celui: & dist quil nauoit
plus trouue. Aps parla vng autre qui moult
estoit sage & dist tout autel comment celui a-
uoit dist. Et ce mesmes disdrent tous iusq̃s a
sept. mais le septiesme dist plus: & celui estoit
ne du royaume de logres de vng chasteau qui
estoit a six lieues aglesches pres dillec q̃ mer
lin appella la gue des bucz, la ou len disoit q̃
toute sapience descendoit. Quât la fin appro
choit ce chasteau auoit nom fin du nort. Et le
clerc auoit nom maistre perroine & par lui fu
rent les prophecies de merlin aprises et mises
en escript. Et se fut celui qui la premiere escole
en tint a moefford qui vault autant côme gue
des bucz. Celui perroine estoit de to⁹ les sept
ars & doctrine mais plus auoit mis son cueur

en astronomie pource que elle aguise lentende-
ment de lomme a scauoir des respocailles
choses que faictes sont de celles qui sont a a-
uenir. Quant la parolle des sept fut remise
si commença a parler & dist a gallehault. Si
re nous auons estudie sur vostre songe tant q̃
nous en saudz ce que nostre sens nous en peut
faire sauoir. Et vous auez bien oup parler ces
bons clercs qui dient que lun de ces dragons
fut monseigneur le roy artus & vous lautre &
du lieppart vous en diray ie ce que ien scap. Il
est vray q̃ le lieppart est vne fiere beste la plus
du mônde qui soit apres le lyon & qui plus peut
nuire & par dens & par ongles et par legierete
de corps. Et par ce lieppart est signifie le che-
ualier qui fist la paix de vous & de mônseignêur
le roy artus & y parust quant il fist vos gens
humilier enuers les siens. Et ainsi que nulle
beste nest plus fiere que le lieppart fors le ly
on aussi ne peut estre nul meillent cheualier/
fors que vng seul mais il est vng meilleur ou
sera. Et bien sachiez quil fut filz au roy qui
mourust de deul. Ce stoit le roy ban de benoic
Et sa mere a eues au cueur toutes les doul-
leurs q̃ fême nulle pourroit auoir en ce monde
Celui est le lieppart que vo⁹ vistes en vostre
songe qui estoit vng de ceulx qui en vostre cô
paignie estoit. Et si iay veu vne autre chose q̃
vous tollist en vne heure de iour le iouer et en
vne autre lonneur: & en vne autre heure de iou⁹
vous ostera la vie se vous ne enestes rescous
par le serpêt qui la moitie des membres vous
tollist. Et sachez que le serpêt est la royne ou
vne des damoiselles qui est entour elle. Tât
vous en dis car plus nen scap. Apres celui par
la le neufiesme: & celui estoit de coullongne ne
moult sage clerc. & auoit nom maistre abatin
tes. Sire dit il a gallehault maistre peroine
a moult bien dit: & vous a demonstre vostre sô
ge declairement & deliureement: mais pource
que chacun conuient acquiter son serment vo⁹
diray ie vng peu de chose plus que les autres
ne vous ont dit. Jay trouue quil vous conuient
passer par vng pont de quinze planches. Si
tost comment vous aurez passee la derraine
plâche si vous conuendra saillir en leaue qui
est noire roide et parfonde donc nul nen pour
roit retourner: car les plâches vo⁹ serôt ostees

premiere

si tost cõme vous serez sailliz en leaue si prez au fons sans reuenir et par ce scay ie bien que cest le terme deuise de vostre vie/ mais ie ne scay pas certainement se les planches signifient vng an ou chascune vng moys ou vne sepmaine ou vng iour/ mais par vng de ces quatre termines se cõuient a signifier/ et nõ pourtant ie ne dy mie que vous ne puissez ce termine passer/ car ie vy en mon estude que le pont duroit oultre leaue/ mais le tiepart que vous veistes en vostre songe estoit lups des planches ainsi me est aduis sans doubtance q̃ elles y pourroient estre mises par ceulz qui les osteront. De ces parolles fut lancelot moult esbahy et gallehaut trop. Lors parla maistre helye de toulouse q̃ estoit le disieme et le pl9 sage de toutes choses. Sire fait il a gallehault vous auez ouy tous les plus sages clers de bretaigne et se cõseil y peut auoir mestier. Vo9 estes lomme du mõde qui gregnieur mestier en a et vous auez bien ouy par quelle achaisõ vous mourrez mais vous nen scauez encores le droit terme et si ne trouueres vous qui le sciegrement le vous die/ car nul cueur de homme mortel ne pourroit estre de si cler sens que il vous en peust dire la verite de toutes les enserches q̃ sen feroit/ car la diuine escripture nous dit que les iugemens nostre seigneur sont si secretz que mortel cueur nen peut nul sauoir/ ne mortelle langue nen peut riens dire et par force de clergie que dieu seuffre a auoir a n9 qui sõmes formez en sa semblãce apperceuõs nous les escriptures dictes les auantures des gens qui aduiennent: non pas de toutes gẽs mais de vne partie/ car nul ne pourroit tout sauoir fors celui qui peut tout sauoir. Maistre fait gallehaut ie croy bien que tous ces autres me dient voir de ce quilz en scauent et que bien ont acquite leur serment/ mais de vous ne ay ie mie ouy ce que vous en scauez et plus en desire a sauoir vostre conseil que de tous les autres/ car ie vous deiz bien des auant hier que ie me mettroye auãt sur vostre loyaute/ de tout le cõseil de ma mort ou de ma vie que ie ne feroye sur to9 les aultres car nul ne me sauroit mieulx dire que vous et pource vueil ie q̃ vous me diez verite de ce que vous auez en serche de ceste besoigne et quant vous me aurez dit ce q̃

vous aurez trouue il me cõuiẽdra a pour suyute le conseil que dieu vous aura enseigne/ si soit tout en la voulente nostre seigneur/ car en contre lui ne put resister nulle force. Sire fait le maistre de tant cõme me croyez plus de tãt seriez vous plus couroucé se ievo9 disoye ch9 se ou vostre dommage feust et plus ioiculx se vous oyez dire vostre preu/ pource fault il mieulx que vous vous en souffrez a tãt cõmẽt vous auez ouy. Dictes fait gallehaut tout surement car vous nen pouez dire pires nouuelles que de la mort et de ce scay ie vne partie. fait le maistre ie parleray a vous auant a cõseil et si sera si priueemẽt que ceans ne demourera vng ne aultre/ fors cõmande lui mesmes aux clers quilz sen voysent et ilz sen vont que nul ne demeure. Et gallehaut lui dist maistre voulez vous que cestui mien ypoinz soit auec moy fuit il de lancelot. Sire fait le maistre: quant len veult a homme sa playe medeciner len ne doibt pas attourner a son cueur si cõme il voudroit/ mais si cõme la garison se requiert et pource cõuient il que vous sachiez ce que ie vous enseigneray ou vous ne me tendrez pas pour vostre maistre ne ie ne voul droye en nul le maniere que nous feussons trope a leure q̃ ie le vous diray/ si scay ie bien que vous ne voul driez riens sauoir que cest cheualier ne sceust mais telle est ores ma voulente que nul ne sera a ouyr ma parolle fors vous et moy. A tant se taist le maistre/ et gallehaut regarde lancelot et il se lieue maintenant et va hors de la chambre si dolent et si angoisseux quil ne scait nul conseil de son cõfort si se mist en vne chãbre et ferma lups apres lui et fait vng duel trop grant/ car il souspeconne bien que gallehaut ne attent a mourir si non par lui/ ainsi fait lancelot son deul. Et maistre helye appel le gallehaut en la chambre et lui dist. Sire ie cuide que vous estes vng des sages princes de tout le monde si vous scay bien a dire voir se vous auez follies faictes ce a plus este par bõte de cueur que par faulte de sens si vous apren dray vng petit enseignement moult proufitable que ia deuant homme ne fẽme que vous auez ame de bonne amour ne dictes a vostre esciẽt chose dõt sõ cueur soit a malaise car chas cun a sõ pouoir se doyt pener de destourber si re

partie

¶ Le courroust de la chose ql ayme pour ce cheualier le die qui de cy sen va/ car ie scay bien q̄ vous sayme3 de si grant amour comment il peut auoir entre deux amis lo paulp si vous sissie3 bien ql feust a vostre conseil ¶ ce ne eust pas bien este car il eut oup telle parolle dont il eut eu honte et douleur au cueur si le portast as se3 plus pesaument que vous ne ferie3. ¶ non pourtāt vous ne aymerie3 mie mains sa ioye ¶ son preu ql feroit: mais en vostre cueur a as se3 plus de sens et de raison quil na au sien. ¶ Maistre fait gallehault il me sēble que vous le cōgnoisse3 bien a ce que vous en dittes ¶ Certes fait le maistre ie le cuide congnoistre sās ce que ie saie aprīs par homme qui viue fors q̄ iay oup dire quil sist la paix du roy artus ¶ de vous ¶ cest le meilleur cheualier qui or endroit soit. ¶ cest le liepart que vous vistes en vostre songe que nous vismes en nostre encerchemēt ¶ Beau maistre fait gallehault donc nest le ly on de greigneur pouer que le liepart et de grei gneur sauoir. ¶ oy fait il. ¶ Donc dis ie ql ne est mie le meilleur cheualier du monde car sil le feust il neust mie sa sēblance de liepart mais de lyon. ¶ En verite fait le maistre plus subtis lement en aue3 parle q̄ mains autre neussent fait si vous respōdray sellon raison si q̄ vous la saure3 bien entendre. Je cuide ¶ croy ql soit le meilleur cheualier qui viue: mais il en sera vng meilleur q̄ lui. Ainsi le dist merlin q̄ par tout est vray disant. ¶ Maistre fait gallehault saue3 vous comment il a nom. ¶ De son nō dit le maistre ne scay ie riens car ie ne say pas en cerchie. ¶ Comment donc fait il poue3 vous sa uoir quil sera vng meilleur cheualier q̄ cestui ¶ Je le scay bien fait le maistre/ car il acheuera les auantures de la grant bretaigne: et sera le meilleur cheualier du monde ¶ aura se derres nier siege de la table ronde. ¶ Cestui a escript la signifiance du lyon ¶ si ne saue3 comment il a nom. ¶ Non fait il. ¶ Donc ne voy ie pas fait gal lehault que vous puissie3 sauoir comment ce stui nacheuera pas les auantures de la grāt bretaigne. Je scay bien fait le maistre que ce ne peut auenir car il est tel ql ne pourroit auenir a lauanture du saint graal ne a lacheuement des auantures ne acomplir le siege perilleux de la table ronde ne oncques cheualier ne se y

asseist ql ne p̄prenist la mort ou le meshaing du corps. ¶ Haa maistre fait gallehault quest ce que vous dictes il nest nulle bonte q̄ en che ualier puisse estre q̄ en cestui ne soit assise. ¶ Cō ment dictes vous quil ne pourroit auenir a la uenture du saint graal. Bien saichie3 q̄ cestui oseroit plus entreprendre que nul autre cheua lier. ¶ Tout cecy ne a mestier fait le maistre: et si vous diray pour quoy. ¶ Cestui ne pourroit recouurer les tesches que celui aura qui les a uantures du saint graal acheuera: car il con uient quil soit tout premierement du commē cement iusques en la fin vierge ¶ chaste ¶ si en tierement ql nait amour a dame ny a damoi selle. Et ce ne pourroit pas cestui auoir: car ie scay plus de son conseil quil ne cuide. ¶ Quant gallehault lentent si rougist tout de honte/ et dist. Beau maistre pour dieu cuide3 vous q̄ celui qui emplira le siege de la table ronde soit meilleur par bonte darmes que cestui ¶ De ce fait le maistre ne doubte ie point que nul peut par armes cestui valoir. ¶ Si vous diray que merlin en dist q̄ riens ne nous a encores men ty iusques cy. ¶ De la chābre fait il au roy mes haignie deuers la gaste forest de la fin du roy aume de listes vendra la merueilleuse beste q̄ sera regardee a merueilles es plais de la grā de montaigne. ¶ Ceste beste sera diuerse de tou tes autres bestes: car elle aura teste ¶ viaire de lyon corps de oliphant ¶ autres membres: si aura nombril ¶ rains de pucelle vierge et ente rine. ¶ Si aura cueur dacier dur ¶ serre. ¶ Si ne aura garde de flechir ne de amolier. ¶ Si aura parolle de dame pensiue ¶ voulēte de droit iu gier. ¶ Telle maniere aura la beste: ¶ deuāt lui sarresteront toutes les autres ¶ feront vope/ ¶ lors demourront tous les enchantemens de la grant bretaigne ¶ les merueilles peril leuses. par ceste beste poue3 vous entendre le cheualier qui assouuira les auātures. par la teste poue3 vous sauoir que nul ne sera de sa fierte car nulle beste na si fiere regardure com ment le lyon. Et par le corps poue3 vous sa uoir que nul ne pourroit soustenir les fais de armes quil soustēdra: car nul corps ne pour roit soustenir ne nest de si grant force comme loliphant. Et par les rains et par le nombril poue3 vous sauoir quil sera hardy ¶ entrepnāt et ſans couardiſe et ſans paour et ſi parlera pou de ce quil reſſemblera a fame penſiue/ ſi pouez ſcauoir que a ſes parolles et a ſes proueſſes ſerõt neant toutes les autres proueſſes des autres preux. Certes fait gallehault de grant proueſſe ſera celui a qui les proueſſes de ceſtui cheualier ſeront neāt: ne ie ne cuide mie quil peuſt eſtre meilleur cheualier/ mais ores me dictes ſe vous ſcauez nulle aultre proueſſe que de ceſtui propheciee/oil fait il. merlin dit q̃ de la roche au roy mehaigne qui de deul mouroit et de la royne douloureuſe iſtroit vng merueilleux liepart lequel ſera ſi fier hardi et courageux qui paſſera toutes les autres beſtes q̃ en bretaigne auront fierte ſemenees & ſera ſur tous les autres gracieux delicieux et deſire et ſe vous ſcauez qui fut le pere de ce cheualier q̃ decy ſen va don: pouez vous bien ſcauoir legierement ſur qui la prophecie cherra car il a paſſe tous ceulx qui en la grant bretaigne õt porte armes. Je ſcay bien fait gallehault que ſõ pere fut mort de deul et fut roy du royaulme de Benoic et ſa mere fut la douloureuſe royne cõme celle qui perdit en vne ſeulle heure toute ſa terre ſon ſeigneur le roy et ſon filz qui encores eſtoit eu berceau/ daultre part ſcay ie bien q̃ ceſt cheualier eſt plaiſant et gracieux ſur tous autres et plus eſt deſire a acointer q̃ nul de proueſſe a il tant quil doibt eſtre appelle liepart des cheualiers: et moult plus ſcauez qui il eſt que ie ne cuide ſi voy bien que vous eſtes de tous les clers la fleur auſſi cõe lor eſt de tous metaulx la fleur mais pour dieu dictes moy encores des prophecies merlin car moult volentiers les eſcoute ſe il en ya nulle que võ? apres eſprouuee qui ſur moy doye cheoir. Ouil ſire fait le maiſtre merlin nous dit que devers les iſles de orient eſchappera vng merueilleux dragon ſi en pra volant par toutes les terres a deſtre et a ſeneſtre et trembleront tous deſſoubz ciel ſur qui viendra: ainſi volera iuſques au royaume de logres lors ſera ſi grant et ſi bien fourni quil aura trente teſtes toutes dor plus belles et plus riches que ſa premiere teſte/ toutes terres ſe ombriront ſoubz lui et ſoubz lombre de ſon corps et de ſes aelles/ et quant il vendra eu regne auantureux et il aura pres du tout cõquis ſi lui deſcendra le mer

ueilleux liepart et le boutera arriere et le mettra en la mercy de ceulz quil auoit ſi approuchez de conquerre et apres ſe entreameront tãt entreeulx deux quilz ſeront tous vne meſme choſe: et ne pourroit durer lung ſans lautre. Quant le ſerpent au chief dor trairoit a ſup celui liepart par ſon grant ſens donneroit la mort au dragon par le deſſeurement du liept qui lui touldroit ſa compaignie pour luy ſaduler.

En ceſte maniere fait merlin mourra le dragon et ie ſcay bien vrayement que ce eſtes vous et le ſerpent qui le vous touldra ce eſt ma dame la royne qui le cheualier amera tant que nulle dame peut plus aymer et ſi ſachez vous bien que ſe vous aymez le cheualier de telle amour que voſtre cueur ne ſen puiſſe ſouffrir. Certes maiſtre fait gallehault le ſouffrir feray ie bien en lieu et en temps/ mais a touſiours ne pourroit eſtre car iay en luy ſi durement miſe mon amour que nul hõme ne la miſt oncques ſi durement en hõme eſtrãge ſi ne voy ie mie cõment il me puiſſe donner la mort ſe p̃ la ſienne mort ne la preng/ mais apres ſa mort ne cuide ie pas que ie veſquiſſe. car il ne me demourroit en ce ſiecle nulle riẽs pource cuide ie bien que ie ne pourroye pas apres lui viure mais de vne choſe me merueille trop de ce que vous auez dit de la royne/ car il ne penſe ſi cõ ie cuide ne a dame ne a damoiſelle et ſe il y penſoit ie le ſauroye maintenãt. Je ſcay bien fait le maiſtre eñ ſi cõ ie le congnoys a auenir quant elle y mettra paine et oeuure ſi cuide mieulx que lũg et lautre lui ait ia miſ que elle ſoit a mettre. ſachiez que vous verrez encore de gregnieures merueilles auenir que vous veiſſiez oncques en voſtre tẽpz/ car ma dame eſt appelee de vng des faitz blaſmes q̃ oncques fut mis ſus nulle dame ſi cuide mieulx quil lui ſoit aduenu pour le peche de ce q̃ elle a empriſe a hõnir le plus preudõme du monde que pour nulle coulpe que elle ait de ce blaſme donc elle eſt reſtee: ceſt la parolle pour quoy ie feiz ſaillir le cheualier hors de ceans que vous aymes tant/ car ie ayme mieulx q̃ vous me ayez ouy dire villenie de elle que lui meſmes leuſt ouy dire/ car ie vous cõgnoys ſi apreudõme a ſi ſage que toutes les choſes

partie

que ie vous ay dictes seront par vous bien ce-
lees. Si vous prie pour l'amour et sur la foy
aussi que vous avez q̃ ma dame ne sache cho-
se que ie vous ay dicte qui a sa honte doie tour-
ner ainsi que vous vouldriez que ie vous cela-
sse se vous me eussiez dit car iay icy dictes tel-
les choses qui me seroient tournees a hayne et
a honte ¶ ie ne y ay pensé ne a lun ne a lautre.
Haa beau sire fait gallehault de ce ne me con-
vient pas duire car il nest nulle chose qui a ce
ser face se vous me lauiez dicte a conseil q̃ ia en
auant soit comptee sinon par vous. Et dau-
tre part a tousiours me souuendra de lensei-
gnement q̃ vous mauez fait q̃ iamais a homme
ne a femme que iayme de tresgrant amour ne
die chose a escient donc ie le cuide courroucer. se
ne vouldroie celer sa honte et son dommage si me
auez tant apris que ie doibz celer ceste chose en-
uers ma dame pour vostre dommage et a mon
compaignon que iayme tant pour son courtoys
car ie congnois tant son cueur que sil savoit q̃
parolle feust de lui et de la royne il ne seroit ia
mais veu en sa maison au roy artus car il ny
entent nulle chose que a honte soit tournee ne
nul cueur de homme ne craint tant honte com-
ment le sien. Or laissons ces parolles dit le
maistre et bien se prouueront les choses mais
vous auez beau dire ce que vous dictes mais
ie scay bien grant partie comment il est. ce poi-
se moy que tant en scay puis quil ne peut estre
autrement: mais ainsi comme vous vous mi-
stes sur moy de vne grant chose aincois q̃ sur
vng autre clerc aussi vous ay ie dit telle chose
que ie ne vouldroie pour nulle chose auoir dit
a la royne ne a vostre compaignon. Beau mai-
stre fait gallehault bien mauez monstre raison
de toutes les choses q̃ vous dictes. mais pour
dieu et pour lame de vous or me conseilliez de
la chose du monde que plus ie desire a sauoir
cest du pont aux quinze planches q̃l me quient
passer: car le maistre dist bien que chacune pla-
che signifioit vng an ou vne sepmaine ou vng
moys mais il ne sauoit pas sur laq̃lle de ces
trois choses la signifiance deuoit cheoir. Et il
me semble que men saurez bien a dire toute la
verité. En ce fait le maistre ne vous chaille ia
a mettre peine car il nest nul homme abandon-
ne a la vie du siecle sil sauoit le terme de sa vie

quil ne peut oultre passer que iamais peust a-
uoir ioye ne aise car nulle chose nest tant espou-
entable comme la mort. Et puis que la mort
du corps est tant doubtee len deueroit bien de la
mort de lame auoir grant paour. Maistre dit
gallehault par la foy que ie doibz a vous pour
ce que ie vouldroie la mort de lame escheuer vo
demande ie le terme de la mort du corps/ car
ie me vouldroie bien garnir encontre se ie pou-
oie pour escheuer la paour de celle que trespas-
ser me conuient. Et sachez quelque doulleur q̃
le corps ait lame se dieu plaist en soit ioyeuse/
car ie me peineroie plus de bien faire et plus me
en chastieroie que se ie deuoie viure mon droit
aage, car moult ay fait de mal en ma vie tant
de villes destruire et de gens occire essillier et
desheriter. Je scay bien fait le maistre q̃ vous a
menderiez voulentiers vostre vie car nul hom-
me q̃ tant ait conquis terre q̃ vous auez ne pour-
roit estre sans tresgrant charge et en ce point vous
pourroit grant bien auenir de sauoir le termi-
ne de vostre mort mais que vous voulsissiez
grant peine mettre de vostre ame sauuer mais
il y a trop grant peril qui de cecy pourroit aue-
nir et ia est auenu en aucun lieu: car nous trou-
uons que en la terre de touscane auint quil y
eut iadis vne moult riche dame qui long temps
eut este de moult folle vie. En celle terre pres
de elle auoit vng moult saint hermite qui me-
noit religieuse vie en vne parfonde forest. La
dame fut accointee de lui et souuent le vint veoir
et tant lui dist de bonnes parolles que moult
amenda sa vie tant q̃l lui vint en auision q̃ el-
le ne viuroit que trente iour. Si la pria moult
et amonnesta de bien faire et q̃ elle sen effoʒast
de plus en plus: et lui descouurist q̃ a celui iour
estoit sa mort determine. Quant elle ouit le
iour si lui trembla la chair et effrea et eut si grant
paour que elle en oublia le sauuement de son a
me pour le dommage du corps elle follopa par
fiebblesse de desperance/ si se mist le dyable en
elle si tost comme la paour de la chair lui fist
oublier le sauuement de son ame.

Quant le bon homme le sceut si comens
ça a plourer trop durement et a crier mer
cy a nostre seigneur la ou il la tenoit entre ses
bras et lui pria q̃ il ne souffrist que dyable eut

pouoir en la pecherresse quil auoit appellee en son seruise. et dieu qui est tout appareille a secourir ceulx qui de bon cueur se prient entendit la parolle du preudomme et descendit vne voix en la chappelle qui lui dist que dieu lui auoit donne le don quil luy auoit requis et des maintenant quil toucheroit a elle et elle seroit garie. Le bon homme vint la ou elle estoit et elle coměca a crier si tost cõe elle le vit et ce faisoit le deable qui ainsi la destraignoit pour la venue du preudomme/ mais si tost come il eut fait le signe de la croix sur elle et il eust a sa chair touche si sen yssit lennemy criant et vlsant si que toute la terre trembloit et tantost comme la dame fut en son sens reuenue si se recorda q̃ par diuersitez lui estoit auenu si guerpit le siecle du tout en tout et sist rongner ces belles treches et vestit robe de religion et se en alla en la copaignie de vne fame de religion en vng hermitage en vng hault tertre entre deux roches illecquez couersa iusques au terme de sa mort. Or pouez veoir q̃ moult a haute chose en doubtance et moult a en desesperance vile chose/ car si tost comme elle se desespera si fut vuyde du saint esperit et plaine du deable: ainsi affondra saint pierre si tost cõe il eut paour. Tel est le peril qui peut aduenir a hõe de sauoir le iour de sa mort pource ne se dopt nul mettre en grant/ car la chair est plaine de mauuestie si que elle chiet en paour et de la paour du corps en desesperance pource est telle mien conseil que vous laissiez a ensercher les follies et ainsi cõe dieu plaira, de vous si soit et pensez aussi de bien faire cõe se vous sauiez que vostre vie ne durast que trente iours. nayez ia paour de desesperance. Je ne suis pas content dist gallehault se vous ne me dictes ma mort/ car ie nay pas en moy tant de paour de creãce aincoiz meen deuroit estre moult beau que ie sceusse leure et le termine que ie le tenisse/ car dieu ma souffert iusq̃s cy a auoir plus de honneur et de richesse que nul ne eut oncq̃s de mon parage ne qui feust de plus hault lignage que ie ne suis pource me est il aduis q̃l me amera quil me seuffre a hair le delict du siecle. et entendre a la ioye qui ia ne fauldra/ et de tant cõme ie seray plus prez de ma fin de tãt me penseray ie plus de lautre pourchasser:

pource si vous pri que vous me conseillez selõ ce q̃ vous en sauez a celle fin que ie pourchasse sauuement de mõ ame/ car ie me suis mis du tout en vostre cõseil. Or gardez dõc selon le peril de vostre ame q̃ vous me conseillez a droit: et que ne me eslongnez par parolle se terme de ma vie pour moy faire plus ioyeulx car sachiez ie en seroye plus pereseeuy de bien faire et en me en disant la verite me pouez vo⁹ sauuer. Lors cõmence le maistre a plourer et dist. Sire puis que vous vous en mettes du tout sur moy si ne peut auoir nulle essoigne q̃ ie ne vous en die la verite/ si men est beau en vne maniere et en vne autre me y poise iamais ne deust mourir vng tel preudomme comme vous feussiez se vous vesquissiez par aage et non pourtant ie ne vous diray ne iour ne heure que vous doyez mourir/ car ie ne treuue nul terme que vous ne puissez repasser par bien faire et que ne puissez estre acourcie par follemẽt errer et sil aduenoit chose que vous ne puissiez ce iour respasser q̃ ie vous auroye dit sen men pourroit tenir a menteur pource ne vous diray ne lung ne lautre. et non pourtant ie vo⁹ monstreray tant que vous ne pourriez repasser le iour si non en vne maniere et si le pourriez bien acourcer Lors se dresse le maistre (va a lups de la chapelle qui estoit luisant & fraiz si y fait quarante cinq rayes de charbon toutes noires chascune fut de la grandeur de vng denier et sur ce escript lui mesmes de charbon/ Cest la signifiãce des ãs. apres fist dessoubz celles quarante aultres plus petites lettres q̃ disoient cest la signifiãce des moys & dessouz celles en fist autant qui disoient cest la signifiance des sepmaines. et par dessoubz aual aultres q̃ disoient cest la signifiance des iours et quant il eut ce fait si dist a gallehaut Sire veez la signifiance des quarante planches q̃ vous furent deuisees en termine de vostre vie et par ce saurez a quoy elles sont signifiez ou ans ou moys ou sepmaines ou iours. Lors luy monstra les quatre sortes de lettres quil auoit faictes et pourtraictes eu mur et deuisa que chascune signifioit puis lui dist Sire ne vous esbahissez de chose nulle que vous voyez/ car ie vous monstreray vne des grandes merueilles que vous veissiez oncques/ car se

partie

elles roelles la sus amont demeurent entieres si comme elles sont vous viures. pl'b. as et se nulle en fault autant en fauldra de brevie. et si les verrez effacier devant vos yeulx: et ainsi des moys et des sepmaines et des iours ne peut il estre que vous ny mettez au mains autant comment il peut des planches.

Adant a pris en sa main ung petit liuret et quant il la ouuert si appelle gallehault et lui dist. Sire veez cy ce liure par dedans et si se sens et la merueille de tous autres coniuremens qui soient. par la force des parolles qui sont en ce petit liuret sauroie toutes les choses dont ie me doubteroie se ie y vouloie peine mettre si feroie arbres arrachier et terre crouler et eaues courre contre mont. mais sachez quil y a grant peril qui sen veult entremettre en lesprouuement. Quant monseigneur le roy artus ne peut trouuer nul de ses songes si corrurent tous les sages clers a ce liuret et rompirent une mienne aumaire ou il estoit: car ie estoie a celle heure a rome mais celui qui se prinst a lire ne se y sceust mie garder ne ne cognust mie le sens ne la force quil y conuenoit / par quoy il perdist les yeulx et le sens et le pouoir de tous les membres et se fut la endroit ou il vouloit sauoir qui fut le lyon sauuage et le mire sans medecine et le conseil de la fleur et pource vous chastie ie bien que vous ne vous esbahissiez de chose que ie vous monstreray car vous ne vistes onques si grant merueille comme ie vous monstreray. Si sachiez que au mains ne partirons nous ia sans grant paour. Lors vient a lautel et print une croix dor enluminee de pierres precieuses et une boitte ou corpus domini estoit si la baille a gallehault. et il retint la croix et lui dist. Sire tenez ceste boite car il y a dedens le plus sainctuaire qui soit et ie tendray le plus hault apres celui. ceste croix: et tant que nous laurons sur nous nous naurons garde de nulle mescheance qui nous auiengne. Lors se va le maistre appuyer sur ung siege de pierre et si ouurist le petit liuret et si commença a regarder dedens et leust tant longuement que le cueur lui commença a eschauffer et les yeulx lui commencent a rougir. Si lui descent une sueur du front tout contreual le visage et commence a plourer moult durement. Gallehault le regarde et lui

est auiz quil voie chose dont il nest mie aise, si en est lui mesmes tout effraye.

Tant a leu le maistre que tout est las et ennuye si se repose et quant il se fut ung peu si recommence a lire et tremble tout de paour. Lors ne demoura gaires que une grande obscurte vint leans si que len ny peut veoir goute non plus que se ce feust abisme: et une voix parla si hideusement que en toute la cite ne eut homme ne femme de qui elle ne feust ouye. De celle voix fut gallehault tout estourdy puis met deuant son visaire la boitte et se couche a la terre tout estendu puis print la boitte entre ses deux mains et la mist deuant ses yeulx car il nestoit pas asseur pour les tenebres qui se sont menees a la greigneur paour quil eut oncques mais. et se escrie lui a si estonne la teste quil ne oyt ne ne voit. Dautre part il dist maistre helpe tout pasme a terre. en my la chappelle: et la croix mise dessus son pis Lors faillent les tenebres et vit la clarte du iour si recueult le maistre de pasmoison et se plaint moult durement. il regarde tout enuiron soy: et demande a gallehault comment il lui est. Et il dist q ores lui est bien dieu mercy. Apres ce ne demoura gaires que la terre commença a trembler. Sire fait le maistre or vous appuyez a celle chaere car la chair ne vous pourroit mie soustenir des grans merueilles q vous verrez. Lors sappuye gallehault a la chaere et le maistre a ung pillier de pierre: et toutesfois tint la croix et gallehault la boitte et tantost il leur fut auis q toute la chappelle tournoit. Et quant elle fut remuee si regarde enuiron soy gallehault et vist illec pmy lupz q estoit bien ferme une main et ung bras comment il dure iusques a lespaule et fut tout vestu de une large manche de samit ynde: et trapnoit iusques a terre. et celle manche lui couuroit iusq oultre lecoute ung peu dillec en auant estoit vestu iusques au poing ainsi comme de soye blanche Le bras estoit long a merueilles et aussi rouge comme ung charbon embrase: et celle main tenoit une vermeille espee et degouttoit de sang vermeil des le pommeau iusques a la pointe Lespee vist tout droit a maistre helpe et fait semblant que elle le veuille ferir parmy le corps, et il mist la croix quil tenoit encontre. et quant il a ce fait il regarde que elle se depart de lui va tout droit a gallehault ⁊ il met la boiste en contre si comme il auoit veu faire au maistre tāt que en la fin se departit de luy si sen va au mur ou les rouelles estoient faictes de charbō et la se fiert en la pierre de tail et defface qua tre des rouelles en vne ptie de celles q̄ estoiēt demourees ⁊ quant elle eut ce fait si sen retour ne par my luy arriere si cōe elle estoit entree. Lors fut gallehault plus esbahy que oncques ne fut de nulle chose de la merueille q̄l a veue. Et quant il peut parler si dist a maistre helie Certes beau maistre bien me aues tenu coue nant, car iay veues les gregnieures merueil les qui oncques mais aduenissēt Tant aues fait que ie cōgnoiz apertement que encore iay de ma vie troys ans et plus / or si en suys as sez plus aise et sachez que mieulx en vauldra ma vie car oncques de mon aage hōme ne fist autant de bien cōme ie feray en ces troys ans mais de tant vous asseure ie bien que ia iour de ma vie ne feray beau semblant par quoy lē sen puisse apperceuoir aincoys me peneray plus de ioye faire que ie nay fait cy en arriere. Or sachez bien fait le maistre que iauoye grāt angoisse de vostre mort quant ie la vous mon stray par itel signe, et non pourtāt vous pour ries biē.x. terminer respasser mais il quidera q̄ ce soit par layde de la royne / et se vous pouez tant faire que cest cheualier demeure auec q̄ vous vous ne mourrez mie a celui terminee mais se pour sa compagnie perdre / mais ne y a fors de vous cōtenir bien tant que lēn voye comme les choses prendrōt fin et non pourtāt ne descouurez my vostre cōseil a ce cheualier ne a aultre / car seyne doibt pas a toutes gēs dire la verite de son estre. A tant ont fine leur conseil, il yssit de la chappelle / et gallehault fait moult belle chiere mais le maistre sēble bien hōme qui soit charge de trauail et de las chete

A Tant sen va gallehault en la salle trop ioyeux et treuue lancelot en la chambre ou il fait son dueil et quant il ot venir galle hault si sault sus et essuye ses yeulx qui sōt rou ges ⁊ enflez. Et gallehault demande mainte nant q̄ la ⁊ il dist sire ie nay riens, certes beau doulx compoins ne soyez de riēs en doubtan ce, car iay oup telles nouuelles dont ie suis

moult ioyeulx et vous en deuez auoir ioye car ie scay bien que vous ne estes a malaise si non de moy. Lors est lancelot moult aise de ce quil lui voyt faire si beau semblant et bien cuide q̄ voir lui dye. pour dieu sire fait lācelot dictes moy en quoy tourne la signifiance de quaran te cinq plances et quel fut le derrain conseil, pourquoy il me cōuīt yssir de la chambre / car ie souspesonne bien quil lui auroit dit de moy telle chose qui ne me feust pas bōne a ou ir si euz grāt paour et encore ne suys ie mye si asseur que le sage maistre ne sache aulcune chose de moy et de la royne. Vous ne fustes pas fait gallehault mye hors pource ne il ne y eut oncques parle de ma dame car les parol les ne appartiennent a lui et non pourtant il scait aussi bien qui vous estes cōme ie scay et si dist bien que vous feustes filz au roy mort de dueil et a la royne auy grandes douleurs, et aultres choses me dist il qui nappartiennent pas a vous / mais le derrain conseil pourquoy vous yssistes fut pource que ie me fiz a lui cō fez / car autrement se me dist il ne pourroys ie mie scauoir ce que ie lui requeroye si suis dieu mercy plus aise que ie ne estoye quant vous vous en issistes / car ie scay bien par maistre helye que les planches signifiēt que iay a vi ure quarante cinq ans de droit aage en la fin me dist que le serpent que iauoye songe q̄ me tolloit la moytie de mes membres que ce sera la mort qui me touldra charnel amy ne vous ne me veistes oncques nulle chose si apointe ve nir cōme ceste est venue et pource le croy ie bien de toutes les choses quil ma dictes car si tost cōme ie fu yssu du moustier ie encontray vng messagier qui me apportoit nouuelles q̄ ma dame de mere estoit morte cest le charnel amy que ie deuoye perdre : et se vous ne me eussez ia mes plus fait de bien que vous mauez fait de ceste chose si ne le sauroys ie mie priser / car ie feisse le gregnieur dueil du mōde ne iames a nul iour se ne feussiez vous ne eusse eu ioye / mais si tost cōme il me mēbra de vous ie eu le dueil oublie si ne auoye oncques riens tāt ame comme ma mere deuant ce que ie feusse acoin te de vous : et puis que vous voyez que ie suis venu en si bon point de toutes les choses dont ie me doubtoye bien deuez donc estre ioyeulx /

partie

Et il respont q̄ nulle chose ne se peut mettre ai se que ceste et que dautre nauoit il paour. Ain si se esforte gallehault par lui mesmes et fait plus belle chiere et plus beau semblant que il ne treuue ne en lui mesmes ne en son cueur/ ne il ne se fait sinon pour son compaignon mettre aise. En ceste maniere seiornerent en la cite de sornehault tant quil vint au iour quil auoit se mons sa baronnie. Quant vint la nuit que le parlement deuoit estre lendemain/ gallehault sceust que tous ses barons estoient venus si ap pelle lancelot a conseil en vne chambre et lui com mence a dire. Beau doulx compaignon ie vous ayme tant que ie ne vous pourroie riens celer Si vous dis sur la grant foy q̄ ie doy a vo stre compaignie car premierement ne scay nul pri ue conseil q̄ vous ne sceussiez aussi sil ne feust tel dont vous en eussiez deul et honte se vous seussiez sceu et dont vous neussiez eu le pouoir de lamender mais ce me aprint Bug mie mai stre sage homme en ma ieunesse que ie ne repor tasse riens a homme ny a femme dont ie cuidas se quil eust deul et honte et q̄ nous ne le puissons amender: ne sen ne doit pas son amy courrou cer ne dire chose ou il ne peut mettre amendement et telle chose par auanture puis ie bien auoir ce lee. Si vous diray pour quoy iay mise ceste pa rolle auant. Iay fait venir mes barons en ceste terre a iour nomme ne vous ne sceustes oncques pour quoy mais ie le vous diray: car sans faul te sans vostre conseil nen puis ie riens faire ne ne doy.

Il est vray que vous estes plus hault hom me de moy et plus gentil: car vous fu stes filz de roy et ie suis filz de vng poure prin ce et puis que vous auez fait de moy vostre com paignon et moy de vous le mien pource ne doy mie auoir seigneurie dessus vous: et sil auient escheance de richesse ou de honneur vous deuez auant prendre et moy apres: et ie vous diray q̄ le cho se iauoie empense ie me voulloie couronner a roy: et pource fis mes barons mander a ce iour mais en nulle maniere ne seroie roy se vous ne lestiez auant et ie vous donneray du mien la seigneurie que ie tiens si la vous vray ie cre ancer de tous mes barons et en aurez les sere mens et les feaultez quilz la vous aideront loy aument a garder encontre tous hommes q̄ co

tre vous en vouldront aller: et vous deurons autel honneur comme ilz feront a moy et serez couronne le iour de noel la ou monseigneur le roy artus tendra sa court. Lendemain si mou ueray a tous mes gens et vous a tout les vos pour conquerre le royaume de benoic dont le roy claudas de sa terre deserte vous desherita car trop auez demoure de vengier sa mort de vo stre pere et de vostre desheritement et les gran des douleurs q̄ vostre mere a eues et se nous y puissons trouuer le roy claudas il ne lui demou ra ne celle terre ne autre. Si vous seroit liure a faire sa iustice telle comme len doit faire de traiteur et de meurdrier. Et sachiez bien beau amp que oncques puis que ie vous accointay ne eu talent de guerroier que orendroit: car trop a demoure ceste honte a vengier. Or monstrez beau doulx compaignon ainsi comme ie le ap deuise si aurez ma terre qui tant est bonne et ri che et la seigneurie de trente royaumes et ie con querray moult bien vostre heritage et mieulx laymeray pour lamour de vous que toute la terre du roy artus. Sire fait lancelot ie ne puis faire hommage a nully sinon par ma dame la royne car elle y a mis trop grant deffense. Com̄t oseroie ie faire lommage a aultruy quant el le ne vouldroit que ie le feisse au roy artus: ne a mon heritage ne mettray ie ia deffense ne ia nen pendray escu a mon col ne moy ne autre. Beau amy soit: car ie le cuide plus legierement conquerre et a greigneur honneur et ce le cuidez vous faire dit gal. Ie ne scay nul greigneur q̄ de le conquerre par force. Ie vous diray fait la celot ie pretens encore a estre si preudomme se dieu me veult aider et vous apres que ie ne a uray si hardy ennemy q̄ ose ia tenir vng plain pie de mon heritage: aincois sen fuyront de pa out sans moy attendre. Ainsi soit fait galleh: comme vous sauez deuise si prie a dieu que il le vous ottroie mais en la fin vouldray vers ma dame pourchasser cest affaire/ car moult me poise que vous le refusez et non pourtant ie scay vne partie de vostre conseil et du sien car ie scay bien quelle ne vouldroit mie que vous feussiez seigneur de tout le monde: car elle ne cuideroit mie sy auoir sa voulente de vous com me elle a ores et craindroit a la couuoitise de lon neur de la seigneurie ne lui tollust vostre com paignie et tant recongnoie le bien vostre cueur que vous aymeriez moult peu la seigneurie parquoy vous perdissiez son amour. Certes sire fait lancelot de ce congnoissez vous bien mon cueur car ie ameroye mieulx a tousiours estre en telle maniere come ie suis q̃ auoir les richesses par quoy ie perdisse lamour ma dame ie ne vueil plus de seigneurie que ie ay mais pource q̃ tant me auez aymé suis ie tout prest de faire quãque vous vouldrez sauue lõ neur ma dame ainsi comme elle loctroyera si soit et ie la cuide tãt cõgnoistre quil nest nulle riens dont vous la requissiez que elle vous en escondist se vous len requeriez/mais tant vo⁹ en promettez ie bien que ie nauroye iamais hon neur se vous ne la prenez auant ou se telle for ce ne le me faisoit faire ou ie nosasse mettre contredit. fait gallehault ma dame ne pour roit riens vouloir q̃ vous ne voulsissiez Celle nupt fut grande la ioye qui en celle maison fut menee et tous les barons mengerent auec gal lehaut. si y eut trente roys et aultres princes cent et neuf. Quant vint lendemain q̃ la mes se fut chantee si appella gallehaut son berna ge et leur monstra pourquoy il les auoit man dez. Seigneurs fait il vous estes mes hõmes si me deuez to⁹ porter loyaute et me deuez tous aider a tous besoings et ie vo⁹ ay enuoye quer re a vng des gregnieurs besoings q̃ ie euz onc ques/mais cest le besoing de mon corps: si est en deux manieres car iaoye paour de perdre mon corps et auoye en talent de faire vne cho se que ie vous diray/en celle paour me mou uoient deux sõges moult ennuyeux q̃ iauoye songez et pource vous ay ie mande que vous amenissez tout le cõseil que vous pourriez a uoir: et dieu mercy iay eu cõseil au plus sage homme du mõde le quel a si bien mes songes declairez que ie suis tout hors mis de la fre eur ou ie estoye et non pourtant encore ay ie bien mestier que vous me conseillez daultre part/ car vng aultre besoing me court sus tel comme ie vous diray. Il est voir que iauoye en pense de desheriter le roy artus quant par la voulente de dieu fut la paix faicte comme vous sauez, et ant ie vous mande lautre iour iauoye en penser q̃ ie me feisse couronner a cel nouel la ou mõsei gneur le roy artus tendroit sa court mais ore

mest mon courage mue/car ie ne feray couro ne deuant que ie aye acheue vng mien affaire que vous ne scairez ore pas ne il ne fait pas encores a dire deuant le point/car tout a temps le pourrez enquerre se sauoir le voulez/mais vous sauez bien q̃ iay acointe le roy artus q̃ est le plus preudomme de sa maison et la est toute la prouesse et toute la valleur qui soit en tout le monde si me y plaist encore a cõuer ser car moult en pourroye amender/ne nul hõe ne pourroit estre de grant prouesse sil na este en la court au roy artus pource vueil ie estre en sa cõpagnie et le veoir souuẽt et les preu dõmes qui la sõt assemblez de toutes terres/ et quant le iour sera venu q̃ ie au roy acheue ce que vo⁹ ne pouez sauoir deuãt le poit lors me feray couronner et saurez le iour de mõ cou ronnemẽt: et si vous prie et cõmande que pour lonneur que vous me deuez tous ensemble q̃ vous y viengnez si effoicement cõme vous sa uez que ie le vueil/mais pource q̃ mes terres sont grandes et espandues ne ie ny pourroye estre si souuent cõme iay este pource me cõuiẽt vng preudõme qui soit loyal sage vertueux et droicturier si lui bailleray ma terre et ache ura mes affaires et me besongnes a mõ preu et a son hõneur mais pource que ie suis mais sage que ie ne deusse ne puis ie scauoir quant que vous faictes pource vous appelle ie a mõ conseil et a mes besoignes si regardez entre vo⁹ vng preudõme qui soit honorable et proufita ble a moy et a la terre et qui ne soit couuoiteux car terre est morte et destruicte q̃ chiet en main de baillifs couuoiteux/ et si vueil encore que lui a qui ie la bailleray soit mon homme lige et tel a qui ie me puisse prendre dung grant for fait sil y estoit prins/or en parlez entre vous ensemble et en deliberez et ie men ystray la de hors.

Tant sen part gallehaut et son compai gnon et ilz parlent ensemble entreulx/ et le roy des cent cheualiers et les aultres seti ennent au roy panor si ne saccordent pas bien ensemble et lors se traict auant le duc de douef vng cheualier ancien qui ne pouoit mes sur cheual monter/ mais tant estoit vigoureux et de grant cueur quil ne vouloit que nulle be songne qui a hõneur tournast fust faicte sans

lui. Si se faisoit en littiere porter aup grans
parlemens ou il sauoit que grāt conseil auoit
mestier. Il estoit de si grant sauoir q̃ nul hom
me tāt fust lettre ne pouoit estre de greigneur
sens. Quant il ouyst q̃ tous ses barons se des
cordoient si lui greua moult, & il se sieue sicō
meil peut & se appuya a ung doys & parla si
hault que de tous fut entendu. Ha folle mes
gnie tant ie Vous vois esgairee de grant follie
& ne congnoissez pour quoy. Se ie feusse de
laage de tel ailicy & de la force, moult tost se
roit departie ceste discorde: car ie y seroie mis
au regard de tous. Et sache bien monseigneur
que en tout son pouoir ne a que ung sage hō
me & demy, mais celui qui nest que demy hō
meil a tant en lui autres bontez que len se doit
contreprisier a ung sage homme. Et se vous
voulliez a mon conseil accorder ie le vous nō
meroie. si est tel comment monseigneur demā
de que nul ny sauroit que amender. A ceste pa
rolle ne fut nul qui encōtre osast aller car trop
estoit le duc preudomme, si ne estoit pas bien
sage qui de riens le contredisoit. Si se accor
dent a lui tous & promettent a tenir ce q̃ leur
conseillera. Lors fist le duc appeller galleh.
& quant il est venu si lui dist. Sire fait il ces
pdeudes hommes qui ceans sont me ont char
gie de cest affaire pource que iay plus veu & s
saye que nul de eulx. Si veullent que ie eslis
se ung preudomme tel comme vous le demā
dez & ie le nommeray tel a qui vous vous ac
corderez lun a lautre. Et sauez q̃ il est: il est
sage & garny de grant conseil: net de couuoiti
se: si hait tort & moult ayme droiture: & est tel
comment il conuient a loyal iuge quil ne grie
ue a tort par hayne ne aide a tort par amour si
est plain de grant vigueur & sans parece: ne ri
ens ne prise peine contre honneur. Si mait
dieu fait gallehault celui est garny de bonnes
tasches. Or le nommez car a vostre cōseil me
tendray ie. Certainement fait le duc cest le roy
bademagus de gorre. Si mait dieu fait gal
lehault il ne fut ōcques que ie ne le tenisse pour
ung des preudes hōmes du monde. Et ie doy
bien estre ioyeup quant ung si preudomme cō
me il est a la baillie & le gouuernement de ma
terre si vous en reuest fait il au roy bademag̃
vous prie pour lonneur de dieu & pour le sau

uement de vostre ame que vous vous ai & &
comment le duc de douës le tesmoigne. Haa
sire fait le roy bademagus ie nay mestier de
greigneure seigneurie que iay car la miēne ter
re ne garde ie mie si bien comme mestier me se
roit, mauuaisement garderoie orces la vostre
qui tant est grande & riche: car ie ne puis venir
a chief de la mienne qui nest que une petit: cō
tree & si est beaucop plus aisee a garder que ne
est la vostre. Haa beau doulx amy fait galle
hault en endroit na pas grant mestire de des
fense: car ie le veuil & puisque ma voulente y
est vous ne auez nul pouoir de le contredire,
puis que cest chose que vous pouez bien faire
deuez. Sire dist le roy bademagus a galle
hault vostre terre est garnie de moult fieres
gēt et orgueilleuse: par quoy ie ne la pourroie
pas bien mener a ma voulente. Je vous crean
ce fait gallehault que vous ne y trouuerez ia
homme tant soit hardy qui ose trespasser vos
stre commandement comment que se soit que
ie ne lui face comparer tout a vostre voulente
se les nouuelles en peult venir iusques a moy
car ie cuideroie bien guerroier toutes les terres
q̃ sont dessoubz le trosne a laide de quatre pru
des hommes. Et vous seigneurs qui cy estes
mes hommes liges ie vous commande sur la
fiance que vous me deuez q̃ vous lui soyez en
aide contre tous hommes sinon contre moy,
mais ie ne scay les auantures qui sont a aue
nir: car par auanture quant ie me partiray de
de ceans ie ne y entreray iamais: & aussi put
bien estre que si feray. Si veuil que le roy ba
demagus me iure sur sains que loyaument se
contendra enuers moy & aussi enuers mō peuple
Et se il auenoit q̃ ie trespassasse de vie a mort
il laisseroie la terre quicte a galleFodin qui est
mon nepueu & mon filleul. Et vous autres
me iurerez tous sur sains que sil alloit encon
tre son serment vous seriez a sa nuisance a vo
stre pouoir: & aideriez a lēfāt a tous ses droiz
conquerre ainsi comment hommes doiuent ai
der a leur seigneur. Lors fait apporter galle
hault les sains: si prēt tout premierement le ser
ment du roy bademagus & apres le sermēt de
tous les autres: puis fist faire le sermēt au roy
des cent cheualiers lequel estoit son cousin ger
main: apres a tous ses autres amis charnelz &

et le serment fut tel quilz ne clameroient riēs en son heritage apres son decez ne de riens ne y roiēt encontre lui cest encontre gallehodin a qui la terre deuoit estre apres sa mort. Ainsi print gallehaut les sermens de ses hommes et bailla sa terre a garder au roy bademagus Ce bademagus estoit sire de la terre de gorre q̃ est la plus forte terre qui soit en la grāde bretaigne car elle est close de chascune part deaue parfonde et de marez molz et parfons si que nulle riens ny entreroit qui ne y feust perdu/ et par deuers lautre partie est close dune eaue qui a nom tymbre et est parfonde et large et plaine de fange. En la terre tant cōme les auantures durerent eut vne coustume mauuaise/car oncques de la court au roy artus ny entra hōme qui oncques puis en yssist iusques a celle heure que lancelot les en iecta par proues se quant il alla rescourre la royne pour le peril du pont de lespee sicōme le cōpte de la charette le deuise. celle mauuaise coustume y fut mise des le premier an que les auantures cōmencerent quāt le pere au roy artus guerroya Brien le roy qui oncle fut au roy bademagus car il bouloyt quil tenist de luy sa terre & celui ne en bouloit riens tenir/ si dura la guerre lon guement et perdit le roy vterpandragon plus que le roy Brien ne fist tant quil laissa sa guerre ester cōme celui qui plus nen pouoit faire & lors demoura longuemēt ainsi tāt que le roy Brien meust a aller a romme pour parler a la postolle par cōfession/ si y alla pourement cōe vng pellerin a poure besture mais il fut pris et retenu et mene a vterpandragon et il le fist mettre en prison ne ne le voulut rendre pour rā son que len lui fist tant quil le fist benir deuāt vng sien chasteau mesmes & fist il ecq̃ dresser vnes fourches pour le pēdre sil ne lui rendoit sa terre/ et celui dist quil ne lui rendroit ia car mieulx y bouldroit il mourir pour son droit de fendre que viure et estre poure hōme/ mais bademagus qui son nepueu estoit a qui la terre deuoit escheoir en heritage ne peut souffrir la mort son oncle si rendit la terre et ce fut la chose par quoy il mōta plus en pris. quant il ne peut son oncle souffrir a mourir par couuoitise dauoir la terre apres lui ainsi eut vterpandragon la terre de gorre si la destruisit et des

herita si quil y demoura pou de gent et apres la recōquist le roy Brien par ceulz du pape qui lui rendirent et pendit tous ceulz q̃ le roy vterpandragon auoit laissez et apres ce ne demoura guerres quil fist bademagus son nepueu couroner et lui dōna toute la terre pour la loyaute quil fist & pour lamour quil auoit en lui Quant le roy bademagus fut couronne si de guerpit le roy Brien le siecle et se rendit en vng hermitage moult loing de sa terre/ et le roy bademagus moult vigoureusemēt se contint et demanda conseil cōment il pourroit sa terre peupler si regarda lui mesmes quil la peuple roit des gens vterpandragon sicōme elle a uoit este destruicte par ses gens/ si fist faire celle part ou la terre marchisoit au royaume de bretaigne deux pons de fust estroiz/ et au chief de chascun pont auoit deuers sa terre vne forte haulte tour. Ces deux tours gardoyent cheualiers et sergans que le roy y auoit mis/ et si tost comme les cheualiers de bretaigne a uoiēt passe le pōt ne dame ne damoisele ne autres gens si estoient prins/ lors leur cōuenoit iurer sur sains que iames nen y stroient deuāt que vng cheualier y vendroit qui par force les conquist: et lors sen partiroient tantost sans soy mesfaire. Ainsi y demourerent maintes gens du royaume de bretaigne en essil & en seruage. Quant le roy artus vint a terre tenir si les en cuida mener en sa terre auecques luy: si lui sourdirent tant de guerres et de grans affaires quil eut trop plus affaire que mestier ne lui fust. Quant vint au commencemēt des auantures si fut la terre de goire moult peuplee et des essillez de bretaigne fut le pays bien peuple. Lors fist le roy bademagus despecer les deux pons quil auoit fait faire et en lieu de ces deux en fist faire deux merueilleux car lung estoit de vng seul fust qui ne auoit q̃ trops piez de large et estoit moult craint et estoit entre deux eaues. De vne eaue iusques a lautre auoit tant despace cōme vng homme peut aller a cheual ou a pie et estoit autant dessus leaue comme dessoubz/ lautre pont es toit assez plus merueilleux que nest pas cestui cy/ car il estoit a vne planche dacier faicte en la maniere de vne espee et estoit si clere et si trenchans que a merueilles/ et la planche

partie

nauoit q̃ vng pie delarge et estoit a deulx pou/
cons fiches et selles en terre si estoit couuerte de
toutes pars que plupe ne le pouoit greuer. Et
le pont qui estoit autant dessus leaue comme
dessoubz gardaung cheualier des le commen
cement des auantures iusques atant q̃ la roy
ne fut rescousse que tous les essilliez sen issirẽt
Et le pont de lespee garda karados vng che
ualier moult preulx: mais il mourust aincois
que gallehault songast le songe. Et de lors en
auant le garda le filz au roy bademagus qui a
uoit nom meleagaut Et cesui estoit moult be
au cheualier et moult bien taillie de corps et de
membres. Il fut roulx et gentilleulx. Si fut
plain de si grant orgueil et de si grant felon
nie qui ne laissa nulle chose a quoy il se feust
aactie feust bien ou mal pour nul chastiement
que sen lui fist: ains auoit toute debonnairete
et toute franchise mise arriere: ne nul nestoit si
fel que lui ne si cruel. Au iour que gallehault
bailla sa terre a garder au roy bademagus son
pere y estoit il. Si desiroit moult a veoir lan
celot pour les grandes merueilles que len cõp
toit de lui: et il nestoit pas illec pour autre cho
se venu car il hayoit tous les bons cheualiers de
qui il auoit ouy parler et bien lui estoit auis que
nul nestoit meilleur de lui. Et quant il le voit
sine le prise gaires en son cueur: et dist la nuit
a son pere bademagus la ou il se seoit vne pa
rolle qui bien appartenoit a homme felon et
enuieulx: car il dist que lancelot nauoit pas le
corps ne les membres par quoy il peut estre pl̃
fort que lui ne plus preulx: et son pere croulla
la teste et lui dist. Beau filz par la foy que ie
te doy la grandeur du corps ne des membres
ne font pas le bon cheualier: mais la grãdeur
du cueur. et se tu es aussi corsu comme il est:
en ce ne as tu pas grant honneur car il est plus
preulx que toy / ne en tout le pouoir de monsei
gneur nea meilleur cheualier que lui ne qui a
lui se peust prẽdre pour souffrir faiz darmes
Je ne suis pas fait meleagaut mains prise en
mon pays quil est au sien: et dieu me doint enco
res tant viure que grant plante de gens voiẽt
lequel de nous deulx est le plus preulx: et se ie
nestoie pour vous ou pour autruy / moult tost
seroit par temps veu: mais vous ne me laisā
sastes oncques faire chose dont ie eusse desir.

Se tu as fait bademagus pour moy perdu
los et pris: encores est il assez a temps pour te
essayer a lui ou a autre. et se tu es prise en ton
pays / cest tout le los que tu as: mais cestui a
los en ce pays et en maint autre. puis quil est
de tel pris fait meleagaut que ne vient il donc
ques en vostre terre deliurer les essilliez. Grei
gneure chose fait le roy lui sont auenues: ne
ceste nest mie si estrange quelle ne puisse aue
nir. Ja dieu ne maist fait maleagaut ne lui
autre ne les en iectera tant comme ie viue: et se
ray en la terre sain et haitie. Or en laissons dit
le roy atant la parolle. mais quant tu auras
autant veu comme il a tu seras de greigneu
re mesure que tu ne es ores. Ainsi demeure la
parolle entre eulx deux. Lendemain fist gal
lehault son erre apareiller pour aler a la court
du roy artus: et dist a ses barons quilz voisẽt
auec lui: et puis quil se eut commãde il ny eut
nul contredit. Quant vint a lendemain quil
eut ouy messe si monta gallehault et son com
paignon et ses autres barons sen partent de sor
nehault.

Or sen va gallehault lui et sa cõpaignie
et cheuauchent lui et son cõpaignõ hors
de la route moult souuent. Si est moult iop
eulx lãcelot de ce que gallehault fait plus bel
le chiere quil ne souloit. si cuide que ce soit ve
rite ce quil lui a fait entendant: mais melea
gaut ne se peut saouler de veoir lancelot pour
la grant chiere que gallehault lui fait. Si en
a telle enuie que moult en est a malaise. Si
cheuauchẽt par leurs iournees tãt qlz appro
chẽt de kardueil ou le roy estoit venu le iour de
uãt. Quãt il ouy̅st dire q̃ gal. venoit a si grãt
baronie si monta lui et ses cheualiers et la roy
ne et ses pucelles. Si allerẽt encontre eulx deux
lieues anglesches: et puis si firẽt moult grant
ioye lun de lautre: mais sur toutes les ioies la
royne la fait grãde de gal. et de lãcelot et la da
me de malehaut car la royne ne faisoit nul sẽ
blãt de chose qlle eust ōcq̃s veu des q̃ ceulx sõt
venus q mettront terres et corpes en toutes les
hõtes pour son honneur garder. Celle nuit geu
rẽt a kardueil a grãt mesaise: car trop y auoit
get: car les gens du roy y estoiẽt psq̃ues tous
venus car ce nestoit que quatre iours deuant
le terme quil leur auoit mis. Si dist le roy

e.ii.

quil tendroit sa court a karamalot si y seront leurs gens plus aise que a cardueil. La nuyt parla le roy a gallehaut des nouuelles que la damoiselle auoit apoitees a court et galleha. en excusa la royne a son pouoir et dist au roy quil ne doibt mye telles parolles croire deuāt quil en sache la verite. Au matin sen partent de cardueil et sen vōt a karamalot et sōt les preup tous pourtendus de trefz et de paueillōs car tous ses haulz hōmes se hebergerēt en la cite tous ceulx qui auec eulx ne peurēt cheuaucher hebergerent hors de la ville et se logerent aux tentes

Moult fut riche la court que le roy tint a nouel car il sen effoxa moult pour la haultesse de la baronnie que gallehault auoit amenee et donna plus le iour quil nauoit onc ques pour ung iour fait en son aage Apres nou el fut leuee la quictaine si cōme il estoit acoustu me et prierēt a gallehaut ses cheualiers que il souffrist quilz tournoyssēt aux gens du roy artus mais que cestoit aux lances et aux esc̄ sans plus darmes auoir. Si courust tant la parolle que gallehaut le sceut, si se demanda gallehaut au roy artus tout en don quil luy octroyast et celui ne le contredist mie, si furent quatre cens dune part et quatre cens daultre part qui tous estoient dachelers ieunes et le giers tous dung aage desiras de loz et de pris auoir. Si fut lancelot deuers le roy artus, mais galleh. ne bouhourda pas, car il auoit grant paour que aucun mal ne auenist dont il fut apres courousse. Quant les ungs et les aultres furent montez si vindrent aux prez des soubz la ville et cōmencerent lancelot et le roy des cent cheualiers. Le roy des cent cheualiers cōmenca a briser lances moult durement et es toit ung des hōmes du monde qui plus beau se portoit, mais le cheual sur quoy lancelot estoit monte estoit ung peu trop tirant si le por toit oultre sa voulēte maltesfoiz car il nestoit mie bien enfraine ains estoit de si grant force quil ne heurtoit a nul cheual que il ne le por tast a terre, et il ne voulloit descendre tant lui plaisoit le bouhourder car trop craignoit honeur auoir perdue, si de la pa ung petit a la quarte iouste qil fist lui et le roy des cent cheua liers auint chose quilz heurterent ensemble si

le abbatit lancelot lui et son cheual si fut trop blece en la senestre cuisse si en geut par me son guement. Et lors sadresse mallehaut vers lā celot si rompent leurs lances et fut porte a ter re mallehaut lui et son cheual aussi cōme le roy auoit este et de ce vint la grant haine quil eust vers lācelot toute sa vie. Lors saillit ius mal lehaut qui nestoit pas blece si demāde une lan ce redde et grosse si la fist bien aguiser deuant et puis laisse courre a lāc. et aduise bien ou il le frappera mais il ne saillit pas, car il lui en uoya la lance de oultre en oultre sa cuisse par my la couuerture de la selle si quil se heurte a lārson de derriere et volle en pieces et lancelot si emporte le tronson a sa cuisse et a de long plus de demie toise: si lui degoulte le sang ver meil tout contre val la chausse si que le verte en a este taincte Quāt ceulx q̄ estoiēt de la gēt gallehault dirēt que lancelot estoit naure si fu rēt tous effrayes pour leur seigneur qui trop laymoit si ostent leurs escus de leurs colz et iectent leurs lances a terre et dirt quilz ne bou hourderōt meshuy. Et quant gallehaut sceut la nouuelle si se pasme, car len lui dist q̄ lan celot estoit naure parmy le corps et le roy ar tus nest pas aise, et la royne a tel deul que a pou que le cueur ne lui creue eu ventre, si ne se peut oncques tenir aux fenestres de une breteſ che ou elle estoit que elle ne se pamast et au cheoir se blessa en la teste. Et lācelot est en my les prez si estache le tronson et a sa cuisse ben dee aincoiz que elle soit appellee ne que le roy y soit venu. Et quant gallehaut reuint de pas moison il fiert ses paulmes ensemble et dist. Haa las or vient la mort qui tant ma este iur gee et lors demanda lancelot et len lui dist qil na mye grāt mal et il ne y veult nully croire, ains mōte si le voyt venir et en coste lui venoit le roy artus si lui crie mercy quil ne dye mie a gallehaut quil soit naure. A tant sont depar tis et viēnēt en la cite mais le roy bademagus estoit moult amalaise pour son filz q̄ auoit lā celot naure si lui dist tāt et chastie quil sen voye en son pays malgre lui.

Quant ilz sont venuz en la cite lancelot prie moult le roy q̄ gallehaut ne y sache mot qil soit naure et le roy lui respond quil en pensera moult bien. Lors sen vient a la royne si la treuve moult blecee en la teste. Et le roy lui demande que cea este. Et elle respont que elle ne peut veoir la messe de ceulx q̃ bouhourdoient si se vouloit asseoir a une fenestre ou elle estoit appuyee: mais ie ne suis gaieres blecee fait elle. Lors vindrent les nouuelles de lancelot quil estoit naure si lui fist moult mal se cueur puis lui conseille le roy que elle retienne lancelot et que elle lui face a faicter sa playe: car il ne veult pas que gallehault le sache. Et quant elle lot si lui refroidist tout le cueur, et dist. Haa sire pour dieu est il naure. Oy fait le roy ung peu en la senestre cuisse. Apres se part de la royne et le roy emmaine gallehault et la royne dist que elle veult bien retenir lancelot: et ilz sen entrent en une chambre si sont les mires enuoyez querre puis regardent la playe et dient que moult grant peril y a eu. Si lui a tourné moult bien et la porta quinze iours que oncques gallehault nen sceust mot. Et lendemain enuoie tous ses barons quil ne retint auec lui fors les priuez prices de son hostel. Si remest gallehault auec le roy art̃ en telle maniere iusques a la chandelleur, mais ainçois que le roy artus sen partist et les barons, leur commanda que vingtz iours auant la chãdelleur feussent appareilliez aux armes encontre lui a ung sien chasteau qui auoit nom Dicebroc. Si estoit en la fin de son royaume es lointaines isles par devers yrlãde. Ainsi demeure gallehault auec le roy artus a tout sa priuee mesgnie. Et gallehault auoit ses barons enuoiez a Dicebroc si leur manda quilz allassent tout droit a Bedingan et queilz lattendissent illec car cest le dernier chasteau par deuers yrlande par dela. Ainsi vint le roy de logres viii. iours deuant la chandelleur et au quinsiesme a Bedingan. Trop trouua de sa gẽt a gallehault et attẽdist en ceste maniere sa damoiselle de camelide: et print toute la sepmaine conseil comment il se contendra, car bien cuide que la damoiselle ait fait sa clameur adroit, et que elle soit ainsi desheritee comment len lui a fait entendant: mais il nestoit pas ainsi: ainçois la damoiselle auoit grant deul pource que elle auoit ce esmeu. Et si orrez comment il fut voir que le roy leodegan eut ung seneschal quil ay-

ma moult et il auoit une des plus belles damoiselles du monde a femme. Si la comme cala roy a aymer par amours et dist le compte quil eut une belle fille a merueilles de elle, et se fut celle qui venoit challengier la table ronde contre la royne genieure femme du roy artus. Et celle damoiselle auoit aussi a nom genieure. Si estoient toutes deux si semblables que la ou elles estoient ensemble nourries len ne pouoit a grant paine cognoistre lune de laultre.

Quant la royne genieure fille legitime du roy leodegan fut au roy artus en mariage ceste genieure fille de la femme de son seneschal sef meust: et auec ce pensa de celle trayson faire cõme elle lui auoit mis sus: mais on la uoit de sau ancee. Quant ceulx qui lapperceurent larrestent de trayson si sen fuit de paour que elle ne feust destruite et demoura longuement en estranges terres tant que par le cõseil de ung viel cheualier quelle auoit en la court du roy artus enuoia faire ceste chose car il lui promist quil lui aideroit iusques a la mort de toutes les choses quil lui pourroit aider. Si lemmena ce viel cheualier au royaume de camelide, et puis il fist acroire a tous ses barons de celle terre q̃ cestoit la royne genieure: la fille du roy leodegan, et que le roy artus lauoit iettee hors de sa compaignie pour la fille au seneschal quil auoit prinse. Adonc le roy cuida que se feust elle si la receurent a grant ioye par le tesmoignage de Bertelac le viel. Et Bertelac auoit toute pourchassee la trayson par desplaisir que le roy artus lauoit desherité par iugemẽt pour ung homicide quil auoit fait: et si ne sauoit riens le roy artus car il ne le cognoissoit

Quant le iour de la chandelleur fut venu le roy art̃ eut oupe messe si haultement comment au iour appartenoit, si vint auant la damoiselle atant cõe elle auoit de cheualiers et de conseil, La damoiselle fut appareillee moult richement et auecelle trẽte pucelles vestues aussi richement comment elle. Si vint deuant le roy artus et parla si haultemẽt que de tous fut entẽdue en disant. Dieu gard genieure la fille au roy leodegan de camelide et dieu maudie tous les ẽnemis du roy artus.

Pcy fait elle ie suis adiournee par deuant
vous pour monstrer et prouuer la traison qui
de moy fut faicte ainsi cõme len le vous mon
stra par mes lettres et par ma pucelle et suis
preste de faire ceste preuue sicomme vostre
court regardera/ ou par le cheualier que elle
a monstre contre vng aultre corps a corps ou
par le cõmun de ma terre que ie suis ainsi des
heritee et cassee de dessoubz vous qui estoie vo
stre loyalle espouse et fille a si hault homme
comme estoit le roy leodegan de camellide. A
ces parolles se dressa galiehault par le cõgie
du roy et pour la royne sus qui elle auoit mis
la parolle si dist au roy. Sire nous auõs bien
ouy que ceste damoiselle demande encores est
bien droit se ceste traison fut faicte de elle que
elle le die de sa bouche. Haa sire cheualier ie
suis celle de qui la traison fut faicte et celle ge
nieure que le roy a tenue iusques cy est celle q̃
la traison fist et ie cuide que cest celle q̃ ie voy
la. A cest mot se dresse la royne et vint deuant
le roy et dist que par elle nauoit oncques este
faicte traison ne pourchassee et ie suis toute ap
pareille sire fait elle que ie men defende au re
gard de vostre court ou par cheualier qui sen
cõbatra corps a corps ou par iouste. Lors ap
pella galiehault le roy bademagus et il se dres
se si est venu deuant et dist. Sire ceste chose
est si grande et de si grant affaire que elle ne
doibt pas estre sans iugement ne sans cõseil
et comment que la desrene doibt estre faicte ou
par bataille ou par iugement si doibt estre a
uant regarde par le iugemẽt de vostre court q̃
vous soyez seur de ceste damoiselle qui cy est
que elle tendra le iugemẽt de vostre court q̃ q̃
chose que ce soit ou soit son preu ou son dõma
ge. A ce mot se traict auant le cheualier a la da
moiselle qui en la maison se estoit pour offert
de la bataille et dist au roy. Sire ma dame
se cõseillera ou de vostre iugemẽt attendre ou
de refuser et le roy dist q̃ ce veult il bien. Lors se
traict arriere le cheualier et la damoiselle auf
fiet parlerent ensemble moult lõguemẽt et a
pres sen retournerent deuers le roy si dist le che
ualier au roy. Sire ma dame vous demãde
respit de ceste chose iusques a demain/ car aus
si cõme vous auez respit de vous cõseiller aus
si demãde ma dame respit de soy conseiller.

Le roy lui donna le respit par le conseil de ses
barons et la damoiselle sen part de court elle
et sa mesgnie et cheuaucha celui iour loing de
la court tant le plus que elle peut/ la nupt se
conseilla a ses barons: et le biel cheualier qui
bertelac auoit nom lui dist. Dame se vous a
tendez le iugement au roy artus vous y pour
rez bien auoir dõmage. car il vouldra demain
estre seur que vous tendrez ce que son iugemẽt
apportera et le iugement dira que se la royne
veult iugemẽt elle le aura/ et se elle le prent
elle est sauue vous serez destruicte/ car vous
deuez estre en auanture de tel tourmẽt cõme
elle seroit se elle estoit de la traison attaincte/
mais ie vous conseilleray sur tous ceulz qui
vous pourront cõseil donner/ car vne haulte
chose cõmecee len ne la doibt pas pperesse lais
ser quant len ne la laisse a hõneur ne ie ne voy
mie cõmẽt vous puissez ceste chose a chief me
ner se il ny a traison ou desloyaute/ et ie vous
enseigneray a cheuir de cest affaire pourquoy
vous demourrez honnorablemẽt et pourrez
auoir ce que vous auez tant desire/ ie vous dy
que vous mandez le matin au roy que vo⁹ ne
estes pas bien haictee ne de vostre affaire bien
conseillee sicõme il vous seroit de mestier/ et
lui demandez respit vng seul iour et il le vo⁹
donnera car pourtãt ne faudra il pas de droi
cture lors en voperez vng de vos cheualiers a
lui si lui mandez ce que ie vous enseigneray/
et sachez que se merueille nest ie le vous rẽdre
en prison ains demain au soir/ et scauez vous
que vous lui manderez: vous lui manderez q̃
en ceste forest a le gregnieur cenglier qui onc
ques feust veu/ mais celui qui lui dira ne luy
dira pas quil soit a vous ains cops lui dira que
il est de cest pays et quil lui aporta ces nouuel
les pource quil soit plus ioyeux/ et le roy chas
se moult voulentiers plus que nul homme et
plus est ioyeux qt il oyt telles nouuelles si
scay bien quil yra des maintenant chasser et
vous aurez vos cheualiers en la forest si le
prendront maintenant et lemmeneront eu re
gne de camelide et le tendront en telle prison
que tout sera ioyeux quant vous le daignerez
prendre a mari ains cops que il vous puisse es
chapper: ainsi vous conseille q̃ le faciez/ car
vous nen pouez si bien esployter par force

comme par engin. A ceste parolle se accorde la dame puis fait monter quatre de ses cheualiers pour requerre le respit au roy artus. Le quart fut cellui q̃ deuoit porter les nouuelles au roy du porc: et cheuaucherẽt tant quilz furent bien matin a Bedingan et demanderent au roy le respit sicomme elle leur auoit commande. Et le roy treuue en son conseil le respit si leur dõna par tel couuenant que iamais ne seroit oupe de respit que elle fist se elle ne venoit lendemain a court. Atant sen partent les trois messages. Si tost comme ilz furent partie de la ville si entra le quatriesme message a la court et vient deuant le roy ainsi comme a grant besoing. et dist si hault que tous le ont ouy Dieu sault le roy et toute sa compaignie. Roy fait il nous te apportons vnes estranges nouuelles et telles cõme iay veues de mes deux yeulx car ie scay en celle forest de Bedingan le greigneur porc q̃ oncques fut veu et si est si fier et si orgueilleux que nul ne lose euair et si a destruit le pays en uiron que nul ny ose arrester qui soit dehors Et se tu nen peux le pays deliurer ie ne diroie mie que tu feusses roy adroit. En ces parolles seoit sãceslot prez du roy. Quant il ouist parler de la fiere beste si en eut trop grãt ioye lors sault sus et vient a gallehault et lui cõpta les nouuelles du sengliar qui est si grant et si fier: et q̃ nul ne lose attouchier. Lors se drece gallehault et vient la ou le roy estoit et de si loing q̃ le roy le vist venir si lui dist Gallehault auez vous ouies ces nouuelles. Haa sire fait galle hault allons y car ce sont trop bõnes nouuelles a oupt: et moult lui auendra grant hõneur qui loccira et ie scay bien que les legiers bacheliers de ceans iront voulentiers. Et ce disoit il pource quil veoit que lancelot desiroit a y aller. Maintenant se attourne le roy sicõme de aller au bois et son palleftroy lui est amene et il monte. Va auec lui lancelot et gallehault fut le tiers: et messire gauuain fut auec: et messire puain filz au roy Brien et des autres de leans grant partie et le cheualier sen va deuant qui les conduit et cheuauchent tant quilz vin drent prez du lieu ou les cheualiers lattendẽt si dist. Sire cy prez est le lieu au porc mais la noise sera ia si grande de ces cheualiers que ie crains que vous ne le perdez. Lors fait le roy

demourer ses cheualiers: et maine deux de ses veneurs auec lui sãs plus et de ces bercetes tãt que celui le maine a vnes espesses broches qui prez dillec estoient. Et quant le roy regarde se voit tout enuironne de cheualiers qui ot les heaumes lacez et lun vint deuant si le prẽt au frain et lui dist q̃l ne se deffede pas car vous y mourriez ia faitil. Et lors voit bien le roy q̃ la force nest pas sienne et bien voit quil est trap Si trait lespee et se deffent au plus quil peut: et ilz lui occient son cheual soubz lui et ont pris les deux veneurs et les ont lyez/ et aussi ont le roy prins mais ilz se sont bien gardez de le occire ne blecer. Lors le montent sur vng palle froy et lemainent grant allure et le cheualier qui amene lauoit a prins vng cor si commen ce a corner et a aller au bois en vng autre sens que lenauoit le roy mene et sonne le cor. Galle hault qui moult se demente pour la venue du roy lot si dit a monseigneur gauuain. En verite la est monseigneur le roy artus et ie en tens bien quil nous appelle. Ilz fierent tous des esperons celle part. Si tost comme le cheualier eut le cor sõne si sen alla vedre celle part ou il cuida mieulx quil les desuoiast. Quant il est vne grand piece alle si resonne le cor et se maine en telle maniere fossoyant par la fo rest toute la iournee iusques a la nupt. Lors sen partist et sen alla au chasteau ou sa dame e stoit Si la trouua moult ioyeuse et moult ai se. Et dautre part sõt moult a malaises les gens du roy artus quant ilz ne purent sauoir nouuelles de leur seigneur ne de leurs veneurs En la fin sen retournerẽt moult courroucez et trouuerent la royne auec grant plante de gens aux fenestres de la salle et attẽdoient le roy ar tus et ne sauoient encore riẽs de ceste chose. Et quãt ilz le scaiuēt ilz en sõt moult esbahis. Et la royne a grãt paour q̃ le roy ne soit tray: car il a plus de enemis q̃l ne cuide. Moult en fait laide chiere la royne et tõ les autres mais gal lehault qui de grant cueur estoit la conforta moult et dist a la royne. Dame ne cuidez poit q̃ len osast au roy mal faire ne vous ne deuez pas cuider q̃l soit mort mais il a pme se chasser si cuide q̃l a trouue le porc si grant cõme lẽ lui a dist, et il court apres pour le occire mais il ne voullut oncques attendre ne vng ne aultre,

premiere

pource quil souloit gaber les bacheliers au
reuenir/ car ilz se estoient hastez de occire le por
si auons huy muse apres lui grant piece de iour
come il couroit apres le porc/ mais la forest est
grande et longue si y a assez saulx et monceau
tres de sozpmes ou il peut estre mais demain
sera il grande merueille se il nest trouue car
nous le querrons si que nous sercherons la fo
rest de toutes pars

A tant se partent les barons et sen vont
a leurs hostelz de toutes pars si tost co
me ilz eurent menge/ mais gallehaut demeu
re parlant a la royne et lancelot aussi et la da
me mallehaut et la royne leur monstrent la
uenture du blasme que la damoiselle lui a
mis sus et dist: beau doulx amis comment en
pourray ie venir a chief/ car tout le siecle cuide
que ce soit voir et monseigneur le roy men prise
mains quil ne souloit et men monstre mau
uais semblant. Dame fait gallehaut ie diray
ia vne chose de grant follie mais le grant ta
lent que iay vers vous le me fait dire: si vous
promettz tant que vous nauez garde car vous
auez plus pouoir que le roy artus se vous vo
y accordez ia ne lairay que ie ne face prendre
la damoiselle en quelque lieu quelle soit trou
uee qui que y doye auoir honte ou honneur & sera
mise en tel estat qiamais ne viendra ceans faire
clameur de vous ne de aultre. Certes fait la
royne se dieu plaist ainsi ne le feray ie pas ne
ia de ce blasme ne quier estre defendue se pour
le droict/ ne ia se dieu plaist aultruy peche ne
me nuyra aincois attendray le iugement du
roy de chief en chief: et ie vous prie pour dieu et
pour lamour que vous auez en moy que vous
vous penez en cestui point de garder mon ho
neur en toutes choses et vous voyez bien que le
besoing en est moult grant ne entre vous deux
cheualiers ne pourriez parler a entre nous deux
dames tant que vous auez fait ains conuiendra
que nous nous en souffrons et que chascun tien
gne sa grant mesaise. Ainsi parle gallehault
a la royne et il scait moult bien que elle veult
dire si lui octroye a faire sa volente. Ainsi pas
sa celle nuyt et landemain vint a court la da
moiselle de camelide faire sa clameur comme
elle auoit fait aultresfois mais elle ne trouua
mie le roy ne ne trouuoit homme qui lui respon

dist fors le roy badm. que galehaut auoit lais
se a pler pour le roy. Quant la damoiselle
vint deuant les barons si demanda le roy artus
aussi comme celle ne sceust de lui nouuelle. et
le roy bademagus se leua en estant si lui dist
Damoiselle monseigneur le roy nest mye cy
ains est en ses grandes besongnes quil ne peut
ores laisser pour estre cy & il se fie tant en nous
quil nous a laissez en son lieu & nous somes a
partir & vous faire autant de droicture com
me se il y estoit. La damoiselle qui bien scait ou il
est respont que elle nen prendroit nulle droictu
re si non par la bouche au roy/ car il me iour
na fait elle par deuant lui si est droit que ie ne
responde que par deuant lui. Si ferez damoi
selle fait le roy bademagus par vng couenant
que ie vous diray. Je vous donneray tous les
cheualiers qui ceans sont ostage si y a moult
de preudommes que monseigneur le roy tendra
pour establechose ce que nous aurons fait. La
damoiselle respond que elle nen tendra plus
plait ne parolle a nul homme viuant si non au roy
artus car nul ne me tendroit si bien droicture
come il feroit pource que la chose appartiendroit
a luy plus que a nul aultre

A insi sen part la damoiselle de la court &
dist oyans tous les barons que elle sen
va comme celle qui a trouue la court au roy
artus defaillant de droict. Et quant elle fut
leuee ce lui loe son conseil quelle attende tant
que heure de plait doye faillir et elle si accorde
bien. Si demeure a la court iusques a tant q
heure de nonne soit passee: et lors sen part du
tout et dist aux cheualiers que elle voit bien q
le roy se contient vers elle comme celui qui se sel
et que elle ne peut en sa maison auoir droictu
re. Le roy bademagus et tous les aultres ba
rons lui offrent toutes les mesures que ilz
peuent/ mais elle nen veult nulle receuoir ne
pour loz ne pour priere que len lui face alcoiz
sen est partie et fait semblant de estre courou
cee et moult dolente et sen va en son pays ou el
le treuue le roy artus en prison si comme elle
lauoit commande et en est moult ioyeuse car
ores scait elle bien que elle en aura tout ce que
elle desire et tout ce que elle lui demandera/ daul
tre part sont moult a malaise les compaignos

au roy artus: car ilz le ont quis par toutes les forestz de bretaigne ne nulles nouuelles nen peuent ouyr/fors tant quilz ont trouue son cheual mort et la fut le dueil si grant comment seilz vissent deuant eulx le roy mort. Si retuindrent tous arriere parmy la ville de sedun gan. Lors est toute la court troublee si ne scaiuent quilz puissent faire car il nen y a nul q̃ ne cuide q̃l soit occy: si enuoient par toutes les terres du monde pour ouyr de lui nouuelles, mais pour message qui oncques y allast nen sceurent neant plus que se il feust cheu au fons de abisme. Si se taist ores le compte de eulx et retourne a la damoiselle de camelide q̃ tient le roy artus en sa prison.

¶ Comme le roy artus estãt en prison sa dame de camelide couchoit chacun iour auec lui et tant fist que le roy artus lui promist la prendre en mariage. iB.

Or dist le compte que quãt elle fut a lui venue q̃ elle lespouãta fort du premier et lui dist. Roy artus, or ay ie tant fait par ma force que par mon engin que ie vous ay. Et sachez q̃ iamais iour de vostre vie ne istrez de ma prison deuant que ie auray tous ceulx de la table ronde: si cõme mon pere les vous donna pour moy en mariage et puis q̃ ie ne puis droit auoir de vo[us] deliurement si est bien droit que ie le prengne par force et ie le prẽdray en telle façon q̃ a tous iours mais en sera parle apres ma mort. Ainsi demeure le roy artus en prison et la damoiselle se vient souuent veoir tant que le roy artus sa trouua si courtoise et de si bonnes parolles q̃ moult lui plaist et en oublia la grãt amour que la royne genieure auoit en lui. et tant quil demoura en sa prison gesoit elle chacune nuit auec lui. Quant vint a la pasque si dist le roy artus que en ceste maniere ne durreroit il pas lõguement pourtant quil feust ainsi emprisõne, car mes gens ne scaiuent de moy nulles nouuelles. Et ie scay bien vrayement quilz cuident que ie soie mort. Si maist dieu fait elle de prison ne vous ietteray ie ia pour vous prẽdre car ie scay bien que ie vous auroie perdu a tousiours mais se vous estiez en vostre terre/ et pource q̃ vous estes le plus vaillant roy du monde me donna mon pere a vous: si vous

vueil auoir a compaignon et a seigneur si cõme saincte eglise lestablist: et pource q̃ vous estes le plus preudomme du monde vous ay ie prins par force quant ie ne vous pouoie a uoir par debonnairete: ne il nest nul de q̃ me tenisse si bien appuyee comme de vous: et mieulx vo[us] ayme par peu mais riche que vo[us] estiez sire de tout le monde et que ie vous perdisse. Si maist dieu dit il belle doulce amie ie vous ayme plus que femme qui or endroit vi ue. Il est vray q̃ iay moult ayme celle q̃ ie ay eue iusq̃s cy mais la grant amour q̃ iay eue et trouuee en vous: et lamour que vous me auez monstree la me fait oublier. Si vous ayme tant q̃ ie feray toute vostre voulente et commã dez comment vous vouldrez que ie le face. Ie vueil fait elle q̃ vous me receuez a femme deuãt tout vr̃e barnage et q̃ vous me tenez pour espouse et pour royne. Mais ainçois q̃ ie vous laisse aller me iurerez vous sur sains q̃ vous me tẽdrez ainsi comme ie sçay deuise. Et le roy lui creance: mais pource fait il q̃ ie ne soie blasme des clers ne des autres barons conuendra il que ie face vne chose q̃ ie vous diray. Vous ferez venir des plus haulx hommes que vous auez par deuant moy pour tesmoignier si comme ilz scaiuent bien la verite de ceste chose si lz vous tesmoignent q̃ feussez fille au roy leodegan de camelide et q̃ vous estes celle qui fut cõpaigne a moy par mariage loyal. Et ie mandray mes barõs pour ouir ce que les vostres diront. Et lors respont genieure q̃ de ce faire est appareillee et que se soit au iour de lascension mais ainçois que vous les facez semondre me ferez le serment de ce que vous mauez creãce. Lors fist apporter les sains et le roy lui fist le serment voyans tous ceulx de sa maison. Apres fist genieure ses briefz faire et seller et enuoye par tout le royaume de camelide que tous ses hommes soient au iour de lascension par deuant elle a vne cite qui auoit nom colorebre. Et dautre part enuoye le roy querre messire gauuain son nepueu et tous ses autres amis et leur mande quil est sain haittie et aise: et queilz soient au iour de lascension par deuers lui a vne sienne cite qui auoit nom colorebre/ car il a de eulx affaire. Or se taist le compte de lui et de la damoiselle qui en prison le tenoit

La premiere

et parle des barons de bretaigne q̄ le cuident auoir perdu a tousiours mes

Comme les barons du royaulme de logres voulurent eslire mōseigneur gau. pour estre leur roy et cōme les barons de camelide iugerent la royne genieure et cōme gallehault la mena en sorelops et cōme le vieil bertelap confessa la traison et fut la royne ramenee a la court par gallehault et lancelot

L e compte dit que quant le roy fut p̄du en la forest de bedingan si sen partirent tous a grant douleur de bedingan si quilz ne peurent gregnieur auoir et sen alla la royne seiourner a lardueil iusques a la venue du roy Quant les barons de bretaigne virent la terre sans seigneur si comencerēt a guerroyer les vngs les aultres et ce ne voullurent mie souffrir les haulz hommes ne les preudōmes et vindrent a monseigneur gauuain qui auec la royne demouroit et gallehaut et son cōpaignō et messire puain et keup le seneschal ces cinq preudommes ne furent nulle foiz sans la royne ains lui tindrent tousiours copaignie car il ny auoit celui deeulz qui ne eust assez affaire a son ennuy. Le roy bademagus si vint a mōseigneur gauuain parler si y fut le roy aguisans descosse, et apres lui fut le roy dirlande et le roy destraī et celui des marches et le roy de norgalles et aultres gens qui y estoient/ quant ilz vindrēt a cardueil si mōstrerent a la royne la parolle et a mōseigneur gau. et disdrēt que des ores en auant ne souffriroiēt pas que la terre fust sans seigneur ne sans garde et gallehault qui moult estoit sage et qui la parolle auoit prinse sur lui dist. Seigneurs vous auez este hōmes mōseigneur le roy et serez tant comme il viura ne la courōne nest mie a lui deffendre mais a vous tous, car ainsi est il vng hōme seul cōme vous estes pource vous demāde et le vng pou de respit et mōseigneur gau. vo⁹ prient que vous attendez encores mōseigneur le roy iusques a la pasque et se dieu plaist no⁹ en aurōs aulcune nouuelle entre cy et la, et se il aduient entre cy et la q̄ nous nen opons aucunes bōnes nouuelles nous nous tendrons a vos cōseulz de la terre et de seigneur si cōme vous le vouldrez attourner. par le cōseil de

gallehaut fut dōne le respit iusques a la pasque, et adonc vindrent les barōs et tous ceulz qui y auoient este et quant ilz virent que le roy nestoit pas encore venu si disdrēt q̄lz ne vouldroiēt mie la terre laisser sās seigneur La royne et mōseigneur gauuain respōdirēt que ilz nen pront la encontre leur volente aincoys octroyeroient ce quilz vouldroient faire. Lors se acordent a ce que mōseigneur gau. soit roy, car cest le plus prochain des amis au roy: si le ont esleu a cest honneur et dient tous quilz veulent quil soit roy et il dist q̄ ia dieu ne luy aist au iour que il prendra cest honneur ne ia tant quil sache se son oncle est mort ou vif, et trop seroit de fol courage qui se mettroit en lieu a si preudōme cōme mōseigneur le roy a este, mais ie vous diray fait il que ie vous loeroye se ie cuidope q̄ ce feust raison que vous a la terre garder et soustenir meissiez le pl⁹ preudomme dentre vous tous tant que vous sceussiez cōment iusques a vng an et auant se nous oirions nulles nouuelles de sa mort ou de sa vie, et ilz dient quilz nen feront riens et se il veult prendre la couronne si la prengne et sil la refuse il est tout appareille a qui ilz la donneront: A cest mot traict gallehaut mōseign. gau. a vne part a cōseil si fut la royne auec et messire puain le filz au roy brien et keu le seneschal que monseigneur gau. appella. Lors parla gallehaut a mōseigneur gau. Sire ie voy que ses gens nont mye bon cueur enuers monseigneur le roy ne enuers vous et ie voy bien quilz vous ont ceste honneur offerte pour ce quilz cuident que vous ne la pregnez pas/ mais ie vous lo que vous la pregniez et si le vueil et quant vous laurez receue nous prendrons bien respit du couronnement iusques a vng an, dedens lan se dieu plaist orrons no⁹ nouuelles de mōseigneur seil est vif ou mort car telle chose ne peut estre celee tant lui dist gallehault et tant lui conseille q̄ mōseigneur gauuain lui octroye.

Lors vient arriere mōseigneur gauuain et gallehaut aux barons et dist q̄ monseigneur gauuain recepuera cest hōneur q̄ vous lui auez offerte pource quil ne veult mie que le regne chiesse en main estrange par defaulte de lui. Lors parla le roy aguisans descosse q̄

partie.

estoit cousin de monseigneur gauuain,e estoit celui des barons qui mieulx voulsist q̃ monseigneur gauuain ne prenist ceste honneur car elle lui estoit pmise de tous les autres si tost comme monseigneur gauuain lauroit refusee Et il estoit moult puissant de terre et de ligna ge et nauoit q̃ quinze ãs: si dist a monseigneur gauuain Beau cousin prenez ceste honneur come gallehault le deuise. Et monseignr̃ gau uain pleure trop tendrement et entreropt sa parolle si que a grant peine pouoit len entendre sa raison, et toutesfois sicomme il peut parler si dist quil leur ottroieroit ce quilz vouldroient. et ilz le ensieuent tout maintenant: si en pleurent tous ceulx qui auoient dur cueur. Et mon seigneur gauuain dist en pleurant quant il ot ceulx qui se tenoient pour roy. Ja dieu ne plai se quil le soit Les compaignons de la maison du roy artus font tel deul que nul ne les peut conforter et la royne fait deul sur tous les autres Si seest enfermee en vne chambre q̃ nul ne la peut veoir et crie a si haulte voix que lan celot bien loig de la salle et dist. Beau tresdoulx sire dieu comment est toute cheualerie et toute prouesse demouree et toute ioye tournee en deul Si a dicte ceste parolle plus de sept fois, et a chacune fois sest pasmee Quant gallehault ot ceste parolle si la dist a lancelot qui emprez lui estoit. Et monseigneur gauuain pleuroit trop tendrement en vne chambre. Si saillent tous quatre et viennent a lhuys de la chambre quilz treuuent moult bien fermee Et galleh. y heurta si durement quil le rompt et la royne sault sus si sen va en vne garde robe et afuble vng manteau et vient a lencontre de eulx. Et gallehault la blasme moult durement du deul quelle demaine si grant si lui dist. Dame vo9 faictes moult grãt oultrage car se dieu plaist est encore monseigneur tout vif et sain et hait tie la ou il est: mais se vo9 sceussiez pour voir quil feust mort: lors ne seroit il mie sage q̃ vo9 en reprendroit. pource faictes que ie cuide q̃ il soit encore tout vif faiz ie deul pour sauoir se dieu le me rendroit car dieu a ouye maintesfois plus pecherresse q̃ ie ne suis. Et sachez q̃ il fait bien a plaindre car il estoit en son grãt honeur et il nest nulle meilleure vie que de estre loe a prez sa mort, ne ie ne me merueille sinon de ce

comẽt il pourra estre apres sa mort de si preudomme comme il estoit.

Moult est grant le deul que la royne demaine et les compaignons aussi, mais elle se garde bien de faire deul quant elle voit lancelot pource q̃ elle le sauoit si angoisseux que par vng peu quil ne enrage. En telle dou leur ont este tous les iours iusques a la pasq̃. Lors vindrent les messages que le roy enuoia de camelide et se furent les deux veneurs qui auec lui furent prins en la forest. Si demandent nouuelles de monseigneur gauuain. Et quantilz entrerent a karduel si leur fut dist quil seiournoit a la ville auec la royne. Et ilz sen vont droit au pallais ou monseignr̃ gau uain estoit a grant compaignie de cheualiers. Si saillent encontre aincois quilz le aient salue si les appelle lun apres lautre et leur prie pour dieu quilz leur dient bõnes nouuelles. Et ilz respõdirent. Sire monseigneur le roy artus vous salue comme son homme lige: et comme celui qui est son chair et amy: et son nepueu, comme celui quil ayme sur tous hommes: et vous mãde quil est sain et haittie ioyeux et aise en la terre de camelide: mais vng grant affaire lui est couru sus pour quoy il a besoing de ses ba rons auoir. Si vous mande si chier comme vous auez sõ amour que vous les faces tous semondre de par lui si apoint quilz puissent estre le iour de lascension a colombre. Cest la maistresse cite du royaume. Si tost comme les messages furent venus au pallais si cou turent les nouuelles de eulx en la chambre de la royne. Quant elle louyst elle ne attendist pas quilz venissent iusques a elle: ains se dres sa encontre eulx et aussi gallehault qui se se oit emprez elle pour la reconforter. Et vindrẽt la ou monseigneur gauuain estoit, et encores lui comptoient les messagiers les nouuelles Quant monseigneur gauuain la voit si la prent entre ses bras et lui dist. Dãez bene ouyr les bonnes nouuelles du roy qui est en camelide mais il ne lui dist pas la verite ainsi com me elle est car il le laisse de paour de la courou cer et dist quil conuient quilz le voisent voir: quilz soient a lui le iour de lascension, et tous les barons pource quil en soit creu. Et ilz dirent a messire gauuain moult bonnes enseignes que le roy les y a enuoyez. Et il les congnoit bien mais a la royne nen dient ilz nulles. Et pource souspeconnoit elle bien quil nestoit mie si bien de elle comment il souloit et non pourtant elle fait plus belle chiere que elle nauoit acoustume pour les nouuelles que elle a oupes. Et monseigneur gauuain enuoye par toutes les terres de bretaigne et mande a tous les barons quilz soient a la quinsieme de pasque la ou ilz auoient tous este a la chandeleur a bedingan car dillec les couiendra partir et aller la ou le roy les attent a ce iour et bien sachent ilz quil est sain et haictie et en sa deliure pooste. La royne parle a gallehaut a conseil et lui dist toute en plourant. Haa gallehaut or ay ie greigneur mestier de conseil que deuant et pour dieu conseillez moy car ie scay bien que ceste damoiselle que le roy a tenu en prison sa si attourne a elle que ien auray assez douleur si cuide bien que ce me aduiendra par mon peche pource que iay me serre enuers le plus preudomme du monde, mais la force damours pourquoy iay me serre estoit si grande et mon cueur estoit si doulx que il ne sen pouoit defendre et la prouesse de celui q tous les preux a passez et nonpourtant ie nay pas si grant paour de ce que le roy se departe de moy come de ce quil me face liurer a mort, car sil me laisse viure il ne sera iamais iour que ie naye quanque mestier me sera ie ne puis estre poure pourtant quil me laisse viure mais sil me fait occire ce seroit dommage car ie perdroye lame apres le corps ne ie nay psonne a qui ie me puisse si priuement conseiller comment a vous et si auront maintes gens deul de mon dommage, mais sur tous les aultres me auez tousiours aide a mettre a aise. Dame fait gallehaut de la mort nauez vous mie garde car il mourroit aincoiz plus demille cheualiers, ne le roy sil vous vouloit destruire ne pourroit il, car tant vous promets ie bien que ie enuoyeray querre mon pouoir et seront appareillez darmes a bedingan au iour que monseigneur gauuain a semons les aultres: ne se ien deuoye auoir la hayne a tousiours mes et se tant auient que vous soyez a mort iugee vous serez moult bien rescousse et ie y perdroye aincoiz la vie et tous ceulz de mon pouoir que vous en prenissiez mort or soyez toute seure car de mort

ne auez vous garde tant comment ie viue et se il aduient chose que vous soyez deliure et de luy asseuree ie vous donneray a deux de mes royaumes le meilleur et le plus beau et en serez dame tous les iours de vostre vie: ne ia ne ayez paour de mort ne de desseurement, car par auanture vous ne verrez ia aduenir ne lung ne lautre et comment quil aduiengne vous aurez assez aide.

Ainsi conforte galehaut la royne et toute foiz apres le terme si meuuent monseignr gauuain et la royne et la priuee gent de leur hostel et cheuauchent tant quilz viennent a bedingan illec seiournent tous les trois iours apres la quinsieme et attendent les barons qui nestoient pas encores venuz. daultre part vint la cheuauchee gallehaut. si sen merueille moult monseigneur gau. et demande pourquoy il a mande tel secours de gens. et gallehaut dist pource que se le roy auoit mestier de secours et de aide ne quil fust en nul lieu emprisonne il ne y demourroit forteresse a abatre aincoiz que il ne leust et il est bien droit quil y maine tout son pouoir, car a grant force de gens doibt ien aller querre tel homme comme monseigneur le roy artus est. Quant ilz eurent illec demoure huit iours si meurent a aller a camelide et vindrent a tolorebre et ilz y furent huit iours deuant lascension, et daultre part la damoiselle de camelide a parle a ses hommes lung apres lautre tant quilz sont asseurez de sa droicture maintenir comme ceulz qui cuidoient vrayement que elle feust leur dame. Et quant vint au iour de lascension la ou le barnage estoit assemble si parla le roy a ses barons priuement et leur dist. Seigneurs ie vous ay cy mandez come mes barons loyaulx, car nul ne doibt si grant affaire mener a chief sans le conseil de ses barons. vous ouystes bien la plaincte que la damoiselle fist a bedingan le iour de la chandeleur donc ie cuidoye que elle eust tort mais tant est oree la chose alee que ie scay certainement que elle a droict et que la raison fut faicte par celle qui longuement a este royne contre raison si orrez tesmongnier p tous ceulz de cest pays que elle fut fille au roy leodegan de camelide et celle que iay tenue fut fille au seneschal pource vous ay ie mandez car iap pechie par non sachance que vous men aidez a ietter. Or men conseilliez si come vous devez. A ce mot furent les barons si esbahis que oncques ny eut nul qui mot sonnast ainz pleuroit monseigneur gauuain aussi tendrement come sil veist la royne morte: mais gallehault qui oncques ne fut esbahy par la devant tous les barons a dist. Sire tout le monde vous tient au plus preudomme du siecle: si ne seroit pas mestier que vous fissiez chose donc vous feussiez pour fol tenu/ a que vous en feussiez tart au repentir. Et comment est il auenu que madame soit de ce attaincte Il mest auis fait le roy que vous ne le sauez pas si bien coment ceulx de ce pays: car le roy leodegan nestoit mie souuent seul ains auoit en sa compaignie maint preudomme a ceulx qui chacun iour estoient auec lui si en sçauiet mieulx la verite q̄ les estranges. Certes fait gallehault vous estes plus preudomme a plus sage que ie ne suis/ mais il ne me semble pas raison q̄ chose qui a si longuement demoure soit si legierement attainte: ne oncq̄ clameur nen fut faicte ne homme de ce pays ne de la terre ma dame nen fut veu qui pour la royne ne la tenist. Ie sçay bien dit le roy comme il en est a se ne feust le grant pechie qui y gist ie lamasse mieulx q̄ nulle dame: mais ie la tendroie encontre dieu: ne iaserment ne bataille nen sera faicte mais celle a q̄ les preudes hommes de ce pays sen tendront sera dame a royne. Atant est le conseil fine/ si sont appellez ceulx qui a la damoiselle se tenoient. Si fut la royne dune part a celle daultre: a le roy dist aux barons du pays. Vous estes tous mes hommes: a grant piece a q̄ vo' mauez fait feaulté a vne parolle est montee p̄ deuant moy de ces deux dames car ceste qui de ce pays est saisie dist qlle est mon espouse a fille de vostre seigneur a a sa femme. Et celle que iay tenue pour mon espouse en dit autant. Et pource que la verite nen peut estre congneue si bien comme par vous pource estes vous cy semone. Si vueil que vous me iurez tous sur sains que vous nen direz riens ne pour amour ne pour hayne: a que vous ferez royne de celle qui le doit estre. Lors se trait bertelac le viel auant si tent sa main deuant vers les sains q̄ le roy auoit fait apporter a iure que se dieu lui

aide a les sains que ceste royne genieure fut fem̄e du roy artus a enoincte a sacree come royne a fille du roy a de la royne de camelide. En demeniere quil iure si la tint par sa main. Apres lui iurerent tous les haulx hommes de la terre a tous les barons a tous les autres cheualiers qui en sa court du roy leodegan auoient esté a non pourtant devers la royne en auoit assez de telx qui auec elle auoient esté puis quelle auoit esté royne/ mais oncques nen fut nul ouy ny escouté: car le roy se tenoit encontre eulx. En ceste maniere fut la royne iettee de son lieu a lautre qui riens ny auoit fut tenue pour royne. Ce fut la chose que le roy fist oncques de quoy il fut plus a blasmer. celui iour fut la ioye grande a ceulx du pays: a autant furent dolens tous ceulx du royaume de logres. Lors demanda le roy a ses gens comment ilz exploiteront de celle qui si longuement se estoit faite tenir pour royne a droit ny auoit. Et galleh. qui bien sçait que le roy pense si sui soy quil attende iusques a la penthecoste: et entre cy a la fera il conseil quil en sera a faire: car si estrange chose ne doit mie demourer que vengance ne soit prinse. Et ce disoit il pource ql se tenist devers le roy. si lui en sceust le roy moult bon gre a respont quil se tendra a son conseil. Puis appelle monseigneur gauuain si lui commande la royne a garder si quil lui rende le iour de la penthecoste: mais bien gardez que celui iour la me rendez: car par les sains qui sont ceans vous ne auriez iamais mon amour/ a si feriez versmoy desloyaulté car ie vo' la baille sur tout ce que vous tenez de moy. Sire fait messire gauuain, a ie la prens ainsi: car maintesfois say ie puis gardee q̄ vous benistes en ce pays. Lors sen vont lui a gallehault a la royne grant aleure. Si lemmainent a grant plante de cheualiers. Et gallehault dist. Dōc or dieu doit que monseigneur gauuain face bōne garde de vous car vous lui estes liuree sur quanq il tiēt de son oncle. Et elle respont a aussi belle chiere come se a elle riens nen feust. Certes legierement me peut garder: car si voirement me aid dieu se ien deuoie mourir ie vouldroie que feust ia: mais que nul ny eust dommage sinō moy: car se ie vis en telle maniere il nest riens qui me peut donner conseil. En ceste maniere

demoura la royne iusques a pentecouste et a
lors fut ramenee par deuant les barõs le roy
parle a eulz et leur commande sicõme ilz sont
ses hommes liges que ilz iugent a droit quel
iugement len doibt faire de elle qui en peche
mortel sauoit fait gesir si longuemẽt. Ceulz
a qui il demande le iugemẽt furent ceulz de lo
gres ne ilz ne cuidoiẽt pas quil Boult sist quilz
loccissent si Boult ou bien que len iugeast la
royne a mort tant sauoit lautre sourprins p̃
coniuremẽt et lui en estoit cheu aux piez le
iour deuant se il Beult iamais auoir ioye de
elle. Quant il auoit enuope ces barons au iu
gement sicõme Bous auez oup si sen pssirent et
mõseigneur gauuain dist premier qui la roy-
ne auoit tant gardee et apmee quil ne seroit ia
en lieu ou la royne feust iugee a destruire et a
ce sacordent tous les barons. Et aprez parla
gallehaut et dist: il conuiendra mener le roy
debõnairemẽt a cestui point, car au semblant
quil monstre Bouldroit il bien la mort de ma
dame et nous ne le Bouldrions mie ce mest a.
uis pource seroit il sens de demãder respit du
iugemẽt iusques a quarante iours, entre cy
et la sen yra mõseigneur le roy et nous tresto9
et toutessops peut il aduenir que celle qui en cel-
le sollerage la mis ne sera mie si bien de sup
cõme elle est maintenãt et se nous ne pouons
auoir de sui respit si dirõs que elle ne sera mie
iugee a si haulte feste iusques a tant q̃ chascũ
soit bien cõseille et pourpense. A tant biennẽt
deuãt le roy si demãdẽt respit par la bouche
gallehaut qui bien sceust recorder et traire a-
uant les parolles et les essoingnes pourquoy
le roy leur deuoit donner respit mais celle qui
estoit plus dame de sup que nulle aultre: si iu
re que iamais nen prendra respit et il les cõiu
re sur la sop quilz sup doiuent quilz facẽt ce q̃
il leur a cõmande ou si non iap trouue quil le
fera et ilz dient quilz nen feront riens en telle
maniere, car ilz scaiuẽt bien que le iugement
aporteroit qu̓elle fut dãpnee puis q̃ droicture lui
a tollu que elle nest royne. Et le roy Boyt qlz
nen feront aultre chose si le tient a moult grãt
desdaing et iure quil sera fait ainz la nupt, e
si p sera p mop mesmes a le faire. Lors appel-
le les barons de camelide et leur cõmande si
chier cõme ilz sont ses hõmes quilz facent le

iugement, et Bertelac le Biel qui bien est a la
Boulente de la dame si lui dist. Sire no9 Bou
lons que Bous mesmes p soyez, car il est bien
mestier puis que si haulte baronie cõme celle ᵹ
Bretaigne ne le Beult faire, car de sens ne de
cheuallerie ne se prent nulz a eulz et puis que
Bous le mettez sur nous nous Boulons que Bo
stre corps mesmes p soit, car Bous estes si sa-
ge que se nous faillõs a droit dire Bous nous
en adresseriez trestous. Ce fait le roy ne refus
se ie mie puis que Bous le me auez requis Lors
se dresse et Ba au iugement auec eulz et daul-
tre part messire gau. et les autres barõs de bre
taigne parlent ensemble et si p est gallehaut
qui moult apma lancelot. qui de ce se stoit con-
seille que se la royne meurt il mourra, et gal-
lehaut dist. Seigneurs se le iugemẽt dit que
ma dame soit destruicte que direz Bous. Et
mõseigneur gau. dist que a ce ne sera il ia: il
guerpiroit ascoiz sa terre son oncle a tousiours
et sen fuproit en estrange terre cõme essisle, et
autãt en dit messire puain le filz au rop Brien
et Lieup le seneschal et tous les autres ducz et
cõptes se tiẽnent a ceste parolle. Par ma fop
fait gallehaut dieu mercy ma dame est amee
de tous ces preudõmes qui ne Bouldroiẽt pas
souffrir sa mort et endroit mop promet ie de
uant que ie ameroye mieulx a perdre et terre
et auoir mais pource quil cõuiendroit belle-
mẽt auertir le roy de cest affaire si que lõneur
ma dame p feust pource ie Bous loe que Bous
priez mõseigneur le roy pour lamour que il a
en Bous quil nous octrope a nous tous ensem
ble que elle Biue si tost cõme elle Bendra du iu
gement et seil ne le Beult faire si atendez le iu
gement de oultre en oultre et quant Bous orez
que elle sera a mort iugee si prenez tous cõgie
a lui de Bous en aller

Tant ont leur cõseil fine et gallehaut
trait son cõpaignon a une part qui trop
a dé deul si lui dist. Beau doulx cõpoins ne
Bous esmapez pas de ce que Bous orrez dire de
ma dame mais de tant sopez Bous asseur car
Bous Berrez encores nupt faire Bng des gre-
gnieurs hardemens que Bous Beissez pieca
faire et si Berrons celui que len tient au plus
preudõme du monde plus esbahp. Cõment
sire fait lancelot. Certes fait gallehault se le

partie

rop iuge ma dame a mort: ie ferap tant que ia mais ne mengera nul iour, car iap tallent de faulser son iugement ou a bataillier contre son corps ou encontre le cheualier q̃ vouldra met tre. Sire fait lancelot ainsi ne le ferez pas, car monseigneur le rop ne vous apmeroit iamais et se seroit trop grant dommage sil p auoit hap ne estre deup si preudes hommes comme vous estes: ne il ne sen combatra ia nul sinon mop, car se le rop me hait se ne sera pas haine qui en pris puisse monter: et si seroit de vous plus a malaise q̃ de mop: et ie vous prie si chier com me vous auez lamour de mop q̃ vous ne souf frez q̃ autre de mop face ceste bataille. Et gal lehault lotroie, mais il conuendra fait il que ce soit moult sagement: car vous estes de sa mes gnie du rop, et compaignon de la table ronde: si seriez plus tost blasme se vous faisiez chose q̃ encontre lui allast: mais ie vous enseignerap a faire si que ia nen serez blasme. Quant vous orrez que madame sera iugiee si me regardez si tost comme ie vous ferap signe si assez deuāt le rop et vous dismettez de sa compaignie de la table ronde, et de ce q̃ vous estes de sa mesgnie Et lors lui demandez quil arriere ce iugement et quil vous die quila fait: si le faussez moult bien et contre lui ou encontre vng autre: en tant q̃ ilz parloient ainsi entre eulp deup et le rop re pairoit du iugement lui et ses barons lors comp ta bertelac sa parolle et parla si haultement q̃ de tous fut oup et entendu.

Or escoutez seigneurs barons de bretai gne le iugement qui a este fait par le cō mandement du rop artus. Et ce iugement e ste fait pour celle qui a este en sa cōpaignie cō tre dieu et cōtre raison: si est droit quelle soit cō damnee sicomme vous me orrez deuiser C'est que toutes les choses que ropne porte au sacre ment soient desfaictes en elle. Et pource quelle a porte couronne contre raison, pource sera le lieu de couronne que celle si aura les cheueup couppez a tousiours mais: et aussi aura par de hors le cuir des mains tresschie. Et pource quil appartient a ropne quelle soit illec enoincte el le perdra le cuir des deup pommeaup de la fa ce pour mieulp estre congneue. Apres sen ira du pouoir de monseigneur le rop sans reuenir Quant ce oupst monseigneur gauuain et les

autres barons il neust en eulp que courroucet Et dist chacun quil ne seroit ia en lieu ou ceste chose feust faicte: et dist monseigneur gauuain q̃ se le rop nauoit fait ce iugement honnis seus sent ceulp qui auoient este a le faire: autant en dist monseigneur puain. Lors se traist auant monseigneur keup le seneschal qui moult bien parla et dist q̃ onques mais rop nul tel iuge ment ne fist: ne rop nestoit il pas qui le fist. Moult estoit la noise grande. Lors regarde gallehault son compaignō si lui fait signe: et il sauance maintenant parmp la presse et tire hors de son col vng manteau q̃ estoit de moult riche drap a vne penne ermine et estoit lui et gallehault vestu tout de vng. Quant ilz vint deuant le rop si fut moult grāde la presse pour escouter quil vouldroit dire. Lancelot fut de tresgrande beaute si auoit la chiere brune clere et debonnaire. Si nestoit pas encore trop bar bu: et auoit la bouche bien seant et le front am ple. Si eut le col gros et bien fourny a la gran desse du col et de la teste et du corps. Il eut le pis espes et les bras longz: et de membres et de tout le corps comme len pourroit mieulp nul cheualier deuiser de son grāt: et si nestoit il pas petit: car le cōpte dist quil estoit vng peu grei gneur que monseigneur gauuain. Quant il eut son manteau iette bas: si lui auint moult ce quil fut en sa cotte demoure. Et il vint la chault et aise comme celui a qui il ne souuenoit de nulle chose fors de ce quil voulloit entrepre dre. Si attaint keup le seneschal en son venir la ou il se offroit de la bataille faire sicomme vous auez oup: et keup se tourne si le tint a des daing moult grant de ce que lancelot louoit boute. Si se met deuant lui tout pensif: et celui le trait arriere: et dist tout en oupant. Ne vo9 of frez ia de la bataille car vous ne la ferez ia vous ne cheualier de ceans, car bataille de si grant chose ne vous appartient pas a entrepren dre pour quop sire dist keup ne la ferap ie pas ne autre qui de ceans soit. Pource fait lancelot que meilleur de vous la fera. Qui est il fait keup qui a moult grant desdaing le tient Et verrez vous bien fait lancelot quāt ce sera. Et ste parolle fut moult tournee a mal a lancelot mais il ne lui chault: car il est si courrouce que autant lui est sil dit follie comme sens. Lors dist lancelot au roy artus. Je vous demande pour moy et pour aultres preudommes qui ceãs sont se vous aues fait ce iugemẽt de la royne Le roy respont que voirement le fist il / mais il ne le fist pas seul ains y eut assez de preudommes auecques moy et vez les cy si les lui mõstre. Sire fait lancelot iay este cõpoins de la table ronde vne grant pice vostre mercy qui men donnastes la compagnie mais ores ie la vo‘ quicte et ce que iay este de vostre mesgnie si que ie ne vueil plus riens tenir de vo‘. pour quoy fait le roy beau doulx amy. pource fait il que ie ne pourroye riens desregner cõtre vo‘ tant comme ie feusse de la table ronde et de vostre mesgnie. Et que voulez vous fait le roy desregner encontre moy. Je dy fait lancelot q̃ ce iugement que vous aues fait sur ma dame est mauuais et desloyal: et suis tout prest de le monstrer encontre vous ou contre vng aultre et se il ny a preudome cheualier ie men combatre contre deux et sil ny a nulz deux cheualiers ie men combatray cõtre trois. Quant lyeux lentent si ne se peut tenir quil ne parle si dist q̃ ores monte la follie et que assez deust auoir lancelot dung cheualier et que moult a grant chose emprinse qui se batist a estre le meilleur cheualier de tous. Ne vo‘ chault messire lyeux fait lancelot car par la foy que ie doy a mõseigneur gau. qui sa est que iayme mieulx que to‘ les cheualiers du monde quant la bataille sera faicte vous ne vouldriez estre le quart pour toute la terre au roy qui cy est, et pourtant que vous en auez parle me cõbatray ie a trois ou soit a tort ou soit a droit / car tant scay ie bien de iugemẽt que droicture napporte pas que vng cheualier se combate contre trois se de son gre ne le fait apelleur, et ie le fais de mõ gre pour ce que le grant droit de ma dame en soit mieulx congneu. Lancelot fait le roy il est voir q̃ vous estes assez preux cheualier et que vos proesses sont cõgneues en maintes terres, mais vous auez trop grant chose emprinse de fausser mõ iugement / car oncques mais ne trouue cheualier qui le faussast ne qui lofast faire. et daultre part vous vous actisez de si folle bataille faire comme de vous combatre ẽ contre trois cheualiers, car ce vous seroit trop grant meschief mais la bataille laissez a tãt estez et

soyez mon compaignon et mon amy si comme vous souliez et il respont q̃ ce se ne stoit fors q̃ pour lyeux le seneschal si vueil ie que la bataille soit et lui prie quil soit lung des trois et le roy respont quil ne le laissera ia combatre en sa maison encontre trois cheualiers pourtant quil se puisse destourner a son honneur / mais les barons de camelide ont grãt honte et grãt desdaing de ce que lancelot a ainsi fausse son iugement et quil sen offroit a cõbatre a trois si sen offrirent a defendre et prierent le roy q̃l preinst les gages dune part et dautre mais il veult la chose arrester et dist quil veult que ce demeure, car bien sachez fait il a ceulz que cest vng des meilleurs cheualiers qui viue ne ie ne vouldroye pour toute ma terre quil fust mort honteusement / toutes voyes dist lancelot que ia ne sen ira si non par sa bataille et bien se peut offrir a monstrer que le iugement est faulx et que tous ceulx qui lont fait sont desloyaux. Moult mist grant peine le roy en luy chastier et quil laissast la bataille ester mais nul chastiement ny a mestier car toutes voyes est deuant le roy a genoulz et tent son gage dune part et dautre part saillent les barons de camelide pour le contredire si en prent le roy les gages a moult grant peine / car moult lui poise durement de lancelot pource quil craingt q̃ le pire nen soit sien ainsi en dõnent les gages deca et dela et quant vint au desregner si dist gallehaut que ce ne seroit pas raison de vng cheualier encontre trois et le roy mesmes se tient auec lui, car il ne vouldroit mie que lancelot se cõbatist / mais bertelac le viel q̃ tous les maulx scauoit saut sus si vient auant et dist. Sire les gaiges sont donnez contre luy de trois cheualiers et aussi cõme il la demande ainsi doibt auoir la bataille et se ainsi ne le veult faire nous sommes prestz de ouir le iugemet de vostre court. Et quant lancelot lentent si iure quanquil peut iurer que iamais ne se combatra si non contre trois et prie galleh. par la grãt amour quil lui doibt quil lui laisse faire la bataille et gallehaut ne lose contredire puis quil lui plaist si dist au roy, toutes voyes fera lancelot la bataille si comme il la emprinse et vous rendra les trois cheualiers ou mors ou conquis dedens le iour que sa ba taille si comme il l'a entreprinse et vous rendra les trois cheualiers ou mors ou conquis dedens le iour que la bataille sera a iournee ainsi comme il est acoustume au royaume de logres/ et les barons de camelide eurent quis les .iij. meil seurs cheualiers quilz peurent trouuer et dient q̄ ilz veullent que les trois se combatent ensemble et lancelot veult saillir auant pour sotroier/ mais gallehault se trait arriere et dist q̄ iamais son cueur ne sapmera sil prent la bataille en telle maniere Et laissez fait il parler ces autres/ ça ce q̄ ie vous diray vous tenez. Sire fait lacelot iamais ne me otrez parler mais gardez mon honneur. Il sera bien garde fait gallehault. Lors va auant ou les barons de camelide deuisent la bataille et dict les barons que ainsi comme il sa deuise il saura se il sose faire Ainsi comme vous auez deuise dist gallehaut ne seroit elle pas acoustumee en la maison de monseigneur le roy pour tout ce q̄ chacun de vous a ne pour tout ce q̄ le roy artus a ne seroit il pas ainsi/ et plus auez vostre honte faicte que vostre honneur de demander en tel se maniere pource que ores ne semble il pas q̄ en ce pays ait tant de bons cheualiers come len dit Tant a parle gallehault q̄ la bataille est otroiee dune part et dautre ainsi comme il sauoit requise. Si a le roy atermee a huictesne de la penthecouste: mais moult en a prinses bōnes treues et bonnes seurtez deca et dela: car il ne o soit faire nulle chose dont il cuidast que galle haut se courroucast. Ledemain de la pēthecou fist le roy appareillier sa voie pour aller en so pays et au matin sen partist la royne de la terre si se mist en mer elle et sa compaignie et vindrent au samedi a Bedingan en yrlande et les barons de camelide eurent quis les trois cheuariers qui combatre se deuoient si furent moult grans et moult fors et a preudes hommes tenus en leurs pays. Et celuy qui plus aagie estoit/ nauoit pas plus de quarāte ans. Au lūdi matin furent appareillies au prez dessoubz Bedigan et furent armez a la guise de leurs pais Dautre part se va faire armer lancelot et auec lui auoit assez de preudes hommes. Premierement y fut gallehault et tous les barons de la maison du roy artus. Si y fut monseigneur gauuain qui lui lassa ses couroies et ses las

tout ce que mestier lui est. et ne seuffrent pas lui et gallehault q̄ autre y mette les mains Et quant il est arme si lui met gallehault lescu au col et lui ceit son espee et lui prie q̄ pour lamour de lui la porte. Et il dist q̄ si fera il: car il say moit moult. Quant il fut arme si monta sur vng cheual moult bon qui estoit a gallehault Lors se pene moult le roy de la bataille faire remanoir: mais lacelot ne le veult ottroier pour priere q̄ nul lui en sache faire. Et messire gau. dist au roy et a gallehault tout seurement le laisse combatre puis q̄ il se veult/ car nul ne scait si bien son pouoir comme lui. Lors comman de le roy que les gardes soient mises au champ. Si est gallehault vng des gardes: et le roy y diet: et le roy destraus et le roy de oultre les marches et le roy aguissans de scosse et monseigneur gauuain et dautres preudes hommes tāt quilz sont bien vingtz que de roys q̄ de cheualiers. La bataille fut dessoubz la maison du roy artus car le plus de ses maisons estoiēt sus riuieres. Si y fut la nouuelle royne a vne des fenestres et celle pour qui lacelot se combatoit estoit en la tour montee auec lieu le seneschal a qui elle estoit liuree tāt que la bataille feust finee: et auec elle fut saigremor le desree et gif flet le fiz do. Ces quatre cheualiers lui firent compaignie: et gallehault fait apporter vng cor empla place affin q̄ len se sonne quāt il le comādera: et dist au y cheualiers qui combatre se deuoiēt quāt ilz le oiroient soner quilz aient appareillie le quel de eulx trois iroit deuant. Si fut lacelot si atourne q̄ l eut tourne so vi sage la tout ou la royne estoit Et gallehault se trait arriere et dict au roy q̄ est oit soig tout a cheual si lui demāde tout en pleurāt vng don Je vous ottroie dist le roy tout ce q̄ vous voul drez sās moy honir Sire fait gallehault cest grāt chose de vng cheualier contre trois vo ne urie vouloir pour lamoitie de vre terre q̄ sa. y feust hōny: car il vous rēdist hōneur et terre en vne heure. Et se vous quittez la royne de ce blasme et du iugement q̄ est fait ie cuide q̄ nous pourchasserōs vers lui q̄ la bataille demoura Elle rey dist soit ma hōte ou mon hōneur ie vouldroie q̄ la bataille demourast: et si mest fait honte de faulser mon iugement, et moy courroucer de combatre/ mais iamais ie ne se

premiere

pour toy hait car il a mamour desseruie ten core ay ie huy prie pour lui au sacrement quãt len sacroit le corps nostre seigneur q̃ dieu lup dõnast lõneur de ceste bataille: ne ie ne aymetãt nul cheualier cõe lui qui de mõ sãg ne soit et bien lui en ay mõstre semblãt. Atant seuient a lãcelot la ou il est arme de toutes armes si lui tarde moult quil ope le corz sõner. Et le roy lui dist. Beau doulz amy ie bous prie pour moy et gallehaut q̃ bous laissez ceste bataille et ie f'rap plus pour bous q̃ maintes gens ne cuideroient, car ie la ferap laisser a ceulz qui sont emprins̃e cõtre bous et f. rap quitter genteure de ce dõt elle a este iugee. Certes sire fait lacelot pour moy nen ferez bous ia riens, car ia ne maist dieu se la bataille est par moy quitee deuãt que ie serap mort ou ces troys seront baicus et pleust a dieu q̃ troys des meilleurs cheualiers que bous auez de bostre megnee feussent eu lieu de ces troys qui cuident estre moult bõs cheualiers si nen peust len sa paix faire: se maist dieu il ya tel q̃iamais nauroit courõne en teste. Quant le roy entent ce sirou gist tout dehõte, car bien apperceut q̃ ce disoit il pour lui, si sen retournerẽt lui et gallehaut plourans. Et gallehaut dist au roy que il ne ait de lãcelot paour, car a lui ne auront ilz ia duree. Lors se crie lancelot a gallehaut si resõnera huy ce cor. O il orendroit beau doulz amy fait gallehaut: ie scay bien quil bous tarde plus, pour les coupz ferir que pour le iour q̃ appetisse. Lors cõmãda gallehault que le cor soit sonne et tantost quãt lacelot lētent si met le glaiue soubz lesselle et fiert se cheual des esperous qui tost se porte et se tient ioinct soubz lescu et ba si tost quil bruit tout. Autãt fait le cheualier encõtre lui et sētrefierent si durem̃et que ses corps cõuient aheurter ensemble si q̃lz sont moult chargez de grans coupz des glaiues. le cheualier rõpit son glaiue si quil bolle en pieces: et lancelot le fiert si durement q̃ tout y met cueur et force quil lui passe le glaiue parmy le corps si quil parut de lautre part et celui chiet mort em̃p le pre. Et quant les gardes boyent quil est mort si font le cor sonner. et lancelot retire son glaiue du corps au cheualier occis si laisse courre a bng des aultres, si tost cõe le cheual peut aller et sētrefierẽt es esc

en hault dessoubz le bouclier et celui rompt sõ glaiue et lãcelot rompt lescu mais le hauberc demeure entier: et lãcelot qui auoit assez cueur et force sēpaint si quil le fait boller par dessus la crouppe du cheual a terre si la moult blesse au cheoir. Et lãcelot fiche son glaiue en terre car encores scait il bien quil lui sera mestier, puis bient au cheualier qui estoit a leue et auoit sespee traicte et lescu mis sur sa teste et il boyt lã, celot a cheual si se doubta moult et lã, celot lui dist. Sire cheualier ne ayez paour, car ia ne me sera reprouche q̃ ie soye a cheual et q̃ bo9 soyez a pie. Lors est lãcelot descẽdu et a tache sõ cheual a bng arbre puis reuient au cheualier lespee en la main si lui a hors du col la guiche de lescu ostree si assault celui en telle maniere q̃ le sãg lui sault parmy le corps en plus de dix lieux et ne peut lõguemẽt ses coupz souffrir si lui cõuient laisser sa place et quãt il boyt quil ne se scait garir si ne scait que faire car il ne ose dire le hõteu mot de recreātise. Le preou ils se cõbatoient estoit clos dune part et daultre de bne eaue parfonde et dault'e part estoit aurirõne de cheualiers et de pucelles et daultre part deuers le chasteau duroit iusques a la tour ou la ropne genieure estoit et si eu ple seneschal et aultres cheualiers. Et quant celui qui a lãcelot se cõbatoit bit que rescousse ne auoit point si se adressa bers leaue si tost cõe il peult aller cõme hõme qui moult auoit perdu du sang si boulopt saillir dedans pour se noyer et pensa que sil sailloit ens il mourroit trop hõteusemẽt cõme fuitif et recreant. Lors r:tourne arriere: et quant il boyt lancelot tout entese de lui ferir si a paour de mourir et lup dist. Haa lancelot gentil cheualier ne me occiez mie ne boy comment nul ait pitie ne mercy en lui se bous qui estes le meilleur cheualier des bons ne en auez mercy. Certes fait lancelot parmy ta bouche te conuiendra dire et recongnoistre que ceulx qui firent le iugement de madame la ropne qui maintenant est deboutee hors dauecques monseigneur le roy artus sont traitres et desloyaulx. Certes fait le cheualier cest la chose du mãde que iay mieulx cuide que leur traison et leur peche me ait neu et que il soit cause de ma destructiõ et de ma mort. Certes fait lãc. il y perra ẽcore

partie

cuide le bien quilz soiēt traytres & desloyaulx car ilz seront ēcores ennuit honniz voyas to les preudes hōmes du mōde: & tu en mourras & cest autre cheualier q̄ le roy sa. Lors hausse lespee pour le ferir: & celui ne ose le coup attendre/ ains sen tourne fuyant parmy le pre. Et quant il ne peut plus courre si sen retourne vers lancelot & lui crie mercy: & lācelot lui dist haa mauuais cheualier couart ne suys plus: ains actēt ceste bōne espee q̄ bien trenche: & mieulx te vault mourir q̄ dire le mauuais mot de recreantise: car mieulx vault il mort souffrir q̄ honteuse vie mener. Si maist dieu fait le cheualier vous dictes voir: & ie vueil mort actēdre de vostre main: car ie ne pourroie mourir par meilleure. Lors saclent & iette le fescu sur sa teste tāt cōme il en a & se deffēt encontre sui tant cōmēt il peut mais petit lui vault car il lui fait voller lespee de la main: si la tourne tel q̄ ceulx q̄ se voient en ont pitie: mais a lācelot nē chault car il a tel deul de la hōte de sa dame que il ne veult auoir mercy de lui.

Lors vient au cheualier & iecta sur luy vng coup q̄ bien parust quil eust de grant ire: car il lui fēdist le heaume & la vētaille iusq̄ en la teste si quil fait de chacun deux pieces: ne oncq̄s ne se arresta lespee iusq̄ en leschine/ si chiet le corps a terre. Lors commēce lancelot a regarder son espee: & dist. Hee bonne espee et belle moult doit auoir cueur & force de preudō me qui vous porte. Atant la met au fourreau & va la ou son cheual estoit si est monte isnellemēt & prēt son glaiue & se appareille de assaillir lautre cheualier. En retant viēnēt les barons de camelide au roy si lui diēt q̄ bien se sōt recordez q̄ ceste bataille nest pas a droit menee car la bataille de si grāt afaire cōme de iugemēt faulser ne peut estre ne ne doit sās sermēt. Si regnōs sire fōt ilz q̄ les sermens soient prins car nous sauons bien q̄ le iugement est droit. Et le roy respont que de ce ne lui poise il mie. Quant gallehault lentent si se trait vers celui qui le cor tenoit si le fist sonner. Et ce faisoit il pource quil cuidoit ēcores q̄ la royne eust tort & q̄ le iugemēt feust droiturier. Tantost comme le cor fut sonne si se entrelaissēt courre. Les deux cheuaulx ne furent mie laz mais furēt fors & vistes & la place fut plaine & vnie si viennent lun cōtre lautre de grant roideur. Icelui cheualier doubtoit lancelot: si se pensa quil occiroit son cheual a assēbler: car sil estoit a pie il en auroit moult le meilleur. celui estoit moult preulx & moult hardy: et auoit nom karados de la maille: ainsi cōme il se pēsa ainsi le fist: mais il ne demoura pas sur le sien/ car lancelot le leua des arcons/ & le porta ius du cheual par deuers la crouppe a terre. Lors tirent les espees & viēnēt lun a lautre. & se entrecouppēt les heaumes: car les espees sōt de grāt bonte & ceulx qui les portent sont de grāt fierte & vistes & legiers. Si se entreferēt si tres durement que deuant eulx ne demeure fer ne fust: ains les detrenchent si q̄ le sang vermeil en sault & les haubers sont ia si empirez q̄ lerbe verte en est couuerte des mailles q̄ en sōt volees: mais lancelot fiert plus pesans coupz q̄ cesui ne fait: & bien scait chacun q̄ cesui ne dureroit pas en la fin: mais moult le soent. Tāt dura la meslee que ia estoit none. Si a le cheualier tant perdu de sang quil commēce a faillir & lui empire moult la laine et la force. Si commence a guenchir aux coupz de lancelot: non pourtant encores mect il grant peine a soy deffendre & ne fait pas semblant de homme recrant ancois iette grans coupz de tant de force cōmet il a. Tant le haste lancelot & tant le tient court quil le maine parmy le chāp vne heure arriere vne heure autre auāt. Tāt a ia sa force pdue q̄l est cheu trois fois en pasmoisō. En la fin sla tant mene quil vient dessoubz la fenestre de la tour ou la royne estoit. Lors fut le cheualier si las que plus ne peut en auant. Et lancelot sault si lui arrache le heaume de la teste: Et le cheualier qui sa teste sent desarmee si se cueure de son escu dont il estoit bien peu demoure. Et lors regarde lancelot si voit monseigneur keux empres la royne si lui crie sire keux veez cy le tiers/ encores ne voulez vous pas estre le quart pour tout le mond de: car certes sen vous besongneroit. Ceste parolle fut dicte si hault que bien peut estre oupe de maint bon cheualier. Si apperceurēt bien que cestoit pource q̄ keux lauoit rāpone quant il print la bataille de trois cheualiers. Lors assault lancelot le cheualier et il a paour car sa teste a desarmee si quil ny ose plus demourer.

e.iii.

siecte sur sa teste son escu pour courre a lancelot si lui chiet aux piez et lui dist. Beau doulx amy ie vous crie mercy que ne me occiez pas et lancelot lui dist quil nen aura ia mercy lors le prent au bras si lui court sus et lancel. lembrasse si sentretournent et lung et lautre/ mais lancelot estoit de gregnieur force que il nestoit et moult lui amenda sa vertu pour la chose du monde quil plus aymoit qui estoit si prez de lui/ si auint que le cheualier cheut des soubz lancelot et lanc. lui donne grant coup du plomeau de lespee si que le sang lui sault par my les mailles du haubert. Quant galleh. et les aultres cheualiers qui gardoient le champ virent que celui estoit si a meschief si en eurent moult grant pitie/ car ilz le auoient veu combattre vigoureusement si crient au roy mercy q si preudomme cheualier comme il est ne meure pas en tel point. Certes fait le roy ie vouldroye auoir donne vne cite et q ie le peusse deliurer sans moy mesfaire/ mais ie sces lancelot si cou rousse vers moy que ma priere ne lui feroit si non nuyre. Sire fait gallehaut ie vous enseigneray bien comment ne ia ne y aura que vostre parolle seulement. Certes fait le roy donc ne mourra il mie et dictes moy comment. Sire se vous en priez ma dame pour qui il se combat et elle sen prie si le clamera quicte: ne vous ne demanderiez nulle chose a ma dame qlne fist. Pource fait le roy ne demourra il mie se elle en veult ma parolle ouyr. Lors sen va le roy vers la royne et quant la royne le voit venir si descent encontre lui et quant il la voit si lui prie dame vous estes quicte mais ce cheualier qui se combat est mort se vous ne le secourez et ce se roit trop grant dommage car trop est bon cheualier et ie vous prie que vous le faciez deliurer a lancelot. Sire fait la royne ien feray mon pouoir puis quil vous plaist/ lors sen vient la royne a lancelot la ou il estoit si lui chiet aux piez et lui dist. Beau doulx amy ie vous crie mercy q vous clamez quicte ce cheualier. Quant lancelot la voyt plourer si lui dist dame ne plourez point car ie octroy se il vous plaist ql me ait vaincu. car vous estes la dame du monde qui plus me a fait de bien quant vous me gardastes malade que ie estoye hors du sens. Lors quicte le cheualier de quanque il lui en appliest

il fut assez qui le leua car moult estoit blesse durement. De ceste royne eut assez ioye lautre neust pas mains de deul/ les barons de came lide eurent assez de honte car ilz sont attains de faulx iugement ne oncques ne souffrirent les barons de bretaigne que nul deulx feist monstrement en la court au roy artus

Ainsi a lancelot la royne deliuree de estre honie si en eurent grat ioye tous ceulx q la moyent. La nupt vindrent gallehaut et lancelot a la maison monseigneur gau. si dist gal lehaut a la royne. dame vous estes de monseigneur departie tant come a dieu plaira que vous resoyez ensemble et tous les barons vous doiuet moult aymer car moult les auez hon noures et chier tenus et ie menloe sur tous au tres, si vous offre voyant monseigneur gau. la plus belle terre qui soit en monde et se vous auez este royne vostre honneur ne cherra point pour souffrette de terre, car vous aurez beau roy aulme et riche et plain de si grant force que le pouoir a ceste nouuelle royne ne y courra pas car ie scay bien que elle vous pourchassera tant de mal que elle pourra se vous demourez en son pouoir. De ceste chose le mercie moult la royne et monseigneur gau. mais ie ne prendray mie ceste honneur sans le congie de monseigneur le roy et ie vous en mercye moult/ car plus me auez de honneur fait q tous les barons de mon seigneur. Assez parlent dune chose et daultre iusques au matin que la royne alla parler au roy quant il yssoit de sa chambre si se agenoille de uant lui voyant grant plante de cheualiers et lui dist. Sire ie menvoys par vostre comman dement et si ne scay en ql lieu/ mais pour dieu vous prie que vous me diez vostre plaisir quil vous plaist q ie face et si me mettez en tel lieu que ie puisse ma vie sauuer et ou mon corps ne ait garde de ses ennemis, car vous ny auriez ia honneur se len me faisoit ia mal et tant come ie feusse en vostre garde et non pourtant se ie vou loye terre prendre ie trouueroye qui assez men donneroit non pas pour vostre amour et le roy lui demande ou est celle terre et celui q la vous veult donner. Et gallehaut sault auant qui prez dillec estoit et dist. sire se dieu me gseult ie lui donneray la plus belle terre qui soit point en vostre pouoir ne au mien: cest le royaume de

partie

soie soie a sachez q̃ cest la dame q̃ iayme plus car ie vouldroie q̃ elle feust a grant honneur. puis respont le roy q̃l se conseillera. Lors appelle des ses barõs a une part et parla a eulx. Et quant les autres barons eurẽt parle a lui si se trait monseigneur gauuain a une part: et dist. Sire vous savez bien q̃ ma dame nest chassee ne desheritee hors de ntour vous pour nul forfait: fors q̃ pour vostre voulẽte et nous en sommes tous dessoupaulx quant nous lavons tant souffert. mais len doit bien a son seigñr souffrir ung grant oultrage a faire: pour ce vous soctroie ie biẽ q̃ vous attournissiez ma dãe en telle maniere q̃ vous y eussiez honneur: car seil estoit chose seue que elle deust estre vostre soignant sine y auriez vous point de honneur que elle feust a honte: et se vous doubtiez plus autruy que vous: vous ne latẽdrez pas en vostre terre. Et se vous voullez vous la pouez euoier en la terre de mõseigñr puain mõ cousin ou elle sera moult honnoureement et se vous ne voullez ce faire, commãdez que ets voise en la terre de mon pere en arquenoie et se vous ne voullez ce faire si souffrez q̃lle voise en la terre de gallehault q̃ il lui veult donner. En ce quilz parloiẽt ainsi vint leans ung chevalier q̃ estoit plus bien de la nouvelle royne q̃ nul: et plus savoit de ses conseulx. Et la ou il voit le roy si lui dist Sire fait il ma dame en rage de ce que ses barons veullent a vostre soignante donner terre. Sachez bien q̃ se nul de vos chevaliers lui donne terre elle en mourra de dueul. De ces nouuelles est le roy moult courrouce: et en mue toute sa couleur. si dist au chevalier que toute soit seure que ia nen fera chose dont elle soit courroucee. Le roy reuint a monseigneur gauuain: si lui dist. Beau nepueu il est ainsi que genieure ne peut demourer en ceste terre ne en terre que nul de mes hõmes ait. car ie la pourroie mettre en tel lieu ou ie ne la pourroie deffẽdre ne garantir a mon vouloir: ne ie ne vouldroie pas sa mort: car moult lay aymee de grant amour / mais ie vueil q̃ elle sẽ voise en la terre de gallehault quil lui veult donner: et ie lui bailleray cheualiers et seigans de ma maison tant comme elle vouldra.

Atant se partẽt du cõseil le roy et mõseigneur gauuain si est venu la ou les barons lattendoient: si leur deuise sa voulente si comme il lauoit deuisee a son nepueu. Et ceulx lui soent pource qlz voient q̃ cest sa voulente. Lors sen vient aup loges ou gallehaut estoit si lui dist le roy. Beau doulx amy gallehaut iap moult trouue en vous amour et courtoisie et tant que iap bien esprouue quil mest auis au semblant et au vouloir que iap veu q̃ vous estes comme du mõde qui mon homme soit qui plus feriez pour moy a ung besoing: vous mauez presente terre a ceste genieure q̃ ey est assez riche et aisee: et ie scay bien que ainsi que vous loseriez dire loseriez vous faire ne ie ne vous requerroie pas de si grant chose. Et il est ainsi quelle ne peut demourer en mon demaine et vor: 3 nestes pas mon homme: mais mon amy et mon cõpaignon / et ie la vous baille comme a amy que vous la me gardez comme vostre seur germaine: et si vueil q̃ vous lui portez moult grant honneur. Lors la prent le roy par la main si lui baille: et il lui en prẽt tel se pitie que les larmes lui viennẽt aux yeulx Et gallehault la prent par tel convenant cõme le roy lui a dist quil la gardera comme sa seur germaine et plus honnoureement. Illec eurent grant pitie: car tous estoient la ne õc ques ny eut chevalier qui ne plourast: et le roy deuise a sa mesgnie ceulx qui avec elle iront Atant sen va la dame a son hostel: et lors dist au roy messire gauuain. Sire sachez q̃ vous estes moult chargie de ce nouveau mariage / car len ne cuide pas q̃ vous layez fait pour issir de peche mais pour y estrer: et cõmẽt il en avien gne sa en auant vous en auez assez peu car vous estes actaint de dessoupaute voiãt tout vre pouoir par ung seul hõme. Apẽs vous en auez perdu le meilleur cheualier du mõde: cest lãcelot. Et est auenue a la bataille une hõte: car õc ne la laissa de son gre alcois se tint a gary qui tenir y pouoit. Et la lancelot laisse de son gre et sachez q̃ se vous ne mettez peine a le retenir, vo' y aurez dõmage: car il a tout le pouoir de galle. et tãt a fait pour vous et pour les vos q̃ vous ne pourriez chose faire ou vous neussiez hõte. Beau nepueu fait le roy ie p ẽtes si grãt raison cõe il y a: et ie y mettray si grãt peine q̃ ie y pourray mettre pour moy racorder a lui et plus voy ie ma honte au tenir que au laisser

fiii.

premiere.

et ie vous prie beau nepueu moult humblement que vous lui priez quil demeure auec moy et gallehaut. Lors montent eulx deux et des pl' haulz barons et viennent a lostel gallehaut et trouuerent gallehaut et lancelot seans et conseillans sur vne couche. Et quant ilz voyent le roy si saillent sus piez bien vistement: et le roy prie moult humblement lancelot quil luy pardonne et monseigneur gauuain et les aultres barons Lacelot fait le roy beau doulx amy il est voir que vous auez fait plus pour moy que ie nay fait pour vous et pour lonneur de cheualerie et pour moy duintes vous compoins de la table ronde mais ores lauez vous guerpie pour lamour de moy et par haine et ie nauray iamais ioye se vous vous en partez en telle maniere/ mais demourez et me pardonnez vostre mal talent et ie vous departiray demy mon royaume et feray quanque vous voudrez sauue mon honeur. Sire fait lacelot grant mercy mais ien auray plus de terre que ie y ay ne nul mal talent ien ay a vous/ mais en nulle maniere ie ne demourroye en ce point pour nul homme qui men sceust prier: et ce vous iure par la messe que iay huy oupechanter. Quant le roy vit que ny pourroit plus prendre si sen retourne lui et sa compagnie. Et lancelot et gallehault ont moult grant ioye de ce quilz ont si bien le roy escondit. Le roy fait moult laide chiere toute la nupt et ne peut dormir: et nompourtant se pourpensa de vne polle, quil ouyt dire deuant la bataille cest de la royne que ne lescondiroit de chose que lui sceust demander pource que elle le garda si bien en sa maladie. Au matin vint galleh. pour prendre son congé, car aler sen veult en son pays et le roy monte pour lui conuoyer. Et quant ilz furent assez vne piece si appella le roy gegnieure si lui dist. Dame ie scay bien que lancelot vous ayme de si grant amour quil ne vo' escondiroit de nulle chose et vous scauez bien que iay sa compaignie moult amee si vous prie si chier conge vo' auez iames a recouurer a moy que vous le priez de demourer auecques moy ainsi como il souloit estre, car ie ny puis mettre fin, et la roy ne lui respont non pas come femme esbahye mais come sage et aptenant, car elle craint que le roy ne se apcoiue du lamour delle et de lacelot. Sire moult doy aymer lanc. se il fai-

soit pour moy ce quil ne voulut oncques faire pour nulli car lors pourroye ie bien scauoir que il me aymeroit plus que aultrui et de tant come ie scay quil plus me ayme de tant me doys ie plus garder de le courroucer. et sachez que len doyt amer ce dont len est ayme/ car moult aduient que len aymece donc len est engignie pource garderay ie cestui de courroucer puis que il mayme plus que tous les autres ne ie ne sen prieray ia car ie auray plus souuent sa compagnie que sil estoit de vostre mesgnee et ie doys plus aymer sa compagnie que la vostre quant il me rescoust par sa debonnairete la ou vous me voulustes destruire p'nostre voulente si sachez bien quil ne doyt a vous scauoir nul gre de sa vie, car se ie eusse pour voir mort desseruie si lui deussez vous auoir ma mort rescousse aincoiz que leussiez laisse combatre a meschief contre trops cheualiers se il vous eust remembre du iour que vous rendit vostre terre. A tant est finie la parolle, car il voyt que le parler ne y vault riens si en laisse la parolle a tant: et que il eut conuoye gallehaut deux lieues loing si prent conge de lui et de ses barons. car lanc. ne voyt il mie, car il alloit deuant tant comme le cheual lui pouoit rendre mais il enuoye pour lui conuoyer monseigneur gau. son nepueu lequel il aymoit a merueille.

Ainsi sen part le roy de gallehaut et de lancelot dolent et courouce quil ne le peut retenir et gallehaut sen va en son pays qui emmaine la royne et errent tant par leurs iournees quilz vindrent en sorelois. Illecques fist gallehaut auoir toutes ses hommages a la royne de la terre. Et quant elle fut reuestue et les feaultez en furent faictes si sen partit monseigneur gau. qui moult estoit ioyeux de ce quil la vit honnouree et aisee. Lors parla la royne a lancelot mais ce ne fut mie deuant le commun des gens et elle dist a lancelot Beau doulx amy la chose est ainsi aduenue comme vous voyez, et ie suis party de monseigneur par mon meffait et ie le cognoiz bien nom dit pource que ie ne soye sa femme espousee et royne couronnee aussi come il fut et fuz fille au roy leodegan mais mon pechie me meu de ce que ie me couche auec aultre que auec monseigneur le roy/et non pourtant il nest pas si preudomme eu monde quil ne deust

partie

faire meschief pour mettre aise si preudomme comment vous estes: mais vostre preudomie ne regarde pas a la courtoisie du siecle: car qui est bon a dieu il est mauuais au monde: mais desormais vous prie ie q̃ vous me dõnez vng don que ie vous demanderay: car or suis ie au point ou il me conuient mieulx garder q̃ onc ques mais ne fiz. doncq̃s vous requier ie par la grant foy q̃ vous me deuez q̃ desormais ne me requerrez nulle compaignie/ fors de acco ler & baiser sil vous plaist q̃ v9 la facez p ma priere/ mais ceste compaignie vous tendray ie tant comme ie seray en ce point. Et quant ver ray teps & lieu & vostre voulẽte y sera si aurez voulentiers le surplus mais telle est ores ma voulente quil vous en conuẽdra tenir vne piece. Et ne doubtez pas que ie ne soie tousiour toute vostre car vous me sauez desseruy & se ie men voulloie guenchir si ne pourroie ie: ne mõ cueur ne se pourroit souffrir. Et sachez bien q̃ plus vous ayme que ie ne vous ay aprendroit dit. Et ie dis a mõseigneur le roy quant il me pria que ie vous priasse que demourissiez de sa cõpaignie que ie aymoie mieulx vostre cõpai gnie que la sienne. Dame dist lancelot riẽs ne mest greuable chose q̃ vous plaise car ie suis tenu a toute vostre voulẽte faire: si estoit aus si bien mon deul cõe ma ioye & ie vous en souf fre debonnairement a vostre plaisir cõe celui qui ne peut auoir ioye sinon par vous. En tel le maniere fut la royne en sorrelloie & eut af sez la compaignie de gallehault & de son amy touteffoie fut auec elle la dãe de malehaut/ & se ne feust la cõpaignie de ses trois elle neust peu durer veu le soulas & la ioye quelle auoit eue. Ainsi demoura la royne en sorelloie deux ans & le roy sõ sire en sa terre. Et sil aymoit du remẽt sa femme auãt escores apma deux autãt ceste: tant q̃ la postole de rõme qui tenoit le sie ge le sceust: si le tint en grant despit q̃ si hault hõme cõme le roy de bretaigne auoit delaisse sa fãme sãs le congie de saincte eglise. Si cõ manda q̃ la vegance de nostre seignr fut prise par toute sa terre ou prist sa pmiere fẽme tãt quil en feust departy par congie de saincte egli se. En ceste maniere fut interdicte la terre du roy artus trente quatre mops.

E n ce terme auint q̃ le roy estoit en bretai gne a vng sien chasteau auec grãt cõpaignie de cheualiers: & la royne y estoit & bert. lac q̃ tout estoit sire de lui & de la royne. & elle auoit si cõ see le roy qˀl ne sauoit riẽs cõtredire de chose q̃ lui pleust. Si auoit tãt fait q̃ tous les barõs le hayoiẽt: si fut a lẽtree de laduet que le roy a uoit tenue sa court a carlion & sa royne y estoit car il la menoit en ost & en tournoiemẽs: se il y alloit: & il ne gisoit auec elle fors quãt il estoit priuemẽt: tant qˀl auint q̃ le roy estoit entre ses barõs & la royne estoit en ses chambres si lui auint vne grãde merueille q̃ elle pdist la force de tous ses membres q̃ oncq̃s ne se peut aider fors des yeulx & cõmeca a pourrir des le pie en amont/ mais lõguemẽt dura sa malladie iusq̃s en la fin & puoit si durement quant elle commẽca a pourrir q̃ psõne ne sa pouoit souf frir & ainsi fut contee bertelac le viel. De ceste chose eut le roy moult grant dueil: si demoura grant piece a bedingan puis q̃ cecy fut auenu mais en la fin sesma monseigneur gauuain seiouener a kamallot: car il ne voulloit pas quil feust blasme de ses barõs & dist q̃ souuẽt orroient nouuelles de sa royne se ilz estoiẽt a. Moult fut le roy desplaisant de la malladie de sa fẽme mais la hõte lui faisoit faire plus beau sẽblãt q̃ son cueur ne lui aportoit. Vng iour le cõmeca messire gauuai a chastier & lui dist. Sire le vous tiẽt moult a demoure de ce q̃ vo9 menez si peu de ioye a vos barõs q̃ soul liez estre le plus ioyeux q̃ oncq̃s feust. Si vo9 cõuẽdroit deduire plus ioyeusemẽt de bois et de riuieres & aller en la compaignie des bõnes gẽs: car nul ne les hãte qˀl ne oublie grãt part de son fol peñser si la. Beau nepueu dist le roy ie oy biẽ ce q̃ vo9 m dites: or me cõseilliez ad:oie & ie feray vostre cõseil. Nous en yrõs demain au bois car ie ne euz pieca deduit a quoy ie me deportasse. Aps demain irõs nous sur les riui eres car des riuieres auõs nous assez bonnes. Si auõs des chiẽs & des oyseaulx grãt plan te. Ainsi fut pris le pposc: si se departent iusq̃s a lendemain q̃ le roy mãda ses hõmes: & dist q̃ l voulloit aller au bois En tamment furẽt appa reilliez & entrerẽt en vne forest plantureuse de bestes & quant ilz eurẽt vng peu alle si accueil lirent vng grãt senglier parcreu: & le chasserẽt tãt qˀl fut nõne passee. Lors vit le porc en vng

f iiii

bas au monter dung hault tertre et si estoit plain de espesses broces et de roches il fut las de coups quil eut receuz/ illec tourna le cengli er et donna estal aux chiens lors descendit le roy mesmes et soccist de vne espee quil tenoit la ou il depessoit le porc si ouyt le roy vng coq chanter a destre et sembloit a estre pres le roy eut talent de menger si monta sur vng cheual et vient celle part/ et apres vient mõseigneur gau. et vne partie de ses gens et quãt ilz furẽt vng pou allez si virent vng pourpris clos en la ronde de palliz/ le roy vint tout premier a sa porte si comence a 'heurter et a appeller tãt haut que par tout le pourpris fut ouy/ il ne demoura gaires que vng homme de religion a vne robe blanche vint a la porte si la ouuerte Quant le roy le voyt en tel habit si pense que il a hermitage leans lors sen entre leans & demande a celui qui a ouuerte la porte se il y a leans tant de maisons ou lui & sa compagnie puissent menger. Oil sire fait il grant maisõ auelle qui fut faicte pour les cheualiers tres passans qui parcy passent heberger et toutes leurs gens. Lors va ouurir vne grande maison de fust et il fut assez qui le feu fist car ilz en auoient grant mestier/ apres font mettre les tables si menga le roy ce quil eut fait aporter: au tiers morceau quil mẽga si lui print vne telle douleur quil lui fut auiz que le cueur lui deust voller du ventre/ lors le couint estendre et les yeux lui tournerẽt en la teste & le vitaire lui comence a pallir et il se pasme/ et les cheualieres se saisient les tables et le menger et saillent sus et monseigneur gau. le prent entre ses bras et craint quil ne soit mort et quant il peut parler si dist. Haa dieu confession car ores en ay ie mestier/ et il ne congneut mie monseigneur gauuain ne les autres tant lui a la grant douleur troublee la veue des yeux/ lors saillent plean les cheualiers et vont querre lermite si treuuẽt lomme qui la porte leur auoit ouuerte et lui demandẽt sil est prestre pour confesser le roy et il dit que nennil mais il iroit querre vng saict hermite en ce monstier. Lors court deuant & ceulx qui moult se hastent si trouuent lermite en sa chappelle qui moult estoit de grãt aage/ et qñt il ouyt le grant besoing si court la ou estoit le corpus dñi et dist oyans tous les cheualiers

que dieu soit aoure de ceste maladie/ car ores scait il bien que dieu a sa priere oupe. Quant le roy voyt le preudõme si se dresse en son seat sicomme il peut et le preudõme lui demande dont il estoit. Haa fait le roy vng chetif suis ars ap nom si ap este roy de bretaigne ce peult moy peser/ car ie meurs en si mauuais point comme celui qui a assez mal fait et a la terre a a la mesgnee. Et pourquoy meas tu enuoye querre fait lermite. Sire fait le roy que ie soye a vous confes et que de vous le recoiue mõ createur de ce fait lermite suis ie tout cõseille car ie oiray voulentiers ta cõfession mais de mes mains ne receputas tu pas ton sauueur ains cois te defens que tu ne le recoiuez pas car ce ne seroit pas a ton sauuemẽt mais a ton dãnement. Haa sire fait le roy pourquoy le me defendez vous que ie ne le recoiue. Pource fait lermite que tu es le plus pecheur de tout le mõde car tu as foy mẽtie et es desloyal et ey comme nye et traitre sa seiz tu la desloyaute quãt tu deguerpis ta fẽme qui estoit tõ espouse pour vne autre que tu tiens encontre dieu et contre raison et de ce fut ta foy mentie que tu lui faussas la foy que tu lui auoys donnee et creancee en saincte eglise quant tu la seiz iuger desloyaument a destruire sans le conge de saincte eglise tu es en cole ne bien ne te pourroit pas venir tant cõme tu seras en tel point. Lors cõmence le roy a plourer moult tendrement et dist si cõme il peut parler. Beau sire vous estes eu lieu nre seigneur puis que vous estes prestre ie vous prie que vous me conseillez pour dieu si cõme vous scauez que mestier me est au sauuemẽt de mõ ame car ien ay aussi grãt mestier q̃ oncques eust hõme : et ie suis de ma fẽme desseure et ie tiẽs ceste contre dieu/ car oncqs puis que la vy bien ne me auint/ et si ne la pris ie pas pource q̃ ie cuidasse pecher car tous ceulx du pape tesmoignerẽt q̃ elle estoit ma loyal espousee et que ie tenoye l'autre a tort/ mais ie croy bẽ que elle ma neu/ car il est droit que que sainete eglise cõioinct ensẽble ne soit desseure sãs sainte eglise et ie vous prie pour dieu q̃ vous me cõseillez au prouffit de mõ ame et de mõ corps. Je ne te dõneray nul conseil fait lermite fors de repairer a saicte eglise et se sainete eglise appporte que tu soyes de py dõc nest

ce pas pechie: & se elle commande que tu te tien
gnes a la premiere femme si te y tiens. Sire
fait le roy vous me conseillez a sauuer le
Roy Bien: & ie le feray ainsi comme vous le dic
tes. Mais or vous prie ie & req̄er que vous me
cōseillez de mes autres pechiez car ie suis en a
uanture comme celui qui cuide mieulx mou
rir q̄ viure. Lors dist tous les pechiez de quoy
il se sçait recorder. Si rappelle le preudōme
ses cheualiers & dist au roy opās tous. Artus
ie te congnoiz mieulx que tu ne faiz moy & nō
pourtant quant ie te auray dit qui ie suis / tu
me cōgnoistras bien. Jay nom frere amis sauf
& feuz iadis ton chappellain huit ans & demy
& vins du royaume de camelide auec genieure
sa fille au roy leodegan. Je cuide estre l'omme
du monde qui mieulx sa verite en congnoistra
laquelle des genieures fut ta espouse car ie la
congnois & sçay de ses conseulz plus que nul
des leurs que elle sceust entēdre & des lors q̄ ie
laissay le siecle & etray en religion & bien con-
gnoistray celle que saincte eglise te comman-
da a prēdre. Quant le roy ētēt le preudōme
qui a lui se est nomme si le congnoit moult biē
si en mercie dieu & aoure. Quant le roy fut cō
fesse & repentāt & si receut son sauueur & ne de-
moura gaires q̄ sa maladie lui lascha tant q̄
comme a dieu pleust quil sen dormist. si en fu
rent ses gēs moult ioyeulx quant ilz le virent
reposer. Quatre iours demoura le roy leans:
lors fut si allegie quil mēga vouletiers & dit
au saint hermite si lui dist. Sire ie suis assez
respasse de mon mal si men iray vouletiers a
kamallot qui est pres de cy: vous vendrez a-
uec moy si en seray plus aise & plus souef. Et
lermite lui dist qil yroit moult vouletiers. Au
matin vint le roy & sa compaignie si reuidrēt
a kamallot & firēt les gēs moult grāt ioye de
lui: car ilz auoiēt ouy dire q̄ il se mouroit. Le
demain vint au roy vng messagier de par sa fē
me q̄ a bedingan estoit malade. Si lui man-
doit quil venist bien tost a elle: car elle cuidoit
q̄ iamais ne la vist: & il vient a lermite : si lui
dist. Beau maistre ainsi ma dame ma femme
ma mande: que men conseillez vous a faire. Je
vous conseille fait il que vous y allez / mais
sās moy ne irez vous pas: car ie vueil q̄ vous
faces aussi grant honneur a saincte eglise cō

partie

me vous lui auez fait honte & faictes semō die
tous vos hommes quilz viengnent a vous a
bedingan. Ainsi a fait le roy comme lermite
lui enseigna: & manda a ses barons quilz ve-
nissent a bedigan. Au matin vint le roy & sa cō
paignie. Et quant il vint a bedingan si ne des
cendist pas en la maison ou sa fēme estoit ma
lade mais en la ville ou dautres maisons a-
uoit assez de belles car ainsi sauoit commāde
lermite: ne oncq̄s celui iour ne parla a sa fēme ne
la nuit ne lendemain. Et au matin se leua ler
mite & lui chanta messe de haulte heure & ouyt
messe du saint esperit. Quant ilz furent is-
sus de la chappelle si allerent veoir genieure q̄
mallade estoit & puoit si fort que nul homme
ne la pouoit souffrir se ne feust le fumees et
les aromatiques.

Le roy vint deuant la dāe & lermite aus
si & il lui demanda comment il lui est &
elle auoit moult bonne parolle si dist q̄ mau-
uaisement, car ie ne fais sinon empirer: ne les
phisiciens ne me sçauent de ma malladie cō
seillier. Si vous vouldroie prier q̄ vous me
feissez mener en ma terre car le me dist q̄ ie ny
pourroie pas aller si legierement par la mer
comme se ie me faisoie cy mettre en vng char,
car il ne men conuendroit issir tant cōe ie feusse
la dame fait il ce nest pas chose q̄ nous vous
puissons si legierement faire porter / car se v9
souffrez a estre menee par eaue vous ne pour-
riez la mer endurer / mais regardez aincois a
quoy dieu vous vouldra mener ou a mort ou
a garison. Si regardez que vous soyez bien cō
fessee, car nul ne peut estre seur de soy sās vraie
confession. Et de ce vous est il bien auenu car
ie vous ay amene cy vng trespreudomme qui
moult est de bonne vie: si parlez a lui en con
seil: & il vous saura mieulx conseillier q̄ nul.
A tāt fine le roy sa parolle & lermite se trait de-
uāt la royne pour ouyr sa confession. Lors vit
leans vng cheualier qui a la royne estoit qui
dist au roy. Sire bertelac le viel qui a la roy-
ne estoit se meurt la aual: si vous mande que
vous venez a lui parler a vng des plus grās
besoingz que il eust oncq̄s de vous: mais il
veult q̄ tous vos barons viengnent auec vo9
pour ouyr ce quil dira / car cest vne des grādes
merueilles qui oncq̄s fut dicte de bouche ne de

cueur pensee et il vous prie pour dieu et pour vostre honneur que vous les y faciez tous benir. Le roy fait tous ses barons benir et mander et ce temps pendant lermite parle a genieure et lui dist. dame vous estes en grant auanture de mort et non mye auature car nul homme mortel ne vous en pourroit donner garison et qui pert le corps et lame apres il pert trop, et vous auez le corps perdu si pensez de lame garantir et gardez que vous ne celez nulle chose qui puisse nupre a lame de vo9 car nul ne peut estre vray confez se il ne regeist toutes les choses dont il se sent entache ne nul ne peut estre sauue sans vraye confession. Sire fait la dame vous me conseillez lame de moy a sauuer se il peut estre mais ie ne voy mie coment elle puisse estre sauuee, car ie suis la plus desloyalle et la plus pecherresse et la plus traitresse de toutes les aultres, car iay trahy le plus preudome du monde cest le roy artus a qui ie feiz guerpis sa loyalle espouse qui est la fleur de toutes aultres femmes et de toutes les autres dames du monde et dieu en prent vengeance telle concil lui plaist car ie ne me puis aidier de nulz de mes membres mais encore nen prent il pas si grande vengeance coe il deust. Lors lui compte de chief en chief coe elle auoit faicte la traison si ne lui celle nulle riens que elle ne lui die la verite et de ce et dautres pechez dont il lui puisse souuenir puis lui dist. Sire conseillez moy car ien ay grant mestier et monseigneur le roy me a dit que vous me conseillerez mieulx que nul. Dame de ce ne vous scauroye ie pas legierement conseiller car par auanture vous ne vous voul driez pas tenir a mon conseil et elle lui iura que si feroit. Or vo9 loe ie donc fait il que tout ainsi que vous auez peche enuers monseigneur le roy et vers tout son peuple que vous recognoissiez au roy voyant tout son peuple si en sera vostre ame alegiee et par ce pourriez plus legierement venir a sauuement et se vous, ainsi ne le faictes vous auez perdu corps et ame, et la dame lui acorde que ainsi le sera. A tant sen sont venues les cheualiers que le roy auoit enuoyez querre pour ouir la parolle de bertelac, et quant ilz furent tous venus si congneut oyans tous coment il a faicte la traison et coment il auoit fait prendre le roy et toutes les autres choses sicome le compte a deuise puis dist au roy. Sire ie suis si desloyal et si traitre coment vous oez si sachez que la chetiue q est lassus qui se meurt ne fist oncques riens si non par moy et pource vous requiers ie pour dieu que de ce chetif qui cy est qui tant est traitre et desloyal prenez vengeance telle que iamais nul qui en oye parler ne ose si grande traison entreprendre a faire si en sera mon ame sicome ie croy allegee, car de tant coe le corps souffrira en cest siecle greigneur tourment de tant aura mon ame en lautre siecle mains de mal Le roy se signe de la merueille quil ot si a assez leans cheualiers qui ioyeulx en sont, mais monseigneur gau. en a ioye sur tous les autres et dist au roy. Sire ie vous disoye bien ne il ne tint pas a vous que ma dame ne feust destruitte, mais dieu auant & lancelot apres voirement ne peut traison estre longuement celee q elle ne soit descouuerte la ou le roy escoutoit la merueille de bertelac et les parolles de messire gau. adonc sen vint querre le roy pour pler a la royne et a lermite qui deuant la royne estoit il alla sa et tous les cheualiers apres et quant elle se vit venir si pleure tendrement et prie pour dieu mercy coe la plus pecherresse feme qui viue. Lors compte la traison sicome elle lauoit faicte par le conseil de bertelac le viel, Lors ont les cheualiers grant ioye plus quilz ne auoient deuant eue, car ores scauent ilz bien que cest voir mais le roy est esbahy sur tous hommes, car il ne cuidoit mie que nul cueur de feme osast entreprendre telle traison a faire si se conseille aux barons et a lermite quil en est a faire Sire fait lermite vous attendes vos barons que vous auez fait semondre en ceste ville et vous en exploiterez a leur conseil. si sera mieulx quant ilz scauront la verite par ces deux qui cogneu le vous ont. A cest conseil se tient le roy si attent ainsi ses barons et monseigneur gau. prent ung message et lenuoye a la royne genieure pour lui noncier la nouuelle sicoe elle estoit auenue et soit asseuree q onques ne fut a si grant honneur nul iour comme elle sera par temps, et elle en a si grant ioye coe elle doibt.

Quant les barons du roy furent venus a bedingan et ilz eurent ouy la nouelle par la bouche de Bertelac q̃ encore viuoit: si ne peut si sage qui ne sen merueillast: car oncq̃s mais telle merueille ne fut oupe: & dist au roy q̃ il seroit mauuais sil nen prenoit telle vēgāce q̃ iamais ne feust quil nen feust par toutes ses terres parle. Si iugent les vngz quil soit trayne: mais a ce ne se accorde mie amistau-ains se accorde q̃ le roy nen prengne vengance fors celle q̃ dieu en prent: & dist quilz ne pourroit pas greigneure angoisse soustenir. Par son cōseil se fist le roy porter hors de bedigan en vng viel hospital: & entretant furent mandez ses barons de camelide pour ouyr la verite de bertelac & de la royne. Si eurent moult grant paour de celle quilz tenoient pour leur droite dame. Si vindrent tous a temps ain-cois q̃ les deux peussent estre mors: car ilz lā-guirent moult longuemēt. Quant ilz ouyr-ce de bertelac & de la royne si se accordent tous quilz voisent en sorelloise a la royne crier mercy que elle ne les fist tous destruire car ilz pensoient bien que encore seroit elle dame du roy-aume au roy artus autant ou plus que elle a uoit este au temps deuant & iamais ne feust elle sa femme si scaiuent ilz bien q̃ elle ne pouoit perdre sa terre puis quelle suy estoit congneue Ainsi sen allerent en sorelloise: & quantilz vin drent a sornehaut la ou la royne estoit si descen dēt de leurs cheuaulx & coupperent de leurs chaussee les auant piez: & leurs manches au coute & rongnerent de leurs tresces dontilz a-uoient de moult belles. Si allerent crier mercy a leur dame la royne & lui prient pour dieu que elle en prengne telle iustice comment il lui plaira & leur pardonne son maltallent ou elles chasse de sa terre a tousiours mes: car nous sauons bien dame font ilz q̃ nous auōs plus de mal desseruy q̃ de bien comme ceulx q̃ vous auons desheritee qui estes nostre dame lige et vous mesmes mise en auanture de estre hōnie si cuidasmes faire droit: & tout ce fismes nous par le conseil de bertelac le viel le traytre qui ores se meurt de plus villaine mort de quoy oncq̃s homme mourust

Ainsi crient mercy les barons a la royne genieure si sont a genoulx deuant elle en la place & elle en a moult grant pitie comme celle qui moult estoit doulce & debōnaire. Si cō-

mence a plourer & les lieue tous vng a vng: & si leur pardonne tout son maltallent. Quāt vint a noel si tint le roy artus sa court & furēt tous les barons semons de loing & de prez, si se pena moult le roy de les conioyr & honnou-rer plus quil nauoit fait pieca pour eschueir le blasme de la royne quil auoit tousiours lais-see a tort si comme tout le monde sauoit: & en-cores viuoit lautre royne: & dura en sa grant douleur quatre sepmaines apres noel: & se fut le greigneur deul que eut oncques le roy que de sa mort mais il se penoit de elle conforter au mieulx quil pouoit & de faire beau semblāt de uāt son peuple & ia estoit sa terre absoulte q̃ a-uoit este interdicte. Et alors fist il aller querre la royne en sorelloise si y alla frere amistau & larceuesque de cantorbery & leuesque de vvin cestre & si eut auec eulx que roys que ducz ius q̃s a dix. Si les receut la royne moult a grāt ioye mais dessus tous les autres elle fist ioye a frere amistau son maistre si tost comme el-le le cōgneut si ploura des yeulx de sa teste de ioye & de pitie & lui compta le grant miracle & le dommage que le roy eut en lermitage et de la mort a la nouuelle royne: Et telle entēt que le roy enuoye querre comment sa femme si ne fait pas semblant que elle soit ioyeuse. Sien fut elle moult ioyeuse & elle auoit droit. Lors enuoya semondre ses barons par le royaume de sorelloise: & si enuoie querre gallehault & ce lot son compaignon qui moult fut ioyeux de la nouuelle quāt il la sceust non pas pour lui mais pour la royne. Quantilz furent venus si parla la royne a conseil a eulx. Si leur de-māde que elle fera: car le roy fait elle me a mā-dee par ses barons que ie voise a lui: & veez les la: car le roy fait elle scait ores bien de voir q̃ il neust oncques autre femme espousee que moy & vous auez bien ouy comment celle est morte quil a tenue car ie vous ayme tant & crains q̃ ie nen feroie chose ne ceste ne autre sans vostre conseil: si me dictes commēt vous voullez que ie le face & ie le feray commēt q̃ il soit, ou a mō honneur ou a ma honte. Dame fait lancelot quant sen vous auroit tant conseillie sin en fe-riez vous q̃ a vostre voulente: ne cy ne conuiēt pas grant conseil ne ceulx ne vous aymeront pas qui vous loerōt a refuser cest honneur sō me la seigneurie de Bretaigne et le roy artus q̄ est voſtre ſire eſpoux et le plus preudõme du mõde et vous en ſeriez trop blaſmee et tresto⸗ ceulz que len cuideroit quilz feuſſent de voſtre cõſeil et ſi vous apmiſſions mieulx en ceſte terre moy et mõſeigneur gallehaut qui cy est mais nous nous en voullons mieulx ſouf⸗ frir a auoir peines et meſaiſes car auſſi bien cõ gnois ie voſtre cueur cõme le mien: ne len ne doibt pas loer a ce que len ayme riens qui a ſa honte doye tourner ainſi le vous loe ie que vo⸗ ſe faciez. et vous ſire fait elle a gallehaut qui tant me auez honoree que oncques plus tant nul ne honnora que mey ſoez vous que ien ſa⸗ ce. Dame fait il ſen vo' a loe ce que toult le mõ de vous en loeroit et ie men tiens a ce cõſeil et ſe vous nous auez aymez iuſques cy ne nous oublies pas car vous ne entrerez iamais en ter⸗ re ou vous ſoyez tant ſeruie ne honnouree cõe ceſte cy eſt/ et ſachez de voir ſe auanture apor⸗ toit que vous ne vous meuſſiez il ne men peſe roit mie/ mais au par eſtroit ne doibt ſen mie ſon amy mal cõſeiller. Quant la dame entẽt que les deux hõmes en qui elle ſe fieroit plus ſi ſui loent ce que elle ayme ſien eſt plus aiſe et moult lui prent grant pitie de ce quilz luy ont prie ſi les acolle lung apres lautre et bai⸗ ſe ſi en pleurent tous trops de pitie/ et la dãe mallehaut fut la quarte/ loguement plerẽt enſemble et puis reuiẽnent en la ſalle ou les barons eſtoient et gallehault a moult grant ioye de eulx et leur demãde nouuelles du roy et ilz lui cõptent les auantures ainſi cõme el les eſtoient aduenues/ car ilz ne cuidoient mie que len en ſceuſt tant comme len faiſoit: ainſi paſſent celui iour et landemain vindrent les barons de ſore loye q̄ la royne auoit enuoyez q̄ tres̄i print cõge de eulx et les mercia moult des grans honneurs quilz lui auoient faicts Lors ſen partit la royne ſi fut moult grant le deul que ceulx du paÿs en faiſoient et toutes Les dames auſſi et les damoiſelles

Ainſi demoura la royne deux ans entie res et tant cõment il y a de la penteucouſte iuſ ques a la derniere ſepmaine de feurier/ et quãt elle ſen partit ſi la cõuoya gallehaut et ſon cõ paignon et grant partie de ſes gens et trouue rent le roy artus a deux iournees de carduoil

q̄ a lencontre leur venoit. Et gallehaut auoit prie a la royne que elle. deffendiſt a lãcelot que en nulle maniere ne demouraſt de la meſgnee au roy et elle lui cõmanda quil ne demouraſt pour priere que nul lui en feiſt ne vng autre ſe elle ne lui chieſſoit au pie: et ſachez fait elle que ie len prieray tant cõme ie pourray a mon hõneur, et ce diſoit elle pour mettre gal⸗ lehaut a aiſe. Et quant le roy les encontra ſi fut grãde la ioye quil fiſt de gallehaut et de la royne meſmes et nõ pourtant ſi ne auoit il pas oublie le deul de lautre mais il ſeſforca de beau ſemblãt faire pour ſes gẽs. Et la roy ne ſe humilie moult enuers lui ſi len ayme moult mieulx et tous ceulx qui la voyẽt (?pl' len priſent/ mais ſur toutes les ioyes q̄ le roy feiſt et tous les autres paſſa la ioye que mõ ſeigneur gau. fiſt, car il courut a gallehaut et a la royne de ſi loing cõme il les vit les bras tẽdus et ſi eſt ſi ioyeux par ſemblant que nul cueur de homme ne peut eſtre plus et les baiſe et acolle lung apres lautre. Celle nupt geurẽt en la terre au roy de gaule en loſtel du roy ſi cõme il eſtoit acouſtume que lui et ſa femme giſoiẽt en vng hoſtel. et gallehaut diſt au roy Sire de cy ma dame que vous me baillaſtes et ie la vous rens: ſi ſachez que ie la vo' ay gar dee cõme ie vous auoye promis, car ſe me aiſt dieu et les ſains qui en celle egliſe la ſont ſi tẽ ſes mains vers vne chappelle que elle ne euſt ia eſte ſi gardee a voſtre honneur ſe elle feuſt ma ſeur germaine. De ce ſe mercye moult le roy ſi diſt tout en riant. Beau doulx amy tãt auez fait pour moy que ie ne le deſſeruiray ia ſe maiſt dieu ſi auroye ie bien la volente mais le pouoir ny ſera mie, mais encores vous con uient il a moy faire vng grant plaiſir/ mais vous ne ſcauez que ce ſera et ce diſoit il de lan celot dont il le vouloit prier, car il neſtoit pas a celle aſſemblemẽt du roy et de la royne ain coiz eſtoit en vne chambre ſerre en ſon hoſtel pen ſif et mat ne il ne voit riens qui le puiſſe cõfor ter, car il lui eſt auis quil a ſa dame perdue et nonpourtant il ſe eſt moult cele vers galleh. meſmes. Celle nupt fut la royne raſſemblee au roy par eueſques et par cueſques ſi en fut la ioye moult grande qui en fut faicte. Apres ce demoura gallehaut en leur cõpagnie mais

partie

lancelot sen alla par son congie et par le congie de
dela royne en sorelloie arriere q̃ oncq̃s le roy
nen sceust mot: car gallehault sauoit bien que
le roy le prieroit de demourer: et si craingnoit q̃
sa royne ne sen priast. Apres lancelot demoura
trois iours gallehault en sa court. Lors dist le
roy a lui et se trait a vne part lui et sa royne/ si
leur dist sur la foy et sur lamour quilz ont en
lui quilz facent tant q̃ lancelot leur pardonne
son maltalent et quil ait son amour ainsi com̃
me il souloit et sa compaignie. Et gallehault lui
respont quil sen priera moult voulentiers car
ie le ferray fait il par temps/ mais ma dame
ne le ferra mais a piece car il sen est alle trois
iours a en mon pays. Quant le roy lentent si
en est moult courrouce et dist le sachez a ceste
enignie car il en cuidoit gallehault prier au de
partir: et cestoit le don que ie vous auoie requis
quant vous me rendistes la royne. Sire fist
sa royne il ne me semble pas quil fist tant pour
moy come vous dictes quant ie men allay en
sorelloie: car il sen est party de ceans sans con
gie prendre de moy: et encores ayme ie mielx
quil sen soit alle sans mon congie/ que il me
eust escondite de ma requeste. Haa dame dist
gallehault de si preudõme cõe il est fait moult a
souffrir de plusieurs choses ne hõe qui est aire
nest mie en sa baillie/ il a vng cueur qui riens
ne oublie de seruice que len lui fait ne ne oublie
meffait: et ie len ay maintesfois blasme voians
tous/ et seul a seul mais il tient a si grant des
pit ce que monseigneur le roy ne vous quicta
des maintenant quil lui requist quil ne peut son
cueur donner a lui aymer. et si me disoit souuẽt
Sire comment le pourroie ie iamais aymer ne
seruir quant il ma monstre quil ne me prise ri
ens ne tout le seruice que ie lui feiz oncq̃s. Si
lui en ay fait de si grant q̃ iamais nen trouue
ra a si grant affaire. Et sachez quil ne vous
ressemble pas qui en vng iour changastes hõ-
neur pour honte. Et ce disoit lancelot souuẽt
quant ie len chastioie. Quant le roy ot quil
est acertes courrouce si lui en viennent les lar
mes aux yeulx de langoisse quil en a/ si en est
moult trouble en son courage car il aymoit to9
iours lancelot de greigneur amour que cheua
lier fist oncq̃s: fors galꝪ il lui monstra main
tesfois la ou les losengis de sa maison lui di

soient les mauuaises parolles. Et il disoit q̃
pourtant se pouoit nul de lui courroucer a la
celot car il nest forfait nul en toute le monde s'il
le me faisoit pour quoy ie le hayssse.

Moult est dolient le roy de la hayne de lan
celot, et il crie mercy a gallehault que si
chiere comment il a son amour il mette pei-
ne si grãde cõme il pourra mettre: et vous da-
me en prie ie sur toute sa foy q̃ vous me deuez
et sur toute la chose q̃ vostre cueur plus ayme
se vous voullez que mon cueur soit iamais ai
se e ainceois lui iurerez sur sains vous et gal-
lehault que ie feray toute sa voulente. Quãt
il eut ce dist si se laisse a leurs piez cheoir et se
offre de leur voulente faire aussi humblement
comme se ilz le deussẽt respiter de mort. Tãt
les a prie q̃ moult le ont asseure et gallehault
lui creanca q̃lz vendroient eulx deux a pasq̃
a lui se ilz nauoient meschief de leurs corps
Ainsi sen part gallehault de la royne et du roy
par leur congie: et la royne lui prie si chiere cõ-
met il a son amour quil amaine lancelot a la
pasq̃, et lui dist, nen doubtez mie. Beau doulx
amy fait elle ou du demourer ou du laisser
car ie vous iure par sa grãt amour q̃ iay a lui
q̃ vous ne perdrez sa compaignie aincois se fe
rap estre aussi souuent auecques vous cõme il
a este iusq̃s cy Atant sen va gallehault en son
pays si compta a son cõpaignon ce que la roy
ne lui mandoit et demourerent eulx deux iusq̃s
a la sepmaine de la my quaresme. Si sen vin
drẽt a petites iournees iusq̃s a la court du roy
artus et le trouuerent a la pasq̃ fleurie en vng
chasteau q̃ a nom dinararõ: car il auoit acou
stume quil ne cheuauchoit nul iour de la sep-
maine peneuse. Ainsi sen gardoiẽt maint en ce
temps. Quant le roy sceust que lancelot fut
venu il en eut moult grãt ioye: et la royne aus
si fut liee tant pour la sienne ioye q̃ pour celle
du roy q̃ tãt sauoit desire a veoir. Toute celle
sepmaine furent en prieres et en oraisons. Et
quant vint apres la messe le iour de pasque si
rameteust le roy et la royne a gal. ce dõt ilz a
uoiẽt prie et lui requeirẽt q̃ y mette si grãt paine
tout seuremẽt lui creancez a donner tout ce q̃l
demandera de mon pouoir et du vostre.

Tant enuoient gallehault et la royne
querre lancelot et ce fut es chambres de

La premiere

la royne/et quāt il fut venu si le prēt la royne entre ses bras voyans tous ceulx qui leans estoient et toutes celles qui y sont si y fut la dame de malle haut qui au cōseil fut appellee/ lors sen vōt tous quattre en une chambre ⁊ la royne dist a lācelot. Beau doulx amy la chose est ainsi allee que il cōuient que vous et mō seigneur le roy soyez accordez ensemble car ie le vueil ainsi et gallehaut aussi qui tant vous ayme/et vous sçauez biē que vo⁹ deuez moult bon gre sçauoir au roy de ce quil desire tant a vous auoir et vostre compaignie car il me a commande a donner tout ce q̄ vous vouldrez prendre du sien et du mien et ie sçay bien que vous en aymez mieulx ce que vous en auez q̄ toutte demourant et nō pourtant ie ne vous commande mie que vous faciez sa voulente si tost cōment vous en serez prie, car vous en aurez la priere de moy et de tous les barons du roy apres et le vueil que vous deffēdez au premier moult durement et souffrez bien q̄ moy et gallehaut vous en soyons cheuz au piez et tous les cheualiers apres et toutes les dames et damoiselles. et lors allez deuāt le roy et vous agenoillez deuāt lui et vous octroyez du tout a sa voulente. Haa dame fait lancel. ie ne souffriroye en nulle maniere que vous feussez a genoulx deuant moy. Si ferez fait elle car ainsi me plaist que vous le faciez si vous vous en cōiure par la grant amour q̄ vous auez vers moy q̄ vous ainsi loctroyez/ et lancelot est moult angoisseux car il ne lose escōdire puis que sa dame le vueult la royne sen retourne elle et gallehaut et viēnent en la salle ou le roy estoit et ses barōs: et auec lancelot demoura la dame de mallehaut et dient q̄ nulle paix ne peuent trouuer auec lancelot/ mais nous le enuoyerons querre fait galleh. et se nous ny pouons fin mettre si faictes autelle cōme nous ferons. A tant enuoyēt querre lancelot et toutes les dames et damoiselles qui y sont et quant ilz sont tous ⁊ toutes venues si prient gallehaut et la royne a lācelot dont ilz sauoient premierement prie et il se defend trop durement et dist quil na talent en cest poit de aultrui seruice faire ne de estre daultre cōpagnie que de celle dōt il estoit et la royne luy promet a dōner quanque il deuisera si cōme

le roy lui auoit ia dit et il dist toutesuoyez q̄ nen fera riens et dist a la royne. Dame pour dieu ne men priez plus car ce seroit trop encontre mon cueur: et ne cuidez pas ne vous ne aultre que ie aye vers mōseigneur le roy nulle haigne. car il nest nulle loingtaine terre pourtāt que ie le sceusse que ie ny allasse a son grāt besoing. Ainsi se defend lancelot de la priere, et la royne se laisse lors cheoir a ses piez et tous les aultres barons apres et les dames et damoiselles aussi. Quant lancelot les voyt si fait sēblāt de estre moult courouce lors saut auant si en lieue la royne et gallehault puis sen viēt deuant le roy ⁊ se agenouille et lui crie mercy moult hūblemēt et moult se abādonne a quanque il vouldra faire/ et le roy le lieue p̄ la main qui moult en est ioyeulx si le baise en la bouche et lui commēce a dire. Beau doulx amy moult grant mercy: et une chose vous promētz ie voyans tous mes amis et les vostres car par la haulte feste qui huy est ie ne vous courousseray iamais de chose dont iaye pouir de lamēder. Ainsi fut faicte la paix du roy artus et de lancelot si demeure des cōpaignons au roy et de la table ronde ainsi cōme il auoit deuāt esté et lors fut moult grāde la ioye q̄ le roy en auoit. A tant allerent ouir messe. celuy iour fut moult grande la ioye en la maison au roy artus: et seiourna le roy a damazoron toute la sepmaine entiere et deuisa que il tēdroit sa court a la penthecouste la plus riche quil eust oncques tenue ⁊ au depārtir de la court quant tous les barons sen allerent si cōmenca a dire a tous ses barōs que si chier cōme ilz auoient son amour quilz feussent a lui a la pēthecouste a londres et q̄ viēnent le plus honorablemēt quilz pourrōt et plus efforceemēt que oncques ne firent. A tant est la court departie si sen vōt tous fors q̄ gallehaut qui seiourna iusques a la pēthecouste sans soy mouuoir Lors vindrēt les barōs a londres si cōe le roy lauoit cōmande.

Moult fut riche la court que le roy tint a celle penthecouste car plus y auoit barons et cheualiers que a court quil eust oncques mes tenue. Celle court tint il premierement pour la ioye de la royne pource que il lauoit reprinse nouuellement et pour la ioye de lan-

partie

celot comme le compte a deuise que lancelot estoit a lui accorde et demoure en sa compaignie: et par toutes les terres que estoient au pouoir du roy artus y vindrent les cheualiers, si ne fut oncques veue si enuoisiee court se ne feust vne chose qui y auint: car quant vint la veille de la penthecouste apres disner si sen partist monseigneur gauuain du tref du roy artus car le roy auoit fait pour tendre trefz et pauellons tout contreual la riuiere de hamise pour mieulx monstrer sa grant richesse. Quant monseigneur gauuain sen partist du tref du roy artus si sen partist monseigneur yuain le filz au roy vrien et lancelot du lac. Le quart fut casahain. Ung cheualier petit et bien tourne et espes du corps et de membres et estoit plain de merueilleuse prouesse. Si estoit frere a dodineau le sauuage q estoit roy de norgalles et il estoit duc de clarence. Ainsi sen vont ses quatre auallees pres et galleshault demeure auec le roy pour parler de leurs grans affaires et les quatre sans plus de compaignie sen allerent vers la forest droitement tout a pie qui estoit a mesmes des pauellons. Ceste forest auoit a nom Laranne. Si estoit moult f. blonnesse et auentureuse et moult renommee pour les auantures qui y auenoient. Tant ont alle les quatre cheualiers quilz entrerent en la grant forest et trouuerent le lieu moult plaisant et moult delectable dessoubz ung grant chesne hault et ront et espessement fueillu. Si se assistrent et commencerent a parler des grans merueilles qui auenoient en la forest. Et dist monseigneur gauuain q moult voulentiers iroit par my cerchant deux iours ou trois pour sauoir se ce est si merueilleuse comme len dist. Et dist quil mouuera si tost comme la penthecouste sera passee: et lancelot se en heurtist et dist quil partira au matin si tost comme il verra le iour: et messire yuain dist q sans lui ne iroit il mie car plus desirant de merueilles querre cui doit il estre q nul. Autant en dist le duc de clarence. Si se entrecrancerent tous quatre quilz mouueront au lundi au matin q ia nul ne sauura ou ilz iront. Tandis qlz parloient ainsi passa par deuant eulx vng escuier tout tressuant et ailz arieste si ses commence a regarder tout a cheual. Et monseigneur gauuain lui demande qui il est. Et il ne respont mot: ainçois fiert

le cheual des esperons si sen tourne grant alleure celle part dont il estoit venu si le tindrent a niet et a fol. Apres ne demoura gaires quilz ouyrent vne grant crainte de cheuaulx: et bien cuident q moult en y ait. Si voient venir vng cheualier arme de toutes armes sur ung des greigneurs cheuaulx du monde: et le cheualier estoit le plus grant que oncques mais eussent veu et le plus corsu: et apres lui venoit lescuier qui a monseigneur gauuain nauoit voulu parler. Si dist au cheualier. Veez cy le traptre et le cheualier met le glaiue soubz les selles si cuide messire gauuain ferir par my le corps / mais monseigneur gauuain se prent par le frain: si lui tourne ce de deuant derriere et iette la main dessus le col du cheual a lespe que le cheualier auoit ceincte: car il la cuida tirer du fourreau: et des lors en auant ne doubta le cheualier: mais le cheualier sen desauanca, car il print tous les deux bras de monseigneur gauuain et le leua deuant lui sur le col de son cheual aussi legierement comment il eust fait vng enfant. Les autres trois saillent auant pour le retenir et le cheual fut fort et roide et isnel si se laca des quatre piez quil porta a terre monseigneur yuain a lencontre quil heurta du pie et les autres deux ont failly et sen tourne si tost comment il peut aller et emporte messire gau. si semble ce quil ne se peut deffendre: et les autres courent apres tant quilz voient quilz sont assemblez auec dautres cheualiers qui sont bien vingt tous armez. Et monseigneur yuain prent lancelot qui se vouloit ferir entre eulx si le tient et dist q en tel point ne doit nul sa prouesse monstrer: mais ie vous diray fait il que vous ferez Nous en irons courant a noz hostelz si nous armerons sans le congie du roy et sans le conseil de ma dame: si irons tant q nous saurons la verite. Lors faisons tant quil soit rescoux ou nous soyons tous mors ou pris: car len ne doit pas son amy aider de chose qui rien ne peut valoir. mais la ou la prouesse doit auoir mestier la doit elle estre monstree. A ce conseil se tiennent tous: si sen vont tant comment ilz peuent courir et moult se dementent de la perte quilz ont faite. Quant ilz sont venus a leurs hostelz si montent sur leurs cheuaulx et font apres eulx porter leurs armes au plus priuement quilz peuent. Quant ilz sont armez si montent et se mettent en la trace de ceulx qui emainent monseigneur gau. et tant les escloz suiuent quilz se mettent en ung grant chemin ferre si le treuuent moult bien batu de cheuaulx si sont tant legierement que ilz treuuent ropes qui fourchent et sont aussi batues de cheuaulx / messire puain se arreste et dist a ses deux compaignons. Beaux seigneurs il mest aduis que ce seroit sens que nous nous departissons a ces ropes qui cy fourchent qui sont batues de cheuaulx si pregne chascun sa rope car aultrement ne pourroit len sçauoir ou ceulx sont qui ce grant dommage nous ont fait. A ce conseil se tiennent tous et entra lancelot le premier en la rope du millieu et monseigneur puain en la senestre et le duc de clarence en la destre. A tant sen partent tous trops. Si se taist a tant le compte de messire puain et de lancelot et sen retourne a parler du duc de clarence.

¶ Comme le duc de clarence se partit de lancelot et de messire puain il trouua vne sienne cousine qui lui dist que paradis de la douloureuse garde auoit prins monseigneur gauuain.

Or dit le compte que le duc de clarence cheuaucha toute iour tant que il anuitta et la luue commença a rayer moult cler, lors escoute le duc et oit vng cor sonner pres dillec deuers destre / et quant il eust ouy si treuue vng sentier qui alloit celle part et il cheuauche tant quil est venu hors de la forest. Lors regarde deuant soy et voit au ray de la lune vng moult grant plain et moult beau. tant a cheuauche quil est venu en vne posterne il la treuue ouuerte et entre es si voit a destre et a senestre grans fossez plains de eaue il cheuaucha tant quil est venu a vne haulte porte fermee si appelle si hault comme il peut plus et lors sault auant vng varlet q demande que cest. Le duc respont que cest vng cheualier estrange qui a mestier de heberger. En bonne heure dist le varlet soyes vous venu vous aurez hostel bon et beau. Lors a la porte desfermee et quant le duc est ens si la refferme apres le maine iusques a vne haulte tour qui est eu milieu de la court si est grande et si est en vng belle haulte et fort dont elle estoit close.

Lors descent le duc et aultres varletz sont appareillez qui prennent son cheual et le meinent en lestable et le varlet qui lui a ouuerte la porte si le maine amont et lui oste son escu de son col et toutes ses armes et apres le fait asseoir en vne couche / maintenant est yssue vne damoiselle de vne chambre qui portoit sur son col vng manteau descarlate a penne de ciquamr le duc la voit venir si se lieue encontre la damoiselle quil dit de si grant beaute, car il lui est auis que elle dope estre dame de seans et dist que bien soit elle venue: et elle respont que dieu le benye. maintenant lui met le manteau au col et puis est entree en la chambre dont elle est yssue et il se merueille trop de la grant richesse quil voit en la tour si en veult demander nouuelles. Quant il regarde vers la chambre dont la damoiselle estoit issue si en voit yssir vne damoiselle de grant beaute et auec elle cheualiers et sergans plus de quarante. Et quant le duc vit la dame si sault encontre elle et la dame le print par la main si lui dist que bien soit il venu: et il respont moult debonnairement q dieu la benye. puis se assident entreulx deux ensemble en vne couche. et la dame lui demanda moult sagement de son estret de quel païs il fut ne, et il respont. Dame ie suis ne du royaume de logres et suis de la mesgnee au roy artus. Sire fait elle comment auez vous a nom et il respont. Dame len me appelle galestalain Sire fait elle en quel lieu du pays feustes vous ne et il dit quil fut ne de scauallon si fuz filz au roy et suis duc de clarence. A cest mot tressault la dame et telle ioye en a si lui iecte maintenant ses bras au col et le baise plusieurs foys que lui mesmes sen esbahist et elle dist. Haa dieu vous en soyes aoure et beneist quant vous me auez enuoye lomme du monde que plus desiroye a veoir / puis lui dist. Beau doulx amy ie vous doy bien faire ioye, car vous estes mon cousin germain et filz de mon oncle et fumes nourriz ensemble a escauallon et ie suis fille a vostre ante la dame de coubonie que vostre pere ayma tant. Quant le duc lentent si en deuient tout esbahy et bien se recorde que elle lui auoit dit quilz auoient este nourriz ensemble mais il nen auoit nouuelles oupes depuis q elle feust mariee si cuidoit que elle feust morte

Belle cousine fait il vous aues ioye de ce que vous maues trouue et encores aures tu greigneure ioye: car bien sachez que ie cuidoie que feussiez morte/ se ne feust ce ie vous feusse pieca venu querre se ie vous eusse peu trouuer Lors lui demande la dame ou il va et pour quoy il cheuauche armee a si haulte feste comment est la veille de la penthecouste. Et il lui compte comment vng grant cheualier emporte monseigneur gauuain et comment lui et deux autres cheualiers sont meuz pour le rescourre sans le sceu du roy et de la royne et sans le sceu de toute la court. Apres lui deuise les armes du cheualier et le grant et le gros de lui tant que elle entent bien qui il est: puis dist au duc que elle le cognoit bien et cuide quil passa huy par illec deuant. Cest karados le grant le sire de la doulloureuse tour qui oncques de cheualier neust pitie dont il venist au dessus. pource vous loe ie que vous ne alles en auant car vous ny exploiteriez de riens ne encores nest il pas. ne le cheualier qui le combatra par armes car il est de trop grande prouesse et de trop desmesuree force. Je scay bien dist le duc quil est de grant force/ mais en la force nest pas la prouesse ne la bonte. Et pleust ores a dieu que lui et moy feussons en vng champ tous armez de toutes armes: et a qui dieu donneroit l'onneur et la ioye si la prenist. Certes fait la dame ie ne vous y vouldroie veoir au champ pour tout le monde: car se il sen venoit au dessus vous y perdriez la teste: ne vous ne irez plus auant par mon conseil: car vous aues folle esperance se vous cuidez acheuer ce que cheualier ne peut oncques. Belle doulce cousine ne men chastiez ia/ car nul chastiement ne y auroit ia mestier. Et quant elle voit que de priere ne y a mestier si commence a plourer tendrement et en laisse la parolle: et les lits sont appareilliez si apporte l'en vin. Quant le duc a beu si sen va couchier mais il ne dormist pas toute la nuit: car il pensa a monseigneur gauuain moult longuement: mais le trauail des armes le fist endormir qui se auoit greue de ce quil auoit alle grant alleure. Et sa cousine se vint deuant lui si tost comment il se leua au matin et le pria moult de demourer mais elle ny peut mettre remede. Si lui a dist. Beau doulx amy ie ne souffriroie en nulle maniere

que vous vous en allissiez desconseillie de chose que ie vous puisse conseillier. Et il vous est auenu que ie suis vne des femmes du monde qui plus conseillier vous en puis et ie vous en conseillerap a mon pouoir. Si vous diray que vous ferez ie vous feray mener iusques au chemin quant vous partirez de cy. Et quant vous verrez la se vous voullez mes messagieres vous conuoieront iusques au chasteau du cheualier car les voyes sont si desuoiantes que a peine seroient tenues par nul homme sil ny auoit autrefois este et ie vous conseille que vous ne refusez pas la compaignie. Et sauez vous que vous ferez quant vous venrez au chasteau de karados. Vous le verrez si hault et si fort que oncques si hault ne vistes en plaine terre: mais il ne seroit pas legiere chose a entrer par la premiere porte/ car elle est trop bien gardee et deffendue encontre tous ceulx qui a force y veullent entrer car dix cheualiers la gardent tous les iours et sont iceulx armez de toutes armes. Et se cheualier y entre par illec et il en vient au dessus il ny aura ia autre chose ne autre gage que la teste: ne ia ny auront autre pitie. Celle est la coustume de la premiere porte de la maison de karados. Ce me ont apris mes messages que ie y ay maintesfois enuoiez Et sachez quil ny entra oncques homme qui oncques puis en yssist: ains a eu la teste couppee comme il y est entre/ mais par celle porte ou ces dix cheualiers sont ne y enterrez vous pas par mon conseil/ aincois y entrerez vous par derriere les fosses et le plessis tant que vous trouuerez vne poterne par dessus la fosse a vne planche mise longue et estroite et perilleuse a passer a cheualier arme. Quant vous aurez passee celle planche si entrerez dedens le premier mur par la porte que vous trouuerez Apres celui mur en trouuerez deux autres. Et sachiez que se vous ne estes le meilleur cheualier du monde si y trouuerez vous assez meslee. Se vous passez les trois paires de murs que ie vous ay dit si ne aurez plus garde que du corps de vng seul cheualier Si trouuerez le plus beau iardin que oncques en iour de vostre vie veistes de vos yeulx. Et au millieu de ce iardin vous y trouuerez vne tour/ et au pie de la dicte tour sourt vne fontaine. Dedens la tour

b.i.

premiere

pourrez entrer sans challenge et quant vous se/
rez dedens vous trouverez une damoiselle q̃
vo' ne trouverez mie folle ne vilaine/ car c'est
une des plus belles et une des plus courtoises
du monde ne que oncques veissiez de bas ligna
ge celle vous saluerez de p̃ la dame de la blan
che tour si lui direz par la grant amour (t par
la grande foy que elle a en moy puis que ie la
fiz premierement que elle vous aide à vostre
besoigne mener a chief: et pource que elle vous
croye mieulx de ce que vous luy direz lui bail
lerez aux enseignes cest anneau et elle le congnoi
stra bien cõe celle qui le me donna de sa main
des le derrain iour que ie la vy/ car elle fut ce/
ans maint iour tant cõme mõseigneur vesqt
et aprez ce quil fui mort/ mais ne oublyez mie
que vous ne lui diez que vous estes mõ cousin
germain et cõme du monde que iay plus ame
et de ce lui direz vous voir et bien sachez que se
vous pouez venir iusques la vo' ny mourrez
pas des lors en avant pourtant que elle y puis
se cõseil mettre. Lors lui baille la dãe l'aneau
et il prent cõge de elle tout maintenant/ elle
mesmes mõta pour le cõvoyer si le convoya
tant quil entra en la forest (t lors sen envoye
le duc aussi cõe a force et elle lui baille son es/
cuier qui le cõvoyera iusques en la maisõ au
chevalier qui mõseigneur Gau. tint mais ain
cois quil sen parte lui prie pour dieu et si chier
cõe il a son amour quil ne laisse en nulle ma
niere quil ne revienne p̃ elle se dieu lui donne
quil sen retourne sain et haictie et pleure bien
tendrement pour la paour que elle a de lui. si
sen taist atant le compte de la dame et de lui et
retourne a messire Puain la ou il se partit du
duc de Clarence et de Lancelot du lac.

¶ Cõme messire Puain se partit de Lancelot (t du
duc de Clarence il arriva le soir en ung hostel
ou il y avoit plusieurs larrons qui vouloient
occire les gens de leans si les occist tous. l. viii.

O
R dit le compte que mõseigneur Puain
chevaucha tãt q̃l fut basse nõne sans
aucture trouver. lors vint en une grã
de vallee q̃ estoit plaine de haulte forest/ (t qñt
il fut une grant piece alle si encõtra une lictie/
re que deux palefrois portoient dessus la lic/
tiere en ce au chief derriere seoit une damoiselle
toute desvelloppee de son visage et sa face ap/

paroit de moult grant beaute se elle fust ioy/
euse mais elle avoit au cueur douleur assez/
car elle tenoit devãt elle ung chevalier naure
de grans playes quil avoit au corps: et au co
ste de la lictiere chevauchẽt quatre escuiers de
une part et troys de l'autre/ la damoiselle fai
soit moult grant deul car c'estoit cõme du mõ
de que plus elle amoit. Messire Puain salue
la damoiselle si tost cõme il fut prez de elle et el
le lui respõt maintenãt q̃ dieu le benye ne pour
ce ne laisse a faire son deul. Damoiselle fait
messire. p. ie verroye voulentiers ce que vous
portez si vous le voulez descouvrir pour moy
Ha sire fait la damoiselle ne vous en chaille
car nul ne le verra qui ne ait assez honte ou hõ
neur pour lui/ mais encores ne la nul veu qui
ne ait eu honte. Damoiselle fait messire Puain
dictes moy donc l'oneur et la honte que les che
valiers en ont. Sire fait la damoiselle ce est
ung chevalier naure qui ceoir le veult il escou
viẽt essayer a se iecter hors de ce coffre ou il est (t
se il sen peut iecter il cõvient quil iure sur sains
cõme loyal chevalier quil le vẽgera de celui q̃
ces playes lui a faictes (t maint bon chevalier
y ont essaye qui oncq̃s iecter ne len peurent ne
ia iecte ne y sera devant que celui sen iectera qui
le vengera de celui qui celui a fait: et ce sera le
meilliur chevalier qui maintenãt soit au mõ
de/ et se vous è. iceste maniere voulez entrepre
dre a le iect̃r hors ie le vous descouvriray. da
moiselle fait messire Puain puis que tant de
bons chevaliers y ont failly ie ne laisseray pas
que ie ne lessaye. Lors commande la damoisel
le aux escuiers que ilz la descendent et que ilz
mettent la biere ius et si font ilz. Lors descou
ure messire Puain mesmes la biere si vit le che
valier naure moult durement et messire Pual
le veult lever mais aincois convient quil crean
ce a la damoiselle cõme loyal chevalier que il
le vẽgera de celui qui ce lui a fait et si le peult
du coffre iecter et ainsi le creance. Lors prent
le chevalier entre ses bras si le tire a luy mais
il ne le peut remuer ne tant ne quant. Quãt
il voit quil ne le mouvera si le laisse moult
angoisseux et moult destroit/ et la damoisel
le regarde si lui dist. Sire or est neãt se me
ait dieu ie le disoye bien. Certes fait messire. p.
vo' avez droit car ce sçavoys ie bien q̃ ie n'estoye

pas le meilleur chevalier du monde & ie voul droie estre naure dune des greigneures plaies q le chevalier ait par tel convenant q tel cheva lier q ie congnoie fust cy: & si ny a gaires quil partist de moy. Mais ie vous diray q vous se rez: allez a celle voie la hault si encontrerez le chevalier qui achevera lavanture se chevalier mortel la doit achever. Et se vous ne lencontrez si allez tout droit a la cite de londres ou monseigneur le roy est: & la pourrez trouver se cours des meilleurs chevaliers du monde. A tant sen partent & ilz sen vont tont le chemin q est venu. Et messire puain chevauche tant quil est nuit & de tant lui est bien avenu / car la lune luisoit moult cler. Longuement a chevau chie a la clerte de la lune tant quil ouyst vng cor sonner a senestre: & bien pense quil ira celle part veoir sil trouvera ou son cheval puisse ge sir & avoir a mengier car sil chevauche toute la nuit il ne trouvera pas lendemain tel logis co il vouldra. Atant laisse le chemin quil avoit toute iour este & chevauche la ou il avoit ouy le cor & il neust pas alle vne archiee quil louyst sonner & bien semble q celui ait besoing q le sone. En petit de temps eut sone cinq ou six fois. Et messire puain se haste qui bien entent le besoing si se met au cours du cheval. Tant est alle q il est venu a vne breteschi au chief de vng pont tournie sur vng grant fosse q clouoit vne mai son de bois & par dessus ces fossez estoient les hayes grandes. Quant il vint devant la bre tesche si ouyst grande noise de gens crier: et ce lui q le cor avoit sonne estoit dessus la bretes che si crioit aide aide. Et quant il voit monsei gneur puain si congnoit bien que cest vng che valier si lui crie. Haa sire gentil chevalier mer cy. Et monseigneur puain regarde en hault si demande ql a. Sire ceas a vng tropeau de la rons q me ont ma maison ouuerte & tuee mes sergans ie croy bien qlz ont ma mere occise vne poure gentil feme moult bonne dame & de grant aage. Si ay grant deul de vne mienne seur pu celle q moult estoit belle: car ie cuide qlz la pent honie. Messire puain voit le pont avale & la por te ouverte si ferist le cheual des esperons & se lan sa en my la court & a veu quatre des larons qui montoient lescielle aux fenestres de la haulte tour. & deux en avoit amont q tenoient la seur

du Barlet qui estoit en la bretesche si la iecten ceulx qui estoient dessoubz lescielle: & des au tres larons y avoit grant plante en my sa court: & tant estoient es maisons q bien legierement estoi ent armez de curasses galeches & de chapeaulx boullie & avoient haches & espees. Quant mes sire puain vist ceulx q la pucelle tenoient si leur laisse courre & fiert le premier du glaive ql por te si ql lui met parmy le corps: & il chiet mort il retourne es autres a lespee si en fiert vng ius qes aux dens & les autres deux se laissent cheoir ius si sen fuyent & il laisse courir aux autres & les comence a decoupper bras & mains & teste & les maine au plus malement ql peut. Et ilz lui tirent saettes de loing si ont occys son cheual & lui naure: mais nulle mortelle playe ny eust Quant il se voit naure & a pie si sescuevre de son escu & leur court sus lespee traite si leur don ne de moult grans coupz & ceulx le redoubtent moult si sen fuyent. Et le Barlet avoit vng arc si trait a eulx tant q en la fin furent tous q mors q prins sinon deux q sen vont par dessus le he ricon messire puain ne met nulle peine a eulx chasser car tost se furent feruz au bois q estoit pres. Lors descent le Barlet de la bretesche & fait grant ioye a messire puain & dist. Sire ne vo' esbahissez pas de vostre cheual se vous avez perdu ne de vostre plaie car il vous en sera vng meilleur rendu se dieu plaist. Lors entrent en la maison & trouverent la dame pasmee car grant paour avoit eue. Quant la damoiselle les voit venir si se fiert dessoubz vng lit car elle cuidoit q se feussent les larons: & quant elle vist q se fut son frere si en fut moult ioyeuse & le Barlet fut moult ioyeux quant il voit q elle est escha pee saine & a honneur. si lui dist q elle face ioye & a sa dame: car veez cy vng preudome chevalier q dieu no' a envoye a secours. Grande est la ioye qlz font leans de messire p. la dame & le Barlet & sa seur. Si ont tourne a grant ioye la grant doul leur qlz avoient eue devant ne il ne chault gai res au Borlet de ses gens ql a perdus quant sa me re & sa seur en sont eschapees. Celle nuit fut bien hebergie messire p. Quant ilz leurent couchie au mieulx qlz peurent si lui demanda le Barlet se il vouldra matin lever. Et messire puain dist que oy si tost comment pourra veoir le iour: car il a moult plus a faire q len ne cuide

B.ii.

Sire fait le Barlet il sera demain si haulte feste comme le iour de penthecouste mais puis que vous auez tant a faire ie ne vous oserope plus prier de demourer mais au mains ne deuez vous pas cheuaucher sans ouyr messe et sil vous plaisoit ie la vous serope chanter pres de cy et si serope auec vous tant que vous leussiez ouye par loisir. et messire .p. len mercye et dist quil a dit comme courtoys car il la orra voulentiers. et gardez sur la foy que vous me deuez que ce soit au plus matin que vous pourrez, car mon besoing est moult grant: et celui dist que ce sera bien matin. A tant sen va gesir en son lict qui estoit faict aux piez messire puain. si taist a tant le compte de messire puain et retourne a lancelot.

Coment lancelot osta le cheualier de dedens le coffre et lui promist de le venger et come le cheualier lui dist que karados de la douloureuse tour auoit emporte messire puain.

Or dit le compte quant lancelot se fut party de messire puain et du duc de clarence quil cheuaucha grant piece sans auenture trouuer qui a compter face tant que le iour tourna a declin et que la nuyt fut approchee lors comenca a laisser sa voye vers senestre si appercoyt bien quil tournoit a la voye ou messire pual alloit et estoit que les deux chemis repairoient en vne voye / lors lancelot a tant cheuauche quil entra en vng grant val et vint a vng tertre et quant il eust le tertre monte si encontre le cheualier naure en la lictiere et lancelot demande a la damoiselle que cestoit en la lictiere et elle lui dist aussi come elle auoit fait a monseigneur. p. Descouures le fait il si le verrons. Non ferap fait elle se vous ne essayez a le iecter hors de ce coffre et par la coustume que y est. Et lancelot dist que pour ce ne demourra il ia et lui dist come loyal cheualier que il a son pouoir le vengera de celui que ce lui a fait se il le peut iecter hors de prison du coffre / lors le mettent les escuiers a terre. Quant lancelot le voyt si se merueille trop coment il peult viure a la douleur quil a des playes quil soustient lors le prent entre ses bras si le iecte hors du coffre au plus souef quil peult / le cheualier iecte vng souspir et regarde lancelot. et dist. Haa benoiste soit leure cheualier que vous naqustes car onques mes nul ne men peust iecter hors ne onques tous ceulx ne souffrirent autant de douleur come iay souffert en cest coffre. si p ont maint bon cheualier essaye: or voy ie bien que vous estes le meilleur cheualier du monde puis que dieu ma donne si belle auanture, ie voulope aller en la maison au roy artus mais ie ny eusse riens fait puis que ie ne vous eusse trouue: et ie suis si allegie de mes douleurs dieu mercy que ie ne sens mes nul mal. Haa beau doulx amy fait il a vng des escuiers allez vous en et dictes a mon pere nouuelles et a mon frere qui moult leur seront belles et cest cheualier qui cy est vendra auecques nous car nous lui deuons faire honneur et ioye / puis dist a lancelot. Sire vous vendrez auec nous he. Berger car il en est bien temps et vous entrerez en vng des lieux du monde ou vous estes le plus ayme et plus desire quant len saura que vous me aurez desprisonne et ie vous prie pour dieu que vous y viengnez / et lancelot lui octroye pource que hebergier le couient car aussi bien lui eust couenu gesir en la forest.

A tant sen va lescuier et va tout droit au chasteau pour dire la nouuelle dont la ioye sera moult grande. Lancelot appeille au cheualier sa lictiere et lui fait vng lit de herbe verte et de roses moult souef fleurant de coustes pointes et de oreillieres / et quant ilz le eurent chouche si mettent par dessus lui vng moult riche couuerteur et le lieuent sur deux cheuaulx et laissent le coffre emmy le chemin car le cheualier le veult car il ne le verroit iamais de celle heure que ses playes ne lup renouuelassent. Tant ont cheuauchie que ilz sont venuz au chasteau ou grant ioye les attendoit. Ce chasteau estoit situe sur la riuiere de thamise qui moult estoit beau et riche de son grant et fut le plus enuoysie du monde et pource estoit il appelle le gay chasteau. Le sire du chasteau estoit de moult grant aage et fort casse pour la peine et le trauail quil auoit eue en sa ieunesse es guerres ou il se estoit trouue si auoit nom trahus le gay et il auoit este vng des plus vaillans cheualiers et des plus beaux du monde en sa ieunesse / car tant come il porta les armes ne vestit il nulles manches fois de chemise rude: et tousiours aymoit par amoure. Celui trahans estoit pere du cheualier qui gisoit en la lictiere qui auoit a nom driens. Et cestui auoit vng autre frere qui auoit nom meliians le gay. Si estoient eulx deux de grant prouesse. Quant le cheualier dit pres du chasteau lui et lancelot ilz encontreret meliians qui leur venoit a lencontre auec les gens de la ville. Quant ilz lescontre si court auant a lancelot qui auec son frere benoit et lui fait grant ioye ainsi comme sil feust son frere. Apres baise son frere et lui demanda comment il luiest. Sire bien dieu mercy et ce seigneur cy: car puis quil me eust iecte hors de prison ne me feust il auis que ie feusse nul mal ne nulle douleur et vous se deuez plus aymer que cheualier estrange que soit au monde: car se dieu plaist et lui encores gariray ie car il me vengera come le meilleur cheualier qui soit au monde. Et sil ne le faisoit il ne me eust pas iecte hors du coffre: car telle estoit ma destinee. Quant ilz entrerent au chasteau ilz ouyrent les gens qui chantoient parmy les rues a grans cierges allumez: si sembloit que tout le chasteau ardist. Quant ilz voient lancelot: si crient que bien viengne le bon cheualier qui leur seigneur a garp. Atant le conuoient iusques en la tour si quil a grant honte de ce tant en dient. Quant ilz entrerent en la salle si encontrerent le pere qui encontre eulx venoit sicomme il pouoit: car il auoit eu tant de mal qil ne aloit mie a tout par soy vne toise de terre. Quant il voit son filz si a telle ioye come il doit car il cuidoit quil ne peut iamais garir. Il fut assez que le cheualier mist ius si lui firent son lit et se coucherent et meliians des arma lancelot qui se esioissoit moult. Et quant il fut desarme si femmaine adrian la ou son frere estoit, et tous se offrent de seruir sace. Quant meliians la vne foys regarde si lui est auis que il la autre foys veu: si lui dist. Sire ne vous poise de ce que ie vous demanderay/ se ne sera fors honneur Et lancelot lui dist quil veult bien quelchose qui tourne a honneur quil sen lui demande Sire fait il estes vo' de la maison du roy artus. Oy fait lancelot: pour quoy le demandez vous Sire fait il pource que ie vous ay veu au tresfoys. Si me semblez le cheualier qui desferra a kamalot le cheualier naure que nul ne sceust defferrer. Certes fait lancelot ie en ay

maintesfoys eu ennuy pour celui que vous me dictes. Sire fait il sceustes vous oncques qui il estoit. Nenny certes fait lancelot: et si suis ie en prison an et demy pour lui. Quant meliians entent que cest il si lui saulte les bras au col et lui dist. Sur tous hommes soyez vous benoist: car ie scay bien que vous desferrastes le cheualier ainz que vous eussez faictes nulles prouesses darmes: car vous auez este fait cheualier celui iour: et ie suis ie que vous desferrastes. Lors lui monstre la playe de la teste et celle des deux tronçons: puis lui dist. Sire nous vous deuons moult aymer moy et mon frere de nos vies car vous prinstes sur vous nos vies et nostre garison la ou tous nous faillirent et vous nauez pas gary moy et lui tant seulement mais mon pere auec que mieulx vault: et il na pas eu plus legiere enfermete que vng de nous. Et vous diray comment il est. Voir que a lissue de ceste forest a vng cheualier le plus cruel du monde car il est assez greigneur que gallehault qui est le greigneur du monde. Ce cheualier a a nom karados de la douloureuse tour: et eust vng frere se quil ne fut pas mains dessopal que lui: et ce feust ce lui qui me fist la playe dont vous me tirastes le tronçon et celle de la teste. Et puis quil meust ce fait ie le occiz de son espee mesmes Et par ce auons nous tousiours eu ensemble hayne mortelle et longuement a dure tant quil auint quil saillist adrian mon frere: et il se deffendist bien; car il est moult preux: tant que karados sena ura ainsi comment vous auez veu: car il est de si grant force que nul ne pourroit ses coupz souffrir. Quant il seust naure en telle maniere si ne se daigna pas occire tant est orgueilleux ainz dist quil se feroit viure a douleur en despit de tous ceulx qui laymeroient Et le fist porter en son chasteau/ et puis le fist aualler dedens la tour. Et quant il eust este en la chartre vne grant piece si len fist oster la mere de ce cheualier que ie vous dy qui est la plus traytresse femme et la plus dessoyalle que iamais homme veist car oncques elle ne eust pitie de la requeste que mon frere lui fist ne de mal que elle luy feist faire. Aprez elle se feist tirer hors de la prison la ou elle lauoit fait mettre: mais se ne feust pas pour son bien: aincois se feist pour se faire languir sans garison auoir, et pource

premiere

que tous ceulx qui lamcroient eussent deul sãt iope si le firent mettre en ung coffre dont vous le ostastes qui par charmes et enchantemens estoit fait que ce cheualier naure y estoit nen seroit il iames oste par homme deuant que le meilleur cheualier du mõde sen iecteroit a ses mains sãs lui faire mal et sans le coffre mal mettre ne depesser. mais encore y auoit vne autre merueille, car telle estoit lauanture du coffre que tant comme son corps y geust ne mourroit il ne amenderoit de ses playes, quant elle se eust ainsi atourne si le fist apporter deuãt la porte du chasteau si fut au matin la douleur de nostre peuple si grant que nul ne seroit deuiser, mais ce fut pour neant de toutes les douleurs enuers celle que monseigneur mon pere eut si cheut en vne enfermete trop grande et trop merueilleuse car il deuint sourt et perdit le pouoir de tous ses membres si que onckes puis ne se peut aider si non par force. lors fut nostre douleur si grande que nous eussions bien voullu mourir. Aprez ce ne demoura gaires que ie cheuauchoie par ceste forest et deux miens oncles et assez aultres de mon lignage si cõmencasmes a parler de mon pere et de mon frere et ie diz tout en plourant. Beau sire dieu ne aura iamais mon pere garison. Et cõme ie disoye ce si passa vne damoiselle par deuant nous sus vng palleffroy souef portãt. et quant ieuz dit celle parolle si me respondit que ouy voir mais lung gariroit plus tost que lautre, et quant elle eut ce dit si feusmes tous esbahyz: et quant ie fuz passe de mon penser si feri aprez elle des esperons, mais attaindre ne la peu ne ne peu scauoir qui elle estoit, mais ie scay bien que la garison mon frere ne tenoit ne mes tant quil feust hors du coffre et si tost cõme il fut hors mõ pere fut gary et si ne marcha il terre deux ans a ia passez, et ie scay bien que se mõ frere auoit mires il seroit par tẽps gary aussi cõment ie feuz quant vous me eustes desferre

Moult fut grande la ioye qui fut faicte de lancelot et il leur enquiert de quoy ilz se ont mis en parolle tant quil entent a ce quilz dient que cest le cheualier qui mõseign. gau. emmena et maintenant leur dit la choisõ de sa ioye et cõment mõseigneur gau. auoit este

prins et cõment messire puain le duc de clarẽce le va querãt. Sire fait mellians puis q̃ tant me nauez aprez faictes moy sage du surplus dictes moy se il vous plaist vostre nõm/ et il dit quil a nom lancelot du lac Sachez fait il que vous estes le premier cheualier a qui ie le deisse oncques mes, lors en est mellians bien ioyeulx si lui dist. Certes sire ie soye moult de sirant de vous cõgnoistre iay bien oup parler de vous et de vos faiz. quant Driãs oup̃ pler de mõseigneur puain si lui mẽdra du cheualier qui lauoit essaye a iecter hors du coffre et de qui il auoit dit que vng cheualier qui de lui se estoit departi sen iecteroit hors et il lui cõpte sui demãde ce se auoit este mõseign. p. et ou il pourroit ẽnuit gesir et il dist quil naura ou gesir sil ne gist en boys ou sil ne laisse sõ maistre chemin. Aprez dist mellians a lanc. Sire cõmẽt cuidez vous venir a chief de ce cheualier qui enporte mõseignr gau. il ne sera mie si legierement rescoux cõmẽt vous cuidez ne vous ne le pourriez auoir se le roy artus ny metoit grãt peine, car ie ne cuide mie q̃ ung cheualier en veinst a chief nõ pas deux ne trops et nõ pourtant vous ne pourriez tãt croire de sa chose cõme il y a, et ie men merueille mie car trop estes de grãt cueur, mais quant vous le verrez vous direz que ie dy verite: et bien sachez que se cheualier cuide encore auoir toute la terre au roy art. et la terre gall. et pource a il mises ses mauuaises coustumes en son chasteau, car il cuide bien q̃ les bons cheualiers de la maison au roy artus viẽnẽt pour rescourre mõseignr gau. et q̃ il les pregne tous lung aprez lautre. Or vous ay mõstre plusieurs raisons pourquoy vous deuez laisser la voye car vous deuez bien cõgnoistre vostre meilleur et vous aurez tout vostre pouoir et si iray auec vous car nous deuõs bien mettre nos corps en auanture pour vous aider. Se maist dieu fait lancelot ie ne laissay mie la chose a tãt ester, car deux plus preudoes q̃ moy sont emprinse ne ia pour moy ny bẽdra cheualier. Se maist dieu fait mellians se nul en doibt venir a chief ce serez vous ne ie ne vous desclairray ia plus, car ie scay bien q̃ mõ frere sera vous vẽge de laradoz Assez ont ple de eulz et de leur cheualerie et se pour offrent au cõmandemẽt lancelot. Mais a tãt

se taist le compte dr lancelot (t retourne a mō-
seigneur gauuain si comme le grant cheualier
lemporte.

Cōme karados fist despouller messire gau-
uain tout nu / (t batre. (t le fist iecter en une char-
tre plaine de couleures (t de serpens

Or dist le compte que quant il se eust
eslōgnie une lieue de la ou il lauoit
pris si le despoulla tout nu (t le fist
seuer sur ung roucin : puis le baille a deux ser
gans fors (t fellons qui le batent de couroies
menues siq̄ le sang lui sault par mp les costes
(t de toutes pars lui court contreual le corps /
si q̄ se rouclen eſt tout mouillie (t la rope (t mō-
seigneur gauuain seuffre (t ne dist mot. Et
moult redoubte le deul de son ōcle (t de ses cō-
paignōs pour sa doulceur quilz auront de lui
quant ilz sauront la verite. Si pleure moult
tendrement pour la pitie de ceulx dont il est des-
seure a grant angoisse. Ainsi len ont amene en
sa doulſoureuſe tour. Quant il fut sa si le bail-
le a sa dessopasse mere. Et elle lui dist tantost
quelle voit. Gauuain gauuain or te ay ie en
ma prison. Or te cuide ie vendre la mort de mō
frere q̄ tu occis quad: as seu ior le plus vaillāt
cheualier du mōde. Tu loccis cōme mauuais
cheualier traytre (t dessopal. Certes fait mō-
seigneur gauuain qui moult estiot blecie ie ne
feuz oncques traytre. Si feuz fait elle la ou
tu occis celui qui plus estoit vaillant de toy
Quant il voit que celle sa par deux fois ap
pelle traytre il en est si doslēt que par ung peu
quil ne enrage si en oublie tous ses ennuis /
dist q̄lle a menty cōme pute vieille traytresse (t
dessopalle : (t se le grāt mauuais qui me a pris
en trayson le soit prouuer contre moy ie me en
desfēdroie en sa maison mesmes oultre sō corps
ou cōtre autruy. A ce mot se escrie la vielle aux
cheualiers qui leans sont qui trop la doubtēt :
(t elle leur dist que iamais ne sera ioyeuse tāt
q̄ monseignr̄ gauuain viue le traytre : se vous
ne le occiez ie le occiray. Lors elle prent une es-
pee (t vient a monseigneur gauuain pour le fe-
rir mais son filz qui issoit de une chambre lui
court a lecōtre (t lembrace (t lui oste lespee tou-
tefois : (t dist. Haa dame mal faictes : oste me
auriez tout ce que ie entens a faire (t ce q̄ iames
recouuert ne seroit. Dieu fait elle ie nauray ia
mais ioye car il ma appellee vielle putain des
lopalle (t traytresse. Dāe fait karados il vou-
droit orendroit que len se occist : car bien voit q̄
il aura ceans trop de doulceur (t bien voit q̄ il
ne istra iamais de prison ne len ne doit pas te-
nir a cueur chose que celui dist qui sa vie hait.
Par ceste parolle la destournee de sa forsene-
rie. Et elle fait prendre monseigneur gauuai
a trois sergans (t le fait estendre sur une table
si lui fait toutes ses plaies enueuimer. Apres
le fait oindre de ung onguement que venin ne
lui touchast au cueur. Quant elle leust ainsi
attourne si le fist la nuit couchier moult aise
en une chambre (t fut moult garde q̄ ne escha-
past. Quant vint au matin quil se cuida repo-
ser si fut prins (t mis en une chartre noire (t ob-
scure (t parfonde (t si fut plaine de moult mal-
le vermine.

En celle chartre auoit ung pillier de mar-
bre (t estoit si large dedens que ung hō-
me sy pouoit bien estendre de tous ses sens
mais il nauoit pas plus de trois piez de hault
et dessoubz le pillier estoit la vermine et mon
seignr̄ gauuain fut en hault en ung lit de feu-
tre dur : (t apres se coucha a moult grant mesai-
se (t eut peu a mengier (t a boire (t mains decou
uerture que mestier ne lui feust car la chartre e-
stoit parfonde de pierre boullee (t ce la faisoit
froide : (t la pueur y estoit si grāde q̄ nul ny pou
oit durer longuemēt : (t faisoit la vermine trop
grant noise. Si ne feut pas asseur mōseignr̄
gau. car sil feust cheu entre eulx il estoit mort
sans recouurer. Et la nuit q̄ messire gau. fut
mis en la chartre fut si grant le flair que nul
ny feust qui neust paour : (t se lancoient les cou
leuures encontre le pillier qui bas estoit. Si
eust monseigneur gauuain grant ennuy deuāt
quil feust iour. Il estoit si doslent q̄ a peu q̄
ne se iettoit parmy la vermine mais honte de
vie mort le retenoit (t paour de perdre son ame
car il se occiroit a son escient sil se mettoit ētre
eulx. Si endure la peine en bōne espāce (t dist
q̄ corps de ame q̄ mieulx vault doit mieulx ai-
mer mourir en trauail q̄ recreaumēt souffrir
les maulx q̄ dieu lui enuoye. Ainsi fut messire
gau. en la chartre. Si sont flez ses piez (t ses
mains (t le visage (t le chief aussi. Puis il se
esuanuist pource que il dormoit trop peu. Et

B.iiii.

premiere

se corps et les membres lui afflebissoient moult durement et les assaulx des couleuures lui sont trop grant ennuy si ne a de quoy se deffendre fors des poinges et des piez si se defent tout ensemēt tant que tous les membres lui sont enflez. Leās auoit vne damoiselle que ſtarados amoit sur toutes riens et elle le hayoit plus que riens du monde, car il lauoit tollue a son amy qui moult estoit preudōme et bon cheualier si lauoit starados occiz Celle damoiselle auoit este auec sa damoiselle de la blāche tour qui estoit cousine au duc de clarece si estoit moult courtoise et moult sage mais elle ne pouoit estre reconfortee du dueil de son amy et se elle ne feust si gardee elle sen allast. Vng iour aduint que elle sen alloit esbatant pmy vng iardin qui estoit tout entour de la tour ou elle estoit si y auoit moult beau preau celui preau ioignoit a la chartre ou monseigneur gau. estoit si y auoit vne petite fenestre de celle part par ou len pouoit ouir les plains quil faisoit Quant elle vint endroit la fenestre si lui remēbra de monseigneur gau. si en eut pitie pour les biens que elle en auoit ouy dire p maintes foys, et quant elle ouyt les souspirs quil iectoit si en eut bien grant angoisse et comēca a plourer bien tendrement Lors se traict vers la fenestre pour escouter et il se dementoit de sa douleur quil sentoit et souffroit et disoit. Haa dieu ou desserui ie a mourir de si douloureuse mort. Haa roy art beau doulx oncle cōme vous auriez grāt douleur se vous sauiez ce que ie souffre. Haa dieu cōme recepuera grāt perte la table rōde de ma dolente prison et nō mie par ma mort, mais les preudōmes me querrōt si ne me pourrōt trouuer. Haa lācelot beaulx amiz tāt me feussent mes maulx allegiez se ie sceusse veritablemēt que vous feussiez sain et haictie et en vostre deliure poosté, sur tous les aultres vous garisse dieu: nonpourtant se prouesse y pouoit auoir mestier a moy oster ie scay bien que vostre proesse men osteroit mais ie ne voy mye comment il peust aduenir, car ce chasteau ne craint nul hōme et le sire est plain de felōnie et de trayson, car de nul hōme na pitie. Ainsi se plaint et demente monseign. gauuain, et la damoiselle qui la escoute mist la teste dedens iusques aux espaulles puis lappelle doulcement par

son nom, et quāt monseigneur gauuain se oyt nōmer si respont qui est ce dieux. Je suis fait elle vne vostre amye qui moult suis dolente que ie ne vous puis aidier, mais la grande aide que vous auez touiours faicte aux dames et aux damoiselles vous a mamour donnee. Haa dame qui estes vous et la damoiselle lui cōpte si cōme le cōpte a deuise si pleure trop tendrement aux parolles de son amy. Haa damoiselle or me aidiez vng petit, car ie meurs de la plus douloureuse mort donc oncques nul homme mourust. Lors lui cōpte de ses playes cōment elles sont enflees et tous ses membres sont enflez et cuide bien que ce soit pour lassault de la vermine et se iauoye dastō de quoy ie me peusse deffendre moult seroye bien paye ne oncques ce mest auis ne fist len tel seruice, vaston fait elle vous dōnera ie doncques vous pourrez bien deffendre et si aurez tel oingnement qui vous abatra tout le venin de vos playes. Lors sen va la damoiselle en la tour dōt elle estoit descendue si euure vng sien escring et en traict vne boite puis sen entre en vne aultre chambre si a prins vne perche ou sa robe pendoit quant elle souloit leans gesir et la iecte hors au plus coyement que elle peust apres est descendue par vng huis en fons du fossé au long de la tour si a bien refermé luys apres elle si vint hors et perche a mont et aval que nul ny soit, lors appupe la perche a la fenestre et atache la boicte au chief et la tent a monseigneur gau. et lui dit monseigneur gau. or prenez ceste boicte et vous oingnez longuement, car vous nauez nulles playes que vous ne garissiez par lui, et monseigneur gauuain tira a lui la perche si la brisa en trops et la damoiselle lui dist. Gardez bien si chier comme vous auez mamour et vostre sauuement que nul ne sache par vous ce ie vous ay fait ne dit, car ie seroye trayee et vo mort, et il dit quil se laisseroit aincoys sa langue traire Lors met la boiste en son sain et met les tronsons empres lui et se deffent de la vermine qui durement lui court sur si en tue assez dung des tronsons de la perche que la damoiselle lui a baillee. Lors sen va la damoiselle le plus secretement que elle peut quelle ne soit veue et quāt elle est venue en la tour si lui souuient de vng enseignement que elle auoit a

partie

pris de la mere de karados. Lors appelle vne sienne pucelle si lui fait apporter de la farine a la mesure que vng homme mengeroit de pain et elle print vne herbe et en fist oster le ius: et apres print autres herbes qui mestier y auoient Quant elle feust ainsi atourne si fist cuire le pain puis se depeça par morseaulx sur vne nape et vint a sups du iardin et louurist et puis vint a sups de la fenestre et iecta les au fons de la chartre le pain. Quant les serpens sentirent lodeur du pain chault si allerent celle part et firent si grant noise que len les pouoit bien ouyr de en my le iardin. Si eurent maintenant le pa(i)n mengie et elle iette laultre et ilz mengerent le pa(i)n chault: car le lieu ou vermine repaire qui porte venin est tousiours froit. Et quant ilz eurent le pain mengie si furent si saoulz que trop fort se combatist la froidure contre la challeur: si creua maintenant la vermine que oncques ne se remua. Lors fut la pueur si grande que monseigneur gauuain feust mort se ne feust este le bon ongnement dont il estoit oingt: et non pourtant il ne sauoit pas que la vermine feust morte: car il en eust eu moult grant ioye. Toutes ces choses sceust la damoiselle si sen partist sans dire mot. Quant la nuit fut venue si apporta a monseigneur gauuain a mengier asses et lui lia au chief de vng glaiue attachie de vne cor de si menga ne oncques puis ne eut souffrette de viande: car celle qui grant pitie en auoit lui appareilloit que nul nen sauoit riens que eulx deux. Celle nuit neust monseigneur gauuain point de douleur: si sen merueilla moult. Len demain se vint veoir la damoiselle si lui demanda coment il sestoit contenu. Et il dist moult bien car ie ne sens nul des serpens qui me souloient assaillir: ne ie ne oy mais nulle noise. Vous faurez bien fait elle comment il vous sera encore nuit mais pensez du celer car ie v(ous) gariray bien de vos maulx. Atant sen partist la damoiselle iusques a la nuit: et lors reuint si apporta vne laterne de cristal et vng cierge Atant vint a monseigneur gauuain si lui dist Monseigneur gauuain regardez entour vous si verrez comment il vous est. Et il trait le cierge si voit la vermine toute morte a vng cornet: et il le dist a la damoiselle: et elle dist ce a nuit elle fait pour lamour de lui et lui compte com-

ment. En ceste maniere demoura monseigneur gauuain en la chartre et la damoiselle parloit a lui chacun iour: et lui apportoit a mengier et lui apporta tant de ses robes que la froidure ne lui fist nul mal. Il est plus aise que deuant si a mede et garpde son malage: mais trop lui grieue la pueur de la vermine: si sen plaint a la damoiselle. Quant elle lui demade coment il lui est a il lui respont. Dame ie eusse quanque mestier me feust si dieu mercy et la vostre sene feust la grande puanteur de ceste vermine qui me occist: si cuide bien quelle me donera la mort. Quant elle lot si commeça a pleurer. Beau doulx amy ne vous esmayez pas: car ie en peseray bien Lors va a la tour si appareille feu de souffre: et y met encens pour oster la mal pueur. Puis vient arriere atout son appareilement et iette par my la fenestre son feu: et maintenant faillist la pueur. Si fut monseigneur gauuain moult aise: et ainsi fut la vermine arse: ne des lors en auant ne eut monseigneur gauuain chose que le greuast fors lennuit de sa prison ne nul ne sauoit quil feust si aise comme il estoit: car sen lui aualloit chacun iour son mengier en vne cordelete par vng hupset qui estoit en la couuerture en hault. Si se taist ores le compte de lui que plus ne en parle: ains parle du roy artus et de ses gens qui auec lui sontes prez dessus thamise a la riche court qui estoit assemblee de maintes terres.

Coment le roy artus demanda messire gauuain: et lancelot, et les autres cheualiers si lui respondirent quilz nen sauoient nouuelles. lxi.

Or dist le compte que la veille de la pentechouste a heure de vespres fut le roy artus yssu de son tref. Quant ilz eurent oupes vespres lui et gallehault si demanderent nouuelles de monseigneur gauuain: mais nul nen sceust riens ne des autres trois aussi mais gallehault a qui plus en estoit au cueur ne le voulut pas laisser: ains monte sur son cheual, mais il ne treuue qui riens lui sache dire de monseigneur gauuain ne de lancelot ne duc de clarence: car ilz auoient bien desendu que nul ne sceust leur partement. Ainsi comme il retournoit si vit yponel par vne estroite voie sur vng cheual qui tost le porte. A ceste feste de uoit estre yponel cheualier: et en auoit la robe uestue et gallehaut ne le cōgnoist mie mais il cōgnoist bien le cheual si laisse courre au deuāt si le bient attaignāt et le prent par le fraing Quant lponnel le boit si en a honte et quant gallehault boyt quil a afflube sa chappe si sen merueille trop lors lui demāde ou il aloit Si lui soustieue le pan de sa chappe et boyt quil auoit le haubert bestu et lespee ceincte, et quest ce fait il lponnel et ou alles bous ainsi. Haa sire fait il ne bous chaille mais laissiez moy, le dueil fait il scauoir ne bous ne pries en auant iusques a tant que ie le sach e ou boꝰ boultez aller Sire fait il par la chose que bous aymez plus en ce mōde ne me en enqueres plꝰ car bous ne feries si non perdre bostre peine. Tant men aues fait il cōiure q̄ ie ne bous en demanderay plus mais il bous cōuient retour ner/et celui est si angoisseup quil ne peut dire mot: et lors regarde si boyt benir ung escuier q̄ portoit ung escu et bient tant cōme il peut be nir et lponnel cōgnoist bien que cest son escu si se trait ung peu arriere que gallehault ne se a raisonnast puis lui cōmande quil sen boise oultre le ponceau ne il ne beult demourer. Et ce temps pendāt q̄ gallehaut entent a lescuier retourner par menasses lponnel tire lespee si lui trenche les resgnes si quil sont demourees es mains gallehaut et lponnel sen retourne pongnant et gallehaut cōmēce a crier. Haa es cuier sans fraing: certes boirement estes bous entre bous deup cousins/ lors ba apres mais il ne lattaignit mie ains sen ba au plus tost q̄ il peut et galleh. seist sur ung des meilleurs cheuaulp du monde si bint aresgnāt lponnel si le prent par les bras et le lieue de la selle et le met deuāt lui/ car il estoit de moult grant force/et lponnel qui nestoit mie fieble se detient et met toute sa force a soy eschapper si quil se depart des mains gallehaut qui le tenoit si chieteu pre tout estendu et gallehaut se laisse cheoir tout estendu sus lui puis lui dist. Or bous en bēdres bous auecques moy, car boꝰ naues pouoir de eschapper. et celui en est si do lent q̄ les larmes luy en biennent aux yeup et dist. Haa sire pour dieu mercy ie boy bien que dire me cōuiēt ce q̄ ie boulope celer. Il est boit que ie men aloye apres mō seigū. mō cousyn q̄ seest mis en celle forest mais ie ne scay a quel

besoig/car il est arme de toutes armes et mō seigneur puain et ung aultre cheualier q̄ ie ne cōgnoiz pas ⁊ mōseigneur gau. qui sen asse rent a telle nupt sans le sceu de bous donc ie croy bien que le besoing y est trop grant si bous prie pour dieu que me laisses aller. Scaues bous bien fait gallehaut que il est ainsi/ oup fait il si en est moult esmape mais mauuais semblant nen ose faire aincois recōforte lpon nel au plus quil peut et dit quil ne sen esmaie car ilz sont tant preudōmes. q̄ nul nen doibt paour auoir ne a bous ne appartiēt pas de ce ste chose, car bous ne deues mie armes porter Et pourquoy sire fait il donc ne suis ie cheua lier. Nennil bous ne le poues estre deuant de main si bous doibt ceindre lespee mōseigneur le roy qui bous fera cheualier et par auanture ilz reuēdront encores nupt ceulz apres que bous boultez aller/car ilz ne laisseront mie mōsei gneur le roy a si hault iour. Tout ce disoit gallehaut pour le recōforter et non pourtant moult a grāt paour et moult se craint de me sauanture et toute suoyes retient lponnel ⁊ re tournent aup hostelz ne oncques puis ne fut de tout le iour lung sans lautre. car galleh. se doubtoit tousiours que lponnel ne lui eschap past. tant fut la chose celee que le roy artus nē sceut mot iusq̄s a lādemain, sicomme boꝰ orres mais cy endroit nen deuise le cōpte riens ain cois retourne a parler du duc de clarence.

¶ Comme une damoiselle mena le duc de clarence a ung chasteau nōme pintadol combatre a lencontre de quatre cheualiers si les occist. lpii

Or dit le cōpte que le duc de clarence sen ba lui et la damoiselle et le bar let que celle de la blanche tour lup bailla si se sont mis en grant chemin et treu uent les esclos des cheuaup. ainsi cheuauchēt tant quil est tierce quilz ne ont trouue auantu re qui a compter face. Lors sont yssus du boys et entrent en une grande lande et cheuauchent bien trop archiees tant que lors ont trouue ung grant abbateis de cheuaulp et de cheua liers occiz et tronsons de lances et chanteaup de escus si semble que grant bataille y ait eue car ung ruisseau qui parmy la lande couroit en estoit tant bermeil. Lors se arreste le duc et moult se merueille qui ces gens peuent estre qui sont occis. Ainsi quil pensoit si regarde deuant lui en vne hayec emprez vng brueillet & en voit issir vng cheualier qui sa teste auoit bendee du pan de vne chemise. Le duc se adrece a lui. Et quant celui le voit venir si fuit arriere en la forest. Et le duc se lance apres lui si met sa main a lespee & iure q mort est sil ne lattent Et celui cuide mourir: pour la paour quil en a si se met a genoulx deuant lui & crie pour dieu mercy. Et le duc lui demande quelz gens ont este a celle desconfiture. Et celui dist qʼil lui dira mais qʼil nait garde. Et le duc sen asseure. Sire fait il la dame de cabion alloit a lodies pour veoir le roy artus qui est son cousin. Si encontrasmes en ceste lande iusques a vingtz cheualiers armez: si passasmes oultre & eulx aussi sans araisonner lun lautre, mais entre eulx auoit vng cheualier tout nu en brayes et se batoient deux sergans tant quil estoit tout sanglant. Si dist lun de nos cheualiers q̃ ce estoit monseigneur gauuain & telle en eust tel deul quil sa conuint pasmer. Quant elle peut parler si dist q̃ elle aymoit mieulx a tout perdre qʼil ne feust rescoup. Lors assemblerent noz cheualiers a eulx si auons le tout perdu, car les nostres ne estoient que sept: & si auoit desia vng si grant cheualier & si fort q̃ len ne le pouoit souffrir. Ainsi furent tous les nostres que mors que naurez que prins, & ie ne scay ou est ma dame: car elle se ferist au bois quant elle vist la grant perte de ses gens. A ces parolles vint vne damoiselle q̃ issist du bois & dist vers le duc si tost comme elle peut coure en sõ poing ses tresces qui estoient couppees qui moult estoient blondes & grosses: & apres elle accouroit vng cheualier arme de toutes armes. Celle lui fuit & regarde derriere elle moult souuent car moult en a grãt paour. Si crie au duc tãt comme elle peut quil la secourre. Et le duc point vers lui. Quant le cheualier le voit si court arriere au bois. Haa sire dist elle pour dieu mercy car ce traytre me eust honnie se vŏ ne me en eussiez garantie & de mes tresces me a il deshonouree. A cest mot fiert le duc des esperons & celui vient a son cheual qui estoit attachie a vng arbre pour la damoiselle auec q̃ il vouloit gesir. Si lace son heaume qʼil auoit

desferme & se met derriere vng chesne car il ne pouoit monter & demande au duc comment il lui est, & sil a garde de lui. Et il dist quil le defsie: car il ne asseurera ia hõme qui a dame ou a damoiselle face honte. Beau sire fait le cheualier ce nest pas parolle raisonnable: car vŏ estes a cheual & ie suis a pie: mais se ie estoie monte ie me deffendroie bien de vous. Et lors si auriez vous honneur se vous me pouiez cõquerre. Si maist dieu fait le duc ia mauuaise achaison ne vous paura mestier: ne ia ne dites que vous y ayez fait meschief: ains descẽ dra: faictes le quel que vous vouldriez, ou ie descendray & vous monterez. Et celui dist qʼil montera. Quant il fut monte si demanda qʼil vouloit. Tu as fait il vne damoiselle honie a aussi hault iour comme il est huy. Et il respont quil ne geust onques auecques elle. Se tu te en deulx fait le duc mettre en amende ie laisseray ceste bataille. Et celui dist quil nen fera riens, aincois se combatroit a telz deux. Lors laisse coure le duc a lui & celui en fait autant qui fut greigneur du duc: si se entrefierent es escus si quilz les percent: & les fers se arrestent sur les haubers: mais le duc est oit fort durement, si le porte au millieu du fons qui fut mol. Et quãt le duc cuide faire oultre poi dre: si chiet son cheual sur celui qui cheu estoit: & il passe oultre sur ses piez puis met la main a lespee & court sus au cheualier: & celui se dres soit qui tant auoit beu du sang q̃ plus ne pouoit: & se conuenoit mourir sil neust eu aide car le cheual lui estoit sur le corps. Lors relieue le duc le cheualier & le tire du sang comme celui qui na pouoir de soy mouuoir ne pie ne main. Lors lui arrache le heaume de sa teste & fait sẽ blãt qʼil lui veult trenchier. Et celui ne se meust ains se plaint durement, & dist au duc quil ayt mercy de lui. Et il dist quil neaura ia mercy sinon telle cõme la damoiselle voulda. Haa fait il ie lui ay trop meffait pource mest il mescheu. Ie lui amenderay fait il moult voulentiers. Lors vint a la damoiselle & lui dist. Damoiselle que voulez vous que ie vous face de ce cheualier. Et elle dist, faictes en a vostre voulente. Si lui mõstra ses tresces. Y ŏ a il plus meffait dist le duc. Sire nenny dieu mercy & vous qui mauez secourue. Si leust il fait ßou sentiere. Lors demande le duc au cheualier qui il est et qui sõt les cheualiers q̃ ont les hõmes a la dame de cabion occiz et il en fait refuz de le dire. Et le duc lui court sus et dist que mort est sil ne lui dit q̃ est qui em maine mõseigneur gauuain en prison. Cellui eut moult grant paour qui dit le duc coũoit si lui cõgnoist et dist q̃ si aradoz sauoit occiz et maine mõseig. fi. gau. en prisõ. Cuidez vous q̃ lle occie nenil ia de ce ne apez paour / mais il lui fera assez ennup car il occist vng sien oncle qui bon cheualier estoit mais ie vous prie que vous apez mercy de moy. Ia dieu ne maist se ie te faiz aultre mal que ceste damoiselle vou dra. Lors baille a la damoiselle son espee quil tenoit et lui dist quil le met en sa mercy si luy couppe la teste se elle veult si lui abat la ventaille. Et lescuier qui sa playe auoit en la teste prent lespee et dist quil lui trẽchera la teste ains quil ny meure, car il me feist ceste playe en la teste pour ma seur que ie lui deffendoye. Quant la damoiselle regarde ses trẽches si cõmẽce a p̃ourer et dist que elle ayme mieulx quil meure que quil viue et lescuier hausce les pe si fiert le cheualier si que la teste en vole eu chap. Lors regarde si voit vng de leurs escuiers su vng rouci a lorce du boys et il se assigne et celui vient et salue le duc et dist que sa dame nest pas prinse: et le duc la veult veoir pource que elle estoit cousine son seigneur le roy et mõseigneur gau. si la recõforte / tãt ont fait quilz ont prins tous les cheuaulx. Et le cheualier qui naureestoit le duc la fait mõter sur le cheual au cheualier qui mort estoit. Et quant ilz furent mõtez si cõmandent le duc a dieu et lui eulx et dist que toute suoye ira elle a la court au roy artus. Et le duc lui a prie que elle ne parle ia de mõseigneur gau. et elle dist que nõ feroit elle. Lors lui demãde son nõ et quant il se est nõme si p̃ennent cõge lung de lautre. Or sen va la dame a la court et na que vng seul cheualier et troys escuiers. Daultre part sen va le duc et son escuier q̃ la dame sa cousine lui auoit baille tant quil vint a vng carrefourc. Lors lui est vne damoiselle venue a lencontre sur vng pallefroy. La damoiselle lui dist. Sire estes vo' celui q̃ mõseig̃. gauuain deuez rescourre. Cõe fait il ie vous doye

estre tel que ie le peusse rescourre si en feray ie tout mõ pouoir a quoy que la fin en viengne Se maist dieu fait elle vostre pouoir ny vauldra riẽs / car vous nauez le pouoir ne hardiesse de si haulte chose entreprendre. Cõment le scauez vous fait il. De vous fait elle me osissiez suiuir huy et demain la ou ie vous maineray ie diray que vous aurez assez cueur et force de si haulte chose acheuer. Damoiselle fait lescuier auec vous ne ira il mie, car il aura assez qui le cõduira la ou il veult aller et meilleur espoyr que vous ne le meneriez, ie scauoye bien quil nauroit mie le cueur de moy suiuir si ne le meneroye ie mie en lieu ou il lui coult faire la moitie darmes quil lui cõuiendra faire la ou mõseigneur gau. est. Certes damoiselle fait le duc voirement se doit il bien esprouuer qui veult si grant chose mener a chief cõme de monseigneur gauuain recouurer et si ie ne en pouoye mie faire la moictie quil p̃ cõuiendroit donc auroye ie mauuaisemẽt ma soye emploee et ie vous suiuray quoy quil men doye auenir Allez seuremẽt la au vous vouldrez, car ie ne vous laisseray mes huy pourtant que vous le vueilles. Lors est lescuier trop dolent et lui destourne a son pouoir mais ne peut estre, car toute suoye suiura il sa damoiselle / elle sen tourne et lui apres et cheuauchent tant que se vint a lanuiter: lors ont trouue vng pourpris fort clos de mur et hault si entrent ens Et ont ceulx de leans voyent la damoiselle si la congnoissent bien et lui font moult grant ioye a sa compagnie et coucherent le duc moult aise Au matin se leua le duc et se arma et atourna mais aincoiz quil mõtast appella la damoiselle le duc et lui dist. Suyuez moy sire cheualier. lors sen tourne et lui apres, et viennẽt en vne chambre et aualent par degrez en vng soubz terrin dont les huys sont de fer, et la damoiselle boute le premier huys si entre ens et le duc apres si voit en ce soubz terrin quatre grans hommes a merueilles donc les troys estoient freres et le quatriesme leur pere. Ces quatre se deuisoient a lestremie dõt ilz scauoient plus que nulz si auoient escus fors et duslliez de fer et couuers de cuir boully et si auoiẽt cuiraces galesches et chappeaux en leurs testes et leurs bastons estoient encornez de fer et

partie

brochiez au millieu de acier et trenchans si estoient bien maniables. Et quant ilz virent celui qui arme estoit si se trait lun dune part et lautre dautre et tindrent leurs escus soubz leurs esselles et ne mot ne disoient. La damoiselle sen passe oultre les estremisseurs et dist au duc quil la surue et il voit q̃ les quatre sont appareilliez pour le dõmagier seilz peuẽt mais il se veult acquitter a la damoiselle de son conuenant: car il doubte plus mauuaistie q̃ mort Et il voit q̃ la damoiselle sen va a luy droit pour issir hors. Si voit bien q̃ parmy les quatre se conuient passer. Lors met la main a lespee et lescu sur sa teste et il sauoit moult descremie et il se cueuure moult bien si commence a aller grant pas tant qͥl approuche de eulx Et il iettẽt incontinent leurs escus sur leurs testes et laissent courre vers lui. Et quant ilz sont a mesmes des coupz donner et ceulx cuidẽt tous prestz trouuer le duc si iectent trois a lui ferir parmy les flans / mais il ne les attent pas les coupz des bastons qui estoiẽt trop agus au sault arriere. Et ilz sont moult courroucez de ce quilz ont a lui failly. et le duc congnoist biẽ son point si se lance entre eulx et le mur. Lors met son escu deuant soy car par derriere nauoit il garde: ne de sa teste ne a il doubte car moult est son heaume bon. Si iectent a lui plusieurs coupz qui riens ne vallent: et son espee trenche si bien quil leur trenche leurs escus: car il iecte de telz coupz qͥl leur fait souuent sentir lespee en la char et es os Longuement se combat le duc en telle maiere: et la damoiselle est a luis du preau ou elle les regarde. Et aussi les regardent tous ceulx de leans. Et la damoiselle dist au duc. Commẽt sire cheualier demourez vous cy toute iour: vous ne sẽblez pas homme qui doiue si grãt chose acheuer cõme vous auez entreprinse. Quant le duc entent ce q̃ la damoiselle lui dist si en a grant honte et les quatre se abandonnent plus et plus a lui / car moult se fiẽt en ce que ilz sont quatre et il estoit seul mais le duc ne les craint ne tant ne quãt car il nen doubte nul tant comme il fait le pere. Icelui craint il plus et doubte q̃ nul des autres trois. Le duc qui durement le craint lui ieta du trenchant de lespee entre le corps et lescu si que le baston et tout le bras lui chiet a terre et celui iecte ung cry moult douloureux. Les autres trois qui le voient en sont moult dollens si preniss̃et le duc aux bras moult voulẽtiers seilz osassent: mais ilz ne le deuoiẽt faire car telle estoit la coustume q̃ ilz ne se pouoiẽt prendre aux bras a homme se celui a qui ilz se cõbatoient ne se y prenist deuant. Des lors en auant que le pere fut meshaignie trouua le duc les trois freres plus fors que au cõmencemẽt et plus durement se combatoient. Si se merueille moult mais il auise celui q̃ plus le greuoit si fait semblant de le frapper par la teste et celui iecte lescu encontre mõt et le coup descẽt contre val sur leschine si q̃ la destre cuisse lui est seuree du corps: et celui chiet a terre tout estẽdu. Apres celui coup en iecta ung autre si attaint ung des deux freres au col derriere et quil auoit descouuert si lui couppe la teste et celui chiet mort. Quant le quatriesme voit son pere et ses freres ainsi attournez si ne lose plus attendre ainz se tourne fuyant vers luys du preau. Quant il vit au mur quil ne peut passer il eut paour de lespee qui bien trenchoit / si crie au duc mercy et se agenoulle deuãt lui et se tiẽt pour oultre: puis iete ius lescu et le baston. Et le duc le clame qͥte sauue la droiture a la dame de leans se nulle riens affiert a elle. Lors lieue la noise et le cry des cheualiers dont moult y auoit: et dames et damoiselles prẽnent le duc entre elles et en font si grant ioye ce elles peuent. Lors ouurist la damoiselle luys du iardin qui auironne le pourpris si maine le duc en ung plain ma̋is de quatre archies si choisist ung des plus beaux chasteaux du monde et il escoute par dessus le mur de la ville si ot le greigneur son de cors et de buisines si que tout le chasteau en retentist. Lors regarde si voit issir du chasteau une grant compaignie de gẽs dont moult se merueille et viẽnent tous a grãt ioye encontre lui et le mainent au chasteau en telle maniere. Quant ilz viennent la si commence la feste parmy toutes les rues: si ne y a si petit ne si grant q̃ ne face ioye et ce le duc a son pouoir Et deux varles portent deuant lui les escus des quatre recreans: et crient les vielz hommes et les vielles femmes de leans q̃ bien viengne le bon cheualier qui nous a acquictez de nos grans douleurs et nous a deliurez du seruage ou nous estions et se agenoullent deuant lui ainsi côme ilz eussent fait deuât vng sainctuaire a telle iope receurent le duc en la ville/ si vont encontre lui le sire du chasteau qui estoit de si grant aage que il ne oyoit plus que vng petit si lui fist moult grant iope et commanda force quil demeure au chasteau mais le duc dist quil a tant a faire quil ne pourroit Haa sire sil peult estre si le faictes car les gens de ceans en auront grât iope si vous dirons la coustume de ce chasteau

Nous iurasmes fait il long temps a ia passe que ce chasteau seroit a celui qui le pourroit conquerre apres mon decez du mauuais seruage ou il estoit pource men vueil acquiter, car ie vous vueil bien rêdre la seigneurie de ce chasteau et il en semôtla damoiselle q sauoit amene et les autres cheualiers en diêt autant. Tant ont prie le duc quil a receue la seigneurie du chasteau et lui ont fait les barons feaulte et hômage et il demâde cômêt le chasteau a nom et ilz dient quil a nom pintadol. A tant le duc a prins côgie si sen part et le sire lui demande son nom et il dit quil a nô galles talais et est duc de clarence et en sôt bien ioyeux ceulz du chasteau et le duc sen va et la damoiselle auec lui. Quant il a vne piece alle si demande pourquoy les quatre villains estoient la ou il les trouua et de quoy ilz seruoient la. Je le vo9 diray fait la damoiselle mais ce ne sera deuât que vous partirez de moy la ou vous serez ou plus ioyeux ou plus marry que vous nestes maintenât, ainsi cheuauchent tant quil est nône et viennêt a vng chasteau qui estoit moult beau et si tost côme ilz sont venus a la porte si virent si grant obscurte que len ny voyoit goute ne ne y pouoyt len riens entendre ne cognoistre de tant loing côme len eust tire vng carreau/ mais en la place auoit vne ville entour vng monstier gaste/ tant côme le cymetiere contenoit voit len aussi cler côme dehors les murs. La damoiselle descend deuant la porte et dist au duc quil descendist et a lescuier lors amainent leurs cheuaulx apres eulx si entrent en la porte et voyent vne cheine q duroit de la porte iusques au cymetiere/ et ainsi côme ilz alloient si ouyrêt gens dune part et daultre qui moult se plain

gnoient et pleuroient et mauldisoient leure q le chasteau fut onques fonde/ et quât ilz sôt venuz au cymetiere si treuuent lerbe grande et semble que nulles gens ne y querassent quât ilz ont passe le cymetiere si viennêt a la porte du môstier si la treuuent ouuerte et la damoiselle dist. Sire cheualier or estes vous venu a vostre espreuue se vous pouez abatre lauêture de ce monstier donc soyez vous asseur de oster la mauuaise coustume de la douloureuse tour si ne a mie grâment afaire au surplus/ lors se maine a lentree du monstier et regarde de dens si voyt quil estoit si noir quil ny veoit goute non plus que en abisme si y vêt vng si froit vent que nul plus et plain de si grât puteur qui trop leur fait mal. la damoiselle estoupe son nez et monstre au duc vne ouuerture q estoit entre vne porte et vng mur et puis lui dit Sire cheualier se vous pouez aller iusques a celle auanture et vous pouez ouurir la porte ou vous verrez lauanture car elle ne est fermee ne a porte ne a barre ne a nul appal si nô a gons ou elle est sellee/ vous metrez en cest chasteau la gregnieure iope qui onques y fust car tous ceulz de ceans que vous auez ouy se ront iectes de douleur et sera le ny aussi cler p ce chasteau côme len fait par tout le cymetiere Et sauez vous fait la damoiselle dont ceste pueur vient. Nennil fait il, ie le vous diray fait elle. disneuf ans a ia passez quil ne mourut corps en ce chasteau q ne soit dedens ce monstier sur terre ceulx du chasteau ne les y aportent mie mais ne scaiuêt se vng deable ou vng aultre esperit les y apporte quant ilz sôt mors ne ia nul en ce chasteau pour pouoir que il ait ne entra en cest cymetiere ains ont este en prison disneuf ans et quant le duc entent lauanture si sen merueille moult et dist a la damoiselle. par amours faictes moy sage, de quoy ilz se peuent viure et côment. Je vous diray fait elle côme celle qui bien le scait. tous ceulz fait elle qui labourent les terres sont dehors les murs et sont venus depuis que ceste auanture auint et sont sergans a ceulz de la ville/ et la bourent les blez de quoy ilz viuent si mainent poure vie et moult chestiue car ilz ont pou viâ de et les meubles sont despendus. Damoiselle fait il quelle que lauanture soit si y essayes

partie

ray ie sauoir moult se ie la pourroie acheuer/ mais pource q ie ne suis mie seur de leschapper ne de mourir: car de si grande merueille oncq̄s ne ny ouy parler. Or vous prie ie q̄ vous me diez lauanture se vous la sauez. Ce lieu dist elle ou vous voyez ce monstier souloit estre ung hermitage et tant comment vous auez declarte entour ce cemetiere cest le lieu ou les corps de mains preudes hommes sont enterrez et de riches gens qui en leur vie furent religieux comme ceste place estoit la plus plantureuse terre qui oncques feust en la grant bretaigne: et pour ce y fut ce chasteau fonde. Or eut ouan.pip.ans en la sepmaine peneuse a la premiere nuit des tenebres que les gens furent leuez aux matines sicomme il estoit de coustume. Si auint que le sire de ce chasteau aymoit vne damoiselle par amours ne il nen pouoit auoir sa voulente. Celle nuit que len appelle la nuit des tenebres si auint que le sire de ce chasteau la print au monstier et geust auec elle tant comme les tenebres durerēt mais le saint esperit qui tout voit et ot se demonstra aux sains hermites q̄ faisoient le seruice des matines. Si fist tant nostre sire par sa priere q̄ le sire de ce chasteau fut trouue mort sus elle et la damoiselle soubz lui: ne oncques puis q̄ les gens se departirent ne eut autre clarte qu il y a ores ne cedens les murs de ce chasteau aussi fors tant que le cymetiere cōtient et len cuide q̄ se soit pour les sains corps qui y gisent. Et par ceste meschance a este ce chasteau tenebreux.pip.ans. Si auōs ouy dire puis q̄ le meilleur cheualier du monde le mettra en clarte autelle comme il souloit auoir au parauant ne iamais par autre ny seramie. Or vous ay dicte la verite de ce chasteau: et comment les tenebres y vindrent premierement. Et sachez que celui qui ceste auanture acheuera ostera les mauuaises coustumes de la douloureuse tour. Or vous estiez meu de monseigneur gauuain rescourre: or me dictes se vous vous mettrez en auanture de passer oultre ce chasteau ainsi comme ie vous dy et de ouurir la porte sicomme ie vous ay monstre. Et il dist q̄ oy. Lors sen va au monstier et sen va selon la chaine qui tient de lune partie et de lautre. Et quant il a este la quarte partie du monstier si sent si grant puanteur q̄ a peu

que le cueur ne lui creue au ventre. Si lui esblouissēt les yeulx: et il tournie tant est estourdy. Lors se appuye a la chaine comme celui q̄ est durement estourdy: et il sēt tant de coupz descendre dessus lui que il nen scait le compte et ne se peut soustenir sur ses pies ains chiet a genoulx et quant il se cuide releuer si se resierent de rechief. Et il chiet tout estendu et ne se peut mouuoir. Quant il a grant piece geu si se reprēt en la chaine sicomme il estoit ale. Et quant la damoiselle le voit si lui dist. Haa sire cheualier vous en reuenez. Et il est si estourdy quil ne lui peut respōdre: et celle lappelle recreant et mauuais: et il a trop grant honte si se resiert arriere au monstier si angoisseux comment il estoit. Quant il eust ung peu alle il lui est pis q̄ deuant si chiet pasme a terre. Et quant il se resieue si se reprent a la chaine et retourne arriere. Et quant la damoiselle le voit si lui escrie. Haa sire cheualier vous vous en venez a hōte. Il est si angoisseux q̄ ne cuide iamais auoir a temps son heaume oste: si lui cōuiēt vomir a force. Et la damoiselle sen va si laisse a tāt le duc et sen va et son escuier sa chasse iusques a la porte. Si est le duc si esperdu q̄ a paine se soustient il sur son cheual. et lescuier porte son heaume et son escu. Ainsi sen part le duc tout dollent: et sen tourne lui et lescuier le grāt chemin. Si ont tant cheuauche quil auesprist si est le duc presque gary et enquiert au varlet sil scait qui la damoiselle est. Et il dist que elle auoit este longuement nourrie chiez sa cousine et fut parēte a vostre seigneur mais au chasteau ou vous fistes la bataille a eu longuemēt mauuaise coustume et pource vous a elle mene a ces deux choses. Et le duc lui demande q̄lle la coustume estoit. Je le vous diray fait il. Le seignr̄ du chasteau fait il ou vo' occistes les escremisseurs fut moult en prison chiez ung sien ēnemy mortel et moult longuement y moura tant q̄ celui q̄ vous naurastes p̄mierement le quel estoit le pere aux autres len osta. Lors lui iura le sire sur sains lui et six hōmes que pour son seruice lui donneroit tel don comment il lui demanderoit. Et il cuidoit quil ne osast mie demander tel outrage comme il lui demāda car il dist qil voulloit auoir la moitie de sa terre pource qil sauoit iecte hors de prison

et pource quil auoit aux aultres dames rauɩ
leurs seigneurs si demāda a chascune vng de
ses enfans celui qui mieulx lui plairoit aussi
des pucelles côme des varletz & promist que lui
ceste terre tendroit en droit fief et que lui et ses
troys enfans a tous les cheualiers q̄ vẽdroiẽt
se combatroiēt ainsi a este acoustume lôg tēps
le chasteau et mainte belle dame en a este hon
nie et maint beau varlet en a este atourne a ser
uage et mains preudômes en ont esté mors/&
le duc demande se ce appartenoit de riens a la
damoiselle quil a suiuye. Oup sire/car elle a
vne sienne niepce fille de sa seur vne des plus
belles dames du môde se elle vit en aage qui
na pas encoire sept ans si scauoit bien que elle
seroit liuree a ces troys deables que vous auez
occiz et pource vint elle apres vous. Or me di
tes fait le duc a qui est le chasteau ou les tene
bres sont et cômēt il a a nom. Sire fait il il
a a nom estallon le tenebreux & la damoiselle
vous disoit de ce q̄ elle vous dist premiere-
ment et les sages hômes dient que ia nul hõe
ne abatra les coustumes de la douloureuse
tour si non celui qui ouurira la porte du mon
stier: et puis que vous voyez que vous y auez
failli donc scauez vous bien que vous ne pour
riez mie a chief venir de ce que vous auez entre
prins et pource vous loe ie que vous en retour-
nez arriere/car de tant côe vous yrez auant de
tant aurez vous mains de honneur au retour-
ner. Se maist dieu fait le duc puis q̄ entre y
suis il ne me seroit mie hôneur de retourner/
ains le me pourroit l'en attourner a moult grãt
mal. Se maist dieu fait le varlet vous en au
rez encoire plus que vous ne cuidez et par ce che
min ne pẽdrez vous iamais se moult grãt
auanture ne vous y amaine quãt vous ne vo
en voulez retourner. Je ne me retourneray
pas/car ma dame ne me ameroit iamais ain-
coiz irap auant tant que ie verray comment il
vous en auiendra. Ainsi cheuauchent moult
lôguemēt eulx deux tant quilz voyent vne vi
eille voye herbeuse q̄ loing du chemin se tiroit
si y entre lescuier deuant le duc mais cy endroit
ne parle plus le cõpte de eulx deux ains retour-
ne a messire. p. qui gist chiez vng varlet que il
auoit des sarions rescoux la veille de penthe-
couste

Côme messire. p. trouua saigremor le desree
en vng pauillon tout nu lie en vne estache et
vne damoiselle pēdue par les cheueux. c.y.iii.
Or dit le compte que au matin
se leua monseigneur puain si tost
comme il aiourna et le varlet qui
moult se pena de lui seruir lui ame
na vng cheual pour le sien qui occiz estoit/et
dist. Sire vostre cheual a este occiz en ma be-
songne si emmenerez cestui qui fut a mon pe-
re et sachez que ie nen ay nul meilleur/ car se
maist dieu ie le vous dônasse volētiers & seil es
toit le meilleur du mõde et nō pourtant mon
pere le tenoit moult bon qui moult estoit preu
cheualier côme poure hôme, & mõseigneur. p.
se tient a moult bien pape du cheual aussi cõe
sil eust este le meilleur du monde si monte sus
et va oup vne messe que len vouloit chanter &
la dame si monte et sa fille et vont oup mes-
se auec messire puain a vne chappelle loings
dillec vne lieue angleische. Quant la messe
fut dicte si print cõgie messire puain et le var-
let se conuoya grant piece et parlent de plu-
sieurs choses et le varlet lui demande cômēt
il a a nom et il dit quil a a nom messire pual.
tant conuoya le varlet mõseigneur puain qlz
sont esslongnez deux lieues et lores le enuoye
monseigneur puain arriere et il cheuauche tãt
quil est bien tierce. lors voit vng val deuant lui
et si est le tertre moult mauuais a descendre/
si descent et maine son cheual apres lui tant q̄
il vint eu fõs de la vallee et lui est la forest fal
lie et treuue vne belle prarie. parmy celle pra
rie couroit vne riuiere moult clere: dessus cel-
le riuiere auoit vng pauellon tendu moult ri
che et moult beau ne trop grant ne trop petit/
en ce pauellon auoit escus pendus iusques a
dix et deuant chascun auoit vng cheual a ret
gne et vng glaiue apuye. messire pual cheuau
choit tout côtreval le pre tant quil vint a vng
grant chesne qui estoit loing du pauellõ vne
archee et il regarde si voyt vne damoiselle pē
dante a vne branche dung pômier parmy les
tresces et auoit les mains moult estroictemēt
lyees si que le sang lui sailloit parmy les õ-
gles/monseigneur puain voyt la damoiselle
et ainsi quil se hastoit de cheuaucher si regar-
da sur destre et voyt vng cheualier tout nu

fors de sa chemise & estoit lie a une atache & tât auoit este batu q̃ il auoit le corps tout couuert de sang. Messire puain en a tel deul et telle pitie que les larmes lui en chieissent des yeulx Lors sen uit a la damoiselle & dist, q̃lle estoit moult fort blecee et q̃lle ne parloit gaires, car elle auoit tãt crie que lalaine lui estoit faillie & les yeulx lui estoient rougies & eslez de crier & le cuir du col lui estoit creue pour les cheueulx q̃ tiroient contre mont & les cordes lui auoiẽt tellement attournee les mains quelles estoiẽt couppees iusques aup os. Moult estoit la damoiselle a malaise et de corps et de parolle: et pourtant, comme elle peut parler si se cõplaist & guemente forment & en la fin regrette mõseigneur gauuain. Quant messire puain lot regretter monseigneur gauuain sonamp si en a trop grant pitie. Puis uient a la damoiselle & lui demãde pour quoy elle estoit si uillainement attournee:& qui ce lui a fait: et pour quoy elle regrette mõseigneur gauuain. Haa sire dist elle qui estes uous qui de monseignr̃ gauual auez parle. Certes dame ie cuide estre ung des homes du monde quil ayme plus aps monseigneur le roy son oncle. Et comment auez uous anom fait elle. Jay anom puain le filz du roy brien:& suis cousin germain a celui que uous regretez. Ce nest pas merueille dist elle se ie le regrete car sil feust hors de prisõ al si cõme uous estes il mettroit pour moy corps & honneur:& en auroit grant deul sil le sauoit & pour ung seruice que ie lui fiz suis ie ainsi attournee:& ung des meilleurs cheualiers du monde ont ilz prins auec moy. Et ie cuide q̃ le ont occis. Lors pense bien mõseigneur pual quelle die du cheualier qui est lye a latache, si demande commẽt il a anom. Haa sire dist elle uous le congnoistrez bien se uous le oez nõmer. Cest saigremor les rape. Quant monseigneur puain entent que cest saigremor il est moult courrouce de ce q̃l le uoit a tel meschief et dautre part est moult courrouce pour la damoiselle: mais il ne scait lequel deliurer auant En la fin se accorde quil deliurera premierement la damoiselle pour lamour de monseigneur gauuain. Lors fiert ung grãt coup sur la brãche du chesne de son espee tãt q̃l la trẽche & elle chiet a tout la damoiselle. Aps dit ung

cheualier du paueillon arme de toutes armes & lui dist. Sire cheualier ie ne scay qui uous estes, mais trop auez fait grant oultrage qui ung des bons cheualiers de la maison du roy artus auez lie et prins ainsi comme se il feust larron & ceste damoiselle auez liuree a mort q̃ estoit au conduit de monseigneur gauuain. Comment fait le cheualier, estes uous donc de la maison du roy artus. Certes fait il uoirement en suis ie: ia ne la rentirap pour uous. Or uous gardez fait il: car ie uous deffy. Et lors se tourne dune part:& messire puail se esloigne si se entredonnẽt si tost cõme le cheuaulx peuent aller & se entrefierẽt sur les escus mais le cheualier brise son glaiue & le glaiue de mõseignr̃ puain demeure ẽtier si q̃ il le porte a terre lui & son cheual tout en ung mõt. Lors scait il biẽ q̃ atant ne demourra il pas si ua par dessus le cheualier tout a cheual cinq ou six fois si roidemẽt quil na os sur lui qui ne sen sente & la mis en tel estat q̃l na pouoir de soy remuer Lors sen uient a la damoiselle & la recomence a deslier quãt ung autre cheualier est issu du paueillon,& est arme ainsi cõme lautre estoit. Si escrie monseigneur puain & uient a lui si tost cõme le cheual le peut porter. Quant mõseignr̃ puain le uoit si laisse la damoiselle qu'il auoit des mais desliee & remõte sur sõ cheual & priẽt son glaiue: puis laisse courre a celui qui uenoit si se entredonnẽt grãs coups sur les escus. Le cheualier rõpt son glaiue: & messire puain le lieue des arcõs si le porte a terre par dessus la croupe du cheual. Lors se laisse & reuiẽt a la damoiselle & apuye son glaiue a ung chesne puis descẽt de son cheual & cõmẽce a deslier a la damoiselle ses cheueulx qui estoiẽt si fort meslez q̃ ce nestoit pas legiere chose a desmesler car ilz estoiẽt longz delies & molz si mesloiẽt plus uoulẽtiers. Haa sire fait elle pour dieu trẽchez les. Et il en a pitie pource q̃ trop estoiẽt beaux ne ne ose la brãche couper de paour q̃l ne lui fist mal. Et elle q̃ nestoit poĩt saine lui en prie toutesuoies quil les trenche. Et il dist q̃l ne ferõt iamais dommagiees se dieu plaist & que elle ny perdra si beau tresor comme de ses cheueulx couper qui tant estoient beaulx et blons. Atant furent les autres cheualiers issus du paueillõ & criẽt a messire. p. q̃l se gard

Et il regarde si les voit venir et laisse la damoiselle a tant car plus ne peult demourer a la desliex mais il fiche le gros chief de la branche en terre si que elle se puisse seoir & monte sur son cheual et prent son glaiue et poinct contre ceulx qui venoient/ & ceulx ne lespargnent mie ains lui courent sus a leurs espees tant que lun deulx se traict arriere et dist quilz seroient honniz se len les trouuoit combatans contre ung seul cheualier a pie/ mais or le laissons monter et sil sen peut aller bien se pourra vanter de cheualerie. Lors les fait tirer arriere et dist a monseigneur puain que moult sera preulx se il sen peut eschapper. Comme fait messire puain ie serap ie plus. Oup fait il car ie vous donne ray mon cheual pour le vostre par conuenant que ia ne vous aura mestier. Pour quoy fait messire puain. Pource fait il que vous ne pouriez durer encontre nous que vous ne fussiez ou mort ou prins/ si vous metray en telle maniere comme iay fait celui qui est en celle estache. Non ferez se dieu plaist fait messire. p. Tout ce disoit le cheualier a messire puain pour faire cuider aux aultres cheualiers quil lui voulsist moult grant mal/ mais il eust bien voulu quil les eust tous conquis et lui auec/ car saigremor eussent ilz occiz se neust il este. Et ce estoit le cheualier que saigremor conquist la nupte que monseigneur gauuain geut auec la fille au roy de norgalles la ou le roy le voulut occire et la le print saigremor a la porte & lui iura des lors le cheualier quil lui seroit tousiours en son aide/ & la damoiselle qui estoit fille au roy de norgalles si comme le compte la deuise/ mais ce pourquoy les cheualiers lauoient mene ainsi villainement sera declaire apres. Quant le cheualier qui monseigneur puain vouloit garir fut descendu si monta monseigneur puain sur son cheual qui moult estoit de grant bonte et lors commenca la meslee et des ungs et des aultres qui encontre monseigneur puain estoient venus/ le cheualier faisoit semblant de lui nuire mais au plus quil peut lui aide/ et souuent se met encontre leurs coups/ et messire puain appercoit bien quil lui aide si se merueille trop pourquoy il le fait. Ainsi se deffend monseigneur puain encontre les cheualiers. Et ne furent sur lui ne mes lung apres lautre. Si la issue le compte en telle maniere a parler deeulx et retourne a lancelot

Comme apres que lancelot se fut parti de meliant meliant alla a la court porter les nouuelles de lancelot et comme la royne se courroussa q̄ lanc. estoit parti sans congie. lviii

Or dit le compte que au matin se leua lanc, si tost come il peut veoir le iour et oup messe tout arme puis il fut prendre conge du seigneur de lostel ou il auoit geu qui estoit pere du cheualier q̄ auoit iecte hors du coffre si le couope melliāt tant q̄ leur voye les mena par deuant la maison ou messire puain auoit geu: illec oup rent nouuelles de messire puain, car la damoiselle les mist au chemin pou il sen alloit/ quant ilz furent vng pou esslongniez si encontrent le varlet qui sauoit couope et leur compta comment il le auoit laisse/ lors tarde moult a lancelot quil le voye et fait melliant retourner et sa compagnie car plus ne veult estre conuoye/ & quant melliant vint a son hostel si prent tant come il peut auoir de ses amis et sen partist par le congie de son pere et de son frere et sen va a la court du roy artus et quant il vint la si trouua la court moult esmayee de messire gau dont ilz ne peuent auoir nouuelles et des autres que len ne sauoit ne sent ne voye a leure que melliant vint a court commenca a vespirir. Si auoit celui iour lyonnel este nouueau cheualier et celui iour sestoit combatu au lyon couronne de liese que len amena en la court au roy artus, car onques mes lyon couronne ne auoit este veu en la terre de bretaigne si occist celui iour lyonnel par sa proesse/ et donna a a messire puain la peau du lyon/ a quant il se roit venu a court pour mectre sur son escu pour ce que monseigneur puain lui auoit baille son escu a porter la vigille de la penthecouste. Lescu estoit tout escartele dor dargent et dasur et de sinople. Celui escu porta lyonnel maint iour et des lors en auant porta monseigneur puain lescu a la bende blanche de bellic Celui iour fut la court si troublee de monseigneur gauuain que il ny eut si hardy cheualier qui osast faire ioye. Et quant melliant vint a la court il sallua le roy de par lancelot du lac.

Quant le roy sentent si prent melliant entre ses bras et lui fist moult grant ioye. Ces nouelles furent comptees a gallehault q̃ estoit en son tref. Si tost comment il les ouyst il vist a lostel du roy pour ouyr nouuelles de lancelot. Lors demande le roy nouuelles de monseigneur gauuain et de lancelot et melliant lui en dist la verite comment karados len auoit porte et que lancelot lui auoit dist quil le querroit et monseigneur yuain et le duc de clarence. Si en est le roy dollent et ioyeulx. Ioieulx de ce qu'il le cuide bien secourir: et dollent de sa prison.

Tant fut le deul que len fist celle nuit de monseigneur gauuain et des autres compaignons car bien cuidoient qu'ilz soient perdus a tousiours mais pour la desloyaulte que melliant lui auoit compte qui estoit au cheualier. Si lui scait moult bon gre pour les nouuelles qu'il lui a dictes et moult le honnoure: mais tout ce nest riens de quanque le roy monstre a faire honneur enuers ce que gallehault fait, car il ne veult souffrir se quil voise de lui vne seul le heure. A ces nouuelles fut ma dame la royne mandee. Et quant elle fut venue si dist le roy artus. Dame nouuelles auons ouyes de monseigneur gauuain et de lancelot. Et quant elle lot si a tel deul de ce que monseigneur gauuain et lancelot sen sont allez sans son congie q̃ les larmes lui en viennent aulx yeulx et en maine tel deul quil la conuient couchier. Lors dist le roy pour la reconforter quil l'aura bien monseigneur gauuain se dieu plaist, si ne deuriez pas estre mains dollente de monseigneur lancelot q̃ de mõseigneur gauuain car plus nous a serui lancelot que cheualier du monde: et se nous le perdions que ia dieu ne vueille / ie ne scay du ql ie seroie le plus courrouce. La royne qui tant est courroucee ne se peut tenir quelle ne die sa pensee. Si respont au roy. Sire monseigneur gauuain ramoine dieu: mais ia dieu ne plaise que tel reuiengne iamais. Lors sen va vers sa chambre en telle maniere q̃ nul nen peut parolle traire. Et gallehault qui bien sauoit sa malle auanture court apres si la treuue pasmee en vne couche, et sempres elle estoit la dame de mallehault qui moult estoit dollente pour elle. Si la print entre ses bras tant quelle reuint de pasmoison: et lors se demente moult

durement. Et gallehault qui pretent a la conforter lui prie qu'elle lui die vng peu son peser. et elle lui respont qu'elle nen dira a nul homme ce quelle pense ne ia cestui conseil ne sera descouuert. Quant gallehault voit quelle ne lui dira mot si lenquiert a la dame de mallehault mais elle ne lui en scait riens dire. Quant il voit quil nen saura riens il retourne au roy assez moult dollent. Et le roy prent conseil a lui quil fera de ceste chose. Si saccordent que ilz partiront au matin pour aller secourir monseigneur gauuain et menerõt tout leur pouoir: et melliant qui les nouuelles auoit aportees ne conseille pas quilz mainẽt parmy les forestz, leurs gens: car trop sont desuoiables et le cheualier est de grant pouoir et de grant force et sa terre est plaine de grant desroy et de grãs marestz par fons. Et se vos gens alloient iusques a sa terre parmy les forestz se seroit trop grãt dommage, car ia nul nen eschaperoit pourtãt quil le sceust: et pource vous conseille ieq̃ vous passez ẽp dessoubz thamise, et que vous facez vos gẽs costoier la forest et ie vous conduiray cinq iournees par bonnes voyes. Et le roy se accorde a ce qseil et gallehault aussi. Si font crier par toutes leurs terres et par toutes leurs citez qlny ait cheualier ne escuier de tout leur pouoir qui ne soyent au matin prestz et appareilliez comme pour autruy assaillir et de soy deffẽdre. Ainsi ont le roy et gallehault leurs gens semons et le roy dist a la royne qlle soit appareillie pour aler en ost car il lui conuient venir. Et elle respont quelle ne ira pas, et fait sẽblant de estre mallade. Au matin vint le roy lui et gallehault a grant compaignie de gens Et cheuauchent par le cõduit de melliant le gap. Mais ey endroit recommence le compte a parler de lancelot la ou il se partist de melliãt apres ce quil ouyst nouuelles de mõseigneur yuain par le varlet quil auoit deliure des larrons.

Come lãcelot et messire yuain deslierent, Saigremor de lestache et despediret la damoiselle liee par les cheueulx. lxvi

Or dist le cõpte q̃ quãt lãce. fut partý de melliãt ql cheuacha toute la voie q̃ se varlet lui mõstra tãt qlz vindt a laualee du tertre dessus vne prarie ou messire yuain se combatoit a grant meschief/ mais il ne bit mie la meslee deuant quil bint eu bal ne le cheualier a lestache lpe ne mōseigneur puain qui se combatoit si la bien recōgneu a lescu que il porte. Lors fiert le cheual des esperons et met le glaiue soubz lesselle et quant il approuche il boit le cheualier qui espargne monseigneur puain et boit bien quil le supporte. a tāt se fiert entreulp et leur escrie que tous sont mors/ si fiert le premier si durement que nulles armes ne le garantist si labat mort/ et maintenant se lance oultre et met la main a lespee et reuient a la meslee et donne telz coupz a ceulz que il encontre quil leur trenche leur armes et descouppe tellement quilz ne losent a coup atendre. et daultre part mōseigneur puain les grene moult si estoit il ia bien blece/ mais moult se reconforte lancelot car bien scait que par cheualiers quil boye ne sera mis au dessoubz/ et est moult ioyeup de ce que saigremor sera rescoup et la damoiselle deliuree. Tāt ont fait les deup cheualiers quilz en ont occiz quatre et le cinquiesme sen fouyt a pie et ont si mene les aultres q̄ moult petit de deffense y trouuerent mais ilz se gardent bien de mal faire au cheualier qui mōseigneur puain auoit aide et deporte si longuement

Quant les quatre boyent que ilz ne se peuēt aider ne deffendre si sen tournēt fuyans et le cheualier qui monseigneur puain auoit deporte sen tourne bers saigremor et lup couppe les cordes dont il auoit les mains lyees puis le maine au pauellon et lui fait bestir sa robe/ il nauoit aueccques eulz que seulemēt bng escuier qui estoit nepueu du cheualier. Apres courut le cheualier deslier la damoiselle qui moult estoit empiree si lemporte au pauellon entre ses bras/ et saigremor estoit asez plus dolent de elle que de soy mesmes et en pleure moult tendrement. Lors ne demoura gaires que monseigneur puain et lācelot bindrent au pauellon si semble bien que ce sōt cheualiers de hault parage et quilz deuroiēt biē bne besōgne reparer car leurs heaumes estoiēt tous embariez et leurs bras tous senglans. mais ne nestoit pas de leur sang. Et quāt ilz trouuerent saigremor et la damoiselle deslies ilz en sont ioye moult grant si descendent et

trouuent le menger qui pour les cheualiers estoit apreste et ilz mēgerent cōme ceulz qui grant mestier en auoient et sont ioyeup de ce quilz ont saigremor rescoup et sampeet sont dolens de leurs maulp. Quant ilz eurent menge si demandent a saigremor pourquoy ilz lauoient prins et qui ilz sont et il dist que ilz sont cheualiers au roy de norgalles qui sa uoient encontre si comme il alloit a la cour au roy artus si lauoient ainsi atourne pource quil deffendoit la damoiselle/ et sachez bien brayement quilz me eussent occiz ce ne fust ce cheualier la qui me aida a deliurer a son pouoir et lors se cōgnoist il et sceut qui il estoit et leur dist tout ainsi comme le compte a deuise deuant. Lors demanda lancelot a la damoiselle auecques qui monseigneur gauuain estoit alle: et elle dist que tout ce mal lui ont fait pource que elle lauoit mene deuers la fille du roy de norgalles. Et monseigneur. p. respont que monseigneur gauuain est ores moult a malaise. Lors cōpte toute la berite de monseigneur gauuain a saigremor et a la damoiselle comment ilz le bont querāt et le duc de clarence auec. et nous ne auons fait il mestier q̄ de aller Lors sont le palefroy de la damoiselle appareiller et saigremor sont armer a grant mesaise car moult estoit blesse. Et quant ilz le ont arme si montent la damoyselle sur son palefroy et saigremor qui moult auoit mestier de aide et le cheualier qui tant a uoit aide a monseigneur puain dist quil ne se laissera deuant quil soit gary si fait cueillir le pauellon a son nepueu et bne coutepointe biē riche/ car il pense bien que mestier il aura du pauellon se gesir le cōuiēt hors de la bille. A tant sen ba saigremor et sa cōpaignie par la boye ou ceulz estoiēt benus/ et moult lui prie lanc. quil ne die nulles mauuaises nouuelles au roy artus de mōseigneur gau. A tāt se taist le cōpte et retourne a mōseignr. p. et a lāc. Cōmēt lancelot et messire. p. rēcontrerēt bne damoiselle q̄ les mena au chasteau tenebreup ou lācelot ouurit la porte par quoy les tenebres faillirēt. lp bi

Le compte dit que quant lancelot et mōseignr puain furēt ptie de saigremor si cheuauchrēt biē deup lieues sans auanture trouuer qui a compter face/ et ont moult longuement parolle tenue des choses qui leur sont auenues en ce voyage. Quant ilz ont bien este deux lieues ilz encontrerēt vne damoiselle a estoit seur de celle qui auoit amenee le duc de clarence la ou il sestoit cōbatu au chasteau de tenebres. Quant lancelot voit la damoiselle si la salue et elle lui. Et messire puain lui prie par amours se elle scait la voie a la douloureuse tour que elle leur enseigne Haa sire faitelle y voulez vous aler. Oy da me dist il. Quel guerdon fait elle auroie se ie vous enseignoie la voie. Quel dist lancelot. par ma foy dist il vous auriez a amys deux cheualiers tous les iours de vostre vie. Je ne cuide pas fait elle que nul de vous deux osast venir iusques a la tour et entrer dedens. Damoiselle dist lancelot pourquoy ne y oserions nous aler. Pource fait elle q̄ trop y a de peril estre ce y a la car le cueur vous fauldroit Quant lancelot lentent si a telle honte que a peu quil ne desue car il craint q̄ elle ne lui ait veu faire aucune mauuaistie. Si lui dist. Damoiselle par la chose que vous aymez plus enseignez nous la plus droite voie et celle ou il y a plus de peril: si verrez se nous ny osōs aler ne passer oultre: que honny soit il qui bien ose la voie entreprendre et ne lose acheuer. Quant la damoiselle lot si entent bien quil est de grant courage. Lors demande la damoiselle se q̄l de vous est meu pour rescourre monseigneur gauuain Et ilz demādēt se il pourra par nul cheualier estre rescoup. Et elle leur dist que elle scait de voir par le tesmoing des sages hommes que il sera vng cheualier qui les mauuaises coustumes de la douloureuse tour abbatra par prouesse darmes. Or sachiez fait il que pour essayer ne demourra il pas car nous sommes nous deux meuz pour le rescourre. Et sachez bien q̄ sans lui ne retournerons nous iamais a la court de son oncle le roy artus. Certes fait elle ie vous y menerai par tel conuenant que vous me direz vostre nom. Et il lui tarde a dire. Dictes fait elle se vous voulez que ie vous maine la ou vous voulez aler/ car autrement il ne peut estre. Et il en est trop honteup / toutesfois se nomme. Quant elle lot si dist que elle lui menera. Si sen va deuant et

lui apres: tant que vint apres vespres: et celle se trait en vng hermitage pour lui hebergier. Et quant lancelot la voit eschever le chemin si pense que la a aucune auanture perilleuse a acheuer si lui dist. Damoiselle ne nous faites ia honte de nostre chemin laisser pour nous espergner car ie ne vous en sauroie ia gre. Et elle cōmēce a rire et dist. Ja mal vous en esmaierez car vous aurez assez peine auant que vostre besongne soit acheuee Assez dist il y ait peine: car assez y est qui la souffrira. Et ainsi sē vont les deux cheualiers et la damoiselle tāt quilz vindrent a lermitage la ou ilz furent receuz a moult grant ioye

En lermitage auoit deux preudes hommes moult religieux dont lun estoit prestre et lautre cheualier. Si estoit sa niepce la damoiselle qui menoit les deux cheualiers. De quanque les deux preudōes peurēt faire furent seruis les deux cheualiers errans. Et celui qui cheualier auoit este demande a sa niepce pour quoy: ceulx cheuauchent armez a si hault iour. Et elle lui compte comment monseigneur gauuain a este prins et comment ilz le vont querant. Si a nom celui ienne bruin lancelot du lac. Et lautre comment a il nom fait il. Je ne scay fait elle: et lui mesmes lui de made, et messire puain se nōme Quāt il lentent si a greigneure ioye q̄ deuant et lui dist. Sire vous soyez le bien venu car grant desir ay ie eu de vous veoir et ie vous ayme pour vostre pere de q̄ ie fu iadis. Bien. Lors lui cōpte cōmēt il auoit este de la maisō du roy brie deuāt quil feust roy. Celle nuit furent les cheualiers bien aises. Au matin ou prēt messe et se partirēt Si les maine la damoiselle la voie de pitauol Et quant elle veist la ioye q̄ lē faisoit au chasteau si se esmerueilla: et lē lui dist lauanture q̄ auenue estoit. si sceust biē se auoit este le cheualier q̄ fut a la blāche tour car sa seur lui auoit dist q̄ elle le meneroit en tel lieu ou sa prouesse seroit biē esprouuee Quāt la damoiselle et les cheualiers approuchēt du chasteau aux tenebres si voiēt de beaux gaignages La damoiselle demāde aux passās se ilz virent vng cheualier qui apres sa seur estoit venu. Si ilz diēt q̄ oy mais il ny auoit de riens exploictie. A tāt sōt venuz a la porte si virēt grāt obscurte si cōme

p.iii

le cōpte a sa deuise en arriere et ilz se tiēnent a grant merueille et la damoiselle est premierement descendue et puis les cheualiers aprez et lancelot ne Vouloit riens enquerre de sauāture quil Voit pource q̄ elle ne se tenist a couart mais aprez elle sen Va dedans la porte et messire puain aprez et Viennēt droit au cymetiere si se merueillent trop des gēs quilz oyēt plaindre et nulz nen Voyēt et Voyēt aussi grāde clarte cōme se ce fust au plus cler iour de este aprez midi. Aprez sont a la porte du mōstier et Voyēt si grant obscurte dedens que merueille et sentent la pueur si grande que merueille/ mais plus ne se peut tenir messire puain quil ne demande a la damoiselle dont ceste obscurte Venoit. Sire sait elle Vostre cōpaignō me pria que ie ne le destournasse ia de estrange auanture quoy quil en deust auenir et dist que se la paine y auoit mestier assez seroit qui la souffriroit: et sachez cōmēt quil soit du souffrir assez en trouuerez. Vous dy bien que le plus hardy de Vous aura assez paour aincoiz quil se parte de cy se Vous Voulez acheuer lauāture de ce mōstier. Damoyselle fait lancelot quoy quil soit du souffrir il nest si haulte chose q̄ cueur de preudomme ne osast entreprendre/ mais deuisez lauanture quelle elle est car par hardiesse ne demourra elle pas a acheuer Lors dist la damoiselle pour lui esbahir comment quil soit de la hardiesse parolles auez assez mais celui tiens ie a preudōme qui pour son auance enquiert la Verite de lauanture/ Mais le fol ne redoubte riens deuant quil ait receu la collee/ le sage demande lauāture aincoiz que le besoing en soit Venu tout ce disoit elle pour faire cuider a lancelot grant faiz a soustenir/ car elle scauoit q̄ la ou il essayeroit Vne besongne a acheuer pour souffrette de honte quien cheualier deust estre que ia nul ne loseroit entreprendre aprez lui. Lors dist messire puain/sire ie Vous aprendray q̄ lle sauature est lors le maine a la porte du mōstier et Voyt Vne tresgrant clarte ne en trestout le chasteau nen auoit fors au cimetiere et estoit lētree estroicte come le compte a deuise si cōme sa seur dist au duc de clarence tout ainsi le compte cesse et elle lui monstre la chaine et lui dist quil sa tienne car se Vous la perdiez Vous

auriez trop pueur pour ses corps dōt il y a trop A tant sen Va mōseigneur puain de dens le mōstier si tost cōme il se prit en la chaine mais aincoiz fist le signe de la croix et traict son espee et porte loing de lui/ et quant il a deux pas alle auant si sent la grant pueur qui trop langoisse et non pourtant tant endure cōme il peut et se tient a la chaine tousiours et sen Va au plus tost quil peut et quant il eut alle la tierce partie de la Voye si sent grant plante de coups descendre sus son heaulme et lui semble quil soit feru de toutes pars et lui fut aduiz que son escu fust empire et lui sembloit que il fust naure au dos et es costez: et sur tous luy greuoit les coups de hault si quil ne se peut tenir sur piez ains chiet a terre et se pasme longuement/ et quant il se peut redresser si est encore si estourdy quil ne Voit goutte et de tāt lui est bien aduenu quil a la chaine guerpie et perdue/si a tant regarde quil choisit la clarte du cimetiere lors se adresse celle part mais la pueur et la freeur et langoisse le greue si que par Vng pou que le cueur ne lui part et creue eu Vētre et le monceau des gens le greue et desapense si quil est cheu plus de six foiz ains quil soit reuenu a la porte/et quant il est Venu au destral degre pour issir dehors si ne se peut sus ses piez soustenir ains cheut a terre tāt quil se heurta le coul au pie du degre/ et quant lancelot lappercoit si en a honte et grant pitie si le trait hors par les espaulles et le coucha sur le dē Verte et la damoiselle lui dist pour lui plus esmayer. En Verite ie le scauoye bien encores nest mie ne le cheualier par qui la porte sera ouuerte. Ce sauray ie bien par temps fait lancelot, car ce me seroit trop grant deshonneur de estre Venu iusques cy et puis men retourner sans essayer a ouurir la porte du mōstier iay me roye mieulx a mourir

Lors pent son espee a son bras a Vne forte chaine et oste son escu hors de son col et la dame lui dist. Comment sire cheualier Voulez Vous donc mourir ainsi comme ce cheualier cy qui ne Vault gaires mieulx de mort mieulx Vous Vault il Viure comme couart q̄ mourir comme hardy Dame fait il Vostre p̄ lemēt et lōg prez ny Vault riēs, car du Viure ou du mourir ie me mettray en auanture: car ie nauray pas honte du retourner aprez deux des plus preudes hommes du monde/ et des plus riches de la court du roy artus. Je ne en puis mais fait elle ce poise moy et Bo⁹ en pour riez bien mourir et se seroit moult grant dommage mais puis que Bous nen Boullez riens laisser pour moy ie nen deuray pas estre blasmee. Mais or allez si le commande a dieu et a sa mere. Et il regarde Bers londres au plus droit quil peut et il lui souuient de celle que il ayme plus que soy mesmes: et dist. Dame Bous me commande ie en quelque lieu que ie soie toutesuoies me puisse il remembrer de Bous. Apres auale les degrez et tint lespee au poing et sen Ba emprez la chaine si grant pas comment il peut plus, et sent la grant puanteur qui lui fiert au nez. Mais celle qui lui fait toutes ses doulseurs oublier lui emplist le corps de toutes bonnes odeurs: si que legierement seuffre quanque il fait/ mais toutesuoies supuist la chaine. Et il ne eust mie grammentallé quant il fut feru de grans coupz sur son heaume et en tous les lieux de son corps si que par force le conuint agenoullier mais il ny demoura gaires ains sault sur piez et iette etour lui grans coupz a destre et a senestre: et il oyt grant noise entour lui si lui est auis que tout le monde doiue cheoir/ mais de chose quil oyt ne lui chault: ains sen Ba grant alleure mais aincois quil feust alle les deux pars de la Boye le conuient agenouillier une autre fois. Il sault sur piez car a mourre et prouesse se releiuent et il iette grans coupz entour lui si lui est auis quil couppe heaulmes et escus et sen efforce assez plus: mais il nest nulle fois si estourdy quil en yde la chaine ains est tant alle quil est Benu la ou lauanture estoit. Et quant il est la si se cuide lancer oultre mais il est si durement feru quil lui est auis que len lui couppe la teste si chiet sur les mains mais de tant lui est il bien auenu quil chiet si prez de la porte quil y peut attaindre de la main et il ne fut mie esbahy car il met la main a la porte et tire si durement a lui en gisant que le corps lui tressue tout/ si oeuure la porte Maintenant faillist loscurte et reuit si grant clarte au monstier que oncques mais si grande ne fut Beue et par tout le chasteau aussi. Et quant la damoiselle la Beue a peu que elle ne chiet de ioye. Si court au monstier et monseigneur puaix auec elle et Bindrent la ou lancelot estoit a genoulx deuant lautel et lui demande comment il lui est. Et il dist bien dieu mercy, et elle lui delasche son heaume: car elle scait bien quil a la teste estourdie et assiet en une chaere pour reposer. Et quant il eut reprise son alaine si lemmaine hors du monstier. Quant il fut hors si encontre les gens que le Benoient Beoir a merueilles: et font de lui si grant ioye comme se se feust dieu mesmes/ mais ilz estoient tous maigres et passes ainsi comme se ilz feussent este en prison, et aussi auoient ilz este en si douloureuse obscurte que ilz nauoient Beue nulle clarte. Celle nuit demoura lancelot au chasteau. Si ne pourroit len greigneure ioie faire que len fist de lui si mist il grant peine de sen aller: car Boulentiers sen allast a son afaire sans plus demourer mais il conuist quil fist aucune chose a la Boulente de ceulx du chasteau. La nuit compta la damoiselle tout par loisir comment lauanture estoit auenue par le seigneur du chasteau. Si en dist quanque sa seur auoit dit au duc de clarence et que lescuier en auoit dist. Et il dist que oncques mais nauoit si grant merueille ouye. Moult fut grande la ioye que de lancelot fut faicte: si se peinent moult de garir ses blesseures et celles de monseigneur puaix: car ilz estoient blecez. Si se coucherent pour dormir car trop estoient trauaillez et las. Lendemain si tost comment ilz Birent le iour ilz ouirent messe et au departir la damoiselle les conuoia toute la Boye si comme le duc estoit alle. Mais atant se taist ores le compte a parler de eulx et retourne au duc de clarence qui sen Ba las et trauaillie lui et son escuier et a sa cousine qui Ba aprez lui.

⸿ Comme le duc de clarence se trouua a lentree du Bal des faulx amans nomme le Bal sans retour.   lxBii

Or dist le compte que apres ce que le duc se fut party de descalon le tenebreux et du chasteau de pintadoil si cheuaucherent longuement sans parler lun a lautre car durement estoit le duc pensif et las. Et quant ilz ont une grant piece alle en telle maniere/ si reprist lescuier la parolle tiers le duc.
p.iiii.

car moult lamoit si le cōmence a chastier pl9 que deuant mais le duc ne le veult croire pour riens: lors lui dist lescuier. Sire sachez bien que nous sōmes au plus perilleux lieu de la forest: et le voys dy pour voir que cest chemin a nom le chemin au deable et toute la terre du chasteau dōt nous venons iusques a la riuiere dise a a nom la forest mal auantureuse et il est tout a droit, car maines grās ēnups et maltes grādes hōtes p sōt venues aux cheualiers errans ne onques cheualier ce chemin ne alla pourtāt quil voulsist aller droit quil ne mourust a douleur: pource se rotope ie que nous retournissiōs iusques a la blache tour, car vo9 estes blesse par auanture plus que vous ne cuidez et se vo9 esties auec ma dame elle metroit peine de vous garir, car se vous acouchez en cest pays mallade nul ne prendroit garde si bien de vous cōme elle feroit et pource q̄ vous sçauez bien q̄ vous ne pourriez ceste oeuure acheuer que vous auez emprinse vous vous en deuriez retourner. Certes fait le duc ia ny retournerap se dieu plaist, car mieulx apme ie a hōneur mourir que escheuer mortel peril et estre honny. Longuemēt le a le varlet chastie et amonneste de retourner mais il ne se vseult accorder ains cheuaucherēt iusques au vespres tant que la nupt aproche. lors regarde le varlet a destre au cler de la forest vaches et brebis qui pessoient si dist au duc. Sire il seroit huymes bien temps de reposer car vous auez mestier de bon hostel et il cōuendroit matin leuer et le duc dist quil se hebergeroit voulētiers sil trouuoit bon hostel. Sire fait il ie le dy pour ce que ie sçay bien que nous sōmes pres de logeis car ie vop cy bestes qui pessent: et se vous voulez ie irap demāder a ceulx qui les gardēt ou nous pourriōs hostel trouuer, et le duc lui respond q̄ ce lui plaist bien. lors se met le varlet au chemin si treuue deux pasteurs q̄ estoiēt sur deux grādes iumēs qui alloient apres les bestes tout le pas lescuier les salue et eulx lup puis leur demāde se ilz estoient prez de logeis car il pa cy vng cheualier errant tout dehaicte q̄ auroit mestier de reposer, car il est ē plusieurs lieux naure, ceulx pasteurs estoient a vng bauasseur biē hōme qui auoit en celle forest vng moult beau manoir et bien seant et il hebergoit voulentiers les cheualiers errans. Quant ilz ouprent ceste parolle si en furent moult iopeux, car bien sçauoiēt que leur seigneur en auroit grant iope si lui deist que il le meneroit a bon hostel et beau et ou il aura quāque mestier lui sera puis dist a son cōpaignon quil amaine les bestes et ie menerap cest escuier et son seigneur a lostel puis ie reuiendrap cy contre vous A tant sen vont la ou le duc estoit si en va celui deuant et ilz le suiuent tant que ilz sont venus a lostel si leur fait len moult grant iope et saillent encontre lup deux cheualiers qui estoient filz au bauasseur si le desarment et aisent a leur pouoir.

Celle nupt fut le duc bien hebergie, car moult trouua le duc deduit et soulas eu seigneur et en la dame et moult bien lui attourna ses plapes, car il estoit moult blesse se lui estoit auis mais il nauoit plape nulle qui mal lui fist. La nupt dormit moult bien le duc pour la descongnoissance de ses plapes si apperçoit bien que ce auoit este force de deable, et au matin si tost cōme il apperceut le iour si se leua et lescuier lui eust appareille ses armes et son cheual il se arma et print congie de son hoste et de toute sa mesgnie. Le preudomme lui dist quil le conuoyeroit si monta sur son cheual et ses filz aussi auecques lui, lors lup enquiert le preudomme et lup demande de son affaire et il lui en dist vne partie et vne partie lui en laisse a dire mais toutes voyes lui dist il quil vient de londres et veult droit estre a la douloureuse tour. En verite fait le preuddomme vous estes desuoye tres grādemēt car vo9 vous estes bien teurs de demie iournee, et sachez bien que vous estes au plus perilleux lieu de ceste forest et au plus mauuais chemin: et se vous le voulez tenir iusques a la douloureuse tour vous y trouuerez tant de perilz que nul corps de cheualier ne seroit dire la moitie ne souffrir sans mort ou sans mehaing mais pource que en ma maison feustes hoste le vous conseillerap ie a vostre prfit et au sauuement de vostre corps pour euiter vne auanture qui est cy prez trop felonnesse que nul ne pourroit escheuer, car ie serope trop dolēt de ouir dire q̄ vous eussiez aulcun empeschemēt p deffaulte de vous auoir auerti de la chose.

partie

Il est voir que cy devant a male de qui .z. lieues angleſches a ung val grant par font commet vous verrez car voſtre chemin eſt par devant. Celui val eſt ſi douloureup ſi auantureup aup cheualiers errãs q̃ nul ny entrera ia puis qu'il ait paſſe quatorze ans q̃ en puiſſe iſſir. Mais la choſe pour quoy ce auiet ne vous diray ie pas car trop y auroit a compter. Et iay telle choſe a faire par quoy il me conuient retourner: mais ce que ie vous enſeigneray vauldra autant comme ſe ie vous menoie: faictes tout ce q̃ ie vous diray vous irez tout ce chemin: ne a deſtre ne a ſeneſtre ne tournerez. Quant vous verrez la vo' trouuerez vne chapelle a deup voyes dont l'une va a deſtre l'autre a ſeneſtre. Vous laiſſerez celle a deſtre prendrez celle a ſeneſtre qui vo' menera droit a la douloureuſe tour ſans trouuer choſe q̃ cheualier ne puiſſe acheuer par cheualerie: mais pource ne vous deffes ie pas le fõs du val ne que ie vous deffende la douloureuſe tour car ſe dieu maiſt ie ne cuide pas que cheualier puiſſe auoir proueſſe qui en puiſſe acheuer la maindre partie car le val eſt tant a doubter comme celui qui eſt appelle le val ſans retour pource que oncques cheualier ny entra qui oncques puis en iſſiſt la tour a anom̃ la tour douloureuſe pour les grans maulp qui auenus y ſont car oncques cheualier ny entra qui en retournaſt. Or auez ouy ce q̃ ie vous ay conſeillie vous eſtes tant ſage que vous deurez bien congnoiſtre le ſens de la follie: ſe vous auez follie entreprinſe ſi la laiſſez car encores la pouez vous bien faire, mais tant pourriez vous bien aller que le repairier ſeroit trop tart. Beau hoſte fait le duc ie ſcay bien q̃ ſe ſeroit legement pour mon corps du retourner: mais le retourner ſeroit ma honte: mais le quel me conſeilleriez vous ſe ie vous demandoie conſeil par le peril de voſtre ame. Et il diſt q̃ lui conſeilleroit mieulp a aller auãt ſe ſe ſtoit choſe q̃ cheualier peut acheuer mais puis que elle ne peut eſtre a chief menee vo' ne y auriez pas tant de honte comme ſe l'en la pouoit mener a chief. Comment q̃ il auiengne fait le duc aler m'y conuient car mieulp ayme ie a mourir q̃ a demourer par deffaulte de cueur et de corps. Allez donc fait le preudomme a dieu qui vous

gart car ẽcontre voſtre cueur ny vauldra riẽs conſeil. Atant ſentre commandent a dieu ſi ſen retourne le vauaſſeur lui ſes filz le duc ſen va lui ſon eſcuier cheuaucherent iuſques a heure de tierce ſans auanture trouuer tantõſt ilz ſont venus a la chapelle morgan q̃ eſtoit entre les deup chemins. Si voit par deſſus le larris le chemin qui tournoit a deſtre celui guenchiſt a ſeneſtre voit vne nouuelle voye a deſtre pour eſcheuer le val: l'autre chemin eſtoit le tiers greigneur: car ſe ſtoit vng chemin ancien repairoient tous en vng. Quant ilz ſont venus a la chapelle le varlet qui aloit deuant ſi tire ſon frain diſt arreſtez. Sire veez cy le val perilleup q̃ le vauaſſeur nous a diſt. Or vous preẽgne pitie de vous meſmes, car ſe vous entres en ceſt val vous eſtes perdu a touſiours: mais ſe vous paſſez ie ne vo' ſuyuray pas car ie ne ſuiuroie nul homme en lieu dont ie ne cuidaſſe retourner: mais veez cy la voye ſans peril par ou ie vous conduiray ſauuemẽt iuſques la ou vous voullez aller. Par dieu diſt le duc la ne iray ie a nul fuer, ſi ap̃meroie ie mieulp mon ſauuement que tu ne ſe roies mais ie en ſeroie tenu a recreant a touſiours mais. Haa ſire fait le varlet ie vous iurray ſur ſains que ia homme ne femme ne ſauura par moy ceſte choſe. Ie croy bien diſt le duc q̃ tu ne feroies ne diroies choſe q̃ tu cuidaſſe q̃ ie euſſe honte: mais ſe tu ne le diſoies ſi le diroie ie bien: car il me conuendra dire tous mes ſermens ou aultrement ie me pariureroie ſe ie puis retourner a la court du roy art'. Et preudom̃e doit plus doubter a faire deſloyaute que a mourir: ſe ie me pariuroie a mon eſciẽt ſe ſeroit deſloyaute pour deſloyaute eſcheuer le diroie ie. D'autre part tu ſcais bien q̃ ie ſeroie honny ſe ie eſcheuoie ceſte voye ains iray auant tant comme ie pourray me attens cy vne piece ſi il te plaiſt pour ſauoir comment il me auẽdra. Quant tu ſauras q̃ ie ſeray demoure ou eſchappe ſi ten pourras aller a ma couſine, lui dire comment il m'eſt auenu. Et le varlet diſt qu'il l'attendra car ie ne vous laiſſeray pas ſe ie puis. Lors ſen part le duc de luyet ſe va tout le chemin qui deſcent au val. Mais a tãt ſe taiſt ores le compte a parler de lui pour deuiſer le val et cõment il auenoit a ceulp qui p entroient car nul cheualier ney pſſoit puis q̃ il eſtoit entre dedens le Val

Cy deuiſe la façon du Val ſans retour et com̄ met il fut eſtabli ⸿ Viii

Le compte dit que ce Val eſtoit appelle le Val ſãs retour ⁊ le Val aup faulx amans/le Val ſans retour pource que nul ny entra qui retour naſt/et le Val aux faulx amans pource q̃ les cheualiers y demouroient ſeitz auoiẽt a leurs amies faulſe en quoy que ce feuſt ſi non en penſer: ſi orres cõment ce aduint. Il fut Voir que morgain la ſeur au roy artus ſceut de enchantemes et de caraup plus que nulle femme et pour la grant entée que elle y miſt en laiſſa elle la compaignie des gẽs et cõuerſa parmy les grandes foreſtz parfondes ſi que moult de gens dont il y auoit moult de folz diſoient q̃ elle neſtoit mie fẽme ains lapeloiẽt morgain la faee: et les aultres deeſſe et ce fut en terme que les auãtures cõmencerent. Lors auint que elle auoit vng cheualier ameſi auoit mis ſon cueur en lui ſur tous hũmes et elle cuidoit bien quil lapmaſt ſur toutes fẽmes mais ainſi ne eſtoit il mie car il auoit vne aultre damoiſelle de moult grant beaute ſi ne trouuoit ne lieu ne heure pour parler a elle ſi ſouuent cõme il euſt Voullu/car celle quil doubtoit plus q̃ il ne amoit ſe tenoit ſi prez que a peine ſe pouoit il partir de elle. Vng iour aduint que ce cheualier ⁊ la damoiſelle furent eu Val qui eſtoit la plus delectable piece de terre qui fut eu mõde. Ce temps pendant quilz furent illec ilz furent encuſez a morgain qui moult ſen faiſoit prendre garde ſi fiſt tant que elle meſmes les print enſemble tous prouuez ſi en fut tant do lente que par vng pou q̃ elle ne deſua de deul Lors eſpandit tantoſt eu Val ſõ enchãtement en telle maniere q̃ iamais cheualier ny entra qui puis en yſſiſt qui euſt faulcee Vers ſamie ne meſprins ne de druerie ne de Voulente et en core deſtina elle plus du cheualier qui ſõ ami eſtoit car elle diſt que iamais ny yſtroit non plus que les aultres qui apres lui Vendroient mais a la damoiſelle qʼil amoit fiſt elle grant cruaulte car elle diſt que iamais ny iſtroit ſi la miſt en vne felõneſſe place/car il lui eſtoit auis que elle eſtoit en froide glace depuis la ceinture aual et en amont en feu ardant telle eſtoit la force de lanchantement/ ſi ny eut oncques puis cheualier qui par amours ayaſt ou euſt aymé qui ny demouraſt et auoit bien dure ceſte priſon xViii ans tous entiers/mais ſe il auenoit choſe que cheualier y entraſt qui oncques ne euſt aymé ne aymaſt il ſen pourroit bien yſſir ſans dõmage. et treſtous les enchantemens eſtoient au termine de faillir iuſques a lors que le cheualier Vẽdroit qui oncques nauroit faulce Vers ſamie ſicõ Vous auez ouy ne morgain ne cuidoit point que nul cheualier peuſt eſtre qui ne euſt faulſe Vers ſa mye et pource ſauoit elle ainſi eſtabli car elle Vouloit tenir ſon amy en priſon a touſiours mes tant eſtoit grãt la renommee de ce Val q̃ nul tant feuſt hardy ne y oſoit mettre le pie aincois le ſchiuoient et Vngs et aultres a leur pouoir.

Ce Val fut grant et par tout auironné de haultz tertres et ſi eſtoit plain de herbe Verte et eſpeſſe et eu millieu ſourdoit vne fõ taine belle et clere. A celui iour que le duc deſcendit y auoit ia tant de cheualiers en priſon que ilz eſtoient par droit cõpte deux cens cinquãte trops/le Val eſtoit clos de merueilleuſe fermeture/car les murs eſtoient faiz ſi ſubtillement cõe de lair/ et quãt les cheualiers y Voulolent entrer bien y peuent aller ſans defenſe ⁊ paſſer oultre mais ſi toſt cõme ilz eſtoient ẽs iamais ne euſſent pouoir de retourner. ⸿ De maintes terres y eſtoient illec cheualiers ſi y auoit de moult belles maiſons ou ilz conuerſoient/et dehors a lentree de la cloſture auoit morgain ordõné vne chappelle de la quelle ceulx qui eſtoiẽt au Val pouoient ouir la meſſe tous les iours. Si y auoit aſſez de telz cheualiers qui moult eſtoiẽt ioyeulx et de telz y auoit qui auoient moult de ennuy/ mais q̃ ſamie pouoit auoir auecq̃ lui ſi auoit et nõ pourtant pluſieurs y mouroient de deul que ilz auoient de la priſon. Et daultre part ſe il aduenoit ainſi que la damoiſelle y entraſt q̃ oncques neuſt damours faulce ia pource les couſtumes ne failloient ais y demouroit tãt cõme elle Vouloit demourer et a ſauueté ſen retournoit mais leſcuier ne faiſoit mie aiſi ais y demouroit ſeil auoit oncq̃s faulce ne trichié

damours iusques atant q̃ les autres sē istroi
ent et se aucun escuier p̄ Benoit qui oncques ne
eust apme deliurement sen pouoit aller se il
Bouloit. Si y auoit assez de Bngz a dautres
qui pour lamour deleurs seigneurs y demou
roient:a la prison de leans estoit assez plus le
giere que sen ne cuidoit:car ilz auoient assez a
boire et a mengier:et quand mestier leur estoit
et iouoient aup eschez et aup tables et y auoit
karolles et autres ieup. Tel est le Bal cōmēt
Bous auez ouy Et pour celle auanture fut il
clos a ferme a tous ceulp qui en Bouloiēt issir
mais des ores est il bien temps de compter cō
ment le duc de clarence y entra

¶ Comme le duc de clarence entra dedens le
Bal a comme il lui demoura   sxip.

OY dist le compte que quant le duc se
fut party du Bal et si commenca le
Bal a aualler/ mais aincois que il
feust aual le conuint descendre a pie/ car il ne
se osoit fier a son cheual qui trop estoit trauail
lie si doubtoit de se blecer car trop estoit le ter
tre roidde et ennuieup pource descēdist le duc
a mena son cheual apres lui Quant il Bint a
ual si ne Bist riens sinon fumee espesse. Et ce
stoit le coste de lair dōt le Bal estoit clos Lors
mōte le duc sur son cheual et cheuauche iusq̃s
au mur qui fumee ressembloit et il se merueil
le que se peut estre. Si entre ens a Ba tant q̃ il
Boit de belles maisons a destre et a senestre.
Et quant il eut Bng peu alle si ne Boit point
lentree par ou il auoit entre ains lui est auiz q̃
Bng grant mur le suit de si prez q̃ a peu q̃ le
mur ne lui heurte aup esperons a aup espaul
les, a a destre et a senestre en auoit Bng hault
si quil ne pouoit gnenchir de nulle part. Ainsi
sen Ba tousiours auant tant quil est Benu a
Bng huys si estroit et si bas que en nulle ma
niere ny pouoit mettre son cheual. Il descēdist
si le laisse et oste son escu de son col a tire lespe
et iecte son glaiue ius, puis entre dedens si pǖ
le chief Besse: si Boit deuant lui la Boie lōgue
et estroite a moult y a peu de clarte. Ainsi sen
Ba tousiours auant tant quil Beist deup dra
gons grans et parcreuz si iectoient et feu et flā
be a moult grant flocceaulp parmy la gueule
Si estoient liez parmy les coulz qui estoient
sellez a deup murs lung ca et lautre la. Quāt

le duc Boit ce si dist que se stoient moult fieres
bestes. Lors regardǒ si Boit luis clos par ou il
estoit entre q̃l auoit trouue ouuert Et il a auf
si grant honte de regarder Bers lups commēt
se tout le monde lauoit Beu. Lors scait il bien
que par les bestes se conuient passer. Si se af
fiche moult bien a lui mesmes q̃ pource ne de
mourra il ia. Si sen Ba iusques a eulp et ilz
se lancent a lui de tel air comment ilz peuent
a les deup le prēnent par lescu quil auoit iette
deuant lui a aup dens a aup ongles si q̃ lun
lui derompt le haubert menu maillie tant q̃ il
sent les ongles a la chair/ a moult durement
le ont blece les deup dragōs mais il ne seiour
ne mie: ains leur donne grans coups parmy
les costez et parmy la teste/ mais pour coups
que le duc leur donne il ne se appercoit que il
leur face nul mal. Si se deffent tant q̃l leur
est eschape: a les dragōs sen retournent arriere
en leur lieup si se deseschēt du sang que ilz a
uoient sentu et aualent leurs testes et se cou
chent. Et le duc est tout esbahy: si abat le feu q̃
ilz auoient espandu sur sui. Apres est Benu a
Bng huys si a tant alle q̃l est Benu a Bne eaue
roide a bruyāt. Si se merueille le duc et dist a
soy mesmes. Dieu mercy ie ne cuidoie pas q̃ en
tout ce Bal eust tant de eaue comme cy a Lors
regarde deuant lui a Boit Bne planche lōgue
a estroite a Boit bien que par illec le cōuiēt pas
ser car dautre passage ne y Boit il point. Si
dist que toutessuoies y passeroit il Bolentiers
Quant il Boulut mettre le pie sur la planche
si Boit dautre part deup cheualiers to' armez
a les espees traictes. Si sont moult grant sē
blant de deffendre la planche. De ce se merueil
le le duc: si les doubte pource quilz sont deup.
a en telle forteresse comme est terre. Se ilz la
batēt en leaue nul ne se peut garātir fors dieu
si comme il lui est auiz car moult est parfonde
a noire comme abisme mais toutessois disoit
il quil ny demourra pas. Si mōte sur la plā
che a Ba tant quil Bient au millieu si ne a Bai
ne en tout le corps qui ne lui batte, et lui trem
ble tout le cueur de la paour quil a eue. Quāt
il approche prez si Boit quil sont trois a que
lun tient sa lance pour le ferir parmy le corps
a lautre le fiert parmy le heaume si quil chan
chelle a chiet en leaue si lui est auiz quil doiue

La premiere

noyer et quil sente langoisse de la mort. Longuement a este en telle maniere si souffist bien estre mort se il peust estre tât quil lui est auis q̃ len le tire de leaue a crocz de fer et il est tourne en pamoisons/ et quant il peut ouurir les yeulx si les ouuret se treuue en ung grât pre au auec ung grant cheualier deuant lup qui lui dist quil est mort se il ne se rent mais il est si foible q̃ a paine se dresse il sur les genoulx. Le cheualier uint a lui qui moult estoit grant et fort si lui donne tel coup amont eu heaume quil le fist cheoir en pasmoisons et il est si estourdy quil ne scait ou il est et le cheualier lui sault sur le corps et lui esrache le heaulme et dist que mort est se il ne lui fiâce prison mais le duc ne le beult faire si seuffre tant que il est cõme mort/ et quatre sergans le prênent si le desarment et quant ilz lont desarme si lemportent en ung iardin ou il y auoit cheualiers assez et quant ilz le boyent si demandent se il est mort et ilz dient quil nen fault gaires et commencent tous a plourer de pitie et dient qmaudicte soit leure que ceste prison fut establie ne demoura pas grâment q̃ le duc reuint de pasmoison si se plaint durement car moult se deust. Et les cheualiers le confortent a sent pouoir et dient q̃ moult se doibt cõforter pour les qultres dõt il ya assez.

Q̃uant le duc fut reuenu en sa memoire si lui ont enquis les cheualiers qui il est et il dist quil est de la maison au roy artus Et quant il se fut nõme si saillent auant quatre cheualiers qui aussi en y auoiêt este: et auoit nom lung eschers de rians et gapus de kartre hus et lautre lieudestraup ces trops cõgneurent le duc et cõmencerent a plourer: lors dist lieudestraup a gallestalain. Haa sire cõme il est de vous grant dõmage nõ pas pour vous seullement mais pour les cõpaignõs du roy si peut len bien cuider que se mõseigneur gau. le scauoit il en auroit assez deul Grant deul firent les cõpaignons pour le duc et quant il les cõgneut si fist ioye et deul/ deul de ce quil boit lui et ses cõpaignons illec, et ioye de ce q̃ il les a trouuez/ car a la court du roy cuidoit len que il feussêt mors lors leur enquierrêt la choison de sa boye q̃ il leur cõpte cõmêt mõ seigneur gau. auoit este prins et cõmêt ilz sõt

meuz luiet messire puain et lancelot pour lui recouurer/ lors n y a celui deulx qui ne pleure pour mõseigneur gauuain, et ilz cõptent au duc pourquoy les cheualiers demeurêt eu val et dient que nul ny peut entrer de si haulte pro esse quil ne lui cõuiengne demourer puis que il a faulse de riens. Vers samie et le duc respõt que se il eust sceu que aultre proesse ny eust eu mestier il ny eust ia ses piez apportez, car il scauoit bien que nul ne pouoit lõguement ap mer qui vers amours ne eust faulse ou enieuure ou en pensee/ a tant se taist le cõpte et retourne a lancelot

Cõme messire puain entra au val des faulx amans et y demoura apres et lancelot y entra apres le quel mist a fin les auantures du val et cõme morgain sa sœur emporta lacelot et se tint longuement en prison.

T ant ioye se dist le cõpte fist len de lancelot a escallon le tenebreux la ou il conquist par sa cheualerie la grât haultesse de clarte qui enchassa les tenebres et ramena par sa valeur la clarte eu monstier et eu chasteau. Si dist le cõpte q̃ quât monseigneur puain fut parti lui et lancelot q̃ ilz eurent ouy messe si cheuaucherent tant que la damoiselle les peust plus droit mener vers le val aux faulx amans si leur aduit ainsi q̃ ilz encontrerêt le varlet du vauasseur en la maison du quel le duc auoit geu: et celui leur dist nouuelles telles quil les scauoit. A tât se partirent du varlet au vauasseur, et cheuaucherent grant alleure, car il leur tarde que ilz oyent nouuelles du duc tant quil vindrêt a la chappelle a heure de nõne ou les deux chemis se departoient si trouuerêt lescuier a la damoiselle de la blanche tour qui alloit auec le duc de clarence si leur cõpte cõment il sestoit de lui departi. Quant ilz entendent ce si leur poise moult quilz ne lont a cõsuiup et lui demandent de combien loing il estoit venu auec lup Sire fait il iay este trops iours auecques lui donc regarde lescuier la damoiselle si la congnoist bien et elle lui si en font grant ioye, et lescuier lui demande dont les cheualiers vienent et elle lui dist et lui nõme leurs nõs, et lescuier leur dist. Beaux seigneurs que ferez vous du duc: vouldriez vous aller en ce val

sauoir se vous orriez nouuelles de lui / car se
dieu maist il ne vous plaist a pas pourtant ql
peut mourir. Si maist dieu fait lancelot ain
si ne demourra il ia car nous irons apz pour
sauoir pour quoy nul cheualier ne en peut re
tourner. Lors tourne lācelot deuers le chemin
a senestre ꞇ aprez lui sēla monseigr puain
ꞇ la damoiselle. Quant ilz sont deuant len
tree de la closture si la regardēt et leur semble
ainsi cōme fumee. Et la damoiselle q̇ moult
aymoit lancelot les appelle ꞇ leur dist Messi
re puain il est ainsi que vous ne pouez trepas
ser lauanture que vous ny essayez a quoy q̇l
tourne ne vous ny pouez pas auoir trop grāt
honte. car aucuns de vos compaignons y ont
failly. Mez cy le plus fort trespas de bretai
gne: car oncques cheualier ny entra qui oncq̇s
puis en issist. Se vous voullez si y irez auāt
ceste auanture premiere. Et lancelot prendra
lautre qui apz vendra. Quant messire puain
ot ce que celle lui dist si craint que sil refuse la
premiere auanture que sen ne le tiengne a mau
uais ꞇ cuide bien quelle ne le die sinon pour le
essayer. Si dist quil prendra ceste premiere a
uanture et lancelot ne veult pas aller encon
tre la damoiselle car il craint quelle ne le blas
mast si comme elle auoit fait autresfois car il
se vanta de acheuer les auantures et de endu
rer les peines. Et lors entre messire puain en
la porte. Et la damoiselle dist a lancelot. At
tendez moy tant que ie vous apporte bonnes
nouuelles ou mauuaises: car ie ne demouray
gaires. Lors sen va la damoiselle aprez mon
seigneur puain ꞇ veult veoir comment il lui a
uendra. Mais tout ainsi quil auint au duc a
uint il a monseigneur puain ꞇ tant que la da
moiselle le vist desarmer ꞇ que ses escuiers le
portoient la ou le duc estoit et les autres cheua
liers: si en firēt moult grant deul quant ilz le
virent. Quant la damoiselle le vist si reuint
a lancelot ꞇ lui dist. Or tost gentil cheualier
entrez ens si verrez comment il vous auēdra
car si maist dieu vous deliurerez ennuit tous
les cheualiers du val si comme ie croy car des
mourez y sont pour leurs mauuaises coustu
mes q̇ trop y ont este. Et non pourtant ne vo
fiez pas trop en cheualerie qui en vous soit car
par ce ia ne eschapperez se autres bonnes ver

tus nauez en vous. Damoiselle dist il de qlle
bonte me dictes vous. Jay moult maīes de bō
te que cheualier ne doit auoir. Je le vous diray
fait elle. Cest assauoir se vous auez faulsé a
vostre ampe ne en fait ne en pensee. Quant il
lentent si cōmence a sourrire. Damoiselle dist
il se cheualier y estre qui oncques ne ait faulse
ses amours que auendra il. Sachiez que il a
uroit deliure tous ceulx qui leans sont en pri
son. Et se seroit moult grant honneur car il y
a leans plus de deux ces cheualiers q̇ iamais
ne cuident issir ꞇ vous estes si preux cheua
lier que trop seroit grant dommage se vous
estiez cheu en celle prison. Si vous conseille
mieulx de aller la ou vous trouuerez mōsei
gneur gauuain que cy estre: car ie ne cuide pas
que oncques cheualier nasquist de mere q̇ par
amours ait aymee de aucune chose nait faul
se vers samie. par dieu fait il ce verrez vous
par tēps sil est ne: ꞇ sil nest ne / ia dieu ne plai
se quil naquisse iamais. Or venez aprez moy
et entrez ens hardiement. Et celle va apz lui
a moult grant paour. Tant est alle lancelot
quil est venu aux deux dragons: ꞇ illec lais
se lancelot son cheual dehors a lui. Lors lui
courent sus les deux dragōs ꞇ il auise le pre
mier entre les deux yeulx si le fiert grās coupz
de lespee. ꞇ lespee ressortit arriere. Et quant il
voit ce si en est si courrouce que a peu quil ne se
iecte au plus loing quil peut. Si pense q̇ enco
res lui essaiera ꞇ en aura mestier: si la met au
fourreau ꞇ iete son escu deuant lui pour le feu
des dragons qui prez de lui estoient. Si fait
semblāt de lui donner grant coupz du poing
le dragon lui iecte le feu ardant en my le visa
ge: et lancelot le prent aux poingz entre lui ꞇ le
mur q̇ prez de eulx estoit: si lui arrache la gor
ge a la force de ses deux bras ꞇ le rue tout mort
Si court a lautre comme celui q̇ nauoit poīt
paour de chose q̇ lui auiengne. Quant le dra
gon le voit venir il lui sault aux yeulx ꞇ il se
cueuure de son escu pour la flambe quil sent
chaude. Que vous iray ie cōptāt tout ainsi cō
quist le second comme il auoit fait le premier
Et la damoiselle en est moult ioyeuse. Lors
sen va lancelot la ou il auoit laissé son glaiue: si
le prent ꞇ sen est venu a vne grant eaue ꞇ par
fonde la ou la damoiselle vist cheoir messire

La premiere

puain lors eut assez gregniture ioye q̃ deuant
Quant lancelot vit la planche qui estoit lon-
gue et estroicte et les cheualiers daultre part
si demãde aux cheualiers se celui passage lup
est deffẽdu et ilz ne diẽt mot et quãt il voit q̃lz
ne respõdent pas si dist q̃ ia pour eulx ne lais-
seroit a passer. Lors mist auant le destre pie
et sen va aussi vistement par dessus cõe il eust
fait par vng sentier/et quant il fut eu milieu
de la planche si voit celui qui tenoit le glaiue
pour lui ferir parmy le corps et il abaisse son
glaiue et met lescu deuant lui et quant il voit
que il approuche si sesforce tant q̃l peut si heur-
te lescu et embroye dedens. Lors guẽchist sõ es-
cu hors de la voye et le laisse cheoir en leaue et
lors auise si bien son poindre si tost cõme ses
piez se peuent porter encontre les trops qui la-
tendent et fiert celui qui tenoit le glaiue si du-
rement dessoubz la gorge quil se porte a terre
et tout estourdi si q̃l neut pouoir de soy releuer
et puis heurte les aultres deux de telle force
quil les abat tous deux a terre lung dessus
lautre et lui aussi tumba a terre mais il ne de-
moura mie grãmẽt a releuer/car assez auoit
legiereté et force si resault moult vistemẽt sus
piez et prẽt celui q̃ dessus lui estoit si le traict
dessus la planche et le rue en leaue: puis traict
son espee et court sus aux aultres que il auoit
laisse gisans mais il nen a nul trouue si sen
merueille moult. Lors regarde la damoiselle
et lui dist. Damoiselle par la chose du monde
que vous aymez le plus dictes moy ou les
cheualiers sont se vous le scauez et elle dist q̃
elle nẽ scauoit riens Lors est lancelot biẽ cou-
rouce car il cuide tout auoir perdu pource que
ilz lui sont eschappez ainsi si est si dolent quil
ne scait que deuenir. Et la damoiselle lui de-
mande quil va attendant. Je attens ope fait
il les deux mauuais couars qui sen sont fou-
ps/car iay grant paour quilz ne dient que ie
men soye souy pour eulx/car tel les pourroit
ouir qui cuideroit que ce feust voir. De follye
fait la damoiselle vous esmayez/car mieulx
vous vault que les auantures vous suyẽt q̃
vous a eulx/allez auant si acheuez les aul-
tres auantures/car ceulx auez vous mises a
chief et aussi soul drope ie que vous eussiez
faictes les aultres. Ja dieu ne mait fait lan-

celot ie ne le vouldroye pas si me auriez tollu
tout mon honneur que vous me auez promis
Lors a dat de sa main destre sa manicle si re-
garde la pierre de son aneau et puis regarde
entour lui si ne voit ne leaue ne la planche ne
la prarie lors voyt bien que cest enchantemẽt
lors remet sa manicle si reua tant quil est ve-
nu en vng feu ardant qui duroit de lung mur
iusques a lautre et par dessus le mur auoit vng
degre taillez par ou len montoit en vne bel-
le salle, celui degre estoit fait moult hault a
voulte si nauoit que demi pie de le et amont a
lups de la salle il y auoit vng cheualier ar-
me si tenoit en sa main vne hache, vng aul-
tre estoit vng pou plus amont qui le milieu
du degre gardoit Et quant lancelot voit ce si
se merueille que ce peut estre ne encores il ne
voit pas le degre et quant il lapperceut si fut
moult ioyeulx car moult petit prisoit defense
quil veist. Lors sen va cõtre mont le degre et
quant celui le voit venir si haulse la hache en-
contre mont pour lui ferir et lancelot met son
escu sur sa teste pour receuoir le coup si fait sẽ-
blant de courre contre mont mais le cheuali-
er se haste de son coup iecter/car il le cuide fe-
rir parmy la teste mais il a failli a lui ferir
pource que lancelot se traist arriere et la hache
ferit dedens le degre si quelle y entre bien demy
pie/et lancelot court a lui lespee traicte si lup
donne si grant coup quil lui trenche le destre
bras et du senestre lui mehaigne. Lors a celup
laisse la hache si chiet pasme dessus le degre
ainsi cõme sil feust mort et lanc. iecte la main
a sa hache si larrache de la ou elle estoit aba-
tue puis a mis son espee au fourrel et quant le
cheualier reuint de pamoison et il estoit ia ve-
nu aux genoulx lancelot le fiert sur son col
tel coup quil labbat au feu. Et quant lautre
cheualier vit quil estoit cheu eu feu si luy va
aider mais il ny arreste gaires/car lancelot
lui court sus la hache en sa main mais il ne se
attent mie ains entre dedens lups et attẽt q̃
lancelot viengne et il tient tousiours la hache
empongnee, et le cheualier quil eut feru & fut
cheu eu feu si fut en pou de heure mort/ et quãt
lancelot vit lautre qui a lentree de lups estoit
si va fierement vers lup et celui se est plus ef-
force pour lui plus pesant coup ferir si auise

partie.

lancelot en telle maniere: et lancelot oste son escu de son col & prēt lespee a sa destre main & lescu en la senestre. Lors sen va vers le cheualier et le regarde moult viuement & lui lasce au plus droit quil peut il lataint au nasel tant q̄ tout le visage se en sent si que le sang lui court par my le nez. Quant il lui eust lescu iecte et qͥl le voit si couuert de sang si lui donne de la hache tant quil lui fait entrer parmy le nasel & le iecte a terre tout estēdu. Lors ne fut pas lancelot esbahy ains lui court sus & le treuue tout pasme & il tire du nasel la hache si regarde entour lui & voit issir vng cheualier de vne chambre tout arme et tenoit en vne main vng glaiue & en lautre vne hache. Quant lancelot le voit ainsi venir si lui demāde. Sire cheualier q̄ querez vous. Quoy dist le cheualier: ie quier pl'vos/ tre dommage que vostre prouffit Voire dist lancelot. Atant laisse au cheualier la hache en la main. Et le cheualier sen vient encontre lui courant et hausse son coup & lancelot tēt auāt son escu & celui iecte son coup & fiert lancelot si que par vng peu quil ne lui fait aller vng des genoulx a terre tant que la hache entre toute dedēs lescu iusques en la boucle si la recuide a voir mais il ne peut & lancelot le fiert de la sie/ ne hache sur son heaume tant quil le fait ve/ nir a genoulx: & lautre cheualier se drece si cou/ uert de sang comment il estoit & fiert lancelot au heaume tant q̄ tout le fait chanceller & par vng peu quil ne chiet a terre. Quant lancelot se sēt si fort feru si en est trop honteux si hausse la hache & bien monstre semblant quil est aise au coup quil lui donne car il la si fort feru que tout le heaume & la ventaille lui a fendue/ ne onques le coup ne se arresta Si labat mort a terre. Lors sais se courre a lautre & celui lattēt et se entre donnent de grans coups/ mais lāce/ lot fut assez de greigneure prouesse si ferist le cheualier si puissammēt quil lui fendist le he/ aume pres de demy pie de parfont/ & il chiet a genoulx vne autre fois. Quant il cuide auoir sa hache il ne peut car elle est trop parfōt ferue Si tire dune part & lancelot dautre si tire si du remēt q̄ la heurte au mur q̄ deuers lui estoit. Lors va auant & trait la hache pour ferir le cheualier. Quant le cheualier le voit venir il ne ose atendre/ ains sen tourne en fuite en vne

chambre: et lancelot le fiert si durement que il labat a terre. Quant celui voit quil ne pour/ roit durer si se adrece a vne fenestre qui basse estoit deuers vng preau si se lance ius. Et lā/ celot dist que ainsi ne sen durra il pas. Lors se lance apres lui & le cheualier sen fuit car atten/ dre ne lose: si est tant alle quil est venu a vne eaue roide & bruiante dont les ondes estoient haultes & le cheualier se met dedēs & vient dau/ tre part auant que lancelot feust venu a la riue & le cheualier lui dist. Sire cheualier or vou/ droie ie bien que vous feussiez si hardi q̄ vous passissiez ceste eaue & venissiez sa oultre cōba/ tre contre moy. Or me dictes fait lancelot cō/ me sopal ceualier par ou vous passastes. Je vous dy fait il comment sopal cheualier q̄ ie passay par cy endroit ou vous estes. Certes dist lancelot ie ne vy oncqs a cheualier si grās essors q̄ ie nen cuidasse bien faire autant. Et ie iray apres vous se vous me creācez que vous me attendrez. Je le vous creance loyaulment fait le cheualier. Et quant lancelot voulust saillir en leaue la damoiselle lui vint au de/ uant & le print par le haubert puis se tira arri/ ere & dist. Sire ny allez pas/ car vous seriez noye & se seroit grant dommage. Damoiselle fait lancelot puis quil est oultre passe ie y a/ uroie trop grant honte se ie ne passoie apres. et autant cuide ie auoir de auantage en eaue cō/ me il a/ car ie y feuz nourry. Lors se lance a le aue tout arme la hache en sa main & sen va oul tre/ car se estoit enchantement Quant le cheua/ lier vist ce si scait bien quil a trop grant cueur & voit quil est venu par la ou iamais cheua/ ne osast passer & non pourtant il veult ēcores essayer comment il lui auiendra. Il lui vint a lencontre et le fiert de la hache grans coups si que moult lui empire son heaume. Si fut lan/ celot moult estourdy du coup & si tost comme le cheualier le eust feru si sen va supant & lāce/ lot aprez tant quil est venu en vne salle/ & au millieu de la salle y auoit vng des des tra uers & le cheualier vient au des & sault sus: et ainsi quil se vouloit lancier oultre lui vit lā/ celot au deuant de si prez quil lattaint de sa ha che dessus lespaule senestre si q̄ il lui fausse le haubert & lui trenche la char iusques au os/ mais celui qui de la mort a paour ne sent nul mal ce lui est aduis si sen va grant alleure de la salle et sen entre en vng iardin. En cest iardin auoit vng pauoillon moult riche et le cheualier se fiert dedens et lancelot aprez et si y ont dedens le pauoillon dames et damoiselles a grant plante et aussi cheualiers qui se seoient. Au millieu du pauoillon auoit vng lit de fust moult richement attourne de si tres grant richesse que nul plus. en ce lit gisoit morgain la faee le cheualier vint au lit droictement pour la paour quil a de lancelot si se fiert dessoubz le lict et lancelot ne se veult pas lancer apres ains prent le lit aux deux mains comme celuy qui ne se apperçoit mie que il y eust dame ne damoiselle si le tire a lui de toute sa force si quil iecte tout ce dessus dessoubz. Quant celle qui eu lit se dormoit se sent dessoubz le lict si iecte vng cri. Et lancelot entent que cest cride femme puis prent le lict et le met en son lieu et voit le cheualier qui sen fuyt grant alleure il court apres moult vistement. et tous ceulz qui estoient eu pauoillon courent aprez pour veoir quil fera tant a suy quil vient en vne grant salle et lancelot le suyt de prez qui tant le hait/ et cestui a tant perdu de sang quil est afoibli de trop. et quant il sen cuide fuir lancelot le fiert si quil lui sent la senestre cuisse et cestui chiet a terre/ mais lancelot ne se veult pas a tant laisser ains lui sault dessus le corps si le treuue pasme et lors luy fiert tel coup quil lui fait la teste voler puis le prent parmy le heaulme et lappor te la ou morgain gisoit/ et lors lencontrent cheualiers et dames qui a merueille le regardent et il iecte la teste au pauoillon et morgain se plaignoit de luy. car durement lauoit blecee. Et quant lancelot loupt plaindre si sceut bien que cestoit celle sur qui il auoit le lict iecte si a uoit si grant honte que a peine la pouoit il re garder et voirement fut il vng des hommes du monde qui plus a enuiz faisoit mal aux da mes. Lors se agenoulla deuant morgain et dit Je vous vieng amender. le grant meffait que le cheuallier me fist faire donc ceste terre en est quicte/ car il se ferit dessoubz vostre lict. Et morgain qui trop en a grant paour si iecte vng cri. Lors vient y leans vne damoiselle q estoit amie au cheualier occiz si vint criant a haulte voix comme desuee et tint vne espee aux deux mais et en fiert lancelot entre les deux espaules si que elle lui fausse le haubert et lui mect les pee entre deux espaulles en la chair tant q le sang vermeil en degoutte contreval la terre Quant lancelot sentit le coup si se lance en hault moult vistement et quant il voit q cest vne damoiselle si en est moult esbahy et dist. par dieu fait il se vous ne feussiez damoiselle ie vous detrenchasse ia toute/ et celle iure quanque elle peut iurer que nul ne se peut ga rantir quelle ne locie ou il locira. car ie ne se rope viure apres la chose du monde que ie pl9 aymoye que vous auez occiz comme desloyal et traitre que vous estes. Damoiselle fait il ain si me aist dieu que oncques femme ne le deust aymer/ car il estoit le plus mauuais cheuali er que ie oncques veisse de si grant corps come il auoit. Quant elle sentent si a trop grant hon te si lui court sus et lancelot lui va daultre pt si lui esrache lespee des mains si ne demoura gaires quant vng varlet vint leans et sen vit deuant morgain et lui dist/ dame nouuelles vous scay dire les quelles sont moult merueilleu ses. Quelles sont elles dist morgain. Dame fait il les merueilles de ceans sont abatues Qui a ce fait fait elle. Dame fait il ce a fait ce cheualier qui tant a fait darmes que oncques cheualier autant nen fist. Quant le varlet a ce dit si entra vng cheualier leans qui estoit amy morgain celui pourqui les merueilles fu rent espandues. Et quant il voit lancelot si lui dist que bien feust il venu comme la fleur de toute cheualerie du monde et se laisse cheoir a ses piez. En nom dieu fait morgain mais le mal venu comme le cheualier du monde qui plus a mal fait. Ha dame fait sa damoiselle qui auec lancelot est venue: quest ce que vo9 dictes cest le meilleur cheualier du monde et le plus hardy qui oncques naquist et est si loyal come il pert. Et comment a il a nom fait mor gain. Dame il a a nom lancelot du lac. Haa fait morgain honnie soit leure que si grant loy aulte se est en lui mise et vous soyez maudict fait elle a lancelot quant vous oncques en ce pays entrastes et honnie soit la dame desloy alle qui de vous est si loyaument aymee/ car en elle na gaires de loyaulte. En nom dieu fait lany morgain mais bien soit il venu come le plus preup cheualier du monde. Maintenant sen part morgain de leans. Si ne demoura gaires q̃ son ami assigna messire puain, et le duc de clarence et les autres trois compaignons. Et firent grant ioye a lancelot tantost quil se virent. Si lui chient aup pies sicõe a celui q̃ les auoit deliurez de mort. Lors se assient pour reposer et incontinẽt vienent ceulx du val qui se offrẽt tous de son seruice faire. Lors sen retourne morgain a lace, et lui dist. Vous auez bien fait mal. Vous auez fait mal de ce que vous auez deliure les faulx cheualiers car maintes dames en seront engigniees. Et bien fait des cheualiers deliurer qui leurs armes cuidoient auoir perdues a tousioursmais. Si se peut vanter vostre ampere: car elle est la mieulx armee de toutes les autres. Dame fait il laissez ces parolles, mais ces prisonniers vueillez deliurer, se iay fait ce q̃ a leur deliurance appartient et se assez nen ay, fait plus suis ioyeux de faire q̃ de laisser. Vous auez assez fait dist elle car tous sont deliures mais vous demourez huy mais et vous compaignons auec vous et ie vous promez loyaument q̃ vous aurez le matin tout vostre harnois et les leurs. Ainsi demeure lancelot et ses compaignons et morgain se peine moult de le seruir et honnourer. La nuit furent couchiez les trois compaignons en une moult belle chambre. Quant vint au premier somme si sen vint morgain au lit de lacelot elle et ses menistres. Si le coniurerent en telle maniere quil na pouoir de soy esueillier: puis le fist leuer morgain en une littiere sur deux palle-frois blanc. En celle heure mesmes se esueilla sa damoiselle qui lauoit amene si sen apper-çoit, et sault de son lit et treuue son palle-froy selle. Quant elle fut montee si sen va apres morgal. Et quant elle la attainte si lui dist q̃ moult a faicte grant mesprison qui en amaine le meilleur cheualier du monde qui de riens ne lui a fot fait. Si en ploure sa damoiselle tendrement des peulx de sa teste. Damoiselle fait morgal vous estrienz le cheualier. Et elle dist q̃ nenp fors tant que pitie en a. Or vous en allez damoiselle fait morgain et ie vous promez quil sera ven-dredy au matin auec les autres deuant la doulou-reuse tour. Dame fait elle comment vous en croiray ie qui deuant moy auez fait si grant desloyaute. Tenez fait morgain ie vous pro-mez cõe femme chrestienne que ie y feray. Elle en prent la promesse puis sen part et morgain emmaine lancelot en une parfonde forest ou elle se courouçoit souuent.

Quant lancelot fut hors mis de sa li-tiere si le mist en une chartre parfonde Et lors le fist morgain esueillier adonc fut il moult esbahy quant il se vist illec, et morgain lui dist. Lancelot or vous tiens ie en ma prison si nen istrez iamais non pas pour vostre forfait mais pour autruy. Si vous voullez faire ce q̃ ie vous diroie: toutesuoies vous en scauoir a aller. Et il dist que cy moult voulentiers sil le peut scauoir. il tent sa main: et si tost cõme elle vist lanneau q̃ sa royne lui auoit donne si se retraict et dist. Dame que donvoullez vous et se siele puis faire ie le feray. Vous serez quitte dist morgain pour lanneau de vostre destre doy. Et ce estoit celui q̃ la royne lui auoit donne. Dame fait il vous ferez de moy cõme de vostre prisonnier, mais lanneau naurez vous la se le doy ne meest coupe auant. Certes fait elle si lauray ie malgre vous. Quant lancelot lentendist il fut moult courrouce. Si lui dist par mal talent et par ire. Certes aincois fuſsiez vous tous les coniuremens de merlin et encores ne scaurez vous pas Quant elle lot ainsi parler elle etoit bien a la parolle qil dist q̃ la neau auoit este a la royne, et elle en auoit ung autel cõme celui q̃ la royne lui auoit donne. Si auoit en chacun deux ymages q̃ sẽtre ressembloient, et limage de lanneau de lace. tenoit ung cueur entre ses mains ioinctes dedens les mains de lautre ymage. Tant auoit de descognoissance entre les deux anneaulx. Morgain haioit la royne sur toutes femes. et vous diray pour quoy. Il fut voir q̃ quant morgain estoit a la court la royne lapmoit moult si estoit elle laide vielle chaude et luxurieuse. Elle apma par amours ung cheualier q̃ estoit cousin a la royne mais la royne chastioit souuent lun et lautre. Ung iour les print la royne eulx deux ensemble tous prouuez et dist a son cousin qil sen allast ou elle le feroit destruire et il lui cria mercy: et lui iura sur sains que iamais en ce pechie ne entreroit Quant morgai vist quil leust laissee si sen fuyst et puis elle emporta tant dauoir auec elle cōme elle en peut auoir si sercha tāt a mōt et aual quelle trouua merlin si se acointa de lui tant quil lui enseigna grant partie de ce q̄ il scauoit denchantemēt et de charmes. De la sourdit grāt haine q̄ elle eut puis vers la roꝑne et pour essaꝑer se elle pourroit auoir la ueau de lancelot. mais a tāt se taist le cōpte a parler de morgain et de lancelot et retourne a parler de ceulz qui sont au val aux faulx a= mans.

Cōme les cheualiers qui furent deliurez du val aux faulx amans furent esbahiz quant ilz ne trouuerēt lancelot. lxpi

Au matin ce dist le cōpte quāt ceulz du val aux faulx amās se leuerēt si trouuoiēt leurs cheualx et leurs armes tous appareillez neen tout le val ne uit en nulle des maisons quilz auoiēt veues le soir de deuant. mais quant ilz ne trouuerēt mie lancelot si furent tous esbahiz, lors prin dent a deux de leurs cōpaignons cōseil quilz pourroiēt faire de leur queste pour celui q̄ les auoit iectez hors de prison: et ilz sacordēt to⁹ a aiglin des vaulx qui leur dist quilz proient tous ensemble a son oncle le roy destraup et y enuoyera deuant ung escuier, car ie scay bien que mon oncle en sera bien ioyeux: ilz lui oc= troyent ainsi. Lors appella ung varlet et lui dist. va tost au chasteau de rougeuau et dy a mōseigneur mō oncle q̄ ie le salue et q̄ ie iray ennupt en sa maisō et mōseigneur yuain et le duc de clarence et aura auec eulx deux cēs et cinquante cheualiers. Le varlet sen va grant alleure et treuue le roy destraup q̄ iouoit aux eschez a une dame si le salue et puis lui dist sō message ainsi quil lui auoit este encharge. et quant la dame lentent si chiet pasmee a terre et quāt elle reuint de pasmoison si a demande qui a deliure le val. Dame fait le varlet ung cheualier qui a a nom lancelot du lac. Ha a lā celot fait la dame de malles armes meure tō corps qui si grāt douleur me as mis au cueur. Dame fait le varlet vous dictes pechie car trop a il mal, car morgain la mie en cruelle prison. Par tel cōuenāt y soit il entre fait elle q̄ iamais nē ysse. Mais dieu sen garde fait le roy destraup cōe le plus loyal de to⁹ les a= mās. Se il est loyal fait la dame cest sō pꝛeu

et hōneur en est en sa mie mais maintes gens y ont dōmage. ainsi sen demēte la dame et fait son deul, et le roy destraup fait attourner a menger quanque il peut trouuer de bon car il les voudra moult honnourer, et ilz ont tant cheuauche quilz sōt venus a iroan ung pou a uāt vespres et treuuēt le mēger appeille, et ai glin demande de sa dame ou elle est et sō on= cle lui cōpte le grant deul que elle auoit fait et dist que elle se est en sa chābre enserree

Tant fut la ioye que liehedin a fait des cheualiers mais sus tous honore le duc de clarēce, et messire. p. et aiglin des vaulx voit venir sa dame mais elle ne laisse mie sō deul a faire pour lui, dame fait il pourquoy ne faictes vous ioye de ce q̄ ie suis hors de pri son. Ie nen puis fait elle ioye auoir car il men poise. Cōmēt fait il ma dame ie ne le cuidoie mie auoir desseru enuers vous, vous fait el le ne hay ie mie mais ie me plains pour mon dōmage dōc plus me poise que de vostre pꝛeu rie ne me est deau, car le dommage est trop grant a aultrui et trop grāt a moy, car main tes belles dames en sont huy venues au des= soubz de ce dōt ilz estoiēt er soir au dessus et ce lui qui le val a deliure no⁹ a plus fait mal q̄ biē. Ainsi se plaint la dame et fait grāt deul toute ioye. sōt tāt prie les cheualiers que el le ha mēger et la reconfortent au mieulx que ilz peuent.

Aprez mēger demādēt les cheualiers a liehedin pourquoy la dame auoit tel deul pour le deliuremēt du val. beaulx sei gneurs fait il il est vray que ie lay ayme sur toute riens si la priay damours des mō enfā ce et elle est plus haulte dame que moy et pl⁹ riche si a bien sept ans q̄ ie la priay damours premieremēt elle me dist q̄ uoiremēt elle ne ayma riēs tāt q̄ mō corps si me dist q̄ se ie lup voulope dōner ung don q̄ elle me prēdroit a seigneur et a mari, et ie lui iuray sur sains q̄ ie lui dōneroye tel don cōe elle me demāderoit se ie le pouope auoir, ainsi me octroya toute sa terre et quanque elle auoit et ie la prins a fē me, et quāt ie leuz espousee si me reqst le dō q̄ ie lui auoye octroye et ie lui deiz q̄ le le nom mast, et elle me demādoit sur mō sermēt q̄ ie ne passasse iamais la porte du chasteau deuāt que se dal aup faulp amās seroit deliure sās retour. Or est ainsi dolente pour lancelot a q̄ dieu en a donne sonneur pource quil lui est amie que iamais naura si bonne compaignie de mop comme elle a eue iusq̄s cy: mais de lancelot me poise q̄st ainsi perdu: car ie se doiz autant aimer comment vous autres trestous de uez: car aussi bien me a il deliure comme vous Et puis q̄ les autres ont prins ie la q̄ste pour sui ie la prendray (t mainteray auec mop tāt de gent comme ie pourray auoir. Et ilz le ōt toꝰ mercies. Maintenant enuoie quattre ses messages (t enuoie semondre cheualiers et sergans et leur mande comment il est desprisonne. Il eut auant quil fut sendemain midy tāt des hōmes de sa femme que des siens plus de cēt cheualiers q̄ tous furēt prestz et garnis (t au matin mengerent dedens le chasteau destraup si sen allerent au plus celeement q̄ oncques peurent mais aincois quilz se partissent deroant vint a eulx la damoiselle morgain (t compta les nouuelles de lancelot comment il deuoit venir en la douloureuse tour. Quant ilz sen tendirent sien firent grant ioie/ (t encores seussent ilz fait plus grande se ilz creussent que se seust voir, mais ilz ne se creurent pas. Ainsi sen vont les cheualiers et la damoiselle auec eulx. Mais de eulx tous ne parle plus le cōpte ycy endroit: ains retourne a morgain qui tiēt lancelot en prison.

(C Comme morgain donna congie a lancelot par ainsi quil se rendroit en sa prison quāt semons en seroit. Et comme il vint a la douloureuse tour. lxxii

La nuit se dist le cōpte q̄ morgain eut amene lancelot. Si lui dist. lacelot comment sentendez vous ne me ferez vous pas fiance. Dame fait il voulētiers mais il me semble q̄ vous ne voullez. Vous nauez tallent fait elle de estre deliure/ quant pour issir de ma prison ne me voullez donner vng aneau q̄ petit vault. Et il dist q̄lle ne saura ia. Or sachez bien fait elle q̄ entre cy et sa medi au soir sera la douloureuse tour cōquise (t se vous nestes au secourir mōseig̅r gau. vous serez honny. Dame fait il pourtāt puis ie estre hōny a tousiours: mais car laneau ne aurez vous pas. Et sachez q̄ se messire gau, est

cōquis (t ie ny soie ie ne mēgeray iamais de sa bouche. Lors sera vostre dessoraute plus grāde. Se ie vous laissoie aller a la doulsoureuse tour dist morgain reuēdriez vous en ma prison aptez la prinse du chasteau. Et il respont oy fait il voulentiers. Or y perra fait elle se vous serez aussi loyal euers moy cōme vous auez este a la dame de malsehaut. Je vous y laisseray aller a sauenture/ mais vous me fianerez loyaument q̄ si tost cōme mon messagier vous semōdra q̄ vous reuendriez arriere (t q̄ ia nul ne se saura a vostre pouoir. Ainsi sottroie lacelot (t elle prent vne pucelle moult sage si sui encharge q̄ sur la fop q̄lle a de sui q̄ q̄lle heure quelle se semondra q̄l reuendra arriere. Et il dist que si fera il Lors fut incontinent hors de prison (t seiourna tout se iour si se pena moult de lui honnourer. Au ieudi se meurent lui (t sa damoiselle (t auec eulx allerent quatre escuiers (t leur fist porter morgain vng legier paueillon q̄ moult estoit beau (t riche. Celle nuit geurent en la forest. Quant lacelot fut couchie (t la damoiselle se dist en son lit. Si lui dist. Lancelot tirez vous sa. Pour quoy damoiselle fait il (Pource fait elle que ie me vueil auec vous couchier. Et il dist q̄ nō fera. En verite dit elle si feray. Lors saust sus sace, en sa chemise. Beau sire fait elle ne vous mouuez mais pour dieu parlez a moy/ car ie ne coucheray auec vous sil ne vous plaist. Mais or me faites raisō si cōme cheualier doit faire a damoiselle. Je ne fiz oncq̄s fait il a damoiselle tort ne villenie: ne a vous ne cōmencerap ie ia. Sire fait elle grāt mercy: (t vous sauez bien cōment il est estably par tout le royaume de logres q̄ se dāe ou damoiselle requeist aide a cheualier il lui doit aider. Et ie vous requier q̄ vous me secourrez. De quoy fait il. De ce q̄ vous gesez auec moy. Ostez damoiselle dist il trop estes baude. Se vng cheualier vous en prioit vous sen deuriez destourner: mallemēt en deuez dōc cheualier requerre: mais se vous estes villaine de parolle pource ne se suis pas vous ces dis fait elle ne vallent riens mais ie vous prie que vous me aidez au greigneur besoing q̄ iaye ore droit (t si vous requer q̄ vous le me facez: (t se vous ne me le faictes ie vous en tēdray a recreāt car la coustume se requiert

p ii

premiere

Dahait fait lancelot qui lestablit et q la mai tient car aincoiz me tendrope ie pour recreant que ie ne sauuasse mon serment/ or vous di rap fait elle or vous couchez puis que honny vous tenez/car auec moy ne coucherez vous ia et il se couche en son lit: et quant il est cou che la pucelle se lance maintenant auecques lui eu lit si le tient moult bien par la chemise quil auoit vestue si le tire a elle et se tient au plus prez de elle que elle peut et il se deffet et se gar de de la blesser a son pouoir si sault hors du lit errauement et elle se tient moult court et elle fait semblant de le baiser/ et quant il voyt q elle le tiet si court si la prent aux deux bras et la met ius a terre et la tiet illecqs longuement que elle ne se peut aider et elle se plaint moult durement et dist q elle est malade/et ie vous prie fait elle que vous faciez vne chose qui ne mie encontre vostre honneur. Je le vous feray fait il voulentiers mais dictes de quoy. Je le vo9 diray fait elle en loreille car ie ne voudroye pour riens que nul le ouyst que moy et vous/ et il lui attourne loreille et elle dresse son chief si le baise en la bouche/ et il sault sus si agoisseux que a pou quil ne ist hors du sens et court a son espee et dist que il lui couppera la teste, mais la laisse pource que fame est/or y perra fait elle. lors luy court sus et elle tourne en fuite iusques au paueillon et crache et escopit du remet et essuye sa bouche et elle lappelle et dist que iamais ne sen requerra/a grant peine se fist retourner si se remist en son lit et la damoiselle se est daultre part couchee/car elle ne le faisoit si no pour luy essayer. Au matin se sont leuez et se sont mis au chemin et cheuauchent iusques a vne riuiere grande et parfonde et la damoiselle lui monstre vne trop grande mer ueille/car en leaue auoit vng cheualier arme de chausses de fer et de haubert et vne dame emprez lui qui gisoient coste a coste en leaue et les voit len bien de la riue aussi come sil ne y eust point deaue et lancelot demande a la damoiselle que ce peut estre. Sire fait elle vne trop merueilleuse auanture/ et il regarde au fons de leaue si voit le cheualier et la dame et il sault ius de son cheual et se voulut aller lancer en leaue et la damoiselle lui dist que non fera car onques cheualier ne sen peut tirer. Co

ment fait il et se aucun les eust tirez donc fust faillie lauanture/ou y fait elle/ et pource fait il le veuil ie essayer car se ie y failloye donc fault drap ie bien a ce que iay plus desire acheuer. Tout maintenant se est en leaue mis et prent le cheualier a tel meschief que en leaue lui con uint bouter toute sa teste iusques aux espau les si quil recloit dedens si en aporte le cheuali er hors de leaue et tantost reua querre la da moiselle et la met hors de leaue/et les varlet z et la damoiselle se seignent de ce quilz voyent. Lors remonte lancelot sur son cheual et che uauchent lui et la damoiselle iusques a vng chasteau qui prez dillec estoit si leur copta la damoiselle que le cheualier estoit deliure et la dame traicte de leaue/si court tout le monde pour lancelot veoir et pour mettre en terre les deux mors. Et la damoiselle et lancelot se de partent de eulx et cheuauchent grant alleure iusques au soir: si leur couint gesir en la forest ne ilz ne alloient pas droict a la douloureuse tour ains se menoit la damoiselle au mains droit quelle pouoit affin quilz ne trouuassent gaires dauantures. Et lanc. lui demande pourquoy ce cheualier et la damoiselle gisoiet en leaue. Sire fait elle en ce chasteau ou vous auez este eut iadis vng cheualier qui fut mari a celle dame que vo9 tirastes de leaue et fut moult bone enuers dieu et pource ne demou ra il pas quil ne feust trop ialoux et en ce pa ys auoit vng cheualier qui moult amoit la da me de bon amour sans villenie et elle lamoit autant ou plus/et le sire mescreut la dame tant quil occist le cheualier en traison et en cel le eaue le iecta, et quant la dame sceut q pour elle estoit mort si en eut trop grant deul et vint voyant son seigneur en leaue et monta sur vne falloise qui de lautre part de leaue estoit et se mist a coutes et a genoulz et pria nostre seign9 que aussi vray come elle nauoit eue nulle fauls se amour euers le cheualier lui donnast il trou uer le cheualier/ et tantost saillit en leaue et trou ua le corps du cheualier si comme vous sauez veue emprez lui si y ont este puis si longuemet ne onques puis ny vint cheualier qui les en peust tirer et maint y ont essaye. Et lancelot luy dist que de grant cueur auoit este le cheua lier et de gregnieur la dame/ de maictes choses

partie

parlerent la nuit: et au matin se misdrent au chemin. Et la damoiselle dist a lancelot. Beau sire ie vous ay fait moult de ennuy en ceste voie si vous prie par amours que vous le me pardonnez/car il se me couenoit faire pour vo9 essaper. Et celui lui pardonne moult voulentiers. Ainsi cheuauchēt iusqs a tierce et lors vindrent iusques a la doulloureuse tour. Si ont tous les autres trouuez qui ia estoient venus. Quant ilz voient lancelot si en font grant feste et dient q̄ en bonne prison auoit esté quant il en venoit si richement. Et le duc de clarence auoit ia enuoie son escuier a la doulloureuse tour. Si trouua q̄ karados se ny estoit alle atout son pouoir encontre le roy artus car le roy venoit en sa terre pour se destruire et il fut dist a vng escuier que karados alloit a vng fort trespas pour lui retenir qui estoit emprez le chasteau a mains de cinq lieues. Et le varlet auoit monstré a la damaiselle le duc de clarence: et elle se offre moult a son seruice. De ceste chose se mer ueillerēt moult lancelot et ses compaignons: car ilz ne scaiuēt pas quilz en doiuēt faire. Si dient messire puain et le duc de clarence qlz assaillent le chasteau car mieulx se aymeroient a tenir q̄ messire gauuain Et dautre part chasteau est seul et desgarny de gens Et lancelot dist q̄ se ne seroit pas prouesse de le prēdre daguet mais par processe darmes et de cheualerie. Et messire gau. est le plus preudōme du monde si na pas desserui quil soit prins par a guet mais par prouesse darmes. Et ie irap la voie ou ie cuideray trouuer celui q̄ se nous tollist. Lors dist le duc de clarēce par ma foy se ie passoie le lieu ou messire gauuain est ie me peineroie et messire puain en dist autant Et lāce. lot dist q̄ eulx deux soient ilz a dieu cōmādez Si se depart de eulx et keup destraup Quāt ilz le voient en aller si diēt qlz nestoit pas venu tāt pour messire gau. secourre cōme pour mō seigneur le roy artus et les gēs de keup destraup et tous ceulx q̄ du val aux faulx amās estoient venus auec lui. Si dist a lāce. Sire nous sōmes deliures par vous: si irons la ou vous voudrez aller mais vous ne sauez pas qui ie suis: si suis ie cōpaignō de la table rōde mais ie ne vous viz oncqs mais car il y a cinq ās q̄ iy fuz. De ce le mercie moult lāce. lui et les autres si sen vont en telle maniere. Mais atāt demeure ores la parolle deeulx et parle de mon seigneur puain et du duc de clarence:

Ainsi demeurēt le duc de clarence et mon seigneur puain et le duc de clarēce q̄ bien auoit aprinses les coustumes du chasteau dit a messire pual q̄ celui qui entrera par la porte du chasteau de la maistresse entree cōuēdra combatre a dix cheualiers armez: et celui q̄ dautre part entrera trouuera vne plāche par dessus ce fosse dōt leaue est noire et bruiant et la se cōuēdra cōbatre a deux cheualiers lun apz lautre et puis a deux autres et la planche passer a force qui est moult estroite. Si sōmes cy venus pour veoir ceste auanture cōmēt il nous en aueūdra et sil auiēt chose q̄ nous facōs tant que nous apōs lōneur si choisissez de ces deux voies la q̄lle q̄ mieulx vous plaira car ca dehors ne demourrōs nous pas ainsi. Messire puain dist. Sire puis que la partie est ainsi donnee ie ētreray par la grāt porte car se ie la refusoie il me sembleroit q̄ se ne feust sinon pour moy essaier et allegier et pour nous ēcōbier. Lors ostēt leurs heaumes de leurs testes et sētreaiserent et se entrecōmanderent a dieu et dist lun a lautre q̄ de leur reuenir leur souuiengne. Si na celui de eulx q̄ au conseil de lāce. ne se voulsist estre tenu. Atāt sen est party le duc de clarēce de messire puain si sen va ētre le rouillie et la fosse tātq̄ il est venu a la plāche si descēt de dessus son cheual. Si se taist le cōpte de lui et retourne a messire puain qui est demoure.

Cōme le duc de clarēce et messire puain furent prisōniers en la doulloureuse tour. lxxiii

Atant cheuancha messire. p. q̄ vint deuant la maistresse porte et treuue la gaite q̄ lui demāde sil veult leās entrer. et celui lui dist ql se cōuiēt combatre a dix cheualiers. Il dist q̄ cōbiē qlen y ait il cōuient q̄ ie y essaie a ētrer car dehors ne puis demourer sās hoste. Lors corne la gaitte et sen ouurist la porte si se mist ētre cinq cheualiers dune part et cinq dautre si tindrent leurs glaiues en leurs mains et leurs escus deuant leurs pis. Messire puain leur court sus si tost cōmēt cheual le peut porter et sen va parmy eulx tous / mais les cheualiers le fierent sur son escu durement q̄ lz abatēt lui et son cheual tout en vng mont.

p iii

premiere

et il est au cheoir forment blece si est enferre de deux glaiues lung en lespaule et lautre au pis mais il nest mie naure a mort/ et il se defēt cōme homme naure mais en la fin ny peut durer si lont prins les cheualiers et lui veullent coupper la teste quant sa damoiselle y vit coutāt qui leur dist quilz ne loccissent pas deuāt q̄ leur seigneur soit venu et ilz auoient ia ceux qui estoit de la maison au roy artus/ et toutesuoyes par le conseil a la damoiselle le ont mis en prison en vne voulte. si se taist ores le cōpte de lui et retourne au duc de clarēce q̄ veult passer la planche.

Quant le duc vint a la planche si la vit longue et estroicte et perilleuse si sup en nupe moult de son cheual qui lui cōuient laisser lois descent et latache au plesseys puis est a la planche venu et se signe et dist a soymesmes quil cuidoit auoir le meilleur du passage mais cest le pire/ car il na mie paour de mourir en lieu ou len puisse faire prouesse ais en hōneur se len y meurt mais icy est prez de mourir hōteusement: et ce disoit il pour leaue quil doubtoit et nō pourtant en la garde nostre seigneur se est mis et passe la planche sain et sauf a grant peine. Quant il vint a la porte du premier mur si la trouuee ouuerte/ et quant il est oultre passe si treuue vng cheualier arme qui le passage lui deffent si lui court sus et celuy a lui si ne pourroit len pas cōpter les coups q̄ ilz sentredonnēt mais en la fin le prent le duc et le cōquist et receust son espee quil lui bailla. A tāt sen part le duc et vient a lautre mur/ car trops paires de mur y auoit a passer iusques a latour et la trouua vng cheualier arme et ilz sentrecourēt sus maintenāt et sētredonnent de grans coupz des escus sus les espees mais en la fin le conquist le duc et lui fait fiancer prisō. Apres est venu au tiers mur et la a trouue deux cheualiers qui sus lui courēt et il se deffent vaillaument mais en la fin npa mestier de ffese/ car lung auoit vne hache dōt il lui dōna grāt coup tant que moult la empire si q̄ a genoulz la faict aller deux foiz ou trops: et lont tel atourne quilz cuidēt bien quil soit mort et puis le prēnent et le portent en la chābre ou mō seigneur estoit et leussēt occiz se ne feust la damoiselle qui leur cōmanda que len le mist en

prison et moult en fut dolēte/ mais a tant se taist le cōpte de lui et de messire puain et retourne a lancelot et a ceulx qui auecques luy sont.

Cōme lancelot occist karados et deliura messire gauuain et les aultres prisōniers. le p̄iiii.

Or sen va lancelot et sa compaignie a prez karados qui estoit en vng des plus fors lieux du monde si y ala deffendre le roy artus et celui trespas estoit si fort que dix cheualiers se deffendoient de mille/ et tant plus y en auoit et maint y faisoient. karados auoit bien sept cens cheualiers et lancelot que de ceulx du val que de la gent kieup destray que daultres trops cēs cinquante si ont tant cheuauche quilz vindrēt au pas ou karados estoit si vindrent tout le couuert de la forest tant quilz descendirent sur eulx et le roy artus estoit ia venu au pas et les gens karados se deffendoiēt moult bien si q̄ nul ne y pouoit passer/ et gallehaut et lyonel auoient tant fait darmes a cest assault q̄ nul ne les veist qui ne cuidast quilz feussēt mors a chascun coup et ilz auoient este abatuz cinq ou six foiz emmy le pas/ si ny auoit celui qui ne eust playes et blesseures assez et des cheualiers et des cheuaulx/ mais tāt forte est le pas et la deffense si grande de ceulx de dela q̄ mestier ny auoit assault. Lois vint lācelot et les siens si se fierent en eulx si durement que a plusieurs font sentir les fers de leurs glaiues par my les corps et ilz les eurent escries moult fierement si ne fut mie de merueille se ilz les eurent vahiz, car par deca ne doubtoient nulle chose et ceulx leur courent sus moult vistemēt car ilz estoient aussi seurs pour lancelot comme se ilz feussēt en vne tour pour les merueilles quilz ont euy cōpter de lui. Moult sont les gens karados espouentez et se deffendēt moult mauuaisement de telz pa/ et lancelot et ses compaignons ont tire les espees, apres les lances si leur donnēt grandes colees par la ou ilz les ataignēt/ et lācelot qui les grandes merueilles fait va auant et il auise karadoz si le cōgnoist a lescu et lescrie moult hault et sen va celle part ou il la apperceu si tost cōme le cheual peut courre parmy les rēs car assez estoiēt cleres. Sitost cōme lancelot y vit si sentre coururent sus les espees traictes. Ilz vindrēt les vngz encontre les autres au plus droit qlz peuent.Et karados ferist le premier lancelot sur son escu car moult estoit grant cheualier: et lespee fut trenchant et bien y parut/ car elle entra dedens plus de deup doies si ql ne sa peut auoir pour tirer. et lancelot se fiert si durement en mp le visage que le nasel ne sa ventaille ne se garantist que iusques a os de la temple ne lui soit lacier glacie mais il nest mie naure a mort: si en est karados tout estourdy et se porte plus de vng iet de pierre que oncqs ne sceust ou il alla. Et lācelot se passe oultre et comme ce a faire tāt darmes que tous ceulx qui le voient sen esbahissent. Et pource quil veult que le rop sache quil na point oublie monseigneur gauuain sefforce et monstre toute sa prouesse darmes quil eut oncques si que malgre tous ceulx qui gardoient le pas a tout rompu et fiert des esperons iusques a lentree et commence a crier a haulte voip clarēce. Et gal. se tantost congneu a sa parolle. Si dist la ou il faisoit regarder ses plaies. Saincte marie ap ie ou ce lancelot. Lors sault sus et vient tout a pie par la presse et voit lancelot qui auoit a son col lescu dargent a la bende noire de Bellif. Et il se congnoit moult bien et il va droit a lui puis laisse courre lancelot a ses ennemis / mais il ne treuue nulle meslee car tous lui font voye/ et lancelot les suit de pres et six destraup auec lui et leurs cheualiers tous/ mais lancelot se tient moult a fol quil a au pas tant demoure car pource cuide il auoir perdu karados oultreemēt. Si en est tant courrouce que a peu ql nen ist hors du sens.Et dist ētre ses dēs Haa messire gauuain trahy vous ap. Quant karados voit que toutes ses gēs sen fuyent il nose plus demourer aincois sen va par vng a drectement de la forest quil sauoit moult bien: et lancelot picque apres lui des esperons car il ne le voulsoit point laisser ains fuist apres. Tant a suy karados et lancelot chassie quilz sont venus a la forest bien vne demye lieue auant. Et lors est moult courrouce lancelot de ce quil ne la attaint. Et karados est tout hōteup de ce quil a tant suy sans retourner car il scait bien que lancelot est maindre et mais cor su que lui et que nul ne vient apres lui pour le

rescourre. Si nest nul homme qui les veist ai si qui nen tenist karados a hōny. Lors retourne karados et lancelot lui court sus si se entredonnent de grans coups sur les heaumes si tous sont estonnez et les peulx leur estincellēt en la teste/ si que les cheuaulp les ont portez tous estourdis. Lancelot alloit par deuers le chasteau/ et karados alloit arriere. Et quant il appercoit quil se eslongne de son chasteau il sen va oultre lancelot. et se tourne au t e part au deuant.Et lancelot iure qñ ne sen ira pas ainsi et adonc karados hausse son espee et fiert sur lautre espee qui estoit au heaume de lancelot si durement que a terre le fait tumber et du coup quil ferist fut lespee coupee iusqs au millieu. Et lancelot se fiert si fort que au millieu du heaume le trenche et se hausbert lui desmaille si que le sang vermeil en court a terre et dist a karados. Pour neant auez abatue lespee q iamais bien ne vous fera ne vous ne auēdrez ia ou elle est pour tout le royaume de logres.
Eluine respont mot ains sen va tant que le cheual le peut porter. Et lancelot lui dist. Sapāt mauuais pour quoy fuis tu. Il ny a cy que moy et toy et tu laisses icy ci saint toy espee. Fais comme vassal si retourne et la prens par conuenant que lun de nous deup ne sen retourne deuant que lun en soit oultre Celui na du retourner nul talent si ne lui respont riens aincois sen va tant comme il peut: et tant quil vient hors de la forest. Et lors il voit son chasteau appertement et ses gēs estoient ia estrez dedēs et estoiēt sur les murs montez pour les gēs du roy quilz vroiēt venir. Et karados vient sus pāt vers le chasteau. Quant la gaitte voit q se seigñr est pres il euure la porte. et quāt les dip cheualiers voiēt le cheualier seul qui tenoit karados de si pres si sen merueillent car trop lui baisse souuent de grans coupz et lui met son espee au heaume: si lui est epire en plusieurs lieup: et lui mesmes se besse sur le col du cheual. Et tāt la epire lāce. q plus nen peut souffrir. Si iecte son escu derriere son dos pour soy couurir. Quāt lāce. le voit si approchier de la porte ou les dip cheualiers sōt si a moult grant paour quil ne le perde. Lors traict de son cheual tant comme il en peut traire. Si a tant esperōne qil peut a lescu karados

p.iiii

premiere

a toucher. Il boute maintenant lespee eu foureau puis saisit karados par lescu et se tire si durement a lui quil senuerse sus larson de derriere et karados laisse lescu aller si ql demeure a lancelot es mains et il se laisse cheoir et embrasse karados parmy les flans a deux bras si ql tire a lui tant quil peut mais il ne se peut mouuoir/et celui qui de tous les cheualiers estoit le plus grant sefforce et lancelot le tiet car il ne le veult mie laisser et karados le tire a lui si durement que toutes les veines du corps lui estendent et la sueur lui court contre val le corps et entremessee du sang qui de son corps chiessoit. A celle angoisse tire a lui lancelot et tant sefforce karados que en son seant est reuenu et au tirer quil fist esrache lancelot des arcons de telle force que il volle derriere lui et il sembrasse a cesse angoisse sicome le compte mesmes dit puis lui souuint de monseignr gauuain qui estoit sailli derriere lui tout arme. Quant il se fut combatu a lui au port de lisse perdue. Ainsi emporte karados lancelot sur son cheual, les cheualiers iectent les glaiues a terre pour lui occire mais tous trop ont failly a luy si les emporte le cheual grant alleure et se fierent parmy vne posterne estroicte si recloist aprez eulx tout maintenant et tout ce fist ladamoiselle qui tant ayma monseignr gau. et lui auoit aide/ainsi sont venues deuant la tour et quant karados cuide aller a terre si ne eut mie loisir, car il ne se peut estendre de lancelot et il fut fort a grant merueilles il se deteurt tat quil fut moult blesse si sont eulx deux vollez a terre et karados cheu dessoubz eulx car trop estoit grat et gros et pesat. lanc. saillit sus premierement si tira son escu a lui et iecte sur sa teste et trait son espee puis court sus a karados q se releuoit a moult grat peine et ainsi quil se leuoit lancelot lui cuide coupper la teste mais il faillit car lespee ferit trop bas et ce fut sur la destre espaulle et lui treche iusques en leschine. A tant retire lacelot son espee et carodos se relieue a grant peine. si tire lespee mais il na post descu si met le corps en auanture et lancelot lui court sus moult visteement et lui donne de moult grans coups et tant a dure la meslee entre eulz deux que chascu a perdu beaucoup de sang mais trop est plus empire karados q lancelot/et lancelot se donne garde quil ne se pregne aux bras et aux mains car trop se sent fort. en telle maniere se combatent les bons cheualiers tant que karados ne peut plus endurer si comence a guenchir ca et la et lancelot le tient moult couart. Lors est venue la dame aux carneaux de la tour en hault si voit ce que moult a desiree et prise tant lancelot en son cueur car oucques mes ne vit cheualier quelle prisast tant de la moytie et se merueille sur toute riens de la grant force dont il est plain si a il tant perdu de sang que bien il deust estre a lentp. Quant karados voit que il ne peut plus durer si vint aux degrez de la tour car il la cuide trouuer ouuerte mais il y faillit. Lors veult saillir a terre par la defaulte des degrez mais lancelot lui est venu au deuant qui lui reprouche sa couardise tat que celui est reuenu a val. lors comence a trembler trop durement si lui esuanouist le cueur pour le sang donc il a trop perdu. il se estapupe au mur pour son alaine reprendre et lancelot lui court sur qui le cuide ferir et celui guechit et le coup descendit sur vng des pas du degre si duremet que son espee se brise en deux moitiez karados ne vit mie lespee brisee/et lancelot lequel ne tient que la moitie de son espee la boute au fourreu dessoubz son escu et fait semblant de reprendre son alaine et maintenant vopt lups de la tour que sa damoiselle ouurit si lui monstre la plus belle espee du monde et puis la met sur le degre au plus copement que elle peut et lancelot fait semblant quil vueille a karados venir si lui guechit karados le plus q il peut le cri est leue si grat entour le chasteau que len neust pas oup dieu tonant. Si sen va tout copement sur le degre ou la bonne espee estoit mise que la damoiselle y auoit apportee, il met la la sienne et prent la bonne espee le plus copement quil peust oncques et la met soubz son escu tout aussi come celui fait qui se deduict a la bataille si sen tient la damoiselle a sage et a courtoys. Maintenat descet lancelot du degre et court sus a karados et celuy guechist aux coups et lancelot lui iecte vng coup au bras dot il tenoit son espee si le fiert si duremt que a tout le bras lui fait voler lespee a terre et celui iecte vng cri trop grant si que de

partie

vne partie de ses gens fut oup̃ mais ilz ne peu
rent mettre le pie au belle car la posterne estoit
bien fermee. Karados sault sus le degre et lan-
celot le suyst de moult prez. Et quãt karados
voit la piece de lespee qui demouree fut illec si
sen merueille: et lancelot lui court sus et lui iec
te vng grant coup et celui se reculle si a lespee
congneue. Et dist a lancelot. Haa sire celle q̃
plus aimoie que moy ma donne la mort. Et ce
dist il pour sa damoiselle qui de lespee le auoit
trahy, car il sauoit bien quil ne pourroit mou-
rir de autre armure que de celle espee. Si la-
uoit baillie a ceste damoiselle a garder, car il
ne so soit porter que autre cheualier ne sa cõ-
ge̊ E biẽ tourne grant erre a vne fosse qui estoit
dessoubz la tour en laq̃lle estoit lentree de la
chartre ou monseigneur gauuain estoit. kara-
dos vouloit aller en sa chartre pour mõseig-
neur gauuain occire, et portoit en sa main la
brisleure de lespee a lancelot quil auoit prins se
sus le degre. La fosse auoit de parfont deux
toises et karados saulst aual et au saillir q̃l fist
il brisa sa destre cuisse, toutesuoies se releua a
grant peine et vient a luis de la chartre si a cõ-
mence a desfermer. Quant lancelot le voit si
scait bien que pour neant ne la desferme il pas
Il se seigne de sa main destre et se lance apres
lui. et karados se pasme pour langoisse de sa
cuisse et pour le sang quil auoit perdu. Et lan-
celot ne y attent plus ains iete lespee de grant
air et lui fiche au ventre et le iecte au fons de la
chartre.

Ainsi se deliura lancelot de karados mais
ançois lui eut la teste couppee. Quant
monseigneur gauuain loupst si se merueilla
moult que cestoit, car nul ny estoit venu puis
q̃l p̃uint. Et non pourtantil ne dist mot et lã-
celot regarde a la fenestre qui par duers le iar
din estoit. Et ansi a incontinent le pillier et
monseig̃r gauuain dessus: mais il ne sceust
pas que se feust il. Et lors lui demãda qui est
cela. et q̃ estes vo' fait messire. gau. A ce mot cõ
gnoist lancelot monseig̃r gauuain et lui dist
Haa beau doux cõpaignon beau doulx amy
estes vous cy. Monseigneur gauuain cognoit
bien lancelot a la parolle, mais il ne peut croire
vraiement que se soit il. Si lui demande Si
re qui estes vous qui amy me clamez et me ap

pellez compaignon Ie suis fait il lancelot du
lac. Certes fait il alsi le croy ie seurement: car
nul ne pouoit a moy auenir sinon lancelot. A
ce mot sault la damoiselle de leans et apporta
vne eschielle si la uala en la fosse et dist a mõ
seigneur gauuain q̃l viegne hors. Quãt mõ-
seigneur gauuain ost la parrosse de la damoi-
selle il la congnoit bien: si lui chiet aux pies et
lui dist. Damoiselle a vous me rens et vous
faiz don de moy et de mon pouoir aussi vraie
ment comme vous mauez de mort gaiãti Ap
compte a lancelot la bonte q̃lle lui auoit faicte
Et lancelot issit de la fosse a tont la teste de ka
rados en sa main. Et mõseig̃r gauuaĩ se sei
gne de la merueille quil en a: et lui tarde de sa
uoir la verite de ceste chose comme elle est aue
nue. Mõseig̃r gauuain se loe de la damoisel-
le et lancelot encores plus et dist que par lespee
q̃lle lui donna la elle de mort garanty et moy
et vous. Maintenant la damoiselle arme mõ
seigneur gauuain et dist q̃lle iroit parler aux
cheualiers pour les esprouuer et pour sauoir
se elle les pourroit appaiser et lancelot lui dist
que ia pour eulx ne lasseroit a y aller: car ilz
sont assez puis quilz sont deux ensemble. La
damoiselle a ouuerte la porte du belle si treu-
ue cheualiers et sergãs assez: si leur compte la
verite, et leur dist. Vous estes tous mors se
vous ne vo' rẽdez et vous ne criez mercy aux
cheualiers qui leans sõt car le roy artus a as
siegie ce chasteau: et se vous estes prins par for
ce vo' serez tous liurez a mort. Quãt ilz oyẽt
ce si viennent a monseigneur gauuain et a lan
celot et ilz leur chient aux piez mais ilz les ont
amont leuez et les prennent a garantir contre
tous hommes. Et la damoiselle dist aux che
ualiers quilz voisẽt amener les autres deux
prisonniers et ilz les amainent: mais le duc de
clarence estoit moult blece: et monseig̃r puain
encores plus. Grande fut la ioye que monsei
g̃r gauuain fist a ses compaignons et amis
et eulx a lui. Quant ilz le congnoissent si ar
mẽt les deux compaignons et lancelot vint a
la porte si leuure et a lassault qui estoit ia mene a st.
Lancelot vint hors lui et ses compaignons et
la damoiselle auec ceulx de leans q̃ apportẽt
les clefz au roy artus et lancelot apporte la teste
de karados qui moult estoit grosse. Quant

il vint deuant le roy si seagenoulle et lui tiet la teste de son ennemy et tous ceulx qui la voy ent en ont hideur. et monseigneur gauuain dit au roy si lui compte de la douloureuse prison ou il auoit este mis et monseigneur puain et le duc de clarence remuerent leurs playes dont ilz auoient assez et dient que ilz ont par lancelot este tous deliures et quil nest nul cheualier fors lancelot. Il nest mie a demander se boort et sponnel en eurent ioye/ et vindrent a pie eulx deux iusques au tref du roy. Grant ioye fist le roy des deux barons: et lancelot dist au roy et lui dist. Sire veez cy vne damoiselle Vaillante et sachiez que ie feusse mort se ce ne feust telle et vostre nepueu aussi et ie vous pry cõe a monseigneur que vous lui octroyez vng don qui gaires ne vous coustera. Se il me de uoit fait le roy couster la moitie de mõ royaume si luy donne ie. Grant mercy sire fait il: et scauez vous quel don vous lui auez donné. Nẽ nil fait le roy se vous ne me le dictes. Vous lui auez donné fait lanc. cest chasteau car elle la moult bien desserui a nous garantir si len reuestez orendroit. Ce mest beau fait le roy et ie len reuestz maintenant/ et elle se agenoul le deuant lui et lui en baise le soullier. Celle nupt fut fait le mariage de elle et de melliãt le gay/ car moult desiroit a auoir le chasteau pource q̃ maint mal lui auoit fait/ le roy luy donna toute la terre quil tenoit et des lors fut le chasteau appelle la belle prinse. Apres sou per sen vient la damoiselle morgain a lancelot si le semont de sa promesse acquicter et il dit ql la quictera voulentiers/ il vint a la damoiselle du chasteau et lui demande ses armes et elle les luy baille. Le roy estoit couche en chasteau car moult y auoit belle maison. Quant lancelot fut arme il mãda monseigneur gau. mais il ne manda pas gallehaut ne sponnel car il scauoit bien quil ne leur eschaperoit pas au mains que gallehaut ne voulsist aller a uecques lui/ et quãt monseigneur gau. fut venu si lui dist. Sire ie vous ayme moult et vous moy ce scay ie bien ne il nest riens que ie ne vo9 deisse sans moy messaire. Il est vray que il me couient aller en vng lieu par ma promesse si dictes au roy que ie ne vois si non en bon lieu et dictes a gallehaut q̃ pour dieu il ne se cou

rouce pas de ce que ie menvoys sans son congie De ce est monseigneur gau. moult amalaise et lui prie pour dieu que il ne voise mie sans luy se il en a mestier/ et il dit ql nen a nul mestier/ mais saluez tous ceulx qui de moy se demen teront. A tant se departent lung de lautre: si sen va lancelot en sa prison/ et monseigneur gau. dist au roy et a gallehaut ce que lancelot luy comanda: et quant ilz oyent la parolle si sont tãt dolens que leur ioye tourna en douleur et dient tous que monseigneur gau. fist grant sim plesse quant ainsi le laissa aller. Seigneurs dist monseigneur gau. ie ne len pouoye destour ner sans moy messaire puis quil le me dist a cõseil. Moult est monseigneur gau: blasme pour lamour de lãcelot/ car il ny a celui qui ne en ait paour grande. Au matin sen partit le roy et cheuaucha tant quil vint a londres tout do lent et quãt il y est venu si est la court si trou blee que nul ny fait ioye/ mais cy endroit ne y se plus le compte du roy ains retourne a lan celot du lac

¶ Comme lancelot retourna en la prison mor gain. lxv.

L E compte dit que quant lancelot re uint en sa prison morgain mist tou tes les peines quelle y peult mettre pource quelle peust auoir laneau de son doy mais oncques ne sceut tant faire que elle se peust trouuer a point ne pour menas se ne pour priere. Une nupt luy donna a boi re telle chose qui le dormit fermement et apres lui osta laneau du doy et lui mist le sien qui assez lui ressembloit si cõme vous orrez ca en arriere/ et depuis que morgain lui eust emble lanceau lui mõstra elle maintesfoys pour sca uoir sil sen apperceuroit car elle cuidoit q̃ sil se apperceuroit vne fois que il ne feust q̃ pissist hors du sens. Quant elle lui eust mõstre par maintesfoys et elle vit quil ne sen apperceuoit mie si fist vne des plus grandes desloyaultez qui oncques fut faicte par femme et si orrez com ment elle print vne sienne pucelle si lenuoya a la court au roy artus et lui enchargea telles parolles comment vous me orrez cõpter.

L A damoiselle vint au roy qui encores es toit a londres et attendoit pour scauoir se il orroit nulles nouuelles de lancelot/ et si toit auecq̄ le lui gallehault et lyonnel et maint autre compaignon de la table rōde. Celle s'en vint deuant le roy artus et le salue de par lan celot du lac: puis lui dist quil lui mandoit paroles par elle. mais elle Voulloit que tous ceulx et toutes celles de leans les ouyssent. De ces nouuelles ot le roy moult grant ioye. Si enuoie querre gallehault tout premierement et tous les autres barons apres. et aussi mande a la royne quelle Viengne et quelle amaine toutes ses damoiselles. Quant tous et toutes furēt Venus/si dist la damoiselle au roy Sire aincois que ie Vous die ce que lancelot Vous māde ie Vueil que Vous me creanciez que ie ne auray garde de nully: car ie ne scay se iay apporte nouuelles qui ennuiēt a homme ne a fēme qui ceans soit. Et le roy la asseuree moult Voulentiers. Si dist la damoiselle. Sire lancelot Vous mande salut comme a son droicturier seigneur/et a tous ceulx qui de la table rōde sont compaignōs en priāt q̄ sil Vous a riēs meffait que Vous lui pardonnez car Vous ne le Verrez iamais ne nul quil le congnoisse. A ce mot monte le roy au palais et plus ne escoute le surplus. Il est assis emprez la royne et se pasme. Et gallehault sault sus qui tant estoit angoisseux que a peu quil ne ist hors du sens: dist a la damoiselle. Dictes moy comment il est sans riens celler mais la royne ny ose plus demourer car elle se doubte trop des mauuaises paroles ou pr'. Et quant la damoiselle le Voit aller si dist que plus ne partira se nul se se depart. Le roy a⁴ fist la royne retourner a grāt priere Et la damoiselle dist au roy. Sire il fut Vray que lancelot reuenoit de la douloureuse tour quil fut naure dun glaiue par my le corps. De celle plaie fut si mallade que il cuida bien mourir sās confession. mais toutesfois fut il confesse sa mercy dieu Et lui fut chargie en penitance quil se feist confez oyans tous ceulx de Vostre maison ou par sa bouche ou par autruy et il me requist pour dieu que ie fisse ceste Voie pour lui. Si Vous mande tout auant qui ses sires estes que Vous ne le Verrez iamais ne nul de cy soit car il sen Va en tel lieu ou nul ne le congnoistra/ne iamais escu a son col ne portera: mais il Vous prie comme a son seigneur que Vous lui pardonnez la grant des

loyaulte quil a faicte Vers Vous de ce q̄ Vous a trahy de Vostre femme qui cy est/car il s'aymoit par amours et aussi elle lui.

A ce mot sault lyonnel sur pies, et court sus a la damoiselle et l'eust fait mourir sil eust peu/mais gallehault qui moult Valloit sault a l'encontre qui bien congnoissoit lardeur de son courage si le prent entre ses bras et lui prie quil laisse dire a la damoiselle sa Voulente car le roy lauoit asseuree. Et il dist q̄ tāt sache elle bien que sil la peut aux poiz tenir ia ne lui seroit garant ne roy ne royne quil ne la honnisse du corps a tousiours mais. Sire dit elle au roy, il m'est auis q̄ Vous me serez mauuais garant. Damoiselle fait gallehault Vo⁹ nauez garde moy mesmes Vous pren en garde auec monseigneur le roy encontre tous hōmes. Mais dictes tout seurement: et qui croire Vous Vouldra si Vous croie. Cāt a fait gallehault q̄ lyonnel se assist et la damoiselle dist au roy Sire ainsi le Vous mande lancelot commēt Vous ouez et a Vous qui estes compaignōs de la table ronde māde par moy que Vous ne facez iamais honte a Vostre droicturier seigneur. Et pource q̄ l'en sache q̄ par la bouche de lancelot suis ie Venue icy ie diray telles ēseignes q̄ bien pourront estre creues/car il dist a moseigneur gauuain certainement quant il partist quil ne iroit en lieu dont il deust auoir paour de lui Encores apporte ie cy autres enseignes qui bien sont apparissans. Dame fait elle il Vous enuoie ceste aneau par quoy Vous lui dōnastes Vostre cueur et Vostre amour. Si lui iecte l'anneau en son geron. Et la royne se sleue et dist. C'est aneau congnois ie bien/car ie donnay l'aneau a lācelot et toutes mes drogueries et bien Vueil q̄ Vous tous et toutes le sachez q̄ ie lui donnay cest aneau comme loyalle dame a cheualier Et Vous dame fait elle au roy ie Vueil bien que Vous sachez que ie donnay a lancelot l'amour q̄ ceste damoiselle dit. Et ie congnois tant la haultesse du cueur de lancelot que oncques ne le dist/ains se laissa traire la langue mais il est Voir q̄ lancelot auoit tāt fait pour moy ie lui dōnay mō cueur et tout ce que ie pouoie donner a cheualier et se il feust qui me requist damours q̄ force ou Villennie lui fist faire iamais par moy nen fut escōdis et qui voulôra si men blasme, car cest blasme est sans cõfort, et q̃ feust sa dame eu mõde se lancelot eust tãt fait pour elle cõe il a pour moy qui sen eust escondit quãt il faisoit ce que nul hõme terrien ne pouoit faire. Lancelot p̃ sa proesse en ung iour vous rendit terre et hon neur et vous mist a vos piez gallehaut qui cy est quant vous estiez au dessoubz de luy, lan celot me cõquist par sa prouesse la ou ie feuz desloyaulmẽt iugee a mort et a destruire et lancelot cõquist auant hyer le chasteau de la doulourouse tour et occist le meilleur cheua lier du monde et le plus fort et deliura mõsei gneur gau. de prison et iecta monseigneur .y. et le duc de clarence et misten fuyte dix cheuali ers que nul ne osoit attendre, lancelot cõquist et occist a Karamalot les gayans que nul ne o soit attendre. lancelot estoit le non pareil de tou les cheualiers du monde, il a toutes les bon nes taches que dieu fist oncques. lancelot estoit doulx et amiable a tous et plus beau que nul lancelot auoit passe tous les cheualiers q̃ on ques furent nez de mere, par mõ chief ie le ose bien dire deuant tous ceulx de ceans que tout ainsi cõme lancelot osoit dire fieres paroles et plus haultes que nul aultre tout ainsi o soit il entreprendre plus haulx faiz et estoit plus fier que nul, se ie ne cessoye iamais de p̃ ler de lui ie ne pourroye mie racompter les bi ens qui en lui sont: et sachent bien tous ceulx de ceans que se ie lamoye de villaine amour a moy ne chaulsist mes sil estoit mort, ie vou droye quil feust de moy et de luy quãque ce ste dist par couenant quil feust sain et haictie ceans.

Ainsi parla la royne si doit bien le roy que elle en est: moult couroucee et dist. Da me laissez ester ceste parolle, car ie sçay bien q̃ lancelot onques ne auint a ce que ceste damoi selle en a dit ne moy ia ne vous en mescroyray mais se lancelot estoit ceans aussi cõe il a este aucunesfois il ne pourroit faire mesprison nul le donc ie lui sceusse malgre, mais de la villei nie voirement me peseroit il: et bien sachent tous mes amis que ie voul droye quil vous eust es pousee a femme se a lung et a lautre plaisoit par couenant que ie eusse sa cõpaignie toult mon viuant. Ainsi est le roy deuers la royne

et bien la croyt. Lors est la royne moult dolen te, et la damoiselle demande au roy cõgie car asser sen veult, le roy lui baille mõseigneur y uain a la conduire, si sen va la damoiselle a moult grant paour et gallehaut prẽt cõgie au roy et dit au roy que iamais ne gerra en une ville que une seulle nupt tãt quil aura ouy des nouuelles de lancelot pourtant quil soit sain le roy le baise tout en plourant et gallehault sen part de lui et va es chãbres de la royne et la trouua tel deul faisant que a pou que esse nyst hors du sens, car de la mort lancelot a trop grant paour et quãt elle voyt gallehaut si lui dist. Gallehaut or me a bien trahy vostre cõ paignon: par ma foy il est hors du sens ou il est mort, car cest aneau ne cuide ie pas q̃ nul le peust auoir, mais bien sachez que sil est vif que iamais mamour naura et sil est mort ie le compterray assez plus que luy car ie ne men conforteray iamais fors a peine et a douleur souffrir. Dame fait gallehaut pour dieu mer cy: certes vous deuez bien congnoistre sõ cueur car se il ne auoit plus de loyaulte en lui fors de celui du val auy faulx amans si ne doibt len croire nulle desloyaute de lui, et sachez q̃ iamais ne gerray en une ville que une nupt sain ne sauf deuant que ie laye trouue ou que ie sache vrayes nouuelles de sa mort ou de sa vie. Qui yra fait la royne auecques vous. Dame fait il lyonel qui cy est et elle les baise eulx deux et sen partent a tant et fors enuoye gallehaut toutes ses gens en soreloys et puis sen vont luy et lyonel et emmainent quatre es cuiers sans plus et font porter auecques eulx ung pauillon moult riche ainsi cõme ilz y sioient de londres si encontrerent mõseigneur gau. qui leur demãda dont ilz viennent et ou ilz vont et il dient quilz vont querre lãcelot ne iamais ne retourneront deuant quilz sauront se il est mort ou vif. Quant mõseigneur gau uain lentent si dist quil retournera auec eulx ne iamais ne entrera en la maison du roy son oncle deuant quil sache vrayes nouuelles de lancelot. Et quant gallehaut et lyonel len tendent si en sont moult ioyeulx. Lors sen vont tous les troys cheualiers ensemble si cheuau chent tant quilz acõsuyuent monseigneur .y. et la damoiselle. Quant mõseigneur yuain

les vit si dist quil est moult ioieulx de leur venue:car aisi ne retournera pas deuant quil ait
oupres nouuelles de lancelot:et les autres en ont
grant ioie. Et gallehault prie a la damoiselle quelle lui die nouuelles de lancelot et aucun
auoiement. Et elle dist q̈lle nen sauoit riens.
Et ou le laissaistes vous damoiselle fait spōnel. Et elle lui nōme le nom dun lieu moult
estrange ou il nauoit oncques este. Or sachiez
bien fait spōnel q̈ ie vous suiurap par tout la
ou vous irez:ne de moy ne departirez ia tant
que ie saurap dont vous estes venue. Certe
dist elle ie en suis contente car tant serap ie pl9
seure quant quatre cheualiers me conduiront
Tāt ont cheuauchie quil aues prist et qlz vienent a vne bretesche qui estoit close de fossez et
de pallis. La damoiselle entre ens et eulx ap̄s
Si leur fait la dame de leās moult grāt ioie
pour lamour de la damoiselle:mais le sire ne
estoit pas leans qui leur eust fait moult grāt
chiere si ne demouraist pas pource q̈ la dame
ne fist appareillier a mengier a grant plante
quanque len peut trouuer de bon tāt q̈ moult
seloent les cheualiers. Tādis quilz appareil
loient a mengier fist la damoiselle amener sō
pallefrop hors de leans par vng varlet q̈ son
cousin estoit si sen ala en telle maniere elle et le
varlet et cheuaucheret toute nuit tant quilz vi
drent au matin la ou lancelot estoit. Et cōp̄
ta la damoiselle a morgain toutes les nouueles du rop artus et de la ropne: et lui dist tout
oultrement quelle auoit sa voie perdue et que
le rop nen creoit riens. Mais de tous nen parle
plus le compte, ains retourne au quatre compaignons qui vont querant lancelot du lac ai
si comme vous aurez ouy deuiser.
Or dist le compte que moult se tindrēt les
quatre compaignons engigniez quant
ilz virent quilz auoient aisi perdue la damoi
selle et spōnel est marry plus que tous les autres et sil eust este seul il eust assez fait de enup
a la damoiselle de lostel:car elle leur a se dist
il tōblee. Au matin sen partirent de leās moult
dolles et moult angoisseulx:et diēt bien que se
lancelot est en prison cest la ou la damoiselle
est allee: Et lors dist messire puain q̈l soeroit
bien que tous quatre se departissent et q̈ chacun
tenist sa voie. Et ilz se p accordent tous si sen

partie

tre cōmandent a dieu et entre chacun en sa voie
Mais icp se taist le compte de messire puain et
de spōnel et retourne a parler de gallehaut si
comme le compte a deuise.

¶ Comme gallehaut se mist en queste pour
trouuer lancelot. lxxvi.

Le compte dist q̈ quant gallehaut se
partist de ses compaignons q̈l alla
toute iour sans auanture trouuer q̈
a cōpter face. La nuit geust au bois chiez vng
forestier qui le heberga au mieulx quil peut
car ses escuiers portoient aueceulx de viande
tout quanque quil leur conuenoit. Au matin
sen partist gallehaut et cheuaucha iusq̈s a mi
dy. lors vint a vng chasteau moult beau et enuoisiez:et cestoit escallon le enuoisie. Quant
il fut oultre le chasteau iusques a vne petite fo
rest q̈l vist sur destre si le mena sa voie deuāt
vne maison forte et riche. Quant il vint deuāt
la porte si vist dames et cheualiers armez a vne
carolle et font moult grant ioie. Il vist au mil
lieu de la carolle vng moult beau pin: et a ce
pin pendoit vng escu. Quant les cheualiers
et les damoiselles venoient deuant si se enclinoient ainsi comme se seust este vng sainctuai
re. De ce se merueilla moult gallehaut: il entra en la court et voit lescu pendu au pin et tan
tost congneust que cestoit lescu de lancelot q̈ il
auoit porte hors de londres quant monseignr̄
gauuain fut pris Il sa incontinent celle part
et encontra vng vauasseur entremesse de chai
nes qui lui dist. Sire vous sopez le bien venu.
Et gallehaut lui rent son salut et lui demande pour quop ces gēs font telle ioie de cest escu
Et le vauasseur lui respont. Sire pource q̈ il
fut au meilleur cheualier du monde q̈ deliura
ce chasteau de la plus grant douleur q̈ se vist
ōcques. Puis lui compte commēt les tenebres
p auoient este et commēt lancelot p auoit ame
ne la clarte par sa prouesse et puis lui dist Si
re auant hier nous vindrent nouuelles que il
estoit mort: si en a puis este ce chasteau en telle
doulleur q̈ oncq̈s puis ny eust homme ne fem
me qui ioie menast. Mais hier au soir fut cest
escu apporte ceans pour nous conforter Si
en faisons telle iope comment vous pouez ve
oir. Lors sapproche galle. et loste du croq la ou
il estoit pendu et le baille a vng de ses escuiers

Et le vauasseur sault auant et lui dist. Sire cheualier comment en cuidez vous ainsi cest escu porter. Ouy fait gallehaut voirement lemporteray le ou ie mourray auant. Et au mourir fait le vauasseur serez vous tantost venu car ceans a quarante cheualiers dont chascun le defedra a son pouoir, et toutesuoies emporte gallehaut lescu et sen va tout son chemin tant qͥ il approucha de la forest et quant il fut empres il regarde derriere lui si voit venir iusques a dix cheualiers armez sur leurs cheuaulx. Et quant lescuier gallehaut les voit venir si ont grant paour de leur seigneur, et quant le premier cheualier fut prez si escria a gallehault moult fierement que mal bailla cest escu. Et quant gallehaut le voit venir si lui tourne le cheual et fiert le cheualier tel coup sur la boucle de lescu que pour lescu ne demeure que du haubert ne fende les mailles si lui coulle le fer parmy le piz si quil passe oultre plain pie et plus si vollie mort des arcons a terre. Et lung des escuiers dist a gallehaut. Sire or me faictes cheualier et ie vous aideray le besoing en est moult grant car euers tous ces cheualiers ne pourriez vous durer. Tais toy fait gallehaut ce ne voul droys ie auoir pense pour nulle chose que ie te feisse cheualier a tel besoing, car ie te feray cheualier se dieu plaist a grant honneur car moult bien las desserui et ce sera par temps se dieu plaist et nayes ia doubte de moy ie cuide que tu me verras si bon cheualier que oncques ne fut si bon, a tant tire son glaiue du corps au cheualier mort et se adresse a vng aultre quil voit venir si lauise moult bien et le fiert si durement sur la boucle de lescu qͥ a pou que toute sa gorge ne lui a couppee et celui chiet si estourdy que a nulle chose nentent puis laisse courre aux aultres sicome ilz viennent en route: si en laissa quatre gisans a terre de vng glaiue et il laisse courre a tous les aultres sicome ilz viennent et en abat aussi de deux glaiues huit, et lors en sont tant venus entour lui quilz sont iusques a quatorze sans les huit qui sont abatuz: si courēt sus a gallehaut de toutes pars et lui donnent de grans coups la ou ilz le peuent attaindre et il tire lespee si leur rent si grant retour et si grant meslee que plus les blesse quilz ne font lui, car il

ne pa si forte si vertueup se gallehault le vaataignant de droit coup quil ne se porte a terre de son cheual ou il lui donne tel coup quil se estonne. Longuement se deffend gallehault tant que vng cheualier vint a la meslee qui le ferit sur la mamelle destre de si grant asseure cõe il vient, si fut moult fort le cheualier et le fer fut cler et trenchant si auint quil le trouua a descouuert et rompit le haubert et faussa les mailles et le attaint si durement que parmy le piz lui passe le fer trenchant si que des deux pars du corps lui rape le sang mais oncques pour sa force du coup ne pour langoisse de la playe ne se peut mouuoir des arcons. Quãt gallehaut se sent ainsi naure si laisse courre a tous les cheualiers et se abandonne plus a eulz quil nauoit fait deuant, car bien cuide estre a mort naure. Tant a feru a destre et a senestre que son espee en deuient toute senglãte et son bras iusques au coute. Lors vient a taignant celui qui le coup lui auoit donne et le ferit si durement eu heaulme que il sui est volle a toute la teste a terre etre ses piez des cheuaux et puis laisse courre gallehaut a tous les aultres si les a moult esmayez car plus le treuuēt vertueup et hardi quilz ne faisoient deuãt Ainsi les maine gallehaut par son grãt cueur adonc est venu a lui le vauasseur qui a lui auoit parle en la court ou il print lescu. Et qͥt il voit le sang qui a gallehaut yssoit du corps si lui en print moult grant pitie pour la grãt proesse quil auoit en lui veue il point deuant tous les aultres cheualiers si les fait tirer arriere et dist que mal fut lescu fait, car se il valoit vng royaulme si ne vouldroit il pas que vng tel cheualier come cestui est en fust occis Maintenant a a gallehaut bendee sa playe et fait retourner ses cheualiers puis dist a gallehaut et le coniure de quanque il peut par la chose quil ayme plus quil lui die comment il a a nom et il dit quil a a nom gallehaut Quãt il a oup son nom nommer si comence a ferir de lung poing en lautre et faire trop grant deul et dist. Haa dieu comet ores suis mort quant par mes gens est naure le meilleur cheualier du monde et le plus preudomme. Sire fait il pour dieu quil vous plaise a demourer en ce chasteau tant que vos playes soient garies, car ie scay bien que vous avez droit a lescu et nous tort car plus apmez vous le chevalier a qui il fut que nul de nous ne fait. Et cest chasteau est vostre a faire quanque il vous plaira car lancelot nous deliura de sa grant douleur ou nous estions, & en grant ioie nous mist. Ie ne demourerap pour nulle chose fait galsehaut: mais pour dieu dictes mop se vous sauez riens de lancelot ou de sa mort ou de sa vie Certes fait le Bauasseur sen nous dist que il estoit mort: mais or sauons nous bien quil est vif, & ne sauons ou il est. De ces nouuelles est gallehaut moult ioieux: puis prent de sui congie & sen part & cheuauche sas & trauaillie iusques a basses vespres tant quil est venu a vng couppeiz. Lors a oupes vaches qui deuant lui estoient. Il cheuaucha tant quil vint la: si salsue les vachiers qui estoient vestus de robes de religion si leur dist. Mõstrez mop lun de vous sa maison dont vous estes: & ie vous donnerap ce q̃ vous vouldrez. Et lun dist q̃ lui mõstrera vous lestiere, si le maine auant tant q̃ la porte lui a monstree. Et gallehaut bien si fait appesser a la porte. Et sen lui oeuure incontinẽt si le recoiuent liement & lui font moult grant honneur. Leãs auoit vng rendu qui cheualier auoit este si sauoit moult de plaies garir. il se entremist de gallehaut moult doulcemẽt. Et quãt il eut sa plaie tastee & cerchiee: il dist que sil souffroit seiourner il le rendroit sain & haitie prouchainemẽt: & napez pas paour de mourir: car ieuous cuide bien garir a laide de dieu. Ainsi a trouue gallehaut secours de sa plape: Mais cy endroit ne parle plus le compte de lui si retourne a monseigneur gauuain.

Comme messire gauuain se partist de galsehaut & de lyonel pour querir lancelot   lxxvii
LE compte dist que quãt monseignr gauuain se fut party de ses compaignons il cheuaucha tout le iour sãs auanture trouuer qui a compter face, & lendemain aussi. Au tiers iour se leua matin & fut a vng samendi puis cheuaucha iusq̃s a nõne que onques riens ne trouua. Lors vit a lentier de vne chaussee vng cheualier sur vng marestz. Le cheualier estoit arme de toutes armes si contredit a monseigneur gauuain la chaussee. Et il dist que ia pour lui ne y laissera il a

passer. Et celui dist que si fera. Le cheualier estoit a lentree de la chaussee arreste, & monseignr gauuain lui laisse courre. Le cheualier brisa sa lãce, & messire gauuain le fiert si durement qͥl se porta a terre: et celui iectevng cry et fait semblant quil est pasme: vng petit apres si parla & dist. Haa sire pour dieu ie vous clame quitte le passage, mais faictes tant pour dieu q̃ vous me rendez moncheual: car ie suis si blecie que pour nulle chose ne men iroie ie a pie. Monseigneur gauuain descent & atache sõ cheual avng arbre & aide au cheualier a. monter. Quant il leust mõte & il alloit pour prẽdre son cheual le cheualier lui laisse courre et le fiert si durement du pis de son cheual quil labata terre tout estendu. Lors sault sus mõseigneur gauuain moult distemẽt & court sus au cheualier tout a pie: et il met sa main a lespee: mais il ne lattent pas ains sen va courãt: & messire gauuain sault sus son cheual et iure q̃ mort est sil ne lattent. Le marest estoit durement sechie pour leste quil faisoit & les creuaces du marest estoient grandes si ne les auoit pas aprinses le cheual de monseigneur gauuain. Il cheut en vne creuace si felõneusemẽt q̃ a peu que le cheual & monseigneur gauuain ne furent tuez.

LE cheual chiet et mõseigneur gauuain soubz son corps: si est blecie moult fellõneusement. Quant monseigneur gauuain se sent a terre si en est moult courrouce. Quant le cheualier qui sen fupoit voit monseigneur gauuain a terre si retourne arriere & lui va par dessus le corps tout a cheual cinq ou six fois: si que par vng peu quil ne la tue. Ainsi comme le cheualier foulloit messire gauuain il auint que vng autre cheualier venoit par vne autre voie. Si assembloit celle voie a la chaussee ou celui estoit. Celui auoit bien veu le cheualier fupr quant monseigneur gauuain le chassoit & si auoit bien veu monseigneur gauuain a terre qui ne se pouoit releuer: & si auoit bien veu comment celui le courust deffouller: si en eut grãt deul, car cestoit grant recreantise. Il picque le cheual des esperons & mõseigneur gauuain estoit ia releue & son cheual redrecie q̃ le cheualier en menoit. Et celui lui escrie quil mourra sil latteint. Et quãt celui le vist venir il eust moult grāt paour si laisse le cheual aller ⁊ sen sen tourne sup̄āt tāt cōme le cheual le peut por ter. Quāt le cheualier le voit fuir et voit q̃ at taindre ne le pourra si prent le cheual ⁊ puis le remaine a monseigneur gauuain si fait vng deul grāt et merueilleup/ quant il la cō gneu si le prent entre ses bras et le lieue a bien grant peine et puis lui demāde tout en plourāt se il estoit blesse iusques au mourir. et mōsei gneur gauuain le regarde si voit que cestoit monseigneur puain. Nēnp fait il beau doulx cousin ie gariray moult biē se dieu plaist. Mō seigneur puain le remōte a quelque peine sur son cheual et sen va costoyant au long de luy et le soustiēt. si ont tant alle quilz viennent a vng cymetiere et treuuēt vng hermite a coutes et a genoulz: et quāt il les voit venir si se dres se et laisse a dire ce quil disoit et les sallue si tost cōme il les voit/ et mōseigneur puain lui dist. Frere enseignez nous pour dieu ou ce che ualier pourra trouuer hostel. et il lui dist q̃ le hebergeroit voulētiers puis quil est mala de nous le deuōs faire/ venez apres moy et ie vous meneray en tel lieu ou il sera bien aise tant que dieu lui dōnera bōne garison. Ainsi sen va le preudōme deuāt ⁊ mōseigneur. p. lui dist. Sire mōtez car ce ne seroit mie raison q̃ vous allissiez a pie et nous a cheual et il dist quil ne mōteroit iamais sur cheual se grāt be soing ne lui sourdoit

Ainsi sen vont tant que a vng hermitage sont venuz si recueillent monseigneur gauuain a moult grant ioye/ ilz n'estoient le ans que deux freres. Quant ilz ont mōsei gneur gau. desarme et couche si le vient veoir vng prestre qui estoit maistre de eulx si lui cō menca a demander. Sire cōmēt auez vous a nom et il se nomme. Certes fait le preudōme ie ne vous tiēs mie a sage quant vous cheuau chez a si hault iour tout arme et bien sachiez q̃ il ne vous en peut ne ne doibt nul bien venir et toutes gens sen doiuent garder pour lamour de la mere dieu. Monseigneur gauuain se ac corde bien a ses parolles et dit que iamais ny cheuauchera quil puisse se si grāt essoigne ny auoit quil ne le peust laisser sans soy honnir. Si demeure auec lui a tant monseigneur. p. car oncques ne le voullut laisser/ si sen taist a

tant le compte et de lung et de lautre et retour ne a parler de gallehaut et de lyonnel.

¶Comme vne damoiselle monstra a lyonnel son cousin lancelot lequel estoit en la prison morgain

Le cōpte dit que celui iour que gal lehaut fut naure vint lyonel si cō me auāture laportoit chiez vng vaua seur a mains de sinq lieues pres de la religiō ou gallehaut gisoit naure. Celle nupt fut ly onnel bien heberge mais de ce quil queroit ne trouua il riēs/ et au matin print lyonnel de son hoste congie et lui demāda ou il pourroit ouir messe. celui dist quil le cōuoyeroit iusq̃s ou il la pourroit ouir si le maine iusques a la maison ou gallehaut estoit et ouit leans mes se. si lui demāde vng des freres de leās. Si re dont estes vous. et il dist de la maison du roy artus et celui lui dist. Sire il y a ceans vng cheualier naure qui moult est preu et le gregnieur que ie oncques veisse. Et lyonel en tent biē que cest gallehaut si demāde se il pou ra garir et ou il fut naure. et celui lui compte la verite de ce scu sicōme les escuiers gallehaut lui auoient dit et lui cōpta quil garira bien si cōme vng des freres de leans dist. Quant ly onnel entent quil ne mourra pas si en a bien grant ioye et le veult aller veoir/ et apres se pē se quil ny ra pas/ car il n'a encores fait nulle proesse en ceste queste si en auroit honte: il se de part du preudōme et le cōmāde a dieu si sen entre en son chemin et lors ist de vne haulte fo rest et entre en vne basse brosse et cōmence a pē ser a lancelot et en ce penser lui viēnent les lar mes aux yeulx et lui courent aual la face. et lors aduint chose quil encontra vne damoisel le faisant trop grant deul a desmesure: il lais se son penser pour le grāt deul quil oyt que cel le faisoit si la salue et elle lui tout en plourāt Damoiselle fait il pourquoy faictes vous tel deul/ et vous sire fait elle pourquoy plourez vous vous. pource fait il que iay droit/ et moy fait elle encores gregnieur/ certes fait il sil y a au tant de droit en vostre deul cōme il y a eu mie vous n'estes pas a blasmer/ et quelle raison a il en vostre deul fait elle. Il y a fait il que ie ser che le meilleur cheualier qui soit eu monde de son aage et le plus beau si n'en puis ouir nuls les nouuelles/ et si ap ecoutes moult grant paour quil ne soit mort. Comment a il nom fait elle: car tel peut il estre que ie vous en diray la verite. Et il dist q̃ cest lãcelot du lac. Sachez de vray dist elle q̃ lãcelot est mort. Adõc se pasme sponnel a chiet ius de son cheual a terre, et fiert lun poing a lautre et fait tel deul quil ne peut faire greigneur. puis demande a sa damoiselle ou gist le corps de lancelot. Ie vous y meneray fait elle: car il est a deux lieues de cy. Tantost est sponnel mõte sur son cheual a sen va apres la damoiselle tant quilz viennent a vng cymetiere ou il y auoit plusieurs fosses & dessus chacune des fosses auoit vne croix de fust moult belle/ et a chacune de ses croix pendoit lescu de celui dõt le corps gesoit dessoubz Illec auoit vne nouuelle fosse & vne nouuelle croix au cheuet Et y pendoit vng escu vermeil a vne bende blanche de bellif. Deez cy fait la damoiselle la fosse de lãcelot du sac & veez cy lescu quil auoit quant il fut occis. Et sachiez que le plus desloyal cheualier du monde loccist. Adonc se pasme sponnel & fait tel deul que nul ne se vous pourroit greigneur deuiser Et quant il eut longuement ploure & doulouse si dist. Damoiselle ou pourray ie trouuer celui qui a occis lancelot. Il est fait elle en ceste bretesche la comme le plus desloyal cheualier du monde & si vous enseigneray comment il vendra dehors Elle print vng cor qui pendoit a vne chaine & estoit atachie a vne des croix. Sonnez fait elle cest cor. Et sponnel le prent et sone par grant ire. Et lors ne demoura pas grant ment q̃ le cheualier vint arme de toutes armes sur vng cheual fort & isnel. Et la damoiselle dist a sponel. Veez cy le traytre q̃ vostre cousin a occis. Tantost laisse courre le cheual a lui & ilz vindrent tost & de loing si se entre donnerent grans coups sur les escus si durement q̃ les glaiues volent en pieces. Ilz sentreheurtent des corps & des escus si durement q̃ les boucles volent en pieces & les armes leur chient des poings. Le cuir leur reborse des mains & des genoulx & les yeulx leur estincellent en la teste puis se entreabatent des arcõs a terre & geurent longuement en pasmoison sans remuer ne pie ne main, mais sponel saillist premierement sus et mist la main a lespee & tourne lescu sur son chief

Si courrust au cheualier moult vistement se q̃ il gesoit encore a terre tout estendu: & plus au plus tost quil peut se releua & saillist sus garni de soy deffendre a son pouoir. Sponel le fiert si grant coup parmy le heaume q̃ a terre le fist venir de lune des mains il ne cheut mie du tout & celui se lieue q̃ a paour de mourir & attent sponel q̃ fiert sur lui si se dõnent de grãs coupz la ou se cuidẽt plus empirer. Si se tirent le sãg des corps & sont si vistes & si legieres q̃ cest merueille de les regarder. Longuement a dure la meslee de eulx deulx tãt que en la finne peut durer le cheualier encontre sponel si commence a perdre terre & va guenchissant ca & la. Si a tant perdue de sa force quil ne fait sinon guenchir. Et sponel lui court sus de plus en plus. Si la tant mene vne heure auant et vne autre heure arriere q̃ labat sur vne tõbe tout estendu long & sponel fait semblant quil lui vueille coupper la teste Celui cuide arriere saillir si se heurte a la tombe et chiet a terre tout estendu & sponel lui sault dessus le corps Et lors passe par illec vne damoiselle par auanture sur vng petit pallefroy norrois souef emblant. & lui auoit ia sponel abatu le heaume & la ventaille et lui vouloit trenchier la teste. La damoiselle est a pie descendue & sen vient a sponnel puis lui dist. Haa gentil cheualier aiez mercy pour dieu de vous & de autrui car se vous occiez le cheualier vous serez mort & lui occis. Si le deuez laisser pour dieu premierement: et pour moy. Apres sil ne vous a tant meffait que vous ne puissiez vostre cueur chastier Damoiselle fait sponel il ma tant meffait q̃ il ma occis le meilleur cheualier qui oncques escu portast. Et la damoiselle commenca a demander a sponel qui feust le vaillant cheualier que ce cheualier auoit occis Et il lui dit tout en plourant que se feust monseigneur lãcelot du lac. Lancelot fait elle Ie vous dy sur ma vie que ie ne beu ne mengay oncques puis que ie le vy moymesmes tout sain & en bon point Et lancelot du lac ne est gaires loing de cy. Et quant sponel entendist la damoiselle: si dist q̃ il len croira se elle lui mõstre et non autrement/ et que le cheualier ne y mourra ia se elle dist vray. En verite de dieu fait elle donc q̃ ne mourra il pas car ie vous meneray ennuit

z.i

en tel lieu ou vous le verrez apertement p̄ tel
couenant que quant ie le vous auray monstre
que cest cheualier sera quicte mais vous me
creancerez come loyal cheualier que vous ne
nous ferez cognoistre la ou il est car vo9 seriez
mort et moy honnie

Ainsi lui creance la damoiselle et lui et el
le. Lors lieue la damoiselle le cheuali
er qui estoit moult las et la ou lyonnel voit
lautre damoiselle qui son cheual tient si lup
dist. Damoiselle pourquoy me disiez vous q̄
cest cheualier auoit occiz lancelot. Je ne scay
fait elle. qui est lancelot mais ie eusse bien vou
lu que vous eussiez occiz cestui. car il ma occiz
la chose eu monde que plus amoye et pource ie
vous ay cy amene. Adonc est lyonel moult
ioyeulx quant il lentent. a tant sont montez lui
et la damoiselle et le cheualier auec eulz. qui
estoit appelle engoixe du cymetiere. Tant ont
alle quil est nupt et la lune estoit ia leuee si er
rent enuiron deux lieues de nupt lors sont ve
nus en vne moult belle lande et la damoisel
le se maine iusques a vng chesne qui estoit eu
chief de la lande et elle fist monter lyonel dess9
Ilz ne y eurent gaires este que ilz virent venir
hors de vne court dix sergans a grans haches
et espees trenchantes et entrerent en vng moult
beau preau plain de herbe verte et auec ses dix
sergans vint lancelot en vngs fers legiers/ et
oyt bien lyonel les fers soner et moult lui font
grant mal au cueur. et la damoiselle lui defend
quil ne se meuue car pdu lauroit a touiours
mes. Et apres lui vindrent dix cheualiers et
auoient bōnes espees cōme les aultres si demou
ra illec grant piece. et quant ilz sen retournēt lyō
nel descēt et sen part lui et sa cōpagnie et gist
sa nupt en vne maison de religion/ au matin
ou prēt messe premier quilz partissēt de leans
Et lors sēvōt lyonel et la damoiselle dune
part et agoixe du cymetiere de lautre/ si se taist
a tāt le cōpte de lui et des aultres et retourne
a lancelot du lac

Cōme morgain deliura lācelot de prisō p̄ cōue
nāt q̄ l nēteroit en la maison au roy artus de
uāt nouel.   lxxix.

Le cōpte dit que tout ainsi cōme vous a
uez ouy est lācelot en sa prisō morgain
et elle se peine quāque elle peut ql ou

blie la royne mais ce ne peut estre. Une nupt
lup dōna a boire fort vin et chault des espices q̄
il perdit tout son sens et il eut le cerueau trou
ble si se endormit tantost et cōmēca a songer z̄
lui fut auis quil trouua sa dame la royne en
vng pauillon en vne moult belle praerie z̄ ge
soit vng cheualier auec elle/ et quant il vit ce
si fut si angoisseux que par vng petit quil ne p̄r
soit hors du sens si court maintenāt a vne es
pee qui estoit pendue a vne estache et vouloit
occire le cheualier/ z̄ la royne lui disoit: quest
ce fait elle lācelot q̄ faictes vous laissez le che
ualier en paix car ie layme il est a moy z̄ moy
a lup et gardez que vous ne soyez iamais si
hardy de venir en lieu ou ie soye/ car plus ne
me plaist vostre cōpagnie

Celle nupt a ainsi songe et morgain a
uoit son enchētemēt si apareille q̄ quāt
il se leua si lup fut aduis que eu pauillon il
vit le lit tout autel cōe il auoit veu en son dor
mant et trouua lespee en sa main et lors cuida
il bien que ce fust voir et morgain lauoit mal
tesfoys semōs de la remēbrance: et le iour de
deuant lui auoit elle dit lancelot se tu veulx
pariurer lostel au roy art9 que tu ne p̄rleras
a dame ne a damoiselle qui y soit ne a cheua
lier ne tendras cōpaignie iusques a nouel ie
te laisseray aller/ et celui dist quil ne se iure
roit en nulle maniere pour mourir en prison.
Landemain quil eut songe le felon songe q̄
vous auez ouy vint a lup morgain moult ma
tin si lui trouua encores lespee en la main et el
le lui dist/ cōment lanc. estes vous si loyal q̄
vous en voulez aller. Certes fait celui qui en
eut moult grant honte oncques ne ny euz talēt
de fouir mais vous me partistes auant hyer
deux ieux de ma ransō si nen prins nul dōt
vous me sceustes malgre/ et se vous voulez
ie en prendray ores lung de ceulx que iay refu
sez et morgain dist q̄l lui plaist moult bien
Je prens fait lanc. q̄ ie nenterray en la maisō
au roy artus deuāt nouel. Vous iurez fait el
le a lanc. q̄ vous nēterez deuāt nouel en lostel
au roy art9 nen tēdrez cōpagnie a cheualier ne
a dame q̄ y soit vne seulle heure du iour. Ainsi
fist morgain a lancelot faire le serment cōme
vous auez ouy/ et quant il le eut iure si lup
fist morgain apporter tous ses habillemens

puis lui donne congie. Atant sen part lancelot de seans tout arme. Si ne parle plus le compte de lui cy endroit ains retourne a sponnel.

⊂ Come sponel retourna deuers gallehaut a dist qlauoit veu lacelot tout sain. iiij.pp

Or dist le compte que quant sponel se fut party de la maison de religion ou il auoit geu la nuit ql auoit veu lancelot en la lande si le conuoia la damoiselle iusques a la maison ou gallehaut gesoit nauré. Si lui fist monseigneur gallehaut grant ioye et a lui demanda sil auoit oup nouuelles de lace. et sponel dist qlauoit veu sain et haittie. Si lui compte comment la damoiselle lui auoit monstre. Quant gallehaut sentent il en a moult grat ioye a moult estoit ia gallehaut assoulagie de ses playes mais il ne veult attendre tant quil soit tout gary/ ains sen part de leans pour sauoir sil pourroit assener la ou lancelot estoit/mais ilz ne peurent onques tant aler lui a sponnel quilz peussent assener la lande ou sponnel auoit veu lace. Et lors sen partist galle. a mena sponel auec lui si sen alla en sor restois et fist moult grandes aumosnes car il sceoit bien q pres estoit le terme q maistre helpe lui auoit dist. Si ne voulut pas attendre q aucune malladie se print par quoy il fut destourbe de amender sa vie. Mais cy ne parle plus le compte de lui ne de sponnet: ains retourne a monseigneur gauuain a a monseigneur yuain qui sont querant lancelot.

⊂ Come messire gauuain a messire yuain se trouuerent a vng tournoiement a sa trouuerent lancelot. puis sen vont a sa court. iiij.ppi

Or dist le compte q quant messire gauuain fut gary de sa blessure si se partirent de lermitage lui a messire yuain Si cheminerent ceste iournee sans auanture trouuer a lautre iusques a midy Lors issuet de la forest avindrent en vne prayrie empres la riuiere Illec virent vng grant tournoiement ou il pouoit bien auoir cinq cens cheualiers. Ilz sont celle part avoient au tournoiement vng cheualier qui si bien le faisoit q nul ne losoit attendre car si tost quil vient a la meslee si ne penent durer ceulx qui encontre lui sont ains lui quittet la place a le cheualier se retrait pour veoir quilz feront. a tantost retournent ceulx dautre part qui sen

fuyoient a il les laisse courtre a grant loisir tant que il vist que les siens en aient du pire: a puis laisse courtre sur les autres a les met a sa voie si durement q nul na voulente de retourner Et quant il les a a la voie mis si se retrait arriere. Monseignr gau. la regarde cinq ou six fois a dist q le cheualier est de moult grat prouesse. Et que oncques mais si grant merueille ne vist faire darmes a vng cheualier fors seulement a lancelot. Atant vient vng escuier a eulx tout droit a leur dist. Quest ce seigneurs pour quoy ne iousteg vous. Nous cuidions fait monseigneur gauuain que ce tournoiement ne feust fait sinon pour ceulx qui y sont seuz. Iousteg hardiment: car ilz y tournoiet q deussent. Qui est ce dist monseigneur gauuain se cheualier qui si bien le faisoit. Et celui dist ql ne scait qui il est. Et le cheualier qui si bien se faisoit auoit vng noir escu a son col. Et tantost se mettent les deux cousins au tournoiement de celle part ou le cheualier nestoit pas/ a des icelle heure quilz y furent mis souffriret asseg lun et lautre: ne oncques puis ne se peut tant priner le bon cheualier qui en sa voie les peut mettre si comme il auoit fait deuant a non pourtant tant y fist darmes quil emporta le prix dune part et dautre. Quant il voit ql ne les peut mettre a sa voulente si en a tel deul a peu quil ne desue. Si sen va grant alleure Et quant il sest vng peu alle il iecte son escu a terre et met son espee au fourreau et sen va si grant deul faisant que nul ne pourroit greigneur faire. Monseigneur gauuain auoit bien prins garde a lui. Si fiert des esperons lui et monseigneur yuain apres lui. Et monsei. gauuain dist En verite de dieu ie ne croiray ia mais riens se ce nest lancelot. Et monseignr yuain dist quil sauoit toute la iournee pense a si. Si vont apres lui poingnans des esperons Et monseigneur yuain prent lescu qui gesoit a terre si len resleue et puis dist q se dieu plaist escu a si bon cheualier ne demourra ia a terre. Ainsi lemporte messire.y. a vient en la forest ou lace. estoit descendu a auoit oste son heaume de sa teste a auoit lie son cheual a estoit assis a terre fort dollet. Quat ilz sont pres si le cognoissent tantost/ et quant il les voit si en est trop honteux et ilz lui courent sus les bras tendus et

z.ii

lacollent et baisent plus de mille foiz et il ne laisse pas pourtant son deul a faire ains leur dit quilz sen voisent et ilz lui disent. Beau doulx compoins beau doulx amy dictes vostre meschance car nous y mettrons tres tous les conseulz que nous y pourrons mettre. Mes a mis a tous ceulx qui me demanderont dictes q̃ ie suis sain et haicte du corps et des membres mais le cueur a toutes les mesaises que cueur de homme peut auoir, et sachez que ie ne vous ose porter compaignie vne seulle heure de iour car ie me pnteroye ne etre osetoye en la maison au roy artus iusq̃s a vng terme / mais a tant me laissez ester et si vous en allez car il cōuient que ie vous laisse. Beau sire fait messire gau. puis quil est ainsi nous nous en prenõs / mais nous vous coniurons sur la foy que vous nous deuez que vous nous dyez pourquoy vous feistes tel deul au departir de cest tournoyement / et ie le vous diray fait il sans riens celer. Jay veu telle heure na encores gaires que ia ne veisse en si grande bataille mortel que ie ne feisse remuer a force puis que ien feisse mon pouoir: et huy ay este en vng poure tournoyement si scay par cestui que tous sont demourez les biens qui en moy souloyent estre: et il ya assez raison pourquoy si scay bien que ma proesse est allee dont elle estoit venue car ie nen auoye point si non daultruy: si me suis bien apperceu que de chose prestee ne sen doibt nul en orgueillir, car il ne scait combien elle est prestee si dictes a la court du roy ce que vous auez ouy ne plus ne me querez ia car ce seroit peine gastee. Ilz le cōmandēt a dieu et sen vont et ne lui dient plus riens des parolles q̃ la damoiselle leur auoit dictes de lui ne daultre chose, car trop ilz doubtoient son couroux et moult se meruueillent pourquoy il est si adolez ne plus ne lui osēt enquere ne demander

Atant sen partent de lui et ont tāt cheuauche q̃ a la court du roy sont venuz et cōptent les nouuelles dōt maintes gēs en sont courouces mais au deul de la royne ne se prent nul / ne elle ne laisse pour nully que elle ne face deul, et de nupt et de iour, et craīct q̃ lancelot ne ait ouy dire ce que la damoiselle voit dit de lui et affin quil ne laisse a venir en la court du roy artus a tousiours mais / Et a

tāt se taist le cōpte de lancelot du lac.
Cōme apres que messire gau. et messir. p. se partirēt de lancelot il sen alla en sorelops pour trouuer galeh. et cōe la il deuīt forcene

OR dit le compte que quant lācelot se fut party de mōseigneur gau. et de mōseigneur puaī si ne sceut quel part aller, car la douleur que son cueur sentoit ne vous pourroit nul dire mais en la fin se acorde son cueur a ce quil yroit a gallehaut par qui il auoit eu maintesfoys si grans biēs et se nul en sa mesaise pouoit conseil mettre il lui mettra et non pourtant il nose pas cuider que iamais vers sa dame puisse mercy auoir car il cuide scauoir certainement que la vision quil auoit veue soit toute vraye, cest la douleur dont toutes ses angoisses lui viennent, sien fait tel deul et nupt et iour que bien est aduis a tous ceulx q̃ loēt quil doye hors du sēs yssir

Ainsi sen va son deul faisant tant q̃l vint en sorelops mais il ny trouua pas galehaut. Quant lancelot vint en sorelops si fut grandement honore, car toutes les gens scauoient bien q̃ cestoit lōme du mōde q̃ leur seigneur amoit plus, si lui font moult grant feste mais nulle chose ne lui plaist car il ne trouua pas gallehaut sans le quel il ne pouoit auoir ioye, si lui mōta en chief vne forcenerie si grāde quil en oublia toute raison et lui auint cela en son lict et de langoisse qui lui print en chief et eu corps aduint quil seigna par le nez tant que toute le lict fut en sanglante et saillit hors de sō lict en chemise tout forsene et se laissa cheoir a terre par vne fenestre et emporta auec lui vne espee dōt il fist maint beau coup en sa forcenerie, si se taist ores le cōpte de lui et retourne a parler de gallehaut.

Cōe gallehaut se partit de court et cōe il arriua en sorelops il ouyt dire q̃ lācelot y auoit este p quoy galleh. acoucha malade de couroup et mourut

lxxxiii

OR dit le cōpte q̃ quant mōseignr̃. p. et mōseignr̃ gau. eurēt cōpte a galleh. ce q̃lz eurēt veu de lācelot si en fut moult ioyeux et moult dolēt, ioyeulx de ce q̃l est hors de prison et dolēt de ce q̃l est si amalaise. Gallehaut ne scait q̃l puisse faire car sil le q̃rt en terre estrāge il ne le cuide pas trouuer

Et se il vient en sorellois et ne le treuue il en sera trop courroucé mais toutesuoies se pense qͥl ira en sorellois car aussi estoit il malade des plaies dont il nestoit pas bien gary ne gaires ne sui aiderent les grans courroux quil auoit euz de son compaignon q̄ perdu estoit. Il se retourne a sa court et vient prendre congie de la royne et lui dist qͥl sen veult aller en sorellois Elle lui soe quil p voise Atant sen part de la court du roy artus Et quant il fut venu en sorellois si ouyst nouuelles commelācelot estoit venu et comme il sen estoit party dont moult eut le cueur dolent car onques puis neust sā te pource quil cuida que lācelot fut occys pour le sang quil trouua en son lit. De ce lui print vne si grant angoisse au cueur que puis ne en peut estre ostee. Si se coucha au lit malade: et se fut le iour de la magdalene et dist a soy mesmes et a tous les autres gens quil estoit homicide de lancelot et que la mort lui auoit donnee pource quil ne sauoit trouué. Quant il fut venu en sorellois il ennoia par toute la terre ses messages sauoir se ilz en pourroient aucunes nouuelles ouir et se fut la chose par quoy il cuida mieulx quil feust mort. Lors fist prēdre lescu de lancelot et le fist mettre en tel lieu quil le peut tousiours veoir et se fut la chose qui plus mal lui fist car la remembrāce quil auoit de lācelot pour lescu quil veoit le destruisoit plus et plus. Si se laissa affoiblir tāt quil fut neuf iours et neuf nuis que onques ne veult ne māga chose nulle dont il peut estre sonstenu vng seul iour. Lors vint le roy artus a lui en sorellois et la royne en sa compaignie, et lui prierēt quil sefforcast de mēgier mais tant sen estoit tenu q̄ la char lui fut sourcreue et pourrie aux deux parties de la bouche si lui commēca a sechier tout le corps et tous les membres En telle maniere languist gallehaut des le iour de la magdalene iusques a la pmiere sepmaine de septembre. Et lors sen partist de ce siecle le plus preudomme qui fut alors de son aage, mais les grans biens quil fist deuant sa mort ne seroient pas legiere a racompter car nul nē fist onques la moitie en si peu de temps.

A samort fut le roy artus et tous les barons de bretaigne que le roy y auoit fait

venir. Et qui vouldroit le deul escrire qui sa fut fait se seroit chose merueillieuse il nest nul qui se peut retraire ne venir a chief car sēn treuue pas que oncq̄s deuant sa mort fut fait de nul homme comme sen fist pour lui: ne nul ny fut qui ny fist deul a son paour mais au deul que la dame de mallehaut fist ne furent reins tous les autres deulz et elle nauoit pas tort car sil eust vescu cest an sans plus il leust prinse a femme Ainsi fut mort gallehaut le filz de la gayande le sire des loingtaines isles.

Insi se dit le compte est lancelot perdu que nul ney scait nulles nouuelles aine cuident tous ceulx qui le cognoisset quil soit mort sien est la maisō au roy si esbahie que nul ne se pourroit dire ne cōpter ne nul ne cest esmeu pour lui querre/ car bien cuidēt estre certains de sa mort et vnge et aultres/ mais celle qui en moult grant besoing lui eust aider fut la dame du sac qui le nourrit en fut sur toutes dames angoisseuse et en

ploura maintesfoys tant que elle en sceust la verite/ et elle auoit ouyes nouuelles de lui qlestoit mort mais elle ne le creut pas ains iecta son sort et trouua quil estoit encores en conouaille tout forsene nu et deschaup et en tel tēps cōe est yuer/ et elle se part maintenant de son pape et cheuaucha tāt par ses iournees q elle vint en cornouaille et enqueroit par toutes les terres ou elle venoit se le lui sauroit enseigner vng hōme hors du sens

Ainsi alla par tout enquerant la dame du lac nouuelles de lancelot tant que a vne veille de penthecouste se trouua en vne forest que nul tant seust veu deuant ne seust peu congnoistre: mais elle le congneust tantost a laneau q̄lle lui auoit donne quil portoit en sa main senestre: et celui q̄ morgain lui auoit chāgie en la destre. Elle semmena en son pays et sase garist de sa maladie tant qͥl fut hors de sa forsenerie & reuenu en sa bonte. Et lors souuint a lancelot de ses grans doulleurs & de sa dame dont il ne cuidoit iamais auoir lamour. Et recommence a empirer/ & la dame du lac soupeconnoit bien quil auoit. Si lui dist. lācelot beau amy que auez vous qui empirez si durement. Et il ne lui ose dire la verite tant q̄ elle lui promist toute son aide et son conseil. Adonc lui dist vne partie de sa pensee/ car les amours de lui & de la royne ne recongneust il en nulle maniere. Et la dāe lui dist. Beau sire ie scay bien q̄ vous auez & se vous me voullez croire ie vous enseignerap a rauoir la ioye que vous cuidez auoir perdue. Et il lui chiet au pies & lui dist. Haa dame donc me auriez vous gary de mort deux fois/mais ceste garison seroit greigneure que nulle autre.

Ie vous diray que vous ferez fait la dame. Vous demourrez icy iusques a vng terme et lors vous enuoieray la ou vous recouurerez toutes les pertes que vous cuidez auoir pdues de vostre amie. Ainsi le tessit la dame iusq̄s a vng mois. Quant il aps la pas que si lui dist. Beau filz vous, vous en irez a kamallot & gardez q̄ vous y soyez le iour de lascēsion car se vous ny estiez a heure de tierce vous aymeriez mieulx vostre mort q̄ vre vie. Et vous embuchiez en la forest de kamallot mais gardez q̄ len ne vous cōgnoisse si verrez qͥl vous auēdra. Dāe dist lāce. dictes moy qͥl dōmage ie auoie se ie ny estoie a celui iour & a celle heure. Sachez que celui iour sera emenee la royne & conq̄se au conduit de lieux. Je vous promez fait elle q̄ vous la cōquerrez au soigz aller. Certes dist lance. dōc vous promez ie q̄ ie y serap a tierce / car prison ne autre chose ne me tendroit. Il sen partist incontinent & baisa sa dame & print congie delle au plus tost quil peut. Et sil auoit este courrouce au parauant:

ores fut il ioyeulx de la grant ioie quil attent. Et moult fit sa dame bien car oncq̄s de sa mort de gallehaut ne dist riēs. Atāt scy sa lance. et chemie par les plus droites voies qͥl peut trouuer tāt qͥl vint a kamallot a leure q̄ sa dame lui auoit dist. Si se embucha en la forest dessus kamallot. Si attent en telle maniere sauanture q̄ la dame du lac lui auoit dicte. Celui iour tenoit court le roy artus a kamallot telle cōme au iour de penthecouste appartient & seist au māgier moult richement: & la estoit Sponnel venu de querre lance. par malles terres si en fut le deul moult grāt car il ny eut ne baron ne cheualier ne dame ne damoiselle qui dollente ne en feust mais nul ne fait tel deul q̄ la royne car elle se faisoit tel que chacun sen pouoit bien apperceuoir ne nul ne sen pouoit blasmer car aussi faisoiēt tous les autres deul. Ce iour fist le roy artus moult laide chiere et tint moult poure court & moult troublee car in continēt q̄ sponnel fut venu a court reuindrēt nouuelles de lāce. & de la vaillante dāe de malsehaut qui morte estoit du deul de gallehaut. & par ce pdist elle a estre dame de trente royaumes car il seust prise a fēme sil eust vesquu celui an tāt seullemēt. Tandis qͥlz en māgoiēt vit a la court vng cheualier tout arme / fors son chief & ses mains. Cestoit meleagāt le filz du roy bademagus de gorre: et ia auoit le roy pꝛques dine. Meleagāt dist deuāt lui & lui dist.

Roy artus ie suis vng estrāge cheualier que len ne congnoist gaires ceans & si ay nom meleagāt & suis filz au roy de gorre/ si vueil q̄ vous & tous ceulx de ceās sachēt q̄ ie viens faire les preuue a vre court de la playe q̄ q̄ ie fiz a lāce. a iouster car iay ouy dire qͥl sen plaint & q̄ ie lui fiz en trayson: & sil lose dire ie men deffēdray cōme bon cheualier. Sire cheualier dist le roy nous auōs bien ouy parler de vos prouesses & qͥl q̄ vous soyez vous estes filz dvng des preudes hōmes du mōde par quoy len vous deuroit bien pardōner vng meffait se vous lauiez fait & lāce. cōgnoit lē biē a si vaillant qͥl oseroit biē mōstrer enuers vng cheualier meilleur q̄ vous nestes vne mesprison se len lui auoit faite mais lōg tēps a q̄ lancelot ne fut ceans / et bien le pouez ouy dire: car de vray se il seust ceans & vous lui eussiez de riens meffait il ne Bous quenist ia a actier de prouuer car il Bous en sceust bien semondre Sire fait meleagāt toutesuoyes me offre ie et suis appareille a moy deffendre de ceste chose et sil est ceans faictes le moy Benir/car il ne ya cheualier au mōde a qui ie me esprouuasse aussi Boulentiers cōe a lui. Quant lponel lequel estoit a court oupt ces nouuelles il sault maintenāt sus et Bient deuāt le roy si lui dist Sire tenez mō gage car ie suis prest du prouuer que meleagant naura mō cousin lancelot en traison de la playe dont il parle. Et la royne Bient a ce mot hors de la chambre et prent lponel a force et le traict arriere si lui dist Laissez ester lponel/car quāt dieu aura ramene Bostre cousin sil treuue ce cheualier en lieu ou il puisse auoir point de pouoir il lui prouuera bien: et ne seroit pas cōtent se aultre que lui le eust fait. A grant prine ont retire lponel de la bataille. Quant meleagant Boit quil est demoure si sen retourne et Ba iusques a luys de la salle et dist au roy. Sire roy ie estoye Benu querre cheualerie en Bostre court si nen ay point trouue ce me semble/mais aincois que ie men Boise Bous feray ie tantque ie auray bataille et se ceans sont autant de bons cheualiers cōe len dit/il est Bray que eu royaume mō pere a moult grant partie de gens de Bostre terre en prison en seruage et en essil ne onques iecter ne les en peustes/mais ores seroient ilz deliurez legierement se il estoit qui faire losast/ car se Bous osiez bailler la royne que ie Boy la en cōduict a Bng cheualier en ceste forest la apres moy ie men cōbatroye a lui par tel cōuenant se ie la royne osoye conquerre ne pouoye encontre et que ie le peusse mettre au dessoubz de bataille ie lemmeneroye tout quittement. B: au sire fait le roy se Bous auez mes gens en prison ce poise moy si lamenderay quant ie pourroy car par la royne ne sont ilz pas en prison ne y elle ne seront pas deliurez. A tant sen part meleagant si na cheualier leans qui sage soit ql ne tienne a grant follie la acte quil auoit faicte. A tant est monte meleagāt sur son cheual si sen yst de kamalot et sen entre en la forest toute le pas et regarde apres lui souuent pour scauoir se nul le suiura/ et ceulx de la court au roy artus si en porsēt durēmēt si dient tel pa

meleagāt moult a parle cōe musart et de telz y auoit qui disoient que ce quil auoit dit ne lauoit il dit si non par prouesse/ mais kieup le seneschal quil bien auoit ouy la parolle est biē dolēt du cheualier qui ainsi sen Ba sās bataille et par couroup Bient en son hostel et se arme de toutes armes et Bient deuant le roy sa Bentaille asatue et ses manicles si dist au roy Sire ie Bous ay assez serui de bon cueur et plus pour Bostre honneur que pour Bostre auoir: et iay cuide iusques cy que Bous me amissiez biē mais nō faictes ie men suis bien apperceu: et puis que Bous ne me amez Bostre compaignie ne Bostre amour ne quiere ie plus auoir, ore ie men iray a tel qui mieulx me amera q Bous ne faictes. Quant le roy lentent si en est bien couroucé, car il amoit moult le seneschal et tenoit chier si lui dist. Quest ce seneschal que auez Bous eu ne a quoy Bous estes Bous apperceu que ie Bous ayme mains que ie ne souloye se nul Bous a meffait dictes le moy et ie le Bous feray amender si haultement que Bous y aurez honneur/ et il dit quil ne se plaint de nully mais toutesuoyes sen Beult il aller. De ceste chose est le roy moult angoisseup si luy dist. Seneschal puis que pour moy ne Boulez demourer. attendez moy tantque ie soye Benu de la royne puis Ba a elle parler. Dame aller sen Beult le seneschal si men desplaist moult si Bueil que Bous lui priez tantq Bous pourrez tantquil demeure. Sire fait elle Bolētiers. La royne Bient au seneschal et lui dit Cōment fait elle seneschal que Boulez Bous faire qui aller Bous en Boulez: ie Bous prie q Bous demourez et se il est nulle chose pourquoy Bous soyez courouce ie la Bous feray auoir quelle q elle soit se auoir la puis. Dame fait il ainsi demouroye ie se ien estoye asseur et elle en appelle sō seigneur le roy et lui prie quil dōne a kieup le seneschal ce qlde mādera et le roy lui promet. Sire fait il dōc demourray ie/ et scauez Bo' que Bous mauez dōne:cest que ie meneray la royne apres le cheualier qui sen Ba en celle forest pour deliurer Bos gēs de prisō. Quāt le roy art' lētent si en est tāt dolent q nul plus. et elle en est sur toutes riēs dolēte et auoit daultre part tant de douleur que nul nen pourroit tant soustenir et ce estoit pour la celot dont elle ne pouoit auoir vrayes nouuelles Et moult auoit de son sens perdu mais ce la pa courrouce trop mallemēt q elle estoit ot troiee amener au conduit de keup le seneschal Si entre en vne chambre & fait si grant deul que a peu qlle ne se occist Et monseigneur gauuain dist q apres la mort de gallehaut nestoit dmoult preudomme Et elle dist que si estoit le rop son sire, & il dist si le deust biē estre Tel stre auoiēt este les paroesses ētre keup dē. sp̃. si faisoit son deul trop grant. Gon passe trop si estoit appareillie en mp sa court, & le roy ēuoie querre la rople en sa chābre ou elle faisoit son deul. Et quant sponnel voit qlle sen va ainsi il reuient au rop & lui dist Sire commēt souf frez vous quelle sen voise au conduit de keup le seneschal en la forest. Et le rop dist q faire le conuient car creance lui a & se le cheualier la conquiert vers lui fait sponnel lemmenera il Op fait le rop tout qtement car se hōe de mon hostel la secourt donc serap ie honnp. Donc seroit se follie de la laisser emmener a keup le seneschal fait sponnel en la forest car elle lui seroit tollue & sil np auoit cāe que moy si lui vueil ie aller tollir. Non serez fait le rop, car mon don seroit fausse & rop ne se doit dsdire de sa promesse. Non fait sponnel: donc est le rop plus serf que autre: & qui vouldroit estre rop honnp soit il.

Le pas le rop de la ropne fut amene & el le faisoit trop merueilleup deul. Quāt elle doit monter elle voit monseigñ gauuain si lui dist. Haa monseigneur gauuain ēnup me apperceuerap ie q apres gallehaut est tou te prouesse fallie: puis se pasme a ce mot et le rop lui dist. Dame montez & naiez garde. Nō ap ie dist elle de reuenir. Si ferez fait keup se dieu plaist: car ie vous ramentrap saine & hai tiee. Et elle est montee isnellemēt puis va de uant tant qlle vint hors de la ville: et lors re tournent tous ceulp qui la conuoient et mon seigneur gauuain dist au rop q toutesuoies se armeroit il, & se la ropne est conquise vers le se neschal il ira iusqs a lestre de goire. Atant est arme monseigneur gauuain, & mōte sur vng cheual moult bon / & a deup de ses escuiers en fait mener deup en destre: & ainsi se part de la mallot. Dautre part emmaine keup la ropne

tant quil vient en la forest: et meleagant qui venir le voit fut dedens la forest la ou ses che ualiers lattendent iusques a cent. Il leur cōp te lauanture telle cōme elle lui estoit auenue Atant se embuchent au bois et meleagāt vient arriere si encontre monseigneur keup. Sire cheualier fait il qui estes vous. Et il se nōme incontinent. Et sa dame fait il q est elle. Cest fait keup ma dame la ropne. Certes fait il ce verrons nous par tempz. Dāe fait il deuello pez vous si verrons se vous estes la ropne Et se se deuellope, & il voit que cest elle. Messire keup fait il en ceste forest a trop ēnuieup lieu a combatre a deup cheualiers car trop est espes se mais allons nous en en la plus belle lande du mōde qui est cp prez et illec fera plus beau combatre. Et monseigneur keup lui ottroie. Allez fait il deuant et ie irap apres vous: car ie scap bien ou est la lande. Meleagant sen va deuant et lui apres. Lancelot estoit embuchie pres la lande & voit q keup menoit la ropne Lancelot estoit arme de toutes armes, & auoit a son col lescu vermeil a la bēde blanche de bel lif. Lancelot salue la ropne au plus copemēt quil peut. Et elle la sourcōgneu mais elle ne cuidoit pas que se frust il. Si lui rent son sa lut vng peu plus celeement quelle neust fait a vng autre pour la iope du cuidier. Et lance lot dist a keup. Sire cheualier qui est cest da me que vous menez. Cest fait il ma dame la ropne genieure la fēme du rop artus. Vous ne la menerez plus auant fait lancelot. Et keup lui dist. par ma fop beau sire ie la mai ne par le congie du rop artus pour la deffen dre encontre vng cheualier qui me attent. sa Dame fait il est il voir: ie nē croirap sinō vo Op fait elle sans faulte. Et lors se pense lan celot quil regardera comment il en auendra a keup: car greigneur honneur aura il sil la cō quiert ēcontre celui qui ēcontre keup laura cō quise Et keup sen part atant & la ropne aps suit & lancelot le suist de loingz. Quant keup vint en la lande le cheualier print le cheual de la ropne par le fraing & dist. Dame venez vo en car vous estes prinse. Vous ne lemmene rez pas dist keup si legierement: encores ne la uez vous pas vers mop conquise. Au conquer re fait melegant vendrez vous moult tost.

La pmiere

Lors se lasce loing aual emmy se pre et met son glaiue soubz lesselle Et vient contre messire Lieutât côe le cheual se peut porter et messire lieup encôtre lui il z vindrent de loing et tost sentreferirent sur les escus si durement que messire lieu rôpit son glaiue/et meseagât se ferit de tel le vertu q de lescu rompt les aes et les mailles du haubert sôt desclouees si q le fer du glaiue lui passe parmy la senestre espaulle tout oultre. Le seneschal ne peut soustenir le coup ains vole a terre si durement que le glaiue lui froisse en se pause et il se pasme de la douleur quil sent et son cheual sen fuyt parmy la lande et meseagant print la royne si lamena aux cheualiers qui latendoient puis reuint a lieup le seneschal si lattourne tel que a pou quil ne la mort laisse/ mais lancelot qui la royne en voyt mener fiert le cheual des esperons tant q il approuche des cheualiers et quant il voit q ilz sont tant si en a tel deul que a pou quil ne enrage/ car il voit bien que vng seul cheualier ne pourroit mie soustenir tant de gens en mesle se auanture ne lui aidoit et non pourtant mieulx feust il mourir que sa dame perdre il laisse courre a tous ensemble et porte a terre le premier quil encontre et lui passe le glaiue pmy le corps et il volle en pieces si met maintenant la main a lespee si les depart si durement que nul ne lose attendre. Lors scait bien la royne que cest lancelot si sen prise moult: et moult lui poise car elle voit que elle ne peut estre par lui rescousse et si lui en est beau pource que el le desiroit moult a le veoir premier que elle ve nist en la terre dont elle ne cuidoit iamais issir. Lancelot se peine de sa dame garatir pour le tresgrant besoing que elle en auoit si sen esforce plus/ mais meseagant ouyt la noise qlz faisoient si laissa lieup gesant a terre et vient celle part et voyt les merueilles que lancelot faisoit et tantost lui dist le cueur q cestoit lancelot du lac.

Il escria ses cheualiers et quât lancelot le voit venir si sadresse a lui et sentreserrêt des espees moult duremêt si que les peus leur sont tous estincelez es testes et est meseagant si estourdy que se au col de son cheual ne se tint mort feust/ et les cheualiers laissêt courre a lancelot et tantost côme il les voit venir

si leur radresse et fiert a destre et a senestre si vistemêt quil est aduiz a tous ceulz q le regardêt q dix cheualiers nen deussêt pas tant faire. Nul ne lose a coup atendre si lui ont soubz lui son cheual occiz si court a meseagant qui encores estoit estourdy si lui donne telle q du cheual labat a terre et sault maintenant sur le cheual meseagant puis laisse courre aux aultres cheualiers si en tresche quanque il en treuue et ilz remontent leur seigneur sur vng grât cheual et il prent maintenât vne lance et vient a lancelot pongnant si lui escrie que mort est et celui lui retourne isnellemêt le cheual. et quât meseagant le voit venir si le doubte si lui adresse son glaiue et lui occist son cheual et le rue a terre mort puis dist a ses hommes allez vous en ne ia a lui mettre au dessoubz ne mettez peine car elle seroit perdue. A tant se met a la voye meseagant et si emporte lieup le seneschal si angoisseux quil côuient que len le soustienne et lancelot est a pie demoure si angoisseux que plus ne peult et va apres la route si côme il peut courre a pie et quant il est lasse si lui conuient aller tout le pas et il en a honte trop grant mais grant angoisse a de demourer/ et il nauoit gaires alle quant môseigneur gauuain lataignit qui auoit encontre le cheual lieup le seneschal qui sen fuyoit/ et môseigneur gau. le salue quant il la attaint mais il ne le cognoist pas mais il cognoist bien lui. Sire cheualier fait messire gau. vo° vous estes combatu il y pert bien/ et il lui dist cômet quil sestoit combatu la mauuaisemêt Beau sire fait messire gauuain prenez vng de mes cheuaulx si montez car bien vous en saurez aider en tel lieu pourrez vous venir. Et quant il lentent si sault maintenât sus le premier quil peut auoir. et monseigneur gauual lui demande son nom. Ne vous chaille fait il qui ie soye car vous nauez mie perdu cest cheual que ie amaine/ car aultre telle bôte vous feiz ie ia et cest vous sera encores mieulx rendue. Lors eut môseigneur gau. grant hôte de ce quil lui a dit/ et tantost sen part lancelot si tost côme le cheual se peut porter celle part ou il voit la route des cheualiers aller: et quât il les voit attaignât si leur escrie que tous sont mors et meseagant dist a ses hômes quât il le voit venir. car mon chief vecy le meilleur cheualier qui viue. Sire sont les cheualiers q̃ est cestui. Et il dist quil ne scait qui il est mais nul noseroit entreprendre ce quil a entreprins fors vng seul et ie croy bien q̃ se soit il mais gardez bien que vous ne entendez fors de se occire: car de le retenir se ne seroit riens. Lors laissent courre tous les cheualiers a lancelot et meleagant sen va deuant tous les autres, mais il ne ose point prendre de glaiue pource que lancelot nen a point. Lancelot lassault le spee en la main si se entrefierent es temples des escus et des heaumes et ne a celui qui se me[n]ton ne fiere a la poitrine. Meleagant est si estourdi q̃ il ne scait quelle part le cheual lemporte et lancelot laisse courre a tous les autres si leur liure si dur assault et si cruel que tous en sont esbahys. Et la royne q̃ le regarde a moult grãt pitie de lui de ce quil se liure a martire pour elle. Si se apperçoit bien et voit vraiement que cest lancelot car nul autre nen feroit la moitie pour nulle chose, mais ilz lui occient son cheual, car autrement ne sen peuent deliurer et il demeure a pie dollent courrouce et sarmoyant des peulx de la teste. Tant fait grãt deul lancelot de ce quil ne peut rescourre sa dame q̃ nul ne le vous pourroit compter. Si voit que lieup est mis en vne litiere quilz auoient faite a grant beaute car moult auoient grant paour quil ne mourust et la royne sen va tel deul faisant que par vng peu quelle ne se occist Mais cy se taist le compte delle et retourne a lancelot Cõment lancelot alla apres meleagãt et mõta en la charete. iiii.pp̃v.

Or dist le compte que quant lancelot se fut complaint et demente grãt piece et il eut son cheual pdu q̃ il fut de moult apres la route tout a pie et il regarde deuant lui il apperçoit vng charettier qui menoit vne charete il sen va celle part grant asseure et attaint le charetier a grant peine Et voit que ce s[er]ng nayn court et bossu et rechignie q̃ chascun a vnes escorgies vng roussin viel q̃ estoit limõnier. Et lancelot se salue et il lui rent a grãt peine son salut. Nayn fait il me sauroies tu dire nouuelles dune dame q̃ par cy a passe Nenny fait il: et non pourtant tu parles de la royne. Voir est fait il. Desires tu moult a

sauoir de elle nouuelles Oy fait il Tu la verras a tes peulx fait le nayn alcois quil soit de main prime se tu fais ce que ie te enseigneray. Oy fait il voulentiers. Monte donc en ceste charete et ie te promez que ie te tendray conuenant et te meneray la ou tu la pourras veoir. En ce temps estoit acoustume q̃ charete estoit si vil q̃ nul nestoit dedens q̃ toutes sloix et tous honneurs neust perdues. Et quãt len vouloit a aucun tollir honneur si le faisoit len mõter en vne charete, car charete seruoit en ce tẽps la dece q̃ pilloris seruent oredroit ne en chacune bõne ville nen auoit en ce temps q̃ vne. Lancelot dist au nayn quil ira plus voulentiers apres la charete a pie que monter dedens. Et le nain lui dist que ia par lui n[e] sera auoie se il ne monte. Me promez tu loyaulment fait lancelot que tu me meneras iusques a ma dame se ie mõte en la charete Je te p[ro]mez fait le nayn que ie la te monstreray alcois quil soit de mal prime et il sault incontinent dedens: si semmaine en telle maniere en la charete. Et lãcelot regarde derriere lui si voit venir mõseignr gauuain et deulx escuiers dont lun menoit son destrier a destre et portoit son glaiue et lautre son heaume et lautre son escu. Et quant il a la charete attainte si demande au nayn nouuelles de la royne. Et le nayn lui dist quil monte en la charete et il lui monstrera encores ennuit ou demain dedens prime. Et il dist q̃ se dieu plaist en charete ne montera il ia: car petit scait q̃ honneur monte qui pour charete laisse le cheual Cheualier fait le nain tu ne hez pas tãt ta vie cõme le mauuais cheualier et ie maine q̃ vou[s] lentiers y a monte pour auoir ce que tu demãdes Certes fait monseignr gauuain cest grãt dommage. Sire cheualier fait monseigneur gauuain allez ius de la charete aincois q̃ greigneur honte vous auiegne et mõtez sur ce cheual q̃ est moult bõ car ie cuide si maist dieu q̃ vous vous en saurez bien aider quant vedrez a vng grant besoing. Certes fait le nayn ce ne fera il pas: car il ma promis quil vendra toute iour en ceste charete Et lancelot dist q̃l naist garde car ie nen descenderay ia deuant q̃ ie vendray la ou vous me monsterez la royne Certes fait mõseigneur gauuain ce poise moy car ie cuide quil y ait grãt proesse en vous et grãt vasseur. Se iay fait lancelot ne proesse ne vasseur ie say mauuaisement mōstrer/certes fait mōseigñr gau. ce ne cuide ie mie. mais pour dieu descendez se vous demourez en ceste charette vous serez hōny vers gō dee et hōte y autez vous trop grande. Sire fait lancelot qui bō teen deura auoir si fait car sus moy ney prēs ie point/ et monseigneur gau. lui demande q̃ il estoit et il ne peut respondre ne congnoistre riens quil lui demande/ vous me deistes hier fait messire gau. que vous me dōnastes vng cheual si sauropt ie voulentiers ou ce fut/ vous ne le demādez fait lancelot fors pour ce que vous men auez donne vng mais encores vous sera bien rendu. Lois ne lui ose gauuain plus mot dire ne enquerre pour le cheual dont il auoit parle. si en laisse la parolle a tāt et va apres le charretier tant quil dit vng chasteau bien seant. Ce chasteau estoit en la forest et le nayn qui menoit lancelot entre ens. Et quant les gens voyent le cheualier arme en la charatte que le nayn menoit si lui demādent quil auoit forfait mais il ne respont mot ainçois se passe oultre et toutes les gens huent apres lui et ruent boe ainsi cōe a champion receu si en poise a monseigneur gauuain durement et mauldict leure que oncques charette fut establie/ mais moult se merueille du cheualier qui il peut estre. Tant ont alle que du chasteau sont yssus et le chasteau auoit a nō lentree de gorre/ et commencoit illec la terre au roy bademagus que len clamoit la terre de fortune/ et en celle terre estoit la royne en prisō nō mie en la forteresse mais en vng lieu sans fermeture et la terre estoit trop bien close de vne eaue noire et parfonde et roide et de grās marecs si coullans que nul hōme ny pouoit a force entrer si cōme le compte deuise ca en arriere Et quant ilz sont oultre le chastea si leur cōmenca a vespir et ilz approuchent dung petit chastelet moult bien seant et quant ilz sont la si entret ēs et deuy damoiselles qui estoiēt leans demādent au nayn qui estoit le cheualier de la charette et quil auoit forfait et il leur dit pourquoy & cōment il estoit entre en la charette si en blasment moult durement. Comment sire cheualier osastes vous nullj veoir qui estes mene et traine en charette aussi cōme

larron/ certes puis que cheualier est honny moult a vil cueur et mauuais quant puis en ce siecle demeure mais en tel lieu sen fuye quil ne soit de nully cōgneu.
Lancelot ne respont mot a leurs paroles mais il dit au nayn. quāt me mōstreras tu ce que tu me as promis. Allez ius fait le nayn car ie la vous monstreray ains demain prime/ ie aflasse encores ennupt bien loing fait lanc. se tu voulsisses/ et celui dit quil estoit heberge pour scauoir sa demande. donc me hebergeray ie fait lancelot. Si sault ius de la charette et monte contremont les degrez en vne grande tour et trouue vne moult belle chambre si entre ens et se laisse cheoir en vne moult riche couche qui leans estoit et il clost les fenestres pour la chambre plus a vmbrir si commence tout par lui a se desarmer mais tantost viennēt deux varletz qui le desarment et il va prendre vng manteau qui estoit en la perche si sen affuble et enueloppe q̃ len ne le congnoisse mais ne demoura gaires que vne damoiselle entra leans et quant elle le voit gesir en la couche si se tient a grant despit et lui dit moult laidement. Quest ce sire cheualier par malle auanture soyez vous couche en la plus riche couche qui soit point au monde. Certes fait lanc. se plus riche feust plus tost my feusse couche. voire fait elle ie verray par temps se vous oserez coucher au plus riche lict que vous veissiez oncques & elle sen va de leans/ et tantost y entre mōseigñr gauuain pour veoir le cheualier et lautre damoiselle aussi: et monseigneur gau. dist. Si revenez menger auec nous car les damoiselles men ont semons et le menger est tout appareille/ et il respont bassettement quil ne men gera ores pas car il nest pas bien haictie et tāt quil parloit a monseigneur gau. estoit il tousiours enuelope dung manteau/ & la damoiselle lui dist. Certes sire cheualier vous deuez bien estre malade car se vous cōgnoissiez que est honte vous ameriez mieulx estre mort q̃ vif, car en ce siecle estes vous honny. Certes fait elle a mōseigneur gau. auec luy ne mengerez vous ia se dieu plaist car vous seriez aussi honny cōme il est. Lois en remaine mōseigñr gau. en la salle et toutes vous fōt porter a mē

ger au cheualier de la charecte mais il ne veult mengier en nulle maniere. Quãt monseignr gauuain eust mẽgie si demande du cheualier quil faisoit. Et sen lui dist quil ne voullut en nuit ne boire ne mengier. Et il va a lui si lui dist. Beau sire pour quoy ne mẽgiez vo' Certes ie ne vous tieng pas a sage car vous allez en tel lieu ou il vous conuendra moult faire darmes et pource vous conuient il mẽgier qlque meschance qui vous soit auenue: et preudõme qui pretent a faire assez darmes ne doit son corps ne ses mẽbres laisser aneãtir. Mais par la chose q̃ vous aymez plus ie vous prie que vous mengez τ se vous estes courrouce ne de perte ne de meschance qui auenue vous soit si le monstrez encontre vos ennemis. Tant lui dist monseigneur gauuain quil dist qlmẽgeroit mais quil sen allast: τ il sen va tout incõtinẽt puis sen dõne a mengier a lace. τ il mẽga mais moult est pensif τ angoisseux Apres qleust mengie vint la damoiselle qui lauoit saidengic du lit ou il sestoit couchie si lui dist. Sire cheualier se vous osiez veoir beau lit ie se vous monstreroie. Oser fait lancelot: pour quoy: dõcq̃s petit au roie ie de cueur se veoir ne losoie. La damoiselle sen va deuant et lui aps τ trespassent la tour τ viennent en vne grande salle ionchiee de ionc menu τ sentoit la salle si doulcemẽt τ si souef comme se toutes les espices du monde y feussent espadues. A lun des chiefz de celle salle auoit vng lit moult beau: ẽcontre de celui lit de lautre part en auoit vng autre qui estoit assez mendre de lautre τ estoit plus beau. et la damoiselle lui dist. Sire chere cheualier veistes vous oncq̃s plus beau lit que cestui. Damoiselle fait il ie en ay veu cent de plus beaux que cestui nest τ de plus riches maintesfois. Bien peut estre fait elle mais tout itel comme il est ne a cheualier en la court du roy artus sil y couchoit qui ne sen leuast honteusement. Cõment q̃ il soit fait il en ce lit me coucheray ie puis q̃ sen le me contredit Certes fait elle vous ferez que fol car se vous estiez si hardi que vous y missiez le pie vous perdriez la teste. En verite dist il ce verrez vo' par tẽps se ie ny oseray coucher Apres sen reuiẽt la ou il auoit mengie et prent ses armes qui estoiẽt encores toutes prestes τ vient au riche lit et la

partie

damoiselle lui demande q̃l a entention de faire. Jay entẽtion fait il de coucher en ce lit Gardez vous fait ce le que iamais ne le pensez/ car oncques ne fut fait a nul homme se martire q̃ de vous seroit fait. Or y perra fait sãcelot car ie me y coucheray. Lors entre monseigneur lãcelot au lit τ se couche incontinent. Et la dãe regarde et il met son espee au feurre du lit a son cheuet τ la damoiselle sen tourne de la salle τ sen va en la salle si dist a ceulx de leans que le cheualier honny sest couchie au riche lit Et monseigneur gauuain leur demande qui cestoit. Quoy fait la damoiselle le cheualier charete le plus honny de tout le mõde sest couchie au lit ou oncques cheualier ne peut gesir quil ne seust trouue mort au matî ou il estoit meshaignie Si maist dieu fait lautre damoiselle il a biẽ fait car puis quil est honny en terre il doit biẽ pourchasser sa mort a son pouoir Toutes ces parolles escoute messire gauuaî mais il ne dist mot. Et quãt il fut tẽps de coucher si coucherẽt les damoiselles monseignr gauuain au lit bas qui estoit au chief de la salle: et ses escuiers geurent tout entour lui τ assez dautres gens. Et quant la damoiselle sẽ tourne si dist a lancelot. Sire cheualier vaincu ore vous aisez huy mais: car iamais en autre lit que en cestui ne vous aiserez vous. τ lãcelot prise moult petit tout ce quelle lui dist. Ainsi se sont leans couchiez: et lancelot pense en ce lit moult a ce que il alloit cerchant/ ne nulle chose ne le tient en son sens fors seulemẽt la dame du lac qui lui auoit pmis qlsecourroit la royne ou loing ou pres τ la deliuerroit des mains de ses ẽnemis. la nuit fut moult grãt piece a malaise car iamais ne cuidoit acheuer son desir: mais tant auoit trauaillie quil se endormist Et quant vint a minuit si commence a trembler toute la maison. Apres y eut vne si grant noise que de moult loing la pouoit sẽ ouir. Et apres leua vng si grant tourbeillõ quil emporta la ioncherie iusques hors les sales et les robes aussi. Et quant le storbeillon fut cesse si vint apres vne si grande clarte quil sembla que toute la maisõ ardist. Et lors descent vne lance deuers le fest de la maison tout contreual Celle lance estoit vermeil τ le fer en estoit aussi vermeil τ aussi ronge comme vng

Seconde

charbon ardant et flambe en saillot rouge et grande et longue aussi come ung panonceau: et vient tout contreval bruyant aussi come fouldre et se fiert eu lict lancelot si durement que par my le couuerteur et parmy les draps et parmy la couste et parmy le feurre est ferue en terre plus de plain pie et demi. A tant lieue sus lan celot et met la main a lespee qui en son cheuet estoit et quant il ne voit nully si fiert en la lan ce si durement que en deux pieces la fait voler puis esrache la piece qui eu lit fut demouree si la iecte parmy la salle par maltalent puis il met ung manteau sur son col et sen va par leans serchant par tout pour scauoir sil pour roit trouuer celui qui la lance luy auoit iectee mais il ne treuue riens puis sen reuient en son lict et se est dedans couche et dit que hony soit come couart et recreant qui la lance luy iecta/ quant il ne se veult monstrer a lui.

A tant se taist lancelot et monseigneur gau. lui demande coment il lui estoit ad uenu/ moult bien sire mais dormez vous En telle maniere geut lancelot iusques au iour & lors se comence a endormir et il comenca a es clairer et lors dist a luys de la chambre le nayn qui leans lauoit amene si dist si hault que lan celot le peust bien ouyr/ Dy va cheualier chare te qui viens en la charette or suis ie bien apres te que ie te rende ton couenant. Lancelot ouyt bien la voix en son dormant et saillit sus en ses brayes et en sa chemise puis prent son manteau et le iecte a son col et se lance hors de luys et le nayn le maine hors vers luys de la tour & lui dist: Regardez la/ et il regarde si voyt melea gant et la royne lung emprez lautre et lieuy le seneschal que len portoit en lictiere et il re garde la royne moult doulcement tant come il la peut veoir et se trait au plus auant quil peut vers les prez et tant se trait auant petit a petit hors de la fenestre quil estoit hors ius ques a la cuisse et pense tant a ce quil regarde que tout se oublie si que par vng pou que il ne chiet arriere. Et monseigneur gau. qui leue es toit quant il voit lancelot en tel peril si le prent aux bras et le tire a lui et lui dist. Beau doulx sire pour dieu ayez de vous mercy et lancelot le regarde si a grant honte de ce que il la ainsi trouue et les deux damoiselles dient. Certes

ains a moult grant droit sil se tuoit car il nau ra iamais honneur. Certes fait monseigneur gau. donc nen aura nul qui soit en ce monde sil nen a assez. Adonc le dit monseigneur g. iu. par le visage a descouuert si le cognoist main tenant. Lors prent monseigneur gau. lancelot entre ses bras si lui dist. Beau sire pourquoy vous estes vous tant cele enuers moy q vous ne vous estes descouuert. Pource fait il que ie doy auoir honte de tous preudommes veoir/ car iay este en lieu et en point de tout honneur con querre et gaigner et par mauuaistie iay failli Ce vous y auez fait monseigneur gau. failli ce nest mie en vostre corps, car ce scauons nous bien que ce que vous laisserez a acheuer p def faulte de proesse il nest mie encores ne qui la cheuera.

Q uant les damoiselles souprent si du rement louer a monseigneur gau. si sen merueillent qui il peut estre/ lors demandet a monseigneur gau. Sire qui est cesui q vous loez tant. Dame fait il ie nen dy chose qui ne soit et encores plus /mais son nom ne saurez vous pas par moy mais tant vous dy ie bien que cest le meilleur cheualier du monde. Lors se trait auant et dist lune des deux damoi selles. Sire dictes nous qui vous estes. Da me fait il vng cheualier charete suis/ certes fait elle cest grant dommage a vostre corps. A tant ont leurs armes demandees si se sont de liurement armez et vne damoiselle dist a lan celot. Beau sire dictes moy vostre nom et com ment que nous ayons a vous parle et vous ayons rampone nous ne voulons pas faillir au par aller, il ya ceans de beaux cheuaulx & de moult bons si en prenez vng tel quil vous plaira et vng glaiue tel que vous vouldrez es lire. Damoiselle fait messire gau. grant mercy mais de cheual ne prendra il point de vous tant come ien ape nul car ien ay deux bons et beaux si montera sur celui qui le mieulx luy plaira et ie monteray sur lautre et la damoi selle qui dame de leans estoit les comanda a dieu si sen vont eulz deux ensemble mais bien ennuye a la damoiselle que elle ne scait qui se cheualier est que messire gauuain auoit tant loe, et toutesuoyes cuide elle mieulx q ce soit lancelot que aultre se ne feust que chascun di soit qui estoit mort pieca

Ors appelle sa damoiselle qui moult estoit courtoise et lui dist qlle sen voise au plus droit quelle pourra au carrefourc des pors et lui encharge qlle face tant qlle sache le nom du cheualier. Et elle est incontinent montee qui moult estoit belle et riche et haulte femme et prent son erre la plus droite voie tant qlle y est venue endroit none. Au carrefourc des pors saresta et regarde si voit venir ses deux compaignons et fait semblant quelle nose aller auant et elle estoit enueloppee d'une gimple si quilz ne la congneurent point. Ilz la saluent et elle eulx. Si lui demandent se elle scait aucunes nouuelles de la royne geniure. Et elle dist q se filz du roy de gorre lemporte en sa terre foraine dont nul qui soit de bretaigne ne en peut issir. Damoiselle fait monseigneur gauuain comment pourrons nous entrer en ceste terre. Ce vous enseigneray ie bien fait elle, se chacun de vous me donne vng don q ie demanderay. Et lancelot a qui il tenoit plus au cueur lui respont tout auant et lui dist. Damoiselle nous vous donnerons ce q vous demanderez pourtant que nous le puissions auoir. promettez le moy dist elle et ilz lui promettent. Et el leur dist. Deez cy deux voies dont lune va au pont de lespee et lautre au pont perdu q len appelle le pont soubz eaue. Apres leur deuise les coustumes des deux pons puis leur dist. Seigneurs cheualiers souuienne vous que chacun de vous me doit vng don: en quelque lieu que vous soiez a quelle heure que ie le vous demanderay Et ilz dient que ce ne oublieront ilz pas.

Tant sen part la damoiselle et vient a vne voye herbeuse qui est entre deux chemins car quelque voye que lancelot tiegne elle y sera au deuant ancoiz quil soit gaires loing: et les deux cheualiers sont demourez au carrefourc. Quant ilz y ont vng peu demoure si dist lancelot a monseigneur gauuain quil pregne celle qui mieulx lui plaira des deux voies et il dist q elles sont toutes deux moult mauaises et ennuieuses: toutesfois il dist quil ira au pont perdu. Et lancelot dist a monseigneur gauuain. Sire demandez par tous les lieux ou vous vendrez de moy nouuelles Si tost comme vous aurez lonneur du pont conquise si allez a ma dame la royne car aussi iray ie se ie puis auoir lonneur du pout de lespee conquise. Et monseigneur gauuain lui promet aussi

Tant sen partent lun de lautre et se entre commandent a dieu. si prent lancelot son chemin tout par soy Tant cheuaucha q il lui auespust durement. Et lors lataint la damoiselle quil lui auoit enseignie la voie. Si la sallue et elle lui: puis lui dist quil voise celle nuit hebergier auec elle si se hebergera richement. Auec vous iroye ie hebergier fait il en tous les lieux ou ie vous sauroie, mais il nest pas encore temps de hebergier. Le lieu fait elle ou ie vous meneray nest pas loing de cy et se vous le passez vous ne trouuerez meshuy ne bourc ne maison, et il dist q doncques se hebergera il Lors appelle sa damoiselle vng varlet qui auec elle estoit si lui commande qlle voise deuant et lui coseille quil fera. Lancelot et la damoiselle sen vont apres lui tout bellement esbatant et parlant de plusieurs affaires tat qlz voient la maison, et la damoiselle dist. Sire ie ne suis pas bien asseur en ce lieu car len me y hayt si vous prie et reqer q vous me aidez se ie en ay mestier vous ny aurez ia mal fait il tant comme ie vous puisse aider. Grant mercy sire fait elle. Lors sont venus en la maison et entrent en vng moult beau preau: et la damoiselle sault ius de son pallefroy aincois que lacelot soit venu pour lui aider. Il descent et elle lui dist. Laissez vostre cheual si me suiuez la ou ie vous meneray. Elle entre en vne moult belle salle si sen va oultre en vne moult belle chambre. Il estoit ia nuit: mais cierges et torches y estoient allumez a moult grant plante. Ilz passent encore oultre celle chambre et viennent en vne moult belle salle et treuuent que la table estoit ia mise et la damoiselle lui oste lescu de son col et lui deface son heaume et il oste tout par lui le demourant de ses autres armures. Quant il est tout desarme la damoiselle lui met au col vng grant manteau de escarlatte, et quant il eut laue ses mains si se assient au mengier si treuuent le premier mes sur la table. Et quant ilz ont mengie si viennent deux sergans qui estoient vestus de haubergons leurs espees ceintes et leurs chappeaulx de fer sur leurs testes.

tint l'ung ung tailleur dargét couuert et lau-
tre une petite escuelle et si tost come ilz sont pa-
sus de la chambre si firent leurs espees nues et
viennent tout droit a la table, et quant lanc-
lelot les voit venir il saisist une iuste dargent tou
te plaine de vin et la damoiselle regarde ce ql'
fait. Les deux sergans mettent les mets sus
la table sans mot dire puis sen retuont arriere
ne lancelot ne enquiert point de chose quil ait
veue ains mengue tousiours dollent et cou-
rouce.

En telle maniere furent seruis tandiz
que le mēger dura, aprez menger se sie-
ue lancelot et la damoiselle de la table et sen
vont apuyer aux fenestres du long le iardin
et que la damoiselle y eut ung peu esté si sen part
a tant sans dire mot et quant lācelot regarde si
oyt une moult grant noise et il court celle part.
Quant il vint prez si ouyt la damoiselle cri-
er moult durement et entēt quelle crioit a hau
te voix. Beau doulx oste aidez moy si come vous
me auez en couenāt. Lancelot est venu a lux
dune chambre si voit grande clarté dedens et
voyt ung cheualier qui tenoit la damoiselle
enuerse en ung lit et lui auoit les iambes des-
couuertes si auoit deux sergans a lentree de
la chambre qui lux gardoiēt a deux bonnes
espees nues. Quāt lācelot les voyt si se pense
quil pourra faire car il na pas son espee: et sil
ne secourt son hostesse il sera honny a tousiours
et dira len quant il viendra a court quil a faict
creantise: si se pēse que sil va son espee querre
la damoiselle sera honye auāt quil reuiēgne
lors lieue sa main si se seigne puis dist. Dāe
a vous me comant car se ie y meur ce sera pour
vous et se ie reschappe sans mort ce sera pour
vous.

Atant se fiert lācelot dedans la cham-
bre et les deux sergās qui gardoiēt lux
le cuidēt ferir mais ilz faillēt si fierent leurs
coups a terre si fort que les espees vollent en
pieces, et il heurte le premier si durement que
il le iecte a terre tout estendu. Et lautre cuide
ferir lancelot dune hache parmy la teste mais
il iecte le bras au deuāt et lui fait voller la ha-
che au loing, il court a celui qui son hostesse te-
noit si le prent parmy les cheuelx et fiert du
poing si le porte a terre tout estēdu, et lautre

qui cheu estoit a terre sault sus et cuide lance-
lot ferir mais il guēchist et sault arriere et ce-
lui ne peut son coup retenir si fiert si duremēt
celui que lancelot auoit laisse que tout se pour
fent, et lancelot prēt la hache par le fer si toste
a celui qui lautre auoit tue puis court sus aux
aultres et la damoiselle le prent par le poing
si lui dist. Beaux hoste vous ne auez garde
des ores mes, car bien me auez mōstre q̄ vous
valez: ne ie nauope ce fait fors pour vous es-
saper, car tous ceulx que vous voyez cy sont a
moy. Lors sen reuiennēt en la grant salle et
passent oultre par lux ou lancelot auoit pas
se si voit lancelot a destre une moult belle chā
bre richemēt painte de diuerses couleurs, si
voit ung moult beau lit richement apareille
et de toutes les richesses quia corps de home
conuenoit la damoiselle prent lancelot par la
main si le fait asseoir emprez elle et lui dist.
Beau doulx amp vous me deuez ung don tel
come ie vous demanderay pource que ie vo9
enseignay la voye que vous et mōseignr gau.
me demandastes: Il est vray dit lanc. et ie le
vous demande orendroit, il dist que volen-
tiers s'up donera se auoir le peut. Je vous de-
mande fait elle que vous gesez ennuyt auec
moy en ce lict. Et quant lancelot l'entent si est
si angoisseux que a pou quil ne pst du sens si
lui dist damoiselle demandez ung aultre don
et vous laurez. Se mais t dieu fait elle ie ne
vous demanderay aultre chose mais cestup
don vous me accorderez et ie vous en prie. En
ceste maniere leschapa lancelot, pour sçauoir
sil la pourroit iecter de sa demāde mais il ne
peut estre, et quant il voit que faire lui couiēt
si dist quil y gerra pour sa foy aquiter et main
tenant sen va celle coucher en son lict et il se as
siet pour soy dechausser puis se mettent deux
varletz a genoulx qui le deschaussēt et il sen
va coucher maintenant que les chandelles
sont desteinctes. La damoiselle se lieue et va
requerre lancelot en son lict et dit que couenāt
lui tiēgne et que auec elle voise gesir et il y va
moult angoisseux, elle se couche et lui aprez
mais il ne lui ose son dos tourner pour villen-
nie ne son visage abandonner ains gist tout a
senuers sans soy mouuoir et sans mot dire.
La damoiselle escoutte pour sçauoir quil fera

Et quant elle voit quil ney fera plus: si dit. Quest ce sire cheualier ney ferez vous plus. Que voullez vous que ie face fait il: se ie sauoie que ie vous ennuyasse ainsi commēt vome ennuyez ie men iroie dicy Commēt fait el le vous ēnuie ie. Oy dit il. Pour quoy dit el le. Suis ie donc si hideuse. Dō9 me estes ore droit laide fait le cheualier combien q̄ autresfois vous me soiez este plaisante. Certes dit elle vous nauez pas tort et se vous me pardōnez ce que ie vous ay ennuie ie vous laisseray en paix. Et il dit quil lui pardonne & lui eust elle encores plus meffait et ie men vois dit el elle. Or vous gesez et vous reposez: et ie men vois en lautre lit gesir. . Et il dit q̄ non fera, mais vous gerrez icy et ie iray a mō lit pour ce q̄ ie ne oseroie iamais aler en lieu ou ie feuf se cōgneu se len sauoit que ie eusse couchie vne nuit auec vne damoiselle. Seurement fait el se icy pourez gesir, car se vous auez amie elle ney saura ia riens. Mon cueur dit il le sauoit bien qui est en son lieu. En verite dit la damoi selle quelque vostre cueur soit il est loyal Et bien y paruist au val des faulx amans. Or le uez vous et alez couchier en vostre lit que bon repos vous doint la doulce mere de dieu Vo9 doint ioye de ce que vous aymez le plus. Et adōc il sen part de son lit et elle demeure: si pē se bien q̄ cest lācelot, mais elle en vouldra en cores plus sauoir sil peut estre. si pense en son cueur et aussi tost commēt il fut iour elle se le ua & vient a lācelot si treuue quil se seuoit ia, & lui a dit q̄ dieu lui doint bon iour. Et a vo9 dit il bonne auāture. Sire fait elle vous me auez bien mes cōuenāces tenues et ie men lo & iamais ne vous feray riens qui vous ennuie Et il est vray q̄ en toute terre ne craint riens pucelle seulle mais se cheualier la conduit et autre cheualier la q̄ quiert il en peut faire a sa voulēte. ie le dis pource q̄ en ce pais a vng che ualier q̄ mayme & ma reqse damoure, mais il a sa peine pdue. Et se vous me osiez cōduire par deuāt lui ie iroie toute iour en vostre compaignie. Cōtre vng cheualier fait il vous cō duiray ie bien. Lors furent cheuaulx appareil liez et mōtent & sen issent hors de la maisō au matin. Mais en celle terre estoit de coustume que si tost cōme vng cheualier y entroit messa

giers le suiuoient des la p̄miere ville ou il ve noit et couroient par tout le pays & disoient q̄ vng cheualier estoit venu pour deliuer ses p̄i sonniers. Et ainsi en sauoit on les nouuelles par tous les mauuais passages aincoie quil y venist. Ainsi fut sceue la nouuelle de lancelot & disdrent les messages par tout quel escu il portoit & q̄l auoit este en la charete / dont il eust puis moult de honte et de reprouche
Or cheuauchent lancelot et la damoiselle iusques a heure de tierce & viēnēt a vne chaucee q̄ estoit longue et estroite entre les ma res parfōs et mols & au chief de la chaucee a uoit vng cheualier arme sur vng grāt cheual apuye sur son glaiue. Voit venir lācelot si le congnoit incontinent Et quāt il approuche de lui, si lui demāde q̄l va grant. Ie vouldroie fait lancelot estre oultre ceste chaucee. Vous ny passerez ia fait le cheualier, car elle ne fut pas faite si belle affin q̄ vng cheualier recreāt y passast. Et tu es cōme celui qui a este mis & trayne en la charete & pource ne dois tu passe nir en lieu ou preudomme te voie. Ainsi honni y passeray ie fait lācelot, car ia pour vous ne le laisseray. Certes fait le cheualier tu y passeras bien se tu veulx, mais tu payeras passage. Quel passage fait lācelot. La chose dit il q̄ tu as q̄ mieulx me plaira a prendre. Passage fait lancelot ne payay ie oncq̄s a homme ne a cheualier ne ie ne cōmenceray huy. Sire fait le cheualier il ny a si hault hōme en Bretaigne sil y passoit quil ne me rendist le passage nōmie le roy artus sil y passoit. & sa fēme me la ennuyt dōne moult riche. Quel fait lance lot. Le plus beau piengne & lumine de lettres q̄ vous veissez oncq̄s. Se vous le me mōstrez fait lancelot ie vous en croiray: & si rendray le mien payage. Vo9 ne le verrez ia fait le cheualier: et si est ca sur ce perron. Tant mōte lā celot sur la chaucee & le cheualier lui vient au deuant et fiert son cheual de sa lāce parmy la teste. Adonc se courrouca lancelot et lui dit. Sire mon cheual auez feru & a moy dit hōte mais vous le comperrez Lors se trait inconti nent arriere et laisse courre vers lui si sentredō nent grans coups sur les escus. Le cheualier brise sō glaiue & vole en pieces & lāce le fiert si durement quil labat lui et son cheual a terre,

A.i

et il passe oultre & mist la main a lespee puis iecte lescu sur son chief et mist le cheualier en telle subiection en peu de heure q̃ mercy lui conuint crier et lui promet a tenir prison. la ou il vouldra

Tant sõt venus au perron: & quant lã celot voit le piengne qui estoit la dessus il neust pas tant de pouoir de se prẽdre et fut si esbahy q̃ mot ne dit: et les peulx lui esbloẽt si se oublie quil ne scait ou il est & par vng peu quil ne sest pasme: et feust cheu a terre se la damoiselle ne leust retenu. Quant il reuint de pasmoison et il vist q̃ la damoiselle le tenoit: si lui demande q̃ elle voulloit. Je vous voul loie fait elle donner ce piegne q̃ vous prẽdriez voulentiers se mest auis. Grant mercy dit il Si prent le piengne et en tire les cheueulx et les met empres sa chair & bien voulsist que la damoiselle feust loings car se elle neust este si pres de lui moult eust fait grant ioye: et pour la grãde espesse quil en a dit il au cheualier cõ quis quil sen voise tout quitte: car moult vail lamment sestoit acquitte.

Apres sen allerent ensemble la damoisel le & lãcelot et cheuaucherent tant q̃l fut pres de n õne: et lors entrerẽt en vng estroit sẽ tier q̃ estoit entre deux plessis et ont tant alle parmy ce sentier quilz voiẽt parmy les ar bres vne praerie ou ilz ouirẽt moult grãt noi se de gens. Et lors vient vng cheualier arme sur vng cheual: & la damoiselle le congneust & dist a lancelot. Sire veez cy le cheualier qui ma tant requise damours. Je scay bien q̃l men vouldra mener par force pource que ie suis en vostre conduit. si mest bien mestier q̃ vous me garantissez euers lui. Allez seurement dit lã celot & naiez paour de nully. La damoiselle va deuãt et quãt le cheualier la voit venir il a telle ioye quil frape les deux mains ensem ble & dit que bien puisse venir celle du monde quil ayme le mieulx & benoit soit dieu q̃ tou tes mes prieres a acheuees quãt ie la puis ore prendre a mon gre et sen mener a ma voulen te. Beau sire dit elle il ira tout autrement que vous ne cuidez/ car ce cheualier me conduit Certes fait il ce vous doit desplaire quant au conduit de vng homme honny vous estes mi se car ce est le cheualier qui fut mis en la chare

te ne il ne sera ia tant hardy quil vous ose def fendre ains vo' emenerap malgre lui et puis dira ce q̃l lui plaira et encores ne vous a il me nee gaires loing. puis il met la main au frain du cheual de la damoiselle & lui dist. O vo' emenerap ie & si verrez qui vous rescourra car ce cheualier nest pas si hardi quil entrepiengne pour vous telle follie. Laissez ceste damoisel le fait lãcelot: car assez a qui cõtre vous la def fendra. Donc vous combatrez vous a moy Et lancelot dit quil en est content. Or allons donc en lieu ou nous puissons cõbatre au lar ge & oncques riens tant ne desiray cõe de moy combatre deuant celle du monde que ie ayme plus. Lors retournent de la ou ilz estoient ve nus & viennent a la praerie et voient grãt plã te de gens dont les vngz iouoient ieulx de plu sieurs manieres et les autres ne iouoiẽt pas Ceulx qui iouoient estoient de celle terre. Et le cheualier qui la damoiselle aymoit cõmen ce a crier. Ne iouez plus: car veez cy le cheua lier qui fut mis en la charrete. Et tantost de meute le ieu de toutes pars. Et le cheualier prent la damoiselle par le frain et lemmaine droit au paueillon qui em my le pre estoit ten du & vng cheualier lui vient a lencontre mõ te sur vng pallefroy vestu dvne chape de sa mit brun et estoit assez aage mais il sembloit estre moult preudomme: & il estoit pere du che ualier qui voulloit combatre encontre lance lot du lac. Quest ce fait le preudome au che ualier. ou maines tu ceste damoiselle. Sire fait il ie lemmaine comme celle que iay conq se. Commẽt fait il la tea quittee ce cheualier. Autãt mest dit il sil la me quite comme sil la me contredit: car toutesuoies lemmeneray ie. Et lancelot lui dit. Laissez la sire cheualier: car bien sera garantie encontre vous et eussez vous la force de deux telz cheualiers cõment vous estes. Or pouez ouir beau filz fait le che ualier q̃l ne la vous quitte pas. Et celui dit q̃ il ne lui chault et q̃ toutesfois lemmenera il. Et lancelot laisse courre le cheual et dist q̃ sil ne la laisse il lui fera chier comparer. Laissez la beau filz fait le preudomme. Et il la laisse mais il dit quil se combatra ou il lemmera ou il la cõquerra vers lui. Et le preudomme dist quil ne se cõbatra pas oultre sõ gre. Et il dist q̃ si fera: si veult incontinent courre sus a lancelot & son pere le retient deux ou trois fois mais il nen veult riens faire pour deffense. Adonc appella le pere vne partie de ses gens et fait lier son filz a force & dist quil lui couendra faire a sa voulente malgre lui. Scaiz tu q̃ elle ma voulente sera. Tu laisseras la damoiselle au cheualier & pource q̃ tu ne soies a malaise de la bataille que ie te oste nous irons apres le cheualier enuit, & demain moy et toy et de tel prouesse peut il estre que tu te repentiras de la bataille faire: & telle chose pourrons no' veoir en suy que tu reuendras a la bataille. Ainsi se fait ottroier le pere au filz malgre lui. Adonc sen retourne lancelot & la damoiselle auec lui la ou elle se côduit. Et le vauasseur et ses filz vont aprez lui. Si ont tant alle quilz viennent a vne maison de religion moult anciêne Et la damoiselle dist a lancelot. Sire est il bien têps de hebergier. Veez cy vne maisô de religion ou sey nous hebergera bien pource que vous estes cheualier et pour lamour de moy Et il dist quil se hebergera voulentiers puis quelle le veult. Si viennêt tâtost a la porte et treuuêt deux freres de leās q̃ a l'êcôtre du cheualier saillent & diêt q̃ bien soit il venu. Quât ilz cōgneurent la damoiselle ilz lui sôt grant ioie car elle estoit moult haulte femme & niepce a vng des rendus q̃ cheualier auoit este. Ilz descendêt & sen les maine en vne belle chambre pour les rafeschir. Si desarment lancelot, et leurs cheuaulx sont mis a lestable: & tantost vint le vauasseur et son filz qui furent receuz a grât ioie: car le lieu auoit este a leurs predecesseurs. De tout ce quilz peurêt auoir leās furet serui. Au matin se leua lancelot si tost comme il fut iour. Si lui chanta leŋ messe du sait esperist: puis lui dist vng des rendus de seans. Sire il mest auiz a vo' ventz deliurer ceulx qui sôt en ce pais en subiection. Et il dist que se dieu y vousloit mettre conseil voulentiers y peŋseroit Sire fait le preudôme ie le dis pource q̃ ceans a vng escu que celui qui le portera aura lonneur de ceste bataille & de ceste auâture. A ce fait lancelot essaierai ie voulentiers Nous le vous monstrerôs fait le preudomme Lancelot fu tout arme fors de son heaume & de ses mains. Le preudôme le maine en vng cymetiere ou gesoiêt mais corps de cheualiers q̃ auoiêt este preudes hômes. Si regarde lancelot, par my le cymetiere & voit tôbes de marbre moult belles. Et bien en y auoit quatorze / mais vne estoit de greigneure beaute que les autres. Le preudomme se maine a la tombe. Si auoit sur celle tôbe vne lame q̃ bien auoit trois pies de large par amont & par aual en auoit deux. & auoit vng pie de espes Et estoit seller a plôb & a cyment. Le preudôme dist a lacelot. Sire veez cy lescu celui q̃ ceste lame leuera sachez q̃ il acheuera ceste auanture q̃ vous querez. Il met tâtost ses mains au plus gros chief. Si sefforce tant de la leuer qu'il rompt les ioinctures du plomb et du ciment et lieue la lame en hault dessus sa teste. Et il regarde dedens si voit le corps de vng cheualier gesir arme de toutes armes & voit dessus lui vng escu d'or a vne croix vermeille et son espee estoit pres de lui aussi blanche & aussi clere cōme se elle eust este le iour mise illec & venue du fourbisseur: et de ses chausses et de sô haubert les mailles aussi blanches et aussi cleres comme nege/ et si auoit vne couronne dor moult belle dessus son heaume.

En ce temps estoit telle la coustume que nul cheualier nestoit mis en terre que de toutes armes ne feust arme. Et lacelot regarde les lettres q̃ disoient. Cy gist galschaut de galles q̃ tant estoit preudôme et fut filz de ioseph de arimathie. Cellui galehaut auoit cōquis galles au temps q̃ le graal auoit este porte en la grant bretaigne Et pource auoit elle nom galles & deuant auoit este appellee hoselere. Longuemêt tint la lame en hault sur sô chief Et quât il la voulsut mettre ius si se tint en tel le maniere comment il lauoit laissee que oncques puis ne se remua. De ceste chose furent moult esbahis et les vngs et les autres Et le preudomme lui dist. Sire vous auez acomply ceste auanture ne ie ne croiray iamais chose qui soit auenir se par vous ne sont deliurez les essilliez qui sont en ce pais.

Apres se maine en vne eglise pour rendre graces a nostre seigneur. Et il regarde par vne des fenestres du monstier si voit vne moult grant flabe et merueilleuse q̃ estoit en vne caue soubz terre. Il demâde q̃ elle flābe c'est

Second

Sire fait le frere qui lauoit amene a lessap
ce est vne auanture/quelle est telle fait il. Len
nous tesmoigne fait le preudomme que celui
qui ceste lame leuera qui ceans est quil acheue
ra le siege perilleup de la table ronde et metra
a fin les auantures du saint graal. Celle tu~
be fait lancelot vueil ie veoir Sire fait le pieu
domme veoir la pourrez vous bien mais vous
ne vous y essaperez ia car lauanture nest pas
vostre ne vng seul homme ne pourroit mie ces
deup auantures acheuer/toutesuoyes fait lā
celot y essaperay ie pour scauoir quil en auen-
dra:mo~strez moy par ou ie y entreray. Le frere
le maine iusques a vng degre et il se auale en
la caue aual et se descent iusques a vng der nial
degre et voit au chief dessoubz la chappelle
vne tumbe qui art si angoisseusement que le
feu en volle de toutes pars contre mont aussi
hault come vne lāce, il regarde la tumbe bien
tend rement si se tient pour sol de ce quil y estoit
venu/car il ne voyt mie que nul homme y peust
mettre la main que tout ars ne feust. A tant
monte sur le degre pour retourner arriere/ et
quant il a le tiers pas monte a mont si retour
ne et dist. Haa dieu quel deul et quel dommage
Lors descent en la caue et fiert lune main en
lautre et fait le gregnieur deul du monde/ et
mauldit leure quil fut ne quant il a tant vais
cu quil est ainsi vaincu en terre. Lors sen com-
mence a aller vers la tumbe si se apparille
du leuer quant vne voix lui escrie dedēs la tū
be qui lui dist mal pviens auant/car lauātu
re nest point tienne a acheuer Quant lancelot
entent la voix si se merueille moult q~ ce peut
estre car il ne voyt riens entour lui et lors des-
mande qui cest qui a lui parle/ mais toy diz
deuāt fait la voix pourquoy tu diz quel deul
et quel dommage et ie te diray apres quanque
tu souldres demander: et soyes tout asseuré
ie ne suis ne diable ne esperit dont mal te puisse
venir Adonc fait lancelot dy moy se tu es aus
si bonne chose come mauuaise et ie te diray fait
lancelot pourquoy ie le dy/ le plus des gens
qui me congnoissent si me treuuent au meil-
leur cheualier du monde et ie voy bien mainte
nāt que iay le monde deceu puis que ie ne suis
si bon cheualier come len dit et daultre part co~
gnois ie bien que tresbon cheualier ne a point

peur et iay eu paour donc puis ie bien dire que
ie ne suis mie tresbon cheualier. Haa fait la
voix tu dys bien et mal de ce que tu diz quel
deul et quel domage/ ce fut a dire que tu nes-
topes mie le meilleur cheualier du monde/
mais dommage nest ce mie/car celuy qui sera
le meilleur cheualier aura telle chose en soy q~
nul aultre ne y aura droit et si tost come il me
tra le pie dedens ceste caue il verra que le feu
qui me art aussi come tu vois estaindra pour
ce que en lui naura post de feu de luxure et no~
pourtant ie ne dy pas que de cheualerie tu ne
soyes bien garny et ie te cognois bien/ car nos
sommes dung lignage toy et moy/ et sachez q~
celui qui me desiurera sera mon cousin et me
sera aussi prez amy come cousin remue de ger-
main et celui sera la fleur de tous vrays che-
ualiers et sachez que toy mesmes commē ces
les auantures quil mettra a fin mais tu las
perdu premierement p la grāt ardeur de luxu-
re qui est en toy et pource ton corps ne est digne
de acheuer les auantures du saint graal pour
les vilz pechez dont tu es entache/ et daultre
part las tu perdu par vng peche que le roy bā
ton pere fist/ car puis quil eust espouse ta me
re ma cousine geust il auec vne damoiselle de
la te vient vne partie de ton peche/ne tu ne as
mie en ton baptesme nom lancelot ains as a
nom galaad mais ton pere te fist ainsi appel
ler pour son pere q~ eut ainsi a no~ /or ten va a
tāt biau cousin car tu ne pourroys mie ceste a-
uanture acheuer pour ces choses que ie te ay
dictes

Quant lancelot entent la voix si lui de-
mande son nō et pourquoy il est enser-
re illec et sil est mort ou vif: tout ce fait il te di-
ray ie bien Il est voir que ie suis nepueu ioseph
darimathie celui descendit iesucrist de la croix
et le graal aposta en ceste terre mais pour vng
peche que moy et vng mien frere auons com-
mis ie seuffre ceste ātoisse si ay a nom symō
et le corps de mō frere gist en la perilleuse sal
le ou maines ennuys sōt aduenue aux cheua-
liers errās et se ne feust la priere ioseph nous
feussions dampnez en corps et en ames a tous
iours mes/mais par sa priere dieu a octroye
le sauuemēt de nos ames pour le tourmēt du
corps/ si fut chascun de nos mis en tel vessiau

et souffrirons ceste douleur iusqs a tant que celuy vēdra qui nous en iectera: et sa venue est asses prez car a moins de trēte ans vendra le terme de nostre deliurement. si me dictes beau cousin q̄ vo⁹ vouldrez faire de ceste chose. Il respōt quil ny istra de leans sans essaper. Or vous diray doncqs que vous ferez. prenez en ceste pierre illec dessus caue que vous y trouuerez si en arrousez vostre visage/ puis pour le feu ia ne perirez car ceste eaue est celle de quoy le prestre laue ses mains apres quil a vse corpus domini. Et se vous prenez autremēt vo⁹ estes mort

Maintenāt print lancelot de leaue, e en arrousa son visage puis vient a la tombe e se fiert au feu e tant y est demoure q̄ plus ne peut souffrir. Il sen reuiēt au degre et mōte cōtremont e sen viēt aup gēs qui lattēdoient a moult grāt paine. Si lui demādēt quil a fait. Et il dist ries. Quant le preudomme qui la tombe sui auoit monstre le vist courrouce il lui dist Sire ne soiez ia courrouce de ceste chose, car nulz de ceulx qui a present viuēt ne la pourroient mener a chief. Et de tāt q̄ vous en auez fait en ce cimetiere auez vous tāt de hōneur cō q̄ q̄ sen scait bien q̄ vous estes le meilleur cheualier du monde ne oncqs ceans entra: si en sont entrez plus de cēt. Tant scay ie bien fait lancelot q̄ celui sera de grāt prouesse q̄ ceste auanture mettra a chief. Cōmēt ilz parloient ainsi estra leās vne grāde compagnie de gens rendus qui amenoiēt vne littiere. Si demandēt le corps au roy gallehaut. Et ceulx de leans sont tous esbahis e leur demādēt commēt ilz sauoiēt nouuelles ou le corps de gallehaut estoit hors de sa tombe. Et ceulx diēt q̄ par.ix. iours auoiēt songie q̄ le iour de lascension le trouueroient. Atant tourna lancelot e corps e le leua en la littiere. Si sen vont ceulx qui le corps portoiēt dune part e lui de lautre. Lors dist le Bauassent a son filz quil eut eu le pire de la bataille sil se feust combatu a cestui car cest le meilleur cheualier du mōde. Et sil neust en soy trop haulte prouesse il neust pas entreprins ce quil a commēce a faire. Atāt sen vont eulx deux en leur maison e la damoisel leconuoie lancelot. Si lui dist. Sire ie vous ap longuemēt conuoie pour veoir vostre prou

esse e est ainsi q̄ iay tāt fait q̄ ie scay vostre nō si men iray sil vous plaist me en dōner le congie. Je le vous donne fait il vouletiere: mais sauez vous cōmēt iay nom. Je vous sauray fait elle bien nommer car sa voix vous nōma dedēs la tombe q̄ vous appella lancelot. Or vous prie q̄ vous ne le dites a homme tant q̄ vous saurez certainemēt que iay exploitie de ma queste ou bien ou mal: car deuant comme il mest mescheu ay ie trop grāt douleur. Tāt sachez vo⁹ bien fait elle q̄ ie ne le diray fors q̄ en vng lieu la ou len garderoit aussi bien vr̄e honneur commēt vous feriez. Lors lui reconnoit q̄ y elle est e commēt elle auoit este appellee par le commādemēt de sa dame. Atant se entrecommāderēt a dieu e il cheuaucha iusqs a none. Et lors estre au chemin de vne haulte forest e espesse A lentree de la forest auoit vng sentier si le gardoiēt deux cheualiers tous armes. Et estoit coustume en ce pays la q̄ si tost q̄ len sauoit q̄ cheualier estrāge estoit estre q̄ le gardoit les passages comme il estoit acoustume. Quant lācelot approuche des cheualiers si cōgneurent bien q̄ a son escu que cestoit celui q̄ en la charete auoit entre. Ilz lent enuoiēt leur escuier e lui mandēt q̄ si vil hōme cōme il est ne doit entreprendre a passer a force ou les preudes hommes ont maintesfois failly. Lescuier lui dist q̄ sen lui mādoit cela mais il ne respōdist mot. Quāt ilz vint prez de eulx si cōmēcēt a crier filz de putain recreant e mis en la charete. Et il leur dist tout bas quil ne a cheualier en tout le monde sil sauoit clame filz de putain quil ne le fist menteur ne recreant ne fust il onques. e de ce se deffēdra il bien. Si fiert incōtinēt le cheual des esperōs e cōtre lun des deux e lui dōne si grāt coup q̄ l rompt sō glaiue sur son escu. Et lancelot le fiert en semblāce de hōme courrouce, si que de lescu fendent les ces e les mailles du haubert faillēt e le fer du glaiue coule par my le corps du cheualier: si le rue mort tout estendu e au cheoir quil fist brisa le glaiue si que le tronchon lui demoura dedens le corps. Et il point incontinēt a lautre cheualier qui trop le hasta: e lancelot le fiert si durement que a la force de ses bras et du tronçon de son glaiue labat si cruellement a terre q̄ au cheoir lui brise la caignolle du col. e lāce, sē ba

A.iii.

Erode

et du tronson l'abat si cruellement a terre que au cheoir sui brise la caignosse du col et sac. Se va oultre que plus ne se regarde si a tant cheuau che quil vint hors de la forest et lors encontra sanc. Ung vauasseur et ung sien filz qui menoient deux leuriers et auoient prins vng cheureau si saluent lancelot et lui eulx. Sire fait le vauasseur ie vous hebergeroye moult volentiers sil vous plaisoit et auriez de ceste venaison, et sanc, se mercye et dit quil prendra volentiers lostel. Maintenant enuoye le vauasseur son filz a tout la venaison et sanc. et le vauasseur vont tout bellement plant ensemble. Le vauasseur luy demande quelle part il va, et il dist que il sen va a ung sien affaire ne plus congnoistre ne luy en veult, et lancelot luy demande se il est cheualier ou non, et il dist que oup et de bretaigne ne.

A tant vienent pres de lostel si seur bien nent deux cheualiers a lencontre qui estoient filz au vauasseur qui firent grande ioye quant ilz virent sanc. Et quant ilz furent venuz a lostel si fut le meger si appreste que ilz se sont tantost assiz et quant ce vint en la fyn du meger vint leans vng varlet qui estoit filz au vauasseur: il salue son pere et toute la compagnie, et son pere lui dist bien soyez tu venu, pourquoy as tu tant demoure. Sire fait il ie nen puis mes, car vne grande auanture me a detenu cest que la tumbe au roy galehaut est ouuerte et vng cheualier au roy artus qui venoit en ce pays pour deliurer les chetifs de bretaigne que messeagant a retenu en ceste terre la seuer. Certes fait le vauasseur tu as ce songe, car se ce feust voir len le sceust en tout ce pays. Certes fait il il est voir car ie veiz au cheualier seuer la lame et si eschappe a la tumbe si men suis failly. Lors fut le vauasseur ioyeux et ses deux filz si en font moult grant ioye, et quant le varlet eut menge si dist a son pere. Sire encores vous diray ie aultres nouuelles du cheualier qui leua la lame, car il occist les deux cheualiers qui gardoient le pas de la forest. et le vauasseur se seigne de la merueille quil en a. et le varlet regarde si cognoist bien lescu de lancelot si dist a son pere. Sire il vous est aduenu vng moult grant honneur vous auez hebergé celui dont ie vous parle: cest celui qui

sit la empres vous. Le sire en a moult grant ioye et dist a lancelot. Sire ie me plains de vo' De quoy fait lancelot. de ce fait il que vous me auez ey voste grant honneur celee et vostre grant ioye. Pourquoy fait lancelot le vo' eusse ie dit: ce poise moy que amie se scait car ie y ay pou de honneur et assez honte, car iay fait la a voir des gregnieures auantures de tout le monde. Sire fait loste par la dieu mercy les deux auantures ne peuent aduenir a vng seul homme et de ceste auanture auez vous assez honneur car vous deliurerez le achetiues qui sont en ceste terre. De ce fait il ne suis ie pas bi en asseur

Moult out la nupt honore lancelot et lung des deux cheualiers qui estoit filz au vauasseur lui dist. Sire nous deuons estre bie abandonnez a vous serui: et ie bo' vouldroye bien requerre dist il a son pere que il vo' pleust que ie allasse auec lui iusques au pont de lespee et il lui octroye tout maintenant. et le varlet qui eut apportees les nouuelles luy dist. Haa sire il ne seroit mie belle chose que vous y alissiez vous deux sans escuier et ie pray auec vous moult volentiers et se vous ne le me voulez octroyer ie vous suiuray de loing. et lancelot luy octroye et se perce en est moult ioyeux si leur comande si chier come ilz ont leur corps que ilz facent ce que lancelot vouldra et ilz dient que si feront ilz sans nulle doubte. Celle nupt coucherent leans lancelot a moult grant honneur et lendemain si tost come ilz peurent veoir le iour si se leua et se arma et print congé du seigneur et de la dame puis est monte sus et ses compaignons si sen vont. Ce iour ont cheuauche iusques au maupas a heure de prime. Celui mau pas estoit appelle le pas des roches si estoit mauuais a passer, car il estoit entre deux roches trenchees si nauoit de large plus de deux toises et auoit a destre et a senestre grosses estaches de pierres qui auoient quatre piez de hault, parmy ses estaches auoient fichees barres de fust coulleices si y en auoit quatre lune loing de laultre et chascune de ces quatre gardoient quatre cheualiers armez, si estoient armez comme villains de cuirries et de glaiues, et au chief du perron auoit vng cheualier tout arme.

Partie

Lancelot dist le passage si demāda a ses compaignons que cest. Et ilz dient que deliurer se couiēt des cheualiers & des sergās se passer p̄ueult. Il neu veult plus longuemēt tenir parolle aincois lace son heaume & prent son escu et se met deuant son pie et se adrece au cheualier quil dist au chief des perrons car pol dre cuide son cheual iusques au cheualier quil dist mais il se fiert si durement es barres que le cheual sur quoy il estoit eust le pie et les es paulles toutes rompues. Et il cheut oultre la barre si que le glaiue quil tenoit s'a par my le corps de vng des cheualiers qui se pont gar doient tant q̄ le glaiue rompist en deup pieces & lancelot ceust tout estendu de lautre part: vng autre sergāt p̄ court si le fiert de sa hache vng si grant coup q̄ tout le stonne. Et il sault sus moult vistemēt a moult grant honte de ce quil a este si au dessoubz. Si met la main a la hache de celui quil auoit occis si en fiert si duremēt celui qui le coup sui auoit donē q̄ du chapeau & de la teste a fait deup moitiez a vng seul coup. puis laisse courre a ceulp q̄ tenoiēt la barre: si en a trois mors a trois coups: et les autres sont mucez dedēs la roche: car plus ne losent attēdre. Il vient tout droit a la derreni ere barre et dist au cheualier qui dehors estoit sil vouloit a pie descendre auec sui & ie com batray a vous tant que vous ou moy soit val cu. Et il dist quil ne descendra ia mais chacū face son prouffit. Se ie vous attendoie a pie fait lancelot et vous feussiez tout a cheual ie en auroie trup grant honneur. Encore me poi se il plus fait celui q̄ bō n'p estre a plus grāt meschief. Lors vient a lui le filz a son hoste q̄ estoit cheualier & lui dist. Sire mōtez sur mō cheual & vous combatez. Certes fait lancelot non feray: ie verray auant son pouoir & se attē dray a pie puis men iray sur son cheual quant ie men iray de cy. Lors il prīt incontinent les deup glaiues aup deup villains & euure les barres toutes arriere. puis met le glaiue soubz son esselle & le tit hors de la voie q̄ le cheual ne heurtast a lui. Et cheualier sault pour le fer tir. Et lancelot s'auise bien si le fiert dessoubz sa bouche si q̄ du cheual le porte ius. Le cheua lier geust pasmé a terre & le cheual sen fuist p̄ mp le pre. Le varlet le prent si le donne a lance

lot. Et lācelot court sus au cheualier si le fiert de lespee & le met en tel point quil se tint pour vaincu & lui promet tenir sa prison. Et lāce. le uoie sur sa foy au vauasseur. Cilui deuisēt les deup freres le non de leur pere & lenseignēt tant q̄ sceust bien ou sestoit. A tāt mōte lācelot sur son cheual & laisse le cheualier a pie. Lors sen va lancelot & ses cōpaignons tāt qlz econ trent vng varlet sur vng grāt destrier. Le var let auoit vne coste de noire bureau & estoit ron gnie par dessus les oreilles en hault: car ainsi estoiēt atournez les essilliez. Et ceulp du pais auoient tous tres cez. Ceulp q̄ venoient auec lā celot cōgneurēt q̄ celui estoit de leurs gēs si le saluerēt & lui demādèrent dōt il venoit/ & ou il alloit a tel besoing Le besoing dist il y est grāt car en ceste terre vient vng cheualier pour nous deliurer. Si a acheue sauanture gallehault sur sa tombe. Si voullōs aller econtre lui: et ceulp de ce pais sont assemblez au pas de la pe tite forest écōtre: & ie vois q̄ tre tous ceulp que ie pourray trouuer / car les nos en ont le pire. Si vous prie pour dieu q̄ vous vous hastez & les aidez. Or va tost fait le cheualier q̄ lance lot. Cōduit car nous serōs par tēps a eulp. Ilz cheminēt tāt qlz viennēt sur vng hault tertre & voient la bataille aual sa praerie & cōgnoissēt les banieres & les escus. Si virent bien q̄ les leurs estoiēt par deca car ilz ne portoient sinō noires armes. Ilz descēdēt & se armēt & estrai gnent leurs cheuaulp. puis lacent leurs heau mes & sen vont droit a larmee hastiuemēt. Lā celot en vist vng qui mieulp faisoit que tous les autres il lui court sus & le fiert si duremēt que pour lescu ne demoura quil ne lui fist vol ler les mailles de sō haubert Et lui mist par my le corps le fer de son glaiue et le fait trebu chier mort a terre. Et le cheualier qui se cōduit abatist le sien. puis ilz mettent les mains a leurs espees et coururent sus vistemēt a leurs ennemis. Et puis le varlet descēdist sur le cheualier que lancelot auoit occis de son glai ue si lui oste toutes ses armures & se en arma au plus tost quil peut. Apres il mōta a cheual & vint a lancelot et a son frere si aida a lance lot du lac au mieulp q̄l peut: car moult estoit vaillāt hōe. Apres ne demoura gaires q̄ le che ual de lancelot cheut & il demoura a terre a pie

A.iiii

et le varlet vient a lui si lui dist. Sire mõtez sur mon cheual et cefut celui qui estoit a celuy que lancelot auoit occis/et lancelot ne sceut pas que ce fust le varlet qui estoit frere au cheualier si sault sur le cheual et dist. Sire cheualier suyuez moy car vous ne serez pas lon-guement a pie se ie puis. Lancelot vint a vng cheualier qui estoit moult preux si le fiert par mp le visage si que le nasel lui a couppe et le nez iusques aux oreilles: et cestuy voile a terre tout estendu.et lanc. prent le cheual si le maine au varlet et il mõte sus tout maintenãt et va auecques lui en la messe et dist. Sire ie suis le varlet qui est venu auecques vous et ie vous prie pour dieu que vous me faciez cheuali er car ie ne vouldroye en nulle maniere mou-rir escuier. Certes fait lancelot puis que tu le desires tãt en ce point tu le seras maintenãt mais vous feissiez cheualier plus riche-ment. Lors lui donne lacollee et lui ceint lespee et lui dist que dieu le face preudõme. Adonc re semont lancelot le varlet et lui dist Beaux a mis courez sus a noz ennemis et si fait il mal tenant que il fut cheualier.si cõmence le nou-ueau cheualier si bien a faire cõme sil eust este plus de vingt ans cheualier/si ont tant feru des espees lancelot et les siens qlz ont moult occis de leurs ennemis.car des prisonniers ne ont ilz que faire pource que rendre ne les cõ uenist si ne les peurent ceulz de dela plus sou frir ne endurer ains se mettent a la fuyte/ et ceulz qui petit les aymoient couirent apres eulx si les mainent si malemẽt que plusieurs en ont occis et si ont le champ conquis a leur vouloir.

Au departir du champ se merueillent moult les essillez qui le cheualier pou-oit estre ilz le ont demãde au filz du vauasseur et il leur dist q cest le cheualier qui la royne viẽt deliurer et tous les aultres prisoniers. Lors se prient tous de heberger et il les en escõdit et le filz au vauasseur dist qlz prõt le droit che-min chiez leur oncle heberger et ceulz dient q toute voyez le cõuoyerõt ilz iusques a tãt qlz soient a leur hostel car ilz se deuoiẽt desormais garder, aussi cõe leur corps/et lancelot ne vou loit pas quil feust cõgneu de tant de gẽs ains lui enuoyoit durement et les deux freres en essẽt

cent qui tous sõt dung lignage pour lui con-uoyer iusques a lostel puis ont fait retourner tous les aultres.si cheuaucherẽt encores qua tre lieues et lors encõtrẽt vng varlet sus vng grant destrier ilz cõgnurent bien quil estoit de leur gẽt si lui demãdoit ou il alloit. Ie voys fait il porter les lettres au roy de goire p toute sa terre pour vng cheualier qui nous vient de liurer que nul aultre cheualier ne soit tãt har di qui lui face encõbrier si nõ ainsi cõe les auã tures rendrõt car nous auõs ouy dire q mele agant se feroit greuer et gaictier pour lui occi re. Et scais tu fait le filz au vauasseur quel es cu il porte. Oup fait le varlet se ie le voye ie le cõgnoistroye bien.et il regarde si voyt le var-let qui portoit lescu lanc. Sire pour dieu fai-il mõstrez moy celui qui porte cest escu la et il lui mõstre. et le varlet sault ius si lui dist. si-re vous soyez le biẽuenu cõe le plus desire che-ualier du mõde. Le varlet demande a ceulz q sont auec lui ou il gerra en nuyt et ilz lui diẽt ou et il sen retourne grãt alleure arriere. quãt lancelot et ses cõpaignõs vindrẽt a lostel ilz trouuerẽt tãt de dames et de damoiselles et de chenaliers que moult se merueillẽt dont telz gẽs peuẽt venir. Celle ioye y eut se dist la lec-tre que a peine se pourroit nul deuiser et ce fut a vne belle ville et moult riche et ny auoit si nõ essillez et si estoit sãs forteresse nulle, illec pres auoit vng fort chasteau a mains de de-mi lieue qui estoit a ceulz du pays/car telle es toit la coustume que du long de la ville au p essillez estoient les fors chasteaux pour eulx plus destraindre qlz ne peussẽt rebeller cõtre eulx. le mẽger fut appareille riche et beau/et quãt ilz eurẽt mẽge iusques au tiers metz si vit leãs vng cheualier arme de toutes armes fors la teste et les mains et viẽt deuãt la table tout a cheual et parle cõe orgueilleux. Ou est fait il le cheualier hõny qui fut traine en la charette q tãt est fol de venir en ce pays pour a cõplir ce que nul ne peut oncqs acheuer. Adõc respõt lanc. Beau sire ce suis ie. Es tu ce fait le cheualier, comment as tu cueur de si haulte chose entreprendre ne fournir quant tu as per dues toutes honneurs en ce siecle et toutes ioyes/tu as pense trop grande follie quant tu oncques osas entreprendre a passer le põt

partie

de lespee ça deliurer les gens de ceste terre: car par homme honny ne sera ia si haulte chose acheuee, aincois il le conuedra estre de haulte prouesse sur tous cheualiers: et toy q̃ de toutes bontez ne as nulle as entreprise si haulte besõgne a faire qui as honny cheualerie ẽ q̃ as este mis en lieu de sarron en la charete: se tu veulx se pont passeras bien: ne ia ne ten conuendra saisser gage car ie te feray mener oultre leaue en vne nef. Quant tu seras oultreie prendray de toutes tes choses celle q̃ iray me le mieulx. Beau sire fait lancelot ie oy bien ce q̃ vous dictes mais ie nay cure de vostre bonte car oncq̃s ne paiay passage a pont ny a passage. Cõment donc cuides tu passer le pont de lespee qui tant est mauuais. Se dieu plaist fait lancelot ie le passeray car ie en feray a mon pouoir et se ie demeure par deca se sera a ma defaulte. Puis que tu te vantes de passer le pont ie seray se tu en as le cueur. Tu auroies assez los ẽ puis se tu me peux cõquerre Et se ie me puis de toy deffendre comment conquerras tu mes cagãt apres le passage du pont qui tant est fel. Vng des meilleurs cheualiers du monde.

A cest mot sault loste qui seoit au mengier si lui dist. Sire cheualier allez vous en par bonne auanture car ce cheualier est las et trauaillie qui est venu a grandes iournees: Tant a fait darmes comme il conuient aux auantures qui sont entre cy et lentree de gorre Ce sont les plus fortes de toutes les quatre voies: si a mestier de reposer car se vous autre huy aual sant feru de coupz despee comment il a vous ne vous combaterez a lui pour tout le royaume de logres. Donc men iray ie fait le cheualier: et vous le ferez seiourner et baignier pour sauoir sil pourroit estre net de la charete ou il a este mis Et ce sauoie ie bien q̃l ne se oseroit cõbatre a moy car oncq̃s de bon cheualier ne fut feru. Quant lancelot ouist ce cheualier qui se redarguoit de couardise: si rougist tout de honte et de mal talent. Si sault hors de la table et dist. Haa sire cheualier or bellemẽt car vous aurez la bataille puis que tãt la desirez et combien q̃ iaye fait darmes: encores ne suis ie pas las. Et se bon cheualier empire de monter en charete ce saurez vous par temps. Puis demande ses armes et son oste et tous les au

tres ont de lui moult grant paour et grant pitie. Si le chastient et dient q̃ il ny aille pas, mais nul chastiement ny a mestier. Si se est arme vistement et son oste lui baille vng glaiue. Quãt il fut monte sur son cheual dont il y auoit de bons leans et il sen va en la lande ou le cheualier lattendoit. Si ploure son hoste et tous les autres de pitie et il leur dist q̃lz soient tous asseur car il naura garde se dieu plaist, la lande fut grande et large et les cheualiers se eslongnerent lun de lautre et furent montez sur bõs cheuaulx si se entrelaissent courre de loing. Si heurtent les escus aux coulx et serrent les enarmes en leurs poingz et mettẽt les glaiues soubz leurs esselles. Ilz vindrent de loing si sentrefierent sur leurs escus de si grãt alleure comment ilz venoient: si quilz furent tous estourdiz des coupz quilz se entredõnẽt. Le cheualier brise son glaiue et lãcelot le fiert en hault si que au bras le fait heurter et le bras au coste et le porta a terre de dessus son cheual. Lancelot descent et laisse son cheual et voit le cheualier en my la voie si lui court sus au plutost quil peut, celui fut grant et fort et sauoit assez de lespee. Il sault sus vistement garny de soy deffendre comme il deuoit faire. Lancelot lui court sus lespee toute nue, si enfiert le cheualier si durement sur son heaume q̃ a peu q̃ il ne labat a terre tout estendu. Il chancella grant piece et lancelot qui poiut ne laimoit lui court sus sans reposer aincois quil feust destourdy et lui baille grans coups sur son heaume et sur ses espaulles et la ou il le cuide plus empirer. Il le contole si mallemẽt en petit de heure q̃ le conuiẽt a mercy venir: car il ne fait sinon empirer. Tant a dure la bataille et lassault q̃ plus ny peut durer le cheualier: mais il sen fuit ça et la. Et lãcelot lui court sus aussi legieremẽt cõme sil eust toute iour seiourne et le charge tãt des coups q̃ a terre lui fait mettre ses deux paulmes Si lui court sus ais q̃l eust pouoir de soy releuer. Lors lui sault sur le corps et lui arrache le heaume de la teste et la ventaille lui abat sur les espaulles. Si fait semblant quil lui vueille coupper la teste et celui lui crie mercy qui la mort craint. Je ne auray dist lãcelot de toy mercy se tu ne montes en la charete q̃ tu me as reprouue si laidemẽt.

Seconde

et celui dist se dieu plaist que il ny mettra ia/
mieulx ameroit a mourir a honneur que viure
a honte A ces parolles vint vne damoiselle
moult belle parmy la lade sur vng palleftroy
celle sen vint iusques a ceulx qui se combatoient
puis abat sa guimple de dessus son visage si lui
pert la couleur moult fresche et bien vermeille
et elle se lance ius de son palleftroy a terre et se
met a genoulx deuant lancelot et dist. Haa gen
til cheualier pour dieu ayez mercy de ceste da/
moiselle

La damoiselle fait lancelot leuez sus et
dictes vostre voulente et se trop ne me
greue ie le feray/ sire fait elle grant mercy et ie
crie pour dieu mercy de ce cheualier a qui vous
voulez la teste coupper ou vous la me donnez. a
ce mot sault sus lanc. et lieue la damoiselle et
dist que damoiselle il nescondist oncques de
nulle chose se a trop grant honte ne lui tournast
non ferap ie fait il a vous et si mauoit il moult
mesfait. Ainsi respont lancelot car il cuide q̃ el
le fui vueille la vie sauuer mais non fait ain-
cois sui demande quil ait la teste couppee oul
treement. Damoiselle fait lancelot ie cuide ope
que vous lui voulsissiez la vie sauuer. Non
fop fait elle ains demande quil ait la teste cou
pee et la me baillez en ma main et ie vous ren
dray encores moult bien le guerdon, car celle
plus dessor as de tout le monde. Quant le
cheualier sentent sien est tout esbahy et lui crie
mercy aux ioinctes mains et dist. Sire pour
dieu mercy et ne la croyez point sa teste me hait
et ie cuide ope quelle me aymast sur toute riens
De ce est lancelot tout esbahy car se cheualier
lui crie mercy et doubte part sa damoiselle se
coniure de la riens eu monde quil plus ayme
si se pese que sil occist le cheualier ce seroit trop
grant cruaulte puis quil lui crie mercy et se il
escondit la damoiselle donc ait fausse lamour
a sa dame la royne mais il feroit vne partie
de la volente a lung et a lautre sil pouoit. lors
vint au cheualier et lui dist. Sire cheualier
ie ne vous rendray pas guerdon selon vostre
follie mais selon ce que pitie requiert ie ne puis
ceste damoiselle escondire de sa requeste sans
moy honnir mais ie vous pare deux ieux si
en prenez lung ou ie vous occiray orendroit si
vous diray quelz ilz seront. Je vous rendray

vostre cheual et vostre heaulme si vous comba
trez a moy comme deuant ou ie vous occiray en
endroit/ et celui dist que sil le garnissoit de son
cheual et de son heaulme il sen tendroit a bien
paye. Maintenant lui tent lancelot son cheual
et son heaulme et sont montez derechief si pren
net glaiues si seltre fierent maintenant de toutes
leurs forces sur les escus si porte lanc. le che-
ualier a terre comme deuant et se requiert si dure
ment que le cheualier ne le peut souffrir et lan-
celot lui trenche la teste tout maintenant mais
ce fut moult encontre son cueur si baille la teste
a la damoiselle et elle dist grant mercy/ et sa-
chez fait elle que bonte que vous feisses oncques
ne vous vint a si bon point comme ceste fera. A
tant le commande la damoiselle a dieu si sen va
a son affaire et emporte la teste du cheualier
pendue a larson de la selle et quant elle vint a
vng grant puis ancien qui eu chief de la lan-
de estoit si la iette dedens si y auoit moult grant
plante de botreaux et de serpes celle damoi-
selle estoit seur meleagant et celui cheualier
lauoit meslee a son frere et a son pere, car il leur
dist q̃elle amoit vng cheualier de folle amour
pource quelle ne le vouloit amer et le cheuali
er auoit il occiz par le conseil meleagant. Apres
leur dist que elle auoit appareille venin pour
eulx enuenimer, et quant meleagant et son
pere cuiderent que ce feust voir si la fist le roy
son pere departir de lui et esloigner si lui donna
vne poure terre q̃ fut a sa mere: ne elle nestoit
pas de sa mere meleagant pource auoit la da
moiselle en hay le cheualier et il la prioit bien
souuent damours tant que elle lup octroya son
amour par conuenant quil se combatroit au
cheualier qui venoit tirer sa royne et deliurer
les prisonniers/ et elle le fist pource quelle pen
soit bien puis quil auoit telle chose emprinse
quil estoit de haulte proesse ne ia celuy ne du
reroit a lui. si esploitta ainsi la damoiselle de
son ennemy

Aprez que lancelot eut du cheualier sa te
ste prinse et il la eut donnee a la damoi
selle si fut assez grande la ioye que len lui fist
et ilz se desarment et regardent ses playes et
treuuent quil nauoit playe ou il eust peril de
mort si en sont moult ioyeulx et lui firent celle
nupt moult grant ioye et moult grant feste.

Et au matin si tost côme le iour apparust il sarma et monta acheual et comanda son hoste a dieu. Et loste dist que ainsi ne sen ira il pas ains le conuoiera iusques a lentree du pôt lui quarātiesme de cheualier mais il dist que ce ne peut estre. Et loste lui dist. Sire ne vous meruelliez pas se nous prenons garde a vous, car nous ne attendones iamais a tresvalloir sinon par vous. Et se dieu plaist par vous serons deliures. Beau sire dist il de plus pieus des hommes a en ce pais que moy. Cest monseigneur gauuain. Sire fait loste nous sentorons au plus preudomme celui qui nous de liurera et nous nous attēdōs a vous sur tous autres cheualiers. Onques pour chose q̄ nul sceust dire ne voulut que nul le conuoiast fors les deux filz du vauasseur qui estoient venuz auec lui.

Atāt sen part lancelot quāt il eust oup messe et le vauasseur se suist lui quarantiesme de cheualiers mais ce stoit de loing car moult auoit grant paour que melēagant ne se fist occire. Toutesuoies lancelot sen va tāt quil vient a vne forest ou il y auoit plessie entour. Ilz entrent en la forest lui et ses côpaignōs. Quant ilz sont entrez dedens vne archiee, si lieue entour eulx vng cry de villaine et de cheualiers et ilz regardent entour eulx si voient q̄ ilz sont enclos et quilz sont bien quarante cheualiers tous armez qui gardoient le pas deuant et derriere. Si y sont villaine qui ont espreez et glaiues et leur tirent des saictes tant q̄ ilz occient leurs cheualx et ilz sen eurent a pie. Quant ilz se virent a pie si furent moult a malaises et laissēt courre aux villains et les cuident tous detrenchier mais ilz ny peurēt a uenir car ilz se misdrent au plessie. Et tātost quilz les virent approuchier si les commencerent a tirer de saiettes trenchans la ou ilz peurent. Son hoste et ceulx qui apres lui suiuoiēt de loing sauoient bien le pas: si ont leue le cry tantost comme ilz les virent et laissent courre au ferir des esperons apres eulx. Quant les villains les virent venir si entrerent au plessie. Et lancelot monte sur vng cheual et laisse courre aux quarante cheualiers ensemble lui et ses compaignōs. Ilz en ont occis sept et les autres sen sont fuyz en la forest to⁹ a pie mais

des villains nen ny eust gaires de occis Lors sen vont et issent de la forest car elle ne stoit pas large. Et loste dist a lancelot. Sire or pouez vous veoir q̄ si peril y a de refuser lo pal conseil: car no⁹ sauōs mieulx les mauuais pas de ceste forest que vous ne fuictes: et pource deuez vous croire nostre conseil. Ainsi vōt tous ensemble iusques a la chaussee de garou. Et ce stoit la maistresse chausee de gorre. Leans estoit la royne en prison et elle estoit lors a vne fenestre et le roy bademagus empres elle. Si virent bien venir la cōpaignie des cheualiers Et ilz sauoient ia quil venoit vng cheualier pour la royne deliurer de sa prison q̄ tous les mauuais pas auoit ia passe. Atāt sont venus au pont de lespee et commencent a plourer, et sā celot leur demande pour quoy ilz plourent, et ilz dient que cest pour lamour de lui: car trop est perilleux le pont a passer. Lors regarde lācelot leaue: si lui auint quil tourna sa veue deuers la cite et vist la tour ou la royne estoit es fenestres. Si demāde quelle ville cest la. Si re cest se lieu ou la royne est en prison si lui nōmēt la cite. Et il leur dist quant il lentendist Or naiez paour de moy car ie doubte mains q̄ ie ne fiz meshuy: ne il nest pas si perilleux comme ie cuidoie. mais moult a sa oultre belle tour. Et se ilz me voulloient hebergier ilz me auoient ennuit a hoste. Il descent incontinēt de sus son cheual et les conforte tous: et ilz lui lacent ensemble les pās de son haubert a gros fil de fer quilz auoiēt porte et ses manicles lui cousent dedens ses mains et aux pies dessus collent les mailles a bōne poix chaude: et tāt de spant comment il eut entre deux cuisses. et ce fut pour mieulx tenir encontre le trenchant de lespee.

Quant ilz eurent lancelot bien attourne si leur prie q̄ ilz sen voisent et ilz se vōt legieremēt et se font oultre leaue passer en vne nef et mainent son cheual et lancelot sen vient droit au pōt pour regarder vers la tour ou la royne genieure sa dame estoit en prison si se en cline vers elle et apres fait le signe de la croix en mp̄ son visage et met son escu derriere son dos quil ne lui nuise. Lors se met dessus lespee en cheuauchon et se trayne par dessus ausi arme comment il estoit quil ne lui fault haubert ne chausse ne heaulme ne espee et ceulx de la tour qui le voyent se merueillent qui il peut estre/ car a la force de ses bras et au soustenement de ses cuisses il se trai ne au long tant que se sãg lui sault des mains sans doubter le peril de lespee ne de leaue et tãt se est traine q̃ est venu iusques au milieu de la grant eaue, et lors regarde deuant lui si voyt vng grant villain qui maine deux lyõs en vne chaine et font tel le noise que seu les peut ouyr de bien loinges/ mais nulle riens ne doubte ne mes vne seulle et celle lui a tollu toutes les aultres paours Quant il vint prez de terre si se est assis des sus la planche a cheuauchons si tire son espee et met lescu emmy son viz et les lyons sõt ap pellez du villain si leur mõstre lancelot. Et quant les lyons sont dechainez si lui courent sus tous deux et lui tendent moult grant ba taille lors leur donne moult grans coups de son espee tant que souuent les fait a terre sfatir se lui est aduis/ mais des lyons ne vit oncques yssir sang pour coup quil leur donnast, et lui est souuent auis quil a chascun trenche par my/ lors se traict vng pou arriere puis aba bat la maniche de sa senestre main et regarde laneau que la dame du lac lui dõna apres re garde vers les lyons si nen voyt il nul lors il sceut bien que ce fut enchantemẽt au regarder quil fist de laneau le vit bien la royne cleremẽt si sceut q̃ cestoit la royne sans faille: et cõbien que elle ait son deul demene ores est aise et ioy euse si que le roy bademagus sen merueille pource que oncques puis que elle vint leans il ne sauoit veue rire ne ioye demener iusques a ceste heure.

Le roy bademagus lui dist a conseil/ dame sil ne vous deuoit ennuyer ie vo⁹ demanderoye vne parolle qui ne vous deuroit pas desplaire. Sire fait elle ie vous ay trou ue a si preudõme que pour parolle que vous me deissiez ne me pourroit pas ennuyer. Dã fait il par la chose que vous plus aymez en ce mõde scauez vous qui ce cheualier est ne se cest lancelot ou nõ. Sire fait elle sur ce que vous mauez cõiurre vous dy ie bien que ie ne vy lan celot vng an aura la veille de penthecouste ains dient plusieurs gens quil est mort & par ce ne cuide ie mie que ce soit il/ mais pour ce q̃

vous mauez tant cõiure ce vous respondray ie sans deceuance/ ie cuide mieulx que ce soit il q̃ nul aultre et ie lameroye mieulx, car mieulx me sieroye en lui que en aultre mais qui que il soit ou lui ou aultre gardez pour dieu & pour vostre honneur que il ne ait garde que de vng seul hõme. Dame fait il de ce ne deuez doub ter et elle sen mercye, puis lui dist. Dame ie veuil parler a meleagant mõ filz car moult volentiers mettroye la paix entre eulx deux. Sire fait elle assez de par dieu mais du nõ au cheualier ne lui en parlez ia. Non feray ie fait bademagus car riens ne feroye qui feust oultre sa volente ne encontre celle de mõ filz, car ce est vng des cheualiers du monde que iay me plus. Le roy se part de la royne et treuue son filz qui se faisoit armer, & le roy lui demã de quil veult faire et il dist quil vouloit aller cõbatre au cheualier qui est oultre le põt pas se, donc ne te veulx tu fait le pere combatre q̃ pour honneur auoir et conquerre, certes fait il ouy, or te diray ie fait le pere que tu feras, laisse le cheualier reposer iusques a demain tant que ses playes soient refroidees si auras tant gaigne que tout le monde le tiendra a bie et se tu orendroit te combas tu ny aurope poit de honneur et daultre part tu ne peulx iouster a lui sil ne se requiert. Tant lui dist le roy q̃ le respit lui octroye et le roy monte sur le cheual et en fait vng aultre mener en destre a lance lot qui perdoit le sang de ses playes si se est la celot leue encontre le roy quant il le vit/ car il la bien congneu et le roy descent, encontre luy si lui fait ioye moult grant ne il ne se veult pas mettre en parolle mais le cheual lui fait bailler et dist. Sire cheualier montez car bien est temps huy mes de heberger Sire fait lã celot qui descouurir ne se veult ie ne suis pas venu ceans pour heberger a ceste heure ains suis prest de faire ce que a sauanture apparti ent/ car len me a fait entendant que a vng che ualier me doy combatre et se il y est puis que a deliurer men cõuient si vieng ne. Sire fait le roy ne vous hastez mie tant de la bataille, car vous nen aurez mestier ains vous seiour nerez deux iours ou troys, et se len vous ren doit ce que vous estes venu querre sans batail le tant sauriez vous plus legierement et ie se vouldroie bien sans bataille: car ie cuide que vous estes vng des meilleurs cheualiers du monde pour qui ie feroie plus. Pour moy dit lancelot ne scay la cause pour quoy vous le feries car ie ne feuz oncques acointe de vous ne vous de moy mais que ie soie faictes moy ma bataille auoir. Je ne suis pas venu cy pour reposer ne pour bonte que ie cuidasse que me feust faicte. Le roy entent bien que lancelot ne se veult pas descouurir: si se pense a lui faire tout ce que il cuidera que bon lui soit. Si lui dist. Sire cheualier ie ne scay qui vous estes/ mais sachez vraiement que ia ne vous sera fait tort ne force de vous congnoistre ne ie ne vous vueil hebergier sinon pour vous garantir: car vous ne auez garde de nul fors de cesui a qui vous deuez combatre: & vous prens en conduit contre tous autres. Et vostre bataille aurez vous de main car plus tost ne la pouez auoir. si vous prie que vous montez sur ce cheual: & sil nest bon ie vous en donneray vng meilleur. Et si vous diz que ie vous ayme plus que cheualier que en ce monde soit qui riens ne me soit. Je ne le vous dis sinon pour la grant proesse qui est en vous. Tant a dit le roy a lancelot quil est monte & sen vont iusques a la court. Le roy le fait mener en la plus belle chambre de sa maison & lui baille vng escuier pour faire ce quil lui commandera. Aprez est venu le roy a son filz & lui dist moult doulcement. Beau filz tu a veu maint cheualier mais tu nen viz oncques si hardy comme cesui qui a passe le pont de lespee. Et pour sa grant hardiesse que tu lui a veu faire te lorroie ie que tu fisses tant enuers lui que a tousiours mais en eusses los & prise. Et que me conseillez vous fait melseagant que ie en face. Je te conseille dist le roy que tu lui rendes la royne sa femme du roy artus sans contredit: car tu ne as droit a elle tenir ne en nul des autres: car trop a dure cecy. Ja de ce conseil fait melseagant ne vous croiray car trop me seroit le cueur failli se pour la paour de vng cheualier faisoie tel esplet. Filz dist le pere tu y auras plus de honneur que de blasme car les gens diroient que tu lui auroies rendue par la debonnairete ce que tu auoies conquis par la proesse. Si voy ie bien que vous estes failly de cueur ou vous me haiez de mort quant tel conseil me donnez/ ne

ia pource se cest lancelot ne men espouanterez car iay assez cueur & force pour latendre. Et se vous lauez hebergie encontre moy tant auray ie plus grant honneur de me deffendre Et en tel lieu ie requis ie de combatre ou il y auoit plus des siens que cy nen a des miens. Comment dit le roy scais tu que cest lancelot. Par la foy que ie te doy ie ne le scais pas certainement/ car se ie sauoie que se feust si tu ne te combateroie ia a lui car tu ne pourroies a lui durer. Oncques fait melseagant ne trouuay qui me desprisast fors vous: ne ia tant ne me despriserez comme ie me tendray encores plus chier. Bien aurez assez demain ou deul ou ioie. Par ma foy fait le roy ie men tairay mais se ie te pouoie deffendre a mon honneur ia pour pouoir que tu eusses ne ten pendist escu au col.

Atant sen part le roy de son filz & vint a la royne puis lui compte comment le cheualier se celle vers lui & de son filz quil ne pouoit vaincre. Et elle lui demande sil congnoissoit le cheualier. Dame fait il ie ne lay pas veu descouuert mais ie cuide bien que se soit lancelot. Si en laisse la parolle. Et quant vint la nuit si vindrent les deux filz au vauasseur chiez qui lancelot auoit couchie & les cheualiers qui lauoient conuoie iusques au pont. Les .ii. cheualiers firent la nuit compaignie a lancelot. Lendemain aincois quil feust iour y eust tant de gens que tout le monde se merueilloit dont ilz pouoient estre venus. Lancelot se leua moult matin et ouist messe tout arme fors de heaume et des mains Et nestoient a la messe fors ses deux compaignons auec lui. Il est issu du monstier & ace son heaume puis sen va demander sa bataille. Et le roy bademagus vint a son filz & le trouua tout appareillie. Il reuint a lancelot & lui dist. Beau sire vous aurez bref bataille & ie vous eus en conuenant que nul ne vous feroit force de vous congnoistre: ne ie ne vous efforce pas mais ie vous prie par amours que vous ostez vostre heaume. Et il loste Et si tost comme il le voit il le va baiser & lui dist. Sire vous soyez le bien venu: mais de gallehault qui estoit mort ne lui parla il pas car trop se eust cuide courroucer. Quant il lui ressouuint de son bon seigneur quil appelloit amy et compaignon si en a si grant pitie que tous les peulx sui seremovent/et celui qui estoit desirant de la bataille auoir a son heaulme lasche et sen vient en my la place et meleagant daultre part

La place estoit deuant la maison au roy bademagus si estoit moult grande et moult large et le roy mist a raison son filz au mieulx quil peut mais ny a mestier chastiemēt car celui iure quanquil peut iurer que par my la bataille sen yra iusques a la mort ou iusques a oultrāce Et quāt le roy voit ce si dist a luy et a lancelot / or vous prie ie entre vous deux q̄ lung ne meuue vers lautre deuāt que len au ramon say crie. Adōc est le roy mōte en la salle si prent la royne par la main et la maine aux senestres pour mieulx veoir / car moult luy vouloit faire son bon plaisir / mais elle ne luy enquiert riens de lancelot si sen merueille moult le roy / mais elle requiert au roy que il face apporter hieup le seneschal amont si verra la bataille et le roy le fist moult volentiers Il y auoit auec la royne dames et damoiselles a grāt plante et le roy fist maintenāt crier son ban.

Maintenāt sentrecourēt sus les deux cheualiers et les cheuaulx courēt moult tost / le roy en auoit vng dōne a lancelot tout le meilleur quil peut auoir / la place fut belle et planiere si eurēt mis les glaiues soubz les esselles dont les hantes furent courtes et grosses et les fers trenchans. Meleagant ferit lancelot si durement q̄ de son escu lui fist fēdre les aes et le fer se arresta sur le haubert et le ferit de si grant force que sa lance volle en pieces et lancelot le fiert en hault sur la boucle de lescu si durement que lescu lui fist heurter a la temple et le fer fut trenchant si trenchant q̄l tranche de lescu cuir et aes et lui coulle dedēs de la maille si lui tranche le maistre os de lespaulle et le frappe de si grant vertu que cheoir le cōuient et au cheoir brise le glaiue si lui en demeure le tronson en lespaulle / Lors est descendu lancelot et vient lespee traicte sur lui lescu iecte sur sa teste et il fut en tel lieu quil vit la royne deuant lui et meleagant sault sus si esrache le tronson de son espaulle et tire lespee et met lescu sur sa teste / et lancelot lui dit en ramponāt Meleagant meleagant or vous ay ie rendue

la playe que vous me feistes au bouhourdeis en traison mais ie ne vous ay pas ceste faicte en traison. Lors lui court lancelot sus et il a luy si se decouppent les escus et font des haubers les mailles voller et se tirent le sang du corps Longuement se combattent en tel point car se meleagant est viste encores sest lancelot plus assez / si ont eulx deux assez perdu de sang meleagant auoit trop seigne de sa playe quil auoit tant quil cōmence a perdre terre et lancelot le maine tout a sa volēte aux grās coups quil lui dōne de lespee si que ceulx de la place voyent bien que meleagant est prez de vaincu se chaultestoit grant si abbat la royne la touaille de deuant son viz si la voyt lancelot tout a descouuert. Lors fut si esbahy quant il la vit que a pou que son espee ne lui volle de la main si ne fait fors la regarder si quil pert tout son bien a faire si sen merueillent les vnges et les aultres de ce quil ne fait nul semblant si non de empirer, et celui lui dōne grans coups la ou il peut mieulx auenir tant que moult le a blece. Lors dist la royne au roy bademagus. Sire vne chose vous auoye oubliee a demander se cest lancelot ou non. Dame fait il se est il voirement. Certes fait hieup cest grant dommage que cest il et mieulx lui vaulsist estre mort comme len disoit / et le roy lui dist quil ne cuide mie quil soit si conquis comme il sembloit mais il le fait de gre par auanture. Longuement a este lancelot au dessoubz si en pleurent de pitie ceulx qui onques mes ne sauoient veu, et quant hieup voit ce si ne se peut tenir il meist la teste hors par vne fenestre et commence a crier. Haa lancelot que est deuenue la prouesse que vous souliez faire ie me remembre de ce que tu feiz en la praerie de bedingan des trops cheualiers que tu occiz quant tu me deiz que il ne me seroit pas mestier q̄ ie feusse se q̄ triesme et tu es cy par vng seul cheualier conquis. Ceste parolle entent lācelot et bien scait que cest hieup qui parle / lors laisse courre a meleagant si le tient si court que en pop de heure le maine la ou il veult et semble estre plus legier et plus viste quil ne auoit este tout seiour si sont ioyeulx tous ceulx qui ores estoient dolens et le roy et la royne. Dame fait le roy ne le vous auoye ie pas bien dit / et hieup dist, cer les orendroit sont toutes mes playes garies puis que le roy lancelot. Et meleagant est si mene quil ne fait sinon souffrir a bien soient tous ceulx q̃ la sont q̃l est alle. Son pere vit a la royne & lui dist. Dame ie vous ay moult honnouree car ie ne fiz oncques contre vostre voulente nulle chose si me devroit bien estre guerdonne la ou vous avez le povoir. Et el lui dist que si feroit elle moult voulentiers. Dame fait il ie le dis pour mon filz qui est a grei gneur meschief quil ne lui feust mestier : et si mest beau mais quil ne soit occis. Si vous prie que vostre voulete soit q̃ la chose demeure ainsi. Et elle dist quil le veult bien: & moult lui poise q̃ la bataille fut oncques commecee si vutil que vous les avez departir.

A ces paroles avoit tãt mene lancelot meleagant quilz estoient culx deux des soubz la fenestre de la tour: si que il entendoit bien les paroles du roy et de la royne ne onc ques puis a lui lancelot ne toucha: ains bou ta son espee au fourreau: & meleagant lui dõ ne des plus grans coups quil peut: tant quil le blece en plusieurs lieux: mais lancelot nen fait compte. Le roy vint pour les departir, et meleagant lui dist. Laissez moy ma bataille, ne ia ne vous en entremettez. Si feray dist le roy: car ie vois bien quil te occiroit. Encore en ayie le plus beau & le meilleur fait meleagãt. Bien y pert fait le pere. Ce q̃ tu dis ne vault riens car nous voions bien comment il te va il sen couient aller et souffrir. Do' me povez fait meleagant bie oster ma bataille se vous voullez, mais ie la pourchasseray ou ie cuide ray mieulx droit avoir. Et bien sache lãcelot que sil sen part en telle maniere il sera vaincu Lors se trait le roy a une part & se prie tant q̃l laisse sa bataille par tel convenant quil ira a la court du roy artus et semondroit lancelot de la bataille et quil se combatroit a lui. Et la royne iura sur sains quelle sen reuendroit avec lui sil povoit lancelot conquerre par ba taille. Ainsi le iurent le roy & la royne. & apres le iura lãcelot. Si semmaine le roy en ses chã bres pour desarmer: & kieux le seneschal estoit moult dollent de ceste paix car il eust mieulx ayme que lancelot seust acheue du tout, & mes mement la royne est moult courroucee mais

elle soffroya aincois quelle sen donnast gar de. La royne s'en va es chambres car toute iour avoit este es salles. Quant l'en eust lancelot desarme et l'en lui eust le visage lave ba dema gue semmena devers la royne. Et quant elle le voit si lui dist. Sire vous soiez le bien venu & se dreça contre lui: & lancelot se agenoulla devant elle de ey loing comment il la vit, & le roy dist a la royne. Dame voiez cy lancelot q̃ moult chiere vous a achatee: car par mais divers passaiges vous a attaicte. Et elle tou rna la teste de travers et dist au roy. Certes sil la fait pour moy il la mauvaisemẽt eploie & a sa paine pdue car ie ne lui en scay gre. Haa dame fait le roy il vous a fait de moult grãs services. Il me a tant fait d'autre part fait el le q̃ iamais ne l'aimeray. Haa dame fait lan celot ou le feizie. Mais la royne entre en une chambre pour se plus faire attẽdre et pour pl' lui faire de ennuy. Et il la regarde tant com me il la peut veoir. et le roy dist a la royne. Da me cestui seruice est plus grãt que tous les au tres forfais. Lors prient lancelot par la main si le maine la ou kieux gesoit. Et tantost com me kieux le vist si se dreça encontre lui au plus tost quil peut et dit. Bien viengnez le cheva lier qui estes sire de tous les autres cheualiers Certes il est bien hors du sens qui contre vo' entreprent cheualerie. Pour quoy fait lãcelot pource fait il q̃ vous avez acheue ce q̃ i'avoye entreprins comme fol. Lors sen part le roy de avec eulx. Et lancelot demanda a kieux le seneschal pour quoy la royne na daignie parler a lui. Comment fait kieux vous a elle s'a pa rolle denyee. Oy fait il devãt le roy et devant to' les autres barõs. Certes fait kieux la cau se ne scay ie pas mais tel est guerdõ de feme.

O r soit dit lancelot si comme a ma dame plaira. Mais comment fait il avez vo' puis fait. Et kieux lui mõstre la grãt amour que le roy leur avoit monstree, et il dist quil ne souffroit pas que son filz eust la royne en son gouvernement, aincois gist il lui mesmes cy dessus, car ceste tour est si forte puis que les huis sont fermez q̃l ny peut entrer nul hõme: mais nulle doulleur nest que ma dame ne ait puis souffrete: car meleagant vouloit avec elle gesir des la premiere nuit quil nous prist.

Et elle dit q̃ en ceste maniere ne gerroit il ia a uecques luy sil ne lespousoit. Et il dit quil lespou seroit moult boulentiers. Et elle lui dist que quant elle lauroit espousee par le gre de son pe re il en pourroit faire cõme de sa femme. Ainsi la delaissay iusques cy. Et quant son pere lui bint a lencontre si lui chiet madame aux pies si plouroit et faisoit si grant deul q̃ a peu q̃ el le ne se occioit. Et il la leua moult doulcement et lui dit. Dame naiez ia paour car bous ne a urez ia sinon bonne prison. Haa fait elle tant bous prie ie pour lamour de mon seigneur q̃ bous ne me laissez diffamer. Dame fait le roy bous naurez garde car ie bous garderay con tre tous hõmes de ceste chose. Et son filz dit q̃ toutesuoies la bouldra il auoir a force a fem me. Et moy q encores sentoie langoisse de la playe quil me auoit faicte ne me peuz tenir de parler, et lui dis. O estrange change auroit il cy du plus preudomme du monde a bng garsõ Et pour le despit quil en eut ma il descourne de mes plaies garir, et ma fait mettre dessus toutes les choses qui me pouoient greuer, et ie cuide quil me les a fait euenimer. car trop du rement men deul. Quant ilz ont assez parle ensemble si se lieue lancelot et dit quil iroit q̃ rir messire gauuain au pont soubz eue.

Tant sen ba lancelot en la grant salle ou la grant cõpaignie estoit despilliez de la terre qui moult le honnouroient. Au ma tin monte lancelot pour aller au pont sus eue pour querir messire gauuain: et ne mena que soy huptiesme des espilliez et dit aux autres q̃ ilz demourassent auec sa dame tant que mes sire gauual soit benu. Et lancelot cheuauche lui et sa compaignie tant quilz bindrent prez du pont. Et ceulx du pas se misdrẽt en agait pour prendre lancelot tant quilz lassaillirẽt a bng trespas. Si np balut riens la deffen se de lancelot q̃l ne fut prins: car ilz cuidoiẽt q̃ le roy bademagus le boulsist, si le mainent au roy. et nouuele q par tout court bit au roy q̃ lancelot estoit occis. Quant la royne sẽte dist elle en eust si grant deul que par bng peu q̃ elle ne se occioit mais elle attent q̃ elle en sa che la berite. Et lors a pposé q̃ iamais ne mẽ gera et est plus courroucee de ce q̃ elle cuidoit auoir la mort donnee a lancelot pource que el

le nauoit bouku parler a lui. Elle se blasme et dit que puis que tel cheualier est mort pour elle il ne lui seroit pas grant bien de biure apꝫ lui. Telle est la complainte de la royne: si se couche au lit malade, et ne beult que nul boie sa doulceur. Si en a le roy bademagus grãt pitie et la conforte a son pouoir: et dit le cõpte que elle fut deux iours sãs boire et sans men gier par quoy sa grant beaute en est fort empiree Et toutesfois approuchent ceulx qui amai nent lancelot. La nuit quant ilz furent heber gez bindrent nouuelles que la royne estoit morte sãs faulte. Si se sceut tout pmieremẽt le bauasseur chies qui lancelot auoit geu quãt il se combatist au felon cheualier si ne sosa di re mais de plourer ne se peut tenir. Quant lã celot le bist il sceust bien q̃ ce nestoit pas pour neant. Et quant la table fut leuee si lappella lancelot a conseil et le coniura quil lui dist sa cause pour quoy il plouroit. et cestui ne lui ose celer ce quil auoit ouy. Tant est la parolle a lee que tous ceulx de leans en plourent de pi tie et dient les prisonniers que iamais si bon ne dame ne mourra

Moult la plaignent les bngs et les au tres mais lancelot nen dit riens et lui tarde moult quil nest couchie. Et quãt il fut couchie il pensa comment il se pourroit occire que nul nen sceust riens, car apres celle qui bi ure se faisoit ne quiert il biure bng seul iour ais la suiura en telle maniere ia en tel lieu ne saura il estre. Longuement a este en telle pen see et deuant son lit auoit tousiours bigtz hõ mes armez qui le guettoient affin quilz ne se perdissent. Et auec ce estoient les huys de la chambre bien fermez. Et quant bit a mynuit quil cuidoit bien que tous se dormissent il se leua pour aller destaindre deux cierges q ar doient car il pensoit quil se pendroit. Et a grees se pensa q̃ ia de si billenne mort ne mour ra se dieu plaist. Lors bint a bne des guettes et lui cuida oster tout bellemẽt lespee du four reau et il seueille si le prent par le poig mais il lui eschape tantost ne onques ne se sceut si bien garder quil ne se soit feru au coste senestre aincois quil le peut tenir et se le coup feust bng peu asse plus auant mort feust sans faille

Ilz sont incontinent bien lie ne onques puis

partie

ne eust pouoir de soy leuer. Si se gardoient mieulx quilz nauoient fait deuant. Et lende main sen partirent et quant ilz vindrent a dix lieues de gabion les nouuelles vindre a court quil estoit sain et haittie. Et quant la royne le sceust elle en feust tant ioyeuse q plus ne peut estre et fut incontinent garie et beut et menga bien car assez auoit ieusne. Quant le roy sceut que lancelot fut pres il monta sur vng cheual et lui vint a lencontre et lui fist moult grat ioye: et puis commece a maudire et a sacdegier les cheualiers qui lauoient prins. Et ilz dient quilz cuidoient quil le voulsist bien. Aps prie le roy a lancelot quil leur pardonne. et il leur pardonne moult voulentiers. puis compte le roy bademagus tout premierement la doulceur q la royne a eue pour lui ne ie ne cuide pas que voulentiers ne parle a vous quant elle vous verra. Quant lancelot entent que elle nest pas morte il en est moult ioyeux. Apres sont venus en la cite: et sceut bien la royne coment ilz se voulut occire. Le roy fist mettre en prison tous ceulx qui lauoient prinset dit qil les fera destruire. Quant lancelot voit le roy si courrouce il lui chiet aux pies et sui prie qle leur pardonne son maltallent. Et il le fait. a pres se maine par deuers la royne: et elle se lieue encontre lui: et lui demande comment il lui est. et il dit. Dame bien. Lors se assient tous sur vne couche mais le roy qui estoit baillat ny demoura gaires: ancois dit quil iroit veoir keux comment il le fait. Si demeure lancelot auec la royne et parlent ensemble. La royne sui demande sil est gaires blece. Et il lui dit. Da me ie ne gaires de mal Et lors demade lancelot a la royne pour quoy elle ne voulut lautre fois parler a lui. pource fait elle q vous par tistes lautre annee de londres sans mon congie. Et il dit que voirement messist il trop. Et encores ya il greigneur forfait dit elle lors lui demande son aneau. Dame fait il veez le cy. Vous auez menty dit elle. et il iure q si est, et lui cuide bie verite dire. Et elle lui mostre celui que elle auoit en son doy tant qle cognoit bien que cest il. Si a trop grant deul de ce qle aporte autruy aneau et le iecte tant loing come il peut par vne petite fenestre. Lors lui compte comment la damoiselle auoit apporte lan

neau et la merueille quelle lui auoit dicte tat quil se accorde bien que ce auoit fait faire mor gain la desloyalle. Si lui compte toute la verite tant de son songe que de sa rancon. Et la royne sen esmerueille trop durement, et quant elle ouyst ce quil auoit songie elle lui dit. Mo bel amy tant ie ne viue ia que vng autre que vous ait part en moy, ne ie ne cuide pas q nul soit encores qui en vostre lieu deust gesir, et il lui dit. dame me pourroit ia estre ce grat mes fait pardone. Beau doulx amy fait elle ie le vous pardonne tout. Et il lui demande se il pourroit ennuit parler a elle: car moult a grat piece quil ny parla priuement. Et elle dit que elle en est plus desirante que il nest, mais alons veoir keux le seneschal si verrons vne fenestre pres de ma chambre par ou vous pour rez bien parler a moy car dedens ne serez vous pas mais vous entrerez en ce iardin par ca der riere, et ie vous monsteray vng mur par ou vous entrerez mieulx. Adonc elle lemmaine a vne des fenestres de la salle et lui mostre le mur viel et decheu, et il dit que par la y entrera il bien. Lors sont veoir keux le seneschal a qui le roy parloit, et la royne monstre a lance lot la fenestre par ou il parlera a elle. Quant ilz ont grant piece parle ensemble si emmaine le roy lancelot a qui il tardoit moult qil feust nuit. La nuit se coucha au plus tost quil peut onques et dit quil estoit malsade. Et quant il vist son point il se leua et issist hors par my vne fenestre de la maison du roy ou il gesoit: il se lance au iardin et viet a la royne la ou el le gesoit. La royne ne dormoit pas si vint a la cesot et lance suy les bras a lautre. et quant ilz sont pres ilz se entreaccollent. Dame fait il se ie pouoie seas entrer vous plairoit il. Com met fait elle y pourriez vous ettrer. Dame dit il sil vous plaisoit il auedroit legierement. Je le vueil bie dit elle. Certes ne fer ne fust ny te dra ia. Or attedez fait elle q ie soie recouvhee q vous ne faciez aucune noise. Et il tire hors les fers de la fenestre qui estoient attachiez au mur: il les osta si doulcement que nul nen bri sa ne noise ny fist: il ny auoit ne cierge ne chan delle dont keux se plaignoit moult. Quant lancelot fut entre dedens il se coucha empres la royne si sent le sang qui de lui descendoit et

B.i.

cestoit de ses mains dont il auoit le cuir rompu au trenchant des fers mais elle cuide que se soit sueur ne nul de eulx ne sen prent garde Lors lui compta elle la mort de gallehaut dont il ne sauoit encores riens. Il en eut fait assez grant deul sil eust eu temps et lieu de le faire

Grande fut la ioye quilz se entrefirent la nuit car longuement auoit souffert lun de lautre. Quant le iour approcha ilz se departirent lun de lautre & lacelot sen va hors & remet les fers au pertups du mur dont il les auoit iectez: puis cōmande la roy ne samie a dieu & sen va gesir en son lit si coiement q nul ne la percoit. Au matin va meleagant veoir la roy ne sicōme il auoit acoustume, mais la royne dormoit encores: et il vist les draps tains du sang de lacelot: puis sen vient au lit de keup pour sauoir sil estoit ainsi auenu q ses playes feussent escreuees a saignier. Si auoient assez rendu sang: car ce lui auenoit le plus des nuis. si dit meleagant a la royne. Dame ores vous congnois ie cōme adultere. De quoy dist la royne. Et il monstre le sang en son lit et puis en lautre: puis lui dit. Dame mon pere vous a bien gardee de moy mais de keup le seneschal vous a il mauuaisement gardee. Et cest grant desloyaute a vne telle dame comment vous estes dauoir honny le plus preudomme du monde du plus mauuais cheualier q soit. si me tourne a grant despit quant vous me refusastes pour lui: car au mains ie vauly mieulx quil ne fait car ie vous conquis contre lui par force darmes: & encores vault mieulx lancelot quil ne fait qui pour vous a tant souffert de maulx, il les a mal employes: car honteusement sōt guerdōnez seruices de femme. Beau sire dit la royne vous direz ce q vous voudrez mais dieu le scait que oncques ne entra keup en ce lit: ains me seigne le nez souuent. Ainsi me conseult dieu fait meleagant, toute estes attaincte ne vous ne istrez de ma baillie deuant que vous en soiez tenue pour loialle. Quant keup entent ceste parolle il en est si dolent que a peu quil ne enrage. Si dit quil est prest de sen deffendre ou par bataille ou aultrement Et meleagant enuoie querre son pere q estoit encores couchie. Et quant il lui eut dictes ces nouuelles il sault sus tout aire & fait leuer lā

celot pour aller auec lui. & lors se appercoit lācelot tout premierement quil auoit rompu le cuir de ses mains aup fers de la fenestre. & il sē va auec le roy. Et quant ilz sōt venus es chābres de la royne si dist meleagant a son pere. Veez cy le sang es deux litz or me faites raison de ceste dame q me refusa quant ie me fus mis en dāgier de mort pour elle. or say ie trouuee auec le mauuais cheualier qui contre moy ne la peut deffendre. Haa dāe fait le roy trop auez mallement offense. Sire fait elle ne le creez pas car iamais dieu ne maist sil eust oncques en moy part. Lancelot fait elle or pouez voir se pour telle me tiennent ceulx q me congnoissent. Dame fait il dieu vous en garde, certes fait il messire keup ne le feroit pas et ne le vouldroit auoir pēse pour riēs. ne en ce monde na cheualier vers qui ie ne vous en deffendisse. Certes fait meleagant il en est bien mestier car ie suis prest de le prouuer. Comment fait lacelot estes vous la garp de vostre playe Ie nap plaie dit qui me nuise a mon droit deffendre. Certes fait lancelot vous dictes comme preudomme: mais assez en deussiez auoir donne quant vous en voullez plus auoir. allez vous armer, car assez trouuerez qui vous la fera. Et celui dit q riens ne lui plaist tant.

Lors sen vont eulx deux armer et le roy prie a son filz qil laisse la bataille mais nulle priere ny a mestier: et lacelot dit au roy. Sire bataille de si hault pris ne doit pas a fin estre menee sans sermēt. Le roy fist apporter les sains si se agenoullēt eulx deux. & meleagant iure se dieu lui aide & ses sains que le sang qil vist au lit de la royne venoit de keup le seneschal. Et lancelot le lieue par la main et iure dieu et ses sains quil est pariure. Lors montēt tous deux a cheual mais le roy essaie encores sil pourroit retraire son filz de la bataille, mais il ne peut trouuer enuers lui par quoy il en est moult aire: et la royne genieure est montee en haut et keup le seneschal aussi: & meleagant et lancelot courēt leurs cheuaulx dō. si grant roideur que au iouster ilz rompent leurs lances en pieces. Apres ilz se entreheurtēt des cheuaulx et des corps et des visages si que il ny a celui a qui les yeulx ne estincellent en la teste de lāgoisse qilz seuffrēt & leur vollēt les enarmes des poings & des deux escus rõpent les ees & des heaumes. Bosse le feu ardãt & les eschines leur heurtent aux arcons de derriere. Meleagant a commēce a saignier de sa plaie & est tumbe des arcõs a terre par dessus la croupe du cheual. Et lancelot demeure es arcons si sen passe oultre: puis descent a pie et court sus a celui quil hapoit de mort. & melea grant se deffent au mieulx qͥl peut car moult estoit preux sil ne feust traptre & sans pitie: en la fin sattourne tellement lancelot qͥ deffense ny a mestier. Quant le roy vist qͥ la bataille tournoit a desconfiture & q̃ son filz ne se pouoit plus souffrir, il vint a la royne et lui dit. Dame pour tous seruices ie vous requier que vous faciez atant demourer ceste bataille. Et elle dit alez sen departir vous mesmes. Et le roy sen vint a lancelot si lui dit. Sire laissez ceste bataille car madame le veult. Le voullez vous dame fait lancelot. Oy dit elle. Et il demande a meleagant sil souffrira. Et il dit q̃ oy mais quil puisse reuenir a sa bataille. Certes fait lancelot ce poise moy & bien sachez que cest par force. Adonc sen vont sãs plus faire. Si eut tant de honte meleagant q̃ nul plus: mais son pere le reconforte. Et il dit quil occiroit lancelot aincois qͥl partist du pais. Tant saches tu fait son pere q̃ sil est occis par toy ia ne aurasvng pie de ma terre car la traptre ne meurdrier ne sera mon heritier La nuit sen alla meleagãt hors de la ville et lors sen vont tous ceulx du pais qui aller sen veulent car le roy commande q̃ nul ne soit arreste. Et au matin se meust lancelot pour aller encontre monseigneur gauuain. Si porta ses armes auec lui & mena quize cheualiers en sa compaignie. Et le roy mande par toute sa terre q̃ len lui face autant de honneur cõme a son corps. Et quãt lancelot fut pres du põt sus en ea mains de cinq lieues il encõtra vng nain sur vng grant cheual blanc. Le nain demande lancelot et len lui mõstre. Sire fait il monseigneur gauuain vous sallue. Quant lancelot sentent si en a moult tresgrant ioye. Si demande comment il le fait. Sire fait le nain bien il vous mãde par moy parolles priuees. Il le trait a vne part & lui dit. Sire mõ seigneur gauuain vous mãde quil est au lieu du monde qui plus lui plaist: et a tout ce quil desire & il sauoit bien que vous auiez grãt fal de le veoir pource quil demouroit tãt. il vous mande que vous le venez veoir sans point de compaignie. Lors vous en vendrez ensemble vous & lui et la royne. Or ne scay ie fait lancelot que ie face de ceste gẽt. Sire fait le nain dictes leur que cy vous attendent et selon ce vous vous accorderez vous et monseigneur gauuain si leur mãderez car vous ne irez gaires loingz dicy. Combien y a il fait lancelot. Il ny a fait le nain que vne petite lieue. Donc iray tout seul fait lancelot. Lors dit a ses compaignons quilz sattendent tãt quilz le voiẽt: ou lui ou mõseigneur gauuain. Atant se partent lancelot et le nain et les autres demeurẽt. Apres entrent lancelot et le nain en vne forest close de plessis espes, et ne duroit pas quatre archies de long. Ilz vont tant quilz sont entrez en vng petit chasteau moult fort, & estoit clos de mur & de deux paires de fossez & auec ce auoit vng moult bon mur tout entour. Ilz trouuerent la porte ouuerte & entrerent en vne salle par terre. La salle estoit toute ionchcee de fraiz ioncz et de herbe verte. Lancelot descẽ- in continent et sen va grant pas auant: car il lui tarde moult quil voie monseigneur gauuain. Quant il vint en my la salle le se fõdist des soubz ses pies, & il chie en vne fosse qui auoit plus de trois toises de parfont, mais il ne se blessa point car len y auoit assez mis de herbes. Quant il se voit en la fosse il scait bien quil est trap, & que tout ce lui a fait meleagant il ta ste ca et la: mais il ne treuue nul degre ne nul le chose par quoy len puisse hors issir. Ne demoura gaires apres que vingt cheualiers vindrent sur la fosse tous armez. Si estoit le se neschal de gorre auec eulx a qui estoit le chasteau si mist lãcelot a raison. Sire cheualier vous estes prins. Vous veez bien que deffense ny a mestier, si vous rendez ou vous estes mort pour quoy fait me prenez vous. Vous nen saurez fait le seneschal plus. Pour quoy fait lancelot me auez vous ainsi prins, car vous me eussiez prins par force ou par vaillance de armes vous y eussiez eu mais de honte. Or sachiez fait le seneschal q̃ nous ne voulons pas estre blecez: ne nous ne voulons pas

B.ii

Seconde.

que vous feussiez naure. Si vous rendez se vous voullez iamais issir de prison. Il voit que faire lui conuient si leur ottroie seur voulente a faire. Il conuint son heaume oster a la fosse: puis se tirent amont les cheualiers et il demande ou est mesleagant qui la fait prendre. Et ceulx dient quil ne sauoit mie fait prendre/ mais il ne se vouloit pas monstrer. Et quant ilz le eurent desarme si le mis drēt en prison en vne moult belle tour. Mais icy laisse le compte a parler de lui & retourne a ceulx qui auec lui estoient venus pour querre messire gau.

¶ Comment lācelot passa le pōt de lespee & deliura la royne de prison & cōme mesleagant le fist prēdre en trayson & le mist en prison. iiii. Bii

Le compte dit q̄ quant les compaignons de lācelot virēt ql ne reuendroit mie & ql demouroit tant si en furent moult agoisseux & le attēdirēt iusq̄s a la nuit. Lors allerent hebergier en vng chasteau qui pres dillec estoit & ouirēt nouuelles q̄ messire gau. auoit passe le pōt soubz ene. si vindrent la & au matin le trouuerēt ou il mesnoit vne grāde cōpaignie des essilliez & estoit moult blecie des plaies q̄ le cheualier du pōt lui auoit faictes: car il se trouua tout & tout dy de leaue dōt tant il auoit beu & a peu quil ne y nopa. Ilz demandent a ceulx q̄ auec lui estoient cōmēt il lauoit fait en la bataille. Et ilz dient q̄ moult bien/ mais leaue lauoit fort empire & pource quil se cōbatist si tost cōme il saillist de leaue il ne fist oncq̄s sinon souffrir iusq̄s a midy: mais apres mōstra il son grāt pouoir: & lors cōquist il le cheualier la ou chacun cuidoit ql feust mort. Le cheualier fut si mal appointe q̄ sen ny attēdoit sinon la mort & messire gauuain auoit des plaies grāt plāte. Lors demāda messire gauuain nouuelles de lācelot. Et ilz dient cōmāt vng nain sen auoit amene & disoit ql estoit a vous. Quant il lētēt si dit. Haa dieu il est trop le poure cheualier puis cōmēce a plourer moult fort et dit tout bas entre ses dens q̄ ce lui a fait mesleagāt. Alsi sen va messire gauuain dollēt & marry tāt ql vit a la court du roy bademagus: si lui fist lēy moult grāt ioye: & la royne en est si ioyeuse q̄ plus ne peut. Mais quāt ilz ouprent que lācelot estoit perdu si est leur ioie tournee en deul. Le roy en est ainsi comme desue et la royne en a tel deul que a peu que elle ne ist du sens & plus lui grieue quelle ne ose pas courage descouurir pour mōseigr gauuain. q̄ autre chose. Et nōobstant elle en fait tant que les plus folz sen apperceoiuent. Et le roy dit quil enquerra comment il en est alle. Au matin enuoye le roy des lettres par toute sa terre et māde que quiconque saura ou est lancelot sil ne lenseigne sera pēdu et tray comme larron meurdrier sil est aperceu. En telle auāture demoura messire gauuain quinze iours entiers. Et le roy bademagus māde par toute sa terre que ses barons viennent si tost comme verront son seel cheualiers et villains et tous ceulx qui armes pourront porter. Par ce cuide il ouir nouuelles de lācelot. Mais celui q̄ tous les maulx sauoit cest mesleagant son filz fist faire vnes lettres pour deceuoir son pere. Ces lettres furent contrefaictes du seel du roy artus si furent apportees a la royne & disoient que le roy salue la royne et q̄ des ore sen venist elle et mōseigneur gauuain et ne attendissent mie lancelot car il estoit en sa compaignie sain et haitie. Lors fut grande la ioie de tous ceulx de leans: mais la royne sa feist plus grāde q̄ tous les autres: & lui tarde moult quelle soit venue a court. Au matin vit la royne de la ville elle & mōseigneur gauuain/ & le roy la conuoie vne grant piece. Ainsi sont les perilleux abatus et passe len ou se veult Apres part le roy de la royne a lyssue de gorre, et elle le mercie moult du grāt hōneur quil lui a fait. Apres cheuauche la royne tout droit a ka mallet et rencontra le roy et tous ses compaignons qui venoient a lencontre. Si la baisa le roy et puis court a monseigr gauuain et a sieup le seneschal et puis lui demāde nouuelles de lancelot. Lancelot fait la royne vo' le nous rendrez. Comment fait le roy. vous me mandastes fait la royne que il estoit auec vous sain et en bon point. par la foy que ie vous doibz fait le roy artus ie ne le viz oncq̄s puis quil occist karados le grant: de la douloureuse tour quant il deliura monseigneur gauuain de prison: ne oncq̄s mes lettres ney vistes. Quant la royne sentendist si ne peut

partie

mot dire: aincois lui fremist tout le corps et le cueur lui serre si se pasme. et monseigneur gauuain se court soustenir qui trop en fait grant deul et le roy en est dollent a desmesure mais le deul que la royne fait ne se peut acomparer au deul des autres: ains dit oyans tous quelle naura iamais ioye quant en son seruice est mort le meilleur cheualier du monde. Grant est le deul de la mesgnie du roy artus pour sa celot car bien cuident tous quil soit mort puis seiourna le roy a kamallot pour sauoir sil en orroit nouuelles et la ville estoit pres de gorre et la royne y seiournoit voulentiers pour samy qui y fut fait nouueau cheualier. Ung mois apres vindrent les epillies au roy et les cheualiers des prisonnez. Si lui prierent de faire une assemblee car moult ont este en epillans veoir proesse darmes si comme ilz souloient veoir. Et le roy dit que iamais assemblee ny aura tant quil sache nouuelles de lancelot. Si demeure ainsi la court que nul ne y fait ioye. La royne ne fine ne nuit ne iour de demener son deul et empire moult sa grant beaute/ si ne reclame dieu ne sa mere mais que la dame du lac car elle la peut secourir a tous besoings.

En telle maniere se contindrent iusques a la penthecouste et lors conuint il tenir court au roy et porter couronne comme il estoit de coustume aux bonnes festes/ mais sil eust ose ce feust este la plus poure du monde, car il estoit tout descouragie de ioye faire. Quant vint le iour de la penthecouste apres la messe fut le roy aux fenestres apuie et auoit son visage tourne deuers les prez car il ne vouloit pas si tost mengier pource que nulle auanture ne venoit. Et en regardant parmy les prez il vist venir ung cheualier sur une charrette et auoit es lymons ung cheual lequel auoit la queue coupee et les deux oreilles et dessus seoit ung nain gros et court. Si auoit la teste grosse et entremeslee de chaines si estoit le cheualier en la charrette les mains liees derrier le dos en une chemise salle et depecee/ et auoit les deux piés liés aux lymons de la charrette et son escu pendoit deuant lui aune eschallon et estoit tout blanc et la guiche dessoubz toute blanche et empres lui son heaulme et son haubert et au cul de la charrette estoit son cheual attachie et auoit le frain en la teste et la selle sur le dos et estoit blanc comme nege et beau a merueilles. Quant le cheualier vit le roy artus et ses barons si dit. Haa dieu qui me deliurera. Quant les barons lentendent ilz issent tous hors du pallais. Puis se approuche le roy du nain et lui demande. Nain fait le roy que a forfait ce cheualier. Autant comment les autres fait le nain. Le roy ne scait que cest a dire si lui demande encores une fois. Et le nain lui respont ainsi comment deuant. Le roy se taist une grant piece et puis demande au cheualier comment il en pourroit estre deliure. Sire fait il se aucun cheualier voulloit monter la ou ie suis ie en seroie deliure. Ce ne trouuerez huy fait le roy artus. Ia dieu ne plaise fait le nain; quil le treuue. Apres sen va le nain parmy la ville tout contreual. Si est tant mocque de toutes gens et chacun iecte boe et sauates apres lui Lors dit le roy que ores peut il bien mengier/ car auanture a il eue trop perilleuse. Et monseigneur gauuain venoit des chambres de la royne la ou il auoit la nuit dormy car il auoit veillie la nuit en la chappelle du roy. Si fut assez qui sauanture lui compta et il comment ca a plourer trop durement: et puis dit que de dieu soit il maudit qui charrette establist a tel mestier. Si lui vient tout incontinent souuenance de lancelot qui y monta. Lors se assiet le roy au mengier et tous les barons auec lui. Et quant ilz regarderent ilz virent la charrette emmy la court et le cheualier que estoit dedens saillist ius et vit la ou les cheualiers mengoient: et chacun dit/ veez cy le cheualier qui a este mis en la charrette qui va seoir empres les cheualiers et va mengier auec eulx maius chacun se leue et dit quil ne doit pas seoir auec cheualiers. et il se va par tous les rens mais nul ne le seuffre empres lui. Apres il estendist une nape sur la table des escuiers mais ilz le chassent arriere de eulx tant qua force lui conuint hors mengier. Quant messire gauuain vit quil estoit si arriere boute si laissa a seruir car il seruoit au mengier et dit quil lui fera compaignie puis quil est cheualier. La parolle sen va par leans tant que le roy le scait que en est moult courrouce et manda a messire gau, quil se tenoit honny de ceste chose.

B. iii.

Si dist quil en a forfait le siege de la table rõ
de. Et monseigneur gauuain dist que se il est
honny de la charrette donc est lancelot hõny/
et apres son deshonneur ne quiert il ia hõneur
auoir. Le cheualier entent bien les parolles que
monseigneur gauuain a dictes mais nul sem
blant nen fait mais le roy est tout esbahy de ce
que monseigneur gauuain lui mande.

Quant le cheualier eust mengie il se les
ua et dit a monseigneur gauuain. grãt
mercy or voy ie bien quil est voir. Atant sen re
tourne le cheualier de la charrette & vient a vng
breuillet qui estoit hors de la ville si se est ar
me de toutes armes moult richement & reuiẽt
arriere incontinent lui et son escuier et entrent
en lestable du roy si treuuẽt des meilleurs che
uaulx de leans tous ensellez, & il sault sus
tout maintenãt et sen vient a la salle du roy &
dit oyans tous les cheualiers du roy artus
roy artus si il venoit auãt celui qui laidengoit
mõseigneur gauuain et qui se tenoit pour hõ
ny ie me combatroie a lui ou cõtre le meilleur
cheualier de vostre court, & cõtre vous mes
mes plus voulentiers que contre autruy. Et
bien sachez que vous estes le plus failly roy &
se plus recreant qui oncq feust. Si men irap
atant & en menerap vostre cheual et quant ie
pourray du vostre plus auoir ie le prendray.
ne ia en vostre hostel ne aura cheualier q par
son corps se ramaine.

Atant sen va le cheualier de la charrette
& rencontra monseigneur gauuain si lui
dist. Grãt mercy sire que vous daignastes mẽ
gier auec moy. Allez fait monseigñr gauuain
a dieu tout seurement: car de moy nauez vous
garde. Lors sont les cheualiers tous esbahis
parmy la salle car ilz voient le roy courrouce.
si durement q par vng peu quil ne erage: & dit
q oncq telle honte ne lui auīt quãt sõ cheual
emmaine vng larron deuãt ses yeulx. Quãt
saigremor entent le roy il sault de la table et sen
va armer en son hostel puis sen va aps le che
ualier grant piece & apres va lucan le bouteil
lier & bedoier le connestable & girflet le filz do.
& keup le seneschal qui venoit des chambres
de la royne qui bien auoit ouy commẽt les au
tres sen aloient armer pour aller apres le che
ualier. Et saigremor le suiuist de pres & le dist q

alloit aual la riuiere tãt quil vit au gue de la
forest qui ainsi estoit appelle. La forest estoit
a deux archies de la ville. Quãt le cheualier
vint de lautre part du gue il trouua dix che
ualiers qui lattendoient qui estoiẽt de sa cõpai
gnie. & saigremor vint apres lui poingnant.
Et quãt celui le voit venir il fiert encõtre lui
des esperõs et se entredõnẽt si grãs coups sur
leurs escus q saigremor brise son glaiue. et le
cheualier le fiert si durement quil labat a ter
re & prent son cheual par le frain si lemmaine
oultre le gue & ses compaignõs sõt tous apa
reilliez si le prẽnent. Et saigremor dit au che
ualier. Quest ce sire cheualier nen ferez vous
plus. Nenny fait le cheualier/car se ie en faiz
plus ie ny auray point de hõneur car iay tant
dauantage que ie suis a cheual et vous a pie.
Quãt saigremor lentẽt il sen va tout dollent.
Lors vient lucan le bouteillier au cheualier/
& le cheualier sault du gue si laisse contre eõ
tre lui et le rue par terre & emaine son cheual: &
puis lui dist. Sire cheualier dictes au roy q
ores ay ie plus du sien q ienauoie au matin.
et vint bedoier q iouste au cheualier: & il labat
aussi. Aps girflet q fut le quatriesme. Alors
passe le gue & fait sẽblant de sen aler. Sine
demoura gaires q keup lui escrie que mal sen
ira, & il court a keup et se entrerencõtrẽt en my
le gue & keup le fiert si durement q sa lãce vole
en pieces & le cheualier le fiert si puissãmẽt q
il le porte en my le gue les pies dessus & prẽt le
cheual si lemaine. keup sault sus tout tout
dy si sen retourne a la court. Quant le roy le
voit il en est si dollent q plus ne peut & se prẽt
du tout a messire gauuain. Et messire gau
uain lui dist. Sire de plus hõny en y a q ie ne
suis. Cõmẽt ilz parloient ainsi ueey venir la
charrette q le nain amaine: & dedẽs a vne dã
Le nain la maine a la court. Et quant la da
moiselle voit le roy elle lui dist. Roy artus lẽ
souloit dire q en vostre court ne venoit nul des
cõseillie q cõseil ny trouuast mais bien peit q
cest mensõge car le bon cheualier sen est alle/
ne oncques ny trouua qui pour lamour de lui
voulsist entrer en la charrette: & vous y auez
plus de honte que vous ny auez de honneur:
car il emmaine six des meilleurs cheuaulx q
vous aez malgre vous. Or ne scay ie fait elle

partie

se ie trouueray qui de cy me iecte. Monseignr gauuain vint aual si lui demande comment elle en seroit ostee. En verite dit elle qui mon teroit icy le rope ius. Veritablement fait il ie y monteray pour lamour du bon cheualier qui y monta. Et elle va ius et tantost vindrent les dix cheualiers qui atendoient le cheualier au gue. Atant est venue la royne ou monseigneur gauuain estoit monte en la charrette: et la damoiselle dit au roy. Moy fait elle or men iray ie mais ainsi auant sueil ie que tu saches pour quoy ta court sera desliurée: et dont les auatures prendront fin ne tu ne deusses pas au cheualier auoir failly dece quil requeroit ascois deusses maintenant estre sailli en la charrette car il ne y estoit monte sinon pour lancelot qui pour ceste dame la y monta et fist ce que tu ne eusses ose entreprendre pour elle. Et saches que pour lamour de se desliurer de honte deuroit len toutes charrettes honourer a tousiours mais Et scais tu qui est le cheualier qui a abatu tes compaignons. Cest ung ieune enfant lequel a este ceste annee fait cheualier apres pasques et est cousin germain a lancelot du lac et frere a y onnel qui quiert lancelot du lac. Il fait q̄ fol car il ne le trouuera pas. Apres ces paroles vient le cheualier dont elle auoit parle et aprés lui viennet ses escuiers qui amainent les cheuaulx quil auoit gaignie. Et quant il aprouch a du roy artus il osta son heaume et lui dit. sire tenez voz cheuaulx car ie ne les emeneray pas en telle maniere mais ainsi se doiuent en treretrouuer les bons cheualiers. Lors se lieue la royne contre lui et lui fait moult grant ioye. pour lamour de lancelot du lac son cousin, et la dame est montee a cheual sans plus dire et sen va, mais le roy retient le cheualier, et lui ottroie le siege de la table ronde. Et celui dit au roy quil nest pas encores assez digne de receuoir si hault honneur. Et dautre part il ne le voulloit sinon pour lancelot. Le roy artus se en seuffre atant et lui demande comment il a nom. Et il lui dist quil a nom boort le essillie. Et la royne lui demande qui est la damoiselle qui sen va. Et il dist que cest la dame du lac, laquelle auoit nourry lancelot et moy et mon frere lyonnel. Quant la royne lentent elle est si courroucee que plus ne peut, ne

nulle ioye ne la peut reconforter si est montee sur ung palesfroy emblant et dit que iamais ne cessera de cheminer tant que elle lait attainte et le roy va auec si ont rencontre monseignr gauuain que le nain menoit encores en la charrette et si tost comme la royne le voit si sault en la charrette, et le roy y sault apres comme sa royne ne oncques ne demoura cheualier en la maison du roy artus qui ny entrast. Et des lors en auant tant comme le roy vesquit qui ne fut homme condamne mis en la charrette, mais auoit en chacune bonne ville ung roucin viel sans queue et sans oreilles et montoit len dessus celui q̄ deuoit estre bany. Et la royne va apres la dame du lac et monseigneur gauuain auec. Et cheuauchent tant quilz lot trouuee Quant la royne la voit si lui crie mercy, car moult est honteuse quant elle ne la recōgneue: et la prie de demourer. Et monseigneur gau sen prie aussi qui moult lui fait de honneur, mais elle dit que ce ne peut estre. Lors la tire la royne a vne part a conseil et lui demande se elle scait nouuelles de lancelot quelle lui die. Or sachez fait elle quil est sain et haittie et en prison mais moult est honnoure. Et la maniere est toute determinee comment il eschapera. Et se il eschapoit deuāt il auroit perdu tous les honneurs quil attent, ne il ne se vengeroit pas si bien de meleagant comment il fera. et sachez q̄ a la premiere assemblee qui au roy aume de logres sera le pourrez vous veoir se vous y estes. Ces nouuelles ayme moult la royne si sen retourne a la court qnant elle voit que demourer ne pourra. Lors compte la royne la nouuelle de lācelot au roy mais elle ne lui dit pas q̄l doit venir a la pmiere assemblee. Le roy en est moult ioyeux car paour auoit de sa mort et la royne lui dit q̄l face crier vne assemblee en sa marche de gorre et de sa terre, et par auāture vous orrez la nouuelle de lancelot Le roy fist crier lassēblee dilec a .xx. iours a pōmeglay. Ainsi le mande le roy par ses lettres. Mais ores ne parle plus le compte de lui ne de toute sa compaignie ains retourne a lancelot qui est encores en prison

¶ Come lancelot vainquist lassemblee deuant le chasteau de pōmeglay, et cōme meleagāt fist vne tour pour le tenir pl9 destroit. iiii.xx.ix

B. iiii

Or dit le compte comme vous auez ouy que Lancelot est en prison chiez le seneschal de gorre qui moult layme et lhonoure et a tout ce quil veult demander sans yssir. Si sont tant allees les nouuelles de lassemblee quil le sceust bien/ si en est si dollent que plus ne peut. Le seneschal nestoit pas souuent en ce chasteau mais sa femme y estoit qui auoit beaute et courtoisie assez. Lancelot estoit en legiere prison car len le mectoit tous les iours hors de la tour et mengoit auec la dame: et elle sesmoit sur tous hommes pour les grans merueilles que elle auoit ouy compter de lui. Et quant le terme de lassemblee approucha il fut plus dollent et plus pensif quil ne souloit. La dame le voit moult empirer et le coniure par la chose du monde qil ayme plus quil lui die dont ce mal lui vient. Dame fait il vous me auez tant coniure que ie le vous diray. Or sachiez q ie ne beuray iamais ne mengeray qui bien me face se ie ne suis a lassemblee qui doit demain estre. Lancelot fait elle qui feroit tant pour vous q vous y allissiez lui en rendriez vous pas bon guerdon. Oy fait il de quelque ie pourray auoir. Se vous me donnez fait elle vng don ie vous y laisseray aller. et vous bailleray armeures et cheual. Quant Lancelot lentent si est tant ioyeulx q nul plus/ et lui ottroia tout son talent. Sauez vous fait elle que vous mauez donne. Vous mauez donnee vostre amour. Et il ne lui sçait q respondre: si pense longuement a cela. Que en dictes vous fait elle me ottroiez vo' voulentiers vostre amour. Dame fait il ie vous ottroie tout ce que ie puis sans contredit. La dame lui en mercie moult doulcement: et met paine a le seruir afin q au reuenir il soit tout sien. Elle lui appareille son cheual et ses armes. Et quant elle voit quil est temps de partir si le fist leuer au matin des le point du iour/ et le arma elle mesmes si lui fait iurer par la chose du monde que plus aymoit quil reuiendroit au plus tost quil pourroit de lassemblee. Lancelot emporta les armes du chastellain affin que il ne feust congneu. Au matin sen vint iusques au lieu ou estoit lassemblee. La royne genieure fut montee sur vne bretesche dehors pommeglay et auec elle assez de dames et de damoiselles. Le tournoiement commença moult bon en plusieurs lieux et bedoiers le connestable/ dodineau le sauuage et agrauain le commencent moult bien a faire. Lancelot qui estoit arreste dessoubz la bretesche: et quant il voit sa dame il se encline moult doulcement. Et auec lui auoit vng varlet qui ses lances lui portoit. La royne regarde tous ceulx qui bien le font/ mais il lui en est moult petit quant elle ne congnoist son amy. Lors va Lancelot es rens et porte lescu de sinople a deux bendes dargent. Il court par rens si encontre vng cheualier nomme herlian frere au roy de northumbellande p...y et baillant de son corps. Lancelot se fiert si durement quil labat a terre. Maintenant lieue le cry et la noise parmy le tournoiement. Lancelot abat cheualiers brise lances: et fait tant darmes que chacun sen esmerueille. Tant a iouste Lancelot qil na plus que vne lance. Lors vist venir vng cheualier q estoit seneschal du roy claudas de la deserte. Si se entrefierent si durement que le cheualier fait voller sa lance en pieces: et Lancelot le fiert parmy lescu tant qil lui fait passer le fer par la gueule. Le cheualier se pasme de langoisse quil sent et chacun dit quil est mort. Quant Lancelot lentent si en est moult courrouce. Il iecte ius sa lance et dit qil sen ira mais quant il sceust que cestoit le seneschal du roy claudas il ne lui chault ains tire lespee et abat cheualiers et cheuaulx a destre et a senestre et arrache heaumes des testes. Si se merueillent les compaignons de la table ronde et messire gauuain en este bahy sur tous et pense bien q cest lancelot. Si le va dire a la royne mais elle sauoit bien q cestoit il et pour deceuoir messire gauuain et tous les autres elle appelle vne sienne pucelle et lui dit. Damoiselle alez a ce cheualier la qui si bien le fait et lui dictes q desormais face du pis quil pourra a celles enseignes q ie lui dis son grant deul la ou il eut sa grant ioie. La pucelle sen vint a Lancelot et lui dit ce q la royne lui mande. Il laisse tout son bien faire et quant vng cheualier se adrece a lui il se oste de la voie et sen fuit. Si fait tant en peu de heure q tout le monde moc qdelui et le maudit. Ainsi se contint Lancelot et tous ceulx qui lauoient tenu au matin pour preulx et vaillant en estoient honteulx. Lance-

partie

lot sen ça a son hostel: mais nul ne lose mettre a raison de la mauuaitie quil auoit faicte. Lendemain quant lancelot reuenoit a lassemblee il estoit sans heaume et la damoiselle laquelle le mena au monstier la il leua la tumbe de galsehaut se cogneust si le poursuiuist iusques a lassemblee et commenca a crier deuant tous. Or est venu cla meruelle du monde. Lancelot se met parmy les rens et abat cheualiers et cheuaulx et fait tant en peu de heure que chacun dit que cest le meilleur cheualier du monde. Lors lui mande la royne come il auoit fait le iour precedent. Adonc il fait du pie que peut, tant que tous sen esbahissent. Et la damoiselle qui auoit crie Beez cy la meruelle du monde fut si honteuse que oncques puis ne dit mot. Ainsi se contient lancelot iusques a midy passe. Lors lui mande la royne qil face du mieulx qil pourra et il se fiert incontinent entre les autres cheualiers et le commence si bien a faire que tous les autres en parlent et lui donnent le pris de tout le tournoiement. Quant il a uesprit il iecte son escu en my la meslee et sen va la ou il auoit geu le soir de deuant. Celle nuit sceurent tous ceulx de la place que cestoit lancelot lequel auoit ainsi fait pour les deceuoir. Apres il chercha tant par ses iournees quil se vint rendre en sa prison. Le chastellain estoit leans lequel auoit grant paour quil ne reuenist et se il eust sceu q̃ par sa femme il feust este a lassemblee il leust fait mourir. Et quant il le veist si lui dit q̃ ores est il le plus loial cheualier du monde mais quant meleagant sceut quil auoit este a lassemblee il en fut trop dollent et dit quil se mettra en tel lieu dont il nistra pas sans congie. Lors fist vne tour deuers la marche a la dame du lac si ferma ceste tour par le congie de son pere et dist que ceste tour garderoit toutes les marches de gaulle. La tour estoit sur les restz que de nulle part nauoit garde ne nul ne se mettoit es maretz q̃ ne fondist en abisme. Celle tour gardoit vng serf de meleagant si fut mis lancelot dedens. Par deuant couroit vng ruisseau. si lui portoit len a mengier en vne petite nasselle. La tour nauoit ne huis ne fenestre que vne seule par la ou il prenoit le pain et le vin q̃ len lui donnoit et il le tiroit amont par vne corde. Ainsi est lancelot en

prison que nul nen scait riens fors meleagant. Et quant il la ainsi enferme il sen part de la terre de gorre pour venir a la court du roy artus et le trouua a Londres. Il salua le roy puis lui dit. Roy artus il est voir que ie conquis ceste dame la vers sirup le seneschal et lancelot la vint conquerre mais la bataille fut telle entre nous en la fin q̃ ie lui laissay amener la royne par tel conuenant que dedens lan se combatroit a moy quant ie sen vendroie semondre. La royne q̃ ie voy la me iura sur sains q̃ auec moy sen vendroit sil ne la deffendoit: et ie sen suis venu semondre mais ie ne le voy mye ceans et sil y est si viengne auant: car tel cheualier coment il est ne se doit point celer. Quant le roy congneust meleagant si lui fist moult grant ioie par amour de son pere et puis lui dit Meleagant lancelot nest pas ceans et si ne le vis q̃ ie sache depuis quil alla la royne querir ne deuant bien pres de vng an mais vous estes si sage que vous sauez bien q̃ vous deuez faire. Quelle chose dois ie faire dit meleagant. Vous deuez ceans attendre quarante iours et quarante nuis et sil ne reuient en ce terme si retournez en vostre pais et au chief de lan reuenez et se lors a vous ne se combat ou autre pour lui sa royne en amenerez quitement. Et il dit q̃ ce fera il voulentiers. Ainsi demeure meleagant en la court du roy artus. Mais cy endroit nen parle plus le compte de als retourne a la seur de meleagant.

Comme la seur de meleagant mist lancelot hors de prison. Et comme il occist meleagant. Et comme il trouua hector des mares et son cousin lyonnel   iiii.pp.et p.

Meleagant auoit vne seur dont le compte a parle cy deuant a qui lancelot donna la teste de vng cheualier que il occit. Il desplaisoit moult a celle damoiselle de la prison de lancelot et moult hayoit meleagant car il lui auoit tollue toute sa terre qelle deuoit tenir q̃ de par sa mere lui estoit escheue fors seulement vng chasteau ou elle estoit oultre la voulente de son pere le roy bademagus et ne lui estoit meleagant son frere que de par sa mere et lauoit toute desheritee. Quant la damoiselle vit q̃ la tour des maretz fut faicte si pensa que meleagant ne lauoit faicte sinon pour emmurer lancelot & elle auoit nourri la fēme du serf qui la tour gardoit si sauoit mariee et grāt bien lui auoit fait si se pēsa q̄ se elle le pouoit desliurer quil la vengeroit mieulx de meseagant q̄ homme qui viue. Elle sen vit a la femme du serf et lui fist greigneures biēs que oncq̄s mais nauoit fait. si se loga en vne maison sur le chemin assez pres des mares afin q̄ nul ne sen peut aperceuoir & regarda commēt le mengier estoit apporte a lancelot. Lors elle en eut grant pitie & dit a soymesmes que se elle en deuoit mourir si le mettra elle hors de prison car trop seroit grant dommage se le meilleur cheualier du monde mourroit. La nuit quant tous furent endormis elle print vng pic et vne corde puis sen vint en la nef et passa leaue et vint au pie de la tour et trouua le panier au quel on donnoit a mengier a lancelot. Quant elle vint a la fenestre si ouit lancelot qui se plaignoit de la grande mesaise quil auoit. Si regrettoit souuent messire gauuain et disoit. Haa messire gauuain se vous estiez en prison comme ie suis et ie estoie aussi sain & haitie cōme vous estes il ne demourroit forteresse que ie ne cerchasse tant que ie vous eusse trouue. & vous ma dame fait il de la royne dont tout le bien me souloit venir certes il ne me poise mie pour moy se ie meur mais pour vous car ie scay bien q̄ vous en auriez assez de courroust des que vous sauriez ma mort. et toutesuoies le saurez vous car nulle chose nest si cellee q̄ en la fin ne soit descouuerte. En celle maniere se complaint lancelot. Lors hoche la dāe le pennier. Et lancelot qui tost sap perceut vint a la fenestre et mest hors sa teste tant comme il peut. La damoiselle sappelle moult doulcement. & il dit. Qui estes vous. Je suis fait elle vne vostre amie qui suis dolēte de vostre trauail tant que ie men suis mise en dāgier de mort pour vous desliurer. Quāt lancelot lentent il en est moult ioyeux, et elle lie vne grosse corde a la menue qui pēdoit au pennier et vng pic auec, et lancelot le trait en hault moult vistement et prent le pic a deux mains si depiece la fenestre tant quil en peut bien issir: puis attache la grosse corde par dedens et descent aual au plus coyement que il peut et sē va hors des maretz en lostel de dela

Si se coucha la damoiselle en vne chambre & lancelot au plus pres de elle. Au matin se leua lancelot si tost comme il fut iour: et se vestit de la meilleure robe que eust la damoiselle puis monta sur vng palefroy et semmena en telle maniere voyans tous ceulx de leans. Tant alla q̄ elle vint en la terre de sa mere, ne plus nauoit dautres rentes. Quant lācelot fut la venu elle lui donna tout ce q̄ mestier lui fut & il en auoit grant besoing car assez auoit eu malle prison. Tandis enuoia sa damoiselle a la court du roy art[us] pour ouir nouuelles de meseagant. Si enquist le message pour quoy meseagant seiournoit tant a la court. Et len lui compta quil attendoit iusq̄s a quarante iours pour auoir la bataille de lancelot et lui nomma lens les quarante iours, et quant ilz seroient accōplis. Lors reuint le messagier a la damoiselle et lui compta ce quil auoit trouue a la court du roy art[us]. Et elle dist tantost a lancelot lequel estoit presque gari & reuenu en sa force. Si dit a la damoiselle q̄lle le laissast aller car moult lui tardoit q̄l nestoit vengie de homme du monde que plus il hayoit. Sire dit la damoiselle ie vous appareilleray auāt cheual et armes et ce qui vous est de besoing. Et sachiez q̄l y a encores huyt iours iusq̄s au terme que vous y deuez estre, & dieu vous en doint autelle vengeance cōme vous eustes du cheualier a qui vous couppastes la teste: car cest homme du monde que ie hay le plus: ne mon frere ne fut il oncq̄s, fors pour moy faire tous les maulx & tous les ennuys quil a peu, & ma desheritee et fait plus de honte q̄ tout le monde ne fist oncques.

Ainsi demeure lancelot huit iours si lui appareille la dame cheual et armes, et sen part de leans sain et en bon poit et cheuaucha tant quil vint a karlion ou le roy estoit a grant compaignie de gēs & de cheualiers. Meleagant estoit ia arme & disoit quil sen iroit se il ny auoit qui fist bataille pour lancelot. Adonc saillist auant boort le essillie et dit q̄l la fera sil veult. Et il dit quil aymeroit mieulx lancelot q̄ nul autre. Certes fait messire gauuain sil estoit ceans vous ne seriez pas si hatif de batailler contre lui comme vous estes. & pource ne demourra il pas, que vous ne ayez

partie

la bataille puis que tant la desirez car ie men combatray encontre vous pour lamour de lui. Certes fait meseagant ie ne vous refuse pas. Lors sen va messire gauuain armer et le roy co-mande q̃ la bataille soit dehors la ville en my les prez et chacun sottroie. Si sen vont armer parmy la ville de toutes armes. A ce coup a-uint q̃ lancelot entra au chasteau et estoit ar-me de toutes armes. Il recontra messire gau-uain qui bien le congneut et il lui. Si se entre-fierent moult grant ioye. Le roy le courut bai-ser et tous ses barons. Quant meseagant le sceut il en fut moult esbahy. Lancelot vint a lui si lui dit. Meseagant tant auez crie vous a-utres la bataille car ie suis hors de la tour des maretz ou vous me mistes par trayson, dieu mercy et celle qui men iecta. Apres sont venus au champ et les gardes y sont mises de par le roy. Lors laissent courre les cheuaulx. Melea-gant fiert lancelot tel coup q̃ sa lance vole en pie-ces et lancelot le fiert si durement quil lui perce lescu et lui fait au bras serrer et le bras au corps et le serre a larcon de derrier tant q̃l la-bat lui et le cheual tout en vng mot. Lors des-cent lacelot et trait lespee et met lescu deuant so pie et court sus a meseagat celui a lui aus-si. Si se entredonnent grans coups et pesans, et derompet les haubers sur leurs bras et sur leurs hanches et se entre empirent a leur pou-oir et se tiennẽt assez en vng point iusq̃s a mi-dy. Lors se commẽca meseagat a lasser comme celui q̃ ne pouoit plus les coups souffrir, car en tel point le met lacelot quil lui fait saillir le sãg du nez et de la bou: he et bien voiẽt tous ceulx qui sont la quil est alle: et si ney a nul qui le plaigne. La royne en est moult ioyeuse car bien voit q̃ a ceste fois sera vẽgiee de la hõ-te quil lui auoit faicte. Tant a souffert me-seagant que le sang lui sault par plus de trẽ-te lieux. Et lacelot hausse lespee pour le ferir vng grant coup et celui qui grande paour a re-culle. Quant lancelot voit quil ne la pas a coup attaint si le heurte de lescu si duremẽt q̃l le fait tumber tout enuers. Lors lui sault sur le corps et lui arrache le heaulme de la teste et se iecte en my le pre: puis lui abat la ventail-le. Et meseagãt qui se voit en peril de mort crie mercy: mais lacelot ne le veult ouir. Lors dit

le roy auant et lui prie quil ne loccie pas mais la royne lui fait semblant quil lui coupe la te-ste si que lãcelot sen apperçoit bien. Lors dit lã celot au roy. Ie feray tant pour vous que ie le lairray releuer et mettre son heaulme en sa te-ste, et se ie suis encores au dessus, sachez q̃l ny aura ia garant quil ney meuere. Incõtinent se lieue lancelot et souffre tant que meseagant ait lace son heaulme et prins son escu et son es-pee. Lors lui recourt sus lãcelot et le met en tel point en peu de heure quil ny a nul en la place qui ney ait pitie. Apres le prẽt lãcelot par le he-aulme et lui arrache de sa teste. Et meseagãt q̃ sent sa teste descouuerte et a paour de la per-dre, si se trait arriere: et lancelot lui donne tel coup quil lui fait voller la teste en my le champ et le corps chiet a terre tout estendu. la celot boute son espee au fourreau et leup le se-neschal lui oste lescu du col et lui dit. Vous soiez sur tous les autres le bien venu sire: co-me la force de cheualerie. Si auez bien mon-stre cy et ailleurs. Apres vint le roy et accolla lancelot ainsi arme quil estoit et lui oste le he-aulme de la teste puis le baille a monseigneur gauuain, et monseigneur puain le baise et lui dit. Beau doulx amy vous soiez le bien venu. Apres reuint monseigneur gauuain a lance-lot les bras tẽdus: et la royne reuint si ioyeuse que nulle femme plus et tous les autres ba-rons. Apres on le maine au pallais et cõmã-da le roy que les tables feussent mises et puis se sient les cheualiers par leans, et nestoit eco-res q̃ entre nõne et vespres. Apres fist le roy vne chose q̃ tourna a lancelot a hõneur: non pourtant oncq̃s a nul homme ne lauoit fait car il le fist asseoir a son doiz ou il mengoit droit encontre lui. Ne oncques mais cheualier ny auoit este sinon aux haultes festes. Quãt il auenoit acunesfois que vng cheualier gai-gnoit le tournoiemẽt ou la quintaine: celui se y seoit: non pas endroit le roy mais vng peu loig. Si lui faisoit le roy seoir pource q̃ tous les autres le vissent. ne a nul autre iour ne a-uenoit q̃ nul cheualier tant feust hault hõme se y assist mais cest le commandemẽt du roy et de la royne sa dame il en fut moult dollent et honteux mais pour la voulẽte du roy et de la royne leur ottroya il.

Grande fut la ioye et la feste q̄ le roy fist de lancelot: si lui demādēt commēt il a puis fait. Et il dit bien la mercy dieu, car ie suis sain et en bon point: mais le roy ne lui ose dire les nouuelles de gallehaut car il cuidoit quil nen sceust riens. Tandis quilz parloient ainsi entra leans vng cheualier en la salle q̄ estoit armé de toutes armes. Le cheualier fut grant et corsu et eut vnes armes vermeilles. Il vint sans saluer ne les vngz ne les autres iusques a la table. Quant il eut assez regardé de ceulx qui mengoient il parla si hault que tous le peurent ouir: et dit. Ou est le desloyal le traistre le pire de tous les autres cheualiers qui meleagant a occis le filz du roy bademagus. Ou est lancelot ou est il a qui nous auōs tant fait de honneur au royaume de gorre, et maintenāt a fait telle desloyaute comme de occire le meilleur cheualier du mōde. A ce mot le regarde lancelot arriere et le cheualier le cōgneust bien si dit au roy. Quest ce q̄ vous faictes ie vous tenoie au plus preudōme du mōde et vous auez assiz a vostre table le plus desloyal cheualier qui viue. Certes moult men merueille. Lors sault lancelot de la table: et estoit moult honteux de la villenie que celui lui auoit dicte. Sire cheualier fait il vous ne estes pas courtois qui honte me dictes pour neant. Certes fait il len vous deuroit pas honte dire mais sen vous en deuroit tant faire cōme len pourroit car vous auez occis meleagant mon cousin mauuaisement et desloyaument. Je ne lo ceis pas fait lancelot mucrement car plusieurs cheualiers y furent pour veoir la meslee de moy et de lui. Certes fait il desloyaumēt le occistes vous car il vous cria mercy. Si suis prest que ie vous en preuue a traistre et a desloyal en autre court hue ce ie se vous vo'en osiez deffendre. Il ny a court au monde ou ie ne men diffēde encōtre vous dit lancelot. En nō dieu dit il, se vous en la court du roy bademagus vous en osiez deffendre ie vous en prouueray a traistre si comme iay dit Et lancelot dit quil sen deffendra. Or soyez donc de cy a vng mois au iour de la magdalaine et ie vous promets que vous me y trouuerez. Et ie vous promets fait lancelot q̄ ie y serap a celui iour se mort ou prison ne me detiēt

Le cheualier sen va sans plus arrester, et lancelot se assiet par le commādemēt du roy. Apres commēcēt a parler par leans du cheualier vermeil et dient que trop est villain et q̄ trop deshonnestement a parlé a lancelot

Apres ne demoura gaires que leans entra vng cheualier qui dist au roy. Sire le cheualier vermeil emporte le corps de meleagant en vne moult riche littiere: et sont plus de trēte cheualiers tous armez qui le conuoiēt et font merueilleux dueil tous ensemble. Certes fait le roy artus ie eusse bien voulu que la faire feust autrement allé quil nest pour lamour du roy bademagus et puis q̄ ainsi est il le nous conuient souffrir. Quant les cheualiers eurent mengié ilz se leuerent des tables et sen allerent a leurs hostelz: mais le roy retint lancelot auec lui et le mena aux fenestres de la salle et la royne estoit auec eulx et boort le essilli et monseigneur gauuain qui moult eut grant ioye de lancelot. Le roy conioupt moult lancelot et le coniura sur son sermēt, q̄ il lui die oyant toute la compaignie les auātures qui lui sōt auenues puis quil partist de leans. Il en compta aucunes: et plusieurs leur cela. Si les ouist moult voulentiers le roy et la royne et les fist le roy mettre en escript affin que apres leur mort soient ramenteues. Lors demanda lancelot nouelles de lyonnel. Certes fait le roy il est plus de vng an quil ne fina de vous querir car chacun disoit que vous estiez mort. Haa dieu fait lancelot ou qil soit vous en soiez garde. Lors lui cōpte le roy cōmēt boort estoit venu en court et en quelle maniere et les proesses quil fist encontre ses cheualiers de sa maison et commēt tous les cheualiers mōterēt en la charrette et de ceste nouuelle sourrist lancelot. Si fist a boort moult grāt ioye et le baisa moult doulcemēt car grāt piece estoit quil ne lauoit veu. Il lui dit. Beau cousin or gardez que vous faciez tant que tout le monde espoire de vostre corps en auāt ne aiez pas cheualerie commēcee pour la tantost laisser, mais pour amender et pour aller auant de plus en plus. Et gardez pour lamour de moy que la damoiselle ne sen voise escondicte de vous pourueu q̄ secours vous demande mais secourez la et aidez toutes celles q̄ vous

partie

qui en aient meſtier. Et il lui pmet q̃ ſi fera il
A ceſte iope et a telle feſte tint le roy lā-
celot toute ſa ſepmaine et neſt au mõ-
de deduit ne ioye dont il nait ſa part car de ſa da-
me dont ſa ioye benoit eut il toute ſa ſouleſe
Au chief de ſa ſepmaine quãt lācelot ſen deuſt
aller ny eut celui qui aſſez ney feuſt dolent
Bien ploura la royne moult tēdiemēt mais
ſe fut ſi celeement q̃ nul ne le ſauoit fors eulx
deux Et quant vit au lundi que lancelot eut
ouie ſa meſſe il monta ſur ſon cheual et ſe par-
tiſt de ſa court q̃ nul ny ſceuſt riens fors ſeu-
lement la royne et cheuauche toute iour ſãs a-
uanture trouuer. La nuit vint chiez vng fore-
ſtier qui moult bien le heberga. Lendemain ſe
remiſt en ſon chemin et entra en vne foreſt que
len appelle ſa ſapinoie et a deſtre trouua vng
eſtroit ſentier qui neſtoit gaires hante et pour
ce tourna il celle part et chemina celle iournee
iuſqz a tierce. Lors aperceut vng cheualier q̃
tout ſeul cheuauchoit, bien arme de toutes pie-
ces. Lancelot le ſalue quant il la congneu, et
celui auſſi lui et lui demande dont il eſt. Lan-
celot lui dit quil eſt de la terre de gaulle. Si-
re fait le cheualier fruſtes vous oncques en la
court du roy artus. Oy fait lancelot ie y eſte
aucune fois. Viſtes vous oncques la royne
fait le cheualier. Oy fait lancelot voirement
lay ie veue. Or pouez vous dire fait il q̃ vous
auez veue la plus deſloyale femme qui ſoit.
Cõmēt le ſauez vous fait lancelot. Je le ſcay
bien fait celui et ſi le vous diray. Il auint ceſte
annee que ie eſtoie a la court du roy et py vīt vne
damoiſelle q̃ diſt q̃ lancelot eſtoit mort et q̃ il
crioit mercy au roy artus de ce quil auoit cou-
chie auec ſa femme: et de celle choſe aporta ſa
damoiſelle telles enſeignes q̃ bien deut eſtre
creue. Quelles enſeignes fait lācelot. Laneau
quil auoit eu de elle par amours: et quant la
damoiſelle le monſtra oncques ney feuſt con-
tredicte ains dit que voirement auoit elle ap-
me lancelot. Lors eſt lācelot moult aire et lui
dit Sire cheualier ceſt follie a dire ſe vous ne
le pouez prouuer Il ny a cheualier au monde
fait celui contre qui ie ne loſaſſe bien prouuer
fors encõtre vng ſeulement et qui eſt il fait lā-
celot. Ceſt fait celui lancelot du lac. Encon-
tretous autres le oſeroie ie bien prouuer. Plus

a dun an fait lācelot quil eſt mort. Eſt il voir
fait il. Je ne ne le viz pas mort fait lancelot,
mais len le diſt. Donc ny a il homme au mõ-
de fait celui contre qui ie ne loſaſſe bien prou-
uer que elle eſt la plus deſloyalle femme que
vous veiſſez oucqs quant elle a mis ſō cueur
en autre q̃ le roy qui eſt le plus preux du mõ-
de. par ma foy dit lancelot il en ya mālt en ce
pays que ſe ilz le vous oupoiēt dire qui la deſ-
fendroient du blaſme q̃ vous lui mettez ſus
Se neſtes vous pas fait celui. Vous ne ſa-
uez fait lancelot. Se vous eſtes celui fait il
ſi la deffendez, et ie ſuis preſt de prouuer cõ-
me iay dit et encores plus deſloyale et ie ſuis
preſt donc de la deffēdre fait lancelot Vous
gardez de moy. Atāt laiſſēt les cheuaulx cou-
rir et ſe entrefierent es grans allures des che-
uaulx ſur leurs eſcus. Le cheualier briſe ſa lā-
ce et lancelot labat a terre lui et ſon cheual. Il
tira incontinent a ſoy ſon glaiue et lappuya a
vng arbre. Lors deſcent de ſon cheual et voit
le cheualier qui ia eſtoit releue ſi lui court ſus
leſpee traicte: et celui eſt moult aire ſi ſe ētredō-
nent les greigneurs coups quilz peuent tāt q̃
des deux heaulmes font le feu voller ſi y treu-
ue lancelōt moult de deffenſe mais en la fin
ne peut durer et non pourtant il eſtoit de grāt
proeſſe. Si ſe deffendiſt a grant peine iuſqz
a midy: et lors ſe haſte lācelot plus q̃l ne ſoul-
loit et le conroye tellement que en trente lieux
lui fait ſaillir le ſang du corps ſi que celui ne
peut plus ſouffrir: et lancelot le maine la ou
il veult vne heure ca et lautre la. Quant ce-
lui voit que plus ney peut il crie mercy a lāce-
lot car grant paoura de mourir et lui rent ſon
eſpee. Et lancelot la refuſe: mais le cheualier
lui promet faire ſon plaiſir tout oultreement.
Or vous conuient donc fait lancelot tout pre-
mierement ottroier que la royne ma dame eſt
vne des vaillans femmes du monde. Celui
lui ottroie car bien voit que faire lui conuient
Encore vous conuiēt plus faire dit lancelot
car il vous fault aler a la court du roy artus
et crier mercy a ma dame la royne de la villai-
nie que vous auez dicte de elle et lui dictes que
vng ſien cheualier vous y enuoie et vous gar-
dez deſormais de meſdire de ſi vaillāt dame
comme ma dame la royne, car nul bien ne

en pourroit venir/ mais au departir vueil ie vostre nom sauoir. Celui dit quil a nom margoudes du neuf chasteau. Et ou alliez vous fait lancelot. Sire fait celui ie alloie a vng tournoiement qui sera demain en la fin de ceste forest. De quel eur sera il fait lancelot. Sire fait il ceulx du chasteau des dames se ont entreprins contre ceulx du chasteau des pucelles & y aura demain grant plante de cheualiers. Or men iray ie sil vous plaist/ mais aincois vous vouldroie ie prier que vous me diez qui vous estes. Demandez le a madame la royne et elle le vous dira. Celui sen part atant et lancelot se remet au chemin: & va tant que il voit vng escuier que vng cheualier emportoit deuant lui sur vng grant destrier. Il salue lescuier et celui dit. Dieu vous benie. Beau amy fait lancelot qui naura ce cheualier. Sire dit lescuier ceulx du plessis. Et pour quoy dit lancelot. Pource sit il qͥl dit quil estoit cheualier de la royne genieure. Comment a il nom dit lancelot. Sire fait celui len sappelle dodineau le sauuage frere au duc de clarence. Lors est lancelot moult courrouce car dodineau cognoissoit il bien. Lancelot demande a lescuier quelle part est le plessis. Sire fait celui il ny a pas vne lieue. Vecy le chemin qui droit vous y menera. A ce mot ne attent plus lancelot ains retourne grant alure & ne cheuaucha gaires qͥl vist deuant lui vne moult belle tour et moult riche laquelle seoit pres des marestz. Deuant la tour estoient quatre paueillons tendus grans et beaulx. Quant lancelot approuche des paueillons il en voit issir vng cheualier tout arme qui lui demande qui il est. Et lancelot dit quil est de la maison du roy artus. Se vous estes dit il des cheualiers de la royne genieure si vous gardez de moy car ie ne vous asseure pas. Lancelot dit que son cheualier est il en toy lieu p. Donc vous conuient fait celui iouster a moy & a tous ceulx qui leans sont. Comment doncqͥs fait lancelot haiez vous ma dame la royne. Certes oy fait il plus q̄ chose du monde & par despit de elle occiray tous ceulx qͥ de elle se reclameront, pourueu q̄ ie en viengne au dessus. Par ma foy fait lancelot pour ceste hayne mourrez vous se ie vif longuement, & ie ne seroie pas loyal se ie ne la vengoie de ses ennemis.

Seconde

Vengiez la donc fait celui car ie la hais. Donc vous gardez de moy fait lancelot: car ie vous deffy. Maintenant laisse courre lun encontre lautre et se entredonnent grans coups sur leurs escus de leurs glaiues tant quilz les percent. Le cheualier fiert si durement lancelot q̄ lescu lui fent mais le haubert fut bien fort et ne rompist pas. Et lancelot se fiert si puissamment que parmy lescu & le haubert lui met le fer trenchant dedens le corps, & il chiet a terre mort. Il retira a sui son glaiue tout sanglant. Lors issent du paueillon iusqͥs a dix cheualiers tous armez. Quant lancelot les voit venir il leur tourne le chief du cheual se glaiue allongnie. Le premier quil encontra depeca son glaiue sur son escu. Et lancelot se fiert tant quil labat de dessus son cheual a terre & sui va par dessus le corps tant que tout le debrise. Celui se pasme q̄ grant angoisse sent: & lancelot se lance oultre & en attaint vng autre & se porte a terre, et auec ce brise son glaiue. Lors trait lespee & court sus aux autres & eulx a lui: non pas q̄ tous se ferissent ensemble mais lun apres lautre car la coustume estoit tele en ce temps la q̄ trois cheualiers ne quatre ne ferissent pas ensemble sur vng cheualier. Ainsi sont venus a la meslee & lancelot fiert le premier quil encontre si durement quil lui fent le heaume et lui fait venir lespee iusqͥs au cerueau. Et celui chiet ius qui sagolfe de la mort sent. Lancelot se fiert entre les autres et leur derompt leurs haubers si les depart a lespee qui bien trenche et est si viste & si legier que plus les blece quilz ne font lui. Si fait telles merueilles par sa proesse que ilz se esmerueillent tous, & bien leur est auis qͥl ne sera iamais au dessoubz par nul de eulx. Ainsi se contient lancelot grant piece q̄ eulx ne lui mesfont sinon petit. Lors issist du chasteau vng grant cheualier tout arme de armes noires dessus vng destrier fort: & il sen vint poignant a la meslee. Et quant il vist q̄ ceulx des paueillons ne pouoient venir au dessus du cheualier: il les a fait tirer arriere & les laidenge et maudit qui leur sire estoit.

Quant lancelot fut seul a seul auec le cheualier si lapelle celui & lui dit. Sir cheualier dictes moy q̄ vous estes. Ie suis fait lancelot cheualier a la royne genieure. Ce poise moy fait celui: car vous estes se m'est aduis bon cheualier. pour quoy vous poise il fait lancelot. pource fait celui que vous ne pouez eschaper sans mort puis que vous estes a elle. Lors se va incōtinēt aux pauellōs et prēt deux glaiues agues et trēchans si en baille vng a lancelot et lautre retiēt pour soy et lui dit q iouster le conuient a lui. Lors laisse courre lun contre lautre si tost comme les cheuaulx peuēt courre. Le grant cheualier fiert lancelot si durement que parmy lescu et parmy le haubert sentist le glaiue au costé/ mais en la char ne se toucha Et lancelot le fiert par si grant vertu q lescu ne le peut garantir quil ne lui mist le fer pmy lespaulle: et lempaint si durement qͤl le porte a terre tout estendu. Et au cheoir brise le glaiue si que le fer a tout le fust demeura en lespaulle du cheualier. Quant lancelot voulut descēdre pour lui courir sus il vist issir du pauellon ceulx qui contre lui estoient. ilz vient encōtre eulx lespee traicte et fiert le premier si que des arcons le fait tumber a terre. Il laisse courir aux autres et se fiert entre eulx et les met en tel point en peu de temps quil ny a celui qui a coup lose attēdre, car il ny a celui a qui il ne ait fait lespee sentir iusques au sang. Ilz sen fuient les vngz ca et les autres la et il les chasse tāt quil peut et si la forest lui en oste la veue Si retourne au grant cheualier/ car il veult sauoir lestre et le gouuernemēt de ceans. Et quant il est venu iusque a lui il le treuue q la estoit rescue et estoit moult mallement naure Lancelot lui arrache le heaulme de la teste et dit qͤl est mort sil ne se rent. Il tire lespee et fait semblant quil lui vueille la teste couper. Et qͣnt celui voit lespee il a paour de mourir/ si crie. Haa pour dieu gētil homme ne me occiez pas: veez cy mon espee ie la vous rens. Lancelot la prent maintenant. Or me dictes fait lancelot pour quoy vous haiez les cheualiers q depar m̄a dame se renommeut. Sire fait il ie le vous diray. Il auint ores a vng an que moy et deux cheualiers qui mes freres estoiēt cheuauchasmes par la forest de hardueil vng iour. Celui iour mesmes y chassoit le roy q y auoit mene la royne auec lui pour iouer. Il auint que nous rencontrasmes vng cheualier que nous hayons mortellement pour vng nostre cousin quil auoit occis: nous le preismes mais pource q greigneure vengance en voulsissiōs auoir que de loccire nous le liasmes a la queue de lun de nos che.ieuaulx/ et le allions trapnant apres nous quant nous encontrasmes la royne genieure qui auoit auec elle iusques a dix cheualiers armez. Quant elle vit hue nous menions le cheualier si mal si lui en print grant pitie et nous pria que nous le laississions. Non lui dismes que nous nen feriōs riens pour elle. Et elle dit que si ferions malgre nous. Ainsi comēca la meslee entre nous et furent mes deux freres mors et le cheualier rescoux, et moy mesmes eussēt ilz occis se ie ne men feusse foup. De ceste auanture feuz trop dolent si men vins en ceste tour qui estoit mienne et fiz vng serment deuant mes hōmes q iamais par cy deuant ne passeroit cheualier qui de la royne se reclamast qui ne feust mort ou prisonnier pourueu que nous en venissiōs au dessus sil ne sen fuyoit. Si en sont plusieurs venue que nous auons tuez ou emprisonnez mais ainsi est ores auenu q nous en sōmes au dessoubz et que vous nous auez conquis. Si est ores en vous de occire ou pardonner: mais tout ainsi que vous estes le meilleur cheualier du monde deuriez vous estre le plus debōnaire et plus courtois: et deuriez pitie auoir en voꝰ selon vostre valleur. Ie nen aurap ia pitie fait lancelot se tu ne me promes oultreemēt de faire ce que ie te commanderay. Ie le te promes fait il loyaumēt. Donc me promettras tu dit lācelot comme loyal cheualier que ou ma dame la royne soit tu iras se sur toy deffendant ne le laissoies. Ie le te promes dit le cheualier Or te commāde ie fait lācelot sur la pmesse q tu mas faicte q tu tē voises a la court du roy artus et la te rendras a madame la royne de par celui qui son cheualier est. Tout ce feray ie bien fait le cheualier puis quil vous plaist/ mais ie vous prie que vous hēbergez ennuit auec moy, car il en est temps et heure. Lancelot sen excuse et dit q aller sen conuiēt. Il sen part mais aincois demanda il au cheualier sō nō Et il dit quil auait a nom meleadus le noir. Et vous sire commēt auez vous anom. Mes armes fait lancelot deuisez a la court/ et len vous dira. Lancelot sen va le grāt chemin ferre

tant que la nuit le fourprent si treuue a deftre
vng hermitage ancien. Il vient celle part & heur
te a la porte & lermite si lui oeuure apres il entre
ens & met son cheual a la court si se desarme &
lermite cueillist de lerbe verte pour son cheual
& donna a lancelot du pain & du vin car il na
uoit autre viande. Au matin quant il fut iour
lui chanta la messe puis monta a cheual & com
manda lermite a dieu. Si cheuaucha tout le
grant chemin de la forest iusques a prime/ et
lors voit deuant lui grant plate de cheualiers
armez. et sont a son escient bien deux mille que
dune part que dautre. Il sceut bien que cestoit
lassemblee dont margondes lui auoit parle.
Il tourne celle part & voit les deux chasteaux
Le tournoiement estoit la cōmencé & y chessoit
moult de cheualiers. Si se merueille moult
fort lancelot/ car il voit bien quilz sont plus
dun coste que dautre. Ne demoura gaires qil
vit issir du chasteau des pucelles deux cheua
liers armez de blanches armes: et si tost com
me ilz furent au tournoiement ne peurent du
rer ceulx du chasteau des dames car ilz faisoi
ent si bien que nul mieulx au tesmoing de lan
celot: car ceulx du chasteau des pucelles estoi
ent si au dessoubz q ceulx du chasteau des da
mes les auoient chassiez iusques a leur porte. Et
les deux compaignons firent tant darmes q
ceulx qui sen fuyoient sont retournez, & chasset
ceulx qui les chassoient iusques en my le tour
noiement. Quant ceulx du chasteau des da
mes les virent si retournerent tant que ilz les
chassent bien vng arpent de terre vers le cha
steau des pucelles. Quant les deux virent ce
si se remettent auec les autres & font tant darmes
q par leur proesse font reculler ceulx du cha
steau des dames iusques dedens leurs lices/ et
le font en telle maniere par quatre fois. A la
cinquiesme fois ceulx du chasteau des dames
sen fuyrent iusques a leur chasteau / & illec se
arresterent pour attendre leur compaignie.

Moult regarde voulentiers lancelot le
tournoiement pour lamour des deux
cheualiers. Lors sen vient a lui vng escuier et
lui dit. Sire les dames de ce chasteau q aux
creneaulx sont vous prient que vous leur mon
strez lesquelles vous aymez le mieulx ou les
dames ou les pucelles. Et il respont au varlet

Beau amy or leur dictes que par temps elles
le pourront sauoir Atant vint a lancelot vne
damoiselle qui lui dit. Sire cheualier par a
mours bailliez moy vostre escu car il ne vous
sert de riens et il me seruiroit assez. Damoisel
le dit lancelot de quoy vous seruiroit il. Je le
speroie fait elle a la queue de mon cheual si le
feroie aller par dessus quant il me plairoit
pour lamour des bons cheualiers qui regar
dent le tournoiement sans plus faire. Lance
lot est moult esbahy et ne lui respont mot ains
besse la teste moult dolent & se tourne vers le
chasteau aux dames. Et quant il est venu ius
ques a ceulx q fuyoient il serre son escu deuant
son pis & branlle la lance puis laisse courre la
ou il vist la greigneur presse/ & fiert si dure
ment le premier quil encontre q parmy lescu et
parmy le haubert lui met le glaiue au corps et
labat mort a terre. Lors trait lespee et cōmence
a faire tant darmes q oncques nen auoit autant
fait. Quant ceulx qui fuyoient le virent ferir
si durement ilz reprenent courage et le suiuent
tous: & lancelot qui tant est dolent que nul
plus fierent a destre et a senestre: & occit cheua
liers et cheuaulx & couppe pies & poins testes
& bras et abat quanque il encontre/ & laisse si
doullourese trace apres lui q toute la terre est
couuerte de sang par la ou il va. Ainsi se recue
urent par lui les fuyans car ilz treuuent grāt
proesse grant aide et grant secours en lui. Et
il se efforce tant quil ne treuue homme deuant
lui qil ne abate a terre & tous ceulx q le voient
sen esbahissent. Et la ou il vient a la meslee
lespee traicte: il auient souuent quil ne treuue
ou ferir/ car nul ne sose plus a coup atendre:
tant q ceulx qui contre lui sont ne peuent plus
souffrir son effort/ ains tournent legierement
en fuyte. Quant les deux compaignons qui
si bien sauoient fait toute iour voient leurs cō
paignons sur si se remettent en lestour & lun
des deux cheualiers se adreça a lancelot le glai
ue allongnié & le fiert si durement que toute se
renuerse sur larçon de derriere & sil ne se feust
bien tenu il leust abatu. Lors lancelot se redre
ce & donne au cheualier tel coup sur le heaume
amont quil lui fait vider les arcons: & grant
compaignie de cheualiers lui monterent par des
sus le corps. Quant lautre cheualier vit son

compaignon abatu il court sus a lancelot et lui donne du glaiue en mp le pis a descouuert si grant coup quil derompt du haubert les mailles et se le glaiue ne feust brise naure leust durement. Et lancelot sen reuient parmi ses pee traicte et lui donne tel coup que sus la senestre espaulle lui rompt les mailles du haubert et lui coulle lespee iusqe au gros os et le fait tumber a terre. Lors sen tournent les autres en fuite et entrent au chasteau des pucelles: ne a celle fois ny eust plus fait quia tournoiemēt appartiēne et la chasse fut toute demouree. et lancelot retourne deuers le cheualier qil auoit abatu lequel estoit fort blece. Il lui demanda son nom. Et quant il entēt la voip de lancelot il se cōgnoist et lui dit. Haa sire vous soies le bien venu cōme le plus vaillāt cheualier du mōde qui a mop ne daignastes touchier deuant q ie vous eusse assailly. Si men auez rēdu tel guerdon comme len doit a musart. Sire dit lancelot se ie vous ay blece se poise mop. Sire fait celui ce scay ie biē. len nen doit blasmer sinon mop. Et comment auez vous nom? Sire ie suis de la maison du rop artus / et ap nō hector des mares. et celui autre compaignon a nom lyonnel / cousin germain de lancelot du lac. Quant lancelot lentendist il fut moult dolēt et se escria. Helas iap occy mon cousin lyonnel. Lors sen va la ou il lauoit laisse et trouua lyonnel qui ia sestoit drece. Il laccolla et lē braissa moult doulcement et lui demāda Beau cousin commēt vous estil. Sire fait lyōnel qui estes vous. Ie suis fait il lancelot vostre mauuais cousin qui se occira si vous a occy. Quāt lyonnel sentēt il sault sus aussi vistement comme sil neust nul mal et laccolle ainsi arme cōmēt il estoit et dit quil est gary. Lors oste chacun son heaulme et se entrefont si grant ioie q nul ne la pourroit deuiser. Haa sire dit lyonnel il a plus de vug an que ie ne vous finay de querre / mais dieu mercy or vous ay ie trouue. Certes voirement estoie ie fol qui ne vous congnoissoie a la grant merueille darmes que vous faisiez. Et ia ne mait dieu se ie ne suis tout lie de ce que iap sentu vos coups: car or scay ie biē a mop mesmes que a vous ne pourroit nul homme terrien durer

De tout ce que lyonnel dit ne chault a lancelot car bien cuide quil lait a mort naure et en ploure moult tendrement. Et lyonnel lui dit Sire sachez q ie nay plape dōt ie ne garisse legierement / mais hector mon compaignon, cuide ie que vous sauez occy. Non ap fait lancelot il a maintenāt parle a mop. Lors viennēt a hector si le treuuet mais blece quilz ne cuidoient Les cheualiers du chasteau aup dames se esiouissoient de veoir les trois cheualiers qui se entrecongnoissoient. Lors mōterent tous les trois cheualiers et sen alerēt au chasteau aup dames. si ne fut oncqes veue telle ioye cōme lē fist a lancelot car toutes les dames allerēt encontre lui vestues et parees aussi richemēt cōme nulles femmes plus. et toutes disoient a vne voip. bien viengne le meilleur cheualier des bons. La nuit demoura lancelot leans et fist moult grant chiere a hector et a lyonnel. et ilz lui demandent ou il alloit. Et il dit q len lauoit appelle de trayson en sa court du rop artus / si sen alloit deffendre en la court du rop bademagus. si men irap demain et vous irez en sa court du rop artus ou voº trouuerez boort vostre frere, mais tant lui dictes que ie lui mande que ia cheualier ne se accroistra de trop en vng lieu demourer: ne ie ne se prise pas mieulx de ce quil demeure tant a court

Moult firēt grant feste et grāt ioye ceulx du chasteau aup dames ne oncqes ne firent toute la nuit pour la ioye de la victoire quilz auoiēt eue. et auoit leans si grant luminaire commēt se toute la ville feust esprinse. Et se monseigñr lancelot fut serui / ce ne fait pas a demander car oncques ne fut cheualier mieulx serui par dames. Au matin se leua lancelot du sac et puis se arma et laissa leans hector et lyonnel son cousin et les commande a dieu. Il se mist en son chemin et cheuaucha tāt quil vint en la terre de gorre en vne forest qui estoit moult perilleusse q len appelloit la serpentine. Mais icp endroit laisse le compte a parler de lancelot du sac et retourne a margon des qui sen vint a la court du rop artus. Comment boort partist de la court du rop artus: et comme il conquist galindres qui auoit assiege le chasteau de honguefort: et lenuoia a la dame du chasteau puis il sen ala auec la damoiselle de sa dame du sac

Le conte dit que tant erra margondes quil vint a la court du roy artus. le roy estoit celuy iour alle solsacier et quāt il entra au pallais son escu estoit perche en plusieurs lieux/ et son heaulme estoit si atourne que les cercles luy en pēdoient par dessus les espaulles/ et ses armes estoient toutes ensenglātees. A lencōtre de luy vindrent ceulx de leans pour ouir ce qͤ il vouloit dire. Il deschēt de son cheual et demāde ou il pourra trouuer la royne et len luy enseigne. Quāt il la vit si la traict a vne part et luy chiet aux pies et luy crie mercy monlt humblement en disant. Haa dame vostre cheualier menuoie a vous le qͤ l ma cōquis en bataille si luy cōpta toute la verite mes oncqͤs faict il ne me voulut dire son nom: ains me cōmanda que ie le vous demādasses. Quelles armes faict elle porte il et il luy deuise ses armes lors cognoit elle qͤ cest lancelot si luy dist. Sire cheualier a qui vous cuydies vō estre prins certes faict il ie ne scay fors a vng cheualier trop bon. par ma foy faict elle cheualier il ny a meilleur eu monde ne son pareil et vous nesties pas sage quāt deuāt luy disies de moy villanie dame faict celuy qui peult il estre cest faict elle lancelot du lac voire faict il donc ne me chault se ie suys vaincu par la main de si preudōme et ie le tiens a grāt honneur et ia ne maist dieux se ie eusses sceu qͤ ce eust il este ia coup ny eusses feru mes il me dist quil estoit mort et la royne se prent a rire et dist certes pour lamour de luy vous aures bonne prison car si tost qͤ seres garis de vos playes vous en pourres aller tout quitte et il en mercye monlt humblement

Ainsy demeure margondes leans tant quil fut garis mes auāt quil sen partit vint melcadus en court et se rendit a la royne de par son cheualier et luy compta cōmēt il sestoit cōbatu a lui et les merueilles darmes quil auoit faictes deuāt le plessis et la royne eust mōlt grant ioie si le retint auec elle pour ce quil estoit bon cheualier et puys fist maintes belles proesses dōc il fut asses loe Quāt le roy fut reuenu de la chasse et len luy dit les nouuelles de lancelot si en fut monlt ioyeux et fist grant ioye au cheualier et le retint de sa mesgnie car maintes fois auoit ouy parler de melleadus, et aincois que la sepmaine feust passee vint hector et lionnet auec luy et comptèrent les nouuelles du tournoiemēt qͤ monlt pleurent au roy et a la royne/ et hector dist au roy deuāt tons qͤ oncques si bon cheualier ne nasquit de mere cōme est lancelot. et sachies qͤ ie ne cuidoie pas que si bon cheualier peust estre. ie scay bien faict le roy que il ne pa son preil sur terre/ mes il me poise de ce quil est si errāt car iay paour qͤ aucunes gens ne luy sachent mal par euie A leure que sponnet vint boors ny estoit pas mes il fut mande si sentrefirent grant ioye quāt ilz sentreuirēt: Apres dist lyonnet a boort ce que lancelot luy mandoit de quoy il fust tout honteux et dit qͤ lancelot dit verite et que en trop demourer ceās ne pouroit cōquerre pris ne loz/ lors sen vint en son hostel et se arma et quāt il fust arme fors seulemēt de son heaulme/ vint au roy et a la roine pour prendre cōgie/ le roy le cōmanda a dieu et la royne aussy monlt doulcemēt/ et lyonnet demeure leans qui grant mestier auoit de ses playes garir. Ainsy se part boort de court et va la plus droicte voye quil peult vers la terre de gorre/ pource qͤ lancelot y cuide trouuer. Si cheuauche le pͤmier iour sās auāture trouuer. sa nuit geust chies vng vauasseur qui mōlt bien le herbega quāt il sceut qͤ il estoit de la maison du roy artus et lēdemain se partist de leās/ et entra en vne forest qͤ len appelle lendoille/ et cheuaucha iusques apres prime fors fust le solleil mōlt chault si cōme a la feste sainct iehan et pour le grant chault qͤ l faisoit osta son heaulme de sa teste et le bailla a son escuyer/ lors encontre vne damoiselle de grande beaulte plaine/ si la salue et elle le regarde si luy semble le plus beau cheualier a son aduis qͤ oncques mes veist et de ienne aage et dist que dieu le benye/ Sire faict elle ie ne scay qui vous estes/ mes se vous aues en vous autāt bonte cōme beaulte vous faictes bien a priser/ et il estoit vng des plus beaux cheualiers du monde de son aage dame faict il/ se ie ne suys bon aussi comme ie suis bel/ si comme vous dictes sy ne scay ie se vous me gabes/ monlt est ma beaulte mauuaisemēt employee/ par ma foy faict elle se vous me voulliez suyure ie vous sauroye bien a dire par tempe du quel vous estes mieulx garny ou de beaulte ou de bonte. Certes dit il se iauoie assez bonte ne vouldroie ie point sauoir quil y en eust en moy car trop en seroie par auanture orgueilleux et cheualier ne doit estre orgueilleux pour bonne grace que dieu lui ait donnee mais de vous suiuir la ou vo9 vouldres suis ie tout appareillie. Venez donc fait elle a prez moy. Maintenant sen retourne la damoiselle et sen va toute la voie q elle estoit venue si cheuauchent ainsi iusques a tierce. Lors issent de la forest et voient deuant eulx vng des plus beaux chasteaulx du monde. Adonc dit la damoiselle a boort. Sire ce chasteau q vo9 voiez la nest il pas beau. Damoiselle fait il beau est il et plaisant. Sire fait elle doncques moult peut estre dolente qui en est desheritee a dame en deueste ores en est chassee a tort. Damoiselle dit Boort se se estoit dame elle en deuroit estre moult courroucee mais pour ce que elle scait bien que dieu est si puissat quil lui pourra bien rendre quant il vouldra elle nen doit pas auoir si grant deul, et ie sauroie moult voulentiers pour quoy vous sauez dit Sire fait elle ie lay dit pource que ie en deusse estre dame et ores en suis desheritee et chassee moy et vne mienne seur qui moult est plus belle que ie ne suis et mieulx vaillant. Qui vous a ce fait damoiselle dit Boort. Sire dit elle ie le vous diray puis quil vous plaist

Voir est que le queulx assoul qui sire fut de ce pais que sen appelle sa terre de Brineres fut mon pere. Et quant il trespassa de ce siecle si demoura sa terre a nous deux seurs a maintenir. Cest an mesmes auint que galidres sire du blāc chasteau lequel estoit nostre oncle nous vint veoir si lui frismes bōne chiere. Aprez il nous appella a cōseil et dit a ma seur. Belle niepce ie vo9 ay mariee. A qui est ce dist ma seur. A mon seneschal dit il. car il est bon cheualier. Quant ma seur ouit ce si dit quelle aymeroit mieulx estre morte. a que cest le plus desloial cheualier du mōde et le plus traitre. Nostre oncle le print a moult grāt despalisir et dit que malgre elle lauroit elle. Et celle qui fut courroucee respondit a nostre oncle et lui dit par grant ire quelle ne le prēdroit ia pour puissance quil eust. Il fist serment

que donc lui osteroit il toute sa terre se elle ne obeissoit a lui et a sa mesgnie, et puis il sen retourna en son pais. Si ne demoura pas grāment quil reuint en ce pais: si ne nous demoura ōcques vng plain pie de terre quil ne nous tollist, fors tant seulement vng chasteau que nous tenons encores. Quant ma seur se vist ainsi desheritee si en eust moult grant deul et elle auoit grant richesse. Adonc elle manda cheualiers et sergans pour sauoir se elle pourroit sa terre rescourre, mais elle ny peut auenir, si nous tenismes grant piece tant q nos gens par auanture prindrent galindres le filz de nostre oncle, et le rendirent a ma seur. Quant ma seur le tint elle dit que iamais ne lui eschapperoit tant que toute sa terre sui seroit rendue. Quant mon oncle sceust que son filz estoit prins il manda toutes les gens qil peut auoir et nous vint assieger en nostre chasteau et iura que iamais ne remueroit le siege deuant quil auroit son filz par force ou par de bonnairete et a depuis tenu le siege plus de demi an ou nous auons perdu plus de cent cheualiers des nos: et se le chasteau ne feust este plus fort nous eussons perdus nos corps et nos auoirs. Atant sen teust la damoiselle que plus ne dist. Lors respōdist Boort Certes trop vous a este vostre oncle fel et mauuais: et ia dieu ne maist seie ne vouldroie estre dedens le chasteau auec vous atout vingtz cheualiers. Par ma foy fait elle se vostre plaisir y estoit ie vous y mettroie par temps. Si maist dieu fait Boort ie y vouldroie ia estre par conuenāt que iamais ne dormiroie bon somme deuant que ie sauroie comment ceulx de dehors sçauient armes porter. Lors tourne sa damoiselle a senestre pour logier chies vng vauasseur q son homme estoit. Quant le preudomme la voit si lui fait moult grant chiere et la descēt de dessus son cheual, et la nuit les heberga le preudomme moult richement. Et au matin se leua Boort et print ses armes. Et quant il fut appareillie il demanda a sa damoiselle combien il pouoit auoir iusques au chasteau de sa seur. Sire fait la damoiselle il y a enuiron dix lieues anglesches et nous y pourrons bien venir deuant quil soit tierce, ou nonne: mais sachez q nous ny pourrōs entrer deuāt la nuit: car le chasteau est auironne de toutes pars de gẽs darmes: fors deuers vne fausse posterne que len garde touſiours. En ce quilz parloient ainſi regardẽt deuant eulx & voiẽt venir quattre cheualiers armez et montez ſur cheuaulx. La damoiſelle les auiſe et les cōgnoit. lors dit a Booit. Haa ſire morte ſuis et hōnie. pour quoy damoiſelle fait Booit. Veez vous fait elle ce premier cheualier: ſachez que ceſt le ſeneſchal par qui ceſte guerre eſt cōmēcee: et il me occira maintenant ſe par vous ne ſuis garātie. Damoiſelle fait il naiez paour car ia mal naurez ſās moy: car ſe dieu maiſt il meſt beau de ce quil meſt venu ſi apoīt: & aīs quil parte dicy le cuide ie en tel point mettre q̃ iamais ne deſheritera damoiſelle a tort. Lors lace ſon heaume et prent ſon eſcu & ſon glaiue q̃ ſon eſcuier portoit. ſi ſe appareille de iouſter Et le ſeneſchal qui tout premier venoit ſe ſcrie tout maintenāt quil voit la damoiſelle. Haa amide par deuers nous eſt la guerre finie. or vendrez vous en la priſon de monſeigneur Par ma foy fait Booit non fera. La deſſediez vous donc ſire cheualier. Ie en ſeray mon pouoir fait Booit. Par ma foy dōc fait celui vus deſfie ie. Et moy auſſi vous fait Booit.

Maintenant courent lun contre lautre et ſe entreſierent grās coups ſur les eſcus Le ſeneſchal briſe ſon glaiue: & Booit q̃ de grāt force ſactaint le fiert ſi durement q̃ pour eſcu ne pour hauberr ne demeure que en leſpaulle ſeneſtre ne lui embarre le fer & le fuſt & la trebuchie a terre en telle maniere quil na pouoir de ſoy reſleuer: puis trait a ſoy ſon glaiue et tourne encontre lun des trois cheualiers q̃ encōtre lui venoit & le fiert ſi quil lui perce leſcu & le haubert & lui met le glaiue parmi le corps & labat mort a terre. au parcheoir briſe le glaiue. lors trait leſpee & les deux autres lui reuiēnent les lances baiſſees: & il attaint lun parmi le heaume ſi lui donne tel coup ql̃ volle a terre & lui va par deſſus le corps tout acheual ſi que tout le debriſe. Quant le quattrieſme voit ſes compaignōs cōq̃s il tourne en fuite & Booit ne fait pas grant effort de le chaſſer, ains ſen vient au ſeneſchal q̃ auoit premierement abatu ſi deſcẽt & baille ſon cheual a ſon eſcuier. Le ſeneſchal ſeſtoit leue q̃ bleceſtoit moult duremēt & Booit le prẽt parmi le heaume & lui arrache de la teſte & lui dit q̃l ſe rẽde ou il loccira. mais celui pour langoiſſe quil a ne lui peut reſpōdre. Quant Booit voit q̃l ne dira mot il lui abat ſa ventaille de la teſte, & quant celui ſe ſent aſſegie il oeuure les yeulx & voit Booit q̃ tenoit ſō eſpee hauſſee & faiſoit ſēblāt de lui couper ſa teſte. Lors a grāt paour de mourir ſi lui crie mercy et dit quil ne loccie pas car onques fiſt il vers vous ne forfeiz ie riens. Il ne peut eſtre fait Booit que ie ne vous occie ſe vous ne me promettez a tenir priſon la ou ie vous enuoieray. Ie ſuis tout preſt dit il de aler en tous les lieux ou vous me enuoierez fors ſeulement au chaſteau de hougue fort. eſt ce fait Booit le chaſteau qui aſſiege eſt. Oy fait il ſās faille. Tu ne iras ia en autre lieu: & te rendras a la damoiſelle du chaſteau. Et ſe elle te demande q̃ te y enuoie ſi lui dis: vng cheualier q̃ voulẽtiers lui aideroit ſil pouoit. Sire fait il mieulx ſueil mourir de bre mal q̃ ie y aille car ie ſcay bien que auſſi biē me occiroit elle. Ores tu dōc fait Booit a chois: ou tu iras: ou ie te occiray. Adōc hauſſe Booit leſpee & fait ſemblāt quil lui vueille ſa teſte couper. Quant celui voit venir leſpee ſi crie a haulte voix. Haa ſire aſcois iray ie q̃ vous me occiez & ſelon me fait hōte ou villēnie la vergōgne en ſera voſtre & le dōmage en ſera mien. Tu nas garde fait Booit. Et celui lui promet qui moult ſent grāt āgoiſſe de la plaie q̃l a. Lors ſe lieue Booit de deſſus lui & recourt ſus a lautre q̃l auoit feru de leſpee ſi le cōtroie tel en peu de heure q̃ celui pour la paour q̃l a de mourir lui promet tenir auteſle priſon cōme lautre auoit fait. Maintenant ont le ſeneſchal mis ſur vng cheual ſi lui ont ſa plaie bendee: Et lautre remonte ſur ſon cheual ſi accueillent leur chemin deuant & Booit ſon chemin apres eulx toute la petite ambleure Et la damoiſelle dit a Booit. Sire cheualier ſe vous eſtes par tout ſi eureux comme vous auez cy fait, certes a laide de dieu et a ſa bre ſera encores ma ſeur deliure ſe vous y vouleiz mettre paine. Ainſi ſen vont parlant toute leur voie. Si tourne rẽt a heure de nōne a vne abbaye pour diſner Quāt les freres de ſcãs la virent ſi lui firēt moult grant ioye pource que ses ancesseurs auoioient le lieu establi et fondé et le seneschal cheuauche lui et son compaignon tant quilz vindrent au chasteau de honguefort mais quant il vint a passer parmi leurs gens si voullurent sauoir comment il leur est Et ilz leur compterent oyant leur seigneur mesmes comment vng cheualier les auoit conquis et les enuoioit leans en prison de par lui. Si venoit le cheualier aider a sa damoiselle. Et quant galindres lentent si dit que ia ne iront au chasteau. Sire dit le seneschal donc mentirions nous de nostre foy/car nous lui promismes. Certes fait galindres seneschal il vauldroit mieulx que tu lui mentisses que tu y allasses car ie scay bien quilz te occiront leas car la damoiselle ne hait chose du monde autant comme toy. Je nen puis mais fait il/toutesuoies me y conuiết il aller. Si sen part atant lui et son compaignon et entrerết au chasteau quant la porte fut ouuerte: et descendirent deuant le pallais. Les nouuelles vindrent a la damoiselle de leans que deux cheualiers sont venus qui bien semblent prisonniers. Elle sen vient celle part pour sauoir que ilz vouloient. Et quất le seneschal la voit il oste son heaume de sa teste et se iecte a ses pies et son espee aussi: si dit. Damoiselle a vous me enuoie vng cheualier que iay trouue au matin qui condusoit vostre seur lequel nous a conquis moy et mon compaignon. et occis nous eust il/mais nous lui promismes que a vous nous rendrions rendre en ce chasteau et du tout nous mettrions en vostre mercy et en vostre prison. Si nous en sommes acquittez car veez cy nos corps en vostre presence: or en pouez faire a vostre voulente. Quant la damoiselle voit le seneschal deuant elle comme du monde qlle hayoit plus si lui eschauffe le cueur et le visage lui rougist si respondist haultement comme femme moult courroucee. Certes seneschal oncques puis q ie me sceuz congnoistre ne viz ie chose de quoy ie feusse plus ioieuse comme ie suis de vous tenir/car bien me cuide ie vengier de ce q ie suis essillice et desheritee par vous. Maintenant lui fait les poingz et les pies lier et a son compaignon aussi: ne ses hommes ne sauoient encores que elle en vouloit faire. Elle commanda q

la perriere feust mise endroit le paueillon de son oncle/car ie vueil bien fait elle quil sache comment ie vueil ses cheualiers aprể ie avoler. Si tost que la damoiselle eust commandé si le firent ceulx de leans/car ilz mirent les deux cheualiers dedens la perriere et puis les enuoierent en hault par dessus les murs du chasteau. Si auint que le seneschal cheut deuant le paueillon de son seigneur: et au cheoir fut si debrisé et si froissé que tout incontinent mourust. Et quant galindres le voit il en est si dollent quil voulsist mieulx auoir perdu la moitie de sa terre. Alors iura deuant tous ses barons que se dieu lui aidoit et les sains ainsi feroit il des leurs sil les pouoit prendre: ne iamais ne auroit homme de leans que il ne fist mourir de celle mort mesmes.

Tant deul font en lost de la mort du seneschal et moult se plaignent durement ceulx qui de riens ne lui appartenoiết/ mais ceulx du chasteau en font grant ioye et grant feste et dient quilz sont vengiez de homme qui pis leur faisoit que tous les autres. Si se seuffrent de assaillir iusques a nonne ceulx de hors. Lors étra boort au chasteau lui et sa damoiselle Et quant celle du chasteau sceut que sa seur venoit et amenoit auec elle vng cheualier si leur va alencontre et dist a boort que bien soit venu. Elle le receust au plus gếtement q elle peut et le mena en sa salle amont/ puis le fist desarmer et lui aporta vne robe fourree de ermines et lui fist vestir. Et la damoiselle q auec lui estoit venue le sert au mieulx que elle peut: et dit a sa seur. Belle seur merciez le franc homme qui par sa franchise et par sa debonnairete nous est venu aidier de nostre guerre/et par sa proesse me a deffendue de quatre cheualiers armez/ qui occise me eussent se ne feust il este. Cest celui qui vous enuoia le seneschal et son compaignon. Quất elle lentent si lui veult cheoir aux pies mais il ne le seuffre pas et elle lui offre a faire tout ce qi lui plaira. Et sachez sire fait elle que ce chasteau est vostre. Et il sen mercie moult gracieusemết. Lautre damoiselle le maine esbatre par les chăbres et par tous les desduis de leans tant quilz vindrent amont en la maistresse tour qui moult estoit belle: si virent tout entour appertement

E.iii.

mais estre lost ⟨ le chasteau auoit a destre partie vng tertre ou il auoit plāte des plus grās pins et des plus beaulx du monde. Le tertre nestoit pas fort grant/ mais il estoit hault a merueilles. Jl demande a sa damoiselle quel tertre cest la. Et elle lui dit que cest leugarde. ⟨ sauez vous de quoy lēp sert: il nest nul iour que galedres ny enuoie vng de ses cheualiers pour iouster a ceulx de ce pais ⟨ y perdent biē souuēt les nostres. Damoiselle fait Boort sil auenoit que moy ou vng autre cheualier de nostre partie y allast demain arme de toutes armes ceulx de lost vendroient ilz iouster encōtre lui. Oy certes fait elle lequel quil demanderoit. par dieu fait il ce nest sinon bien. Si aualla du pallais et vient en la salle ou les tables estoient ia mises et le mengier apareillie: et ilz se assient maintenant. Quant il eut laue ses mains ⟨ auec lui bien dix cheualiers ilz furent richement seruis si que nul mieulx Et quant les tables furent ostees les damoiselles mainent leur oste deduire au chief de la tour au preau qui moult estoit beau si regarde laisnee seur moult voulentiers Boort pour la grande beaute de lui et lui est auis que moult lui a este dieu debonnaire sil lui a donne aussi grant largesse de bonte comme de beaute. et dit a soy mesmes que moult deuroit estre bien euree la damoiselle qui de ce cheualier auroit le dangier. si pense quelle se puisse traire a elle. Quant ilz ont illec demoure iusques a la nuit ilz reuindrent au pallais ⟨ ia estoient les litz appareeillez. Si coucherent Boort en vne moult riche chambre la plus belle quil veist pieca ⟨ les deux damoiselles sont auec lui tāt quil soit endormy. ⟨ lors sen vont couchier en leurs litz.

Au matin se leua Boort et ouist messe ⟨ maintenant demanda ses armes et elles lui furent appareilliees ⟨ ainsi quil lacoit sō heaume dit a lui laisnee seur ⟨ lui dit. Sire dieu vous doint huy si bon iour commēt il le peut bien faire. Et il lui rent son salut ⟨ lui dit que dieu la benye. Haa sire fait elle pour quoy vous faictes vous armer a tel besoing. pource fait il que ie vouldroie ia estre en lau garde de ce chasteau. Voire fait elle/ en auez vous si grant talent. Ce verrez vous fait il par temps. Maintenant mōte sur son cheual Et quant la damoiselle voit quil veult partir de seans si se rappelle ⟨ lui dit. Sire attendez vng peu tant que ie vienne de lassus. Allez donc fait il damoiselle mais reuenez tantost. ⟨ aussi fait elle. Quant elle reuit elle apporta vng glaiue dont la hante estoit grosse et courte et le fer estoit agu ⟨ trenchant/ ⟨ y pēdoit vne enseigne moult riche de samit blanc qui estoit attachie a cinq clous dargent. et elle dit a Boort Sire tenez ceste enseigne ⟨ la portez de par moy car dieu vous doint ennuit hōneur ⟨ ioye. Et sachez que se vous estes aussi preux comme celui pour qui elle fut faicte vous ne aurez garde des dix meilleurs cheualiers de cest ost. pour qui fu telle faicte donc dit il. Certes fait elle pour lancelot du lac. mais il ne la daigna oncques prendre. Et Boort dit q̄ pour lamour de lancelot la portera il. Et sachez fait il damoiselle que ie vous en scay greigneur gre que se vous me eussiez donne vng moult riche don. Atant partist Boort de seans et issist par vne fausse poterne ⟨ il cheuaucha tant quil vint au tertre. Si trouua dessoubz le pin vingtz glaiues apuyez ses fers contre mont. ⟨ il est moult ioyeulx quant il les voit car or fui estil auis quil a assez dont il pourra iouster. Quant ceulx de lost le voient si le vont dire a galindres. Sire fōt ilz en la garde a vng cheualier venu lequel de nous vouldrez vous enuoir pour combatre a lui. Et il regarde deuāt lui si voit vng sien nepueu bon cheualier si lui cōmande a prendre ses armes Et il les print tātost. et quāt il fut appareillie galedres lui dit. Beau nepueu a ce cheualier qui est en ce tertre vous conuient aller iouster mais ie vueil q̄ vo⁹ ne locciez pas mais quant vous laurez cōquis amenez le moy tout vif par dieu ie en feray telle iustice que lēy feist de mon seneschal. Si sen part le nepueu de galedres ⟨ vient au tertre si dist a Boort ql se rende ou il loccira. En verite dit Boort ne au rēdre ne a loccire ne suis ie pas encores venu. Jusques la fait il nea que vng peu. Or vous gardez de moy fait il/ car ie vous deffi. Je me garderay dit Boort a mon pouoir. Lors laissēt leurs cheuaulx courre qui sont fors et legiers: ⟨ se ētre dōnēt si grās coups quilz percēt leurs escus.

Le cheualier de lost fiert Boort si que lescu lui rompt mais le haubert fut si fort q̃ oncq̃s nẽ rompist maille/ τ au ployer brisa son glaiue. Boort qui tout met cueur τ force le fiert si du rement q̃ lescu ne le haubert ne le garde q̃ parmi le corps ne lui mette le glaiue. Si se pasme ce lui de langoisse quil sent de la destresse de la mort qui largue. Quant Boort a fait son tour il retourne τ Boit son enseigne rouge qui de uant estoit blanche: et il en est moult ioyeux/ si Bient dessus lui a cheual τ attache son che ual a vne des branches de larbre et drece son enseigne au pin puis trait lespee τ court sus au cheualier. Et quant il Boit quil ne se lieue pas il lui arrache le heaume de sa teste et dit q̃l est mort sil ne se rent. Et celui qui a grant peine peut parler dit. Sire a quoy faire me rendray ie car ie suis ia mort. τ se a plus me menez que mene me auez ce seroit grant recreantisse. τ Bo ort dit que iamais ne lui touchera mais ie v9 monteray sur Bostre cheual τ lors Bous irez tendre a sa damoiselle du chasteau q̃ moult me fist hier Bon hostel la sienne mercy: et celui lui ottroie Si se monte Boort a cheual et lui estouppe sa plaie de vne piece de sandal que il auoit Bestu. Si sen part maintenant du ter tre et sen va iusques au chasteau a moult grãt peine et se rent a laisnee damoiselle de par son hoste. Et elle en est moult ioieuse: τ prie Dieu que deffendement lui doint τ lui ottroit quil ne soit prins ne nauré/ mais sain τ sauf en re uiengne puis commãde q̃ le cheualier soit des armé. Et Barles saillent par son cõmãdemẽt mais aincois quilz lui eussẽt osté le haubert il mourut entre leurs mains. Et quant elle le sist si en fut ioieuse et dollente. Ioieuse pource que maltesfois lui auoit mal fait. τ dollente pource que cestoit son prouchain parent.

En telle maniere fut mort le nepueu de galindres q̃ ceulx de lost nen sçaiuẽt riẽs τ fõt aussi grãt deul de ce quil est pris cõ mese ilz le Beissent mort. Et gallindres qui en est tout forsené demande ses armes/ car il Beult aller combatre a celui du tertre/ mais ceulx qui entour lui sont ne se sueffre pas ain cois lui dient. Sire laissez Bos armes/ car as sez sera qui pour Bous ira: ne Bo9 ne deuez pas estre si desconforte pour Bostre nepueu se il est prins/ car se dieu plaist ains que la nuit soit Benue sera il Bengié de celui smesmes qui la conquis: il auiẽt souuent que vng mauuais cheualier conquiert vng preudomme qui as sez tost en est Bengié. Lors sen vont armer iusq̃s a dix cheualiers τ regardent entre eulx lequel ira le premier. Et celui p Ba a qui il fut com mande/ τ Biẽt la ou Boort lattendoit dessoubz le pin. Si se entrelaissent courre sans parler en semble τ Buise le cheualier son glaiue a iouster mais Boort le fiert si durement quil le fait vo ler des arcons a terre enuers sans ce quil eust autre mal. Et lors diẽt ceulx de lost q̃ moult iouste bien le cheualier du tertre Et sa damoi selle estoit montée en la maistresse tour pour Beoir comment son ostel se faisoit τ auoit auec elle sa seur qui moult en parloit. Boort descẽ dist τ lia son cheual au pin et apuya son glai ue/ puis trait lespee τ se cueuure de son escu et court sus au cheualier la ou il se Boit si le fra pe si Bertueusement que celui sen esbahy tout. Si se deffẽt au mieulx quil peut mais Boort le cõtroie tellemẽt de lespee q̃ lui fait saillir le sang en plus de dix lieux. Et celui sen Ba guẽchissant q̃ plus ne peut souffrir les coupz que Boort lui iecte τ au guenchir quil faisoit a uint quil cheut tout a senuers τ lors lui sault Boort sur le corps si lui arrache le heaume de la teste τ celui crie mercy qui se sent en dangier de mort. Tu ne auras ia mercy fait Boort se tu ne te vas rẽdre en la prison de la dame du cha steau. En Berité fait le cheualier ia ny ẽtreray se dieu plaist car ie ayme mieulx mourir que ie y Boise car plus cruellemẽt ne me pouez fai re mourir que ilz feroient. Que sauez Bous fait Boort. Je le sçay bien fait le cheualier/ car greigneure pitié ne auroient ilz ia de moy que ilz ont eu des cheualiers qui y furent hier en uoiez/ car ilz les misdrent en la perriere et les firent lancier en nostre ost. Et certes se Bous les y enuoyastes et Bous congnoissiez quelle honte cest a Bous iamais Bous ny enuoieriez cheualier prisonnier car pour lamour de Bous ne demoura il pas quelẽ ne les fist mourir moult cruellement. Comment fait Boort au cheualier furent ilz doncques occis ainsi com ment tu mas dit. Beritablement dit il oy.

C.iiii.

par dieu fait Boort ce poise moy mais puis q̃ il ne peut estre autrement il me conuiẽt auoir pacience: & toutesuoies vueil ie q̃ tu te en voises rendre. & se tu ne veulx ce faire/ il ne peut estre q̃ ie ne te occie. Quant celui voit que pas ne peut eschaper si dit q̃ toutesuoies ira il puis qʼil le veult. Et bien sachez que se ie meur la hõ= te sera vostre et la perte sera mienne. Da teñ tout seurement fait Boort: car ie cuide que tu nas garde & se tu meurs ie te promes que des que ie le sçauray q̃ tu en seras vengie a mõ pou oir. mais auant que tu y voises dis moy com= ment tu as nom. Et il lui dit quil a nom peꝛ= roines. Si sen va toutesuoies au chasteau et et se rent a la damoiselle. Et elle se fist met= tre en vne chambre en prison

Qe ceste chose furent moult dollẽs tous ceulx de lost. Galindres dit. par ma foy se lun de vous ne secourt autrement lau= tre que vous nauez encõmence/ ce cheualier vous pourra faire moult grant dõmage: car quant il en a vng conq̃s il se peut longuemẽt reposer auant que lautre y viengne. Sire sõt ilz que conseilliez vous q̃ nous facions Do' partirez de cy fait il tusques a dix cheualiers et irez au pie du tertre et lors enuoierez lun a= pres lautre. Et quant le cheualier aura lun a batu lautre laissera incontinẽt courir a lui/ et & sil abat les deux le tiers ne demourra mie/ & ainsi se pourra len conq̃re: plus legieremẽt mais ie vous deffens moult bien que vous ne lassailliez deux ne trois ensemble/ car vous en seriez deshõnourez en toutes cours pource q̃ il est seul. Tout ainsi commẽt il a dit le font Si sen partẽt iusq̃s a dix cheualiers armez de toutes armes mais au pie du mõt sont aꝛ= restez les neuf et le dixiesme a monte le tertre tant qʼil vint a boort: & lors laissent courre les cheuaulx et se entredõnẽt grãs coups. Boort demeure es arcons et le cheualier tumbe a ter re tout estendu. Et Boort lui va par dessus le corps tout a cheual tant que celui lui promet tenir prison: si sen va rendre a la damoiselle du chasteau. Ainsi en a abatu Boort trois de vne lance. Si attent dessoubz le pin tant que vng autre cheualier vient lequel auoit moult grant corps. & bien sembloit homme de grant deffense. Boort lui laisse courre et se entredõ=

nent si grans coups que les glaiues vollẽt en pieces. Ilz se entreheurtẽt des corps & des escus comme ceulx qui sont de grant force & ny a ce lui qui ne soit estourdi. Boort se affiche es ar cons et le cheualier chiet a terre si durement q̃ au cheoir se rompist la caignolle du col par le grant faix darmes quil portoit. Et Boort qui la auoit fait son tour descent si trait lespee et lui court sus. Et quant il voit quil est mort il remonte sur son cheual et met lespee au four= reau & puis prent vng des glaiues qui au pin estoient appuyes & voit venir vng de ceulx q̃ au pie du tertre estoient. Il lui adrece la teste du destrier et le fiert si durement q̃ tout enuers le porte a terre se cheual sur lui. & au cheoir bri se le glaiue et volle en pieces. Et quant il fut descẽdu il trait lespee & court sus au cheualier qui se releuoit et le fiert tel coup sur le heaume quil lui fait plier les deux genoulx a terre/ & est si estourdy quil ne scait sil est nuit ou iour Boort le prent par le heaume et lui oste de sa teste si le iecte au loing/ & puis lui dit quil est mort sil ne se rent. Il lui donne du plumeau de lespee parmy la teste si quil en fait le sãg sail= lir. Quant celui se sent si mal mene il a pa= our de mourir si lui crie mercy & dit quil ne le occie pas: car il est prest de faire sa voulente. Et Boort lui fist promettre quil se iroit rendre a la dame du chasteau. Et celui lui ottroye q̃ bien voit que faire lui conuiẽt. Si sen va tout a pie/ car son cheual sen estoit fuy en lost. Il entre au chasteau et se rent a la damoiselle: et incontinẽt reuint vng autre cheualier a Boort au plus tost quil peut. Et Boort qui le voit ve nir remõte sur son cheual et prẽt vng des glai ues & point encontre le cheualier. Et celui qui moult tost acouroit brise son glaiue sur lescu de Boort. Et Boort qui porta son glaiue vng peu plus hault quil neust voulu lataint droi tement dessoubz le mẽton si lui rompt le hau bert & lui fait passer le fer par la gorge/ et lui trenche ainsi comme il eust fait devng raseur Et celui qui ne peut souffrir le coup pource qʼil se sẽtist a mort naure se estent & chiet des arcõs a terre

Ainsi a boort conquis les six cheualiers Galindres et na encores plaie ne bles sure dõt il se sẽte. Lors voit venir le septiesme de ceulx qui au pie du tertre estoient: et il tourne se glaiue et se fiert de toute sa force, si qͥl lui rompt lescu ⁊ lui fausse le haubert: ⁊ lui met parmy la senestre espaulle le fer du glaiue: et au parcheoir brise la hante du glaiue: si qͥ du fer ⁊ du fust lui demeure dedens sespaulle. et lors vit celle part vne damoiselle suͥ vng palefrois trop qui moult estoit beau. Ceste damoiselle estoit vestue de vne robe de samit, ⁊ estoit si bien enuellopee quil ne paroit de elle fors les yeulx. La damoiselle vit droit a Boort lequel auoit lespee traicte ⁊ vouloit courir sus au cheualier naure. Si saulf auant ⁊ dit. Quoy si re cheualier ne le touchez. Pour quoy damoiselle dit il. pource dit elle q̄ ie lay prins en cōduit ⁊ a garantir contre tous cheualiers. par ma foy damoiselle puis quil a si bon garant comme de vous ie mefferoie trop malement de mettre ma main a luy, mais toutesuoies lui conuient il promettre aincois q̄ ie le quitte du tout qͥl ne sera iamais en nuisement a la damoiselle de ce chastel. Je vueil bien fait elle q̄ vous en pregniez la foy: et il lui fait maintenant. Si sen part atant le cheualier tout en serre, mais moult mercie la damoiselle q̄ si bien la garanti. Si la cōmāde a dieu moult doulcement: ⁊ elle sen va dessoubz le pin a lōbre auec Boort pour le chault qui trop estoit grant. mais elle ne sest pas tant deuellopee q̄ Boort la peust cōgnoistre. Moult tost les damoiselles du chasteau grant seste de leur cheualier qui si bien le faisoit. Et ceulx qui aux senestres estoient disoient q̄ huy nul ne deuroit vultes armes porter fors celui q̄ si bien en scait achit venir. Et celui se esuertue tant au glaiue ⁊ a lespee q̄ aincois quil seust midy passe il eust conquis les autres cinq. Si enuoia les quatre au chasteau, mais il retint le derrain auec lui; ⁊ lui dit. Sire ie vous quitte par conuenāt q̄ vous me faciez vng seruice qui assez petit vous coustera. Et il lui demāde qͥl. Vous en irez a vostre seigneur ⁊ lui direz q̄ ie ne suis icy venu fors pour combatre a lui. Et bien sachez il q̄ ie ne se tiens pas a mieulx y baillāt de ce quil a tāt enuoie icy de ses cheualiers mais sil estoit si preux ⁊ si hardy comment len dit il y feust lui mesmes venu. ⁊ lors se eust len tenu a preux cheualier sil me eust conquis. Tout

ce lui dictes de par moy. Et il lui respont que bien le fera. Si sen part du tertre et viēt aual en lost. ⁊ son escu estoit detrenchie par dessus et par dessoubz si qͥ petit en auoit de demoure.

Ainsi attourne vint le cheualier deuant son seigneur si le sallue ⁊ lui dit. Sire le cheualier du tertre vous mande quil ne vit la fors pour iouster a vous ⁊ se merueille que vous ny estes venu pour vengier vos cheualiers dont il a q̄ mors q̄ prins iusq̄s a douze. Se vous feussiez si vaillant cōme len vous tesmoigne vous ny eussiez pas tant demoure a asser pour toute vostre terre. Si maist dieu fait galindres vous dictes voir ⁊ combien q̄ ie ape cy attendu ie suis celui qui plus ny attendra. Lors commāda a ses gēs quilz lui aportassent ses armes ⁊ ilz font son commādemēt ⁊ le arment moult richement et lui vestēt vng haubert blanc et legier a double maille: puis lui ceignent au coste vne espee bonne et clere ⁊ trēchāt ⁊ lui fut amene vng cheual lequel estoit de grāt bōte: ⁊ il sault es arcōs comme celui q̄ fort ⁊ legier estoit. Quant il fut arme il prīt son heaume ⁊ son escu si sen part atant de lost tout seul ⁊ laisse ses cheualiers moult dollēs car il ny a celui q̄ moult grant paour nait de lui. Il cheuauche tant quil vient au tertre. Et Boort le voit venir il congnoit bien a la cōtenāce de lui et aux riches armes qͥl auoit vestues que cestoit le sire de lost, si lui adrece le cheual lescu au col le glaiue au poīg ⁊ celui fait tout autel. Les cheualiers qui estoiēt de grāde prouesse se entrefierent de glaiues roides et fors si durement qͥl ny a celui q̄ ne soit mal mis ⁊ cassez. Le cheualier fiert Boort en lescu dessus la boucle si grant coup q̄ parmi lescu ⁊ parmi le haubert lui met en la chair le fer trēchāt: ⁊ se le glaiue neust ploie il leust naure moult durement. Et Boort qui bien sētt le coup ne sespergne de riēs mais si bien la assene quil lui fēt lescu ⁊ lui rompt les mailles du haubert si lui met parmi la senestre coste le glaiue: si qͥ de lautre part pert le fer. Si sont les lāces vollees en esclas: mais apres se entreheurtēt du corps ⁊ du visage tāt qͥl ny a celui a q̄ les yeulx ne soiēt troublez en la teste. Le cheualier est si estōne q̄ il vole de la selle a terre ⁊ le cheual se fiert sus lui de tous les quatre pies si q̄ Boort lui volle par deſſus le col tout eſtendu: mais il ſe lieue toſt et trait leſpee et court ſus au cheualir. et ce lui eſtoit ia releué ainſi eſtourdy comment il eſtoit. Quant il voit boort venir il trait leſpee haſtiuement et lui va a lencontre en la teſte de ſon vengier de ce quil eſtoit naure ſi hauſſe leſ pee et fiert ſi fort quil la fait entrer au heaume bien deux dois en parfont. et boort ſe fiert tel coup quil lui fait voller le feu du heaume et les peulz eſtinceller en la teſte. Lors ſe entre roient tellement aincois que le premier aſſault ſoit fine quil ny a celui a qui le ſanc ne ſaille du corps en pluſieurs lieux. et dure la bataille iuſ ques a nonne aſſez cruelle et mauuaiſe. et lors ny a celui qui nait aſſez ſouffert peine et tra uail. et toutesuoies maintienent la bataille aux eſpees ſi longuement comment ilz peuent ſouf frir / mais a celle heure auoit boort le plus beau de la bataille et moult en eſtoit au deſ ſus mais la damoiſelle qui eſtoit ſoubz le pi vint a boort et lui diſt. par la foy que vous de uez a voſtre dame du lac et a voſtre couſin lā celot donnez moy vng don. et il reſpont, damoi ſelle par dieu tant mauez coniure quil neſt riē au mōde puis que ie la peuſſe auoir que vous ne euſſiez. Donc me donnez fait elle celle eſpee voulentiers fait il combien que ie en euſſe ores bien meſtier mais pour lamour de ma da me et pour lamour de lancelot laurez vo' vou lentiers. Lors lui baille leſpee: et elle la prent et dit. Certes voirement eſtes vous de haulte ligniee. Quant galindres voit ce ſi eſt en moult ioieux car or cuide il auoir le meilleur de la ba taille. Si court ſus a boort moult airement et il ſe cueuure de ſon eſcu. et ſeuffre que celui ie te tāt ſus lui que tout ſe laſſe.

Quant boort voit ſon point il le fiert de ſon eſcu en my le viſage ſi durement quil lui rompt tout le naſel et lui fait ſaillir le ſanc du nez et de la bouche. Si eſt du coup ſi eſtour dy quil flatiſt des paulmes et des genoulx a terre: ſon eſpee lui volle des mains et boort la prent legierement qui grant meſtier en auoit: ſi ne demoura gaires que galindres ſe releua et cuida prendre ſon eſpee mais il ne la trouua pas. Et quant voit que boort la tient ſi ſault ar riere doſlent et courrouce et ſe cueuure de ſon eſ cu pour les coups quil voit venir. Et boort ſe

haſte moult durement et lui detrenche ſon heau me et lui depiece ſon eſcu et lui rompt ſon hau bert ſur ſes eſpaulles et ſur les bras: ſi le con roie tel en peu de heure que celui ne ſe peut ſou ſtenir, et boort lauoit ia fait venir a genoulx trois fois ou quatre et celui gueriſt pour leſ pee quil doubte moult durement: et lors lui don ne boort tel coup quil lui trenche le las du heau me ſi quil lui fait voller hors de la teſte. et il eſt du coup ſi eſtourdi quil chiet a terre enuers Et lors lui ſault boort ſur le corps et lui abat la ventaille et dit quil eſt mort ſil ne ſe rent, et ſil ne lui promet a faire tout ce quil lui deuiſe ra. Quant celui ſe ſent ſi au deſſoubz il dit que il fera tout ce quil lui plaira. Tu me fiances doncques fait boort comme loyal cheualier que tu rendras a ta ſeur toute ſa terre que tu lui as tollue: ne iamais iour de ta vie ne la guerroie ras, ains lui aideras de tout ton pouoir con tre tous ceulx qui riens lui vouldront faire Et galindres lui accorde voulentiers. Enco res te commāde ie fait boort que tu voiſes a elle et que tu te mettes en ſa priſon de par moy / et lui diras que me plaiſt de elle car ie ſui enuoiay le ſeneſchal en priſon comme celui que ie auoie aſſeure quil ne mourroit pas et elle la occis: ſi ſache bien que ie aymaſſe mieulx eſtre feru par my les deux cuiſſes de vne eſpee que leuſſe en uoie a ſa mort. Tant lui diras que ie ſui nauré Et celui dit que moult bien fera ce meſſage Si monte ſur ſon cheual a moult grāt peine et ſen va vers le chaſteau. et boort vient a la da moiſelle qui ſon eſpee tenoit et lui dit. Damoi ſelle vous ſoiez la bien venue: de quoy congnoiſ ſez vous la dame du lac et monſeigneur lāce lot et moy meſmes. Elle ſe deuellope tantoſt et il congnoit que ceſt la damoiſelle qui lame na de gauues lui et lyonel ſon frere ſi lui court ſus les bras tendus en diſant que bien ſoit elle ve nue, et lui demāde pour quoy elle eſt la arriué Ma dame ma enuoie a vous dit elle, et vous mande que de dimenche en huit iours ſoiez en leſue de reonant a leure de midy / et lors ſa urez que la nature vous y auendra. et gardez que vous ne laiſſez pour riens que vous ny ſoyez a icelle heure. Et il reſpont que ſans faulte ſil neſt mort ou prins eſtre icy a la il y ſera car pri ſon fait il ne me pourroit tenir puis que ma dāe

partie

seust que ie y soie. Sauez vous pourquoy ie vous demāday vostre espee. Nenny dit Boort Je la vous demāday pource q̄ ie ne vous pouoie esprouuer en meilleur point pour sauoir cō bien vous feriez pour ma dame: et a celle heure quelle vous auoit plus a besoing veu la grāt destresse en quoy ie vous vis. Si cōgnois ore bien que la nourreture q̄ ma dame a faicte en vous est bien employee. Et certes elle en sera moult ioyeuse quant ie lui compteray q̄ en peril de mort me baillastes par amour de elle ce dont vous deuiez vostre corps garantir/ et si ne sauiez qui ie estoie. Et Boort nen fait q̄ rire. Elle lui amaine son cheual: et il mōte sus: et sa uaillie si auallent le tertre mais ilz ne retournent pas par deuers le chasteau ains sen vont la droite voie vers une forest q̄ estoit pres dillec que len appelloit sencgo: et il se haste de cheuauchier pour se esloignier du chasteau le pl⁹ quil pourra. Quant ilz sont venus en la forest ilz voient deux pauellons tendus empres le ruisseau de une fontaine: et a lentree de ung des pauellōs auoit ung cheualier qui se faisoit desarmer par ung nain: et une damoiselle Quant Boort vint pres de lui il le salua. et il lui rendist son salut moult courtoisement. Sire fait celle qui apres Boort venoit vous plairoit il hebergier ce cheualier qui assez est las et trauaillie. Damoiselle il soit le bienvenu car oncques cheualier ne me requist de logier que ie ne aisasse a mon pouoir.

A ces parolles descent Boort de son cheual: et lors saillent de lautre quatre cheualiers pour se desarmer si le treuuent tout saglant dessoubz le haubert, si le comptent a leur seigneur: et il vient la regarder dont il lui procede si treuue la plaie du coste et autres blessures. et il sauoit moult de plaies garir: il y mist ung ongnement qui moult y valut. Apres lui dit quil ne se esmayast de riens et que par tēpe seroit tout sain. Celle nuit fut Boort bien hebergie et au soir quant il eust mengie le sire lui demanda ou il alloit. Et il dit quil alloit en la terre de gorre apres ung cheualier quil voulzdroit auoir trouue. Et il lui demande qui il est. Sire fait il cest Lancelot du lac. Et pourquoy le querez vous fait le cheualier. est ce pour son bien ou pour son mal. Sire fait

Boort ie le vois querant cōme celui qui est mō seigneur lige. Et lui appartenez vous fait il de riens. Oy fait Boort, il est mon cousin germal. En verite fait le cheualier or pouez vous donc faire de moy quācque il vous plaira car par amour de lui vous seruiroie et aiseroie de tout ce q̄ ie pourroie. Et ie vous prie sil vous plaist q̄ vous me dictes comment vous auez nom. Et il dit quil a nom Boort lessillie. Et vous sire qui mon nom mauez demādé le vostre vueil ie sauoir. Et il dit q̄ il a nom maradoz le bun. Moult fut celle nuit maradoz en ioie et moult fut bien hebergie Boort et aisie de quācque le cheualier peut auoir. Quāt il fut heure de coucher si lui fist faire ung moult riche lit au millieu du pauellon: si y coucha lens Boort tout seul: et la damoiselle q̄ du lac estoit venue geust en ung autre lit. Si se dormirēt iusques a lendemain que le iour lui apparut cler. Mais ore laisse a parler le cōpte de ceulx des pauellons et commence a parler de galidres comment il se est party de laugarde.

¶ Comme la dame de hongueford voua que iamais ne vestiroit linge deuant que elle trouue Boort. iiii. pp. xvi.

Q uant la bataille fut finee et bien eurent veu ceulx de honguefort q̄ galidres estoit vaincu et commēt il venoit au chasteau pour soy rendre: se ilz en furent ioirux ce nest pas a demander car il ne moura oncques cloche au mōstier de leans q̄ ne fut sōnee moult haultement. Si commencerent les dames dances et karolles et lent cō māda la isnee des seurs que le chasteau feust encourtine de toutes pars encontre celui q̄ leur guerre a finee et pria a tous ceulx qui auec elle estoient quilz se penassent de faire ioie et feste. Lors sen allerent les bourgois a leurs hostelz pour eulx vestir de leurs meilleurs robes pour venir a lēcontre du cheualier qui les a deliurez de leurs ennemis. Ainsi sont tous apareilliez de faire ioie celle nuit. Et lors vit galindres et entra au chasteau et il estoit tout couuert du sang qui de lui issoit. et ne descendist oncques tant quil vīt en la maistresse salle et lors fut assez qui le estrief lui tint. Et quāt il fut descendu il monta au pallais a grāt peine et se agenoulla deuāt sa niepce q lui tēt son espee et se rent en sa prison de par celui q̃ les autres a conquis. Et combien fait il belle niepce que ie vous aie courroucee ie vous rēs toute la terre que iay conquise sur vous. Bo9 promes q̃ iamais iour de ma vie ne vous guerroieray ains vous aideray a mon pouoir des ores en auant se en vous bouſloit mesfaire. Et elle en est moult ioieuse si le lieue de terre & lui pardō tous les maltallens quilz eurent oncques entre eulx et lui fait amener son filz de la prison si le rent tout quitte et deliure a son pere. Lors sen va en vne riche chambre & appareille des plus riches robes quilz auoient/ et commāde a sa seur & a chacune par soy que elles se appareillent au plus richement que elles pourrōt. Quant galindres dit ce il appella sa niepce & lui dit. Comment belle niepce cuides vous q̃ le cheualier biengne cy. Oy sire fait elle voirement y vendra il se dieu plaist et lui. Certes fait il non fera il na tallent de venir ains vo9 mande par moy quil se plaint durement de vo9 car quant il vous enuoia le seneschal il lui promist quil nauroit garde de mort/ et sen asseuroit loyaument. Et quant vous loccistes aprez vo9 lui fistes mentir sa promesse & sa loyaute si me dit q̃ mieulx vous ist estre feru dune espee parmi les deux cuisses q̃ le vo9 auoir enuoie

Quant la damoiselle ouist ces parolles elle respondist tout en plourant. Helas iay perdu ay par ma follie le meilleur cheualier & le plus gentil du monde par qui iay to9 mes honneurs receuz et mes biens. Mais certes a cause du deshonneur q̃ ie lui ay fait prendray ie si grant vengance de mon corps q̃ iamais ne gerray q̃ vne nuit en vne ville deuāt q̃ ie le auray trouue ou mort ou vif. ne ie ne vestiray iamais de linge empres ma chair sinon sāge. ne iamais chair ne poisson ne mengeray fors pain et vin seulement. ne ne vestiray robe qui enuiers ne soit. ne ie ne cheuaucheray cheual qui nait la queue couppee & naura frain en teste q̃ mauuais ne soit. En telle maniere iray cerchant moy et toute ma mesgniee tant q̃ ie auray trouue le cheualier qui par si grant debōnairete ma remise a la grande haultesse q̃ ie auoie perdue. Et vous belle seur qui lamenastes ie vous baille a garder toute ma terre: ie partiray demain au point du iour. Et s'il a

vient que ie meure en ceste queste vous en serez dame comme vous deuez estre. & se ie reuiens ie auray autelle partie comme ie deuray auoir Quant ceulx de leans oent ce que leur dame dit ilz en plourent de pitie. et silz estoient en tallentez deuāt de faire ioye or sont tristes & dollens. Elle commande quatorze cheuaulx appareillier et esleut de sa mesgnie ceulx que elle vouſt mener auec elle. Si eut quatre cheualiers et six escuiers et trois damoiselles. Apres furēt accoides ceulx du chasteau & ceulx de lost: si eussent fait sa nuit grant feste se ne feust este la damoiselle qui oncques ne fina de plourer. Au matin se partist la damoiselle de hongueford: si la conuoierent sa seur et son oncle grant piece. Et quant ilz furent venus iusques a lentree de la forest ou boort auoit geu si sen retournerent, & la damoiselle sen va atout quatorze cheuaulx mais de tout sa mesgnie que elle menoit ny auoit celui qui neust sa robe vestue enuers/ & son cheual ainsi signe comme de la queue couppee.   Mais ores laisse le compte a parler de elle et retourne a boort que marados auoit hebergie.

¶ Comme Boort vainquist le tournoiement qui fut fait deuant le chasteau du roy Baugorte. Et comme il fut assis en la chaere dor. Et des jeulx q̃ les cheualiers firēt pour l'amour de sa fille   iiii.xx.& xiii.

Lendemain si tost comme le iour apparut se leua Boort et appareilla ses armes si monta sur son cheual & se partist de son hoste qui lui auoit fait grāt honneur si commāda lun lautre a dieu. & la damoiselle qui du lac estoit venue cheuaucha auec Boort. Quāt ilz ōt cheuauchie iusq̃s a prime si vienēt a vng chemin fourchu. & lors apella la damoiselle Boort & lui dit. Veez cy deux chemins/ vous entrerez en lun et moy en lautre: car plus ne puis aller auec vous. Et gardez q̃ vous soiez au iour et a leure sa ou ie vo9 ay dit. Et il dit q̃ seure soit elle que il y sera s'il n'est mort et ce y a. Or vous commande ie fait elle a dieu. A dieu fait il damoiselle. saluez moy ma dame au plus tost que vous la verrez. & elle dit q̃ si fera elle. Si se part lun de lautre: et Boort sen va tout son chemin si cheuaucha iusq̃s a tierce q̃ l'encontra vng escuier

partie

monte sur vng maigre roussin. Et Boort lui demāde, beau ami durera me shup ceste forest. Sire fait il vous ne saurez shup tant cheuaucher q̃ vous la trespassez toute. Quant boort sentent il se met a son chemin et erre iusques a nonne. Il regarde derrier lui et voit venir son escuier sus vng rouci las et tressuāt. Et quāt il fut pres de lui si lui dist q̃ bien feust il venu Et lui demāde comment il la peu suiuir. par ma foy fait lescuier quāt ie oup̃ ersoir q̃ vous ne reuēdriez pas au chasteau ie men p̃tie pour vous cuider actaindre mais ie ne peuz. si me hebergap la nuit a lēttre de la forest chiez vng hermite et toute iour ap tenu le grāt chemi tāt q̃ ie recōtrap vng escuier q̃ me dist de vos nouuelles: si me suis haste de venir aprez vous Et il vous plaist dictes moy qui fut celle damoiselle qui ersoir sen alla auecq̃ vous. Ce fut fait il vne damoiselle a ma dame du lac.

Ainsi parlāt ōt cheuauche toute iour par mp la forest laq̃lle auoit treze lieues de long et plus si ne la peurent trespasser/car la nuit les sourprint. Si trouuerēt vne vielle maison gastee. Illec vint Boort pour hebergier mais quāt il vist le lieu si poure et si decheu il fut moult esmape car il nauoit de tout le iour mēgie/ ne illec ne treuue quil puisse boire ne mēgier et pource ne demoura il pas q̃l ne descēdist car il se reposera et sera plus aise q̃ sil cheuauchoit toute nuit. Il descēt et oste son heaume si commēce a parler a son escuier pour passer son ēnup car il ne scait autremēt abatre sa faim: tant q̃ boort dit a son escuier. En verite il feist bon mengier qui eust de quop. Sire fait lescuier ie mōterap sur mon rouci si chercherap parmi celle forest se ie pourrap trouuer loge ne paueillon: car aussi grāt talēt ap ie de mengier comme vous. Or va doncques fait boort mais gardes que tu reuiengnes tost. Le varlet monte et va parmi le bois. Ne demoura pas grāment quant il reuint, et boort lui a demāde q̃l a trouue. par ma foy fait il iap veu en ceste forest deux paueillons ou il y a moult grant clarte et ie cuide biē quil y a grant gent. Or y allōs sil vous plaist. Voulentiers dit boort: metz la selle sur mon cheual. et boort relace son heaume et mōte sur son cheual et va celle part dōt celui estoit venu. Si na gueres

alle quant il voit les paueillons. Et quāt il vint ēpres si descēt et baille son escu et sō glaiue a son escuier: puis entre dedens lun des paueillons si treuue deux cheualiers et trois damoiselles qui se voulloiēt couchier. Il les salue et ilz lui rendent son salut courtoisement. Seigneurs dit boort pourriez vous huimes hebergier vng cheualier errant lequel a toute iour chemine en ceste forest et ne y a trouue ne bourde ne maison ou il peut hebergier. Auez vous sont ilz autre compaignie q̃ vous. Oÿ fait il: mon escuier seulement. Donc pourriez vous bien estre hebergie dit lun. Venez auāt et varlees saillent ne scap quās si le desarmēt et il appelle son escuier et les damoiselles sōt apporter a mengier a lui et a son escuier.

Ainsi q̃ boort mengoit il ouist en lautre paueillon vne damoiselle q̃ moult se plaignoit doulourmēt. Il se seuffre tant q̃l ait mēgie et lors demande a ceulx qui auec lui estoient qui cest qui ainsi se plaint. Sire fait vne damoiselle cest vne damoiselle dont cest moult grant dommage car elle a tant de douleur et de angoisse que cest pitie. et si est fille de rop et de ropne. et rop a elle encores a pere. Haa damoiselle fait boort si maist dieu ie la verroie voulentiers sil lui plaisoit. et vo᷎ la verrez dit elle. car a cheualier qui sa vueille veoir ne sera elle ia celee. Lors fist prendre a deux escuiers deux torches ardās et les fist porter deuant boort. Et quāt ilz sont venus en lautre paueillon si treuuent vng moult riche lit ou vne damoiselle gisoit moult deshaitie par sē blant car elle estoit maigre iaune et palle et si auoit la face noire et taincte de langoisse que elle sentoit. Ma dāe fait celui qui boort auoit leans amene veez cy vng cheualier qui vous est venu veoir. Celle qui ne se pouoit tenir de lui veoir dist q̃ biē soit il venu. si se tourne deuers lui. Sire fait elle qui estes vous. Damoiselle fait il ie strange cheualier qui ap grāt pitie de ce que vous vous plaignez si durmēt Certes fait elle se nest mie de merueilles se ie me plaings car ie seuffre la greigneure douleur que oncq̃s souffrit damoiselle. Lors oste de dessus elle vng samit dōt elle estoit couuerte iusq̃s au nombril et il regarde si voit q̃lle estoit liee p̃mi les pies dune bēde de fer si estroit tement que la char lui estoit trenchiee en plusieurs lieux: et endroit le nombril en auoit vne aussi estroite ou plus. Sire dit elle a il cy assez douleur. sachez que dessoubz ces bendes est ma char pourrie. Certes dame fait Boort trop estes en grant douleur: et mauldiz soient ceulx qui ce vous firent: car trop firent grat desloyaulte. Et sil vous plaisoit ie sauroie vous entiers qui ce vous a fait et pour quoy. Certes fait elle ie le vous diray.

Il a vng an que le roy Badallons frere au roy de norgalles assist dedens la roche mabon le roy agrippe mon pere quant il eust mon pere enserre par la force du roy de norgalles son frere si attourna tel nostre chasteau que viande ny peut venir de nulle part par trois iours eusmes moult grant faim et le temps estoit fort chault tant que toutes les eaues de nostre pais estoient seches fors vne fontaine dont ceulx de lost biuoient: et se elle leur eust failli mourir les eust couenu ou laisser le siege. Si me apensay q se ie leur pouoie tollir celle fontaine quil les coueudroit partir voulsissent ou non Adoc ie me partiz par nuit de nostre chasteau toute seule et vins a la fontaine, en laquelle ie espandis vne plaine fiolle du plus fort venin du monde a telle heure q a mains de trois iours en mourut plus de cinq cens si que les autres laisserent le siege et sen allerent en leurs pays. Quant nous veismes ce si en feusmes moult ioieuses et lors dis ie a mon pere coment ie les auoie enchassez par la fontaine que ie auoie enuenimee. Il fut sceu de plusieurs gens tant q len le compta au roy Badallons. Quant il le sceut il en fut ainsi comme desue de deul: et dist q nauroit iamais ioie tant q sen feust vengie. Apres ce auint que ie cheuauchoie par mi la terre de ce roy q ie vous ay dit, si fuz espiee: prinse et menee deuant lui. Et quant il me vist si dist q sil me occioit il ne souffiroit mie a la vengence de moy: mais me feroit viure a douleur. Lors print ces deux bendes de fer et me fist lyer en telle destresse comment vous voiez Et quant ie diz ce si lui dis. Roy Badallons vous cuidez bien estre vengie de moy et pource ie vueil bien q vous sachez que vous en mourrez vous creance ie lopaumet que ia ne seray defferree deuant que celui qui me defferrera me iurera sur sains quil me vengera de vostre corps. Quant le roy louist si le tint a grat despit et me demanda comment il congnoistroit celui q me defferreroit. Et ie lui dis. En nom dieu congnoistre le pourrez aux enseignes qil portera vng an et vng iour tel escu comme vostre frere portoit celui que mon pere occist. Et il dit quil ny auoit cheualier au monde a qui il ne sen combatist si tost comme il sauroit qil la defferreroit. Apres me partiz de sa maison bien a deux mops et me appensay q ie iroye a la court du roy artus sauoir se ie trouueroie qui me osast defferrer et ay erre a petites iournees tant q ie suis cy. Or si vous ay compte par quelle raison ie suis enferree

Or me dictes damoiselle fait Boort se vo' trouuiez cheualier q vous osast defferrer ne le souffririez vous pas bien. Oy dit elle pourueu qil me iurast quil me vengeroit du roy Badallos et de tous ceulx q diroient q ilz seroient ioieux de mon enferrement. par ma foy fait Boort ie suis tout prest de ce faire se vo' voullez. Or couient fait elle q vous ne portez autre escu deuant vng an et vng iour q celui illec: si lui mostre lescu. Et quant il vous fauldra faictes en faire vng autre tel. Et il lui ottroie. Or me pouez fait elle defferrer se vous voulez. Et il lui rompt toutes les deux bendes de fer a la force de ses mains. Et elle se en mercie moult doulcement. Si se fait oindre de bon oignement tant q toute est tournee a garison. Et elle demande a Boort se il auoit mengie. Et il dist que oy et elle commade que len lui face vng moult riche lit. Il geust la nuit moult aise et son escuier geust a ses pies. Lendemain se leua Boort a laube du iour et son escuier lui appareilla ses armes. La damoiselle sappella si lui dist. Sire vous me auez iectee de la douleur ou ie estoie par vostre franchise si vous vouldroie bien prier q vous me deissiez comment vous auez a nom, que ie le sceusse dire a mon pere car il se me demadera. Et il dit qil a a nom Boort le essillie cousin germain de lancelot du lac. Si sen part atant et laisse son escu et pret celui q la damoiselle lui auoit deuise et cheuauche lui et son escuier ius qs a prime. et Boort recontra vng escuier sur vng roussin. Il salue Boort et il lui rent son salut.

Beau sire dit Boort estes vous de la maison du roy artus. Oy fait il q̄ vueil tu. Je vueil fait il q̄ vous voisez au chasteau de la marche ou le roy angoisses doit tenir huit iours court de son couronnement. Si mande tous ses cheualiers q̄ quierent pris a les q̄lz y vien̄et: car il fera demain faire vng tournoie ment en sa prairie par tel conuenant q̄ celui q̄ esleu sera au meilleur cheualier au tesmoing des dames du chasteau sera assis en vne chaere d'oie en my le pre a vne table q̄ sen appelle la table aux douze pers. et ap̄s seront assiz les xii. meilleurs qui seront ap̄res esleuz a sa table et premier quilz se assieissent auront ilz serui du premier mes le cheualier de la chaere. Et lors commēceront les dames et damoiselles du chasteau les dances et tour la table et conquerra le cheualier moult grant haultesse car il pourra prendre la plus belle damoiselle de toutes et donner ses douze plus belles aux douze cheualiers de sa table la ou il cuidera q̄ chacune soit mieulx emploiee. Et pource q̄ mon seigneur vous droit bien q̄ ceulx de la table ronde p̄uen̄issent ou aucun qui cest honneur y receust il leur mande par moy et par autres q̄ ilz y soiēt demain. Mon amy dit Boort combien peut il auoir iusques la. Sire fait il vous y serez ais q̄ soit midy. car il ny a que quatre lieues angleesches: et vrez cy le grant chemin qui vous y menera sans faille. Or vous en pouez aler fait Boort car ie y seray se grāt empeschemēt ne me auient. Lors sen tourne le varlet, et Boort chemina iusques a tierce: et lors encontra vne damoiselle sur vng palle froy pommele. et il la salue et elle lui. et elle lui demande qui il est. Je suis dit il cheualier errāt. Haa dit elle estes vous de la maison du roy artus, des cheualiers qui vont grant les auātures. Oy dit il. Se vous me voullez fait elle suiuir ie vous mōsterray la plus merueilleuse auāture que vous vississez oncq̄s: et se vous la pouez a chief mener seurement pourrez vous dire que vous estes le meilleur cheualier du monde. Certes fait il tant y en a de bons q̄ moult seroie fol se ie les cuidoie tous passer. et nō pourtant pour vostre voulēte acomplir vous suiuray ie. Or venez doncq̄s apres moy dit la damoiselle.

Lors sen va la damoiselle deuāt et celui sen va apres: si vont tant quilz viennēt en vne forte maison close de mur tout enuiron. et elle vient a la porte si appelle tāt q̄ len lui a ouuerte. Ilz descendent en la court: et ainsi q̄ lz descēdoient si voient vne autre damoiselle q̄ amenoit vng autre cheualier armé de toutes armes ainsi comme Boort estoit. Les damoiselles se entresaluēt et les deux cheualiers aussi. Beau seigneur fait celle qui premiere descendue estoit suiuez moy: et ie vous monsteray la uāture q̄ ne peut estre acheuee que par le meilleur cheualier du monde Lors sen vont contremont les degrez et entrent en vne belle salle et de la en vne chambre moult bien encourtinee. En celle chambre gisoit vng grant cheualier vestu mais il estoit maigre et palle. et bien sembloit deshaictie. Quant il voit les cheualiers venus il les salue et ilz lui rendent son salut. Sire fait la damoiselle vous sauez bien pour quoy ie ses ay cy amenez. Le cheualier auoit vne espee de sa q̄lle le pōmeau lui tenoit en la main et la pointe lui passoit parmi lautre bien demi pie: si auoit les bras couuers. Et quant les cheualiers sont deuant lui il se fait descouurir et leur mōstre sa douleur en disant. Seigneurs vrez cy lauanture la plus merueilleuse que vous vississez oncq̄s. Or pouez sauoir se lun de vous est le meilleur cheualier du monde car celui me ostera ceste espee. Or venez auant pour veoir se dieu vous en donnera lon neur. Lors vit auant le cheualier qui derrainnement estoit venu: et dist quil y essaieroit. Il p̄rent sespee par la poignee et tire tant quil remue tout le cheualier mais il ne lui peut oster. Et le malade lui dist. Sire or vous pouez vous tirer arriere car a ceste auāture auez vo' failly. faissez venir cel autre. Lors appelle Boort si lui dit. Or pouez essaier a ceste espee, car lautre y a failly. Beau sire fait Boort sauez vo' que nul ne vous peut aider si nest le meilleur cheualier du monde. Oy fait il ie le scay certainement. par dieu fait Boort donc ny metray ie la main. car ie scay bien que ie ne suis pas le meilleur cheualier des autres. Et se ie le cuidoie estre ie seroie musart mais se vous sissiez q̄ sage iamais cheualier ny essaieroit que vng seulement: et celui vo' desiureroit sās faulte. Je scay bien fait le cheualier derrain

Seconde

venu lequel vous dictes/vous dictes mon seigneur gauuain. par mon chief dist Boort õques ne le pensay/et si ie ne desprise pas mon sieur gauuain. mes ie scay bien q̃l ya eu mõde tel que sil tenoit monsieur gau. et vous auec en vng champ/et ce feust aux testes trencher ie ne vouldroie estre en vostre lieu pour toute la terre du roy artus. Certes fait le cheualier encores nest pas ne de mere celuy qui monsieur gau. outrast darmes/et sil nest nez fait Boort ia dieu ne plaise que il puysse iamais naistre. Se dieu vous aist fait le cheualier malade qui est celuy que vous tenes a si bon cheualier/par mõ chief fait Boort len se peult bien nõmer deuãt tous preudõmes/cest mon seigneur lancelot du lac/le cheualier se print a grant despit & dist que onques meilleur cheualier ne fust que mõsieur gau. et ia ne maist dieu len ne vous doit iames croire de chose que vous dies/car ceste parolle ne pourries prouuer vraie/par mon chief fait Boort encõtre vng meilleur cheualier que vous nestes loseraige bien prouuer et suys tout prest de le monstrer encontre vous se vous losies contredire/maudit soit a qui il tendra fait le cheualier mes allons a la bataille. Haa beaux seigneurs dit le cheualier malade lessiez ester ceste bataille car pour neant seroit cõmenchee et ceulx dient que non feront. si descendent de la salle et montent sur leurs cheuaulx

Quant ilz sont tous prestz cõme de iouster si appelle Boort le cheualier et luy dist. Sire cheualier aincoiz que nous en faicons plus ie vous vouldroie prier que vo9 me teneissies a vray disant de ce que ie vous ay dist. Certes fait celuy vous estes mẽteur, car lancelot ne fust onques si bon cheualier cõme est monseigneur gau. ce verra len par temps fait Boort si lachent les cheuaux luy cõtre lautre et sentreferiẽt si grant coups quilz sentrepercent les escus. le glaiue du cheualier rõpt et si est frappe si rudement quil tumbe a terre par dessus la crouppe du cheual quãt Boort le voit tũbe il descent & va celle part ou le cheualier estoit si cõmencent a chapler lun sur lautre de leurs espees par telle magniere q̃ il nia celuy qui ne soit asses las et fust le cheualier si bien atourne que pour le sang quil a perdu

il fust fort affoibly et cheut a terre ainsi cõme mort/et son espee luy volle hors des mains/ et Boort luy sault sur le corps si luy arrache se heaulme de la teste et dit quil locchira se il ne se tient pour oultre/et celui dit q̃ ia ne luy aduendra iour de sa vie. et Boort dist quil loccira par ma foy dit il ce poues vo9 faire Boort luy donne tel coup parmy la teste quil en feist le sang saillir puys luy abbat la ventaille et hauce lespee pour luy coupper le chief. Et quant celuy se voit si pres de mort/si luy prie pour dieu quil ne se tue pas et que pour oultre se tient/or vous cõuient fait Boort fiancher a faire ma volunte/ et celuy luy fiance moult enuiz Boort se lieuue de dessus luy et luy dist. Or vous conuient il octroier que lancelot est meilleur cheualier que monsieur gau. et celuy luy octroie encore veult ie q̃ si tost que seres gary que vous queres lancelot et vous rendes a luy/et luy criez mercy de la villanie q̃ vous aues dicte de luy/et celuy dist que tout ainsy se fera il. or vueil ie sauoir fait Boort commẽt vous aues nom/et celuy dist quil a nom aggrauain lorgueilleux: mes il ne dist mie quil est frere monsieur gau. pour ce quil eust eu hõte/et lors viennent les deux damoyselles et escuiers iusques a quatre si desarment Boort et le mainnent en sa chambre du cheualier deshaictie. Et quãt celuy le vist si luy dist en telle magniere. Certes sire celle bataille q̃ aues faicte cest pour neant. Si maist dieu dist Boort vostre hõneur sauf ce a este pour le meilleur cheualier du mõde. ne il ne seroit mie saige qui se desdiroit et ie vous dy seurement se vous poupes tant faire q̃ vous leussies trouue par luy series gari si p cheualier le deues estre. Cõment fait il dictes vous que ce cheualier a nom. len sappelle dist Boort mesire lancelot du lac & est le plus beau cheualier du monde. Et ce temps pendant ceulx de leans desarmerent aggrauain si luy cherserent ses playes qui moult estoient grandes si les laueut de vin et puis lont medicine et couchie en vng lyt et demoura leans trois moys ainsi quil fust gary. puys Boort parle au cheualier et luy demande cõme ce luy est aduenu certes sire ia par moy nen sera la verite sceue/ deuant ce que ie le diray a celuy a qui dieu en donnera

partie

sonneur. Lors se taist Boort atant: a celui commande q̃ sa table soit mise: car il estoit ia heure de nōne si se assid̃t a sa table deuāt le malade si le pessoit vne damoiselle a sa main/ et en print moult grant pitie a Boort. Et pource ne demeure il pas que le cheualier ne semonne Boort de faire bōne chiere. Celle nuit fut Boort hebergie a sa Bousente: car moult lui feist seleans grant honneur/ ⁊ moult aise se coucherent celle nuit. Et lendemain quant il fut seue il demāda au seigneur de seans congie: car il sen Bouloit aller. Et celui lui donne moult Bouletiers/ mais aincois lui demāda son nom Et il dit quil a nom Boort le essillie. Atant sen part ⁊ prent congie des damoiselles. Et quāt il se fut mis au chemin il erra tant quil vit la ou le tournoiement deuoit estre. Quant il vit pres du chasteau de sa marche si voit vnes loges drecees en mp ses pres ou les dames et damoiselles deuoient estre pour regarder le tournoiement. La femme ⁊ la fille du roy q̃ estoit vne des plus belles dames du monde estoit a vne des fenestres ⁊ Boort estoit dessoubz. La damoiselle le regarde si le voit si beau ⁊ auenāt de toutes choses que nul plus: seoit aussi droit dessus son cheual comme sil seust plāte. Haa fait elle a vne damoiselle qui empres elle estoit or regardez de ce cheualier q̃ vous en sēble. il est moult beau, ⁊ vous que en dites vous. par dieu fait elle sil estoit aussi bon cōme il est beau il ny a cheualier au monde q̃ se Baulsist.

Ainsi parloient les damoiselles de Boort ⁊ ia estoit commēce le tournoiement. Si y auoit bien que dune part que dautre mil cheualiers. Boort demande a son escuier de q̃lle part il se tournera ou par deuers ceulx du chasteau ou encontre eulx. Et lescuier regarde contremont ⁊ voit la damoiselle qui si richement estoit Bestue ⁊ cōgnoit bien que cestoit la fille du roy si le dit a son seigneur. Sire fait il dessus vous a la plus belle chose du monde. Et il regarde si voit la damoiselle ⁊ elle lui dist si hault que bien se peut ouir. Sire cheualier vous ne serez meshuy des premiers. Legierement peut sen congnoistre q̃ vous nauez point de amie ⁊ se vous sauez si ne vous en souuient il gaires. Et il laisse tantost le cheual aller si

se mesle entre eulx ⁊ fiert vng cheualier quil encontra tel coup quil se porta a terre suiet sō cheual. Et lors ceulx de desa commencerēt a dire q̃ moult bien iouste le cheualier nouueau La damoiselle en parle a sa cōpagniee Boort a sa lance recouuerte si se met deuant les autres et en fiert vng cheualier si Benant si dure ment quil se porte a terre tout enuers Si commēce cheualiers abatre et arrachier heaumes ⁊ escus ⁊ le fait si bien en toutes manieres q̃ tous le regardent a merueilles. Il ne refuse encontre corps de cheualier a iouster. Son escu est abaudonne a tous: ⁊ son espee est a chascun priuee. Il ne encontre cheualier q̃l ne abate pourtant quil lattaigne a coup. Il fait tant que il Baine tout. Ainsi se fait Boort par sa Baillāce que tous dient quil a gaignie le tournoiemēt. Et les damoiseles qui estoient aux loges en ont assez parle: ⁊ dient que moult est preux et Baillāt ⁊ quil deuroit sans contredit auoir le pris. ⁊ la fille du roy en parle a sa compaigne ⁊ lui dit. Que vous sēble de nostre nouueau cheualier. Dame fait elle il ne men semble si non bien. Si peut dire seurement q̃ dieu lui a donne deux moult beaux dons. prouesse ⁊ Beaute car plus beau cheualier ne viz ie oncques ne meilleur a mon escient. Certes fait elle nō fiz ie. Lors appelle le roy toutes ses gēs ⁊ les dames ⁊ les damoiselles ⁊ leur dist. Dames Bo⁹ deuez eslire le meilleur cheualer de ce tournoiement ⁊ apres ses douze des meilleurs. et pource feustes vous icy montees. Si vo⁹ prie ie q̃ vous cōseillez entre vous a qui vous donnerez cest hōneur. Et elles diēt q̃ le cheualier a lescu my party a tout Baincu: ⁊ q̃ bien se peut en eslire. si dient a la damoiselle ⁊ elle se accorde bien a leur accord. Lors sen reuōt aux fenestres ⁊ voiēt q̃ ceulx qui estoiēt ētrez au chasteau sen fuioient tāt les auoit haste Boort. Et ceulx de deuers lui les enchassoient par sexemple de son biefait. Si auintē la chasse que vng cheualier ferist le cheual de Boort parmy le corps ⁊ cheut mort tout incontinent. ⁊ Boort saillist sus lespee en sa main ⁊ lescu iecte dessus sa teste si cuida actaindre le cheualier qui son cheual lui auoit occiz: mais il sen fuist car il nose nullement a coup attēdre. Et le roy Baugoire qui toute iour auoit Boort poursuiui

d i.

Seconde

pour luy retenir, deschēt a terre si tost cōmēt il le vist a pie il luy baille son cheual et dist tenes sire cheualier car bien la sues desseruy, et Boort si prent le cheual et monte sus et lesse le roy a pie car il ne cuydoit pas q̄ ce feust le roy. et toutesfoys il luy dist grant mercis, si se remet apres les aultres a la chasse. le roy fust tost remonte si sen va aup loges la ou les damoyselles estoient et leur dist quelles deschē dent et ce tēps pendant firent retourner ceulx qui chassoiēt les descōffiz, si amenerēt Boort auec eulx et luy faisoient si grant ioie quil en auoit grant honte il se maintint iusques aux loges et le roy dist aux damoiselles quil esleupsent celluy qui le mieulx a fait a leur aduis et elles par ung comun accord prindrent Boort, puys apres ilz esleurent. vii. des meilleurs cheualiers que elles y auoiēt veuz. Et lors cōmenchent la feste telle que cestoit belle chose a voir. et puys les damoyselles desar ment Boort et luy lauent le col et le visaige. La fille du roy luy ost appareille une mōlt riche robe de samit vermeil fourree dermines si luy fist vestir, le roy cōmande que les tables soient mises parmi les pres, et fait tēdre deup pauillons empres ung pin pour la chaleur du solleil et dedēs lun des pauillōs fust la chaire dor et la table aux douze pers assise dedens laultre pauillon fust la table du roy ou il mengeaet le plus ancien cheualier auec luy. Le roy cōmāda que Boort fust assiz en la chaire dor, si en eust Boort monlt grant honte tant quil en vint tout vermeil, et lors cōmenchent a faire apporter mes de plusieurs manieres, et ont les douze cheualiers seruy du premier mes a genoulz, et apres se vont seoir a la table. Apres ont serui les dames de laultre et du tiers serui le roy et ses autres cheualiers et de tous les aultres seruirēt les damoiseles fors la fille du roy qui seruyt du dernier qui fust des poyres. Quant les tables furent leuees si cōmencherent les dances pmy les pres et ny auoit celle qui ne se feust atournee tout au mieulp quilz auoiēt peu, et elles estoient plus de cent. si y en auoit de mōlt belles mes sur toutes les aultres la fille du roy estoit belle et aduenant et tout ceulx qui la veoient disoient que ōcques ne fust nee si belle, fors seulement la vierge marie. Quāt ilz ont mēgie si se dreche le roy et dist a Boort. Sire la haultesse de vostre valleur et de vostre proesse vo² ha a ce amene que vo² estes esleu le meilleur cheualier de tous ceulx de cest tournoiemēt et ce nest pas petit honneur mes grant, car vo² aures la plus belle de ces damoiselles a vostre chois, et tout lonneur et toute la richesse quelle a, et encore y a il plus, car vous poues a ces douze cheualiers qui deuant vous sont donner douze damoiselles les q̄lles que vo² vouldres. Lors luy demande Boort. Sire est ce chose acoustumee qui cōuiegne faire a force Ouy fait le roy sans faille, ainsi fist mon pere toute sa vie et endroit moy ne le vueil ie pas lesser, Sire fait Boort et sil estoit ainsi que le cheualier ne vueille fēme prendre q̄ en sera il, par ma foy fait le roy il en est quitte nōobstāt il cōuiēt quil se aquitte euers les douze cheualiers, voire fait Boort et seil ne assiect biē les douze damoiselle sa hōte en sera sienne et le dōmage a ceulx qui ne lauront pas forfait, Il peult biē faire dist le roy par cōseil daultry et lors nen sera il pas tant blasme. Sire fait Boort donc vo² appelle ie pour cest regard faire et que vous assetes chacuē selon la haultesse q̄lle a, et le roy luy ottroie. Si appelle. p. des pl² sages cheualiers de sa court et dist a Boort Sire vous pouois prendre tout premier car le chois est a vo². Beau doulx sire fait Boort se il pouoit estre ie en feusse tost conseille, mes ie suis en une queste que ie ne puis mie fēme prendre deuant que ie saye acheuee, et ie vous attendra bien fait le roy tant que vous soyes reuenu. sire pour dieu fait il ne le tenes mie a desdaing, car certes ie ne le fais pour aultre chose que pour ce que ie vous ay dit Si vous prie quil ne vous en desplaise, et il dit que nō fait il, or poues deuiser les quelles seront dōnees. Sire fait Boort vous congnoisses bien tous les cheualiers et les dames aussi Si les assenes si comme droit est, mes tant deffens ie biē que la pucelle ney soit qui ceste robe me donna, car certes il ny a cheualier en tout le monde en qui sa beaulte feust bien employee ainsi comme ie cuide, fors seulement a ung A donc le roy luy octroie tout a sa volunte, si esleust. vii. damoiselles au. vii. cheualiers, et

partie

donne a chacun sa sienne. Et quāt la fille du roy voit que elle a failly a ce que elle cuidoit si sien est moult dolente mais chiere ne n'ose faire. Si se merueille pour quoy le cheualier ne sauoit prinse & aussi fōt tous les autres & dient les damoiselles entre elles que bien deuroit auoir nom le cheualier le beau mauuais: quāt a son chois n'a prins sa plus belle qui soit nee. Et maul dicte soit l'eure quil fut ne si beau et si preux quant il est si mauuais. Lors vient la damoiselle a la table aux douze pers & dit au premier cheualier. Sire ie vous ay serui & sil vous plaist ie vuril sauoir qͤl guerdon vo' men donnerez. Et celui qui fut tout esbahy de la beaute de elle dit oyans tous. Damoiselle pour vous feray ie tant que deuāt vng an ne iousteray que ie naye ma lāce sur le col de mon cheual: & de tous ceulx que ie pourray cōquerre ie vous enuoyeray les haubers & les armeures. Et ce cheualier auoit nom qualcat le petit. Et vous fait elle a l'autre qui emprès lui seoit qͤl guerdon auray ie de mō seruice. Damoiselle fait il tel q̄ a l'entree de la premiere forest que ie trouueray feray tendre mon paueillon: & seray illec tant que ie auray conquis dix cheualiers ou ie y seray oultre: & se ie les conquer vous aurez to' les cheualx. Et celui cheualier auoit nom calibor aux dures mais. Et le tiers dit qͤl ne entreroit iamais en chasteau iusques a ce quil eust conquis dix cheualiers: ou il seroit oultre: & se ie les conquier/damoiselle fait il vous en aurez les heaumes. Celui cheualier auoit nom asphasar le gros. Et le quart dist quil ne coucheroit iamais auec damoiselle nu a nu deuant qͤl auroit cōq̄s quatre cheualiers ou ie y seray oultre. Et se ie les conquier damoiselle fait il vous en aurez les espees. Lors dist le quint que deuāt vng an ne encōtrera il cheualier pourtant qͤl maine damoiselle auec lui quil ne se combate a lui tant quil conquerra la damoiselle: ou lui mesmes sera conquis. Et toutes celles que ie conqueray vous euoyeray ie pour vostre seruice. Icelui cheualier auoit nom meillior de l'espine. Apres dist le sixiesme qͤl ne cōquerra dedens vng an cheualier a qui il ne couppera la teste ou il sera prins ou occis. & de tous ceulx damoiselle que ie cōquerray dedens ce terme vo' en uoyeray ie les testes. Icelui auoit nom augoire le fel. Apres celui dit le septiesme quil ne en contrera damoiselle qui au conduit de cheualier soit quil ne la baise a force ou il sera vaincu. Et celui auoit nom patrides au cercle dor. Apres dist le huitiesme que il cheuauchera vng mois en sa chemise purement le heaume lace & l'escu au col & la lance au poing & l'espee au coste. Ne ia fait il ne encontreray cheualier a qui ie ne iouste. et de tous ceulx fait il damoiselle que ie cōq̄rray vous enuoyeray les cheualx. Et celui cheualier auoit nom meldon senuoisie. Apres ce dist le neufiesme/damoiselle pour vous feray ie tant que ie prendray la royne genieure au conduit de quatre cheualiers quelz quilz soient. ou ceulx ie vous enuoyeray ou ie me laisseray occire ou naurer a mort premier q̄ ie ne le face. Et ceulx de leās diēt que moult a le cheualier grant chose entreprinse. Et celui auoit a nom gargassant le fort. Apres dist le dixiesme quil ne finera iamais de errer iusq̄s a tant quil aura trouue sa plus belle damoiselle de toutes. Et sachiez fait il que ie la prendray en quelque lieu que elle soit. & se se me la contredit ie me combatray ou ie seray oultre & se ie la cōquier ie la vous ameneray pour vo' seruir. Icelui cheualier auoit a nom mallaque le gallois. Apres dist le vnsiesme: damoiselle pour vous feray tāt que de toutes robes ne vestiray fors la chemise de m'amie & sa guimple auray ie tournee entour mon chief au mieulx que ie pourray: & auec ce ne porteray fors lance. Si cheuaucheray en telle maniere tant que ie auray dix cheualiers vaincus ou ie seray vaincu. Et tous ceulx que ie pourray abatre vous enuoyeray ie. Icelui cheualier auoit nom agriscol le beau barbes. Lors dit le douziesme damoiselle pour vous me vante ie de uant tous ceulx de ceans que deuant vng an ie ne monteray sur cheual qui ait frain ne cheuestre ne autres cordes pour le fier. & le laisseray aler ainsi q̄ ie ne lui osteray ne voye ne chemin et iousteray a tous les cheualiers que ie encontreray iusques a trente et de tous ceulx que ie vaincra vous enuoyeray ie ses ceinctures et les aumosnieres se ie puis trouuer messagier qui les vous vueille apporter. Et celui cheualier auoit a nom le los hardy. D ii

Seconde

Quant tous les cheualiers ont lessie a parler/la damoiselle vint a Booit si lui dist. Sire fait elle quel guerdon puis ie attendre de vous. damoyselle fait il en quelq̄ lieu que ie soie en ma deliure poeste vo⁹ me poues prendre cōment vostre cheualier/et me mettre par tout pour vostre droit garder/et écorepl⁹ sachies que quāt ie auray ma queste acheuee iamaiz ne fineray tant q̄ auray veu la royne genieure et pour lamour de vous la priedray en conduit de quattre cheualiers quelq̄ quilz soient fors seulemēt que lācelot du lac ny soit car ce celuy y estoit ne men vantaige pas/car ie feroie que fol. Sire fait elle grant mercys si sen va atant/et les damoiselles cōmēcent les parolles qui ont dure iusq̄s a la nuit Tant que le roy sen partist des paueillons/et vint en son hostel. Il couche Booit en vne belle chambre tout seul et le roy se geust en vne aultre et lors se coucherent tous/mes la fille du roy ne fust pas aise car on luy a compte cōment booit auoit respondu a son pere et elle en est moult dollente si demāde a sa maistresse quelle en pourra faire Celle maistresse estoit vieille dame si scauoit asses de charmes et de enchantemens et quant elle voit sa menistre ainsi plaindre si luy demāda qlle auoit quoy fait elle se ie ne pups auoir ce que ie desire ie supz au mourir. dame fait la vieille trop seroit la chose griefue pour quoy vo⁹ mourries mes dictes moy vostre affaire et se nul sens de fame y a mestier ie vo⁹ y aideray du mien dame fait elle ie ne vous oseroie dire/si feres tout seurement/car par mon chief ia chose q̄ me dies ne sera par moy descouuerte/et celle commēce a plourer trop tendremēt et luy dist.

Dame se vous me asseuries et pups apres me failllissies vo⁹ me auries mise a la mort/et mieulx me fauldroit il mourir que estre lōguemēt en telle destresse. Haa ma belle fille vous maues toulours trouuee preste a tous vos affaires et deuois scauoir que ie ne vous fauldray point/mes dictes moy que vous aues et se vous ames par amours. car ie vo⁹ en pups mieulx aider que toutes les femes du mōde. Quāt la damoiselle peult parler si luy dist. par amours ayme ie mais onques damoyselle tāt ne ayma/et par tēps

len se pourra voir car se celuy q̄ iayme me scō disoit ie me occiray de mes deux mains/et qui est celup fait la vieille que vous aymes tant. cest fait elle le plus beau cheualier du mōde et celup que ie mal vi/si ne mest plus courtois que len ne ma dist. cest celup qui vainqst le tournoiemēt/cest mon corps/cest mō cueur cest ma perte cest mō gaing/cest ma douleur cest ma ioye/cest mon mal/cest mō bien et ma richesse et ma poureté/cest mō dieu et ma creance/et ma mort et ma vie et mō esperit/et se il me fault ie ne quiers plus viure. Or me dictes fait la vieille lesseries vous point ceste amour en nulle maniere. En nom dieu fait la damoiselle nēnil. Car ie layme tāt q̄ se ie stoie sus vne tour qui feust de cent toises de hault et il estoit au pie/ie auroie bien hardement de saillir a luy. Car ie scay bien que celle dame/qui dame est de toutes terriēnes dames de cest amour me garderoit/si q̄ ie ny auroie ia mal et pour ce si vous eustes ōque pitie de damoyselle si layes de moy. aultremēt ny attendes fort que la mort. Or vous alles coucher fait la vieille/et vecy vng anel que ie lui porteray le quel a si grant force quil vo⁹ amera ou il veuille ou nō et si vous aideray a mō pouoir si q̄ ie le feray venir en vostre chambre. Haa dame fait elle ne me gabes pas car doncques me auries morte/non feraige fait elle.

Lors sen va coucher la damoyselle mōlt ioieuse de la promesse & mōlt dollente de ce q̄lle cuide ne le pouoir auoir & la maistresse prēt vng mātel et lafflube et vint en sa chābre ou booit gisoit qui encore nestoit pas endormy pour la lassete des armes & len y veoit mōlt cler car quatre sierges y ardoiēt et celle luy dist. Sire bonne nuyt vous doit dieu. Dame fait il vous soyes la bien venue quelle chose vous amaine a ceste heure Sire fait elle ma damoiselle la fille du roy Brangoyre my enuoie la quelle se plaint de vo⁹ cōme de celup a qui elle auoit fait le plus grāt honneur q̄lle auoit peu/et vo⁹ luy aues mesfait en deux manieres si sen plaist a vo⁹. Haa dāe fait il dictes moy cōment Il est vray fait elle quel tournoiement fust assemble pour elle marier et fust estably q̄ celup q̄ le vaicroit la prēdroit a fēme & seroit sire de ceste terre et vo⁹

partie

qui la vainquistes donc la devriez vous pren
dre par le couenant qui y est. Et quant vous
ne vouldriez ne deuriez vous pas dire adroit
que vous ne lui feissiez tort et honte. Et de ce
se plaint elle moult. Et dautre part lui auez
vous assez meffait car elle est bien de aage de
marier et quant vous mariastes les autres se
vo' eussiez este courtois elle ne feust pas este
oubliee car elle est plus vaillante que nulles
des autres si deust estre si lui est auis la pmie
re assignee, et puis que elle ne se est elle ney de
uroit blasmer sinon vous. Ainsi lui auez mes
fait si ne sauoit pas desserup, et pource ne de
meure il pas que ne vous enuoie vng aneau
moult beau : et vous prie q vous le portez des
ores en auant pour lamour de elle pource que
aucunes fois aiez souuenance de elle et de vo
stre meffait. Et il prēt laneau et se met en son
doy, mais si tost comme il se p eust mis si lui
mua le cueur moult durement car sil estoit de
froide nature et vierge en voulente et en fait:
ores est chault de ce dont il ne lui estoit au par
auant riens. si sen tient a mal baillie de ce que
sa dame lui a dit. Haa dame fait il pour dieu
pourroie ie auoir pardon de ce meffait. Certes
voirement ap ie meffait vers elle: et ie vo' prie
que vous faciez tant que ie soie accorde a elle.
et prengne si haulte vengance de moy com̄t
il lui plaira par ma foy fait la damoiselle le
mieulx q ie y voie cest que vous lui alliez crier
mercy et vous ottroiez du tout a son seruice.
Dame fait il. il nest riens en tout le monde q
ie ne feisse pour estre raccorde a elle. Lors ve
stist incontinent sa chemise et print vng man
teau et le mist a son col et sen va apres la biel
le: et elle le maine en la chambre de sa damoi
selle mais elle sestoit ia couchiee. Et quant el
le le vist venir elle se dreca en son seant, et sen
p vopoit moult cler. Lors se agenoulla booit
deuant elle et lui dist. Damoiselle ie viens a
mender ce q ie vous ap forfait se mon pouoir
est si grant que si haulte amende puisse estre
par moy rendue et prenez en telle vengance cō
me il vous plaira. Et ce disoit il tout en plou
rant : car ainsi estoit il attourne pour laneau
quil portoit que tout son sens en estoit changie
Et lors lui tent le pan de son manteau en ame
de. Et elle le recoit et lui dist. Sire puis que

vous vous mettez du tout en ma mercp, trop
seroit grāt villennie a moy se ie nen auoie mer
cy: et ie le vous pardonne. Lors lui dist sa mai
stresse. Sire cheualier samende en sera sur
moy. Voire dame fait il: boul setiere. O vo'
commande ie que vous demourez huymes a
uec elle. Et vous damoiselle fait elle ne le re
fusez pas / aincois le receuez comme celui qui
tout est vostre, et vous toute sienne. Et lors
les met ensemble et puis elle ferme la chambre
sur eulx deux

Ainsi sont les deux vierges mis ensem
ble fil3 de roy et fille de roy, et ce dont il3
nauoient riens sceu leur apret nature. Si se
entreapprouchent si charnellement emsenble
que les fleurs de virginite sont espandues : et
a celle mesmes assemblee par la grace de dieu
et par sa voulente diuine sa damoiselle con
ceut helpaim le blanc qui puis fut empereur de
constantinoble et passa les bournes alixādre
sicomme lystoire de sa vie le tesmoigne et mes
mement a lenqueste du graal en parle il lon
guement. Et pource que cest assemblemēt fut
fait par pechie et par ignorance ne demoura il
pas que leur virginite feust corrompue pour
neant aincois fut mis le fruit si hault que onc
ques de deux iennes enfans ne descendist si
hault fruit. Et tout ainsi que le laboureur ne
peut donner a sa vigne que la facon, et nostre
seigneur p met le sourplus : cest le fruit, tout
ainsi ne peurent ilz donner a lenfant fors tāt
seulement la facon et nostre seigneur p mist le
fruit. Et nonobstant le dyable en eut moult
grant ioie car bien les cuida auoir a sa cordel
le et puis sen tint il a deceu. Et mesmemēt la
dame du sac qui moult tost le sceut par ses en
chantemens si se merueilla moult: et dist que
ores ne sauoit elle que croire, car elle cuidoit
bien quil deust estre vierge tout son aage. Si
en fut assez dolente quant elle le sceust, et sans
faulte booit auoit propose de estre vierge tout
son aage. Et ainsi la perdist il car il geust a
uec la damoiselle toute nuit tant que la mai
stresse reuint a eulx et en fist aller booit en son
lit moult ioyeux. Si commenca a froter ses
mains tant q il auint que laneau qui vng pe
tit estoit trop large lui cheut du doy. Et quāt
laneau lui fut cheu de son doy lors apperceut il

d iii

quil auoit este dech eu si en sust moult dollēt et souffrist ainsi iusques au iour et puys se leua et alla oup̄ messe et quant il eust oupe sy print ses armes et print congie du roy moult de bonnairemēt/ et sa m̄pele traist a part dedens vne chambre si luy dist. Sire fait elle vous scaues bien comment il est entre vous et moy et vous vous en voulles aller pour ce que vo9 ne scaues quil est du reuenir ie veul q̄ aies ma mour et que vous portes cest fermail pour la mour de moy. et si vous prie que dedens demi an treuenes par cy. Car se iestoie enchainte ie vouldroie que reparissies entour mon pere: et que vous tesmoingnissies que lenffant seust vostre et que il le sceust par vostre serment. Et il m̄est le fermail en son col et dist que dedenz le terme il y sera se il peult estre. Sy sen part atant et laissa la damoiselle toute courroucee. il monte sur son cheual et sen va tout seul car son escuyer auoit este blecie au tournoiement si que demourer le couynt. Et quāt il eust erre iusques a prime si vint a lentree de vne forest que len appelloit gloenant. et quāt il vouldust entrer dedens si regarde et voit la damoiselle de hogueffozd et sa mesgnie auec elle/ mais il se merueille moult quant il voit que chascun auoit sa robe vestue a lenuers/ et leurs cheuaulx qui estoient atournes que chacun auoit la queue couppee empres les gares et pour la merueille quil eust si se arresta tāt quilz furent pres de luy si les sallue et il leur rendent son sallut. Et la damoiselle vient deuant pour ce que il les auoit sallues. Si luy demande sire pour dieu me sauries vo9 a dire nouuelles dung cheualier qui porte vng escu blanc et vnes blanches armes et elle estoit si enueflopee quil ne la pouoit cōgnoistre pour quoy le demādes vous dist il. Sire fait elle pour ce que ie se vouldroie auoir trouue si luy compte toute son auanture tant quil cōgnoit bien que cest celle qui le quiert/ Mais pour le couroust quil a du senechal et de sa mort ne se voult faire congnoistre/ mes leur respont certes damoiselle ie ne cōgnois mie le cheualier qui porte les blances armes. En nō dieu fait elle il me poyse moult chierement. Adonc sen part et ne voult plus parler il la commādee a dieu et sen va. et cheuauche iusques a tierce

tant quil vint a lissue de la forest et il tourna a destre vers vng petit chempy vieil: si ne demoura gueres quil vint en vne vallee/ ou il couroit vne eau monlt roidde la quelle estoit grande et parfonde/ et ne treuue ne pont ne planche par ou il puisse passer. Sy regarde de laultre part de leau et voit vng beau chastel monlt bien seant et bien clos de muraille tout entour. Il regarde le chastel grant pieche car moult luy plaisoit a voir/ puis sen tourne contre val la riuiere pour scauoir sil pouroit trouuer ne pont ne gue par lequel il puisse passer/ mes il nen truue point. Et il voit ce si ne scait que faire/ car retourner ne vouloit pas. A tant voit yssir vne damoiselle du chastel la quelle estoit toute nue en sa chemise/ sy la menoient quatre ribaulx moult felonneusement et tenoiēt chascun en sa main vng coustel trenchant. Et la damoiselle crioit tant comme elle pouoit pour la laidure et honte q̄ telz ribaulx luy faisoient/ et la menoiēt batant contre val la riuiere. Et quāt la damoyselle voit le cheualier de laultre coste de sa ryuiere commenca a crier et dire en tell maniere Haa beau et gentil cheualier secoures ceste damoiselle que ces ribaulx veullent occire/ haa franc home fait elle me lesseres vo9 ainsi mourir entre les mais de telz paillars. et se vous eustes onques pitie de nulle gentille dāe aies pitie de moy car se vo9 ne me secoures ie suys a la mort liuree. Et quant Boorz ouyt quelle se prioit si piteusement si ne scait que faire car voulentiers luy allast aider se il peult estre/ mes il voit la riuiere pfonde et dangereuse a passer. et scait bien sil entre dedens q̄l se met en peril de mort. Et daultre part il voit celle qui si piteusemēt lui crie mercy. Si luy en prent telle pitie quil en laisse toute paour et fait le signe de la croix deuant son visaige puys embrache son escu et fiert son cheual des esperons et se lanche dedens leaue tout erraumēt: et le cheual commence a noer si tost quil eust terre perdue. et sen passe le cheual iusques de laultre part de leaue mes ce sust a grāt paine car als quilz seussent passes beurent de leaue lun et laultre et se le cheual neust este fort et bon ilz seussent noyes et lun et laultre car le cheualier estoit fort pesant pour les armes quil auoit

partie

vestues. Quant il fut de lautre part de leaue si ne descēdist oncques ains courust vers ceulx qui la damoiselle tenoient: a fiert tellemēt le premier quil encontre qͥl lui met le glauie par my le corps si labat a terre a les autres se mettent en fuite. La damoiselle q̄ deliuree se sēt se met a genoulx deuant lui et lui dit. Haa gentil cheualier de dieu soiez vous benoit: car ces gloutōs me eussēt occiz se ne feussez voꝰ. Damoiselle fait il pour quoy. Sire fait elle ie le vous diray mais q̄ vous me aiez mise a sauueté. Commēt fait il auez vous donc paour. Sire fait elle ia seure ne seray tant que ie sache leans le seigneur de ce chasteau/ car cest le plus fel cheualier du monde a le plus cruel

A ces parolles voient issir ung cheualier du chasteau: a la ou il voit Boort il lui escrie. Cheualier laissez la damoiselle a par mon chief mal la rescousistes. Boort lētēt si lui court tāt qͥl peut du cheual traire le glaiue allongnie a le fiert si duremēt quil labat a terre si estourdy qͥl na pouoir de soy rescuer: et Boort lui va par dessus le col a cheual tāt que toute se debrise. Et Boort a tant la damoiselle esiouye q̄ elle ne peut plus: a dit a Boort. Sire nous nauons mes garde: car ie ne cuide poīt qͥl y ait plus de cheualiers leans que cestui si. vous diray seurement ce q̄ vous mauez demādé. par ma foy fait elle moy a ung cheualier qui mon amy estoit cheuauchions parmi cest chasteau. Et quant le frere de celui que vous auez abatu me vist si me voulut auoir a prēdre a force: car il me auoit longuemēt aymee. Il print mon cheual et men voulut mener a force: mais mon amy se combatist a lui tāt qͥl loccist. Et quant celui que vous voiez cy vist son frere mort il fist mon amy prendre par force de gens et de villains/ a loccist en vengāce de son frere et dist quil se vēgeroit de moy sās main mettre. Si me fist prēdre par ces quatre ribaulx que vous auez veu a leur cōmanda quilz me nopassēt/ car par armes ne vueil ie pas que elle meure. Si me emmenoient ainsi comment vous auez veu pour noyer quant vous me venistes secourir par la voulente de dieu et par la vostre. Or vous ay toute cōpte ma fortune/ si voudroie se vostre voulente y estoit que vous me menissez a sauueté en ung

mien chasteau q̄ est cy pres. Voulentiers dit il. Et il la prent par le bras et puis la met sur le col de son cheual/ si a iecte son escu derrier son dos: a puis tourne celle part la ou la damoiselle lui enseigne tant que vint apres midy q̄ ilz virent deuant eulx ung moult beau chasteau: a lors attaignent deux escuiers a lētree de ung petit bois a portoit chacun venoisō derrier lui troussee. Et quant ilz virent la damoiselle ilz descendirēt a pie a lui firent si grāt honneur a si grant ioye comme a celle qui leur dame estoit: mais moult se merueillent de ce qͥlz la voient plourer: si demandent que elle a. et elle leur compte comment son amy auoit este occy/ a moy mesmes eusse este occie se ne feust ce franc cheualier qui par sa debonnaireté ma rescousse a sest mis en peril de mort pour moy sauuer. Et lors elle parle a conseil a ung des escuiers a celui se destrousse maintenant de sa venoison a la baille a porter a son cōpaignon a sen va vers le chasteau tant quil peut courir a tout son roussin. Et Boort demande a sa damoiselle comment le chasteau auoit nom ou son amy auoit este occy. Sire fait elle il a nō galdon/ a leaue ou vous passastes a nom galide. Ainsi sen vont parlant ensemble Boort a la damoiselle tant que ilz sont venus prez du chasteau si le voient beau et fort et moult bien seant. Et quant ilz sont montez le tertre si virēt dames et damoiselles a grant plante dōt les unes dansoient et les autres deuisoient et les autres iouoient de diuers ieux. si estoient toutes vestues moult richement/ a auec elles venoient des cheualiers iusques a dix qui faisoient moult grant ioye. Et quant ilz virent Boort si lui crierent tous. Bien viengniez voꝰ qui nostre dame auez rescousse de mort et deliuree des mains de ses ennemis. Et lors font descendre leur dame et lui auec. Si ne pourroit nul hōme cōpter la grant ioye q̄ leur fut faicte. A telle ioye menerent Boort au pallais. Et quant ilz eurent mēgie la damoiselle lui demanda commēt il auoit nom. Et il respōdist quil auoit nom Boort le essillie et si estoit cousin germain de Lancelot du Lac. Et vous dame quel est vostre nom. Sire fait elle iay nom benigne de glacedon. et ce chasteau cy ou nous sommes a aussi nom glacedon.

d.iiii

A ces parolles quilz disoient veez ung escuyer qui entra leans si se agenoille devant la damoiselle, dame fait il madame de hongueffort vous sallue et vous mande que elle se veult ennuyt logier auec vo⁹. Et quãt celle loyst si demande a sescuyer ou elle est dame fait il a dempelieue de cy/ et elle mõte sur son cheual auec quatre cheualiers et quatre escuyers pour aller a lencontre de la dame & si laisse quatre cheualiers auec booit pour luy faire compagnie mes booit qui les nouuelles a entendues de la dame de hongueffort ne scait que faire si pense longuement car il ne veult pas estre congneu et quãt il a longuement pensse si se lieue en son estant et demande ses armes. Sire sont ceulx q auec luy estoiẽt pour quoy les demaudes vous ie me vueil fait il armer pour moy aller esbatre iusq́s en ce bochel mes ie reuendray tantost, et ceulx nosẽt refsuser son cõmandement lors luy apportent ses armes et quãt il fust arme si sẽ part de leans par la posterne vers ung petit bosc et ne veult que nul luy face compagnie. Et quãt il est ung pou essongnie il tourne vers vne forest grãde et espesse si fiert des esperons et sen entra dedens et cheuaucha tant que la nupt vint. Il ouyt vne cloche sonner si pense tãtost que cest vng hermitage. il sen alla celle part & puys frappa a luys/ et lermite le rechoit a belle chere et le desarma et puys cueillit de lerbe verte pour le cheual et fist le lyt au cheualier.

Ainsi est Boort demoure auec lermite et la damoiselle de glacedon a tant alle quelle encõtra celle de hongueffort, si sentresallueret. Et quãt celle de glacedon voit sa cousine & toute sa mesgnie ainsi atournee elle sen merueille moult sy luy demãde lachoison et celle luy compte toute la verite et dist q́ ia maiz ne finera de errer iusq́s a tant q́lle aura trouue le cheualier/ et sachiez belle cousiez q́ cest le plus beau et le meilleur que ie veisse on ques et sy est encore ione enfant/ si ay tel deul quãt me souuient de la villanie q́ ie luy feiz que a pou que le cueur ne me part du ventre. En nom dieu belle cousine fait celle de glacedon, sy vous est aduenu belle auãture/ il ne men est pas aduenue vne moins belle. Sy luy compte tout ainsi comment il luy estoit aduenu/ et dist quelle auoit herbegie le cheualier, et vous dyes bien q́ cest le plus beau cheualier du monde/ sy luy deuise sa facon tant quil est aduiz a celle de hongueffort que cest celuy quelle quiert/ si luy tarde quelle se voie

En telle magniere cheuauchẽt tãt quilz sont venues au chastel si decendent la damoiselle moult hounourablemẽt et font grãt ioye de celle de hongueffort. lors sont mõtees au palaiz si demãde la damoiselle de leans ou est son hoste, deurap dirẽt les cheualiers de leãs Il sen va orendroit tout seul arme hors de ce chastel mes il nous dist quil reuẽdroit tantost, ne onques ne volt souffrir q́ nul allast auec luy si a prins sõ chemi vers ce bochel. Ortost dyt la dame montes sy alles apprez luy et le ramenes arriere. Lors montent tous les cheualiers et viennẽt iusques au bochel et le cherchent amõt & aual, mais ne le peuẽt trouuer, En nõ dieu fait elle il ne demoura pas ainsy si monte elle et sa mesgnie & cõmencent a chercer le bochel de toutes pars et prie aulx cheualiers quilz le cherfacent mes ce ne leur valust riẽs, car ilz nẽ poiẽt ouyr nulle vraie ẽseigne. Quãt elle voit ce si sen retoure en son chastel dollente et courroucee/ et compte a celle de hõgueffoid cõment son hoste sen est alle puys demande a ceulx de leans. Beaulx seigneurs quãt sen parti il/ par ma foy si tost que vous feustes partie, et dist quil reuendroit tantost. par ma foy dist la dame il no⁹ a gabes. Lors demande celle de hongueffoid quelles armes il portoit et elle luy deuise. En nom dieu fait elle ie le trouuay huy matin a lentree de vne forest/ mes il ne portoit mye telles armes cõme celuy que ie quiers/ belle cousine fait celle de leans il les peult biẽ auoir chãgiez et ie cuide bien a mon aduiz que cest celuy que vous queres sy vous prie que me lessiez aller auecques vous tant que laurõs trouue. Il mest moult bel dyt celle de hongueffort q́ vous viegniez auec moy puis quil vous plaist, ainsi demeurent la nupt leans. et au matin quãt ilz virẽt le iour si sen partirent du chastel et entrerent en la queste de leur cheualier. Or lessons maintenant le compte de Boors et des deux dames et retourons a parler de lancelot du lac le q́l est entre en la forest de la sapine.

partie

Comment lancelot emporta le corps de galehault que plusieurs cheualiers gardoient: et comment il rescouist sa seur de meleagãt que len vouloit ardre iiii.pp.viiii

Grãt chault fist dit le cõpte le iour q̃ lancelot fut entre en la sapinoie & pource ne demoura il pas quil ne cheuauchast iusq̃s a vespres sans rẽcõtrer home ne fẽme. Sicomme il deust issir de la forest il rencontra vne damoiselle grant deul faisant montee sur vng coincte passe troy. Il salue sa damoiselle & lui dit. Dame dictes moy pour quoy vous plourez sil vous plaist Certes sire se ie pcuidoie auoir prouffit ie vo⁹ le diroie. Dõmage fait il ny aurez vous ia se dieu plaist. car se ie vous puis aider ie vo⁹ ai derap a esclercir vostre cueur a mon pouoir. par dieu sire dõc fait elle le vous diray ie. Il fut voir q̃ meleagant le filz du roy bademagus assa a sa court du roy artus pour la royne genieure conquerre. En dementiers fist tãt vne damoiselle q̃ sa seur estoit q̃ elle iecta lancelot hors de prison de vne tour la ou il sauoit mis. Quant elle seust deliure elle le tint auec elle tãt q̃l fut gary: & moult y auoit eu mesaise. & puis senuoia a la court du roy artus la ou il occist meleagant. mais tantost que ses parens sceurent q̃ elle auoit iecte lancelot hors de prison ilz sa occuperẽt de la mort de meleagãt. & fut dit q̃ se elle ne trouuoit q̃ la deffendist q̃ len feroit de elle telle iustice q̃ len deuoit faire de femme qui son frere auoit occis. Et elle dit q̃ elle trouueroit bien qui sen deffendroit. Si lui fut iour determine de trouuer vng cheualier pour elle deffendre. Et elle a depuis pour chasse en plusieurs lieux mais oncq̃s ne trouua cheualier qui ses armes osast prendre cõtre celui qui lauoit appelle. Or est tãt la chose alee q̃ le iour est enuy termine: si na trouue nul deffendeur. & pource sont iugiee a estre arse au matin, & cest la cause qui me fait plourer car elle estoit vne des pl⁹ haultes damoiselles du monde: et des plus vaillantes.

Or me dictes damoiselle fait lancelot se elle trouuoit demain qui la deffẽdist ne seroit elle pas quicte du iugemẽt. Sire dit elle ie ne scay. Et esse fait il gaires loings dicy. Sire dit elle il ny a q̃ six lieues angleschees/

& se vous partiez demain matin vous y seriez demain a prime. Et ou la pourroie ie fait il trouuer. En la forest de florega: & ce chemin icy vous y menera tout droit se vous le sauez tenir. Il se part de la damoiselle & sa comman de a dieu!. Et celle sen reua faisant son deul. & il cheuauche tant quil vint hors de la forest si voit deuant lui vne maison de religion. Il tourne celle part pour hebergier. Et quant il vint la si trouua deux freres qui auoient chãtee complie: & ilz estoiẽt venus hors au serain si saillent encontre lui pour le descẽdre & dit q̃ bien soit il venu. apres lui demãdent sil men ga huy. Il dit que nenny. & ilz font incõtinẽt mettre la table se pain & le vin dessus mais il dit q̃l ne mẽgera deuantquil ait este au mon stier dire ses oraisons car il ny auoit huy este. Lors entre en leglise & ainsi quil fut agenoullons si regarde a dextre partie & voit vne prones dargent moult bien faictes a flourettes d'or a bestes & a oiseaulx de diuerses manieres. Dedẽs auoit cinq cheualiers armez de toutes armes les espees en leurs mains ainsi prestz a deffendre comme se len voulsist assaillir. De ce se merueille lãcelot si se dresse sur piez & va celle part & salue les cheualiers. Et ilz dient q̃ bien soit il venu. & lancelot entre dedẽs les prones par vng petit huysset & regarde les prones qui tant sont belles & riches quil ne cuide pas que vng roy les peust esligier. & voit delez les cheualiers vne tombe la plus riche que õcq̃s feust veue de nul homme: car elle estoit de fin or a pierres precieuses qui plus valloient que vng grant royaume. Et se la tõbe fut de grãt beaute, ce nestoit riens enuers la grant richesse: & auec ce estoit elle la greigneure q̃l vist õcques. si est moult esmerueillie qui pouoit estre le prince q̃ fut illec mis. Et il demãde aux cheualiers qui illec sont de quoy ilz seruent. Si re nous gardons le corps qui gist dedẽs ceste tombe q̃l ne soit porte hors de ceãs. & somes cinq pour le garder chacun iour: & par nuit en y a autres cinq qui font autel seruice cõme no⁹ faisõs de iour. Et pour quoy auez vo⁹ paour fait lancelot quil ne soit emporte. Sire fõt ilz pource q̃ vng des freres de ceãs nous dist na encores gaires que vng cheualier vendroit ceste part qui a force le osteroit & hors de ce pais

Seconde

le feroit porter et nos gens de cefte terre aymeroient mieulx mourir que il fust remue dentre nous car le preudomme nous dift q̃ le cheualier ne demouroit pas quil ne venist. Or me diſtres fait lancelot. Ne feuſt pas ceſt cheualier hault prince a q̃ſen feiſt ceſte ſepulture. Sire ſont ilz ce fuſt ung hault homme et riche/ auec ce fuſt le plus preudomme qui onques fuſt en ſon temps. Haa dieux fait lancelot q̃ fuſt il. Sire ſont ilz ſy vous congnoſſies lettres bien pourres ſcauoir q̃ il fuſt/ car ſon nõ eſt eſcript au chief de celle lame/ lors va lancelot celle part ſy treuue les lettres qui diſoiẽt. Icy giſt gallehault le filz a la gayande qui pour lamour de lancelot mourust/ et il voit ce ſi chiet paulme. et geust grãt piece a terre ſãs mot dire et les cheualiers le courẽt releuer ſi ſe merueillent qui il peult eſtre. Et quant il eſt ſeue de paumoiſõs ſi ſe eſcrie et diſt/ Helas q̃lle douleur quel ennuy et q̃l dõmage/ lors ſe tourne apart et pleure, et crie monlt durement ſi q̃ ceſt pitie de le voir et mauldiſt leure qui fuſt oncques ne et dit. Haa dieux quel dõmage et q̃lle pte du plus preudomme du mõde. ceulx de leans le regardent a merueilles/ aiſe crie et ſe debat et deſchire, et apres q̃ a ſon deul demene grãt piece il regarde les lettres qui diẽt q̃ pour luy mouruſt galle. Si diſt q̃ ores ſeroit bien mauuais ſil ne mouroit pour luy. Si ſault hors du proſne et diſt q̃ il yra querir ſon eſpee/ et q̃ il ſe occira quãt ainſy eſt galle. mort pour luy et a liſſue du mõſtieril encõtra une des damoiſelles a la dame du ſac celle a qui vous auoit parle au chaſtel de honguefforeſt et celle le print par le poig et le arreſte/ quoy ſait elle ou alles vous ainſy/ Haa damoiſelle fait il laiſſies moy mes douleurs parfournir, car ia mais ne auray ioie ne repos en ce ſiecle/ par lees a moy fait elle et il ne luy reſpõt mot ainſ ſe lance oultre ſi q̃ il luy eſchappe des mains et quãt elle le voit ainſy aller ſi diſt. Sire ie vous deffens de par la riene q̃ plus aimes q̃ vous ne alles en auant premier que aies pte a moy/ et il ſarreſte ſi la regarde. Et il la connoiſt il diſt q̃ bien ſoit elle venue. En nõ dieu fait elle vo9 me deuſſies faire plus belle cheſe que vous ne faictes au moins pource que ie ſuys a voſtre dame du ſac, damoiſelle fait il

ne vo9 deſplaiſe et ne cuidiez pas q̃ iamaiz idieſoie pour auãture qui me puiſſe aduenir. En nõ dieu fait elle ſi aures. Or eſcoutes que ma dame vous mande Elle vo9 mande q̃ vous oſtes le corps de gallehault qui eſt ceãs et le faictes porter dedẽs ſe chaſtel de la douloureuſe garde et ſoit mis en la tõbe ou vous trouuaſtez ſon nom en eſcript et elle le veul ainſy pource quelle ſcait bien que en ce meſmes lieu ſera voſtre corps enterre. Et quãt il entent ce ſy diſt q̃ moult luy ſõt ces nouuelles plaiſãs car tout ainſy le fera il/ pups demãde cõment ſa dãe le fait, par ma foy elle a eſte viii. iours malade durement car elle trouua en ſon ſort q̃ ſi toſt cõment vous trouueries la tõbe de gal. que vo9 vous occiries de deul et pour ce menuoia elle ceſte part et vo9 prie que vous leſſies ce deul et q̃ pour la riẽs que vous plus ames que vo9 vous reconfortes le plus beau q̃ vo9 pourres. et ſe vous ne le faictes ainſy ſachies que au premier affaire q̃ vous aures elle vo9 fauldra, et il dpt qui ſe cõfortera pups quelle veult. Or vo9 cõuient vos armes predire car ie ſcay bien tant des cheualiers de ceans quilz ne le vous leſſerõt point eporter tant quilz le puyſſet deffendre. ſi ſen va armer tout maintenant/ et la damoiſelle diẽt aulx cheualiers qui gardoient la tõbe ſi leur diſt. Seigneurs voulles vous deffendre ce qui cõuient a eſtre oſte a force/ ie le dys fait elle pour ſe corps q̃ vous gardes car vous ſaues bien q̃l ſera oſte car celuy eſt venu qui lẽy oſtera/ et ſe vous cõ tredites vous en mourres tous. Et pource vauldroit il mieulx que vous le leſſies venir que de vous faire occire. Et ceulx dient q̃ tãt quilz ſeront vifz ne le le ſeront emporter. A ces paroles vint leans lancelot tout arme. Et quãt les cheualiers le voyent venir ſi luy demandent que il veult faire ie vueil auoir fait il le corps qui leans giſt. par ma foy ſont il vous ne laures point ains y mourrõt tous q̃ vous lemportes. au mourir eſtes vous tous venus puis que a moins ne vous en voulles paſſer Ceulx ſont dedẽs les proſne et il leur court ſus incõtinent et eulx a luy. lãcelot tire ſon eſpee toute nue et frappe ſur eulx en telle maniere que le premier quil attaint il le met par terre. lors ſe aſſaillent les aultres moult

partie

vigoureusement: mais peu leur prouffite: car tant est dolent que nul plus. si leur laisse courir par grant ire tant que tous les fait reculer de lui. Lors regarde lun des quatre qui plus lui faisoit mal a son auis si lui donne sur son heaume tel coup ql en fait le feu saillir/ & lespee glace si descēt sur sa destre espaul'e du cheualier: si q̄ le bras lui cheut atout lespee sur le pauement. Celui trebucha a terre & se pasma de langoisse quil sentist. Lors sont moult esmaiez ses autres .iii. & lancelot leur court sus & en fiert tellemēt vng amōt le heaume qˉl se fait flatir a terre ¶Et quant les autres deux voient ce si tournent vers sups a garant. Et lancelot vient attaignant le derrain par entre lescu & le col si lui trenche le bras: & lescu chiet a terre. Lancelot court a lautre dia se resceuoit & le fiert si grant coup quil lui fait voler le heaume de la teste en la place. Quant celui sēt sa teste nue il crie mercy & dit qˉl est prest de faire sa voulēte. Il te conuient dōc promettre dit lancelot q̄ tu conduiras le corps de gallehaut a la douloureuse garde tant q̄ ie y viengne, & se len te demande quite p enuoie si dis: celui q̄ eut les blāches armees le iour q̄ le chasteau fut cōquis & celui sui pmet. Lors prent lancelot sa dame par le gros chief & la tire de si grant force que a peu quil ne se derompt tout & tant q̄ le corps lui sue dangoisse/ mais nulle douleur quil eust mais ne monte riens a celle douleur qˉl eust quāt il vist le corps de gallehaut tout arme ainsi cōme il estoit. Si trouua son espee emprès lui qui tant estoit bōne & belle. & sans faulte il sen eust occis se la damoiselle ne lui eust oste. Lors fist lancelot vne biere de fust & la fist couurir du plus riche drap de leans. Quāt il leust apointe le mieulz qˉl peut se cheualier prisonnier lui dist. Sire il seroit bon de emporter le corps de nuit. Pour quoy fait lāce lot ¶Pource fait il que se les cheualiers de ce pais sauoient q̄ len le deust deporter ilz feroiēt garder le trespas. Et pource vous conseille roie q̄ on partist car il seroit bien eslongnie ais qˉl feust iour dix lieues angleschees. Et il se y accorde/ si met la littiere sur deux palleſrois amblans & emportēt ainsi gallehaut hors de la maison. Si en ont les freres grant deul & sont dolens que on lemportoit. Lancelot le cō

uoie grāt piece de la nuit plourant & plaignāt & regrettant sa prouesse & sa valeur. Et ne feust la damoiselle qui auec lui estoit moult en eust fait plus quil ne faisoit: mais elle sen destourna. Et lācelot commāde au cheualier qˉl ne feust enterre deuant quil venist. Si se depart de lui & retourne a la religiō se couchier et oncq̄s ne voulut la boire ne mengier. si lui ennuya moult le iour qui tant demouroit a venir. Et au matin si tost comme le iour apparust se leua & ouist messe lui & la damoiselle. Lors elle lui dist nouuelles de Booɔt & quelle sauoit veu deuant a honguefort et commēt il le fait, & il en fut moult ioyeux. Apres elle lui dit. Sire il vous va grant ne iamais ne finera deuant quil vous aura trouue. Damoisel le fait lācelot se vous le trouuez auāt q̄ moy ie vous vouldroie prier q̄ vous lui porteissiez ceste espee qui fut a mon cōpaignō gallehaut & lui dictes quil la porte de par moy car elle est moult bonne & belle. Et elle dist q̄ elle le trouuera par temps et bien fera ce message. Si se part atant de elle & sen va vers le chasteau de florega si y vint entour prime, & il regarde es prez hors la ville si y vist moult grāt gēt en tour vng feu ou len deuoit ardoir la seur de meleagant. Quant il apperceust le feu si zut grant paour de la damoiselle. Lors frappe le cheual des esperons & vient celle part. & quāt il voit la damoiselle qui ia estoit amenee au feu pour destruire laquelle estoit en vne poure chemise & la tenoient six pautōniers. trois de vne part et trois dautre: & ne actēdēt q̄ a iecter au feu fors le commandemēt du iuge. Et elle plouroit moult tendrement & regrettoit lance lot: en disant. Ha gentil homme lācelot car pleust a dieu que vous feussiez prez de cy a my lieue certes a laide de dieu ie seroie rescousse malgre tous mes ennemis si me conuiēdra mourir pour la vie que ie vous sauuay apres dieu mais certes dit elle il ne me poise pas tāt pour moy commē il fait pour le courroust q̄ vous aurez quant vous le saurez mais ce me conforte que ie scay bien q̄ les damoiselles gai gneront ma mort car iamais nulles ne vo' requerrōt daide q̄ vous ne ses aidez tant quil vous souuiēgne de moy car vr̄e cueur est ainsi franc. Si mest auiz quil mest mieulx a same

pour soiaulte faire et pour ietter de peril ũg
si vaissant hõme cõment vous/ que se vous
feussies mort par la desloyaulte messeagãt/
qui en prison vous auoit mise.

Ainsi disoit la damoiselle mõlt tendre
ment plourant. lors vient lancelot poi
gnãt celle part si dist a ceulx qui tenoient la
damoiselle/ lessies la damoiselle. pour quoy
fait ũg cheualier arme qui deuant estoit/ la
lesrons ilz. pour ce fait il que vo9 naues nul
droit a la faire mourir/ si auons fait celuy as
ses grãt car nous saues actainte de meurdre
donc ie sappeloie/ et elle sen offrit a deffendre
mes elle ne trouua õques cheualier qui pour
elle portast escu/ & ce nest pas de merueille car
chascun scait bié quelle a desloyaumẽt ouuré
de quoy fait lancelot/ de oster lancelot de pri
son pour occire messeagãt son frere A dõc dist
lancelot se vous voullies dire quelle ait fait
traison ou meurdre ie suys prest de prouuer
lencontre. Et pourtant aduises se deffendre
le voulles. Qui estes vous fait cesuy/ cheua
lier suys fait lãcelot qui viens vers ceste part
pour deffendre la damoiselle. par ma foy se
ie voulloie il ne men conuendroit ia deffedre.
car des hyer elle estoit attaicte puis quelle ne
pouoit deffence trouuer/ mes ie sens ma droi
cture si loyalle quil nya cheualier eu monde
contre qui ie losasse bien prouuer. Eu nõ
dieu fait lancelot ie suys tout prest de la def
fendre vers vous/ voire dist cesuy/ par mon
chief et vous en moures cõment traictre & des
loyal/ Lors est la damoiselle reculee du feu/
et les cheualiers se esslongnẽt & puys viennẽt
luncontre saultre tant cõe cheuaulx peuent
courre/ et sentreficrẽt si duremẽt q̃ les lances
vollent en pieces. mes le cheualier ne se peult
tenir en la selle/ ains volle ius du cheual/ et
au choir ferit le coing du heaulme a terre si
a pou quil na le col brisie. Et quãt lancelot le
voit si descẽt a pie et tire son espee et court sus
a celuy qui ia se releuoit/ si luy dõne tel coup
sur le chief q̃ le fist flattir a terre des palmes
et des genoulx puis recouure ũg autre coup
et le fiert si quil se fait parchoir/ apres le priẽt
par le heaulme et le traine iusques au feu/ si
le iette dedẽs et celuy estoit si estourdi quil ne
se pouoit remuer si luy conuiĩt demourer au
feu/ et mourit en telle maniere. Lors vienẽt
ceulx qui gardoiẽt le champ et dient a lance
lot quil en a asses fait si luy rendent la da
moiselle saine et haictiee & il a fait vestir puis
luy demande que elle veult plus. Sire fait
elle ie vueil que vous me mettes a sauuete en
mon chastel/ et il dist que si fera il voulẽtiers
sy la cõduit au chastel ou elle voulloit aller.
et ou elle sauoit garde maint iour et auoit nõ
gallasfort/ Et quãt lãcelot vint la il ne feist
mie a demander se on luy fist grãt chere. Car
ceulx du chastel sauoient ia bien cõment leur
dame estoit desiuree par ũg cheualier q̃ auec
elle venoit sy le recheurẽt cõment sil eust este
dieu et se agenoullerẽt deuant luy et crioient
tous a vne vois. Sire sur tous ceulx du mõ
de vous soyes le bien venu quy nostre grant
deul aues tourne en ioye.

A telle feste ont leans lancelot receu. Et
quãt il eust cõuoiee la damoyselle ius
ques deuãt son maistre pallais/ si sen veult
lãcelot aller mes elle se pẽt au fraig et le fist
demourer a forche/ et luy dist. Tres doulx
cheualier vous ne me eschapperes pas ainsy.
Lors cõmande quil soit desarme. Et varletz
saillent pour faire son cõmandement et tan
tost quil eust son heaulme oste si le cõgneust
bien si luy sault les bras tenduz et le voulloit
baiser en la bouche quãt il se destourna & elle
luy baise le col/ et puys pleure de pitie et dist/
Gentil cheualier tant ie vous auoye desire a
voir auant q̃ ie mourusse/ et cõmet venistes
ceste part/ car auãt hyer vous en partistes.
Par ma foy fait il ũg cheualier a ũes ar
mes vermeilles ma appelle de traison en la
court du roy artus. pour la mort de messeag.
si men conuient a deffendre en la court du roy
bademagus/ Haa fait elle ie scay bien q̃ il est
cest argõindes le roux/ et le cheualier q̃ vo9
aues occy et ars estoit son frere/ si ne scay que
puissies faire/ car se mon pere scait que vous
aies occis messeagant ie crains quil ne vous
sache occire. cõment fait lancelot. ne scait il pas
encore qui se a fait. se maist dieu nennil fait
elle. Si est messeagãt apporte en ce pays. v.
iours a passes/ et est au chastel des quatre pi
erres. Et se gardent illes si cellement que le
roy nen scait encores riens. mes dictes moy a

quant est le iour que vous vous deuez deffendre. Et il dist q̃ cest au iour de la magdalaine. Vous conseille dieu fait elle: car iay grant paour q̃ agarīdes ne vous face auoir q̃lque trayson. De ce fait il naiez ia paour.

Assez parlent celle nuit de plusieurs choses et mõlt firẽt ceulx du chasteau grãt feste de lui et de leur dame quilz cuidoient auoir perdue. Et au matin si tost comment le iour apparut se leua lancelot et prist congie de sa damoiselle. Et elle le commanda a dieu et lui pria quil reuenist par elle au repairier. Et il dit que si feroit il sil pouoit. Jl se met en son chemin et erre iusq̃s au soir. Lors approuche de vne riuiere q̃ sen appelloit aglondes / si voit trois pauellons tendus pres de la riuiere. si en estoit vng grant et blanc et les autres deux estoient noirs. Et lors issist dũg pauellõ vng cheualier tout arme qui lui dist que bien soit il venu. Et il lui rent son salut. Beau sire vous sẽblez cheualier errant: et iayme tous ceulx q̃ en telle maniere vsent leur vie: car moy mesmes suis cheualier errant. Et pource quil est tẽps de se hebergier vous cõseille ie q̃ vous demourrz, et vous aurez hostel tout a vostre voulente. Beau sire fait lancelot ie demoureray puis quil vous plaist, et que vous dictes que vous estes cheualier errant. Lors descent de son cheual / varletz saillent des autres pauellons si le desarment et lui apportent vng manteau de samit pour affubler pour le chault q̃ grant estoit. Si le mainent au grãt pauellon. lui et le cheualier sentreacointerent et demãda lun a lautre dont ilz estoient: et quelle auanture le menoit si seul. Et il lui cõpte de son estre vne partie et lautre lui en celle: a toutesfoie dit il q̃ en sa court du roy bademagus vouldroit il estre pour vng cheualier q̃sauoit appelle de trayson. Et ainsi qlz parloient len mist les tables. ilz lauent leurs mains et puis se assient le cheualier et lancelot: et vne damoiselle moult belle, laquelle estoit amie au cheualier de leans. Si mengerent tous trois ensẽble: mais celle qui lancelot regarde laisse le boire et le mengier pour la grant beaute q̃ elle voit en lui, si que a autre chose ne entent. si ont les escuiers oste le premier mes que õcq̃s la damoiselle ne tasta ains pensa a lancelot: et en celle pensee lui

descẽdoit vne telle amour au cueur q̃ elle ayma lancelot oultre q̃ femme ne ayma oncq̃s homme. Si lui est auiz q̃ sil lapmoit q̃ le se roit trop eureuse. Mais cy endroit plus nen parle le compte: car cy apres le vous deuisera et cõment elle lapma merueilleusemẽt, et comment elle mourut pource quil la refusa.

Comment lancelot rescouist le frere du cheualier qui sauoit logie. Et cõment il se desfedist cõtre argondes, et puis alla a la douloureuse tour faire etterrer le corps de galle. iiii. pp. pv.

Le compte dit q̃ quantilz eurent eu le second mes vecy vng cheualier arme de armes vermeilles courant par deuant le pauellon a grant compaignie de cheualiers et il entra au pauellon et vist vng escuier q̃ seruoit a la table q̃ estoit frere au cheualier de leans. Jl le prent par les espaulles et le met deuant luy arcons de sa selle si sen va atout. Et quant celui du pauellon voit ce si crie a lancelot. Haa sire ie suis mort se celui emporte mon frere, car il loccira sil nest secouru. Si vous prie pour dieu q̃ vo mettez paine a le secourir. Et lancelot sault hors de la table et demande ses armes. et vng escuier vist a lui et lui dist. par ma foy sire voz armes emportent il. par mon chief pource ne ne demourra il pas que ie ne le suiue. Et lors sault hors du pauellon et le cheualier auec lui. Jlz regardent ceulx qui sen vont q̃ auoiẽt ia passe leaue par vng pont de fust. Lancelot demande au cheualier sil demourra. Sire fait il nenpains vous feray compaignie tant que vous aiez trouue qui armes vous baillera. Lors viẽnẽt au põt tout a pie et passent oultre et se adreccent a ung terte par ou les cheualiers vont. Si ne ont gaires alle quant ilz encontrẽt vng cheualier arme dunes armes noires Quant il vist lancelot il se arresta pource ql le congnoissoit bien, et lui demãda ou il alloit ainsi a pie tout desarme. Quest ce fait lancelot demãdez vous ou ie vois. Oy sire si suis vng cheualier destrange pais q̃ moult me merueille de vous voir aller ainsi. Et lancelot lui compte commẽt il estoit hebergie: et comment vng cheualier vint la ou il mengoit qui print a force vng varlet et le mist sur le col de son cheual. Et encores y a il plus fait lancelot car ceulx qui auec luy sont emportét mes armes et emainent mon cheual, quel guerdon fait celuy pourroie ie auoir de vous se ie me desar moye et vous bailloie mes armes et mon cheual, certes fait lancelot: tel come vous deuiseres, se fait il au premier lieu ou ie vo9 trouueray arme me p̄mettes a bailler vos armes le vous bailleray les miennes Certes fait lā celot si feray ie pourtāt que vous ne me trouues cōbatant, et celuy deschent maintenāt ꝑ se desarme & baille tout son harnoie a lācelot et il sen appareille & mōte sus le cheual & fait retourner son hoste et prēt congie de luy. lācelot print son chemin apres ceulx qui sen vōt tant quil est venu eu tertre en hault, et lors voit deuant luy la forest des trois perilz & ce pour quoy elle est ainsy appellee. deuisera biē le compte cy en auant.

Quant il fust amont eu tertre si regarde deuant luy et suyst les pas des cheuaulx tant quil vint a lentree de la forest, et lors encōtra vne damoiselle toute chanue qui cheuauchoit mōlt coinctemēt toute deschevelee, ses tresches entre ses espaulles comment vne pucelle & auoit sur son chief vng chapiau de roses, il la sallue et elle luy dist que bonne aduāture luy dōnast dieu damoiselle fait il aues vous point veu passer par cy vng cheualier a vnes armes vermeilles. Eu nom dieu fait elle se ie vousloie ie vo9 lenseigneroie biē. dictes le moy fait il par tel conuenant que ie soie vostre cheualier au premier lieu que vo9 me requerres, se vous me p̄mettes q̄ au premier lieu ou ie vous requeray vo9 me aideres ie vous enseigneray, et il luy promet, donc de puys sen repentist, Or alles fait elle tout ce chemyn en trauers de la forest sās tourner de nulle part. Quāt vous aures cheuauche enuiron demye lieue si verres de les vne riuiere trois paullons la dedēs trouueres le cheualier que vous demandes et sen lappelle arresment le gras et se cōgnoistres a telles enseignes quil ha deux psapes au front, or vous poues aller mes q̄ mapes dist vostre nō, et il se nōme monlt luis et dist quil a anō lācelot du lac. A tant sen va lancelot tout le chemyn quelle luy a enseigne, tant quil attaint le cheualier si luy escrie si hault q̄ bien le peult ouir maintenāt luy viēt a lencontre luy de lautre se scu au col la lance au poig armes de toutes pieces, et lancelot le fiert si durement quil luy mette le fer du glaiue parmy le corps si se porte a terre, et voit vng aultre venir tout prest de iouster et il ne le reffuse pas, et celuy qui viēt accourāt luy donne tel coup sur son escu q̄ sa lance volle en pieces, & lancelot porte la siēne vng pou plus bas si la actaint & le fiert si durement que les mailles du haubers ne peurēt le coup souffrir que le glaiue ne lui voit p̄mi le corps si quil porte luy et le cheual a terre. Et lors dient ceulx qui deuāt sen alloiēt que monlt iouste bien le cheualier. Quant lancelot eust rompu sa lance il mest la main a lespee et lesse courre vers les aultres qui estoient vingt, si leur despiece escus & detrenche leurs heaulmes, et fist tant par sa prouesse que tous ceulx qni le voiēt en sont esmerueillies. Et la ou il voit le cheualier aux armes vermeilles si luy adresche son cheual parmy tous eulx, et luy donne tel coup sus le heaulme quil ne se peult tenir aux archons, mes volle a terre et lancelot luy va dōner si grāt coup sus le col tant quil pert sa force et sa vertu, Lors sont les aultres bien esmayes car il cuident q̄ leur maistre soit mort. Si se mettent en paine de le venger et courēt sus a lancelot, mes ilz ne le treuuēt pas esbahy mes est prest de se dessē dre si leur habandonne son escu, et il ne a cō suict cheualier a coup quil ne luy face lespee fetir iusques en la char ou quil ne se porte du cheual a terre. Et les a si bien attournes quil en ya cinq gisans sur terre tellement quilz ne se peuēt releuer. Et quant les aultres voiēt q̄ leurs cōpaignones sont ainsy traictes ilz sen fuyent au plus tost quilz peuēt vers la forest la ou il la virēt plus espesse, et lācelot ne les poursupuist pas ains retourne au cheualier qui portoit les armes vermeilles, car il veult scauoir qui il est, et quātil est venu il treuue lescuyer quil queroit monte sus vng rouchin les mains liees derriere le dos. Sy vint a lui et le deslie, et quātil est deliure si le mercie mōlt et lance descēt a terre & luy baille son cheual a garder, puys sen va au cheualier qui ia estoit redrechie en son seant, si est ourdy quil ne voit goutte. et lancelot luy arrache le heaulme de sa teste si felonnessement que celui flatist a terre des paulmes & des genoulx & lui dit quil se occira sil ne se rent Et celui est si esuanouy qͥl ne lui peut respondre mot ains gist tout pasme Lancelot se redrece si se treuue si senglant que bien cuide quil soit mort. Lors se repent de ce qͥ il lui a tant meffait. Et se rassiet emprez lui pour veoir quil fera. & ia se releuoient trois de ceulx qui estoiêt a terre & lors leur courut sus lã celot & leur dit que mors sont seilz ne se rêdêt Et ceulx qui ont grãt paour quil ne les occie lui rendirent leurs espees en disant quilz sont prestz de faire sa voulente. Il les recoit et leur dist:il couient que vous me promettez a faire ce que ie vous comanderay. Et ilz lui ottroiêt Lors fut reuenu de pasmoison le vermeil cheualier si se drece en son seant:& lancelot se vint par deuers lui bon pas & fait semblãt qͥ riens ne lui soit de son mal. Si hausse lespee et dit quil loccira sil ne se tient pour oultre. Quãt celui voit lespee venir il a doubte de mourir & lui crie Haa gentil cheualier ne me occiez pas & receuez mon espee:car ie me tiên pour oultre. Lancelot prent lespee du cheualier par couuenãt quil fera tout ce quil lui commãdera / si lui promet ainsi & lancelot lui dist quil lui die pour quoy il print le varlet qui au mengier le seruoit ¶ Sire fait il ie le vous diray. Il est voir qͥ iauoie vng varlet qui mon frere estoit moult beau et preux . si cheuauchoit tout seul par deuant le pauellõ ou vous auez ennuit ceste loge. Et lors encontra sicomme il me dist ce varlet ille & lenfant qui mon frere estoit auoit oup nouuelles qͥ ie auoie este occiz: si pen soit si durement quil ne salua pas le varlet qͥ deuãt le pauellõ estoit. Et celui se tint a trop grant desdaing si lui courust sus sarc tendu et me enuoya si naure quil ne vesquist puis qͥ trois iours. De ceste auanture fuz ie tãt dolent que nul plus: si dis quil en seroit vengie. ne ia ne demourroit pour son lignage & a leure p eusse este/mais iauoie tant a faire daultre part si attêdy iusqͥ a huy & enuoya mõ messagier deuant qui bien vous congneust:et me dist qͥ vous mengiez. Et pource qͥ ie vo' doub toie sur tous hommes fiz ie vos armes pendre & vostre cheual afin qͥ vous ne venissiez apres moy. & se ne feust pour lamour de vous

ie eusse occis le cheualier empres vous/ mais sans faulte lescuier neusse ie point occis pour ce que a honte meust este tourne se ie eusse mis la main a lui/mais ie leusse fait mettre en telle prison dont il ne eust iamais issu iour de sa vie. Et ainsi men feusse vengie.

Or vous ay dit ce qͥ vous mauez demande si vous en crie mercy Et lancelot lui dit quil na garde/ mais or me dictes fait il se vous sauez mon nom. Oy bien fait il vous auez nom lancelot du lac. Et sauez vous fait le cheualier qͥ ie suis. Nenny fait lancelot. Je suis cousin a vng des hommes du mõde qui plus vous ayme. cest mellãt le gay/ celui qͥ vous desferrastes a kamallot le iour qͥ vous feustes nouueau cheualier. Quãt lãcelot entêt ce que le cheualier lui dit il oste son heaume si le court accoller pour lamour de mellãt & lui prie qͥl lui pardonne ce quel lui a fait. Et celui se fait voulêtiers. Quant les autres le voient si courent a lãcelot pour le accoller/ et est leur ire tournee en ioye. Et quant lancelot les voit si blecez si lui en poise moult: & pour ce qͥl ne veult veoir leur agoisse dit il a ceulx qui auec lui sont. Seigneurs cheualiers iay tant a faire que ie ne puis en nulle maniere de mourer/ mais ais qͥ ie men voise vous prie ie que vous alez la ou vous me trouuastes mengant & faictes paix entre vous & le cheualier: & soiez bons amis ensemble. & ce varlet lui rê dez aussi sain comme vous le prenistes / si le saluez depar moy. Et vous fait il au cheualier vermeil si tost comme vo' verrez mellãt si le me saluez. Beau sire dist le cheual. er voulez vous nul conuoy. Nenny fait lancelot Allez donc a la garde du createur en qͥ sque lieu qͥ vous soiez

A tãt sen part lancelot & la lune luisoit bien cler & sen va parmy la forest tant qͥ il vint a la maison dun forestier qͥ seoit en vne praerie. Et estoit ceste maison bien fermee de mur & toute enuironnee de parfõs fossez. Lãcelot appella tant qͥ len lui ouurist la porte. Et quant le sire le voit arme si scait bien qͥl est cheualier errãt. Il le court desarmer lui & sa mesgnie & lui demande sil a mengie. Et il dist qͥ oy. Et lors commãde le sire le lit appareillier si dit lãcelot couchie en vne moult riche couche tout seul, lendemain si tost cōmēt le iour apparust se leua lācelot et cōmāde toute sa mesgnie a dieu. Le sire le conuoie et lup demande. Sire quelle part voulles vous aller. Je vous diroie fait lācelot estre en la court du rop bademagu, encontre vng cheualier qui me appelle de traison pour me defendre, si est le iour terme au iour de la magdalaine, ce sera dōc fait le sire de hup en quatre iours, car lors sera la feste q vo9 dictes, et lors tendra le rop bademag9 court a huit dessāt sur sa mer, si ne aues que demourer, car il pa iusques la trois bonnes iournees et plus, et si il vous plaisoit ie vous p feroie cōpagnie. Haa sire fait lancelot ia tant ne vous trauailleres, mes se vous sçaues voie qui droictemēt me p maine si mp mettes, certes fait il vous l'estiere. Lors sen vōt au trauers de la forest parlant de maītes choses emsemble tant que le preudōme luy demāda donc il est, & il dit ql est de la maisō au rop artus voire fait celup. vous soies le bien venu mes dictes moy se ilz se sont point recōfortes de leur grant perte de quelle perte fait lācelot commēt fait celup ne le sçaues vous pas, nenil certes fait lancelot se vous ne le me dictes. En nō dieu fait il donc ne en estes vous mie Lors deuint lancelot tout esbahi si lup prie ql lui compte la perte quilz ont faicte. En nom dieu fait il ie le vous diray, Il aduint que le meilleur cheualier qui onques portast armes vint en ce pays pour la royne genieure querre la quelle estoit en prison et messeagant sauoit amenee en cest pays ce cheualier passa to9 les mauuais pas de ceste terre par sa valleur, et quāt il eust fait tāt de pesse q vous ne pouries pas croire se ie le vous disoie. messeagāt par enuie le fist mestre en prisō en vne tour et illec le lessa mourir, et se nōmoit le cheualier lancelot. De puis ie feue a la court du rop artus ou sen faisoit grāt deul et estoit toute la court troublee pour la perte du cheualier, et sçaues vous bien fait lancelot que se fust lāce. le filz au rop ban de benoic, que messeagāt fist mourir, ce fust celup dist le sire pour qui deffaulte ne remaint nul bon cheualier a pres lup, On poues voir quilz en ont outrageuse perte Et quāt le rop artus le perdist il peult bien dire ql auoit tout perdu, & no9 mesmes p perdismes

asses en cest pays, cōment fait lancelot. Par ma foy fait il ie le vous diray, en ceste terre a vne tour que len appelle la tour merlin, et la dedens sōt les greigneures merueilles q soient au monde, ne mes du graal. Si se y vont esfaper les cheualiers de cest pais et les estranges aussi, mes nul ne p est encore alle qui retourne en soit et vous diz bien que nul ne sçait de lestre de leans, fors tant que deuāt la porte a lentree a sur vne tombe lettres escriptes qui dient, ia deuant que lancelot viēgne ca, ne de mourront les merueilles de leans, & par ce si sauons nous bien que laduāture est sienne, et que par lup eussions este deliurees ce il fust vif et perdons chascun an en sa mort plus de. pl. cheualiers. Cest la perte que nous y auōs en ceste terre, si me merueille mōlt que vous ne le saues picca, certes fait lancelot ie nen sçais riens, mes celle tour que vo9 me dictes saues vous quelle part elle est, oup fait il elle est en la fin de ce pais par deuers soleil couchant, entre le blanc chastel et la ville de gazā. Cui dies vous fait lancelot que se ie p alloye q ie peusse reuenir a temps a mon iour en la court du rop bademagu, nēnil fait il se vous ne p alles de iour et de nupt, or ie vous commāde donc a dieu fait lancelot. Si se partent a tāt lun de laultre, le forestier retourne en son chastel. Et lancelot entre en la forest qui dure.ii. iournees et plus. Si lup aduint le iour ql ne trouua ne maison ne recheet ou il se peult disner. Mes apres vers le soir trouua deup pasteurs qui gardoiēt beufz et vaches Et il les salue et leur demāde se il p a nul hostel pres ou len se peult herbeger, oup sont ilz len vo9 herbegera bien et bel en vne maison pres de cy Lors se mest lun deuāt en vng sentier batu, & dist a lacelot q le suipue, et il va apres tāt qlz vindrent en vne maison qui dessus vne roche estoit, et auoit grans fosses tout a lentour et grant pont tourneiz, & le sire de leans q mōlt estoit viel sestoit appouye a vne fenestre. Et quāt il voit lancelot venir arme, si sçait bien quil est cheualier errant si cōmande a aualer le pont et lancelot entre dedens tout a cheual si deschent emp la court, et le sire lup vient a lencoutre si lup dist que bien soit il venu puis le fait mener en son pallais qui tāt estoit bel

partie.

et riche que ung roy y peust descendre a grant honneur. Il lui demande dont il est. Et il dist quil est de la maison du roy artus. Voire sire fait il q̃ vous soyez le bien venu. En nom dieu tant vous ayme ie mieulx pour ung chevalier naure qui ceans est q̃ aussi est de la maison du roy artus. Qui est il sire fait lancelot par ma foy fait il ie ne scay fors tant q̃l est le meilleur chevalier q̃ ie veisse oncques car ie le veiz na encore gaires conquerre trois chevaliers qui moult estoient preux et les oultra par son corps. Si gist leans le chevalier en une chambre. Beau sire dit lacelot or le me faites veoir pour savoir se ie le congnoistroie. Certes fait il voulentiers. Lors le maine ou le chevalier gisoit et len y veoit moult cler. Lancelot lui demande estes vous de la maison du roy artus. Oy sire ie en suis voirement et compaignon de la table ronde. Et lancelot entent bien a sa parolle q̃ len y est. Aps il lui demande de q̃l se terre il est ne et le chevalier lui dit quil est ne du païs de gaulle du royaume de ganues et q̃ le roy ban de benoic fut son parrain et pour le nom de lui ay ie nom banius. Lors comme ce lancelot a penser, et en ce penser lui vindrent les larmes aux yeulx. Et le chevalier lui demande que il a. Jay fait il pitié de vous pour ce que ie vous voy si naure que ie ne cuide pas que vous en eschapez. En nom dieu fait il ia de ce naiez paour, car ie ne cuide pas mourir devant que ie soie vengié de somme du monde que ie hais plus. Qui est il fait lacelot. Cest fait il meseagant le filz du roy bademagus, qui par sa trayson emprisonna lancelot du lac et le fist mourir en sa prison. Si ne finay de cercher lacelot plus a de demy an car ie le veiz se voulentiers. Et ceulx de son païs mesmes le desirent sur tous hommes: car encores cuident ilz estre delivrez par sa proesse des mains de claudas. Si scay bien q̃ oncq̃s si grãt deul ne fut fait comment ilz ferõt quãt ilz sauront les nouvelles de sa mort. A tant entra leans ung varlet leq̃l dist au seigneur. Sire le mengier est tout prest. Lors se dreca le sire si laisse banius reposer et emmaine lacelot avecq lui. Et lancelot demande a banius sil pourra venir mengier. Nenny sire dit il. mais allez mengier car ie vous commande a dieu. Lors ist lancelot de leans et se

assiet au mengier lui et le chevalier et ung sien frere et deux damoiselles. Si furent tous servis a leur aise. Quant ilz eurent mengié si se allerent coucher iusques au lendemain au matin. Lancelot ouyst messe a la chapelle du seigneur de leans si se arma et dit a banius pour prendre congie de lui. Et celui le commande a dieu. Apres il print congié du seigneur du chasteau et de tous ceulx de leans. Lors sen vait erre toute iour tant q̃ a heure de vespres fut issu de la forest. Et lors vist ung chasteau nommé la flesche. Il tourne celle part pour herbergier et entre ens. Le chasteau estoit moult bien seant, car dune part couroit ung bras de mer et lautre estoit avironnee de praerie et de forest mais de vignes y avoit moult pou. Et non pourtant en la grãt bretaigne avoit assez vignes qui toutes faillirent quant les grandes merveilles du graal furent descouvertes: comme ce livre le devisera cy apres. Lancelot va contreval la ville par les rues tant quil vint au maistre palaiz, mais alcoie quil fut descendu lui saillirent a lencõtre plus de dix escuiers qui tous lui vont au devant et le font descendre puis vient a lui une dame de viel aage qui tenoit le chasteau si le receut a moult grãt ioye: et lui dit q̃ bien soit il venu. Celle nuit fut lancelot hebergie a son vouloir. Au matin se leva comme il avoit accoustumé. et quant il eut oy messe il sen partit du chasteau et erra tant par ses iournees quil vint le iour de la magdalaine a huidesã. Et ce iour le roy bademagus tenoit sa court dehors en une belle praerie desirãt faire grãt feste: car ce estoit la remembrãce de son couronnement. Il avoit mandé tous les haulx barons de sa terre et avoit fait tendre ses pavillons en sa praerie pour le chault q̃ grãt estoit: si comme en iuillet. Le roy estoit en son pavillon son et avec lui grãt plãte de ses barons. Si fut assis en ung faulx destrier de iuire qui estoit moult riche et devant lui avoit ung herpeur q̃ lui nottoit le sap dorsap. Si plaisoit tant au roy a escouter quil ny avoit nul qui mot osat dire. Et lors vint lancelot du sac celle part et cõgneust bien le tref du roy. bademagus a laigle dor qui dessus estoit et son cheval qui estoit hors de luys q̃ ne avoit pas trop travaillié cõmenca a henir durement. Lors saillirent hors

E.i

Seconde

du pauillon sont plusieurs/et quant il virent lã/celot si luy coururent a lestrief pour luy deschendre/si vint deuant le roy sans oster son heaulme/pour ce q̃ il ne vouloit pas estre congneu. Il sallue le roy et luy dist si hault q̃ tous le peurẽt ouir. Sire il est voir q̃ moy et ung cheualier nous cõbateismes auant hyer en la court monsieur le roy artus/et tant ie lochieis ce iour mesmes aduint que quãt ie fuz assis au mẽger/lors dit ung cheualier au pallaiz deuant le roy artus/et dist deuant tous que ie sauoie occhis en traison/et le prouueroit se ie men osoye deffendre en vostre court/et ie luy dis que si feroye ie tout seurement: il me dõna iour a luy et pour ce sui ie cy venu a vre court et se il est ceans si viẽgne auãt car ie suys tout prest de moy deffendre de ce dõc il me apella maintenãt se dreche argondes en estant et dist a lancelot/sire cheualier vees moy cy qui vous appella de trayson pour le cheualier q̃ vous occheistes et suys prest de se prouuer se vous vous en osez deffendre. Certes fait lancelot ie ne fusse pas venu de si loing se pour ce nõ fois tent son gant deuant tous et dist au roy/Sire tenes car ie suys prest q̃ ie me deffende de ce donc ce cheualier me appelle/et celuy se offre de laultre part pour prouuer. Le roy bademagus rechoit les pleges des deux pars: et apres fait assoir lancelot empres luy et luy demande qui il est mes ne luy veult dire/car il auoit paour de cõgnoissance et lors luy demãde qui fust le cheualier pour qui est appelle de traison. Sire dist il ia par moy ne le sçaure le roy tesse sa parolle a tãt ester. Et le cheualier qui lappelloit se fist si richement armer q̃ nul mieulx/sy tenoit en sa main ung glaiue court/donc la hante estoit grosse a merueilles et le fer trenchant et agu/si y pendoit ung penõchel vermeil et son heaulme estoit vermeil et les couuertures de son cheual/et pource sappelloiẽt ceulx qui son nõ ne sauoiẽt le cheualier vermeil. quãt il est tout appareille si mõte sur son cheual qui fort et isnel estoit/et lancelot fust ia monte/si luy ont appareille bon glaiue tel cõme il se sceust deuiser/et tous ceux de la prarie acourent pour voir la iouste des cheualiers. Si se rengent tout entour pour voir iouster. Les ii. cheualiers lessent courre

les cheuaulx/si tost cõment ilz peuent traire/si sentrefierent si grans coups quilz sentremettent les fers des glaiues parmy les escus et parmy les haubers si que ilz eussẽt estes naures a mort se les glaiues ne feussent volles en pieces/et lancelot qui se tient affichie es archons heurte argondes du corps et du cheual si durement quil luy fist vuider la selle/sy le porte du cheual a terre les pies cõtremõt voy ans tous ceulx de la place/mes il se dreche erraument cõme celuy qui de grant force estoit si a traicte lespee et iette lescu sur sa teste. Et ainsi q̃ lãcelot eust fait son tour/argõdes lieue lespee/si en frape le cheual lancelot si durement quil luy embat lespee plus de plain pie parmy la teste et le cheual trebuche q̃ ne peult le grãt coup souffrir: et lancelot reult dessus ses pies et argondes luy dist. Sire cheualier vous me semble moult courtoys qui aues lessie vostre cheual pour moy faire cõpagnie a pie: lancelot ne luy respont rien/ains tire sõ espee et mect lescu deuant soy pour se couurir/si courent sus lun a laultre et sentreperchent escus et haubers et font des heaulmes le feu saillir si sentremainent ung heure cha et laultre la en reprenant leurs alaines et leurs forches/si treuue lãcelot le cheualier si fort et de si grãt deffence que il nya nul en la place qui puysse voir lequel de eulx a meilleur de la bataille Et tant sentre sont empiries que il ny a celluy qui naist asses de petites playes et de grãdes mes lancelot iette ung coup si pesant/ qui ne y a escu ne armes qui puisse durer deuant luy et argondes se cueuure et seuffre tant que son escu est detrechie amõt et aual/et son haubert rompu en plusieurs lieux si que illeuc en est tumbe des mailles plus de cent/et son heaulme est tel attourne que petit le peult garrãtir et lancelot suyst de pres argondes cõme celui qui asses auoit cueur et forche/ si le demaine tãt quil na force ne pouoit fors de soy couurir car il redoubte trop lespee de lancelot pour ce q̃ il lauoit sentue iusques au sang en plus de x lieux/lancelot le maine tout a sa voulente/ si le cõtroie tel que il ne y a celuy en la place qui ne voye bien quil est mort se lancelot nen a merci. Mes lancelot ne luy monstre pas q̃ en ait nulle pitie ains le haste sy tresdurement

a l'espee que celui voit bien quil est oultre. Ar-
..ondes pense qlpredra lancelot aux bras car
..stoit ung des fors chevaliers de la terre. Il
..cte son escu ius et son espee puis court sus a lan-
..lot et le prent aux bras. Et quant lancelot le
..oit venir il fait autre tel. Ilz sentreprennent
..luicter/ mais lancelot qui moult estoit fort
..leua de terre plus de deux pies et le iecta des-
..oubz lui si durement que celui se pasma de la
..oisse quil sentist: car peu sen fallist qlne lui
..reuast le cueur au ventre. Lancelot lui arra-
..he le heaume de la teste: puis prēt lespee quil
..oit gesir a terre si la lieue contremont et fiert
..rgōdes parmi la teste si quil lui trēche la vē-
taille iusqs aux oreilles. Et celui se sent q an-
goisse de mort sent. et lancelot lui couppe la te-
ste sans plus attendre et sa porte deuant le rop
bademagus et lui dit. Sire en ay ie assez fait
Oy sire chevalier dit le rop/ mais ie vous prie
par la foy q vous deuez a tous les chevaliers
du monde que vous faciez une chose qui gai-
res ne vous coustera. Sire fait il vous estiers
dictes vostre plaisir. Ostez vostre heaume, si
vous verrons. Et il loste. Quant le rop le
voit si le congnoit et court a lui pour le baiser.
mais lācelot lui dit. Haa sire ne me faictes ne
feste ne ioye car certes vo' ne le deuez pas fai-
re. Et se vous saviez que ie vous ay fait vous
me herriez sur tous les hōmes du mōde. haa
lancelot ne le dictes pas ie pēse bien q vo' vou-
lez dire. Et nōpourtāt il ny a au mōde q vne
chose q me puisse courroucer/ et ie cuide q elle
mest ia auenue. et pource q ie ne le vueil pas sa
uoir vous prie ie q vous ne me parlez sinō de
ioye. Ainsi se reconforte le rop bademagus par
son grant cueur et si cuide bien que son filz soit
mort mais semblant nen ose faire pour lance-
lot quil apme plus q homme du monde. Si
vous droit auoir tous les meschiefz fais quil
pourroit au monde fors soy hōnir par conue-
nant quil eust lancelot en sa cōpaigniee tous
les iours de sa vie/ mais il ne ose cuider q lan-
celot le daignast faire.

Quāt les hault barōs de goire cōgneu-
rēt lancelot si lui firent toutes les ioyes
quilz peurent faire: et le desarmerēt a force car
il disoit quil ne demourroit en nulle maniere
mais le rop bademagus iura quil ne sen iroit

meshuy. Celle nuit fut lancelot moult hon-
nouré de tous. Si demāda lendemain cōgié
Et le rop bademagus lui fist amener le meil-
leur cheual quil eust: si lui donne pour le sien
qui mort estoit et le fait mōter tout errauntmēt.
Si lui conseille une grāt piece: et lors se part
lancelot du rop et lui dit au departir. Beau
doulx ami vous estes lomme du monde de q
ie vous droie avoir plus volentiers laccoista-
ce et la compaigniee sil vous plaisoit q ie leus-
se mais ie suis trop poure homme pour avoir
si haulte compaigniee comme la vostre. et nō
obstant a ce departement me ottroiez sil vous
plaist vostre biēuueillance tant comme vous
viurez. Si men tendray plus riche que se ie a-
uoye la plus riche cité du monde. Sire dit lā-
celot si ferap ie par conuenant q vous me par-
donnez ce que ie vous ap meffait. Certes dit
le rop se vous auiez tous occiz mes charnelz
amis et apres se vous me auiez desherité si vo'
se pardoneroie ie pour auoir vostre cōpaigniee
Sire fait lancelot vostre compaigniee ap me
ie moult si maist dieu par si q eussez la mienē
se ie en pouoie faire a ma voulente: mais bien
sachez q ie suis plus a autruy q a moy pource
ne la vous pourroie ie ottroier ne donner par
moy seul. Si vous prie quil ne vous en poise
mais bien sachez que en tous les lieux ou vo'
me trouueres me pourrez vous prendre com-
me vostre ami et comme vostre chevalier. Et
le rop l'en mercie moult doulcement. puis il
lui dist. Beau doulx ami vous mauez mes-
fait se dictes vo'. Certes sire il est voit ce poi-
se moy: mais ainsi le conuint estre. Or vous
prie ie faict le rop bademagus q vous me mā-
dez dedēs trois iours q cest car de vostre bou-
che ne le vueil ie poit sauoir pource q iay paour
que courroust aire ne me feist vers vous mes-
prēdre. Or vo' en allez a dieu q en tous lieux
vous soit garāt: et ia dieu ne me laisse mourir
deuant que ie soie si bien vostre accointe com-
me ie vouldroie estre. Et lors sen retourne le
rop tout plourant et lancelot dautre part et se
met au plus droit chemin qlpeut vers sa dou-
loureuse garde Il geust la nuit en vne abbaie
de nonnais. Et au matin quant lancelot du
lac se deust partir de celle abbaie il vint a lui
vne dame qui leās avoit geu. qui lui dit. Sire

Seconde

quelle part alles vo⁹. Certes fait il vers la douloureuse garde. Haa sire q̃ fesissies ores par amours et par franchise vne chose donc ie vous voudray prier, certes fait il voulentiers mes dictes moy q̃ cest/ cest que vo⁹ me conduisies a sauuecte iusques la/ certes fait il vous ne aures garde tant cõme ie vous puisse deffendre. Et elle len mercie et puys monte sus son palleffroy et se achemine. Si errent iusques apres midy: lors encõtrerent vng cheualier a lentree dune forest. Et quãt la damoyselle le approuche si le sallue et luy elle aussi puis se approche de elle et la prent par le bras si la veult baisser a force et elle se deffent et crie a lance. haa sire cheualier ne souffres pas que len me face honte deuãt vous, et lancelot dit au cheualier sur vo⁹ diey si maist dieu vous nestes pas courtois de faire force aux damoyselles qui ne ont de vo⁹ cure/ si vous deffen q̃ vous ne luy touches. Or estes vous venu a la mellee fait le cheualier car ie la baiserai ou ie men cõbatray a vous. Lancelot ne se reffuse pas si le deffie/ et moy vous fait le cheualier: lors sessent courre lun vers laultre/ le cheualier brisa sa lance et lancelot le fiert si durement que pmy lescu et le haubert luy met le glaiue et luy passe parmi lespaule si quil labat du cheual a terre puis deschent sur luy et au retirer son glaiue se pasme le cheualier de langoisse quil sent/ lancelot luy arrache le heaulme de la teste et le iette au loing puys tire son espee pour luy courrir sus si le treuue pasme/ lancelot se assiet epres luy/ car il vouldra scauoir qui il est. Apres que le cheualier est reuenu de paumoison il se plaint moult durement: et lancelot dist q̃ luy couppera la teste se il ne se tient pour oultre. Haa sire fait le cheualier ne me occhises pas pour dieu/ tenes mon espee car ie me ties pour oultre/ et lancelot lasseure et luy dist qui ne mourra pas mes q̃ il luy die pour quoy il vouloit bayssier la damoyselle a force. Sire fait le cheualier il le me conuenoit faire, si vous diral comment, il aduint na pas encore. vii. iours que ie feuz au tournoiement ou il auoit de moult bons cheualiers/ et tant que il y eust esleu vng cheualier le quel estoit ione enffant/ et apres celuy en esleust len. pii. de ceulx qui mieulx y auoient fait darmes par

le regard de tous/ quant ce fust fait si mist len les tables: lors fust le bon cheualier assis en vne chaire dorelles. pii. esleuz deuant Et quant ce vint apres menger si firent veuz les douze cheualiers chascun a son plaisir/ et tant que le premier voua et creanca loyaulment a tenir q̃l iousteroit a tous les cheualiers quil encontreroit en cest an la iabe sus le col de son cheual et le second fist vng aultre veu et le tiers vng autre et moy qui estoie lung des douze dis que ie ne encontreroie damoiselle en cest an q̃ ie ne baisasse a force ou ie me combatroie au cheualier qui la meneroit/ tant que ie seroie vaincu ou ie le querroie, itel fust mon veu, si feis follie: mes encore y eust il pl⁹, car il y eust vng cheualier q̃ se auanca et dit q̃l pdroit la royne geneure en conduict de trois cheualiers quelz que ilz feussent. Eu nom dieu fait lancelot le cheualier ne fust mie saige ne vous mesmes qui tel veu feistes et nõ pour tant vo⁹ en estes bien acquittes et vous enclame quitte ne mes que tant saches pour moy que vo⁹ ailles dire au roy bademagus de goire que lancelot luy crie merci de son filz melleagant q̃l a occhis et auec ce ie vouldroie bien sauoir vostre nom, et celuy dist quil a a nõ patrides au cercle dor. Lancelot trencha le pan de son samit et luy en estoupa la plaie/ au departir lancelot luy demãde le nõ du bon cheualier. Sire fait il len lappelle boort le essillie/ et lors est lancelot si ioyeulx q̃ nul plus/ et aide au cheualier a monter sy le commande a dieu/ et lancelot fait remonter la damoiselle et il monte maintenant apres si ont alle tant q̃l sõt venus a la douloureuse garde, et nõ pour tãt ceulx du pais lappeloient la ioyeuse garde mes des estranges ne change point son nõ.

Quant lancelot fust venu au chastel/ et il veist le corps de galle. il ne fait mie a demander se il fist deul, car tous ceulx qui le voient cuidoient bien quil deut mourir en la place ceulx du chastel le reconforterent le mieulx qui peurent. Et il ymanda a faire la plus riche tõbe q̃ len sache deuiser: pour quoy font ceulx pource fait il q̃ ie vueil q̃ cest corps y soit mise. En nõ dieu fait vne vieille dame en cest chastel en a vne mõlt riche mes no⁹ ne saudõs pas ou elle est et se vous la voullees trouuer faictes mander to⁹ les vielz hõmes de cest chastel/ et lors en ſaurons bzaies nouuelles. Lancelot manda ſes plus anciens hommes de leans & les fiſt enſemble aller a conſeil. Quantilz furent conſeilliez ilz vindrent deuant lui & lui diſdrent que elle eſtoit en la maiſtreſſe chappelle deuant vng autel. Et ſachez que ceſt la plus riche du monde & fut faicte pour le roy Barbaudut qui payen & ſarrazin eſtoit a qui ce chaſteau eſtoit ains que ioſeph d'arimathie y veniſt & enfouirent le roy ceans dedens la tumbe qui par homme ne fut puis remuee. De ceſte auanture eſt ſacelot moult ioieux ſi fiſt la tumbe deffouir Et quant lancelot la voit il la priſe moult, & ſe neſtoit pas merueille, car il ny auoit or ne argent ains eſtoit auironnee de pierres precieuſes iointes lune a lautre. ſi quil ne ſembloit pas que homme terrien euſt fait celle oeuure. Quant la tumbe fut apportee la ou lancelot auoit trouue ſon nom eſcript ſi laſſidrent deuant vne almaire de marbre & lors miſt le corps de galle haut dedens & fut arme de toutes armes ſicomme en celui temps eſtoit acouſtume Lancelot ſe coucha dedens la tumbe & quant il le y euſt couchie il le baiſa trois fois a la bouche: puis le couuriſt de vng ſamit moult riche ouure a or & pierres precieuſes & miſt la lame par deſſus. Et apres ſen partiſt & commanda a dieu ceux y de leans & lors entra en ſon chemin & erra tant quil vint a la court du roy artus qui lors ſeiournoit a kamallot. Quant le roy artus ſceuſt q̃ lancelot venoit ſi deſcendiſt de la ſalle & toute ſa baronie apres lui. Et la royne & ſes pucelles le receurent a moult grant feſte Et lors vindrent lyonnel et hector des mares & meſſiadus le noir ſi firent de lui grant ioye Et quant ilz ſe eurent deſarme ſi mengerent. Et quant ilz eurent mengie ſi fiſt le roy venir ſon clerc lequel miſt en eſcript les auantures ainſi comme il leur compta. Mais icy ne parle plus le compte de lancelot: ains retourne a Boort qui encores ſa grant ſacelot par le pais.

¶ Comme Boort reſcouiſt lambegues q̃ ſen vouloit occire. Et cõe la dame de honguefort & la dame de glacedõ le trouuerent. iiii.pp.vB

Q̃uant Boort ſe fut party du chaſteau de glacedõ il fut venu en la foreſt chiez lermite, il ſe repoſa la

nuit iuſques au iour cler. Au lendemain quãt lermite lui euſt la meſſe chante il commanda lermite a dieu & cheuaucha par deuers la marine. Quant il vint pres il trouua vne chappelle moult belle. il entra dedens. Et quant il y euſt vne grant piece eſte il eſcouta & ouyt le greigneur deul de iamais. Il regarde deuant lui ſi voit venir vingtz cheualiers qui amenoient vne lictiere ſur deux palleffrois, & dedens giſoit vng cheualier mort qui auoit le viſage tout deſcouuert. Ilz entrent en la chappelle & mettent le corps a terre & lors commence le deul ſi grant q̃ merueilles. Et vng viel cheualier ſe ſcrie & dit. Beau filz bon & vaillant comment eſt la mort ſi hardie qui vous prinſt & me laiſſa. Et lors ſe paſma a ce mot: & coucha grant piece a terre. Et quant il peut parler ſi dit. Allez ſeigneurs cheualiers ſi me amenez le traitre qui a mon filz occiz. Atant ſen vont aucuns de la compaignie & amainent celui q̃ occiz lauoit tout nu en ſa chemiſe & le baillent au viel cheualier. Boort regarde le cheualier quilz ont amene ſi le congneuſt tantoſt & viſt q̃ ſeſtoit ſon maiſtre. Lors fut ſi durement cour rouce quil ne peut pas attendre quilz feuſſent au monſtier entrez, aincois leur eſcrie a haulte voix. ſupez beaux ſeigneurs & laiſſez le cheualier en paix, mais ilz nen voulurent onques rien faire. Il court a eux & fiert ſi le premier quil encontre q̃ l ſent iuſqs aux des. Et celui chiet mort. Il ſe lace aux autres q̃ ſon maiſtre tenoient ſi en occiſt vng & a vng autre couppe le bras & lors ſen fuyrent les autres au monſtier & Boort parle a ſon maiſtre & lui dit. Mon maiſtre montez ſur mon cheual & ie monteray ſur ceſtui q̃ a aporte le cheualier mort. Ainſi fut fait & ſen vont grãt alleure: mais lambegues nauoit pas oublie ce que Boort lauoit appelle maiſtre. Quãt ilz ſont en la foreſt ſi lui dit lãbegues. par ma foy ſire ie vous doibz moult aymer car vous vous eſtes mis en auãture de mort pour ma vie ſauuer, & pource que ie vous vouldroie faire autre tel ſeruice ie vous prie q̃ vous oſtez voſtre heaume. Lors oſte Boort ſon heaume. Et quant lambegues voit que ceſt Boort le filz au roy Boort de gaunes ſi court a lui les bras tendus & lui dit. Sire vo' ſoyez le bien venu, et pour dieu dictes moy comment vous laues puis fait que vo⁹ departesstes de moy/ et il dist môlt bien dieu mercy. Et quelle aduâture vous amena cha fait sambegues: madame du lac dist Booit me māda auāt hyer q̃ ie feusse cy sans nulle faille a heure de midy or me est ainsi aduenu q̃ vous y estes, mes dictes moy pour quoy ses cheualiers vo⁹ auoiēt prins: par ma foy fait il ie le vous diray il ne a mie encoire trois iours q̃ ung cheualier et moy auions cheuauche ung iour sans boire et sās mēger tant que nous venismes a lentree de vne forest si deschēdismes pour reposer et ai sy que nous voullions dormir si veismes venir vng cenglier que quatre leuries chassoiēt et apres venoit vng escuyer le q̃l tenoit vng arc en sa main la fleche en oche pour traire au cenglier. Et quāt il vint pres de nous il lessa aller la fleche et frapa parmy le corps le cheualier qui auec moy estoit, et quāt il se sentist feru si sceust biē quil estoit naure a mort, il se drecha en estât et aduisa celuy qui feru lauoit si luy donna de son glaiue parmy le corps et le ietta a terre tout mort/ lors vint auāt vng cheualier et demāda qui auoit tue son escuyer mon cōpaignon dist q̃ ce auoit il fait/ et celuy traict maintenant son espee et luy coupe la teste pour vengance de son escuyer

De ceste aduāture feus ie trop dollēt sy voulluz courrir sus au cheualier: mes il sen fouist, et quāt ie veis ce, ie prins mes armes et montay sus mon cheual et iuray q̃ iamais ne fineroie de errer iusques a ce que ie auroie trouue le cheualier qui mon cōpaignon auoit occhis, si aduint par aduāture huy matin que ie le trouuay arme de toutes armes deuant vne brethesche et pour ce que ie le veis armele deffiay ie/ et luy couru sus tant que ie locheis. Ainsi cōptent être eulx deux de leurs aduātures et demandent lun a laultre de leur estre, et cheuauchent emsēble iusqz au vespre parmy la forest. A tāt regarde Booit deuāt luy si veit vne damoiselle venir tout le chemin q̃ les sallua to⁹. ii. et ilz luy rēdirēt son sallut et la damoiselle dist a Booit Sire cheualier vostre cousin vous sallue et vous enuoie ceste espee q̃ fut galle. si vo⁹ māde que vous la portes pour lamour de luy/ et Booit dist q̃ si fera il voulētiers. A tāt regarda Booit la damoy

selle de pres q̃ la cōgneust biē, si luy fist grāt ioye et sābegues aussi, car cestoit vne des damoiselles a la dame du lac. Ainsi cheuauchārent ēsemble grant piece/ a dōc ilz issirēt hors la forest et virēt deuāt eux vne forteresse si tout neret pour herberger cellepart. Et quāt ilz furent venuz ilz trouuerēt leās vng vieil cheualier qui leur fist grant honneur et leur aida a desarmer/ et puys les mena en son hault palais, longuement parlerent emsemble les. iii. cheualiers tant qui fust heure de menger/ si se sont assiz a la table et quāt ilz ont mengie sy se deuisent et gabbēt tout a leur voulēté. quāt ilz eurent eu le dernier mes/ Si vint leans vng varlet qui se agenoille deuāt le seigneur et luy dist Sire deux de vos cousines sont a vostre court lauāl et se veullent au iour duy herbegier auec vous/ qui sont elles fait le cheualier, cest fait le varlet la damoiselle de hōguesfort et si est la damoyselle de glacedon. Et quant le sire entēt ceste nouuelle sy sault hors de la table pour aller encōtre elles/ et dit a Booit q̃l ne luy poise car il reuiendra maintenāt et ainsi quilz parloiēt vecy les damoyselles qui entrēt leans Et Booit les cōgneust biē Et si tost cōme celle de hōguesfort le voit/ si luy court au ly pies et dist. Haa gētil cheualier pour dieu pardonnes moy ce que ie vous ay mesfait/ par ainsy q̃ ie vo⁹ amēderay tout a vostre voulēte/ et Booit est si esbahi de ce q̃l la voit deuant luy/ quil ne sose escōdire ains luy pardonne sire et la malleueillance quil ha en elle/ lors cōmence la ioie par leās môlt grant/ puys les deux damoiselles cōptent au seigneur de leans cōment Booit leur auoit aide. Adonc la damoyselle de honguesfort se reuest en aultre maniere quelle nestoit venue. Et quāt elle eust cōpte a Booit, opās to⁹ ceulx de leans la paine quelle auoit soufferte si sen meruieillēt moult/ et sachies fait elle a Booit q̃ iames neusse fine de errer tant q̃ ie vo⁹ eusse trouue/ damoiselle fait Booit puys q̃l est aisy q̃ vrē q̃ste est acheuee/ or vo⁹ prie ie q̃ vo⁹ ne sachies iames occire cheualier se trop ny a mesfait/ et lui creāce q̃ nō fera elle: lors vint auāt la damoiselle de glacedon q̃ demande a Booit pour quoy il auoit lessie sō hostel, et il lui cōte lachoisō, et ceux de leās cōmēcent tous a rire.

partie

Celle nuit fut hebergie boort a sa boulonte et tant lui fist on leans grant honneur quil lui pesoit bien. Au matin si tost comme il peut le iour veoir se leua et se arma: et apres qlz eurent ouy messe le sire de leans apporta vnes armes bonnes si les donna a lambegues puis sen partirent de leans lui et boort quant ilz eurent leur hoste comande a dieu: auec eulx sen va la damoiselle q estoit a la dame du sac. Si alerent ensemble iusqs apres midy. Et lors econtrerent vng cheualier arme sur vng grant roussin, ilz saluent le cheualier: et il leur redist leur salut Beaux seigneurs dit il vous me semblez cheualiers errans. Et ilz dient q si sont ilz, et q alez vous qrant dit il. Nous qrons sont ilz vng cheualier q nous voulriens auoir trouue. Qui est il fait celui. Cest lancelot fait boort. De lancelot vous sauroie ie bien dire nouuelles se ie voulloie. Beau sire fait boort or nous en dites donc nouuelles sil vous plaist. par ma foy dit il non feray deuant que ie sache pour quoy vous le demandez. Je ne le demande sinon pour bien Or sachez fait il q lancelot a este en la court du roy bademagus et a occis le cheualier q sauoit appelle de trayson. si geust er soir en mon hostel et huy matin sen partist. Et ie lui demanday ou il alloit, et il me dit ql alloit a la douloureuse garde. Se vous y voulez aler dit il et vous voulez vng peu haster, ie cuide q vous le consuiurez bien. De ceste nouuelle fut boort moult ioieux si en mercie le cheualier, et lors se entrecomandent a dieu, et boort la damoiselle et lambegues sen vont le chemin de la douloureuse garde mais ilz ny sauoient pas la droite voie si sen destournerent bien deux lieues, et quant ilz vindrent la si leur dit len q lancelot se estoit alle plus auoit de trois iours. De ceste auanture fut boort moult courroucé si geust la nuit au chastel et lendemain au matin sen partist et errent tant quilz vindrent a vng chemin fourchie. Et lors vint la damoiselle et dit a boort. Sire ie vous comande a dieu. Que est ce dit boort nous voullez vous laisser ou voullez vous aler. Sire fait elle ie vueil aler a ma dame du sac. Et boort la comande a dieu et moult lui prie q elle le salue a la dame du sac. Atant sen partla damoiselle et boort dit a lambegues quil la conuoie iusqs a la mer, et moult lui prie tant

qil lui ottroie et boort prist son chemin tout seul et pensa qil ne retourneroit a la court du roy artus deuant vng an aisi ira par tout qrre auantures. Si se taist icy le compte de lui et retourne a patrides au cercle dor q sen va en la court du roy bademagus.

Comment patrides sen alla a huidesan depar lancelot et comme il dist au roy bademagus qil auoit occis son filz meleagant. iiii.pp.pvi

Quant patrides se fut party de lancelot il cheuaucha toute iour ainsi arme comme il estoit: et ainsi naure vint a vng soir la ou lancelot auoit geu et lendemain se leua patrides bien matin et erra tant a quelque peine quil vint a huidesan, et illec trouua le roy bademagus. Il se agenoulla incontinent deuant lui et lui dit. Sire lancelot du lac me enuoie a vous: si vous mande par moy ql a occis meleagant vostre filz: et si vous en crie mercy par moy quil a enuoie pour le vous dire. Quant le roy lentent si lui en prent vne telle douleur au cueur pource que plus de filz nauoit: quil ne se peut tenir en son seant: ains geut a terre tout pasme: et les barons courrurent celle part pour se releuer Lors commence le deul si grant par leans q sen ny ot pas dieu tonant. Quant le roy reuint de pasmoison il demande aux barons se ilz sciauent ou est le corps de son enfant Et luy dist quil est au chasteau des quatre pierres. Et le roy bademagus dit quil se ira querir. Maintenant attourne le roy son erre pour aller querre le corps de son filz meleagant, et maine auec lui grant partie de ses cheualiers Si cheuauchent tant que de iour que de nuit quilz sont venues a heure de nonne au chasteau des quatre pierres. Si trouua le roy bademagus le corps de meleagant son filz en la salle Il en print entre ses deux mains sa teste qui toute estoit plaie de plaies et de blesseures si la mise toute droite en son estant et la regarde tant comment il peut tout en plourant. Et quant son cueur ne peut plus souffrir langoisse quil sentoit si chiet a terre tout pasme entre les barons et cheualiers qui auec lui estoient venues pour lui faire compaignie. et ilz le tindrent si comme ilz peurent. Et quant il y eut geu grant

E iiii

Seconde

piece en pausmoysons il recōmence son deul a faire tel quil ne peult estre reconforté par hōme ne tout le iour ne beust ne mēga aīs plou ra et doulouza son filz et fist le corps enterrer en vng hermitage a si grāt honneur cōme len doibt faire filz de roy: apres sen partist le roy si dollent et si courrouche que a pou quil ne deuoit. Et quant il vint a huidesan, et il dist sa mesgnie ētour luy il se remēbre de la mort de son filz et blasme la mort au plus q̄l peult et dist en ceste maniere. Haa mort felonneuse cōment osas tu approcher de mō filz, et puys quant il eust ceste parolle dicte si menache ses barons et leur dist. Se vous eussies bien gardé mon enffant il ne fust pas encore occhiz mes vous en aues tant fait que ie vous en hayrray tous les iours de ma vie de mortelle hayne, car ceste perte est sans recouurer, mes a tant lesse le cōpte a parler de luy et retourne a san cesot du lac et au roy artus.

¶ Cōmēt boort trouua la royne geneure en la forest et cōme la vieille au cercle doit en mena lācelot et cōme sagremor demoura prisonnier cheulx mathanias.

Or dist le cōpte que bien vng an apres la mort messeagant le filz au roy bademagus, assa le roy artus chasser en la forest de braamallot, et ce fust a viii. de pēthecouste. et en ceste chasse auoit. xii. roys couronnes qui tous tenoiēt terre du roy artus, si y auoit tant de contes q̄ ce stoit vne merueille, pource que encore ne auoit pas se roy departie sa court quil auoit tenue en cornoaille. Et apres venoit la royne genevre a tout grant cōpagnie de dames et de damoyselles, mes il ny auoit que quatre cheualiers seulemēt dōc lun auoit a nō liey le senechal et saultre saigremois le derree, et le tiers dodiniaux le sauuage, et le quart fust lancelot le filz au roy ban de benoic, qui asses estoit preux et vaillāt et vng escuyer auec eulx qui portoit vng brachet qui estoit a la royne geneure, que elle faisoit touiours porter auec elle pour lamour de la dame du lac qui lui auoit donne. A telle cōpagnie cheuaucha la royne genieure pmy la forest si sen alloient les dames et les damoiselles esbatāt apres les chasseurs et tāt qui fust heure de prime. Si encontrent vng cheualier arme de toutes armes sur vng grāt destrier son escu en son col et sa lāce en sō poing, et son heaulme lache en sa teste, le cheualier venoit vng chemin en trauers parmi la forest. Et il cōgneust la roine si cōmēca a plorer trop tēdrement, et elle se sallue et dist. dieu vous gard sire cheualier, mes il estoit si plain de larmes q̄l ne peult riē respōdre, si la regarde mōlt piteusemēt, mes il ne demeure pour pleur quil ne luy rende son sallut au mieulx quil peult et la royne geneure sen passe oultre sans plus dire mot.

Quant la royne eust esloignie le cheualier vne grāt piece il vint apres elle tāt cōme se cheual peult tēdre sy se acouste pres de la roine genieure et luy dist en plourāt, dame ferey mō gaige de ce q̄ ie vous ay meffait et q̄ ie vous messeray tout maulgre moy, et tout maintenāt quil eust ce dist, il aert la roynee et luy dist dame ie vo̍ pri, ne vous ne me poues mie eschapper legieremēt, et toutes voyes le cheualier plouroit a chaudes larmes. Sire cheualier fait la royne lessies moy, Je ne puys dame fait il. par ma foy fait liey le senechal qui empres elle estoit. Lesser la vous cōuēdra ou vous le cōper res mōlt cheremēt. Respont le cheualier pour vo̍ ne la lesseray ie pas, aīs lēmeneray ie se par aultre que par vous ne st deffendue, non fait liey. or verrons nous par temps. Lors lesse liey son escu et tire sō espee et dist au cheualier ostes la main ou ie la vo̍ couperai, voire fait le cheualier, sōmes no̍ ia la, Oup par mon chief fait liey. Eu nom dieu fait cellui vous vo̍ en repētires, car vo̍ iousteres a moy, de ce me est or mōlt petit fait liey vo̍ ne estes pas le premier a qi ay iouste si vo̍ gardes de moy car ie vo̍ deffy et moy vo̍ fait le cheualier, lors se eslongnēt lun de saultre puis sēviennēt tāt cōme cheualx peuent aller et sētreferiēt si grans coups q̄ ses escus sentrepercherēt liey brisa sa lāce sur le cheualier et le cheualier luy donne sy grāt coupt quil le porte a terre.

Quāt saigremois voit liey abbatu, sy court vers le cheualier et le fiert si quil luy fent lescu et luy rōpt le haubers mes a sa char ne toucha poīt. Et le cheualier le fiert sy tres merueilleusemēt quil abat luy et le cheual

partie

tout en ung mot/ et sup sa p deſſus le corps tout a cheual ſi que a pou quil ne sup creue le cueur au ventre. Lors eſt la royne bien dollẽte quant elle voit q̃ les .ii. cheualiers ſõt abbatus par ung ſeul. Et dodineau le ſauuage lequel eſtoit moult courrouce de la honte de ſes compaignons diſt que moult iouſte bien le cheualier: et dit q̃ ſe dieu lui aide q̃ pour nulle choſe ne laiſſeroit il quil ne eſſapaſt a lui car mieulx veult il eſtre abatu quil ne venge ſes cõpaignons a ſon pouoir. Et lors meut le cheualier qui nauoit pas briſe ſon glaiue a eſtoit fort a roide. Si ſentreferirẽt par ſi grant ire quilz rompirẽt les faces a leurs eſcus deſbouclerent. Si ny a ſi fort haubert ne ſi tenãt dõt les mailles nen ſoient rompues. Le cheualier demeure en ſa ſelle a dodineau voſſe a terre p deſſus la croupe du cheual a cheut ſi durement au faiz des armes quil auoit que a peu que la caignoſſe du col ne lui eſt rompue. De ceſte affaire fut la royne moult dolente: ſi en plourẽt dames et damoiſelles. Et la royne a moult grant paour de lancelot a dit au cheualier. Haa ſire pour dieu aſez vous en certes ſe vo⁹ abatez le quart iamais iour de ma vie bien ne aura y. Dame fait il par ma foy ie nen puis laiſſer deuãt q̃ ie ſoie abatu ou q̃ ie vous emaine. Certes fait elle ſe vous me emmenez ie me occirap de deul car puis q̃ vous aurez les quatre compaignons abatu nauray ie talent de rire ne de viure ung ſeul iour. Lors ſe eſlongne le cheualier pour iouſter a lancelot. Et ainſi qlz ſouloiẽt mouuoir pour iouſter very ung viel le ſur ung paſſetrop qui vient vers lancelot et le prent au frain a lui dit. Sire cheualier acq̃tez vous de voſtre foy. Quelle foy fait il/ auez vous donc ma foy. Oy vraiement fait elle vous la me promiſtes quãt vous q̃riez le vermeil cheualier a dictes q̃ ſe ie vous lenſeignoie vous me ſuiuriez ſans point de eſſongne au pmier lieu ou ie vous en ſemõdroie. Or vous ſemons de me ſuiuir. ſi conuiẽt q̃ vous vous acquitez: a ſe vous ne venez voſtre foy aurez mentie. ſi ne aurez iamais ſi grnthonneur. Dame fait il honny me aurez a iamais ſe ay ſi me faictes partir du cheualier q̃ me attent. Voire dit elle, a ſil vous conquert vous ſerez en ſa priſon: a lors ne auroy ie nulle puiſſance

ſur vous. Dame fait lancelot ie ne ſeray pas cõquis. ſi vous pue pour dieu et pour moy oſter de ceſſe honte que vous me donnez reſpit tãt que ie aie iouſte a lui. Certes fait elle ia mon reſpit nen aurez. Non dame fait lãcelot. Certes non fait elle. Or allez dõc deuant tout ſeurement car ie vois apres vous/ mais tant ſachez vous que ia ne aurez eſte deux archies de terre q̃ vous me trouuerez tout mort. Mort fait elle pour quoy mourrez vous. Certes fait il pour moy meſmes car puis que ie auray receu tãt de honte comme vous me voulez faire receuoir ne quier ie viure une heure de iour. Non fait elle: aincois vous laiſſeroie ie iouſter au cheualier/ mais ie veul q̃ vous me promettez q̃ ſi toſt q̃ vous aurez iouſte a lui q̃ vous me ſuiurez. Voire dit il ſe ie ſuis en ma baillie. Autremẽt fait elle ne le diz ie pas. Lors laiſſe aler lãcelot a la meſſee. a la damoiſelle eſtoit de grant aag: q̃ bien pouoit auoir lxx. ans/ a auoit encore ung cercle dor en ſa teſte. a ſi eſtoit toute plaine de chaines. Si ſappelloit len la damoiſelle de grant aage. Lors ſõt appareillies les cheualiers de iouſter a viennẽt lun cõtre lautre de ſi grant air a de ſi grãt force a ſen trefierent ſi durement q̃ les eſcus ny ont duree q̃ tous ne ſoient percez a leurs haubers auſſi: ſi q̃lz ſentremettent a la chair les glaiues. Le cheualier attaint ſi durement lancelot au coſte ſeneſtre q̃l lui met le fer du glaiue parmi le coſte tout ouſtre: mais de tant ſui auint il beau q̃ ce ne fut pas au parfont. Au pourſuiure du coup briſe le cheualier ſa lance/ ſi en demeure grant partie au coſte auec le fer. Si ne ſe fal lu gaires quil ne ſabatiſt iue. Lancelot qui ſe ſent naure ſe fiert par ſi grant puiſſance quil lui met parmy le corps le fer et le fuſt ſi que de lautre part de leſchine apparut le fer a le porte ius du cheual. Atant ſen va la vielle tant cõme elle peut du cheual traire a crie a lancelot. Or toſt ſire cheualier acq̃ttez vous de voſtre foy. Et quant lancelot eut repris ſon tour ſi regarde la vielle qui ia eſtoit bien loing de lui il court apres elle ſans regarder ſa playe a ne priſt cõgie a ung ne a autre. Haa fait la royne a dieu ne voiez vous pas quil a ung trõſon de cance parmi le corps atout le fer. certes il le conuendra mourir ſil va longuement ainſi.

par ma foy fait lyeup ie iray voulentiers aps
luy mais ie ne cuide pas qͥl retourne pour moy
se pour vous ne veult retourner fait la royne
si luy aidies se il en a mestier/ voulētiers fait
lyep/ lors sen va apres lancelot et quāt il fust
asse enuiron demie lieue. Si regarde en vne
vallee deuāt luy et voit lancelot qui se cōbat
a deup cheualiers/ et troie auoiēt ilz este mes
il en auoit vng occhis/ et les .ii. si bien atour
nes quilz sen suyoiēt parmy la foreſt a pie et
luy mesmes estoit a pie/ Car ilz auoient son
cheual occhis.

De ceste aduanture se merueilla monſt
lyep ⁊ dist a luy mesmes que mōſt bien
aduient a lancelot de ce quil empjent a faire.
A tant sen va vers lancelot et luy dist. Sire
ma dame m'euoye a vous pour scauoir com
mēt il vo9 eſt/ car elle cuide ᵹ vous soies na
ure a mort/ naure fait lancelot certes nō suis
seuremēt poues dire a ma dame ᵹ ie nay nul
mal/ et ie men vois apres ceste damoiselle/
mes pour dieu pjenes garde du cheualier a ᵹ
iay iouſte et sauoir se il pourra garir/ car cer
tes il est pjeudōme et de grāt valleur/ et vng
des meilleurs cheualiers cōtre qui ie iouſtay
iamais/ dictes moy fait lyep qui estoient ses
cheualiers contre qui vo9 conbatiez ozendroit
par ma foy fait lācel. ie ne scay/ fors quilz
estoient en ceste forest si me aſſaillirent/ mes
ie feri si bien le pjemier que ie locchis et les .ii.
aultres occhirent mon cheual et me firent du
pire quilz peurēt mes dieu mercy ie men suis
eschape/ lors deschent lyep de son cheual et
māde a lācelot sil luy plaist qͥl luy traie le fer
du coſte/ dans cheualier fait la vieille vous
ne vous en ētremetres ia/ car tel en pēsera en
coje a nuit qui mōlt en scait plus ᵹ vous. mes
retournes vo9 ent arriere. A tant sen veult al
ler lācelot et lyep luy pjesēte son cheual ⁊ il
ne refuse mie ains sen remercie/ et luy disi au
departir. lyep salliues moy ma dame la roine
et tous ceulx qui de moy se demēteront ⁊ pour
dieu dictes a ma dāe la royne quelle pense du
cheualier/ voulētiers fait lyep. Si sen part a
tāt san. et sen va apres la vieille/ et lyep sen re
tourne dzoit a la royne et a sa compagnie. Et
quāt ilz se voiēt venir a pie si sen merueillent
mōlt durement/ et saigremors luy vīet a len

contre si luy dist/ lyep cōment vous est il qui
ainsi reuenes a pie: et il luy compte cōment il
auoit baille son cheual a lancelot et puis dist
a la royne/ lancelot vous māde sallut et vo9
māde que vo9 pjenes garde du cheualier na
ure: lyep fait la damoiselle no9 en auōs prins
garde biē et bel/ lors regarde lyep et voit le che
ualier qui iā estoit desarme et sa playe bēdee ⁊
appareillee et estoit en vne littiere que saigre
mors et dodinel luy auoēt faicte/ et la royne
parle a ses damoiselles et leur deffēt ᵹ nulle
ne soit si hardie de dire qui est le cheualier/ ne
dōc il est ne qui a faicte la litiere/ car tout aut
trement veult ᵹ la nouuelle soit sceue deuant
ᵹlz soiēt a la table mōsieur et ilz luy octroiēt.
A tāt accueillēt leur chempn parmy la forest
apjes le roy et font couurir la littiere de deup
samitz et dessus espādirēt herbe fresche et ver
te et errerent tāt quilz vindrent a vne fōtaine
dessoulz vng sicamoj. Celle fontaine estoit
appellee la fontaine aup fees pour ce ᵹ ceulx
qui en sa forest habitoient p auoiēt veu de trop
belles dames et si ne pouoit sen riens scauoir
de leur estre, si disoiēt ceulx du pais ᵹ c'estoiēt
fees/ la royne vint a la fontaine et descēdist
et toute sa mesgnie auſſy/ ⁊ quāt ilz se sont re
poses vne piece: la royne dist a saigremojs/ oj
fait il bon menger/ voire fait il dame qui euſt
quoy/ a pourchasser fait elle nous en cōuient
par ma foy fait il ie ne scaps ou/ se ie ne vois
a la court mathanias qui est cy pjes en ceste fo
reſt/ illec fait elle feres vo9 petit de bien prouf
fit/ car il nya cheualier eu mōde qui tant haie
monseigneur cōme il fait. En nom dieu fait
dodinel le sauuaige donc y fera il bon aller/
pour luy faire honte/ ⁊ se saigremojs y veult
aller ie suys pjeſt de luy faire compagnie. da
hait fait saigremors ait qui ne yja: alors mō
tent et pjent chascun sa lāce et son escu. Et la
royne les prie de tost reuenir/ et ilz dient que
si feront il au plus tost quilz pourront.

Quant ilz furent tournes par vng es
troit sentier si ne demoura gaires quilz
virent vng cheualier arme de toutes armes
apoye sur sa lance deuant l'etree dung pauil
lon le quel chantoit vng son nouuel si clere
ment que tout le boys en retentissoit et saigre
mors en parle a dodinel et dit/ par ma foy

partie

cestui est moult aise bien peut estre ce dit dodineau le sauuage au mains en fait il le sēblāt. Quāt le cheualier ses vist pres de lui si se appareille de iouster et estraint les armes entour lui. Compaignō fait saigremor iouster nous conuiēt. Voir est fait dodineau: laissez moy aler. par dieu fait saigremor non feray mais ie iray et vous demourrez cy pour veoir q ce sera. Et lors se adrece saigremors vers le cheualier et celui lui vient a lencontre. Si sentrefierent sur les escus amōt et aual. Atant vit par auanture vne pucelle sur vne mulle et regarde vng peu la bataille puis sen retourne vers dodineau et il la salue quāt elle est pres de lui et dit. Pucelle bien viengniez. Et bien aiez vo⁹ fait elle sire cheualier: se vous nestes des couars qui ne osent mener vne damoiselle. De ceulx ne suis ie pas fait il, car il ny a pucelle au mōde q ie ne osasse mener ou suiuir. Dōc n oseriez fait elle venir pour sueil de sa teste la ou ie vous meneroie. Si feroie fait il par dieu se ie y deuoie mourir. Ce verray fait elle par temps. Allez fait il seuremēt, se vous alliez en enfer se vous oseray ie bien suiuir. lors sen va la damoiselle deuant et dodineau apres Maiz icy laisse le compte a parler de eulx et retourne a saigremor le desree qui se combat au cheualier.

Or dit le compte q tant se combatist saigremor au cheualier du paueillō quil le mist en fuite. Si sen tourne fuyant, puis regarde saigremor etour lui maiz il ne voit point dodineau le sauuage: si se merueille moult qil peut estre deuenu: si leve grant sa gla. et quāt il voit quil ne le peut trouuer si se pourpēse q ia pource ne laissera a aller chiez mathanias Il se remet en son chemin si ne demoura gaires quil encōtra vng des veneurs du roy artus qui venoit fuyāt sur vng cheual grant allure et estoit le veneur naure en la teste et en les paulse si q tout estoit senglant. Et quant il voit saigremor il lui escrie Sire pour dieu aiez de moy pitie et mercy. Fait saigremor dis moy pour quoy tu vas fuyāt. sire fait il pour trois cheualiers q me ōt ainsi naure aux qlz ap cōtredit vng brachet quil me vouloiēt tollir: et me suiuent encores pour occire. Or naiez paour fait saigremor: mais menez moy celle

part. Ja ne vous mouuez de cy fait celui, car ilz vendront par cy. Donc les attēdray ie dit saigremor. Atāt se sont arrestez eulx deux, et les trois cheualiers approuchent. Et quāt saigremor les voit il leur escrie. laissez le brachet vous ne lemporterez pas ainsi. Et ilz le baillent a vng de leurs escuiers et lui dient que il sen voise tout seurement, car nous se deffendrions bien vers ce cheualier fōt ilz. Et celui sē va qui emporte le brachet. et saigremor laisse courir a vng des cheualiers et le fiert si durement parmi le heaume de lespee qil lui fist voler la teste. si labat a terre tout estendu, et lautre lui donne vng tel coup qil lui abat vne piece de son escu. Quāt saigremor le voit si lui court sus et labat tout enuers. et lautre qui le vient attaignant par derrier lui donne vng tel coup ql se fait tumber sur le col du destrier si le print par le heaume et le voulut trapner a terre maiz saigremor qui moult estoit de grāt vertu et de grant force lui donne tel coup quil lui abat le naseau du heaume et lors recouure son coup si lamaine de si grant force qil le sent iusqes aux dēs. Et celui chiet mort de dessus son cheual. Saigremor court sus a lautre, et dit quil est mort sil ne se rēt. Et il lui crie mercy et lui tent son espee. et saigremor la prēt et dit quil lui rendra le brachet et qil se mettra totalement en sa mercy du veneur. Et il lui ottroie. et saigremor remet lespee au fourreau et monte sur son cheual et commāde le varlet a dieu: puis accueilt son chemin et se remet en son sentier. si estoit la voie si estroicte q ses cheuaulx ont toutes ses iambes ensenglantees et esgratinees des ronses et des espines. et saigremor maudit la voie et dit que maudit soit espine et rose car elle ne font q nuire. Apres ne demoura gaires que sa voie sui eslargist. Il regarde deuant lui et voit vng moult riche paueillon et deuāt auoit vng nain si hideux q saigremor si comme il cuide ne vist oncques si lait. et le nain tenoit vng baston en sa main grant et pesant a vne mace de fer. Quant saigremor vit pres du paueillō si se arreste et le nain lui vient a lencontre le baston en tese et fiert son cheual parmi la teste. Et saigremor qui fut moult courouce de son cheual quil auoit feru, si lui dit. Fuyz dicy maleureuse creature. Et celui haulce le baston en hault et reffiert encore le cheual parmy la teste si durement que il est cheu a genoulx, & lors par est saigremors trop courouche, si prent le nayn parmy les temples & le hauche contremont et le flatist a terre si fellonneusement que a pou quil ne luy a le cueur creue et luy va par dessus le corps tout acheual si que il luy brise vne des cuisses, et cellui crie le plus asprement quil peult aide, et tantost ist du pauillon vne des plus belles damoyselles du monde ne quil eust oncques veue a nul iour, si sen vint celle part courant & disant. Haa par mon chief sire vous nestes pas courtois, qui a vne faulte de homme et poure chose aues esprouue vostre vertu et force, certes encore vous en pourroit il bien mal venir, et si eust il fait seson seigneur eust este leans, et mal dehait ait mauuaise cheualier ou quil soit, ainsi soit il fait saigremors, et pour quoy le dictes vous se dieu vous sault, ie le dis fait elle pour vous car nul vaillant cheualier neust fait si grande villennie comme vous aues de ce que vous aues mise la main sur luy, mes si leust aussi grant pouoir comment vous aues ia neussies este sy hardi de le toucher. Damoiselle fait saigremors vous dictes vostre voulente mes se dieu me conseult, se ce eust este monsieur gau. ou lancelot du lac, & ilz me eussent fait autant denuy et de villennie comment il a, si me feuz ce ie reuengie a mon pouoir et ne vous en courrouces pas car ie suys tout prest de lamender, lamende fait elle ne reffuse ie mie. Lors la regarda saigremors si la vist monlt belle et pour la grant beaulte quil vist en elle dist il que monlt seroit mauuaise de sen partir a tant sans parler a elle en priue. A donc sen part la damoyselle, et il la conuoie iusques a son pauillon, et quant il vint la il trouua calogrenant vng cheualier de la table roode qui leans estoit emprisonne monlt dollent et monlt courrouche: & saigremors qui bien le cognust le sallue et luy demande que il fait illec, quoy sire fait callogrenant que ie face, ie ne fais riens fors que ie suis emprisone: emprisone fait saigremors dictes moy comment.

H up matin quant le roy artus vint en ceste boys si me vins pour venir apres, mes ce fust a tart, et tant que ie vins ceste part tout seul, si come aduanture me amena, si trouuay ceste damoiselle en ce pauillon qui tenoit en sa main vng cor de yuire qui monlt estoit bel, et elle me demanda se ie estoie si hardi que ie le sonnasse, et ie luy dis que oup: et puis prins le cor & sonnay monlt haultement. Apres que ie leus sonne ne demoura gueres que cy vindrent .ii. cheualiers armes, si me assallirent pour ce que ie estoie desarme ainsi comment vous poues voir Certes fait saigremors ilz firent assez grant villenie, et se ie cuidoye que ilz me ouissent pour corner et quilz retournassent, orendroit ie corneroie. En nom dieu fait callogrenant ie scay bien que ilz y vendroient se le cor estoit sonne, or verra ie par temps fait saigremors, lors prent le cor si le mest en sa bouche et le sonne au plus haultement que il peult, puis prent vng glaiue qui illec estoit drechie et vint a lhuys du pauillon et attent tant que il vist venir vng cheualier tout arme de vnes armes vermeilles sus vng grant destrier qui estoit vermeil come sang. Si crie a saigremors par dieu mal sonnastes le cor. Et quant saigremors voit que deffendre se couient, si pent son escu en son col et meult contre le cheualier, si sentrefierent si grans coups quilz sentreabatet a terre leurs cheuaulx sur leurs corps, le cheualier se relieue premierement et tire son espee du fourrel et saigremors si fait aultre tel si luy court sus & ilz se decoupent les escus amont aual, si se combatent ainsi longuement les deux cheualiers, et lors vint par deuant eulx vng cheualier qui vint vers la damoiselle et la prent par le bras et la lieue sur le col de son cheual puys sen va a tout, & quant le cheualier qui se combatoit a saigremors voit cellui qui emportoit son ampe si ne scait que faire tant est dollent, et quant saigremors voit cecy si se apperchoit que celuy ne faisoit mes se souffrir non, et quant il ne peult mes en auant si dist Haa franc cheualier pour dieu apres merci de moy, ore sire cheualier fait saigremors que voules vous dire, Je vueil fait il que ceste bataille soit finee, et ie me metz du tout a vostre merci que vous sachez tant pour moy que vous me lessez aller apres cellui qui mamie emporte, certes fait saigremors voulentiers, et si irap auec vous se vous voulles, ou seul et vous demoures pour garder le cheualier qui est en prison en ce pauillon: si mais dieu fait le cheualier

partie

ce vueil ie bien. et saigremor lui ottroie. si mō-
te sur son cheual et va aps le cheualier q̄ la da-
moiselle emporte. Et quant il est allé la mō-
tance de vne lieue si encontre vng cheualier et
vng escuier. Si leur demande se ilz ont encō-
tré vng cheualier qui emporte vne damoiselle
Certes fait lescuier ouy en celle vallee la mais
il sen va si tost q̄ a grant peine lactaindres vo'
De ceste nouuelle ne fut pas ioieux saigremor
si se part incontinent de lescuier. Et quant il
est venu en la vallee si voit le cheualier deuāt
au tertre amōt: et il point apres. Et quant il est
venu en la montaigne il voit dix paueillons
tendus en vng pre ou il y auoit vne moult bel-
le fontaine. A chacun de ces paueillons auoit
quatre escus pendus et dix glaiues apuyez les
fers contremont. Quant il vint pres des pa-
ueillons il en vist issir vng cheualier qui lui
dit que iouster se conuient ou rendre ses armes
et saigremor lui dist q̄ de ce nauoit pas mestier
et toutesuoies aymeie mieulx a iouster q̄ ren-
dre mes armes. Ie nay fait saigremor point de
glaiue. De ce fait il ne vous esmayez car ie vo'
en bailleray vng bon. Lors lui en baille main-
tenant vng. et lors issent du paueillon trente
cheualiers et si se douloit saigremor moult du-
rement car il auoit fait le iour de belle proesse
et le cheualier brise son glaiue sur lescu de sai-
gremor. Et saigremor se fiert si durement q̄ il
se porte a terre tout enuers. Si lui dist saigre-
mor qu'il remonte car il ne se veult plus blecer
Et celui lui demande q̄ il est. Ie suis fait il de
ce pais. Et que assez vous querant. Ie qer dit
il vng cheualier qui emporte vne damoiselle.
Se ie vouloie fait celui ie vous en diroie bien
nouuelles. Dictes le fait saigremor sil vous
plaist. Si feray ie fait celui se vous me don-
nez le premier don q̄ ie vous demanderay. et ie
le vous donne fait saigremor. Vous vous
en irez fait le cheualier tout ce chemin/ et vng
peu auant trouuerez vng paueillon: et dedens
trouuerez le cheualier et la damoiselle q̄ vous
querez. Atant sen partet lun de lautre et se va
saigremor sa voie et erra tant quil vint au pa-
ueillon. Et quant il entra ens si trouua qua-
tre cheualiers qui mengoient a vne table / et
la damoiselle seoit en my eulx. Et quant sai-
gremor sa voit si sen va celle part et dist. Da-

moiselle vous auez este amenee a tort et ie vo'
emmeneray adroit. Et lors prent vng des che-
ualiers vng cousteau et lui vouloit lancer. Et
saigremor lui dist q̄ sil se remue il lui fera vol-
ter la teste. Et celui ne retint pas son coup ais
lui lance si lui met en la mamelle dedens la
chair. Et quāt saigremor se sent naure il trait
le cousteau de son espaulle et puis trait son es-
pee et fiert celui parmi la teste tel coup quil
lui fēt. et celui chiet mort a terre. Lors saillirēt
en estant les autres trois et vouloiēt courir a
leurs armes/ mais saigremor leur vient a lē-
contre et fiert tellement le premier quil encontre
q̄ lui abat la ceruelle. et celui chiet a terre tout
estendu. et les autres deux se tournent en fuite
Et quant ilz sont eslongniez si prent saigre-
mor la damoiselle et la monte sur vng cheual
et elle lui demande ou il la vouldra mener. Ie
vous meneray fait il a vostre ami q̄ ma ey en-
uoie. Et elle lui ottroie bien. si sen vont ensēble
Saigremor la regarde en my la face / si lui
plaist tāt a regarder q̄ se le cheualier ne leust
requis en bōne foy quil lui amenast il leust re-
quise damours. Tant ont alle quilz sōt ve-
nus deuant les dix paueillons ou saigremor
iousta au cheualier. et les cheualiers lui diēt
q̄ la damoiselle ne peut il mener. Pour quoy
fait saigremor. Pource fōt ilz q̄ nostre seignr
de taunigres veult sauoir qui elle est. Par
dieu fait saigremor il nen saura riens. Si se-
ra font ilz ou vous la rendrez ou nous la vo'
osterons a force aincois q̄ nous ne lui menōs
Vous la me pouez bien tollir fait saigremor
se ie ne la puis deffendre vers vous: mais par
mon chief tant comme ie viue ne lemmenerez
vous point. Or vous gardez de nous font ilz
car a la bataille estes venus. Ie men garde-
ray fait saigremor au mieulx que ie pourray.
Lors mist la damoiselle ius du cheual et dist
si hault q̄ tous louirent. Or venez auāt se vo'
osez et se vous estiez quarāte ia dieu ne maist
si ne lemmenerez vous point. Quant lun des
cheualiers sentēt si viēt a lui et lui demāde sil
est de la maison du roy artus/ et commēt il a
nom. Iay nom fait il saigremor le desree. Si
maist dieu fait celui moult vous appelle sen
droitement car moult estes desree et plain dor-
gueil qui contre nous tous voullez combatre

pour cefte damoifelle. Par ma foy fait il ain çois me cōbatray ie que vo' la me tollés: car vng cheualier me y a enuoie qui ma prie que ie la remaine, et ie aymeroie mielx mourir que ie ne luy remenaffe, puis qlˢ sen fye a moy. Atant vīt vng cheualier entre eulx armé de vnes armes painctes a eſchiquer. Et il voit faigremors qui ne veult rendre la damoifelle pour eulx tous, si pense que biē peult eftre vaillant le cheualier qui ainsi parle en contre eulx tous, il regarde son escu qui tout eftoit depercé amont et aual et son hauſbert derōpu en plufieurs lieux, et luy meſmes tout fenglāt si le prife tant en son cueur que nul ne peult plus prifer, et touteſuoies luy dift il ſavoir se il se pourroit eſmayer. Dās cheualier a rendre vo' cōuiēt la damoifelle maulgré vous. Sire fait saigremors ce ne fera mie de bonne voulente, mes ſe le lieu en eftoit a vous et a moy ie ne la cuideroie rēdre pour tout vre pouoir nō fait celluy, par mō chief ce berres vous par tēps il vo' conuient a moy iouster: a vous fait faigremors de ce ne me eſmay ie pas, car vous neftes pas le premier a qui me ſuys cōbatu, lors prēt vng glaiue quil vrift deuāt luy et quāt le cheualier voit qlˢ ſe appareille du deffendre, si le rappelle encore et dist voftre nō vueil ie sçauoir ains que nous cōbatoˢ ensemble, iay nō fait il faigremors, ie suis fait il brandelis de tannitigor. Haa sire fait faigremors eftes vous ce. Certes fait saigremors vo' mauez fait plˢ damour et de feruice que tous les hōmes du mōde et pour dieu dictes moy de vre eftre, de mō eftre fait il amy doulx ne vous puis ie dire se biē nō, car tant ſuis sye de vous que nul plus: si vo' conuiēt deſchendre et mēger auec moy en mō pauillō haa fire fait faigremors ce ne pourroye ie faire en nulle maniere, car il me conuient cefte damoifelle mener a sō amy, et puis aller en vng aultre lieu ou ma dame la royne menuoie. Saigremors fait brandelis ce ne vo' vault riens car a faire le conuient. Sire fait faigremors ce ne peult eftre, car ma dāe la royne me attent a la fontaine des fees, si me cōuient orendroit reuenir au tremēt ſe dieu me conseult ſeiz ce ie, quāqu'il vo' pleuſt et ne vo' en poiſe mie a cefte fois. Quant le duc voit que priere

ne y a meftier, si fait baillier a la dame vng palleffray et dift quil eft tout a son cōmādement. Et faigremors sen part a tāt du cheualier, si eftoit entre tierce et midi. Si cheuaulca tant quil vint a la maison de mathanias, celle maison eftoit forte et haulte cloſe de bōs foſſes parfons, et celle maison ne auoit que vne entree. Et faigremors va celle pt et tāt qˡ lˢ en tre dedens la porte, si la regarde longuemēt puis entra dedens la ſalle tout acheual, Et trouue mathanias qui vouloit affoir a diſner luy et ses cheualiers. Et quāt il virēt faigremors si se taifent pour eſcouter quil dira, et vint a mathanias tout droit. Si luy dift ſans ſaluer ma dāe la royne geniévre te māde que tu luy enuoies a mēger a la fōtaine ou elle eft elle et ses damoifelles, Queſt ce fait mathanias puis que tu es a elle par quel cōgie entrastu ceans. Ie y entray fait faigremors par son cōmandemēt et par son cōgie: tu pourras voir fait mathanias cōment elle teŋ garantira lors crie a ses hōmes ores aux armes et ilz saillent maintenāt luŋ cha, laultre la, si ſe garniffent de leurs armes et reuiennent au plus toft quil peuēt. Et faigremors dit vers mathanias si luy dift or te garde de moy, car ie te deffy si trait leſpee et lui court ſus et celui ſe mect en fuyte vers vne chambre et puys il entre dedēs et cloſt luys aprés lui. Et faigre. voit venir iuſques a .y. cheualiers toˢ armés qui cloent luys de la ſalle q̄ nul ne puſſe hors et lors fçait il biē quil se eft follemēt embatus si ſe repētift voulentiers et nō pour tant il ne eft pas si eſbahi quil ne se appreſte du deffendre et ceulx luy eſcrient que mal y entra et luy courent ſeure a haches et aux eſpées, si quil occhirent son cheual, et il demeure a pie emprés vng pillier emp le paffaie et se deffēt trop du remēt si leur detrenche eſcus et heaulmes, et tant fait darmes que son eſpée luy eft brifée si ne ſçait que faire, car trop le tiennēt de prés, et tant qlz lont fait aux genoulz venir et ſe ne fuft vng pillier qui eipres luy eftoit, ilz leuſſent ia tué. A tāt vint mathanias en ſa ſalle, si dift a faigremors quil ſe rende, et il dift que nō fera, ſe tu mē crois fait mathani. tu te rēdras tant que ie teŋ prie. En nō dieu fait faigremors ie nē feray ia riens au mains ne me

partie

tendray ie pas a vous/car vo9 estes ennemy a monseigneur le roy artus. Lors est mathanias moult courrouce si dit a ses hommes: or tost a lui. Et ilz le font tout maintenant. Et quant saigremor les voit venir si court a luy dune chambre ou il pendoit vng escu. Il laert incontinent puis print vne hache a deux mais quil dist a vng clou dedens la chambre si en donne au premier tel coup quil labat mort a terre Lors sault auant vng cheualier qui lembrasse parmi les flans et il lui. Si sentretuerent a terre. Apres saillirent les autres cheualiers a saigremor et le saisirent auant quil se peut releuer et le vouloient occire quant mathanias leur escria. Ne lociez pas car ie men vēgeray trop mieulx q̄ vous ne cuidez. Allez et le mettez en prison. Et ceulx l'ottroient mais aincois le firent desarmer. puis le misdrent en vne geolle qui estoit empres vng vergier. Celle geolle estoit moult belle et close de barres de fer. Si estoit en telle maniere faicte q̄ lē pouoit voir tous ceulx qui en la salle estoient: mais lestablissemēt de la geolle estoit tel q̄ nul qui y soit mis ne mēgur fois pain et eaue seulemēt vne fois le iour. En celle prison fut mis saigremor Et il estoit de telle nature q̄ quant il auoit eu ēnuy par bataille ou par autre chose vng peu de chaleur et il refroidoit adōc sui prenoit vne si grant fain q̄ a peu quil ne entragoit et a chascune fois se pasmoit il dāgoisse. Si lui auint a celle fois quant il eust demoure ii. iōe a none en celle prison si fut si destraint de fain que a peine finoit il de crier. A celle heure vint par m̄y se iardin vne damoiselle qui estoit fille a mathanias. Quāt la damoiselle dist saigremor qui estoit emprisonne si lui demāde qui il estoit. Et il dist quil estoit de la maison du roy artus. Et cōmēt fait elle auez vous nom Ie y nom saigremor le desree. Saigremor dit elle. de l' ons ay ie bien ouy parle. se poise moy fait elle quant vous estes en telle prison cōme ceste cy. Et pour quoy damoiselle fait il pour ce fait elle q̄ vous ny mengerez fors du pain ny beurez q̄ eaue et si ne sera q̄ vne fois le iour Non fait il: est donc sa coustume telle ceans. Certes dit elle ouy. Lore se regarde la damoiselle si se voit moult beau cheualier. Et sans faille il estoit vng des plus beaux cheualiers

du mōde. Et quant elle eust vne piece parle a luy si lui dist saigremor. Damoiselle ie mourray de fain. Comment fait elle auez vous ia telle fain. Oy fait il ie mourray se ie nay a mangier. Haa sire fait elle pour dieu naiez paour. Lore sen va la damoiselle et tantost reuint si dit a saigremor. Saigremor or aurez vous a mengier. Regardez duāt vous fait elle. Et il regarde si voit en vne fenestre en vne touaille enuelope vng gasteau et vng gras chappon et vng plain pot de vin. Sire fait la damoiselle cest vostre mengier. Et il la mercie mōlt durement. Et la damoiselle q̄ saigremor amena leans quil auoit rescousse quāt elle dit saigremor en prison elle en fut moult dolente. si sen partist tantost et vint a son amy qui lacten doit au paueillon. et quant il la dist il lui fist moult grant feste. Mais icy se taist le compte de la damoiselle et de saigremor: et retourne a dodineau qui sen va auec la damoiselle

Cōme dodineau se partist de la royne pour aler chieux mathanias. et cōme il cōquist vng cheualier q̄ t'uopa a la royne. iiii. pp. vviii.

En tert a dodineau lui et la damoiselle qui semmaine quil encontra par auāture vng cheualier armē de toutes armes et vne damoiselle qui moult auoit riche torrain: et deuant eulx tous y auoit vng nain sur vng cheual chasseur. Le nain estoit petit et tout boussu et si hideux que dodineau sen merueille tout. Si le salue mais le nain ne lui respont mot ains se trait pres de la damoiselle et la prēt parmi les espaulles et la voulut baiser a force. Et elle en fut courroucee et hōteuse si haussa la paulme et sui en dōne tel coup que elle labat a terre puis lui dist q̄ te commāda que tu auisse damoiselle touchastes Et lors sault auant le cheualier et lui dist Quest ce damoiselle. pour quoy auez vo9 fertu mon nain. Pource fait elle q̄ il me plaist sil vous en poise beau mennest. Voire fait il. par mon chief mal y touchastes. Lore hausse vng glaiue quil auoit si lui lance car il la cuida ferir parmi le corps et elle guēchist. et maintenant acourt dodineau le glaiue allongnie vers le cheualier et fait semblāt q̄ moult feust courrouce. a peu fait il q̄ ie ne vous fier mauuais cheualier: car vous estes le plus failli q̄

Seconde

onques beisse, qui a une damoiselle son prochaines et si m'aist dieu vous en aues deseruy a perdre le poig. A ceste parolle fust le cheualier monlt courroucie et dist a dodiniau le sauuaige, vassal plus ne aues dist de villennie que cheualier que veisse oncques si ne scaues q̃ le sup si me pourries tenir pour mauuais se vous ne me congnoissies autrement, aincoys que lun se departist de laultre car ie vous defsy et moy vous fait dodinel, car ie ne vous ayme point, lors sentreslongnent et chascun auoit son escu et hante roide si sentreuiennent entallentes de mal faire lun a laultre, et sentrefierent a sa grant asseure des cheuaulx si durement quilz font les escus perchier, et desioindre les ares, dodinel demeure es archons et celuy voise a terre par dessus la crouppe du cheual si chiet sy doulcereusement que a pou que il ne a se col brisie.

Quant dodinel le voit a terre si deschent a pie et baille son cheual a la damoiselle qui supuoit, puis traict lespee, et court sus au cheualier, et cellup se lieue et se appareille de deffendre si secueure de son escu, et dodinel le fiert si durement quil sup sent lescu iusques a la boucle, mes au retraire ne peult il auoir son espee car trop durement estoit arse a lescu du cheualier. Et quant le cheualier vist ce sy oste la guige de son escu et le iette en sa voye bien soing de lup, puis court sus a dodinel monlt airement car bien sup est aduis quil ne se pourra vers lup deffendre puis quil a son espee perdue, si lup donne le cheualier de grans coups par la ou il se attaint, quãt sa damoyselle qui emenoit dodinel le vit a si grãt meschief si en a monlt grant pitie et pleure monlt tendrement, mes dodinel qui molt scauoit de son mestier se cueure de son escu, e lesse le cheualier lasser et trauailler et quãt il se vist trauaille et eschauffe, si se heurte de son escu emi le vis si durement quil se fait seoir a terre des deux pasmes et lespee sup voisse de la main a dodinel sa prent maintenant q̃ molt en auoit grãt mestier. Et quãt le cheualier se vist desgarni il court a son escu quil auoit iette et le prent, ainsi quil se voulloit releuer dodinel le fiert au heaulme si durement quil chiet de rerg des genoulx a terre, et dodinel sup court sus si sup

erra: he le heaulme de la teste si se iette au soig et cellup se sent allegie de son heaulme si sault maintenãt sus et court a dodinel et prent son escu a tout lespee dodinel, et dist q̃ ores est il mieulx que deuãt car mon heaulme fait il me faisoit si grant chault que a pou q̃ ie ne estaygnoie, lors sup court sus dodinel le sauuaige monlt tost et hastiuement et deffent son corps au plus quil peult et secueure de son escu, et se deffent, mes il a grant paour de sa teste q̃l sent desarmee, et dodinel lup iette ung coup qui de hault vint, et quãt cellup le vist venir si ne lose attẽdre ains recuille si quil chiet a terre tout enuers, e dodinel lup sault sur le corps, et hauche lespee et dist quil est mort seil ne se rent. Et cellup qui monlt auoit grant paour lup rent son espee, et dist quil fera tout ce quil lup commandera si lup fiance a tenir prison, et dodinel le lesse a tant, or te commande ie fait dodinel que tu ten voises a madame la royne sans nul arrest qui est a la fontaine au lup fee et illec te rendras a elle de par dodinel le sauuaige, et lup dis que le lup mande q̃ ie ne peulx mie aller chiez mathanias, car une damoyselle me retourna, et lup dictes bien que ie lup compteray si tost comme ie la verray a sa salue de par moy, e cellup dist vous estes ie vraiment querre son heaulme la ou dodinel la uoit iette, si le lache en son chief. e dodinel lup demande comment il auoit a nom, et cellup dit qu'il auoit a nom marcue le roup. A tant sen part dodinel et sa damoyselle qui tant estoit dollente et fait grãt deul du nayn q̃ estoit remonte au cheual dõc sa damoiselle sauoit abatu: Et le cheualier se remist en chemin de laultre part, et dodinel appelle le nayn si lup dist, nayn se dame dieu t'aist comment feuz tu sy hardi que tu voulloies baisier ceste damoiselle a force deuãt moy, par ma foy fait le nayn il se me couenoit faire: comment fait dodinel, e en quelle maniere. En nõ dieu fait le naim monsieur me auoit commande sur les yeulx de ma teste que ie baisasse toutes les damoyselles q̃ ie encontreroie pourtãt q̃ cheualier sa conduisist et ie si faisoie e se ie ne leusse fait il me eust tantost fait traire les yeulx de la teste, et quant il auenoit q̃ aucun cheualier le contredisoit, mõ seigneur se combatoit tantost a lui tant quil

partie.

le conqueroit a force par sa prouesse. Si vous dy voirement fait le nain q̃ monseigneur en a cõquis en cest an plus de cẽt. ne il ne cuidoit pas trouuer cheualier q̃ de armes le oultrast. Or vous ay dit fait le nain ce q̃ vous me demandastes si men iray quãt il vous plaira. Par ten donc fait dodineau: & si me salue la royne genieure. Moulẽtiers dit il. Si sen part & marue cerra tant quil vint a la fontaine aux fees ou la royne estoit & ses damoiselles auec elle. Et le nain qui bien sauoit la voie a la fõtaine quãt il fut ia venu il descẽdit en sus la royne vng petit loing & amie au cheualier aussi q̃ estoit a merueilles auenant. & maru se coup se agenouilla deuãt elle & la salue au plus courtoisement qͥl peut & se rẽt a elle pour faire son commãdemẽt de par dodineau: cõme il lui fut commãde. Et la royne le receut voulentiers comme prisonnier. Mais icy ne parle plus le compte de dodineau ne de la royne ains retourne a lancelot du lac.

Comme Lancelot sen alla auec la vielle au cercle dor & cõme griffon naura lieup le seneschal & lemporta en prison iiii.xx.& xiij.

Quant Lãcelot fut parti de lieup le seneschal q̃ sõ cheual lui auoit dõne il se remyst tantost en son chemĩ apres la vielle mais grãt mal lui faisoit le tronson quil auoit parmi le coste senestre. Lors en cõtrerẽt vng noir cheualier tout de armes & portoit la teste de vng cheualier nouueau occis a larson de sa selle. Quãt il vint pres de Lancelot si le salue & Lancelot lui. Le cheualier lui demãde de par la chose qͥl ayme plus cõment il a nõ. Sire fait il ien me appelle Lancelot du lac. En verite dit celui ie vous alloie querant. par ma foy dit Lancelot or mauez vous trouue. q̃ vous plaist il. Sire fait le cheualier ie vueil q̃ vo9 ostez vos armes & q̃ vous les me dõnez. En nom dieu fait Lancelot encores ne me auez vous pas iusq̃s la mene ie seroie trop grant hoste se ie men alloie desarme. A faire le vous cõuient dist le cheualier ou vous mentirez vostre foy. Cõment fait Lancelot le vo9 ay ie donc promis. Oy dit il. ne me cõgnoissez vous pas. Nenny dit Lancelot. Ie suis celui fait il q̃ a lẽtree de la forest des quatre perilz vo9 baillay mes armes pource que vous nen auiez nulles car les vos

vous auoient este emblees se disiez vo9. Et se fuit le soir q̃ vous criez le cheualier vermeil, q̃ lescuier auoit pris au paueillon ou vo9 mengies & pource me promistes vous q̃ vous me dõneriez vos armes au premier lieu ou ie vo9 trouueroie se vous ne vous combatiez: & Bonne vous cõbatez pas pource vous demande ie vos armes. Adõc se desarma Lancelot a grãt angoisse & bailla au cheualier ses armes. Quãt il fut desarme si le regarde le cheualier & le dit sanglant deuant & derriere & toutefuoies se arma il & puis dit a Lancelot. Sire ou allez vo9. Certes fait Lancelot ie ne scay fors tãt ou ceste damoiselle me vouldra mener. Sire fait le cheualier ie iray pour vous se vous voulles: & vous en retournez car moult estes a malaise. En nom dieu dit la vielle de tel cõduit cõme seurẽt nay ie cure, ne ia autre ny ameneray Dame fait le cheualier q̃ auoit nom griffon du mauly pas ie nen puis mais. Lors se mist Lancelot en son chemin tout desarme fors seulemẽt de son espee & griffon sen va parmi la forest tãt qͥl vint a la fontaine aux fees ou la royne estoit & ses damoiselles: & lieup le seneschal auec elles. Quãt elles le virent venir de loing si cuiderẽt q̃ se feust Lancelot si en firẽt grãt ioye: & quãt celui approucha de eulx si cõgneurẽt au cheual q̃ se nestoit il pas. la royne regarde la teste qͥl auoit pendue a sa selle: si cuide q̃ se soit celle de Lancelot: si se pasme maintenant. Et quãt elle fut reuenue de pasmoison si se escria en disant. Haa las or est morte la fleur de cheualerie. Allez apres lieup & auec vo9 voise le cheualier prisonier. Ilz se võt apres le cheualier & quãt il les vit si embrassa son escu & frappa lieup tel coup quil labatist lui & son cheual puis trait lespee & fiert lautre cheualier si q̃ le heaume ne lescu ne le garantist point quil ne lui mist lespee iusques a la ceruelle si labat mort. Et lors fut lieup redrecie mais au redrecier qͥl fist se heurta griffon du mauly pas du pie de sõ cheual si durement quil labat a terre & lui va par dessus le corps tout acheual. Apres se prẽt parmi les flancs & puis se monte sur le col de son cheual & lemporte dedens la forest en vng moult riche hostel quil auoit & illec le mist en prison. Mais icy se taist le compte a parler de eulx & retourne a la royne & a sa cõpaignie.

f i.

¶ Cõment la royne demaine grãt deul pour ce quelle cuide q̃ lancelot soit mort.   ❡.

Le compte dist q̃ mõlt attendit lõguemẽt la royne a la fõtaine pour sçauoir se nulz des cheualiers y reuendroit/ mes onques ne fina de plourer et de deul faire/ si mauditsoit souuent leure quelle estoit venue en la forest/ mes apres nonne aduint q̃ le cheualier naure passa et leur demãda pour quoy elle se douloufoit ainsi/ & la royne luy dist. Sire cheualier ce nest pas merueilles/ car toute cheualerie est huy perdue et petie/ qui est donc celluy fait le cheualier/ qui est sseur de cheualerie. Ce stoit fait la royne cestui q̃ vous abatistes huy/ et commẽt auoit il a nom fait il/ se dist la roine il auoit a nõ lancelot/ et quãt le cheualier lentent si se pasme mal tenãt et les bendes de sa playe luy rõpent/ et luy cõmencent a saingnier trop durement et les dames le courẽt soustenir/ et quãt il reuit de pasmoison si se escria et dist. haa que est la mort deuenue qui ne me prẽt. Mõlt fait le cheualier grant deul e monlt est courrouchie des nouuelles quil a ouyes/ et la royne luy demãde. Sire cheualier le cõgnoissies vo9/ & il ple a mõlt grãt paine & toutesuoies dist il. ie le cõgnois si q̃ sil est mort ie ne quiers iames iour viure apres sa mort. Mes a tant lesse le cõpte de luy et de la royne/ & de sa cõpaignie & retourne a pler de lãcelot si cõe il se partist de griffõ.

¶ Cõment lancelot sen va apres la vieille au cercle dor.   ❡.i.

Qvant lãcelot ce fut parti de griffõ il acueillit son chemin apres la vieille/ et cheuaucha a si grãt ãgoisse que il fut mort sans faille se la vieille ne luy eust sa playe bẽdee/ car trop auoit seignie au cõmecemẽt et quãt ce vint endroit nõne il en contrerent vne damoiselle sus vne blãce mule et celle se arreste si tost cõe elle cõgneust lãcelot et dist. Haa sire bien sie͠gnies vous sur tous les hõmes du mõde/ cõme le plus vail lant cheualier qui soit. Damoyselle fait il bõne aduanture vous doint dieu/ mes que saites vous qui ie suys/ ie sçay bien q̃ vo9 estes lãcelot du lac le plus desire cheualier du mõde/ damoiselle fait il ou est ce. Sire cest au pape de strangort ou len vous desire sur tous les hõmes du mõde/ et se vous venes la p auanture sachies que vo9 saures biẽ pour quoy cest. nies tant vous dis ie bien q̃l3 nont de chose terrienne si grant desirer/ cõment de vostre venue: A tant sen part la damoyselle q̃ plus ne luy dist: Et lancelot erra a quelque paine iusq̃s au vespre & tãt quil3 vindrent a la maison a vng forrestier qui mõlt fist grãt ioye a la vieille qui menoit lancelot/ mes quãt il cõgneust lancelot si est ioieup & dollent: ioieup de sa venue: car plus le desiroit a voir que cheualier du mõde/ et si est dollẽt pour la playe quil luy dist auoir/ car il ne cuide pas quil en puisse garir/ et non pour tãt il ney ose son penser dire. Si se taist le cõpte vng pou a pler de luy & retourne a parler de dodinel le sauuaige si comme il se partist de maruc le roup quil auoit conquis.

¶ Cõmẽt dodinel fut en dãgier destre noie et cõment en cheuauchant par deuãt vng chastel il fut prins et mis en prison.   ❡.ii.

Le compte dist que quant dodinel le sauuaige se fut parti de maruc qui erra apres la damoyselle iusq̃s au vespre/ lors vint a vne riuiere donc leaue courroit fort et estoit mõlt parfonde et noire/ si y auoit par dessus vne planche qui estoit mõlt estroicte/ si que a paine y pouoit len aller par dessus. La damoiselle dechẽ dist et atacha son cheual a vng arbre qui estoit a la riue. Et dodinel luy demande que elle fera de son cheual/ sire fait elle il vous conuient le vostre lesser. Et elle mõte hardiemẽt dessus la planche et sen va oultre/ cõme celle qui na uoit point de paour/ puys dist a dodinel q̃ il la suyue/ et si fait il maintenãt/ puys se mõte sus la planche, mes elle estoit si estroicte/ que tout en est esbahi et nõ pour tant il mõta sus a grant paour car il ne auoit pas apris a plã choier/ et daultre pt il voit dessoulz luy leaue qui estoit parfõde et noire et couroit si tres roi de q̃l sen esbahit tout/ et quãt il vint au milieu de la planche lors la trouue si fieble quil luy est aduiz que elle doibt fondre soulz luy/ Et sans faille elle croulloit soulz luy/ mes ce stoit pour le fez des armes que il portoit/ et il a si grant paour que il tumbe dedẽs leaue: si en a tant beu quil luy est aduiz quil doibue ertuer/ et toutesuoies sefforce tāt quil iecte les bras hors de leaue/ & prent la planche a deux mains et regarde deuers la ville si voit ūg villain qui voulloit passer leaue si lui dit dodineau. Haa villain par amours aidiez moy tant que ie soie releue & ie soie a la riue. Sire cheualier dit le villain quelz diables vous ont cy amene: cuidez vous auāture trouuer en leaue. Auanture fait dodineau ap ie trouuer: mais pour dieu mō ami aide moy sil te plaist par ma foy fait le villain non feray mais ainsi comme vous y entrastes vous en mettez dehors. Atant sen part le villain & laisse dodineau en tel peril comme il estoit. Si sefforca tant pour sa paour quil auoit de mourir quil se iecta hors de leaue mais il ne trouua pas la damoiselle quil suiuoit si en fut moult cour rouce & lors vint a lentree de vne forest & trouua vng petit chasteau deuant lui si en ist hors vng cheualier arme & vient droit a dodineau si lui dist quil se rende ou il est mort. Et dodineau estoit si estonne de leaue quil auoit beue quil ne peut dire vng seul mot Et cestui lui arrache le heaume de sa teste & lui abat la ventaille & lemmaine auec lui en sa prison. Mais icy ne parle plus le compte de lui: ains retourne a la royne genieure sicomme elle est alee a kamallot.

¶ Comme la royne dist au roy ḡ lancelot se estoit alle auec la vielle & comme messire gauuain soy diziesme de la table ronde se sōt partiz pour se querir. C.iii.

Q̄uant la royne fut descēdue en sa salle elle fist le cheualier naure por ter en ses chābres: puis entra en la chambre ou lancelot souloit gesir. Si vit au lit de lancelot & commenca son deul a faire si se prēt par les cheueulx & regrecte lācelot. haa fait elle gentil cheualier ia disoit on que vous ne pourriez mourir deuant que ie fusse courroucee a vous. mais puis ne deuiez vous pas viure. Lancelot fait elle maistre & sire de tous cheualiers. doulx & debōnaire sur tous. simple & debōnaire vers tous ceulx de nostre mes gnie. Ainsi auoit la royne regrette lancelot. & moult disoit encores des merueilles & dit/ se ne feust le roy qui est venu de chasser & descendist en sa court puis entra en la salle ioyeux mē tie comme sil neust trouue le iour chose qui se greuast ne despleust. Et quant il fut en sa salle si demanda nouuelles de lancelot & de la royne. Et len lui dist telles comme len sauoit Et il enuoie maintenant querre la royne. & elle se vint moult courroucee. Si lui demande se roy ḡ elle auoit. Sire dit elle ie nay sinō bien Si auez dit il. dictes le moy par la foy ḡ vo me deuez. Haa sire fait elle tant men auez cōiure que ie le vous diray mais bien sachez que vous aurez auant mengie. & lors le vous ferap sauoir. Le roy en laisse la parolle & cōmande que les tables soient mises. Si sassist le roy & les cheualiers. Et quant le roy ne voit lancelot si est trop a malaise en son cueur/ & a moult grant paour de aucune mescheāce. Et quant le roy eust mengie il appella sa royne. Dame fait le roy artus: or vueil ie sauoir ce ḡ ie vous auoie demande. Sire fait elle puis il vous plaist ie le vous diray. Lors lui com mēce sa royne a dire. Sire quant vo' feustes parti de nous a lentree de la forest si alasmes tant le droit chemin ḡ nous encōtrasmes vng cheualier arme qui me voulloit emmener par force mais keup saillist auāt si iousta mais il abatist keup puis iousta a saigremor & a do dineau & les abatist Quāt lancelot vist ce il iousta a lui: si sentrefrirēt parmi la char nue: & labatist lācelot. & incōtinent alla apres vne ville & le enuoyay keup apres pour le ramener mais oncḡs ne voullut reuenir Si alasmes apres vous car nous vous cuidasmes trouuer & tant ḡ nous venismes a la fōtaine auẏ strees lors dist saigremor ḡl no' iroit ḡrre a mēgier & dodineau aussi. Si s'en allerent a celle heure ḡ oncḡs puis nē oup nouuelles mais apres ce ne demoura gaires ḡ vng cheualier passa par deuāt nous ḡ les armes de lancelot auoit vestues & portoit a sarson de sa selle la teste de vng cheualier nouuellemēt occiz. Les cheueulx estoient aussi beaulx & aussi crepes cōme ceulx de lācelot & pource cuidōs nous ḡ se soit lācelot. Si commēcasmes a crier & alasmes vers lui mais il tourna en fuite. ie enuoiay apres lui keup le seneschal & le cheualier prisonnier mais oncques puis nēvismes vng. Par ma foy fait le roy artus cy a moult grant mescheance. & cest voit / car oncques si grande ne me

f ii

ault ne a to9 ceulp de ceste terre/lors cōmença a plourer si tēdrement ql se pasme/ʐ les barōs saillirēt de leurs sieges si le Bont redrechier/ʐ quāt il reuint de pasmoison si dist. Haa lance lot le mien amy q estes Bo9 deuenu/lors com mēça le deul par leās si grāt q onques grei gneur ne fust oup:ʐ les cōpaignōs de la table ronde le regreterent fort/mes sur to9 le regreta la royne/la qlle estoit si dollēte q a pou qlle ne se occhioit/ʐ Boirement se feust elle occhi se/ se elle eust sceu Braies nouuelles sil estoit mort/ et ce seullemēt la tīt. Mōlt font grant deul ʐ grāt plaīcte p la salle/et mōsieur gau uain dist opāt to9 ceulp de leās ql mouuera le matin sās faille:ne iamés ne finera de errer si en scaira Braies nouuelles se il est mort ou Bif. et bie̅. ꝓꝓ. cōpaignōs de la table roonde des plus Baillās le dict aussi. q ilz le querrōt ne iames a sa court ne repairerōt deuāt quilz le aurōt trouue ou mort ou Bif.

Ainsi se appliquēt tous de querre lance lot mes le roy ne le Beust mie souffrir q tant y allast de cheualiers/et dist q il suffira de .p. cheualiers ʐ ce sera asses si sont preudō mes / si en baille a monsieur gau. la seigneu rie de les eslire tieulp ql Bouldra auec luy me ner/ des cheualiers q mōsieur gau. esleust fu mōsieur puatil le premi͛r/ le secōd guerrehes le frere gau:ʐ gahériet fut le tiers/ q aussi es toit son frere cellup q le roy occhist pups de sa maiꝯ es plaīs de sallebieres:ʐ mordret fust le quart qui naura a mort le roy artus/ et celup mordret auoit este nouuellement cheualier: le qnt fut hector des mares:ʐ le .Bi. fut agloual qui depuis amena perceual a court/ le .Bii. fut liseshardiz/ le .Biii. fut goceranz le hardi et le .ip. fut brādelis/ et auec fut mōsieur gau uain le .p. p loctroiemēt de chascun/ lors leur fist mōsieur gau. leurs armes appareillier et leur cōmanda q tous feussēt au matin prestz de partir: ʐ ilz dient q si serōt ilz/ et celle nupt firent grant deul a haamallot/ et lēdemain quāt le roy eust oupe messe si Bindrēt les .p. cō paignōs e q deuoient entrer en la qste/ pups fu rent les sais apportes et iurerēt tel sermēt cōe len auoit leās acoustume q iusqs a Bng a yet Bng iour querrōt lan. se alcōiz nestoit trouue. et q au chief de l'an reuēdrōiēt. A tāt sen ptent

les .p. cōpagnōs ʐ prindrēt cōgie du roy et de la royne, ʐ entrēt en leur chemin si cheuauche rent la droicte Boie Bers la forest de haamal lot et se arrestēt a Bne croip q sen appelloit la croip noire/ et la raison pour quoy elle est alsi appelee ieBo9 deuiserap. Il fut Bray q par la predication de ioseph de arrimathie/ et par la Boulēte de dieu/ furent. mil. sarazie tournes a sa loy chrstiēne. Et quant le roy agristes q seigneur estoit du pais/ Bist son peuple qui se cōuertissoit si espessemēt, il en eust mōlt grāt deul : car il estoit le plus desloyal hōe du mō de. Il se pourpēsa quil feroit sēblant desoy cō uertir et print baptesme et recheust ꝓpliente. Lors se christiēnerēt tous ceulp du pais/ mes quant ioseph eust demoure trops iours en la cite, il sen partist et lesse leās .p. de ses parens pour sermoner chascū iour. Et quāt il sen fut alle/ si Bint le roy agrestes et māda tous ses haulz barōs qui ia estoient christiēs/ ʐ leur descouurist son pēse et dit a luy nōme la done Il cōuient q Bous me aidiez a parfaire ce que iay ētreprins: cest q iay tallēt de faire repairier toute nostre gent a nre premiere loy/ car ceste q iay derrainemēt receue ne me plaist poīt, et la done luy dist q Bouletiers se accordoit a cest cōseil, si māda le roy to9 les barōs de sa terre et ilz Bindrēt/ et tātost le roy leur dist qlz aou rassent ses dieup/ ou ilz perdrōt les testes sās demourer, tāt q en occhist plusieurs, et si ac tourna tellemēt le menu peuple qlz reuīdrēt a sa mahōmerie. Et pups fist prēdre les .p. cō paignōs de ioseph, ʐ leur dist qls aourent ses dieup, ʐ ilz dient q ce ne feroient ilz mie pour pouoir ql eust. Et quāt le roy oup ce: si les fist despoullier to9 nns ʐ trainer aual la Bille, et mener a Bne croip q io. auoit fait drecher a lē tree de la forest/ si fist le premier attacher a la croip, ʐ le ferit en la teste de Bng mal: si quil sescheruella tout cōtre la croip, et en telle ma niere fist martirer les aultres: si aduit que du sāg ʐ de la ceruelle deuīt la croip toute noire, et pour cest appelle la noire croix. Mes a tāt se taist ores le cōpte ʐ retourne a ceulp q a la croix sōt arstes/ cest a gau. ʐ a ses ᵍpaignōs

⸿ Cōme les .p. cōpaignons se partent de la noire croip et cōme ilz sallirent a ressouder ses pee que helye portoit.
C. et. iiii.

partie.

Quant monseigñr gauuain et ses compaignons furent uenus a la croix si sarresterēt pour parler ensemble. Et monseigneur gauuain les appella: et leur dist. Beaulx seigneurs uous estes tenus a moult preudes hommes: et uous estes uenus en la queste de lancelot du lac pour ouyr et sauoir nouuelles de lui si uous sera tenu a moult grāt honte se uous estiez esmeuz pour neant pource uous conseille ie que toute ceste sepmaine cercheissiez ceste forest. Et ainsi qlz parloient ensemble ilz ouirent une uoix crier moult haultement et a moult grant angoisse. Et mōseigneur gauuain demāda aux autres se ilz ont point ouy ce cry. Et ilz dient que oy. Or allons fait messire gauuain celle part sa uoir que cest. Si ne ont gaires alle quant ilz encontrēt une damoiselle sur ung pallefroy qui graut deul faisoit. Quant monseigneur gauuain fut pres de elle si la salue et dit. Damoiselle pour quoy plourez uous. Sire fait elle pour ung des meilleurs cheualiers du monde que len occist en ceste uallee la. Uoire damoiselle dit il. or nous y menez. Uoez cy fait elle le droit chemin qui uous y menera allez tost pour le secourir. Lors sen uont ensemble les dix compaignons. Et quant ilz sont uenus en la uallee si uoiēt ung cheualier q̄ se combatoit a dix/ dont il en auoit plusieurs occis. Et mōseigneur gauuain leur escrie de si loing comme len le peut ouir. Quāt ceulx q̄ estoiēt apie uoient uenir ceulx qui estoient a cheual/ ilz commencent a fuir. Et monseigneur gauuain fiert tellement le premier quil encontre ql lui met le glaiue parmi le corps et ceulx q̄ peurent eschapper se fuierent en la forest. Et quāt messire gauuain uoit qlz ne les pourroiēt atāidre si retourne au cheualier si le salue: et il aussi lui. Sire dit messire gauuain ie ne scay qui uous estes mais uous auiez ores bon mestier daide. Uoire sire fait le cheualier. Lors uoit messire gauuain qla deux espees si sen merueille trop durement et ses cōpaignōs aussi. Quāt ilz ont grāt piece parle ensemble messire gau uain lui dit. Beau sire se ie cuidoie quil ne uous en pesast ie uous demāderoie ung don. Certes dit le cheualier ie ne uous pourroie riens ottroier deuāt que ie sache uostre nom. par ma

foy fait il lenmē appelle gauuain. Haa dit il mōseigneur gauuain donc pouez uous demāder ce qul uous plaira. Grant merciz fait mō seigneur gauuain. dictes moy dōc pour quoy uous portez deux espees. par ma foy dit il ce uous diray ie bien. Lors dessainct les deux es pees si en pent une a ung chesne puis il couche lautre sus lerbe uerte et se agenoulle deuāt lespee et se encline puis en baise le pōmeau doulcement. Apres la trait du fourreau toute nue mais elle ne peut q̄ demie/ car elle estoit brisee au millieu. De ceste auāture se merueille trop messire gauuain et dit au cheualier. Quest ce sire cheualier nauez uous plus de ceste espee. et il dit oy. Lors tourne le fourreau ce dessus dessoubz et le remenant de lespee chiet sur lerbe mais trop se merueillēt tous ceulx q̄ la regardoient car ilz uoient q̄ de la poite de lespee chiet une goucte de sang et messire gauuain se merueille moult et le cheualier dit. Sir q̄ uo9 en sēble. Quoy fait messire gauuain elle semble toute sāglāte. par ma foy dit messire gauuain a ses compaignōs ceste merueille ne uistes uous ōcq̄smais. et messire gauuain dit au cheualier si lui dist. Sire pourroit on ioindre ces pieces ensemble. Oy fait il se uo9 estes celui qui les haultes auātures du saīt graal doit mener a chief. Lors cōmence a pēser messire gau. et le cheualier lui dit. Sire essaiez se uous la pourriez reioindre ensemble. Eu nō de iesucrist messire gau. print les deux pieces de lespee et les mist ensēble q̄ elle se peussēt resou der. Lors cōmēca le cheualier a plourer et dit a messire gau. puis q̄ iay a uo9 failli or ne scay ie a q̄ recouurer. Lors se fist le cheualier leuer: car il estoit a genoulx et y fait essaier tous les autres mais riens ny firent. Lors demande a chacun son nom. et ilz se nōmēt tous. Beaux seigñre dit il or pouez uoir qlny a pas tant de bien en uous cōme len dit. Sire fait messire gau. dictes nous de ceste espee la merueille. Uoulētiers dit il. Uous auez pieca ouy par ler q̄ ioseph darimathie q̄ despēdit nr̄e seigñr de la croix uit en ceste terre. Si auit ung iour qul cheuauchoit par la forest de Brecheliande si a consuiuit ung sarrazin. Le sarrazin sallua ioseph et ioseph lui. Si demāda lun a lautre de quel pais il est. Et ioseph dit de arimathie.

f iiii

Seconde

fait le sarazin qui vous a cha rmene/ celluy me y amena fait ioseph q̃ scait toutes les droi ctes voyes/ et de quel mestier es tu fait le sa razin ie suis fait ioseph mire et cirurgié de ga rir playes/ est ce vray fait le sarazin/ ouy fait ioseph/ donc vendras tu a vng mien chastel qui est cy devant ou vng mien frere est malla de plus a demy an/ ne oncq̃s ne peult trou uer mire qui len peult garir. Eu nõ dieu fait ioseph ie len gariray bien a laide de dieu/ quel dieu fait le sarazin crois tu/ ia ne auons que quatre dieux/ mahon/ teruagant/ appollin et iupin/ ne il ne y a celluy qui aider luy vueille et toy cõment luy cuides tu aider ne par quel de ses dieux seras tu puyssãt de luy dõner ga rison/ par quel fait ioseph/ ia par nul de ses dieux ne luy aideray/ car leur aide ne peult ri ens valloir/ et se tu cuides quilz luy puissent valloir tu es hõni & deceu. et se tu me menoye enuptiusq̃s en ton chastel ie te mõstreroie cõ mẽt ilz ne peuẽt riens valloir/ ne par eulx ne par aultruy/ en telles parolles cheuaucherẽt iusques a nõne. Et lors vindrent au chastel au sarazin. Quãt ioseph fust entre en la por te luy et le sarazin/ si encõtrerent vng prudõ me & vng syon tout deschainé q̃ accourroit par my la mais tresserue/ et la ou le sarazin estoit vint le lyon qui labbatist et lestrãgla. Et les gens du chastel qui apres le lyon acouroient quãt ilz virent le sarazin mort si comencherẽt a crier et a grãt deul faire/ car il estoit leur si re. Si prindrẽt maintenãt ioseph & luy lierẽt les mains derriere le dos/ et ainsi quil le me noient a la court: si traist le senechal son espee et ferist ioseph parmy la cuisse/ & au retraire quil fist brisa son espee parmy le millieu: si demoura la moictie en la cuisse ioseph/ & quãt ce vint a lẽtree de la tour si parla ioseph & dist pour quoy me menes vo' ainsi pour ce fõt il que nous le voullons. Beaux seigneurs fait ioseph aincois que vous me mettes en prison amenes moy tous les malades de cest chastel pour quoy fõt les sarazins/ pource fait il que ie les gariray tous/ lors luy amainẽt le frere au seigneur qui auoit vne plaie en la teste/ et quãt ioseph le vist si luy demãda de quãt il la uoit/ sire fait le sarazin il y a plus de demy an et se vous saues tãt que vo' me puisses garir

ie vo' feray riche hõme a toustours mes/ lors cõmence ioseph a rire et dist au sarazin: cõmẽt me pourras tu faire riche et tu es si poure que tu ne as riens/ si ay asses fait le sarazin/ car iay asses or et argent/ or me dy de ton or et de ton argent se tu auoies maintenãt tout deuant toy/ qui te donneroit sante ne luy donneroyes tu pas tout ton or et ton argent. Certes fait le sarazin voirement luy donneroye ie tout sans cõtredict/ donc peulx tu bien dire que or & argent ne sont mie bõnes richesses/ si cõme sãte/ voir est fait le sarazin/ et se ie la pouoie auoir ie la pourchasseroie. Eu nõ dieu fait ioseph/ se tu veulx tu lauras. Et cõmẽt fait le sarazin la pouroie ie auoir: se tu veulx croire en dieu fait ioseph ie te feray tout garir. Eu nõ dieu fait le sarazin en dieu crois ie bien/ et nõ mie seul lement en vng dieu mes a .iiii. Tant es tu plus hõni & decheu fait ioseph/ car telz dieux ne peuẽt aidier ne a toy ne a aultruy Et sy le peulz legieremẽt esprouuer/ ie feray apporter celluy q̃ le lyon estrãgla deuãt tes dieux/ et se ilz le ressuscitent donc peulx tu bien dire quilz sont puissãs/ par ma foy fait le sarazin de res susciter ne seroit mie legiere chose/ car õcques ie ne ouys parler de dieux qui feist ses gẽs res susciter/ & non pour tant ie le feray esprouuer puys que vous le me loues. Lors fist le sara zin despyer ioseph/ ne nulz ne sauoit riens de la plaie de lespee quil auoit en la cuisse. Sy vont voir en la mahõmerie le sarazin mort deuãt mahom et deuãt les aultres dieux/ sy leur prient qlz ayent mercy du mort. Et quãt ilz ont grãt piece este en oraison/ et ioseph les eust grant piece regardes/ leur escrie a haulte voix. Haa gent deceue gẽt maleureuse/ pour quoy estes vous sy decheux que vous croyes ymages de fust/ qui ne ont pouoir ne puissãce de vous aider ne daultry nupre. Regardes cõ ment cest mort est ressusite par eulx. Lors se agenoilla ioseph et dist en ceste maniere. Haa beaux sire pere iesucrist qui en ce pays me a menas pour anoncher ton saint nom. Sire ie te prie/ non mie pour moy/ mes pour ta lou enge essaucher/ et pour la christiẽte que tu me octroyes orendroit voyans ces chetifz comme ilz sont tous decheus et honnis de aourer telz ymages. Maintenant baisa la terre et puys

se lieue en son estant et dit oyans tous. Or ver
rez vous ia la puissance de vos dieux, et com
ment ilz sont a croire. Aps ce ne demoura gai
res que vng tonnerre commenca moult fort.
et le ciel commenca a espartir et lors commenca
vne souldre a choir sur les ymages si les acre
uenta tous. Apres ce vint vne fumee leans qui
sembloit a ceulx qui la sentoient q̄ leur cueur
leur deussent partir et se pasmerent tous ceulx
qui leans estoient fors seulement ioseph. Aps
qlz furent rasseurez et reuenus en leur sens si
parla ioseph et leur dist. Seigneurs or pouez
veoir comment vous dieux sont puissans. sa
chez tous vraiement que tout ainsi comment
luy a lautre aide tout autant vous peuent ilz
aider. Et vous dis pour vray que celui q̄ les
a acrauātez vous acrauātera se vous ne vo9
amendez. Apres ce que ioseph eust parle respō
dist matagrās le frere au mort. Sire fait il
comment auez vous nom. Iay nom fait il io
seph. Et estes vous sarrazin. Nenny par ma
foy fait il ains suis chrestien. et crois le pere le
filz et le saint esperit qui nest que vng seul dieu
Celui peut toutes choses faire venir: et nul ne
est si pecheur sil se accorde a lui quil ne face ve
nir au dessus de ses ennemis ne a la puissan
ce de lui ne se peut nul prendre. Certes dit ma
thagrans ie voy bien quil est plus puissant q̄
ie ne cuidoie et sil faisoit tāt que mon frere fut
resuscite et quil parlast a moy iamais ne croi
roie en autre dieu que en lui.

Quant ioseph ouist ce que matagrās di
soit il se agenoulla incontinent et dist.
Sire dieu qui creas le monde et fiz la lune et
le soleil et feiz les quatre elemens, et voulus
naistre de la vierge marie: et q̄ fuz pendu en la
croix: et te laissas batre et ferir et lier a la tache
pour ton peuple rachater des peines denfer. Si
vraiement comment tu resuscitas de mort au
tiers iour ainsi faces tu miracle de se mort vo
remēt et appertemēt voyans tous tous ceulx
qui cy sōt. Lors se drece ioseph. apres ne demou
ra gaires q̄ le mort se leua de terre. Quant io
seph vist le mort resuscite si ploura de bō cuer
et mercia dieu doulcemēt et dist a tous ceulx q̄
deuant lui estoient. Seigneurs or pouez vo9
bien dire que celui que ie vous dis est dieu pu
issāt sur tous les autres. A ce mot se laisserēt

tous cheoir aux piez de ioseph en disāt a haul
te voix. Sire nous sommes a vous du tout
se nous auōs par mescreāce follie faicte nous
sommes tout prestz de lamender. Enseignes
nous qlle loy nous deuons tenir. Ainsi furent
ceulx du chasteau couertiz. Quāt le seneschal
qui lauoit feru parmi la cuisse vist q̄ tous re
ceuoient baptesme si recongneut oyans to9 q̄l
auoit feru ioseph et comment lespee estoit bri-
see, et ie cuide fait il q̄ vous trouuerez lautre
moitie en sa cuisse. Lors y fist matagrans re-
garder si trouua lespee. Quant ilz virēt ce si
en furēt moult esmaiez. et lors dist matagrās
Sire comment pourrez vous garir. Bien dit
il. Lors fist apporter le demourāt de lespee ou
la pongnee estoit si fist le signe de la vraie
croix sur la playe: et elle fut tantost garie, aps
trait hors de sa cuisse lespee. mais trop se mer
ueillerent tous ceulx qui le virent car au trai
re ne virēt onques issir goutte de sāg. Quāt
ioseph vist ces deux pieces de lespee si dist. haa
espee iamais ne serez ressoudee deuant q̄ celui
la tendra en ses mains qui les haultes auan-
tures du saint graal mettra a fin mais si tost
comme il la tendra reioindront les deux pie-
ces ensēble. Adonc furent baptizes et chrestien
nez les sarrazins du chasteau. Si demoura
ioseph a la ville grant piece. Et quant il sen
partist ilz retindrent lespee a grant chierte tāt
que ie la conquis ou an a moult grant peine.
Et puis que say conquise vous dis ie bien que
elle ne fut traicte dehors. Or auez ouy pour
quoy elle saigne et sauez vous pour quoy ie la
porte: pource q̄ ie scay bien q̄ elle est saincte. Et
pour quoy fait hector la baisastes vous. pour
ce fait il q̄ le iour q̄ ie la baiseray ie ne recevray
mortelle playe. Or me dictes fait messire gau
uain cōment vous auez nō. Certes dit il iay
nom helye le filz du roy q̄ tiēt le sait graal en
sa maison. Et q̄ querez vo9 dist messire gau. Ie
vous quier dit il pour reioindre ceste espee. Ie vo9
diray soit messire gau. q̄ vous ferez. Nous sō
mes esmeuz en la q̄ste du meilleur cheualier
du mōde si vous loeroie en droit conseil q̄ vo9
venissez auecques nous tāt que nous leussōs
trouue se trouuer le pouons, et ie scay bien que
celui acheuera la besongne se mortelle proesse
y pouoit auoir mestier. Qui est cel qui dit helye

f. iiii

qui est de si haulte prouesse/ fait monsigneur gauuain ce ẽt lancelot du lac/ par ma foy fait cellup en vostre queste ne me mettray ie point car ie nen ay mie le congie/ mes se vous le trou ues en nul lieu si lup dictes q̃ il veult ceste espee reioindre/ si bien le chiep le roy pescheur car illeuc sa pourra trouuer et veoir. Et lors se comanda a dieu. Si sen va lup et la da moyselle q̃ monsigneur gau. amena sa/ et sen vont chiep le riche roy pescheur/ ẽt monsigneur gau. sen part de ses compaignons et prent cha scun son chemin. Mes ores se taist le compte de eulp et parle de agloual premierement.

¶ Côme agloual côquist griffon du mau pas et desiura sieur le senechal de prison. C. V

Le compte dist que quant agloual se fust parti de ses compaignons qui erra tout le iour sãs aduẽture trou uer qui a cõpter sache, il alla cheulp vng her mite et se herbega leans et sendemain se leua matin et erra parmy vne forest tant quil vint au quit iour en vng sẽtier estroit et lors encõ tra vng cheualier sur vng grãt destrier arme de toutes armes son escu estoit amont et aual tout deperchie et le sang lup degouctoit de sa teste. Et il dit agloual si vint vers lup ẽt lup dist/ haa gentil cheualier pour dieu aies mer cy de moy/ et ne me lessies occhire deuãt vous Sire fait agloual ie ne voie home qui mal vous vueille faire. Biau sire fait cellup vo le verres p temps/ car apres moy vient vng cheualier qui me veult occhire pour neant/ et si me a il ia si naure cõment vous poues voir or ne vous esmayes fait agloual mes lessies le moy venir tout seurement. A ces paroles si regardẽt eulp.ii. et voiẽt venir vng cheualier lors dist le cheualier a agloual vees le cy/ et agloual poit maintenãt a lup. Et cellup lup tourne la teste de son cheual si sentrefierent si duremẽt q̃ les escus ne ont duree/ le cheualier brise sa lãce ẽt agloual le fiert si duremẽt quil fait voller lup et le cheual p terre/ mes cellup qui estoit preup se releua erraument/ et trait son espee et fait semblãt de soy deffẽdre/ et a gloual lup court sus tout a cheual si le fiert du piz du cheual si q̃l le reffist voller a terre et lors deschẽdist iue du cheual et trait lespee et si lup court sus/ mes il se treuue si estonne

quil ne a pouoir de soy releuer/ il lup errache le heaulme de la teste/ et lup abbat la vẽtail le/ et dist q̃l lup couppera la teste se il ne se tiẽt pour oultre/ et cellup oeuure les yeup et quãt il voit lespee si a trop grant paour de mourir si crie mercy et dist. Haa gẽtil cheualier ne me occhies mie/ car ie me tiens pour oultre et lup rent son espee: agloual sa recheust puys lui de mãde pour quoy il vouloit occhire ce cheua lier/ et il dist que cestoit pour vng sien escuyer quil auoit auãt hyer occhiz/ par ma foy fait a gloual ce stoit grãt desloyaute quãt pour vng escuyer vous voulies occhire vng cheualier et pour ceste chose ie vo9 quitte mõ amẽde mes ie vueil que vo9 vous mettes en la mercy du cheualier/ et cellup dist que si fera il voulen tiers/ sy vint maintenãt au cheualier et se agenoille deuant lup et lui crie mercy du mes fait/ et cellup lup pardonne voullentiers/ et lors monte le cheualier cõquis sur son cheual et dist a agloual. Sire il est meshup biẽ tẽps de herbegier car la nuit approche: et iay cy pz vne mienne maison pour ce vous prie ie que vous y viengniez huymes herbergier: aglou al lup octroye/ puys demande agloual au cheualier q̃l auoit rescous dons il est/ et il dit quil est du chastel de roguedon lequel est pres a vne lieue englesche/ et se vous y voulles ve nir ie vous y honnoureroye sur tous hõmes car vous me aues de mort rescoup/ or ie vo9 diray fait le cheualier cõquis que vous feres vons deup: vous vo9 vendres herbeger auec moy si en feros meilleur chere/ et agloual en prie tant le cheualier quil lup octroie/ lors sõt tous.iii. retournes ẽt võt tãt quilz viudrẽt en vng preslet q̃stoit eu millieu de la forest/ et eu millieu du q̃l auoit vne tour forte ẽt haulte close de murs et de fosses tout ẽuiron ilz vin drẽt iusq̃s a la tour ẽt ẽtrerẽt ens/ ẽt ceulp de leans les fõt deschẽdre pour eulp desarmer. Et quãt ilz sõt alleges de leurs armes le signeur de leãs les a menes en la maistresse salle/ ẽt a gloual lup demãde cõmẽt il auoit a nõ/ et il dist q̃l a a nõ griffon du maupas/ et vo9 sire fait il a agloual/ et il dist q̃l est de la maison du roy art/ et q̃l a a nom agloual/ et q̃ alles vous grant fait griffon/ et il lup cõpte lauã ture de la royne et de lancelot et cõment vng cheualier emportoit sa teste par deuant luy. Et sy auons tous iure que se iamais nous pouons le cheualier congnoistre ou trouuer q̃ nous emporterons la teste au roy et a la royne et sommes partie iusques a dix cheualiers les meilleurs q̃ len puisse trouuer en la court du roy artus q̃ iamais ne finerõs de aller tãt que nous laurons trouue.

Quant griffon entẽt ce que agloual lui compte si se pourpẽsa commẽt il pourra faire car il scait bien et cõgnoit q̃ se agloual sauoit commẽt il auoit naure lãcelot a sa iouste il ne croit pas quil ne feust occis. Lors lui respont griffon et dist q̃ trop seroit grant dõmage se lancelot estoit occis. Mais toutesfoys ny perdistes vous que lancelot. Eu nõ dieu fait agloual sieup le seneschal, saigremor le desree, et dodineau le sauuage: mais de sa perte de eulx ne nous est il pas autãt cõme de lãcelot. Non fait griffon. Et ne sauriez vo' pas bon gre qui vous rendroit le seneschal. Si maist dieu oy fait agloual. Or sachez fait le cheualier q̃ se vous estes demain a lermitage de la haie q̃ vous le trouuerez. Grant mercy si re dit agloual. et ie y seray. Cesse nuit geust le ãs agloual et lendemain si tost cõme il voit se iour se leua et monta sur son cheual et print son chemin tout droit a lermitage q̃ griffõ sui auoit dit. Quant agloual fut party griffon vint maintenãt a sieup le seneschal quil auoit en sa prison si lui dist sieup vous estes deliure de ma prison si vueil q̃ vous alliez droit a lermitage de la haie et vo' rendez a agloual q̃ vous trouuerez la. Et sil vous demande q̃ vous y enuoie. vous direz que vous ne sauez pource q̃ ie ne vueil pas que len sache nouuelles de moy vueil ie q̃ vous me promettez que vous ne direz en lieu ou vous alliez q̃ vous auez este ceans en prison. Et celui lui promet qui moult estoit ioyeup de sa deliurance. Si lui fist griffon apporter a mengier et puis cõmande q̃ len lui apporte ses armes. Lors sen part sieup et tant erra quil vint au lieu ou griffon lui auoit enseigne, si trouua agloual qui moult lui fist grant chiere. et lui demãda dont il venoit mais il ne lui en voulut riens dire. q̃ ne feust pariure. Lors lui compta agloual comment dix compaignõs de la table ronde

sestoient meuz pour q̃rir lancelot, et q̃ iamais ne fineront de errer tant quilz en aient ou p certaines nouuelles. Et vous sieup dit il que ferez vous. ne vendrez vous point en ceste q̃ste auec nous pour lamour de lancelot. Voulẽtiers dit il. Lors iura sur vne croix de fust q̃ deuãt lui estoit autel sermẽt comme les autres auoiẽt iure. et lors accueillẽt leur chemin tous ensemble. Mais icy laisse le compte a parler de eulx et retourne a messire gauuain sicomme il se partist de ses compaignons.

Comme messire gauuain cõquist mathanias deuãt son chasteau et deliura saigremor le desree de prison. C. Si.

Or dist le compte que quant monseigneur gauuain se fut party de ses compaignons quil cheuacha tout seul moult dolent et moult pẽsif de lauẽture a quoy il auoit failli. Il erra toute iour sans auãture trouuer. et tout ainsi erra il le secõd iour et le tiers. Au quart iour si lui auint quil se trouua deuant la maison de mathanias qui tenoit saigremor en prison. et monseigñr gauuain cheuauchoit tout pensif et auoit si grant tallent de dormir quil ne sauoit ou il aloit. Mathanias estoit deuant sa porte mais õcq̃s messire gauuain ne lui dist mot et si sauoit mathanias salue. Quant mathanias voit quil ne lui dist mot si cuide que se soit par orgueil. Il entra incontinent a sa maison et demanda ses armes: puis monta a cheual et courut apres messire gauuain tant quil le vist a lentree dune forest si lui escria. Sire cheualier tournez sa lescu. Adonc se ueille monseigñr gauuain et voit venir le cheualier: si se merueille pour quoy cest. Lors embrasse lescu et se retourne deuers lui. si le fiert si durement quil le porte du cheual a terre. Et lors descent de son cheual et trait son espee et court sus a mathanias q̃ ia se resueuoit et le fiert si durement q̃ʼil le rabat a terre et lui arrache le heaume de la teste si fellõnessemẽt qui a peu quil ne lui arrache les peulx de la teste. Si saigne mathanias moult durement. et mõseigneur gauuain lui dist q̃ʼil se rende ou il lui couppera la teste. Et celui geust a terre grant piece quil ne lui respondist mot. et monseigneur gauuain lui dist q̃ sʼil ne se rẽt q̃ʼil loccira sans plus attendre. Et celui respont monlt grāt paine et crie mercy/ et dist. Haa si te cheualier ne me occhies pas/ car vous ne y gaigneries riens/ et comment aues vous a nō fait mōsieur gauuain. Je suis fait il appelle mathanias/ haa fait mōsieur gau. vo' estes mathanias chilroy qui saigremor et dodinel allerent querir a menger a sa roryne/ par mō chief ie vous occhiray ou vo' me en dires ce q vo' en sautes/ haa sire pour dieu mercy. Et tes se vous me voulles a tant lesser: ie vous rendray saigremor ains que il soit anuittie/ voire fait mōsieur gau. par mō chief et ie vo' lesseray donc/ mes ie vueil q vous me fiances aincois que vo' le feres ainsi comment vous sa ues dist: ¢ que vo' pres en prison la ou ie vous entoieray/ ¢ mathanias lui fiache: lors mō te mōsieur gauuain sur son cheual/ et matha nias au sien: si retournerēt tout le chemin tāt q̄ ls vindrent au chastel mathanias. Et quāt ceulx de leans seurēt que leur seigneur estoit conquis/ si voulurent courir sus a monsieur gauuain/ mes mathanias leur defsendist sur les peulx de leurs teste. Et lors fist mathanias traire saigremor de prison/ et se rendist a mōsieur gau Et quāt mōsieur gauuain le vist si dist q̄l nauoit pas eu trop mal se prison/ et de ce disoit il voir car moult luy auoit aide sa fille mathanias. Quant saigremor vist monsieur gauuain si luy fist grant ioye/ et il a luy: lors demandent leurs armes car ilz sen vouldrōt aller de leans/ ¢ mōsieur gau. appelle mathanias si luy dist/ quil conuiēt q̄l voise a la court du roy artus et se met te du tout en sa prison de par gauuain son nep ueu/ et mathanias dist qne si fera il voulentiers. Mes a tant se taist ores le compte de eulx tous et retourne maintenant a parler de hector des mares.

¶ Cōme hector des mares se trouua au cha stel ou dodinel estoit en prison et le deliura/ et cōme tous les cōpaignons se trouuerēt a la blance croix et recōmencerēt leur queste.

OR dist le cōpte que quāt hector des mares se fust parti de ses compai gnons/ quil erra parmy la forest viii. iours entiere/ une heure auāt et laultre arriere sans aduāture trouuer: ¢ tousiours de mādoit nouuelles de lācelot/ mes onques ne

trouua qui de rien len assenast: au neuuiesme iour luy aduit que son chemin le mena ou do dinel estoit cheu en leaue/ et quātil vint la sy vist bien quil ne pouoit pas par ailleurs passer/ que par illeuc si deschent et atache son cheual a ung arbre/ et dist que la perte du cheual ne lessera il mie q̄l ne passe oultre/ lors se met sur la planche tout arme ¢ passe oultre mōlt hardiemēt: car il ne doubtoit nulle aduāture que il trouuast ne quil vist. Et quant il est venu a la riue daultre pt si vist le chastel ou dodinel le sauuaige estoit en prison. Jl se adresche celle part. Et il regarde/ sy voit de leans issir ung cheualier tout arme sur ung grant destrier/ si accourust lance leuee et luy dist q̄l se rende. mes hector ne se esmaye mie ains alongne son glaiue et mect son escu deuāt luy Et quāt ilz vindrent pres lun de laultre sy le guēchi celluy qui ne lose attendre. Et hector siert celluy qui dessus se cheual estoit sy quil se porte a terre puys trait lespee et le siert p dessus le heaume si q̄ celluy est sy estourdi quil ne scait il est iour ou nuit: hector le pient au heaulme et le traine la longueur de une lance/ puys luy donne du pōmel tel coup sur la teste que le sang luy sault parmy le nez et pmy les oreilles/ et apres luy couppe les las du heaulme et dist quil luy couppera le teste se il ne se rent/ et cellup ne luy respont mot car encore estoit en pau moison et hector le lesse reposer et quāt il peult parler si dist a hector qui ne so chie mie car il se tient pour oultre ¢ ainsi quil disoit celle parolle se leuoit tout bellement et souffreuoit le pā du haubert a hector/ car il luy voulloit lespee bouter parmy le ventre/ mes hector saert par le poig si lui toult lespee ¢ lui dist/ haa couart desloyal brē trayson ne vo' y aura iamais tier ne ne vo' garratira q̄ vous ne y moures.

Maintenāt hauche hector lespee si luy coupe la teste et tantost vist yssir de leans lusques a .yij. escuyers qui tous luy chirent aux pies et luy dient . Haa sire benoict soyes vous qui nous aues vēgies de sōme du mon de q̄ plus nous heons/ or venes auec no' car le chastel est vostre. Et sachies que quāt ceulx de leans en sauront la verite ilz vous aymeront plus que se vous leur auies donne Cent

partie

marcz dor. Lors sen vont au chasteau quatre de eulx et comptent la nouuelle a tous. Si issent du chasteau et vienment a hector et lui amainent vng bon cheual et puis le mainent a force au chasteau et lui dient quil demeure leans a uec eulx et sera sire de eulx tous. Et il dit que non fera en nulle maniere. Toutesuoies le firet ilz desarmer et le menerent au maistre palais. Et lors encontrerent la damoiselle q̃ do dineau auoit suiuie iusq̃s a la planche. Quãt elle encontre hector si le salue et lui elle. elle auoit este amie du cheualier q̃ hector auoit conquie. mais il estoit si traitre et si desloyal q̃ elle ne leust ayme pour riens. La nuit quant ilz eurent mengie demanda la damoiselle a hector dont il estoit. Et il dit quil estoit de la maison du roy artus. Par ma foy fait elle de ce me est il moult beau car aussi en a il vng ceans Voire fait hector: amenez le auãt si le verrõs Et elle le fait amener. Quant hector le vit si congneut tantost que cestoit dodineau le sauuage. et il lui court les bras tendus et fait lun a lautre moult grant ioie. Et hector lui demãde. quelle mesauanture vous amena icy. Et il lui dit commẽt vne damoiselle lauoit amene iusques a la planche ou il cuida mourir. et quant il fut venu a sa riue si le print vng cheualier et le fist mettre en sa prison Et lors vit deuant lui sa damoiselle si la congneut bien: et lui demanda pour quoy elle lauoit amene a celle part. Par ma foy fait elle ce vous diray ie bien. Il est voir que mon amy qui ores est mort vous hayoit sur tous hommes pour vne plaie que vous lui fistes antan a vne assemblee. Si me dist que iamais ne dureroie a lui quil ne me occist se ie ne faisoie tant q̃ ie vous amenasse celle part. si men fist aler a la court du roy artus pour vous querre. et bien mauoit commãde que ie ne reuenisse pas sans vous. pource fiz ie tãt que vous venistes apres moy et passastes leaue. Et quant il sceut q̃ se estiez vous si se fist armer et vo' courut sus et vous print et vous mist en prison comment vous auez este et disoit bien q̃ iamais nen istriez: mes ores est si bien auenu q̃ cest cheualier vous en a mis hors car il lui a la teste couppee. Sire fait dodineau le sauuage or me dictes q̃ le achaison vous a amene celle part. Et il lui cõ

pte commẽt les compaignons de la table rõ de sont esmeuz pour querre lancelot du lac/et lui dit la nouuelle q̃ la royne apporta a court Si ont fait il les dix compaignons iure sur saintes que iamais ne fineront daller tãt q̃ ilz sachent vrayes nouuelles de sa mort ou de sa vie. Certes puis quil est ainsi fait dodineau le v' promes loiaument q̃ iamais en la court du roy artus ne entreray deuant q̃ les autres y seront venus. Si deuises cy endroit compaignon de ceste queste. Et hector en est moult ioyeux. Celle nuit luy offrirẽt ceulx de leans la seigneurie du chasteau. mais il nauoit talẽt de la prendre ains sen partist lui et dodineau et errerent tant quilz vindrẽt le iour deuise a la blãche croix. Si auint si belle auãture q̃ tous les compaignons y vindrent a celle heure Et quantilz sentretrouuerent si en furent moult ioyeux et eurent moult grant ioye de trois cõpaignons quilz eurent trouuez quilz cuidoient auoir perdus Et lors compte chacun ce quil a trouue en la sepmaine mais il ny a celui q̃ apportast nouuelles de lancelot. Si en furent courroucez et dolens. et messire gauuain dist q̃ puis quilz ne ont riens trouuez quilz peuent bien departir du tout. Lors oste chacun son heaume de sa teste si se entrebaisent tous au departir et plourent tous de pitie pource q̃lz sciuent bien quilz ne sentreverront mais a piece Et monseignr̃ gauuain sen part de eulx tout le premier faisant si grãt deul comme sil vist que tous son lignage feust mort et aussi plourent les autres douze compaignons et tint chacun sa voie apart. Mais atant laisse le cõpte a parler de eulx et retourne a monseigneur gauuain comme il se partist de ses compaignons.

¶ Comme messire gauuain et hector se trouuerent deuant le chasteau du moulin la ou hector vainquist vng tournolement et puis cheuaucherent ensemble iusques a la chappelle gastee. C.viii.

Or dit le compte que quant monseigneur gauuain se fut party de ses cõpaignõs quil sen ala tout seul et passa maintes terres et par la ou il passoit demandoit nouuelles de lãcelot mais oncq̃s ne trouua qui de riens len peut assener et tãt quil est bien alle douze iours sãs auãture trouuer

Si sen vint a ung samedi au soir a une blanche abbaie/et illec lessa ses armes et print unes aultres. Et lendemain demoura leans pour ce que dimence estoit/et au lundi matin sen partist si tost comment il eust messe ouye et chenaucha vers la terre destrangorre. Et lors vint a une fontaine dont leaue estoit froide et clere/et la grauelle reluisãt coment argent/et tout entour auoit grant plante de erbe verte/et estoit la fontaine toute auironnee de arbres/et aup si q̃ leaue nauoit garde du rap du solleil. Mõsieur gauuain vist la fontaine belle si luy print grant tallent de en boire, si deschent de son cheual et osta son heaulme et saillit de pres la fontaine: si en bust moult voulentiers/et ainsi quil se reposoit veci venir une damoiselle sur ung pallefroy et quãt elle voit monsieur gauuain sy le salue: car bien le cõgnoissoit. Et il dit que bonne aduãture luy doint dieu. Mõsieur gauuain dist elle ou ires vous/damoiselle fait il ie ne scay/et que alles vous querant fait elle. Certes fait il ie quiers se nul me sauroit dire nouuelle de lancelot. Quesse fist elle que vous dictes ou est il donc/par ma foy dist il len cuyde quil soit mort/et nous sõmes meuz iusques a. xlii. cheualiers pour sauoir se il est mort ou vif/si ne pouõs mie reuenir a court deuant q̃ nous en sachons la verite. Certes fait la damoiselle de luy ne scay ie riens mes trop seroit grant dõmage seil estoit mort. Et ia se dieu plaist celle aduãture ne sera vraye/car trop en seroit cheualerie abaissie. Si vous prie par amours que vous viengnies ennuyt herberger auec moy/et ie vous herbergeray tout a vre voulẽte/il sexcuse disant q̃ il nest pas encore tẽps de herberger/par la foy fist elle que vous deues a la riene du mõde q̃ vous plus ames vous y vedres/et il dist quelle la tãt cõiure que elle len merra auec elle/lors cheminerent ensemble bien deulx lieues englesches et tant quilz viennent a ung petit chasteau eu chief de une marche. Sire fait elle vees la le chastel ou nous gerrons ennuyt sil vous plaist.

A tant sõt venus au chastel: et quãt ilz sõt au maistre pallaie si les dechendist sen a monlt grãt ioye et amenerent monsieur gauuain amõt et le desarmerẽt/la damoiselle le maine en une chãbre ioncpiee de herbe verte pour la challeur qui estoit grãde. Et quãt ilz ont ung petit sciz ung varlet entra leãs et dit a sa damoiselle/dame monsieur est venu/q̃ bien amaine iusques a. xxx. cheualiers. Mais tost fait elle si luy diz quil viengne a moy/sy verra quel hoste ie luy ay amene/lors demande monsieur gau. pour quoy il amaine tãt de cheualiers. Sire fait elle ie le vo dirap, il est vray q̃ a. ii. lieues pres dicy aura demain ung tournoiemẽt seru deuãt le chastel du moulin sy bon q̃ de meilleur ne oupst oncq̃s hõme parler Et se fait ferir le roy marboiras qui estoit cousin gallehault le filz a la gayade: et õt estably q̃ cellui q̃ au meilleur sera esleu aura ung espreuier et ung faucõ en recõgnoissãce de victoire. Et seil aduiẽt quil amaine sa mpe auec luy elle aura le plus riche chappel du monde Et pour ce q̃ mõ amy vouldroit voulentiers cõquerir cest honneur il a mãde tous les cheualiers de cest paye qui auec luy serõt demain pour ce que ung seul cheualier ne pouroit mie ainsi grant faiz sontenir se il nestoit de trop grãde prouesse. Sia dist q̃l me menera auec luy, et que ie auray le chappel sil peult: si vous prie monsigneur gau. par la foy que vous deues a mõsieur vre oncle le roy artus q̃ vous soyes demain pour aider a mõ amp. Et ie ose bien dire que se nous auõs vostre aide q̃ nous en aurõs lonneur et la victoire. car par vous vaincra mon amp le tournoiemẽt. Et il dist quil luy aidera voulentiers/et elle len mercie moult doulcement

A ces parolles vint le sire en sa chambre et cestoit ung cheualier bien fait de corps et estoit blonc comment laine/et auoit a nõ la naguie le blõt pour ce q̃l estoit ung des blõs hõmes du monde. Et quãt samie le voit venir sy se adresche cõtre luy et luy dist. sire vees cy mõsigneur gauuain qui vous aidera demain au tournoiemẽt. Et quãt cellup lost si court a mõsieur gau. les bras tendus/et luy dist q̃ bien soit il venu/et lors se assirent et comencherent a parler de leurs affaires/et sentreacointent au mieulx q̃lz peult. Et monsieur gauuain luy demãde cõmet il a a nom et il se nõme puis luy cõpte du tournoiemẽt q̃ doibt estre tout ainsi cõmet sa damoiselle luy auoit dist. Si luy prie q̃l soit en son aide et mõsieur

gauuain sui accorde Boulentiers. Sire fait le
cheualier dōc ne doubte se pas q ie naie lōneur
du tournoiement a si maist dieu ie Bo° en scap
meilleur gre que se Bous me eussiez donne le
meilleur chasteau qui soit a Bostre ocle se roy
artus.

Moult furēt ioyeux ceulx de seans de la
promesse de monseigneur gauuain car
plus grant fiace auoient en sui quilz nauoiēt
en nul des autres Et lendemain fist le cheua
lier Bestir la damoiselle moult richement: car
il sauoit bien que elle seroit Beue des haulx et
des riches barons. Et elle estoit sans faulte
Sne des belles damoiselles du monde. Lors
se partirent a errerent tant quilz Bindirent des
sus Sng tertre a Birēt q le tournoiemēt estoit
ia commence en Sne moult belle prairie q bien
duroit sept sieues de sarge a se
roy marborac ne portoitpas le iour armes ai-
cois auoit fait drecer Sne loge en my ses pres
ou sa roine sa fēme estoit a toutes les dames
a les damoiselles du pais pour Beoir le tour
noiemēt. Si y auoit illec sa niepce a la roine
q disoit or ane toutes q elle auroit le chapeau
a q son ami le faisoit mieulx q nul q y fut en
cores Benu. a sa damoiselle amie de tanaguis
cuist la sentance q elle auoit faicte si dit que
elle ne disoit pas Berite. Pour quoy fist elle
pource quil y aura ecore meilleur cheualier
q sui. Qui est il fist elle. par mon chief dit la
mie de tanaguis le nom ne saurez Bous ores
pas mais Bo° se pourrez cōgnoistre par tēps.

Lors fut celle moult courroucee / si
dit a la damoiselle q elle se Beniste
appuier a pres elle si sui mōstrera le cheualier
Boulentiers dit elle. Si Bient a Boit poin-
dre les cheualiers amōt a aual. a messire gau
uain demāde a tanaguis de quel coste il Beult
tournoier. Et il dit quil Bous diroit estre cōtre
les gens du roy. O bien soit fait messire gau
uain. Si poignent pour aider a seurs cōm-
paignons Et messire gauuain sen Va a ses rēs
Et maintenāt Bint Sng cheualier contre sui
si sadressent l'un contre l'autre tant comme les
cheualz peuent courir Mōseigneur gauuain
abatist le cheualier si fellonnesemēt que au
cheoir eut le bras rompu: a il laisse courir erra
ment aux autres lespee en la main si fiert par

mi a par tout a trebuche deuāt sui cheualiers
a cheualx par coup despee ou de lance. Il ne
refuse nul qui a coup se Butille attendre. si le
fait si bien q tous dient quil doit auoir le pris
Celle qui estoit amie de tanaguis dit a la ni-
epce de la roine. Damoiselle ne Bous disoie
ie pas bien. Cest celui a cest escu blāc q batera
tout Et elle sui respont. Telle chose pourra
auenir quil ne fera pas si bien. a pource ne Bo°
en repentissiez ia. Ie men repētirap ia dit el
le car ie scap bien quil le fera tousiours de bien
en mieulx. a se Bous le congnoissiez aussi biē
comme ie faiz Bous ne Bous en desdiriez ia.
En ce quilz parloient ainsi si issirent du cha-
steau iusques a deux cens cheualiers armez
pour aider aux seurs qui ia desailloient, car
trop malement les menoit mōseigneur gau
uain. Et quant ilz sont Benus a lassemblee
si le font si bien que apres eulx ne demouroit
nul en selle quil ne feissent Boler a terre Si
que aux gens du conte conuint guerpir place
Si se en feussent fuys quant mōseignēr gau
uain les recueure si beau que tous ceulx de la
place sen merueillent. Si sefforce tant a gl-
peine que ses compaignons sont demourez a
uec sui pour bien faire.

Lors Bint le frere du conte seql amena
auec sui bien deux cens cheualiers Et
quant ilz approucherent si ny eut q du ferir /
si qlz mainent les cheualier du roy iusques a
seurs lisses mais illec se tindrent Sng peu cō
me preudes hommes / si ilz neilz ne feussēt si
peu Si souffrirent Sne grant piece ceulx qui
les enchassoient. Ainsi quilz estoiēt aual les
pres Sng cheualier arme de Snes armes Ver
meilles a estoit sui seul. Si commenca a re-
garder le tournoiement a Bit les gens du cō
te qui trop bien le faisoient. Et le cheualier se
met deuers les gens du roy pour les aider Et
quant ceulx de dela le Birent ertaumēt cōm-
cerent a crier Or sa gentil cheualier aidez no°
aidez nous. Et il se met tantost en seur aide/
contre ceulx q monseigneur gauuain aidoit .
Si seur laisse courre a abat le pmier quil en-
contre a puis le second a le tiers . Si fait tāt
q de Sng glaiue en abat quatre. Et lors mist
la main a lespee a se mist en la greigneure ps
se a le fait si bien au premier poindre que tous

ses fait resortir/ne nul ne se doit q̃ ne se doub
te. Si haste ses anemys que tous les royaulx
sõt recouuers par sa force/et ceulx de deuers
mõsieur gauuain sõt si esbahis que a pou qlz
ne sen fuyent de la place/lors dient tous ceulx
qui aux senestres estoient que le cheualier Ver-
meil au lyõ blanc a tout vaincu/monsieur
gau. en oupt la nouuelle q̃ vng pou se estoit
alle esueter. Si luy dist vng garcon q̃ leans
a vng cheualier le meilleur quil veist õcques
qui tout seul a vaincu le tournoiement. Car p̃
luy sont recouuers les hõmes du roy qui ores
estoient au dessoulz. Et quant monsieur gau
uain lentẽt si se merueille que ce peult estre sp̃
lache son heaulme et pient vne lance la plus
forte quil peult trouuer/sy vint tout bruyant
au tournoiement et encontre le cheualier Ver-
meil qui auoit lance recouuerte/si coururent
sus lun a laultre et sentrefierẽt sur leurs escus
si durement/que les lances vollerent en pieces
mes ne chapt ne lun ne laultre/ains sen pas-
serent oultre/mõsieur gau. fut moult dollent
quil ne auoit le cheualier abatu/encore en fut
laultre cẽt foys plus dollent/de ce quil nauoit
abbatu mõsieur gau. si en est tant hõteux q̃l
ne scait quil doibt faire/et tant que ceulx q̃ sa
iouste ont veue/dient q̃ moult sont les.ii.che
ualiers de grande prouesse. Il reprindrẽt lan
ces et se adrecha lun encõtre laultre/si sentre-
fierent si grãs coups quilz sentremettent les
fers des glaiues parmy les escus/mes il ny a
celluy qui gueres soit naure/si sentreheurtẽt
des corps et des visaiges tãt quil ny a cellup
a quile ceruel ne soit trouble/si q̃ a paine se peu
rent tenir es archons/mes trop est maisgre-
ue le cheualier q̃ mõsieur gau. Sy viennent
tous de estourdison et pient chascun vne lance
la plus forte quil peult auoir/si poignẽt lun
cõtre laultre si q̃ mõsieur gau. brise son glai-
ue/et le cheualier se fiert de si grant force quil
se porte du cheual a terre tout enuers/et puys
sen va oultre pour faire son poidre. Si trait
lespee/et se fiert entre les gens au conte/si les
maine ferant iusques aux loges ou les dães
estoient apupees: et quãt il les a menes iusqs
la/si tournẽt en fuyant vers leur repaire/car
plus ne osent estre au tournoiement. Et lors
cõmenca la chasse qui longuement dura/car

moult en prindrẽt les gens du roy. Et quãt le
vermeil cheualier voit quil eust tout desconfit
sans recouurier/si se met en la forest qui pres
dillec estoit. Et mõsieur gau. fut remõte si a
si grãt deul et si grant honte: q̃l ne ose demou
rer en la place/ains sen va apres le cheualier
qui abbatu lauoit et dist que iamais ne finera
deuãt quil aura actaint. Et sil nest de la mai
son du roy artus il se cõbatra tant a luy quil
sera mort et oultre/car aultrement ne peult es-
tre. Et se il sceust vraiement que lancelot fut
vif/il cuidast bien que ce feust il/mes pour ce
quil cupdoit quil feust mort nen sauoit il que
dire: si sen va vers la forest grãt alleure tout
courouchie et regrette sa mescheãce qui ia luy
est aduenue en ceste queste par deux foys.
En tel deul et en telle aire cheuaucha mõ
sieur gauuain/et dist tousiours deuãt
luy les esclos du cheualier/et bien sceust que ce
stoit il. Si a tant alle quil vint chiep vng fo
restier et il estoit ia pres de nuyt/si entra en la
court et les sergãs luy saillent a lestrief pour
luy deschendre/puys se desarme et le mainẽt
leans. Et quãt il est entre si treuue hector des
mares en vne couche couche/et quãt celluy le
voit si luy saulte au col et dit q̃ bien soit il venu
Et mõsieur gau. luy fait greigneur sẽblant
de ioye. que son cueur ne luy apporte: et hector
luy demãde/de qlle part il vient a celle heure
Et il dit de vng tournoiement qui fut a lissue
de vne forest icy pres/si ay toute iour suyui vng
cheualier a vnes armes vermeilles/qui trop
bien le a fait/mes endroit moy ie men plains
car il ma faite la greigneur villenie et la gre
gneur honte qui iames me aduint. Cõment
fait hector/par ma foy fait mõsieur gau. no9
iouustasmes luy et moy: voyans tous ceulx de
la place.ii. foys/si ne le peulz abbatre ne luy
moy/mes toutesfoys il me naura en lesselle.
Sy aduint a la tierce iouste quil me porta du
cheual a terre/et de ce ay ie si grãt deul q̃ a pou
que le cueur ne me part du ventre/et iay puys
cheuauche apes luy pource q̃ ie le cuidoye trou
uer/car il ne peult demourer quil ne me con-
quiere/ou moy luy par armes. Quãt hector
oyt ce que mõsieur gau. dist/si en est trop hon
teux/car il scait bien que cestoit il/sil alloit q̃-
rant/si est si courouchie que il amast mieulx

estre feru de vne espee parmi les cuisses que il
seust a ka tu / car il en cuide estre mal de lui a
tousiours mes. Maintenant se met a genoulx
deuant lui & lui dit. Haa sire pour dieu pardon
nez le moy : car certes ie ne vous congnoissoie
pas. Je vous iure sur sains que ne leusse fait
en nulle maniere se ieusse sceu que se eussez vous
este. si me mes du tout en vostre mercy & vous
samenderay en telle maniere comme vous le
saurez deuiser. Et quant monseigneur gau-
uain ot que ce estoit il si lui pardonne moult de
bonnairement. Celle nuit geurent leans assez
aise. & si tost comme ilz aperceurent le iour ilz
partirent de leans & dient quilz iront tant en se-
ble quilz auront trouue auanture que les depar
tira Ilz viennent en vnes gastes landes songs
de logis : car il ny auoit nul chasteau pres dil-
lec a mains de demie lieue. Ilz trouueret vnes
grandes bruieres & virent pres du chemin vne
vielle chappelle. Ilz tournerent celle part & des-
cendirent & atacherent leurs cheuaulx a vng
arbre puis entrerent ens mais ilz ny trouuerent
hōme ne femme ains virēt la chapelle viel-
le & ancienne si que les murs en estoiēt tous son-
dus & decheues. Ilz viennēt iusque au chasteau
si le trouuent tout gaste & decheu : & vidrent par
derriere lung petit huys que entroit en vng grāt
cymetiere : mais entre lautel & le cymetiere a-
uoit vne grande tumbe de marbre vermeil ou
il auoit lettres blanches pourtraictes moult
soubtillement. Ilz regardēt les lettres. & elles
diet que pour neant ne sont ilz pas venues cel
le part car sans auanture ne sen iront meshuy
Quant hector seust de lautre coste si vist let-
tres qui disoient. Os tu cheualier errant qui
vas auanture querant gardes que tu ia ne atra
stes en ce cymetiere pour les auantures quy sōt
acheuer car ce seroit peine perdue / se tu ne es le
chetif cheualier qui par sa luxure a perdu a a-
cheuer les auantures du saint graal ou il ne
pourra iamais recouurer.

De ceste auanture se merueillēt les deux
cōpaignons : & disēt que les lettres parlēt
trop obscuremēt. nōpourtant dit messire gau-
uain que des auantures du cymetiere ne se tēdra
il pas de les veoir. Ilz vindrent a suis du cy-
metiere lui & hector & virent vne tumbe qui ar-
doit & flamboit si cler que la flame en volloit

contremont plus hault que vne lance / & tout en-
tour auoit tumbes iusques a douze qui ne flam-
boiēt pas. Il y auoit dessus chacune vne espe
dreciee. Et quant ilz ont assez la tumbe regar-
dee si dit monseigneur gauuain a hector. par
mon chief vecy la plus merueilleuse auāture
que ie veisse oncques si nous y conuiēt essaier se de
ceans pouldrōs issir a honneur. Je vous prie que
vous me laissez aller sauoir que ce pourra estre
mais attendz moy icy & ne vo9 mouuez pour
chose que vous voiez deuāt que ie aye du tout fail
si a acheuer lauāture. Voulētiers sire dit il.

Lors entre monseigneur gauuain au cy
metiere lescu au col lespee au coste. Et
quant il approuche des tumbes si se merueille
plus quil ne fist meshuy car les espees que des
sus les tumbes estoient se drecerēt tout par el-
les & vindrent droit a lui & lui dōnerent grās
coups sur son heaume si quil na pie que se puis
se soustenir ains chiet a terre. Et quāt il se vou
lut releuer il sentist descendre sur son chief si
grant coups quil le conuient retumber a terre
& geust grant piece en pasmoison Quāt il fut
en son pouoir il ouurit les yeulx & se trouua
au chief du cymetiere a lhuys de la chapelle. &
lors a moult grant honte. Si se releue & dit
que sil deuoit mourir si ira il iusque a la tumbe.
Il iecta son escu sur sa teste et puis se adressa
deuers les tumbes. Et quant il les approuche
il voit les espees vers lui venir : & il se cueuure
au mieulx quil peut mais ce ny a mestier car
il fut pris a celle fois que au parauant nauoit este
Si fut si mal actourne que le sang lui sault par
mi le nez parmi la bouche & parmi les oreilles.
Il sent si grant angoisse quil cuide bien mou-
rir en sa place. Si se pasme & geust lōguemēt
en pasmoison Et quant il vint a luy de la
chappelle si est si las & si trauaillie que a paine
peut il aler ne parler. & hector en a moult grāt
douleur au cueur. Et lors lui demāde cōmēt
il lui est Certes mauuaisement car ie ne cuide
pas que iamais autant me doulsisse comme ie
fais & si suis moult dolēt de ce que ie suis le plus
meschant cheualier du monde que souloie estre
le meilleur de tous. Sire fait hector encores
nest mie ne se cheualier a que il ne soit mescheu
en aucune chose aucunes fois & pource ne deuez
vo9 pas estre courrouce. Lors lui oste le heau

me de sa teste pour le vent recueillir, & le lesse gisant pres la tõbe puis prent son escu & trait lespee et entre au chimitiere, et va grans pas la ou les tombes estoient, mes il ne a gueres alle qnãt se sent ferir sur son heaulme & sur son escu si grans coups quil chiect a terre tout estourdi, mes il se releua moult vigueresemẽt. Et quãt il se cuide du tout releuer en son estat si le cõuint a la terre tumber, et estẽ telle maniere actourne quil na pouoit de soy releuer, ains gist a la terre cõme mort. Et se monsieur gauuain auoit este bien batu et deffoulle, encore fut il pire. Il se trouua a sups de la chapelle, et lors fut il trop esbahis, mes il nen pouoit plus faire car tant estoit las & trauaille q a paine pouoit il les yeulp ouurir. De puys ce si se dreçca en estant, et regarda ẽtour luy cõme sil eust dormy, et il vist a sẽtre de sups vnes lettres qui disoiẽt, ia nul ne entrera en cest cymitiere qui a honte nen parte, deuãt q se filz a la douloureuse royne p vẽdra, et lors monstra hector les lettres a mõsieur gau. et il les regarde et puys dist q de toutes icelles lettres ne peult il riens sçauoir ne entendre, car trop obscuremẽt parlent, & ailleurs les cõuient aller, car a ceste aduanture ont ilz failli. Et hector a si grãt douleur qnil ne peult respondre mot, aincois sen part de sa chapelle tout court rouchie, si viennẽt a leurs cheuaulp & mõtet et sen vont tous pensãs et doulloulans de la mescheance q leur est aduenue. Ilz cheuauchent en telle maniere iusques apres midy que lun ne dist mot a laultre, lors sont venus en vne forest vieille et ãcienne espesse de arbres. Ey trouuerẽt a sentre vne croip de fust, et en celle croip auoit lettres estriptees qui disoient. Or tu cheualier errant qui par cy acheminee. te garde ces deup voyes lune a destre saultre a senestre, mes garde si chier cõment tu as ton corps, que en celle a senestre ne te mettes, car ia nen partiries sans honte, de celle a destre ne te diz ie pas quil y ait tel peril. Quant ilz eurẽt les lettres leues si dist hector a mõsieur gau. Beaup sire ie vous cõmande a dieu car en ceste voye a senestre entreray ie pour ce que les lettres se me deffendent, et vous entrerres en cest aultre, non feray fait mõsieur gauual mes ie y entreray et vous en celle aultre. par

ma foy fait hector ia ne sera aultremẽt que ie di, lors ou le chascun son heaulme si sentrebaisẽt au departir, si entra hector en sa voye, et monsieur gau. en la sienne. Mais a tant lesse ores le compte a parler de hector et parlera de monsieur gauuain.

¶ Côme mesire gauuain se partist de hector et cõme il arriua au chasteau de corbenic. C.ip.

Or dist le compte que quãt monsieur gauual se fut parti de hector il erra tout le chemin de la forest tant qil fut pres de nõne, et lors dist il sur destre vng pauillon tendu pres de vne fontaine si tourna celle part. Et quãt il vint a lups si trouua hõmes qui mẽgoient iusques a .vi. monsieur gau. ne auoit mẽgie de tout le iour, il se deschendist & ataca son cheual a vng arbre, & son escu a vng aultre puys entra dedens le pauillon et salua sa cõpagnie: mes il npa cellup q vng mot luy die, ains le regardẽt tous moult felloneusemẽt. Et quãt il vist quilz ne respõdirent riens, si ne lessa pas pour ce quil ne se asiesse lespee chainte, et oste son heaulme de sa teste et se mist epres lup puis cõmence a mẽger cõme cellup qui grant fain auoit, et dist a cellup epres qui il se seoit, mẽgies et si faictes bõne chere. Eu nõ dieu dist le cheualier, belle chere ne puis ie pas faire de mon mengier que vous prenes cy deuãt moy, car par aduãture aussi grãt talẽt auoie ie de mẽgier cõme vo[us] si vous deffens q vous au mẽgier ne tendes plus sa main, et tous les aultres dient que se mõsieur gau. ne sen va quilz le occhirõt, et il dist que ia pour eulp ne se mouuera, mes de mon cheual me poise q na gueres que mẽgier. Lors saillent en estant tous ceulp de leans & courẽt aup haches et aup espees. Et quãt mõsieur gau. vist ce si lache son heaulme et court a son escu la ou il lauoit lessie: et ceulp sui vẽdient les espee traictes pour lup occhire, et il nen reffuse nul, ains fiert le premier quil encõtre si quil lup fent la teste en deup moities et il chiect mort, et il recourt sus a saultre et le premier quil encõtra apres il lup couppa le bras et le coste par entre lespaulle, les aultres tournent en fuite quant ilz virent leurs cõpoignõs si actournes. Et mõsieur gau. ne se daigne plus enchassier ains mõte sur son cheual & se remist en son chemin et erra iusques a vespres tant quil vint en vne grande vallee: et il vist au fons du val vng chasteau moult bien seant et si estoit fort de eaue et de bons murs auirōne. Il tourne celle part si est venu iusques a leaue/ et y trouua vng pont de fust par ou len passoit au chasteau.

Q uant il fut entre en la maistresse forteresse il sa prisa moult car cest la plus belle et la plus forte quil vist oncques de son grāt Il regarde a destre et ouist crier vne femme assez pres de lui ce lui semble. Il alla celle part et trouua vne damoiselle en vne cuue de marbre qui crioit. Saincte marie qui me iectera de cy Messire gauuain approucha et vist la cuue plaine de eaue et la damoiselle y estoit iusques au nombril. Quant elle le vist si lui dist. Sire cheualier pour dieu iectez moy de cy. Lors lui iecte monseigneur gauuain ses bras parmi les flans mais il ne la peut remuer. Il y essaya deux ou trois fois mais il ne la peut remuer. Quant elle vist quil ne la pourroit remuer elle lui dist. Haa sire cheualier failli auez or pouez bien dire que de ce chasteau ne partirez ia sans hōte auoir. Damoiselle dit il se ie ne vous ay deliurée ce poise moy. Je en ay fait tout mon pouoir/ si nen dois pas estre blasme. mais or vous vueil ie prier par amours que vous me diez pour quoy vous estes icy/ et se par nul homme en pourriez estre deliuree. par ma foy fist elle ie suis en telle maniere que iay toutes les doulceurs et seuffre toutes les peines du mōde. et si nen seray iectee deuant que le meilleur cheualier du monde men iectera. Et la cause pour quoy ie y suis ne saurez vous pas deuant que celui sera venu qui de cy me doibt iecter, et sa venue est assez pres/ car se sera en cest an. Et comment fist il est ce que vous souffrez tant de doulleur. Comment fait elle. Tastez quelle est ceste eaue Lors mist monseigneur gauuain sa main dedens mais il ne sa cuida ia auoir retraicte, car tant la trouua chaude quil cuida bien auoir la main perdue a tousiours mais. Sire cheualier fait elle or sauez vous quelle angoisse ie seuffre. Certes fist il damoiselle ie ne cuide pas que vous viuez longuement. Pour quoy fist elle. pource dit monseigneur gauuain que vous souffrez trop de doulleur. Il ne plaist pas encores a

dieu dit elle que ie meure car il nest pas encores bien vengie de vng peschie que iay fait par quoy ie seuffre ceste angoisse et ceste doulleur. Mais or vous en pouez aller dict il quāt il vo plaira puis que vous y auez failli: ne de mon estre ne saurez vous riens. Et adonc monseigneur gauuain sen part/ si en va au maistre pallais. et varletz saillent contre lui plus de vingtz pour se descendre/ et mettent le cheual en lestable et mainent monseigneur gauuain amont pour se desarmer. Si trouua monseigneur gauuain grant plante de cheualiers qui se dresserent encontre lui si tost comment ilz le virent venir et lui dient que bien soit il venu Et il dist que dieu les benie tous. aprés lui fait oster ses armes et lui baille len vne moult riche robe a vestir puis se assient deuant eulx et lui demandēt dont il est. Et il dist quil est du royaume de logres et de la maison du roy artus. Lors ilz lui firent la greigneur chiere quilz peurent. et lui demanderent des nouuelles de la court. Et il leur dist telles comme il sauoit A ces parolles issist de vne chambre vng grāt cheualier qui amenoit auec lui grant compaignie de cheualiers. il estoit vng des beaulx hommes qui oncques feust et moult sembloit bien gentil homme. Quant ceulx de leans le virent venir si dient a monseigneur gauuain Vecy le roy. maintenant se dresse monseigneur gauuain et lui dist que bien soit il venu. Et celui lui rent son salut a moult belle chiere: et le fait asseoir emprés lui/ et lui demande quil est Et il lui compte la verite. et lors en est le roy moult ioieux car il desiroit a veoir monseigneur gauuain. Si parle a lui et sentreacointerent ensemble. Tandis quilz parloiēt ainsi regarda monseigneur gauuain et vist vng couloup blanc entrer leans parmi vne verriere et portoit en son bec vng encensier dor moult riche. Et si tost comme il fut leans entre si fut le pallais rempli des meilleurs oudeurs du monde. Et lors tous ceulx de leans sans dire mot se misdrent a genoulx et le couloup sen alla tout droit en vne chambre et maintenant congneurent ceulx du pallais sa venue si coururent mettre les tables et se assisdrent lun cy et lautre la sans ce que nul qui y feust osast dire vng tout seul mot.

G i

Seconde

De ceste aduanture se merueilla monst mōsieur gau. il se assit auec les autres et il voit q̄ ilz sont en prieres et en oraisons, et apres ce ne demoura gaires que mōsieur gau. voit issir de la chābre ou le coulomp auoit este la plus belle damoyselle q̄l vist ōcques mes iour de sa vie. La damoyselle estoit mōlt biē treschee, et si auoit le plus beau chief du mōde. si estoit belle de toutes les beaultes qui a fe me appartienēnt. et elle portoit entre ses mais le plus beau vaissel q̄ ōcques hōme vist, τ fut fait en semblāce de gallice. sy se portoit plus hault que son chief. mōsieur gau. regarde le vaissel si se prise mōlt, mes il ne peult sauoir de quoy il fut, car de boys nestil pas ne de nul le maniere de metail, ne de corne ne de os τ de ce est il tout esbahi.

Apres regarde la pucelle si se merueille plus de sa beaulte q̄ du vaissel car onc ques mes ne vist il damoyselle qui de beaulte se cōparagast a ceste. Ainsi cōmēt la damoy selle passa deuāt eulx, chascun se agenoulle deuāt le sainct vaissel et tātost furent les ta bles remplies de tous les beaux mēgiers du monde τ le pallaiz fut rēpli de toutes les bō nes oudeurs du mōde. Quāt la damoyselle fut vne foys allee deuāt le dois, si sen retour ne en sa chābre donc elle estoit venue, et mon sieur gau. la cōuoie de ses yeulx tāt quil peult. Et quāt il ne la vist mes si regarde dessus la table deuāt luy mes il ne y voit chose q̄l puist mēger, ainc fut sa table vuidee deuāt luy. et ny auoit cellup qui neust grāt plante de vi ande deuāt luy ainsi cōme selle y sourdoit, et quāt il voit ce si en est tout esbahi: si q̄l ne scait que dire ne q̄ faire car biē cuide auoir mespris en aucune chose. Si seuffrea soy mesmes du demāder tāt que les tables soiēt leuees. Et quāt ilz furēt leuees tous issirent du pallaiz et sen allerēt lun cha saultre la, si q̄ monsieur gau. ne sceust ōcques q̄lz estoiēt deuenus. Et quāt il voult descēdre du pallaiz pour venir aual il ne peust, car il trouua les huys fermes, et quāt il vist ce, si se va appuier a vne des fene stres et cōmēcha a pēser. Et lors vist issir de vne chābre vng naym, qui tenoit en sa main vng baston. et la ou il voit mōsieur gauuain si luy dist. Haa mauuais cheualier fuies vo

en dicy, vo' ny deues mie estre, car en vous a trop ville chose. Lors haucha le naym le ba ston pour ferir monsieur gau. Mes il ietta le bras encōtre si luy tould le baston. Et quāt le naym le voit si luy dist. Haa cheualier ce ne te vault riens: car tu ne peulz de ceās partir sās auoir hōte. Lors sen reua en vne aultre chābre et mōsieur gau. regarde ens au chief de la sal le, si voit vng des plus riches lyptz du monde et il sen va celle part car il se voulloit coucher. Si oyt maintenāt vne damoyselle q̄ lui crie haa cheualier tu mourras se tu te couches des arme, car cest le lit aduanttureux. Voy tu la vnes armes va si les pren, et puys te couche se tu veulz. monsieur gau. court la ou il voit les armes si sen arme. et quāt il est arme il se assiect au lit, et si tost cōment il fut assiz si ot vng cri le plus hideup que ōcques mes ouist. et biē cuide q̄ ce soit voip de deable. Et errau mēt voit issir de vne chābre vne lance dont le fer estoit tout emflābe, si fiert mōsieur gau. sy durement que pour escu ne pour haubert ne demeure q̄l ne luy mette le fer dedēs lespaule de oultre en oultre, et lors il se paume et sent la lance errachier, mes il ne scait qui luy oste, sy tire mōlt ruddemēt mes de illec ne se remue aincois dist quil y mourra tout froit ou il ver ra encore plus qui na fait. Grāt piece demou ra illec monsieur gau. τ quantil fut annuictie sy que len y voit mauuessemēt fors que de la lune q̄ luisoit y plus de. pl. fenestres q̄ toutes estoient ouuertes: lors regarda mōsieur gau. en vne chambre q̄ estoit pres de luy, si vist vng serpent le plus grāt q̄ feust oncques veu ne il nauoit homme eu monde qui de le voir neust grāt paour, ne il na oit eu siecle nulle manie re de coulleur que sen ne peust sur luy veoir: mōlt estoit merueilleup, il cōmencha a aller amont et aual parmy la chambre iouāt de sa queue et batant la terre. Et quant il se fut bie ioue si se tourne sen dessus dessoulz, et cōmē che a braire et a crier et faire sa pl' terrible fin du monde. Et quant il se fut par longue es passe de tēps ainsi debatu cōme se il fut mort mōsieur gauuain sen merueille mōlt. si voit quil iette serpenteaup de sa bouche iusques a cinq cens qui tous estoiēt en vie. Et quant il a ce fait, si se pt de la chābre ou il estoit et vint au grāt pallais si trouua ung liepart le plus fier du monde et il lui court tantost sus: et il a lui. Et commencerent entre eulx la plus fiere bataille qui oncques feust car le serpēt cuidoit tousiours venir au dessus du liepart: mais il ne peut. Et en ce quilz se combatoient ainsi a uint a monseignr gauuain quil ne vist gout te: si suisoit la lune moult clere: mais au chef de piece lui fut sa veue rendue: si quil peut biē veoir le liepart et le serpent q̃ encores se combastoient.

Tant piece dura la bataille des deux bestes: en telle maniere q̃ messire gauuaine sauoit qui en auoit du meilleur. Et quant le serpent vist q̃l ne pourroit venir au dessus du lieppart il sen retourna en la chambre dōt il estoit venu. et si tost comme il entra ens lui coururent sus ses serpenteaulx et il a eulx. et ilz se deffendirēt moult durement et aida lun a lautre tout a son pouoir. Si dura la bataille grāt piece tāt q̃ le grāt serpent occist ses serpēteaulx et ses serpēteaulx lui. Lors cōmencerēt toutes les fenestres du pallais a saattir lune apres lautre et firēt si grāt tēpeste q̃l sēbloit q̃ tout le pallais deut fōdir. Et lors entra leās ung vent si grāt et si fort q̃l emporta toute la iōcheure du pallais. De ceste auāture se merueille moult messire gauuain si acertes encores q̃ se fera. Grāt piece aps le bruit des fenestres escouta messire gauuain: et ouist le greigneur pleur du monde et sēbloit q̃ se feussēt femmes Quāt il se voulut leuer pour aller veoir que cestoit si vist issir de une chābre iusq̃s a douze damoiselles faisant le greigneur deul du mōde et vōt lune apres lautre et diēt tout en plourant. Beau sire dieu quāt istrōs nous de ce trauail Et quāt elles sōt venues iusques a luis de la chambre ou le coulomp estoit estre le soir deuant si se agenoullēt et font prieres et oraisons et plourēt tēdrement Et quāt elles y ont este grāt piece si sen reuont la dōt elles estoiēt venues Apres ces choses auenues vist mōseigneur gauuain ung cheualier issir dune chābre tout arme lescu au coul lespee en la main: si dit a messire gauuain. Leuez sus et alez dormir en lune des chambres de ceans / car cy ne pouez vous plus demourer. Et il dit quil se moutra ou il mourra. Non ferez beau sire ainsois me combatroie ie a vous q̃ vous y dmourissiez. Aincois me combatroie ie a vous q̃ ie men allasse dit messire gauuain. Par ma foy dit le cheualier puis q̃ vous ne le voullez faire par debonnairete vous le ferez par force/ si vous gardez de moy car ie vous dessy. Lors lui court sus lespee traicte. et mōseigneur gauuain se dresse et se deffent au mieulx q̃l peut: mais celui se haste trop durement. Si se depiecent les escus les haubers et les heaumes et font saillir le sang de leurs corps: mais messire gauuain est moult epire de la plaie q̃l auoit en lespaulle car elle ne peut estanchier Il seuffre et endure tant cōme il peut et se cueuure de son escu Et le cheualier se haste a lespee trenchant si le maine une heure cy lautre la. Si a tant souffert messire gauuain quil a son alaine reprinse si court sus au cheualier moult vigoureusement et lui dōne de grans coups parmi le heaume. La bataille dura moult lōguement, tant quil ny a celui q̃ nait perdue sa force du corps et le pouoir de soy. Si est chacun si estourdi quil ne peut demourer en estant: ains chiet lun dune part et lautre dautre et sōt si las et si trauaillez quilz ne peuent les testes leuer ains gisent a terre ainsi comme en pasmoison.

Tant piece ont este en telle maniere que mōseigneur gauuain geust deles le lit tout estendu. et le cheualier epres lui. et lors cōmenca tout le pallais a trēbler et les fenestres a saattir et a debatre, et il commence a tonner et a faire le plus mauuais temps du mōde: seu q̃l ne plouuoit pas De ceste auanture fut mōseigneur gauuain tout esmaye: mais il estoit si las quil ne pouoit sa teste leuer: et ne sauoit sil estoit mort ou vif. Et lors vint leās ung vent si doulx et si souef que cestoit merueille: et maintenāt descēdirēt au pallais plusieurs voix qui chantoient si doulcement quil n'y a riens en ce monde qui a ce se peust acomparagier. Et bien pouoient estre enuiron deux cēs: mais monseigneur gauuain estoit si estourdi quil ne pouoit pas entendre ce quilz disoient: fors que a la fois lui fut auis quilz chantent. Gloire: loenge: honneur et toute benediction soit au roy des cieulx. Et aincois que les uoix eusses voix ainsi chanter doulcemēt furēt par

G. ii.

Seconde

seans espaulues toutes les bōnes oudeurs du mōde. Et mōsieur gau. ouurit les peuꝗ mes il ne Vist riens entour luꝑ, fors scait il Vraiemēt ꝗ ce ne sōt pas terriēnes choses ꝗl a ouies quāt il ne les peult Voir. Si se leua Voulentiers seil peust mes il ne peult/ car il a perdu toute la force de ses mēbres et le pouoir de sō corps. Et lors Voit issir de Vne chambre la damopselle celle qui le soir de deuāt auoit aporte le sainct Vaissel auꝝ tables/ et deuāt elle Venoient deuꝝ sierges ⁊ deuꝝ encensiers ⁊ quāt elle Vint au milieu du pallais/ si assiect le sainct Vaissel deuāt elle sur la table dargēt ⁊ mōsieur gau. Vist tout entour elle iusqͣ ꝟ. encēsiers qui ne finoiēt de tēcenser. Et lors cōmencherēt toutes les Voiꝝ a chāter emsēble/ si doulcemēt que cueur de hōme ne se pouroit mie pēser/ ne langue mortelle dire. et toutes disoient a Vne Voiꝝ. Benoist soit le pere des cieuꝝ. Quāt le chant a grāt piece dure si prēt la damopselle le Vaissel et le porte en la chābre dōcelle estoit Venue/ ⁊ lors departent toutes les Voiꝝ et sen Vont. Et puꝝ sont ouuertes toutes les fenestres du pallaiꝝ/ et puꝝ re closes. Tantost deuint la chābre obscure que mōsieur gau. neꝝ Veist goucte mes de tāt luꝑ est bien aduenu quil se sent aussi sain cōme se il neust onques eu ne mal ne doulleur ne de la plape ꝗl auoit eue en lespaulle ne a il garde/ car il en est tout gari. Si se dreche biē tospeuꝝ et Va querāt le cheualier ꝗ cestoit cōbatu a luꝑ mes il ne se peult trouuer/ lors escoute. si ot Vers luꝑ Vne grāt plainte de gens/ il sent ꝗ senle prient par les bras par les espaulles ⁊ p les pies et par la teste et lēportēt hors de la salle/ et le ont monlt bien lie en Vne charette qui estoit emꝑ la court. Au matin quāt le solleil fut leue se esueilla mōsieur gau. si se trouua en sa charette la plus laide de tout le mōde et Vist son escu lpe deuāt auꝝ lpmōs/ et son cheual atachie a la queue de la charrette. et auꝝ limōs auoit Vng cheual si maigre ⁊ si chetif quil Valloit a paine .iiii. soulz par semblant. Et quātil se Voit en si Vil lieu si a monlt grāt deul/ car molt cuidoit estre hōnp plus ꝗ nul hōme. Et maintenāt Vint celle pt Vne Vieille a tout Vnes escourgies si cōmēce a batre le cheual ⁊ le maine parmp les rues de la Ville. Et

quāt les menestrer Virēt le cheualier en la charette/ si Vōt apres crians ⁊ huāt et luꝑ iettent fiens et boe a grāt plāte/ si le cōuoient hors de la Ville a tout telle ordure. Et quātil a passe le pont si se arreste la Vieille ⁊ le deslie puis le lesse aller et luꝑ dist quil Voise hors de la charette car troꝑ p a demoure/ et il sault ius maintenāt mōte sur son cheual et demande a la Vieille cōment le chastel auoit anō/ et elle dit corbenic. Et maintenāt sen partist faisāt le greigneur deul du mōde/ ⁊ maldit leure quil fut ne/ et ꝗl fut ōques cheualier. car ores a il tāt Vescu ꝗl est le plus Vil cheualier ⁊ le plus hōnp de toutes les creatures ꝗ ōques furent.

Ainsi sen Va mōsieur gau. faisāt sō deul ⁊ erre toutle iour sās boire et sans mengier. Et au soir Vint chez Vng hermite ꝗ len apelloit lermite secret/ si Vint alcois ꝗ lermite eust chante ses Vespres, si les ouyt molt Voulentiers mōsieur gau. Et quāt elles furēt dictes le preudōme sen entra en son habitacle sp demāda a mōsieur gau. qui il estoit et il luꝑ en dist la Verite. haa sire fist lermite Vo⁹ soies le bien Venu. Certes Vo⁹ estes le cheualier du mōde ꝗ ie desiroye plus a Voir. Et monsieur gau. est tāt courrouchie ꝗl ne peult mot dire/ si luꝑ Viēnent les larmes auꝝ peuꝝ. et lors se apercheust le preudōme ꝗl estoit courroucie si luꝑ dist. Sire pour dieu ne soyes courchie de chose ꝗ Vo⁹ soit aduenue/ car il nest nul sp preudōme a qui il ne meschiesse aucunesfoys Certes fit mōsieur gau. ie le scay biē mes on ques mes au mien escient il ne mescheust tāt a hōme cōe il a fait a moy puys .ꝟ. iours en cha. Et lors luꝑ cōpte toutes les aduātures ꝗ la nupt luꝑ estoiēt aduenues/ et le preudōme se regarde si deult tout esbahi/ si ꝗ il ne dist ōques mot de Vne grāt piece. Et quant il peult parler si dist. Haa sire si maisi dieuꝝ Voirement ⁊ ce grāt mescheāce quāt Vo⁹ le Veistes ⁊ si ne le cōgneustes pas. haa beausire fist mōsieur gau. pour dieu se Vo⁹ saues ꝗ ce fut si le me dictes. Certes fit il cest le saīt graal/ ou le saīt sang nr̄ēseigneur fut mis. et quāt Vo⁹ ne lui feistes hōneur biē Vo⁹ deust mesauenir/ et biē Vo⁹ deust estre sō paiꝝ oste/ et si fut il: car tous furēt seruis et Vo⁹ feustes omblie/ pour dieu sire fist mōsieur gau. des aduātures ꝗ ie vp me dictes la verite. Ja par moy sist il nen saurez riés. ¶ si ne demourra il pas q̃ vous ne le sachiez. Beau sire dit monseigñr gauuain au maine me dictes q̃ se serpent signifie se vo9 le sauez. Je le vous diray fist le preudomme: mais apres ne demandez plus. Il fut voir q̃ vous veistes en la chambre le serpent q̃ iectoit feu de la bouche ¶ petis serpenteaulp q̃l laissa leãs ¶ lors issist maintenant pour aller en la grant salle ou il trouua le liepart: au quel il se combatist mais oncq̃s ne le peut vaincre: si sen retourna dõt il estoit venu. ¶ quāt il y fut si lui coururent sus les serpēteaulp ¶ loccirēt ¶ lui eulp. ce veistes vous. Voir est dit messire gauuain. Le serpēt qui estoit si grāt ¶ si fort signifie le roy artus vostre õcle q̃ se departira de sa terre aisi cõment le serpent fist de sa chambre ¶ laissera ses hōmes: ses parēs ¶ ses amis aisi comme le serpent laissa ses serpenteaulp ¶ couroit sus au liepart ¶ vaincre ne se pouoit: aisi courra sus au roy a vng cheualier ¶ vaincre ne le pourra ¶ si en fera tout son pouoir ¶ tout ainsi q̃ le serpēt retournoit en sa chābre quāt il vit q̃l ne pouoit mettre le liepart au dessoubz aisi sen ira le roy en son pais quāt il verra q̃l ne pourra se cheualier plessier. ¶ lors lui auē dra vne merueilleuse auāture car tout aisi cõme sa veue des yeulp vous fut tollue ainsi q̃ la meslee du serpent ¶ du liepart duroit: en tel se maniere sera la proesse de vre lumiere estaincte apres q̃ le roy sera venu en son pais: aisi q̃ le serpēt reult en sa chābre si lui courrōt ses hõmes sus comme les serpeteaulp couroiēt sus au serpent ¶ durera la bataille lōguemēt: tāt q̃l les occira ¶ eulp lui. Or auez ouy que le serpent signifie: si ay faict vostre voulente de le dire aisi vueil ie q̃ vous facez la miēne de ce q̃ ie vous reqrray. Et messire gauuain lui promet q̃ si fera il. Vous cōuient dōc iurer sur sais q̃ iamais iour de vostre vie ne parlerez de ce q̃ ie vous ay dit ¶ ne le feriez sauoir a hōme ne a fēme. Et il lui iure mais moult est esbay des paroles quil lui a dictes. il fait plus bel le chiere q̃ son cueur ne lui porte ¶ demeure leans celle nuit ¶ au matin si tost quil eust ouy messe print ses armes: monta acheual ¶ commāda lermite a dieu. Mais icy laisse le cōpte a parler de lui. ¶ retourne a hector des mares:

Partie.

lequel est entre en la queste de lancelot du lac. Cōment apres que hector se fut party de mõseigneur gauuain il vint deuāt vng chasteau qui estoit a maugart le roup ¶ comme il occist ledit maugart   Cp.

Or dit le cõpte q̃ quāt hector se fut parti de monseigneur gauuain quil erra toute iour parmi la forest iusq̃s a vespres ¶ lors encontra vng nain monte sur vng roussin Quant le nain vint pres dehector si lui dit Sire cheualier vous allez trop Commēt fist il. Ja plus nen saurez par moy fait le nain. Si sen retourne sans plus dire / ¶ hector cheuaucha tousiours tant quil vint deux perrons qui estoient en my le chemin ou il y auoit lettres qui disoient. Jamais cheualier ne ira plus auant de cy sil ne quiert sa hōte. Quant il eust les lettres leues pourtāt ne retourna il pas: car il dist q̃ nul ne doit auoir doubtãce deuant quil voye la paour de quoy Si sen va le droit chemin de la forest tant q̃l vit a lissue ¶ lors encontra deux damoiselles si les salue. ¶ elles lui dient. Haa sire cheualier tant est grant dommage quant vous venistes en ceste part. Et pour quoy fist il. pour ce font elles que vous nen pouez eschaper que vous ny mourrez. ¶ se sera moult grant dommage: car vous estes mõlt beau. Et he:tor ne se esmoie de riens q̃ elles lui dient aincois les cōmāde a dieu ¶ sen va vers vng chasteau q̃l vist deuant lui. Et quant il vint pres il vist vne eaue moult parfonde ¶ par dessus auoit vng pōt large de quatre toises. puis vit iusq̃s a vng ourme ¶ trouua vne damoiselle q̃ seoit dessoubz. Il la salue ¶ elle lui dist. Ha sire dit elle mal y allez car vous serez noye. Cōment damoiselle fait il. Se vous diroie ie bien fait elle. Veez ce cheualier par dela ce pōt deuers ce chasteau: sachez q̃l est si bon iousteur q̃l ne a meilleur au mōde: ¶ il vous cōuiēdra a lui iouster si bien q̃l vous mettra la ou il met les autres. Et ou les met il damoiselle fist hector. par ma foy dit elle il nen treuue nul q̃l ne mecte en leaue lui ¶ le cheual Damoiselle dit hector ie verray ie par tēps. Lors commande la damoiselle a dieu ¶ puis vient iusques au pōt. Et quant il est venu a lentree si voit vng glaiue q̃ estoit apuye a vng arbre. ¶ il se prēt.

G iii.

si se mect dessus le pont, & le cheualier qui dessus le pont estoit lui escrie quil se garde de luy et il dist que si fera il a son pouoir, et lors se serēt courre lun vers laultre si sentrefierēt sur les escus, le cheualier brise sa lāce: et hector le fiert si durement quil le fait flatir en leaue luy & le cheual: & se le cheualier neust trouue vng pel a quop il se retint il eust este noye sans faille. hector ne le regarde plus, ains sen va tout droit a la porte du chastel. et quāt il cuida entrer leans, on clouist la porte contre luy, et demāde a vng hōme q̄ dessus estoit pour quoy la porte estoit fermee, pour ce fist il q̄ nul cheualier estrange ne y entre sil ne iure auant sur saītz quil deliurera le chastel des mauuaises coustumes q̄ y sont et fera tout son pouoir de les oster. Par ma foy fit hector se mauuaises coustumes y a ie suys tout prest de les oster, le creāchies vous ainsi, ouy fist hector loyaument. et lors lup oeuure la porte si entre leās et demande des coustumes du chastel. Nous le vous dirōs voulētiers fit cellup. Il est vray quil y a ceans vng cheualier le plus sellon et le plus cruel du monde, & est seigneur de cest chastel: si est si preux aup armes que nous ne scauōs nul meilleur, et par sa grāt prouesse il se cōbat a tous les cheualiers q̄ aduanture ameine celle part, et quāt il en a vng vaincu sy le fait despouiller tout nu, et se fait trainer par toutes les rues de ceste ville. Et encore en y a vne plus villaine, car il nest iour en lan quil ne preigne vne de nos filles pour tant que elle soit pucelle, si gist a force auec elle, et puis la baille a ses garchons a tenir en seruaige. Et ainsi en a il eues plus de .pl̄. donc no⁹ sōmes tous hōteup, et dollēs si q̄ entre no⁹ de ce chastel vouldrions mieulp mourir que viure. Or aues oupes les coustumes de ceste vile si cōuient q̄ mettes paine a les oster, ou vo⁹ seres pariure. et il dist quil fera voulētiers tout son pouoir, mes cōmēt pourriōs no⁹ trouuer le cheualier fist hector, mōlt aisiemēt fait cellup, car no⁹ vo⁹ menerōt tout droit la ou il est. Lors ameinēt hector en vng moult beau iardin tout plāt de arbres, saulp fors tāt q̄l auoit esleu vne place q̄ duroit biē vng arpent de lōg & de le, et estoit close tout ētour de bōs pieulp aguz & fors. il lup mōstrerēt vng cor de puire q̄ pēdoit a vng pieu: si lup dist qˉ lup cōuiēt le cor sōner sil veult q̄ le cheualier viēgne auāt. et hector prēt le cor si le sōne. Et maintenāt issit de vne tour vng cheualier grāt mōte dessus vng grāt destrier blāc. Et la ou il vit hector si le sallue, et lup dist dieu vous sault sire cheualier. Et hector lup rendist son salut a mōlt grāt paine: Beau sire dist le cheualier donc estes vo⁹, que vo⁹ chault fist hector ia par mop ne le scaires se vous ne crāchies a faire mō plaisir. Or me dictes quel vostre plaisir seroit fait le cheualier. Certes dist hector se vous iures sus saintz q̄ iames ne feres honte ne deshōneur a cheualier errant puis q̄ vous sauries cōquis vous feries mō plaisir. Et daultre part se vo⁹ me crāciries q̄ iames ne feres hōnte a hōme de cest chastel de leurs filles encore feries vo⁹ mieulp & vous diroie qui ie suis. Et dōc vo⁹ ne le diries pas aultremēt fist cellup, nō voir fist hector. Or sachies q̄ iames ne feray honte a chenalier deuāt que ie vo⁹ laie faicte fait le cheualier: lors se part dil leuc & se va armer. Et ceulp q̄ en la plache estoiēt disrent a hector. Sire saues vous pour quoy il vint cha desarme, pour ce q̄l vo⁹ cuy doit folloier par paroles de faire paip a luy, et que vous ostissies vos armes et si tost commēt vous eussies este desarme il vo⁹ eust fait prēdre, et fait tāt de hōte que hōme pourroit dire de bouche. Si a en telle maniere hōny maint bon cheualier. Et ce tēps pēdant quilz parloient ainsi, le cheualier issit de la tour arme mōlt richemēt de vnes armes merueilleuses, et auoit a son col vng escu vermeil et vne lance en son poing, et quant il vist hector si lup dit quil se gardast de lup, car il ne le asseure pas. ne mop vous fist hector lors entrēt en s'erpent qui estoit clos, puis lessent courre les vngz aup aultres, si sentrefierēt par telle force sur les escus que les glaiues sont rōpuz Et ilz sentreheurtēt des escus et des visaiges si durēmet quilz se portēt a terre les cheuaup sur le pre. Si sont tous deup si estonnes quil nya cellup qui ne soit estourdi, mes hector se dresche premier et mect la main a lespee, et le cheualier en reffait autant. Si sentredonnent de grans coups parmy les heaulmes tāt q̄lz en fōt le feu saillir, & despiechēt leurs escus et seurs haubers si se tremainēt vne heure amōt vne autre aual, ꝗ se sont le sang saillir des espaulles des testes ꝗ des bras ꝗ sōt au premier siegault ꝗ a peine peut on eslire le meilleur, car le maine Baillāt estoit de grāt prouesse ꝗ de grant hardiesse. Tāt se sont combatuz ꝗl ny a cesui ꝗ ne soit las ꝗ trauaillie. Le cheualier a si grant chault ꝗ a peu quil ne meurt dāgoisse: car hector se haste si durement qͥl lui cōuient pdre place. Si se cueuure de son escu au mieulx quil peut. Hector iecte sus lui cōme cesui qui moult auoit cueur ꝗ force, si le siert ꝯsus le bras dōt il tenoit lespee si ꝗl la fait voulser a tout le poing. Et cesui iecte vng cry merueilleux ꝗ grāt. Hector met son espee au fourreau ꝗ prent cesui par le heaume ꝗ lui arrache, ꝗ dit ꝗl lui couppera la teste: sil ne se tiēt pour oultre. Et cesui dit quil nen fera riē, ꝗ hector se siert si durement quil lui sist la teste voulser plus dune lāce loingz. Lors demāde a ceulx qui entour lui sont sil en cōuient plus faire, ꝗ ilz diēt ꝗ op. Il vous cōuiēt deliurer la dame de ce chasteau qui est cy dessoubz en vne caue: la ou deux lyōs la gardent. Et il dit quil est tout prest. Venez dōc apres nous. Ilz se mainent en vne caue dessoubz laire: si lui mōstrēt lētree ꝗ lui dient. Sire ceans est la dame en prison ꝗ la gardēt si bien les lyōs ꝗ nul ne ose a elle attouchier. Quant hector les ētent si ne leur tient plus parolle mais se recommāde a dieu ꝗ fait le signe de la croix en my son visage ꝗ puis descēt en la caue, ꝗ lēy veoit moult cler car sa terre estoit creuee en plusieurs lieux si ꝗ la clarte du iour se espādoit par tout. Et quant il est aual venu il voit les deux lyōs ꝗ estoiēt attachiez a deux chaines de fer, lun a dstre ꝗ lautre a senestre ꝗ gardoiēt si la voie que nul ne pouoit de la dame approuchier.

Quāt hector vit ꝗ par eulx le conuenoit passer il embrasse son escu ꝗ trait lespee puis va vers les lyons ꝗ faisoiēt la plus male sin du monde: ꝗ se batoiēt de leurs queues pour eulx plus courroucer: car telle est la coustume du lyon. Hector se tourne vers cesui qui estoit plus pres de lui ꝗ tint lescu deuant, ꝗ le lyon iecta ses ongles pour le pdre. Et hector le siert si durement ꝗl lui couppe les pies de deuāt ꝗ puis recueuure le siert pmi la teste: tāt quil lui sēt en deux pieces. ꝗ il cheut mort. Il se adresse a lautre. Et quant cesui le voit venir il se dresse dessus les pies de derriere ꝗ priēt lescu aux ongles ꝗ lui arrache des mains si durement quil sist hector voller la ius tout ētrauers. Quāt le lyon cuide retraire ses ongles de lescu il ne peut: car moult estoit fort lescu. Et hector se releua ꝗ courut sus au lyon si hardiement que nul ne le dist qui a preudōme ne se tenist, ꝗ le siert tellemēt par le museau quil lui couppe tout, ꝗ il se voulut lācier a lui mes il ne peut pour lescu quil tenoit aux ongles. Et hector lui court sus ꝗ lui couppe la teste ꝗ trenche tant des ongles quil tint en lescu. Et lors va a sa dame. Et quāt elle le vist venir, si dist ꝗ bien seust il venu. Et il respont ꝗ bonne auāture lui doint dieu puis treche vne chaine dont elle estoit lyee ꝗ puis lemaine hors de la caue la ou les gens la etēdoiēt. Et quāt ilz virent leur dame si lui firent moult grāt ioie, ꝗ a hector aussi puis les menerent au mōstier pour rendre graces a dieu de lonneur quil lui auoit fait. Et quant ilz furent issus du monstier si virent venir les gēs de la ville qui venoient a eulx pour leur faire ioie, si carollent ꝗ dāsent ꝗ deduisēt de tous ieux quilz scauēt. Et la ou ilz voiēt hector si lui diēt Bien vienne la fleur de cheualerie. A telle ioie menerēt hector en la maistresse salle. Quāt ilz sōt venus leās si le desarmēt ꝗ lui apportēt a vestir vne robe de soie doublee de sandal pource ꝗ il faisoit chault. Si se assiet a vne part hector ꝗ la dame. Et hector lui demande comment el a anom. Et elle dit que elle a anom orgueilleuse de grindel, ainsi a anom le chasteau ou ho9 estes. Mais pour dieu sist elle sire de maugart me dictes nouuelles. Est il vray que vous lauez occis. Quest ce fait hector que vous dictes. Ce sist elle le seigneur de ce chasteau. Certes se dist hector il est mort. Et lauez vo9 veu occis. Oy dit il, moy mes lay occis. Eu nom dieu dit elle benoites soient les mains ꝗ loccirēt ꝗ vous soiez benoit sur tous hommes. Et loe soit dieu qui ceste part vous a amene. car vo9 mauez mis la plus grāt ioie au cueur qui oncques y seust, car vous mauez vengiee de lomme du monde qui plus de honte me a faicte pour neant, si le vous diray maintenant

G iiii

Il fut vray quil me ama mo̅lt quant ie estoie pucelle et me reqͥst damours, mes ie le se̅toie si fello̅ que ie ne lamasse pour rie̅s il me requist par plusieurs fops, et me fist requerir par aultres, et me envoioit p̅ plusieurs iours querir par ung sien frere, si me ennuyrent tant ses parolles que ie diz que ie le feroie mettre en mal aise se il ne me laissoit ester. Et cellup fut fellon et orgueilleux si me dist gra̅t villenie deua̅t mes gens, et quant ung mien cousin ouyt ce q̅l disoit, si en fut mo̅lt courouchie, et feist puys tant quil occhit son frere en ceste ville.

Quant maugart le roup ouyt ces nouuelles de son frere, si en fut mo̅lt courouchie et mada cheualiers et sergas tout ce quil en pouoit auoir et entra cea̅s luy et sa co̅pagnie, et fist occhire tous ceulx q̅l trouua, q̅ ses ho̅mes ne voulloie̅t venir q̅ laissa viure tous ceulx qui a luy se allierent, et puys vint a la cha̅bre ou iestoie si geust auec moy a force. Et qua̅t il eust ce fait ne me daigna pre̅dre a fe̅me: mes fist cherser deux iontes lyons, et me fist mettre en celle caue ou vo̅ me trouuastes et les .ii. lyons auec moy, et me dist q̅ en venga̅ce de son frere ie ne seroie iames hors de lea̅s deua̅t q̅ ung cheualier men iecteroit par force, et ainsi le fist iurer a ceulx de ce chastel et que sil mouroit deua̅t moy il ne me̅ osteroie̅t aultreme̅t, si y ay demoure en telle maniere, et en ceste doulsseur plus de .pii. ans, q̅ oncques ne me̅gay fors pain et eaue, si vo̅ ay co̅pte la maniere co̅ment ie feuz mise la ou vous me trouuastes, si vo̅ prie q̅ vous me dies vostre no̅, et qui vous estes car mo̅lt le desire a sauoir, et il dist quil a anom hector, et quil est de la maison du roy artus co̅paigno̅ de la table ronde. Voire fist elle vous soyes le bien venu puys q̅ vous estes de la maison du roy artus Or cuide ie bie̅ que vo̅ me dires nouuelles de ung cheualier q̅ en est aussi, co̅ment a il nom fait hector il a a no̅ dist elle lancelot du lac. Par ma foy dist hector de luy ne vo̅ scairoye ie pas bien asse̅ter, car en court ne en scait le̅ riens. Ains so̅mes meuz plus de .piii. cheualiers q̅ iames ne retournero̅s acourt ta̅t q̅ no̅ en ayons ouye vraies nouuelles sil est mort ou vif. Beau sire fist elle ou est il donques, et

il luy co̅pte tout ai̅si les nouuelles co̅me̅t la royne les auoit dictes a la court, et qua̅t elle le sceust si se pasme puis dist. Haa q̅l do̅mage sil est mort iames aussi preudome ne mourra Et hector luy dema̅de de quoy elle le cognoit Sire fait elle ie le cognois bie̅ de veue, et sy est mo̅ cousin germain, et ma sy ta̅t compte de luy en la prison ou ie estoye que ie sauoie bie̅ quil estoit vif, et pour la gra̅t prouesse q̅ estoit en luy ie lamoie plus que tous les ho̅mes du mo̅de. Co̅ment le bo̅ disoit le̅ fist hector on ne pouoit parler a vous fors pmy les lyons: si pouoit fist elle, car il y auoit vne aultre entree par ou ceulx venoient q̅ me apportoie̅t a me̅gier. Co̅ment fit hector pouoit il estre vre cousin, par ma foy fist elle vo̅ dirai ie bien Ma dame de mere fut seur au roy Ban de Benoic son pere, si la maria en ceste terre, mes elle ne vesquit pas longueme̅t, car elle mourut dedens les .ii. ans quelle y vint. Et apres sa mort ne vesquist mo̅ pere q̅ ung an. Et par ce perdis ie toute ma terre fors ce chastel, si eusses ie este asses riche se mon pere eust vescu: et asses haulte dame. Mo̅lt fire̅t la nupt gra̅t ioye tous ceulx du chastel. Celle nupt fut hector bien aise, et au matin si tost q̅ le iour apparust si se leua et se appareilla et se arma apres ce quil eust ouye la messe, puys se partist de lea̅s et se mist en son chemin tout ainsi co̅me̅t il auoit fait le iour de deua̅t. Mes a tant lesse ore le compte a parler de luy et de la damoyselle et retourne a parler de mo̅sieur yuain.

Co̅ment messire yuain fist rendre a la damoyselle son espreuier et co̅e il demoura malade a la chappelle du mont. C.pi.

Le co̅pte dist q̅ quat mo̅sieur yuai̅ se fut pti de ses o̅paignos: il erra iiii. iours entiers sa̅s aduature trouuer, au .v. il vint vers vne forest: et encontre sur ung palefroy vne damoyselle q̅ cheuau choit toute seulle, il la sallue et elle luy. mes ta̅tost co̅e elle se apperchoit, si co̅me̅ce a rire: et il se pense q̅ pour neant ne auoit elle pas rie̅, Si luy dist mo̅sieur yuain damoyselle p̅ la rien̅s au mo̅de q̅ vous plus ames dictes moy pour quoy vo̅ ries/ ie le vo̅ diray fait elle se vo̅ me do̅nes ung don, certes fait il voulle̅tiers. la damoyselle luy dit. ie passoie p̅ deuant ung paueillon qui est en ceste forest. Si y auoit ung cheualier a armie ie me arrestay si oup q̃ la damoiselle lui demanda combien il seroit pour elle en ung iour. Et il lui dit quil ne passeroit huy par deuant son paueillon cheualier ne damoiselle de q̃ il ne lui donnast le cheual. Et elle lui dit q̃ ce uouloit elle bien, et ainsi q̃ ie passoie oultre il saillist auãt et me uoulsut oster mon cheual et le meust tollu se neust este la damoiselle: car elle commãda qu̇l se me rendist Et quant ie men partie ie dis au cheualier q̃ tel pourra uenir illec qui se fera menteur. Et il me dist q̃ ie en feisse tout mon pouoir. Si men partis atant et si tost cõme ie uo' cor gneuz si commeca a rire pource q̃ ie sauoie bien que uous se feriez mesogier. et cest la cause pour quoy ie rioie. Et sauez uous quel don ie uo' s demãde. cest q̃ uous me donnez son cheual pour se mien qu̇l me uoulsut tollir. Et il lui dist quil en feroit son pouoir. Et elle dit q̃ donc retournera elle et se menera ou est le cheualier. Sauez uous bien dit messire puain q̃ ie suis. Oy dit elle. uous estes de la maison du roy artus et compaignon de sa table ronde et auez nom messire puain le filz au roy urien. Et il se teust que mot ne dit. Ainsi s'en uont par lant tant quilz uiennent en la forest/ et la damoiselle lui monstre le paueillon ou est le cheualier. et le cheualier sault hors du paueillon son heaume en sa teste et alloigne le glaiue et se met celle part ou messire puain estoit. Si dit a messire puain de tãt loingz comme il le uoit. Sire cheualier il uous conuient a ser a pie car mamie ueult uostre cheual. Beau sire dit mõ seigneur puain sil conuient q̃ elle ait mon cheual il couient q̃ ie aie le uostre car a pie ne me iroie ie pas. Il se uous conuient baillier: ou a moy combatre fait le cheualier, et lors si le aurai ie, et si ne uo' en sauray ia gre ne elle aussi. Par ma foy fait messire puain de son gre et du uostre me passeray ie bien. uiestes fol de cuider que ie uous rende mon cheual sãs coup ferir Or estes uous donc uenu a la bataille dit le cheualier. car autrement ne peut estre. Lors se esloignent lun de lautre et se meuuẽt si tost comme les cheuaulx peuẽt aller. Le cheualier fiert monseigneur puain si durement quil lui fent son escu et la lance uolle en pieces. Et mõ

seigneur puain qui portoit sa lance basse se fiert si que parmi lescu et le haubert lui met sa lance parmi le coste senestre et lempaint si bien q̃l le porte du cheual a terre puis retire son glaiue q̃ nestoit pas encores brise et iecte les rnais a la resgne du cheual si le prent et le donne a la damoiselle q̃ auec lui estoit uenue et lui dist. Tenez damoiselle suis ie bien a uous quicte Oy sire fait elle, or uous commãde ie a dieu. Si s'en va maintenant et laisse celle du paueillon qui trop grant deul faisoit de son amy: car se cuide bien uraiement quil en meure Et messire puain rentre en son chemin Si erra iusq̃ a uespres et lors est issu de la forest. Et puis a encontre une damoiselle grant deul faisãt. Et monseigñr puain lui demande pour quoy elle ploure. Par dieu fait elle pource q̃ mon amy mauoit donne le plus beau espreuier a garder du monde, et ainsi q̃ ie passoie par deuãt une loge gallesche il saillist ung cheualier hors q̃ se me osta et pource q̃ mon ami laymoit il cuidera mieulx que ie laie donne q̃l me ait este tollu si men saura malgre. Et cest la cause de mõ deul.

Damoiselle fait messire puain retournez et me monstrez celui qui a uostre oiseau et ie uous promets q̃ ie le uous rendray ou ie serap tel corroie q̃ ie ne pourray aider moy ne autre. Haa sire fait la damoiselle de dieu soiez uous benit. Et maintenãt retourne la damoiselle et emmaine monseigneur puain tout le chemin que elle estoit uenue tant quilz uiennent en une ballee. Lors lui monstre la damoiselle la loge du cheualier de quoy elle se plaist. Uenez auant fait messire puain: et se uous uoiez uostre espuier si le prenez et pour nul ne le lessez se lespreuier ny est si monstrez le cheualier qui le uous a oste et le le uous seray amener a uostre uoulente Sire fist elle de dieu soiez uo' benit mais ie aymeroie mieulx q̃ uous me le fissez auoir par paix que par guerre Par dieu fait messire puain se ie ne le puis auoir par debonnairete si lauray ie par guerre. Lors s'ontentrez cedens la loge Monseigneur puain ne salue point ceulx de leans ains parle si hault q̃ tous le peurent bien ouir: et dit. uenez auant damoiselle et prenez uostre espreuier se uous le pouez ceans ueoir et lepportez adroit/ ainsi comme a tort on le vous auoit tollu. sire fist elle vous len tiers/ et elle vient a vne perche ou il estoit et luy deslie les gietz et le voulloit emporter/ quãt vng cheualier sault auant qui lui dist da moyselle suyes/ car par mõ chief vous ne les porteres point: et se vous voulles auoir vng oysel si enqueres vng aultre/ car a cestuy aues failli. Lessies luy dans cheualier fist messire puain/ ou vous vedries tart au repentir. Cõ ment fist le cheualier le voulles vo᷑ deffendre. ce verres vo᷑ par tẽps dist messire puain/ car elle lemportera malgre vous/ et cestuy iette tantost la main pour luy tollir. Et mõsieur puain luy dist quil se traie ariere. voire fist cel luy: par mõ chief mal le distes. Lors court a son heaulme et le mect en sa teste/ (il estoit ar me de toutes armes. Maintenãt sault sur son cheual puys dist a mõsieur puain quil se gar de de luy/ si luy lesse courre et monsieur puai a luy. Si sentre donnent si grans coups sur leurs escus quilz les font fendre et percher/ et les haubers desmailler et derõpre/ si entrent es chars nues les fers des glaiues/ puys sen treheurtẽt des corps et des visaiges tant quilz sentreportent a terre/ monsieur p. estoit naure en lespaulle/ et le cheualier estoit feru parmy le corps si quil nauoit puissance de soy releuer Et mõsieur puai se redreche a tout le tronchõ quil auoit parmi sespaulle si traict lespee et se appareille de assaillir le cheualier/ et il voit quil ne se remue lors lui court sus et luy arra che le heaulme de la teste et dist quil luy coup pera sil ne se rent. Et cestuy qui estoit blechie luy crie mercy en disant. Haa franc cheualier ne me occhie pas ains me lesse viure sil te plait tant q᷑ iaie mon saulueur recheu car ie scay biẽ que ie suys naure a mort/ si te prie q᷑ tu voises cy pres dessus ce tertre querir vng hõme prestre hermite si luy dictes quil apporte auec luy le corpus domini. Et monsieur p. sen va querir lermite/ et quãt il fut reuenu il treuue vng es cuyer et vne damoiselle q᷑ estoit ampres du che ualier/ qui faisoit le gregneur deul du monde Et quãt le cheualier fut cõfesse sen le mist en sa loge/ et mõsieur puain sen va auec lermite tout a pie/ car a cheual ne allast il pas. de ses si hault hõme ne empres si hault sainctuaire cõ ment nostre saulueur. Quant il furẽt venus

a lermitage q᷑ len apelloit lermitage du mõt si desarment mõsieur puain. iii. des freres de leans/ et il y en auoit vng qui asses sauoit de playes guerir/ si sentremist de messire puain le quel demoura .vii. iours leãs aincois quil peut cheuaucher. Mes a tãt se taict ores le cõ pte de luy/ et parle de mordret le plus ione fre re de monsieur gauuain.

Cõment mordret se partist de ses compai gnons et cõme le cõpte deuise la facon de mõ sieur gau. et de ses freres. C.vii.

Le compte dist q᷑ quant mordret fut parti de ses cõpaignons quil erra toute iour sans boire ne sans men ger si luy fit moult grant mal pour ce quil fai soit grant chault. Et il ne auoit pas apprins a souffrir trauail/ car il estoit encore ione cõme de laage de .xx. ans/ il estoit grant cheualier long et gresle/ si ost les cheueulx crespes et blãs et beau visaige se il neust la regardeure si fel lonnesse cõme il auoit/ et de ce ne ressembloit il pas a mõsieur gau. son frere/ car monsieur gauuain auoit la chiere simple: et la regardeu re pituse/ et il est voir q᷑ monsieur gau. estoit le plus bel hõme de tous ses freres et le plus grant de corps/ la fachon de ses freres si vo᷑ vueil deuiser ainsy cõme le compte se nous de uise. Il est verite que mõsieur gau. fust le pl᷑ bel de to᷑ ses freres et le mieulx taille de corps et de tous membres. Il estoit de belle estature. Il fut le plus cheualereux de tous ses freres: et nõ pour tant sy stoire racõpte q᷑ gaheriet son frere souffrist pres de autãt de fais de armes cõme il fist/ mes il ny mist oncques sy grant cure cõme mõsieur gau. et pour ce ne fut il mpe si renõme. Et non pour tãt la chose qui plus mist monsieur gau. en renõmee/ ce fu ce quil ama poures gens/ et fist vous tiers biẽ aux meschaus plus que a aultre gens/ de cheuale rie il y auoit asses de meilleurs cheualiers en la maison du roy artus tant cõme allaine seur duroit/ ce ne feussẽt deux coustumes q᷑ auoit car toutes les heures du iour sa force luy dou bloit par quoy nul cheualier ne ponoit venir au dessus de luy/ et sa coustume estoit telle q᷑ se il cõbatoit a vng cheualier il fut mort ain cois tout froit quil nen fut venu au dessus. Monsieur gau. fut beau cheualier de son grãt et fut tousiours loyal sers son seigneur/il ne fut pas mesdisāt ne enuieup. il ful tousiours plus courtois que nul de leans. et pour sa courtoisie laymerent plus dames et damoiselles q̄ pour sa cheualerie. il ne fut pas hāteur de chose quil entreprenist. Laisne apres fut agrauaī orgueilleup. Il fut assez de grādeur de corps a messire gauuain et bon cheualier mais trop orgueilleup estoit. Il fut sans pitie et sans amour ne il neust oncques bōne grace fors q̄ de cheualerie et debeaute et sa langue eut il a deliure. Le tiers eut nō gaheriet. celui fut le plus gracieup detous ses freres. celui fut preup de cheualerie: beau: legier: et grāt. et eut le brae de estre plus grant que lautre. Celui fut assez de haulte proesse ne oncques ne dist nulle uillaine parolle se force ne lui faisoit dire. Il fut le pl̄ doulp de tous ses freres et le plus despiteup quāt il se sourprenoit. Le quart eut nom gueresche. Celui fut bon cheualier: preup et entrepernant. Il ne fina oncques de querre auāturees. il fut fort de tous mēbres et eut beau chief a merueilles. Il se tint plus cointemēt q̄ nulz des autres. il eut si longue alaine q̄ trop pouoit endurer trauail et nōobstant de sa prouesse de monseigneur gauuain ne fut il pas. il fut amoureup de dames il fist assez de bien tāt cōme il besquist. et fut celui q̄ mōseigneur gauuain aima mieulp de tous ses freres. Le plus iēne eut nom mordret. Celui fut greigneur q̄ nul des autres et fut pire cheualier/ mais assez auoit de hardiesse a plus de mal faire q̄ de bien. et nonobstant il fist de beaulp coups. Il estoit assez beau cheualier, fort, et hardi. celui ne fist oncques bien fors les deux premiers ans quil porta armes. et nompourtant il commenca bien cheualerie mais il ne la maintint pas longuement. Telz furent messire gauuain et ses freres cōme ie uous ay dit. Si men tairay et reuendray a ma matiere.

Q̄uant mordret se fut party de ses compaignons il cheuaucha toute iour tāt q̄ au soir uint chiez une ieune dame deu sue. Il fut celle nuit moult aise et bien hebergie: et au matin sen reuist et se remist en son chemin et erra iusq̄s a midy. Lors uist pres de une forest decoste lui en ung chemin deup moult riches paueillons tendus: et alentree de lun y auoit ung cheual tout selle et une lance dressiee. si y pendoit ung escu tout blanc. Mordret uit cele part Et quant il fut pres des paueillons si sault de dessoubz ung ourme ung nain qui tenoit ung arc tendu: et auoit sa flesche mise en la corde/ et auisa tout droit pour traire a mordret et sans mot dire laisse la saiecte aler et fiert le cheual parmi la teste tant quil cheut a terre Quant mordret se uit apie si court au cheual qui estoit deuant le paueillon et monte sus/ et puis uient au nain et lui dist q̄ mal occist son cheual. Si saert par les cheueulp et le traine decoste lui et dit q̄ petit sen fault quil ne le pēt a ung arbre. Quāt le nain se sētist si mal mene si cria tant q̄ du paueillon issist ung cheualier tout desarme et quātil uoit mordret q̄ trainne son nain il dit a mordret. Quest ce sire cheualier: q̄ demādez uous a mon nain. Ie lui demāde fist mordret q̄ par ung petit que ie ne le pēd car il a mon cheual occis. Par mon chief fist le cheualier se uous ne le laissez/ uous le comperrez du corps. Uous pourriez tant parler dit mordret q̄ ie me prēdroie a uous de la hōte quil ma faicte. Et celui dit quil le ueult bien Mordret laisse le nai et court sus au cheualier et dist q̄ sil nestoit desarme quil lui couppast la teste: Ie me armeray dit le cheualier et lors en ferez uostre pouoir. Lors ētre au paueillon si se arme/ et quantil eust son heaume lace et monta sur ung cheual si print son escu et sa lāce et dit a mordret. Sire cheualier or prouez faire uostre pouoir de moy coupper la teste car si comme ie cuide uous naurez iamais talent de nain combatre quant uous eschapperez. Maintenant laisse courre lun contre lautre et sentredōnent si grans coups sur les escus q̄ se les lances ne feussent rompues ilz se feussēt ētreabatus Si sentreheurtent du corps et du uisage: si quilz sont tous estōnez mais lun ne lautre ne cheut Ilz traient les espees si sentrecourent sus et se fōt le sang saillir du corps. Le cheualier est tel actourne quil ne peut plus souffrir Si guenchist tant comme il peut. et mordret le fiert de lespee si quil lui met iusques a la ceruelle et il chiet mort. Quant le nain uoit ce il sen fuit en la forest, car il craignoit q̄ mordret ne loccist mais il nen a talēt ais sen ua le droit chemin tant que uint a uespres. Lors regarda empries lup et voit vng pauillon tendu empres vne fontaine/ il tourne celle part. Et quant il vint a lup il entre dedens et treuue vne damopselle qui se gisoit dedens vng lpt couuert dvne toute poincte vermieille.

Il deschent maintenant et puys atache son cheual/ sp sallue la damopselle et elle lup dist q̃ bonne aduãture lup doint dieu damoiselle fit mordret me pourries vo⁹ enupt herbeger. Oup fit elle se ie ne cuidoie estre blamee/ et qui vous en blasmeroit fist il. Sire ce seroit mõ amp qui est en celle forest et il vendra tantost/ damopselle fist il herberges mop par tel couenant que ie me irap quãt il vẽdra sil ne lup plaist que ie demeure/ et elle lup octrope. Et mordret oste son heaulme. la damoiselle le vist ione cheualier et bel/ si le regarde voullentiers. et il la vist de grande beaulte et ione damoiselle/ si la requist damoure: et elle ne scait que dire/ mes dist quelle nestoit pas si garchoniere quelle se donnast a deup et nõ pour tãt tant la pria mordret q̃ lle si cõsentist et ilz furent seul a seul et ny auoit riene q̃ leur nupsist/ il se iouerent cõmunemẽt et fist lup sa voullente de saultre et furent emsẽble tant cõme il leur pleust. puys vint leans lamp a la damopselle. et quãt il voit mordret si le salue mõlt courtoisemẽt. Sire fist la damopselle ce cheualier est ceans herbegie par couenãt qĩl sen ira sil ne vo⁹ plaist quil demeure. Certes fist il damopselle ce cheualier vueil ie bien quil soit herbegie et bien soit il venu/ lors dist a mordret quil se siesse empres lup. puis lup demãde qui il est/ et il dist quil estoit de la maison du rop artus frere mõsieur gau. et ap anom mordret/ lors lup fist le cheualier la greigneur ioie du mõde: et lup dist. Sire vo⁹ aues vng frere pour qui ie vous seruiroie tousiours/ car cest lõme du mõde qui plus a fait pour mop/ sire fist mordret le quel est ce. Cest fist il gaheriel. Si vous diz bien q̃ cest le meilleur cheualier que ie õcques accointasse/ et pour lamour de lup vueil ie q̃ de mop et de mes choses sachies a vostre voulẽte/ et mordret len mercpe mõlt Lors entrent leãs deup cheualiers et vng garchon a pie q̃ apportoit vng cheurel trousse sur son col/ et ceulp de leans appareillẽt a mẽger Quant ilz feurẽt appareille sp firent mettre les tables et se assirẽt a mẽger emsẽble. Apres menger ilz se allerẽt esbatre en la forest le cheualier son hoste et la damopselle. Et ilz vindrent soulz vng oliuier si se eslõgna vng pou le cheualier de eulp/ et la damopselle demoura auec mordret/ et lup dit q̃ elle vint le vespre coucher auec lup. sire fait elle ie ne le pouroie faire/ car il me cõuiendra coucher auec mon amp/ ie vous dirap fait mordret cõment vous p pourres bien venir/ or le dictes fait elle. vo⁹ vous coucheres dist il auec lup/ et quant vo⁹ cuideres quil soit endormp si vous leues et venes coucher en mõ lpt/ et ainsi le pourres faire que ia mot nen saura. Sire fait elle et sil se esueilloit q̃ cuides vo⁹ q̃ il fist/ si maist dieu fist elle il occhiroit et vous et mop. Ie crop fit il quil ne se esuicillera pas/ et se il se leuoit/ sp vous garantiroie ie bien encõtre lup sil auoit telz deup cheualiers cõment il est. Tant dist mordret que celle lup octroie et il en est mõlt ioieup. Et lors reuint le cheualier de la ou il estoit alle si en ramaine mordret dedens son pauillon. Quãt ilz vindrẽt la si trouuerẽt les cheualiers faisans vne loge de branches et de arbres pour gesir dedens. Les litz furẽt appareilles si coucha lenle cheualier et samie auec lup/ et mordret coucha sen apart sop. et les escupers geurẽt en la loge. Grant pieche apres quilz furẽt couchies se leuala damopselle de empres son amp/ car bien cuida qĩl se dormist et si faisoit il sans faille/ puis sen va coucher auec mordret qui ne dormoit pas/ car mõlt lui tardoit sa venue.

Quãt ilz furent couchies ẽsemble/ si se firent monlt grãt ioie telle cõment il appartient a gens qui mainent telle vie/ sen veoit cler au pauillon car. ii. siergres p ardoiẽt et la damopselle auoit õblie a les destaindre Quant ilz eurent grant pieche ioue ẽsemble si se esueilla lamp a la damopselle/ et taste decoste lup. car trouuer la cuidoit. Et quãt il ne la treuue point si est si courrouchie q̃ il art de ire/ et pense bien quelle est couchie auec mordret lors ist hastiuemẽt de son lpt prẽt ses armes et ainsi cõment il vestoit son haubert il sõna: et mordret se resueilla q̃ estoit endormp/ et quãt il vit le cheualier qui se apparcilloit/ si va la ou il auoit ses armes lessiees si vest son hau-

bert et met son heaume en sa teste ainsi q̄ le che
ualier eust face se sien. Et quant il voit mor-
driet si lui escrie Haa mauuais cheualier et des
loyal ia ce ne vous garātira q̄ vous ne mour-
rez comme traitre et menteur qui disiez q̄ mon
seigneur gauuain estoit vostre frere, mais se
vous lestiez la ceste desloyaute neussez faicte
vers moy. vous estes vng ribault qui allez
par le pais comme cheualier puis il dit a mor-
driet. Je vous ay fait en mon hostel tant de hō
neur comme iay peu, et vous mauez faicte la
greigneure honte q̄ vous me pouiez faire. Et
pource ie vueil q̄ vous sachiez q̄ ie ne vous as-
seure q̄ de la mort. Lors lui donne tel coup de
espee parmi le heaume q̄l lui fait entrer dedēs
plus de deux doies. Et mordriet lui donne le
greigneur coup quil peut ramener des bras si
sentredōmagent tāt quil ny a celui q̄ ne soit
las, mais mordriet a le plus beau de la batail-
le si maine le cheualier la ou il veult. Tāt a
fait q̄ dessoubz sui le tient. Lors lui oste le he-
aume de la teste et dit quil loccira sil ne se tiēt
pour oultre a faire sa volēte. Et le cheualier
lui promet maintenant et mordriet lui dit quil
lui pardōnera son maltalent et il lui accorde.
Encores vueil ie dit mordriet q̄ tu me fiances q̄
tu pardōneras ton maltalent a la damoisel-
le. Et celui dit q̄ si fera il puis q̄l le veult ain-
si. mais de tant trespassa le cheualier son cō-
mandement: car oncques puis ne peut la da-
moiselle aymer pour chose q̄ auenist. Au ma-
tin se partist de leans mordriet et mōta sur son
cheual. Quant mordriet fut monte si se part
du cheualier et de la damoiselle et se met en son
chemin. Mais atāt sen taist le compte et retour-
ne a parler de son frere agrauain.

¶ Comment agrauain se combatist contre
diuas au tertre aux chetifz et loccist. et comme
son haultesse frere a diuas conquist messire a-
grauain et le mist en prison.   C.piii.

Oy endroit dist le compte q̄ quant a-
grauain se fut parti de ses compai-
gnons sicomme vous auez ouy il
erra deux iournees sans auanture trouuer et en
tous les lieux ou il venoit demādoit nouuel-
les de lancelot, mais oncques en lieu ou il venist
nen peut riens sauoir. Il erra en telle maniere
toute vne sepmaine etiere. Au septiesme iour

se dit listoire il se leua moult matin de chieup
vng forestier la ou il auoit geu la nuit. il erra
toute matinee. et apres tierce en regardant de-
uant lui vist vng tertre moult grant et moult
hault. lors cheuacha celle part. Quant il fut
au pie dessoubz si trouua vne belle saussoie
verte et plaine darbresseaulx. Il regarde celle
part et voit vng pauillon de sandal vermeil
a fleurs et a lyons. Dessoubz auoit vng pom-
meau dor soubtillement ouuré a vng serpen-
teau vollant. Quant il voit le pauillon il
pense q̄ sans gens nest il pas. Si lui vient ta-
lent de y aller pour sauoir qui y est.

L Ors tourne celle part. et quant il est
venu iusques la il treuue vne biere
moult bien apointee. Entour auoit huit cier-
ges et quatre encensiers dargent: et deux croix
qui nestoient pas grammēt riches: car il ny a-
uoit or ne pierres precieuses. Empres la biere
seoit vng cheualier qui auoit le visage bendé
en quatre lieux pour quatre plaies quil auoit
et empres lui auoit vne damoiselle tāt esplou-
ree q̄ elle ne pouoit mot dire. Agrauain ēte de
dēs et salue le cheualier puis lui dit. Sire che-
ualier dieu vous doint ioie car il mest auis q̄
vous en auez bien mestier. Haa sire cheualier
dit il de moy dōner ioie ne vous conuiēt il ia
prier dieu: se seroit peine perdue. il nest rieus q̄
en mon cueur peust ioie mettre fors dieu: car ie
perdiz ersoir toute ioie quāt ie viz occire ce che-
ualier q̄ icy gist. Sire dit agrauain ie vous
prie q̄ vous me diez qui loccist. et pour quoy il
fut occiz: et ie vous promés q̄ ie vous vēgeray
a mon pouoir de celui qui loccist: se cest homme
a qui ie me doiue combatre et le vous feray a-
mēder si haultement que nul qui raison entē-
de ne men pourra blasmer. Sire fait le cheua-
lier dōc le vous diray ie, mais bien sachez q̄ se
vous voullez faire ce q̄ vous auez dit vous
ny gaignerez nō plus que a fait cestui qui cui-
doit vng autre vengier. Voire est que ce cheua-
lier qui icy gist fut mon frere et fut tenu pour
vng des meilleurs cheualiers du royaume de
logres. Si auint q̄l se esmeust auāt hier pour
aller en la court du roy artus a qui il auoit a
parler de vne sienne besongne, si vint iusques
a ce tertre: lequel a nom le tertre aux chetifz: et a
droit est il ainsi appellé: car nul ny vient qui

ny soit occhis. Quant il fut venu iusques au tertre ç ie stoie auec luy: si trouuasmes duras le fellon qui occhit mon frere ainç quil peult estre arme, et moy mesmes naura il ainsi comment vous poues voir et meust occhis se ie ne men feussee a soup moy et ceste damoyselle. Beau sire fait agrauain, or me dictes qui apporta cy cest corps. Sire fist il ung sien sergant pour ce q̃ cest cy le pauillon a ceulx quil occhist lassus, car icy sont ilz enseuellis. Certes fist agrauain trop est cest cheualier cruel qui pour sa voye de son tertre occhist ainsi les cheualiers trespassans, et ia dieu ne maist se iamais fineray deuant q̃ ie y soie, et se ie le treuue ie me combatray tant a luy q̃ ie l'occhiray ou luy moy. Or vous y doint dieu fist cellup plus grant ioye que ie ny ay eu. Et toutesfoys pour ce que nous ne sauons coment il vous poura tourner de la bataille, ie vous diz q̃ ce il aduenoit en aucune maniere que dieu vous en donnast la victoire, que vous vous gardissies bien de sonner ung cor de puis que vous l'erres porter a ung napin. Pour quoy seigneur fait agrauain quel peril y peult il auoir. Par ma foy fit il ie le vous diray. Il est vray q̃ cellup druas a par dela le tertre ung frere cheualier meilleur que luy. Et a en luy tant de prouesse quil na deux cheualiers en tout le monde q̃l ne osast bien assaillir. Si sont ainsi les deux freres establie q̃ se cellup du tertre estoit vaincu que l'autre reuendroit tantost par le son du cor. Ainsy ne y pourroit nul venir quil ney mourust: pour ce se vous diz ie affin que vous vous en gardes, et agrauain dist q̃ sil luy en estoit ainsi aduenu que il en feroit ce q̃ son cuer luy en diroit.

Atant prent congie du cheualier et de la damoyselle et s'en va tout droit vers le tertre, et quant est venu amont il voit pres vne fontaine ung cheualier arme de vnes armes mesparties de blanc et de noir monte sur ung grant destrier, l'escu au col sa lance au poing a ung panoncel vermeil, si vient vers agrauain et luy dist, sans cheualier par quel congie entrastes vous en ce tertre. Par ma foy fait agrauain sil vous en poise si l'amendes quant vous en seres aissies, par mon chief fait il ie le cuide bien amender. gardes vous de moy, car

ie ne vous asseure q̃ de la mort, et moy vous fait agrauain car ie vo⁹ hay plus que cheualier du monde, lors sont les lances baissies et s'entreferent si durement quilz perchent les escus et derompent les mailles des haubers, et se font sentir les glaiues parmy la chair nue iusques au sang. les glaiues volent en pieces et ilz se treheurtent de corps et descus, si s'entreportent a terre si naures quil n'y a cellup qui ne soit en terre, et au releuer mettent les mains au espees et ne font nul semblant quilz soient naures. Si auoit druas le fer parmy le coste le fer du glaiue. Ilz s'entreferent parmy les heaulmes sy grans coups q̃ ilz en font le feu saillir. Ainsy dure la bataille iusques a tierce et n'y a cellup qui n'ait asses perdu de son sang, druas est molt naures si le maine agrauain a sa voulente vne heure auant et l'autre arriere, et cellup q̃ si fieble estoit que plus ne peult cheut en reculant, et agrauain luy sault sur le corps et luy esrache le heaulme de sa teste et luy donne sy grant coup parmy le chief q̃ luy en fait le sang saillir: et luy dist quil se tienne pour oultre, et druas dresce la teste et voit l'espee leuee sur son chief, et non pour tant il est si plain de fellonnie qu'il dist q̃ mieulx veult mourir q̃ merci crier et agrauain luy donne tel coup d'espee qui luy trenche la teste, puis la prent par les cheueux et la pent a l'archon de sa selle il monte a cheual et s'en va au pauillon ou il auoit sa biere laissie, si trouua les freres d'une blance abaie qui vouloient porter le corps enfouir, et agrauain les salue, et la ou il voit le cheualier si luy baille la teste druas et luy dist, sire cheualier v'ecy la teste de cellup qui vostre frere occhist et quant le cheualier la voit si la prent si doulcent que nul plus, et dist. Haa chief maldicte soit lame a qui tu aptins, car tu m'as mis en toutes doulceurs donc mon cuer n'istra iames. apres il mercie agrauain, et dist quil est sien to⁹ les iours de sa vie, puis luy demande son nom et il luy dist quil a a nom agrauain. voire fait le cheualier que vous soies le bien venu pour l'amour de Bre frere mon sieur gau. q̃ me fist ung seruice donc il me souuendra toute ma vie, et sachies q̃ ie le vous guerdonneray ai. ii. ans.

Atant s'en part agrauain du pauillon et erre le chemin du tertre et quant il est

partie

venu amont si voit une damoiselle et ung nain qui faisoient leur deul sur le corps de drvas. Et quant ilz virent venir agrauain si cõgneurẽt bien. Le nain qui tenoit ung cor d'iuire vit a lui et lui dit. Sire cheualier ie diroie que vous feriez hardiement se vous sonniez ce cor. par ma foy dit agrauain se tu le me dõnes ie le sõneray. Tenez donc fait le nain: on verra que vous ferez. Et il prent le cor et le sonne si hault que len le peut bien ouir de plus de une lieue loingz. Ceulx du pais entendent bien que drvas est mort si sen merueissent et dient que celui qui la occis est moult preux. Voire sont les autres mais il nest pas quicte car il se couendra cõbatre a son frere. lequel est quatre fois plus fort que drvas. Ceulx du pais sõt ioieulx a mer ueilles de la mort drvas car il estoit fel et cruel Quant somehault du neuf chastel enten dit le son du cor il sceut bien que son frere estoit mort. si dist quil ne veult plus viure/ sil ne se venge de celui qui la occis. Il sault du lit ou il estoit couchie et demande ses armes. et ung sien filz ieune damoiseau vient a lui et lui dit. Haa sire pour dieu merci que est ce que vous vou lez faire: ia sont deux mois que vo9 ne leuastes du lit et aues este pres de la mort: et huy aues este saigne des deux bras mieulx ne vo9 pour riez occire que de porter armes en ce point. Taiz toy dit il car ie ne laisseroie pour nul homme que ie ne allasse veoir celui qui a mon cueur a mis le deul qui iamais nen istra. et saches que de tant que tu en as dit te scay ie maulgre/ car se mon frere neust homme en son parente que toy et ie feusse mort/ si en deusses tu querre la ven gance. Atant se fait armer et quant il est appa reillie au mieulx quil peut il monte a cheual et met son escu a son col et prent ung glaiue et sen vient tout droit au tertre. Agrauain q̃ enco res regardoit le deul que la dame faisoit si dist au nain sil veult quil face plus. Certes dit le nain assez en auez fait si vous en pouez aller quant il vous plaira. mais de tant soiez seur que onques si doulourouse iournee ne vous auit cõme celle sera ains que nõne soit passee

Des q̃ que le nain dit ne chault a agra uain ains oste le fer du glaiue qui lui estoit entre au coste et se bende et estrait au mi eulx quil peut si prent ung glaiue que estoit dresce a ung arbre et sen part. Quant la damoiselle le voit aller si va apres lui criant et dist. Che ualier qui mon seigneur m'as occis ia dieu ne plaise que tu puisses viure ce iour que tu ne soies occis ou vaincu. De chose que la dame die ne chault a agrauain ains descent du tertre tout bel lement et quãt il est venu au pie du tertre il re garde et voit ung cheualier venir. Si pense a grauain que cest celui dont le frere au cheualier de la biere auoit parle: si se appareille de iou ster et baisse le glaiue et met son escu deuãt son pis et lui adrece la teste de son cheual. et somet hault lui crie quil est mort si lui court sus la lã ce leuee. Agrauain brise sa lance sur lui et som nehault le fiert de si grant force quil lui met la lance parmi la cuisse si porte a terre lui et se cheual. et ainsi quil cuida oultre passer le che ual se heurta a agrauain de tous les quatre pies et cheut si durement quil se brisa le col. et somehault tresbucha et se brisa le bras senestre. apres se pasma de l'angoisse quil sentist mais au chief de piece se resleua et tira son espee et vit a agrauain et il voit quil ne se peut rescuer. som nehault lui desace son heaume pour lui vou loir la teste coupper

A tant vit par auanture une dame par ung sentier estroit. Et quant elle voit les cheualiers armez dont lun vouloit couper la teste si accourt la et descent de son palleffroy et dit a somehault. Sire cheualier par la foy que vous deuez a la chose du monde que vous aymez plus donnez moy ung don. Damoi selle fait il que voulez vous. se ie le puis faire ie le feray. Je ne le vous diray pas fait elle de uãt que vous le me aurez octroie. Et il lui oc troie. Grant merci fait elle. Or sachez dit el le que vous mauez donne ce cheualier tout que te que plus de mal par vous naura. Et sauez vous q̃ vo9 auez gaignie: vo9 en estes rescous de mort car se vous leussez occis nulles fois dieu ne vous peut garantir pour le grant lignage dont il est. Qui est il donc fait somehault. Il est dit elle nepueu au roy artus et frere de mes sire gauuain: cest appelle agrauain l'orguei lleux. Dame dit il puis que octroie le vous ay ia par moy ne mourra mais en despit de gauuaĩ le tendray en prison tous les iours de ma vie. pour quoy fait elle haiez vous monseigneur gauuain. pour ce fait il que il occhist mō pere et cestup a occhis mō frere donc ie suys dolēt et pup's quil est ainsi q̄ ie ne pups mettre main a lup pour socchire ie se mettray a ma prison/ si que il nen istra iames. Se vous le faictes ainsi fait la damoyselle grant mal vous en pourroit venir/ car monsieur gau. va querāt lancelot. et sil ost dire que vō ayes cestup emprisonne nul ne vous garātiroit de mort. par ma foy fait somehault cestup tēdray ie en ma prison tant que messire gau. le viēgne querre La damopselle sen part de somehault et il vient amōt le tertre ou il treuue le corps de sō frere tout sēglant la ou agrauain lauoit occhis A tant vient a la tour q̄ diuas auoit fait faire si se fait desarmer car il se treuue deshaitie tāt du bras quil auoit brisie que de la maladie q̄ il auoit eue: que a paine se peult il soustenir si se fait coucher et puis appelle ceulx de seans si leur comāde quilz voisēt querre agrauaī si naure cōme il est et leur dist le lieu ou il lauoit lessie/ et ceulx se partent de seans si trouuent agrauain ou il gesoit encore tout en ferre le cheual sur le corps. ilz le lieuēt de terre et le mainent entre leurs bras iusques au tertre. et quāt ilz sont venus deuāt somehault il comāde quō le mette en prison ainsi naure: et si font il. puys enseuelirēt diuas et lē soupstrēt en vne chapelle q̄ estēs la tour. Quāt il eust fait ce fait si manda somehault les mires/ les quelx se penserēt si bien q̄ deuant quil fut vng moys il fut tout sain gari. Quāt il se sent gari si māde machons de toutes pars et fit clorre le tertre de bons murs fors et haulx que ny eust que vne seule entree et vne issue/ et au pie du tertre la ou lētree estoit il sist faire lettres qui disoient. Ja nul ne soit si hardi que sa sus monte sil ne veult cōbatre a somehault du neuf chastel. Et quant il eust fait ce brief si fist mettre vne croix au pie de la mōtaigne et illec sit enceller le brief. Si lesse le cōpte a parler de lup et retourne a guetesches le frere agrauain.

¶ Cōme guetesches se trouua au tertre a che tifs: a cōe somehault le petit prisonier. C. pliii.

Apres ses compaignōs se departēt de la croix si comme le cōpte a la deuise guetesches le frere monsieur gau. entra en vne forest vieille et anciēne qui auoit pl. lieues de lonc et cinquāte de le si cheuaucha par vng estroit sentier iusques apres nonne: et tant quil vint a vng grant chemin ferre. lors encōtre vng villain q̄ menoit vng asne char gee de busche si le sallue et lup demāde. villain dure mes gaires ceste forest. Et quāt il voit le cheualier arme cil a si grāt paour quil ne lose attendre si senfupt/ et guetesches lup crie villain retourne/ car tu nas garde de mop/ et cil nētent a rien fors a supr/ et quant guetesches voit qil ne veult retourner si lesse aller lasne au villain et sen va. Lors escoute derriere lup si oupst en la forest vng hōme loing de lup qui crioit a haulte voix/ car il auoit grāt besoing de aide/ et il se adresche celle pt si na gaire alle quāt il voit deuant lup vng beau pre et en pce pre auoit iusques a. x. hōmes q̄ tenoiēt vng vieil hōme despoullie en chemise et le vouloi ent occhire. et il leur crioit mercy mes ce ne lui valloit riens. Et quāt il voit le cheualier arme si lup crie. Haa gentil hōme ne me lessee occhire/ car aussi suis ie cheualier cōme tu es a se ie sups occhis la hōte sera tienne. Quātil ost cestup qui mercy lup crie il deffent a ceulx qui se tiēnēt quilz ne mettēt meshup la main a lup et ilz dient q̄ pour lup rien ne ferōt. par mon chief fait guetesches si feres. Lors broche vers eulx si en fiert vng si q̄l lup met le glai ue parmy le corps et locchist. et ses aultres cō mēcent a suyre vers la forest la ou il la voiēt la plus espesse et il voit quilz ses a perdus si se tourne au cheualier. Et quant le cheualier le voit sy se agenouille deuāt lup et lup dit haa gentil cheualier pour dieu menes moy a saus uete car se vous me laissies icy nul ne me garantira de mort car ceulx qui sen sont suys me aurōt tost trouue. Dictes moi fait guetesches que vous voulles q̄ ie face. haa sire ie vo' prie fait il q̄ vous me menes cy empres a vng mien restrect. et il se fait monter derriere lup et lup dist quil lup mōstre quelle part il vouldra aller et il lup monstre. Apres guetesche lup de mande pour quoy ilz le voulloiēt occhire. par ma foy fait il il na gaires plus de. viii. iours q̄ vng mien filz beau damoiseau alloit tirant de vng arc parmy ceste forest. et tant que par mesauanture il naura vne damopselle seur seur qui se alloit iouant par deuāt sa porte de la forest qui cy pres est: ⁊ la damoiselle fut si naurée q̃ elle en est morte ⁊ fut hier enfouie. ⁊ quant ilz virent que leur seur estoit morte ilz deffierent moy ⁊ mon filz. Et le seur voulsiz amender. pource quilz estoient tous mes nepueux: mais ilz dirent quilz nen feroient riens si vindrent hup matin en ma maison ⁊ occirent mon filz deuant moy. Quant ilz eurent fait ilz me prindrent ⁊ pource quilz ne vouloient occire secretement que nul nen sceust mot me auoient ilz cy amené ⁊ me eussent occis se dieu ⁊ vous ne feust qui ceste part vous a amené.

Quant ilz ont vng peu allé ilz virẽt de quãt eulx vne tour haulte: close de bons fossez ⁊ parfons ⁊ les cheualiers descendent si treuuent la porte close ⁊ le seigneur appelle. et vne pucelle sault de leans tout plourant. Et quant elle voit le cheualier si court a lui les bras tendus ⁊ lui dit. Beau doulx pere vous soiez le bien venu/ certes ie cuidoie bien q̃ mes cousins vous eussent occis. par ma foy dit il si eussent ilz se ne feust dieu ⁊ ce franc cheualier q̃ ma rescoux Or conuient belle fille que vous vous peinez de le seruir ⁊ faire bonne chiere cõme celui qui a rescoux vostre pere de mort. Et la damoiselle vint a guereschez si le print au frain ⁊ lui dit quil descende mais il ne veult. par dieu fait il sil feust tempz de hebergier il ne me faulsist pas prier: mais il ne sera en piece huy. Quant il voit q̃ faire se conuient il descẽt car il doubte que sen ne se tenist a villaiñ se plus sen faisoit prier. Il ⁊ se seans ⁊ sergãs saillent pour le desarmer ⁊ le mainent au palais ⁊ lui apportent vng manteau legier pour le chault. Apres issit deune chambre le cheualier que guereschez auoit rescoux ⁊ amena auec lui femme qui moult estoit preude fême. ⁊ des que elle vist guereschez elle se laissa cheoir a ses pies ⁊ lui dit. Haa franc cheualier de dieu soiez vous benoit qui mon seigneur mauez rendu ie vous donne vne telle femme comment ie suis a faire ce q̃ vous plaira: ⁊ tous les biẽs de ceãs. Et lors vint la damoiselle qui la porte auoit ouuerte si bien en point que nulle mieulx elle estoit plaisante ⁊ bien faicte de corps ⁊ tant auoit de beauté quil nauoit si hault homme au monde qui par faulte de beauté la laissast a apmer/ ⁊ dit a guereschez. Sire ie vous deuroie aymer sur toute chose: car vous mauez iecte de la grant doulceur ou ie estoie, ⁊ se ilz eussent mon pere tué a qui vous le tollistes commandez moy ce quil vous plaira car il nest riens dont ie vous escondisse. Tous ceulx de seans font grant ioie a guereschez. ⁊ le sire commande que le mengier soit prest hastiuement. Et quant il fut tempz de soupper le sire fist mettre les tables si se assient au mengier. ⁊ le sire mẽga auec la dame ⁊ guereschez menga auec la pucelle. Apres soupper sen allerent esbatre en vng beau priau Le sire ⁊ la dame estoiẽt dune part ⁊ guereschez ⁊ la pucelle daultre. Si parlerent de maintes choses tant quil la pria damoure. Et elle lui demande qui il est. Et il dit quil est de la maison du roy artus/ ⁊ frere de monseigneur gauuain. Voire fait elle. en nom dieu donc seroie folle se le mettoie mamour en vous/ car trop estes riche homme a aymer si poure damoiselle cõme ie suis mais dictes moy ce que ie vous demãderay. Ouy fait il. Qui est fait elle vng ieune cheualier brunet qui porte vng tel escu. si lui deuise. Comment a il nom fait guereschez. Ie cuide fait elle quil ait nom lancelot du lac. Certes fait il se ie sceusse quil feust vif ie deisse que cestle meilleur cheualier du monde fors seulemẽt gauuain mon frere. mais nous cuidons quil soit mort. De mort fait elle le deffende dieu. se seroit trop grant dommage. Damoiselle dit guereschez le vistes vous onques. Oy fait elle. Et vous semble il estre si beau cõme vous dictes. Certes fait elle a mon escient il est le plus beau que ie vis onques: ⁊ pleust a dieu qu il feust icy aussi sain comment vous estes/ et il me apmast de aussi vraie amour comme ie seroie sui. si maist dieu ie ne le changeroie pour nul dont iaie encores oup parler.

En ce quilz parloient ensemble si ouvrẽt dehors sa porte vng homme qui sen alloit plaingnant ⁊ disoit. Helas que pourroie ie faire quant iay se tout perdu. Haa sire fait guereschez a son hoste allõs veoir que cest/ et ilz issirent hors de leans. Guerrechiers regarde si congneut que cest celui qui lasne menoit: si lui demãde peur quoy il se plaint. Et il dit Ie alloie par la forest sur vng asne ⁊ encõtray vng hõc ie euz paour ⁊ men fuie au plus espres

H.i.

de la forest tant quilz sen fuyrēt a fle. et quant ie reuins a mō āsne si treuue. Bi. seuz q̄ lauoiēt mēgie. ie nauoie aultre aide a mon pain gaigner fors mō asne/ par quoy me fauldra desormees mēdier. Or me dist fait guereschez se tu auoies vng rouciu te vauldroit il autant. Ouy sire fait il ⁊ plus. lors dit guereschez au seigneur de seās, ie suys cellup de quoy il eust paour par quoy il a pdu son asne si vo² prie q̄ vous luy recouurez sa perte/ et le sire dist que si fera il voulentiers/ si luy fait donner vng rouciu fort ⁊ puel. Le villain sen part a tant et mercie moult guereschez ⁊ le seigneur de lostel. Et quāt il fut anuytie le sire mena guereschez coucher a tout grās torches de cire ⁊ demoura empres luy tāt quil fut endormy pois sen partist: si se couchérēt tous par leās. mes enuiron mynupt se leua .i. des sergās pour aller en chābre et quāt il vint hors il trouua .xx. hōes armes qui ia auoiēt la porte brisiee, il sen reuint courant ariere puys vient esueiller son seigneur et luy dist. sire leues vo² tost ⁊ esueilliez voz mesgnie, car ie cuide q̄ nous sōmes trais. Et le sire fut tout esbahi si se lieue ⁊ iette son haubert a son dos et lache son heaulme et fait chādelles allumer. puis vient au lit guereschez si lesueille et luy dist. Sire il vo² cōuient leuer car noz ennemys nous sont venus assaillir ⁊ ont ia brisie sa porte, et pource vous viens ie esueiller qlz ne vo² sourprēnent. Quāt guereschez lentēt il se lieue incōtinēt ⁊ demāde ses armes il prēt son espee ⁊ son escu si vient en la sale/ et le sire de seās auoit fait armer vi s̄ges a. vi. hōmes. guereschez cōmāde q̄ les huys soient ouuers/ et le sire luy octroie puys qlz luy plait les sergās ouurēt les huys/ et maintenāt ilz sent hors tous ēsemble et trouuerēt ceulx q̄ en la court estoient/ et vouloient mettre lescu en vnes loges ses qlles estoiēt par deuers la mestresse salle. ilz lez escriēt ⁊ leur courāt sus ⁊ guereschez trait son espee si en fiert vng si q̄ luy couppe lespaulle ⁊ le coste: ⁊ il recourt sus a vng aultre et dist q̄ tous mourrōt. et le sire de seās si porte moult bien ⁊ tous les aultres.

Longuement dura la meslee si estoiēt en grāt doubte ses quielx valcroient, et de vray ceulx de seās eussēt este desconfis neust este guereschez le q̄l en occhist .iiii. de sa main

et .vi. en naura/ si en prindrent .viii. et les aultres sen fouprent . et guereschez les enchasse et quāt il voit quil ne les peult attaindre il sen retourne arriere/ si cōmēchēt la ioie plus grāde quilz nauoiēt faitsse iour de deuāt, et quāt ilz se sont vne piece iouees si sen revōt couchier/ et le sire de sa maison fait sa porte garder toute la nupt affin qlz ne soiēt sourpris. Lēdemaine q̄ ceulx de leans fussēt leues, ceulx qui seurs amis auoiēt en prison mādērent qlz se roient voulētiers paix. Et quāt le sire de seans le ouyt si dist ql sen conseilleroit. Et lors vient a guereschez qui ia estoit leue et luy donne bon iour/ ⁊ il luy rent son salut. puys dist Beau sire puis q̄ vous mauez ma guerre asfinee il cōuiēt au defrain q̄ vous me cōseilles Cest mon frere et ma seur ⁊ mon nepueu: les quielx me mādent qlz ferōt voulētiers paix se ie vueil, et par vous ie suis au dessus dieu mercy que ie les puis desheriter. si vueilles sauoir que ie ne feray fors ce que me cōseilleres. Certes fait guereschee ilz sont si voz amis q̄ en nulle maniere ne vo² cōseilleroie la guerre a maintenir ⁊ se vng aultre les greuoit si les deueries vo² secourir. pour ce vous loe q̄ vous faches paix auant que me parte de auec vous par dieu sire fait loste vostre conseil est bon et loyal et ie le feray. Lors mande a son frere et a sa seur quilz viennent parler a luy. Et il y sont alles voulentiers si tost quilz voient le messagier. Et quant ilz sont tous assēbles par deuant guereschez si ont tāt les parolles demenees que ilz ont de vne part et daultre a chascun pardonne son maltalent/ et ceulx q̄ estoient en prison ont iure au seigneur de seās que iamais ne ferōt chose qui luy desplaise/ ains luy aideront contre tous hōmes, fors cō tre leur lige seigneur. Et il leur fiance q̄ desormes leur fera amy et les secourra silz en ont besoing. Ainsy est la paix faicte de ceulx qui deuant auoient este mortelz ennemys. Si ont donne bons ostages de vne part ⁊ daultre a ce tenir. Et lors demande guereschee ses armes car il ne peult plus demourer. Et maintenāt luy ōt ses armes apostees, si fui aidēt tāt quil soit du tout arme fors de son heaulme Et lors guereschez regarde sa damoyselle et luy dist. damoiselle vous souuient il de la

partie.

derraine parolle que vous me dictes er soit. si re fait elle oy pourquoy le dictes vous. Je le dis fait il pource que se dieu me donne trouuer celui de qui fut dicte la parolle ie ne laisse ray pour le meilleur chasteau que ait mon oncle le roy artus que ie ne vous en face bon message. Et elle comença a rougir & se repentist de ce quil lui auoit dit.

Tant lace guerrechier son heaume & sen part. Et quant il eust cheuche iusques entour midy il se trouua en vng petit pre moult beau auquel auoit vne fontainne. Il tourne celle part. Et quant il vint pres de la fontaine il trouua trois dames de diuers aages. Lune auoit bien soixante ans lautre quarante & lautre nauoit pas plus de vingtz ans. Elle mengoient ensemble & nauoiēt de tous hommes fors vng nain qui les seruoit. Quāt elles voient venir le cheualier si se lieuent encontre lui & dient quil soit le bien venu aussi a nous besoing de aucun cheualier qui se mist auec nous mengier. Le nain lui apporte de leaue pour lauer ses mains. Et quant il les eust lauez si se assist auecq̄ elles & comēca a mengier & a se tenuoisier. Il regarda la plus ieune qui moult lui sembla belle mais au semblant q̄ elle faisoit il vist bien que elle nestoit pas aise mais les autres estoient assez ioyeuses. Et il se approucha de la ieune & lui demāda dame que pensez vous tant. certes si belle dame & si ieune comme vous estes ne vis pieca qui ne feust plus ioyeuse que vous nestes: et ie ne scay pas se vous estes courroucee de ce que ie me suis embatu auec vous ou dautre chose. Certes de vostre venue dist elle ne me poise il pas ains en suis bien aise mais ie pense a ce q̄ me fait mal au cueur: & si ne se puis amender a ma voulente. Dame dit guerreches se ie sauoie la cause pour quoy vous estes a malaise ie y mettroie tout le bon conseil que ie pourroie mettre. si vous prie que le disez. Sire fait elle voulentiers. Il auint deux ans a que mon pere sire de la breteshe trespassa. Et quāt ma mere me vist orpheline si belle que ie estoie elle eut paour se elle ne me marioit q̄ sen me prinst a force de emblee si en cōseilla a vng nostre seneschal qui moult estoit riche / mais il estoit extrait de villains & par sa richesse lauoit fait

mon pere cheualier Et quant il ouist que ma dame me vouloit marier si dist q̄l me prēdroit voulentiers se elle vouloit & lui promist que il me tendroit en tel honeur que ie auroie tout ce que ie sauroie deuiser ne ia de lui ne seroie ie desdicte.

Tant fist par sa priere q̄ ma dame me octroia a lui malgre moy & malgre mes amis. Quāt il me eut espousee il me tint au commencement bien chiere mais ne demoura gaires quil me comença a dire de villaines parolles. Et sil auenoit que aucun cheualier venist en nostre hostel & ie le regardasse il lui en desplaisoit & me mescreoit de chacun: tāt q̄l auint na pas demi an que lancelot se loga en nostre maison & mon mari lui fist grant chiere pource que tant auoit ouy parler de lui et de sa proesse / & quant nous feusmes assis ie me prins a le regarder pour les grans biens que ie auoie ouy dire de lui. Quant mon mari sen apperceut il dist come tout desue. Dame vo9 auez moult regarde monseigneur lancelot dieu vous aist dictes moy quil vous ensēble. Sire dis ie non feray / car vous men sauriez malgre Non feray fist il vraiement. Donc le vous diray ie puis quil vous plaist. Certes sire il ne me semble pas quil y ait tant de bien en lui come en vous de mal ne quil doiue auoir autāt de honneur comme vous deuriez auoir de honte. De ceste parolle furēt ceulx de seans tous esbahis Quant mon mari peut parler si dist q̄ ie sui frisse ētēdre ce q̄ iauoie dit voulentiers frisse ie. Or regardez toutes les biens q̄ cheualier peut auoir. cest force: hardiesse: beaute: gētillesse debōnairete: courtoisie: sagesse & force dauoir & damis. De toutes ces choses est lancelot bien garny car ie scay biē de proesse a il passe tous cheualiers & hardi est il plus q̄ nul. & plus beau aussi. De gētillesse a il assez car il est de la lignie du roy dauid. et de sa debonnairete scay ie bien que nul ne sen pourroit reprendre. De courtoisie ne vo9 puis ie pas dire quil nen ait aucunefois mespris ne de sa largesse ne vous puis ie dire: car cheualier sans terre et desherite ne peut monstrer comment il seroit large se a richesse venoit. Et quil soit puissant de auoir et de amis me tairay ie car au monde a aucun plus puissāt.

h.ii.

Seconde

Ainsi fault a ce preudomme aucunes des vertus que ie vous ay devisees: mes vne personne ne deffault pas a tous vices, q̃ sont cõtraires a ces vertus, car en vous na hardement ne gẽtillesse, ne courtoisie, ne debonairecte ne largesse. de auoir auec vo⁹ plẽte donc il na point auecq̃s soy. mes a ampes aues vo⁹ failli, donc il a asses, mes pour ce q̃l fault a aucune vertu auoir, vo⁹ ne failliez mie a nul vice. pour ce diz ie q̃l npa en vous nul bien, sy poues scauoir p ceste raison, q̃ qui vous guer dõneroit selon vos merites q̃l vous rendroit plus honte q̃ a luy honneur. si vous ay dist ce que vo⁹ demãdiez. de ceste parolle fut si desues mõ mari: que par vng pop q̃l neissist du sens si le laissa celle nupt que õcques ne tint plait. mes si tost cõme il fut lieu e temps et monseigneur lancelot sen fut alle, il se me reprocha et dist q̃ de ceste parolle ne me occhiroit il pas puys q̃ iure sauoit. mes en telle maniere sen vengeroit q̃ iames auec luy ne seroie cõme espouse. Si me osta mes riches robes, et fit tãt que ie nestoie dame de vng denier vaillãt, ne ne suys escote. si me fit des sois iusques icy mẽgier auec q̃s les varlez de la maison. Et pour ce cõmenchay ores a plourer quãt ie vous viz mẽgier auec q̃s moy. car grãt temps a q̃ chevalier ne mẽga a mõ escuelle. Si maist dieu fist guer eschre mauuaisemẽt vous a tenu cõuenant vre seigneur, et bveu ce q̃ vous me dictes ne vo⁹ en deust il ia sauoir mauuaise gre. si men aues tãt apprins q̃ se ie venoye en lieu ie le prouueroie a desloyal e a pariure. Ainsi q̃lz parloiẽt emsẽble vint la accourãt vng enfãt de saage de .x. ans q̃ dist a sainer des dames. Dame il vo⁹ cõuient venir a lostel, car vng cheualier y est venu q̃ veult a vo⁹ pler Beau filz q̃lles armes porte il, dãe fait il vertes, et ha a sõ escu vng lyon vermeil. Et quãt la dame lost si cõmẽche a faire grãt deul et dit. ha lasse q̃ vecy piteuses nouuelles Haa sire fait elle a guer eschres pour dieu cõseilles moy que ie pourray faire. Dame fist il dictes moy que cest et ie y mettray tout le cõseil q̃ ie pourray. Sire grãt mercy fist elle: a ie vo⁹ diray vray est q̃ ie allope ou en cheuauchãt moy escuyer et moy. si encõtrasmes vng cheualier de ce pays lequel me print, e me dit q̃l me mectroit en

prison, se ie ne luy promettoie a dõner ce quil me demãderoit, ie euz paour, car il me sembloit trop fellon. si veoie ie biẽ que la fouche estoit siẽne, par quoy ie luy fianchay a donner tout ce quil me demãderoit, pour tant q̃ ie en eusse le pouoir. Et il me dist et fist iurer sur sainctz q̃ ma fille qui est la plus belle q̃ l en sa che en cest pays luy dõneroie a sa voulẽte faire de quelle heure q̃l men requeroit. Et ie le doubtay si luy acorday: et men partiz a tãt ne oncq̃s puys ne mẽ requist iusq̃ a maintenãt et si ne scay q̃ faire, car ie aymeroie mieulx q̃l fut trainea la queue de vng cheual, q̃ ma fille fut auec luy. car cest le plus traicte de quoy iames ie ouyssee parler. et si est ey straictdes plus mauuaise villals de ce pays, mes por sa prouesse le conte de lauandon le fist cheualier. Et depuys luy donna sa fille a fẽme. Et il luy en rendist tel guerdõ quil le occhist pour auoir sa terre. Et quãt il en fut saisy, et eust rechcuz les hõmages de tous ceulx qui a luy debuoiẽt estre. si fut vers sa fẽme si cruel q̃ a paine la pouoit il ouyr parler, et la pẽdist a vng arbre pour petit meffait.

Ainsi seruist le desloyal sa fẽme et ie scai bien quil feroit au tant de ma fille, si ne scay q̃ dire fors que ie vouldroie q̃ lle fut morte, car plus tost en obliroie le deul, que ie ne se roie se ce traicte lauoit. Et pour ce ie vo⁹ prie beau sire q̃ vous me cõseilliez Dame fist greresches ie vous diray que ie feray pour vre amour, e pour ces dames q̃ sont ey, et pour la damoyselle q̃ tant est belle donc ce seroit dõmage se elle cheoit en telles mais, ie men iray auecques vo⁹ et oyray ce q̃ le cheualier demãdera. Et se lonce que ie luy oyray dire ie vo⁹ cõseilleray se dieu plaist en telle maniere q̃ la chose ira a vostre voulente Sire fit elle grãt mercis. or vous enuenes doncq̃s, car ie doubte quil ne reporte a fouche ains q̃ no⁹ y soyons venue. Lors se dreche en estant puys lache son heaulme si monte, puys dist a la plus ienne dame. ie vous prie que vous me eseigniez vo stre hostel, car bien sachiez que en nulle maniere ie ne me partiroie de cest pays devãt que ie y eusse este, se trop grant besoing ne me sourdoit. et elle luy enseigne. A tant sentrecommãderent a dieu luy e elle. Et adoncq̃ la vieille

partie.

dame emmaine guereſches auecq̄s elle et tant quilz ſōt venus a vne forte tour ſi appella la dame a la porte. et varletz ſaillēt iuſq̄s a quatre qui la deſcendēt et le cheualier auſſi. Et elle treuue en m̄p la court le cheual de celui de q̄ elle auoit parle a guereſches. Haa ſire dit elle veez cy le cheual de ce traptre q̄ ferap ie. Dame fait il naiez paour mais acquictez vous du couenant q̄ vous auez a lui: et ie vous promets q̄ il ne ſera gaires eſlongnie q̄ ie lui ſerap au deuant et ſil ne me veult rendre voſtre fille ie me combatra p̄ a lui tant q̄ lun de nous deux ſera vaincu. Sire fiſt elle autelle iole vous en doit dieu comme ie vouldroie auoir.

Lois entrerent dedēs ſi trouuerēt le cheualier tout arme lequel dit a ſa dame. Dame ie ſuis cy venu pour le conuenant qui eſt entre vous et mop. or vous en acquictez ainſi que vous deuez faire. Beau ſire fiſt guereſche quel eſt conuenant eſt ce q̄ vous demandez ie vouldroie ſil vous plaiſt q̄ vous le recordiſſiez. Et celui reſpōt orgueilleuſemēt quil nen fera riens. Beau ſire fait ſa dame il eſt vrap q̄ ie vous iurap ſur ſaintes na pas encore vng an que ie vous donneroie ma fille quāt vous la vendriez querre ſi men acquicterap ſi bien q̄ ie ſa vous rendrap orēdroit mais aincois vo' dis ie par deuāt ce cheualier que pour mop de ſter du conuenant vous donnerap ie ceſte tour et tout ce qui lui appēt que vous la me laiſſez marier ſa ou ie vouldrap. Lois ſa regarde ſe cheualier et dit. Queſt ce dame: faictes vous dāgier de me dōner voſtre fille. plus riche hōme ſuis ie que vous neſtes. et ſil vous plaiſt ie faurap: et ſil ne vous plaiſt ſi faurap ie. et bien ſachez que de ceſte parolle que vous auez dite vous en auendra plus de mal que de biē. haa franc homme ſe dit ſa dame ne vous courroucez: ie ne le dis pour nul mal ainſ le dis pource que ſapme tant que ie vouſiſſe biē q̄ iamais ne partiſt de auecq̄s mop. Lois entra en ſa chābre et trouua ſa fille grant deul faiſant. et elle lui dit. Queſt ce belle fille, pour quop faites vous tel deul. pour quop ſaſſe fait elle, vo' mauez nourrie ſi grande comm̄t ie ſuis et en aage de amender et ores men fault aller a ma mort. Belle fille dit la dame vo' deuez eſtre toute aſſeuree car il y a leans vng cheualier q̄

eſt moult preudomme a mon eſcient et ſe celui vous veult emmener il ſe combatra a lui tāt quil loccira Et ceſt vne choſe qui moult vous doit aſſeurer. Dame fait elle ceſt en auanture et pource en ap ie greigneur paour que ie na uoie au parauant. Touteſfois fait la dame vueil ie que vous appareilliez voſtre corps au mieulx que vous pourrez, car tant vous dis ie que plus vous verra le cheualier belle et mieulx ſeante de tant ſera il plus courrouce ſil vous pert. Et ie vouldroie que vous lui feuſſez ia tollue et il deuſt mourir de deul.

Lois pour acomplir la voulēte de ſa dame ſa pucelle ſe appareilla au mieulx que elle peut. Et quant elle fut ſi bien actournee que nulle mieulx ſi vint dehors: elle et la dame. Et elle eſtoit de ſi grant beaute q̄ nulle plus. Quant le cheualier qui leſtoit venue querre la veiſt ſi lui tardoit moult qīl en feuſt ſaiſi. ſi dit. Ma damoiſelle bien viengniez. ertte voir diſoient ceulx qui men diſoient les nouuelles car encores me ſemblez vous plus belle. Si me tien de vous bien pape. Orcomandez voſtre dame a dieu, car ie ne vueil cy plus demourer puis que ie vous ay. Lois lui dit guereſches Sire cheualier ſen cuidez vo' ainſi mener. pour qui la laiſſerap ie fiſt celui pour mop fiſt guereſches car ie laime tant qīl eſt force que vous la me rendez ou ie men combatrap a vous. Moult me auez fort eſmape fiſt celui q̄ de combatre me haſtez ſe vo' eſtiez deux autelz cheualiers comme vous eſtes, ſi lēmentrap ie. Certes ſire cheualier dit guereſches trop en auez dit et pour ceſte parolle vous aſſeure ie q̄ vous ne lēmenerez ia pour pouoir q̄ vous aiez. De ceans ne vous deffēs ie pas pour ſauuer la promeſſe de la dame: mais ſa ſi toſt ne ſerez hors q̄ ie ne vous aſſeure que de ſa mort. Et ceſui dit que ſes menaces priſe il moult petit. Lois appelle la dame et lui dit. Dame acquictez vous vers mop. Et elle dit q̄ ſi fera elle voulētiers. Si lui baille ſa fille et lui dit. Tenez ſire la choſe du mōde q̄ ie aime plus. et dieu men enuoie telle ioie comme ie en actens. et il la prent ſi lēn mercie. Et ſe cheual fut appareillie. Il la print et puis ſa miſt en la ſelle. apīs monta et emmena ſa damoiſelle

h.iii.

Seconde

Et quãt elle voit quelle se part de sa dame: et que elle sen va aueques cellup donc elle cuide bien mourir. Si cõmence a faire trop grant deul. Et se elle est a malaise ẽcore est sa mere asses plus/ si en a si grãt pitie que elle se lesse choir aup pies gueresches et lup crie/ haa gen til cheualier alles apṛs ma fille et la ramenes et ie la vous donne qtte a faire vostre voulẽ te se vous la poues cõquerre. Haa dame feist guereſches leſſiez ce deul/ car se dieu plaist ẽ core en seres vous ioyeuſe. Lors sen part de le ans et va apres le cheualier si a tãt cheuauchie quil attaıt a la vallee de vng tertre/ si lup eſ crie de loing. sire cheualier gardes vous de moy car ie vous deſfṛ/ et cellup dit quil ne lup en chault. si lup tourne la teste du cheual et se a pareille de iouster. Ilz sentrefierẽt ẽes grans alleures des cheuaulp tãt quilz briſent leurs glaiues/ et setreabatẽt les cheuaulp sur leurs corps/ puis ressaillẽt sus si traiẽt les esperes/ et sentredõnent grãs coups. mes guereſches lup iette vng coup si quil lup coupe le poing donc il tenoit son escu. Et quãt cellup se sent ainsi naure si cõmẽce a fouṛ/ car il a grant paour de mourir. Et guereſches le sieut de pṛ si lup donne tel coup quil lup fist le chief vol ler. puis vient a la damopselle si lup dist, da me en ap ie asses fait. oup sire fait elle/ auſſy grant iope vo' doint dieu cõment vous me a ues fait de lup occhire. Or no' en irons damoi selle/ si vous meneroṇ a vostre mere/ car elle men a pṛie mõlt doulcemẽt. Sire fait elle il en est bien en vo' du faire ou du laissier.

Tant remõte guereſches et prẽt sa lan ce et son escu/ si sen retourne tout le che min qʼl estoit venu/ lors regarde la damoisel le si la vist de si grãt beaulte qʼl sen merueille tout/ si la regert damours et lup pṛie qʼelle soit samie. sire fist elle qʼestes vo' qui de amours me requeres/ et il dist quil est de la maison du rop artus et cõpaignõ de la table ronde/ et fre re monsieur gau. Et cõment aues vous a nõ fist elle. Jap a nõ guereſches. Certes fist elle de vous ap ie autresfops oup pler/ et biẽ vo' cõgnois a bon cheualier/ si aues belle ampe et coincte qʼvous ne lesseriez pas pour mop. Si cõgnois biẽ que ceste parolle aues dicte pour mop essaper, Et il dist et iure que il na ampe

nulle/ et quil apmera se elle veult. ie scap fist elle que vo' ames p amours en cest pape pas se q vng an/ et qui fist il. Je scap biẽ fistelle q elle est/ cest la damopselle de sa blance lande Et il dist q voiremẽt sama il/ mes il ne lap me plus/ et pont ce ie vueil que vo' soies ma mpe. Voire fait elle se ie vo' dõnoie oṛdroit mamour qʼelle seurte auraie ie de vous/ que a mes ne me lessiſſies pour vne aultre Je vo' en feroṇ fist il telle seurte cõmẽt vous scaires de uiser. Certes fistelle forte chose seroit q vous me teniſſiez loiaumẽt amour/ quãt vo' aues laissie celle q est plus belle q mop/ et de plus hault lieu/ si mẽ est mõ bien aduenu de ce que vo' aues dit. Car se ie ne vous euſſes cõgneu tost vous euſſes dõnee mamour/ et ie euſſes fait follie car vous me euſſes laissie cõment vous aues fait laultre/ si en euſſe esté honnie et decheue. Tout ce qʼvous me dictes fait il ne vous vault rien/ car il cõuient q vous sachies ma voulẽte. Cõment fist elle me le feres vo' a forche. Nẽnil dist il/ mes ie vous pṛie que le me octroiez debõnairemẽt. Et se ie le vouloie fist elle que en seroit il/ ie le feroie fist il. Et se ie ne le vouloie fist elle. Je ne le feroie mie fist il/ donc en sera il du tout a ma voulẽte. vous aues dist vrap fist il. Or me dictes fist elle sil p a pucelle au mõde q vous apmiſſies pour tant q vous cuidiſſies qʼelle vous haist et des pṛisast. Certes fistil nẽnil. Et voul dṛies vo' auoir afaire a elle cõe hõme a fẽme pour nul le couuoictise de beaulte tant cõme vous haist. Certes fist il en nulle maniere ie ne sap meroie pups quelle mẽ herroit. par mon chief fist elle donc vous ne me apmeres pas: car ie vous hap et vous despṛise, pups que vous a ues faulse vos amours/ ẽuers celle qui plus vous apmoit q sop mesmes. ne ceulp qʼvous oṛront ce dire ne vous en pṛiserõt point/ quant lẽ scaira que vous seres acoustume de decep uoir les dames/ et les damoiselles des estrã gee paps. Je scap bien que ainsi que vous me requeres en requerres vous demaiṇ vne autre se vous la trouues: Certes ie ne scap plus po ure traison que de requerir lamour de vne pu celle pour la decepuoir Car elle est legieremẽt vaincue. Si me est aduiz que de pṛier en telle maniere vous ãres plus honte que honneur.

partie.

Or fait il de ce me desprisez vous. Voire dit elle, or me dictes fait il de quoy voiez vous q̃ ie doiue auoir plus desserui vr̃e haine q̃ vostre amour. Ie le vous diray fait elle. Il est vray qlp y a en ce pais ung cheualier q̃ long uemẽt ma aymee, et tãt a fait par proesse et p priere q̃ ie sui ay mamour donnee et si ne atou cha oncques a moy de plus pres q̃ vous estes mais asseure suy ay par mon serment si luy tẽ dray si bien q̃ ie ne auray q̃ luy, ny a hõme au mõde pour qui ie le chãgasse ains herroie tous ceulx q̃ sur luy me requrroient de aymer car luy seul me q̃rt hõneur et les autres hõte. Or vo' ay dit pour quoy ie vous hez et desprise. si vo' demandez desormais me serez force de ce dõt vo' me prie, certes dit il se ie estoie aussi ardãt de fẽme cõme ie feuz onc q̃s si vous estes vous si bien defedue par parolle q̃ iamais ne vous requerray chose q̃ vous doiue greuer. Et si vo' promez q̃ de toutes pucelles q̃ ie viz oncques nen trouuay vne q̃ parlast si soyaumẽt cõme vous auez parle. si vous prie pour dieu q̃ me pardonnez le forfait des parolles q̃ ie vous ay dictes, et aussi fist elle. Tãt ont cheuauchie qlz sont venues a sa maison de sa dame. Quãt la dame voit venir sa fille si luy va a lencontre et la baise plus de cẽt fois: et ploure sur elle de pitie. Et la damoiselle luy dit. A moy ne deuez vous pas faire feste: mais a ce cheualier qui a plus fait pour moy q̃ ie ne suy pourroie desseruir, car son corps a mis en auanture de mort pour moy: et si ne me auoit õcq̃ veue pensez de le seruir et honnourer, car ia tant ne suy en sa uriez faire que vous luy puissiez guerdonner sa bõte de ceste iournee. Lors sault ius du pal sfroy ou elle estoit et court a lestrief de guere che mais il dist quil ne descẽdroit en nulle ma niere car il nest pas ẽcores temps de hebergier ne sera a piece et il a tant afaire quil na me stier de demourer et pource sen ira il Si les cõ mãde a dieu, et la damoiselle se prent au frain: et dit que pour neant sen esconfit car a force se conuiẽt demourer vueille ou non. Donc men iray ie dit il quãt a moy plaira. Et elle luy ot troie. Il descent maintenãt et entre en la maison pour soy reposer car moult faisoit grãt chault Et sergans saillent pour le desarmer / mais il dit quil ne ostera que son heaume, car il sen

vouldra aller dedens vespres. Que feriez vo' fist la damoiselle. si maist dieu ie aymeroie mieulx y auoir perdu la moitie de ma terre que vous partissiez meshuy deceans. Dame fait il i' demeure ceans par tel conuerant q̃ ie men irray quant a moy plaira, et ma v̇oulẽte est tel le que ie men irray a ce vespre car bien saictez q̃ ie ne coucheray en nul hostel se ie ne coucha a lostel de la ienne damoiselle de qui nous par tismes na pas encores grammẽt. Certes fist elle ie ne vous conseille pas que vous y alies car le seigneur est fel et cruel: si vous occiroit par auanture sil veoit que vous feissiez chose en son hostel qui luy despleust Dame fait il ie ne laisseroie pour riens q̃ ie ne y allasse. Cer tes ce poise moy dit sa dame: mais puis q̃ vo stre voulente y est souffrir le me conuient. Et lors commande la dame q̃ le mengier soit ap pareillie et ceulx sont son command....

Quant les tables furẽt mises si apporterent de leaue au cheualier pour ses mains lauer. Et mengerẽt tout a loisir, et quãt ilz eurent mengie et grant piece ioue, et q̃ gue reschees en fist compte a la dame la requeste q̃l auoit faict, a sa fille et com mẽt elle luy auoit respõdu. si en eut la dame moult grãt ioye et dit a guereschee Certes sir se elle est sagre nest pas merueille: car elle fut engẽdree du pl' sage homme qui fut passe cent ans en ce pais Apres grant piece demanda gue: eschees ses armes et l'on luy apporta. Et quant il fut appa reillie il monta sur son cheual et commãda sa dame et la pucelle a dieu. Et elles luy prient quil les reuiengne veoir aincois quil part du pais Et il dit que se auanture lamenoit ceste part il ne se tendroit pas quil ne se vẽist veoir

Atant sen part guereschee et puis sẽ va toute chemin que la plus ienne dame des trois luy auoit enseignie. si a tant gue reschees cheuauchie quil est bas vespres. Lors voit deuant luy en vne petite valleee vng petit chasteau moult fort: bien seant: et clos de murs si le congnoit aux enseignes q̃ elle luy auoit dictes. Et lors va celle part et trouua la da me de leans sur le pont qui attẽdoit se elle le ver roit venir. Et quãt elle le voit venir elle ne se

h. iiii

Seconde

descõgnoit pas ains lui court a lencõtre pour le faire descẽdre/car elle sauoit bien ql auoit mẽgie chelz sa dame/ɛ cõmẽt il auoit sa beso gne acheuee.elle se prent au fraing et lup dist Sire vo9 estes prins en prison vo9 couient ve nir/et il dist q̃ en sa prison se veult il voulen tiers mettre. Il deschẽt ɛ elle appelle les var les de leãs dõc lun prẽt le cheual et le maine a lestable/et laultre prẽt son escu. Et sa dame le prẽt par la main si le maine au pallaiz/ɛ le fait desarmer si lup fait apporter vne robe le giere a vestir pour le chault/puys se fit assoir sur lerbe verte pour refroidier. si le regarde mõlt voulẽtiers:pour la vieille dame qui sa prouesse lup ost mãdee. elle se assiect pz de lup et ne demoura gaires q̃ le seigneur de leãs vint du boys ou il auoit este toute iournee. et quãt il fut entre si dist son hoste qui si bel estoit/ sy fut mõlt marri de sa venue mes semblant nen osa mõstrer/et se il eust peu trouuer achoison raisõnable pour se faire vuidier il np fut hup mes demoure/car mõlt a grãt paour q̃ pour sa femme soit venu/et il a paour q̃ ne sen ap perchoiue si vient a lup et lup dist q̃ bie soit il venu/et guereches lup respõt que bõne aduã ture lup doint dieu. puys demãda a sa dame ce cestoit sõ seigneur/et elle dist q̃ oup Certes donc fit il ce nest pas merueille se vo9 se doub tes car ie ne vis õcques hõme q̃ semblast si feõ cõmẽt il fait. Ainsi qlz parloiẽt ensemble vint vng varlet a la dame q̃ lup dist/ dãe sa hors a vng cheualier qui demande se sen se pourra meshup herbregier. oup fist elle va si le maine aincoys q̃ mõsieur le sache/car se il issoit de sa chãbre deuãt quil fut deschẽdu il ne se vou droit meshup herbegier pour ce qli ẽ ya vng ceans. le varlet vint au cheualier q̃ dehors la tendoit si lup dist q̃ herbegie seroit et il descẽt et entre leãs maintenãt. et varlez saillẽt pour lup desarmer/ɛ quãt il est venu au pallaiz:et guereches leust regarde/si voit q̃ cest saigre moz le desree. si lup court a lencõtre et lui dist q̃ bie fust il venu/ɛ saigremoz lui iette le bras au col et lup dist. Sire q̃lle aduãture vo9 a mena ca:ɛ il lup dist.et la damoiselle demãde a guereches q̃ est ce cheualier. et il lup dist qli est de la maison du rop artus cõpaignõ de la table rõde. vng des plus vaillãs du monde.

Lors pssist de vne chãbre le seigneur de leans. si demãda a vng garchon quãt cest aultre cheualier estoit venu. Sire fit il or endroit/ puys q̃ vous estastes leãs. et il vient a eulx si leur demãde donc ilz sõt/ ɛ ilz dient q̃ ilz sont de la maisõ du rop artus. Quant il ost ce si a paour que sa femme ne les ait mandez pour lup occhire/ si entre en sa chãbre ɛ appele vng sien frere cheualier ɛ .ii. de ses nepueux: si leur dist tout a cõseil. par ma foy ie ne scay a quop ma femme pẽse q̃ ces deux cheualiers a ce ans amenes sãs mõ cõgieie crop biẽ qlle me veult faire occire quãt ie serop couchie. et selle np pẽse a nul mal si np pẽse ie a nul bien. Si me cõseilles q̃ ie ferap ce ceux me veullẽt cour re sus. Ie vo9 dirap fait son frere q̃ len pourra faire, il ya ceans /ec gãs asses preux ɛ hardis si les faisõs armer et tenir to9 cops en vne des chãbres de ceãs/et se ces cheualiers veullẽt cõ mẽcer oultrage si soiẽt maintenãt occhis. par mõ chief dist il cest cõseil nest pas mauuais ainsi sera fait cõment vo9 aues dist. Mainte nãt fist retraire iusques a .x. sergans en vne chambre et leur cõmanda que se ilz voioẽt les cheualiers mouuoir pour nul outrage faire, quilz leur courent sus et les detrẽchent to9 car il sont desarmes/si nauront point vers vous duree. Et ceulx dient soies tous asseur que se ilz se meuuẽt nous les occhirõs. Tout ainsi fist le sire appareiller sa mesgnie. Et lun des varletz q̃ bien auoit oup le cõseil:vint a sa da me et lup compte cõmẽt son seigneur auoit ou ure. Et sachies fist il ma dame q̃ ces cheuali ers ne peuent iames issir de ceãs sans estre oc chis. Onquemes fist elle si grant traison ne fut pẽsee. sil est vray que tu me diz. par ma foy fist il ie vueil que vo9 me sachies les yeux traire de la teste se il nest vray. Certes fit elle cest, pour neãt sy garantirap ie les deux preu dõmes quil ny aurõt ia mal, lors vint sa da me aux deux cheualiers et leur dit cõmẽt son seigneur auoit esploictie. Et sie vo9 diz vraie mẽt quil cõuient q̃ vo9 mettes paine quilz ne vo9 treuuẽt desarmes. et ilz diẽt se dieu plaist q̃ ia ne serõt sourprins en telle traisõ. Ie vous dirap fait guereches a saigremoz que no9 fe rons:il ny a gaires q̃ ie mẽgay. si ne mẽgerap meshui:ais faidrai ɛ dirap q̃ ie suis mallade

partie

et ie iray en celle chambre ou nos armes sont. et si tost côme Bous serez assis ie prêdray mes armes: ⁊ se ie oz que Bous aiez de moy besoing ie Bendray incôtinent ⁊ maintêdray bien Sereulx la mesce iusqe a tât q̃ Bous serez de Bos armes garny / car se nous estions desarmez nous ne aurions Sere eulx duree: mais ilz se ront diffamez par leurs trayson. Et saigremor luy octroie.

Lors sen Ba guerresches en la chambre ⁊ fait semblant quil soit mallade ⁊ saigremor demeure avec la dame. Quant le seigneur ne Bit q̃ luy de ses hostes si demâda ou estoit lautre Sire fist elle il est mallade ⁊ se est alle couchier. Atât se taist q̃ plus ne demâde ⁊ ne lui challoit se iamais ne mengoit Si commâda q̃ len mist la table car temps estoit de soupper Et pource q̃ le sire ne Souloit pas q̃ saigremor se tint du tout pour Sillain il ne souffrist pas q̃ sa femme mêgeast avec sa mesgnie ains la fist asseoir avec saigremor Et tout ce fist il pour trpriedre la dame de aucune chose. Ilz furent bien seruiz de boire ⁊ de mengier. Quant Bint au tiers mes si en tra ceâs Sne damoiselle qui portoit deux chappeaulx de roses q̃ elle avoit fais en Sng iardin La dame lui dimandes les chappeaulx ⁊ elle ses lui baille ⁊ elle en mist Sng en sa teste ⁊ sautre en la teste de saigremor Quant le seigr Boit ce il hausse sa paulme ⁊ lui donne si grant icue q̃ la fist sfair a terre: ⁊ dist. Tenez pute vostre foi ier de la honte q̃ Bo·· me faictes en môy hostel Certes trop fustes hardie q̃ tel feschrie fistes deuant moy Haa sire dit saigremor certes trop avez mespris q̃ ceste dame avec aisi ferue. Car ma foy fist il ie lay fait en despit de vous. Voire fait saigremor. par ma foy dôc scroie ie mauuais se ie ne la Bengoie de la honte que elle a receue pour moy. Lors hausse le poing si en fiert tel coup son hoste en my les dens quil sabat tout estourdi soubz la table. Atant fut la noise leuee par seaus ⁊ ceulx qui estoient en aguet saillirêt dehors leurs espees traictes pour saigremor occire Et guerresches qui estoit arme acourt pour sui aider. Si tît Sne hache a ii mais ferit si dur mît le pmier quil encontra quil se fendist iusques aux dês puis court sus au seigneur q̃ receuoit ⁊ lui

dône tel coup qˉl lui trêche la teste. Quât les autres Boient ce ilz lui courent sus ⁊ lui dônêt de grâs coups la ou ilz le peuent actâdre. Et il se deffent Bigoureusemêt tant que saigremor lui est Benu aider. Quant ilz sont êsemble si le font si bien q̃ ceulx de leans sôt descôfiz ⁊ sen fuyêt: mais a la chasse fut occis le frere du seigneur ⁊ ses nepueux

Quant ilz eurentce fait la dame mâda par Sng Barlet ses parens ⁊ ses amis q̃ ilz Benissent a elle. Et ilz y Bindrêt. Quant ilz Boient q̃ la besongne est ainsi allee si sont bien ioieulx car moult hayoient le cheualier. Si ensevelirent incontinent le corps du seigneur ⁊ le mis drent en Sng chaalit couuert de Sng paille rape: si lapporterent en my le pallais ⁊ le Beillerent toute la nuit / mais la dame ne peut souffrir q̃ ses hostes Beillassêt ales sist aller couchier. Au matin quant ilz furent armez ilz prindêt congie de leur hostesse Et elle leur pria quilz reuenissêt pa la: se auâture les y amenoit. Et ilz dient q̃ si feront ilz Si sen partent atât ⁊ accueillent leur chemin Et saigremor demâda a guerresches sil ouist oncqs puis nouuelles de ce quilz Bôt querant Nenny Boir dit il. Or nous maine dieu fait saigremor ou nous en puissons ouir nouueles Braies. Boire fist guerresches. Lors entrêt en Sng sentier si dient quilz ne se partirôt mais deuant quilz aient trouue auâture. Si cheuauchent iusques Bers nône ⁊ lors issêt de la forest puis regardêt deuât eulx si Boient pauei. lôs têdus qui tous estoient dune façô. ⁊ a chacun avoit quatre escus ⁊ dix glaiues. par mon chief fist saigremor au iouster sommes nous Benues. ia dicy ne partirôs sâs lâce rompue. Et celui dit q̃ se fair le côuiêt qˉl en sera tant quil ney deura pas estre blasme. Lors ne demoura gaires quilz Birent Benir deuers eulx Sng nain qui leur dit. Seigneurs iouster Bous couuient. Elisez lequel de Bous deux ira le premier Guerresches dit qˉl mouura deuant. Or actendez donc fait le nain. Si sen retourne aux pauellons ⁊ entre dedens. Bien tost aps issist Sng cheualier tout arme si laisse courre Bers guerresches ⁊ Brise sa lâce. et guerresches le porte a terre tout estendu. Lors issent hors des pauillons plus de. pl. cheuau·

liers et cōmenchent a huer cellup q̃ estoit cheu et lors vint le napm a gueresches et lup dist. Sire or vous en poues aller tout quittemēt. car bien saues fait/ mes il cōuient q̃ vostre cō paignon se acquitte/ et saigremors dist quil est tout prest car mestier na de demourer trop son guement. Maintenāt vint vng aultre cheua lier q̃ estoit tout prest de iouster. Et saigremors lup laisse courre et il a lup/ et le cheualier brise sa lance/ et saigremors le fiert si durement que escu ne haubert ne se garantist quil ne lup ait mis le fer du glaiue par mp se corp/ si le porte a terre par dessus sa croupe du cheual et au choir brisa se glaiue si q̃ le fer lup endrm eure au corps. Lors cōmencha sa huee greigneure que deuāt. et le napm dist a saigremors. Sire or vous en poues vo' aller/ car de nuls q̃ soiēt cp ne aues vous plus garde/ et il dist qui sen ira voirmēt/ mes a ceste iouste rap ie rien gaignie, car iap perdu ma lāce. et le nayn dist quil lup en baffera vne si lup va querre et lup donne/ pups lup requiert quil lup die q̃ il est et cōment il a anō. Et il lup dist quil est de la maison du rop artus et cōpaignō de la table ronde/ si ap anom saigremors le desiree. mes or me dp fist il se dieu taist qui sōt ces pauillōs Ce dist le napm ils sont au conte gimce. q̃ est seigneur de cest chastel que vo' voies la. sp ces a fait cp tēdre pour ce que mōsieur gau. est en ce papsla pu. de cōpaigōs, et scnt que rant ne scap quelles aduātures et sen a si bien deuise a mōsieur ses armes de mōsieur gau: que se aduāture se amenoit cha/ nous le con gnoistriōs tantost. Et mōsieur est si bon che ualier/ si a grant talent de sop esprouuer en tre lup. Et pour ceste cause a fait tēdre icp ses pauillons que vous vopes.

Tant sen va saigremor vers gu eres ches qui sattēdoit oultre ses pauillons si se mettēt a la vope/ et ont tāt cheuauchie q̃ il fut vespre. lors entrerent en vne vallee/ et en cōtrerent vne damopselle assez belle et assez ione/ q̃ cheuauchoit vng petit palleffrop noir Quāt elle vint pres de eulx si les salue puis leur demāde. Seigneurs donc estes vo'. Et ils lup dient. Voire fait elle. En nom dieu or sups ie mōst ioyeuse, car ie cuide que vous me asseneres biē. de quop sont ils:ie alloie dit elle

querāt vng mien frere qui est en ceste queste ce ma len dist. Et cōment a il a nō damopselle fist gueresches. Il a anom dist elle agloual/. Certes fist il ie ne le viz pups auāt hper quil se partist de no'/ ne ie ne oup puis pler de nul qui le veist/ mes pour lamour de lup vueil ie que vo' me prenes cōment vostre cheualier/ et me emenes en tous les lieux ou vo' cuideres que mieulp vo' vaille. et elle sen mercie mōlt Et aussi saigremors lup dit damoiselle se vo' voulles nul de no' ne me ressuses pas si seres que saige, car vo' poures mieulp faire de mop vostre vouēte q̃ du mien cōpaignō, car il est trop gentil hōme, et ie sups vng poure cheua lier de basse parente/ si vous seruirap plus de cueur q̃ l ne feroit. Et pour ce menes mop auec vous si vo' en aues mestier. Et celle dist que si fera elle. si le mercie mōlt de ce q̃ si debōnai remēt se est offert a son seruice. pups entrent en vng estroit sentier/ et cōmande gueresches a dieu. et il si lup dist que bōne vope pups se elle tenir et sa cōpaignie. Si acueilt sa voie tout seul et cheuauche tant quil sup ani. prte a sen trtee de trēce broches/ et la lune estoit ia leuee. Et il regarde deuant lup sauoir si pourroit trouuer logis pour sop herbegier. car de toute sa iournee nauoit beu ne mengie. es broches ne se veult il pās mettre/ car il np cuideroit ni mes trouuer hostel.

Lors regarde et voit de loing pauillōs ou il ya chandelles. il tourne celle pt Et quāt il p est venu si voit que se sont pauil lons moult riches. Il deschent et atache son cheual a vng peffon: pups oste son escu de son col et entre dedens/ si treuue vne table mise et grant plante de viandes dessus. Et daultre part auoit assee auaine pour. Si. cheuaulp, et quāt il l'oit ce/ si lup est aduiz que cest don de dieu. lors oste a son cheual le fraing et sa selle et lup donne de lauaine assez/ pups vint au aultres pauillōs si treuue au premier. iiii. cc fres mōst riches: et en vng napm qui se dormoit en vng lpt. Et en saultre a trouue. ii. damop selles q̃ se gesoiēt en vne couche et deuāt eulx ardoit vng cierge, il entra en sautre si trouua vne damopselle qui estoit couchiee auec son na mp/ il regarda grant piece la damopselle qui mōst lup sēbla belle ne oncques ne se appertist

partie

du chevalier qui avec elle estoit couchie. Si le pouoit il bien apperceuoir, mais soreiller estoit sur son visage. Il retourna a son heaume et osta son haubert puis aluma deux grans cierges sur une table et se assist au mengier: car moult en auoit grant mestier. Et quant il eust beu et mengie si lui print talent de dormir, si se pensa quil iroit couchier auec la damoiselle qui seulle gesoit car auec les deux ne iroit il pas ne auec le nain, et a dormir se conuint il. Lors prent ses armes et les porte auecques lui et laisse son cheual mengier si se deschausse et despouille et met son espee a son cheuet puis sieue la couuerture et destaint les cierges: si se couche et la damoiselle ne se apperçoit point du cheualier qui auecques elle estoit. Quant il fut couchie et celle se sent qui estoit endormie si cuide quil se soit son seigneur car iamais ne se print garde de ceste auanture. Si lui iecte ses bras et le baise. Et il en fait toute sa uolente. Quant il se est grant piece ioue a elle: et elle a sui comme celle qui ne sen prenoit garde si se endormirent lun pres de lautre. A chief de piece sesueilla le cheualier qui mari estoit a la damoiselle si taste celle dempres lui puis met la main par desus eulx si sent guereschez qui tenoit sa femme embrassiee. Et lors a si grant deul quil cuide bien du sens issir. Il prent guereschez par les temples et le tire hors du lit si durement qua peu que il ne lui a le bras brise. Puis prent la damoiselle par les cheueulx et dit que mal amena son pail lart couchier auecques elle et quil sen uengera ore droit. Et celle commence a crier. Haa gentil cheualier que me demandez vous. elle ne sauoit encore pas comment elle auoit este deceue. et les deux pucelles et le nain qui estoient uenus au cry auoient apporte deux cierges ardans. Si trouuerent la damoiselle toute nue et se cheualier aussi. Guereschez saut sus et prent son espee et la trait toute nue, et fiert le cheualier qui la damoiselle tenoit par les cheueulx si quil le fent en deux parties par entre les espaulles. Et il chiet mort.

Lors commença la damoiselle a faire le greigneur deul du monde: et se pasme sur lui souuent et menu: aussi fist le nain et les deux autres damoiselles. Haa sire fist le nain tant auez mal esploitie. Haa fist la damoiselle tant me auez trape enuers dieu et enuers le monde qui mon mari auez occis. Or me dittes pour quoy vous estes venu ceste part, pour moy tollir la ioie du monde et des cieulx. La ioie du monde quant vous auez occis mon seigneur, et la ioie du ciel quant vous me auez fait rompre mon mariage Ainsi me auez vo dommagiee du tout Et lors recommença trop grant deul et baisa le cheualier si sanglant comment il estoit et regrete sa bonte, et les damoiselles lui apportent sa chemise dont il ne lui souuenoit car encores estoit toute nue. Guereschez se vest et chausse et veult la damoiselle conforter qui toute uiue enragoit. Au matin fut enseuely le corps et enfouy en une blanche abbaie. Et quant il fut enterre et le seruice fine guereschez vint a la damoiselle si lui dit quelle monte car auec lui sen iroit et le nain aussi. Et elle dit que auec celui qui son seigneur auoit occis ne sen ira elle pas Dame fist il les contissemet ny vault riens car trop vous ayme et en nulle maniere ne me pourroie de vous departir si vous prie quil ne vous en desplaise, car angoisse et force damour le me fait faire. Beau doulx sire: et se ie men vois auec vous ou me vouldriez vous mener. Dame fait il ie ne scay ou sinon ou auanture nous menera. car ie vois querant qui me die nouuelles de monseigneur lancelot du lac. Estes vous donc fait elle des cheualiers errans de la maison du roy artus. Dame fist il oy. Et comment auez vous nom Et il se nomme. par ma foy dit elle ie vous congnois bien vous estes frere a monseigneur gauuain Voir est fist il. Or vous prie par la foy que vous lui deuez que vous me laissez aller ou ie voudray. Et il dit que ce ne feroit il en nulle maniere Or men pouez donc mener a force, car de ma uolente ne iray ie pas. Si sachez que mal vous en auendra ains que ceste sepmaine soit passee. Il ne me chault fist il que vous me diez mais que vous soiez montee. Et elle dit quelle montera puis que faire lui conuient. Apres elle appella son nain et lui fist promettre quil fera ce quelle lui dira.

Lors monte la dame et le nain descent les pauellons et guereschez cheuauche lie et ioieux, et la dame qui moult lui sembloit belle va deuant lui. si cheuauchent en telle maniere

Seconde

iusques a midy. lors vindrēt a lentree de vne foreist/ si trouuerent vug cheualier soulz vng ourme qui gardoit les trespas de la forest. Et quāt il dist la dame si belle qui prouroit: si demāda quelle auoit: Que iay fait elle/ cest cheualier mamaine a force et malgre moy et sy occhist er soir mō seigneur. voire fist il p mon chief donc vous lessera il icy. Et maldit soye ie sil ne sen repent/ lors prent son glaiue et les se courre cōtre gueresches si durement quil brise son glaiue/ et gueresches qui de rien ne lespargne/ le fiert si durement quil le abbat a terre, et se pasme de lengoisse quil sent. Et ce nestoit pas de meruielle/ car il estoit a mort naure. et gueresches sen passe oultre q plus ne le regarde. Celle nupt geust chelz vng forestier q biē le herberga/ et geurēt en vng lit gueresches et sa damoyselle voulsist ou nō. Lendemain se leuerēt matin et entrerēt en leur chemin alsy cōment le iour de deuant. Si cheuauchēt iusques a prime/ puys mōtent vng tertre si regarde sa damoyselle et voit venir .iiii. cheualiers tous armes. Et quant elle les voit sy les mōstra a gueresches et luy dist. voiez vous bien les cheualiers venir. Ouy fist il qui sont ilz. Si maist dieu fist elle il sont tous .iiii. mes freres/ si vous occhiront se vous ne me laissies aller. Et il respont q ia tant cōme il soit vif ne la laira pour paour de mort. Et se ilz vous viennēt querre/ soient asseures qlz ne aurōt ia pouoir de vous amener a force tāt cōment ie vous voye deuāt moy. Car bien sa chies q se ilz estoient mille si meu cōuendroyt il deffendre enuers eulx/ ains q ie vo’ pdisse.

Atant leur adreche le cheual/ et ceulx luy escriēt quil est mort. et il leur laisse courre. Le premier brise sa lance/ et gueresches le fiert si quil luy mect le fer trēchant parmy sa mamelle. si lēpaint si durement quil labbat a terre tout pasme/ puys retrait son glaiue q nestoit pas rōpu/ et laisse courre a laultre qui venoit pour son frere vengier: cestuy brise son glaiue/ et gueresches se fiert si durement quil le fait voller a terre/ et les deux aultres brisent leurs glaiues sus gueresches/ mes de la selle ne se peuent remuer. Il trait lespee et retourne vers eulx. si en fiert vng si quil se mehaigne du bras destre/ et cil q se sent blechie se

tourne suyant cōtre val la vallee. Et quant laultre fut tout seul si voit q ne pourroit pas longuement durer/ si luy rent son espee et luy crie merci si se tient pour oultre. Et la dāe vient a luy et luy dist. Haa sire puys quil est ainsi que vo’ me aues trois de mes freres essilies/ laissies moy cestui si me cōfortera des aultres. le voulles fist il. oup sil vo’ plaist. ie le feray fist il/ mes que me vueilles octroier vostre amour et vostre cōpagnie, de bonne voulente. Je vous feray beau couenāt fist elle: que puys que ie vous lesseray ie ne tendray cōpagnie a hōme qui viue. Et la dame va a ses freres/ q a la terre gesoient. si treuue mōlt naure cestuy qui premier fut frappe/ et laultre tout stourdi qui se releua asses tost/ si mect la main a le spee pour courre sus a gueresches/ quant son frere luy dist quilz auoient fait bōne paix entre eulx.

Lors cōmencherēt entre eulx a depecher arbresseaux qui en vne vallee estoient. et en firēt vne loge vng pou loing du chemin si y coucherent leur frere qui estoit naure, pour ce que souffrir ne pouoit le cheualier/ puys amenerēt vng mire q a la montaigne estoit, et quāt il eust sa playe veue si dist ql nauoit garde de mort. et deuant .viii. sepmaines se rendroit tout sain gari. A tāt sen part gueresches et la dame sen va apres luy/ et errent tout le iour sans boyre et sans mēgier. A heure de vespres vindrent en vne blance abbaye de nōnais si deschendist gueresches pour ce q tart estoit/ et lēy le receust voulētiers. Sy furent celle nupt mōlt bien herbergiez et aisies de tous les biens de la maison. Au matin ains q gueresches eust messe ouye, vint la dame q auec luy gesoit, a labbeesse si luy cōpta tout lestre de sō seigneur qui occhi auoit este/ et de ses freres q auoient este naures/ si dist ql lēmenoit malgre soy. Belle doulce amye fist labbeesse que voulez vous q ie vo’ en fache/ en cela ne scai ie mettre conseil/ se vo’ ne voulles guerpir le siecle/ mes se vous voulles prēdre nos draps et estre seur de ceans/ il ne seroit ia si hardi ql vous ostast de ceans, ainsi series deliure de luy. Et la dame luy chiet aux pies si luy dist que elle ne demāde aultre chose/ fors religion par ma foy fait labbesse il ya moult grant paine

partie

qui bien veult ouurer selon religion ce q̃ de bon cueur y sert se trauail ne lui couste riens. Et se ie cuidoie quil vous pleust ie feroie cy apporter le drap si q̃ vous seriez de nostre ordre ain coie q̃ le cheualier eut oupe messe. Et elle dist que oncq̃s chose ne lui pleust autant/ car elle hait le siecle. Or soit donc fait labbeesse au nõ de dieu. Lors commanda labbeesse que len lui apportast nouueaulx draps. Et len fait son cõmandement. Si ont a la belle dame rõgnies ses cheueulx et lui ont les draps vestuz: lesq̃lz elle receut moult doulcement. Si a mis labbeesse en leglise: et lors cõmencerent la louẽge de nostre seigneur: et la receurẽt a compaigne a tous les biens de leans. Si furent toutes moult ioieuses de sa venue: et par elle fut puis le lieu moult essaussie: car moult estoit saicte femme et religieuse si cõme le compte deuisera plus auant en ce liure.

Q̃uant guerresches eut oyẽ messe il ala en la chãbre ou il auoit geu la nuit et la damoiselle. Et quant il ne la treuue si demãde ou elle est. Et ceulx de leans ne lui osẽt dire la verite. Lors vint labbesse a lui et lui demande quil quiert. Et il dit celle quil auoit menee leans. Sire fist elle se vous ne actendez autre chose vous en pouez bien aller pour quoy dit il. Pource fist elle que elle ne sera ia mais compaignie a homme ainsi q̃ elle a fait a vous. Lors se mena au monstier et lui monstra celle qui auec les autres estoit. Et il en est tant dollent que plus ne peut. Si lui dit. Asse dame est il ainsi. Sire fait elle oy dieu merscy qui la voulente me y a donnee. car de aller auec vous en telle maniere ie neusse eu sinon honte/ car ie ne suis pas de si bas lignage q̃ ie deusse aler comme souldoiere. Certes dit il de hault lignage semblez vous bien estre. Si ne le sẽble dit elle si le suis ie. car mon pere fut roy et ma mere royne. et des meilleurs cheualiers ay ie en mon lignage que vous ne auez au vostre. Qui sont ilz dame/ nommez men vng. Certes dit elle len les peut bien nommer. Cest monseigneur lancelot du lac et boort les sille et lyonnel son frere. Ces trois sont mes cousins remues de germain. et se dieu les amenoit ceste part que ie peusse a eulx parler ie vo' feroie mercie de la honte q̃ vous mauez faicte

et autremẽt ne me peusse ie estre deliuree de vo' Si mest moult bien auenu de ce q̃ ceans me ont receue/ car mieulx eusse ie ayme auoir la teste couppee que de estre a telle hilte comme vous me auiez mise. Quant guerresches voit quil nen pourra plus faire se se arme et mõte acheual et cheuauche toute la iournee. Et lendemain demanda nouuelles de lancelot: mais il nen trouua nulles. Ainsi cheuaucha plus de vng mois sans auanture trouuer tant qʼl vit a vng lundi matin au tertre aux chetifz. Et quant il vit au pie du tertre si voit le brief que somehaut y auoit fait mettre: si en commence a sourrire et dit que puis q̃ son chemin lui a amene ia dieu ne lui aist sil laisse sa voie pour le corps de vng seul cheualier. Lors se met au chemin du tertre et maintenant ot vng cor sonner. Il regarde si voit le nain qui auoit sonne. si le salua et lui demanda pour quoy il auoit le cor sonne. Sire fist il pource q̃ ie veuil que mõseigneur qui est lassus sache vostre venue. Or me dis fait guerresches a il gaires que ce brief a este mis la bas. Nenny fait le nain: il nest pas plus de trente iours. Lors sen partist guerresches et cheuaucha tant quil vint amõt et voit somehaut tout arme sur vng cheual. Ilz ne se saluent pas lun lautre: ais laissent courre et sentreferirent si grans coups que les haubers sont rompus. Si se entremettẽt les fers des glaiues en la char. Ilz se feussent entrecoccis mais les lances rompirent. et guesresches fut feru en lespaulle si q̃ dedẽs demoura du fer et du fust et au cheoir se pasme quatre fois. Et somehaut se releua comme celui q̃ ne sentoit nul mal. Si trait lespee et lui trenche les las du heaume et le cõroie tel q̃l ne peut dire mot ains gist tout pasme ainsi cõme sil feust mort. Et somehaut qui bien congnoit que ce seroit mauuaistie de le occire appella ses gens et le fist desarmer puis manda son medeci et lui demanda se ce cheualier pourroit garir. Et il regarda la plaie si la vit moult hideuse. Et toutesfois en osta il le fer et le fust. Et some- lui pria quil le garist sil pouoit: car ie scay bien quil est bon cheualier: et se sera dommage sil meurt par deffault de lui aider. Et le medecin dit q̃ par deffault de aide ne mourra il pas ancois se rendra tout sain dedẽs vng mois cõme il cuide/lors se fait tātost mener en sa tour en prison/& dist quil luy fera auoir tout ce qui luy sera mestier. Et quāt le mire luy eust regarde ses playes si fut mis en prison auec agrauain son frere. si angoisseux ql ne peult parler. ne agrauain ne le cōgnoissoit encore pas pour ce que len ne beoit pas bien cler en la tour. Mes lendemain quāt le mire luy eust ses playes affaicties/et cellup ce fut parti de seans. guereschez ouurist les yeulx et dist tout en plourant. Beaulx sires dieu ou suys ie. Beau sire dieu fist agrauain Bo' estes en prison. mes si m'aist dieu ie ne scay ou ne en quel lieu. Si luy demande donc il est/ et cōment il a anō. Sire fist il/ie suys de la maison du roy artus & ap-nom guereschez. Et quāt cellup l'oyt/si cōmē-che a p'ourer et dist. Haa beau frere estes Bo'ce. Qui estes Bous fist guereschez/qui frere me clames. Je suys fist il agrauain Bostre frere qui ay pia este en prison plus de .iii. sepmaines. Lors luy cōpte cōment il auoit este prins et naure. et feussie a mort se neust este la niepce au seigneur de seans qui me Bint garir des le premier iour/ ne oncques depuys ie neuz se cours de personne fors delle.

Lors commencerēt a plourer mōlt tendrement/car iames ne cuident estre deliures de ceste prison. Ainsi cōment ilz demēto urēt si ouyrēt ouurir luys de la prison. Sire fist il mercies la damoiselle q cy Bient des biens ql le m'a faiz/ainc quelle sen Boise. et il dist q si fera il Boullentiers. Lors Bint a eulx celle qui mōlt estoit sage et courtoise/ et agrauain se leua encōtre elle/si luy dist q bien fut elle Benue/et guereschez aussi qu'āt il peu st parler/ si la mercie moult des biens q elle auoit faiz a son frere. Et quant elle le cōgnoist/ si luy fait la plus grāt ioye du mōde et dist. Certes sire fist elle/ sachies q tous les biens qla euz ceās ce a este pour l'amour de Bous. Car Bo' me fistes Bng plaisir na pas long tēps. et ce fut quāt ie alloye a la court du roy artus Brē oncle/ na pas encore Bng an quāt Bng cheualier me print es boys de carlion/ qui malgre moy me amenoit: si me rescouistes par Bostre prouesse. Et tant Bous cōbateistes a luy quil fut mallemēt naure. Sy me deliurastes de grant hōte et pour ce ay aide a Bostre frere tāt cōme iay peu/ & encore Bous aideray tant cōme ie pourray. si ne Bous descōfortes pas. car ia chies se Bous estes gariz ie mectroie paine de Bous ietter hors. ne ia pour paour de mon oncle ne le lesseroie. Ainsi sont les deux cheualiers rescouz de leur malaise. cōment de boyre et de menguer. et se la prison ne leur ennuyast ilz eussent toutes les aises que cheualiers peuent auoir. Mes or laisse le compte a parler de eulx et retourne a gaheriet & a ses aduantures.

¶ Cōment gaheriet conquist sorehault au sceptre a cheitfs/ et cōmēt il deliura guereschez & agrauain ses deux freres. C. xb.

Or dist le compte q quāt gaheriet se fut parti de mōsieur gau. et des autres cōpaignōs ql cheuaucha grāt piece tout seul. et tant quil Bint a heure de Bespres a Bne forest q ceulx du pays appelloient Larbroie. Et quāt il Boulut entrer dedens. sy actaint Bne damoyselle mōtee sur Bng palle-froy:il la salua et elle luy. Sire fist elle qui estes Bous. Et il dit quil est de la maison du roy artus. Boire dist elle. donc me scaires Bo' bien enseignier de ce q ie quer. de quoy fist il. de mō sieur lancelot dist elle q ie demande. par ma foy dist il ie nen scay nulle nouuelle: fors que len dist quil est mort. Et pour scauoir la Berite sōmes nous esmeuz plus de .xx. cheualiers. De la mort fist elle se deffende dieu/sur tous aultres cheualiers. Car ce seroit trop grāt dommage. lors cheuaucha sa damoiselle toute sa Boye quelle estoit Benue/ et gahe riet cheuaucha a ap's. & luy demāda pour quoy elle alloit querant lancelot. Sire fist elle pour ce q se ie le trouuasse/ il soustint mō droit enuers Bng mien Boisin/ qui a force ma desheritee nouuellemēt. Boire fist gaheriet et pour quoy/ par ma foy fist elle ie le Bo' diray. Il est Bray que le queup de Balsypngues seigneur de la forteresse fut mō pere. et n'eust de tous enffās que moy seullemēt et Bne mienne seur ql m'a ria en son Biuāt a Bng cheualier q mōlt estoit felon.si aduint prez a de Bng an. que quant mō pere fut mort q la terre me fut demouree/ si feiz a Bng mien serourge recepuoir to' mes hōmages & receueur de toutes mes terres pour ce quil estoit plus craict et doubte q moy. Auāt hyer p le los de mes barons me Boulloie ma-

partie

rier a ung ienne damoiseau. & quāt ie seuz reuestu de sa terre que mon pere mauoit laissee ie uins a mon seignourge & lui dit tout ainsi que ie auoie fait. Quāt il se ouist il en fut tout en rage & respondist moult orgueilleusement, & espia le damoiseau si loccist puis uint a moy & me dist q̄ trop estoie hardie qui de autrui terre faisoie don. Et ie sui respondie q̄ oncq̄s ne donnay autre terre q̄ la mienne. Et il me demanda ou ma terre estoit & ie sui dis. Certes fait il autre querez car a ceste auez failli et sa tendray comme celui qui en est maistre & sire. Quant ie entendi ce quil me dist ie men conseilla a ung preudomme qui tenoit de moy. Et il me conseilla que ie men allasse clamer a sa dame de roestoc: de qui mon pere tenoit sa terre. Et ainsi le fiz. Et elle sui commanda quil uensit deuant elle, & celui y uint Si fiz ma complaincte a ma dame. Et il sail list auāt & dit q̄ ma terre ne me tolloit il pas ains sa tenoit de par mon pere qui donnee sui auoit au mal de la mort. & preste estoit de se monstrer encontre ung cheualier se nul estoit si hardi qui le uoulsist soustenir encontre sui. mais quant les cheualiers qui de moy tenoiēt uirent quil ne demandoit que la bataille si ne peust oncques celui qui contre sui se osast armer pource que a bon cheualier se tenoit on, et quant ie ouy ce ie demanday respit de quarāte iours, & dedens celui terme deuoie ie trouuer ung cheualier qui ma q̄relle me soustendroit Si men parti atant & pensay que ie iroie a la court du roy artus pour querre monseigneur Lancelot car ie scay bien uraiement q̄ si tost q̄l men escōgneue il meust secourue car ie sui fiz a die une bonte qui ne ma encores pas redue mais puis q̄l nest d̄ la court ie men retournera y & criray mercy a mon seignourge q̄l me donne au mains ma uie cōme a poure pucelle dh̄eritee. Et lors cōmēca sa damoiselle a plourer. Quant gaheriet la uoit plourer si lui en prent pitie & lui dit. Damoiselle de ce q̄ uous dictes se sauriez uous bien prouuer. Certes sire dit elle se ie auoie q̄ pour moy fist ceste bataille ie sui trouueroie cent loyaulx hommes q̄ cheualiers q̄ aut. asseurez, qui tous sui iureroient sur sains que ma q̄relle est loyalle. par mō chief dist gaheriet il ne uous fault ia parler a

autre cheualier. & ie suis celui qui enterray en la bataille contre uostre seignourge & le rendray recreant se le droit est tel comme uous dictes. Haa sire fist elle de dieu soiez uous benoit. et se dieu me soit aidant ie suis preste de uous a mener deux cens hommes qui tous uous certifieront au uray toutes que ie uous ay dit. & ie ne demande plus fait gaheriet. Lors se vōt tous deux ensemble tant quil leur anuicta en la forest. Lors ouirent une cloche sonner. Ilz tournerent celle part pource quil estoit tēps de reposer. Si ne allerēt gaires quant ilz virēt deuant eulx une abbaie close de murs & de fossez. Si estoit ainsi fort fermee pour les larrōs dont au bois en auoit plante. Ilz uiennent a la porte & appellent. Et deux freres issirent pour sauoir qui cestoit. Et quant ilz uirēt le cheualier & la dame auec sui ilz sceurent bien q̄ cestoit des cheualiers errans. Si lui diēt que bien soit il uenu, ilz le recoiuent a grant feste & se mainent a une chappelle pour se desarmer. Lors uint auant ung des freres qui congneut la damoiselle & sui dit. Ma belle niepce uous soiez la bien uenue. Et la damoiselle se regarde si uoit que cest son oncle de par son pere. & il lui demanda de son estre. Et elle sui compta tout ainsi que uous auez ouy: & q̄ elle menoit ce cheualier auecq̄s elle pour descrener sa q̄relle. & il sen uint maintenant au cheualier et sui dit. Sire ie ne scay qui uous estes mais de sui de q̄ uous promettez a ceste dame ie uous dis loyaument quil ny a au monde si preudōme sil estoit au champ cōtre uous que uous ne rēdissiez mort ou recreant auant nonne au grāt droit que uous y auez Si uous iure par tous les sains qui oncq̄s furent au monde q̄ se ne feust ce q̄ ie suis parti du siecle ie ne uous droie pour le meilleur chastel que ait le roy artus que autre fist la bataille que moy seulement Et pource y deuez uous seurement aller, & gaheriet dit puis quil est ainsi quil ne sui chault qui uiengne contre sui

Celle nuit furent moult bien seruis. Et au matin quant gaheriet eut ouy messe si fist monter sa damoiselle & commanda ses freres a dieu. Ilz se partent ainsi de leās & cheuauchent ainsi tout le iour & au tiers iour leur auint que ilz uindrent deuant le chastel de

gamas: ou les paueillons estoiẽt tẽdus pour
mõsieur gauuain, si cõme le compte a deuisé
cha en arriere. le naim estoit ou chemin q̃ dit a
gaheriet. Sire acõtter bous cõuiẽt de la cou-
stume qui cy est. Quelle coustume y a il fist
gaheriet. Certes nul cheualier estrãge ne pas
se par cy q̃ ne cõuienne iouster a vng cheualier
qui est dedens cest paueillon. Et cellup q̃ est
ioieup de la iouste dist, ie vouldroie quil fust
maintenãt cy, il ne demourra mie grãment
fist le naym. lors cõmence a entrer aup pauil
lons et crie benes benes voir la iouste, lors
ist ung cheualier hors, si laisse aller a gahe-
riet et le fiert de telle force q̃l fait son glaiue
voller en pieces. et gaheriet le fiert si durement
quil le porte a terre. lors cõmencent a crier ceup
des paueillons pour cellup q̃ estoit cheu, et le
naym vint a gaheriet si lup dist. Sire cheua-
lier or vous en poues aller, car bien vo9 estes
acquitte. Tu me diras auant pour quop ces
paueillons sont icy tendus, par ma fop fit il
voulẽtiers. lors lup cõpte tout ainsi cõment
auoit fait a saigremor. Et quant gaheriet lẽ-
tent si cõmencha a pẽser quil en fera tant que
a mõsieur gau. ne lup en cõuiengne ẽtremet-
tre, lors dist au naym. va si dy a ton seigneũr
quil a trop grãt follie ẽpensee quãt il se veult
combatre a mõsieur gau. mes viẽgne soy es-
sayer a moy qui suys le pire de .ii. cens .x. l. che-
ualiers q̃ sont a la table ronde, et sil me peult
cõquerre ie seray en sa mercy / et sil ne se pẽult
de moy deffendre, pour quoy actẽdroit il mõ-
sieur gau. va si lup dist q̃ ie le deffy pour iou-
ster, et sil ne vient ie abbatray ses pauillons
si y aura greigneur honte q̃ honneur. Certes
fist le naym ce messaige feray ie bien / mes il
vous vausist mieulp retourner, ne le chaille
fist il mies say ce que ie dis

Tant vint le naym a son seigneur qui
faisoit mõlt grant ioie du cheualier er-
rant q̃ trop bien auoit fait, car il disoit a ceup
de dedens, que biẽ auoit .viii. iours que cellui
n auoit fine de demander la premiere iouste.
Sire fist ung cheualier q̃ estoit la, les cheua-
liers errãs sont acoustumes de iouster, car il
ne finẽt. si ne peult estre q̃ls nẽ sachent plus
q̃ entre nous aultres qui cy sõmes. Bien peult
estre fait le seigneur. lors vint le naym auant
et dist si hault q̃ tous le peurẽt biẽ ouÿr. Si-
re ce cheualier errant vous mãde q̃ trop grãt
follie aues ẽprinse de vouloir cõbatre a mon-
sieur gau. mes il vous mande q̃ vous alles
cõbatre a lup, qui est le pire cheualier de .ii. cẽs
et .l. qui sont a la table ronde. Et se vous le
poues oultrer il sera en vostre mercy. Et se il
vous cõquiert, pour quoy y vẽdroit mõsieur
gau. et pour ce vous haste de iouster, et se vo-
9 ny venes sachies qui vous abatra vos pauil-
lons: si y aures greigneur honte. Et quant le
seigneur oÿt ce si dist maintenãt q̃ le cheualier
est de grant cueur, si le prise plus que deuant.
lors demãde ses armes. Et quãt il est arme
et mõte, si lup apporta len escu et lance forte
durement. Si se adresche vers gaheriet, et ga-
heriet a lup, si sentrefierẽt si fort des glaiues
quilz en font voller les esclas, et sentrefierẽt
des escus et des cheuaulx si fermement quil ne
y a cellup q̃ tout ne soit descouuert. Et le sei-
gneur vole par dessus la crouppe du cheual
si estourdi quil ne scapt sil est nupt ou iour, et
gaheriet fait son poindre oultre, si deschẽt car
en nulle maniere ne le veult requerre a cheual
Il baille son cheual a garder a la damoisel-
le q̃ aueẽ lup alloit. puis vient celle part ou
le cõte estoit, si lup errache son heaulme de la
teste si rudemẽt quil lup fist le sang saillir p̃
my le nez et parmy la bouche, e pups lup bat
le visage de son heaulme. Et quant cellup se
sent si mallemẽt mener si lup crie mercy e dist
Haa franc cheualier pour dieu ne me occhies
pas / mes tenes mon espee. et cellup la prent,
Si lup dist maintenãt, saues vous qil vous
conuendra a faire. ie vueil q̃ vous mouues le
matin, si pres chẽrser monsieur gau. tant que
vous le trouueres, et vo9 rendres a lup de par
gaheriet. Et lup cõptes cõment vo9 vous es-
ties vante de iouster a lup, et vous mettes en
sa mercy. Et il lup creãce ainsi, et il en priẽt la
fop. Et lors vint a son cheual, car aller sen
veult. et le conte lup dist, sire vous feres ia
telle villenie que vous partes si tost dicy. Il
cõuient que vo9 vous herbegies ennupt auec
moy. Et ne cuidies pas que ie vous haye pour
chose que vous me apes faicte. et il dit quil ne
demouroit en nulle maniere sil ne plaisoit a
la damoyselle, et le conte la prie tant que elle

partie.

lui octroie. Celle nuit fut moult bien hebergie gaheriet z moult fut honoure de tous les cheualiers z le conte leur comanda quilz feissent la greigneure ioie quil leur sera possible z que cest lun des bons cheualiers du monde/ si men est grant honneur auenu quant ie suis conqs par ung si preudomme. Ceulx font son commandement Et quant il fut temps de dormir si lui firent ung lit aussi riche comme se ung roy y deust gesir. Et daultre part se coucha la damoiselle en laultre pauillon emprez.

AU matin si tost comme le iour apparut se leua gaheriet z fist mettre la selle sur son cheual si fist monter la damoiselle, z quant elle fut montee si commanda a dieu le conte z toute sa mesgnier. Et ceulx les conuoierent grant piece puis sen retournerent, z gaheriet entra en son chemin lui z sa damoiselle. Si ne ont gaires alle quant ilz virent une broches espesses par ou leur chemin les menoit Ilz se mectent ens z ainsi comme ilz entrerent si virent deuant eulx sir cheualiers dont les trois menoient ung cheualier batant les mais liees. z les autres trois menoient une damoiselle toute nue en sa chemise. Si la batoient de menues espines si durement quelle auoit la chemise toute sanglante. Le cheualier que ceulx alloient batant ne disoit mot mais la damoiselle se alloit moult plaignant en disant. Saincte marie secourez moy. Et quant ilz sont venus au chemin fourchie si sen vont a une part ceulx que le cheualier batoient: z daultre part ceulx que la damoiselle menoient. Quant gaheriet vist le cheualier de pres si congnoit que cest brandelis: ung des meilleurs cheualiers qui soit en la queste Et quant il voit ce il est trop durement marri car il ne scait au quel aider. Il ot celle que crie aide si se tient a honny sil ne la secourt, daultre part sil ne secourt son compaignon il a metie sa foy car tous ceulx de la table ronde sont tenus par serment de aider lun a laultre sans respit querre. Lors dit a la damoiselle qui auec lui venoit. Damoiselle dictes moy ou ie vous trouueray quant ie reuendray de apres ce cheualier quil me conuient rescourre. Sire fist elle Ung peu oultre ce bois a ung chasteau moult beau pres du chemin. Allez fait il doncques z me actendez tant que ie iray apres vous

Maintenant sen va celle part ou il auoit veu le cheualier mener. Si ne a gaires cheuauche quant il issist des broches z vir au plain, z lors dist deuant lui ceulx qui brandelis emmenoient. Et il les escrie maintenant. Quant ceulx le voient seul si le tiennent pour fol. Ilz enuoient ung de eulx pour sauoir quil demande z sil quiert iouste gardez quil ny ait faulte, z celui retourne vers gaheriet z dit quil loccira Si le fiert si durement quil fait voler son glaiue en pieces et gaheriet le frape hault si quil lui couppe la gorge ainsi comme de ung raseur. Apres il laisse courre aux autres z fiert si le premier quil encontre quil lui met le glaiue parmi lespaulle senestre. Quant le tiers voit ce il ne sose actendre ains sen fuit. z gaheriet ne fait pas grant force de aller apres ains va a brandelis z lui deslie les mains. Et quant il le congnoit si lui fait la plus grant ioie du monde. Si lui demanda comment il auoit este pris. Ce vous diray ie bien fait il. Il auoit er soir apres vespres que quant ie fuz issu de ces broches si auoie cheuauchie toute iour ie trouuay cy deuant deux pauillons si tournay celle part pour hebergier Et quant ie fuz descendu ie entray dedens ung pauillon si ny trouuay riens z lors men allay a laultre si trouuay une damoiselle dedens z ie lui demanday se elle me hebergeroit Oy fist elle. Si me aida a desarmer, z quant ie euz mes armes ostees ie me assis pres de elle z la vis plaine de si grant beaute que ie la requis damours. Et elle me dit quelle auoit ung ami si bailast quelle ne le lairroit pas pour moy z quil viendroit de brief. Ainsi comme elle disoit ceste parolle entra leans le cheualier qui son ami estoit. Et quant il me vist auec samie si dist quil me occiroit se ie ne men alloie tost. Et il estoit arme par quoy il parloit plus orgueilleusement. Et quant ie vis quil me menassoit si men allay armer. Et quant ie fuz arme ie lui vis que ie ne men remueroie ia, si me courut sus z moy a lui: z me cem batis a lui tant que ie loccis Apres me desarmay car ie vouloie mengier si fiz mettre la table Apres mengier ainsi que nous nous couchasmes moy et la damoiselle z dormismes iusques au matin si auint huy auant que ie feusse leue que les amis du cheualier sceurent la venue de moy, z la venue

j.i

Seconde

de la bataille qui entre nous deux auoit este/ Il vindrent iusques a .vi. au pauillon ou ie dormoie encore/ si me prindrent moy et la damoyselle ainsi comment vous veistes/ et deuiserent comment les vngs men emmenoient et les autres troys emmenoient la damoiselle/ et ainsi se vengeroient. Ainsi quilz alloient parlant si regardent au trauers du chemin/ si voient venir gossement destrangot qui amenoit la damoiselle donc ilz parloient/ quil auoit rescousse aux troys cheualiers. Et quant les compaignons sentreuirent/ si sentrefirent la gregneur ioie du monde. Si dient que belle aduanture leur auoit dieu donnee/ de ce quilz se estoient ainsi estre trouuez Et la damoyselle qui moult estoit mal actournee/ leur prie pour dieu quilz la conduisent iusques a vng sien chastel que pres dillecques estoit. Et ilz dient que si feront ilz/ lors les maine tant quilz viengnent en vne vallee/ ou ilz virent vne petite tour faicte nouuellement moult forte de son grant et moult belle. Ilz viengnent a la porte si appellent/ et len leur oeuure. Et quant ilz voient leur dame si mallement actournee/ sy firent trop grant deul/ et elle se fist coucher car elle se sentoit si mallade quelle ne cuide iamais garir. Et non fist elle/ car elle ne vescust puys que .vi. iours. Lors apporta len a brandelis vnes armes/ si se arma puis se sont entre eulx mis au chemin. Et gaheriet leur demanda premierement se ilz scaiuent nulles nouuelles de ce quilz vont querant. Et ilz dient q̃ nenny. Certes fist brandelis se lancelot feust vif ia si lointaine terre ne feust que nous nen eussions ouy parler. Par ma foy dist gossement vous dictes voir.

Ainsi vont parlant tant quilz vindrent a vng carreffourc. Beaux seigneurs fist gaheriet/ or tiengne chascun sa voie/ car ie iray ceste ou ie suys/ et cest celle qui alloit au chastel ou la dame lacte doit. Et quant le veist venir si se dreçha contre luy/ et luy demanda comment il auoit esploictie. Et il dist quil a rescoux le cheualier. Haa dieux dist elle et la damoyselle qui alloit si fort criant que peult elle deuenir/ par ma foy fist il oncques ne auint mieulx a damoiselle. Car vng de noz compaignons la rescouist de ceulx q̃ lemenoient/ si auons de puis tousiours este ensemble. Par ma foy dist elle vo9

me dictes merueilles. Ainsi parlant cheuaucherent iusques a vespres/ puis vindrent en vne prairie ou il y auoit troys pauillons tendus/ ilz vindrent celle part pour herbergier Et gaheriet vint au premier/ si trouua vng nayn q appareilloit a menger/ si luy demanda hostel. Et il dist q̃ bien soit il venu. si fist deschendre la damoiselle/ et luy se desarme. Lors ne demoura gaires q̃ leans vint vng grant cheualier/ qui bien sembloit fellon et orgueilleux. Et auecques luy menoit deux damoyselles dont lune estoit sa seur et laultre estoit sa niepce. Quant il entra au pauillon gaheriet se leua encontre luy/ si luy dist que bien feust il venu/ mes il ne respondit mot et regarde le nayn si luy dist/ par quel congie as tu herbergie ce cheualier. Sire fist il pour ce q̃ ie cuidoie que bien vous pleust par mon chief fist il ie te monstreray comment tu herbergeras cheualier sans le congie de ton maistre. Lors le prent par les cheueulx et le lieue de terre si hault comment il estoit/ puys le lesse choir si mallement que par vng poy ne luy a creue le cueur au ventre/ et celluy se pasme. Et quant gaheriet veist ce/ si scait bien quil la fait en despit de luy/ si mect tantost la main a lespee/ et dit au cheualier. Sire cheualier vous me aues fait honte/ et le cheualier dist maintenant quil ne luy en chault. Non fit gaheriet par mon chief vo9 vous en repentires/ lors luy court sus. Et celluy tourne en fuyte. Et gaheriet qui trop est courouchie vient a luy et luy donne du plat de lespee/ sy que celluy chaist a terre tout estourdi: puis luy sault sur le corps et dist quil locchira sil ne lamende au nayn. Et celluy q grant paour a de mourir crie mercy et prie quil ne locchie pas/ car il luy amendera si haultement comme il vouldra deuiser. Et gaheriet luy dist quil sache tant enuers le nayn q̃ luy pardonne son malfaict: et il dist q̃ si fera il voulentiers par conuenant q̃ iamais mal ne luy fera/ ne nul mauueis gre ne me scaires de ceste auanture qui vo9 est aduenue. Et celluy suice ance tout ainsi. Lors print gaheriet ses armes et dit a la damoyselle quelle monte/ car aller sen veult. Et quant le cheualier sentit si luy crie mercy/ et luy dist. Beau sire pour dieu ne vo9 poise de ce que ie vo9 ay mesfait/ car iestoie tant durement vers vous courouchie/ que nul ne men deuroit blasmer car vo9 mauez huy plus malement messait q̃ vous ne cuidiez. Comment fait gaheriet. Haa sire ne vous souuient il pas des trois cheualiers qui menoiẽt le cheualier batãt que vous rescouistes. Les deux estoient mes cousins germains / ⁊ ie estoie le tiers si men fuy ⁊ men vins en ce pauillon. si ne me pourriez plus courroucier q̃ de vous en aller: pourtant vous prie ie quil vous plaise de demourer. Et gaheriet dist ql ne peut estre Ja dieu ne mait sist le cheualier quant vous partirez meshuy de ceans. Maintenant lui desceint les pee ⁊ fist la damoiselle descendre. Cel le nuit fut bien hebergie gaheriet ⁊ bien serui ⁊ quant le iour apparust le cheualier fist ouir messe a gaheriet en sa chappelle Et quant ilz eurent ouy messe si reuindrent au pauillon ⁊ se cheualier eut fait appareiller a mengier si trouuerent tout prest. Et quant ilz eurent mẽgie a grant plante gaheriet mõta sur son cheual et puis il commanda tous ceulx de leans a dieu ⁊ se remist en son chemin: ⁊ erra tout le iour ⁊ lendemain auec la damoiselle / et tant quilz vindrent a la terre de la dame de roestoc deux iours deuant que sa bataille deust estre.

Quant gaheriet vint a court ⁊ la dame le congneut / elle lui fist la plus grant ioie du monde pour lamour de monseigneur gauuain qui sestoit combatu pour elle a segurades sicõme se cõpte a deuise. Et quãt il fut desarme sa dame lui fist apporter vne robe de escarlate ⁊ lui dist. Beau sire mõseignr gauuain vostre frere me sist vng seruice que õcques ne lui guerdõnay ne oncques puis ne le viz. Si vous faiz assauoir q̃ pour lamour de lui vous seruiray de quãque ie pourray. si vous abandõne toutes mes richesses. Et il lẽ mercie. Lendemain au matin mãda sa dame guidan se serourge a sa damoiselle quil venist a court: car le cheualier est venu qui veult õtre lui combatre le droit de la damoiselle. Quãt il ouist le message de sa dame si lui demãda q̃ estre cheualier qui a moy se cõbatra. Et celui dist ql ne scait pas son nom, mais moult est beau cheualier et bien sẽble estre vng preu domme. Certes fait guidan, mal dist õcques la damoiselle car il en mourra. Lors sist maltenant mander tous les cheualiers qui de lui

tenoient terre si leur dist. Il conuient que vous viengniez a court pour veoir la bataille de celui qui moy ⁊ vous veult desheriter ⁊ a moy se veult combatre Et ilz sont son commandement. Si vestirent les meilleurs robes quilz eussent ⁊ furent bien quarante cheualiers q̃ de lui tenoiẽt fief. ⁊ si ny auoit celui qui neust robe descarlate ou de satin. A telle compaignie vint guidan a court. Si descẽdit lui ⁊ sa cõpaignie: deuant le maistre pallais. et monta le premier comme celui qui trop se prisoit. Il estoit beau cheualier ⁊ grant de corps. Si fut vestu de vng paille roup a grans bendes dor Il vint deuant sa dame teste leuee: ⁊ bien sembla en son venir orgueilleux cheualier. ⁊ sans faulte si estoit il. Et la ou il vist la damoiselle si la salua. Et elle lui dist que dieu le benie. Dame fist il ie suis cy venu pource que vous me auez mande que le cheualier est venu qui a moy se doit combatre. sil est ceans si viengne auant. Et gaheriet saillit auãt qui estoit pres de sa dame lequel voulut respõdre: mais sa dame lui fist signe quil se teust. ⁊ sa dame parla si hault que tous louirent ⁊ lui dist. Messire guidan il ny est pas mais il y fut hier. / si me dist ql seroit au iour de la bataille prest de prouuer que vous tenez sa terre de ceste damoisele a tort. Certes dist guidan sil peut prouuer ce: ie ne quier ia tenir terre / car il me trouuera demain prest de bataillier. Atãt sen part ⁊ sen va en la ville hebergier ⁊ lendemain quant il eust ouy messe si se sist armer ⁊ alla a la court tout arme fors seullement de son heaume. et quant il fut venu au pallais si se assist dune part ⁊ gaheriet dautre tout arme fors de sõ escu ⁊ de coste lui seoit la damoiselle pour qui il se deuoit cõbatre. Quant les barons furẽt assis la dame fist venir les cheualiers armez et dist a guidan. Beau sire vecy vne damoiselle qui se est plainte a moy de sa terre que vo9 lui tollez a tort ⁊ vous dictes q̃ non faictes ⁊ q̃ la terre q̃ vous tenez vous auoit son pere donnee ⁊ q̃ vous estes prest de se prouuer se vo9 trouuez q̃ ose dire du cõtraire. Si est vray q̃ elle a amene vng cheualier qui ẽcontre vous veult prouuer q̃ faussement ⁊ mauuaisement lui tenez sa terre. ⁊ est prest de deffendre que õcques sa terre ne vous fut dõnee par son pere. Dame

f.ii.

Seconde

fist guidan/ et ie suys tout prest du deffendre et moy du contredire fist gaheriet. Maintenāt furent les sainctz apostres/ si iure guidan q̄ se dieu luy aist/ que le pere a la damoyselle luy auoit donnee la terre doncques elle le contralioit. Et se dieu m'aist dit gaheriet Vous estes par iure. si Vo' en prouueray a traictre & desloyal. Lors se leuerent maintenāt et issirēt du pallais et montent sur leurs cheuaulx La dame les fist cōduyre en Vne petite isle/ q̄ estoit dessoulz la tour close de Vne eaue roide et courant. Et quāt ilz sont Venus a la riue si entrent en Vne nef & leurs cheuaulx auecques eulx/ si les passerent les mariniaux en lisse. Et quāt ilz sōt oultre si les laissēt ēsēble & ilz mōterent sur leurs cheuaulx & prindrēt leurs escus/ et leurs lances. Si n'e y a fors q̄ de assembler. gaheriet apela guidan et luy dit. sire cheualier se Vous laissies ceste bataille Vous feries que sage/ car tout le monde dist q̄ Vous aues tort. Si Vous cōseilleroie que Vo' rēdissies a la damoyselle sa terre. Et il dist que ia dieu ne luy aist quāt ia luy rendra. Certes fit gaheriet or Vous gardes de moy. A tant laissent courre leurs cheuaulx et s'entredonnēt sy grans coups/ si que l'un Volle a terre dung coste et l'aultre de l'aultre. il geurent la grant pi ece en telle maniere actournes q̄l sēbloit quilz fussent mors. mes tout premier se mist gaheriet en estant l'espee en la main/ et fait semblāt de mōstrer la greigneur deffense quil peult. Si court sus a guidan l'espee dreschiee. Et ce luy se estoit ia leue & auoit l'espee traicte & l'escu iette sur son chief/ si se adrecha Vers gaheriet et luy donne tel coup parmy le heaulme quil luy fait tous les peulx estinceller. Et gaheriet luy reppaie tel coup cōment il peult ramener/ si q̄ il s'en esmerueilla tout. Lors cōmencha entre eulx deux l'escremie/ et ceulx qui les regardēt dient q̄ mōlt sont tous deux de grāt prouesse. si despiechent leurs haubers et leurs escus p̄ la ou ilz s'entre actaignent. Ainsi dura entre eulx deux la bataille/ iusques a midi tāt que a force les cōuint reposer: pour prēdre leurs alainnes. Si n'e y a nul deulx qui assez n'e ait perdu de son sang. et cellup qui moins estoit naure auoit plus de Vii. playes/ et quant ce Vint a l'eure de midi q̄

le solleil estoit mōlt chault se leua gaheriet premierement: si dreche l'espee cōtremont & Ba celle part ou il Voit guidan. Et qnāt cesluy le Voit Venir si ietta son escu sur sa teste/ et sil y fiert si durement que tout le sent iusques a la boucle. et au retirer quil fist brise son espee/ sy que le manche luy en demeure en la main. Et quant gaheriet Voit ceste aduenture/ s'y en est tout esbahy/ et l'aultre en est mont ioyeulx/ car ores cuide il bien que ceste bataille soit finee/ lors dist maintenant a gaheriet. Sire Vous Soyes bien cōment il est/ et ce seroit grant dō mage se ie Vous occioie/ et pour ce ie Vo' prie que Vo' Vous tenes pour oultre: et ie Vous creant q̄ ie Vous feray si bien Vostre paix Vers ma dame q̄ Vous Vo' en ires tout quitte/ lors luy respont gaheries Vassal faictes le pire q̄ Vo' pourres/ car ie suys cellup qui par Vous ne se ra ia mene iusques a oultrance. non fait il ce Verres Vo' par temps. Si luy court sus l'espee dreschiee/ et gaheriet se approche si pres de luy q̄ il luy dōne par le bras du trenchant de son es cu/ et l'espee luy Volle de la main/ si la prēt ga heriet qui grāt mestier en a. Et quant cellup Voit ce/ il est si dollent q̄ nul plus/ car il scait certainnemēt quil est mort sil ne se tient pour oultre/ ce quil ne feroit en nulle maniere. Et d'aultre part il n'est nulle mort au monde/ de quoy il ne aymast mieulx a mourir: q̄ d'estre en la subiection de son enemy/ lors se adreche Vers l'eaue et dist a gaheriet quil le suyue se il Veult/ car a sa Voye ne se mettra il luy mais/ Si sault en l'eaue et enfōdra maltenant pour la pesanteur de ses armes/ si n'en reult onc q̄s de puys.

Quant ceulx q̄ a la riue estoiēt Virent ce/ si entrerent au bateu pour aller qrir gaheriet/ et quātil fut Venu deuāt la dame de roestot/ si luy dist. dame a pie bien fait ce que ie deuoie pour acquitter ceste damoyselle. Sire fist elle ouy. et benoist soit dieu q̄ la Vic toire Vo' en a dōnee. Or la reueres doncques dist gaheriet de la terre quelle Vo' demāde/ et elle si fait. Et la damoiselle luy chiect aux pi es. et l'en mercie/ lors prīnt la damoiselle gahe riet par la main/ & le mena en son chastel si le fist desarmer pour regarder ses playes/ puis manda tout maintenant son mire/ et luy dist

partie.

quil se prenist garde du cheualier/ et il y mist telle entente que dedens six iours se sentist aslegie du tout Lors demāda congie a la dame car il sen bouloit aller. Et quant elle voit q̄ elle ne se pourra plus detenir par priere ne par requeste si lui fist apporter vne moult bōne espee pour la siēne quil auoit brisee en sa bataille. et il sen mercie. Lendemain au matin quāt gaheriet eust prinses ses armes il se partist de la dame et de toute sa mesgniee. et elle le mercie moult. Si le conuoie la dame grant piece et la damoiselle pour qui il sestoit combatu / tāt quilz se departirent a lentree de vne forest Et la dame lui pria que si tost comme il verroit mōseignr̄ gauuain quil le saluast de part la dame de roestoc Et il dit que si fera il Atāt sen retourne la dame en son chasteau. Et gaheriet se remet en son chemin et cheuauche ainsi que auanture le maine. Vng iour lui auit quil approucha de deux pauellons: et vist en vng lit seoir vne damoiselle qui tenoit vng mireur. Il la salue. et elle le regarde sās mot dire Si la salue vne autre fois. Et adōc lui respont et dit. Par ma foy sire pour neant me saluez et ie ne vous deusse pas respondre. pour quoy dit il. Pource fist elle que vous ne pouez estre plus villain que vous estes. Damoiselle dit il quant fiz ie villēnie. Certes ce vous dirap ie bien. Cheualier peut il faire greigneure villennie que de faillir a damoiselle qui a mestier. Certes dit gaheriet nēny Or pouez donc veoir que nul nest plus mauuais que vo9. ne plus villain: car vous faillistes auant hier a vne damoiselle que vous visles mener batāt a quatre cheualiers : et puis que vo9 ne la rescouistes les ne vous doit pas tenir a cheualier et mauuais estes vous et vous mōstrerap biē cōmēt. Or me dictes se nul cheualier peut faire greigneure mauuaistie q̄ laisser ses freres en prison. Nenny voir fist il. Doncqs estes v9 plus mauuais q̄ nul: car deux de vos freres sont emprisōnes plus a de vng mois ne oncqs ne fistes tant que ilz feussent desprisōnez. Damoiselle dit gaheriet souffres q̄ ie vous respōde. dictes fist elle. Certes il est vrap q̄ vis la la domoiselle q̄ vous dictes / mais il p auoit illec vng cheualier de la table ronde qui aussi grant mestier auoit daide comme elle auoit

si la meconst laisser pour le cheualier rescourre autrement eusse iehmenty ma foy car les cōpaignons sont par foy et par fiāce de aider lun a lautre en quelque peril quilz se voient. Et pourtāt laissay la damoiselle et couruz au cheualier. Et de mes freres qui sont en prison cōment vous dictes: vous promets ie que ie nen sauoie riens. car il y a plus de trois mois q̄ ie nen viz nul. Si vous prie pour dieu et par amours que vous me diez lesquez se sont. Et lors me aurez serui a gre. par ma foy dit elle ce vous dirap biē. Lun a nom agrauain et lautre guereesches. Si les a prins somehault du neuf chasteau vng des meilleures cheualiers que ie sache. et les tient en prison en vng tertre qui est cy pres. et a nom le tretre aux chetifz. et cōment les print il fait gaheriet: le sauez vous bien. Et elle lui compta tout ainsi commēt le compte auoit auteffois deuise. Quant il ot commēt la chose en est assee: si dit a la damoiselle. Certes vous auez droit se vous tenez le cheualier a preudomme et voirement le est il: quant telz cheualiers a conquis commēt sont mes deux freres. et ia dieu ne maist se ie fine mais tant que i y soie car ie aymeroie mieulx mourir quilz ney feussent hors se ie puis. Lors demāda a elle part est le tertre. Et celle lui mōstre la voie et dit quil ira bien par la tout droit Adonc il la commande a dieu et va tout le chemin quelle lui auoit mōstre.

S
Ja tant cheuauchie quil est venu au tertre et truoue au pie dessoubz vnes lectres que somehault y auoit fait mettre/ et il se tint a moult grant orgueil Si les arracha et dist q̄ ia dieu ne lui aist se ce brief est plus illec. Il se iecta maintenāt et mōta amont et trouua le nain qui sonna le cor. Qui demanda pour quop il auoit sōne. Et il lui dit q̄ cestoit affin que somehault sceust sa venue. Et quāt il est mōte si voit somehault qui estoit mōte dessus vng destrier et lactēdoit. Ilz ne sentredient mot ains sentrefierent si durement ēs combles des escus quilz fōt leurs glaiues voler en pieces puis sentreheurtent si duremēt des corps et des escus quilz vollēt a terre: puis saillēt sus cōment ceulx qui moult estoient preudes hommes et vistes et legiers si se cōmencerent a courir sus et sentredōnerēt si grās coups sur leurs

f.iii.

Seconde

beaulmes/quilz en font le feu faillir. ilz se de pieches leurs escus & derompent leurs haubers et sien font voller les mailles/ ils seuffrent tant quil nya cellup qui asses ne soit las de coups donner et de coups recepuoir. leurs haubers sont tous desmaillees: & leurs heaulmes telz actournes que molt petit vallent. Et sil se fussent entredonnes aussi grans coups comme au comenchement moes fussent pleeha/ mes ilz sont si las que a grant paine se peuent ilz soustenir. Et ont tant perdu la fouche et le pouoir/ quilz ne peuent mes soustenir les escus/ si les lessent choir/ & sentrepreignent aup bras & sont grant piece ensemble/ tant que sornehault et gaheriet chairet. Si aduit que gaheriet fut dessus mes il na pouoir que en sache plus: et ia auoient tant saignie que la place estoit toute couuerte du sang qui de leurs corps issoit. Grant piece gerent en telle maniere/ lun dessus laultre & tant que gaheriet eust reprinse son alaine et il se lieue en estant/ si pist lespee quil auoit laissee choit pups prent sornehault par le heaulme et lup errache de la teste/ et lup comenche a donner grans coups du pomel de lespee parmp la teste/ et dist maintenant quil occira sil ne se tient pour oultre/ cellup ouure les peulp et voit lespee nue qui estoit diedh̃e contremot. il ha grant paour de mourir si dist a gaheriet. Haa gentil cheualier ne me occhies/ car ie me tiens pour oultre. Il couient donc que tu voises tenir prison la ou ie te comanderap: & que tu faches aultres choses a mon plaisir. et il lup fiance ainsi. Et gaheriet en prent la fiance pups se lesa et mist lespee au fourel. Et sornehault se lieue en son estant si las & si trauaille quil cuide bien mourir/ lors viennent les sergans de sa tour qui molt sont dolsens de seur seigneur/ Si lup demandent quil veult. ie veul fait il que vous me portes leans. & me ostes mes armes et amenes auec vous/ cest cheualier/ si lup faictes toutes les ioies et honneurs que vous pourres. Car bien sachies que cest le plus preu dõme que vous veistes oncques. Ilz le preignent & le portent maintenant en son pallaiz si lup font ce quil auoit comande. pups vindrent a gaheriet si le desarment/ pups maintenent son cheual a lestable. Et font si grant honneur a gaheriet quil sen merueille.

Quant gaheriet fut desarme/ si vint a sornehault et lup dist. Beau sire lon ma dist que vous tenes deup cheualiers en prison si vous prie que vous les fachies cp venir. Et il dist quil se fera molt voullentiers. Lors comanda a deup sergans que len lup amenast les deup prisonniers/ et ilz firent son comandement. Si vindrent a la chartre et misrent hors les deup prisonniers/ & leur dient/ Beaus seigneurs bien vous est aduenu/ car ung cheualier errant vous a deliures/ q a oultre darmes cellup qui vous auoit coquis. Quant ilz oyent ceste nouuelle si ont molt grant ioye/ sp mercient dieu molt doulcement qui ainsi les a secourus/ lors viennent au pallaiz. Et quant gaheriet les voit si court a lencontre de eulp les bras tendus et les baisa lun apres laultre/ et leur demanda coment ilz sauoient pups fait. Et ilz dient bien dieu merci/ pups que nous sommes deliures. Et vous font ilz beau frere quelle aduanture vous amena cha. Par ma foy fist il/ ie ne cuyde pas que iamey feusse venu se neust este vne damoiselle qui me dist que vous esties en prison en vne tour ou sornehault vous tenoit. Si men vins cha au plus tost que ie oncques peuz/ car molt me tardoit que ie y feusse venu. pups les regarde et leur dist. Il me semble que vous aues este malades de puis que ne vous vy/ lors lup comptent coment quant ilz furent prins ilz furent fort naures/ et fussent ia mors ce ne fut la damoyselle de lcaris qui leur auoit fait tant de bien qlz ne le pourroient mie desseruir en leurs vies. Eu nom dieu fait gaheriet molt vous en est bien aduenu. selen les aduantures que vous me comptes: mes tant ya que nul de vous nest pas encore bien gari. si couendra que vous se iournes ceans tant que vous soyes allegies de vos playes. Et ilz dient qlz demouront pups quil le veult. Grant ioie font les troys freres de ce qlz sont assembles. si ne leur chault de leur mal non plus que ie iamais nen esseu. Et quant sornehault sceust quilz estoient freres de monsieur gauuain/ sy est moins dolsent que se ung aultre leust coquiz. il les fist venir deuant lup/ si leur prie quilz lup pardonnent ce quil leur a fait. Et aussp font ilz voulletiers. Celle nuit fut grande la ioie et la feste qlz font/ et plus

eust elle este grande mais somehault est il a
tourne que a grant paine pouoit il parler. Le
demain se fist apporter en son pallais. si trou
ua sa agrauain a dist quil estoit tout gary de
ses plaies. Il sen esmerueilla moult a lui des
manda quel mire il auoit eu Et il dit qͥl seust
mort se dieu a sa niepce ne eussēt eu pitie de lui
Somehault commenca a rire a dit que voire
mēt sont ceulx de la table ronde plus eureux
que les aultres: car se ilz estoiēt occis si trouue
roient ilz qui les seroit reuiure. Et ce dis ie
pour vous agrauain: qui ne vaillies pas mi
eulx que mort quant vous feustes mis en pri
son mais vo⁹ auez eu bon secours. a braimēt
ie cuide que oncques si bien ne aust a cheualier
nul. Si se tient les trois freres de ce qͥ ainsi par
le somehault Ilz demeurent leans viii. iours
en telle maniere que dedēs ce terme furēt sais
a haicties a desirans de porter armes. A vng
lundi matin vint gaheriet a somehault et lui
dit. Il vous en couient aller a sa dame de ro
estoc a vous mettrez en sa prison de par gahe
riet a lui ditez que ie me loe moult de la belle
chiere que elle me fist: a que voulentiers ie lui
guerdonneroie se ie venoie en lieu Et il respō
dist que ce message feroit il bien. Si commā
da a apporter ses armes a monta sur son che
ual / puis sen part de leans a commanda les
trois freres a dieu Et les freres se remisdrent
en leur voie si commandereta dieu la damoi
selle qui tant auoit fait de bien a agrauain. et
des lors fut appelle le tertre le tertre gaheriet
pource que si bien en auoit oste les mauuaises
coustumes qui deuant y estoient.

Quant les deux freres furent partiz du
chasteau ilz cheuaucherent ensemble, a
dirent que iamais ne partiroiēt tant que dieu
leur eust donne trouuer auanture. Si errerēt
tout le iour a la nuit furent logez chieux vng
hermite ou il eurent moult petit de bien / car il
y auoit peu a megier. Au matin si tost cōmēt
ilz virent le iour se partirent de leans a errerēt
tout le iour sans auāture trouuer. La nuit fu
rent hebergiez chieux vng forestier moult ri
che qui leur fist grant honneur quant il les cō
gneust. Le soir quant ilz eurent souppe si les
mena esbatre a vng moult beau vergier a leur

demanda quelle auanture les menoit. Et ilz
dient quilz sont querant lancelot du lac quilz
ne virent a court piega aincois dient plusieurs
quil est mort. De mort fait le forestier se deffē
de dieu car ce seroit trop grant dommage, car
apres lui ne demourroit nul si preudomme /
mais ce chemin que vous auez commence a te
nir ne vous conseille ie pas q̄ vous le suiuez.
pour quoy mon hoste fist gaheriet. / dictes le
nous par ma foy fist il voulentiers. Vray
est que en ce pais a vng moult riche homme q
est seigneur de ceste terre que lē appelle le duc
harles / lequel a six enfans. tous cheualiers
preux a hardis. Si auint ouen q̄ le duc auoit
vne fille a marier a sa donna a vng gētil hō
me qui marchisoit a sa terre par deuers soleil
couchant Et quant ilz furent au monstier il
lui voulut donner la moitie de sa terre / mais
ses freres saillirent auant a disdrent quilz ne
se lesseroiēt desheriter pour nul home du mō
de. Comment fist le pere ne pourray ie faire a
ma voulente de ma terre que iay conquise: cer
tes si feray. Et pource q̄ vous en parlez ie dō
ne au cheualier qui ma fille doit espouser tou
te ma terre apres ma mort. Se vous voullez
terre auoir si la cōqueres. car par mon chief ia
de la mienne nameūderez. Quant ilz ouirēt
cesi commencerent a dire que asseure seust il q
se le cheualier receuoit le don de leur terre que
il en mourroit Oncques le pere nē laissa riē
a faire pour leurs menaces, aincois donna a
sa fille toute sa terre apuis en reuestist le che
ualier qui la deuoit espouser. Et quant celui
seust espousee qui en son pais la vouloit me
ner en passant par vne forest qui est pres dicy
lui saillirent a lencontre les freres de sa fēme
a loccirent a tous ceulx qui estoient auec lui.
Si auint par ne scay quelle auanture q̄ leur
seur fut occise. Et quant ilz eurent ainsi fait
ilz sen vindrent parmi les chasteaux de leur
pere a prindrēt toutes les forteresses a misdrēt
gens dedans tout a leur plaisance: a qui ilz se
fioient. puis manderent sergans a grant pla
te a commencerent la guerre encontre leur pe
re si grāde a si merueilleuse que oncques puis
ne peut par nul homme du monde estre apai
see. Si y ont assez perdu les vngz et les au
tres. Or me dictes fait gaheriet lesquelz en ōt

J.iiii

eu du pirs. Certes fist il le duc y a eu grât dômage. et il est si preudôme et vaillant chevalier q̃ c'est merueilles, et encore luy est mescheu nouuellement, car auât hier perdist ung sien frere a une asēblee, qui môlt estoit bon cheualier/ & bien luy aidoit a maintenir sa guerre. Certez fist gaheriet de la perte au duc/ il me poise. car ie say veu en tel lieu ou l'en le prisoit môlt de cheualerie. Et si m'aist dieu se ie le venoie en point ie luy aideroie volentiers.

A Tant en laissent la parolle et sen vont coucher. au matin si tost côme ilz virēt le iour prindrēt leurs armes et quât ilz vous furent môter gaheriet appella son hoste & lui dist. Beaux hoste se ie voulloie veoir le duc/ quelle part iroye ie pour le trouuer. Son hoste luy môstre ung chemin et luy dist q̃ ce chemin le menera tout droit au chastel ou le duc estoit. Quant les trops freres se furent partiz de chielz le forestier si cheuaucherent toute la voye qui leur auoit enseignie. Il leur aduint telle aduāture quilz ne trouuerēt ôcques qui rien leur demâdast deuât quilz vindrent a ung gue pres de ung moulin. illecq̃s trouuerent deux cheualiers montes sur leurs destriers môlt bien armes: et gardoiēt le pas. Et quāt ilz virent les trois freres venir si leur cōmēcherent a crier qlz retournassent arriere/ & que par illec ne passeroēt point/ silz ne voulsoient a eulx iouster. Et gaheriet dit quil est cōptent. Si dist a ses deux freres quil se tirēt arriere/ et que môlt se prisera petit sil nen fait ung trebucher. Lors broche le destrier vers eulx/ et fiert le premier si durement quil abat luy & le cheual au gue. si se fust sās faille noie se ne fut ung arbre ou il se prînt. Et gaheriet laisse courre a l'aultre: si le fiert si durement en son venir q̃ luy fait la selle vuyder/ & le coing du heaulme fiert a terre/ puys sen passe oultre sans plus riens faire. Il regarda le cheualier qui en l'eaue se baignoit et ne se pouoit retirer hors/ lors cōmencerēt tous a rirre. Tât ont cheminé, quilz sont arriues au chastel q̃ le duc tenoit. Et la trouuerent la porte close, car ceulx de leās ne estoient nulle fois asseur Si auoit dessus les creniaulx archiers q̃ cōmencherent a crier quant ilz virent les cheualiers venir. et disoient alles arriere vīauffei-

gneurs/ car vous n'estes pas d~ nos gens. sy sachies q̃ se vous approchies plus nous vous occhirons. Et gaheriet osta son heaulme/ et dit a cellup q̃ auoit parle. Beaux amis nous ne sōmes pas voz enemys, ains vous serōs en aide. Alles dire au duc vostre seigneur q̃ vīengne parler a trops cheualiers estranges qui cy l'attēdent. et cellup dist q̃ ce message fera il bien. A tant sen va au duc & le trouua en sa chābre et son mire auecq̃s luy qui regardoit sa playe quil auoit eue/ a la derniere bataille Et quant le duc le voit sy luy demāda que il quiert. Et il dist. Sire a vous me euoie. iii. cheualiers q̃ la hors vous attēdēt et vo' ayderoient voulētiers sil vous plaisoit. Ha dist eup dist le duc pourroiēt ilz bien estre de la table ronde/ de ceulx q̃ vont querant lancelot si cōme iay ouy dire. Certes silz en estoieut et ilz me voulloiēt aider/ encore pouroie mener ma guerre affin. Et que mes enffans qui me veullēt desheriter se tēdroient encore pour for Lors vint le duc a la porte pour parler a eux Et quāt gaheriet le voit si le congnoit bien, & luy dist. Sire vecy. iii. cheualiers estrāges q̃ voullētiers demourroient auecques vous se il vous plaisoit, et vous aideroiēt a affiner vostre guerre. Beaussires fait le duc vous me semblez môlt vaillāns/ et si estes vous a mō aduis. et de plus hault lignage que ie ne suis vous aues apris a viure richemēt/ et a estre aises. pour ce vous dis ie q̃ vous nauez mestier d'estre auec nous/ car si vo' y esties vous auries pou a menger/ et a tart. et si vous couuēdroit souuēt vestir voz haubers quant vous vous deueries reposer. Et si auries chascun iour plus enuy et paine que vous n'aues apprins a auoir. Et pour ce ne vous douldroye ie pas prier de demourer. Sire fait guerresches les paines et les trauaulx auons nous bien apprins a auoir, car long temps a que nous sōmes acoustumes a paine souffrir. Et pour ce ne nous esmaide nous pas de telles aduantures, car il n'est pas preudōme q̃ paine souffrir se esmaie. Par ma foy fait le duc se vous voulles ie vo' feray ouurir la porte/ et vo' tēdray auecq̃ nous ceās/ & aires autāt cōme mō cueur/ mes se voz voullētes ne aues ne vous en esmerueilles/ & ilz diēt q̃ nō feront ilz.

partie.

Atant ouurirent la porte si mõterent au pallais/ & leur apposta robes legieres a vestir: & puis leur demanda seu dont ilz estoient. Et gaheriet qui ne vouloit pas estre congneu respondist q̃ ilz sõt de estrange pais. Sire fait le duc il semble que vous soiez freres. asil est vray si ne me le celez pas Vraiement sont ilz pour freres nous tiennẽt ceulx qui nous congnoissent: si vous souffrez a tãt de nostre estre enquerre. car vous le saurez asfez a temps. Et le duc respont quil ne leur en dira plus. Quant il fut temps de soupper se duc commanda q̃ lẽ mist les tables & fist asseoir gaheriet deuãt lui. pource que ses freres lui faisoient reuerence. Quant la nuit fut venue on fait trois beaulx litz en vne chambre/ & la coucherent les trois freres. Lẽdemain entour prime quant ilz furent leuez & eurent oup messe & ilz furent issus hors du mõstier ilz virent par leans plusieurs cheualiers qui se armoiẽt. Si demandent au duc quilz vouloiet faire/ car ilz ne voient nully qui le chastel vueille assieger. Beaulx seigneurs dit le duc ilz vont essaier leurs harnois car les bõs hauberc auront ennuit bien mestier: & vous pourrez iavecir cy deuant sorgueil de mes enfans par ma foy dit gaheriet dõc vueil ie bien que nous allons querir nos armes & leur allons a lencontre car se nous souffrons tant q̃l nous viennent assaillir ie sera recreantise. Par dieu fait le duc a bien attendre ne soy nulle follie. mais par trop soy haster: & par trop tost mouuoir ne soy quil y puisse auoir fors tout peril & pource vous prie q̃ vous soiez tout coys tãt q̃ le besoing soit venu. Vous estes trois freres & telz cheualiers a mon escient q̃ quant les autres seroient tous las si deuriez vous vng grant ost desconfire. Et pource q̃ ie vueil q̃ en vous trois soit nostre secours ne vueil ie pas que vous vous mouuez tant q̃ ceulx de leans soient venus si q̃ quant ilz seront las & trauaillez que vous soiez frais & reposez & ie ne cuide pas q̃ ainsi aient vers vous duree. Ia dieu ne mait dit agrauain quant iusqz aux derrais nous actendriõs/ car nous ne nous pourrions mieulx faire tenir pour recreãs q̃ de demourer derrier ceulx qui sont las & trauailliez. Par dieu fait gaheriet vo9 dictes vray. mais le duc

est si preudhomme que ie cuide quil ne nous conseilleroit pas faire chose ou nous eussons honte. par ma foy fait agrauain vous en serez brief boulete. mais quoy q̃ vo9 facez ie suis celui qui istra des premiers car ie vueil sauoir comment les premiers scaiuẽt ferir de lances. Vous ferez ce quil vous plaira dit gaheriet: mais ie suis celui qui ne se mouuera tãt que ie voie quereches mon frere. Ainsi cõme ilz parloient ouirẽt crier par le chasteau aux armes par plusieurs fois. Si commẽcerẽt tous les cheualiers a assembler deuant le pallais du duc Et le duc fist crier q̃ nul du chasteau isse. Sien eust en peu de heure plus de deux cens tous armez. Apres le duc sen alla armer lui & trois nepueux quil auoit lesquelz estoiẽt bõs cheualiers & hardis. Et les trois freres furẽt armez bien & beau. Si prient a agrauain q̃l se part mie de eulx. Et gaheriet le prie moult q̃l ne voise a la bataille sãs leur compagniee puis que le duc leur a commãde a demourer. & q̃ nous demourons si souffrõs iusqs a ce nous voios quil soit aposté q̃ ses gẽs du duc aiẽt mestier de nous. Et agrauain dit q̃l nen fera riens & q̃ ia dieu ne lui aist sil attent a issir iusqs aux derrains. Or doit dieu dit gaheriet q̃ bien vous en puisse auenir/ car certes iay grant paour q̃ ceulx de dela ne vous prenẽt. Nen aiez doubte dit agrauai car il nen sera pas a seur voulente. Lors deuise le duc ses gens & en fait quatre eschielles. si met a chacune quarante cheualiers & les baille a garder a ses quatre nepueux/ q̃ estoiẽt les hõmes du mõde ou il se fioit le plus Si leur ẽseigne cõment ilz se cõtendront & commẽt les vngz secourrõt les autres quant ilz verront q̃ besoig en sera. puis esleut quarante des cheualiers ou il plus se fioit & les fist estre loingz des autres & leur dit q̃l ne se partent deuant que son corps sen isse.

Lors vint a ses nepueux dont lun estoit appelle cassibilans & cestoit le plus iene & lautre cassillie & lautre dionnes & le quatriesme dyon. Si leur dist quilz naiẽt cure de cure de oultrage: mais sagemẽt voisẽt contre leurs ennemis. Et celui dit q̃ si fera il. & agrauain qui se fut parti de sa compaigniee pour iouster aux premiers & voit venir cheualiers

Seconde

sur ce sensiste la/ ainsi cõme les ungz estoiēt plus desirans de iouster q̃ les aultres. Et les vi. freres qui montés estoient vaillans cheualiers auoiēt deuise vi. Batailles: ou il y auoit a chascune cent cheualiers, si cōduisoient chascun la sienne, sans ce quil auoiēt enuoie leur seneschal a tout .pl. cheualiers pour cōmencer la meslee: si benoiēt si tost cõme se fouldre les chassast, et le seneschal benoit deuāt lescu au col senseigne gallopant au vent. Quāt agrauain le voit venir si pēse q̃ tost pourroiēt estre desconffiz. Lors prent iusq̃s a .p. cheualiers ⁊ leur dist suy ues moy: et ceulx dient quilz voise seurement et que ilz ne luy failliront iusques a sa mort. Et il laisse maintenāt aller contre le cheualier qui venoit deuāt tous les aultres Et cestuy le fiert si quil brise son glaiue. Et agrauain qui tost fut venu lactaigni bas, ⁊ le fiert si durement que lescu ne se garātist q̃l ne luy mecte fer et fust parmy le corps si le porte a terre si naure quil na mestier de mire, et au parchier brise le glaiue, et chascun des cōpaignõs abat le sien. Et agrauain mect sa main a sespee si cōmenche a faire tant par sa prouesse que les .l. furent desconffiz par luy, et par ses cōpaignons. Et leurs anemys sen vont fuyant et ilz les enchassent de si grāt air quilz les font ferir en la premiere bataille. Quant les aultres les voyent a soupir si leur demandent ou ilz vont si tost. Et ilz dient qlz nen peuēt plus, et que de la a ung si bon cheualier et si prēup q̃l a occhis nostre seneschal. Est nostre seneschal occhis donc se dist lun, par ma foy il sera vengie ains quil soit nupt.

Lors issist hors le nepueu au duc et assembla a ceulx de dehors. ceulx de dedens ne estoient que .pl. et ses aultres estoient cent/ ne ia les .pl. ne eussent eu duree se ne fust sa prouesse agrauain q̃ donnoit cueur et hardement, a tous les plus couars. Et quant le filz au duc cestuy par qui la premiere bataille estoit cōduite le vist, dist q̃ sil vit longuemēt mōlt leur pourra nuyre. Lors appella .p. de ses hōmes, et leur dist ie ne scay qui est ce cheualier/ mes trop nous fait grāt dōmage, suy ues moy, car ie voys a luy iouster, et se ie le abatz il ne peust estre quil ne soit prins/ et se il me abat en soues luy entre vous, tant q̃l soit

occhis ou prins/ aultrement ne serions nous pas vengies/ et ilz dient q̃ ainsi le feront il. Si laisse courre a agrauain qui aussi lui appongnoit. Ilz sentreferent des glaiues/ si q̃ en font voller les esclaz, et sentreferent des corps et des escus sy durement quil npa cestuy qui nen soit tout desarme. Et le cheualier trebuche tout euers, et ainsi q̃ agrauain sen vouloit oultre passer, si fut feru dessus son escu de plus de .p. glaiues, et luy ont son cheual occhiz soulz luy tellemēt quilz le portēt a terre, Et il voit ce si pense q̃ ce soit chose pour parler et quilz le sachent pour le prendre. Si tire les pee et se deffent si biē quil nest nul qui le voye que a preudōme ne se tiengne/ mes ceulx qui seurēt enclos seurēt plus de .pp. qui le hastēt si que a genoulz le font venir deup ou trop sops et se prengnēt a fine force, si leussēt occhi se ne fust lun des freres q̃ leur deffendist, ainçois le fist mener en prison en leur chastel. Et maintenāt sur sa premiere eschielle de leans descōfficte, si tournerēt en fupte ceulx qui toute iour ne se estoiēt tenus pour la prouesse agraual. Lors vient laultre bataille si la cōduisoit da sillec ung des nepucup au duc. Et quant il vint a la rescousse, si se rectraient ceulx de dehors vers leurs batailles. Adonc si se yssist ung des freres, et remisrēt leurs ennemys en fupte, Ainsy assemblerēt les unes batailles aux aultres, tant que tous les .vi. freres furent venus. Et lors ne peurēt ceulx de dedēs souffrir en nulle maniere: car trop estoiēt pou enuers les aultres, et au desrain les conuint souyr, malgre eulx, sy en y eust assez de nauures, et de prins ne ia nen fut nul eschape se ne feust ung cheualier de seās le quel fut naure parmy le corps, qui dist au duc. Haa gentil hōme pour quey lessies vous vos gens occhire sa dehors. Certes se vō ne les secoures tost iames de tous ceup que vous y aues enuoyes ne verres ung seul reuenir. Si en sera la hōte vostre et le dōmage leur. Certes faictes le duc puys quilz en ont sy grant mestier ie ne me tendroie mie q̃ ie ny allasse pour les secourre.

Lors vint a gaheriet et luy dist. Il est biē temps de mouuoir, car mes hōmes sōt descōffortes pour ce que ie ny suys, issons dehors ⁊ les allons secourir. Et gaheriet a qui

partie

il poise quil ny est ia: dit. Iay grāt paour q̄ iz naient mon frere prins par aucune auanture et ilz ne auoient encores nulle nouuelle de sa prinse. Lors sen issent hors serrez a rengiez et voient ses seurs fuir lun cy a lautre sa qui tāt auoient souffert que ilz ne pouoient plus. Et gaheriet laisse courre a fiert si le premier qu᷑ en contre quil abat lui a se cheual a terre. Il ne se arreste pas a lui/ ains point a vng autre a se fiert si durement quil lui met parmi le corps a fer a fust. Si le trebuche: et au cheoir brisa sa lance. Guerresches a le duc en ont abatu deuz a ceulx qui auec eulx estoiēt eurent seurs glaiues brisez a de telz y eust qui abatirent cheualiers en seur venir. Si le font si bien a lencō trer q̄ seurs compaignons qui lors sen fuioiēt retournerent a sexemple de seur bien faire. ga heriet: le duc a guerresches sont aioustez ensem ble a diēt que ia ne sentresaisserōt pour doubte de mort. Si requierent seurs ennemis et seur sont le pie quilz peuent. Gaheriet qui auoit lespee traicte se mist en sa greigneure presse/ et ne encontroit si grant ne si fort quil ne portast a terre. Si commēca a faire tant de armes q̄ il nest homme au monde sil le veist quil ne se tenist a preudomme. Guerresches a le duc lui aiderent a seur pouoir, mais nulle prouesse ne se prent a la sienne. Si ney ny a nul si faillāt qui ne se doubte a enconser: Tous parlent de lui pres a loīgz. Si en dient sa nouuelle iusques aux six freres qui se combatoient daultre part. Ilz se mettent ensēble puis viēnet celle part a dient q̄ sil seur eschappe se sera dōmag ge. Quāt le duc les voit venir si les mōs tra a gaheriet a lui dit. Voiez vous ces six che ualiers venir se sont mes enfans. ceulx q̄ mōt desherite a qui les auroit mis au dessoubz ie il auroit ma guerre finee. Et qui en seur main cherra il pourra bien dire quil est mort/ si ny a en lui moult grant deffense. En nom de dieu dit gaheriet dōc ie cōseille q̄ nous nous tenōs bien ensēble a se nous a laide de dieu les pou ons descōfire nostre guerre sera finee. Par mō chief dit gueresches vous dictes voir: or poin gnons a eulx.

Tant laisserēt courre les trois contre les six. si abat gaheriet le premier a gue resches lautre: a le duc le tiers. La meslee com

menca moult grande car ses autres trois fre res vouloient rescourre seurs freres qui a ter re gesoient a gaheriet seur court sus a dōne a lun tel coup parmi le heaume quil lui met les pee iusques aux dens a il cheut mort. Il abat cheualiers a cheuaulx a fait tāt en peu de heu re quilz tournerēt tous en fuite. a mesmemēt les cinq freres dont gaheriet print lun a le duc lautre. Lors commenca la chasse si en prādrēt moult a tant quilz les rebouterent en mi seur forteresse. Apres sen retourna se duc lui a ses gens quant ilz virent que se demourant seur estoit eschappe. Si sont moult ioieux de ce q̄ si bien seur est auenu. Quāt gaheriet ne voit agrauain son frere il demāde a gueresches sil scait quil est deuenu. Certes dit il nenny. Et quantilz nen peuēt ouir nouuelles si cuident quil soit occis. Lors commēca gaheriet a faire moult grāt deul a cria a haulte voix en disāt Haa dieu quel dommage sil est mort. Et le duc lui dist. Sire pour quoy faictes vous tel deul sachez vraiement q̄ il nest pas mort mais par auanture que ceulx de dela sont prins. Ie seur rendray tous seurs cheualiers pour le ra uoir Lors y enuoia vng escuier. Et quāt il vit la il demanda seilz auoient point vng tel che ualier Oy dient ilz. Et il seur demanda seilz se rendroient voulentiers pour seurs deux fre res. Et il seur reuint dire ce quilz auoit trou ue. Le duc print ses deux filz a les renuoia ar riere. Et ilz lui rendirent agrauain ainsi arme comme il estoit Et quant gaheriet le vit si ne fait pas a demander sil lui fist ioie. Le duc mā manda se duc cheualiers a sergans de toutes pars a seur fist sauoir quil seur dōneroit bōs gages. Si peu vint tant a lui de tous costez quil eut plus de sept cens cheualiers. Mais a tant se taist le compte de lui a de gaheriet a re tourne au roy artus a a la roynegenieure.

Cōme se roy artus a toute sa court furēt trou blez pour lancelot que sen cuidoit mort. a com me boort se partist pour aller au secours de la dame de galuoie. Ca. vi.

Le compte dit q̄ quāt les cōpaignōs qui en la queste estoient entrez furēt partis de kamallot q̄ se roy demou ra mat a pensif de la nouuelle quil auoit ouye

Seconde

de lancelot, car bien cuidoit quil feust occhis: car la roine lup auoit dist. Si en pleure et dist que oncques mes en son viuant neust aussi grāt deul de la mort de vng seul hōme, si vous creant dame fait il a la roine q̄ ie amasse mielx auoir perdu tout mon roiaulme de logres et tous mes nepueuʒ fors seulemēt gauuain. Et la roine respont q̄lle ne sen merueille pas Car ie vous diʒ sire fait la roine: que pour sa grant renōmee de lup: ⁊ pour sa grāt prouesse estoit vostre court plus doubtee q̄lle ne sera iamais. Molt firēt grāt deul et lōgs ⁊ bieuʒ si ont tous laisse le rire ⁊ le iouer / et dient q̄lz ne scauēt mes par qui les aduātures du saict graal soiēt menees a si: quāt celui est mort a q̄ ilz se actendoiēt. Cellup iour apres midp vint leans lponnel le cousin lancelot, et quant la roine le voyt si recōmēca son deul, et tous les aultres. Et quāt il voit quilʒ plouroiēt en telle maniere, si en fut tout esbahi, ⁊ sachies quil neust pas petit de paour, si dist a la roine, da me pour dieu dictes mop pour que ⁊ā tēs sont tel deul. Beau doulp frere fist la roine vous le scaires assez a temps, mes desarmes vous. Et ceulx q̄ estoient leans le desarmerēt Et puys apres la roine se print par la main ⁊ le maine en sa chambre, ⁊ quāt elle lup peust compter ce donc il ne scait riens, le cueur lup cō menche a serrer au ventre du grant couroust q̄lle a. Si se pasme, et il la prent entre ses bras. Et quant elle fut reuenue de pasmoison si lup dist lponnel. Haa dāe pour dieu dictes mop donc cest grāt deul vous vient. Haa beau frere lponnel, voullez vous q̄ ie le vous die. Or est mort le beau, le bon, le meilleur, q̄ ores fut de tous les cheualiers, celup q̄ apres sa mort toutes prouesses doibuēt faillir. Cest lancelot vostre cousin.

Quant lponnel lētēt sy fait endroit soy tel deul: q̄ nul ne le scairoit dire. Il pleu re et crie si fort q̄ toutes les gēs se p assēblēt: et le rop le reconforte au mieulx quil peut, mes il ne laissa oncq̄s son deul. Si demāda a la roine cōment adult. Et elle lup compte tout ce q̄lle auoit veu du cheualier q̄ sa voulloit emener a force, se lancelot ne sen eust gardee, Si lup dist q̄ en vne des chambres de leans gist le cheualier mallade / dame fait lponnel

saues vous q̄ il est. Certes fist elle nēnil, car trop ce celle vers mop. mes tant vous puis ie dire q̄ oncques ne oup faire greigneur deul q̄ a lup, quāt il sceust q̄ cestoit lancelot a qui il auoit iouste. Certes fist lponnel voulletiere le verroie. Par ma foy fist elle ie vous y mene ray, si le prēt par sa main, ⁊ le maine ou le che ualier mallade gesoit, qui auoit fait couurir son visage pour ce que dormir se voulloit, lp onnel entra leans ⁊ demāda a vne damoisel le se le cheualier se dort. Certes fist elle nēnil et si est trop mallade, car sa plaie se est enupt escreuee. iii. fops. En ce quil parloient si se esueille le cheualier, et se descueuure. Et quant il voit lponnel si cōmence a crier. Ha beau doulp frere lponnel q̄ pourrons nous faire, Or est mōseigneur et le vrē mort, et sa plaie se escreue a saignier si q̄ les draps du lpt en sōt tous couuers de sang. La roine se regarde et cōgnoit que cest boort le cousin lācelot. Et lp onnel le prēt entre ses bras, et lup dist. Beau doulp frere ne le dictes pas, ia se dieu plaist ne auēdra quil meure par telle mesauēture. mes pour dieu dictes mop se vo⁹ pourres ga rir. De ma garison fist il ne vous chaille, se il est vif ie gariray. A ces parolles entra leās le rop et ses barons. Et quāt ilz virent boort sy en furent ioyeux ⁊ dollens, ioyeux de ce quil estoit auecq̄s eulx, et dollens de ce quil estoit ainsi blechie. Les mires lup estanchēt sa plaie Et puys leur dist boort q̄lz sen voisent de leās pour la noise qui mal lup fait. Si sen partēt maintenāt le rop et ses aultres barons. Et ne demeure leans que lponnel ⁊ la roine.

En telle maniere geust leans boort plus de vng moys mallade, et y eust encore geu, se ne feust q̄ le rop lup bailla vng mire: le quel y mist si grāde entente, que ains. vi. se maines peust il aller parmy la salle. Et tant cōme il fut mallade seiourna le rop a kaama lot pour lamour de lancelot et pour la grant prouesse quil auoit en lup. Sy auoit molt grant tallent de demander a boort pour quoy il voulloit emener la roine: mes il ne osoit, de paour de le couroucher. Et touiours estoit la roine deuāt lup qui lup faisoit cōpagnie auec le mire: et auecques lponnel. Si faisoiēt entre eulx trops chascun matin leur deul a priue, et

partie.

la royne le faisoit tel que cestoit merueilles q̃ elle ne issoit hors du sens/ car elle ne beuoit ne mengoit q̃ bien peu. Si se actourna telle ais que Boort feust gary quil lui couint garder le lit plus de quinze iours. Si sont en tel tourment pource q̃ riches q̃ lun ne scait lautre conseillier. Ung peu apres vespres le iour de la saint iehan baptiste que Boort fut gary et quil peut bien porter armes auāt que le roy se assist au plus hault dois ⁊ aual la salle furent assis maint barons dont il y auoit ⁊ moult preudes hōmes. Quant ilz eurent eu le premier mes si entra leans vne damoiselle qui salua le roy depar la dame de galuoie. Et le roy pēsoit tant quil nen ouyst riens. Quant la damoiselle vist ce si pēsa quil lauoit fait par despit si sen part atant ⁊ sen voulloit aller quāt elle encontra Lucane le Bouteillier, lequel lui demāda que elle auoit Certes dit elle iay este icy parler au roy depar la dame de galuoie mais il mest auis quil ne me prise pas tant qͥl daigne parler a moy. Haa damoiselle fait lucans pour dieu mercy il ne la pas laisse pour desdaing ais est courrouce pour ma dame la royne qui est si mallade quil est plus de vn g mois que elle ne se ua du lit. O vo' souffrez vng petit ⁊ ie vous feray parler a lui. La damoiselle se arresta ⁊ il vint maintenāt au roy ⁊ lui dit. Sire vous pensez moult fort/ dieu doint q̃ ie soit bien. Et le roy leua la teste ⁊ lui demanda quil voulsoit. Sire fist il ceans a vne damoiselle q̃ voulentiers parleroit a vo' faictes la venir auant dit le roy. Quāt elle vint pres du roy si lui dit. Sire la damoiselle de galuoie vous salue: ⁊ vous mande comme a son seigneur lige que vo' lui enuoiez mō seigneur gauuain ou lancelot du lac pour desreuer vne sienne q̃relle car se vng de ses deux ne lui enuoiez elle perdra sa querelle: car celui q̃ veult faire sa bataille ⁊ contre elle cuide estre si bon cheualier quil ne soit cheualier au mōde nul de lui meilleur.

Certes damoiselle dit le roy de ces deux na il nul ceans. He dieu fist elle ou sōt ilz donc. par dieu fait le roy artus ie ne scay. fors tant que len dit que lancelot est mort Si est grāt dommage pour moy ⁊ pour tous les hommes du mōde ⁊ gauuain mon nepueu en

est entre en queste. ⁊ auec lui dix cheualiers de cest hostel qui ia ne reuendront iusq̃s a tāt qͥlz en saichent vraies nouuelles. Mais pource q̃ ie scay que a sa damoiselle q̃ icy vous a enuoie doiz aider a maintenir sa terre Bueil ie q̃ vo' eslisez des cheualiers de ceās celui qui mieulx vous plaira. La damoiselle pēsa vng peu et puis dit. Sire ma dame me deffedist q̃ nul de ceans ne menasse que vng de ces deux: fors seullement Boort de ganues. Par dieu dit le roy vostre dame a droit se elle le demāde, car de son aage ne cuide pas quil y ait auec moy si bon cheualier Et il vous en est bien auenu car il est ceans plus a de six sepmaines. Et pour quoy fait elle y a il tant demoure. pour vne playe dit le roy dont il a tousiours geu/ mais il est maintenant bien gary. Haa sire fist elle pour dieu priez lui qͥ y vieigne. Voulētiers fait le roy. Lors commāda a lucane qͥ l amaine la dame a la chambre de la royne pour y mengier. Apres mēgier vint le roy a Boort ⁊ lui dit Boort vne damoiselle qui est venue querre secours ma prie q̃ ie vous deisse q̃ vous y allissiez pour faire sa besongne. Et ie lui eusse accorde mais vous nestes pas gary Certes sire dit il se la damoiselle ne feust iamais ceās venue si men feusse ie demain alle ou apͥs demain car moult me tarde que ie ne scay nouuelles de monseigneur lancelot mais parle la damoiselle quant elle voudra: car ie suis tout prest de la seruir. Beau doulx amy fist le roy vo' auez e ste mallade, ⁊ pour dieu ne y allez pas se vous vous sentez vng petit deshaictie. Certes fait Boort ie nay nul mal par quoy ie en lesse a faire ma iournee. Dieu en soit aoure fait le roy.

Quāt la damoiselle eut mengie elle vit au roy ⁊ lui dit. Sire que me dictes vo' de ce que ie suis venue querre par ma foy dit il il ne vous fault que monter car Boort est tout prest de vous suiuir. Boort fait apporter ses armes ⁊ lyonnel les siennes, car il dit que apͥs son frere ne demourra il pas. ains se mectra en telle queste commēt les autres ⁊ dit. Jamais ceās ne retournerai tant que ie sache vraies enseignes de lui. Et quant ilz sont tous armez fors que de leurs heaumes lyonnel appelle Boort ⁊ lui dit. Beau frere allons prendre cōgie de ma dame la royne/ et la remercions des grans biens quelle vo9 a faiz/ car oncques nulle haulte dame ne fist autant pour cheualier estrange come elle a fait pour vous. Ilz entrent en la chambre/ si leur aduint si bien q̃ la royne dormir se vouloit. Et quant elle les voit armees si pensa bien qlz sen vouloient aller/ sy leur dist en plourant. Beaus seigneurs ie ϼoy bien quil vous pesoit de ce q̃ ie garissoye/ quant sy tost vous en alles. Coment dame fait sponel/ pour ce fait elle q̃ vous sauez bien q̃ tout le mal que iay me vient de cestuy q̃ ie ne om̄blirap iamais. Et pour la grant amour que ie auoie en luy me estoit il aduis q̃ toutes les fops que ie vous veoie/ que ie le deuoie veoir si me alegoit grãt partie de mes douleurs mes des ormais ne me aurap ie a qui complaindre de mes douleurs/ si en pourroie tost auoir la mort/ quant il me couendra couurir et celler mes ennups. dame fait Boort pour dieu merci:iene me feusse pti de ce mōps sil ne vo9 eust pleu/ mes ce me a fait le rop qui ma prie que ie secoureusse vne damoiselle. Alles dōc fist elle a dieu qui vous garde de mescheance A tant prent la royne vng anel qui en son dop estoit/ et le baille a Boort et lup dist. Boort ve cy vng anel q̃ vous emporteres auec vous. Et pour ce que vous trouueres plus tost lācelot du lac sil est vif q̃ nul aultre/ vous lup baillerez si tost coment vo9 le verres/ et ie crop q̃ ce sera de brief/ car le cueur me dist quil ne est pas mort. Et si lup dictes sur tout ce q̃l tient de dieu quil ne faisse pas quil ne sen viengne au plus tost q̃l pourra. Certes fist il cest messa‍ge ferap ie bien. A tant les baise la royne tous deup/ puis viengnent en la salle/ et achent leurs heaulmes si viēgnent a la court ou les cheuaulx estoient tous prestz. Et le rop artus les baise/ & aussi font tous les aultres. Et la damopselle q̃ se secours estoit venu querre entre en son chemin auecq̃ les deup freres. Si creancerēt lun a laultre qlz maintēdroient leur queste an et iour/ se dedēs ce terme ne trouuoient lācelot du lac. Ainsi sōt les deup freres entre en queste/ si errent tant quilz entrerent en la forest. Mes ore laisse le cōpte a parler de eup et retourne a la royne qlz ont laissie mōlt dolente & eshaicie a hamollot.

Coment apres que sponnel et Boort furēt ptiz de court: la royne enuoia vne sienne cousine en gaule pour pler a la dāe du lac. C ‍.pvii.

Or dist le compte q̃ quant les freres se furent partiz de la royne/ quelle demoura dolente et couroucie de leur departemēt. Car elle nauoit mes personne leans a qui elle osast dire son penser si lup est aduis q̃ desormais ne trouuera nul cōfort Et cestoit la chose du mōde par quoy elle cuydoit plus tost mourir. Celle nupt qlz furent partiz de la royne/ feust elle plus a malaise q̃ elle ne souloit. Si se deist toute seulle en sa chambre fors de vne pucelle qui estoit sa cousine germaine/ et auoit a nō elpbel. Et cestoit celle en quoy elle se fioit le plus. Eu premier sōne se fut la royne endormie/ mōlt trauaillie de plourer et de ieusnes quelle faisoit. Ainsy comentelle dormoit lup estoit auis que lance‍lot estoit leans si bien vestu que nul mieulp ne estoit si beau q̃ en tout le monde ne auoit sō pareil. Et apres luy venoit vne damopselle/ la plus belle q̃ elle eust oncques veue. Et le rop lup faisoit grãt ioie et la roine aussi. Et quant ce venoit au soir/ q̃ lancelot se venoit coucher auecq̃ la royne elle y trouuoit la damoisel‍le coucher. Si estoit la roine tant couroucee de ceste assemblee quelle couroit sus a lācelot et il crioit & iuroit quã quil tenoit de dieu quil ne lup sauoit pas/ mes ce ne lup valloit riens ains lup deffendoit quil ne entrast iamais en lieu ou elle feust/ et que iamais ne laimeroit. Et il estoit tant dollent de ceste parolle q̃l sen fupoit tout nu en sa chemise/ et issoit hors de son sens pour la deffēce quelle lup auoit faicte. De ceste chose fut la royne dolente et couroucee/ et quant elle se esueilla si se trouua si deshaictie q̃ a paine se pouoit elle leuer. & quant elle eust fait vne croyes en son front/ si comēcha a plourer et faire le greigneur deul du mōde et dist. Haa lācelot beau doulx amp asses plus beau q̃ ie ne vous ap veu en ce sōge estes vous. Or pleust a dieu que vous feussies cy/ et vous trouuassez gesant auec la damoiselle par couenant q̃ se ie vous en portope despit q̃ ie eusse la teste coupee/ si ne le vouldroie pour tout lauoir de gaule. lors recōmēca son deul. Et quant elle eust grãt piece mene/ si cōmēca

partie

à penser/ et en ce penser lui monta ung estour-
disson en la teste si grãt que de elle ne lui sou-
uiêt. Lors regarda deuãt elle et vist une yma-
ge faicte en guise de ung cheualier armé môlt
soubtillement ouure. Elle regarda lymage
longuement car elle auoit deux cierges a ses
piés qui ardoiẽt et rendoiẽt moult grãt clarté.
Quant elle eut grãt piece regardé lyma-
ge si lui est auis que ce soit lancelot. Lors
iecte sa chemise en son dos et lui tent les bras et
lui dit. Beau doulx amy venez ca et me ostez
de la mort ou ie suis pour vous. Iectez moy de
sa greigñr doulceur ou oncqs fut dame pour
cheualier. Et quant elle voit quil nen fait sẽ-
blant nul pour priere q̃ elle face si lui dit. haa
beau doulx ami oncqs mais ne feustes vers
moy si orgueilleux. mes certes ce ne vo͛ vault
riés: puis q̃ vous ne voulez venir vers moy
ie iray vers vous. Lors se dresse en seant et ã
celle part ou elle cuide veoir lymage et lui iec-
te ses bras au col et lui fait telle feste comme a
celui pour qui elle le faisoit. Et tant demoura
illecques que la pucelle qui sa cousine estoit
sesueilla et dist la ropne qui encores tenoit ly-
mage accolée. Lors se leua: car paour auoit q̃
elle ne feust cheue en frenesie. elle court a seaue
benoite si lui en iecta au visage et lui dit ainsi
comme toute effrée. Dame cecy se roy boutẽ-
tez vo͛ en vostre lit. Et la ropne q̃ tousiours
auoit paour du roy fut si effrée q̃ elle reuint
en son sens. Et se coucha en son lit et lui auît
si bien que elle se endormist et ne sesueilla de-
uant le matin. Lors se trouua plus saine q̃ el-
le nauoit fait pieca. Et beut et mẽga ung peu
et quant elle eust beu et mẽgié si dist quil ny a-
uoit riens en sa chambre q̃ sa cousine. Lors lui
dit. Belle cousine ie ie cuidoie q̃ vous me frẽ-
siez ung mien message ie vous y enuoieroie/
mais se vous ne estiez moult sage: vous ny
feriez riens de mon prouffit/ et nõpourtant se
vous ny alliez ie ne scay pas celui ne celle que
ie y enuoiasse/ car trop me touche au cueur la
besongne. Certes dit la damoiselle il nest cho
se que ie peusse pour vous faire q̃ ie ne feisse et
bien sachez quil ny a femme au mõde qui si biẽ
vous cellast de vos affaires/ sil vo͛ plaisoit
a dire comme ie feroie. car ie suis de vostre li-
gnage la plus prouchaine que vous aiez. et

vous actens ie auoir des biens se nulle en a.
quant vous me fauldrez tous les autres me
fauldront. Et pource vous doiz ie bien seruir
en toutes les manieres quil vous plaira pour
auoir vostre grace et vostre bõne voulẽté. Eu
nom dieu dit la ropne se ie pouoie en vo͛ trou
uer foy et loyaulté ie vous feroie plus de bien q̃
oncques damoiselle neust par ropne. Et celle
dit que elle sen fera si seure que elle vouldra et
q̃ tousiours la seruira loyaulmẽt.
Lors commenca la ropne a penser. et quãt
elle eust grant piece pensé: si appella sa
cousine et lui dit. Damoiselle il vous conuen
dra demain aller en gaulle. Et quant vous y
serez si arez ung chasteau que len appelle tre-
bes. pres de ce chasteau a une abbaie q̃ len ap-
pelle monstier royal si est en ung terrtiret des-
soubz a une vallée et ung lac. Quãt vo͛ y vẽ-
drez entrez ens hardiment et naiez pas paour
car ce nest que enchantemẽt. et se vous ne auez
tant de cueur q̃ vous ny osez entrer actedez tãt
que vous y voiez aucune personne entrer/ et
lors entrez apres sans riés doubter car autre
ment ne feriez vo͛ pas bien le message. Quãt
vous serez la venue ou le lac est vous trouue
rez belles maisons a grant plãté. Et quãt vo͛
vendrez la demandez la ropne helaine et en sõ
sournom la dame du lac. Si lui dictes quãt
vous la verrez que vous estes a moy et que ie
lui mande par la foy q̃ elle doit a celui que elle a
nourry: et q̃ elle ne ayme pas mains que moy
q̃ elle ne laisse pour riens que elle ne viengne
parler a moy. Lors lui deuisa commẽt elle ira
et quel chemin elle deuoit tenir car maintesfois
lauoit demãde a lãcelot quãt ilz estoiẽt ẽsem
ble seul a seul. Et elle sauoit si biẽ retenu q̃ el-
le ny eust iamais failli. Sa cousine lui respõ
dist que elle fera si bien ce message que elle lui
en saura bon gre. Si mais dieu fait la ropne
belle cousine se vous le faictes comme ie vous
ay deuisé il vous en sera mieulx toute vie. dīe.
Maintenant entra le roy artus en sa chã
bre. et quant il vist la ropne seoir il en fut
moult ioieux et lui demanda. Dame cõment
vous sẽtez vous Sire fist elle. bien dieu mer
cy. ie ne suis pas si mallade commẽt ie estoie
hier ains mest bien amẽdé. Et mẽgastes vo͛
huy. Sire dit elle oy ung peu. Ie vouldisse biẽ

Seconde

fist il sil se peust faire/que vo⁹ vous seuissies et venissies leans auecq⁹ nous esbatre/et auecq̃ ses cheualiers pour sauoir se ie orroye nouuelles qui vous peussēt recōforter. Sire fist elle ie ne iray pas ores/car il m'est besoīg de may reposer. Et a tant sen va le roy/car il est temps de disner. Lors cōmanda ses tables a mettre. Maintenāt cōmecherēt dames & damoyselles a venir a la chābre de la royne. Si furent moult ioieuses quāt ilz virent quil lui estoit amēde/et la recōforterēt au mieulx q̃lz peurent. Si fut ce iour asses plus ioiense q̃lle ne souloit. Elle fit amener le plus isnel palleffray et le meilleur q̃ lʼen peust onques trouuer. Et apres le fist si bien garnir de frain & de selle/que ce fut merueilles a veoir. Au matin si tost cōment le iour apparut se leua la roine et dist a la damoyselle/que il est tēps de mouuoir/et de aller en sa besongne. La ou dieu la vueille cōduire. Si se vest & apareille la damoyselle et la royne lup donna robe et manteau de samit toute neufue et lup fait mettre en vng coffre vne aultre moult plus riche q̃lle vestira aux riches cours quāt elle y vendra/si lup baille vng nayn parlant plusieurs langages pour lup faire cōpagnie/et vng escupet pieup et vaillant pour aller plus seuremēt mes lup cōmande bien/que se elle vient pres du lac q̃ auecq̃ soy ne les maine pas ains le laisse au monstier royal/et elle dist que si fera elle sans faille.

A tant sen part la damoyselle de sa dame/si richemēt apareillee q̃ onc̃q̃s mes damoiselle ne fut aussi richemēt. La royne la baisa au departir: et lui pria de aller sagemēt tellement quelle lup en sache gre/et celle dist que si fera elle sans faille. Si sen part errāt et la royne mōta en la plus haulte tour/et regarda la damoyselle qui sen va en gaulle. La plus droicte voye quelle scait. Si la regarda tant cōment elle la peust veoir. Et quāt la forest ou elle fut entree lup eust tollue la veue/si quelle ne veist ne la pucelle ne les cheuaux si lup fault le cueur/et elle se assiect lasse & vaine/& cōmenche a plourer. Lors regarda en sa main/si voit vng anel d'or que lancelot souloit porter. que la dame du lac lup auoit dōne quāt elle lʼenuoia a court pour estre cheualier

nouuel. Quāt elle la grant piece regarde/si lup souuient de celluy q̃ lup auoit donne pour qui elle seuffre tant de maulx. Lors se cōmencha a baisier aussi cōment se ce fuist vne saincte chose/et dist. Haa beau doulx amy lancelot du lac/puys q̃ il est ainsi q̃ ie ne puis auoir nul cōfort de vous ne en nouuelles ne en aultres choses/ie me conforterap a cest anel/ que vous gardies moult chieremēt/ et pour ce que vous le aymies tant me fera il tel cōfort/que ie ne le verray nulle foys q̃ ie ne soye lyee & ioyeuse. Certes la chose ne me pourroit aduenir qui me courouchast tant que ie le voie. Ainsi parle la royne a soy mesmes/et se reconforte et vient aual la tour. puys vient en sa chābre asses plus ioyeuse quelle ne souloit. Si prie nostre seigneur quil lup envoie par tēps nouuelles de ce quelle desire tant. Si laisse a tāt le compte a parler de elle/et du roy artus/et retourne a lancelot du lac/car grant piece sʼen est teu.

¶Cōment lancelot sceust par vne damoyselle que la royne estoit mallade & y mada au roy & a la royne de ses nouuelles. C.pviii.

O r dist le cōpte, que tant demoura lancelot la ou la vieille sauoit mene/quil oit passe sip sepmaines. Et lors se sentist sain et haicite/et desirant de porter armes. Si nestoit il pas ēcor trop bien gari/mes le repos lup ēnupoit pour ce q̃ trop auoit geu ce lup estoit aduis. Il se partist de leans/et la vieille lup auoit appresté vnes armes qui estoient bōnes et belles: & escu tout neuf. Et il se mist en son chemin apres la vieille. Quāt il eust cheuauche iusq̃s a mydy/si attaint vne damoyselle a lentree de vne forest/q̃ cheuauchoit vng petit palleffroy noit. La q̃lle pensoit moult durement/et sēbloit bien a ses yeux quelle auoit ploure. Il la sallue/et elle lup. Damoiselle fist il vous me sembles courouchee/ie scairoie voulentiers lachoison de vostre couroust: et sachies q̃ ie p mettroie tout le meilleur conseil que ie pourroie. Certes fist elle il nest hōme fors dieu/qui conseil y peust mettre/car de ce donc ie suis courouchiee sont cent mille aultres courouchies/ne ce nest mie chose ou ie perde seullemēt mes tous les preudōmes du mōde tant de la grāde bretaingne que de autres terres. Par dieu dist lancelot du lac damoiselle donc nest ce pas de merueille se vous estes courroucee & ie vous prie que vous me diez que cest: puis que toutes gens le sca uent vous le me pouez bien dire. Sire fist elle ie le vous diray puis que vous auez tel tal lent de le sauoir/ & si me merueille q̃ vous ne le sauez. Vray est dist la damoiselle que mon courroust est de .ii. choses. De vne mienne seur que vng cheualier print lautre iour a force & de vng preudõme qui bien men vengast sil feust vif mais il est mort & vous diray commēt ie le scay Il est vray q̃ quant le cheualier eut pris se ma seur a force il ne la voulloit rendre pour priere ne pour don. si men allay a la court du roy artus pour faire ma clameur. Et quant ie y fuz venue na pas encores huit iours ie ny trouuay de che personne qui de riens me respõ dist car ilz entendoient tous a faire dueil. Et quant ie viz ce ie fuz toute esbahie si priay a vng escuier quil me dist pour quoy ilz faisoiēt tel dueil Et il me dist q̃ cestoit pour lãcelot du lac qui estoit mort. et aussi me dist q̃ ma dame la royne estoit fort mallade de courroust. Quant ie viz q̃ ie ne pouoie faire ma besongne si men partiz dolente pour la mort du bon cheualier. dõt tout le mõde aura mestier: car iamais ne sera cheualier qui ait telle pitie de poures da moiselles commēt il auoit & moy meismes en auray souffrecte car ie ne trouueray qui droit me face du tort q̃ len me fait/ si ne finay puis de plourer pour la grant pitie du preudõme & ie scay bien sil estoit vif qlme vēgeroit mieulx que nul autre.

Quant lãcelot du lac entent q̃ sa royne est mallade si en est moult amaisse: & sil peut retourner a court sans soy mesfaire vers celle pour qui il est entre enqueste il retour nast voulentiers car il pense bien que elle nest mallade sinon pour lui. Lors dist. Damoisel le se vous me voulez faire vng mien messa ge ie mectroie paine de desliurer vostre seur. et elle dist quil ny a nul si estrange lieu ou elle ne allast par conuenant que sa seur feust deli uree. Dictes fist il quelle part est le cheualier. Il est fist elle prez dicy. Or allez donc tost dist lancelot. & ie vous suiuray. Elle tourna hors du grant chemin si entra en vng petit sentier a

destre Lancelot du lac & la damoiselle cheuau cherēt apres tāt quilz ont bien alle deux lieues anglesches Lors voient deuant eulx vne val lee ou il y auoit vne tour forte et haulte Et sa damoiselle appelle lancelot & lui dist Sire en celle tour la est ma seur: & le cheualier dont ie vous ay compte se vous y voullez aller. Ho Vendrez fait il auecques moy & la me monstre rez & naiez ia paour: car ie la vous rendray se dieu me donne vie & sãte. Ainsi vont parlant iusques a la porte & appellent a luis tant que leu leur vint ouurir Ilz entrent ens puis vien nent a cheual en sa salle qui basse estoit. Si trouuerent le cheualier qui estoit mallade des plaies que seŋ lui auoit faictes/ & la pucelle q̃ len alloit querant se seoit sur vne couche. Et quant lancelot vint leans/ si dist a celle pour qui il estoit venu. Voiez vous vostre seur. Oy fist elle cest celle qui est la assise. Et il la prēt par la main si lui baille & lui dist. Tenez me nez la ou vous vouldrez: car ia ne trouuerez homme qui pour elle vous arreste tant com me ie soie vif. Sire fait elle ie ne vous demã de plus fors que vous me conduisez a sauue te: & bien vous estes acquitte de ce que vo9 me auiez promis Allez vous en seurement: car ie vous conduiray ou vous vouldrez. Lors prēt la damoiselle & la monte deuant lui. Quant le cheualier mallade la voit si en est moult do lent de ce quil ne se peut leuer car sil feust sain il ne semmenast point sans coupz donner. Et lors dit a lancelot. Beau sire vous me faictes tort quant ma damoiselle emmenez/ & ny a uez nul droit. Certes se ie feusse en bon point vous ne semmeneissiez pas ainsi. & bien sachez q̃ se ie puis venir en lieu oncques ne fistes cho se dont autant vous repentissiez cõmēt vous ferez de ceste. Beau doulx sire fait lãcelot vo9 prenistes la damoiselle a force et oultre sõ gre & ainsi comment vous semmenastes a tort ain si semmeneray ie a droit. Et se vous cuidez q̃ ie vous face tort si en querez vostre droit quāt vo9 pourrez. si maist dieu dist il aussi feray ie.

Atant se part lancelot de leans/ & quant ilz furent vng peu esslongniez il deman da a la damoiselle quil emmenoit auec lui q̃ auoit ainsi naure le cheualier Sire dist la da moiselle ie le vous compteray bien. Quant il

g.i.

me eust prinse a force côme ma seur scait bien si me emenoit p ceft chemi & ie ploutoie môlt tendiement/ si encôtrasmes deux cheualiers de ceft pays a qui il print pitie de moy/ si se prindient a luy: et luy firent ses playes dôc il gist mes il se deffendist si bien quil les occhit tous deux/ puys me emena iusques la ou Bo' me trouuastes. Et quant il fut venu il se trouua si mallade qsl cuida mourir/ et se fist coucher ne oncqs puis ne dist mot/ fors tant quil par la a Bous quât il seist que Bous me emenies si men est bien aduenu dieu mercy/ car il ne me a fait chose q me aist despleu. Et quât sa seur soupt/ si en est môlt ioyeuse. Tât sont allees quilz vindiêt a lentree de vng bochel/ si trouuerêt une maison close de fosses. Et ses deux damoiselles se deschendent/ et dient a lancelot quil deschende pour disner/ car bien sçaiuent quil ne mêga huy. Et il deschêt et la Bieille aussi. Et quant ilz eurent mêge et beu lancelot dist a la damoiselle. ay ie fait ce que Bous ap promis. Sire fist elle ouy dieu merci et la Boftre. Or Bous priay ie q pour le seruice que ie Bous ay fait/ que Bous alles a la court du roy artus/ et dictes a la royne & a to' ceulx q Bous y trouueres que bien sachent que lancelot du lac nest pas mort: & dictes q Bous Beustes & mêgastes auecqs vng cheualier qui le soir auoit mêge auecqs luy. Sire fait elle ie nen seray pas creue/ se ie nen suys plus certaine. Je Bous diz fait il quil est sain et haictie et bien en poues asseurer ma dame la royne.

Eu nom dieu fist la damoyselle donc ne en puige faillir/ a estre riche dame et puyssante/ si tost cômêt ie auray compte ceste nouuelle au roy/ car ie ne doubte pas que le roy ne me dône chasteau ou cite/ se ie luy puis côpter deuât vng aultre

Atant sen part lan. de la damoyselle & sen Bôt luy et la Bieille et cheuauchent iusqs au soir q ls Bindiêt en vne abbaye de nônains. Et la damoiselle se part de sa seur/ sy tost cômêt lan. sen fut alle. Si cheuaucha vers kamalot monlt ioyeuse/ et lendemain a heure de vespres se trouua a la court. Le roy nestoit pas en sa salle a celle heure/ ais estoit en vng prael dessoulz la tour/ auec luy plusieurs de ses barôs/ elle deschent & baille son

cheual a garder a vng garchon/ puis monta au pallaiz. si demâda le roy/ et lên luy dist ql estoit en son preau/ et la royne est en sa châbie. Elle sen vint maitenât la ou elle cuide trouuer la royne/ si entra en sa chambre et trouua la royne q estoit môt pensiue. Et quât la damoyselle la voit si se agenoilla deuât elle/ et luy dist. Dame ie Bous apporte nouuelles de lancelot du lac/ q est sain et haictie. La royne tressault de ioye si luy dist Belle doulce amie cômêt le saues Bous: ie le Bo' diray fait elle.

Lois luy côpte côme se cheualier qui luy auoit sa seur redue/ luy auoit dist q la nuyt de deuât auoit beu & mêgie auec lan. Et la royne luy demande se elle auoit veu le cheualier desarme. Dame fait elle ouy/ car il mêga ersoir en nostre hostel. De quelle facon est il fist la royne. Il est vng des plus beaux cheualiers du môde/ et estoit vng pou brunet/ si en dist tant q la roine sceust bien q cestoit lancelot. Lois est si ioieuse qsl nest hôme eu môde qui côpter le Bous peust/ si court a la damoyselle et lacolle/ et luy fait si grant ioye quelle sen esmerueille toute/ et luy dit. Damoiselle bien venistes celle part: car ôcques damoiselle ne fist si grant ioie a môseigneur cômêt vo' feres/ si tost côme il Bous orra parler. & Benes tost a luy/ car môlt me tarde quil sache ceste nouuelle/ fors la maine deuant le roy/ si luy fait dire ce qlle luy auoit côpte. Et quât se roy lost/ si en est monlt ioieulx/ et dist oyâs tous ses barons. Damoyselle vous me aues fait a merueilles ioyeulx de ce q vo' me aues dist/ si Bous en dôn en guerdon celluy de mes chasteaulx q mieulx Bo' plaira/ et celle luy chiect aux piez et luy baise se soullier. Et apres luy demâde le chastel de lovergzes/ & se roy luy dône Lois cômencêt a mener grât ioye par leans mes sur tous & toutes est la royne ioyeuse/ sy garist de sa maladie et amêde de iour en iour et reuiêt en sa beaulte/ et est plus ioieuse q on ques mes. Et ses cheualiers entêdent a prier dieu qsl garde celluy de meschêace par qui ilz ont tant de maulx soufferts. A tant sen taist le compte et retourne a lancelot.

¶ Côment lancelot print seuenimemêt a la fontaine donc a pou qsl ne mourust/ & cômêt il côquist le duc Charles.   C. piy.

partie.

Or dit le compte que quant lancelot se fut parti de la blanche abbaie qͥl cheuaucha ioieusemēt pour les nouuelles quil mādoit a la royne: car bien sauoit que elle en seroit ioieuse. Il demāda a la Bielle ou elle le voulloit mener. Sire fait elle ia ne le saurez deuant q̄ vous y soiez ⁊ plus nē parle lancelot Si ont tāt cheuauche q̄ ilz sōt venus en vne prairie belle ⁊ gente ⁊ la ōt trouue dessoubz lombre de deup sicamors vne belle fontaine ⁊ empres estoit vng cheualier ⁊.ii. damoiselles les qlz beuoiēt ⁊ mēgoiēt ensem ble moult ioieusemēt. Et quant ilz voiēt venir lancelot si se drecēt cōtre lui: ⁊ diēt qͥl soit le bien venu si se fōt descēdre pour mengier auec eulp Il oste son heaume laue ses mains ⁊ puis se assiet auec eulp. Il auoit chault si fut moult vermeil. ⁊ pour la beaute de lui se commenca a regarder lune des damoiselles seur au cheualier laq̄lle estoit encores pucelle: ⁊ tāt estoit belle de corps ⁊ de facon q̄ au pais ne auoit sa pareille: ⁊ nauoit cheualier si puissāt au pais q̄ par sa beaute ne sa priust Voulētiers se elle voulsist mais elle nauoit tallēt de nul prēdre car onc̄s nauoit ayme par amours: et onc̄s nauoit veu si grāt q̄ elle voulsist aymer Celle regarde lācelot mengier si voit sa bouche vermeille ses yeulp q̄ resemblēt deup belles esmeraudes sa cheueleure crespe ⁊ iaune comme fin or ⁊ voit en lui tant de beaute q̄ elle ne cuidoit pas q̄ en paradis eust vng si beau āge Si la frappe force damours au cueur telle mēt q̄ elle tressault toute. Son frere la regar de et la voit palle si lui demāde q̄ elle a Et el le dit q̄ elle est mallade mais q̄ elle garira biē se dieu plaist. Et lancelot auoit eu chault au cheuaucher si regarda la fōtaine laq̄lle estoit belle ⁊ clere Il prēt vne couppe dargēt si lēple de eaue ⁊ la boit toute plaine: car il la trouua bonne ⁊ froide se lui fut auis: ⁊ en beut largement cuidant bien faire: mais ains quil par tist de la table il fut si mallade quil cuida biē mourir sans confession Il se pasme de la douleur quil sentist au cueur. Et quant il peut parler si dit. Haa ma dame ie meurs ey sans vous mieulp me semblast ceste mort debōnaire se ie mourusse entre ses bras. Et lors se stēt de langoisse quil a si gist en pasmoison ainsi

comme sil feust mort. Et quant la vielle le voit si destroit elle commence a crier. Saicte marie aide mourra ey le meilleur cheualier du mōde. dame fait le cheualier qui est il/ dictes le nous Sire dit elle cest messire lancelot du lac. pour dieu mettez y cōseil se vous le sauez car ie cuide que ceste fontaine dont il a beu soit enuenimee: ⁊ sil mourroit en ceste maniere certainement ie me occiroie.

Et comme ilz parloient ensemble issirēt de la fontaine deup culeuures grandes et hideuses qui se alloient entrechassāt ⁊ quāt ilz se sont grant piece entrechassez ilz rentrēt en la fōtaine. Beau sire fait la vielle or pouez bien sauoir q̄ par ces deup bestes est la fontaine enuenimee de quoy ce cheualier a beu. Et lors commēce a crier ⁊ faire le greigneur duel du monde Et quant le cheualier voit ce il dit a sa seur. Haa belle seur laisserez vous ce cheualier mourir par vostre faulte Vous sauez plus de la force des herbes q̄ damoiselle q̄ soit au mōde. ⁊ de oster v.liu. de entour le cueur de lōme ne cuide ie pas quil soit vostre sēblable en ce mōde. par dieu onc̄s ne viz si lente de aider vng gētil hōme cōme vous estes. Sire dit elle ie estoie si esbahie que ie ne cuidoie pas que mon sēs lui eust mestier mais puis que ie voy le besoing ie feray mon pouoir de se aider Et lors va parmi la prairie cueillant des herbes celles que elle congnoit pour oster le venī puis les met auec du triacle ⁊ lui euure la bouche si lui en boute dedēs vng petit. Il estoit ia enfle si q̄ ses iambes nestoient pas mais grosses que vng homme parmi le pis.

Quant lancelot eut beu ce que la damoiselle lui auoit donne si commenca a enfler de plus en plus tāt quil deuint aussi gros comme vng tonneau. Et adonc la damoiselle dit a son frere. Sire allez vous en a nostre hostel ⁊ me apportez toutes les robes q̄ vo' trouuerez en ma chambre si coucherōs icy ce cheualier car ie cuide que se on lemportoit en ce point quil le couuendroit mourir. Le cheualier qui frere estoit a ceste damoiselle mōta incontinent sur son cheual et sen alla tant que il peut et reuīt moult tost. Si fist amener vng roucin tout chargie de robes. ⁊ apporte en sa main vne fiolle que elle lui auoit cōmande/ ⁊

quant il est reuenu si treuue lancelot tel atour/
ne quil ne Boit goute:car le Benin luy auoit la
tout le Biaire effle. Et la damoyselle luy fait
faire ung lit si y couche lancelot, et le fait tres
bien couurir. puys cōmande a tendre ung pa
ueillon que le chault ne seur fist mal. Le che=
ualier demande a sa seur se il pourra garir. se
mait dieu fait elle ie ne Bous en asseure pas
car iay paour que le Benin ne luy soit monte au
cueur, mes tant Bous diz si plaist a dieu quil en
eschape oncques cheualier neschapa de telle.

Ainsi sont deuant lancelot iusques pres de
Bespres. le quel estoit sy fort couuert pour
le faire suer que il luy estoit aduis quil estain
gnoit mes il nauoit tant de pouoir quil se peust
remuer ne dire mot et tant estoit destroit tout
le iour quil sembloit mieulx mort que Bif, mes
il ne fut oncques sy attaint quil ne pensast tous
iours a la royne:car il sauoit bien que ia la roi
ne sauroit plus tost sa mort, quelle apres
ne mourroit. Et cest la chose au mōde que plus
luy fait mal, si est en telle engoise tout le iour
et toute la nuit que oncques ne se remua ne ne dit
mot ne ne fut descouuert. Ne onc ceulx de le=
ans ne se coucherēt la nupt, ains furēt tous
iours deuāt luy car la damoiselle ne Bouloit
pas quil se remuast par aucune aduanture.

Landemain entour midi se cōmenca lan
celot a plaindre et dit. Ceste grāt sueur
me fait mourir. Sire fait la damoiselle encore
la Bous cōuient il souffrir iusques a demain que
Bous seres sain et haictie se dieu plaist, et il se
taist que plus nen parle. Et elle dist a son fre
re, sire se il pouoie ce cheualier garir ne deuoit
il estre mien desormaie, et il dist. Certes
oup, car sil en eschape nous saurons bien que
Bous laures gary. En nō dieu fait elle ie Bo9
asseure que auāt quil soit. xv. iours il sera aus
si sain quil fut onques se dieu me donne san
te. Et lors sont ilz plus ioieulx que deuant si
font mettre les tables et mēguent, quāt ilz eu
rent mēge si sendorment deuāt lan. car molt
auoient petit repose la nuit de deuant.

Ainsi souffre lancelot cellup iour et la
nupt, et lendemain entour prime pla
dist. Damoyselle Bous moccies qui tant me
faictes souffrir ceste challeur. Boire fait elle
sire Bous en plaingnies Bous. benoit soit or=

dieu qui le pouoir Bous en a donne, car par
mon chief na encore guaires que ie ne cupdoie
pas que il issist iamais parolle de Bostre Bou
che, et lors luy allege de sa couuerture, et elle
treuue son Bisaige desenfle et les iābes et tous
les aultres mēbres, mes tant luy est mesad=
uenu que les cheueulx de la teste luy sont cheuz
Et lancelot cōmande que on les luy mette en
une boicte:car il les Bouldra enuoier a la royne
affin quelle croie mieulx ceste aduāture, et il
sont Boulentiers son cōmandemēt.

Tant luy fait la pucelle apointer a
mēgier, et quant il eust mēgie tout a
loisir elle cōmanda que on luy fist ung lit pour
le coucher legierement affin que la challeur ne
luy fache mal, puys se tient emres luy tant
quelle cuide quil soit endormy, et quāt elle Boit
quil se dort si fait tous les aultres partir de=
pres de paour quil ne soit esueille, et lors se as
siect deuāt luy et cōmēce a penser et regarder
lancelot Et quāt elle eust este ainsi grāt piece
si cōmence a dire en guise de fame courocee.
Sire mal Beiz Bostre beaulte par qui ie lan=
guis, si nen puis eschaper si non par la mort,
ne ia force de erbes ne de pierres ne men gara
tira. Las ie me merueille donc ce penser mest
Benu, car oncques ne auoie ame par amours,
si men auoiēt requise maintz hōmes de hault
parage que ie ne Bouluz oncques escouter. O Bo9
apme si doulcemēt que ie nen puys mon cueur
oster:oncques mes damoiselle nama en telle ma
niere, et non pour tant ie Bous ap tant serui q
ie ne croy pas q Bo9 me osissies denier Bostre
amour se ie la Bous requeroie, encoes que ie
mourusse, mes se dieu plaist ia ne aduendra.
meilleur cōseil ie prēdray, si ne pēseray plus
a Bo9, car ie scay biē q Bo9 ne daigneries amer
si poure damoyselle cōme ie suys. Si apme
orendroit lancelot, et orendroit en est hors, elle
fait male chiere et puis ioyeuse, puys regarde
cellup donc elle ne peult prēdre cōseil, car elle
laime Beuille ou nō si en est mōlt courouchee
Tant a este la damoyselle deuant lan. que il
se esueilla et Boit quelle pleure mōlt tēdremēt
si en est dollent et tresault tout de maltallent
si luy dist. Damoyselle qui est cellup si hardi
qui pres de moy Bous ose courocher. Sire
fait elle ie ne me plains de nul hōme:car nul

partie.

ne me fait mal sinon mon cueur qui na pas ce quil vouldroit. Et il se taist atant & dit qlest marri quil la voit courroucee. Elle essuie ses yeulx & fait la plus belle chiere quelle peut. et lors entra leans le cheualier qui frere estoit a la damoiselle si demanda a lancelot comment il lui est. il dit bien dieu merci car ie seray par temps gari se me semble

Tandis qlz parloient ainsi vindrent a suis du paueillon deux cheualiers & une damoiselle & demanderent se leens pourroit hebergier. Et le frere & la damoiselle se lieuent sus et leur dient quilz descendent & quilz soient les bien venus. Et fait apporter ung autre paueillon & le fait tendre. Quant le cheualier & la damoiselle furent descendus si se sont assis pour reposer. Et leur oste leur demande dont ilz sont. et ilz dient quilz sont de la maison du roy artus Et q assez sont grant fait le cheualier vous qrone lacelot du lac. Quant il les entent si ne se veult pas enseignier deuant qlsache sil vouldra parler a eulx Lors dist a lui & dit. Sire ceans a deux cheualiers dela maison du roy artus qui vous quierent & parleroient voulentiers a vous si sauoient q vous feussez ceans: dictes moy se vous voulez que ie vous cele Or leur demandez leurs noms fait lacelot: car tres pour roient estre q ie vouldroie pas quil me veissent en ce point. Lors sen retourne vers eulx & leur demande leurs noms. Et lun dit qla nom Boort & lautre lyonel & sont freres. Le cheualier sen reuient arriere & se compte a lancelot. Quant il entent q sont ses cousins si en a grant ioie faictes les venir dit il car ce sont les deux hommes du monde q ie plus ayme. Lors les maine a lancelot/ & il les salue si tost comme il les voit venir. Quant ilz sentrecongnoissent si accollent lun lautre & font la plus grant ioie du monde: mais moult sont espouentez quant ilz voient lancelot en tel estat & lui demandent sil pourra garir. Oy dit il se dieu plaist. Si leur compte comment il lui est auenu & ql feust mort ne feust la damoiselle Si se commence a seignier: puis lancelot leur demande se ilz sçauent nulles nouuelles de la court. Sire dit Boort il a huit iours q nous en partismes: & laissasmes le roy & ses barons moult courroucez pour vous: car ilz cuident vraiement que vous soiez mort & toute la court est si troublee quil ny a celui qui ose rire ne iouer. Et il regarde entour lui car il ne vouldroit pas q on lescoutast Et quant il voit qlny a personne si dit a lacelot. Sire ma dame la royne seuffre grant mal pour vous. & lors lui compte la vie que elle maine: & comme elle est accouchiee au lit: & le deul quelle fist quant ilz furent partiz de elle & lors lui baille lanneau q elle lui auoit chargié a lui baillier si tost comme il se verroit. Lors prent lancelot lanneau si le regarde & bien le congnoist puis commence a plourer moult tendrement & lui dit. Beau doulx amy ie suis si mallade q ie ne pourroie cheuaucher. & quant ie seray gari si me couendra aller a la besongne de une dame a qui iay promis. & pourtant il couendra q vous retournez a court & dictes a ma dame mon estre & lauanture la qlle mest nouuellement auenue. & elle vous en croira mieulx q ung autre. Et pour la faire plus certaine lui porterez vous les cheueulx de ma teste q iay fait mettre en une boete. Si re dist Boort ie ne pourroie retourner car ie suis meu pour une damoiselle: dont le roy me pria que ie menasse sa besongne a fin: mais lyonel mon frere y pourra bien aller car il na nulle entreprinse. Et il dit quil ira voulentiers.

Celle nuit furent bien seruiz. & lendemain au matin prist Boort congie de lancelot/ car il ne pouoit plus demourer: mais alcoies quil feust monté lui dist. Sire ie vous ay plus mesfait q vous ne cuidez. En quoy fait lacelot. ie le vous diray fait Boort. Vous souuient il du cheualier qui deuant vous en voullut mener la royne. Oy dit lacelot. Sire fait il ce fuz ie q a vous ioustay mais bien sachez q ie ne vous congnoissoie pas. Et de tant comme ie en fiz vous crie ie merci. Que est ce fait lancelot feustes vous. Oy sire dit Boort. par ma foy dit lancelot mon cousin trop fistes grant oultrage de mettre la main a si haulte dame comme a la royne: si eussiez bien desserui a perdre la vie, et vous deffes que iamais ne facez tel oultrage car se ie le sauoie ie vous seroie ennemy mortel Et il lui iure quil lui conuenoit faire. & lui compte comment il sauoit promis & lui dist q iamais en sa vie ne fera chose qui soit contre sa voulente. Atant sen part Boort de leans et les

k.iii.

Seconde

me eust prinse a force côme ma seur scait bié si me emenoit p cest chemi ̃ ie plouroie môlt tendremêt / si encôtrasmes deux cheualiers de cest pays a qui il print pitie de moy / si se prin̄ drent a luy : et luy firent ses playes dôt il gist mes il se deffendist si bien quil les occhit tous deux / puys me emena iusques la ou Vo9 me trouuastes. Et quant il fut venu il se trouua si massade q̄l cuida mourir / et se sist coucher ne oncq̄ puis ne dist mot / fors tant quil par la a vous quât il veist que vous me emeniez si men est bié aduenu dieu mercy / car il ne me a fait chose q̄ me aist despleu. Et quât sa seur louyt / si en est môlt ioyeuse. Tât sont alles quilz vindrêt a lentree de vng bochel / si trou ueret vne maison close de fosses. Et les deux damoiselles se deschendent / et dient a lance lot quil deschende pour disner / car bien sca uent quil ne mêga suy. Et il deschêt et la vi eille aussi. Et quantilz eurent mêge et beu lancelot dist a sa damoiselle. ay ie fait ce que vous ay promis. Sire sist elle ouy dieu mer ci et la vostre. Or vous priay ie q̄ pour le ser uice que ie vous ay fait / que vous alles a sa court du roy artus / et dictes a sa royne ̃ a to9 ceulx q̄ vous y trouueres que bié sachent que lancelot du lac nest pas mort : ̃ dictes q̄ vous beustes ̃ mêgastes auecq̄s vng cheualier qui le soir auoit mêge auecq̄s luy. Sire fait elle ie nen seray pas creue / se ie nen suys plus cer taine. Je vous dit fait il quil est sain et haictie et bien en poues asseurer ma dame la royne. Eu nom dieu fist la damoyselle donc ne en puige faillir / a estre riche dame et pu[y]ssante / si tost cômêt ie auray compte ceste nouuelle au roy / car ie ne doubte pas que le roy ne me dône chasteau ou cite / se ie luy puis côpter de uât vng aultre

Atant sen part lan. de la damoyselle ̃ sen vôt luy et la vieille et cheuauchent iusq̄s au soir qlz vindrêt en vne abbaye de nô nains. Et la damoiselle se part de sa seur / sy tost cômêt lan. sen fut alle. Si cheuaucha vers lamalot môlt ioieuse / et lendemain a heure de vespres se trouua a la court. Le roy nestoit pas en la salle a celle heure / ais estoit en vng prael dessoulz sa tour / auec luy plu sieurs de ses barôs / elle deschent ̃ baille son cheual a garder a vng garchon / puis monta au pallais. si demâda le roy / et sen luy dist q̄l estoit en son preau / et la royne est en sa châbre. Elle sen vint maltenât la ou elle cuide trou uer la royne / si entra en sa chambre et trouua la royne q̄ estoit môt pensiue. Et quât la da moyselle la voit si se agenoilla deuât elle / et luy dist. Dame ie vous apporte nouuelles de lancelot du lac / q̄ est sain et haictie. La royne tressault de ioye si luy dist Belle doulce amie cômêt le saues vous : ie le vo9 diray fait elle.

Lors luy côpte côme se cheualier qui lui auoit sa seur rêdue / luy auoit dist q̄ la nupt de deuât auoit beu ̃ mêgie auecq̄ lan. Et la royne luy demande se elle auoit beu le che ualier desarme. Dame fait elle ouy / car il mê ga ersoir en nostre hostel. De quelle facon est il sist la royne. Il est vng des plus beaux che ualiers du môde / et estoit vng pou brunet / si en dist tant q̄ la roine sceust bien q̄ cestoit lan celot. Lors est si ioieuse q̄l nest hôme eu môde qui côpter le vous peust / si court a la damoy selle et lacolle / et luy fait si grant ioye quelle sen esmerueille toute / et luy dit. Damoiselle bien venistes celle part : car ôques damoiselle ne sist si grant ioie a môseigneur côment vo9 feres / si tost côme il vous oyra parler. Venes tost a luy / car môlt me tarde quil sache ceste nouuelle / lors la maine deuant le roy / si luy fait dire ce q̄lle luy auoit côpte. Et quât le roy loyt / si en est monlt ioieulx / et dist oyâs tous ses barons. Damoyselle vous me aues fait a merueilles ioyeulx de ce q̄ vo9 me aues dist / si vous en dône en guerdon cellup de mes cha steaux q̄ mieulx vo9 plaira / et celle luy chiect aux piez et luy baise le soullier. Et apres luy demâde le chastel de souerzes / ̃ le roy luy dô ne Lors cômencêt a mener grât ioye par leans mes sur tous ̃ toutes est la royne ioyeuse / sy garist de sa maladie et amêde de iour en iour et reuiêt en sa beaulte. et est plus ioieuse q̄ on ques mes. Et les cheualiers entêdent a prier dieu q̄l garde cellup de mescheâce par quilz ont tant de maulx soufferts. A tant sen taist le compte et retourne a lancelot.

¶ Côment lancelot print soueniment a sa fontaine donc a pou q̄l ne mourust / ̃ cômêt il côquist le duc Karles. C. xix.

Or dit le compte que quant lancelot se fut parti de la blanche abbaie qͥl cheuaucha ioieuseme̅t pour les nou uelles quil ma̅doit a la royne: car bien sauoit que elle en seroit ioieuse. Il dema̅da a la Biel le ou elle le souloit mener. Sire fait elle ia ne le saurez deua̅t q̅ vous y soyez plus ne̅ y parle lancelot Si ont ta̅t cheuauche q̅ ilz so̅t venus en vne praerie belle et gente et la o̅t trou ue dessoubz lombre de deux sicamoꝛes vne bel le fontaine et empres estoit vng cheualier et .ii. damoiselles les qͥlz beuoie̅t et me̅goie̅t ense̅m ble moult ioieuseme̅t. Et quant ilz voie̅t ve nir lancelot si se dreect co̅tre lui: et dict qͥl soit le bien venu si le so̅t desce̅die pour mengier a uec eulx Il oste son heaume lave ses mains et puis se assiet auec eulx. Il auoit chault si fut moult vermeil. et pour la beaute de lui se com menca a regarder lune des damoiselles seur au cheualier laq̅lle estoit encores pucelle: et ta̅t estoit belle de corps et de facon q̅ au pais ne a uoit sa pareille: et nauoit cheualier si puissa̅t au pais q̅ par sa beaute ne la print voulentiers se elle voulsist mais elle nauoit talent de nul prendre car oncq̅s nauoit ayme par amours: et o̅cq̅s nauoit veu si gra̅t q̅ elle voulsist aymer Celle regarde lacelot mengier si voit sa bou che vermeille ses yeulx q̅ resemble̅t deux bel les esmeraudes sa cheueleure crespe et iaune co̅ me fin or et voit en lui tant de beaute q̅ elle ne cuidoit pas q̅ en paradis eust vng si beau äge Et si la frappe force damours au cueur telle ̅ me̅t q̅ elle tressault toute. Son frere la regar de et la voit palle si lui dema̅de q̅ elle a Et el le dit q̅ elle est mallade mais q̅ elle garira bie̅ se dieu plaist. Et lancelot auoit eu chault au cheuaucher si regarda sa fo̅taine laq̅lle estoit belle et clere Il pre̅t vne couppe darge̅t si le̅ple de eaue et la boit toute plaine: car il la trouua bonne et froide se lui fut auis: et en beut large ment cuidant bien faire: mais ains quil par tist de la table il fut si mallade quil cuida bie̅ mourir sans confession Il se pasme de la dou leur quil sentit au cueur. Et quant il peut parler si dit. Haa ma dame ie meurs cy sans vous mieulx me semblast ceste mort debo̅nai re se ie mourusse entre ses bras. Et lors se li̅t de langoisse quil a si gist en pasmoison ainsi

comme sil feust mort. Et quant la Bielle le voit si destroit elle commence a crier. Saicte marie aide mourra cy le meilleur cheualier du mo̅de. dame fait le cheualier qui est il/ dictes le nous Sire dit elle cest messire lancelot du lac. pour dieu mettez y co̅seil se vous le sauez car ie cuide que ceste fontaine dont il a beu soit enuenimee: et sil mourroit en ceste maniere cer tainement ie me occiroie.

Et comme ilz parloient ensemble issire̅t de la fontaine deux culeuures grandes et hideuses qui se alloient entrechassa̅t et qua̅t ilz se sont grant piece entrechassees ilz rentre̅t en la fo̅taine. Beau sire fait la Bielle or pouez bien sauoir q̅ par ces deux bestes est la fontai ne enuenimee de quoy ce cheualier a beu. Et lors comme̅ce a crier et faire le greigneur deul du monde Et quant le cheualier voit ce il dit a sa seur. Haa belle seur laisserez vous ce che ualier mourir par vostre faulte Vous sauez plus de la force des herbes q̅ damoiselle q̅ soit au mo̅de. et de oster ve.l̅i. de entour le cueur de lome ne cuide ie pas quil soit vostre se̅blable en ce mo̅de. par dieu oncq̅s ne vlz si lente de aider vng ge̅til home co̅me vous estes. Sire dit elle ie estoie si esbahie que ie ne cuidoie pas que mon se̅s lui eust mestier mais puis que ie voy le besoing ie feray mon pouoir de le aider Et lors va parmi la praerie cueillant des her bes celles que elle congnoit pour oster le veni̅ puis les met auec du triacle et lui euure la bou che si lui en boute dede̅s vng petit. Il estoit ia enfle si q̅ ses iambes nestoient pas mais gros ses que vng homme parmi le pis.

Quant lancelot eut beu ce que sa da moiselle lui auoit donne si comme̅ ca a enfler de plus en plus ta̅t quil deuint auf si gros comme vng tonneau. Et adonc la da moiselle dit a son frere. Sire allez vous en a nostre hostel et me apportez toutes les robes q̅ vo̅ trouuerez en ma chambre si coucheros icy ce cheualier car ie cuide que se on le̅portoit en ce point quil le couuendroit mourir. Le cheua lier qui frere estoit a ceste damoiselle mo̅ta in continent sur son cheual et sen alla tant que il peut et reuit moult tost. Si fist amener vng roucin tout charge de robes. et apporte en sa main vne fiolle que elle lui auoit co̅mande/ et

quant il est reuenu si treuue lācelot tel atour-
ne quil ne voit goute: car le venin lup auoit ia
tout le vlaire esfle. Et la damoyselle lup fait
faire ung lit si p couche lancelot/ et le fait trēs
bien couurir. puys cōmande a tendre ung pa-
uesllon que le chault ne leur fist mal. Le che-
ualier demande a sa seur se il pourra garir. se
maist dieu fait elle ie ne vous en asseure pas
car iay paour q̄ le venin ne lup soit monte au
ceur/ mes tant vous diz si plaist a dieu q̄l en
eschape ōcques cheualier ne schapa de telle.

A insy sont deuant lācelot iusq̄s pres de
vespres. le q̄l estoit sy fort couuert pour
se faire suer que il lup estoit aduis quil estain-
gnoit mes il nauoit tant de pouoir q̄l se peust
remuer ne dire mot et tant estoit destroit tout
le iour quil sembloit mieulx mort q̄ vif/ mes
il ne fut ōcques sy attaint q̄l ne pensast tous-
iours a la ropne: car il sauoit biē que ia la roi-
ne ne sauroit plus tost sa mort/ quelle apres
ne mourroit. Et cest la chose au mōde q̄ plus
lup fait mal/ si est en telle engoise tout le iour
et toute la nuit q̄ ōcques ne se remua ne ne dit
mot ne ne fut descouuert. Ne onc ceulx de le-
ans ne se coucherent la nupt/ ains furēt tous
iours deuāt lup car la damoiselle ne vouloit
pas q̄l se remuast par aucune aduanture.

L andemain entour midi se cōmenca lā-
celot a plaindre et dit. Ceste grāt sueur
me fait mourir. Sire fait la damoiselle escou-
la v9 cōuient il souffrir iusq̄s a demain que
vous seres sain et haictie se dieu plaist/ et il se
taist que plus nen parle. Et elle dist a son fre-
re/ sire se ie pouoie ce cheualier garir ne deue-
roit il estre mien desormais/ et il dist. Certes
oup/ car sil en eschape nous sauōs bien que
vous laures gary. Eu nō dieu fait elle ie v9
asseure que auāt q̄l soit. xv. iours il sera aus-
si sain quil fut onques se dieu me donne san-
te. Et lors sont ilz plus ioieulx que deuant si
font mettre les tables et mēguent/ quāt ilz eu-
rent mēge si sendoimēt deuāt lan. car monlt
auoient petit repose la nuit de deuant.

A nsi seuffre lancelot cellup iour et la
nupt/ et lendemain entour prime pla et
dist. Damoiselle vous moccies qui tant me
faictes souffrir ceste challeur. Voire fait elle
sire vous en plaingnies vous, benoit soit ore

dieu qui le pouoir vous en a donne/ car par
mon chief na encore guaires que ie cupdoie
pas que il issist iamais parolle de vostre bou-
che/ et lors lup allege de sa couuerture/ et elle
treuue son visaige desenfle et les iabes et tous
les aultres mēbres/ mes tant lup est mesad-
uenu q̄ les cheueulx de la teste lup sont cheuz
Et lancelot cōmande que on les lup mette en
une boiste: car il les vouldra enuoier a la ropne
affin quelle croie mieulx ceste aduāture/ et il
sont voulentiers son cōmandemēt.

T ant lup fait la pucelle apointer a
mēgier/ et quant il eust mēgie tout a
loisir elle cōmanda q̄ on lup fist ung lit pour
le coucher legierement affin q̄ la challeur ne
lup sache mal/ puys se tient empres lup tant
quelle cuide q̄l soit ēdoumy/ et quāt elle voit
quil se doit si fait tous les aultres partir dē-
pres de paour quil ne soit esueille/ et lors se a-
siect deuāt lup et cōmēce a penser et regarder
lancelot. Et quāt elle eust este ainsi grāt piece
si cōmence a dire en guise de fame couroucee.
Sire mal veiz vostre beaulte par qui ie lan-
guis/ si nen puis eschaper si non par la mort/
ne ia force de erbes ne de pierres ne men gara
tira. Las ie me merueille donc ce penser mest
venu/ car ōcques ne auoie ame par amours/
si men auoiēt requise maintz hōmes de hault
parage q̄ ie ne voulus oncq̄s escouter. O v9
apme si doulcemēt q̄ ie nen puys mon cueur
oster: onq̄s mes damoiselle nama en telle ma-
niere/ et non pour tant ie vous ap tant serui q̄
ie ne crop pas q̄ v9 me osissies denier vostre
amour se ie la vous requeroie/ encorps que ie
mourusse/ mes se dieu plaist ia ne aduendra.
meilleur cōseil ie prēdrap/ si ne pēserap plus
a v9/ car ie scap biē q̄ v9 ne daignereis amer
si poure damoyselle cōme ie sups. Si apme
orendroit lancelot/ et orendroit en est hors, elle
fait male chiere et puis ioyeuse/ puys regarde
cellup donc elle ne peult prēdre cōseil/ car elle
laime veuille ou nō si en est mōlt courouchee
Tant a este la damoyselle deuant lan, q̄ il
se esueilla et voit quelle pleure mōlt tēdremēt
si en est dollent et tresault tout de mal tallent
si lup dist. Damoyselle qui est cellup si hardi
qui pres de mop vous ose courouchier. Sire
fait elle ie ne me plains de nul hōme: car nul

partie.

ne me fait mal sinon mon cueur qui na pas ce quil vouldroit. Et il se tait atant et dit qlest marri quil la voit courroucee. Elle essuie ses yeulx et fait la plus belle chiere quelle peut. et lors entra leans le chevalier qui frere estoit a la damoiselle si demanda a lancelot comment il lui est. Et il dit bien dieu merci car ie seray par temps gari se me semble.

Tandis qlz parloient ainsi vindrent a luis du pavillon deux chevaliers et une damoiselle et demanderent se leens les pourroit heberger. Et le frere et la damoiselle se lieve sus et leur dient quil descendent et quil soient les bien venus. Si fait apporter ung autre pavillon et le fait tendre. Quant le chevalier et la damoiselle furent descendus si se sont assis pour reposer. Et leur oste leur demande dont ilz sont. et ilz dient quil sont de la maison du roy artus Et q assez vous grant fait le chevalier nous qrons lancelot du lac. Quant il les entent si ne se veult pas enseignier devant ql sache sil vouldra parler a eulx Lors vient a lui et dit. Sire ceans a deux chevaliers de la maison du roy artus qui vous quierent et parleroient voulentiers a vous si sauoient q vous fussez ceans dictes moy se vous voulez que ie vous cele Or leur demandez leurs noms fait lancelot: car telz pourroient estre q ie ne vouldroie pas quil me veissent en ce point. Lors sen retourne vers eulx et leur demande leurs noms. Et lun dit ql a nom Boort et lautre ponel et sont freres. Le chevalier sen reuient arriere et le compte a lancelot Quant il entent q se sont ses cousins si en a grant ioie faictes les venir dit il car se sont les deux hommes du monde q ie plus ayme Lors les maine a lancelot. et il les salue si tost comme il les voit venir. Quant ilz sentrecongnoissent si accolent lun lautre et font la plus grant ioie du monde: mais moult sont espouentez quant ilz voient lancelot en tel estat a lui demandent sil pourra garir. Oy dit il se dieu plaist. Si leur compte comment il lui est avenu et ql feust mort ne feust la damoiselle Si se commence a seignier: puis lancelot leur demande se ilz scaivet nulles nouvelles de la court. Sire dit Boort il a huit iours que nous en partesmes: et laissasmes le roy et ses gardes moult courroucez pour vous: car il cuident vraiement que vous soiez mort et toute la

court est si troublee quil ny a celui qui ose rire ne iouer. Et il regarde entour lui car il ne vouldroit pas q on lescoutast Et quant il voit ql ny a personne si dit a lancelot. Sire ma dame la royne souffre grant mal pour vous. et lors lui compte la vie que elle maine: et comme elle est accouchiee au lit: et le deul quelle fist quant ilz furent partiz de elle et lors lui baille laneau q elle lui avoit chargie a lui baillier si tost comme il se verroit. Lors prent lancelot laneau si le regarde et bien le congnoit puis comence a plourer moult tendrement et lui dit. Beau doulx amy ie suis si mallade q ie ne pourroie chevaucher. et quant ie seray gari si me conuendra aller a la besongne de une dame a qui iay promis. et pourtant il conuendra q vous retournez a court et dictes a ma dame mon estre et lauanture la qlle mest nouuellement avenue. et elle vous en croira mieulx q ung autre. Et pour la faire plus certaine lui porterez vous les cheveulx de ma teste q iay fait mettre en une boete. Si re dit Boort ie ne pourroie retourner car ie suis meu pour une damoiselle: dont le roy me pria que ie menasse sa besongne a fin: mais lyonel mon frere y pourra bien aller car il na nulle entreprinse. Et il dit quil ira voulentiers.

Celle nuit furent bien serviz. et ledemain au matin prist Boort congie de lancelot / car il ne pouoit plus demourer: mais aincois quil feust monte lui dit. Sire ie vous ay plus mesfait q vous ne cuidez. En quoy fait lancelot. ie le vous diray fait Boort. Vous souuient il du chevalier qui devant vous en voulsut mener la royne. Oy dit lancelot. Sire fait il se fuz ie q a vous iouftay mais bien sachez q ie ne vous congnoissoie pas. Et de tant comme ie en fiz vous crie ie merci. Que est ce fait lancelot feustes vous. Oy sire dit Boort. par ma foy dit lancelot mon cousin trop fistes grant oultrage de mettre la main a si haulte dame comme a la royne: si eussiez bien deserui a perdre la vie, et vous deffes que iamais ne facez tel oultrage car se ie le sauoie ie vous seroie ennemy mortel Et il lui iure quil lui conuenoit faire. et lui compte comment il lauoit promis et lui dist q iamais en sa vie ne fera chose qui soit contre sa voulente. Atant sen part Boort de leans et les

h.iii.

cõmãde tous a dieu/et sen va auec la damoy
selle qui le maine a la damoiselle de galuoie
lyonnel le côuoie/puys retourne a lancelot.e
quãt il le voit/ si lup dist qͥl côuient aller en
court pour sa dame recôforter/ puis fait atã
dre la boite ou les cheueulx sont sy lup baille
et lup dist ꝙ si tost cõme il aura este a court qͥl
retourne deuers lup. Lyonnel prent la boitte/
si la mect a son sain et fait aporter ses armes.
puys mõte a cheual/ et erre tant par ses iours
nees quil est venu a court en tour heure de pri=
me/et le roy estoit alle chasser/ et la ropne es=
toit reuenue du monstier/ si se soiect en vne fe=
nestre et regardoit emi la court/ si cõgnoist ly=
onnel aux armes/ et a moult grant ioie/ car
elle pensoit bien quil lup apportoit nouuelles
de celluy quelle nayme mie moins de soy mes=
mes/et elle entre en sa chãbre si fait hors aller
ses damoyselles/ car elle veult estre seans pri=
uement. Quãt lyonnel fut descendu si demã
da ou le roy estoit, et len luy dist qͥl est au bois
auec grãt cõpagnie de gent/ et ou pourray ie
fait il trouuer ma dãe la ropne. par ma foy
font ilz elle est en sa chãbre. Il se adrecha celle
part si entre seans tout armefors de son heaul
me/ et salue la ropne de par lãcelot. Et quãt
elle le voit si lup court les bras tendus/ et lup
dist, lyonnel bien soies vo⁹ venu/ cõme se fait
vostre sire. Dame fait il bien dieu merci selon
les aduãtures ꝙ lup sont aduenues puis que
vo⁹ ne le veistes. Cõment fait elle nest il pas
sain et haictie Dame fait il nẽnp pas si bien cõ
me ie voulsisse. par ma foy fait la roʏne vous
me dictes merueilles/ car il nya encore guieres
que vne damoyselle vint cẽãs ꝙ nous dist qͥl
estoit sain et haictie/ et a il depuis este malla
de. Dame fait il oup si durement que a pou quil
na este mort: et si vous diray cõment/ lors luy
cõpte cõme il auoit este enuenime & par quelle
maniere/ et cõe il fut enfle tant qͥl cuida mou
rir, et morlfust sans faille se neust este vne da
moiselle qui tant sen entremist quelle le garit
du venim.

Quãt la ropne ouist ceste nouuelle elle
est si esbahie qͥle ne peult dire mot. Dãe
fait il ecou ne merueille ie plus/ car tous les
cheueulx de sa teste luy sont cheuz, et affin ꝙ
mielx me croies ie vo⁹ les aporte en vne boite

de yurte. Voire fist elle/ la dieu ne maist se ie
ne vo⁹ en scap meilleur gre ꝙ se vo⁹ meussies
dõne cent mars dor. Et lors le fait desarmer
a deux escuiers. Et quãt il fut desarme en pur
corps si oste la boicte de son sain et dist. dame
tenes voies cy la boicte ꝙ messire vo⁹ enuoie/ et
elle la prent si leuure maintenãt/ et quant elle
voit les cheueulx elle les cõmencha a baisier
cõme se ce fussẽt les cheueulx dũg corps sainct
Tout le iour demoura lyonnel auec la ropne
et quãt se vint deuãt le souper il entra seans
vng escuyer qui dist a la ropne. Dame mon=
sieur vous mãde qͥl ne vendra meshup/ car il
est demoure au bois/ si ne voulloit pas ꝙ vo⁹
en fussies amalaise et pour ce vous mãde il ꝙ
vous soies ioieuse/ & ꝙ vous tenes aussi grãt
court cõe sil estoit ceans Et elle dit que si fera
elle/ et lors dist a lyonnel. Beaulx amy quel
cõseil me donnes vous. Dame fait il de quop
Certes fait elle iay tallẽt de voir lãcelot, car
oncq̄s ne desiray tãt chose a voir/ si cuide bien
mourir se ie ne le vois. Si le voyldroie voir
en telle maniere ꝙ le roy nẽ seust rien. par ma
foy fait il ie vous enseigneray bien cõment il
vendra a vous si priuemẽt que nul ne le scaira
que nous deux/ dictes le fait elle/ car ie feray
par vous. par ma foy fait il le mieulx que ie
sache cest que vous priies au roy quil face crier
vng tournoiemẽt aux octaues de la magda=
laine/ si se assemblerõt cheualiers estranges
de toutes pars/ pour y venir. Si vendros en
telle maniere entre lup et moy ꝙ ia nul ne nous
congnoistra. Ainsi le pourres auoir et voir. et
pour ce ꝙ len ne s'en apperchuie encore vo⁹ prie
ie que dedens ce terme ne parles ia ꝙ vous en
aies rien sceu/ par ma foy fait elle nõ feray ie
Ainsi se accordent emsẽble et lendemain vint
le roy du boys & quãt la ropne le voit si lui va
a lencõtre/ si lup dist quil soit le bien venu/ et
il deschent et va oupr messe en vne chappelle
qui leans estoit/ puis furent les tables mises
pour disner. Et apres disner les tables furẽt
leuees/ et la ropne lup dist. Sire il me poyse
molt de monsieur gauuain/ et de ses compai
gnons qui ne scauient les nouuelles de lan=
celot ꝙ nous furẽt auãt hyer apostes p la da=
moiselle. p dieu fait le rop ie vouldroie qͥl les
eussent ouies: ie vo⁹ diray fait elle ꝙ vo⁹ feres

partie.

il a grāt piece q̄ en ce pais neust nul tournoiemēt si en faictes crier ung aup octaues de la magdaleine et soit fait es prez de hamallot/ et ie cuide se lācelot se scait ql y vēdra: et aussi se rōt tous les autres q̄ en la q̄ste sont. Et il dit q̄ elle a bien dit. car aussi en a il grāt tallēt. et lors enuoie le roy par tout le pais et fait māder le iour et le lieu ou le tournoiemēt sera fait Et la royne dit a lyonel. Or vous en pouez aller car ie ay bien fait q̄ vous me auez dit: et me saluez lancelot et lui dictes quil ne laisse pour riēs ql ny vieigne Et il dit q̄ bien fera le message Si prēt ses armes et sen part si sagemēt q̄ nul ne le cōgnoit et alla tant quil dit iusq̄s la ou lancelot gesoit mallade

Quant il fut descēdu et desarme si dit a lācelot si le treuue encores mallade et il lui demāde cōmēt il lui est. par ma foy ie ne garis pas bien dit il: car la pucelle q̄ de moy se prenoit garde est si mallade q̄ elle ne seuā trois iours a si me cōuient souffrir et actendre la grace de dieu. Lyonel lui cōte ce q̄ sa royne lui māde: et cōme le tournoiemēt est crie es octaues de la magdaleine et q̄ pour lui la fait crier la royne par quoy il conuient quil y soit. Haa dit il pour quoy la fait ma dame ie suis encores fort mallade et le terme est court: il ny a pas plus de ung mois. Si ay grāt paour q̄ ie ny puisse estre: mesmemēt pour la besongne de ceste dame ql me cōuiēt mener a fin aiē q̄ ie puisse retourner. Lors se cōmence a plaindre et a douloser de sa malladie. et lyonel dit a la damoiselle q̄ gesoit en ung autre pauēillon. Quant elle le voit si lui est auis q̄ ce st lācelot car il lui ressemble mieulx q̄ nul aultre sinō ql est ung peu maindre a peine cōgnoist len lun de lautre. Et quāt elle le voit si cōmēca a plourer. et il lui demāde cōmēt elle se fait. Et celle q̄ tant est esprise damours q̄ elle ne scait q̄ faire dit q̄ elle se meurt et q̄ plus lui en poise pour autrui q̄ pour soy: car a ma mort perdra le mōde le meilleur cheualier q̄ viue q̄ie redisse tout sain se ieuesquisse. Damoiselle fait il cōmēt vous est ce mal auenu. sire ie ne le diroie ne a vous ne a autre/ mais touteffois dictes a vostre seigneur quil se occist et autre pour lui Lors commenca a faire trop grant deul: et dit au plus bas que elle peut que mal dit ōcques

sa beaute que tant couuoitoit. Lyonnel entēdist bien ceste parolle et bien scait quelle veult dire mais oncques nen fist semblant. Si lui dit quil lui dira bien ce que elle lui a commandē. et lors sen veult aller quant elle le rappelle et lui dist. Beau sire dictes a vostre seigneur quil mourra dedēs huit iours si il ne pēse autrement a lui Et lors sen vient lyonel a lancelot si se assiet deuant lui et lui demande comment il lui est. par ma foy fait il ie suis mōlt mallade se me semble car ie ne fais sinon empirer et ie estoie presques gari quant la pucelle accoucha mallade qui se prenoit garde de moy Et lyonnel lui compte ce que elle lui a dit. et lācelot sen esbahyt tout car bien congnoit la signifiance des parolles Lyonnel lui dit. Sire que vous vault le celer. Vous pouez viure ou mourir se vous voullez. Je scay bien q̄ la pucelle vous ayme tant que oncques fēme ne ayma autant hōme: et par vous elle est au lit Si se mourra se vous ne la secourez de vostre amour. Et pource vous soie ie que vous en prenez conseil que vous la gardez de mort/ ou autrement vous mourrez dune part et elle de lautre. si sera grāt dōmage car elle est belle pucelle et vous estes le meilleur cheualier du monde. Certes fait lācelot il nest riēs q̄ ie ne fisse sauue lonneur de ma dame pour sauuer la damoiselle et bien le dois faire car elle me a sauuee la vie et plus a fait pour moy q̄ elle ne fist onq̄s pour hōme mais sur la chose q̄ elle requiert a trop grant offense car pour riēs ql me peut auenir ne faulseroie mes amours

Of me dictes fait lyōnel aymez vo° dōc ma dame la royne. Oy dit il pl° q̄ moy mesmes. Dōc ne pourchasseriez vo° pas vo° lētiers chose qui lui despleust. Nō voir dit lācelot. Et est il riēs fait lyonel q̄ vous feissez pour la garantir de mort. Oy fait lācelot et se vous mouriez dit lyonel que cuidez vous que elle fist Je scay bien fait lācelot q̄ elle en mourroit. car elle ne me ayme pas mais que ie fais elle. Donc ie vous mōstre fait lyonnel par raisō que se vous deniez a ceste pucelle vostre amour vous aymez mieulx sa mort de ma dame la royne genieure que sa vie. Et vous dirai bien la raison fait lyonel. Vous voiez bien que vous estes a la mort/ se ceste pucelle

f.iiii.

ne vous garist/ et vous voies bien quelle ne peult garir se vous du mal qlle ha ne la soulages/ ne elle nest mallade si non par vous. Ainsi la poues vous garir/ et elle vous. Et se ainsi ne le faictes/elle mourra et vo9 aussi de quoy ce sera le greigneur dōmage q̄ oncq̄s aduint a vostre temps/ car vous seres mort par vostre mauuaistie/ et madame la royne puys q̄lle vous ayme tant/ ie scay vraiemēt quelle en mourra/ ainsi en occhires vo9 troys vous/ ma dame la royne/ et la damoyselle/ donc len pourra bien dire apres vostre mort q̄ vous aures fait grāt desloyaulte ⁊ fellonnie car par vo9 seroit morte la plus haulte pucel-le du mōde/ et si ne la pas deserui. et la plus belle dame du monde q̄ vne fois vous auoit rendu la vie/ et ores luy rendes tel guerdon q̄ pour la vie luy rendes mort. Quant lancelot entent ceste parolle si ne scait q̄ dire/ car raisō et droicture se sēmōt a faire la voulente de la pucelle/ si doute la mort dōt il ne peult escha-per se elle ne se garist/ et daultre pt il a paour sil luy octroie samour et la royne se scait qlle ne len refusera to9 iamaiz. et pour ce ne scait il que faire/ ou aimer la damoiselle ou nō. Lors dist a sponnel toutē plourant. Beau doulx amp cōseillies moy ie pourroy faire de ceste chose. Sire fait il le cōseil est tout prins il cō-uient que vo9 sachies ce q̄ la pucelle vouldra ou aultremēt vous estes mort. Haa dieu fait il cōe pourra ce estre q̄ ie fausse mes amours vers ma dame. mes cōme pourra ce estre fait sponnel que feissies chose dōc elle mourust/ quelle ne la mie deserui/ et que vous occisies ceste pucelle q̄ vous debueries garder en tous lieux/ certes il nest nul q̄ de trayson ne vo9 en peust appeller ⁊ a ce il ne scait que respondre/ si se taist. Certes fait sponnel il conuient que ceste chose sachies a ma voulēte. et lan. se taist et ne dist mot/ains pleure tēdrmēt. Et quāt il luy cōuient faire chose q̄ nestpoit a son plai-sir si dist a sponnel. Beaux amys il est ainsy que sās le cōgie de ma dā: la royne ie ne feray rien pour mort ne pour vie. si cōuient q̄ vo9 alles a la court ⁊ cōptes a ma dame mō estre et luy dictes q̄ ie suys mort se ie ne fais la vo-lūte de vne pucelle/ par ma foy fait sponnel ie y allasse voulentiers/ mes ie vous voy sy

attaint q̄ ie ne croy pas que ie vous trouuas-ses vif au retour. Lors se part sponnel du pa-uillon et vient a la damoyselle/ si la salue de par lancelot/ et luy dit. Damoiselle messire vous mande q̄ vous laues gari vne foys de mort/ de quoy il vous doit tel guerdon cōme de vous rendre la vie. Mes se vo9 pouez met-tre hors la malladie ou il est/ il vous promet que desormais pourres faire de luy cōe de vre cheualier ⁊ de vre amy sil vous plaist.

Q̄uāt la pucelle ouyst ceste nouuelle/ si fut si ioieuse q̄ plus ne peult si dist tout en soupirāt/ beau sire est ce voir. Damoiselle fait il oup. Lors se lieue la damoyselle et se ap-pareille au mieulx qlle peult/ si vint deuant lācelot biē en point. Et sponnel fut ia monte sur sō cheual pour aller a la court. La damoy-selle est deuāt lācelot qui se gist malade. Et quāt il la voit si luy dist q̄ bien soit elle venue Certes ie suys mōlt ioieux de vostre leuee car ie en ay mōlt grant mestier/ ie suys plus mal-lade q̄ oncq̄s mes/ si vous prie q̄vous mettes paine a moy garir/ par tel sy q̄ ie soye vre che-ualier tous les iours de ma vie. Et elle luy dist/ quelle ne demāde aultre chose. Lors vit le cheualier frere de la pucelle/ ⁊ quāt il la vit deuāt lācelot si en est mōlt ioyeux/ car il cuy-doit q̄lle fut encore couchee au lit mallade/ et elle luy cōmāde a apjester a mēger a lancelot et luy deuise quoy et cōment. Et puys enten-dist si bien a la garison de luy que bien dormit la nupt ⁊ reposa/ et lēdemain il se sētist plus legier q̄ le iour de deuāt. Elle luy ost appareil-le vng electuaire merueilleux quelle luy fist vser/ puys luy oinct les tēples ⁊ les bras par quoy il dormist tellemēt q̄ oncq̄s ne resueilla iusques a vespres. Et quāt il fut esueille il se trouua mōlt allegie de son mal. La damoisel-le luy demāde cōme il luy est/ et il luy respōt q̄ bien dieu mercy. Et en parlāt a elle il regar-da parmi luys du pauillon/ si voit sponnel qui reuenoit les grans gallos de la court. Et quant il fut pres si deschent/ puys vient a lā-celot et le treuue tout seul/ car escore se dormoi-ent tous les aultres auant les pauillōs. Et quant lancelot le voit si luy demāde des nou-uelles de sa dame. Sire fait sponnel elle vo9 mande plus de cent mille salus/ et sy vous

mande q̃ se vous oncques l'aymastes q̃ pour
vous desiuser de mort ce sse aussi pareillemẽt
que vous faciez la voulente de la pucelle ce se
vous ne le faictes vous auez s'amour perdue
a tout iamais. Quant lancelot entent ce q̃ sa
dame lui mãde il dit quil en fera tant q̃ ia nen
deuera estre blasme de sa dame/ne aussi de la
pucelle ne deuera estre hay Et commẽt vous
est il dit sponel. par ma foy fait lancelot ie
me sens si bien la dieu mercy q̃ ie pourroie bien
cheuauchier a mon cuider.

Celui iour apres disner q̃ lancelot ce la
pucelle qui gari l'auoit estoient tous
seulx au pauillon lancelot estoit assis en son
lit ce se put a regarder la pucelle: si la vit si bel
le ce tant lui pleust que sil ne aymast la royne
de si grãt amour il ne se tenist pas quil ne fist
sa voulente de la pucelle mais il ayme la roy-
ne si loyaumẽt quil ne sui fausseroit en nulle
maniere. Et celle qui vouldroit quil lui eust
octroie s'amour lui dist. Sire ie vous ay gari
ce preserue de mort dieu mercy si vueil q̃ vous
me tenez conuenant. Et il demande quel cõ-
uenant. par ma foy fait elle ie le vous diray
Il est vray que des lors que ie vous vis pmie-
rement ie vous donnay m'amour si parfaicte-
ment que oncques pucelle ne ayma tant che-
ualier. Et bien y a paru/ car pour vre amour
ay ie este iusques a la mort/ne ia nen eusse si-
non la mort quãt vous me mandates q̃ vous
seriez mon cheualier ce mon ami ce par ce se pa
rolle fuz ie toute assouagiee. Si me scuay in
continent ce vins a vous ce m'en suis mise en tel
le paine que vous estes tout gari. dieu mercy.
Or vous apelle ie du cõuenant: ce vueil que
vous me pmettez que desoremais serez mon
loyal ami: ce ne aurez autre que moy tant que
vo³ trouuerez en moy loyaute.

Quant lancelot entẽt ceste parolle si pẽ
se vng petit ce dit. Certes damoiselle il
est vray que tant auez fait pour moy que bien
doiz estre vostre cheualier ce vostre ami: car se
ie vous escondissoie mauuaisemẽt auriez em
ploie ce que vous auez mis en moy. Si vous
diz loyaument quil ny a damoiselle au mon
de que ie ayme autant cõme vous: ne ne ayme
ray iamais au mien escient mais ce que vous
deffendez que autre de vous ne tiengne a ma

dame ce a m'amie me desconforte moult. Si
vous diray commẽt il est: ne oncq̃s mais ne
le diz a homme ne a fẽme. Il est voir que ie ay
me en tel lieu ou ia ne faulseray ce aymeray si
loyaument q̃ ia pour mort ne pour meschẽce
que ie aye nen partiray ne moy ne mon cueur.
ce se bien le en voulloie oster si ne pourroie ie, car
ma voulẽte y est si bien enracinee q̃ ie n'auroie
pas le courage de l'en oster. Mon cueur y est en
veillant ce en dormant ce mon penser y est nuit
ce iour car mon cueur ne mes eulx ne tendent
tousiours fors celle part/ne mes oreilles ne
peuent ouir bonnes nouuelles que de lui. Et
que vous diroie ie, mon ame mon corps ce mõ
ouir sont tous en elle. Ainsi suis ie tout a son
plaisir. Je ne puis riẽs faire de moy neãt plus
que le serf peut faire autre chose q̃ son seigneur
lui commãde Et sur ce ne vous scay ie q̃ dire
se vous ne le me dictes.

Sire dit la pucelle vous auez dit com-
me loyal cheualier ce comme prudõme
ce ie voiz bien que vous ne me vouldriez pas
deceuoir si vous en scay bon gre mais toutes-
fois puis que vous estes le meilleur cheualier
du monde ne vous quicteray ie pas si legiere-
ment: ains vueil q̃ vous me tenez mon conue
nant ainsi comme ie vous diray. Je scay bien q̃
vous aymez si haulte dame ce si vaillant q̃ a
peine vous abesseriez pour aymer vne si poure
damoiselle cõme ie suis. ce si n'est au mõde pu-
celle a mon cuidier qui feust digne de vostre a-
mour. Et pource ne vueil ie pas que vous me
aymez cõtre vostre voulente. Si vous diray
q̃ vous ferez. Vous aymez haulte dame biẽ
le scay donc vous vous messeriez moult se a
autre dõniez vostre amour: mais se a pucelle
la donniez sauue l'onneur que vostre dame a
en vous nul ne vous en deuroit blasmer. Et
il dit q̃ ce ne pourroit faire nul homme. Si
pourries bien fait elle, par le moien q̃ ie diray

Il est voir que ie vous ayme en autre
maniere que ie ne aymay õcq̃s hõme
car amour de homme ce de fẽme viẽt par char
nel assemblement dout auient que virgini-
te est corrõpue: mais de vostre amour ne sera
ia ma virginite malmise: ais la garderay en
telle maniere comme ie vous diray tous les
iours de ma vie. Vous me promettrez q̃ en

quelq̄ lieu que vous me trouueres desormes me tendres pour vostre amie/ et ie vous creācheray q̄ iamais iour de ma vie ie ne aymeray aultre de vous/ ne a hōme ne toucheray charnellement/ ains me tendray a vo⁹ en telle maniere q̄ en tous les lieux ou ie vous trouueray me reclameray de par vous cōme de par moy Ainsi ne fausseres vous de rien a vostre dame car vous me pourres amer cōe pucelle/ et elle cōme dame/ si pourres garder lonneur de lū ne et de laultre. Cōmēt fist il pourroit ce estre que vous de charnel assēblemēt vous gardissies/ qui tant estes belle et aduenāt/ et qui tāt trouueres encoꝛe de pꝛeudōmes q̄ a fēme vo⁹ demāderont. Sire fist elle ie me en puiseray mieulx/ se pour lamour de vo⁹ ie garde mon pucellage/ que se ie estoie dame de la plus riche terre du mōde/ car ie ne me en pourroie mie cō iurer pour nul plus vaillāt hōme q̄ vo⁹ estes si sachies que tout ainsi cōme ie lay dist le feray desoꝛmais.

Ainsi passerēt celluy iour et toute la sepmaine/ tant q̄ lancelot fut gari. si vint au cheualier qui auoit vō cramadin et le mercie monlt de ce quil luy auoit fait. Sire fait le cheualier ie ne feusse mie si ioyeux/ pour le meilleur chastel que le roy artus ait/ cōme de ce que vous estes gari/ si men est grāt honneur aduenu/ quāt tant aues demoure en mō hostel. Beau sire fait lancelot/ ie men voulsdroie demain aller/ si vous demande congie. Sire fait le cheualier ie le vous octroy puys quil vo⁹ plaist/ car oultre vostre voulēte/ ne vous retēdroie ie pas/ nostre seigneur vo⁹ cōduise en quelque lieu que vous ailles/ dieu le sache fist lancelot.

Au matin quāt lancelot fut leue/ la pucelle vint a luy/ et quāt il la veist si luy dist. Belle doulce amie biē soies venue/ ie me veult aller a vostre cōgie. Sire fist elle vous saues bien les cōuenāces qui sont entre vous et moy/ et ie ne scay quāt ie vous verray mes si vous pꝛie q̄ vous plaise de me laissier. Vng de vos ioyaulx que ie puisse garder pour lamour de vous/ quāt vous en seres alle/ si que ie vous en aye plus en remēbrance. Certes damoiselle fist il voullētiers/ loꝛs pꝛēt vne sienne chaincture a mēbꝛes doꝛ/ q̄ auoit chaincte

que la royne luy auoit dōnee et dist/ tenes damoyselle sachies q̄ il ny a eu mōde dame ne damoiselle a qui ie la donnasse/ et celle lē mercie mōlt si la pꝛint lyee et ioyeuse. et elle lui dōne vng fermail doꝛ/ si luy pꝛie quil le poꝛte a son col pour lamour de elle/ et celluy luy dist que si fera il voullētiers. Loꝛs demāda ses armes/ et quātil fut arme biē et bel/ si pꝛint cōgie a tous ceulx de leans/ et sen part entre luy et lponel. Et la vieille le maine tout dꝛoit au chastel que les cinq freres tenoient que le duc karles leur pere guerrioit/ cellux a qui gahesciet aidoit/ et quāt lancelot vint ilz auoiēt a toute perdue leur terre foꝛs q̄ vng chastel dōc ilz nosoiēt issir. Et a la dernierre assemblee auoient ilz perdu la moictie de leurs hōmes. et quāt la vieille est leans amene lācelot/ il demāda la verite de la guerre/ si luy cōpta les les greigneurs mēsonges du monde. Et luy blasmerent le duc a merueilles. Lancelot cui da que ce fut voir/ si iura son sermēt q̄ iames ne partiroit tant que le duc seroit desherite/ et aussi fist lponel.

Quant la vieille dist qꝉ ost ainsi iure elle vint aux cinq freres et leur dist/ beaux seigneurs il vo⁹ est mōlt bien aduenu Car ie vous ay amene ceans telz deux cheualiers quilz mettrōt vostre guerre a fin ales vng moys. Et ceulx demādent qui ilz sont les nōs ne poues oꝛes mie sauoir par moy/ car il le me ont deffēdu/ mes tant vous diz ie biē q̄ luy est le meilleur cheualier du mōde/ pour ce vous soye ie q̄ vous alles a eulx/ et leur faictes si grāt ioye cōmēt len doibt faire a deux si pꝛeudōmes. Et ceulx les vont maintenāt voir/ si leur font la greigneur ioye du monde et se pꝛomettēt du tout a leur seruice. Au matin les menerēt ouyꝛ messe a vne chappelle q̄ leans estoit. Vng pou apꝛes pꝛime cōmencerēt a crier/ oꝛ aux armes/ oꝛ aux armes/ mōtes seigneurs cheualiers noz ennemis sont en nos mures. Et les. V. freres sont venus a lancelot et luy demādent sil vouldꝛa poꝛter armes Et il dist qꝉ ne lairoit en nulle maniere qꝉ ne voise voir cōmēt ceulx de dehoꝛs scauēt iouster. mes ie vueil fist il q̄ vo⁹ alles deuāt/ et se vous aues mestier de moy ie vous secourray Loꝛs fist appoꝛter ses armes/ et quant il fut arme il s'en va iusques a la porte du chasteau ⁊ fait mener empres lui son destrier puis monte aup creneaulp pour veoir comment ceulp de dedẽs assembleront a ceulp de dehors. Et les cinq freres auoient fait armer leurs gẽs puis issirent cõtre leurs ennemis ⁊ commencerent la meslee moult doulloureuse, dont il y eust maĩt bõ cheualier mort ⁊ ꝓuerse a terre. ceulp du chasteau se fuioient bien quant gaheriet ⁊ ses deup freres lesquelz estoiẽt de la part du duc vindrent a la bataille atout grant plante de gẽs ⁊ si tost comme assemblez furent cõmẽcerent a ferir ⁊ a abatre cheualiers ne onques puis ne se tindrent les cinq freres ains les cõuint fuyr voulsissent ou non. Et quant lancelot vist les cinq freres desconfiz: si dit a ꝓnel quil a trop actendu. Il descent des creneaulp ⁊ monte sur son destrier ⁊ issit parmi sa porte puis regarda ou estoit la greigneur press ⁊ si tourna celle part ⁊ frappa si durement le premier quil encõtra quil se iecta mort a terre. puis point oultre ⁊ en abat vng autre: ⁊ aussi fist ꝓnel. Apres lancelot mist la main a sespee si commẽce a ferir tout entour Il abat cheualiers ⁊ cheuaulp ⁊ occist quãquil encontre. Si fait tant en peu de heure que nul ne se ose actendre. Et la ou il encontre par auãture gaheriet si lui donne tel coup parmi le heaume q̃l lui fait sentir lespee iusques au test. Et celui volle ius des arcons. Lancelot passe oultre si encontre le duc en son venir/ car sen lui auoit bien mõstre. ⁊ le duc vient a lui lespee dressee si se fiert si durement q̃l lui fist entrer lespee au heaume plʿ de deup dois mais elle ne toucha pas a la char Et lancelot ne sespargne pas le duc/ ains se fiert si sur sa destre espaulle quil lui trẽche atout le poing. ⁊ puis recouure vng autre coup si lui fait la teste volser: dõc se fut grant dommage. Quant les autres voient leur duc mort ilz sen fuient. Lancelot ⁊ les siẽs les chassent si prennent agrauain/ guereschet ⁊ plusieurs autres qui ne vouloiẽt partir du champ pour leur frere gaheriet lequel estoit a batu Et les cinq freres qui auoient veu cheoir gaheriet ⁊ qui bien congnoissoient q̃lz auoient tout perdu par sa proesse le prennent ⁊ le fõt mener en leur chasteau. Si ne fut onques si grant feste cõme ilz firent a lancelot. car ilz

crioient tous si comme il passoit par la. Bien viengne la fleur de terrienne cheualerie. Bien viengne le meilleur cheualier de tout le mõde Ainsi crioient tous contre lancelot grãs ⁊ petis ⁊ il auoit grant hõte de ce quilz disoient. Et moult lui pesoit de ce quilz le seigneurisoient tant, ia soit ce quil leust bien desserui. Quant lancelot vint en my la rue il la trouua toute tendue de draps de soie: et toute encourtinee pour lamour de lui. Si le receurent a la plus grant ioie quilz peurẽt. Quãt ilz le eurent desarme si lui apporterent vne robe de sandal vermeil toute fresche. Et quant il est vestu si demanda a veoir les trois prisõniers qui prins estoient ⁊ ceulp qui estoient armez tous dune maniere: car toute iour les auoit trop couuoitie a veoir: car moult sauoiẽt bien fait en la bataille. ⁊ ce stoient les trois freres. ⁊ sen les lui va querre Quant il les vist venir il les congneut bien. mais pource quil ne vouloit pas quilz le congneussent les fist il mener arriere. Si est tant dollent quil a este contre eulp en ce ste bataille q̃l ne scait que faire car moult aymoit gaheriet. Et dautre part moult lui poise pour lamour de messire gauuain leur frere puis commande a ceulp de leans quilz leur facent autant de honneur comment ilz pourront car ilz sont de hault lignage ⁊ bõs cheualiers. Et se ie eusse cuide quilz eussent este contre vous ie ny eusse ia escu pris pour eulp greuer. Lors les font ceulp oster de la prison si les font mettre en vne chãbre coicte ⁊ belle ⁊ font regarder les plaies de gaheriet ⁊ ⁊ lui font tant de bien commẽt ilz peuẽt. Si les tindrent moult honnourablemẽt pour lamour de lancelot. qui prie les en auoit.

Celle nuit fut la feste ⁊ la ioie grãde au chasteau: ⁊ se lãcelot fut bien serui ce ne fait pas a demander. Si le couchent aise/ ⁊ a moult grant honneur. Lendemain quãt il eut oup messe vint a la vielle qui leans lauoit amene ⁊ lui dit. Dame me suis ie a vous bien a quite. Sire op. Or vous prie fist il par la chose que vous aymez plus que vous a homme qui de moy demande ne diez ne faictes sauoir qui ie suis. Et sauez vous pour quoy ie le die Ces trois cheualiers sont freres a mõseigñr gau. ⁊ ie ne voulderoie pour riẽs q̃lz sceussent

que ie euſſe eſte encontre eulx/car ilz men her
roient par aduanture, et pource ne vueil ie mie
quilz ſachent mō nom/ et elle luy diſt quelle
ne ſe deſcouurira ia a hōme viuāt. Lors vint
aux .v. freres/ſi leur cōmanda que les troys
freres feuſſent deliures/et eulx dient queſy
feront ilz tout a ſa voullēte. Et encor vo' prie
ie fiſt il, que quant ie men ſeray aiſe/ſi vous
detiengnies les troys freres ceans, & leur fai
ctes tant de honneur cōment vous pourres,
car bien ſachies qlz ſont mes amis. Et ilz diēt
ſans faille que ſi feront ilz.
Lors demāde ſes armes/et ceulx dient
quil demourra encore, mais il dit quil
ne remaindroit en nulle maniere. Si ſen part
entre luy et ſponnel et quāt ilz furent montes
ſes cinq freres vindrēt a gaheriet/ſi le mettēt
hors de priſon: et ſuy ſont totes la ioie qlz peu
ent a luy et a ſes freres. Et ilz demādent mal
tenant qui eſt le cheualier par qui ilz ont eſte
vaincus: & eulx dient quilz ne ſcaiuēt ſe dieu
leur aiſt, par ma foy diſt gaheriet ce ne peult
eſtre, car des voz fut il et auec vous vint il ce
ans, par ma foy font il de noſtre gent ne fut
il mie, mes il no' aidoit pour lamour de vne
dame qui eſt ceans/ne ōcques ſon nō ne nous
vouſſut dire/ne ōcques ne le veiſmes/mes il
nous pria mōlt de vous ſeruir et de vo' faire
toute lamour que nous pourriō, car il dit q̄
vous eſtes mōlt grādemēt ſes amis. Lors ſe
merueillent mōlt tous enſemble qui peult eſ
tre, ſi demādent de quel corſaige il eſtoit, et de
quelle façon. Par ma foy font il ceſt vng des
plus beaulx cheualiers du mōde, ſi eſt vng pe
tit brunet, et ne peult pas auoir plus de .xxv.
ans, et eſt nouuellemēt rez & tōdu. Et quāt
ilz ouyrent ces enſeignes/ſi ſont plus eſmai
es et diſiouprez q̄ deuant & ne ſcaiuēt que dire/
ainſi demourerēt vne ſepmaine entiere/tant
que gaheriet fut pres de gari lors ſen partirēt
tous trois/ſy demādēt quelles armes le che
ualier emporta, et il dient vnes noires & vng
eſcu blanc a vng lyon noir, et ilz ſe mettent a
piez tout le chemin q̄ ceulx leur enſeignēt/car
bien vraimēt en cuidēt ouir nouuelles. Et la
celuy qui ſen fut parti entre luy et ſponnel ſās
auāture trouuer q̄ a cōpter face car la nuyt
vindrent cheulx vne dame q̄ bien les herberga

Au matin quāt ilz eurent ouy meſſe ſe
miſdrent en leur chemin/ſi entrerent a
heure de prime en vne foreſt qui duroit deux
lieues de long, et vne de le, ſi lapelloiēt ceulx
du pays terque. Et quāt ilz eurent cheuauche
iuſq̄ a tierce ſi leur greua mōlt et ennuya,
car le ſoleil eſtoit trop ardant, ſi furēt ſi las &
trauailles, q̄ a force les cōuint repoſer/ lors
miſt chaſcun pie a terre & oſterēt les fraingz a
leurs cheuaulx/ſi les laiſſerent paiſtre lerbe
parmy le boys/puys oſtent leurs heaulmes
pour recueillir le vent/ſi ſe couchent deſſoubz
lombre dung perron, car lācelot nauoit onc̄
ſa nuyt dormy ſi luy aduiſt ainſy quil ſe edor
miſt. Et ſponel veilla qui nauoit pas talēt
de dormir/puys ne demoura gaires ql viſt
venir au chemin ferre aſſes loing de luy deux
cheualiers tous armes et auec eulx vne pucel
le, ſi alloient trop grant ioie faiſant Et quāt
ilz vindrent pres de ſponnel ſi regardirēt, par
mon chief fait lun deux les ſecy venir, et ſy
onnel regarde parmi le boys, et voit venir a
pres eulx vng cheualier arme ſur vng deſtri
er, mes ceſtoit le greigneur de corps et de mē
bres quil veiſt ōcques/ſi ſembloit en ſon ven̄r
que ce fut fouldre q̄ deſchendiſt du ciel, et lun
deux tourne ſon eſcu vers luy pour iouſter a
luy, et il le fiert ſi durement quil luy met le
glaiue parmy le corps/ſi abbat a terre luy et
ſon cheual, puis traict le ſpee ſi laiſſe courre a
lautre, qui ne le oſe attendre: aincois ſen tour
ne fuyant et il le vint attaindre par derriere/
ſi olt haucie le ſpee pour luy ferir. Et quāt cel
luy voit le coup venir il a ſi grant paour quil
ſe laiſſe choir a terre, et celluy qui ſon coup ne
peuſt retenir, fiert en larchon deuant ſi dure
ment quil couppe le cheual parmy leſchine, ſy
quil abbat le cheual ſur le cheualier qui ſe fut
laiſſie choir, puys vint a ſa damoiſelle. Et y
ſa mōte deuāt ſoy ſur ſon cheual, & ſen retour
ne par le chemin quil eſt venu.

Quant la pucelle ſi voit que celluy la
maine ainſi maulgre elle, ſi cōmence
a crier ſaincte marie aide. Si fait ſi grāt deul
que nul ne la veiſt qui pitie nen euſt. Et quāt
ſponnel voit que le cheualier ſen part en telle
maniere ſi diſt que oree a il trop attēdu, ſi ne
le veult pas ainſi laiſſer aller et ſi ne oſe lan

partie

esueillier pource quil ne se tenist pour couart: et riens ne doubtoit autant comme lui

Quant lponnel est arme au mieulx ql peut si monte sur son cheual et prent son escu et sa lance si laisse lancelot dormãt et sen tourne apres le cheualier. Et il a consuit a la baller dun tertre. Et quant il est pres si lui escrie quil est mort. Et celui se regarde et voit q iouster le conuient si met ius la damoiselle et met lescu deuant son pis puis tire son espee et lponnel vient a lui courãt et le fiert si duremẽt pmi lescu et le haubert qͥl sui met le glaiue sãs plus mal faire. Et celui sactaint sur le heaume si lui dõne tel coup quil lui fent tout a destre partie. Gil leust occie sans faulte / mais lespee lui tourna en la main: et le coup fut si grant q lponnel cheut a terre tout estendu et se pasma de langoisse quil sentist. Et le cheualier remist lespee au fourreau et fist monter la damoiselle sur le cheual desponnel: voulsist ou non: puis se abessa vers terre et print lponnel ainsi arme comment il estoit et le trousse deuant lui et lemporte et emmaine la damoiselle en telle maniere. Si se taist atãt le compte de lui et retourne a hector des mares

¶ Cõme hector des mares se partist du chasteau de radigel quant il eust marigart occis et vint deuant le chasteau de terriquen: et fut par terriquãt conquis et mis en prison aueques plusieurs autres. Si.pp.

Or dit le compte que quant hector fut parti de radigel le chasteau ou il auoit conquis marigart le roup et la damoiselle desliure des spons qui cousine germaine estoit a lãcelot qͥ cheuaucha tout seul aisi que auanture se portoit tant quil vit en la forest que sen appelloit terriquen et se fut vers nonne: lors encontra vne damoiselle montee sur vng palefroy saelle faisoit trop merueilleux deul. Il la salue: et elle lui aussi. Damoiselle fist il or me dictes pour quoy vous plourez. Sire fist elle pour vng des meilleurs cheualiers du mõde q iay maintenant veu mener trop villainement a vng des plus desloyaulx cheualiers du mõde. Cest fist elle le pire de tous. Damoiselle par la foy q vous me deuez q est ce bõ cheualier. Sire fist elle cest sponnel le cousin de monseigneur lancelot du

lac. Qui est sist il ce desloial cheualier. Cest fist elle terriquẽ le seigneur de ce tertre lassus qui se apporta orendroit dessus son cheual mais ie ne scay dont: et le fist despouillier en sa chemise deuant moy et le fist tant batre par ses sergans despines poignans quil men souendra tous les iours de ma vie. et apꝭ le fist iecter en sa prison comme iay veu. Si en ay si grant pͥtie que ie ne men puis tenir de plourer

Or me dictes damoiselle se ie alloie celle part a quelles ẽseignes cõgnoistroie ie le cheualier que vous dictes. De passer dit elle ne vo⁹ entremectez ia par mon conseil car il vous occiroit sil vous pouoit tenir. et a ce peut on bien cõgnoistre car il est le greigneur cheualier du monde: et porte vnes armes noires. Or vous commande ie a dieu damoiselle car ie nen puis plus ouir Et celle sen part incontinent et hector cheuauche celle part ou elle lui auoit enseignie. Si alla tant quil vit au tertre et lors trouua vne tour haulte et forte: et close tout entour de bons murs et haulx. Deuant la porte a mais de vne archiee auoit vne fontaine qui sourdoit par vng tueau dargẽt: et cheoit en vng perron de marbre et du perron alloit en vng vaisseau de plõb: et pouoit estre aussi grant comme vng tõneau. Emprez la fontaine auoit trois pins lun empres lautre: et estoient si grans que des fueilles et des brãches estoit la fõtaine toute couuerte. Si y pẽdoient par les guiges plus de plꝰ glaiues et plus de plꝰ escus et bien plꝰ heaumes et plꝰ espees. Il regarde les heaumes les escus et les espees et se merueille pour quoy lele y a mis puis regarde les escus si voit lescu de agloual et lescu de sagremor le destre et celui de keup le seneschal et celui de gossentin destrangot: et celui de monseigneur brandelis mais des autres ne peut il nul congnoistre. Et il regarde derriere la fontaine si treuue vnes lettres escriptes qui dient. Cy sont les noms de ceulx qui ceans sont en prison et veez en la les armes/ et lors commenca a lire si trouua les lettres q si soient ainsi. Au vingtquatriesme an apres le couronnement du roy artus terriquen de la forest desuoiable acquis tous les cheualiers dõt les noms sõt icy escriptz. Si sen merueille plus que de riens quil eust onc̃s veu et ne

Seconde

ctoit mie que ce soit voir que ung seul cheualier peust tant de cheualiers conquerre se il ny auoit traison.

Lors tourne en la fontaine pour faire boire son cheual. Ainsi qͥl retournoit si ost ouurit la porte de sa tour: et en voit issir le cheualier donc la damoiselle lup auoit parle, sy crie a hector, sire cheualier le vous deffens la fontaine, par mon chief mal y passuastes. Vostre cheual, vous aues telle chose fait, que nul aultre nosast faire, lors lup laisse courre le cheual. Et quant hector le voit si senesbahist et non pour tant il lup adresche le glaiue, et cellup lup vint si vistement quil le faillit, et hector lattaint bas qui molt y auoit mis son entente, pour ce que trop se redoubtoit, si le fiert sy durement qͥl le porte du cheual a terre tout enuers. Et il cuide oultre passer, cellup ressault sus ses pies et prent hector par my les espaulles aux deux mains: et le trebuche ius du cheual si fellonneusement que a poy quil na le col brisy, puys se lieue contre mont et le trousse sur son col, et lemporte puys commande a ceulx de leans quilz le desarment, et si font il tantost: a il estoit encore aussi comment tont estourdi de ce q̄ cellup sauoit abbatu. Mais il se apperchoit et il voit quil est es mains de son ennemy, si vouldroit bien estre mort, car oncques neust couroust, q̄ a cellup lup tournast.

Lors lup dist terriquen, sire cheualier ie vous tien molt a preudome, car onques mes ne trouuay cheualier quí ses archons me peust faire vuyder, si vous prise plus que cheualier q̄ ie onques mes veisse, et pour la prouesse qui est en vous, ne vous mettray ie ia en prison se vous de ceans par vostre fiance ne vsies sans congie. Et il dist quil ne lup fiancera ia, car il veult mieulx estre a malaise auec ses compaignons, que auoir tous les biens du monde auecq̄ lup, lors se fait mettre en prison auec les aultres cheualiers. Et quant il est leans, et ceulx de la maison du roy artus le voient venir, si commenchent a plourer de pitie. Et saigremor le desree lup dist, haa hector, ie ne cuidoie iamais voir leure q̄ ie vous veisse ceans, si vo² ay ie bien regrette de puis que suys ceans en prison, mes pour dieu saues vous encor nouuelle de lancelot. Haa dieu fist laultre

tant nous pdons en sa mort: se il fut vif encor eussons nous esperance de issir hors de prison, mes puis qͥl est mort nous nen ystrons iamais car trop durement est cest aduersaire de grant force, et de tel pouoir, que nul ne pourroit lon guerement durer a lup, mes ce sachot feust vif il neust ia a lup duree neant plus q̄ fist arados le grant le seigneur de la douloureuse tour qui fut frere a cestup deable.

En nom dieu fist lyonnel ie lay lup chierement acchetee la mort de cellup yarados, car quant ceulx de ceans sceurent que iestoie cousin de lancelot, ilz me firent despouller. a me ont batu tant douloureusement de espines pongnatz, q̄ ie me feusse en mon sang baigne mes se dieu me sauue cellui donc ie me partiz ne pas trops iours iey seroy venge a ma voulente, et si ne demourra pas granment. Ainsi est mis hector en prison auec les aultres compaignons. Si laisse ores le compte a parler de lup et de ceulx qui auec lup sont, et retourne a lancelot que lyonnel auoit laisse dormant.

C Comment la royne de sorestan, et moirgram la fee firent emporter lancelot au chasteau de la charette, et comment vne damoiselle le deliura de prison, et comment il vainqt le tournoiement destre le roy de norgalles et le roy bademagus et comment apres le tournoiement vne damoiselle le mena a cor benic. Bi. pp. i.

Or dist le compte que quant lancelot fut demoure dormant apres q̄ lyonnel sen fut alle, ne demoura pas granment que par illec passoit vne belle dame qui estoit royne de la terre de sorestan qui marchissoit en la terre de norgalles par deuers sorelloise: a menoit auec elle plus de. pl. cheualiers armes, si portoient. iiii. cheualiers vng drap dessus elle, sur. iiii. lances pour le chault que mal ne lup feist. Elle regarde le cheual lan. qui pessoit. Et pense que la se gise aucun cheualier pour soy reposer, sy cuide bien q̄ ce soit vng des cheualiers aduantureux de la maison du roy artus, elle appelle deux dames donc lune auoit a nom margam la fee, et laultre auoit a nom sibille lencharteresse. Et cestoient les trois femmes du monde qui plus sauoient de enchantement sans la dame du lac. Et pour ce quelle en sauoit tant sen tresamoient elles si q̄

partie

elles cheuauchoient tousiours ensemble. Et bu uoient z mengoient z elle dit que elle vouloit aller veoir a qui ce cheual estoit. Si fait tous ses cheualiers arrester, z emaine auec elle les trois ieunes dames. Elles vont celle part et treuuent lancelot q se dormoit fermement. Et celles se regardent moult longuement z se voiēt de si grant beaute quil ne resemble pas si cōme elles dient homme mortel mais chose faee. Et la royne qui premierement parle dit a ses cōpaignes. par dieu dames vous pouez bien dire que oncquesmais ne veistes si belle chose. Si maist dieu a mon auis celle dame se pour roit moult priser qui de tel cheualier auroit sa seigneurie. Et pleust ore a dieu ql me aymast autant que oncques cheualier aymast dame. Si maist dieu ie me tendroie a plus riche que se ie auoie toutes les terres du mōde en mō demaine. Haa dame dit morgain, mieulx seroit emploie en moy que en vo⁹: car ie suis de meilleure gēe que vo9 nestes ia soit ce q̄ vo9 soiez royne. Et scay plus auoir courtoisie q̄ vous: z pource me aymeroit il mieulx z me tendroit plus chierement quil ne feroit vous. En nom dieu fist lautre celle qui auoit nō sebille encores le deuroie ie mieulx auoir que vous car ie suis plus belle z plus gente z plus enuoisiee que vous nestes. Si se sauroie mieulx seruir a sa voulēte q̄ vous ne sauriez. Et pource me semble il que vous vo us en deuez bien taire, z moy parler. Or vous diray fait la royne que nous ferons. Eueillons le z nous offrons toutes a sō seruice. z celle quil vouldra retenir demeure auec lui. par dieu fist morgain ainsi ne ferons pas car se nous leueillions il ne daigneroit prēdre nulle de nous trois. ainsi serions nous honnies sil nous refusoit: mais ie vous diray que nous ferons. Faisons faire vne biere cheualeresse z le faisons porter iusques au chasteau de la charrette cest le mieulx que ie y voie: car quant nous saurōs en nostre pouoir il sera plus tost quāque nous vouldrōs. par dieu font elles vous en dictes le mieulx.

Lors commandent a leurs cheualiers a coupper du bois tant quilz aient vne biere cheualeresse. Et il se font incontinēt. Si eurēt tost faicte la biere z les dames firent leur enchantement. Si ont lancelot tellement at-

tourne quil na pouoir de soy esueillier. apres firent encourtiner sa biere de vne coultepointe: et mis dirēt a sa biere le cheual de lancelot deuāt: z vng palefroy derriere. Si lemporterent en telle maniere z cheuaucherent si asprement q̄ ains quil feust nuit vindrent au chasteau de la charrecte qui ainsi fut appelle pource que lancelot y passa en la charrette celui iour que meleagāt emmenoit sa royne genieure au royaume de gorre ainsi comme le compte vous a deuise. Quant ilz furent venus au chasteau et ilz eurent lancelot descendu si se firent mettre en vne belle chambre forte z seure ou il nauoit que vng huis z deux barres de fer.

Maintenant desfirēt leurs enchātemēs: z il se sueilla tantost z vist moult grant clarte entour lui. Si se commēca a seignier z dit a soymesmes. Saincte marie ou suis ie me couchay soubz lombre dun pōmier. or me suis cy trouue, ne scay en chasteau ou en forteresse z en tel lieu que ie ny congnoiz hōme ne femme. par ma foy fist il ou ie suis enchante, ou ie ne scay que dire de moy. Lors lui souuiēt de lponnel lequel estoit emprez lui couchie, si cōmenca a regarder entour lui pour veoir sil le trouueroit. Et quant il voit quil ny est pas si est tant dolent quil ne scait quil doit faire. si dit a soymesmes que dyables sauoient porte iusques la.

Apres ce ne demoura gaires q̄l veist huis dune chambre ouurir. si entra leans vne damoiselle qui lui apportoit a mengier a grāt plante. Quant il la voit venir il la salue: z elle aussi lui. Damoiselle fait il par la chose que vous plus amez dictes moy ou ie suis. Sire fist elle vo⁹ estes au chasteau de la charrecte qui siet a lentree de gorre. Et il se seigne de la merueille quil a. Haa saincte marie dit il q̄ me y amena. Ce ne vo9 diray ie pas m ee: mengez z vous couchez en ce lit qui est emprez vo9 lequel est assez beau z riche. Haa damoiselle de lponnel me dictes nouuelles se vous en sauez riēs. Si maist dieu dit elle ie ne scay qui est ce lponnel: z oncques nen ouy parler. et pource ne vous en sauroie ie dire nulles nouuelles. Quant il ot que ainsi est du tout desuoie il ne scait q̄ dire: mais toutes voies mēgut pource quil nauoit de tout le iour mēgie. Si mengue dollent et courrouche/ et quāt il eust mēge/ si vint leans vng varlet q̄ le deschausse/ et il se couche maintenāt en vng lyt q̄ estoit fait ēmi la salle/ si dormit la nupt mōlt mauuaisemēt/ car ōcques ne fina de penser a luy et a sponnel Si passa en telle maniere toute la nupt q̄l ne dormist ne reposa.

Lendemain apres heure de prime/ quāt le soleil fut leue vindrent a luy ses .iij. dames qui leans se auoiēt fait aporter/ si furent vestues si richemēt/ que nul ne veist oncques mieulp. Et quāt en sa chambre furēt entrees/ si parla celle q̄ ropne estoit et dist Sire cheualier vous estes en nostre prison/ mes de autāt vous est il bien aduenu/ que la raencon sera legiere. Dame fist il dictes la/ q̄ se ie puie ie p mettrap remede. Sire fist elle la raencon est telle/ quil cōuient que vous prenniez celle de nous trois qui mieulp vous plaira. Et se vous ne le voulles faire/ et vous soyes si orguilleup que nulle de nous ne vous plaise/ vrayemēt sachies que vous ny stres iamais de ceās/ ains y seres tousiours en prison. Quāt il ot ce que elle luy parle tel ieu quil ne ferait en nulle maniere/ si le tinst a mōlt grāt despit/ et luy respont tout courouchie/ suis ie si avō? quil cōuiengne q̄ ie saches ampe vueilles ou nō: ou que ie demeure en prison. Ouy fist elle Ja dieu ne maist fit il se ie nameroie mieulp a estre en prison .pp. ans/ que ie feisse de nulle de vous mamie/ car tāt me seroit a ce sic que tous ceulp q̄ sont fors dieu ne se me pourroiēt amēder. voire fit elle aues vous ce dit/ par mon chief mal le distes/ car oncques chose ne dictes qui autant vous coustast/ cōme ceste chose vous fera/ et il dit quil ne luy en chault si sen reua coucher en son lyt plus courouchie que deuāt/ si dist a soy mesmes qīl vouldroit mieulp estre ars: q̄l laissast sa dame la roine qui est fontaine de beaulte/ pour ces vieilles prendre. Et celles sen partent doll ētes a courouchees de ce q̄ ainsi les auoit reffusees. Si le menachent mōlt et dient q̄ pour ceste parolle/ ne ystra il iamais de prisonne morgain ne sauoit pas cōgneu/ pour ce quil auoit este tost du nouuellemēt. Par ma foy fist la roine or y peult estre .p. ans/ car il nē istra pas se il ne prent lunne de nous trops. Par ma foy font

elles ce voullons nous bien.

Ainsi fut lancelot trops iours si courouche quil en perdist le boire et le mengier. Si en pesoit moult a vne damoyselle de leans qui chascun iour luy apportoit a menger car sen luy auoit baille a garder. Et elle luy faisoit tout le bien q̄ elle pouoit. Au quart iour apres furent venus les cheualiers de leans de vng tournoiemēt qui se iour de deuant auoit este. Si en cōmenchēt tant a paerler lun cheualier cy/ et laultre la/ que lācelot sentendist bien quilz venoiēt du tournoiemēt. Lors commence a penser et a courroucher soy a luy mesmes/ si dist quil ne fut ōcques si maleureup cheualier cōmēt il est/ car il est sain e haictie si deueroit aller par tout le monde a acheuer les perilleuses aduātures a quoy les aultres ne osent entendre. Et ores le ont mis de ablees en prison si quil nest nul temps q̄l ne soit malade ou emprisonne.

Lors regrette ses meschā setes donc il a uoit grāt partie mōlt souuēt/ si cōmenche a faire trop merueilleup deul/ lors vint leans sa damoiselle/ celle q̄ de luy se prenoit garde. Et quāt telle douleur luy veist mener si en fut trop dollente. Haa sire fit elle q̄ aues vous qui telle douleur menes/ damoiselle ie ne deueroie pas deul mener/ mes moy occire Carie suys le plus meschāt cheualier du monde. Sire fist elle/ par la chose q̄ vous plus ames dictes moy q̄ vous estes e cōment vous aues a nom/ et ie vous creance loyaument q̄ ie ne vo9 descouurerap ne cy ne ailleurs Cāt me aues fist il cōiure/ q̄ ie le vous dirap. Sa chiere vrayemēt que ie suys le plus meschant cheualier q̄ oncq̄ portast armes/ ne ma meschance ne cōmence e ie mie maintenāt. Mais des lors que ie stoie au berchel/ car ie perdi en vne matinee mon pere e ma mere/ qui moult estoit vaillant preudōme e bon cheualier. Et celluy iour feuz ie desherite de toute ma terre/ dōc ie eusse ores asses se elle me eust este loi aument gardee/ si puys dire vrayemēt que ie ay nom lancelot du lac le meschant. Quant elle entent que cest lancelot/ celluy q̄ sen tient au meilleur cheualier du mōde/ si est tāt lyee que nulle plus lors luy dit. Sire ceste prison vous knuyeie le scay bien/ et que voul lētiers

partie.

en iſtriez ſe vous pouiez. Certes il neſt riens dit il que ie ne feiſſe par couuenant q̃ ie en feuſſe hors. Par ma foy fiſt elle ie vous en oſteray ſe vous vouſlez faire pour moy vne choſe que ie vous diray. Dictes la fiſt il car vraiement ie la feray ſe ie en ay le pouoir. Or me eſcoutez dit elle. Il eſt voir que la royne de roeſtac dame de ce chaſteau vous amena ceans: a ſachez que elle me a tenue moult longuement au cercle et vous diray comment. Il auint na pas encores dix ans que ie eſtoie petite, que mon pere le duc de rochedon commenca guerre contre le roy de foreſtan qui fut ſeigneur a la royne de ceans: mais a la fin firent paix par couuenāt que mon pere me donneroit en mariage a vng petit filz du duc qui nauoit pas plus de ſix ans et ie eſtoie de l'aage de quinze ans. Apres ce ne demoura gaires que mon pere mourut et ma mere auſſi ſi que ma terre demoura en ſa garde et en ſa main de ceſte royne car huit iours deuant noel auint que celui qui me auoit fiancee ſe eſmeuſt pour aller a la court du roy artus pour eſtre cheualier nouueau. Si nous meſauint tant quil fut occis a iſſue dune foreſt. Quant ie ſceuz quil fut occis ſi men vouſluz aller hors de ceans et ſui demanday q̃ ma terre me rendiſt mais elle nen vouſlut riens faire ains me dit que ſe ie la preſſoie vng peu que iamais vng plain pie nen tendroie pour pouoir que ie euſſe. Si la laiſſay atant que plus nen oſay riens dire. et tant quil auint auant hier q̃ vng ſien frere me demanda a femme. et elle me y donna. Si ſe me fiſt fiancer malgre moy: puis le reueſtiz de ma terre, et en doiuent eſtre les nopces de dimēche en huit iours: mais certes pour neant ſe font car ie ne ſauray ia a mari: car il eſt le plus deſloial cheualier et le plus couart qui onques feuſt Et ſe vous vouſiez tāt faire pour moy q̃ a celui iour veniſſez tout arme en ce chaſteau pour cōtredire aux eſpouſailles et tant feiſſez que ce mariage feuſt deſfait ie vous iecteroie ennuit hors de priſon et ſi vous donneroie bon cheual et bōnes armes.

Par dieu damoiſelle dit lācelot ſe vous vouſlez ce faire ie vous promettray comme loial cheualier que ie reuendray en ce chaſteau a celui iour: et vo' deliureray de ce cheualier et aurez voſtre terre quicte ſil ny a autre arreſt q̃ ce que vous me auez dit Certes fiſt elle il ny a autre arreſt. Donc vo' promez ie q̃ ce couuenāt vous tēdray loyaumēt. Et ie vous promez q̃ ie vous oſteray ennuit de ceans. Ainſi aſſeure lun lautre Si ſen part la damoiſelle et lancelot demeure ioieux de ſa promeſſe. Et quant vint la nuit et que ceulx de ceans furēt endormis la damoiſelle vint a lancelot lui dit. Sire venez apres moy. Il ſe lieue ſi la ſuit et elle le maine en vne chābre de ceans pres de vng vergier puis le fiſt meſgier. apres lui dōna bonnes armes et bon cheual. Et quant il fut appareillie comme de monter il diſt a la damoiſelle Damoiſelle dictes moy, de quel tour noiement les cheualiers parloient ennuit apꝛ diſner. Sire fiſt elle voulentiers.

Il eſt voir q̃ le roy bademagus et le roy de norgalles fiancerent vng tournoiement l'un contre lautre de gent contre gēt Si a eſte en vne praerie qui eſt a deux lieues de cy et ceulx de ceans a qui vous en ouiſtes ennuit parler en ſōt venus. Et leſquelx en ont eu du pire dit il. Le roy bademagus et les ſiens diſt la dame, car il nauoit pas tāt de gēt de ſa moitie comme le roy de norgalles mais il ōt pris terme de raſſembler ieudi, et ny auoit q̃ vng iour entre deux. Quant il ot que le roy bademagus a eſte chaſſie du chāp vng des hōmes du mōde qui plus lui auoit fait de honneur il fut moult dollēt et ql nauoit eſte a laſſemblee: car ſil y euſt eſte il ne cuide pas ql en euſt eu le pire. Lors monte a cheual ſi commanda la damoiſelle a dieu. et elle lui prie quil ne ſa oublie pas. Si maiſt dieu dit il non feray ie. Adonc ſen alla et entra en vng vergier: et du vergier entra en vne petite praerie. lors trouua vng ſentier eſtroit qui le menadroit a vng paueilloy vers vne foreſt deuant vng grant ourme. Il tourne celle part ſi deſcent a l'entree. voit deux cierges ardās et vng beau lit couuert de ſatin Il vient au lit mais il ny treuue hōme ne femme ne au paueillon auſſi. Quant il voit ce ſi lui eſt auiz q̃ ſe neſt q̃ fātoſmeil vient a ſon cheual et lui oſte le frain et ſa ſelle et le maine paiſtre: Apres ſe deſarme et met ſon eſpee a ſon cheuet ſi ſe deſpouille et diſt quil ſe couchera puis qł ne treuue perſone illec. Il deſtaint les cierges ſi ſe couche en ce beau lit et ſe endort incontinēt.

L i

Aprez ce ne demoura gaires q̄ leās vint vng cheualier cellui a qui se paueillon estoit, et quāt il dist les cierges estains si cuyda bien q̄ samie feust ēdormie, et q̄ les cierges furent estains pour sa clarte qui lui feist mal si se despoulle, et se couche delez lancelot et se traist prez de luy, si lacolle et le cōmence a baiser car il cuidoit vraiemēt que ce fust sa fēme. Quāt lancelot sent cellui qui ainsi se baisoit si sault sus tout desue et cuide q̄ ce soit ou dāe ou damoiselle, si laert a deux bras, et il lui il se apperchoit tātost que cest vng hōme, si cuyde que se soit le secheur sa fēme. Il se desueloppe de luy, et se prent si durement aux deux bras q̄ aincoys quil se fust prins garde, sa il iette dessoubz luy a terre et luy dist. certes traistre mal y estes venu me faire honte, et mal vous cou chastes auec ma fēme en mō paueillon, puis luy donne tel coup du poing parmy les dens que a pou q̄ il ne les luy a brisiees, si q̄ le sang en sault tant quil en a se maison tout couuert. Quant lācelot se sent si mal mener si laert a la gorge et le fait voller par dessus luy, si q̄l le fait flatir a vng caillou qui emy le paueillon estoit. puis se lieue lācelot et va celle part ou son espee estoit: si la traist du fourreau toute nue. Et quāt le cheualier voit venir lancelot sespee traicte si ne lose attendre, ains sen tourne fuyant tout nu, et se mect vers la forest. et lancelot le sieult, si le chasse tant quil le acōsuist et le fiert de sespee parmy sa teste si durement quil se fent iusques au piz, et cellui chiet mort a terre, et lancelot reuiēt au paueillon et se couche et se dort iusq̄s au matin, mais moult se sent blechie du coup que cestuy luy auoit donne parmy les dens.

Lendemain quāt les oyseaulx cōmencerent a chanter se leua et vestit, et print ses armes. Il monta sur son cheual puys sen partist de leans quil ne sceust pas a celle fois qui se cheualier estoit que il auoit occy. Quāt il est entre en la forest il encontra .iiii. escuiers qui menoiēt .iiii. blans destiers en destre, et venoient chascun couuerture blance, et apres venoient deux aultres qui portoient le harnoys a vng cheualier haubert et heaulme et chauses de fer, et genoullieres a armes de blanc sa mit, et laultre portoit vng escu blanc cōment

nesge, il sallue lescuier puis luy demāde a q̄ ce harnois estoit. Sire sont ilz a vng cheualier q̄ demain doibt estre au tournoiemēt des deux roys. Et cōment a nō cestuy cheualier dist lancelot. Sire fist il sens sappelle galle hodin et fut filz gallehault, le seigneur des lointaines isles. Et aux quielx aidera il fist lancelot. Il aidera au roy de norgalles pour ce quil est son ael. Et ou sera ce tournoiement fait il. Sire en vne prarie par ou vous aues passe. Lors les cōmāda lancelot a dieu, si sen part a tant. Et quāt il a vng pou alle, sy ost a destre sonner vne cloche. Il se adrece celle part et trouua vne abbaye de moignes blans il deschent a lentree, puys baille son cheual a garder a vng garchon, puys entre au mōstier tout arme fors que du heaulme et du glaiue. Et quāt il fut seās entre si trouua la seur me seāgāt, celle qui se ietta hors de la douloureuse prison ou il auoit este mis, elle le regarde et aduise tant quelle le cōgnoist q̄ cest lancelot, mes moult se merueille q̄ ses beaulx cheueulx sont deuenus quil souloit auoir. Si pensa q̄l auoit este malade, et que pour ce luy feussent cheuz, et pour ce se seuffre de parler a luy iusques apres la messe.

Quant le frere eust chāte et lancelot fut issu du mōstier, la damoiselle va apres luy et lui dist. sire vo' soies le bien venu. Haa ma doulce damoiselle vous soies la bie trouuee: cōment laues vo' fait puis q̄ ie no' viz. Sire fist elle bien dieu merci et la vostre. Et quelle aduāture vous a cy amenee. Sire fist elle ie viens pour scoir vng tournoiemēt qui demain se fera pres dicy, si la emprins mō pere le roy bademagus cōtre le roy de norgalles puis demāde a lan, si le verra. Ouy voir fait il se ie puys. Donc vous vouldroie ie bien prier que vo' aidissies aux noz. Et il dist q̄ si fera il voulētiers. Sire fist elle cent mille mercis. Or scay ie bien q̄ le roy de norgalles y perdra le tout, et mon pere en aura lonneur. Et ie vo' prie que demoures huymes auecques moy, et puys demain nous mouuerōs pour aller au tournoiement, et aussi le debues vous faire. Car se orendroit vo' en mouues vous ne trouueres meshuy si bon hostel q̄ soit pres du tournoiement. Et sachies que vous seres tresbien seruiz & aisez de toutes les choses q̃ sen pourra Et il dist quil y demourra puis quil le veult. Si se fait desarmer maintenant: & elle treuue vng varlet si lui dit Va ten droit au chasteau de la harpe ou tu trouueras le roy bademagus mon pere & lui dis que iay ceans monseigneur lancelot du lac qui lui doit aider au tournoiement & quil le viegne veoir hastiuement sil peut

Le varlet se part de la dame & vient au roy bademagus si lui dit ce que sa fille lui mande. Et quant il ot les nouuelles de lancelot du lac il est si ioieux quil ne scait que dire. Si pense quil le ira veoir au plus celeement quil pourra par auanture ne vouldroit pas lancelot quil feust congneu au tournoiement. Il esleut quatre de ses plus priuez amis & leur dit Seigneurs il conuient que viegniez auecques moy iusques a vne abbaie qui cy pres est. & ilz dient que ce feront ilz voulentiers Si montent acheual. et quant ilz furent hors du chasteau le roy les appella & leur dit Seigneurs ie vous maine veoir le meilleur cheualier du monde: & qui en soy a toutes les vertus que corps de homme peut auoir. pour quoy il doit estre loe car il est le plus beau cheualier du monde & en soy a plus proesse q̃l na encores en homme mortel. Ne de sa valeur ne pourroit nul autre estre / car cest le meilleur cheualier & le plus desire qui oncques feust. Que vous diroie ie plus: nul ne pourroit tant dire de lui quil nen y ait cent fois plus / et scay bien que oncq̃s dieu ne le fist fors pource quil feust mirent aux autres cheualiers. par ma foy sont ilz vous dictes merueilles & sil est tel comment vous dictes len deuroit bien aller cent lieues de terre pour le veoir. par ma foy fait le roy si a len fait maintes fois car iay veu faire vne queste pour lui ou il y auoit bien pl9. cheualiers qui le quistrent vng an entier pour le veoir & ny eust nul de eulx qui le veist a ceste fois. Sachez q̃lz allerent plus de mille lieues & si ne se trouueret pas.

Tant ont alle quilz vindrent a labbaie ou lancelot estoit: & le varlet vint auant qui dit a la damoiselle. Dame monseigneur le roy est venu. Et celle va encontre lui / si le prent par la main & le maine en vne chambre ou lancelot estoit mais il ne dormoit pas. Quant il voit le roy bademagus venir si se dresce en son estant: si lui court a lencontre & lui tent les bras & lui dit que bien soit il venu puis va aux autres si leur fait moult belle chiere / & le roy se humilie moult vers lui. & lui dit quil est son sergant & son ami. Haa sire pour dieu mercy: ne me dictes iamais telles parolles car vous ne me pourriez pas plus courroucer / car nul roy ne doit estre sergant a si poure cheualier comment ie suis mais son sire & son commandeur. Haa dit il vous nestes pas si poure cheualier que ie ne changasse la moitie de ma terre pour vostre grant pourete de telle comment vous sauez se vous men voulez faire compaignon Sire fist il or laissons ces parolles car ce nest pas comparaison de mettre vng poure cheualier contre vng riche roy & puissant. Mais dictes moy comment vous sauez fait puis que ie ne vous viz Certes mon beau sire ie vous ay puis maintesfois regrete que ie ne vous viz. & mesmement hier quant mes hommes sen fuioient vous regrectay ie assez: car se ie vous eusse tenu auec moy ie scay bien que tous ceulx de dela eussent este desconfis. Si vous prie pour dieu & par amours & pource que ie soie vostre ami a tousiours mais que demain vous aidez a desconfire leur grant orgueil. Et il dit que si fera il moult voulentiers mais ie vous requer dit il beau sire que vous ne me faciez congnoistre a homme q̃ de moy demande car se ie y estoie congneu tost men pourroit venir courroust. Si maist dieu fait le roy ia par moy nen istra de ma bouche nouuelle. Et il dit que donc ira il voulentiers Grant piece fut seans le roy bademagus tant quilz eurent mengie a disner. Et les quatre compaignons du roy commenceret a regarder lancelot & ce ne fut pas de merueilles: car oncq̃s ne priseret autant homme come lui

Quant vint a heure de nonne quilz eurent mengie tout par loisir si dit le roy bademagus quil sen voulloit aller Il print congie de lancelot du lac et laissa trois de ses cheualiers auec lui pour lui faire compaignie & pource quil ne viegne seul au tournoiement / qui deuoit estre fait lendemain apres nonne.

L ii

Et le roy s'en alla au chasteau de la herpe, ou ses hômes l'attendoient. Et quât il fut deschêdu, si luy demandent ses hômes ou il auoit tant demouré, et il dist en ung tel lieu, ou sy bien auoit faicte sa besongne cômment il souloit, car ie vous diz vrayement que iay depuis trouué telle aide, donc ceulx de dela serôt vaincus: si le scay bien certainement ne plus ne en veult dire. Cellui iour firent les deux roys loges dresser êmy les prés ou il auoit fenestrez et apuy aup aux dames et aux damoyselles. Car coustume estoit q̃ les roynes et les haultes dames alloient voir les tournoiemês pour voir les meilleurs cheualiers. Et pour ce fai soit l'en par tout la ou les cheualiers estoient dresser toutes les plus belles loges, que l'en pouoit. Celle nuyt fut lancelot bien serui et hô nourre tant cômment les troys barons pourent plus, ceulx q̃ le roy y auoit laisses.

Qu matin ainsi que le iour parust ains coups q̃ lancelot feust leué, vint a luy la damoiselle celle pour qui il estoit demourée ans, si luy dist q̃ bon iour luy donnast dieu, et il luy rent son salut môlt tost. Sire fist elle ie viens prendre côgie a vous pour aller aux loges du tournoiement: car ie ne vueil pas cy demourer pour la presse des cheualx, qui ia y sera si grande q̃ ie ny pourroie passer. Alles a dieu fist il. Sire fist elle gardes q̃ ie vous y voie: car ia dieu ne maist ie ny iroie mie aul trement. Et il dist quil yra. Lors sen part la damoiselle de leans a grant côpagnie de cheualiers et de dâes et de damoiselles. Et quât elle vint au pré, si voit q̃ les loges sôt toutes plaines de dames et de damoiselles q̃ ia estoient môtées si attendoient q̃ les cheualiers venissent. Et la fille du roy de noygalles q̃ messire gauuain auoit eue pucelle, si cômme le compte a deuise estoit illec venue a grant compaignie, et quât elle voit venir la fille du roy bademagus, si va a lencôtre de elle et la rechoit a moult grât ioie: et la fait seoir au pres de elle, si cômmencêt a parler d'unes et de aultres et tât que la fille au roy bademagus demâda q̃ cestoit qui mieulx sauoit fait a l'aultre assemblée. Et une damoyselle qui empres elle seoit dist que mador de la porte, et mordret le frere monsieur gau, ces deux auoient tout vaincu.

Et quel cheualier est cellui mador fait elle, eu nô dieu fit laultre c'est ung des greigneurs cheualiers q̃ ie veisse ôcques. Et lancelot est vestu et appareillé si ouyst messe, et les trois cheualiers eurent enuoiés querre leurs armes au chastel ou ilz les auoient laissées. Et le roy bademagus leur mâda, q̃lz venissent au tournoiemêt apres prime, et quilz baillaissêt couuertures blâches a lancelot, a lui et a son cheual, et escu blanc. et ilz le firent ainsi.

Quant vint entour prime quilz furent armés fors que de leurs heaulmes, sy disrent a lancelot quil mêgast ung pou pour aller plus seuremêt, mes il dist q̃ non feroit, lors môterent maintenant et se partirêt de leâs si errerent tant parmi la forest quilz vindrent en la place. Si estoiêt ia assemblées q̃ de une part que de aultre plus de .x. mille, si le fai soient moult bien de toutes pars, mes trop auoit plus de gês le roy de noygalles par devers luy, que le roy bademague. Quât lan. vint vers les ioustans, si se trait a une part luy et ses côpaignôs, si regardent les quielx font le mieulx, si vist trois cheualiers par devers le roy de noygalles q̃ trop bien le faisoiêt, car ilz dônoient hardemêt aux leurs par leur biê faire. Si auoiêt ia tant fait q̃ la gent au roy ba demagus estoit reculée plus de une archie. Et la fille au roy de noygalles dist o yans tous par dieu moult feust beau ce tournoiemêt, se ceulx de dela peussent souffrir les nos, mes il m'est aduis ace q̃lz vôt reculât q̃lz serôt par têps mie a la voie, et ia dieu ne maist, se moult ne font a priser ces trois cheualiers q̃ par devers les nos sont, car par eulx sont desconffiz ceulx de gorre. Damoiselle fist la fille bademagus, qui sont ceulx qui tant doibuêt estre prisiés. Par ma foy fist elle lun est mordret le frere môsieur gau. et l'aultre mador de la porte. et le tiers est gallehodin mô nepueu, ce sont ceulx qui mieulx se font de toute ceste place, par quoy tous vos cheualiers serôt desconffiz et vaincus.

On vous esmapes fist celle de gorre, car si maist dieu se le roy vostre pere ne sen fuyst, il verra se crops ie donner ennuyt telz coupz donc il ne vouldroit pas attendre vng pour perdre tant comment il a vaillant

Haa dieu fist elle qui les courra. par ma foy dit elle veoir le pourrez par temps car cestui est venu qui telz coups donne. Ainsi qlz parloient si ouirent le cry leuer sur ceulx de gorre qui sen fuioient a les alloient prenant ceulx de norgalles Et lancelot appelle ceulx qui auec lui estoient si leur dit Suiuez moy car ore auons trop attendu Lors laisse courre parmi les rencz tant que cheual peut aller. Et lancelot fiert si durement le premier quil encontre quil porte lui a le cheual a terre tout en ung mont a puis fiert ung autre si durement du retour quil se getta ius de la selle Quant il eust brise son glaiue il mist la main a lespee: dont moult bien se sauoit aider si commenca a ferir tout entour lui a donner de moult grans coups Si point amontet a ual a ne actaint homme quil ne porte a terre. Il arrache escus des colz heaumes des testes a fait tant en peu de heure que tout se tournoiement se arresta entour lui pour veoir les merueilles quil faisoit: car il ne acōsuit hōme tāt soit fort quil ne porte a terre ou mort ou blece. Si sont congneu en peu de heure ceulx q iamais ne sauoient sceu: a tāt se doubtent qlny a celui qui a coup lose actendre Si en mesgaigna tant de ceulx de norgalles q par force les fist retourner plus de trois archies. a tāt fait par sa proesse que tous en parlent pies a loigz a dient que tout saint le cheualier de deuers le roy bademagus: celui aux blanches armes.

Et les trois compaignons qui auoient mis ceulx de gorre a la fuite qestoient issus du tournoiement pour eulx ung peu reposer se merueillent moult quant ilz voient leurs gens fuir. si demandent que cest. Quoy fait ung varlet nauez vous pas veu les merueilles quil y a. Quelles merueilles dit mordret. par ma foy il y a ung cheualier a vnes armes blanches: ung dyable: ung eraige qui plus occiroit encores nuit de gēs quil ne pourroit de hōmes mors en deux arpens de terre a ne allez pas celle part se vous ne voulez mourir / car ia dieu ne maist se encontre son espee peut durer fer ne acier. Lors montent a cheual les trois compaignons: a prennent escus a lāces et laissēt courir a lancelot deuant ceulx q de norgalles fuioient aissi cōme lieures deuāt les chiens. Et lancelot eust lance recouuerte

quil toffist a ung de ceulx qui sen fuioit. Si se adresce vers lun de ceulx qui venoit des .iii. compaignons. a cestoit mordret Il le frapa si durement quil lui mist le fer du glaiue parmi lespaulle senestre a le porta a terre tout estendu Et le roy bademagus q derriere lui estoit lui bailla ung autre glaiue a lui dit. Sire tenez monstrez encores comment vous sauez lances emploier. Et il laisse courre maintenant vers madog de la porte. Et celui brisa sō glaiue contre lui. Et lancelot qui portoit la sienne basse le ferist si durement quil lui mist le fer a tout le glaiue parmi la cuisse: a le porta lui a le cheual tout en ung mōt a terre Il passe oultre: si trait lespee a fiert gallehaudin quāquil peut en my lescu blanc / tant quil en rompist vne grāt piece a lespee descendist sur le cheual si quil lui couppa le col par deuant les arcōs. a abat tout en ung mont cheualier a cheual.

Quant le roy de norgalles eut assez regarde lancelot pour les merueilles quil faisoit doit celui coup si ne lose plus actēdre ains sen fuit tant que le cheual peut aller. Et lors commenca la huee trop merueilleuse car ceulx de norgalles sen fuioient a ceulx de gorre les chassoient a les prenoient a leur voulēte. Et quant lancelot voit q tous estoiēt tournez en fuite / si se mist en la forest a cheuaucha grāt erre car il ne voulloit estre arreste de nul homme Assez fut qui le qst a demanda mais nul ny eust qui le peut trouuer Quant le roy bademagus dist quil sen estoit alle en telle maniere a quil ne pourroit estre trouue il est tant dollent quil ne scait que faire ne que dire a dit quil est le plus malheureux homme qui ōcques feust quant il auoit le meilleur cheualier du monde a qui il deut ore faire ioie a feste: a ore la pdu par sa mauuaistie.

Et gallehaudin que lancelot auoit abatu fut remonte si comme il peut puis vint au roy bademagus si se fait congnoistre a lui. Quant il le congnoit si lui fait moult grant ioie a il a lui: puis lui dit. Sire ie suis venu a vous par conuenāt que vous me diez qui est ce bon cheualier qui ennuit a si bien iouste. Haa sire fist le roy bademagus pour quoy le demandez vous. Sire fist il pource que ie suis ung ieune hōme a scay encores peu darmes

Si auroie mestier de moy accointer dung sy preudomme cōme il est pour ce quil men apprēt et pour ce que ie amēderoie de luy et de sa compaignie. Certes fist il se il vous cōgnoissoit il vous auroit moult chier/car il ama moult mōsieur vostre pere.Et vostre pere le ama tāt que oncques hōme ne ama plus aultre. Si vous diz pour voir que cest mōsieur Lancelot du lac. Lancelot fist il/si maist dieu ie cuidoie quil fut mort/mes puys quil est vif ie vueil prier a dieu que iamais ne fineray de cheuaucher/se mort ou mallade ne suys deuāt q̄ ie le auray trouue. Et quant ie le verroy/si luy prieray pour lamour de mon pere que il tant ama qͤ me retiengne auec luy/et me laisse aller par les estrāges cōtrees cercher les perilleuses aduantures auec luy. Et ce il se ne veult faire/toutesfoys me aidera il a cōseiller mieulx q̄ vng aultre ne feroit A tant sen part du roy Bademagus/et sen va ainsi arme cōment il estoit et ne le fait sauoir a nulluy/et si ne meine auec luy escuier ne garcon:si se fiert en la forest apres lācelot et cheuauche toute la iournee qͤ il ne encontre hōme ne fēme qui nouuelles luy die de ce quil quiert.

Et Lancelot eust toute iour cheuauchie laz et trauaille de ce quil auoit le iour fait/et son cheual se doulloit si durement tant du poindre quil ost toute iour fait que des petites plaies quil auoit/ que a paine pouoit il mes aller que le pas. Lors regarde derriere luy si voit venir vng cheualier et vne moult belle dame auec luy.ilz le salluent quāt ilz viennēt pres/ et il a moult grāt paour destre congneu/si respont tout bas que dieu les beneie/Beau sire fist la dame qui estes vous/Vng cheualier suys ce poues voir. Si maist dieu fist elle cheualier estes vous/ tel a mō aduis quil na vostre pareil eu monde.si vous prie q̄ vous viēgnes meshuy herberger auec moy en vng mien chastel qui est cy pres/ par tel cōuenant que ie vous mōstreray demain la plus belle chose que vous veistes oncq̄s. Et il dist quil ira voullentiers par ce cōuenant. La dame sen va auāt/ et luy apres/ si ont tant alle quilz viēgnent en vne vallee. Il voit au fons du val vng chastel biē fait et bien seant/ dōc les murs estoiēt fors et haultz et biē crenelles

Quāt ilz vindrēt au chastel si estoit la grāt nupt/et la dame appelle cellui q̄ la porte gardoit/si luy cōmanda qnil ouurist/et si fist il puis vont iusq̄s au maistre pallaiz. Et quāt ceulx de leans voient q̄ leur dame vient si luy saillent a lēcontre a cierges et a torches/car la nupt estoit trop obscure. Il deschendent leur dame/ et elle leur cōmande q̄l ne sentremettēt mie deelle. Mais ie vous prie fist elle de ce cheualier: et q̄ vous le serues au plus que vous pourres/ car bien sachies q̄ cest vng des meilleurs cheualiers du mōde. Et ilz le deschendent maintenāt/ si luy ostent lescu de son col/ puis le mainent amōt et le desarment au mieulx q̄l peuēt. Et la dame se regarde si voit quil a le visage gros et enffle/ et le nez escorche et tout senglant des coups quil auoit donnes et recheuz/ si luy fist aporter eaue chaude pour lauer son corps et son viz/ qui tout estoit noircy des mailles du haubert. Et quāt elle regarde lescu si dist oyans tous ceulx de leās Haa escu: tant aues huy este regarde et desire deestre tenu de mainte belle dame. Si maist dieu bien se peult vanter cellui qui vous porte/ que ōcques mais cheualier tant de meruilles ne fist en vng iour/ cōment vo9 aues huy fait. Et benoist soit le nom de dieu qui le me donna trouuer/ car greigneur hōneur ne me pouoit aduenir/ que de ce quil est herbegie en mon hostel. Lors entra a sa chambre si aporta vne robe de chendal a lancelot/ et quant il est vestu si le fist seoir pres de elle et luy dit Sire reposes vous/ car asses longuemēt aues este trauaille. Et il dist quil ne a mie grāt mestier de repoz pour trauail quil ait eu. Et elle cōmande a ceulx de leās q̄lz appareillassent a menger/ et eulx si font.

Quant ilz furent assiz a la table/ si vit leans vng varlet q̄ dist a la dame/ dame monsieur est venu.de par dieu fist elle dy luy quil viengne mēgier/ et quil y a ceās vng cheualier a qui ie vueil quil face moult grant ioie/ le varlet vint au seigneur et luy dist ce q̄ sa dame luy mandit. Et il se fist maintenāt desarmer/ et aussi firent tous les aultres cheualieres. si vint au pallaiz soy disieme. Et la dame se leua encōtre luy/ et aussi fist lancelot. Et le seigneur leur cōmanda moult tost q̄lz

partie

se rafeissent. Et ceulx si font. Quāt ilz furēt
assis & ilz eurent vng peu mengie si lui dit sa
dame Sire faictes ioie a nostre hoste car bien
sachez que a plus preudomme de lui ne pouez
vous faire honneur. preudomme fist il sire.
dame que dictes vous: certes ie ne diz pas ql
re soit preudomme & vaillant mais moult a
plus a faire vng preu domme que ie ne cuidoie
huy matin. Si ay tant apris en ce iour que ie
cuide quil nait au mōde que vng seul preudō
me mais celui que ie ay huy veu esprouuer cō
tre cheualiers cuide ie vraiement qu'il ny a au
monde cheualier qui tāt ait fait de cheualerie
come il a huy fait. Et lors lui demāda sa da
me ainsi come se elle ny eust este. Sire ou fut
ce que vous veistes celui preudomme que vo9
dictes. Ce fut dit il a lassemblee du roy vade
magus & du roy de norgalles. Haa sire quel
les greigneures merueilles faisoit il que vng
autre. Quelles dames ie ne le vous auroie
pas dit par moy en v. iours. ia dieu ne m'aist
se ie vous sauroie compter ce que ie lui viz fai
re Vous ne men croiriez pas & se vous iuras
se ie sur saincz car se vous sembleroit merueil
les Et celle qui moult se prist a escouter ce assez
auoit veu & mesmement deuant celui qui ce a
uoit fait dit a son seigneur. Sire dictes nous
en sil vo9 plaist aucune auāture et aucune bel
le iouste deuant ce preu domme qui ceans est her
bergie si qu'il le sache dire quant il sen redra en sō
pais. Beaulx coupz dit le seigneur vous en
puis ie dire car ie en vis plus de mille / car ie
se alloie tousiours suiuant. Si lui vis occire
a cinq coupz cinq cheualiers & cinq sergans si
nectement qu'il fendoit tous ses cheuaulx. Et
de moy mesmes vc9 diz ie ql fist de mō escu
deux moitiez & trencha m̄a selle & couppa mō
cheual parmi les espaulles. En nom de di.u
dit la dame donc ne cuide ie pas que vo9 vous
sissiez actendre lautre coup. Moy dame fist il
qu'est ce que vous dictes. Si maist dieu ie ne
lactendisse pas pour toute sa terre du roy art9
& ny a mon escient au monde si preudōme que
s'il auoit veu ce qu'il a enuit fait q̄ iamais lac
tendist a coup. Et la dame commence a rire.
Encores vous diray ie greigneures merueil
les dit le sire: car ie suy viz abatre a vng retour
de lance quatre cheualiers. Ce ne fist onques

mais ne dieu ne dyable. Or me dictes fist la
dame que feriez vous se vous teniez celui en vo
stre hostel. Certes dame se la force estoit mie
ne il ne sen partiroit ia de moy / car plus riche
tresor ne pourroie ie tenir. Et sil y auoit fait
la dame este en telle maniere q̄ vous ne le con
gneussiez que feriez vous. Ie en feroie tāt que
iamais tous ceulx qui le veissent ne deissent
que autant nen en pourroie ie faire sans mort
par dieu dit elle dōc ne le vous celeray ie pas
ais se vous diray car ie ne veuil pas auoir vo
stre hayne. Sachez que cest celui qui est aprez
vous. Monstrez moy fist il son escu car par ce
le cōgnoistray ie bien. Et elle commande que
len lui apporte. Dame dame fait lancelot vo9
direz de moy tāt de honte qu'il vous plaira /
mais se ie eusse cuide que vous feussez si vil
laine ie ne eusse huy este en vostre hostel pour
pouoir que vo9 eussiez. Haa sire fist la dame
vous en desplaist il. Dame dit il oy. Certes
donc n'en sera il iamais parle. Et sachez que
ie le faisoie par grant amour & par grant hon
neur que ie vous cuidoie faire. Lors sen va le
seigneur en vne chambre ou son escu estoit & le
congnoist incontinent Si en a trop grant ioie
Lors retourne arriere a lancelot si lui dist qu'il
est tout sien a faire son commādement. Et il
sen mercie moult. Celle nuit fut lancelot bien
couchie & se reposa car moult estoit las et tra
uaillie. & dormist iusques vers prime Quant
il fut esueillie le soleil estoit desia leue. Et la
dame lui auoit appareillie robe de lin si la lui
fait vestir. Et quant il fut vestu et appareil
lie et qu'il eust messe ouye si fut le mengier ap
pareille. Quant ilz eurent mengie et que les
tables furent leuees lancelot demanda ses ar
mes. Et le sire lui pria qu'il demeure auec lui
meshuit mais lācelot dit qu'il ny demourroit
en nulle maniere. Et quant il est tout arme il
monte sur son cheual puis prent son escu & de
mande vng glaiue & sen lui apporte. Lors dit
a la dame de leans Dame vous souuient il
du conuenant qui est entre vous et moy. Si
re fist elle oy bien. Or vous prie ie fist il q̄ vo9
vous en acquittez. Voulentiers dit elle. Lors
fist seller vng palleffroy & dit au varlet qu'il
la suiue Dame dit le seigneur ou deuez vous
aller. Sire fait elle ie doy mener ce cheualier

a corbenic/ car ie luy ay promis lesser monstrer la plus belle chose du monde. Alles donc fait le seigneur et pensees de tost retourner. A tant sen part la dame et maine lacelot droit a corbenic/ la ou a sa venue il tira la pucelle hors de la cuue ardant a la qlle monsieur gau. auoit failli. Apres il leua la tombe/ de dessoubz laquelleil yssit vng grat a hideulx serpent que lancelot occit. Et par ces deux aduatures congneurent ceulx de leans q cestoit celluy qui deuoit engedrer en la belle fille du roy pelles de la terre foraine/ le lyon royal cest assauoir galaad lequel remploit le siege perilleux/ z mectroit a fiy ses aduatures du royaulme de logres/ et acheueroit la queste du sainct graal. Come plus aplain sera narre z declare au second volume de ce present liure. Ainsi priet fiy le premier volume des vertueux et glorieux faiz z gestes du noble z puissat cheualier lancelot du lac/ et des compaignons de la table ronde.

Ce present z premier volume a este Imprime a Rouen. en lostel de gaillard le Bourgois Lan de grace mil. cccc. iiii. xx. z huyt le xxiiii. iour de nouembre. Par iehan le Bourgois. A lexaltacion de la noblesse/ et de la bonne cheualerie/ q fut en la grade bretaigne eu teps du tres noble z vaillat roy artus/ et de la table ronde Et a lexaltacion des courages des ieunes nobles ou aultres q se veullet exerciter aux armes z acquerir loudre de cheualerie.

www.ingramcontent.com/pod-product-compliance
Lightning Source LLC
Chambersburg PA
CBHW071408230426
43669CB00010B/1483